作者简介

董坤，中国社会科学院法学研究所诉讼法研究室副主任、研究员，中国社会科学院大学教授、博士生导师，第八届全国十大杰出青年法学家，入选中组部国家重大人才计划青年学者。曾任最高人民检察院检察理论研究所学术部主任，挂职中共海南省委政法委政策研究室副主任（2023.3-2024.3），现为第十三届全国青联委员，第一届中央和国家机关青联常委，中国刑事诉讼法学研究会常务理事，出版专著《刑事诉讼法的解释图景》《监察与司法的衔接：理论、制度与机制》《检察机关排除非法证据问题研究》，在《法学研究》《中国法学》等期刊独立发表论文50余篇。

Allgemeiner Teil

刑事诉讼法评注 · 总则编

StPO Kommentar

董坤 · 著

北京大学出版社
PEKING UNIVERSITY PRESS

序 言

一、撰写本书的动因

随着我国《民法典》制定的完成,法律评注这一大陆法系较为传统的研究方式在我国日渐风行。从域外看,以德国为代表的法律评注"以规范解释为中心,以法律适用为服务对象,信息集成性与时效性强构成了法律评注作为文献类型的独特性"。在不少国家,法律评注已成为法律人案头必备的专业"字典",有"真正的法律"之誉。我国的法律评注虽处于起步阶段,但随着众多研究者的关注和投入,相关研究逐渐兴起,前景可期,本书即是对我国《刑事诉讼法》(总则)进行评注的一次尝试。

二、本书结构与内容

本书不是对法律条文、司法解释和规范性文件以及指导案例的系统梳理和有序罗列,更不是便利法条检索的法律法规汇编,而是将目光聚焦于条文背后的法理依据和立法精神,在对条文进行理论评注的基础上为条文的实践运用提出方向和铺设道路,同时从立法论的视角品评法律条文的得失。基于这一研究思路,本书对《刑事诉讼法》(总则)中的每一条文从"律""修""源""释""评"五个方面逐一作出评注。

"律",即现行《刑事诉讼法》的条文,这是评注的对象和"靶子"。

"修",是将《刑事诉讼法》三次修法中的新旧条文进行对照比较,以表格形式呈现历次修法的改动情况和"删、改、增"面貌。

"源",即【立法沿革】,将每一条文的立法动因,历次修法时的改动内容和修订缘由以及背后的争论焦点进行谱系化梳理,展现当时立法的"目的初衷"、修法的"时代背景"和"实践需求"以及各方就某一问题争论时的"生动场景"。雨果曾言,"历史是什么?是过去传到将来的回声,是将来对过去的反映"。通过对立法沿革的梳理总结,能够以史为鉴,鉴古知今,为未来的修法道路提供方向指引。

"释",是指法律评注中的"注",即本书的【法条注解】部分。该部分不是对法律条文作简单注释,而是通过对立法、学术与司法文献的全景式概览,将目光往返流盼于理论和实务之间,运用法教义学或法解释学的研究方法,通过文义解释、体系解释、历史解释和目的解释等对每个条文进行深度解析和原理阐释。当文中出现"需要注意的是"的表述时,往往是在"敲黑板",或是强调一些容易被忽视的重要细节,或是澄清对有关条文适用的误解,或是提出一些有独到见解的新论。而一些以楷体字标注的内容,往往是本书在理论分析后得出的一些重要结论或观点。另外,为了增加评注的可读性,本书在条文评注过程中使用了较多案例,并配以图表,方便读者理解。

"评",是法律评注中的"评",即本书的【法条评点】部分。如果说"释"是从司法层面对法条作解释,那么"评"便是从立法层面对法条提出修改完善方案。法教义学认为,通过对一国已有法律规范进行系统化,能够发现其中究竟存在哪些矛盾,可以了解如果通过立法改进,应该从何处入手。这种对制定法的系统化和提供立法的备选也是法教义学的应有之义。有鉴于此,【法条评点】部分对每个条文及其所关联的司法解释规定中既存的问题进行发掘、回应和阐释,进而提出修改和完善方案。

三、本书目的

条文评注是学习、研究和运用刑事诉讼法不可缺少的工具,也是刑事诉讼法解释学或教义学研究的重要组成部分。笔者撰写本评注,是希望理论界和实务部门能够加大对法教义学或法解释学研究的投入,其直接目的则是强调刑事诉讼法学理论研究应更多关注"法条"本身。日本学者奥田义人曾言:"人心思想,托诸符号,必不能与所表示者,无尺于毫末之歧义,而况言语之意义,与该当之事物,皆与时为变迁,虽有精法理积经验之士,当制定法律之任;有富理想重权利之民,为产出法律之源,亦不能无疑义,是亦势之所不能已,而法律解释之所以必需也。"法律有疑义,当然要解释。德国法学大师萨维尼直言:"解释法律,系法律学之开端,并为其基础,系一项科学性的工作,但又为一种艺术。"国内刑事诉讼法解释学虽起步于20世纪80年代,却止步于90年代。在刑事诉讼法刚刚颁布生效的年代,多数法律学人还是认真对待刑事诉讼法的,他们在进行理论探讨、著书立说时无不以法律文本为依据。但曾几何时,对刑事诉讼法条文进行解释被视为"有术无道",缺乏理论深度,无法产出创新性研究成果。然而,作为一国执法、司法之依据,制定法如果不被重视和研究,理论将无法为实践提供方向指引和有效供给,当实践中的困惑无法从理论中获得应对方案与破解之道时,实践必将陷入混乱。长此以往,理论与实践逐渐疏离,"两看相厌"的情况难以避免。其实,成文法是理论与实践之间沟通的桥梁,理论和实务都应重视和关注对成文法的研究和应用,只有"双向奔赴",才能同向互动、融合共进。抛开法条只谈理论,可能对立法有所助益,但对司法实践特别是具体办案用益无多。

可能会有研究者指出,刑事诉讼法的修改频度过快、修改幅度过大,因此评注的意义不大。德国法学家基尔希曼就曾言,"立法者的一个更正词就可以使所有的文献成为废纸。"反观目前国内较为成熟的刑法,从1997年新《刑法》制定到现在,已有12个修正案,对整个刑法的修改幅度已达三分之一。这样的修改频度和幅度早已超越了对《刑事诉讼法》修改的力度。但刑法教义学在国内的发展可谓突飞猛进、蔚为大观。张明楷教授在很多年前就曾言,"法律不是嘲笑的对象","法律的制定者是人,不是神,法律不可能没有缺陷。因此,发现法律的缺陷不是什么成就,将有缺陷的法条解释得没有缺陷才是智慧"。刑事诉讼法条文也不是嘲笑的对象,只有理论界和实务部门认真对待刑事诉讼法,忠实于法律文本,共同探求文本的意义,刑事诉讼法才可能得到充分的解释,由此构建的理论、提出的立法建言也才有针对性、科学性和实用性。"法教义学的长处在于能够以已有的法律规范为中心形成一个构架坚固的理论与知识体系。理论不断在司法实践中接受考验,对于司法实践的批判与总结又不断将新的知识与理论添加到这一体系之中,这样法律的发展是渐进地但也是稳固地。"关注法条并投入对法条的研究,不仅是法教义学的起点和重要内容,也是推动刑事诉讼法理论不断发展的一条重要道路。

诚如前文所言,本书不是简单或系统地"堆砌"刑事诉讼法法律规范和司法解释,也摆脱了传统"条文操作说明书"或"条文理解注释书"的写作方法,强调更多地从法理、解释和实践三个维度对每个条文进行深入理解和精确把握。对法条进行"踩蹦式"解读,"于微末处推敲,于精细处雕琢,感受法条的充盈之美",是本书的一大亮点。这种看似"细枝末节"式的研究并非在做无关痛痒的"文字游戏",而是对司法实践中的现实问题进行积极关切与回应。

笔者历时两年完成书稿,虽过程艰辛,但成稿之时自觉收获满满。一人撰稿的益处在于确保全书前后内容的协同、文风用语的统一以及布局结构上的合理,缺点是由于个人能力水平、知识储备、阅历经验等的不足,书稿中的错漏在所难免,故还望读者多多指正。

最后,要感谢在本书出版过程中给予支持和帮助的北京大学出版社蒋浩副总编、杨玉洁主任以及任翔宇、方尔埼编辑,他们的鼓励和鞭策是我坚持完成本书的动力源泉。希望本书能成为立法机关开展修法工作的建言书、司法工作者实践办案的案头书、法学研究者教学科研的参考书、法科学子入门进阶的指引书。这是笔者最大的心愿,也是为之努力的方向目标。

董　坤

2024 年 1 月 11 日于海南

本书法律文件全称与简称对照表

全称	简称
《中华人民共和国宪法》(2018 年)	《宪法》
《中华人民共和国宪法》(1988 年)	1988 年《宪法》
《中华人民共和国宪法》(1982 年)	1982 年《宪法》
《中华人民共和国宪法》(1978 年)	1978 年《宪法》
《中华人民共和国宪法》(1975 年)	1975 年《宪法》
《中华人民共和国宪法》(1954 年)	1954 年《宪法》
《中华人民共和国刑事诉讼法》(2018 年)	《刑事诉讼法》
《中华人民共和国刑事诉讼法》(2012 年)	2012 年《刑事诉讼法》
《中华人民共和国刑事诉讼法》(1996 年)	1996 年《刑事诉讼法》
《中华人民共和国刑事诉讼法》(1979 年)	1979 年《刑事诉讼法》
《中华人民共和国刑法》(1997 年)	《刑法》
《中华人民共和国刑法》(1979 年)	1979 年《刑法》
《中华人民共和国民法典》(2020 年)	《民法典》
《中华人民共和国民法通则》(1986 年)	1986 年《民法通则》
《中华人民共和国监察法》(2018 年)	《监察法》
《中华人民共和国民事诉讼法》(2023 年)	《民事诉讼法》
《中华人民共和国民事诉讼法》(1991 年)	1991 年《民事诉讼法》
《中华人民共和国行政诉讼法》(2017 年)	《行政诉讼法》
《中华人民共和国人民法院组织法》(2018 年)	《人民法院组织法》
《中华人民共和国法官法》(2019 年)	《法官法》

(续表)

全称	简称
《中华人民共和国人民检察院组织法》(2018年)	《人民检察院组织法》
《中华人民共和国人民检察院组织法》(1979年)	1979年《人民检察院组织法》
《中华人民共和国法律援助法》(2021年)	《法律援助法》
《中华人民共和国公职人员政务处分法》(2020年)	《公职人员政务处分法》
《中华人民共和国社区矫正法》(2019年)	《社区矫正法》
《中华人民共和国检察官法》(2019年)	《检察官法》
《中华人民共和国人民警察法》(2012年)	《人民警察法》
《中华人民共和国人民陪审员法》(2018年)	《人民陪审员法》
《中华人民共和国律师法》(2017年)	《律师法》
《中华人民共和国律师法》(2007年)	2007年《律师法》
《中华人民共和国公证法》(2017年)	《公证法》
《中华人民共和国国家赔偿法》(1994年)	1994年《国家赔偿法》
《中华人民共和国国际刑事司法协助法》(2018年)	《国际刑事司法协助法》
《中华人民共和国反间谍法》(2023年)	《反间谍法》
《中华人民共和国国家安全法》(2015年)	2015年《国家安全法》
《中华人民共和国国家安全法》(1993年)	1993年《国家安全法》
《中华人民共和国海警法》(2021年)	《海警法》
《中华人民共和国国家通用语言文字法》(2000年)	2000年《国家通用语言文字法》
《最高人民法院、最高人民检察院、公安部、国家安全部、司法部、全国人大常委会法制工作委员会关于实施刑事诉讼法若干问题的规定》(2012年)	《六机关规定》
《最高人民法院、最高人民检察院、公安部、国家安全部、司法部、全国人大常委会法制工作委员会关于刑事诉讼法实施中若干问题的规定》(1998年)	1998年《六机关规定》

(续表)

全称	简称
《最高人民法院关于适用〈中华人民共和国刑事诉讼法〉的解释》(2021年)	《高法解释》
《最高人民法院关于适用〈中华人民共和国刑事诉讼法〉的解释》(2012年)	2012年《高法解释》
《最高人民法院关于执行〈中华人民共和国刑事诉讼法〉若干问题的解释》(1998年)	1998年《高法解释》
《人民检察院刑事诉讼规则》(2019年)	《高检规则》
《人民检察院刑事诉讼规则(试行)》(2012年)	2012年《高检规则》
《人民检察院刑事诉讼规则》(1999年)	1999年《高检规则》
《公安机关办理刑事案件程序规定》(2020年)	《公安规定》
《公安机关办理刑事案件程序规定》(2012年)	2012年《公安规定》
《公安机关办理刑事案件程序规定》(1998年)	1998年《公安规定》
《中华人民共和国看守所条例》(1990年)	《看守所条例》
《中华人民共和国监察法实施条例》(2021年)	《监察法实施条例》
最高人民法院、最高人民检察院、公安部、国家安全部、司法部《关于办理刑事案件严格排除非法证据若干问题的规定》(2017年)	"两高三部"《严格排除非法证据规定》
最高人民法院、最高人民检察院、公安部、国家安全部、司法部《关于依法保障律师执业权利的规定》(2015年)	"两高三部"《保障律师执业规定》
最高人民法院、最高人民检察院、公安部、国家安全部、司法部《关于办理刑事案件排除非法证据若干问题的规定》(2010年)	"两高三部"《排除非法证据规定》
最高人民法院、最高人民检察院、公安部、国家安全部、司法部《关于办理死刑案件审查判断证据若干问题的规定》(2010年)	"两高三部"《办理死刑案件证据规定》
最高人民法院、最高人民检察院、公安部、国家安全部《关于取保候审若干问题的规定》(2022年)	"两高两部"《取保候审规定》

（续表）

全称	简称
最高人民法院、最高人民检察院、公安部、国家安全部《关于取保候审若干问题的规定》（1999年）	1999年"两高两部"《取保候审规定》
《中华人民共和国逮捕拘留条例》（1954年）	1954年《逮捕拘留条例》
《中华人民共和国逮捕拘留条例》（1979年）	1979年《逮捕拘留条例》

目 录

第一编 总 则

第一章 任务和基本原则 ·· 3
 第一条 【立法宗旨】 ·· 3
 第二条 【刑事诉讼法的任务】 ··· 20
 第三条 【职权原则】【程序法定原则】 ···························· 39
 第四条 【国家安全机关职权】 ··· 54
 第五条 【依法独立行使审判权、检察权原则】 ··············· 61
 第六条 【依靠群众原则】【以事实为根据,以法律为准绳原则】
    【法律面前人人平等原则】 ································· 68
 第七条 【分工负责 互相配合 互相制约原则】 ············· 75
 第八条 【人民检察院的法律监督职责】 ·························· 85
 第九条 【使用本民族语言文字进行刑事诉讼原则】 ········ 93
 第十条 【两审终审制】 ·· 99
 第十一条 【审判公开原则】【辩护原则】 ······················ 103
 第十二条 【未经法院判决不得确定有罪原则】 ············· 116
 第十三条 【人民陪审制度】 ··· 124
 第十四条 【诉讼权利的保障与救济】 ··························· 126
 第十五条 【认罪认罚从宽原则】 ··································· 135
 第十六条 【不追究刑事责任的法定情形】 ···················· 142
 第十七条 【外国人犯罪适用本法原则】 ······················· 155

第十八条 【刑事司法协助】 …………………………………… 159

第二章 管　辖 …………………………………………………… 163

第十九条 【职能管辖分工】 …………………………………… 163
第二十条 【基层法院管辖】 …………………………………… 182
第二十一条 【中级法院管辖】 ………………………………… 185
第二十二条 【高级法院管辖】 ………………………………… 191
第二十三条 【最高法院管辖】 ………………………………… 195
第二十四条 【级别管辖的变通】 ……………………………… 197
第二十五条 【地域管辖】 ……………………………………… 205
第二十六条 【优先管辖】【移送管辖】 ……………………… 217
第二十七条 【指定管辖】 ……………………………………… 222
第二十八条 【专门管辖】 ……………………………………… 234

第三章 回　避 …………………………………………………… 237

第二十九条 【回避的法定情形】 ……………………………… 237
第三十条 【办案人员违反禁止行为的回避】 ………………… 250
第三十一条 【决定回避的程序】 ……………………………… 254
第三十二条 【回避制度的准用规定】 ………………………… 260

第四章 辩护与代理 ……………………………………………… 265

第三十三条 【自行辩护与委托辩护】【辩护人的范围】 …… 266
第三十四条 【委托辩护的时间】【辩护告知】 ……………… 280
第三十五条 【法律援助机构指派辩护】 ……………………… 297
第三十六条 【值班律师】 ……………………………………… 321
第三十七条 【辩护人的责任】 ………………………………… 333
第三十八条 【侦查期间的辩护】 ……………………………… 343
第三十九条 【辩护人会见、通信】 …………………………… 353

第四十条 【辩护人查阅、摘抄、复制案卷材料】……… 380
第四十一条 【辩护人向办案机关申请调取证据】……… 398
第四十二条 【辩护人向办案机关告知证据】……… 405
第四十三条 【辩护律师收集材料】【辩护律师申请取证及证人出庭】……… 414
第四十四条 【辩护人行为禁止】【追究辩护人刑事责任的特别规定】……… 428
第四十五条 【被告人拒绝辩护】……… 438
第四十六条 【诉讼代理人】……… 444
第四十七条 【委托诉讼代理人】……… 453
第四十八条 【辩护律师执业保密及例外】……… 456
第四十九条 【妨碍辩护人、诉讼代理人行使诉讼权利的救济】……… 485

第五章 证 据 ……… 492

第五十条 【证据的含义及法定种类】……… 492
第五十一条 【举证责任】……… 517
第五十二条 【依法收集证据】【不得强迫任何人自证其罪】……… 526
第五十三条 【办案机关法律文书的证据要求】……… 543
第五十四条 【向单位和个人收集、调取证据】【行政执法办案证据的使用】【证据保密】【伪造、隐匿、毁灭证据的责任】……… 546
第五十五条 【重证据、不轻信口供】【证据确实、充分的法定条件】……… 569
第五十六条 【非法证据排除】……… 609
第五十七条 【检察院对非法收集证据的法律监督】……… 637
第五十八条 【对证据收集合法性的法庭调查】【申请排除非法证据】……… 642

第五十九条 【对证据收集合法性的证明】 …………………… 649
第六十条 【庭审排除非法证据】 …………………………… 671
第六十一条 【证人证言的质证与查实】【有意作伪证或隐匿
罪证的责任】 ……………………………………… 677
第六十二条 【证人的范围和作证义务】 …………………… 683
第六十三条 【证人及其近亲属的安全保障】 ……………… 688
第六十四条 【作证保护】 …………………………………… 692
第六十五条 【证人作证补助与保障】 ……………………… 699

第六章 强制措施 ……………………………………………………… 705
第六十六条 【拘传、取保候审或者监视居住】 …………… 705
第六十七条 【取保候审的法定情形和执行机关】 ………… 711
第六十八条 【取保候审的方式】 …………………………… 720
第六十九条 【保证人的法定条件】 ………………………… 723
第七十条 【保证人的法定义务】 …………………………… 728
第七十一条 【被取保候审人应遵守的一般规定和特别规定】
【对被取保候审人违反规定的处理】 …………… 734
第七十二条 【保证金数额的确定与执行】 ………………… 747
第七十三条 【保证金的退还】 ……………………………… 751
第七十四条 【监视居住的法定情形与执行机关】 ………… 758
第七十五条 【监视居住的执行处所与被监视居住人的权利
保障】 ……………………………………………… 766
第七十六条 【指定居所监视居住期限的刑期折抵】 ……… 776
第七十七条 【被监视居住人应遵守的规定】【对被监视居住人
违反规定的处理】 ………………………………… 780
第七十八条 【执行机关对被监视居住人的监督与监控】 … 790
第七十九条 【取保候审、监视居住的期限及其解除】 …… 793
第八十条 【逮捕的批准、决定与执行】 …………………… 799

第八十一条 【逮捕的法定条件】…………………………… 804
第八十二条 【刑事拘留的对象和条件】…………………… 826
第八十三条 【异地拘留、逮捕】…………………………… 842
第八十四条 【扭送的法定情形】…………………………… 847
第八十五条 【拘留的相关程序】…………………………… 857
第八十六条 【拘留后的讯问与处置】……………………… 865
第八十七条 【提请批准逮捕的程序】……………………… 870
第八十八条 【审查批准逮捕的程序】……………………… 875
第八十九条 【审查批准逮捕的决定权限】………………… 881
第九十条 【审查批准逮捕的决定和执行】………………… 886
第九十一条 【批准逮捕的期限和对不批准逮捕决定的
　　　　　　执行】………………………………………… 892
第九十二条 【公安机关对不批准逮捕的复议、复核】…… 898
第九十三条 【逮捕的执行程序】…………………………… 903
第九十四条 【对被逮捕的人应当及时讯问】……………… 907
第九十五条 【羁押必要性审查】…………………………… 910
第九十六条 【撤销或者变更强制措施】…………………… 918
第九十七条 【变更强制措施的申请及对其处理程序】…… 932
第九十八条 【羁押期满未能结案的处理】………………… 939
第九十九条 【强制措施期满的处理】……………………… 957
第一百条 【侦查监督】……………………………………… 962

第七章　附带民事诉讼…………………………………… 967
第一百零一条 【附带民事诉讼的提起】…………………… 967
第一百零二条 【附带民事诉讼中的保全措施】…………… 982
第一百零三条 【附带民事诉讼的调解和裁判】…………… 990
第一百零四条 【附带民事诉讼一并审判及例外】………… 995

第八章 期间、送达 …………………………………… 1001
- 第一百零五条 【期间及其计算】………………………… 1001
- 第一百零六条 【期间的耽误及补救】…………………… 1022
- 第一百零七条 【送达】…………………………………… 1030

第九章 其他规定 ………………………………………… 1040
- 第一百零八条 【本法用语解释】………………………… 1040

主要参考文献 ………………………………………………… 1063

后　记 ………………………………………………………… 1069

第一编
总 则

第一章 任务和基本原则

第一条 【立法宗旨】 为了保证刑法的正确实施,惩罚犯罪,保护人民,保障国家安全和社会公共安全,维护社会主义社会秩序,根据宪法,制定本法。

▶▶【历次修法条文对照】

1979年《刑事诉讼法》	1996年《刑事诉讼法》	2012年《刑事诉讼法》	2018年《刑事诉讼法》
第一章 指导思想、任务和基本原则	第一章 ~~指导思想~~、任务和基本原则	第一章 任务和基本原则	第一章 任务和基本原则
第1条:中华人民共和国刑事诉讼法,以马克思列宁主义毛泽东思想为指针,以宪法为根据,结合我国各族人民实行无产阶级领导的、工农联盟为基础的人民民主专政即无产阶级专政的具体经验和打击敌人、保护人民的实际需要制定。	**第1条**:为了保证刑法的正确实施,惩罚犯罪,保护人民,保障国家安全和社会公共安全,维护社会主义社会秩序,根据宪法,制定本法。	**第1条** 内容未修订	**第1条** 内容未修订

▶▶【立法沿革】

我国《刑事诉讼法》自1979年制定以来,共经历三次修改,第1条只在1996年修改《刑事诉讼法》时有过调整,主要涉及三个方面:

一是关于立法指导思想的修改。1979年《刑事诉讼法》第1条曾明确规定立法的指导思想,即"以马克思列宁主义毛泽东思想为指针"。之所以规定指导思想,是由于当时我国《宪法》尚未修改,坚持四项基本原则的内容尚未规定在《宪法》之中。因此,在第1条开宗明义地规定"以马克思列宁主义毛泽东思想为指针"具有重大的政治意义。1993年,党中央根据形势发展的需要,向全国人大常委会提出了修改《宪法》部分内容的建议,其中包括将1982年《宪法》序言第七自然段后两句修改为:"我国正处于社会主义初级阶段。国家的根本任务是,根据建设有中国特色社会主义的理论,集中力量进行社会主义现代化建设。中国各族人民将继续在中国共产党领导下,在马克思列宁主义、毛泽东思想指引下,坚持人民民主专政,坚持社会主义道路,坚持改革开放,不断完善社会主义的各项制度,发展社会主义民主,健全社会主义法制,自力更生,艰苦奋斗,逐步实现工业、农业、国防和科学技术的现代化,把我国建设成为富强、民主、文明的社会主义国家。"这一修改,突出了邓小平同志建设有中国特色的社会主义理论和党的基本路线,将坚持四项基本原则(必须坚持社会主义道路,必须坚持人民民主专政,必须坚持中国共产党的领导,必须坚持马克思列宁主义、毛泽东思想)写入宪法,作为今后指引各项工作的指导思想。在1996年《刑事诉讼法》修改过程中,特别是在第八届全国人大第四次会议审议过程中,部分人大代表对1979年《刑事诉讼法》第1条规定的指导思想曾有不同的意见。一种意见认为,由于我国社会主义建设的理论和实践的发展,第1条规定的内容已显得不够全面,应当增加邓小平同志建设有中国特色的社会主义理论的有关内容;另一种意见认为,马克思列宁主义、毛泽东思想以及邓小平同志建设有中国特色的社会主义理论,内容是十分丰富的,宪法对此已作了高度概括的规定。从宪法与其他法律的关系看,宪法是国家的根本大法,具有最高的权威性,是制定其他法律的立法根据,任何法律都必须以宪法为依据。以宪法为依据当然包括以马克思列宁主义、毛泽东思想以及邓小平同志建设有中国特色的社会主义理论作为立法指导思想的内容。既然修改后的宪法已经包含了原条文规定的指导思想等内容,就不必在刑事诉讼法中再行规定。而且,从立法的实践情况看,自1982年《宪法》公布,之后的立法中一般已不再写指导思想。[1] 立法机关采纳了第二种意见，删除了1996年《刑事诉讼法》第1条中指导思想的相关内容，以"根据宪法，制定本法"加以统摄、贯彻和承继宪法中的指导思想。同时，也将第一编总则的第一章"指导思想、任务和基本原则"中的"指导思想"一词删除。

二是删除了"打击敌人"的表述。党的十一届三中全会以来，我国进入新的历史时期，党和国家的工作重点转移到经济建设上来，剥削阶级被消灭，阶级斗争已经不是国内主要矛盾，"四化"[2]建设成为全党全军全国各族人民的首要任务。当然，阶级斗争并没有完全结束，有时在一定条件下还可能激化，国内外一些敌对势力和敌对分子还可能随时对我国社会主义建设和制度进行破坏。因此，"打击敌人"作为刑事诉讼法的一项重要任务，是不容置疑的。但是，刑事诉讼法作为同犯罪作斗争的基本法律，是为了保证刑法的正确实施，"打击敌人"只是刑事诉讼法所担负的任务的一个主要方面。如果不加区分地将刑事诉讼法所要追究的一切犯罪包括一些过失犯罪、未成年人犯罪等都称作"打击敌人"，是不妥当的。因此，1996年《刑事诉讼法》删除了原第1条规定中的"打击敌人"，增加了"惩罚犯罪"的表述。

三是增加了刑事诉讼法与刑法之间关系的表述。在1996年《刑事诉讼法》修改时，有意见提出，原来的规定没有反映出作为程序法的刑事诉讼法与作为实体法的刑法之间的关系，没有反映出程序法保证实体法正确实施的宗旨。因此，1996年《刑事诉讼法》增加了"为了保证刑法的正确实施"的语句。

▶▶【法条注解】

从条文结构看，本条以"为了……"开头，表明了"制定本法"的目的；以"根据宪法"接续，表明了"制定本法"的依据。一般认为，本条是关于刑事诉讼法立法目的和根据的规定。

一、刑事诉讼法的立法目的

立法目的也称立法宗旨。《刑事诉讼法》第1条规定，保证刑法的正

---

[1] 参见郎胜主编：《关于修改刑事诉讼法的决定释义》，中国法制出版社1996年版，第3页。

[2] "四化"是指四个现代化，即工业现代化、农业现代化、国防现代化、科学技术现代化。

确实施是制定刑事诉讼法的主要目的。

(一)对刑法实施的保障

刑法规定什么行为是犯罪以及处以何种刑罚。但如果只规定什么行为是犯罪以及对各种犯罪给予怎样的刑事处罚,而没有规定由谁负责追究犯罪以及如何准确、及时地证实和追究犯罪,关于犯罪和刑罚的法律就会沦为一纸空文。换言之,对具体的犯罪进行追究,需要通过立案、侦查、起诉、审判、执行等一系列的诉讼程序才能实现。这些程序须由刑事诉讼法加以规定。刑事诉讼法是程序法,刑法是实体法,实体法需要有程序法的保障才能实施,刑法的任务需要通过程序法所规定的诉讼程序才能实现。美国学者弗莱彻对刑法与刑事诉讼法的关系有过非常精辟且具象的论述:"有罪是一回事;被追诉和被惩罚则是另一回事。一个人是否会被认定对一项特定的罪行承担责任,取决于程序性规则。这些规则决定着国家如何通过证明犯罪的发生,认定行为人有罪和惩罚那些应当对这个犯罪负责的人,来执行刑法。"[1]总之,国家需要制定刑事诉讼法,以法定程序保证刑法的实施,使犯罪的人得到应有的惩处,达到惩罚犯罪、保护人民、保障国家安全和社会公共安全和维护社会主义社会秩序的目的。

(二)对实体真实的保障

刑事诉讼法不仅要保障刑法的实施,还要保障刑法的"正确"实施。所谓刑法的正确实施,就是指实体公正,即准确认定犯罪嫌疑人、被告人是否有罪、此罪与彼罪、一罪与数罪,并依法合理判定刑罚。要做到这些应注意以下几点:

首先,需要通过刑事诉讼法建立一套完整的诉讼程序来保障办案机关能够准确、及时地发现案件事实。我国刑事诉讼法承继苏联刑事诉讼理论,奉行"阶段论"的诉讼模式,公诉案件共有立案、侦查、起诉、审判、执行五大诉讼阶段。"刑事案件从其开端的时候起直到判决的执行为止是向前运动的,是逐渐发展的。诉讼的各个部分通常叫做诉讼阶段。这种诉讼阶段并不是审判机关和检察机关个别的行为或若干行为的结合。每一个诉讼阶段都是完整的,有其本身的任务和形式的一个整体。只有完成了前一阶段的任务,才能将案件移送至下一阶段,如对这种任务执行

---

[1] [美]乔治·P.弗莱彻:《刑法的基本概念》,蔡爱惠、陈巧燕、江溯译,王世洲主译与校对,中国政法大学出版社2004年版,第6页。

不当的时候,就会将案件发还原阶段重行处理。"[1]在诉讼阶段论中,每一个阶段相对独立完整,后一个阶段对前一个阶段具有审查、过滤和纠正的作用,是一种诉讼上的再认识和再深化。打个比方,后一个诉讼阶段相对于前一个阶段就如同一层过滤网或一个漏斗,将不能定罪处罚的人和案件从诉讼中及时筛除出去,不再进入下一个诉讼阶段,从而确保无罪的人不受刑事追究,有罪的人受到应有惩罚。

其次,定案的证明标准是"事实清楚,证据确实、充分"。依《刑事诉讼法》第 55 条第 2 款的规定,"证据确实、充分"必须同时符合三个条件:一是定罪量刑的事实都有证据证明;二是据以定案的证据均经法定程序查证属实;三是综合全案证据,对所认定事实已排除合理怀疑。这三个条件保证了最终定案的每个证据在"量"(定罪量刑的事实"都有"相对应的证据支撑)和"质"(定案的每一项证据都查证属实)上都必须达到严格标准,同时综合全案证据所认定的事实还要具有唯一性,即案情的其他合理可能性均已被排除。这就保证了定案的准确和实体上的公正。

最后,刑事诉讼法还规定了相应的配套制度,以确保在案件可能发生或已经发生错误时,有相应的纠错和救济程序。最典型的就是公安机关、检察院、法院分工负责、互相配合、互相制约原则。其中的互相制约原则要求某一机关对其他机关办案中出现的偏差、错误及时提出意见或启动程序加以纠正。此外,我国的刑事审判奉行两审终审制,即一个案件经过两级法院审判即告终结的制度。两审终审制能够给予一审被认定有罪的被告人救济渠道,通过上诉启动二审,纠正一审可能出现的裁判错误。另外,即使案件经过终审裁判已生效,刑事诉讼法也规定了审判监督这一非常救济程序,确保案件裁判最终的公正。

总之,要保证刑法的正确实施,制定刑事诉讼法的直接目的就是要发现实体真实。诚如林钰雄教授所言:"既然发动刑事诉讼程序,用意在于'获致一个依照实体刑法的正确裁判',那么'发现实体真实'便是其必要的前提,也就是查明到底实际上发生的事件是什么,因为只有清楚实际上发生的事件是什么时,才能'依照实体刑法'来判断该事件究竟合不合乎法定的构成要件该

---

[1] [苏]M.A.切里佐夫:《苏维埃刑事诉讼》,中国人民大学刑法教研室译,法律出版社 1955 年版,第 56 页。

当性、违法性及有责性等犯罪要件,也才能进而获致一个'正确裁判'。"〔1〕

(三)刑事诉讼法立法目的的"分"与"合"

依据第1条的表述,不少研究者都将刑事诉讼法的目的拆分为三个方面:一是保证刑法的正确实施;二是惩罚犯罪,保护人民;三是保障国家安全和社会公共安全,维护社会主义社会秩序。〔2〕其实,结合刑法的相关规定,制定刑事诉讼法的目的,一言以蔽之,就是"保证刑法的正确实施",至于"惩罚犯罪,保护人民,保障国家安全和社会公共安全,维护社会主义社会秩序"都可以内含到"保证刑法的正确实施"的目的之中。翻阅《刑法》第1条和第2条的规定就可以发现,制定刑法的目的是"惩罚犯罪,保护人民",刑法的任务也有"保卫国家安全""维护社会秩序"的规定。《刑法》总则虽然没有"保障社会公共安全"的表述,但分则第二章专门规定了"危害公共安全罪"。所以,如果制定的刑事诉讼法能够确保刑法的正确实施,自然可以有效地惩罚犯罪和遏制犯罪,从而保障国家安全和社会公共安全,保护人民的各项合法权益不受侵犯,维护社会主义社会秩序,保持社会稳定,并为国家的经济建设提供良好的外部环境。总之,"保证刑法的正确实施""惩罚犯罪,保护人民""保障国家安全和社会公共安全,维护社会主义社会秩序","这三项内容是同一目的的递进表述而不是三项不同目的"〔3〕。遵循立法的简洁性要求,"惩罚犯罪,保护人民,保障国家安全和社会公共安全,维护社会主义社会秩序"的表述其实可以删除。

二、刑事诉讼法的立法根据

"根据宪法,制定本法"表明宪法是制定刑事诉讼法的依据和基础。从理论上讲,宪法是所有法律的立法依据,但事实上,并非所有的法律都直接根据宪法制定。"一部法律明确规定'根据宪法,制定本法',表明了其在法律体系中属于重要的法律,或者至少具有特殊的意义,与宪法有比较直接密切的关系。"〔4〕刑事诉讼法素有"小宪法"之称,其与宪法的关

---

〔1〕 林钰雄:《刑事诉讼法》(上册),新学林出版股份有限公司2019年版,第7页。
〔2〕 参见陈光中主编:《刑事诉讼法》(第七版),北京大学出版社、高等教育出版社2021年版,第18—19页。
〔3〕 张建伟:《刑事诉讼法通义》(第二版),北京大学出版社2016年版,第40页。
〔4〕 张震:《"根据宪法,制定本法"的规范蕴涵与立法表达》,载《政治与法律》2022年第3期,第112页。

系十分密切。除了"总纲"和"国旗、国歌、国徽、首都",宪法规范主要体现在"公民的基本权利和义务"和"国家机构",这其中的很多内容都在刑事诉讼法中有具体体现。"宪法与刑事诉讼法在文本上的关联主要表现在两个方面:一是宪法关于组织机构的规定;二是关于公民基本权利尤其是程序性权利的规定。在前一方面,宪法规定了国家机关的权力结构以及相互关系,特别规定了审判、检察制度。而刑事诉讼法中关于公检法机关权力的配置与相互关系的确定则是上述宪法规定的具体落实。如前文所述,基本权干预是宪法与刑事诉讼法关系的连接点,因此,关于被告人权利保障的问题使得宪法与刑事诉讼法产生了特殊关联。"〔1〕

(一)宪法性权利的法律具体化

宪法中的众多权利条款都只是列举性示明,例如,"中华人民共和国公民有言论、出版、集会、结社、游行、示威的自由",单个权利的内涵要素和外延边界并不明确。当一项权利被写进宪法,就有必要在法律中对其加以具体化,从而确保其能够被识别、保护或进行必要的限制、丁顶,不至于沦为宣誓性权利或引发权利的滥用。另外,基于国情的不同以及相关配套制度机制的差异,同样名称的权利在不同国家宪法中的内涵或侧重点也可能不同。因此,根据宪法制定法律是对宪法中的基本权利加以具体化、实在化的常用方式。例如,《宪法》第130条规定,"被告人有权获得辩护"。这是宪法对辩护权的规定。但是辩护权具体包括哪些子权利,如是否包含会见权、通信权、调查取证权、提出意见权以及侦查讯问时律师在场权等,都需要刑事诉讼法加以明确和细化。此外,辩护权如何行使,由谁来行使,在什么情况下会受到限制乃至剥夺,也需要由刑事诉讼法来确定。再如,《宪法》第37条对人身自由权的保障和限制作出规定,刑事诉讼法便在总则编第六章"强制措施"中对人身自由的限制与剥夺作出了进一步的详尽规定。

(二)国家机关职权的法律具体化

刑事诉讼是由国家专门机关主导的,由各方诉讼参与人参加的,解决被追诉人刑事责任的法律活动。国家专门机关作为刑事诉讼活动的一方主体,在刑事诉讼活动中担负主导或主持的职能。这些职能主要来自于

---

〔1〕 李训虎:《割裂下的融合:中国宪法与刑事诉讼法关系变迁考察》,中国政法大学出版社2010年版,第98—99页。

《宪法》第三章"国家机构"的第八节"人民法院和人民检察院"的规定和授权。《宪法》第134条规定:"中华人民共和国人民检察院是国家的法律监督机关。"人民检察院的职能是法律监督,但这一表述过于抽象和原则。什么是法律监督,如何进行法律监督,监督的手段和方式又是什么,这些都需要通过法律加以具体化,从而能够在实践办案中落实。因此,立法机关根据宪法制定了人民检察院组织法和刑事诉讼法,对检察职能作出了详细规定。刑事诉讼法规定,人民检察院在刑事诉讼活动中行使法律监督职能是全流程、多阶段的,可以对立案、侦查、审判和执行开展法律监督。法律监督的方式也是多种多样的,如可以依据《刑事诉讼法》第19条第2款的规定,在对诉讼活动实行法律监督中发现的司法工作人员利用职权实施的非法拘禁等侵犯公民权利、损害司法公正的犯罪进行立案侦查;可以依据第100条的规定,在审查批捕中,发现公安机关侦查活动违法的,通知公安机关纠正;可以依据第113条的规定,对公安机关应当立案而不立案的,开展立案监督;可以依据第209条的规定,发现法院审理案件违反法定诉讼程序的,向法院提出纠正意见;还可以依据第276条的规定,对执行机关执行刑罚的活动是否合法实行监督。同样,《刑事诉讼法》第三编共五章的条文对宪法中法院作为审判机关的职权和办案程序也都作出了具体化的规定。

(三)职权行使体制机制的法律具体化

《宪法》第140条规定:"人民法院、人民检察院和公安机关办理刑事案件,应当分工负责,互相配合,互相制约,以保证准确有效地执行法律。"这是国家专门机关在刑事诉讼中处理相互关系的一项基本原则,体现的是公检法三机关各司其职、相互配合、相互制约的体制机制。如何将这一体制机制具体化,必须以宪法为依据,通过刑事诉讼法加以具体化。首先,《刑事诉讼法》第3条和第19条分别规定了公检法三机关基本的职权范围和管辖规定,大体划定了三机关的职责分工,确保各机关各在其位、各尽其职、各负其责,不会出现职能混淆和职责混同。其次,《刑事诉讼法》第87条至第90条和第二编第三章"提起公诉"规定,人民检察院对于公安机关提请逮捕、移送审查起诉的案件都要认真审查并作出决定。第三编第二章"第一审程序"规定,人民法院对于人民检察院提起公诉的案件要经过审理作出判决。第四编"执行"中有众多条文规定,公安机关对于法院的判决裁定都应执行。这就确保了各机关要通力合作、相互衔接、协调一致,避免推诿扯皮、互相掣肘、产生内耗、浪费资源,实现了"互相配合"的具体化。最后,《刑事诉讼法》第92条、第179条规定,公安机关对于检察院作出的不批准逮捕或不起诉的决定有权向作出决定的同级检察院复议,如果意见不被接受,还可以向上一级检察院提请复核。第228条规定,地方各级检察院认为本级法院作出的一审判决、裁定确有错误的,应当向上一级法院抗诉。这就确保了各机关能够依法定职权和程序对其他机关发生的偏差、错误予以纠正,具体落实了"互相制约"的意涵。

另外,宪法是国家的根本大法,是国家立法机关进行立法活动的基础和制定其他各项法律的依据,刑事诉讼法作为国家的基本法律之一,其性质、任务、基本原则和各项诉讼制度也都必须根据宪法规定的基本原则和精神来确定,不得与宪法相抵触和违背。值得注意的是,由于宪法在国家法律体系中具有最高的法律效力,对于宪法所确立的司法制度和诉讼原则,即使刑事诉讼法没有重申,也是刑事诉讼法的重要制度和原则,在刑事诉讼活动中必须加以贯彻和适用。同时,刑事诉讼法应当随着宪法的修改及时做出相应的调整和修订。

三、小结

根据上述分析,本条其实规定了刑事诉讼法与刑法、宪法之间的两对关系。刑事诉讼法的立法目的体现了刑事诉讼法与刑法的关系,刑事诉讼法是程序法,是保障法,保障作为实体法的刑法的正确实施。刑事诉讼法的立法根据体现了刑事诉讼法与宪法的关系,宪法是根本大法,是制定刑事诉讼法的根本依据。刑事诉讼法是基本法,要对宪法的一些原则性、抽象性的规定,如基本权利保障、国家机关职权的行使等加以具体化。同时,刑事诉讼法的任务、原则、制度以及具体规范都不得与宪法的原则和规定相抵触和违背。

▶▶【法条评点】

依循前述的条文注解,结合刑事诉讼法和其他法律的相关规定,本条文存在三个值得进一步思考的问题。

一、删除"指导思想"后第一章标题的设定

从刑事诉讼法修改的历史沿革看,1996年《刑事诉讼法》删除了第

一编第一章标题中的"指导思想",目的是与第 1 条删除指导思想的内容相呼应。但随之而来的问题是,第 1 条在第一章中的定位和功能为何?学理上一般认为是立法目的或立法宗旨,是宏观的"管总"的条文。既然如此,为何不在当初修法时将第一章标题修改为"目的、任务和基本原则"?横向比较看,这种情形在刑法修改时也同样出现。1979 年《刑法》第一编第一章的标题为"刑法的指导思想、任务和适用范围",1997 年《刑法》修改,原第 1 条中指导思想的内容也被删除,相应的,《刑法》第一章的标题也删除"指导思想",改为"刑法的任务、基本原则和适用范围","立法目的"也没有在第一章标题中明示。

"目的是全部法律的创造者,每条法律规则的产生都源(自)一种目的,即一种实际的动机。"[1]一般认为,立法目的条款直接述明制定一部法律事先设定的所要得到的结果,是总则的重要组成部分,是整个法律文本价值目标的体现。"立法目的属于法价值范畴,它通常与人们的情感、偏好存在着密切的联系……立法目的条款作为法价值的规范表达形式,是道德形态的法外价值向制度层面的法内价值转化的中介。"[2]其地位和功能非常重要。林钰雄教授曾言:"刑事诉讼的目的,可以说是刑事诉讼法的根本,自始至终支配侦查、起诉、审判及至执行等诉讼流程。无论刑事诉讼哪个阶段的设计理念,几乎都与刑事诉讼的目的息息相关,并且,许多刑事诉讼的争议问题,往往必须回溯其根本目的及相互冲突时的解决途径。"[3]既然如此,为何刑法和刑事诉讼法都不在其第一章标题中对"立法目的"加以明确?本评注遍寻各种立法史料和学理言说,并未发现这方面的论述。

进一步考察刑事诉讼法学者对法律修改的愿景和规划,陈卫东教授的《模范刑事诉讼法典》[4]和徐静村教授的《中国刑事诉讼法(第二修正

---

[1] [美]E.博登海默:《法理学:法律哲学与法律方法》,邓正来译,中国政法大学出版社 2017 年版,第 122 页。

[2] 刘风景:《立法目的条款之法理基础及表述技术》,载《法商研究》2013 年第 3 期,第 56 页。

[3] 林钰雄:《刑事诉讼法》(上册),新学林出版股份有限公司 2019 年版,第 7 页。

[4] 参见陈卫东主编:《模范刑事诉讼法典》(第二版),中国人民大学出版社 2011 年版,第 3 页。

第一章　任务和基本原则　　　　　　　　　　　　　　　　　　　　第 1 条

案)学者拟制稿及立法理由》[1]都将第一编第一章命名为"一般规定"。该名称的设定使得第一章更具概括性、包容性和基础性,摆脱了单纯规定"任务和基本原则"那种以偏概全之感,同时呈现出一定的开放性。如果将来在第一章中增加涉及刑事诉讼法适用的空间范围和时间效力等条款,"一般规定"的章名仍不失准确与妥当。

　　从民法学的相关研究看,在制定《民法典》之初,不少学者对《民法典》第 1 条立法目的条款的定位及其所对应的章节名称也曾有不同的认识。其一,梁慧星教授与孙宪忠教授分别草拟的《民法则则》均将第 1 条与第 2 条单独设置成"立法目的与调整对象",作为"第一章 一般规定"的"第一节",并与基本原则进行区分。其二,龙卫球教授草拟的《民法总则》将作为立法目的条款的第 1 条与调整对象、民法的形式渊源、适用方法、适用效力等内容列为"第一节 本法的适用",并与"第二节 基本原则"予以区分。其三,现已失效的《民法通则》将第 1 条列于"基本原则"之下,中国民法典编纂小组与中国法学会民法学研究会所公布的《民法总则》(征求意见稿)将立法目的条款与基本原则等内容列为"第一节 基本原则",该做法并延至《民法总则》(提交稿)以及 2016 年 6 月 27 日全国人大常委会的"审议稿"。其四,王利明教授草拟稿中将第 1 条与调整对象、基本原则等内容列在"第一节 民法的调整对象和基本原则"之下,杨立新教授草拟稿则将立法目的条款与调整范围、效力范围共同列为"第一节 立法目的与调整范围"。其五,李永军教授草拟稿将第 1 条列于"第一章 一般规定"之下,同时并未将民法基本原则专门设置成法律规范。[2] 就学理分析而言,立法目的既不是立法任务,也不是法律原则,更不是法律规则,其属于立法的一项独立要素,置于开篇章节并无疑义,至于如何命名其所处章节,一些学者建议使用"一般规定"这一名称。按照梁慧星教授的解释:"民法典总则编的'一般规定',表述立法者对民法的基本态度……'一般规定'的内容,比'总则'更抽象,可谓对抽象的再抽象,它不是具体规定当事人权利义务的行为规范,而是属于立法者、执法者和民事主体均须遵循的指导性的、原则性的、宣言性的规范,是构成整个民法典

---

〔1〕　参见徐静村主持:《中国刑事诉讼法(第二修正案)学者拟制稿及立法理由》,法律出版社 2005 年版,第 3 页。

〔2〕　参见刘颖:《民法典中立法目的条款的表达与设计——兼评〈民法总则〉(送审稿)第 1 条》,载《东方法学》2017 年第 1 期,第 99 页。

规则体系和现代法治的'基石性'原则。这些原则一旦发生动摇,整个民法典体系乃至现代法治都有崩溃之虞。在总则编设置'一般规定',不仅能够使民法典体系恢宏、法度谨严,其重要意义更在于为民法典体系乃至现代法治奠定根基。设置'一般规定',也是中国民事立法的惯例。"〔1〕

虽然最终的《民法典》第一编第一章命名为"基本规定",但无论是"一般规定"还是"基本规定",如果作为《刑事诉讼法》第一章章名,较之目前的章名"任务和基本原则"都更具全面性和包容性,不仅可以统辖刑事诉讼法立法的目的、任务、基本原则和重要制度,还有接纳和吸收未来新的基础性规定的能力。更为重要的是,目前第一章中的部分条文,如第4条规定的国家安全机关的职权既不是法律任务也不是基本原则,与目前的章名实属文不对题,将第一章的章名修改为"一般规定"更为妥当和贴切,值得在未来修法中考虑。

二、立法目的一元论的修正

从第1条的规定看,我国制定刑事诉讼法的目的偏重于服务与保障刑法的正确实施,刑事诉讼法的工具理性机能凸显,但自身的独立价值被遮掩,这可能源于当时"重实体、轻程序"的立法背景。随着程序法研究的勃兴,正当程序、人权保障的理念深入人心,刑事诉讼法中出现了不少影响甚至阻碍刑法实施的规定,典型的如第56条至第60条规定的非法证据排除规则,第237条规定的上诉不加刑原则,这些规定已体现出程序法具有脱离实体法而单独存在的意义和价值。据此,制定刑事诉讼法的多重目的观便屡被提及。

其实,衡诸其他国家的法律规定和学理研究,制定刑事诉讼法的一元目的观已是少数说。追求惩罚犯罪与保障人权,实体真实与程序公正多为制定程序法的共识性理念或目的。例如,《日本刑事诉讼法》第1条就规定:"本法对于刑事案件,以维护公共福祉和贯彻保障个人的基本人权,查明案件事实真相,正确而迅速地适用刑罚法令为目的。""该条文的结构分为三个部分:①维护公共福祉和贯彻人权保障;②查明事实真相;③适用刑罚法令。其中,'维护公共福祉和贯彻保障人权'应当理解为

---

〔1〕梁慧星主编:《中国民法典草案建议稿附理由·总则编》,法律出版社2013年版,第3页。

判一律公开,两者都没有例外。所以,单就裁判的评议过程和宣告结果看,这种全有全无式的公开情形其实与我们谈及的公开审理原则外的一些特殊情形是不同的。更重要的是,评议是一律不公开进行的,其作为裁判的一部分,根本无法体现裁判公开以及审判公开是一项基本原则。因此,必须将审判中的"判"剥离开来,单就法院的审理程序规定除法律有特别规定的以外一律公开进行,方才妥当。

综上,无论是将审判的"判"理解为"宣判"还是"裁判",《刑事诉讼法》第11条的规定都存在对宪法条文的"扩张"乃至"僭越"。其实,翻阅我国台湾地区相关文献,不少专著在论及审理原则时也都表述为"公开审理原则(主义)"[1]而非"公开审判原则"或"审判公开原则"。《宪法》第130条的规定更为准确。《刑事诉讼法》第11条的规定则有待商榷。

(二)特赦还是大赦

我国《宪法》第67条和第80条规定,全国人民代表大会常务委员会有权决定特赦,中华人民共和国主席有权发布特赦令。与之相应,《刑事诉讼法》第16条也有特赦的相关规定:"有下列情形之一的,不追究刑事责任,已经追究的,应当撤销案件,或者不起诉,或者终止审理,或者宣告无罪:……(三)经特赦令免除刑罚的……"传统理论认为:"特赦是指对已受刑事犯罪处罚被宣告犯有特定罪行的人,特别免除其刑罚的执行。"[2]特赦只可免除罪犯刑罚的执行,不能免除其罪名,属于刑罚执行阶段的制度,只会发生在法院判决之后,不能发生在法院判决之前。所以,在判决前的"侦查""起诉"与"审判"阶段是不可能对犯罪嫌疑人、被告人发布特赦令,免除还未宣判的刑罚的。既然如此,又怎么可能在"侦查""起诉"与"审判"阶段出现"经特赦令免除刑罚"而不予追究刑事责任的情况,并进而作出"撤销案件""不起诉""终止审理""宣告无罪"的决定或判决呢?

一种解释进路是从一事不再理的视角加以解读。按照传统认知,特赦仅仅是对受罪刑宣告的特定犯罪分子免除其刑罚的全部或部分的执行。既然在刑罚未全部执行完毕前已经特赦,就不能对余刑再予执行。如果对已经判处的刑罚进行了全部或部分的特赦,那么被免除的刑罚所对

---

[1] 参见林钰雄:《刑事诉讼法》(下册),新学林出版股份有限公司2019年版,第264页;黄朝义:《刑事诉讼法》,新学林出版股份有限公司2009年版,第398页。

[2] 蔡定剑:《宪法精解》(第二版),法律出版社2006年版,第342页。

应的刑事责任(犯罪)也已经被追究(所以,这里并不是刑事责任的消灭,而是刑事责任的特殊实现或终结)。但是,实践中也可能存在再次追诉的情况。例如,被特赦的罪犯在异地被抓获后,又再次被立案追诉。果真出现这种情形,基于这些特赦的刑罚所对应的刑事责任的追究已经实现,就不能重复追究。办案机关在不同的诉讼阶段就要作出不予追究刑事责任的处置,如撤销案件、不起诉或终止审理的决定或裁定,已经赦免的刑罚当然也不能再执行。严格意义上看,已经被追究刑事责任的案件,不能被再次追诉,是一事不再理的应有之义。对于特赦的案件也应依此处理,这其实是一个注意规定,即特赦的法律事实构成对犯罪嫌疑人、被告人再次追诉的一种诉讼障碍,也属被追诉人的抗辩事由。但是,上述解释进路的缺点在于,我国长期以来并未有一事不再理的原则或理论,也没有相应的实践土壤,所以该解释进路基本不可能是当时的立法初衷。

另一种解释进路是对特赦的传统概念进行解构和重塑。张明楷教授认为,针对大赦和特赦如何区分的问题,在目前规范层面上还没有公认的严格界限的情况下,"我国法律规定的特赦,包括对某(些)人的犯罪或某种犯罪宣布不追究刑事责任,即行为人的行为原本构成犯罪,行为人应当承担刑事责任,但有权机关宣布对其犯罪不追究刑事责任。在这种情况下,刑事责任消灭,司法机关不能再追究行为人的刑事责任。这样理解符合刑事诉讼法第11条(2018年《刑事诉讼法》第16条,本评注注)的'不追究刑事责任'的含义"[1]。概言之,张明楷教授认为,刑事诉讼法规定的特赦,在某些情况下除了免刑,还包括赦罪。若作此理解,处于侦查、起诉、审判阶段的犯罪嫌疑人、被告人自然可以因特赦而除罪,不予追究刑事责任。从实践来看,我国在目前历经的几次特赦中,确曾出现一些战犯在未经审判定罪的前提下经特赦免罪予以释放的情形。[2] 而且,我国

---

[1] 张明楷:《刑事责任论》,中国政法大学出版社1992年版,第136页。
[2] 1956年11月,最高人民检察院党组在向中央提交的报告中,提出"对在押的60名伪满战犯,拟待适当时机提起公诉。拟交审判的17名,从宽处理;免于起诉的26名拟不予起诉,即行释放的17名"的处理意见。1957年1月、2月、4月共18名伪满战犯被相继释放。在此之后两年多的时间里,待审的其他42名伪满战犯既没有审判也没有释放。直到1959年12月的首批特赦,溥仪(伪满皇帝)和郭文林(伪满第十军管区中将司令官)才经特赦后被释放,此后的几次特赦,一些伪满战犯也相继被释放。参见纪敏主编:《生死轮回——改造战犯密档全公开》,中国文史出版社2011年版,第172—173页。

台湾地区的"刑事诉讼法"第 252 条和第 302 条就规定,案件有曾经大赦者的情形的,"检察院"应为不起诉处分,"法院"应谕知免诉之判决。可见,如果将现行《刑事诉讼法》第 16 条第 3 项的"特赦"扩大解释为隐性的"大赦",前述问题便可迎刃而解。当然,需要进一步解释的问题是,如果将特赦的范围从赦刑扩大到赦罪,第 16 条所称"经特赦令免除刑罚"中的"刑罚"实际就是不存在的。毕竟已经赦罪了,就不会再走到下一步的刑罚。换言之,按照张明楷教授的观点,如果对第 16 条的特赦进行重塑性认识,那么将法条修改表述为"经特赦令免除罪刑"更为妥当。但既然法律已作出明确规定,只能将"经特赦令免除刑罚"解释为其既包括特赦免除已决犯的刑罚;还包括因对未决犯赦罪,免除将来可能判处的刑罚。

虽然第二种解释进路较为圆满地化解了第 16 条所反映的体系内的冲突,但放置到整个法律体系,尤其是将其与宪法对应,会发现新的问题。从我国宪法的制定和发展历程看,"1949 年 9 月颁布的《中华人民共和国中央人民政府组织法》第 7 条规定,中央人民政府委员会行使颁布国家的大赦令和特赦令的职权。1954 年宪法规定将大赦和特赦的决定权分别赋予全国人大和全国人大常委会:第 27 条第 12 项规定全国人民代表大会行使大赦职权,第 31 条第 15 项规定,全国人民代表大会常务委员会行使特赦职权。同时 1954 年宪法第 40 条规定,中华人民共和国主席根据全国人民代表大会的决定和全国人民代表大会常务委员会的决定,发布大赦令和特赦令。此后,1975 年宪法未对赦免制度作出规定。1978 年宪法和 1982 年宪法均规定了特赦"[1]。从历史解释的角度出发,我国宪法严格区分了大赦和特赦,并在 1982 年《宪法》中仅保留了特赦制度。从 2015 年和 2019 年近两次的特赦看,其都是针对服刑的罪犯,未出现赦刑又赦罪的情形。这些都说明制宪者不认为我国应该保留大赦制度。但《刑事诉讼法》第 16 条第 3 项的规定显然又将特赦复归为包含隐性的大赦,这就与宪法的精神和具体规定存在冲突。综上,本评注认为有必要考虑删除《刑事诉讼法》第 16 条第 3 项的规定。

---

[1] 佚名:《我国宪法法律关于特赦的规定》,载《检察日报》2015 年 8 月 25 日,第 2 版。

第二条 【刑事诉讼法的任务】 中华人民共和国刑事诉讼法的任务,是保证准确、及时地查明犯罪事实,正确应用法律,惩罚犯罪分子,保障无罪的人不受刑事追究,教育公民自觉遵守法律,积极同犯罪行为作斗争,维护社会主义法制,尊重和保障人权,保护公民的人身权利、财产权利、民主权利和其他权利,保障社会主义建设事业的顺利进行。

▶▶【历次修法条文对照】

1979年《刑事诉讼法》	1996年《刑事诉讼法》	2012年《刑事诉讼法》	2018年《刑事诉讼法》
第一章 指导思想、任务和基本原则	第一章 ~~指导思想~~、任务和基本原则	第一章 任务和基本原则	第一章 任务和基本原则
第2条:中华人民共和国刑事诉讼法的任务,是保证准确、及时地查明犯罪事实,正确应用法律,惩罚犯罪分子,保障无罪的人不受刑事追究,教育公民自觉遵守法律,积极同犯罪行为作斗争,以维护社会主义法制,保护公民的人身权利、民主权利和其它权利,保障社会主义革命和社会主义建设事业的顺利进行。	第2条:中华人民共和国刑事诉讼法的任务,是保证准确、及时地查明犯罪事实,正确应用法律,惩罚犯罪分子,保障无罪的人不受刑事追究,教育公民自觉遵守法律,积极同犯罪行为作斗争,以维护社会主义法制,保护公民的人身权利、**财产权利**、民主权利和其它权利,保障~~社会主义革命和~~社会主义建设事业的顺利进行。	第2条:中华人民共和国刑事诉讼法的任务,是保证准确、及时地查明犯罪事实,正确应用法律,惩罚犯罪分子,保障无罪的人不受刑事追究,教育公民自觉遵守法律,积极同犯罪行为作斗争,~~以~~维护社会主义法制,**尊重和保障人权**,保护公民的人身权利、财产权利、民主权利和其他权利,保障社会主义建设事业的顺利进行。	第2条 内容未修订

▶▶【立法沿革】

本条为1979年《刑事诉讼法》确立,1996年和2012年修订刑事诉讼法时,立法机关都对本条作出修改。

一、1996年《刑事诉讼法》对本条的修改

立法机关在1996年修订《刑事诉讼法》时对本条作出两处修改。

(一)删除"社会主义革命"的政治性话语

我国在1979年制定刑事诉讼法时正值"文化大革命"结束不久。虽然在党的十一届三中全会以后,我国进入新的历史时期,党和国家的工作重点已经转移到经济建设上来,阶级斗争已不是国内主要矛盾,但"拨乱反正"的各项工作还未彻底结束,思想意识形态仍在转变过程中,特定的历史背景决定了1979年《刑事诉讼法》在宗旨、任务等条文用语上还呈现出一定的政治色彩,其中就包括第2条中的"保障社会主义革命……的顺利进行"。然而,为贯彻党的十一届三中全会精神,"党的十三大提出了社会主义初级阶段的理论和'一个中心、两个基本点'的基本路线,即以经济建设为中心,坚持四项基本原则,坚持改革开放。现阶段社会的主要矛盾,是人民日益增长的物质文化需要同落后的社会生产力之间的矛盾。我国社会主义建设的根本任务,是进一步解放生产力,发展生产力,抓住当前有利时机,集中精力把经济建设搞上去。党的十四大提出了在本世纪末初步建立起社会主义市场经济体制的伟大历史任务"[1]。可以说,经历了十几年的发展,我国的政治、经济和社会环境都已发生了深刻变革,阶级斗争、革命等政治口号早已淡化。与此相应,1993年的"宪法修正案"对宪法序言第七自然段的后两句话[2]作出修改,明确了

---

[1] 周道鸾、张泗汉主编:《刑事诉讼法的修改与适用》,人民法院出版社1996年版,第27页。

[2] 1988年《宪法》原文是:"今后国家的根本任务是集中力量进行社会主义现代化建设。中国各族人民将继续在中国共产党领导下,在马克思列宁主义、毛泽东思想指引下,坚持人民民主专政,坚持社会主义道路,不断完善社会主义的各项制度,发展社会主义民主,健全社会主义法制,自力更生,艰苦奋斗,逐步实现工业、农业、国防和科学技术的现代化,把我国建设成为高度文明、高度民主的社会主义国家。"

"我国正处于社会主义初级阶段。国家的根本任务是,根据建设有中国特色社会主义的理论,集中力量进行社会主义现代化建设……"顺应时代发展,遵循宪法精神,1996年《刑事诉讼法》将旧法第2条中的"保障社会主义革命和社会主义建设事业的顺利进行"改为"保障社会主义建设事业的顺利进行"。

(二)增加保护公民"财产权利"的规定

1979年《刑事诉讼法》是计划经济时代的产物。当时,我国1982年《宪法》还未制定,社会的财产所有制形式主要是全民所有制和劳动群众集体所有制。随着改革开放的深化,个体经济、私营经济成为以全民所有制、集体所有制为主的经济成分的补充形式。1988年《宪法》修订时,第11条增加了关于保护私营经济的合法权利和利益的补充规定:"国家允许私营经济在法律规定的范围内存在和发展。私营经济是社会主义公有制经济的补充。国家保护私营经济的合法的权利和利益,对私营经济实行引导、监督和管理。"随着公民个人所有的财产(包括生活资料和生产资料)迅速增加,为了更好地体现保护公民合法财产的精神,1996年《刑事诉讼法》在原条文中的"保护公民的人身权利"后增加了"财产权利"。

值得注意的是,第2条新增的公民"财产权利"在1996年《刑事诉讼法》的程序性条款中也有具体体现。一是第二编第一章"立案"的第84条第2款规定:"被害人对侵犯其人身、财产权利的犯罪事实或者犯罪嫌疑人,有权向公安机关、人民检察院或者人民法院报案或者控告。"二是第三编第二章第二节"自诉案件"的第170条第3项规定自诉案件包括"被害人有证据证明对被告人侵犯自己人身、财产权利的行为应当依法追究刑事责任,而公安机关或者人民检察院不予追究被告人刑事责任的案件"。两个新增条文都是为了强化对被害人(1996年《刑事诉讼法》新增的一类当事人)的权利保护而制定,至于其权利保护的内容,一个重要的方面就是"财产权利"。

二、2012年《刑事诉讼法》对本条的修改

立法机关在2012年修订刑事诉讼法时,对本条也有两处修改。

(一)将"尊重和保障人权"写入刑事诉讼法的任务

2004年的《宪法修正案》将"国家尊重和保障人权"写入宪法。素有"小宪法"之称的刑事诉讼法理应贯彻和落实这一重要的宪法原则。尤其是刑事诉讼制度关系到公民的人身自由、通信自由、住宅安宁、财产权等基本权利,将"尊重和保障人权"写入刑事诉讼法,更有利于充分体现我国社会主义司法制度的优越性,更有利于体现我国对尊重和保障人权的重视,也更有利于将这一宪法原则贯彻落实到刑事诉讼的全流程、各阶段、各环节。

需要注意的是,"尊重和保障人权"绝不仅仅是一个宣示性口号,而是作为刑事诉讼法的任务贯穿于刑事司法活动的始终。2012年《刑事诉讼法》修订的不少条文对此都有所体现,"比如完善证据制度,防止刑讯逼供;扩大法律援助的范围、完善辩护制度,解决律师在执业中反映强烈的会见难、阅卷难、调查取证难等突出问题;规定讯问时录音录像制度、强化对侦查活动的监督、完善死刑复核程序等规定"[1]。

(二)删除"以维护社会主义法制"中的"以"字

从语句结构看,"以"字常常代表着后文的"维护社会主义法制……"等内容是目标或目的。换言之,原第2条"以"之前为刑事诉讼法的任务,"以"之后更像是完成任务所要企及的目标或要实现的目的。但这样的语句结构设计似乎有违第2条是刑事诉讼法任务的立法定位。所以,删除"以"字之后,"整个条款的内涵就只余下'任务'的规定"[2],这样处理更能做到名实相符,内容聚焦。

▶▶【法条注解】

本条开宗明义地规定了刑事诉讼法的任务。通过对条文的各种解读和学理解释进行梳理,可以发现通说认为法律规定的刑事诉讼法的任务包括三项:直接任务、重要任务和根本任务。

---

[1] 黄太云:《刑事诉讼法修改释义》,载《人民检察》2012年第8期,第11页。
[2] 陈卫东主编:《2012刑事诉讼法修改条文理解与适用》,中国法制出版社2012年版,第11页。

一、直接任务

刑事诉讼法的直接任务也称首要任务,一般认为是"保证准确、及时地查明犯罪事实,正确应用法律,惩罚犯罪分子,保障无罪的人不受刑事追究"。

(一)准确、及时地查明犯罪事实

要对犯罪分子罚当其罪,必须以坚实的犯罪事实作为基础,这需要办案机关准确、及时地"查明犯罪事实"。犯罪事实的查明包括:犯罪事实是否发生,谁实施了犯罪,犯罪的过程以及其他与犯罪有关的情况,如是否初犯、偶犯以及犯罪后的自首、立功等。

查明犯罪事实一定要"准确",唯有还原真相、查明真凶,才能对案件作出正确的处理。如何"准确"地查明犯罪事实,一是要坚持证据裁判原则,即查明犯罪事实必须以证据为根据,辅之以论理法则和经验法则的科学应用,不能道听途说、捕风捉影,凭感觉办案,甚至故意制造伪证、办假案;二是办案人员要客观全面地收集证据,科学公正地审查、判断证据和评判案情,避免偏听偏信,主观臆断,片面查案和断案。从这个角度而言,将本条中的查明"犯罪事实"改为查明"案件事实"更为准确。

查明犯罪事实不仅要准确,还要"及时",要在尽量短的时间里查明案件真相。为什么要强调查案的及时性?首先,及时查明犯罪事实能尽快落实国家刑罚权。证据是认定案件事实的依据。但是,随着时间的流逝,有的痕迹、物证可能会变化、灭失,证人对案情的记忆也可能会淡化、扭曲。如果诉讼延迟,时过境迁,办案机关可能就难以收集到确实、充分的证据,就会发生案情模糊、真相不明的情况。如果案件真相无法查明,国家的刑罚权就会落空,难以实现。其次,及时查明犯罪事实能有效预防犯罪。"心理学的研究表明,冲突行为对行为责任者的制裁过程越短,制裁所产生的威慑功能就越为强烈,制裁的节律直接关系到制裁的效果。"[1] "犯罪与刑罚之间的时间隔得越短,在人们心中,犯罪与刑罚这两个概念的联系就越突出、越持续,因而,人们就很自然地把犯罪看作起

---

[1] 柴发邦主编:《体制改革与完善诉讼制度》,中国人民公安大学出版社1991年版,第83页。

因,把刑罚看作不可缺少的必然结果……只有使犯罪与刑罚衔接紧凑,才能指望相联的刑罚概念使那些粗俗的头脑从诱惑他们的、有利可图的犯罪图景中猛醒过来。推迟刑罚只会产生使这两个概念越离越远的结果。"[1]及时查明犯罪事实,可以使人们心目中有罪必罚的观念得到强化,从而抑制内心犯罪的冲动;反之,罪与刑间隔得太远,有罪必罚的观念就会愈发淡化,不利于有效遏制人们心中的犯罪冲动。再次,及时查明犯罪事实能有效保障人权。犯罪嫌疑人、被告人被卷入刑事诉讼其实是一种负担或煎熬。在刑事诉讼期间,他们的正常生活被破坏,人身可能被羁押,财产可能被查封、扣押、冻结,人格名誉可能也会遭受一定程度的贬损。在最终判决尚未作出之前,犯罪嫌疑人、被告人的法律地位始终处于不确定的状态,其正常的生活、工作和学习难以安排,一些与此相关的权益损失在所难免。从某种程度上说,程序即惩罚。所以,尽快查明真相,结束诉讼程序,可以使这些人尽快从诉讼中解脱出来,从诉讼的不确定性走向最终的确定性。"诉讼本身应该在尽可能短的时间内结束,法官懒懒散散,而犯人却凄苦不堪;这里,行若无事的司法官员享受着安逸和快乐,那里,伤心落泪的囚徒忍受着痛苦,还有比这更残酷的对比吗?"[2]最后,及时查明犯罪事实可以节约司法资源,实现诉讼经济化。作为实现国家刑罚权的一种程序设计,刑事诉讼的推进必然要耗费相应的人力、物力和财力。由于资源的稀缺性,国家在一定时期内投入到刑事诉讼的社会资源总是有限的,这就要求任何理性的程序设计和制度运作都必须符合一定的经济规律,即投入最少而收益最大的效益规律。因此,强调及时查明犯罪事实,能够提高诉讼效率,节约有限的司法资源,实现诉讼经济化的要求。我国刑事诉讼法主要从设立诉讼期限、认罪认罚从宽制度、简易程序和速裁程序等方面体现"及时查明犯罪事实"的任务要求。

"准确"查明犯罪事实体现了刑事诉讼对公正价值的追求,"及时"查明犯罪事实则体现了刑事诉讼对效率价值的追求。从第2条对"准确"

---

[1]〔意〕切萨雷·贝卡里亚:《论犯罪与刑罚》,黄风译,北京大学出版社2008年版,第47—48页。

[2]〔意〕切萨雷·贝卡里亚:《论犯罪与刑罚》,黄风译,北京大学出版社2008年版,第47页。

"及时"两词的排序看,查明犯罪事实,"准确"是第一位的,要放在前面[1];"及时"是第二位的,紧随其后。由此可以推导出刑事诉讼的一个基本理念:公正优先,兼顾效率。

(二)正确应用法律

如果说"查明犯罪事实"是事实认定问题,那么"正确应用法律"则是法律适用问题。前者侧重于事实层面,后者则关注规范层面。

刑事诉讼法的任务之一是保证"正确应用法律",其前提或基础是"准确、及时地查明犯罪事实"。只有事实清楚,证据确实、充分,办案机关才能正确认定被告人是否有罪、是此罪还是彼罪、是一罪还是数罪以及判处相应的刑罚。所以,正确应用的"法律"首先是刑法。此外,对于犯罪造成的物质损失,被害人还可以提起附带民事诉讼,所以正确应用的"法律"还包括附带民事诉讼中的民法典、民事诉讼法等。值得注意的是,一些教科书认为这里的"法律"还包括刑事程序法[2],如果照此理解就会出现逻辑上的悖论。因为,刑事诉讼法的任务不可能是正确应用刑事诉讼法。所以,这里要么限缩应用的"法律"范围,要么修改任务的主体。但在立法未修改的情况下,正确应用的法律不应包括刑事诉讼法。

(三)惩罚犯罪分子,保障无罪的人不受刑事追究

理想状态下,惩罚犯罪分子与保障无罪的人不受刑事追究是刑事诉讼法任务的一体两面,将真凶绳之以法当然意味着还无辜之人以清白,但实际情况并不尽然。除了有罪不究、放纵犯罪,实践中可能还存在打击面过大的情形,这就会将无辜之人一并定罪处罚。所以,刑事司法真正做到不枉不纵、不错不漏,就必须强调"保障无罪的人不受刑事追究",以确保惩罚犯罪的精准化。在制定1979年《刑事诉讼法》时,彭真同志提出:"过去我们对刑事诉讼法的指导思想和任务有认识上的偏差,片面强调打击敌人、惩罚犯罪,而忽视保护人民的一面。刑事诉讼既要惩罚犯

---

[1] 参见顾昂然:《关于刑事诉讼法的任务和基本原则》,载《人大工作通讯》1996年第4期,第7页。

[2] 参见陈光中主编:《刑事诉讼法》(第七版),北京大学出版社、高等教育出版社2021年版,第21页;张建伟:《刑事诉讼法通义》(第二版),北京大学出版社2016年版,第45页。

罪,也要保障无辜的人不受刑事追究;在惩办犯罪分子的同时,要力求不冤枉一个好人。一九六三年的刑事诉讼法草案(初稿)只规定了刑事诉讼法的任务是'揭露犯罪、证实犯罪和惩罚犯罪'。""根据彭真的意见,这次刑事诉讼法(草案)……第二条关于刑事诉讼法的任务又明确规定,刑事诉讼法既要'惩罚犯罪分子',又要'保障无罪的人不受刑事追究'。"[1]

二、重要任务

"教育公民自觉遵守法律,积极同犯罪行为作斗争"被视为刑事诉讼法的重要任务。

刑事诉讼法一方面通过保障刑法的正确实施,将什么是犯罪、犯罪的危害性以及应负的法律责任等刑法规定晓谕民众,使其知法、敬法、守法,从而达到明刑弼教的作用;另一方面则是通过诉讼程序的展开,以一种仪式化的场景将立案、侦查、起诉、审判和执行的具体程序展现在民众面前,让民众了解和感知整个司法过程,将刑法等法律所要保护的集体情感和价值共识内化于每一社会个体的意识中,增强他们的法治观念,实现民众的个人守法,进而依靠民众积极与犯罪行为作斗争,从而达到社会的普遍守法。

刑事诉讼法中的一些具体规定体现了"教育公民自觉遵守法律"的精神。一是管辖一章确定一审案件的地区管辖时,首先考虑的就是由"犯罪地法院"管辖。原因之一就是"案件既然在犯罪地发生,当地群众自然关心案件的处理,由犯罪地人民法院审判,更能有效地发挥审判的法制教育作用"[2]。可以说,便利法制宣传和法制教育是确定管辖的一项重要因素。二是办案人员在讯问过程中可以采用批评教育的方式引导犯罪嫌疑人如实供述。三是法院的公开审理有法制宣传教育的作用。"审判公开,是教育和改造犯罪分子的一种有效方法。在公开的法庭上,揭露犯罪分子的犯罪事实,更会使犯罪分子感到难于诡辩,这对于他端正认罪态度和今后的改造是有利的……审判公开,也是开展法制教育的一种良

---

[1] 《彭真传》编写组:《彭真传》(第四卷),中央文献出版社 2012 年版,第1353—1354 页。

[2] 陈光中主编:《刑事诉讼法》(第七版),北京大学出版社、高等教育出版社2021 年版,第 129 页。

好形式。旁听群众可以从具体案例中受到直观的活生生的教育,这对于提高公民守法的自觉性,提高同违法犯罪行为作斗争的主动性都是有利的。"[1]苏联学者也认为:"关于法院对被告人以及一切出席法庭的人的巨大作用,我们是估计不足的。一个能够很好地、熟练地、根据党的立场处理案件的审判员,经常能够保证将法庭作为良好的课堂。人们都要去听他审案,去向他学习。"[2]即使是不公开审理的未成年人刑事案件也存在法庭教育环节。《刑事诉讼法》第285条规定:"审判的时候被告人不满十八周岁的案件,不公开审理。但是,经未成年被告人及其法定代理人同意,未成年被告人所在学校和未成年人保护组织可以派代表到场。"本条规定未成年被告人所在学校和未成年人保护组织派代表到场,主要是为了便于他们了解案件有关情况,在审判结束后对未成年罪犯进行法制教育。近年来,一些地方对法庭判决后的未成年人教育进行了探索,正是对这一规定的深入实践。四是在教育刑的观念引导下,刑罚的执行即刑事制裁也使"犯罪分子和其他社会成员受到教育,在日后的行动中自觉依法办事"[3]的效果,这一点是刑事诉讼法通过保障刑法的实施,以落实刑罚权来实现的。

此外,刑事诉讼法中还有一些规定也体现了教育、鼓励公民"积极同犯罪行为作斗争"的精神。例如,第84条规定的扭送赋予了公民同犯罪行为作斗争的手段方式;第81条规定了审查被逮捕的犯罪嫌疑人、被告人的人身危险性须考虑"可能对被害人、举报人、控告人实施打击报复"的因素;第111条第3款规定:公安机关、人民检察院或者人民法院应当保障报案人、控告人、举报人及其近亲属的安全。报案人、控告人、举报人如果不愿公开自己的姓名和报案、控告、举报的行为,应当为他保守秘密。众所周知,报案、控告和举报是我国刑事诉讼中立案材料的重要来源,是发现犯罪的重要渠道。报案人、举报人、控告人都可能是刑事诉讼中的重要证人,保护这些人不受打击报复,一方面有利于及时发现案件真相,另一方面则是保护他们,教育引导他们敢于同犯罪行为作斗争。

---

[1] 袁红兵、张丽岐编著:《刑事诉讼法学》,时事出版社1987年版,第59页。
[2] [苏]M.A.切里佐夫:《苏维埃刑事诉讼》,中国人民大学刑法教研室译,法律出版社1955年版,第420页。
[3] 苏晓宏:《法理学基本问题》,法律出版社2006年版,第28页。

三、根本任务

"维护社会主义法制,尊重和保障人权,保护公民的人身权利、财产权利、民主权利和其他权利,保障社会主义建设事业的顺利进行"一般被视为刑事诉讼法的根本任务。因为这一部分的任务较为宏观、抽象,是从国家层面,如社会主义的法制建设、国家建设等角度对刑事诉讼法设定的任务,所以在这一部分有两点值得关注。

(一)"尊重和保障人权"规定在第2条的立法缘由

"尊重和保障人权"在2012年《刑事诉讼法》修改时被纳入第2条。有不少学者对此提出意见,认为应当将"尊重和保障人权"或"保障人权"置入第1条,替换"保护人民"的表述。"人民"往往是一个政治概念,与"敌人"相对,一般指人民群众、人民大众,不包括犯罪嫌疑人、被告人和罪犯。"人权保护的对象是'人',即便是被告人、犯罪嫌疑人和罪犯,哪怕是判处死刑的罪犯,也享有一定的人权,某些人权还是不能被剥夺的。宪法规定国家保障人权,意味着宪法不仅保护人民,也保护罪犯、犯罪嫌疑人和被告人的正当权益。"[1]《刑事诉讼法》第1条"惩罚犯罪,保护人民"的表述实际上是通过惩罚犯罪来保护人民的人身、财产和生命等合法权利不受犯罪分子侵害,反映出来的仍然是打击、遏制犯罪的立法目的。贯彻宪法的原则和精神,如果将第1条中的"惩罚犯罪,保护人民"修改为"惩罚犯罪,保障人权",那么刑事诉讼法所保护的就是所有人作为人的权利,不仅保护人民的权利不受犯罪分子的侵害,还要保障无罪的人不受刑事追究,更要保护犯罪嫌疑人、被告人和罪犯的合法权益。"只有这样修改,才能对整部刑事诉讼法有关人权保障的内容起到提升和统摄的作用。"[2]

上述意见确有一定道理,也受到立法机关的关注。但最终"尊重和保障人权"仍然规定在了第2条。其中的一个重要原因在于第1条与第2条的性质和彼此间的关系。《刑事诉讼法》第1条规定的是刑事诉

---

[1] 韩大元:《刑事诉讼法修改应明确规定"保障人权"》,载《新产经》2012年第2期,第36页。

[2] 陈光中主编:《〈中华人民共和国刑事诉讼法〉修改条文释义与点评》,人民法院出版社2012年版,第4页。

讼法的立法宗旨或立法目的,是制定和实施刑事诉讼法的出发点和追求的目标。第 2 条规定的是刑事诉讼法的任务,是为了实现立法目标所应承担的责任。第 1 条和第 2 条分属不同的上下位概念。刑事诉讼法的立法宗旨要受到宪法以及刑事实体法的限制,"人民"是宪法中明确采用的概念,而《刑法》第 1 条更是明确规定了刑法的立法目的是要"惩罚犯罪,保护人民"。在刑法未修改,"人民"一词暂不调整的前提下,作为"为了保证刑法的正确实施"的刑事诉讼法不能不考虑与实体法的协调。[1] 而刑事诉讼法的任务则是一个较为具体的概念,将"尊重和保障人权"作为一项任务规定便不会面临修改第 1 条"人民"一词所带来的风险,其与后文的"公民"权利相衔接也较为顺畅,同时还表明了刑事诉讼法在落实宪法的基本原则——"尊重和保障人权"方面的重大决心与努力。

(二)"尊重和保障人权"与"保护公民的人身权利、财产权利、民主权利和其他权利"之间的关系

"尊重和保障人权"与"保护公民的人身权利、财产权利、民主权利和其他权利"之间是什么关系?有研究者提出:"尊重和保障人权是一项新的任务,还是对原有任务的重复规定?因为在原有的第二条规定中写有'保护公民的人身权利、财产权利、民主权利和其他权利',既然 1996 年刑事诉讼法中就有保护公民权利的表述,重复表述人权保障问题显然是多余的。"[2] 本评注认为,立法将"尊重和保障人权"规定在第 2 条其实是给刑事诉讼法增加了一项新任务。如何理解其与后文中保护具体权利的关系,结合本条与刑法条文的对比可推导出如下结论:

原有的保障公民权利的具体规定倾向于实体层面的法益保障。因为,"刑事诉讼法保障国家刑罚权的落实。其中惩罚以公民个人的利益为侵害对象的犯罪行为的活动本身就是直接对公民人身权利、财产权利、民主权利和其他权利提供保护"[3]。可以发现,《刑法》第 2 条中所保护

---

[1] 参见陈卫东:《人权保障:走出宪法的"神坛"——尊重和保障人权从宪法走进刑诉法背后的故事》,载何家弘主编:《法学家茶座》(2012 年第 3 辑,总第 36 辑),山东人民出版社 2012 年版,第 45 页。

[2] 陈卫东主编:《2012 刑事诉讼法修改条文理解与适用》,中国法制出版社 2012 年版,第 11 页。

[3] 张建伟:《刑事诉讼法通义》(第二版),北京大学出版社 2016 年版,第 49 页。

的权利也包含上述四项。究其原因,刑事诉讼法作为刑法的保障法,本身就可以继受刑法的任务。所以,刑事诉讼法的任务条款中所要保护的四项权利在实体法中有明确的体现和对应。例如,"人身权利是指公民的生命、健康、人身自由等方面的权利;民主权利是指公民依照法律参加国家管理和政治生活的各项权利;其他权利是指劳动、婚姻自由及老人、儿童不受虐待、遗弃等权利"[1]。

但值得注意的是,刑事诉讼法同时还承担规范国家权力、约束政府官员和司法人员行为的任务,使其在司法办案与执法过程中不致滥用权力和恣意妄为,侵犯诉讼参与人,尤其是犯罪嫌疑人、被告人的权利。从这个层面上理解,"尊重和保障人权"是一项全新的任务。所谓的"保障人权"更倾向于对诉讼中的犯罪嫌疑人、被告人的权利保障,但同时也统摄对公民因犯罪遭受侵害的人身、财产、民主以及其他权利的保护。

(三)如何理解尊重人权和保障人权两项不同任务

尊重和保障人权不仅是刑事诉讼法的规定,也是一项宪法规定。宪法中规定了尊重和保障人权的义务主体,即国家尊重和保障人权,这同样适用于刑事诉讼。当然,刑事诉讼中的"国家"可进一步具化,即由代表国家行使国家公权力的专门机关以及在这些机关内具体行使侦查权、检察权、审判权和刑事执行权的人来尊重和保障人权。

有研究者曾提出疑问:尊重和保障人权包括尊重人权和保障人权两个方面。其中,尊重人权作为刑事诉讼法的一项任务如何完成?一般认为,尊重是指尊敬、重视,属于一种心理状态、一种认识,难以通过直接的行为活动去实现,只能是依靠保障人权去间接体现。虽然宪法也有类似的规定,但宪法属于国家的根本大法,具有宏观性、原则性和概括性的特点,不作为执法的直接根据,其他部门法多是依据宪法来制定,进而具体落实其精神和要求,宪法中的国家尊重人权作为一种宣示性口号并无问题,但作为刑事诉讼法的任务则难以得到具体执行。

要回应这一问题,可以从宪法学的基本法理展开分析。宪法学一般将基本权利分为"消极权利"和"积极权利"。消极权利是指要求国家不

---

[1] 王爱立主编:《中华人民共和国刑法条文说明、立法理由及相关规定》,北京大学出版社2021年版,第7页。

作为,即不得干预的权利,对应国家的消极义务,如自由权与尊重义务;而积极权利则要求国家积极作为,对应国家的积极义务,如社会权与给付义务。[1] 作为国家基本权之一的人权是一项内涵丰富的复合性权利,兼具"消极权利"和"积极权利"的属性。相应地,作为与权利方相对的义务方——国家,也兼有对人权的消极义务和积极义务,而这两个方面恰恰分别对应国家尊重人权和保障人权。

1. 国家的消极义务:尊重人权

国家对人权的尊重义务(任务)是一种消极义务,是指国家不得非法侵害、干涉或限制人权。刑事诉讼活动中的人权既包括公民的人身权利、财产权利和民主权利等实体权利,还包括辩护、代理、上诉等诉讼权利,国家对于这些权利不得非法侵害。国家"尊重人权"的消极义务在刑事诉讼法的不少条文中都有体现。例如,《刑事诉讼法》第52条规定,"严禁刑讯逼供和以威胁、引诱、欺骗以及其他非法方法收集证据,不得强迫任何人证实自己有罪";第141条规定,"与案件无关的财物、文件,不得查封、扣押";第153条规定,"为了查明案情,在必要的时候,经公安机关负责人决定,可以由有关人员隐匿其身份实施侦查。但是,不得诱使他人犯罪,不得采用可能危害公共安全或者发生重大人身危险的方法。"除了对诉讼参与人等的实体权利不得侵害,第227条第3款还规定,"对被告人的上诉权,不得以任何借口加以剥夺。"上诉权属于被告人的诉讼权利,即程序权利,所以本条属于国家对被告人程序权利的尊重。

国家尊重人权强调了人权的重要性,也划定了国家对人权的权力行使边界,对国家权力具有约束和规范作用。"公民行使基本权利不需要任何正当化理由,而国家限制公民的基本权利在宪法上则必须具有正当性。"[2] 同时,国家对人权的尊重义务,还赋予了权利方一定的请求权和防御能力。基本权赋予人民一种法律地位,在国家侵犯其受基本权所保护的法益时,可直接根据基本权规定,请求国家停止侵害,从而达到防卫受基本权保护的法益,使自身免于遭受国家恣意干预的目的。可以说,国

---

[1] 参见郑旭文:《基本权利的国家保护义务》,载《福州大学学报(哲学社会科学版)》2012年第6期,第72页。

[2] 陈征:《基本权利的国家保护义务功能》,载《法学研究》2008年第1期,第51页。

家尊重人权虽然不需要其以积极的行动去实现,但却需要国家的另一种配合,即履行不作为的消极义务,不得侵犯、干涉或妨碍人权的行使,同时,当公民行使防御能力或请求权能,要求国家停止侵害时,国家也应当立即停止,作出补救。这些都是在完成尊重人权的任务。

2. 国家的积极义务:保障人权

国家对人权的保障义务属于积极义务,可进一步细分为对人权的实现义务和保护义务。

"实现义务"要求国家为刑事诉讼参与人某些权利的实现创造条件、提供便利,如提供物质支持、程序机制或者人力服务等外部资源或条件。"实现义务"本质上是国家为人权主体履行一种给付义务,目的是促进人权的实现。例如,《刑事诉讼法》第9条第1款第1句规定,"各民族公民都有用本民族语言文字进行诉讼的权利"。为了确保这项权利的实现,对于不通晓当地通用的语言文字的诉讼参与人,公检法机关有义务为他们提供翻译。这在理论上被称为国家的诉讼关照义务[1],本质上是国家保障人权中"实现义务"的体现。再如,第36条第2款规定,"人民法院、人民检察院、看守所应当告知犯罪嫌疑人、被告人有权约见值班律师,并为犯罪嫌疑人、被告人约见值班律师提供便利"。本条中的"提供便利",包括为约见值班律师提供值班律师手册,提供约见的场所和配套设施,目的是实现犯罪嫌疑人、被告人获得法律帮助的权利,从而使他们能够更好地参与诉讼,维护他们的各项诉讼权利。

"保护义务"强调国家负有积极义务,通过采取措施和提供救济,防止或阻止私人(他人)对人权的侵害。依照国家保护义务理论,基本权利意在实现公民的权利与自由,那么当公民基本权利遭到私法主体的侵害时,国家有义务采取积极有效的保护措施。[2] 所以,"保护义务"的本质

---

[1] 诉讼关照义务,是要求法院、刑事追诉机关有义务帮助不熟悉刑事程序的被告人伸张自己的权利。"法律规定法院、刑事追诉机关对被告人和其他参加刑事程序人员负有作告诉、提示的义务,是体现关照义务原则的范例。"参见[德]约阿希姆·赫尔曼:《〈德国刑事诉讼法典〉中译本引言》,载《德国刑事诉讼法典》,李昌珂译,中国政法大学出版社1995年版,序言第12—13页。

[2] 对基本权利的侵害除了来自公权力和第三人,地震、海啸等自然不可抗力也会给人民的基本权利如生命权、健康权造成不利影响。但在刑事诉讼中,涉及这类对人权的侵害几乎没有,故不予阐述。

是国家为人权主体提供事前预防的措施或事后救济的渠道,使其足以对抗私人(他人)对自身人权的侵害。刑事诉讼法主要涉及国家与个人之间的权力与权利的互动,对于公民个人之间的关系调整虽不多见,但也有涉及。例如,《刑事诉讼法》第64条规定,证人、鉴定人、被害人因在诉讼中作证,本人或者其近亲属的人身安全面临危险的,法院、检察院和公安机关应当采取一项或者多项保护措施。这其实就是国家为了保障作证的证人、鉴定人、被害人及其近亲属的基本人权所采取的保护措施,目的是防止他人的非法侵害。另外,对于他人已经造成的侵害,刑事诉讼法也提供了一系列的救济渠道。最明显的就是,当某人的人身权利、财产权利、民主权利等因遭到他人的犯罪侵害,从而提出报案或控告的,国家应启动追诉程序,为其提供司法救济,恢复被损害的社会关系和社会秩序。需要注意的是,确立对人权的保护义务和尊重义务,目的具有趋同性,都在于确保人权免受不法侵害。只不过保护义务针对私人(他人)的不法侵害,尊重义务则针对国家的侵害或干涉。两者本质上仍有差异。

总之,从人权的实践角度看,尊重和保障人权要求国家在刑事诉讼中行使权力要从消极和积极、不作为和作为两个面向展开。一方面,国家行权要保持理性和克制,减少自身侵害人权的可能性,这是尊重人权所要完成的任务;另一方面,国家还要积极创造条件、提供便利,促使权利的完整实现,采取各项措施,保护权利不受私人的不当侵害,这是保障人权所要完成的任务。

▶▶【法条评点】

一、刑事诉讼法目的和任务的关系

"目的"和"任务"都可视为一种主观对客观的意图或要求,但"任务"通常较为具体,常被认为是通过努力可以完成的一种计划,而目的则更偏重于理想化的价值追求,是一种终极目标或远景结果。"目的是从宏观角度着眼,构建了刑事诉讼法的使命,任务则从微观角度构建了具体完成的任务。"[1]从另一个角度分析,立法宗旨或曰立法目的是立法机

---

[1] 吴啟铮:《刑事诉讼法任务刍议——对我国〈刑事诉讼法〉第2条的反思与重构》,载《甘肃政法成人教育学院学报》2005年第3期,第48页。

关在制定刑事诉讼法时的一种期许与愿景,而法律任务则是为了达到这一期许与愿景,立法施加于执法和司法机关等各诉讼主体的工作要求及行为指令。从这个层面看,目的偏重于立法机关的主观意识和观念,是较为抽象、概括和原则的;而任务则更倾向于在司法层面如何去完成各项具体的工作和指令,其内容是较为刚性的,是可测评、可度量的,具有较强的客观约束力。

刑事诉讼程序随着个案的发生而反复展开。那么,本条中的任务究竟是对个案而言的具体任务,还是指对所有刑事案件开展诉讼程序所必须完成的事项呢?如何理解本条中任务的性质和作用呢?本评注认为,鉴于法律适用的普遍性,刑事诉讼法不可能对个案提出具体办案要求,毕竟个案千差万别,具体办案要求当然不同。所以,《刑事诉讼法》第2条规定的内容,仍是就程序运行提出的大概目标,实质上也是一种应然性的立法愿望。由于这种愿望实现与否并没有伴随明确的责任约束,充其量是一种宽泛的政治道德指引,很难说是一项具体的法律任务。其是一种高度概括的评价性表述,虽然冠以"任务"之称,但在法理上却仍然反映着立法者对实施刑事诉讼法的理想化目的要求。与其说是"任务",不如说还是"目的",[1]只是稍加具体罢了。

二、谁之任务

本法第2条是刑事诉讼法的任务,但刑事诉讼法既没有生命力,也没有行为能力,它无法主动地完成设定的任务。所以,立法能否为刑事诉讼法设定任务呢?一些学者已经发现了这一问题,他们在对刑事诉讼法的具体任务展开分析时就指出:"严格分析起来,刑事诉讼法承担教育公民自觉遵守法律的任务,情理不通。盖法律乃客体,并非主体,它是被用于进行教育之具,而不能离开主体有意识地主动去进行教育。也就是说:客体不能自觉行动,如何能够去从事教育民众这一积极作为?教育民众的任务,由执行这一法律和宣传这一法律的机关、单位、个人承担,才讲得通。"[2]可见,第2条在表述上存在语法问题。刑事诉讼法并不是承担

---

[1] 参见蔡国芹:《也谈刑事诉讼法任务的修改》,载《嘉应学院学报(哲学社会科学)》2009年第4期,第122页。

[2] 张建伟:《刑事诉讼法通义》(第二版),北京大学出版社2016年版,第46页。

任务的主体,任务的承担者应为刑事诉讼主体。

接下来的问题是,所有的刑事诉讼主体都要完成第 2 条规定的任务吗？众所周知,刑事诉讼主体众多,有的主持或主导刑事诉讼活动,如人民法院、人民检察院、公安机关等国家专门机关；有的参加刑事诉讼活动,如当事人或其他诉讼参与人。这些主体是否都要完成第 2 条所规定的任务,值得斟酌。比如,如果诉讼参与人要完成第 2 条规定的任务,那就等于要求作为当事人的犯罪嫌疑人、被告人也要准确、及时地查明自己涉嫌的犯罪事实以惩罚自己的罪行,这无异于强迫他们证实自己有罪,明显违反了《刑事诉讼法》第 52 条的规定,也与法定的举证责任分配原则相悖。再如,要求作为当事人的被害人去完成"惩罚犯罪分子"的任务,这就等于变相赋予了他们动用"私刑"的权利,与刑罚权为国家所垄断的权力配置格局相冲突。所以,第 2 条所规定的任务只能是行使国家公权力的专门机关以及在这些机关内具体行使侦查权、检察权、审判权以及刑罚执行权的人(如侦查人员、检察人员、审判人员等)来完成。如此分析,第 2 条在一定程度上体现出我国刑事诉讼的职权主义倾向。

但还要继续追问的是,公检法等机关(以及在这些机关内具体行使职权的人)的任务是共同的和一致的吗？首先,如果它们需要完成共同的任务,又如何要求它们在刑事诉讼中各司其职、分工负责呢？就这些机关和机关人员而言,它们在刑事诉讼中对责任的履行就是在完成各自的任务,这里的责任和任务是可以等约替换的。如果它们的任务统一,为何责任不一致,地位不相同呢？其次,从第 2 条的规定看,公检法各机关所要完成的任务也确实不同。例如,"保证准确、及时地查明犯罪事实"主要是承担控诉职能的公安机关、人民检察院为落实指控犯罪的举证责任所要完成的任务,而非人民法院的工作。人民法院不可能去主动查明犯罪事实,其最多是准确、及时地判明"案件事实"而非"犯罪事实",否则就会戴上有罪推定的"帽子",脱离其居中裁判、客观中立的应有角色和诉讼地位。

所以,第 2 条规定的任务并不是任何刑事诉讼主体都要履行和完成的共同任务,甚至不是国家专门机关要统一完成的任务。刑事诉讼主体在诉讼活动中有不同的职权和责任、不同的权利和义务、不同的地位和角色,这就意味着他们会有不同的任务,这是紧密相关、相互依存的。换言之,不可能有一项总任务,可以由公检法等多机关和众多诉讼参与人不分彼此、不分大小、不分前后地共同携手完成。当然,第2条中的部分任务,如根本任务——维护社会主义法制,尊重和保障人权,保护公民的人身权利、财产权利、民主权利和其他权利,保障社会主义建设事业的顺利进行——似乎可以成为各机关共同的任务和使命。然而,"它更多的是反映了国家现行的所有法律应该具有的'终极目的'。在这个含义上讲,任务、目的和要求之间已经没有特别明显的区别了"[1]。

从域外的法典化国家来看,大多数国家的刑事诉讼法都没有在文本中直接规定任务,只有少数国家规定了刑事诉讼法的目的,如日本、俄罗斯等。一些研究者也就此提出过立法建议,陈卫东教授认为:"现行《刑事诉讼法》第2条有关'刑事诉讼法任务'的规定与立法目的基本重合,因此对于'任务'一条不再作出重复规定。"[2]徐静村教授在其《中国刑事诉讼法(第二修正案)学者拟制稿及立法理由》中也是仅规定了立法宗旨,没有设置立法任务条款。[3]

综上,本评注认为,立法其实可以删除刑事诉讼法的任务,将公检法等机关各自不同的任务置入其职权配置(如《刑事诉讼法》第3条)和具体的诉讼程序(刑事诉讼法分论)中,同时将部分较为宏观的任务,或者划入刑事诉讼法的目的中,作为一种宣示性的口号,或者划入原则的范畴,用以指导具体制度和程序的运转。

▶▶【延伸性阅读资料】

一、不同法律"任务条款"考据[4]

一个值得注意的现象是,我国法律体系中规定了任务条款的法律很

---

[1] 蔡国芹:《也谈刑事诉讼法任务的修改》,载《嘉应学院学报(哲学社会科学)》2009年第4期,第123页。

[2] 陈卫东主编:《模范刑事诉讼法典》(第二版),中国人民大学出版社2011年版,第111页。

[3] 参见徐静村主持:《中国刑事诉讼法(第二修正案)学者拟制稿及立法理由》,法律出版社2005年版,第3—4页。

[4] 参见夏永全:《条解刑事诉讼法——主旨·释评》,西南交通大学出版社2014年版,第5—6页。

少。除本法外,《民事诉讼法》(1982,1991,2007,2012,2017,2021,2023)明确规定了该法律的任务(第2条),而《行政诉讼法》(1989,2014,2017)中则没有,《仲裁法》(1994,2009,2017)中也没有。实体法中,《刑法》(1979,1997,1998,1999,2001,2002,2005,2006,2009,2011,2015,2017,2020,2023)中有(第2条),《民法通则》(1986,2009)中没有,《合同法》(1999)中没有,《物权法》(2007)中没有,《侵权责任法》(2009)中没有,《民法典》(2020)中没有,《行政处罚法》(1996,2009,2017,2021)中没有,《治安管理处罚法》(2005,2012)中没有,《行政强制法》(2011)中也没有。由于明确规定了"任务条款"的法律非常少,故而有必要探究,是否只有两大诉讼法和刑法才有任务,其他法律就没有?若这是个有意义的范畴,为何在如此长的时间跨度内,大量的法律都没有提及各自的"任务"?

对此问题,可能有两个解释进路:一是不同时期的立法者认识不同,二是法律的特性不同。但这两者其实都难以成立。就第一点而言,同一届任期的立法机关在其许多立法中均无此等表述,因此所谓"主体认识差异"不足以解释这个问题。就第二点而言,前已述及,长时间、大规模的立法中都没有这样的表述,如果法律"任务条款"真的重要,为什么仅在极个别法律中才出现,这明显与其地位不符。通过对现行法律体系的初步考察,可以看出,这一情况主要是受特定历史时期的社会环境影响所致。一个显而易见的事实是,明确规定了法律"任务条款"的三部法律,都发端于"文化大革命"之后,相关立法工作正式启动初期。法律作为社会生活的调节器,不可能不受当时社会历史环境的影响。比如《刑事诉讼法》和《刑法》均为1979年制定,对于我国这样一个自古以来特别重视刑法(刑罚)的国家而言,在经历浩劫之后立即着手起草的法律中,开宗明义地规定其任务具有异乎寻常的意义。而《民事诉讼法》最早于1982年开始试行,其与"两刑"法律的制定颁行几乎同步,存在法律任务的表述可谓顺理成章。但是,随后制定的所有法律中都没有了这样的条款,这一带有较强"拟人色彩"的条款的消失,是社会变迁的必然结果。法律任务条款的"失踪",其实意味着法律"规范性"的回归。

第一章　任务和基本原则

第三条　【职权原则】对刑事案件的侦查、拘留、执行逮捕、预审,由公安机关负责。检察、批准逮捕、检察机关直接受理的案件的侦查、提起公诉,由人民检察院负责。审判由人民法院负责。除法律特别规定的以外,其他任何机关、团体和个人都无权行使这些权力。

【程序法定原则】人民法院、人民检察院和公安机关进行刑事诉讼,必须严格遵守本法和其他法律的有关规定。

▶▶【历次修法条文对照】

1979年《刑事诉讼法》	1996年《刑事诉讼法》	2012年《刑事诉讼法》	2018年《刑事诉讼法》
第一章　指导思想、任务和基本原则	第一章　~~指导思想~~、任务和基本原则	第一章　任务和基本原则	第一章　任务和基本原则
第3条:对刑事案件的侦查、拘留、预审,由公安机关负责。批准逮捕和检察(包括侦查)、提起公诉,由人民检察院负责。审判由人民法院负责。其他任何机关、团体和个人都无权行使这些权力。 人民法院、人民检察院和公安机关进行刑事诉讼,必须严格遵守本法和其他法律的有关规定。	第3条:对刑事案件的侦查、拘留、**执行逮捕**、预审,由公安机关负责。**检察**、批准逮捕、**检察机关直接受理的案件的侦查**、提起公诉,由人民检察院负责。审判由人民法院负责。**除法律特别规定的以外**,其他任何机关、团体和个人都无权行使这些权力。 人民法院、人民检察院和公安机关进行刑事诉讼,必须严格遵守本法和其他法律的有关规定。	第3条 内容未修订	第3条 内容未修订

▶▶【立法沿革】

本条自 1979 年《刑事诉讼法》颁布确立以来,仅在 1996 年修法时有过调整,调整内容涉及第 1 款规定,主要包括三个方面。

一、扩大公安机关的职责权限

1996 年《刑事诉讼法》第 3 条第 1 款增加了公安机关执行逮捕职权的规定。

1979 年《刑事诉讼法》第 39 条规定:"逮捕人犯,必须经过人民检察院批准或者人民法院决定,由公安机关执行。"据此,执行逮捕是公安机关的法定职权。但在 1996 年修法前,实践中还是有部分司法机关自行逮捕"人犯"(1996 年以前的犯罪嫌疑人、被告人统称为"人犯")的情形出现。有一线部门的同志指出:"在司法实践中,为了工作上的方便,不少检察机关将自侦案件的逮捕人犯由自己执行。这样做,保证了执行逮捕工作的及时准确,有利于自侦案件的诉讼。但是,这种作法显然缺乏足够的法律根据。"[1] 还有的同志提出了赋予检察机关执行逮捕权的主张:"检察机关自侦案件的逮捕也需要由公安机关执行。这里且不论法律对执行逮捕的时限有没有硬性规定,更主要的是:公安机关执行逮捕的人员与被告人素不相识,极易耽误战机,一些地方就出现了被告人潜逃数年难以结案的事例。因此,在执行逮捕时予以配合,是检察机关义不容辞的职责。久而久之就形成了这种格局:在执行逮捕时,公安方面仅来一名干警陪同,更有的则变通为公安只出一张逮捕证,执行工作由检察机关自行进行。这种司法超前于立法的做法,从执行《刑事诉讼法》来说,是违法的,但又被人们认为是合理的,同时也促使人们思考逮捕问题应从立法上修改完善。现在,检察机关有 17 万干警。每个基层检察院都配备了武器、械具、交通工具和法警,能够胜任直接受理侦查案件的执行逮捕任务。在公安机关任务繁重,警力紧张的情况下,从有利于打击贪污、贿赂犯罪的角度出发,检察机关也应当担负起直接受理侦查案件的执行逮捕任

---

[1] 于永林:《检察机关应有执行逮捕权》,载《人民检察》1994 年第 5 期,第 54 页。

务。"[1]《宪法》第 37 条第 2 款规定:"任何公民,非经人民检察院批准或者决定或者人民法院决定,并由公安机关执行,不受逮捕。"公安机关的执行逮捕权是宪法赋予的权力,不能被泛化和滥用。而且,逮捕的批准、决定权与执行权分离能够避免因逮捕权过于集中所引发的权力恣意和滥用,有"限权"和"保民"的现实意义。为了进一步明确公安机关对执行逮捕权的专属性,1996 年《刑事诉讼法》特意在第 3 条列明了此项权力的归属。

二、明晰检察机关的职责权限

1996 年《刑事诉讼法》第 3 条第 1 款进一步划清了人民检察院的"检察"与"自行侦查"的职责权限,将 1979 年《刑事诉讼法》规定的"批准逮捕和检察(包括侦查)"修改为"检察、批准逮捕、检察机关直接受理的案件的侦查"。"这是考虑到,人民检察院作为国家的法律监督机关,它的主要职责是代表国家依法行使检察权,即对宪法、法律的实施进行检察监督的权力。'批准逮捕'只是检察权的一部分。因此,应当把'检察'放在'批准逮捕'的前面。"[2]同时,考虑到人民检察院虽然在一定范围内行使侦查权,但它毕竟不是代表国家行使侦查权的主责机关。我国行使侦查权的机关主要是公安机关和国家安全机关,应当从法律上明确人民检察院的侦查权的范围,避免同公安机关和国家安全机关的侦查职权相混淆。因此,1996 年《刑事诉讼法》明确规定,检察机关对其直接受理的案件负责侦查,至于"直接受理的案件"范围为何,主要是指当时的《刑事诉讼法》"管辖"章第 18 条第 2 款[3](现为《刑事诉讼法》第 19 条第 2 款)规定的人民检察院可以立案侦查的案件。至于对其他案件的侦

---

[1] 曾有生:《完善反贪污贿赂诉讼程序若干问题的探讨》,载《检察理论研究》1992 年第 1 期,第 26 页。

[2] 周道鸾、张泗汉主编:《刑事诉讼法的修改与适用》,人民法院出版社 1996 年版,第 29 页。

[3] 1996 年《刑事诉讼法》第 18 条第 2 款:"贪污贿赂犯罪,国家工作人员的渎职犯罪,国家机关工作人员利用职权实施的非法拘禁、刑讯逼供、报复陷害、非法搜查的侵犯公民人身权利的犯罪以及侵犯公民民主权利的犯罪,由人民检察院立案侦查。对于国家机关工作人员利用职权实施的其他重大的犯罪案件,需要由人民检察院直接受理的时候,经省级以上人民检察院决定,可以由人民检察院立案侦查。"

查,则主要由公安机关、国家安全机关负责,人民检察院无权管辖。

三、补充"除法律特别规定的以外"

1996 年《刑事诉讼法》在原法第 3 条第 1 款中"其他任何机关、团体和个人都无权行使这些权力"之前增加规定了"除法律特别规定的以外"。这主要是因为自 1979 年《刑事诉讼法》公布施行以来,为适应维护国家安全、惩治犯罪的需要,我国司法机关作出了一些结构性调整,有些部门分立组合,职责权限发生了一些变化。随着在改革开放中对外交往活动的大量增加,一些境外的特务、间谍组织伺机向我国境内疯狂渗透。为了确保国家安全和反间谍工作的有效进行,根据国务院的提议,第六届全国人民代表大会第一次会议决定设立国家安全机关,承担原来由公安机关主管的对间谍、特务案件的侦查工作。为解决国家安全机关在执法中所必需的法律依据缺失的问题,1983 年 9 月 2 日第六届全国人大常委会第二次会议通过的《全国人民代表大会常务委员会关于国家安全机关行使公安机关的侦查、拘留、预审和执行逮捕的职权的决定》规定,"第六届全国人民代表大会第一次会议决定设立的国家安全机关,承担原由公安机关主管的间谍、特务案件的侦查工作,是国家公安机关的性质,因而国家安全机关可以行使宪法和法律规定的公安机关的侦查、拘留、预审和执行逮捕的职权"。另外,随着国家司法机构体制的变化,原来由公安机关管理的监狱从公安机关划分出去,监狱工作由国务院司法行政部门主管。为了适应这一变化,1994 年 12 月 29 日第八届全国人大常委会第十一次会议通过的《中华人民共和国监狱法》第 60 条第 1 句规定:"对罪犯在监狱内犯罪的案件,由监狱进行侦查"。这就从法律上明确了对犯人在狱内犯罪的侦查工作由监狱负责。此外,对于在解放军内部发生的刑事案件的侦查工作,几十年来一直都是由军队保卫部门承担的,1993 年 12 月 29 日第八届全国人大常委会第五次会议通过的《全国人民代表大会常务委员会关于中国人民解放军保卫部门对军队内部发生的刑事案件行使公安机关的侦查、拘留、预审和执行逮捕的职权的决定》规定:"中国人民解放军保卫部门承担军队内部发生的刑事案件的侦查工作,同公安机关对刑事案件的侦查工作性质是相同的,因此,军队保卫部门对军队内部发生的刑事案件,可以行使宪法和法律规定的公安机关的侦查、拘留、预审和执行逮捕的职权。"这就以立法的形式确定了军队保卫部门对军队内部发生的刑事案件的侦查管辖权。概括以上规定,国家安全机关、军队保卫部门和监狱都在法律规定的范围内行使一定的侦查权,1996年《刑事诉讼法》吸收了上述法律规定的内容,分别在第4条和第225条加以明确,同时在第3条作出相应补充:"除法律特别规定的以外",其他任何机关、团体和个人都无权行使这些权力。

值得注意的是,随着犯罪活动的"专业化"不断升级,我国职能部门又相继作出一系列的职能调整,国家机关的侦查权配置也发生了相应变化,第3条中的"法律特别规定"又有了新的内涵。2018年修订的《刑事诉讼法》第308条第2款新增"中国海警局履行海上维权执法职责,对海上发生的刑事案件行使侦查权"的规定。2020年6月30日第十三届全国人民代表大会常务委员会第二十次会议通过的《中华人民共和国香港特别行政区维护国家安全法》第48条第1款规定:"中央人民政府在香港特别行政区设立维护国家安全公署。中央人民政府驻香港特别行政区维护国家安全公署依法履行维护国家安全职责,行使相关权力。"同时,该法第56条规定:"根据本法第五十五条[1]规定管辖有关危害国家安全犯罪案件时,由驻香港特别行政区维护国家安全公署负责立案侦查,最高人民检察院指定有关检察机关行使检察权,最高人民法院指定有关法院行使审判权。"可见,维护国家安全公署也具有部分侦查权。上述拥有侦查权的机关也应属于《刑事诉讼法》第3条第1款中"法律特别规定"的情形。

▶▶【法条注解】

本条规定了刑事诉讼中的职权原则和程序法定原则。

一、职权原则

《刑事诉讼法》第3条第1款体现了职权原则,即公检法三机关拥有

---

[1]《中华人民共和国香港特别行政区维护国家安全法》第55条:"有以下情形之一的,经香港特别行政区政府或者驻香港特别行政区维护国家安全公署提出,并报中央人民政府批准,由驻香港特别行政区维护国家安全公署对本法规定的危害国家安全犯罪案件行使管辖权:(一)案件涉及外国或者境外势力介入的复杂情况,香港特别行政区管辖确有困难的;(二)出现香港特别行政区政府无法有效执行本法的严重情况的;(三)出现国家安全面临重大现实威胁的情况的。"

法定的专属职权。

（一）公安机关的职权

本条第1款规定，公安机关有侦查、拘留、执行逮捕和预审的职权。

1. 侦查与预审

长期以来，我国刑事司法实践中多将刑事案件的侦查分为前期侦查和后期预审两个阶段。前期侦查由公安机关的刑事警察负责，主要任务是收集证据和查获犯罪嫌疑人；后期预审则由公安机关的预审部门负责，主要任务是讯问查获的犯罪嫌疑人，核实已经收集、调取的证据材料，查清余罪。简言之，侦查注重取证和找（抓）人，预审注重讯问和核证。预审是整个侦查程序的一部分，是侦查阶段的重要环节。

1979年《刑事诉讼法》第3条明确了公安机关负有侦查和预审两项职责，1996年《刑事诉讼法》作出进一步深化，增加第90条，明确预审在诉讼中的功能和任务。但1997年6月全国公安机关开始刑侦体制改革，取消预审，实行侦审合一，每个办案民警既是侦查员又是预审员。鉴此，2012年《刑事诉讼法》似乎应对相关条款作出修改，但立法者认为，"这只是公安机关工作机制的改革，从侦查的工作内容看，前期侦查和后期预审的实际工作仍然是存在的，只是改为全部由承办案件的刑警承担，法律规定的预审程序必须予以保障和落实"[1]。据此，侦查阶段的预审环节不能省略，预审核实证据的作用须照常发挥，故而经过了2012年和2018年的两次修法，第3条就预审的规定未做实质变动。但值得注意的是，第3条在侦查与预审之间插入了"拘留、执行逮捕"两项更为具体的强制措施，其与侦查、预审的地位和功能似乎并不在一个层次。严格意义上说，公安机关还负责拘传、取保候审、监视居住的决定和执行，为何第3条不作规定？如果说"强制措施"一章已经作出规定，第3条不必重复，那么拘留和执行逮捕也在"强制措施"章中有规定，为何却要在第3条中重复？立法用意为何，值得考究。

一种可能的解释是，第3条将"拘留、执行逮捕"插入侦查与预审之间是为了划清两者的行权时段和范围边界。有研究者结合实证调研对侦

---

[1] 李寿伟主编：《中华人民共和国刑事诉讼法解读》，中国法制出版社2018年版，第290页。

查与预审的交接节点和进阶维度作出了分工模式上的划分[1]：

一是"执行拘留型"。即侦察部门对于自办案件中的侦察对象经过侦察认为应当拘留时，自行办理拘留手续，并经公安机关有关领导批准后执行拘留。拘留后立即将被拘留人连同案件材料等一并移交预审部门审理。这种模式以执行拘留为双方分工的界限。

二是"拘留审查型"。即侦察部门执行拘留后并不马上将案件移交预审部门，而是首先自行审查。经审查，认为应当转捕时，再将被拘留人连同案件材料一并移交预审部门，由预审部门办理逮捕手续执行逮捕。这种模式以侦察部门执行拘留并经必要的审查为双方分工的界限。

三是"执行逮捕型"。即侦察部门对于拘留后的犯罪嫌疑人经审查认为需要逮捕的，不移交预审部门，而是自行办理逮捕手续，并经检察机关批准后执行逮捕，执行逮捕后再将被捕人连同案件材料移交预审部门。这种模式以侦察部门执行逮捕为双方分工的界限。

四是"附条件执行逮捕型"。这种分工模式与第三种"执行逮捕型"相比，既有不同之处，又有共同之点。具体而言，这种模式是侦察部门对于拘留后的犯罪嫌疑人经过审查认为需要逮捕的，首先将案件有关材料提交预审部门，由预审部门进行逮捕把关，预审部门认为可以逮捕的，再由侦察部门办理逮捕手续并执行逮捕，逮捕后将被捕人连同案件材料等一并移交预审部门。

五是"逮捕审查型"。即侦察部门拘留犯罪嫌疑人后，认为需要逮捕的，自行办理逮捕手续，执行逮捕，逮捕后并不马上移交预审部门，而是审查一段时间后再移交预审部门。

综上，侦查与预审的分工更像是公安机关在侦查阶段的一种业务性划分，是否必须有整齐划一的分工模式也非绝对，但从上述实践操作看，侦查与预审衔接的标志性节点正是拘留或执行逮捕。1979年公安部制定的《预审工作规则》第4条规定："预审工作的范围：由批准拘留、逮捕人犯后开始，直至结束预审进行处理或移送人民检察院起诉为止。"据此，当犯罪嫌疑人被确认，并被拘留或执行逮捕后，意味着人已归案，预审开启。可以佐证的是，1996年《刑事诉讼法》第90条（现为《刑事诉讼法》

---

[1] 参见王在山：《关于新形势下侦审分工的思考》，载《山东公安丛刊》1996年第3期，第31页。

第116条)规定"公安机关经过侦查,对有证据证明有犯罪事实的案件,应当进行预审,对收集、调取的证据材料予以核实"。其中的"有证据证明有犯罪事实的案件"就是逮捕或曰拘留后提请逮捕的证明标准。所以,侦查与预审之间的拘留、执行逮捕是两个环节过渡的节点。需要注意的是,按照法定的侦查定义,拘留和执行逮捕是侦查环节所采用的强制措施,属于侦查环节的一部分,但第3条将两者单独提出,类似一种注意性规定,提示一旦公安机关拘留或执行逮捕,即意味着人已控制到位,侦查环节结束,案件将过渡至预审环节。所以,第3条对公安机关职责的确立其实是在描述1996年《刑事诉讼法》修改时侦查实践中的一个普遍现状:案发后,刑事警察负责收集证据和查获犯罪嫌疑人,这是侦查环节;在侦查环节的收尾节点,锁定犯罪嫌疑人后要刑事拘留,然后大概率转为逮捕(在当时,羁押是常态,不羁押是例外),由公安机关执行;最后,预审人员在看守所讯问犯罪嫌疑人,核实证据,查清余罪,直至侦查终结。有研究者也作了相同的总结:"在我国执法实践中,侦查机关的侦查一般分两个步骤。前一步骤的侦查不与嫌疑人正面接触,待收集到一定证据或者掌握一定的证据线索后,再拘捕或传讯嫌疑人。在侦查实践中,自拘捕或传讯嫌疑人(后)到侦查终结所进行的侦查活动,称为'预审',之前的侦查活动,称为'侦察'。"(见图一)〔1〕从这个角度看,第3条中的"侦查"可以视为前述研究者所论及的"侦察",属狭义侦查,而公安机关负责的整个侦查阶段的所有职权活动则属广义侦查。

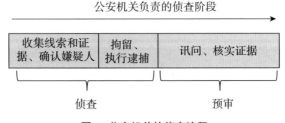

图一:公安机关的侦查流程

---

〔1〕 陈光中、严端主编:《中华人民共和国刑事诉讼法修改建议稿与论证》,中国方正出版社1999年版,第101页。

2. 拘留

除了在【立法沿革】中介绍的公安机关有执行逮捕权,其还有刑事强制措施中的拘留权。根据"强制措施"一章的条文规定,公安机关既有拘留的决定权,又有拘留的执行权[1]。

(二)检察院的职权

本条第 1 款规定,检察机关的职权是检察、批准逮捕、检察机关直接受理的案件的侦查、提起公诉。

1. 检察

整个《刑事诉讼法》条文中只有第 3 条单独出现了"检察"一词,对此应如何理解?有学者指出,"刑诉法明确将'检察'与'批准逮捕、检察机关直接受理的案件的侦查、提起公诉'区分为两种不同的检察职能。由于此处的'批准逮捕、检察机关直接受理的案件的侦查、提起公诉'等职能,都是针对具体案件的查处、办理活动,因此,实务中往往称之为检察机关的办案活动,理论上则称之为检察机关的诉讼职能。而该法条中所谓的'检察',则主要是指诉讼职能之外的立案监督、侦查监督、审判监督和执行监督等诉讼监督职能。"[2]。该观点确有一定道理,而且从当年同时出台的《人民检察院组织法》来看,似乎也可得出相同结论。1979 年《人民检察院组织法》第 5 条规定:"各级人民检察院行使下列职权:(一)对于叛国案、分裂国家案以及严重破坏国家的政策、法律、法令、政令统一实施的重大犯罪案件,行使检察权。(二)对于直接受理的刑事案件,进行侦查。(三)对于公安机关侦查的案件,进行审查,决定是否逮捕、起诉或者免予起诉;对于公安机关的侦查活动是否合法,实行监督。(四)对于刑事案件提起公诉,支持公诉;对于人民法院的审判活动是否合法,实行监督。(五)对于刑事案件判决、裁定的执行和监狱、看守所、劳动改造机关的活动是否合法,实行监督。"在此,立法明确将直接受理案件的侦查、审查批准逮捕、提起公诉,支持公诉等职能与"对于公安机关的侦查活动

---

[1] 值得注意的是,检察机关也有部分案件的拘留决定权和执行权,为什么条文中只写公安机关,不写检察院,可能在于检察院决定和执行拘留较之公安机关使用率较低,故不在"任务和基本原则"一章中强调。

[2] 万毅:《检察机关证据规则的修改与完善——对〈人民检察院刑事诉讼规则(试行)〉"证据"章修改建议》,载《中国刑事法杂志》2014 年第 3 期,第 62 页。

是否合法,实行监督"、"对于人民法院的审判活动是否合法,实行监督"和"对于刑事案件判决、裁定的执行和监狱、看守所、劳动改造机关的活动是否合法,实行监督"区别开来,前者明显是针对人民检察院的办案活动,而后者明显针对的是诉讼监督活动。这与《刑事诉讼法》第3条的规定相互印证。照此理解,《刑事诉讼法》第3条中的"检察"宜作狭义理解,解释为"对诉讼活动实行法律监督"(《刑事诉讼法》第19条第2款的表述),简称诉讼监督;而广义的"检察"可称为宪法意义上的检察机关作为国家法律监督机关行使的所有职权。

但这里的"检察"其实还有另一种解释。1996年《刑事诉讼法》修订时增加第5条,规定"人民检察院依照法律规定独立行使检察权"。统观《刑事诉讼法》条文,除了"人民检察院"、"检察机关"、"检察人员"、"检察长"和"检察委员会",整部法律就只剩下"检察"(第3条)和"检察权"(第5条)两个涉及"检察"的语词。从用语同一性原理或同一解释规则出发,"检察"和"检察权"中的"检察"可做同一含义理解。因为第5条的"检察权"包括直接受理案件的侦查、批准逮捕、提起公诉和诉讼监督在内的所有权力,所以第3条中的"检察"也应照此理解,这样能够保持前后用语的一致性、贯通性,以及相关条文理解的稳定性和法的安定性。但随之而来的问题是,第3条对检察机关的职权既规定了"检察",同时又列举了属于检察职权范围内的"批准逮捕""提起公诉"等内容,这在立法技术上是否存在问题? 有研究者发现了这一问题后,提出了回归广义"检察"和狭义"检察"并存的观点。

"在立法上将'检察'与'批准逮捕、检察机关直接受理的案件的侦查、提起公诉'并列所存在的问题是,'检察'从概念外延上可以包括后三项职权,在逻辑上不周延,但本条的'检察'应主要理解为人民检察院对刑事诉讼实行法律监督的权力。似可避免这一问题。"[1]对于这一解释进路,本评注将在【法条评点】中提出另一解释方案。在此仅对第3条中"检察"的含义列出两种不同的解释方案。

2. 批准逮捕

批准逮捕是指公安机关等侦查机关办理的刑事案件需要逮捕犯罪嫌

---

[1] 最高人民检察院法律政策研究室编著:《〈关于修改《中华人民共和国刑事诉讼法》的决定〉学习纲要》,中国检察出版社1996年版,第25—26页。

疑人的,提请检察院负责逮捕和起诉的部门审查批准的过程。《刑事诉讼法》第 90 条规定:"人民检察院对于公安机关提请批准逮捕的案件进行审查后,应当根据情况分别作出批准逮捕或者不批准逮捕的决定。对于批准逮捕的决定,公安机关应当立即执行,并且将执行情况及时通知人民检察院。对于不批准逮捕的,人民检察院应当说明理由,需要补充侦查的,应当同时通知公安机关。"另外,第 87 条还规定:"公安机关要求逮捕犯罪嫌疑人的时候,应当写出提请批准逮捕书,连同案卷材料、证据,一并移送同级人民检察院审查批准。必要的时候,人民检察院可以派人参加公安机关对于重大案件的讨论。"总之,批准逮捕是检察机关的专属职权。

3. 检察机关直接受理案件的侦查

检察机关直接受理案件的侦查称为自侦案件,在 2018 年《刑事诉讼法》第三次修正以前,检察机关的自侦案件是"贪污贿赂犯罪,国家工作人员的渎职犯罪,国家机关工作人员利用职权实施的非法拘禁、刑讯逼供、报复陷害、非法搜查的侵犯公民人身权利的犯罪以及侵犯公民民主权利的犯罪"以及"国家机关工作人员利用职权实施的其他重大的犯罪案件"。但是随着国家监察体制的改革,反贪反渎等职务犯罪案件转而由国家监察机关管辖,检察院的自侦案件范围发生了变化。2018 年的《刑事诉讼法》第 19 条第 2 款规定:"人民检察院在对诉讼活动实行法律监督中发现的司法工作人员利用职权实施的非法拘禁、刑讯逼供、非法搜查等侵犯公民权利、损害司法公正的犯罪,可以由人民检察院立案侦查。对于公安机关管辖的国家机关工作人员利用职权实施的重大犯罪案件,需要由人民检察院直接受理的时候,经省级以上人民检察院决定,可以由人民检察院立案侦查。"

4. 提起公诉

本条中的"提起公诉"应作扩大解释,其与《刑事诉讼法》第二编第三章"提起公诉"同义,包括第三章"提起公诉"下所有条文的规定,即把对侦查机关移送审查起诉的案件的审查、决定是否提起公诉(起诉与不起诉)以及对决定提起公诉的案件支持公诉等都纳入"提起公诉"的范畴加以理解。这一解释与 2018 年修订的《人民检察院组织法》第 20 条第 3 项的规定也是对应的。

(三)法院的职权

法院的职权是审判,包括一审、二审、依照审判监督程序的重新审判等,对应的是第三编"审判"的所有规定。

(四)除法律特别规定的以外,其他任何机关、团体和个人都无权行使这些权力

"除法律特别规定的以外",是指排除侦查权在刑事诉讼法其他条文以及其他法律的相关条文的规定。排除这些例外情形,公安机关、人民检察院和人民法院对第3条所列举的侦查权、检察权和审判权具有权力行使上的专属性,即行权机关和人员的特定化,这就最大限度地避免了其他机关、团体和个人滥用国家刑事诉讼职权,进而给公民的人身权利、财产权利、民主权利及其他权利造成侵害的可能。

二、程序法定原则

《刑事诉讼法》第3条第2款是指公安机关、检察院和法院在各自的职责范围内进行刑事诉讼必须严格遵守本法和其他法律的规定。本款是对公检法机关开展刑事诉讼活动的严格要求,也称为依法进行刑事诉讼原则,或中国化的程序法定原则。根据本款规定,公检法机关行使《刑事诉讼法》第3条第1款规定的各项职权,都必须严格依照刑事诉讼法规定的各项具体要求、程序以及其他法律,如人民法院组织法、人民检察院组织法、法官法、检察官法、人民警察法中的相关规定,不得违背法律,不得滥用法律赋予的职权侵犯公民的合法权益。需要注意的是,程序法定原则除了以程序形塑和规训国家权力,避免公权滥用而侵犯民权,还要通过程序规则划定公检法各机关之间的行权边界,避免权力行使过程中的替代包办或僭越混淆。总之,程序法定原则有控权保民和划界分权(力)的功能。

所谓"控权保民",是指公检法机关开展刑事诉讼,如果会对公民的基本权产生干预,必须有法律授权,并且应严格恪守刑事诉讼法和其他法律所设定的条件、步骤和方式。缺乏明确的法律依据的,或者不按照法定程序进行的,即属违法侵害公民基本权的行为。

所谓"划界分权",在于第3条第1款划定了公检法三机关各自主要的行权范围,不仅任何机关、团体和个人不得行使,三机关之间也应当分工负责,不能再出现20世纪50年代末司法实践中的"一竿子插到底"、

"一员代三员,一长代三长,下去一把抓,回来再分家"[1]的办案方式,也不能再出现 80 年代初的公检法三机关"联合办案"[2]的方式。可以说,第 3 条第 1 款是"分工负责、互相配合、互相制约"条文的基础性条文,是三机关"分工负责"原则能够被贯彻的前提,只有公检法的具体职能有明确分工,才能避免三机关在行使侦查权、检察权和审判权时不被替代或混同。

▶▶【法条评点】

一、职权原则中权力设定的依据

严格意义上说,《刑事诉讼法》第 3 条第 1 款对公检法三机关的职权设定并不全面,例如,对于公安机关而言,没有列举拘传、取保候审、监视居住的决定权和执行权;对于检察院和法院而言,没有规定决定逮捕的权力,没有规定诸如罚金、没收财产、剥夺政治权利等刑罚执行的权力。另外,一些权力的设定与其他权力相比并不属于同一层次,如执行逮捕相较于侦查、预审而言过于具体[3],规格有些低。有研究者指出:"第 3 条对公检法三机关职权上的列举存在外延上相互包含、逻辑混乱的问题。例如,对公安机关职权既规定了'侦查',同时又列举了属于侦查职权范围之内的'拘留'、'执行逮捕'、'预审'等;对检察机关的职权既规定了'检察',同时又列举了属于检察职权范围内的'批准逮捕'、'提起公诉'等内容。"[4]

上述观点或异议,有些在前文中已作出回应,有些则需进一步分析。

---

[1] 所谓"一长代三长",是指公安局长、检察长、法院院长可以相互替代。如公安局长负责办案,他不仅可以代替检察长行使检察权,而且可以代替法院院长行使审判权。所谓"一员代三员"则是"一长代三长"的演绎类推。

[2] "联合办案"是对旧有"一员代三员"的改造,虽然废除了"三合一"的办案方式,但"三员"还是从头到尾"一竿子插到底"共同办案,即由"侦查员、检察员、审判员组成办案小组,共同承办某个案件"。从侦查、移送批捕、审查起诉和审判都由三员共同进行;批准逮捕、起诉、判处刑罚均由三长共同一锤定音。参见胡宗银:《"提前介入"之我见》,载《政法论坛》1992 年第 3 期,第 36 页。

[3] 参见徐静村主持:《中国刑事诉讼法(第二修正案)学者拟制稿及立法理由》,法律出版社 2005 年版,第 11 页。

[4] 宋英辉主编:《刑事诉讼法修改问题研究》,中国人民公安大学出版社 2007 年版,第 16 页。

其实,《刑事诉讼法》第3条第1款基本的赋权逻辑是侦查权、检察权和审判权分别由公检法三机关专属行使,同时对于一些干预公民基本权的国家权力,如拘留权、逮捕权、起诉权等再单独拎出,重点规定和强调。这一立法思路可能很大一方面源自1979年制定刑事诉讼法的时代背景。当时参与立法的彭真等同志刚刚经历"文化大革命"的十年浩劫。"文革"时期公检法被砸烂,法制遭到严重破坏,滥行拘留、乱捕乱押、私设公堂、群专群审群判[1]的现象多有发生,出现了一大批冤假错案。有研究者作出总结:"十年动乱中,林彪、'四人帮'为达到篡权复辟的反革命目的,砸烂公、检、法,用什么'群专队'、'专案组'来非法行使侦查、起诉、审判等权力,乱捕、乱押、群判,制造了大批冤、假、错案。经复查证实,有的地区的冤、假、错案件,竟高达百分之七十,使广大干部和群众横遭迫害和摧残,公民的人身权利和民主权利毫无保障。"[2]"文革"结束后,不少干部和民众的法治观念、权力和权利观念尚未完全建立,一些地方司法权被滥用、错用的情形还时有发生。例如,"有的地方妇联行使检察院的公诉权,民兵行使捕人权,海关行使侦查和捕人权"[3]。为了遏制这些权力被滥用、错用,避免侵犯人权的现象再次发生,必须对严重干预、侵犯公民基本权的国家权力、司法利器严格规范。故第3条将侦查、拘留、逮捕(1996年《刑事诉讼法》增加)、预审、起诉、审判这些重要的权力明确了归口机关,避免再出现其他任何机关、团体和个人滥用这些权力的情况,遏制其他司法机关混用、错用这些权力。诚如彭真同志在全国检察工作座谈会、全国高级人民法院和军事法院院长会议、第三次全国预审工作会议上的讲话中所言:"有人问我,林彪、'四人帮'这类人和事今后是否就再也不会发生了?我看谁也不能保险。问题是,如何防止和如果再发生,我们怎样对付,要尽量把漏洞堵上。比如,林彪、'四人帮'横行时

---

[1] 1975年《宪法》第25条第3款规定:"检察和审理案件,都必须实行群众路线。对于重大的反革命刑事案件,要发动群众讨论和批判。"本款看似把"文化大革命"期间大搞"群众审判"的"经验"固定下来,其实只会对司法机关依法办案造成干扰。参见周叶中、江国华主编:《在曲折中前进——中国社会主义立宪评论》,武汉大学出版社2010年版,第440—441页。

[2] 王洪俊:《谈谈公、检、法三机关分工负责、互相配合、互相制约的关系》,载《西北政法学院学报》1985年第1期,第20页。

[3] 严端主编:《刑事诉讼法教程》,中国政法大学出版社1986年版,第59页。

期,乱捕乱抓干部和群众,横加迫害,针对这个问题,这次规定,侦查、拘留、预审、检察、批准逮捕、提起公诉、审判,只有公、检、法才有权,其他任何机关、团体、个人都没有这个权力。"[1]

另外,需要说明的是,刑罚的执行权偏重于行政权的属性,一般认为不属于司法机关的行权范围,严格意义上不归属于刑事诉讼程序,故《刑事诉讼法》第 3 条第 1 款不予规定。

二、如何理解程序法定原则中的"法"

《刑事诉讼法》第 3 条第 2 款中的"本法和其他法律的有关规定"可以视为程序法定原则中的"法"。对于我国而言,刑事诉讼法以及其他相关法律往往呈现出宜粗不宜细的特点,为了更好地指导实践,司法机关出台了大量具有普遍效力的司法解释和规范性文件,它们已成为调整、支配刑事诉讼程序运行的关键,大有架空刑事诉讼法之势。然而,这些解释和规范性文件的质量参差不齐,且存在"司法造法"、"曲意释法"的现象。贯彻好《刑事诉讼法》第 3 条第 2 款所确立的程序法定原则,需要处理好司法解释和规范性文件的制定和执行问题。对于那些扩张公权力,不当限制诉讼权利以及彼此之间存在冲突矛盾的司法解释和规范性文件应当进行清理、修订和完善。通过完善形式上的"法"确保诉讼程序的实质正当性。

三、程序法定原则的后果缺位

如果认为"人民法院、人民检察院和公安机关进行刑事诉讼,必须严格遵守本法和其他法律的有关规定"的表述是程序法定原则的体现,那么有必要在该条款之后增加违反程序的法律后果,以期能够强化程序法定的效力。"司法实践中很长时期内普遍存在诉讼办案只不过是'走走形式',按照规定是'束手束脚'的思想,对刑事诉讼相关程序性规定的重视程度严重不足。"[2]如果不规定程序性违法的法律后果,强化程序理念和程序法定原则的适用效力,《刑事诉讼法》第 3 条第 2 款关于三机关"必

---

[1] 彭真:《彭真同志在全国检察工作座谈会、全国高级人民法院和军事法院院长会议、第三次全国预审工作会议上的讲话》,载《人民司法》1979 年第 10 期,第 2 页。
[2] 卞建林等:《改革开放 40 年法律制度变迁:刑事诉讼法卷》,厦门大学出版社 2019 年版,第 29 页。

须严格遵守"法律的规定就很可能成为一纸空文。〔1〕故可以考虑在第 3 条第 2 款后增加"对于违反法定程序的诉讼行为,应视情形承担相应的不利后果"〔2〕的表述。

四、建议删除"检察机关"一词

本条第 1 款中规定"检察、批准逮捕、检察机关直接受理的案件的侦查、提起公诉,由人民检察院负责"。考虑到立法表述应避免用语的同义反复,本评注建议删除本句中的"检察机关"一词。另外,整部刑事诉讼法中也未再有"检察机关"的表述,仅在本条中规定较为突兀,删除也并不会引发歧义。

> **第四条 【国家安全机关职权】**国家安全机关依照法律规定,办理危害国家安全的刑事案件,行使与公安机关相同的职权。

▶▶【历次修法条文对照】

1979 年 《刑事诉讼法》	1996 年 《刑事诉讼法》	2012 年 《刑事诉讼法》	2018 年 《刑事诉讼法》
第一章 指导思想、任务和基本原则	第一章 ~~指导思想~~、任务和基本原则	第一章 任务和基本原则	第一章 任务和基本原则
无	第 4 条:国家安全机关依照法律规定,办理危害国家安全的刑事案件,行使与公安机关相同的职权。	第 4 条 内容未修订	第 4 条 内容未修订

---

〔1〕 参见冀祥德主编:《最新刑事诉讼法释评》,中国政法大学出版社 2012 年版,第 4 页。

〔2〕 陈卫东主编:《模范刑事诉讼法典》(第二版),中国人民大学出版社 2011 年版,第 3 页。

▶▶【立法沿革】

本条为1996年《刑事诉讼法》修改时新增,立法机关在2012年和2018年对《刑事诉讼法》修改时未对本条再作出修订。

诚如本评注对《刑事诉讼法》第3条的评析所言,随着对外斗争工作愈发艰巨和复杂,为了确保国家安全和反间谍工作的有效进行,1983年第六届全国人民代表大会第一次会议决定设立国家安全机关,承担原由公安机关主管的对间谍、特务案件的侦查工作。为解决国家安全机关在执法中欠缺法律依据的问题,同年9月2日,由第六届全国人民代表大会常务委员会第二次会议通过的《全国人民代表大会常务委员会关于国家安全机关行使公安机关的侦查、拘留、预审和执行逮捕的职权的决定》规定:"第六届全国人民代表大会第一次会议决定设立的国家安全机关,承担原由公安机关主管的间谍、特务案件的侦查工作,是国家公安机关的性质,因而国家安全机关可以行使宪法和法律规定的公安机关的侦查、拘留、预审和执行逮捕的职权。"1993年2月22日,第七届全国人民代表大会常务委员会第三十次会议表决通过了《中华人民共和国国家安全法》[1],规定了国家安全机关履行的职责特别是反间谍工作方面的职责。为了适应上述国家机构的变化以及侦查职权的重新配置,1996年《刑事诉讼法》第4条增加了国家安全机关的侦查职权。

在1996年《刑事诉讼法》修改过程中,国家安全机关曾建议在职权划分上与公安机关并列,在第3条中规定"对刑事案件的侦查、拘留、预审,由公安机关、国家安全机关负责",理由是国家安全机关行使与公安机关相同的职权。立法机关经慎重研究,认为国家安全机关虽然行使与公安机关相同的职权,但它只负责有关危害国家安全的案件的侦查、拘留和预审工作。从整体上说,侦查的主责机关还是公安机关,如果把国家安全机关同公安机关并列,那么要照此修订的条文在整部刑事诉讼法中达83处之多,技术上也不好处理。故立法机关最后决定将国家安全机关的

---

[1] 为适应总体国家安全观的需要,2014年11月1日第十二届全国人大常委会第十一次会议将1993年《国家安全法》修订为《反间谍法》。

职权设专条(第 4 条)另行规定,从而妥善地解决了这一问题。[1]

▶▶【法条注解】

本条是国家安全机关在刑事诉讼中行使职权的规定,本质上还是第 3 条职权原则的延续,主要包括两方面的内容。

一、国家安全机关管辖的案件

国家安全机关管辖的案件是危害国家安全的刑事案件。本条规定的国家安全机关管辖的"危害国家安全的刑事案件"主要是指《刑法》第二编分则第一章"危害国家安全罪"中规定的犯罪,但在刑法其他章节中规定的犯罪如果涉及国家安全,依照规定应由国家安全机关负责侦查的,也属于本条规定的"危害国家安全的刑事案件"。

二、国家安全机关在刑事诉讼中的行权范围

依据本条规定,国家安全机关依照管辖范围办理刑事案件,行使与公安机关相同的职权。这意味着国家安全机关有权行使法律赋予公安机关在侦查刑事案件中的措施和手段,如拘留、执行逮捕,讯问犯罪嫌疑人、询问证人(被害人)、搜查、查封、扣押、鉴定、查询、冻结、勘验、检查等。

需要注意的是,本条仅为授权性条款,并非确立国家安全机关专属管辖或专门管辖的条款。我国法律明确规定,公安机关[2]也有办理危害国家安全犯罪的管辖权。2015 年《国家安全法》第 42 条第 1 款规定:"国家安全机关、公安机关依法搜集涉及国家安全的情报信息,在国家安全工作中依法行使侦查、拘留、预审和执行逮捕以及法律规定的其他职权。"2023 年《反间谍法》第 70 条第 2 款规定:"公安机关在依法履行职责过程中发现、惩治危害国家安全的行为,适用本法的有关规定。"《公安规定》第 24 条还规定:"设区的市一级以上公安机关负责下列犯

---

[1] 参见周道鸾、张泗汉主编:《刑事诉讼法的修改与适用》,人民法院出版社 1996 年版,第 28 页。

[2] 军事机关也可以办理危害国家安全的犯罪。2015 年《国家安全法》第 42 条第 2 款规定:"有关军事机关在国家安全工作中依法行使相关职权。"

罪中重大案件的侦查：(一)危害国家安全犯罪；……"2020年《公安部刑事案件管辖分工规定》更是明确指出："一、政治安全保卫局管辖案件范围(共30种)(一)《刑法》分则第一章危害国家安全罪中的下列案件：1.背叛国家案(第102条)2.分裂国家案(第103条第1款)3.煽动分裂国家案(第103条第2款)4.武装叛乱、暴乱案(第104条)5.颠覆国家政权案(第105条第1款)6.煽动颠覆国家政权案(第105条第2款)7.资助危害国家安全犯罪活动案(第107条)8.投敌叛变案(第108条)9.叛逃案(第109条)10.间谍案(第110条)11.为境外窃取、刺探、收买、非法提供国家秘密、情报案(第111条)12.资敌案(第112条)。"前述罗列的罪名覆盖了刑法分则"危害国家安全"章的所有罪名。据此，公安机关其实拥有与国家安全机关相当的办理危害国家安全犯罪的管辖权，两机关共享该类犯罪的管辖权。当然，为了避免两机关互相争夺或推诿管辖，出现无谓的管辖争执，还是有必要从内部划分两机关的管辖范围。在司法实践中，两机关曾有不成文的"默契"，涉及境内的危害国家安全犯罪一般由公安机关立案侦查；涉及境外的危害国家安全犯罪主要由国家安全机关立案侦查；如果是互涉案件，如境内外勾结有交义的危害国家安全犯罪，协商解决。近年来，随着国际形势的风云变幻和我国政治、经济的快速发展变化，影响我国国家安全和社会稳定的因素不断增加，维护国家安全的工作更加艰巨复杂，国家安全机关与公安机关办理危害国家安全犯罪的情况也发生了变化，管辖的边界和范围也变得有些模糊、不清晰，故有必要进一步研究明确，以确保各机关依职权各司其职、各安其位、各尽其责、互相配合，共同维护国家安全和社会稳定。

▶▶【法条评点】

一、对不同侦查机关在刑事诉讼法中分散规定的解释

公安机关、检察院、国家安全机关、军队保卫部门、中国海警局、监狱都是刑事诉讼法规定的侦查机关，但为何分别规定在《刑事诉讼法》第3条、第4条和"附则"第308条？换言之，可否如有些研究者所言，将《刑事诉讼法》第3条、第4条和第308条规定的内容统一在一个法条中，避

免刑事诉讼法用若干个条文规定同一问题,这在立法技术上更为可取。[1]

上述观点确有一定道理,但本评注持不同意见。之所以将国家安全机关的职权在第4条单独规定,除了前文提及的修法时的考虑和特殊的时代背景,还有一个现实情况,即国家安全机关是独立建制的国家机关,在刑事诉讼中办理的危害国家安全犯罪十分重要,国家安全机关在刑事诉讼中的地位也极为特殊。

通过对相关条文进行梳理可以发现,1996年《刑事诉讼法》除第4条外,还在第20条关于中级人民法院管辖的案件中有"危害国家安全案件"的表述。2012年《刑事诉讼法》涉及"危害国家安全"的条文则多达9条(第4条、第20条、第37条、第46条、第62条、第73条、第79条、第83条、第148条)。到了2018年,修订后的《刑事诉讼法》涉及"危害国家安全"的条文已增加到10条(第4条、第21条、第39条、第48条、第64条、第75条、第81条、第85条、第150条、第291条)。反观军队保卫部门、中国海警局和监狱侦查管辖的案件,他们在刑事诉讼法中并无明确对应的条文,这说明军队保卫部门、中国海警局以及监狱侦查管辖案件属于较为特殊的情形,对一般刑事诉讼活动而言不具有普遍意义,因此在体例上难以融入刑事诉讼法现有的编、章、节中。[2] 为此,这些机关涉及侦查权行使的均在"附则"中作出规定。实践证明,从1996年至今,行使侦查权的主体在不同条文中分列式规定的体例对于法条的体系性和实践操作并未带来多大误解和不便,故维持既有的体例设置并无不可。

---

〔1〕 参见徐静村主持:《中国刑事诉讼法(第二修正案)学者拟制稿及立法理由》,法律出版社2005年版,第11页;宋英辉主编:《刑事诉讼法修改问题研究》,中国人民公安大学出版社2007年版,第16页;冀祥德主编:《最新刑事诉讼法释评》,中国政法大学出版社2012年版,第5页;夏永全:《条解刑事诉讼法——主旨·释评》,西南交通大学出版社2014年版,第330页。

〔2〕 参见郎胜主编:《关于修改刑事诉讼法的决定释义》,中国法制出版社1996年版,第292页。

▶▶【延伸性阅读资料】

一、1996年《刑事诉讼法》有关国家安全机关地位与职权的条文设置[1]

(一)有关国家安全机关在刑事诉讼法中立法的争论

1996年修改刑事诉讼法,如何规定国家安全机关在刑事诉讼中的地位与权限,大致有以下几种意见:

第一种意见,主张修改立法应将国家安全机关与公安机关并列为两大侦查机关,并在有关章节及具体条文中凡涉及国家安全机关的地方,都应当将有关内容写进去。这种主张的理由是:

(1)国家安全机关已经成立十多年了,根据全国人民代表大会常务委员会的授权决定和1993年《国家安全法》的规定,国家安全机关主管国家安全工作,它在刑事诉讼中与公安机关只是在案件管辖上有所不同,但在依法行使侦查、拘留、预审和执行逮捕等职权方面,并无区别。

(2)国家安全部和公安部都是国务院领导下的行政机关,两者是平行的关系,而不是从属关系。事实上,国家安全机关已经成为与公安机关并行的两大侦查机关。我国刑事诉讼中的国家专门机关,实际上早已不再是公、检、法"三机关"的体制,而是形成了公安机关、国家安全机关、人民检察院和人民法院"四机关"参与诉讼的体制。修改立法应当承认这种现实,将国家安全机关正式地写进去。

(3)刑事诉讼法对国家安全机关在刑事诉讼中的地位及其对案件管辖的范围,以及在立案、侦查等诉讼活动中的职责和权限作出明确具体的规定,有利于国家安全机关依法行使职权,也有利于当事人及其他公民对国家安全机关的工作进行监督。

以陈光中教授为首的中国政法大学的诉讼法学专家提出的《中华人民共和国刑事诉讼法(修改建议稿)》,就是按照这样的考虑起草的。《修改建议稿》在"总则"与其他各编章中凡涉及国家安全机关的地方,都明确地写了进去。例如,《修改建议稿》第3条第1款规定:"在刑事诉讼中,公安

---

[1] 参见崔敏:《中国刑事诉讼法的新发展——刑事诉讼法修改研讨的全面回顾》,中国人民公安大学出版社1996年版,第38—40页。

机关、国家安全机关行使侦查权,人民检察院行使检察权,人民法院行使审判权";该条第2款又规定:"人民法院、人民检察院、公安机关和国家安全机关进行刑事诉讼,应当依照职权,分工负责,互相配合,互相制约,以保证准确有效地执行法律。"诸如此等,据统计,在专家们提出的《修改建议稿》及其两个"附件"中,提到国家安全机关的地方,共有81处。

国家安全机关也坚持这一种意见,他们提出:在刑事诉讼法中,凡涉及国家安全机关工作的地方,都应当写进去,共计应有83处。

第二种意见,主张在刑事诉讼法中,不宜将国家安全机关与公安机关并列。主要理由是:

(1)宪法只规定了公、检、法三机关办理刑事案件,在宪法没有修改之前,刑事诉讼法不能突破宪法的规定,如果改为公安机关、国家安全机关、人民检察院和人民法院四机关办理刑事案件,与宪法的规定似有冲突。

(2)刑事诉讼中的侦查机关,主要还是公安机关。国家安全机关分管的案件,毕竟是少量的。而且,目前我国只在省、直辖市和自治区一级和部分大中城市及沿海、沿边的一部分区、县设立了国家安全机关,还有不少中小城市和绝大部分的县尚未设立国家安全机关,涉及国家安全的案件,公安机关实际上也管了一部分。因此,不宜将国家安全机关与公安机关并列为"两大侦查机关"。

(3)国家安全机关的工作十分重要,但毕竟是一种带有秘密性质的工作。从世界各国的立法例来看,各国的刑事诉讼法基本都不出现(或很少出现)国家安全机关的字样,这绝不意味着其他国家不重视国家安全工作,而主要是因为这一工作带有隐秘性,不宜于在诉讼法中到处出现。

持第二种意见的同志,主张在第三条之后,再增加一条,规定"国家安全机关主管涉及国家安全的案件,在刑事诉讼中依法行使宪法和法律授权公安机关进行的侦查、拘留、预审和执行逮捕的职权。"

第三种意见,主张在第三条之后增加一条,专门对国家安全机关、军队保卫机关和监狱行使侦查权的问题,作出明确的授权规定。

第四种意见,认为军队保卫部门和监狱,其主要任务并不是侦查,它们只是负责对特定案件的侦查工作,因而不能与国家安全机关并列。主张在《刑事诉讼法》第一编第九章"其他规定"中或者在最后增加的"附则"中,将有关军队保卫部门和监狱行使侦查权的问题作出专门的授权规定。

(二)修改立法的最后决定

立法机关充分考虑了上述各种意见,认为对《刑事诉讼法》第3条不宜大改。最后在通过的修改决定中,对第3条作了增补,并在第3条之后增加了一条,作为第4条,专门规定对国家安全机关的授权。至于军队保卫部门和监狱行使侦查权的问题,则放在最后的"附则"中加以规定。

> **第五条 【依法独立行使审判权、检察权原则】**人民法院依照法律规定独立行使审判权,人民检察院依照法律规定独立行使检察权,不受行政机关、社会团体和个人的干涉。

▶▶【历次修法条文对照】

1979年《刑事诉讼法》	1996年《刑事诉讼法》	2012年《刑事诉讼法》	2018年《刑事诉讼法》
第一章 指导思想、任务和基本原则	第一章 ~~指导思想~~ 任务和基本原则	第一章 任务和基本原则	第一章 任务和基本原则
无	第5条:人民法院依照法律规定独立行使审判权,人民检察院依照法律规定独立行使检察权,不受行政机关、社会团体和个人的干涉。	第5条 内容未修订	第5条 内容未修订

▶▶【立法沿革】

本条为立法机关在1996年《刑事诉讼法》修改时增设,之后历次修法未再做出内容调整。

"人民法院、人民检察院依法独立行使职权的原则,早在民主革命时期革命根据地的法律文件中就有所规定。新中国成立后,这一原则写进了1954年宪法和人民法院组织法、人民检察院组织法。1979年、1983年两次修订人民法院组织法和人民检察院组织法时,都重申了这一原则。1979年在制定刑事诉讼法时,虽然没有直接将宪法和组织法的这一规定写入刑事诉讼法当中,但是这一原则是贯穿在整个刑事诉讼法当中的。"[1]在1996年修改刑事诉讼法的过程中,考虑到加强法制建设的需要,同时也针对实践中存在个别组织或个人干预司法办案的情况,1996年《刑事诉讼法》增加第5条规定,确立了人民法院、人民检察院依法独立行使职权原则。

▶▶【法条注解】

本条是关于人民法院依法独立行使审判权、人民检察院依法独立行使检察权的规定,也被称为人民法院、人民检察院依法独立行使职权原则。《宪法》第131条规定:"人民法院依照法律规定独立行使审判权,不受行政机关、社会团体和个人的干涉。"《宪法》第136条规定:"人民检察院依照法律规定独立行使检察权,不受行政机关、社会团体和个人的干涉。"刑事诉讼法确立第5条是对宪法原则的贯彻和重申,体现了本法第1条"根据宪法,制定本法"的精神。

一、人民法院、人民检察院依法独立行使职权的内涵

人民法院、人民检察院依法独立行使职权原则主要有两方面的内涵。

(一)行权要"依法"

人民法院行使审判权,人民检察院行使检察权,必须在法律规定的权限范围内依照法律规定的程序进行,任何违反法律规定的审判程序和公诉活动都是非法的、无效的。无视法律、践踏法律,私设公堂,任意剥夺公民的自由、财产甚至生命的行为,都是绝对禁止的。

---

[1] 郎胜主编:《关于修改刑事诉讼法的决定释义》,中国法制出版社1996年版,第15页。

(二)行权要"独立"

人民法院行使审判权、人民检察院行使检察权,不受其他行政机关、社会团体和个人以任何方式进行的干涉。这里强调的是人民法院、人民检察院要公正执法,坚持以事实为根据,以法律为准绳,站在国家的立场,坚决反对以言代法、以权压法,反对地方保护主义和部门保护主义,维护国家法制的统一。

需要注意的是,这里的独立行使职权指的是"不受行政机关、社会团体和个人的干涉",并不意味着两机关行使职权可以超越一切,不受任何监督和制约。

其一,不可以把"行政机关"扩大为"党政机关"。中国是社会主义国家,坚持中国共产党的全面领导是坚持和发展中国特色社会主义的必由之路。党的领导是宪法确定的四项基本原则之一。只有在政治上、思想上、组织上接受党的领导,遵循党的路线、方针、政策,才能保证司法机关的社会主义性质。需要强调的是,党对司法工作的领导主要是路线、方针、政策的领导,绝不是包办、代替办理具体案件,更不是实行党委审批案件制度。各级党政领导人,不论职务高低、权力大小,都不得以言代法、以权压法,把个人意见当做法律,强令司法机关去执行。[1] 人民法院、人民检察院依法独立行使职权应当接受党的领导,两者是并行不悖,互不冲突的。

其二,不可以将行政机关理解为国家机关。若将行政机关等同于国家机关,就会把国家权力机关也包括进来,但众所周知,权力机关对于人民法院和人民检察院是有监督权的。《宪法》第133条和第138条规定,最高人民法院和最高人民检察院对全国人民代表大会和全国人民代表大会常务委员会负责,地方各级人民法院和地方各级人民检察院对产生它的本级人民代表大会及其常务委员会负责,各级人民法院和人民检察院都应依法向同级国家权力机关负责并报告工作,自觉接受监督。

综上,本条中的"独立"首先有两个例外:一是人民法院独立行使审

---

[1] 参见陈光中主编:《刑事诉讼法》(第七版),北京大学出版社、高等教育出版社2021年版,第102页。

判权、人民检察院独立行使检察权都要坚持中国共产党的领导,二是都要接受人民代表大会及其常务委员会的监督。

其三,检察院对法院可以依法监督。我国的人民检察院是国家的法律监督机关,对审判活动可以开展监督,这被称为审判监督。审判监督是检察权对审判权行使的"合法干涉"。"作为检察院,依法对审判工作进行监督,提出上诉或抗诉,如果把这些作为是一种'干涉'的话,这种'干涉'是可以理解的。"[1]万毅教授在研究我国台湾地区的检察制度时,曾对我国台湾地区"检察官"监督"法官"是否会妨碍"法官"审判独立作出过分析,"检察官本亦为司法官,司法官监督司法官,如同法院内部的上、下审级般,不会干预审判的独立性"[2]。"在欧陆法制,为消除法官的恣意,而设立检察官作为制衡之机关,亦即在'审检分立'之思考,乃是将司法机关分为法官与检察官,使其互相制衡,因而在德国法制,法官这边称为'法院';而检察官这边则称为'法院检察署'……简言之,司法天平系由法官、检察官各司其一端,由于检察官具有司法机关之性质,所以其监督法官,并不构成干预司法审判。这是将原本的司法权由一分为二的思考。"[3]中国大陆的人民检察院与人民法院都属于国家的司法机关,人民检察院对于人民法院的监督属于司法权对司法权的监督,既符合上述法理逻辑,也不违反《刑事诉讼法》第5条的规定,属于依法监督、"合法干涉"。

最后,我国的人民法院、人民检察院是作为一个组织整体,集体行使审判权、检察权。在我国,独立行使审判权、检察权的主体是人民法院、人民检察院,而不是某个审判组织、法官或检察官。

二、人民法院与人民检察院独立行使职权的内涵有差别

人民法院、人民检察院独立行使职权的相同点都是依法进行,不受外部的行政机关、社会团体和个人的干涉。但由于不同的组织架构和

---

[1] 蔡定剑:《宪法精解》(第二版),法律出版社2006年版,第441页。
[2] 万毅:《两岸检察官法律地位之比较》,载《东方法学》2011年第2期,第21页。
[3] 陈志龙:《跨世纪刑事司法改革的专业认知盲点》,载《法学丛刊》第45卷总第177期(2000年第1期),第56页。

上下级关系,决定了两机关在具体行使职权时,其"独立性"的内涵并不相同。

宪法规定人民检察院上下级之间是领导与被领导的关系,上级人民检察院有权就具体案件对下级人民检察院作出命令、指示。独立行使检察权实质上是指整个检察系统作为一个整体独立行使检察权,这在理论上又被称为"检察一体"或"检察一体化"。

与检察系统不同,人民法院上下级之间是监督与被监督的关系,所以人民法院系统内部上下级法院之间在具体行使审判权时也是相互独立的。上级人民法院不能对下级人民法院正在审理的具体案件如何处理发布指示或命令,下级人民法院也不得就正在审理的案件如何裁判或处理向上级人民法院请示。当然,上级人民法院可以通过法定途径,如二审、审判监督等对下级人民法院审理的案件进行监督,但这种监督是对案件作出裁判后的事后监督。

▶▶【法条评点】

一、应注意法院与检察院行使职权"独立"用语的相对性

长期以来,我国的人民检察院与人民法院一同被视为司法机关。所以,宪法也规定人民检察院独立行使检察权。但是,域外检察机关与法院的性质并不相同,它们主要行使国家公诉权。这是一种行政权。所以域外检察机关行使职权并不具有独立性,系统内的上下级检察机关之间是一种领导关系,对外也可能听命于行政长官。

我国的人民检察院与部分域外的检察机关性质不同,但都拥有公诉权,也行使部分侦查权,即都行使一部分行政职能,所以部分域外检察机关行权与法院独立行使审判权具有不同性质。我国的人民检察院上下级之间是领导关系,法院上下级之间是指导和监督关系。人民检察院与人民法院都是独立行使职权,但因两机关职权下的子权力在类型、性质等方面不同,故各自的独立性有不同含义。从这个角度看,检察独立和法院独立,"独立"的含义不具有同一性。

▶▶【延伸性阅读资料】

一、从宪法修改理解"人民法院依照法律独立行使审判权"的内涵[1]

1954年《宪法》第78条规定"人民法院独立进行审判,只服从法律"。1982年《宪法》第126条将此修改为"人民法院依照法律规定独立行使审判权,不受行政机关、社会团体和个人的干涉"。像这种写法,明确指出不受哪些机关干涉,在宪法中共有三处:即第91条关于审计机关、第126条关于人民法院(现行《宪法》第131条)、第131条关于人民检察院(现行《宪法》第136条)。[2] 为什么要对1954年《宪法》中关于人民法院独立进行审判的内容作此修改?

独立审判是我国审判制度的一个重要原则,1954年《宪法》对它作出了规定,有利于保护公民的合法权益,使法院严格依法办事,正确处理案件,健全社会主义法制。1975年《宪法》和1978年《宪法》取消了这一规定,理由是审判独立是资产阶级的观点,我们是社会主义国家,不能搞什么审判独立。诚然,独立审判是资产阶级首先提出来的,目的是更好维护资产阶级的利益,而且在资本主义社会里,有钱就有一切,事实上不可能真正做到审判独立。但审判独立在其历史上还是起了进步作用,有利于反对君主专制,维护资产阶级民主。

我们是社会主义国家,强调人民法院独立行使审判权,是从无产阶级和广大人民群众的利益出发,有利于健全社会主义法制,保障社会主义民主。同时,我们消灭了人剥削人的制度,这就为真正做到人民法院独立行使审判权提供了前提。所以我国1982年《宪法》和1954年《宪法》一样,都是承认这一制度的。

但在修改宪法的讨论中,有人认为1954年《宪法》的用语不够确切,因此作了修改。首先,各级人民法院必须接受同级人民代表大会和

---

[1] 参见肖蔚云:《我国现行宪法的诞生》,北京大学出版社1986年版,第78—80页。
[2] 立法机关在2018年对宪法作出修改,《宪法》第127条第1款规定,"监察委员会依照法律规定独立行使监察权,不受行政机关、社会团体和个人的干涉"。据此,宪法中类似的写法,即明确指出不受哪些机关干涉,现在总共有四处。

它的常务委员会的监督和领导。各级人民法院是由同级人民代表大会产生的,它对同级人民代表大会负责并报告工作,在同级人民代表大会闭幕时,对它的常务委员会负责并报告工作。同级人民代表大会和它的常务委员会虽然不干涉人民法院对具体案件的审判,但它还是要监督人民法院的工作的。因此像1954年《宪法》那样规定人民法院只服从法律,是不确切的,略显绝对化。其次,各级人民法院必须接受中国共产党的领导,党的领导是我国宪法所确认的四项基本原则之一。党是人民利益的忠实代表,它对整个国家实行领导,作为国家机关之一的司法机关当然也要受它领导。党的这种领导地位是在长期革命斗争中自然形成的,是经实践证明和广大人民认可的唯一正确的领导,尽管党也可能犯错误,但我们党最终能够自行纠正错误,故不能以此否认党的领导。当然,党的领导主要是从思想政治上进行领导,帮助法院选拔干部,执行党的路线和政策,教育审判人员严格依法办事等,而不是直接干预人民法院的日常审判工作。

宪法规定人民法院依照法律独立行使审判权,就是说审判权只能由法院依法行使,别的任何机关都不能行使审判权,而且宪法又特别指出"不受行政机关、社会团体和个人的干涉"。这句话规定得比较适当,这就说明哪些单位和个人不能干涉法院依法行使审判权,以保证审判工作能正确、顺利地进行。而把权力机关排除在外,说明国家权力机关是可以干预人民法院的工作的;也没有写检察机关不可以干预,因为检察机关和人民法院是相互配合、相互制约的关系。宪法规定不受社会团体的干涉,却没有写政党,说明人民法院行使职权不能把党的领导排除在外。因为在我国宪法中,社会团体不包括政党,两者是分开规定的。如宪法序言最后一段最后一句规定:"全国各族人民、一切国家机关和武装力量、各政党和各社会团体、各企业事业组织,都必须以宪法为根本的活动准则……"显然,政党和社会团体是不完全一样的。这样,宪法明确规定了不受哪些方面的干涉,对于保证人民法院有效行使审判权,有着极为重要的意义。1982年《宪法》对1954年《宪法》的修改不但在文字上显得更为严谨、确切,在内容上也比1954年《宪法》更加明确、清楚,划清了一些界限,维护了宪法的原则。

> **第六条** 【依靠群众原则】【以事实为根据,以法律为准绳原则】【法律面前人人平等原则】人民法院、人民检察院和公安机关进行刑事诉讼,必须依靠群众,必须以事实为根据,以法律为准绳。对于一切公民,在适用法律上一律平等,在法律面前,不允许有任何特权。

▶▶【历次修法条文对照】

1979年《刑事诉讼法》	1996年《刑事诉讼法》	2012年《刑事诉讼法》	2018年《刑事诉讼法》
第一章 指导思想、任务和基本原则	第一章 ~~指导思想、~~任务和基本原则	第一章 任务和基本原则	第一章 任务和基本原则
第4条:人民法院、人民检察院和公安机关进行刑事诉讼,必须依靠群众,必须以事实为根据,以法律为准绳。对于一切公民,在适用法律上一律平等,在法律面前,不允许有任何特权。	第6条 内容未修订	第6条 内容未修订	第6条 内容未修订

▶▶【立法沿革】

　　本条规定的一些原则都是对党和国家长期工作路线、实践经验的总结。比较有代表性的是"以事实为根据,以法律为准绳"原则。"早在1956年全国第三届司法工作会议上,当时全国人大常委会副委员长彭真就将司法机关的办案经验概括为'事实是根据,法律是准绳',从此以后在司法实践中始终坚持贯彻这项基本原则。1979年制定的刑事诉讼法把它规定为基本原则。"[1]

---

　　[1] 胡锡庆主编:《新编中国刑事诉讼法学》(第二版),华东理工大学出版社1998年版,第78页。

本条自 1979 年《刑事诉讼法》确立后，相关内容在历次修法中均未有变动，仅在 1996 年修法时有条文序号的变化。

▶▶【法条注解】

本条规定可拆解为三项原则：专门机关与依靠群众相结合原则（专群结合原则）；以事实为根据，以法律为准绳原则；一切公民在适用法律上一律平等原则。

一、专门机关与依靠群众相结合原则

"依靠群众"是党的群众路线在刑事诉讼法中的具体体现。从《刑事诉讼法》第 6 条，即"人民法院、人民检察院和公安机关进行刑事诉讼，必须依靠群众"的表述看，公检法机关开展刑事诉讼应坚持"专门机关与依靠群众相结合原则"，简称"专群结合原则"，不少研究者也将其称为"依靠群众原则"。一方面，公检法机关专司侦查、起诉、审判，以刑事诉讼为常业，具有丰富的办案经验和法律知识，专业能力强、业务素质高，是开展刑事诉讼活动的主导者和主力军；另一方面，犯罪行为是侵害法律所保护的国家利益、社会利益、个人利益，无论哪一种利益受到损害，群众的利益都会直接或间接的受到损害。因此，群众本身就具有参与维护社会秩序，同犯罪行为作斗争的积极性。如果能调动起这一积极性，就可以为开展司法活动赢得丰富的资源。一般认为，刑事犯罪发生于日常时空，犯罪行为人混迹于社会，犯罪的线索和行为人的活动轨迹多多少少都会留下蛛丝马迹，为群众所察觉、发现，这就为发现案件真相创造了条件。单靠办案机关，即使运用专业知识和现代科技设备可能也难于发现或及时发现真相。如果相信群众、依靠群众，从群众中来，到群众中去，开展调研、调查就更易于获得案件的信息、线索和证据，及时发现犯罪嫌疑人，为案件的侦破、起诉和审判提供各项助益。

刑事诉讼法体现"专群结合"原则的条文集中于三个方面：

一是依靠群众，查明案情。如《刑事诉讼法》第 52 条规定的"必须保证一切与案件有关或者了解案情的公民，有客观地充分地提供证据的条件，除特殊情况外，可以吸收他们协助调查"。

二是便利群众与犯罪行为作斗争。如《刑事诉讼法》第 84 条、第 110 条分别规定了任何公民都有权扭送现行犯和报案、举报犯罪。

三是通过多种形式接受群众监督。如《刑事诉讼法》第 13 条规定,法院审判案件实行人民陪审员陪审的制度;第 187 条的规定也意味着,法院允许群众旁听公开审判的案件。此外,刑事诉讼法还规定在勘验、检查、搜查、查封、扣押过程中应有见证人在场,确保与案件无关的公民对侦查行为进行监督。

二、以事实为根据,以法律为准绳原则

在日常生活中,我们常常强调"摆事实,讲道理",开展刑事诉讼活动、办理刑事案件也是如此。"以事实为根据,以法律为准绳",前者强调的是客观层面的事实问题,后者强调的是规范层面的"道理",即法律规则。两者可以置入三段论:法律构成大前提,事实构成小前提,将法律运用于事实(涵摄)得出裁判结论。其中,事实先于法律,事实是正确适用法律的前提和基础;法律是处理案件的标准和尺度。没有事实作为根据,难以实现实质正义;不以法律为准绳,则司法将充满随意,将为个人喜怒、私欲私利所蒙蔽。[1] 只有把二者结合起来,作为一个重要原则贯彻执行,才能保证刑事诉讼的正确进行,实现司法正义。

(一)以事实为根据

开展刑事诉讼首先要"以事实为根据"。这里的"事实"应从三个方面加以理解。

一是开展刑事诉讼所根据的"事实"包括实体法事实和程序法事实。实体法事实是指与定罪量刑有关的案件事实,程序法事实则是指在刑事诉讼中解决程序问题所依据的事实,如解决羁押期限的延长、诉讼期间的恢复、回避以及适用取保候审、监视居住等问题所依据的事实。

二是开展刑事诉讼所根据的"事实"必须是证据所证明的。《刑事诉讼法》第 50 条第 1 款规定:"可以用于证明案件事实的材料,都是证据。"据此,发现案件事实需要通过证据加以证明,这体现了证据裁判原则,即认定案件事实必须以证据为根据。反之,道听途说、主观臆断,都只是一厢情愿、自我演绎,不仅无法还原事实真相,还可能混淆视听,制造冤假错案。

---

[1] 参见张建伟:《刑事诉讼法通义》(第二版),北京大学出版社 2016 年版,第 158 页。

> 实践中,有的办案人员常说,依据现有证据认定案件事实不符合常理、情理。这其实就涉及日常经验法则、论理法则与证据的关系问题。如果依证据认定的事实不符合常理、情理,就把事实抛开,自我推测演绎出一幕幕"事实",这显然就成了主观臆断,违反了刑事诉讼"以事实为根据"的原则。但是,如果将事实不符合常理、情理理解为是一种对案件证伪的合理怀疑,并以此为基础展开深入调查,排除合理怀疑,这种对"事实"求真的态度和行动则是刑事诉讼所允许的,在第55条第2款第3项"综合全案证据,对所认定事实已排除合理怀疑"也有体现。但需要注意的是,这里的不符合常理、情理的直觉感知,必须要是合理怀疑,而非无端猜测、怀疑一切。因为常理、情理有常态的,亦有反常态的,它们都可能在现实世界中发生。

三是证明案件事实的证据必须查证属实。《刑事诉讼法》第50条第3款规定:"证据必须经过查证属实,才能作为定案的根据。"可见,客观存在的证据从被发现再到成为定案的根据,关键的一环是要经过"查证属实"。唯有"查证属实"的证据,所证明的案件事实才是可靠的、可信的,才是刑事诉讼中"定案的根据"。

总之,刑事诉讼法所强调的"以事实为根据"是指"以已被查证属实的证据所证明的实体和程序事实为根据"。

(二)以法律为准绳

以法律为准绳就是指公检法机关在查明案件事实的基础上,以法律为尺度来衡量,作出正确的处理,不能仅凭一己好恶、一时情绪、一方私利或外界压力来查案、审案和定案。"以法律为准绳"中的"法律"不仅包括实体法和程序法,还包括与刑事司法活动紧密相关的法律,如监狱法、人民警察法、人民法院组织法、人民检察院组织法等。

三、一切公民在适用法律上一律平等原则

《刑事诉讼法》第6条规定:"对于一切公民,在适用法律上一律平等,在法律面前,不允许有任何特权。"这里表述的是一切公民在"适用法律"上一律平等,是指在司法活动中,公检法机关开展刑事诉讼必须对一切公民一视同仁,不能因公民的民族、种族、职业、出身、性别、宗教信仰、教育程度、财产情况、职位高低和功劳大小等在法律适用中享有特权、免除义务

或受到歧视、承担不必要的责任。但是，立法在制定过程中并不排斥对某些特殊群体，如未成年人、盲、聋、哑人、怀孕的妇女等区别对待，给予一定的特殊保护和权益关照。这是立法与司法两个层面的问题，不能混淆。

需要说明的是，本部分内容与《宪法》第33条第2款"中华人民共和国公民在法律面前一律平等"有紧密联系，含义一致。

> 一九五四年宪法曾规定"公民在法律上一律平等"，一九七五年、一九七八年宪法取消了这一内容。一九八二年宪法恢复了这一内容，并将"法律上一律平等"改为"法律面前一律平等"。这是为了使宪法条文明确易懂，避免争论。过去有人将"法律上"平等理解为包括立法上的平等，在学术界引起了争论。宪法作这样修改，就更加明确了。法律是统治阶级意志的反映，在立法上不能讲平等。所谓法律"面前"，是指法律已经制定出来，在这个法律面前，所有人都是平等的。这就避免了一些争论。还有一些其他提法，如一九五四年的法院组织法规定在法律适用上一律平等，十一届三中全会的文件中提到人民在自己的法律面前平等，基本意思都是一致的。[1]

▶▶【法条评点】

一、依靠群众原则的存废

如前所述，依靠群众原则也称为专门机关与依靠群众相结合原则，但有不少学者提出应废止该项原则，主要包括四项理由：一是我国宪法并没有规定公检法机关在进行刑事诉讼时应当依靠群众原则，将本原则删除不至于像删除检察监督、分工负责、互相配合、互相制约原则那样出现违宪问题；二是民事诉讼法和行政诉讼法也没有规定依靠群众原则，从三大诉讼法的协调来看，可以删除依靠群众原则；三是刑事诉讼法的基本原则应当是一种约束国家机关和诉讼参与人进行刑事诉讼行为的基本准则，包含具体的权利和义务，以及行为主体违反这些准则时应承担的法律后果，而依靠群众则是中国共产党和我国国家机关长期以来形成的一条

---

[1] 肖蔚云：《我国现行宪法的诞生》，北京大学出版社1986年版，第132页以下。

工作路线和组织路线,虽然具有普遍意义,但将其规定为刑事诉讼法的基本原则,不能反映刑事诉讼的特点,也不包含具体的权利义务内容,违反这一原则也没有具体的判断标准,没有相应的法律后果;四是将依靠群众作为一项刑事诉讼法基本原则加以规定可能在实践中被误解,而导致"按照群众的意见办理案件"、"将案件交给群众去办"等有违诉讼规律的结果,也同时违反了"侦查权、检察权、审判权由专门机关依法行使原则"和"人民法院、人民检察院独立行使职权原则"。[1]

对于上述观点,本评注并不赞同,并且认为刑事诉讼法规定"专群结合"原则有实际意义,也符合中国特色。

首先,原则往往都体现在具体条文中,只要具体条文中规定了相关的权力责任或权利义务,就不违反原则设立的应有之义。

其次,虽然民事诉讼法和行政诉讼法没有规定依靠群众原则,但并不妨碍刑事诉讼法可以专门规定。刑事诉讼法的一项重要任务是查明犯罪事实,有时由于客观条件和时限要求,仅靠侦查机关很难及时完成,必须发动群众协助侦查,这也是《刑事诉讼法》第52条的应有之义,对于及时发现和打击犯罪,维护社会稳定和公共秩序意义重大。强调发动群众、依靠群众进而侦查破案、查明案情,对于刑事诉讼活动而言有特殊意义和价值,这是刑事诉讼法与其他诉讼法的不同之处,当然需要专门规定。

最后也是最为重要的是,依靠群众原则的表述其实并不完全妥帖,从《刑事诉讼法》第6条的规定看,今后更宜统称为专门机关与依靠群众相结合原则,即专群结合原则,这也是本部分内容开篇所总结的原则。该原则强调了公检法专门机关办案的专业性和群众的参与性,只要处理好两者的关系,并不会出现前述误解或办案偏差。"在刑事诉讼中,专门机关居于主导地位,诉讼的整个过程,都由专门机关来主持,法律赋予专门机关的职权,不能够交给群众行使,群众的意见和材料,要由专门机关去收集,分析研究,鉴别真伪。对于需要采用科学技术方法进行鉴定和检验的证据材料必须依法进行鉴定和检验,不能仅凭群众的意见便加以认定。

---

[1] 参见陈光中主编:《中华人民共和国刑事诉讼法再修改专家建议稿与论证》,中国法制出版社2006年版,第254页;宋英辉主编:《刑事诉讼法修改问题研究》,中国人民公安大学出版社2007年版,第43页。

只有做到既相信群众,接受群众监督又重视专门机关的工作,充分发挥专业技术的作用,及时查明犯罪事实"[1],才能保证刑事诉讼活动依法顺利进行。从某种程度上说,开展刑事诉讼讲究专群结合原则,允许群众的参与和协助,其实与当下强调的公民参与司法的意蕴殊途同归。有学者就提出,可以考虑将"依靠群众"修改为"公民参与"。[2] 其实,这一修法建议完全可以通过法律解释的方法加以解决,该研究者在另文中也指出,"依靠群众原则实际上是公民参与诉讼在中国语境下的表述"[3],所以大可不必再做修法的"大手术"。而且,"依靠群众"的表述在我国有较长的历史渊源,已得到社会公众和司法人员的广泛接受,具有广泛的社会认同性和司法实践基础,直接修法反而会引发今后司法机关办案是否要与群众参与相隔绝的不必要猜测,故修改表述并不合适。

二、应修改"对于一切公民,在适用法律上一律平等"的表述

《宪法》第 33 条第 2 款规定:"中华人民共和国公民在法律面前一律平等。"第 5 条第 5 款规定:"任何组织或者个人都不得有超越宪法和法律的特权。"《刑事诉讼法》第 6 条规定的"对于一切公民,在适用法律上一律平等,在法律面前,不允许有任何特权"无疑是对上述两个宪法条文的贯彻和体现。但是,比照宪法规定,《刑事诉讼法》第 6 条的表述其实存在一定的语法问题。

一是"对于一切公民,在适用法律上一律平等……"的表述中主语标识不清。如果这个主语是人民法院、人民检察院和公安机关,它们"对于一切公民,在适用法律上一律平等"倒是可以说得通,但随后"在法律面前,不允许有任何特权"则主谓搭配不当,因为公检法机关不是法律面前

---

[1] 胡锡庆主编:《新编中国刑事诉讼法学》(第二版),华东理工大学出版社 1998 年版,第 76 页。

[2] 参见谢佑平、张崇波:《应以"公民参与"取代刑事诉讼法中的"依靠群众"原则》,载《法学》2005 年第 7 期,第 64 页以下。

[3] 谢佑平、万毅:《论刑事诉讼参与原则》,载《河南省政法管理干部学院学报》2001 年第 5 期,第 38 页。此外陈卫东教授曾对公民参与司法与依靠群众做过精细化区分,也认为:司法中的"依靠群众"与公民参与司法在精神实质上具有一致性。参见陈卫东:《公民参与司法:理论、实践及改革——以刑事司法为中心的考察》,载《法学研究》2015 年第 2 期,第 5 页。

有无特权的一方,这里搭配的主语应当是"公民"。但如果这里的主语是"公民",在其前面加上"对于一切"则恰恰模糊了"公民"的主语地位。考虑到《刑事诉讼法》第 6 条是前后两个句子,针对"对于一切公民,在适用法律上一律平等,在法律面前,不允许有任何特权"这一表述,建议去掉"对于"一词,明确主语为"公民"。

二是从语言学的角度看,"公民"本身就是一个集合概念,无须用"一切"来修饰;并且,本句中的"一律"一词本身也含有"一切"的意思在内。故建议去掉"一切",仅保留"公民",同时去掉"公民"之后的第一个逗号。[1]

综上,本条修改后的条义应是:人民法院、人民检察院和公安机关进行刑事诉讼,必须依靠群众,必须以事实为根据,以法律为准绳。公民在适用法律上一律平等,在法律面前,不允许有任何特权。

> **第七条 【分工负责 互相配合 互相制约原则】**人民法院、人民检察院和公安机关进行刑事诉讼,应当分工负责,互相配合,互相制约,以保证准确有效地执行法律。

▶▶【历次修法条文对照】

1979 年《刑事诉讼法》	1996 年《刑事诉讼法》	2012 年《刑事诉讼法》	2018 年《刑事诉讼法》
第一章 指导思想、任务和基本原则	第一章 ~~指导思想~~、任务和基本原则	第一章 任务和基本原则	第一章 任务和基本原则
第 5 条:人民法院、人民检察院和公安机关进行刑事诉讼,应当分工负责,互相配合,互相制约,以保证准确有效地执行法律。	**第 7 条** 内容未修订	**第 7 条** 内容未修订	**第 7 条** 内容未修订

---

〔1〕 参见冀祥德主编:《最新刑事诉讼法释评》,中国政法大学出版社 2012 年版,第 7 页。

▶▶【立法沿革】

本条为1979年《刑事诉讼法》确立,条文内容在之后的历次修法中均未有变动,仅有条文序号的变化。

▶▶【法条注解】

《刑事诉讼法》第7条的重点是公检法三机关在刑事诉讼中的关系:分工负责、互相配合、互相制约。需要注意的是,《刑事诉讼法》第5条规定"人民法院依照法律规定独立行使审判权,人民检察院依照法律规定独立行使检察权,不受行政机关、社会团体和个人的干涉",这一规定其实是检察院与法院进行刑事诉讼的外部化问题,即不受检法系统外部力量的不当干涉;第7条则是公检法三机关进行刑事诉讼的内部化问题,涉及三机关在刑事诉讼中的职权配置和关系互动。

一、历史渊源

法院、检察院、公安机关分工负责、互相配合、互相制约的原则也可简称为分工负责、配合制约原则,最早见诸1979年《刑事诉讼法》。在该法颁布之前,这一原则的雏形已经在党的文件中出现。1953年11月28日,最高人民检察院党组向中共中央报送《关于检察工作情况和当前检察工作方针任务的意见的报告》,由董必武、彭真主持的中央政法委员会党组同时提出一份建议中央批准该报告的报告,这份报告在叙述了苏联公检法三机关在处理刑事案件中的相互关系后,便引出了他们之间互相配合、互相制约的关系总结:

"在苏联,刑事案件的起诉一般首先是由检察署进行侦查,检察署认为可以起诉的才向法院提出公诉,由法院依法审理。如法院对检察署起诉的案件认为证据不足或未构成判刑条件时,也可发还检察署请其重新侦查或宣告无罪(在预审中是裁定不起诉)。检察长如对法院的裁定不同意时,可以提出抗议,由上一级法院作最后裁定。需要开庭审判的案件,被告人又有辩护律师,而法院在进行审判时一般又系由审判员集体(在一审案件中有陪审员)负责进行审判。同时检察署对法院所判决的案件如认为不妥当时,还可以提出抗告。苏联的检察署与公安机关在工作上也是有密切配合的。公安机关逮捕罪犯时,须经检察长事先同意或在逮捕后 24 小时内报告检察长,检察长接到通知后,于 48 小时内以书面形式批准拘禁或撤销拘禁。公安机关对案件侦查结果,如认为需要起诉的,其起诉书须经取得检察长同意,或将案件移送检察署侦查,决定起诉或不起诉。如公安机关对检察长的处理不同意时,可提出抗议,由上级检察署决定。法院、公安、检察署通过一系列的互相配合、互相制约的比较完善的司法制度的保证,错捕、错押、错判的现象就减少到极小的程度。"[1]

根据最高人民检察署首届党组成员、原最高人民检察院党组成员、研究室主任王桂五的分析,实际上,在苏联司法制度中并没有互相配合、互相制约的原则。当时提出这一原则实质上是"托苏建制",正如中国历史上的"托古改制"一样。"'当时之所以提出这个原则,是因为发现了不少错案。正如中央政法党组在建议中所指出的,在司法改革前,许多地方的错判案件曾达抽查案件的百分之十。司法改革后,个别地方法院的错判案件仍有达百分之十左右者。同时公安机关亦检查出七百余件假案。这些错判和假案使许多无辜群众遭受冤狱,引起许多群众的不满'。鉴于这种情况,迫切需要健全司法制度,而其主要一环,就是建立和健全检察机构,加强法律监督,使公、检、法三机关互相配合、互相制约。"[2]

通过对上述历史脉络展开梳理可以发现,彼时确立公检法三机关分工负责、互相配合、互相制约原则的一个主要目的在于避免冤假错案。由于 20 世纪 50 年代,阶级斗争的形势已然严峻,打击敌人、保护社会主义胜利果实的需求十分紧迫,但由于打击犯罪过于迅猛以致出现了不少冤假错案,急需刹车调整。如何解决这个问题,现在来看,当时提出分工负责、配合制约原则有两方面的理论考量:一是分权,将司法办案权一分为三,由公检法三个机关专属行使,其他机关不得包办替代,这样可以避免权力集中下的独断与专行;二是制衡,即要求公检法三机关在办案过程中要坚持原则,各自把关,纠正其他机关办案中的错误,避免办案中的枉纵和错漏。可以说,彼时提出公检法三机关分工负责、互相配合、互相制约原则,意在将分权制衡的理念融入司法权的配置和不同机关彼此间的关

---

[1] 孙谦主编:《人民检察制度的历史变迁》,中国检察出版社 2009 年版,第 284 页。
[2] 王桂五:《互相配合、互相制约的由来》,载《王桂五论检察》,中国检察出版社 2008 年版,第 429 页。

系规划中,以最大限度地降低错捕、错审、错判现象的蔓延,遏制冤假错案的发生。当然,司法办案的目的和设立刑事诉讼法的重要宗旨之一是保证刑法的正确实施,惩罚犯罪。诚如彭真委员长所言:"三个机关是在党的领导下,互相配合,互相制约,共同完成一个任务,就是打击敌人,保护人民,就是从法制方面巩固和发展安定团结、生动活泼的政治局面。"[1]如果说分工与制约是为了避免司法擅断,保护人民,保障无罪的人不受刑事追究,那么三机关互相配合则是为了更好地打击犯罪。毕竟,当司法办案权发生分离,不同机关之间在办案中可能会出现相互掣肘、推诿扯皮的情形。为了避免内耗,统一行动,确保惩治犯罪的质效,互相配合也必须被强调。

二、刑事诉讼"阶段论"的理论支撑

特定的历史背景孕育了分工负责、配合制约的原则。但除此以外,刑事诉讼"阶段论"也是促推该原则产生、发展以及获得立法确认的原因之一。彭真委员长在全国检察工作座谈会、全国高级人民法院和军事法院院长会议、第三次全国预审工作会议上的讲话中提及的"车间论"的比喻恰好印证了这一论点:

"三个机关是在党的领导下,互相配合,互相制约……这好比一个工厂的三个车间,三道工序。公安一道工序,检察一道工序,法院一道工序。三个机关,一个任务,都是在党的领导下,又是执行的同一个法律,一分为三,三合为一。不要讲你大还是我大,你重要还是我重要,而是谁对就应该尊重谁的。"[2]

如果将"车间论"的比喻复归到刑事诉讼程序这道"流水线"上,就会发现,刑事诉讼程序中的侦查权、检察权、审判权就是将一种产品的生产权一分为三,三项权力相互分离,没有集中或联合;诉讼程序中的公安机关、检察院、法院则是三个互不隶属、各自独立的机关,对应的是"三个车间";而在刑事诉讼流水线上的三道工序则分别对应的是侦查、起诉、审判三个阶段,这三个阶段相对封闭,没有交叉重叠。"职权分离、组织分

---

[1] 彭真:《彭真同志在全国检察工作座谈会、全国高级人民法院和军事法院院长会议、第三次全国预审工作会议上的讲话》,载《人民司法》1979年第10期,第5页。

[2] 彭真:《彭真同志在全国检察工作座谈会、全国高级人民法院和军事法院院长会议、第三次全国预审工作会议上的讲话》,载《人民司法》1979年第10期,第5页。

隶、诉讼分段"是公检法三机关开展刑事诉讼,贯行分工负责、互相配合、互相制约原则的前提和基础。换言之,分工的内涵可以解释为"分权、分隶、分段"的集合。这其中的诉讼分段就是与彭真委员长提出的三道工序相对应的。如果没有相对独立的、封闭的工序,那么分离的职权就没有各自独立行使的空间,互相配合、互相制约的真正内涵就难以被厘清和延展开来。

刑事诉讼"阶段论"源自苏联刑事诉讼理论,这恰恰符合那个"以苏为师"的时代特征。"刑事案件从其开端的时候起直到判决的执行为止是向前运动的,是逐渐发展的。诉讼的各个部分通常叫做诉讼阶段。这种诉讼阶段并不是审判机关和检察机关个别的行为或若干行为的结合。每一个诉讼阶段都是完整的,有其本身的任务和形式的一个整体。只有完成了前一阶段的任务,才能将案件移送至下一阶段,如对这种任务执行不当的时候,就会将案件发还原阶段重行处理。"[1]不难发现,"阶段论"强调每个阶段的独立性、完整性,"在法律上规定着各个诉讼阶段间的明确界线"[2],这就为公检法三机关落入不同阶段,按照各自分工、互不干扰、独立行使职权提供了空间和条件。

同时,在刑事诉讼"阶段论"中,后一阶段对前一阶段还有过滤和修正的作用。如果将三机关分工后的不同职权落入侦查、起诉、审判三个不同的诉讼阶段,恰恰就能够起到后阶段对前阶段的制约效果,即上文所言的"如对这种任务执行不当的时候,就会将案件发还原阶段重行处理",或者"如法院对检察署起诉的案件认为证据不足或未构成判刑条件时,也可发还检察署请其重新侦查或宣告无罪(在预审中是裁定不起诉)",这恰恰是彭真委员长提到的在三道工序中才能衍生出的制约关系。

此外,"法律规定了分阶段处理案件的程序,这种程序具有实现全部诉讼目的的极大可能性……阶段是刑事诉讼中独立而又相互联系的几个部分,它们之间的区别取决于诉讼的最终决定、由诉讼总任务产生出来的特定直接任务、参与诉讼的机关和个人的范围、实行诉讼行为的程序和刑

---

[1] [苏]M.A.切里佐夫:《苏维埃刑事诉讼》,中国人民大学刑法教研室译,法律出版社1955年版,第56页。

[2] [苏]M.A.切里佐夫:《苏维埃刑事诉讼》,中国人民大学刑法教研室译,法律出版社1955年版,第57页。

事诉讼关系的特性"[1]。虽然刑事诉讼可以分为若干个独立的阶段,每个阶段有特定的直接任务,但它们同时又肩负着实现全部诉讼目的的总任务,这个总任务在我国就是前文中彭真委员长所提到的"共同完成一个任务,就是打击敌人,保护人民,就是从法制方面巩固和发展安定团结、生动活泼的政治局面"。为了完成这个总任务就需要不同阶段的参与机关前后衔接、相互支持,最终达到互相配合的要求。

> 按照上述分析,如果延续"车间论""工序论"的理念,可以延伸性地做一个更为全面和形象的比方:
> 公检法三机关的分工负责相当于对一个产品的生产权一分为三(权力分离为三权),归口三个车间(组织分隶为三个),对应三道工序(诉讼分为三段)。每个车间行使各自的权力完成一道公序后将半成品转交下一个车间的下一道工序。最终在流水线上,三个车间通过三道工序一同完成产品生产。在这个生产过程中,三道工序上的三个车间要相互支持和协作,以便有效率地共同完成产品生产这个总任务,这是公检法为了刑事诉讼法的共同任务互相配合的应有之义。同时,流水线上的后一道工序对前一道工序有产品检验、检测的职责,以避免出现残次品("带病"案件)或废品(冤假错案),这样的制约监督是为了保证产品质量(不出现错捕、错审、错判)。

三、分工负责、互相配合、互相制约的内涵诠释

在理解公检法三机关分工负责、互相配合、互相制约原则的历史由来和理论支撑后,对该原则的内涵就会有一个更为全面和精准的理解和把握。

(一)分工负责

公检法三机关的分工以《刑事诉讼法》第3条的职权划分为前提。按照第3条的规定,侦查权、检察权和审判权已经明确划归公检法三机关专属行使,在此基础和前提下,三机关应按照各自的权限各司其职、各负其责、勤勉敬业,不可再复现20世纪50年代"一长代三长"、"一员代三员"那

---

[1] [苏]И.В.蒂里切夫等编著:《苏维埃刑事诉讼》,张仲麟等译,法律出版社1984年版,第8页。

种各机关在行权过程中互相包办替代的情形,也不应再出现20世纪80年代"严打"期间,公检法"联合办案"时那种权力混淆、职能混同的情形。

分工负责的法理基础在于分权思想,即抛却封建制那种办案机关集侦、控、审于一身,控审不分,权力过于集中的情形,通过分权避免权力集中下的恣意和滥用,保障司法办案的科学、规范、正当,从而充分维护当事人等诉讼参与人的各项基本权益。

(二)互相配合

互相配合以公检法三机关分工负责为前提。公检法三机关在刑事诉讼中的分工虽然有助于权力分离下的彼此牵制,但也会产生不同机关在办案中的推诿扯皮、相互掣肘、衔接不畅、资源内耗等问题,一定程度上会对诉讼经济、办案效率产生不当影响。如前所述,对于刑事诉讼中的国家机关而言,《刑事诉讼法》第2条的总任务主要针对的是公检法三机关。为了准确、及时地完成刑事诉讼法的任务,三机关就应当在办案中注重彼此的沟通协调、相互协作、前后衔接。对于互相配合的理解可以从两个方面把握。

1. 坚持互相配合应重点关注不同诉讼阶段转换过程中的衔接配合

有研究者曾指出,由三道工序的比方所衍生出的"流水作业"并非工作原则,只是程序进展的外观而已。在此基础上,互相配合所体现的应当是以独立为基础的工作程序上的衔接关系。[1] 这种前后衔接在刑事诉讼法中有具体的条文规定。例如,《刑事诉讼法》第162条第1款规定,"公安机关侦查终结的案件,应当做到犯罪事实清楚,证据确实、充分,并且写出起诉意见书,连同案卷材料、证据一并移送同级人民检察院审查决定"。据此操作,可以保障案件从侦查到起诉交接移转的顺畅和规范。再如,2018年《刑事诉讼法》确立了认罪认罚从宽原则,这一原则贯穿于侦查、起诉和审判等重要诉讼阶段。如果犯罪嫌疑人在侦查阶段认罪认罚的,从宽处理的裁决要等到审查起诉或审判阶段才能作出。有鉴于此,第162条第2款规定,公安机关对于"犯罪嫌疑人自愿认罪的,应当记录在案,随案移送,并在起诉意见书中写明有关情况"。由于分工负责、互相配合、互相制约原则源自诉讼"阶段论"的理论支撑,所以其互相

---

[1] 参见韩大元、于文豪:《法院、检察院和公安机关的宪法关系》,载《法学研究》2011年第3期,第15页。

配合重在不同机关在阶段转换时的衔接协调。

2.坚持互相配合应从一系列具体的司法制度、办案机制上加以落实和体现,而非主观想象或一味配合

"部分论者往往习惯于将'配合'理解为无条件或绝对的配合,以致于某些地方在针对特定案件时出现的三机关程序外沟通,甚至联合办案的做法,往往被归咎于'互相配合'的规定,但实际上,此类评论大多言过其实。"[1]真正的互相配合不是于法无据的凭空捏造或主观臆想,而是必须在刑事诉讼程序的具体制度机制中加以体现。例如,《刑事诉讼法》第189条规定,"人民法院审判公诉案件,人民检察院应当派员出席法庭支持公诉"。为了保障检察人员及时出席法庭支持公诉,第187条第3款就规定,"人民法院确定开庭日期后,应当将开庭的时间、地点通知人民检察院"。总之,为了履行刑事诉讼法的任务,公检法三机关必须在法定的制度机制中相互支持、互通情况,确保制度机制落实到位。

(三)互相制约

互相制约的法理基础在于分权后的制衡,即公检法在分工负责的基础上还要彼此牵制,避免不同权力之间过于亲近或被同质化,抑或一权独大而压制其他权力的正常行使。

1.互相制约主要体现为"递进制约"

从分工负责、互相配合、互相制约的历史由来以及诉讼"阶段论"的立场出发,侦查、起诉、审判三个阶段、三道工序首尾相接、前后相继,每一个阶段都是对案件中事实(清楚)、证据(确实、充分)再认识、再深化的过程。如果后一个阶段对前一个阶段办理的案件发现有疏漏或错误,便可做出相应的纠正举措,如检察院对公安机关侦查终结移送起诉的案件可以退回补充侦查或作出不起诉的决定,法院对于检察院提起公诉的案件可以退回补充侦查或作出无罪判决等。据此,互相制约意在通过后一诉讼阶段对前一诉讼阶段所办理案件的审查实现过滤及纠偏纠误,以避免错案,实现不枉不纵、不错不漏。这里的制约更多体现的是在诉讼推进过程中后一阶段的办案机关对前一阶段办案机关的制约,即递进制约。虽然公安机关对于检察院作出的不起诉决定可以复议复核,检察院对于

---

[1] 孙远:《"分工负责、互相配合、互相制约"原则之教义学原理:以审判中心主义为视角》,载《中外法学》2017年第1期,第189页。

法院作出的无罪判决可以提出抗诉,但是这种制约不具有决定性,仅具有启动"复查"的程序性功能,上级检察院和法院仍然可以支持下级检察院作出的决定或法院作出的裁判。所以,互相制约虽然是不同机关之间的双向制约,但制约权能并非均等,而是有主次,否则制约效果就会被完全冲抵,诉讼将难以为继。"双向亦非三机关以数学上'排列组合'的方式建立直接制约关系,而应强调制约的递进性,即检察院主导制约公安机关,法院主导制约检察院,法院主导三者的制约关系。"[1]三机关之间的职能关系"不应当是平行的,而应当是起伏的——侦查者在侦查过程中发挥重大职能作用之时及之后,相对于检察监督来说呈伏势,此时,检察监督呈起势。但继后作为公诉提起人,检察相对于决定起诉命运的审判又呈伏势。当然这是相对而言,伏中有起,起中亦有伏,即不排除制约的双向性。"[2]但不容否认,诉讼"阶段论"下,不同阶段不同机关在诉讼流程中"前伏后起"是主要的制约形态,处于制约终端的是审判机关。

2. 引入域外理论后的制约新形式

随着域外刑事诉讼理论的不断引入,相互制约被注入了新的理念内涵。

一是控诉原则下检察对审判的制约。欧陆法系的控诉原则目前为不少研究者所倡导,其引入为检察对审判的制约提供了一定的法理基础,同时也为检察院与法院的相互制约提供了程序法上的依据。该原则可被归纳为四个方面的内容:首先,制约审判随意发动。无控诉即无审判。检察院通过指控犯罪提起公诉来把控案件进入审判程序的入口,制约法院不诉而审,随意开启审判。其次,赋予法院审判义务。在控诉原则下,法院不仅要贯彻不告不理的原则,还要坚守有告应理的义务,检察院通过起诉将案件"系属"于法院后,法院不仅获得了案件审判权,同时也担负起审判案件作出裁判的义务,不能因案件复杂疑难而不予裁判,推卸审判。再次,限定法院审判管辖权。检察院通过提起公诉,必须将案件"系属"于明确具体的管辖法院,这就避免了上级法院通过指定管辖的方式隐性操纵审判的可能,落实了法定管辖原则。最后也是最为重要的,约束审判范围。《刑事诉讼法》第186条规定:"人民法院对提起公诉的案件进行审查后,对于起诉

---

[1] 韩大元、于文豪:《法院、检察院和公安机关的宪法关系》,载《法学研究》2011年第3期,第16页。

[2] 龙宗智:《相对合理主义》,中国政法大学出版社1999年版,第213页。

书中有明确的指控犯罪事实的,应当决定开庭审判。"法院不能无告而理,但如果检察院提起公诉,法院也须依起诉书中指控的犯罪事实进行审判。换言之,在刑事诉讼中,检察院提起公诉不仅可以启动审判,还可以约束审判的范围。"法院不得审判未经起诉的被告人和未经起诉的犯罪。这是公诉的约束力,这种约束力保证了起诉和审判的同一性。"[1]

二是非法证据排除规则中检察与审判对侦查的制约。随着2012年《刑事诉讼法》确立了非法证据排除规则,我国公检法三机关"在侦查、审查起诉、审判时发现有应当排除的证据的,应当依法予以排除,不得作为起诉意见、起诉决定和判决的依据"(《刑事诉讼法》第56条第2款)。据此,中国的非法证据排除规则呈现出一种"多阶段、递进式"的排除特点。"不仅规定了法官在审判阶段的证据排除职责,还规定了审前程序侦查人员与检察人员的证据排除义务;不仅有一审程序的证据排除规定,也有二审程序的证据排除规定。"[2]简言之,作为刑事诉讼流水线上的公检法三机关都有排除非法证据的权力和义务,这就为后续诉讼的检察院和法院提供了制约侦查取证的方法,即检察院和法院可以依非法证据排除反向制约审前侦查阶段的取证,以此规范和形塑侦查取证行为,达到检察院和法院对公安侦查权的制约。

▶▶【法条评点】

一、分工负责、互相配合、互相制约原则应予保留

分工负责、互相配合、互相制约原则近年来为一些研究者所批判,认为该原则有违诉讼法理,建议取消。"要求处于裁判者地位的法院与处于追诉者地位的侦控方相配合,要求处于控方地位的侦查机关、检察机关监督制约裁判者的裁判行为,均与法院在诉讼中的中立性相悖。"[3]

本评注认为,无论是从二十大报告等党的文件,还是从宪法的规定来

---

[1] 龙宗智:《论我国的公诉制度》,载《人民检察》2010年第19期,第5页。
[2] 樊崇义、吴光升:《审前非法证据排除程序:文本解读与制度展望》,载《中国刑事法杂志》2012年第11期,第4页。
[3] 徐静村主持:《中国刑事诉讼法(第二修正案)学者拟制稿及立法理由》,法律出版社2005年版,第357页。

看,三机关分工负责、互相配合、互相制约的规定都应当保留。而且,通过制度机制的健全完善,可以理顺公检法三机关在刑事诉讼中的关系,没有必要取消这项原则。例如,要求作为裁判者的人民法院与作为侦控方的公安机关、人民检察院相互配合有违审判中立性的论断,其实并没有具体制度或机制的支撑,刑事诉讼法从未规定法院对于公安机关侦查终结的、由检察院提起公诉的案件要判决有罪或迅速判决有罪。相反,按照前文"车间论""工序说"的分析,法院对于审前侦查与检察两道工序所办理的案件应当承担更多的纠偏纠错的制约职责。至于相互配合,则更多的是一种程序转换或衔接上的协调。而且,从整个刑事诉讼办案模式的发展历程看,20世纪80年代人民检察院、人民法院提前介入侦查、预审的情形也发生了重大变化,人民法院提前介入公安机关侦查活动的做法被否定[1],人民检察院提前介入侦查活动的做法也受到了严格限制。从提前介入内涵的变化便可发现,人民法院的客观中立性恰恰在具体制度机制的完善健全中得到了维护,只要不将"互相配合"做过度解读或绝对化,上述担忧完全可以通过理论和具体制度机制的设计,明确配合范围,强化制约内涵。

第八条 【人民检察院的法律监督职责】人民检察院依法对刑事诉讼实行法律监督。

▶▶【历次修法条文对照】

1979年《刑事诉讼法》	1996年《刑事诉讼法》	2012年《刑事诉讼法》	2018年《刑事诉讼法》
第一章 指导思想、任务和基本原则	第一章 ~~指导思想~~、任务和基本原则	第一章 任务和基本原则	第一章 任务和基本原则
无	第8条:人民检察院依法对刑事诉讼实行法律监督。	第8条 内容未修订	第8条 内容未修订

---

[1] 参见董坤:《检察提前介入监察:历史流变中的法理探寻与机制构建》,载《政治与法律》2021年第9期,第4页。

▶▶【立法沿革】

本条为1996年《刑事诉讼法》修改时的新增条文,之后的历次修法未再有内容调整,仅有条文序号的变动。

1996年《刑事诉讼法》在总则第一章"任务和基本原则"中增加"人民检察院依法对刑事诉讼实行法律监督"作为第8条,主要有三个方面的考虑:一是更加强调检察院对刑事诉讼的法律监督职责,与宪法关于检察院是国家的法律监督机关的规定相一致;二是考虑到已制定出台的民事诉讼法、行政诉讼法均在总则中专门规定了检察院对民事诉讼和行政诉讼有权实行法律监督,而检察院对刑事诉讼活动开展法律监督更经常、更直接,在刑事诉讼法总则中增加相关条款,可以更完整地反映检察院的法律监督地位和对各种诉讼活动的监督作用,并与民事诉讼法、行政诉讼法的规定相一致;三是在总则中增加这一规定能够与其他各编中检察院的具体监督职权相呼应,使刑事诉讼法中对检察院的监督职权的表述更为完整。[1]

随着刑事诉讼法的多次修改,检察院实行法律监督的具体职权也在不断丰富和完善。

▶▶【法条注解】

《刑事诉讼法》第8条是关于检察院的法律监督职责的规定,是刑事诉讼法对《宪法》第134条"中华人民共和国人民检察院是国家的法律监督机关"规定的贯彻落实。

一、法律监督与具体检察职能的关系

宪法规定检察院是国家的法律监督机关。三大诉讼法也都规定了检察院对诉讼活动开展法律监督的职权。如果对法律监督展开分析,会发现其是一个较为抽象的、集合性的概念。

一方面,检察院具有的法律监督的性质特点,是从各项具体的检察职能中抽象出来的,一种带有普遍性、概括性的东西。它以"纲"的形式由

---

[1] 参见郎胜主编:《关于修改刑事诉讼法的决定释义》,中国法制出版社1996年版,第20页。

宪法以及刑事诉讼法的总则条文来规定,而各项具体的检察职能则是以"目"的形式在法律规定中体现,"纲举目张"是符合立法逻辑的。另一方面,从国家权力运作的规律看,法律监督性质与具体检察职能之间体现的是目的和手段的关系。国家权力机关在设定行政权、监察权、审判权和军事权的同时,还设定了法律监督权,以确保行政权、监察权、审判权和军事权在法律规定的范围内得到行使。如何行使法律监督权,实现法律监督的目的,这就需要规定各种法定的措施来作为实现法律监督的手段。更加具体的检察职能就是这些各种措施、手段。[1]

二、法律监督的外延在修法中不断丰富和完善

从1979年《刑事诉讼法》确立,到1996年和2012年两次大幅度修法,检察院对刑事诉讼实行法律监督都是在具体的法定程序和职能行使中得以体现,并被不断丰富和完善。

(一)1979年《刑事诉讼法》确立了具体的法律监督职权

(1)侦查监督。1979年《刑事诉讼法》关于检察院对侦查活动进行监督,主要是通过批准逮捕和审查起诉工作和日常对侦查工作的监督来体现。一是审查批准逮捕环节的侦查监督,如1979年《刑事诉讼法》第52条规定的"人民检察院在审查批准逮捕工作中,如果发现公安机关的侦查活动有违法情况,应当通知公安机关予以纠正,公安机关应当将纠正情况通知人民检察院"。二是审查起诉阶段的侦查监督,如1979年《刑事诉讼法》第93条第2款规定的"公安机关侦查的案件,侦查终结后,应当写出起诉意见书或者免予起诉意见书,连同案卷材料、证据一并移送同级人民检察院审查决定"。1979年《刑事诉讼法》第99条第1款规定的"人民检察院审查案件,对于需要补充侦查的,可以自行侦查,也可以退回公安机关补充侦查"。三是对日常侦查工作的监督,如1979年《刑事诉讼法》第77条规定的"人民检察院审查案件时,对公安机关的勘验、检查,认为需要复验、复查时,可以要求公安机关复验、复查,并且可以派检察人员参加"。

(2)审判监督。为了保证法院的审判工作能够合法规范、客观公

---

[1] 参见韩大元主编:《中国检察制度宪法基础研究》,中国检察出版社2007年版,第44页。

正,1979年《刑事诉讼法》对检察院开展审判监督作出两个方面的具体规定：一是监督法院的审判程序是否合法，即对法院的法庭审判活动是否符合法律程序进行监督。如1979年《刑事诉讼法》第112条规定的"人民法院审判公诉案件，除罪行较轻经人民法院同意的以外，人民检察院应当派员出席法庭支持公诉。出庭的检察人员发现审判活动有违法情况，有权向法庭提出纠正意见"。二是监督法院的实体裁判结果是否正确，具体包括对法院作出的一审裁判和终审生效裁判是否有错误进行监督。如1979年《刑事诉讼法》第130条规定的"地方各级人民检察院认为本级人民法院第一审的判决、裁定确有错误的时候，应当向上一级人民法院提出抗诉"。1979年《刑事诉讼法》第149条第3款规定的"最高人民检察院对各级人民法院已经发生法律效力的判决和裁定，上级人民检察院对下级人民法院已经发生法律效力的判决和裁定，如果发现确有错误，有权按照审判监督程序提出抗诉"。

（3）执行监督。为了促使执行机关能够依法履行职责，提高改造工作的质量和效率，1979年《刑事诉讼法》第164条规定，"人民检察院对刑事案件的判决、裁定的执行和监狱、看守所、劳动改造机关的活动是否合法，实行监督。如果发现有违法的情况，应当通知执行机关纠正"。

（二）1996年《刑事诉讼法》扩展了具体的法律监督职权

立法机关在1996年修改刑事诉讼法时扩展了检察院对刑事诉讼开展法律监督的领域，增加了许多新的法律监督职权。

（1）增加立案监督。如1996年《刑事诉讼法》第87条规定的"人民检察院认为公安机关对应当立案侦查的案件而不立案侦查的，或者被害人认为公安机关对应当立案侦查的案件而不立案侦查，向人民检察院提出的，人民检察院应当要求公安机关说明不立案的理由。人民检察院认为公安机关不立案理由不能成立的，应当通知公安机关立案，公安机关接到通知后应当立案"。

（2）增加对公安机关就不批准逮捕执行的监督。如1996年《刑事诉讼法》第69条第3款第2句规定的"人民检察院不批准逮捕的，公安机关应当在接到通知后立即释放，并且将执行情况及时通知人民检察院"。

（3）增加对二审开庭审理的监督。如1996年《刑事诉讼法》第188条第1句规定的"人民检察院提出抗诉的案件或者第二审人民法院开庭审理的公诉案件，同级人民检察院都应当派员出庭"。

(4)明确对刑罚执行阶段减刑、假释的监督。如 1996 年《刑事诉讼法》第 222 条规定的"人民检察院认为人民法院减刑、假释的裁定不当,应当在收到裁定书副本后二十日以内,向人民法院提出书面纠正意见。人民法院应当在收到纠正意见后一个月以内重新组成合议庭进行审理,作出最终裁定。"

(三) 2012 年《刑事诉讼法》丰富发展了具体的法律监督职权

立法机关在 2012 年修改刑事诉讼法时,按照中央司法体制和工作机制改革关于加强对权力监督制约的要求,根据各方面提出的意见,进一步加强了检察院的法律监督,完善了相关的法律程序。

(1)进一步扩展对刑事诉讼实行法律监督的范围。一是增加对死刑复核程序的法律监督,2012 年《刑事诉讼法》第 240 条第 2 款规定,"在复核死刑案件过程中,最高人民检察院可以向最高人民法院提出意见。最高人民法院应当将死刑复核结果通报最高人民检察院";二是增加对特别程序的法律监督,2012 年《刑事诉讼法》第 289 条规定,"人民检察院对强制医疗的决定和执行实行监督";三是增加对捕后羁押必要性的监督,2012 年《刑事诉讼法》第 93 条规定,"犯罪嫌疑人、被告人被逮捕后,人民检察院仍应当对羁押的必要性进行审查。对不需要继续羁押的,应当建议予以释放或者变更强制措施。有关机关应当在十日以内将处理情况通知人民检察院"。

(2)适度调整检察院法律监督模式,从事后监督转向对部分刑事诉讼活动的同步监督。如 2012 年《刑事诉讼法》第 255 条、第 262 条规定,检察院对罪犯暂予监外执行的决定和减刑、假释的裁定可以在决定前向有关机关提出书面意见。

(3)扩大检察院开展法律监督的线索渠道。如 2012 年《刑事诉讼法》第 47 条规定,检察院对辩护人、诉讼代理人认为有关司法机关及其工作人员阻碍其依法行使诉讼权利的申诉或者控告,应当及时审查,情况属实的,通知有关机关予以纠正。

(4)延展检察院实行法律监督的手段方式,例如以非法证据排除反向监督侦查取证行为,即 2012 年《刑事诉讼法》第 55 条规定的"人民检察院接到报案、控告、举报或者发现侦查人员以非法方法收集证据的,应当进行调查核实。对于确有以非法方法收集证据情形的,应当提出纠正意见;构成犯罪的,依法追究刑事责任"。

▶▶【法条评点】

无论是宪法还是刑事诉讼法都规定人民检察院是国家的法律监督机关,对于刑事诉讼中的立案、侦查、审判和执行活动都可以开展监督。由此带来的疑问是,检察机关对公安机关侦查活动的监督,对法院审判活动的监督与公检法三机关的互相制约是什么关系?厘清这一问题是处理好《刑事诉讼法》第7条与第8条关系的关键所在。也可据此延伸出两个更具体的问题:

(1)法律监督与互相制约中的监督和制约在刑事诉讼中可以重合吗?比如检察院在刑事诉讼中的某一职能或履职行为能否既体现法律监督的效果,又有制约的功用?

(2)检察院行使的所有职权是否都体现了国家的法律监督机关的宪法定位?

一、法律监督与互相制约的区别和联系

我国的权力机关是全国人民代表大会,依据宪法规定,国家的行政机关、监察机关、审判机关、检察机关都由人民代表大会产生,对它负责,受它监督。全国人民代表大会及其常务委员会监督宪法和法律的实施。"国家权力机关的法律监督,是立法权的合乎逻辑的延伸,因为如果只是制定法律而并不监督法律的实施,法律就会成为一纸空文。人民检察院的法律监督是基于国家权力机关的授权,并且受国家权力机关的领导和监督,对国家权力机关负责,因而实质上是国家权力机关实行法律监督的一个方面和一种形式。根据宪法和法律的上述规定,实行法律监督的主体只能是国家权力机关,以及由国家权力机关依法设立的专门法律监督机关即人民检察院。"[1]可见,法律监督是与国家的基本政治制度相联系的,其涉及面广,包括刑事诉讼、民事诉讼以

---

[1] 其他国家机关包括公安机关和法院都不具有作为法律监督主体的身份。党的监督,是党的政治领导作用的表现,而不具有国家权力的性质。人民政协的民主监督、人民群众自下而上的监督以及社会舆论监督等,都属于民主权利的运用,也不具有国家权力的性质。参见王桂五:《略论互相制约与法律监督的异同及其他》,载《王桂五论检察》,中国检察出版社2008年版,第339页。

及行政诉讼等各种法律的统一正确实施,检察院都可以实行法律监督,互相制约则仅仅是人民检察院与人民法院、公安机关在刑事诉讼中的一面关系,目的在于完成刑事诉讼法的任务,避免错捕、错审和错判,最大限度地遏制冤假错案。

所以,监督和制约并非处于同一层次,两者性质不同。延续这一思路,可据此回答第一个问题。

制约产生于刑事诉讼中,是公检法三机关行使诉讼职能过程中相互作用的体现。从《刑事诉讼法》第7条的规定看,恰恰是因为公检法三机关进行刑事诉讼分工负责,各自承担了侦查、起诉、审判不同的诉讼职能,才会产生互相配合、互相制约的诉讼机制。而监督则是国家层面的宪法赋权,法律监督权与行政权、审判权、军事权、监察权并列,其不是单单存在于刑事诉讼中,而是具有权力行使的普遍性。需要注意的是,检察院在刑事诉讼中实行法律监督并不仅因其承担公诉或侦查任务而存在,其在诉讼中有专门化的监督权能,如对不立案的监督、对审判程序的监督等,这些监督可以独立于诉讼程序之外而存在,其监督职能的蛰伏不影响诉讼的推进。当然,检察院在刑事诉讼中行使诉讼职权也可以体现法律监督的效果,如检察院行使批准逮捕权可以制约公安机关的侦查活动,通过提起公诉又可以限制法院审判的随意启动,约束法院的审判范围,其中的制约也同时发挥着法律监督的效果。所以,当检察院在刑事诉讼中行使诉讼职能时,对公安机关、法院的制约就可视为一种监督效用的体现(见表一)。

表一:法律监督与互相制约中"监督"和"制约"的区别[1]

区别	监督	制约
主体不同	监督的主体是单一的,只有检察院才是行使法律监督职权的专门机关。	制约的主体是多元的,公安机关、检察院和法院皆可为制约的主体。

---

[1] 参见张建伟:《刑事诉讼法通义》(第二版),北京大学出版社2016年版,第159页以下,部分内容有删减调整。

（续表）

区别	监督	制约
作用的单向或双向	监督是单向的。监督是监督者将监督意图表达给被监督者，被监督者据此改正自己的违法行为。没有"互相监督"的表述。	制约可以单向进行，也有互相作用的潜质。但一般表述"互相制约"才是双向的，是一种双方的交互作用。[1]
是否有专门化	监督是一种专门行为，有专门的监督方式，如发出《纠正违法通知书》等。	制约是公检法三机关在履行诉讼职能、进行一定的诉讼行为时所发生的作用。
诉讼之外或之内	刑事诉讼中单独的诉讼监督是附随诉讼活动的外在行为，如果去掉诉讼监督，诉讼活动仍然是完整的。如果检察院依诉讼职能对侦查和审判进行制约产生了监督效果，此时的监督与制约等同，其存在于诉讼活动中。	制约是诉讼活动的内在行为，去掉制约则诉讼活动是不完整的。

二、法律监督的实质内涵

对于第二个问题，本评注认为，检察院的所有职权都统一于法律监督，具有法律监督的属性，但这并不否定各项具体的检察权能同时具有权力制约和国家指控等政治、司法、诉讼的功能。

法律监督权是一种复合性权力，由多种具体的权能组成，在刑事诉讼中主要体现为对立案、侦查、审判和执行的诉讼监督职能，同时还有对直接受理案件的侦查、提起公诉、批准或决定逮捕的诉讼职能。这些诉讼职能虽然在其他国家也由检察院行使，因对公安机关、法院行使职权有制约，也被视为产生了监督的效果或功用。但如果仅将这些权力或权能赋予检察院，检察院可能就会被矮化为一个国家的公诉机关。然而如果将这些诉讼职能与前述的诉讼监督职能聚合起来，检察院所行使的权能便

---

[1] 例如，检察院通过审查批准逮捕制约公安机关的侦查行为，公安机关通过提出复议、复核制约检察院不批准逮捕的决定。

产生了复合叠加效应,可视为其对刑事诉讼开展法律监督,如果将刑事诉讼中的这些权能与检察院在其他领域的权能进一步叠加,则检察院在宪法层面就可以被称为国家的法律监督机关。

> **第九条　【使用本民族语言文字进行刑事诉讼原则】**各民族公民都有用本民族语言文字进行诉讼的权利。人民法院、人民检察院和公安机关对于不通晓当地通用的语言文字的诉讼参与人,应当为他们翻译。
>
> 　　在少数民族聚居或者多民族杂居的地区,应当用当地通用的语言进行审讯,用当地通用的文字发布判决书、布告和其他文件。

▶▶【历次修法条文对照】

1979年《刑事诉讼法》	1996年《刑事诉讼法》	2012年《刑事诉讼法》	2018年《刑事诉讼法》
第一章　指导思想、任务和基本原则	第一章　~~指导思想~~、任务和基本原则	第一章　任务和基本原则	第一章　任务和基本原则
第6条:各民族公民都有用本民族语言文字进行诉讼的权利。人民法院、人民检察院和公安机关对于不通晓当地通用的语言文字的诉讼参与人,应当为他们翻译。在少数民族聚居或者多民族杂居的地区,应当用当地通用的语言进行审讯,用当地通用的文字发布判决书、布告和其他文件。	第9条内容未修订	第9条内容未修订	第9条内容未修订

▶▶【立法沿革】

本条为 1979 年《刑事诉讼法》确立，在之后的三次修法中均未有内容调整，仅有条文序号的变化。

我国是一个统一的多民族国家，有汉族、回族、苗族、壮族、蒙古族、藏族等 56 个民族。所有民族，无论人数多寡、聚居何地，在政治、经济、法律面前一律平等，都有使用本民族语言文字表达意愿诉求的权利和自由，这是我们党和国家一贯坚持的民族政策的体现，在宪法中有明确规定。《宪法》第 139 条规定："各民族公民都有用本民族语言文字进行诉讼的权利。人民法院和人民检察院对于不通晓当地通用的语言文字的诉讼参与人，应当为他们翻译。在少数民族聚居或者多民族共同居住的地区，应当用当地通用的语言进行审理；起诉书、判决书、布告和其他文书应当根据实际需要使用当地通用的一种或者几种文字。"

各民族公民使用本民族语言文字进行刑事诉讼，有利于他们平等地享受和充分地行使各项诉讼权利；有利于全面查清案情，正确处理案件，保证诉讼活动的顺利进行；有利于更好地进行法治宣传教育，增强各民族的法治观念，提高各民族公民同犯罪作斗争的自觉性、积极性、向心力和凝聚力。

▶▶【法条注解】

本条是关于我国公民有权使用本民族语言文字进行刑事诉讼的基本原则的规定，共分两款，主要涉及两个问题：一是各民族公民都有用本民族语言文字进行诉讼的权利；二是在民族地区应当用当地通用的语言文字进行审讯和发布各类文件。

一、各民族公民都有用本民族语言文字进行刑事诉讼的权利

本条第 1 款规定："各民族公民都有用本民族语言文字进行诉讼的权利。人民法院、人民检察院和公安机关对于不通晓当地通用的语言文字的诉讼参与人，应当为他们翻译。"对此，可从四个方面加以理解和解释。

第一，只有作为诉讼参与人的各民族公民才有权使用本民族语言文字进行诉讼。这一判断可以从本条第 1 款前后两句话的逻辑关系推导得

出:因为诉讼参与人有使用本民族语言文字进行诉讼的权利,所以,如果其行使权利,恰好本民族语言文字又与当地通用的语言文字不同,其又不通晓,那么按照本条第1款第2句话的表述,公检法机关就要为"诉讼参与人"提供翻译。所以,使用本民族语言文字的权利是针对诉讼参与人的。如果作反对解释会发现,倘若各民族公民是以国家专门机关中的侦查人员、检察人员或审判人员等身份参与诉讼,则必须且有责任使用当地通用的语言文字进行诉讼。例如,北京市海淀区人民法院的朴俊硕法官(朝鲜族)独任审理一起刑事速裁案件,其无权使用本民族的语言文字审理案件,也不能获得法院提供的翻译,而是有责任使用北京地区通用的汉语汉字审理案件。

第二,各民族公民以诉讼参与人的身份进行刑事诉讼,既可以使用本民族的语言回答司法人员的讯问、询问,在法庭上发表意见,进行陈述、辩论,也可以使用本民族的文字书写证人证言、鉴定意见、上诉书、申诉书以及其他诉讼文书。对此,司法机关在刑事诉讼中应当履行诉讼关照义务,为他们行使这些权利提供必要的便利和帮助。

第三,各民族公民使用本民族语言文字进行诉讼是一项诉讼权利,权利可以放弃。"比如,在延边,朝鲜族公民一般都熟练掌握双语,即不仅熟练掌握本民族语言——朝鲜语,同时也熟练使用汉语。对他(她)而言,在法庭上使用朝鲜语还是汉语都不会造成语言交流困难的问题。也就是说,语言的选择不会影响审判结果。"[1]这就意味着各民族公民可以放弃使用本民族语言文字,转而使用当地通用的语言文字进行诉讼。

第四,各民族公民在刑事诉讼中虽然可以使用本民族的语言文字,但当他不通晓当地通用的语言文字时,就应当由翻译人员为他们进行口头的和文字的翻译,此时提供翻译是公检法机关应尽的义务。

二、在民族地区应当用当地通用的语言文字进行审讯和发布各类文件

本条第2款是关于在少数民族聚居或者多民族杂居的地区,用什么语言文字进行审讯,发布判决书、布告等各类文件的规定。在少数民族聚

---

[1] 吴东镐:《我国民族地区法庭庭审中使用少数民族语言的现状与对策——以延边为例》,载《中国政法大学学报》2020年第1期,第130页。

居或者多民族杂居地区存在多种民族语言的情况下,刑事诉讼各个阶段中讯问犯罪嫌疑人、被告人应当使用当地通用的语言,发布判决书、布告和送达传票、通知等文件,也应当使用当地通用的文字。

"当地通用的语言文字",是指当地的国家权力机关和行政机关行使权力和履行职务时正式使用的语言文字。通用的语言文字可能是一种,也可能是多种。例如,根据2023年4月4日吉林省第十四届人民代表大会常务委员会第二次会议批准修订的《延边朝鲜族自治州自治条例》第72条的规定,延边地区的"通用语言文字"为汉语汉字(国家通用语言文字)和朝鲜语言文字。[1] 因此,延边的各级法院、检察院既可以使用汉语汉字办理案件、制作法律文书,也可以使用朝鲜语言文字办理案件和制作法律文书。实际上,该自治条例第27条第2款已明确规定:"自治州人民法院和人民检察院应当使用国家通用语言文字或者朝鲜语言文字审理和检察案件。对于不通晓国家通用语言文字或者朝鲜语言文字的诉讼参与人,应当为他们翻译。法律文书应当根据实际需要使用国家通用语言文字或者朝鲜语言文字。"

三、示例总结

结合本条两款规定可以用如下示例加以总结:

蒙古族张三法官在我国延边朝鲜族自治州的甲地法院审理藏族被告人李四盗窃一案。按照《刑事诉讼法》第9条第1款的规定,李四可以使用藏语在法庭上作出陈述、辩论,可以使用藏文书写相关的诉讼文书。如果李四不通晓当地的语言文字(朝鲜语言文字或汉语汉字),甲地法院应当为李四提供翻译。按照第9条第2款的规定,张三法官应当用当地通用的语言文字,即朝鲜语或汉语审理本案,用朝鲜文或汉文书写并发布判决书、布告和其他文件。

四、限制或者剥夺使用本民族语言文字进行诉讼的程序性法律后果

各民族公民有权使用本民族语言文字,并据此获得翻译是一项重要

---

[1]《延边朝鲜族自治州自治条例》第72条第1款、第2款规定:"自治机关在执行职务的时候,应当使用国家通用语言文字或者朝鲜语言文字。自治州内的国家机关、事业单位、社会团体、市场主体的公章、牌匾等应当并用规范汉字和朝鲜文字。"

的诉讼权利,这在宪法中有明确规定。如果剥夺(如不允许使用本民族语言文字)或者变相剥夺(如不提供翻译)这一权利,应当承担相应的程序性不利后果。《高法解释》第89条和第94条规定,询问不通晓当地通用语言、文字的证人,讯问不通晓当地通用语言、文字的被告人,应当提供翻译人员而未提供的,所收集的证人证言、被告人供述不得作为定案的根据。另外,根据《刑事诉讼法》第238条的规定,第二审法院发现第一审法院的审理剥夺或者变相剥夺了当事人使用本民族语言文字或者获得翻译的权利的,应当视为剥夺或者限制了当事人的法定诉讼权利,属于可能影响公正审判的情形,须撤销原判,发回重审。

▶▶【法条评点】

一、关于使用方言的问题

本条第1款规定的各民族公民有权使用本民族语言文字进行刑事诉讼,是《宪法》第4条规定的民族平等原则在刑事诉讼中的重要体现。对此,可以就其中的"本民族语言文字"做一个延伸性思考。

我国大部分地区通用的语言文字为汉语汉字。就日常交流的汉语而言,虽然国家在大力推行普通话,但由于文化习俗、风土人情、地区差异等原因,汉语的方言繁杂,尤其是南方方言各不相同,甚至邻县各地方所使用的方言也有较大差距。由此产生一个现实问题,公检法机关在办理案件中如果使用普通话存在交流障碍的,可否使用方言?特别是在案件审理过程中,如果一方当事人只会使用方言,其他当事人等诉讼参与人也都为当地人,能够理解和使用方言,法庭可否使用方言审理案件?紧接着的一个问题是,如果一方当事人只会使用方言,另一方当事人或其他诉讼参与人不懂方言,法庭是否要为只会讲方言而不会讲普通话的当事人等诉讼参与人提供翻译?毕竟,由于方言不通产生的交流障碍着实会影响诉讼参与人意见和诉求的表达以及庭审质量。

由于我国幅员辽阔,一方面存在多民族杂居、少数民族聚居的现象,另一方面还存在着汉族聚居区文化差异大,方言众多的情形。面对人民群众在日常工作、生活中普遍使用方言的实际情况,基层的公检法机关根据 2000 年公布的《国家通用语言文字法》第 9 条[1]、第 16 条[2]的规定，既要坚持使用普通话作为正式工作语言，也要从实际出发，兼顾基层司法的特殊需求和司法便民的指导思想，在一定的范围内规范使用方言。

以审判为例，具体可以从三个方面作出考虑：

一是严格方言翻译的适用情形。以法院审判为例，如果少数当事人或其他诉讼参与人仅能使用方言进行交流，法院原则上要为其提供翻译，庭审仍用普通话进行审理。但是，如果其他当事人等诉讼参与人能够且同意使用方言参与庭审，则法院依当事人申请或审判长根据案件情况可决定使用方言审理案件。另外，如果绝大部分当事人等诉讼参与人仅能使用方言进行交流，法院可以根据审判长的判断或依当事人申请并征求其他当事人等诉讼参与人的同意，使用方言进行审理，同时应当为不懂方言的当事人等诉讼参与人提供翻译。二是严格方言翻译启动程序，例如，推行"方言审理"申请制度和审判长决定报批或备案制度。三是规范方言翻译人员适用规则，具体可参照外文翻译人员、少数民族翻译人员建立人才库和选任标准等。[3]

二、有关条文用语的进一步修改

2012 年《刑事诉讼法》修改时，立法机关将 1996 年《刑事诉讼法》第 47 条中的"证人证言必须在法庭上经过公诉人、被害人和被告人、辩护人双方讯问、质证，听取各方证人的证言并且经过查实以后，才能作为定案的根据"修改为 2012 年《刑事诉讼法》第 59 条的"证人证言必须在法庭上经过公诉人、被害人和被告人、辩护人双方质证并且查实以后，才能作为定案的根据"。由于"讯问"已经约定俗成地指涉对犯罪嫌疑人、被告

---

[1] 《国家通用语言文字法》第 9 条规定："国家机关以普通话和规范汉字为公务用语用字。法律另有规定的除外。"

[2] 《国家通用语言文字法》第 16 条规定："本章有关规定中，有下列情形的，可以使用方言：（一）国家机关的工作人员执行公务时确需使用的；（二）经国务院广播电视部门或省级广播电视部门批准的播音用语；（三）戏曲、影视等艺术形式中需要使用的；（四）出版、教学、研究中确需使用的。"

[3] 参见福建省高级人民法院研究室课题组：《关于规范基层法院使用方言情况的调研报告》，载齐树洁主编：《东南司法评论》（2015 年卷·总第 8 卷），厦门大学出版社 2015 年版，第 111 页以下。

人的发问、提问,而对于证人证言、被害人的发问、提问则使用"询问"一语,所以 2012 年《刑事诉讼法》删除了对证人"讯问"的表述。

结合上述情况,为了体现修法的协同性,建议将第 9 条中的"审讯"修改为"讯问和询问"。因为"审讯"可以理解为审理、讯问或审理中讯问。但无论为何,上文已言明,讯问针对的是犯罪嫌疑人、被告人,不能涵盖证人、被害人等其他诉讼参与人。同时,"审讯"的纠问色彩较浓,与当前强调保护犯罪嫌疑人、被告人,赋予其程序主体地位的立法取向不符。而且,《宪法》第 139 条[1]中的类似表述用的是"审理"而非"审讯"。所以,修改"审讯"一词有助于法条表述上的周延、完整以及不同条文间用语的一致性。另外,这样修改也为那些在少数民族聚居或者多民族杂居地区办案的司法人员使用当地通用的语言询问证人、被害人等提供了法律上的依据。

第十条 【两审终审制】人民法院审判案件,实行两审终审制。

▶▶【历次修法条文对照】

1979 年《刑事诉讼法》	1996 年《刑事诉讼法》	2012 年《刑事诉讼法》	2018 年《刑事诉讼法》
第一章 指导思想、任务和基本原则	第一章 ~~指导思想~~、任务和基本原则	第一章 任务和基本原则	第一章 任务和基本原则
第 7 条:人民法院审判案件,实行两审终审制。	第 10 条 内容未修订	第 10 条 内容未修订	第 10 条 内容未修订

▶▶【立法沿革】

本条为 1979 年《刑事诉讼法》确立,之后在历次修法中未有变动,仅在 1996 年修法时有条文序号的调整。

---

[1]《宪法》第 139 条第 2 款规定:"在少数民族聚居或者多民族共同居住的地区,应当用当地通用的语言进行审理……"

▶▶【法条注解】

本条规定了我国刑事诉讼的两审终审制度,这是法院审判案件的一项重要制度。

两审终审制度是一个案件至多经过两级法院审判,普通的审判程序即告终结的制度,对于第二审法院所作的终审的判决、裁定,当事人等不得再提出上诉,检察院不得按照上诉审程序提出抗诉,启动更高一级的审判程序。可以说,两审终审制度是终结更高层级法院开启审理程序的制度。

首先,两审终审制度是案件至多经过"两级"法院而非"两次"审理即告终结的制度。只要案件在两级法院之间移转,哪怕经过多次审理,也不违反该项制度。例如,被告人张三对一审裁判不服提出上诉,启动二审。二审法院以事实不清、证据不足为由撤销原判,发回重审。此后,一审法院重新组成合议庭对案件进行审理作出裁判后,被告人又提出上诉,启动二审。二审法院经过审理裁定驳回上诉,维持原判。本案一共经过了四次审理,但案件仍然是在两级法院之间流转,并未流向更高层级,即发生第三级法院审理的情形。所以,其仍然遵循了两审终审制度。

其次,两审终审制度的实质是允许一个案件经过两级法院审理,也"最多"只能经过两级法院审理的审级制度。但是,两审终审制度并不要求一切案件必须经过两级审判,有些案件虽然没有经过两级审判,普通的审理程序即告终结,但如果法律已赋予了有上诉权的人通过上诉或检察院通过抗诉启动二审的权利(力)和机会,即使案件最终"一审终审"也不能视为对该案件的审理违反了两审终审制度。例如,《高法解释》第328条第1款规定:"人民法院审理自诉案件,可以在查明事实、分清是非的基础上,根据自愿、合法的原则进行调解。调解达成协议的,应当制作刑事调解书,由审判人员、法官助理、书记员署名,并加盖人民法院印章。调解书经双方当事人签收后,即具有法律效力。调解没有达成协议,或者调解书签收前当事人反悔的,应当及时作出判决。"所谓调解书"具有法律效力"指的就是刑事调解书立即生效,本案经一审程序即告终结。另外,如果一审作出的判决、裁定没有被上诉或者抗诉的,上诉、抗诉期满后即发生法律效力。此类案件同样经一审程序即告终结,但并非两审终审的例外。

最后，两审终审制的唯一例外是最高人民法院一审终审的案件。换言之，两审终审制只适用于地方各级法院审判的第一审案件，不适用于最高人民法院审判的案件。因为最高人民法院是我国的最高审判机关，经它审理的一切案件，一经宣判，裁判立即生效，不存在按照上诉程序提出上诉、抗诉的问题。所以，最高人民法院受理第一审刑事案件实行的是单级审理制度，即一审终审，案件没有经过其他层级法院审理的机会。

▶▶【法条评点】

一、终审=终审的判决、裁定生效？

在阐述两审终审制度时，有部分学者提出，"我国实行的是两审终审制，人民法院对刑事案件一般须经过两级法院的审判才告终结，第二审法院所作的判决和裁定为发生法律效力的裁决和裁定，当事人不得再对其提出上诉，检察机关也不得再对其提出抗诉"[1]。还有部分法条解读书指出依据两审终审制度，"在一般情况下，一个案件经过两级人民法院审判即告审判终结，判决和裁定即发生法律效力"[2]。司法部组织编写的国家统一法律职业资格考试辅导用书亦认为："根据两审终审制的要求，地方各级人民法院按照第一审程序对案件审理后所作的判决、裁定，尚不能立即发生法律效力……在法定期限内，如果有上诉权的人提出上诉，或者同级人民检察院提出了抗诉，上一级人民法院应依照第二审程序对该案进行审判。上一级人民法院审理第二审案件作出的判决、裁定，是终审的判决、裁定，立即发生法律效力。这样经过两级法院对案件审判后，该案的审判即告终结。"[3] 按照上述观点，似乎两审终审就等于两审终审的判决、裁定生效，具有执行力。延续这一思路，有

---

[1] 陈瑞华：《对两审终审制的反思——从刑事诉讼角度的分析》，载《法学》1999年第12期，第18页。

[2] 李寿伟主编：《中华人民共和国刑事诉讼法解读》，中国法制出版社2018年版，第20页。

[3] 国家统一法律职业资格考试辅导用书编辑委员会组编，陈卫东、宋英辉主编：《2022年国家统一法律职业资格考试辅导用书：刑事诉讼法》，法律出版社2022年版，第192页。

观点就认为,判处死刑的案件,必须依法经过死刑复核程序核准后,判处死刑的裁判,才能发生法律效力,交付执行。这属于两审终审制的例外。[1]

上述认识和延伸性的逻辑推论值得斟酌和细究。本条从未言明案件经过两级法院审判,所作的判决、裁定即生效,只是说案件终审。那么,终审是否意味着终审作出的判决、裁定必然生效呢?并不尽然。《刑事诉讼法》第244条规定:"第二审的判决、裁定和最高人民法院的判决、裁定,都是终审的判决、裁定。"其中,案件经过二审即为终审,即使可能判处死刑立即执行的案件,经过了中级人民法院一审、高级人民法院二审的,也应视为终审。需要注意的是,条文中所说的终审的案件只是不可以通过上诉或者抗诉的方式撬动更上一层级法院的审理,启动第三审,但这并不妨碍最高人民法院对案件进行死刑复核,因为死刑复核程序由于书面化、封闭性、单方性等特点并不是一个完整的、诉讼化的审理程序,不能称为一个审级。"对死刑案件进行复核的高级人民法院和最高人民法院,并不在两审之外构成一个新的审级。"[2]我国学界和司法实务部门亦从未承认最高人民法院的死刑复核程序为"第三审"或者一级审理。[3] 所以从这个角度而言,即使是对可能判处死刑立即执行案件的审理,也是贯彻了两审终审制。两审终审制度的真正含义应是:一个案件至多经过两级人民法院审判,审判程序或者说普通的审判程序即告终结,对于经由第二审人民法院审判所作出的终审判决、裁定,当事人不得再通过提出上诉,检察院不得再通过提出抗诉的方式启动"三审"或更高层级的审理程序。不同的是,可能判处死刑立即执行的案件在两审终审后所作的判决、裁定还未生效,还要经过一道不具有完整诉讼构造的"行

---

[1] 参见易延友:《刑事诉讼法:规则 原理 应用》(第五版),法律出版社2019年版,第604页;国家统一法律职业资格考试辅导用书编辑委员会组编,陈卫东、宋英辉主编:《2022年国家统一法律职业资格考试辅导用书:刑事诉讼法》,法律出版社2022年版,第191页。

[2] 张建伟:《刑事诉讼法通义》(第二版),北京大学出版社2016年版,第537页。

[3] 1992年1月27日,最高人民法院研究室曾就律师能否参与死刑复核程序作出答复:死刑复核程序是一种不同于第一审和第二审的特殊程序。在死刑复核程序中,律师可否参加诉讼活动的问题,法律没有规定,因此不能按照第一审、第二审程序中关于律师参加诉讼的有关规定办理。相关内容参见《最高人民法院研究室关于律师参与第二审和死刑复核诉讼活动的几个问题的电话答复》(已失效)。

政报核程序"[1],也就是非一级独立的审判程序,即经死刑复核程序后才能生效。此外,根据《刑法》第63条第2款的规定,犯罪分子虽然不具有刑法规定的减轻处罚情节,但是根据案件的特殊情况,需要在法定刑以下判处刑罚的,要经最高人民法院核准,裁判方能生效。这一核准情形也未突破两审终审制度的规定。

总之,两审终审制度只是针对案件在刑事诉讼中接受普通程序审理所设置的审级制度,与终审的判决、裁定是否生效无直接关联。

第十一条 【审判公开原则】【辩护原则】人民法院审判案件,除本法另有规定的以外,一律公开进行。被告人有权获得辩护,人民法院有义务保证被告人获得辩护。

▶▶【历次修法条文对照】

1979年《刑事诉讼法》	1996年《刑事诉讼法》	2012年《刑事诉讼法》	2018年《刑事诉讼法》
第一章 指导思想、任务和基本原则	第一章 ~~指导思想~~、任务和基本原则	第一章 任务和基本原则	第一章 任务和基本原则
第8条:人民法院审判案件,除本法另有规定的以外,一律公开进行。被告人有权获得辩护,人民法院有义务保证被告人获得辩护。	第11条 内容未修订	第11条 内容未修订	第11条 内容未修订

▶▶【立法沿革】

本条为1979年《刑事诉讼法》确立,在之后的历次修法中未有内容

---

[1] 参见陈瑞华:《刑事诉讼法》,北京大学出版社2021年版,第463页。

调整，仅在 1996 年修法时有条文序号的变动。

本条是对宪法条文的重申和细化。《宪法》第 130 条规定："人民法院审理案件，除法律规定的特别情况外，一律公开进行。被告人有权获得辩护。"其实，在更早的 1954 年《宪法》第 76 条就有相同规定。所以，《刑事诉讼法》第 11 条可以追溯至 1954 年《宪法》的制定。在当时，新中国刚刚成立不久，宪法的制定借鉴吸收了不少苏联的宪法条文，本条就有较为明显的历史印迹。1936 年《苏维埃社会主义共和国联盟宪法》第 9 章"法院和检察院"第 111 条就规定："苏联各级法院审理案件，除法律有特别规定外，一律公开进行，并保证被告人的辩护权。"[1]

▶▶【法条注解】

本条包含两项原则：一是人民法院审判公开原则，二是被告人有权获得辩护原则。

一、审判公开原则[2]

审判公开是指法院审理案件和宣告判决都公开进行，允许群众到庭旁听，允许新闻媒体采访报道，即把法庭审判的全过程，除休庭评议外，都公之于众。

（一）原则内涵

以庭审为中心，审判公开的内涵包括三个层面：一是庭审前的公开。对于公开审判的案件，法院要在开庭三日前先期公布案由、被告人姓名、开庭的时间和地点，以方便群众到庭旁听和新闻媒体采访报道；二是庭审过程的公开，除法律规定的特殊情形以及休庭评议外，庭审的全过程要公之于众；三是庭审后的公开，即宣判一律公开。值得关注的是，随着党的十八届三中全会、四中全会决定的落实，与审判公开相关的司法改革不断

---

[1] 参见周伟：《宪法依据的缺失：侦查阶段辩护权缺位的思考》，载《政治与法律》2003 年第 6 期，第 94 页；尹晓红：《获得辩护权是被追诉人的基本权利——对〈宪法〉第 125 条"获得辩护"规定的法解释》，载《法学》2012 年第 3 期，第 63 页。

[2] 前文在对《刑事诉讼法》第 1 条的评注中已经阐明，应统一于宪法规定，将审判公开原则改为审理公开原则，但囿于条文的现有规定，此处仍使用审判公开原则的表述。

走向深入,公开法院生效裁判文书,建立生效法律文书统一上网和公开查询制度,推行庭审直播,增强法律文书说理等一系列与审判公开相关的举措陆续开展,这些制度、方案和举措不断丰富着法院审判公开原则的内涵。

围绕审判公开原则,应注意以下四个问题。

1. 审判公开的对象范围

审判公开是向谁公开,是否包含向当事人及其他诉讼参与人公开? 这曾是一个有争议的问题。有观点认为,"公开审理不存在对当事人公开不公开的问题,因为即使是依法不公开审理的案件对当事人也是公开的"[1]。但也有观点针锋相对,认为"这是难以成立的。因为人民法院的审判活动如果不对当事人和其他诉讼参与人公开,则无疑是一种秘密审判,正如侦查机关的侦查活动不对犯罪嫌疑人公开是一种秘密侦查一样。因此,审判公开首先应当是对当事人和诉讼参与人公开,其次才是对社会公开,允许公民到庭旁听,允许新闻记者采访和报道"[2]。本评注认为,审判公开所面向的主要群体是社会的普通民众和新闻媒体。"公开主义是指,审理向一般公民公开,允许旁听。这是一般的公开主义。它不同于允许一定的诉讼关系人参与诉讼程序的面向当事人的公开。公开审理程序是允许公民对审判提出批评的,从而可以实现公平的审判。"[3]《刑事诉讼法》第187条第3款中规定:"人民法院确定开庭日期后,应当将开庭的时间、地点通知人民检察院,传唤当事人,通知辩护人、诉讼代理人、证人、鉴定人和翻译人员,传票和通知书至迟在开庭三日以前送达。"可见,无论案件是否公开审理,只要人民法院确定开庭审理的,当事人、辩护人、诉讼代理人等诉讼参与人都有权参与庭审,法庭审判的内容就要向他们公开,所以审判对于他们而言是无所谓公开与否的。以被告人为例,从本质上看,审判向被告人公开是被告人获得公正审判权、程序参与权的应有之义。因为被告人有权知悉被指控的事实和裁判的根据,这是司法人权保障的应有之义,而审判公开面向社会,则是接受

---

[1] 谭兵主编:《民事诉讼法学》,法律出版社1997年版,第113页。
[2] 谭世贵:《论审判公开的障碍及其克服———以刑事审判为视角》,载《浙江工商大学学报》2009年第1期,第8页。
[3] 〔日〕田口守一:《刑事诉讼法(第七版)》,张凌、于秀峰译,法律出版社2019年版,第325页。

司法监督,避免司法专断,彰显司法民主监督的核心。[1] 审判向以被告人为主的当事人以及诉讼参与人的公开与向社会民众、新闻媒体的公开所依据的法理基础并不相同,不应混淆。

当然,对于证人、鉴定人而言,为了防止其参与庭审影响其出庭作证的可靠性,我国的司法解释规定他们不得旁听法庭审理。[2]

> 最高人民法院、最高人民检察院在1982年11月1日颁布的《关于审理强奸案件应慎重处理被害人出庭问题的通知》中指出,依法不公开审理的案件,"开庭时,除本案的审判人员、书记员、公诉人、律师、值庭人员、司法警察和其他诉讼参与人在场外,不允许其他任何人进入法庭"。由此可见,即使是依法不公开审理的案件,在开庭时也应当允许当事人及其他诉讼参与人在场。所以,将"向当事人及其他诉讼参与人公开"列为审判公开的含义之一显然不当,使公开审理与不公开审理界限变得模糊不清。那么,公开审理与不公开审理的区别究竟在什么地方呢?根据该《通知》的精神可断,公开审理与不公开审理的区别在于:前者允许当事人及其他诉讼参与人以外的人在开庭时在场,而后者不允许当事人及其他诉讼参与人以外的人在开庭时在场。到此,公开审理的含义也就明朗了。它是指人民法院开庭审理案件时允许当事人及其他诉讼参与人以外的人在场。这里所说的"在场"就是指公开。[3]

2. 审判公开与法庭纪律

审判公开的对象是社会民众和新闻媒体。一方面,这些人旁听法庭审理要服从法庭的安排和要求。"有时由于法庭的空间有限,要对旁听人数进行限制;为了防止妨碍审判的进行,维护法院审判的尊严,有时也不得不对旁听人的行为举止和服饰进行必要的限制……此外,为了能够让被告人、证人等更好地进行陈述,在陈述中可以让特定的旁听

---

[1] 参见程味秋、周士敏:《论审判公开》,载《中国法学》1998年第3期,第38页。

[2] 《高法解释》第265条规定:"证人、鉴定人、有专门知识的人、调查人员、侦查人员或者其他人员不得旁听对本案的审理。有关人员作证或者发表意见后,审判长应当告知其退庭。"

[3] 参见陈仁华:《审判公开原则新探》,载《法律学习与研究》1990年第3期。

人退庭。"〔1〕另一方面,民众旁听法庭审理还要遵守法庭纪律,如果违反就会被要求退庭或强行带出法庭。《刑事诉讼法》第199条第1款中规定:"在法庭审判过程中,如果诉讼参与人或者旁听人员违反法庭秩序,审判长应当警告制止。对不听制止的,可以强行带出法庭……"

需要强调的是,第199条的规定与上述法庭的管理要求,如旁听证发放、安全检查、法庭的安全保卫等并没有剥夺或变相剥夺社会民众旁听法庭审理的"听审权",而是在尊重其"听审权"的基础上,为了维护法庭秩序所设定的必要的管理要求和纪律约束。本质上,这是审判公开与维护法庭秩序两项价值目标冲突时,规范与实践层面所作出的一种权衡抉择与合理安排。

3. 不公开审理与未成年被告人案件中特殊群体的参与

未成年被告人案件审理过程中特殊群体参与庭审是否与该类案件不公开审理相冲突?《刑事诉讼法》第285条规定,"审判的时候被告人不满十八周岁的案件,不公开审理"。但该条接着又规定"经未成年被告人及其法定代理人同意,未成年被告人所在学校和未成年人保护组织可以派代表到场"。如何理解特殊群体参与不公开审理案件的情形,这是否与未成年人案件不公开审理相矛盾?对此可有两种解释方案:

一种解释方案是不公开审理是指不允许当事人以及其他诉讼参与人以外的人旁听法庭审理,其限制的是旁听的普通民众,但未成年被告人所在学校和未成年人保护组织派出的代表并非普通民众,他们参与庭审有特定的义务和责任,即"便于他们了解案件有关情况,在审判结束后对未成年罪犯进行法制教育"〔2〕。从这个角度而言,他们是参与刑事诉讼活动的主体,属于广义的诉讼参与人。按照法律规定和前文的分析,即使是依法不公开审理的案件,在开庭时也应当允许当事人及其他诉讼参与人在场。所以,经未成年被告人及其法定代理人同意,未成年被告人所在学校和未成年人保护组织可以派代表到场与审判的时候被告人不满18周岁的案件不公开审理并不矛盾。

另一种解释方案是从未成年人犯罪案件不公开审理的法理依据出发

---

〔1〕〔日〕松尾浩也:《日本刑事诉讼法(上卷)》,丁相顺译,金光旭校,中国人民大学出版社2005年版,第312—313页。

〔2〕李寿伟主编:《中华人民共和国刑事诉讼法解读》,中国法制出版社2018年版,第703页。

进行目的解释。"对未成年人案件不公开审理,是对未成年人保护的重要举措。未成年人还在成长时期,避免其以罪犯身份出现在公众视野,有利于其今后回归社会,避免因犯罪受到歧视,从而影响其将来的工作和生活;同时,未成年人的心智尚未成熟,不公开审理,也可以避免使被告人受到刺激,对身心健康造成不利影响。"〔1〕未成年人犯罪案件之所以不公开审理,是为了保障其身心健康和未来发展,但如果有特殊群体参与庭审反而有利于上述目的达成,那么这种不公开的范围和限度便可以作出微调,这并未违反未成年人案件不公开审理的基本规定,可视为不公开审理的特殊形式。

4. 审判公开与庭审直播

随着科学技术的发展,庭审直播成为可能,其利用网络空间无限延展的特性容纳了更多的社会民众在线旁听法庭审理,弥补了庭审现场物理空间不足、民众参与有限的缺憾,也在更大程度、更大范围上实现了司法透明与司法公开。需要注意的是,庭审直播是科技时代审判公开的一种创新形式,但并不是新时代审判公开的全部,不应将庭审直播与审判公开画上等号,认为所有能公开审判的案件都应当或一律庭审直播,主要理由有二:

一是庭审直播会侵蚀审判公开背后的理论根基。审判公开的根本目的是通过透明司法、社会监督遏制审判中可能出现的徇私枉法和独断专行,确保裁判的客观公正。"公开审判本身不是目的,它只是实现公正审判的手段。"〔2〕所以,要服务于公正审判这一终极价值,公开审判也有其必要限度。"不只是违法的限制会对'不适当的影响不得动摇法官之判决'产生危害,当审判公开原则被不法地加以扩充时亦同……因为电视及广播大众所造成的群众公开不只是对被告及证人可能在无法预测的方式下对其行为加以左右,其甚至于常常使得法院成为广为散布的偏见及期待的受害人。因此,当刑事审判程序因为群众的拥挤而改在法院以外的群众集会场所举行、经由扩音器播放至大街上,或经由监听仪器转播至法院院长的办公室时,这些均是将审判公开原则扩张的例子……均应视

---

〔1〕 李寿伟主编:《中华人民共和国刑事诉讼法解读》,中国法制出版社 2018 年版,第 702 页。

〔2〕 *Estes v. Texas*, 381 U.S. 532, 588 (1965).

为不合法。"[1]如果公开审判的扩张形式——庭审直播有损于公正审判目的的实现,那么就要对这些异于传统审判公开的形式作出必要的限制。从域外和我国的司法实践看,庭审直播会分散法官的注意力,容易使法官受公众情绪的影响进而偏离公正审判的要求;庭审直播会引发证人因紧张、恐惧等不愿作证或为了迎合公众刻意隐瞒事实甚至改变证言的情况发生;庭审直播还可能导致辩护律师为了自己的利益进行过度"表演",为了过度顾及公众的情绪而牺牲被告人的利益。[2]上述种种情形都可能导致庭审直播下的法庭偏离正常的审判轨道,异化为一场"马戏团表演"[3],裁判的客观性和审判的公正性都会受到影响乃至扭曲。

二是庭审直播导致多元价值的冲突与不可调和。"司法审判的过程实际上就是多元价值冲突、博弈、妥协的过程,完善的司法应当平衡多方的利益诉求,使得社会秩序达到相对稳定的状态。"[4]传统的审判公开具有平衡诸多价值张力的功能,但当其嫁接于庭审直播,既有的平衡均势便会被打破,其中的一些价值会出现冲突,彼此间产生不可调和的矛盾。由于庭审直播具有超地域性的特点,加之其广泛的包容性和吸纳力,对于某些热点案件,庭审直播会吸引数以万计乃至百万计的民众观看。在案件审理过程中,审判长要对被告人等诉讼参与人的姓名、年龄、家庭住址等个人信息进行核实,他们的个人信息、隐私信息会通过庭审直播被过度曝光。这些信息的披露可能会使相关人员的生活受到影响和干扰,甚至遭遇诸如"社会性死亡""网暴"等极端评价。另外,被告人在法庭上的审判可能因庭审直播异化为一场"示众程序",法庭外的"道德审判"会导致被告人被过度污名化,最终可能因难于回归社会而异变为社会的对立面。可见,庭审直播会与当事人及其他诉讼参与人的隐私、名誉等权益的保护

---

[1] [德]克劳思·罗科信:《刑事诉讼法(第24版)》,吴丽琪译,法律出版社2003年版,第443—444页。

[2] 参见吴纪奎:《论刑事案件庭审直播的规制》,载《中国刑事法杂志》2014年第6期,第82页。

[3] 有美国学者指出,在一些极端的方面,太迅速的审判可能变成一场闹剧。同样,太公开的审判也可能变成马戏团。参见[美]阿希尔·里德·阿马:《宪法与刑事诉讼:基本原理》,房保国译,中国政法大学出版社2006年版,第223页。

[4] 左卫民:《反思庭审直播——以司法公开为视角》,载《政治与法律》2020年第9期,第94页。

产生价值冲突,甚至难以调和。

(二)例外情形

凡事都有例外,审判公开原则也有例外。所谓例外,就是"本法另有规定"的情形。这来源于刑事诉讼,也就是"本法"第 188 条第 1 款和第 285 条的规定,包括四种例外情形:一是涉及国家秘密的案件,如故意泄露国家秘密罪;二是有关个人隐私的案件,如强奸、猥亵等性犯罪案件或者诽谤类犯罪案件;三是审判的时候被告人不满十八周岁的案件;四是经当事人申请(不公开审理)的涉及商业秘密的案件。前三种情形的案件是法定的不公开审理,第四种情形是经当事人申请由法院裁量性判断是否不公开审理。

二、被告人有权获得辩护

刑事诉讼法学界对于"被告人有权获得辩护"的条文用语少有考究。从文义解释和历史解释的进路出发,"被告人有权获得辩护"有着丰富的内涵蕴意,值得发掘。

(一)"被告人有权获得辩护"不同于"被告人有辩护权"

有学者曾提出《刑事诉讼法》第 11 条确立的被告人有权获得辩护原则的规定并不全面,原因之一是"没有明确规定犯罪嫌疑人、被告人既可以自行辩护也可以由辩护人为其辩护"[1],本评注对此不敢苟同。

如前所述,"被告人有权获得辩护"是对宪法条文的承继,这一表述早在 1954 年《宪法》中就有规定。回溯当年的宪法制定,"1954 年宪法草案初稿写的是'被告人有辩护权',后来修改为'被告人有权获得辩护',为什么这样修改?我们可从当时的制宪讨论中看出立法原意。刘少奇认为,保证被告人获得辩护,实行起来是有困难的,但不能因有困难,这项权利就不要了。有的人不会讲话,到了法院说不清楚,要求法院找个人能把他要说的话说清楚,是不是给他找?不一定是律师"[2]。研读上述文献可以发现,"被告人有权获得辩护"的表述除了指被告人自行

---

〔1〕 宋英辉主编:《刑事诉讼法修改问题研究》,中国人民公安大学出版社 2007 年版,第 26 页。

〔2〕 全国人大常委会办公厅研究室政治组编:《中国宪法精释》,中国民主法制出版社 1996 年版,第 277—278 页。

辩护,更强调被告人可以获得其他人的协助辩护,这个人不一定是律师,却有资格参与到审判中帮助被告人在法院说清事实、证据、法律适用等与案件相关的问题,最终协助被告人更好地维护他的合法权益。从这个角度看,当时的立宪者认为"被告人有权获得辩护"不仅包括被告人自行辩护,更应确保被告人享有他人协助辩护的权利,这在当时的条件下可能有些超前,存在现实困难,毕竟当时还没有建立起律师制度,但的确是十分必要的。

综上,"被告人有辩护权"与"被告人有权获得辩护"两者内涵不同,所关注和强调的侧重点各异。前者更关注被告人的自行辩护,后者更强调被告人有权获得(他人)辩护,而后者指向的权利在当时尤为珍贵。也正是因为有了"被告人有权获得辩护"的规定,《刑事诉讼法》在基本制度"辩护与代理"一章中才进一步规定了被告人可以委托辩护人,在经济困难等特殊情况下还可以获得法律援助辩护,这些都是被告人在自行辩护之外的获得他人(辩护人,尤其是律师)协助辩护的权利,其背后有着坚实的宪法依据和刑事诉讼法基本原则的支撑。

(二)获得辩护权的保障

从权利视角进行分析,"权利即法律允许、保护的自由"[1]。有权获得辩护可视为一种获得辩护的自由,即被告人有得到辩护的自由。由此进一步延伸,当被告人获得他人协助辩护,有辩护人的时候,国家不得剥夺或限制这一自由;当被告人没有辩护人的时候,国家便有诉讼关照和给付的义务,从而确保这种自由的存在和有效供给。所以,《刑事诉讼法》第11条在规定了"被告人有权获得辩护"后紧接着规定在审判阶段,"人民法院有义务保证被告人获得辩护",这是"被告人有权获得辩护"的应有之义和必然延伸。

法院对被告人获得辩护权的保障涉及多个方面。例如,告知被告人有委托辩护人的权利。《刑事诉讼法》第34条第2款中规定:"人民法院自受理案件之日起三日以内,应当告知被告人有权委托辩护人。犯罪嫌疑人、被告人在押期间要求委托辩护人的,人民法院、人民检察院和公安机关应当及时转达其要求。"再如,法院发现被告人符合法定条件的,应当通知法律援助机构为其提供法律援助辩护。《刑事诉讼

---

[1] 苏晓宏:《法理学基本问题》,法律出版社2006年版,第117页。

法》第35条第2款、第3款就规定,被告人是盲、聋、哑人,或者是尚未完全丧失辨认或者控制自己行为能力的精神病人,或者是可能被判处无期徒刑、死刑,没有委托辩护人的,法院应当通知法律援助机构指派律师为其提供辩护。

另外,对于被告人获得辩护权,法院应当切实地、不折不扣地予以保障,不得以任何借口限制或者剥夺。如果法院在审判过程中限制或者剥夺了被告人获得辩护的权利,那么就应当赋予被告人相应的救济途径,对法院启动相应的制裁机制。《刑事诉讼法》第238条规定,第二审法院发现第一审法院的审理剥夺或者限制了当事人的法定诉讼权利,可能影响公正审判的,应当裁定撤销原判,发回原审法院重新审判。据此,如果被告人获得辩护的权利被一审法院剥夺或者限制,被告人有权上诉,二审法院一旦查实,应宣布一审法院的审理和裁判无效,撤销原判发回重审。

▶▶【法条评点】

本条涉及的两个原则在适用中都存在一定的争议,相关表述有修订必要。

一、审判公开原则的适用范围

(一)审判公开原则不应限于一审程序

查阅立法机关出版的权威解读书中对于《刑事诉讼法》第11条的解读可以发现,"公开审判,是指除本法另有规定的以外,人民法院审判第一审案件和宣告判决都应当向社会公开"[1]。照此理解,审判公开原则似乎被限缩适用于一审程序。可以佐证的是,《刑事诉讼法》第188条第1款规定,"人民法院审判第一审案件应当公开进行。但是有关国家秘密或个人隐私的案件,不公开审理;涉及商业秘密的案件,当事人申请不公开审理的,可以不公开审理"。无论是从条文中"第一审案件"的表述还是从该条文所处的编、章位置看,本条规定在释放这样一个信息:审判公开原则适用于第一审程序,而不适用于第二审程序以及死刑复核程序、

---

[1] 李寿伟主编:《中华人民共和国刑事诉讼法解读》,中国法制出版社2018年版,第21—22页。

审判监督程序。而且,以司法实践中的刑事二审为例,二审案件大都不开庭审理。控辩审三方都不到庭,何来群众的旁听和新闻媒体的采访报道?这就导致公开审判原则在我国刑事二审中不被普遍适用,类似的不开庭情形在死刑复核程序与审判监督程序中也多有出现,最终的结果就是审判公开原则在司法中的适用空间实际被压缩在了一审程序当中。

本评注认为,审判公开原则既然是刑事诉讼法的基本原则,就应当贯穿于刑事诉讼的全过程或重要阶段,不仅刑事一审案件应当依法公开审判,刑事二审案件或者按照二审程序审理的再审案件也应当依法公开审判,这是《刑事诉讼法》第 11 条的应有之义,不能违背。如果部分刑事二审案件因为不开庭审理就可以规避公开审判,那么公开审判原则就会被削弱乃至架空。不容否认,世界上部分国家的上诉审也不开庭,不召开听证,但这些国家的上诉审多系法律审,一般只解决一审及其审前程序的合法性以及适用法律是否合法与正确的问题,而不对案件事实和证据进行复审或续审,因而这些国家的上诉审(上告)实行书面审,没有公开审理。[1] 我国的刑事二审是复审制,贯彻全面审查原则,对事实与证据、定罪与量刑、实体与程序、刑事与附带民事诉讼都要进行再次审理。在不同的制度和原则要求下,我国的二审刑事案件应当以开庭审理为常态,不开庭审理为例外,以此保证公开审判原则在一审和二审程序中都得到适用。

此外,对于刑事执行过程中法院作出的减刑、假释裁定,违法所得的没收程序的裁定等是否要受到公开审判原则的约束,也是值得进一步研究和讨论的问题。

(二)案件不开庭审理不违反审判公开原则

诚如前文所言,二审刑事案件应当以开庭审理为常态,不开庭审理为例外。但不容否认,二审中确有部分案件,如决定发回重审的,大都没有必要开庭审理。这些案件不属于《刑事诉讼法》第 11 条规定的"本法另有规定"的情形,但不开庭也就意味着不公开审理,这样做是否违反审判公开原则呢?本评注持否定态度。

"审理程序既然是公开的,如果不用口头审理,允许旁听就失去了意义。因此,公开主义涉及口头主义和辩论主义,两者都是控辩主义的必然

---

[1] 参见程味秋、周士敏:《论审判公开》,载《中国法学》1998 年第 3 期,第 39 页。

归属。"〔1〕贯行审判公开原则必然要坚持口头审理。"言词审理原则,又称口头(审理)原则,要求以言词陈述或问答形式而显现于审判庭之诉讼资料,法院始得采为裁判之基础。"〔2〕可见,口头主义或曰言词原则能够适用的场域必然是在法庭之上,案件审理必须开庭。所以,"公开审理原则乃言词审理原则的搭配原则,前述不经言词辩论之判决,由于根本并不开庭审理,因此也无所谓的公开审理可言"〔3〕。

结合上述论证可得出如下结论:唯有开庭,口头主义、言词辩论才有展现的平台和空间,社会民众才可旁听,新闻媒体才能采访报道,审判公开才会成为可能。如果对案件采行书面审理,就不会出现口头主义和言词审理,民众也就没有旁听的对象,新闻媒体自然也没有采访报道的内容,公开审判也即失去了意义。所以,开庭审理是公开审判的前提和基础。凡是谈及公开审判,其本身便包含着案件开庭,《刑事诉讼法》第11条第一句的本意应当是:人民法院"开庭"审判案件,除本法另有规定的以外,一律公开进行。唯有在"开庭"审理的基础上才会谈及特殊类型的案件,如涉及国家秘密、个人隐私、商业秘密等案件是否公开审判的问题。这就好比刑事诉讼二审中的上诉不加刑原则,在谈及该原则时,首先就已经设定了基本前提,即一审裁判后仅有被告人一方上诉,检察院或自诉人未上诉。在这一前提下,才会论及上诉不加刑原则的适用有没有例外或变通情形。总之,开庭审理是审判得以公开的基础。反之,不开庭审理的案件也就无所谓公开审判,不开庭审理并不是公开审判的例外,而是前提。所以,刑事二审中不开庭审理的案件并未违反公开审判原则。但是,不开庭审理应是我国刑事二审案件开庭审理的例外,原则上二审案件都应当开庭审理。二审法院不能滥用裁量权,随意扩大二审不开庭审理的案件范围,以不开庭审理去刻意规避公开审判,唯有如此才能真正落实《刑事诉讼法》第11条确立的审判公开原则。

二、公开审理还是公开审判

相关内容参见《刑事诉讼法》第1条评注中的【法条评点】第三部分。

---

〔1〕 〔日〕田口守一:《刑事诉讼法(第七版)》,张凌、于秀峰译,法律出版社2019年版,第325页。

〔2〕 林钰雄:《刑事诉讼法》(下册),新学林出版股份有限公司2019年版,第262页。

〔3〕 林钰雄:《刑事诉讼法》(下册),新学林出版股份有限公司2019年版,第264页。

三、有权获得辩护的主体还应包括犯罪嫌疑人

从 1979 年制定刑事诉讼法以来,该法先后经过三次修改,被追诉人辩护权从最初的审判阶段向审前延伸到了侦查和审查起诉阶段。有权获得辩护的主体已经不止于审判阶段的被告人,还包括审前阶段的犯罪嫌疑人。多年来,不少学者呼吁并提出意见,认为应当将《刑事诉讼法》第 11 条的后一句话修改为"犯罪嫌疑人、被告人有权获得辩护,人民法院、人民检察院和公安机关有义务保障犯罪嫌疑人、被告人获得辩护"[1]。本评注对上述观点和理由表示赞同,但对于修法的紧迫性和必要性不以为然。

首先,刑事诉讼法的修改不能与宪法的规定相违背或冲突,在《宪法》第 130 条没有修改的前提下,刑事诉讼法的条文不宜作超前性修改。

其次,从《刑事诉讼法》第 11 条的内在结构看,本条虽由两句话组成,但前后内容仍有紧密的逻辑关联。法院公开审判,显然需要作为辩方的被告人在庭审中发挥主观能动性,积极行使辩护权,同时获得他人,也就是辩护人的积极协助。应当说,辩审关系的互动是有效庭审的必备要素,也是法院公开审判接受群众监督、社会监督的重要内容。法院公开审判离不开辩护方的支持,保障被告人获得辩护的权利是审判公开原则能够贯彻落实的基础。统合《刑事诉讼法》第 11 条前后两句的内在关系可以发现,公开审判与被告人有权获得辩护其实都统一于审判这一大语境下,"从条文的逻辑结构上理解,一个法律条文内的各款、项和句之间必然保持着相互关联性和前后一致性。既然前句的'公开进行'仅针对人民法院审理案件的诉讼阶段,那么后句'被告人有权获得辩护'显然不可能也不应当指向其他诉讼阶段"[2]。据此,第 11 条将有权获得辩护的被追诉人限定为被告人是符合条文的内在逻辑关系和适用语境的。

最后但最为重要的是,2012 年《刑事诉讼法》修改时,立法机关将 1996 年《刑事诉讼法》第 14 条第 1 款"人民法院、人民检察院和公安机关

---

[1] 陈光中主编:《中华人民共和国刑事诉讼法再修改专家建议稿与论证》,中国法制出版社 2006 年版,第 260 页。

[2] 周伟:《宪法依据的缺失:侦查阶段辩护权缺位的思考》,载《政治与法律》2003 年第 6 期,第 93 页。

应当保障诉讼参与人依法享有的诉讼权利"修改为"人民法院、人民检察院和公安机关应当保障犯罪嫌疑人、被告人和其他诉讼参与人依法享有的辩护权和其他诉讼权利"。从体系解释的角度看,立法已经对前述学者呼吁的修法建议作出了回应,只是这一回应并不是在第 11 条而是在第 14 条中作出的,即增加了犯罪嫌疑人在审前阶段享有辩护权的内容。既然如此,再修改第 11 条的意义也就不大了。

第十二条 【未经法院判决不得确定有罪原则】未经人民法院依法判决,对任何人都不得确定有罪。

▶▶【历次修法条文对照】

1979 年《刑事诉讼法》	1996 年《刑事诉讼法》	2012 年《刑事诉讼法》	2018 年《刑事诉讼法》
第一章 指导思想、任务和基本原则	第一章 ~~指导思想、~~任务和基本原则	第一章 任务和基本原则	第一章 任务和基本原则
无	第 12 条:未经人民法院依法判决,对任何人都不得确定有罪。	第 12 条内容未修订	第 12 条内容未修订

▶▶【立法沿革】

本条为 1996 年《刑事诉讼法》确立,在此后的历次修法中未有内容变动。

▶▶【法条注解】

本条被称为"罪从判定原则""未经人民法院依法判决不得确定有罪原则""确定有罪权由人民法院依法行使原则",内涵较为丰富,包括四大方面。

一、强调法院的统一定罪权

《刑事诉讼法》第 12 条的立论之本是强调法院的统一定罪权。

(一)法院统一定罪权的由来:废除免予起诉

从文义解释出发,"未经,不得"在逻辑上对应的是"只有,才能"或是"当且,仅当"的意思。[1] 这一立法用语表明了法院才是拥有定罪权的唯一主体。

从历史解释出发,本条确立的一个重要理由就是在 1996 年修改刑事诉讼法时废除检察院的免予起诉权,进一步明确和强调法院的统一定罪权。

1979 年《刑事诉讼法》第 101 条曾规定,"依照刑法规定不需要判处刑罚或者免除刑罚的,人民检察院可以免予起诉"。所谓免予起诉,就是指检察院对已构成犯罪但依法不需要判处刑罚或者免除处罚的人,不交付审判而定罪免刑的一项诉讼制度。自该条规定设立以来,一直有意见主张取消免予起诉制度,理由涉及如下几个方面[2]:

一是免予起诉是定罪免刑,定罪权属于审判权,不是诉权,公诉权的内容应当仅限于决定起诉或不起诉,审判权则包括判定是否有罪,是何罪,是否应当判刑,应判什么刑。宪法规定,审判权由法院统一行使,检察院是国家的法律监督机关,不是审判机关,不应当有定罪权。

二是免予起诉制度不符合社会主义法制原则,任何人未经审判不得被判定有罪,这是各国都承认的法制原则。自侦案件的免诉使检察院一家包揽侦查、审查起诉和定罪免刑的处理,这与三机关"分工负责、互相制约"的原则相违背。

三是免予起诉剥夺了被告人的上诉权等一系列诉讼权利,不利于保护公民的合法权利。

四是由于对免予起诉缺乏监督制约,有的重大刑事案件免诉了事,有的共同犯罪案件主犯被免诉,从犯却被起诉判刑。

---

[1] 参见雷小政:《刑事诉讼法第 12 条的立法价值评析》,载《中国刑事法杂志》2004 年第 1 期,第 84 页。

[2] 参见最高人民检察院法律政策研究室编著:《〈关于修改〈中华人民共和国刑事诉讼法〉的决定〉学习纲要》,中国检察出版社 1996 年版,第 10 页。

虽然持不同意见者对上述观点作出了回应[1],但免予起诉制度确实先天不足,存在硬伤。那就是免予起诉制度的实质,"是分割人民法院的审判权,未经人民法院开庭审判,依法作出判决,就对被告人定罪免刑,违背了国家审判权由人民法院统一行使的原则,混淆了检察机关与审判机关的职权,不符合社会主义法制原则和现代法制文明所确立的诉讼民主原则"[2]。因此,1996年《刑事诉讼法》取消了检察院的免予起诉制度,同时在总则中作出呼应,增加了"未经人民法院依法判决,对任何人都不得确定有罪"这一原则,目的就是重申和强调法院的统一定罪权。

(二)出罪权并非法院专有

《刑事诉讼法》第12条强调了法院有统一定罪权,但是认定被告人不构成犯罪,不需要追究刑事责任的权力则并非法院独享。依照《刑事诉讼法》第16条的规定,在刑事诉讼中的立案、侦查和审查起诉阶段,公安机关或检察院发现被告人有不负刑事责任的情形可以作出撤销案件或不起诉的决定。另外,根据《刑事诉讼法》第175条、第177条、第182条以及第282条的规定,检察院还可以作出证据不足不起诉、酌定不起诉、特殊不起诉以及附条件不起诉的决定,不予追究犯罪嫌疑人的刑事责任。可见,如果对《刑事诉讼法》第12条作反面解释,法院并不垄断刑事诉讼中的出罪权。

二、强调定罪须经过"依法判决"

《刑事诉讼法》第12条规定的定罪须经"依法判决"有三方面的含

---

[1] 主张保留免予起诉制度的理由:(1)免诉权是公诉权的一部分,免诉是一种程序意义上的决定,而不是实体方面的决定;(2)免诉的主要对象是犯罪情节轻微,或者是偶犯、初犯,或者具有自首、积极退赃情节的案件,一般事实比较清楚,不提交审判有利于对被告人的教育改造,也可以减少讼累,体现诉讼经济原则;(3)免诉制度有利于贯彻"惩办与宽大相结合;首恶必办,胁从不问;分化瓦解"的刑事政策;(4)对于免诉决定,被告人、被害人可以申诉,上级人民检察院可以监督,公安机关可以要求复议,并不违背"分工负责,互相制约"的原则,而且实践中提出申诉和要求复议的并不多。实践中存在的一些问题主要是工作中的问题,不是免诉制度本身的问题。参见最高人民检察院法律政策研究室编著:《〈关于修改〈中华人民共和国刑事诉讼法〉的决定〉学习纲要》,中国检察出版社1996年版,第11页。

[2] 周道鸾、张泗汉主编:《刑事诉讼法的修改与适用》,人民法院出版社1996年版,第33页。

义:第一,判决必须是法院根据证据材料和法律规定作出的,即依照《刑事诉讼法》第6条的规定,法院定罪必须以事实为根据,以法律为准绳;第二,判决必须是依照法定的程序作出的;第三,判决是已经发生法律效力的判决。

针对上述第三点,有研究者曾提出问题,我国刑事诉讼实行两审终审制,实践中经常会出现一审作出有罪判决,被告人不服提出上诉,二审法院驳回上诉维持原判的情形。根据《刑事诉讼法》第236条第1款第1项的规定,如果二审法院驳回上诉,维持原判都是以"裁定"的方式作出。但依据《刑事诉讼法》第12条,法院最终认定被告人有罪应当以"判决"的方式作出,这是否存在分则条文对总论基本原则的悖反?本评注认为这一质疑是对法院生效裁判理解上的偏差。众所周知,如果二审裁定维持一审的有罪判决,那么刑罚执行的具体内容显然是一审的实体裁判。换言之,二审维持原判的裁定与一审的有罪判决共同构成了对被告人定罪量刑的生效裁判,都是刑罚执行的依据,二审裁定可以视为对一审判决的确认和重申。所以在一审、二审均为生效裁判的体系中,当然有生效判决认定被告人有罪,只是这个判决出自一审,且有法律效力。综上,《刑事诉讼法》第236条第1款第1项的规定并未违反第12条的原则规定。

三、废除"人犯"表述,将被追诉人称为犯罪嫌疑人、被告人

依据《刑事诉讼法》第12条的规定,被告人只有到了审判阶段,经过法院的依法判决才能认定为有罪。反之,未经人民法院依法判决的,就不能称为有罪之人,不能作为罪犯对待,"即使现场抓获人赃俱在,也要经过法定的程序根据事实和法律由人民法院定罪处罚"[1]。1979年《刑事诉讼法》除了使用"犯罪嫌疑人"、"被告人",还多处使用"人犯"这一带有浓重的有罪推定色彩的用语,并不符合"罪从判定"的立法用意。故1996年《刑事诉讼法》删除了"人犯"一词,统一将审前阶段的被追诉人称为犯罪嫌疑人,将被提起公诉(自诉)、接受正式指控、审判的被追诉人称为被告人。

---

[1] 李寿伟主编:《中华人民共和国刑事诉讼法解读》,中国法制出版社2018年版,第24页。

四、明确控方举证责任和审判中的疑罪从无

依据《刑事诉讼法》第 12 条,被告人在未经法院依法判决前不被视为有罪,但是作为控方的检察院或自诉人提出的起诉则是指控被告人有罪,为了说服法院采纳控方的主张,认定被告人有罪,消除被告人在法院判决前不被定罪的状态,作为控方的检察院或自诉人就应当向法院提交确实、充分的证据,证明被告人的犯罪事实。从这个角度看,《刑事诉讼法》第 12 条确立并分配了法院在裁判过程中控辩双方的举证责任,即"控诉方有责任或义务提出证据证明被告人有罪,并应使这一证明达到确实充分的程度,而被追诉者则没有证明自己有罪和无罪的责任"[1]。反之,如果控方提供的证据不确实、不充分,就不能认定被告人有罪,法院应当作出证据不足的无罪判决。这正是在 1996 年修改刑事诉讼法时从第 12 条所确立的原则中得出的结论,该结论规定在当时新增的第 162 条第 3 项——"证据不足,不能认定被告人有罪的,应当作出证据不足、指控的犯罪不能成立的无罪判决",并被一直沿用至今,是疑罪从无在我国立法中的典型体现。

▶▶【法条评点】

一、《刑事诉讼法》第 12 条与无罪推定原则的关系

国内不少学者谈及《刑事诉讼法》第 12 条时都会将其与域外的无罪推定原则作比较,进而提出我国目前尚未确立无罪推定这一国际司法准则,并据此建议通过修法确立我国的无罪推定原则,与国际接轨。

从历史解释的角度看,确立第 12 条的初衷确实不是为了建立中国的无罪推定原则。这在当时全国人大法工委主任顾昂然的讲话中就有明确体现:"封建社会采取有罪推定的原则,资产阶级针对有罪推定,提出了无罪推定。我们坚决反对有罪推定,但也不是西方国家那种无罪推定,而是以客观事实为依据。"[2] 参与修法的全国人大法工委的同志在其出版

---

[1] 陈光中主编:《刑事诉讼法》(第七版),北京大学出版社、高等教育出版社 2021 年版,第 113 页。

[2] 顾昂然:《关于刑事诉讼法的修改原则》,载《法制日报》1996 年 2 月 3 日,第 2 版。

的刑事诉讼法释义书中也作了为何不采纳西方无罪推定原则的说明，"我们反对有罪推定，但也不是西方国家的那种无罪推定，而是实事求是地进行侦查，客观地收集有罪或无罪、罪轻或罪重的各种证据，在人民法院作出有罪判决以前，我们不称被告人是罪犯，但也不是说他没有罪或者假定他无罪。如果假定他无罪，那么侦查机关对他进行侦查、采取强制措施就没有根据了。因此，我们的原则是实事求是地进行侦查"[1]。也正是遵循这一思路，重新审视第12条的规定，会发现该条并未像其他国家确立无罪推定原则的条款那样规定的是在法院定罪判决前，被告人被假定或推定为无罪，而是用了"不得确定有罪"的否定式表述。仔细品读这一表述，会发现当时立法者的良苦用心，那就是"不得确定有罪"的反面并不必然是无罪，更可能是审判前被追诉人或有罪或无罪的一种"中间状态"，这恰恰体现了当时我国在否定有罪推定后却不承认资产阶级无罪推定的一种"微妙心态"。也恰恰是因为被追诉人在审前不被推定有罪或无罪，尚有犯罪嫌疑，才会产生侦查机关主动立案侦查，采取强制措施，检察院积极审查起诉、提起公诉等一系列的审前控诉行为。从这个层面看，第12条的规定与当时立法者的发言，与实事求是的政治逻辑和法律逻辑是贯通的，精神上是一致的。

时至今日，上述观点和论据已经被不少研究者所批驳。例如，无罪推定本质上是一种法律推定。所谓推定，是指由前提事实推认结论事实的一种证明方法，推定分为"事实上的推定"和"法律上的推定"两种，后者进一步分为"可以推翻的推定"和"不可推翻的推定"。"不可推翻的推定"是一种拟定的推定，当事人不能通过反证的方法加以否定。它实际上并不是一种证据法规则，而是一种实体法规则，而"可以推翻的推定"则是一种纯粹的证据法规则，由于法律允许当事人通过举出反证加以推翻，因此它实际上是一种证明责任的分配机制，它将法定的反证负担加在另一方当事人身上，而享有推定利益的当事人则可以免除举证责任。[2]如果另一方当事人提出不足够的反驳证据，法院必须作出推定事实是真实的断定；如果另一方当事人提出了足够的反驳证据，法院必须做出推定

---

[1] 胡康生、李福成主编：《〈中华人民共和国刑事诉讼法〉释义》，法律出版社1996年版，第15页。

[2] 参见谢佑平、万毅：《刑事诉讼法原则：程序正义的基石》，法律出版社2002年版，第244页。

事实不是真实的断定。[1] 据此,在刑事诉讼中,被追诉人无罪仅仅是一种法律上的推定,这种推定是可反驳的,公安机关、检察院作为控诉方当然可以通过积极的取证、举证,以确实、充分的证据来推翻这一推定,说服法院认定被告人有罪。这本身也是控方负担举证责任的理论基础,同时也释明了为何在无罪推定原则下控方还是可以积极地侦查取证、指控被告人有罪。此外,无罪推定将被追诉人视为或假定为法律上的无罪之人,"其目的是解决裁判生效前程序中被追诉人的主体身份和应享有哪些诉讼权利问题"[2],根本目的是确立被追诉人在刑事诉讼中的主体地位,不应将其作为有罪之人或罪犯看待,不得对其施以刑罚或作出带有刑罚性质的处遇。

　　按照上述理解,在 1996 年《刑事诉讼法》修改时,立法者确实对无罪推定原则有理解上的偏差,这也导致第 12 条"不得确定有罪"与无罪推定原则的规定("应当被视为无罪")有表述上的差别。然而,如果说正是因为第 12 条的规定延滞了我国无罪推定原则的彻底确立,导致目前司法实践中有罪推定的现象仍然在一定范围内较为普遍地存在,本评注并不完全认同。其实,确定一国是否确立了无罪推定原则不能仅依据某部法律或某个条文就直接作出定论。法律条文绝不是孤立的,必须结合其他条文、制度、政策与社会情势的变迁等诸多背景进行解释,以探求其真意和立法最大化的善意。《意大利宪法》第 27 条规定:"在终局性判决作出之前,被告不得被认为有罪。"[3] 虽然该条文与我国《刑事诉讼法》第 12 条的表述较为趋同,但是采用上述"依诸多背景要素进行解释"的方式,《意大利宪法》对无罪推定的确认无人予以质疑。那么,从 1996 年《刑事诉讼法》第 12 条被确立时起,随着社会的变迁、法律的不断修订、社会民众法治观念的转变,与第 12 条相关的制度规范和司法理念是否有了新的发展和变化呢? 这些发展和变化是否使第 12 条的内涵有了新的解释空间呢?

　　有学者在考察了无罪推定原则的历史源流和具体内涵后,认为"判断一国司法是否确立了无罪推定原则,可从两个意义上评价:一是从核心

---

[1] 参见沈达明编著:《英美证据法》,对外经济贸易大学出版社 2015 年版,第 65 页。

[2] 汪海燕:《刑事冤错案件的制度防范与纠正——基于聂树斌案的思考》,载《比较法研究》2017 年第 3 期,第 8 页。

[3] 《世界各国宪法》编辑委员会编译:《世界各国宪法(欧洲卷)》,中国检察出版社 2012 年版,第 748 页。

意义上评价,可称之为狭义的无罪推定,看它作为证明规则的核心要求是否确立,这类指标更具有确定性和比较严格的规范意义(证明责任的分配允许有特定的例外),缺少这类指标,就不能认为确立了无罪推定原则;二是从延伸意义上评价,可称之为广义的无罪推定,实际上是考察一国刑事程序中的人权保障状况,要看相关程序保障措施的落实,这类指标具有一定的弹性"[1]。该学者进一步指出将无罪推定作广义理解,根据有关国际文件保障被告人权利的规定,以下三点可认为是无罪推定原则的延伸性要求:第一,不被强迫作不利于自己的证言或被强迫承认犯罪;第二,不受任意的逮捕或拘禁;第三,辩护权的有效保障。[2]

如果按照上述标准来衡量我国的刑事司法,首先从无罪推定原则的核心意义即证明规则看,1996年《刑事诉讼法》已经有了举证责任分配的雏形,如当时的第157条规定,在法庭审理过程中,公诉人"应当向法庭出示物证,让当事人辨认,对未到庭的证人的证言笔录、鉴定人的鉴定结论、勘验笔录和其他作为证据的文书,应当当庭宣读"。再如,对于自诉人提起的自诉案件,按照当时修订的第171条第1款第2项的规定,对于"缺乏罪证的自诉案件,如果自诉人提不出补充证据",法院不再帮助其调查、收集必要的证据,而是说服自诉人撤回自诉,或者裁定驳回。到了2012年《刑事诉讼法》,其第49条更是直接明确规定了控方的举证责任,即"公诉案件中被告人有罪的举证责任由人民检察院承担,自诉案件中被告人有罪的举证责任由自诉人承担"。这些规定表明我国在规范层面已经满足了无罪推定原则的核心意义,即对证明规则的评价要求。

其次,从广义的无罪推定原则去理解,作为该原则的其他核心要素,如"不被强迫自证其罪""辩护权的有效保障"等,在2012年《刑事诉讼法》修改时都得以确立和强化。至于不受任意的逮捕和拘禁,虽然宪法和刑事诉讼法的条文没有明确规定,但是相关的逮捕条件在2012年《刑事诉讼法》修改时也已做了从严规定,加之2017年"两高三部"《严格排除非法证据规定》规定了采取非法拘禁等非法限制人身自由的措施所取得的供述应当予以排除,以及近年来宽严相济刑事司法政策下"少捕"

---

[1] 龙宗智、秦宗文:《再论无罪推定原则》,载徐静村主编:《刑事诉讼前沿研究》(第三卷),中国检察出版社2005年版,第59—60页。

[2] 参见龙宗智、秦宗文:《再论无罪推定原则》,载徐静村主编:《刑事诉讼前沿研究》(第三卷),中国检察出版社2005年版,第65页。

"少押"具体办案工作要求的确立,这些都表明我国在规范层面正努力贯彻"不受任意的逮捕和拘禁"的理念。

统合上述法律规范,可以发现相关条文已经能够从规范层面支撑起我国无罪推定原则的基本内涵、核心要素和价值体系。衡量一国无罪推定原则是否确立,主要是看原则之下是否有相应的制度得以确立以及实际贯彻。所以,真正要判断我国是否确立了无罪推定原则,目前的关键是审视司法实践对上述规范制度的实际贯彻以及直入人心的理念和认识转变。这也许是我国下一步真正确立无罪推定原则的关键路径,至于对《刑事诉讼法》第12条作出表述上的修改,则并非迫在眉睫。

第十三条 【人民陪审制度】人民法院审判案件,依照本法实行人民陪审员陪审的制度。

▶▶【历次修法条文对照】

1979年《刑事诉讼法》	1996年《刑事诉讼法》	2012年《刑事诉讼法》	2018年《刑事诉讼法》
第一章 指导思想、任务和基本原则	第一章 ~~指导思想~~、任务和基本原则	第一章 任务和基本原则	第一章 任务和基本原则
第9条:人民法院审判案件,依照本法实行人民陪审员陪审的制度。	第13条 内容未修订	第13条 内容未修订	第13条 内容未修订

▶▶【立法沿革】

本条为我国1979年《刑事诉讼法》确立,除在1996年《刑事诉讼法》修改时有条文序号的调整,在历次修法中均无内容变化。

▶▶【法条注解】

"我国是社会主义国家,人民当家作主,以各种形式参政、议政,管理国家。人民法院审判案件吸收人民陪审员参加,这是人民群众参加审判

工作,发挥国家主人翁作用的重要形式,也是人民法院的审判工作贯彻群众路线,接受群众监督的具体体现。"〔1〕

本条规定,法院审判案件,依照本法实行人民陪审员陪审的制度。所谓的"依照本法"指的是《刑事诉讼法》第 183 条第 1 款和第 2 款的规定,"基层人民法院、中级人民法院审判第一审案件,应当由审判员三人或者由审判员和人民陪审员共三人或者七人组成合议庭进行,但是基层人民法院适用简易程序、速裁程序的案件可以由审判员一人独任审判。高级人民法院审判第一审案件,应当由审判员三人至七人或者由审判员和人民陪审员共三人或者七人组成合议庭进行"。从该条规定可以发现,在刑事诉讼中,人民陪审员只能出现在法院一审的合议庭中,但最高人民法院作为一审法院的案件,合议庭中不能有人民陪审员参加。

另外,如果合议庭由审判员和人民陪审员共同组成,那么可以将这些合议庭成员统称为"审判人员",他们是《刑事诉讼法》第 29 条和第 30 条中规定的适用回避制度的对象,也是刑事诉讼的主体。

涉及人民陪审员参与审判的各项程序、规则主要规定在《人民陪审员法》中,本书不再做详细介绍。

▶▶【法条评点】

一、本条不宜规定在《刑事诉讼法》第一编第一章"任务和基本原则"

本条为一项重要制度,即人民法院审判案件实行陪审制度,与《刑事诉讼法》第一编第一章的章名"任务和基本原则"有些文不对题。严格意义上说,本条与第 10 条规定的两审终审制度一样都属于刑事诉讼法的重要制度,不能称之为原则,不应当在第一章中作出规定。有研究者指出:"该规定实质上是人民陪审员参与审判的陪审制度,是一项明确具体、可操作性强的诉讼规则,而且陪审只适用于部分案件,因此,应当在审判程序中的'审判组织'一章中加以规定。"〔2〕本评注同意该观点。

---

〔1〕 胡康生、李福成主编:《〈中华人民共和国刑事诉讼法〉释义》,法律出版社 1996 年版,第 16 页。

〔2〕 宋英辉主编:《刑事诉讼法修改问题研究》,中国人民公安大学出版社 2007 年版,第 41 页。

第十四条 【诉讼权利的保障与救济】 人民法院、人民检察院和公安机关应当保障犯罪嫌疑人、被告人和其他诉讼参与人依法享有的辩护权和其他诉讼权利。

诉讼参与人对于审判人员、检察人员和侦查人员侵犯公民诉讼权利和人身侮辱的行为,有权提出控告。

▶▶【历次修法条文对照】

1979年《刑事诉讼法》	1996年《刑事诉讼法》	2012年《刑事诉讼法》	2018年《刑事诉讼法》
第一章 指导思想、任务和基本原则	第一章 ~~指导思想、~~任务和基本原则	第一章 任务和基本原则	第一章 任务和基本原则
第10条:人民法院、人民检察院和公安机关应当保障诉讼参与人依法享有的诉讼权利。 对于不满十八岁的未成年人犯罪的案件,在讯问和审判时,可以通知被告人的法定代理人到场。 诉讼参与人对于审判人员、检察人员和侦查人员侵犯公民诉讼权利和人身侮辱的行为,有权提出控告。	第14条:人民法院、人民检察院和公安机关应当保障诉讼参与人依法享有的诉讼权利。 对于不满十八岁的未成年人犯罪的案件,在讯问和审判时,可以通知犯罪嫌疑人、被告人的法定代理人到场。 诉讼参与人对于审判人员、检察人员和侦查人员侵犯公民诉讼权利和人身侮辱的行为,有权提出控告。	第14条:人民法院、人民检察院和公安机关应当保障犯罪嫌疑人、被告人和其他诉讼参与人依法享有的辩护权和其他诉讼权利。 ~~对于不满十八岁的未成年人犯罪的案件,在讯问和审判时,可以通知犯罪嫌疑人、被告人的法定代理人到场。~~ 诉讼参与人对于审判人员、检察人员和侦查人员侵犯公民诉讼权利和人身侮辱的行为,有权提出控告。	第14条 内容未修订

▶▶【立法沿革】

本条为1979年《刑事诉讼法》规定,原有三款,除第3款以外,第1款和第2款在1996年和2012年修法时有所修改和删减。

一、1996年《刑事诉讼法》对本条的修改

1996年《刑事诉讼法》仅对本条第2款作出修订,将"对于不满十八岁的未成年人犯罪的案件"中参与诉讼的"被告人"修订为"犯罪嫌疑人、被告人"。这是因为1996年《刑事诉讼法》新增第12条,确立了未经人民法院依法判决不得确定有罪原则。依照该原则,被追诉人被划分为审前阶段的犯罪嫌疑人和审判阶段的被告人。有鉴于此,包括本条在内的整部刑事诉讼法中的相关条文都作出变动调整,确保前后条文的协调一致。

二、2012年《刑事诉讼法》对本条的修改

2012年《刑事诉讼法》对本条作出较大调整。

首先,对原条文第1款作出修改,增加和强调了法院、检察院和公安机关对犯罪嫌疑人、被告人辩护权的保障义务。原条款规定的是公检法机关应当保障诉讼参与人依法享有的诉讼权利。众所周知,犯罪嫌疑人、被告人本就属于诉讼参与人,辩护权也是法定的诉讼权利之一。原条文其实已经囊括了公检法机关保障犯罪嫌疑人、被告人行使辩护权的规定,但2012年《刑事诉讼法》将辩护权从各项诉讼权利中抽出,单独列明予以强调,足见立法对辩护权保障的重视。

其次,删除原条文第2款。因为在当年修法时,2012年《刑事诉讼法》新增第五编第一章"未成年人刑事案件诉讼程序",包括删除的第2款在内的涉及未成年人刑事诉讼特别程序的相关条文都被移至第五编第一章集中规定。

▶▶【法条注解】

本条分为两款,规定了对诉讼权利的保障与救济共两个方面的内容。

一、对诉讼权利的保障

对诉讼权利的保障主要指的是公安机关、检察院和法院应当保障诉讼参与人的各项诉讼权利,这被称为诉讼权利保障原则,包括三个层面的含义。

(一)诉讼参与人享有法定的诉讼权利

诉讼权利是诉讼参与人进行刑事诉讼活动依法所享有的程序性权利,由法律确立并加以保护,公安机关、检察院、法院不得以任何形式限制或剥夺,其他机关、团体或个人也不得以任何形式侵害或干扰。按照《刑事诉讼法》第108条第4项的规定,诉讼参与人是指当事人、法定代理人、诉讼代理人、辩护人、证人、鉴定人和翻译人员。诉讼参与人的范围较广,不同的诉讼参与人在刑事诉讼中的地位和角色不同,享有的诉讼权利也有所差异。例如,法院作出一审裁判后,被告人有独立的上诉权,被害人则只能申请检察院抗诉。虽然不同的诉讼参与人享有不同的诉讼权利,但公检法机关都应当积极保障和维护,不应有所偏废。

(二)公检法机关对诉讼权利有保障义务

公安机关、检察院、法院在刑事诉讼中有义务保障诉讼参与人充分行使各项诉讼权利,其中的"保障"主要体现在四个方面。

1. 不得限制或剥夺诉讼权利的行使

既然公检法机关有保障诉讼权利充分行使的义务,首先就不得主动妨碍、限制或者剥夺诉讼参与人行使诉讼权利,这是权利保障义务得以履行的前提和基础,可视为一种不作为义务。例如,《刑事诉讼法》第227条第3款规定,"对被告人的上诉权,不得以任何借口加以剥夺"。如果法院对被告人的上诉理由进行实质审查后,以"留所上诉""投机上诉"为由不启动二审,即属变相剥夺被告人的上诉权。再如,依据第39条规定,除危害国家安全犯罪、恐怖活动犯罪案件外,辩护律师持律师执业证书、律师事务所证明和委托书或者法律援助公函要求会见在押的犯罪嫌疑人、被告人的,看守所都应当及时安排会见,至迟不得超过48小时。如果看守所还对辩护律师会见附加其他条件,如要求在律师事务所证明,也就是律师事务所出具的《律师会见犯罪嫌疑人(被告人)专用介绍信》上加盖审查起诉部门的公章,或者要求第一次会见必须提供侦查机关办案人员电话(以备看守所核实)等[1],则属于对会见权的行使设置障碍,是对诉讼权利的限制,显然违背了第14条的基本原则。

2. 履行权利告知义务

诉讼权利类型多样,且不同诉讼参与人的诉讼权利并不相同,公检法机关有义务在不同的诉讼阶段、程序节点履行好权利告知义务,确保诉讼参与人知情,从而保障他们正常行使各项诉讼权利。例如,《刑事诉讼法》第120条第2款规定,"侦查人员在讯问犯罪嫌疑人的时候,应当告知犯罪嫌疑人享有的诉讼权利,如实供述自己罪行可以从宽处理和认罪认罚的法律规定"。再如,第190条规定,"开庭的时候,审判长查明当事人是否到庭,宣布案由;宣布合议庭的组成人员、书记员、公诉人、辩护人、诉讼代理人、鉴定人和翻译人员的名单;告知当事人有权对合议庭组成人员、书记员、公诉人、鉴定人和翻译人员申请回避;告知被告人享有辩护权利。被告人认罪认罚的,审判长应当告知被告人享有的诉讼权利和认罪认罚的法律规定,审查认罪认罚的自愿性和认罪认罚具结书内容的真实性、合法性"。

3. 为诉讼权利的行使提供便利

公检法机关应当为诉讼参与人行使诉讼权利提供各种便利条件,以全面、切实地保障各项诉讼权利被有效行使。例如,第36条第2款规定,"人民法院、人民检察院、看守所应当告知犯罪嫌疑人、被告人有权约见值班律师,并为犯罪嫌疑人、被告人约见值班律师提供便利"。至于提供便利的具体方式,"包括在犯罪嫌疑人、被告人提出约见值班律师的要求时,及时为其提供值班律师名册、联系方式;及时将犯罪嫌疑人、被告人的约见要求转告值班律师或者法律援助机构;为犯罪嫌疑人、被告人约见值班律师提供必要的场地、设施等条件"[2]。

4. 为诉讼权利的行使排除妨碍

公检法机关应当采取措施制止妨碍诉讼参与人行使诉讼权利的行为。如果说公检法机关为诉讼权利的行使提供便利属于事前保障,那么为诉讼权利的行使排除妨碍则多属于事中或事后保障。例如,根据《刑

---

[1] 参见雷小政:《尚权十年|辩护律师执业中"三权"保障的现状与完善》,载微信公众号"尚权刑辩"2016年3月25日,https://mp.weixin.qq.com/s/iNP2H2OxDiWRaRSTEbLbTQ,访问日期:2022年6月29日。

[2] 万春、刘计划、元轶、龚云飞:《值班律师:检察办案环节要格外重视其作用》,载《检察日报》2019年8月26日,第3版。

事诉讼法》第199条规定,在法庭审判过程中,如果诉讼参与人或者旁听人员违反法庭秩序,严重影响诉讼参与人在庭审中行使诉讼权利,审判长应当警告制止。对不听制止的,可以强行带出法庭。

(三)诉讼权利和诉讼义务相对应

诉讼参与人在享有诉讼权利的同时,还应当承担法律规定的诉讼义务。没有无权利的义务,也没有无义务的权利。公检法机关有义务保障诉讼参与人的各项诉讼权利,也有权力要求诉讼参与人履行相应的诉讼义务,如对证人提供人身保护,维护其合法权益的同时,经法院通知,证人亦有出庭作证的义务。

二、对诉讼权利的救济

正所谓"无救济,则无权利"。本条第2款规定的是诉讼参与人在其诉讼权利遭到侵犯时寻求救济的一种手段或方式——控告。控告权实为一种救济权。有学者指出,刑事诉讼参与人在诉讼过程中有两类权利极易受到侵犯:一是人身权利,包括人身安全(生命权、健康权、不受威胁权)、人身自由、人格尊严。二是诉讼权利。这两类权利虽然受到宪法和法律的保障,但依然容易受到侦查、司法人员的侵犯。为了使这些权利在受到侦查、司法人员侵权时能够及时得到救济,《刑事诉讼法》第14条第2款特别设立了控告权,旨在通过刑事诉讼参与人的控告,及时发现、制止侦查、司法人员的侵权行为,并使侵权行为造成的后果得到及时补救。[1] 从这个角度而言,本条款规定的控告权还具有监督执法权、司法权依法正确、规范行使的作用,即以权利制约权力。

值得注意的是,本条款中控告权所救济的权利不仅包括诉讼权利,如辩护权、上诉权、申诉权、自诉权等,还包括体现诉讼参与人人格尊严的人身权利。

(一)对侵犯诉讼权利的救济

根据《刑事诉讼法》第108条第4项的规定,我国诉讼参与人的范围较广,基于诉讼地位不同,各自的诉讼权利也不相同,但在遭受侵犯时均可以提出控告,寻求救济。

1.具体的条文衔接

本条款是对诉讼权利救济的原则性规定,至于具体的救济内容,如控

---

[1] 参见李建明:《关于刑事诉讼参与人控告权保障制度立法的思考》,载《法商研究》2008年第5期,第15页。

告的渠道、方式和程序等,一部分规定在了刑事诉讼法不同章节的具体条文中。例如,第四章"辩护与代理"第 49 条规定,"辩护人、诉讼代理人认为公安机关、人民检察院、人民法院及其工作人员阻碍其依法行使诉讼权利的,有权向同级或者上一级人民检察院申诉或者控告。人民检察院对申诉或者控告应当及时进行审查,情况属实的,通知有关机关予以纠正"。这是对辩护权或代理权受到侵犯时,辩护人、诉讼代理人向谁控告、如何控告以及对于控告如何处理作出的规定。《高检规则》第 57 条[1]和第 58 条[2]对此又作出进一步细化。再如,根据《刑事诉讼法》

---

[1]《高检规则》第 57 条:"辩护人、诉讼代理人认为公安机关、人民检察院、人民法院及其工作人员具有下列阻碍其依法行使诉讼权利行为之一,向同级或者上一级人民检察院申诉或者控告的,人民检察院负责控告申诉检察的部门应当接受并依法办理,其他办案部门应当予以配合:(一)违反规定,对辩护人、诉讼代理人提出的回避要求不予受理或者对不予回避决定不服的复议申请不予受理的;(二)未依法告知犯罪嫌疑人、被告人有权委托辩护人的;(三)未转达在押或者被监视居住的犯罪嫌疑人、被告人委托辩护人的要求或者未转交其申请法律援助材料的;(四)应当通知而不通知法律援助机构为符合条件的犯罪嫌疑人、被告人或者被申请强制医疗的人指派律师提供辩护或者法律援助的;(五)在规定时间内不受理、不答复辩护人提出的变更强制措施申请或者解除强制措施要求的;(六)未依法告知辩护律师犯罪嫌疑人涉嫌的罪名和案件有关情况的;(七)违法限制辩护律师同在押、被监视居住的犯罪嫌疑人、被告人会见和通信的;(八)违法不允许辩护律师查阅、摘抄、复制本案的案卷材料的;(九)违法限制辩护律师收集、核实有关证据材料的;(十)没有正当理由不同意辩护律师收集、调取证据或者通知证人出庭作证的申请,或者不答复、不说明理由的;(十一)未依法提交证明犯罪嫌疑人、被告人无罪或者罪轻的证据材料的;(十二)未依法听取辩护人、诉讼代理人意见的;(十三)未依法将开庭的时间、地点及时通知辩护人、诉讼代理人的;(十四)未依法向辩护人、诉讼代理人及时送达本案的法律文书或者及时告知案件移送情况的;(十五)阻碍辩护人、诉讼代理人在法庭审理过程中依法行使诉讼权利的;(十六)其他阻碍辩护人、诉讼代理人依法行使诉讼权利的。对于直接向上一级人民检察院申诉或者控告的,上一级人民检察院可以交下级人民检察院办理,也可以直接办理。辩护人、诉讼代理人认为看守所及其工作人员有阻碍其依法行使诉讼权利的行为,向人民检察院申诉或者控告的,由负责刑事执行检察的部门接受并依法办理;其他办案部门收到申诉或者控告的,应当及时移送负责刑事执行检察的部门。"

[2]《高检规则》第 58 条:"辩护人、诉讼代理人认为其依法行使诉讼权利受到阻碍向人民检察院申诉或者控告的,人民检察院应当及时受理并调查核实,在十日以内办结并书面答复。情况属实的,通知有关机关或者本院有关部门、下级人民检察院予以纠正。"

第四章第 37 条的规定,辩护人的责任是"维护犯罪嫌疑人、被告人的诉讼权利和其他合法权益"。在侦查阶段,当犯罪嫌疑人的诉讼权利受到侵害时,辩护律师依据第 38 条的规定,可以代理申诉、控告。[1]

2. 对诉讼权利的保障区别于其他权利

联系其他条文,运用体系解释可以发现,诉讼权利与《刑事诉讼法》第 2 条所规定的实体性权利,即人身权利、财产权利、民主权利不同,提出控告的对象和程序也有区别。例如,《刑事诉讼法》第 117 条规定,当事人和辩护人、诉讼代理人、利害关系人对于司法机关及其工作人员有"(一)采取强制措施法定期限届满,不予以释放、解除或者变更的;(二)应当退还取保候审保证金不退还的;(三)对与案件无关的财物采取查封、扣押、冻结措施的;(四)应当解除查封、扣押、冻结不解除的;(五)贪污、挪用、私分、调换、违反规定使用查封、扣押、冻结的财物的",有权向该机关申诉或者控告。该条文中的五种情形涉及司法机关及其工作人员对诉讼参与人人身权利(人身自由权)和财产权利的侵犯,部分诉讼参与人虽然也有提出控告的权利,但所维护的权利与第 14 条中的诉讼权利在性质上并不相同。再如,第 57 条规定,"人民检察院接到报案、控告、举报或者发现侦查人员以非法方法收集证据的,应当进行调查核实。对于确有以非法方法收集证据情形的,应当提出纠正意见;构成犯罪的,依法追究刑事责任"。本条针对侦查人员以刑讯逼供或非法拘禁等非法方法侵犯犯罪嫌疑人、被害人、证人等的人身权利的行为,规定诉讼参与人可向检察院提出控告。但该条所保护的权利也并非诉讼权利。

另外,诚如前文所言,本条规定的诉讼参与人对人身侮辱行为的控告,其实也是对诉讼权利之外的其他权利被侵害时的救济。

(二)对人身侮辱行为的救济

《刑事诉讼法》第 14 条第 2 款还规定,诉讼参与人对于审判人员、检察人员和侦查人员有人身侮辱行为的,有权提出控告。例如,《刑事诉讼法》第 135 条第 3 款规定,"侦查实验,禁止一切足以造成危险、侮辱人格或者有伤风化的行为"。如果侦查人员在开展侦查实验时对被害人、犯

---

[1] 需要说明的是,在审查起诉、审判阶段,犯罪嫌疑人、被告人相关的诉讼权利受到侵害的,辩护律师也可以代理行使申诉、控告权。

罪嫌疑人等有侮辱人格的行为,被侵犯者有权提出控告。再如,第263条第5款规定,"执行死刑应当公布,不应示众"。对于死刑犯而言,执行死刑应当公布,但不应对死刑犯游街示众,游街示众显然带有人身侮辱性。不容否认,随着我国司法文明的不断进步,虽然对于死刑犯的游街示众已基本禁绝,但司法实践中还是出现了"公捕公判大会"的场景。"2014年10月17日,湖南省华容县公捕公判大会在东山镇召开。会上,16名犯罪嫌疑人分别被公开拘留或公开逮捕,8名犯罪分子被公开宣判……公开拘捕公开宣判犯罪嫌疑人,然后让他们挂着牌子站在'囚车'上游街。"〔1〕所谓公捕,就是公开逮捕;所谓公判,即公开宣判。《刑事诉讼法》第202条第1款虽规定了"宣告判决,一律公开进行",但前述"公判",实际上是示众性质的公开宣判,而不是在法院进行的公开宣判。本评注认为,司法机关召开的"公捕公判大会"是示众性的逮捕和宣判,有时还伴有游街的情形,这严重侵犯了犯罪嫌疑人、被告人的人格尊严,属人身侮辱行为,犯罪嫌疑人、被告人有权对此提出控告。

▶▶【法条评点】

一、应对各类诉讼参与人行使控告权的程序作出明确规定

本条对诉讼参与人诉讼权利的保障,以及对犯罪嫌疑人、被告人辩护权的保障都是原则性规定,需要在具体条文中加以落实。如何保障各类诉讼参与人的诉讼权利,虽然刑事诉讼法作了一些规定,如《刑事诉讼法》第49条规定辩护人、诉讼代理人认为公检法机关及其工作人员阻碍其依法行使诉讼权利的,可以提出控告。但对于其他诉讼参与人,如被害人、证人的诉讼权利遭到侵害或者人身受到侮辱的,如何控告,具体的途径和程序为何,立法规定不明。例如,某一刑事案件的二审法院没有依照《刑事诉讼法》第231条的规定将上诉状副本送达被害人,并在其不知情的情况下开庭审理并作出被告人无罪的终审判决。依据《刑事诉讼法》第242条的规定,"第二审人民法院审判上诉或者抗诉案件的程序,除本章已有规定的以外,参照第一审程序的规定进行"。如果二审开庭,被害人本可以到庭参照一审程序行使相应的诉讼权利。但被害人由于未接到

---

〔1〕 舒圣祥:《公捕公判大会何时休》,载《浙江人大》2014年第11期,第42页。

通知无法到庭,便会丧失一系列参与二审并依法行使诉讼权利的机会,如申请回避的权利(第190条第1款);向被告人发问的权利(第191条第2款);对证人、鉴定人发问的权利(第194条第1款);质证的权利(第195条);申请通知新的证人到庭,调取新的物证,申请重新鉴定或者勘验的权利(第197条第1款);参与法庭辩论的权利(第198条)等。对于上述情形,被害人应向谁控告,如何寻求救济呢?再如,依据《高法解释》第261条的规定,对证人、被害人发问不得损害他们的人格尊严,如果公诉人、审判人员向证人、被害人发问时有侮辱人身、损害人格尊严的行为,证人、被害人如何提出控告,具体的渠道、步骤和程序为何?这些并没有专门的规定。"我们经常见到的情形是,在刑事诉讼的过程中哪一个部门似乎都不是受理刑事诉讼参与人控告的职能部门,没有专门的人员对控告进行处理,以致人们一般都认为控告权的行使至少在诉讼过程中并无实际意义。虽然各级侦查、司法机关内部都设有控告申诉部门或者办案纪律督察部门,但这些部门在诉讼过程中大都采取无为而治的态度,他们通常只处理诉讼结束后的投诉或申诉。"[1]上述情形反映了控告权在立法与司法层面上的虚化。而且在实践中,即使被害人、证人等诉讼参与人提出控告,大多是由公检法机关的纪检监察部门以信访[2]形式来受理。但这样的处理方式显然与《刑事诉讼法》第49条的规定不同,出现了不同诉讼参与人提出控告,权利救济的主体、渠道、程序和规范有差异的情况,一定程度上也导致诉讼权利在保障与救济上的形式不平等,并最终产生实质上的不平等。

对此,有必要对诉讼权利的保障设定专门的控告渠道和救济路径,明确统一的程序,制定必要的规范,确保诉讼参与人的诉讼权利得到全面、切实的维护和保障。具体的内容可以参考《刑事诉讼法》第49条,辩护人、诉讼代理人是诉讼参与人,既然他们的诉讼权利遭到侵犯时可以向检察院控告或申诉,那么举轻以明重,当事人的诉讼权利更应得到这样的程序性保障,其他诉讼参与人的诉讼权利也可

---

[1] 李建明:《关于刑事诉讼参与人控告权保障制度立法的思考》,载《法商研究》2008年第5期,第16页。

[2] 具体依据是2007年《人民检察院信访工作规定》、2022年《信访工作条例》、2022年《关于加强新时代人民法院涉诉信访工作的意见》、2023年《公安机关信访工作规定》等。

照此执行。

二、修改《刑事诉讼法》第 14 条第 2 款的用语表述

《刑事诉讼法》第 14 条第 2 款为"诉讼参与人对于审判人员、检察人员和侦查人员侵犯公民诉讼权利和人身侮辱的行为,有权提出控告。"首先,句中的"侵犯公民诉讼权利"与"人身侮辱"之间的"和"应改为"或者",因为只要存在两个行为中的一个,即可控告。其次,审视该语句结构,在定语从句中,"审判人员、检察人员和侦查人员"是主语,后边应是两个动宾短语从句,"侵犯"与"人身侮辱"无法搭配。故应将该款规定修改为"诉讼参与人对于审判人员、检察人员和侦查人员侵犯公民诉讼权利和侮辱人身(或进行人身侮辱)的行为,有权提出控告"[1]。

> **第十五条 【认罪认罚从宽原则】**犯罪嫌疑人、被告人自愿如实供述自己的罪行,承认指控的犯罪事实,愿意接受处罚的,可以依法从宽处理。

▶▶【历次修法条文对照】

1979 年《刑事诉讼法》	1996 年《刑事诉讼法》	2012 年《刑事诉讼法》	2018 年《刑事诉讼法》
第一章 指导思想、任务和基本原则	第一章 ~~指导思想、~~任务和基本原则	第一章 任务和基本原则	第一章 任务和基本原则
无	无	无	第 15 条:犯罪嫌疑人、被告人自愿如实供述自己的罪行,承认指控的犯罪事实,愿意接受处罚的,可以依法从宽处理。

---

〔1〕 参见王书生:《新刑诉法用语不当处分析》,载《法学论坛》1997 年第 4 期,第 70 页。

▶▶【立法沿革】

本条是关于认罪认罚从宽原则的规定,为立法机关在2018年修改刑事诉讼时新增条文。

党的十八届四中全会提出,完善刑事诉讼中认罪认罚从宽制度。2016年9月,第十二届全国人大常委会第二十二次会议通过了《全国人民代表大会常务委员会关于授权最高人民法院、最高人民检察院在部分地区开展刑事案件认罪认罚从宽制度试点工作的决定》,在北京、天津、福州、厦门等十八个城市开展试点。试点的主要内容是对犯罪嫌疑人、被告人自愿如实供述自己的罪行,对指控的犯罪事实没有异议,同意人民检察院量刑建议并签署具结书的案件,可以依法从宽处理。2016年11月,为确保试点工作依法有序开展,最高人民法院、最高人民检察院、公安部、国家安全部、司法部出台了《关于在部分地区开展刑事案件认罪认罚从宽制度试点工作的办法》。两年的试点和我国长期的司法实践都表明,完善认罪认罚从宽制度,有利于合理配置司法资源,确保无罪的人不受刑事追究,维护当事人的合法权益,促进司法公正。为了总结认罪认罚从宽制度试点工作中的成功经验,将可复制、可推广的行之有效做法上升为法律规范,在全国范围内实行,2018年《刑事诉讼法》确立了认罪认罚从宽制度。本条是对认罪认罚从宽制度的原则性规定,刑事诉讼法的其他条文还对认罪认罚从宽制度的具体施行作出了更为系统全面的规定。

▶▶【法条注解】

一、原则的适用范围

本条是刑事诉讼法在"任务和基本原则"一章中确立的一项新原则,所以,认罪认罚从宽既是一项制度,也是一项原则。作为一项原则,按照通说,"刑事诉讼基本原则一般贯穿于刑事诉讼全过程,具有普遍指导意义"[1]。首先,认罪认罚从宽制度贯穿于刑事诉讼全过程,适用于侦

---

[1] 陈光中主编:《刑事诉讼法》(第七版),北京大学出版社、高等教育出版社2021年版,第92页。

查、起诉、审判各个阶段。这一点在刑事诉讼法的具体条文中都有体现,如第120条第2款就涉及侦查阶段的认罪认罚,第173条、第174条和第176条规定的是审查起诉阶段的认罪认罚,第190条第2款和第201条规定的是审判阶段的认罪认罚。

其次,认罪认罚从宽制度的适用没有罪名和可能判处刑罚的限定。从第15条的规定来看,由于没有罪名和刑罚的限定,理论上所有的刑事案件都可以适用认罪认罚从宽制度。换言之,犯罪嫌疑人、被告人自愿认罪认罚的都有可能获得从宽处理的机会。但需要注意的是,本条规定的从宽是"可以"从宽,而非一律从宽,这就意味着犯罪嫌疑人、被告人自愿认罪认罚的,并非必然获得从宽的结果,而是要由司法机关根据案件的具体情况决定。例如,实践中某些故意杀人案件,行为人杀害多人,犯罪手段特别残忍,社会影响极为恶劣的,即使归案后认罪认罚,司法机关也不是必然给予从宽处理。从这个角度而言,认罪认罚是犯罪嫌疑人、被告人的权利[1],但从宽与否则是司法机关依法行使的权力。犯罪嫌疑人、被告人认罪认罚这一事实情况会对司法机关的从宽权力产生一定的影响或约束,但并不绝对。

最后,认罪认罚从宽制度既适用于自然人犯罪也适用于单位犯罪。

二、何谓认罪、认罚、从宽

本条既是对认罪认罚从宽制度的原则性规定,也是概念界定。通过该条文,可以对认罪、认罚、从宽的各自含义进行界定。

---

[1] 即使是在死刑案件中,犯罪嫌疑人、被告人也有认罪认罚的权利。可能有人会质疑,一些案件中的死刑判决几乎成为定局,为何还要犯罪嫌疑人、被告人认罪认罚?需要注意的是,并不是办案机关"要求"犯罪嫌疑人、被告人在死刑案件中认罪认罚,而是犯罪嫌疑人、被告人有认罪认罚意愿的,认罪认罚作为一项权利,他们当然可以行使,办案机关不得阻止、压制。至于为何在死刑案件中还会有犯罪嫌疑人、被告人认罪认罚,原因有很多,比如有的犯罪嫌疑人、被告人想证明自己不是一个一无是处、"坏透"的人;还有的则是想告诫子女,不要学父辈走向歧途,要走正道,等等。但需要反思的是,这里的"认罪认罚"还是不是认罪认罚从宽制度中的"认罪认罚"? 毕竟这里的"认罪认罚"已经没有了"可以"从宽的可能性,跟"从宽"已经绝缘。

（一）认罪

本条规定，认罪认罚从宽制度中的"认罪"是指，"犯罪嫌疑人、被告人自愿如实供述自己的罪行，承认指控的犯罪事实"。据此，可以从形式和内容两个方面把握"认罪"的含义。

1. 认罪形式

认罪的形式包括两种，一是积极主动认罪，即"自愿如实供述自己的罪行"，这体现了认罪的积极性，与刑法中的自首、坦白有相近之处。二是相对消极认罪，即"承认指控的犯罪事实"，这种认罪也是一种自愿认罪，但缺乏积极性、主动性，"是在证据面前或者经办案人员教育之后（虽然出于自愿，但相对消极地）'承认指控的犯罪事实'。因此，对相对消极认罪后接受处罚的，也应该予以从宽处罚，但其幅度要小于主动认罪并接受处罚的场合"[1]。此外，对于实践中不供述自己的罪行，对指控的犯罪事实既不承认也不否认，不置可否的情形，一般不宜认定为认罪认罚从宽中的"认罪"。

2. 认罪内容

认罪的内容是否包括行为事实、行为性质、行为涉及的罪名以及影响量刑轻重的其他法律性判断，如是不是未遂、是否为主犯等，曾有广泛讨论。本评注认为，对于"认罪"的内涵解读不应限定在"自首""坦白""主动交代""如实供述罪行""承认所犯罪行"等刑事实体法中对认罪的固有认识，而须结合新制度的整体语境，对认罪认罚进行捆绑式理解。第15条规定"可以依法从宽处理"的条件除"犯罪嫌疑人、被告人如实供述自己的罪行，承认指控的犯罪事实"外，还有"愿意接受处罚"。根据罪责刑相适应原则，准确地量刑不仅包括对犯罪事实的查明，还牵涉到对具体罪名的正确适用，以及案件的性质、情节、后果等诸多要素的认定和判断。举例而言，同样是致人重伤，有的可能被认定为故意伤害罪，有的则可能被认定为过失致人重伤罪，还有的被认定为故意杀人罪未遂。不同罪名的认定会直接导致不同量刑档次的选择以及量刑幅度的差异。如果仅将认罪的"罪"理解为是案件的主要犯罪事实，那么在审查起诉阶段，即使控辩双方在犯罪事实上没有分歧，但是罪名的争论仍然会导致量刑的差

---

[1] 周光权：《论刑法与认罪认罚从宽制度的衔接》，载《清华法学》2019年第3期，第38页。

异,进而影响到犯罪嫌疑人"认罚"的效果。因此,在既认罪又认罚的从宽制度语境下,认罪至少应当包含犯罪事实和具体罪名两个方面的内容;同时,根据案件情况还可能包含犯罪的完成形态(既遂)和未完成形态(预备、未遂和中止);如果有共同犯罪,还包括主犯、从犯、胁从犯的地位确认、责任归属等问题。[1]

除了上述认识,当然还要考虑刑事诉讼的进程,对认罪作一定的动态化理解。由于侦查机关没有量刑建议权和量刑权,犯罪嫌疑人在侦查阶段的认罚大多具有概括性,往往表现为愿意接受刑事处罚,至于具体的刑罚类型和幅度则并不确定。基于此,侦查阶段的认罪主要表现为认事和认罪,至于与量刑紧密相关的罪名的认可则可做泛化理解。到了审查起诉阶段,认罚则主要表现为认可检察院提出的量刑建议,此时量刑建议明确具体,与犯罪嫌疑人的涉嫌罪名紧密相关,所以审查起诉阶段的认罪包括"认事+认罪+认罪名",审判阶段更是如此。

(二)认罚

认罚是指愿意接受处罚,在不同的诉讼阶段,认罚有不同的表现形式。按照最高人民法院、最高人民检察院、公安部、国家安全部、司法部联合发布的《关于适用认罪认罚从宽制度的指导意见》第7条的理解,认罚"在侦查阶段表现为表示愿意接受处罚;在审查起诉阶段表现为接受人民检察院拟作出的起诉或不起诉决定,认可人民检察院的量刑建议,签署认罪认罚具结书;在审判阶段表现为当庭确认自愿签署具结书,愿意接受刑罚处罚"。

主要注意的是"认罚"包含悔罪的因素。一般认为,一个完整的道歉应该包括五个要素:①承认事已发生;②承认事不妥当;③承认自己对行为负有责任;④表示后悔的态度和悔恨的情感;⑤表示类似行为将来不再发生。其中前三个要素属于认罪的范畴,但是对于"表示悔过和悔恨"和"保证将来不再犯罪"则是悔罪的内容,其如何体现?需要从认罚的行为表现上进行分析和审查。这就涉及对认罚的理解。在刑事诉讼中认罚的"罚"不仅包括刑事处罚,还包括非刑罚性处置,如《刑法》第37条规定,"对于犯罪情节轻微不需要判处刑罚的,可以免予刑事处罚,但是可

---

[1] 参见董坤:《认罪认罚从宽制度下"认罪"问题的实践分析》,载《内蒙古社会科学(汉文版)》2017年第5期,第98页。

以根据案件的不同情况,予以训诫或者责令具结悔过、赔礼道歉、赔偿损失,或者由主管部门予以行政处罚或者行政处分"。一般来说,只有在免除刑罚的情况下,才能作出《刑法》第 37 条规定的非刑罚处罚决定。但是,"在司法实践中,即使给予犯罪行为刑罚处罚,也可能给予口头训诫、责令赔礼道歉、责令赔偿损失等非刑罚处罚"[1]。因此,办案中可以出现既给予刑事处罚,同时附加诸如责令赔偿损失、赔礼道歉等非刑罚处罚的情形。由于悔罪更多地是一种内心主观上的反映,判断标准依赖于外在的客观行为,因此,在认罪的基础上,悔罪需要从认罚的具体行动来判断。笼统意义上来讲,认罚可以解释为"愿意接受处罚",这本身就体现着悔罪的态度,再加之对非刑罚处罚的认可和配合等一系列外在行动的表现,可以更为综合地度量悔罪的"程度",最终通过认罚来判断悔罪的"表示后悔和悔恨"和"保证将来不再犯罪"两个要素是否已被补足。有研究者就指出,认罚中的积极赔偿和赔礼道歉等行为可以体现悔罪态度。[2] 这一点也在《关于适用认罪认罚从宽制度的指导意见》第 7 条中有所体现,即"认罪认罚从宽制度中的'认罚',是指犯罪嫌疑人、被告人真诚悔罪,愿意接受处罚"。

(三)从宽

按照《刑事诉讼法》第 15 条的规定,从宽是指"依法从宽处理"。立法在此用的是从宽"处理"而非从宽"处罚",用意在于认罪认罚从宽中的"从宽"既包括实体上的从宽处罚,还包括程序上的从宽处理。

实体上的从宽主要是从宽的刑事处罚,包括从轻、减轻处罚、免予刑事处罚或适用非监禁刑等。程序上的从宽主要是从宽处理,包括审判程序的简化,如适用速裁程序、简易程序;强制措施的宽缓化适用,如采用取保候审、监视居住等羁押的替代性措施;以及诉讼程序附条件的提前终止,如作出相对不起诉、特殊不起诉的决定。

---

[1] 张明楷:《刑法学(上)》(第六版),法律出版社 2021 年版,第 812 页。
[2] 参见姬广胜:《认罪认罚从宽制度:从"零乱"实践到整体完善的转型》,载《人民法治》2017 年第 1 期,第 30 页。

▶▶【法条评点】

一、程序法能规定实体法的内容吗？

《刑事诉讼法》确立了认罪认罚从宽制度后，引发了一个实体法与程序法在立法层面相互关系的讨论，即刑事程序法能否直接规定刑事实体法的内容。一般认为，刑法是解决被告人定罪和量刑的法律。其中，量刑的法定情节在刑法中都是有具体规定的。但是刑法至今并未确立认罪认罚为法定的从宽量刑情节，仅在刑事诉讼法中有所规定。如此，程序法是否有越俎代庖之嫌？

这一问题其实早在2012年《刑事诉讼法》增设"当事人和解的公诉案件诉讼程序"时就有过争论。争议焦点是现行《刑事诉讼法》第290条的规定，"对于达成和解协议的案件，公安机关可以向人民检察院提出从宽处理的建议。人民检察院可以向人民法院提出从宽处罚的建议；对于犯罪情节轻微，不需要判处刑罚的，可以作出不起诉的决定。人民法院可以依法对被告人从宽处罚"。本条规定，对于达成和解的公诉案件，法院可以依法从宽处罚。《高法解释》第596条第1款规定："对达成和解协议的案件，人民法院应当对被告人从轻处罚；符合非监禁刑适用条件的，应当适用非监禁刑；判处法定最低刑仍然过重的，可以减轻处罚；综合全案认为犯罪情节轻微不需要判处刑罚的，可以免予刑事处罚。"综上，立法和司法解释已将公诉案件中双方当事人达成刑事和解的情形视为法定的从宽量刑情节，而这在刑法中未有明确规定。

对于上述问题，本评注认为还是有必要将认罪认罚从宽、公诉案件中达成刑事和解从宽的情形在刑法中加以明确，以便为从宽幅度设定标准和限度，进而为程序法的施行提供实体法支撑。毕竟，《刑事诉讼法》第1条规定了程序法是实体法的保障法，但《刑法》第1条并未规定实体法也是程序法的保障法。理论上，程序法虽有独立性，但还不足以达到可以直接侵占实体法领域的程度。

第十六条 【不追究刑事责任的法定情形】有下列情形之一的,不追究刑事责任,已经追究的,应当撤销案件,或者不起诉,或者终止审理,或者宣告无罪:
(一)情节显著轻微、危害不大,不认为是犯罪的;
(二)犯罪已过追诉时效期限的;
(三)经特赦令免除刑罚的;
(四)依照刑法告诉才处理的犯罪,没有告诉或者撤回告诉的;
(五)犯罪嫌疑人、被告人死亡的;
(六)其他法律规定免予追究刑事责任的。

▶▶【历次修法条文对照】

1979 年《刑事诉讼法》	1996 年《刑事诉讼法》	2012 年《刑事诉讼法》	2018 年《刑事诉讼法》
第一章 指导思想、任务和基本原则	第一章 ~~指导思想~~、任务和基本原则	第一章 任务和基本原则	第一章 任务和基本原则
第 11 条:有下列情形之一的,不追究刑事责任,已经追究的,应当撤销案件,或者不起诉,或者宣告无罪: (一)情节显著轻微、危害不大,不认为是犯罪的; (二)犯罪已过追诉时效期限的; (三)经特赦令免除刑罚的; (四)依照刑法告诉才处理的犯罪,没有告诉或者撤回告诉的;	第 15 条:有下列情形之一的,不追究刑事责任,已经追究的,应当撤销案件,或者不起诉,**或者终止审理**,或者宣告无罪: (一)情节显著轻微、危害不大,不认为是犯罪的; (二)犯罪已过追诉时效期限的; (三)经特赦令免除刑罚的; (四)依照刑法告诉才处理的犯罪,没有告诉或者撤回告诉的;	第 15 条 内容未修订	第 16 条 内容未修订

（续表）

1979年 《刑事诉讼法》	1996年 《刑事诉讼法》	2012年 《刑事诉讼法》	2018年 《刑事诉讼法》
第一章 指导思想、任务和基本原则	第一章 ~~指导思想~~任务和基本原则	第一章 任务和基本原则	第一章 任务和基本原则
（五）被告人死亡的； （六）其他法律、法令规定免予追究刑事责任的。	（五）**犯罪嫌疑人**、被告人死亡的； （六）其他法律、~~法令~~规定免予追究刑事责任的。		

▶▶【立法沿革】

本条为1979年《刑事诉讼法》确立，在1996年第一次修改刑事诉讼法时作出修订，之后的两次修法中均未再有内容调整，仅在2018年修法时有条文序号的变动。

本条的实质性修订是在1996年修改刑事诉讼法时，涉及三处：

一是增加"终止审理"的裁定。1996年修改刑事诉讼法时，立法者将"有下列情形之一的，不追究刑事责任，已经追究的，应当撤销案件，或者不起诉，或者宣告无罪"的规定，修改为"有下列情形之一的，不追究刑事责任，已经追究的，应当撤销案件，或者不起诉，或者终止审理，或者宣告无罪"，从程序处理上增加了"终止审理"的情形。这主要是因为1979年《刑事诉讼法》第11条第2项至第6项规定的五种情况中，被告人客观上都有犯罪事实，如被告人犯有诈骗罪，但因超过刑事追诉时效，不需要再追究刑事责任，或者被告人已经死亡，被追诉的对象已经消亡，客观上也无法追究其刑事责任。对于这些情况，如果发生在公安机关的侦查阶段或者检察院的审查起诉阶段，根据原第11条的规定，应当由公安机关撤销案件或者由检察院作出不起诉的决定，从而在程序上终结这一案件，如果发生在审判阶段，法院则应作出宣告无罪的判决。但法院的无罪判决与公安机关的撤销案件、检察院的不起诉在性质并不相同。公安机关、检察院的决定是从程序上终止诉讼，并未改变行为人有犯罪事实的客观情况,而法院则是作出宣告无罪的判决,即通过实体意义上的裁判终结诉讼,实质上改变了对被告人行为的否定性评价,其中包含被告人没有犯罪事实的意思,与实际情况并不相符。按照当时修法的理解,从实事求是的立场出发,对上述情况应从程序上终止审理,而不应改变对被告人行为性质、客观事实的认定,直接做无罪判决。[1] 故增加了终止审理这一程序性的出罪方式。

二是增加"犯罪嫌疑人"的表述。将第5项中的"被告人"修改为"犯罪嫌疑人、被告人"。

三是删除第6项中的"法令"。立法机关将原第11条第6项"其他法律、法令规定免于追究刑事责任的"修改为"其他法律规定免于追究刑事责任的"。这主要是考虑到1982年修改宪法时我国的法律体系中已不存在"法令"这种法律规范形式。

▶▶【法条注解】

本条是关于法定不追究刑事责任的规定,可分为两部分:一部分是,法定不予追究刑事责任的情形;另一部分是,当出现了不予追究刑事责任的情形,办案机关应如何处理。

一、法定不予追究刑事责任的情形

根据本条规定,法定不予追究刑事责任的情形共有六种。

(一)情节显著轻微,危害不大,不认为是犯罪的

本项对应的是《刑法》第13条但书,"但是情节显著轻微危害不大的,不认为是犯罪"的规定。从文义解释看,本项规定的情形虽然不构成犯罪,却可能违法、违纪。因为该项表述的不是行为没有危害,而是"危害不大",这说明其行为是有危害的,只是没有达到严重危害社会的犯罪程度,所以不认为是犯罪,不应受到刑罚处罚。本项可以简单理解为"无罪违法(纪)"的情节。

(二)犯罪已过追诉时效期限的

"追诉时效,是刑法规定的,对犯罪人进行刑事追诉的有效期限;在

---

[1] 参见郎胜主编:《关于修改刑事诉讼法的决定释义》,中国法制出版社1996年版,第27页。

此期限内,司法机关有权追诉;超过了此期限,司法机关就不能再行追诉。因此,超过追诉时效,意味着不能行使求刑权、量刑权与行刑权,也不能适用非刑罚的法律后果,因而导致法律后果消灭。"[1]"犯罪已过追诉时效期限的"是指行为人的行为虽有犯罪事实,客观上构成犯罪,但根据《刑法》第 87 条、第 88 条、第 89 条的规定,已过了追诉时效期限。对于超过追诉时效的案件,除报请最高人民检察院核准追诉的以外,不能再追究行为人的刑事责任。

(三)经特赦令免除刑罚的

我国 1954 年《宪法》规定了大赦与特赦制度,将大赦的决定权赋予全国人民代表大会,将特赦的决定权赋予全国人民代表大会常务委员会,大赦令与特赦令均由国家主席发布。后宪法修改,仅保留了特赦制度,这意味着我国已经取消大赦制度。"经特赦令免除刑罚"的情形是指行为人确已构成犯罪,但遇有国家发布特赦令,免除了某些犯罪分子的刑罚的,就不能再追诉追责。本项中的特赦令是指根据《宪法》第 67 条和第 80 条的规定,国家主席根据全国人民代表大会常务委员会的决定,发布特赦令,即发布免除特定的正在服刑的罪犯的全部或部分刑罚的特赦命令。

(四)依照刑法告诉才处理的犯罪,没有告诉或者撤回告诉的

依照刑法告诉才处理的犯罪,也称亲告罪,包括侮辱罪、诽谤罪、暴力干涉婚姻自由罪、虐待罪和侵占罪。对于这些犯罪,只有被害人向法院起诉,提出告诉的,法院才会受理,进而开启自诉案件的审理。如果被害人没有向法院告诉,或者向法院告诉后又撤回的,法院基于不告不理的原则,不能主动追究行为人的刑事责任。另外,基于《刑法》第 98 条的规定,告诉才处理的案件,如果被害人因受强制、威吓无法告诉的,检察院和被害人的近亲属也可以告诉。

立法之所以赋予告诉才处理案件中的被害人(即自诉人)在一定范围内有追诉与否的处分权,主要有三个方面的原因:"其一,鉴于犯罪相对轻微,有必要考虑被害人的意愿(轻微思想);其二,鉴于加害人与被害人之间的关系密切,可以不通过审判而经由调解等方式解决(和解思想);其三,鉴于案件关涉被害人的隐私、名誉,若不经过被害人的同意进

---

[1] 张明楷:《刑法学(上)》(第六版),法律出版社 2021 年版,第 830 页。

入刑事诉讼程序,便不利于保护被害人的隐私权(保护隐私思想)。刑法将侵占罪规定为告诉才处理的犯罪,主要是基于轻微思想,同时也基于和解思想。因为侵占罪包括委托物侵占与遗忘物、埋藏物侵占,二者都是相对轻微的犯罪;在委托物侵占的场合,委托人与受托人之间往往具有密切关系。刑法将暴力干涉婚姻自由罪、虐待罪规定为告诉才处理的犯罪,主要是基于和解思想,同时也基于轻微思想(所以,暴力干涉婚姻自由的行为致使被害人死亡的,或者虐待行为致使被害人重伤、死亡的,不是告诉才处理的犯罪)。刑法将侮辱、诽谤罪规定为告诉才处理的犯罪,主要是基于保护隐私思想,同时也基于轻微思想。显然,刑法设立告诉才处理的犯罪,既不是为了减轻侦查、检察机关的负担,也不是为了限制被害人的诉讼权利,而是对国家追诉原则的'限制',以便保护被害人的利益。"[1] 保护被害人的利益,赋予被害人一定的刑事追诉权和法益处分权背后体现的是放任自由主义的理念。"这种理念不认为国家和社会能够更好地保护个体利益,只有个人才能更清楚地知道自己利益之所在,从而在遭受侵害时运用法律武器保护自己的利益;如果个人在'遭受侵害'后没有提起或者不愿提起刑事追诉,这说明该个体认为不提起此种追诉最符合自己的利益。"[2] 我国在自诉程序的设计上体现了放任自由主义的理念,即对被害人追诉意愿的尊重以及对个人利益的关护,但最能体现这一理念的是自诉案件中的告诉才处理的案件,至于另外两类自诉案件——被害人有证据证明的轻微刑事案件以及被害人有证据证明对被告人侵犯自己人身、财产权利的行为应当依法追究刑事责任,而公安机关或者检察院不予追究被告人刑事责任的案件(公诉转自诉案件),即使被害人没有提起自诉,办案机关也可以通过公诉程序追究行为人的刑事责任。

(五)犯罪嫌疑人、被告人死亡的

我国刑法实行罪责自负原则,只对实施犯罪的人治罪,不株连他人。犯罪嫌疑人、被告人既然死亡,被追诉和科刑的对象已经消亡,再追究刑事责任在客观上已无可能,也无实际意义,所以规定不予追究刑事责任。

---

〔1〕 张明楷:《网络诽谤的争议问题探究》,载《中国法学》2015年第3期,第78页。
〔2〕 易延友:《刑事诉讼法:规则 原理 应用》(第五版),法律出版社2019年版,第425页。

需要注意的是，这里的犯罪嫌疑人、被告人不仅包括自然人，还包括单位。因为刑法规定了单位犯罪，所以在刑事诉讼中，单位也是犯罪嫌疑人、被告人的一种。根据《高法解释》第 344 条的规定，被告单位被撤销、注销的，视为"死亡"，不再对其追究刑事责任，仅对单位犯罪直接负责的主管人员和其他直接责任人员继续审理，作出相应的裁判。这一司法解释的规定在侦查和审查起诉阶段也应参考适用。

（六）其他法律规定免予追究刑事责任的

本项是指刑法或者其他法律中有关免予追究刑事责任的规定。对于依照其他法律规定免予追究刑事责任的，不应再追究行为人的刑事责任。例如，《刑法》第 201 条第 4 款规定，"有第一款行为[1]，经税务机关依法下达追缴通知后，补缴应纳税款，缴纳滞纳金，已受行政处罚的，不予追究刑事责任；但是，五年内因逃避缴纳税款受过刑事处罚或者被税务机关给予二次以上行政处罚的除外"。再如，《反间谍法》第 55 条第 2 款规定，"在境外受胁迫或者受诱骗参加间谍组织、敌对组织，从事危害中华人民共和国国家安全的活动，及时向中华人民共和国驻外机构如实说明情况，或者入境后直接或者通过所在单位及时向国家安全机关如实说明情况，并有悔改表现的，可以不予追究"。

二、对不予追究刑事责任情形的处理

根据本条规定，以刑事诉讼的开启与否为节点，对不予追究刑事责任的情形可分为两种处理方式。在开启刑事诉讼前，即立案或受案前的初查或调查环节，办案机关发现不予追究刑事责任的情形的，可直接作出"不追究刑事责任"的处理。此时的处理机关一般为公安机关或其他侦查机关，处理的方式为不立案。需要注意的是，开启刑事诉讼除了公诉程序还有自诉程序。对于自诉案件，法院如果在受理前发现了不予追究刑事责任的情形的，如犯罪已过追诉时效

---

[1]《刑法》第 201 条第 1 款规定："纳税人采取欺骗、隐瞒手段进行虚假纳税申报或者不申报，逃避缴纳税款数额较大并且占应纳税额百分之十以上的，处三年以下有期徒刑或者拘役，并处罚金；数额巨大并且占应纳税额百分之三十以上的，处三年以上七年以下有期徒刑，并处罚金。"

期限、被告人死亡等[1]，法院应当说服自诉人撤回起诉；自诉人不撤回起诉的，法院应裁定不予受理。

在开启刑事诉讼后，即已经发动追究刑事责任的诉讼程序的，则应根据公诉案件立案后的不同阶段，在侦查、起诉、审判各个阶段做出相应的处理。如果是自诉案件，则由法院在受理案件后的审判阶段做出相应的处理。本评注依据《刑事诉讼法》第16条的规定，重点分析公诉程序启动后，不同办案机关在不同诉讼阶段对不予追究刑事责任情形的处理方式。

（一）侦查阶段

在侦查阶段发现和出现本条规定的不予追究刑事责任的情形的，应当由公安机关、检察院等侦查机关作出撤销案件的决定。

（二）审查起诉阶段

案件移送检察院审查起诉，如果发现或出现不予追究刑事责任的情形的，都应当作出不起诉的决定。具体的不起诉类型为《刑事诉讼法》第177条第1款规定的法定不起诉。需要注意的是，侦查阶段和审查起诉阶段不会出现"依照刑法告诉才处理的犯罪，没有告诉或者撤回告诉的"这种不予追究刑事责任的情形。

（三）审判阶段

法院在审判阶段发现不予追究刑事责任的情形，应分情况处理。对于情节显著轻微、危害不大，不认为是犯罪的，应当判决宣告无罪。在这一情形中，被告人本就没有犯罪事实，当然应当从实体上直接宣告其无罪。对于被告人死亡的，根据《高法解释》第295条第1款第10项的规

---

[1]《高法解释》第320条规定："对自诉案件，人民法院应当在十五日以内审查完毕。经审查，符合受理条件的，应当决定立案，并书面通知自诉人或者代为告诉人。具有下列情形之一的，应当说服自诉人撤回起诉；自诉人不撤回起诉的，裁定不予受理：（一）不属于本解释第一条规定的案件的；（二）缺乏罪证的；（三）犯罪已过追诉时效期限的；（四）被告人死亡的；（五）被告人下落不明的；（六）除因证据不足而撤诉的以外，自诉人撤诉后，就同一事实又告诉的；（七）经人民法院调解结案后，自诉人反悔，就同一事实再行告诉的；（八）属于本解释第一条第二项规定的案件，公安机关正在立案侦查或者人民检察院正在审查起诉的；（九）不服人民检察院对未成年犯罪嫌疑人作出的附条件不起诉决定或者附条件不起诉考验期满后作出的不起诉决定，向人民法院起诉的。"

定,法院应当裁定终止审理;但有证据证明被告人无罪,经缺席审理确认无罪的,应当判决宣告被告人无罪。依据立法和司法解释的精神,被告人在审判阶段死亡的,如果根据已经查明的事实和证据,或者经过缺席审理能够认定被告人无罪的,应当判决宣告被告人无罪,还其清白。[1] 反之,则应当裁定终止审理,这其中暗含的意思是,被告人在客观上有犯罪事实,只是人已经死亡,没有追诉的现实意义,故裁定终止审理。申言之,判决宣告无罪和裁定终止审理这两种不同的处理方式其实还暗含着实体和程序两套不同的法律评价标准,如能否申请国家赔偿等,但无论如何,法律上都应当将死亡的被告人视为不需要追究刑事责任的人。至于其他不予追究刑事责任的情形,法院都是作出终止审理的裁定。自诉案件在审判阶段也会出现本条规定的不予追究刑事责任的六种情形,依据《高法解释》第333条[2]的规定,处理方式与公诉案件相同。

需要特别注意的是,庭前审查环节与开庭审理阶段出现本条第4项不予追究刑事责任情形的,处理方式不同。依据《高法解释》第219条第1款第2项的规定,法院对提起公诉的案件庭前审查后,发现"属于刑事诉讼法第十六条第二项至第六项规定情形的,应当退回人民检察院;属于告诉才处理的案件,应当同时告知被害人有权提起自诉"。例如,检察院以张三涉嫌盗窃罪起诉至法院,法院在庭前审查时发现本案属于侵占罪,而被害人并未向法院提起自诉,法院应当将案件退回检察院,同时告知被害人有权提起自诉。但是,如果案件被起诉至法院后,法院经开庭审理认定张三的行为属于刑法规定的"将代为保管的他人财物非法占为己有……拒不退还"的侵占行为。此时,检察院如果没有撤回起诉的,法院应当依据《刑事诉讼法》第16条第4项以及《高法解释》295条第1款第9项的规定,裁定终止审理,并告知被害人有权提起自诉。之所以有上述两种不同的处理方式,源于案件所处的审判环节不同,当案件处于庭前审查时,法院并未开庭审理,直接作出"终止审理"的裁定名不副实;而当案件

---

[1] 参见董坤:《刑事诉讼法的解释图景》,法律出版社2022年版,第115—116页。

[2] 《高法解释》第333条规定:"对自诉案件,应当参照刑事诉讼法第二百条和本解释第二百九十五条的有关规定作出判决。对依法宣告无罪的案件,有附带民事诉讼的,其附带民事部分可以依法进行调解或者一并作出判决,也可以告知附带民事诉讼原告人另行提起民事诉讼。"

进入正式审理环节,法院对案件的事实、证据已经有了审查和判断,在已经做了实质性审理后就应当作出裁判,不宜再退回检察院。

▶▶【法条评点】

一、本条可依据诉讼要件理论优化完善

本条其实存在不少问题,例如第 3 项"经特赦令免除刑罚的"情形有必要删除,理由可参见本评注第一条【法条评点】的内容。另外,有不少学者曾提出,本条第 1 项"情节显著轻微、危害不大,不认为是犯罪"的规定存在疏漏,遗漏了"犯罪嫌疑人、被告人没有犯罪事实"的情形,如犯罪嫌疑人、被告人的行为仅具有道德上的可谴责性,但既没有违法、违纪,也没有犯罪;再如,虽有犯罪事实的发生,但犯罪行为并非犯罪嫌疑人、被告人所为,真凶另有其人。〔1〕 出现上述情形,显然也不应当追究刑事责任,但是立法却没有规定。除上述问题外,更为实质的问题是本条在诉讼法层面的定位和属性,对此需要借助大陆法系的"诉讼要件"理论做更深层次的分析。

(一)本条第 1 项与其他项性质不同

本条第 1 项其实为案件实体裁判的内容,涉及的是案件事实本身在实体上是否构成犯罪的问题。《刑法》第 13 条"但书"条款是从不认为是犯罪的例外情况说明什么是犯罪,进一步划清罪与非罪的界限。"根据本条规定,'情节显著轻微危害不大的,不认为是犯罪',即行为人的危害行为虽属于刑法规定禁止的行为,但情节显著轻微,其社会危害尚未达到应当受刑罚处罚的程度,法律不认为是犯罪。刑法关于犯罪概念的这一规定,把大量虽然形式上符合刑法所禁止的行为的特征并具有一定社会危害性,但情节显著轻微的行为排除在犯罪之外。有意见认为,我国刑法关于犯罪概念的规定,具有中国特色,表明构成犯罪所需要的严重社会危害性是一个实质判断标准。这样规定,有利于区分不同性质的违法行为,分别采取刑事处罚、行政处罚和其他处理措施,最大限度化解社会矛

---

〔1〕 参见陈光中主编:《中华人民共和国刑事诉讼法再修改专家建议稿与论证》,中国法制出版社 2006 年版,第 263—264 页。

盾,减少对立面,促进社会和谐。"[1]按照立法者对"但书"条款的解读,"情节显著轻微危害不大"是从实体法层面判断罪与非罪的一个标准,是一项犯罪阻却事由,属于实体层面的出罪事由。

但是《刑事诉讼法》第16条其他各项规定的情形显然与第1项的情形性质不同,它们适用的前提是在案证据所证明的案件事实已经符合犯罪构成要件,在实体法上可确认有罪,只是由于特定事由,需要在程序上出罪,不予追究刑事责任。以第2项"犯罪已过追诉时效期限的"为例,追诉时效不是犯罪构成要件或犯罪构成要件要素,也不算刑罚效果的内容[2],而是犯罪之外的是否需要追究刑事责任的一个判项。《刑法》第12条规定:"如果当时的法律认为是犯罪的,依照本法总则第四章第八节的规定应当追诉的,按照当时的法律追究刑事责任。"据此可以提炼出一个公式:犯罪+未过追诉时效=需要追究刑事责任[3]。可见,追诉时效是犯罪之外的能够启动追诉程序,追究犯罪嫌疑人、被告人刑事责任的一个条件。与此相印证的就是《刑事诉讼法》第16条对于追诉时效的性质界定,犯罪已过追诉时效期限的,不予追究刑事责任,不能发动刑事诉讼程序,已经发动的,在侦查阶段撤销案件,在审查起诉阶段不起诉,在审判阶段裁定终止审理。其他四种情形与追诉时效的性质相同,也是在案件已经构成犯罪的基础上,进一步判断是否能从程序上发动追诉,如果不能则不予追究刑事责任。据此,一个人从实施犯罪到最后判决有罪必须满足两大条件:实体上构成犯罪+程序上没有不予追究刑事责任的情形。显然,《刑事诉讼法》第16条第1项属于前者,其他五项属于后者。这一判断被最高人民法院出台的司法解释所认同。《高法解释》第219条第1款第2项规定,法院在庭前审查环节发现案件"属于刑事诉讼法第十六条第二项至第六项规定情形的,应当退回人民检察院;属于告诉才处理的案件,应当同时告知被害人有权提起自诉"。本项规定了法院应当

---

[1] 王爱立主编:《中华人民共和国刑法条文说明、立法理由及相关规定》,北京大学出版社2021年版,第28—29页。

[2] 超过追诉时效意味着不能行使求刑权、量刑权与行刑权,也不能适用非刑罚的法律后果,因而导致法律后果消灭。参见张明楷:《刑法学(上)》(第六版),法律出版社2021年版,第830页。

[3] 这里的刑事责任是"有责的不法"之外的内容,不宜解释为非难可能性程度(责任)。这里的刑事责任与犯罪构成要件中的责任是两个不同的内容。

将案件退回人民检察院的情形为《刑事诉讼法》第 16 条第 2 项至第 6 项的情形,并不包括第 1 项。究其原因,"人民法院的庭前审查是程序性审查,即不审查实体内容,不进行调查证人、勘验、鉴定证据等核实工作,一般不提审被告人。基本上是书面审查和形式审查"[1]。"证据是否客观、真实,对指控的犯罪事实的证明是否确实、充分不是审查的对象。尤其应当注意,在证据还未经过质证,双方未进行法庭辩论的情况下,审判人员在进行形式审查时应尽量避免对案件产生'先入为主'的印象,应当将对证据的实质性审查留待庭审中,控辩双方充分行使诉讼权利后再进行。"[2]既然庭前审查主要审查的是案件的程序性问题,《刑事诉讼法》第 16 条第 1 项属于案件的实体性问题,自然应在开庭审理后才可作出实体上罪与非罪的判断,而非庭前审查的对象。总之,《刑事诉讼法》第 16 条第 1 项与其他五项在性质上不同,不宜规定在第 16 条。

(二)程序上需要追究刑事责任与诉讼要件

如果进一步挖掘《刑事诉讼法》第 16 条规定的不予追究刑事责任的理论基础,有必要借助大陆法系诉讼要件理论。"诉讼要件,或称为诉讼条件或程序要件,是指使整个诉讼能够合法进行并为实体判决所须具备之前提要件。亦即,具体刑事案件经提起诉讼后,产生诉讼关系,法院固然应以终局判决终结之,但是,必须具备一定的前提要件,法院始能就该案件为有罪或无罪之实体判决,此等前提要件,即为诉讼要件。"[3]其中的诉讼关系分为形式诉讼关系和实体诉讼关系。若想为实体判决,即判定有罪或无罪,必须具备实体诉讼关系,而产生实体诉讼关系应具备的一定条件,即为诉讼要件。反之,如果不具备诉讼要件,则不产生实体诉讼关系,法院也不得为有罪与否的实体判决。但因为案件已经被起诉至法院,基于不告不理,有告应理的原则,法院必须作出裁判。所以,理论上认为此时仅产生形式诉讼关系,法院仅能作出程序性裁判,在我国台湾地区一般作出免诉、不受理或管辖错误之判决。对照我国《刑事诉讼法》第

---

[1] 熊选国主编:《刑事诉讼法司法解释释疑》,中国法制出版社 2002 年版,第 111 页。

[2] 江必新主编:《最高人民法院刑事诉讼法司法解释理解与适用》(上),人民法院出版社 2015 年版,第 552 页。

[3] 林钰雄:《刑事诉讼法》(上册),新学林出版股份有限公司 2019 年版,第 253 页。

16条的规定,法院在审判阶段作出的是终止审理的裁定,如果不符合诉讼要件的情形是在审前阶段发现的,则作出撤销案件或不起诉的决定。当然,如果满足诉讼要件,即不存在不予追究刑事责任情形的,则依照前述《高法解释》第219条的规定,法院不会作出程序性裁判,而是开庭审理后作出实体裁判(见图二)。两相比较,可以发现《刑事诉讼法》第16条的规定更亲缘于大陆法系国家"诉讼要件"的情形。

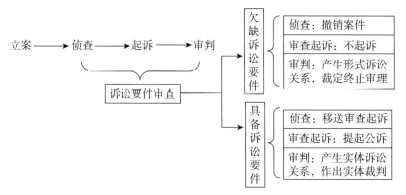

图二:不予追究刑事责任条款中的诉讼要件审查

如果上述论证成立,相关理论可引入我国,那么对第16条可作出适当改造,创设中国式的诉讼要件条款。一是删除第1项这一非诉讼要件条项。二是明确本条为诉讼要件条款。"诉讼要件包括正反两种面向。必须'存在'法院始能为实体判决的诉讼要件,称为正面的或积极的诉讼要件,例如法院之管辖权、告诉乃论之罪之告诉等;反之,必须'不存在'法院始能为实体判决的诉讼要件,称为反面的或消极的诉讼要件,或称为诉讼或程序障碍事由,例如同一案件未经重复起诉或确定判决。"[1]从既有的条文规定看,可考虑从反面设计诉讼要件事项,即规定若干消极的诉讼要件。三是借鉴域外,结合我国实际增加一些消极诉讼要件,如增加有无刑事管辖权、案件是否已经提起公诉或自诉、审判管辖错误等。

---

[1] 林钰雄:《刑事诉讼法》(上册),新学林出版股份有限公司2019年版,第253—254页。

二、犯罪嫌疑人、被告人死亡后资格刑的剥夺

本条规定,犯罪嫌疑人、被告人在刑事诉讼中死亡的不予追究刑事责任,具体的处理方式是在侦查阶段"决定撤销案件",在审查起诉阶段"决定不起诉",在审判阶段"裁定终止审理"或者"判决宣告无罪"。此外,第12条还规定,"未经人民法院依法判决,对任何人都不得确定有罪"。如果将上述两条文作体系解释可以发现:要认定犯罪嫌疑人、被告人有罪,必须对他们"判决有罪",而不予追究刑事责任的诸多处理方式显然都不是对犯罪嫌疑人、被告人"判决有罪"。既然不是有罪认定,自然也不会判处刑罚。这就意味着死亡的犯罪嫌疑人、被告人会当然地被免除刑罚。但值得注意的是,我国刑罚分为生命刑、自由刑、财产刑和资格刑。当犯罪嫌疑人、被告人死亡,被追诉的对象已经消亡,法律预设的承担刑事责任的主体归于消灭,对他们的人身刑,如生命刑、自由刑自然无法执行。但是,失去了刑罚的对象不等于不能执行刑罚,因为犯罪人的缺席只能使人身刑无法执行,但诸如没收财产、罚金这样的财产刑以及剥夺政治权利这样的资格刑依然可以执行。[1] 如果仅仅因为犯罪嫌疑人、被告人死亡,就一概放弃所有刑罚,"不仅会使可能被判处财产刑的有罪之人没有受到应有的惩罚,而且还会使其近亲属的不合法占有变为合法占有,损害国家、集体和受害人的财产利益。同时,不判处资格刑,亦无法阻止已死被告人生前不当言论的出版发行"[2]。立法者似乎已经认识到了现行立法的不足和刑罚的漏洞,在2012年修订刑事诉讼法时,增加了"犯罪嫌疑人、被告人逃匿、死亡案件违法所得的没收程序",对已死亡的犯罪嫌疑人、被告人的违法所得及其涉案财产作出"未定罪没收"的处理,在一定程度上堵塞了立法的漏洞。但是,对于死亡后其他的刑罚,如财产刑,尤其是资格刑的处置却避而不谈,未有触及。"由于在法律上未予剥夺政治权利,有的犯罪分子的家属仍然出版犯罪人书籍、著作等情

---

〔1〕 参见杨明、王峥:《论刑事缺席审判》,载《中国刑事法杂志》2003年第1期,第74页。

〔2〕 胡家强、赵承利:《对被告人死亡案件终止审理或宣告无罪的质疑》,载《中国海洋大学学报(社会科学版)》2006年第6期,第32页。

第一章 任务和基本原则　　　　　　　　　　　　　　第 17 条

况。"[1]对此问题,有必要重视,通过横向比较域外立法,在充分借鉴论证的基础上对现行法加以修订完善。

> **第十七条 【外国人犯罪适用本法原则】**对于外国人犯罪应当追究刑事责任的,适用本法的规定。
> 　　对于享有外交特权和豁免权的外国人犯罪应当追究刑事责任的,通过外交途径解决。

▶▶【历次修法条文对照】

1979 年《刑事诉讼法》	1996 年《刑事诉讼法》	2012 年《刑事诉讼法》	2018 年《刑事诉讼法》
第一章 指导思想、任务和基本原则	第一章 ~~指导思想~~、任务和基本原则	第一章 任务和基本原则	第一章 任务和基本原则
第12条:对于外国人犯罪应当追究刑事责任的,适用本法的规定。 　对于享有外交特权和豁免权的外国人犯罪应当追究刑事责任的,通过外交途径解决。	第 16 条 内容未修订	第 16 条 内容未修订	第 17 条 内容未修订

▶▶【立法沿革】

　　本条为 1979 年《刑事诉讼法》确立,在历次刑事诉讼法修改中未再有内容调整,仅有条文序号的变动。

---

[1] 刘玉江:《对死亡犯罪嫌疑人、被告人刑事责任问题的探讨》,载《江苏公安专科学校学报》1996 年第 4 期,第 97 页。

▶▶【法条注解】

本条是关于外国人犯罪适用中国刑事诉讼法的原则性规定,共有两款。

一、刑事诉讼中的国家主权原则

本条第1款是关于外国人犯罪应当追究刑事责任适用我国刑事诉讼法的规定。本款是国家主权原则在刑事诉讼中的体现。"主权是一个国家最高的对外独立的权力。主权国家根据自己的主权行事,不受任何其他国家的强制或影响,更不受任何外来的干涉。一个主权独立的国家在行使法律权力上也是独立的,对于任何国际条约,未经同意,就没有受其约束的义务,更不能把不平等条约强加于它,也不能在其领域内准许外国行使领事裁判权。我国是一个独立自主的主权国家,所以,涉外刑事诉讼首先要贯彻主权原则。"[1]根据国家主权原则,我国办理外国人犯罪案件要适用本国刑事诉讼法和有关司法解释的规定,只有法律或者司法解释有特别规定时,才适用特别规定。例如,公安机关办理外国人犯罪案件,应当严格依照我国法律、法规、规章,以维护国家主权和利益。

> **吴某某强奸、聚众淫乱案**[2]
>
> 　　2023年11月24日上午,北京市第三中级人民法院依法对吴某某(加拿大籍)强奸、聚众淫乱上诉一案公开宣判,裁定驳回上诉,维持原判。
>
> 　　北京市朝阳区人民法院对被告人吴某某以强奸罪判处有期徒刑十一年六个月,附加驱逐出境;以聚众淫乱罪判处有期徒刑一年十个月,数罪并罚,决定执行有期徒刑十三年,附加驱逐出境。一审宣判后,吴某某提出上诉。
>
> 　　北京市第三中级人民法院经审理认为,吴某某违背妇女意志,利用多名被害人醉酒之机与其发生性关系,其行为构成强奸罪;聚众进

---

〔1〕 樊崇义:《涉外刑事诉讼程序初探》,载《政法论坛》1986年第5期,第11页。

〔2〕 佚名:《被告人吴亦凡强奸、聚众淫乱案二审维持原判》,载央视网2023年11月24日,https://news.cctv.com/2023/11/24/ARTIwYWpgpJoy6Yw8q7sDhxI231124.shtml,访问日期:2024年1月4日。

> 行淫乱活动,且系首要分子,其行为又构成聚众淫乱罪,应依法并罚。原判认定事实清楚,证据确实、充分,定罪及适用法律正确,量刑适当,审判程序合法,裁定驳回吴某某的上诉,维持原判。

上述案件中,被告人吴某某虽为加拿大籍,但所犯罪行属于我国《刑法》第 6 条第 1 款规定的"凡在中华人民共和国领域内犯罪的,除法律有特别规定的以外,都适用本法"的情形。吴某某不属于享有外交特权和豁免权的外国人,根据《刑事诉讼法》第 17 条的规定,应按照我国刑事诉讼法的规定进行侦查、起诉、审判。

本条第 1 款所说的"外国人"是指具有外国国籍、无国籍或者国籍不明的人。需要注意的是,第 2 款中的"外国人"是有明确国籍的外国人,二者范围并不相同,前者明显广于后者。[1] 这体现了刑事诉讼法用语的相对性。

本条中的"外国人犯罪应当追究刑事责任"的情形有两种:一种是指外国人在我国领域内犯罪,依照我国刑法规定应当受到刑事处罚的情形;另一种是指外国人在国外实施犯罪后进入中国,依据保护管辖或普遍管辖原则,我国对其拥有刑事管辖权的情形。"目前很多著作在论述这一原则时认为对于外国人犯罪适用我国刑事诉讼法的原则仅限于外国人在我国领域内犯罪的情形,这是很不全面的,也是不正确的。"[2]

对于外国人犯罪应当追究刑事责任的,"适用本法的规定",具体是指应由我国公安机关、检察院和法院依照我国刑事诉讼法规定的侦查、起诉、审判程序追究外国人的刑事责任。

二、享有外交特权和豁免权的外国人犯罪的特殊处理

本条第 2 款是关于对享有外交特权和豁免权的外国人犯罪如何处理的规定。第 2 款是第 1 款的除外规定,即刑事管辖豁免,强调的是某些特殊的外国人实施犯罪,依照刑法规定虽然也需要负刑事责任,但不再由我国司法机关受理,不再适用我国的刑事诉讼程序,而是通过外交途径解决。例如,在侦查阶段,公安机关发现犯罪嫌疑人为享有外交特权和豁免

---

[1] 参见夏永全:《条解刑事诉讼法——主旨·释评》,西南交通大学出版社 2014 年版,第 14 页。

[2] 易延友:《刑事诉讼法:规则 原理 应用》(第五版),法律出版社 2019 年版,第 118 页。

权的外国人,应当层报公安部移交外交部通过外交途径解决其刑事责任问题。本款精神在《刑法》第 11 条中也有体现,"享有外交特权和豁免权的外国人的刑事责任,通过外交途径解决"。

本款规定的"外交特权和豁免权",是指一个国家为了保证和便利驻在本国的外交代表、外交代表机关以及外交人员执行职务,而给予他们的一种特殊权利和待遇。根据《中华人民共和国外交特权与豁免条例》的有关规定,这种特殊权利和豁免权包括:使馆馆舍不受侵犯;免纳捐税;使馆的档案和文件不受侵犯;人身不受侵犯,不受逮捕或者拘留;寓所不受侵犯,并受保护;刑事管辖豁免;没有以证人身份作证的义务;民事管辖、行政管辖豁免等。享有外交特权和豁免权的外国人主要是指以下几种人:(1)外国驻中国的外交代表以及与其共同生活的不是中国公民的配偶及未成年子女;(2)途经中国的外国驻第三国的外交代表和与其共同生活的配偶及未成年子女;(3)来中国访问的外国国家元首、政府首脑、外交部长及其他具有同等身份的官员;(4)来中国参加联合国及其专门机构召开的国际会议的外国代表、临时来中国的联合国及其专门机构的官员和专家、联合国及其专门机构驻中国的代表机构和人员等。[1]

基于国与国之间正常交往的需要,本条第 2 款规定,对于享有外交特权和豁免权的外国人犯罪,应当追究刑事责任的,通过外交途径解决。需要注意的是,这些犯罪的外国人,虽然不再交付我国公安司法机关侦查、起诉、审判,但并不意味着其行为不再受到惩罚,而是通过外交途径解决。司法实践中,一般是宣布其为"不受欢迎的人",令其限期出境,或宣布驱逐出境,并建议派出国依照他们国家的法律进行处理。

▶▶【法条评点】

一、应将本条中的"和"改为"或"

本条第 2 款规定,"对于享有外交特权和豁免权的外国人犯罪应当追究刑事责任的,通过外交途径解决。"其中,外交特权与豁免权应为选择关系而非并列关系,二者只要出现一项,就可以通过外交途径解决,"和"应改为"或"。

---

[1] 参见王爱立、雷建斌主编:《刑事诉讼法立法精解》,中国检察出版社 2019 年版,第 29 页。

第十八条 【刑事司法协助】 根据中华人民共和国缔结或者参加的国际条约,或者按照互惠原则,我国司法机关和外国司法机关可以相互请求刑事司法协助。

▶▶【历次修法条文对照】

1979 年《刑事诉讼法》	1996 年《刑事诉讼法》	2012 年《刑事诉讼法》	2018 年《刑事诉讼法》
第一章 指导思想、任务和基本原则	第一章 ~~指导思想、~~任务和基本原则	第一章 任务和基本原则	第一章 任务和基本原则
无	**第 17 条**:根据中华人民共和国缔结或者参加的国际条约,或者按照互惠原则,我国司法机关和外国司法机关可以相互请求刑事司法协助。	**第 17 条** 内容未修订	**第 18 条** 内容未修订

▶▶【立法沿革】

1979 年制定刑事诉讼法时,我国改革开放刚刚起步,对外交往很少,国家间的司法协助事例鲜有发生,因此当时的立法未对司法协助作出规定。随着对外开放的不断扩大,涉外案件增多,刑事司法协助的事项也逐渐增多,我国"缔结或者参加的国际条约"不断增加。截至 1996 年《刑事诉讼法》修改时,中国已批准签署或参加的涉及刑事诉讼的条约主要有:《维也纳外交关系公约》(1961 年)、《维也纳领事关系公约》(1963 年)、《东京公约》(1963 年)、《海牙公约》(1970 年)、《蒙特利尔公约》(1971 年)、《核材料实物保护公约》、《反对劫持人质国际公约》、《防止及惩治灭绝种族罪公约》、《禁止并惩治种族隔离罪行国际公约》、《消除一切形式种族歧视公约》、《禁止酷刑和其他残忍、不人道或有辱人格的待遇或处罚公约》、《关于防止和惩处侵害应受国际保护人员包括外交代表的罪行的公约》等。此外，中国还先后与蒙古国、罗马尼亚、俄罗斯联邦、白俄罗斯共和国、乌克兰、古巴共和国、土耳其共和国、哈萨克斯坦共和国、希腊共和国、阿拉伯埃及共和国、加拿大、保加利亚共和国等许多国家分别签订了双边刑事司法条约或协定，与泰王国签订了引渡条约。这些条约和协定，包括我国缔结或参加的国际条约，已经成为我国与其他国家开展刑事司法协助的重要法律依据。[1]

为了适应上述形势发展的需要，1996 年《刑事诉讼法》增加了本条规定，之后再未修订，仅有条文序号的变动。

另外，2018 年第十三届全国人民代表大会常务委员会第六次会议通过《国际刑事司法协助法》，对中华人民共和国和外国在刑事案件调查、侦查、起诉、审判和执行等活动中相互提供协助作了全面系统的规定，这是对本条原则性规定的单独立法。

▶▶【法条注解】

刑事司法协助是指不同国家的司法机关之间，根据各国缔结或者参加的国际条约，或者按照对等互惠的原则，互相请求代为进行某些诉讼行为。本条是关于刑事司法协助的规定，主要包括两方面的内容。

一、刑事司法协助的依据

本条规定，开展刑事司法协助的依据是我国缔结、参加的国际条约或者互惠原则。

与我国缔结双边条约或者共同参加规定刑事司法协助内容的国际条约的国家，即与我国具有刑事司法协助关系。如果没有"缔结或者参加的国际条约"，也应当按照互惠原则，相互之间给予对等的司法协助。所谓的"按照互惠原则"，是指除我国与其他国家缔结或参加的国际条约外，我国与某一国家就某一特定的案件按照互惠原则达成的协议。如我国与某一国家没有缔结有关刑事司法协助方面的条约或协定，或双方有一方没有参加某一国际性的公约，或者虽然都缔结或参加了某一国际条约，但所涉及的刑事诉讼协作问题在该条约或协定中没有反映，这时就需

---

[1] 参见郎胜主编：《关于修改刑事诉讼法的决定释义》，中国法制出版社 1996 年版，第 31 页。

要通过外交途径,按照双边互惠原则,就某一问题达成协议进行个案解决。[1]

二、刑事司法协助的内容

刑事司法协助本质上是不同国家的司法机关之间,根据国际条约或互惠原则,彼此相互协作,为对方代为一定诉讼行为。

"综合国际上有关的立法和学说,国际刑事司法协助可以区分为广义的和狭义的。广义的刑事司法协助有时也被称为'刑事司法合作',它的范围包括引渡、小司法协助、相互承认与执行刑事判决和刑事诉讼移管……狭义的刑事司法协助在理论上也被称为'小司法协助',它的范围主要包括:刑事诉讼文书的送达、调查取证、解送被羁押者出庭作证、移交物证和书证、冻结或扣押财产、提供法律情报等。"[2]我国在对外缔约的实践中基本采用的是狭义的刑事司法协助。如我国与加拿大签订的《关于刑事司法协助的条约》,其中规定刑事司法协助的主要内容有代为送达文书、代为调查取证、允许请求国人员在调查取证时在场、被请求国提供在押人员或其他人员作证、对证人和鉴定人的保护、进行搜查和扣押、移交赃款赃物、领事官员直接送达文书和调查取证、通报刑事诉讼结果、提供犯罪记录等。[3] 此外,我国的《国际刑事司法协助法》也规定了具体的刑事司法协助内容,包括送达文书,调查取证,查封、扣押、冻结涉案财物,没收、返还违法所得及其他涉案财物,移管被判刑人等。

▶▶【法条评点】

一、本条中的"条约"包括"公约"

本条规定的"缔结或者参加的国际条约",主要是指新中国成立以来我国与其他国家缔结的涉及刑事诉讼活动方面的有关条约,以及参加联

---

[1] 参见郎胜主编:《关于修改刑事诉讼法的决定释义》,中国法制出版社 1996 年版,第 31—32 页。
[2] 黄风:《国际刑事司法合作的规则与实践》,北京大学出版社 2008 年版,第 103—104 页。
[3] 参见王爱立、雷建斌主编:《刑事诉讼法立法精解》,中国检察出版社 2019 年版,第 30 页。

合国或一些国际性组织制定的涉及刑事诉讼活动方面的有关多边公约,如《禁止酷刑和其他残忍、不人道或有辱人格的待遇或处罚公约》等。虽然其中的一些国际性文件是以"公约"的形式出现,但仍属于本条中的"条约""国家条约"。故对本条中的"条约"应做广义解释,包括缔结的"条约"和参加的"公约"。

第二章 管 辖

第十九条 【职能管辖分工】刑事案件的侦查由公安机关进行,法律另有规定的除外。

人民检察院在对诉讼活动实行法律监督中发现的司法工作人员利用职权实施的非法拘禁、刑讯逼供、非法搜查等侵犯公民权利、损害司法公正的犯罪,可以由人民检察院立案侦查。对于公安机关管辖的国家机关工作人员利用职权实施的重大犯罪案件,需要由人民检察院直接受理的时候,经省级以上人民检察院决定,可以由人民检察院立案侦查。

自诉案件,由人民法院直接受理。

▶▶【历次修法条文对照】

1979年《刑事诉讼法》	1996年《刑事诉讼法》	2012年《刑事诉讼法》	2018年《刑事诉讼法》
第二章 管辖	第二章 管辖	第二章 管辖	第二章 管辖
第13条:告诉才处理和其他不需要进行侦查的轻微的刑事案件,由人民法院直接受理,并可以进行调解。 贪污罪、侵犯公民民主权利罪、渎职罪以及人民检察院认为需要自己直接受理的其他案件,由人民检察院立案侦查和决定是否提起公诉。	第18条:刑事案件的侦查由公安机关进行,法律另有规定的除外。 贪污贿赂犯罪,国家工作人员的渎职犯罪,国家机关工作人员利用职权实施的非法拘禁、刑讯逼供、报复陷害、非法搜查的侵犯公民人身权利的犯罪以及侵犯公民民主权利的犯罪,	第18条 内容未修订	第19条:刑事案件的侦查由公安机关进行,法律另有规定的除外。 人民检察院在对诉讼活动实行法律监督中发现的司法工作人员利用职权实施的非法拘禁、刑讯逼供、非法搜查等侵犯公民权利、损害司法公正的犯罪,可以由人民检察院立案侦查。

(续表)

1979 年 《刑事诉讼法》	1996 年 《刑事诉讼法》	2012 年 《刑事诉讼法》	2018 年 《刑事诉讼法》
第二章　管辖	第二章　管辖	第二章　管辖	第二章　管辖
第一、二款规定以外的其他案件的侦查,都由公安机关进行。	由人民检察院立案侦查。对于国家机关工作人员利用职权实施的其他重大的犯罪案件,需要由人民检察院直接受理的时候,经省级以上人民检察院决定,可以由人民检察院立案侦查。 　　自诉案件,由人民法院直接受理。		对于**公安机关管辖的**国家机关工作人员利用职权实施的~~其他~~重大~~的~~犯罪案件,需要由人民检察院直接受理的时候,经省级以上人民检察院决定,可以由人民检察院立案侦查。 　　自诉案件,由人民法院直接受理。

▶▶【立法沿革】

本条自 1979 年《刑事诉讼法》确立以来,共经历两次修改,分别为 1996 年和 2018 年。

一、1996 年《**刑事诉讼法**》对本条的修改[1]

职能管辖也称立案管辖,是审判管辖的基础,刑事管辖的核心。科学合理地规定职能管辖,对于保证公安机关、检察院、法院三机关分工负责、互相配合、互相制约原则的有效贯彻和刑事诉讼的准确、及时进行,都有着十分重要的意义。本条从 1979 年确立到 1996 年修改,不同形势下的犯罪情况发生了一些新变化,新类型的案件也逐渐增多,加之刑事诉讼法实施以来实践部门也积累了不少新的、较为成功的实践经

---

[1] 本部分内容主要引用崔敏：《中国刑事诉讼法的新发展——刑事诉讼法修改研讨的全面回顾》,中国人民公安大学出版社 1996 年版,第 50—59 页;周道鸾、张泗汉主编:《刑事诉讼法的修改与适用》,人民法院出版社 1996 年版,第 53—58 页。

验,原有的职能管辖规定已难以完全适应办案的实际需要,有必要作出修改和调整。

(一)公检法三机关管辖排序的调整

1979年《刑事诉讼法》第13条共分三款,依次规定了法院、检察院和公安机关的职能管辖。1996年《刑事诉讼法》将原第13条修改为第18条,仍分三款,但对各机关职能管辖的排列顺序做了改动,对立法方案做了调整。按照公、检、法三机关在刑事诉讼中的办案顺序,第1款规定公安机关的立案侦查范围,第2款规定检察院的立案侦查范围,第3款规定法院直接受理的案件范围,即自诉案件范围。之所以对三机关管辖的条款顺序作出调整,主要是考虑到公安机关是国家的专门侦查机关,刑事案件的立案侦查原则上大部分都由公安机关负责进行。检察院属于国家的法律监督机关,自行立案侦查的刑事案件应当是作为刑事侦查的一种特别情况单独予以规定。法院是国家的审判机关,直接受理的必须是不需要侦查的自诉案件。如果再由其侦查,法院就成了追诉机关,明显违背控审分离原则,难以确保法院的客观中立地位。而且,本着先公诉案件后自诉案件的立法精神,涉及法院自诉案件的规定亦应放在侦查立案之后。上述这种"排除法立法例"与原第13条规定采用的"剩余法立法例"相比,更能全面体现刑事诉讼的管辖结构修改是必要且合乎实际情况的。[1]

(二)检察院自侦案件范围的调整

1. 自侦案件范围如何确定

按照1979年《刑事诉讼法》第13条第2款的规定,检察院直接受理的案件主要是贪污罪、侵犯公民民主权利罪和渎职罪。1979年12月15日,最高人民法院、最高人民检察院、公安部联合发布《最高人民法院、最高人民检察部、公安部关于执行刑事诉讼法规定的案件管辖范围的通知》,其中规定,人民检察院直接受理刑法规定的下列刑事案件:(1)贪污案;(2)刑讯逼供案;(3)诬告陷害案;(4)破坏选举案;(5)非法拘禁案;(6)非法管制、搜查案;(7)报复陷害案;(8)非法剥夺宗教信仰自由案;(9)伪证陷害、隐匿罪证案;(10)侵犯通信自由案;(11)行

---

[1] 参见周道鸾、张泗汉主编:《刑事诉讼法的修改与适用》,人民法院出版社1996年版,第54页。

贿、受贿案；(12)泄露国家机密案；(13)玩忽职守案；(14)重大责任事故案；(15)枉法追诉、包庇、裁判案；(16)体罚虐待人犯案；(17)私放罪犯案；(18)偷税、抗税案；(19)挪用救灾、抢险等款物案；(20)假冒商标案；(21)盗伐、滥伐森林案；(22)人民检察院认为需要自己直接受理的其他案件。

后来，将盗伐、滥伐森林案重新划归了公安机关管辖，但又授权检察院对被害人未提出自诉的重婚案件可以进行管辖，这样，检察院直接受理的刑事案件仍然是22种。

但是，近些年来，有关经济犯罪的案件不断增加，检察院直接受理的案件范围也就越来越多，且有继续扩大之势。鉴于这种情况，有些同志提出：宪法明确规定检察院的性质是"法律监督机关"，它不应过多地承担侦查的任务。如果按照现在的趋势继续发展下去，检察院甚至有可能成为"第二个侦查机关"。而对检察机关自行侦查的案件，又缺少应有的监督制约，自侦案件的范围不断扩大，恐怕未必是一个好的兆头。

于是，在这次修改立法的研讨中，有关检察院直接受理的案件范围如何确定，就成了争议的焦点和热门话题。

公安部和最高人民法院认为：作为法律监督机关，检察院不宜管辖与其职能无关的案件。为此建议：修改立法应当明确规定检察院对案件的管辖范围，仅限于贪污罪、贿赂罪以及国家工作人员职务犯罪的案件。至于"人民检察院认为需要自己直接受理的其他案件，由人民检察院立案侦查和决定是否提起公诉"的规定（简称"认为条款"），应当取消。

最高人民检察院则认为：检察院立案侦查的范围，应以查办国家工作人员和其他人员违反职业义务的犯罪，即贪污贿赂罪、侵犯公民民主权利罪、渎职罪和其他违反职业义务的犯罪案件为主，同时保留"认为条款"。

经过多次磋商，全国人大法工委在1995年12月召开的全国人大常委会第十七次会议提交的《刑事诉讼法修正案（草案）》中，拟将检察院自侦案件的范围规定为："贪污贿赂罪，国家工作人员的渎职罪以及国家机关工作人员利用职务侵犯公民民主权利的犯罪，由人民检察院立案侦查。"有关这一条款的措辞，许多同志又提出还需要再斟酌。

2. 关于"认为条款"的存废之争

1979年《刑事诉讼法》第13条第2款规定:"贪污罪、侵犯公民民主权利罪、渎职罪以及人民检察院认为需要自己直接受理的其他案件,由人民检察院立案侦查和决定是否提起公诉。"1996年,在讨论本款修改的过程中,对"认为条款"应如何理解,存有认识分歧,可归纳为三种意见。

第一种意见是删除说。大多数同志认为,检察院目前自侦案件的范围过宽,特别是"认为条款"的规定,随意性很大,主张缩小检察院自侦案件的范围,删去"认为条款"的规定。主要理由是:(1)人民检察院是国家的法律监督机关,自侦案件过多,会分散精力,势必影响法律监督职能的发挥;(2)自侦案件从立案到审查起诉都由同一检察机关完成。缺乏必要的监督制约,如果再管辖一些与其职能无直接关联的案件,自侦案件过多,将不利于准确打击犯罪和有效地保护公民的合法权益;(3)对于犯罪主体不是国家工作人员而是普通公民的部分自侦案件,与其由检察院管辖,不如划归公安机关立案侦查更为顺理成章。毕竟有些自侦案件,如果公安机关不投入力量,检察院一家难以承担,例如重大责任事故、假冒商标、侵犯公民民主权利等犯罪,这些犯罪如果由公安机关立案侦查,检察院便可以集中力量开展反腐败斗争;(4)"认为条款"是导致目前自侦案件范围扩大的主要法律依据,这一弹性规定缺乏客观标准,可作任意解释,随意性大,容易产生歧义,甚至有一些法律明确规定的自诉案件,也由检察院拿来变成公诉案件。为此一些人建议:检察院立案侦查的范围,应当明确规定为只限于国家工作人员利用职务的犯罪案件,其他案件除自诉案件外,均由公安机关立案侦查。这样的管辖分工,一目了然,便于公检法三机关各司其职,也有利于实际操作。

第二种意见是保留说。该说主要出自检察系统,认为原第13条第2款关于检察院的职能管辖规定是符合实际情况的,不赞成缩小检察院的管辖范围,有关"认为条款"的弹性规定,应予保留。主要理由是:(1)检察院是国家的法律监督机关,在刑事诉讼中行使追诉权是它的职责。侦查权是追诉权的一个组成部分,有了"认为条款",可以使一时管辖不明确的案件受到追诉。如果没有这一法律依据,将很难保证所有罪犯无一例外地受到追究。保证法律的严格执行,是正确行使追诉权的体现,不能把检察院立案的侦查范围仅局限于查办国家工作人员的职务犯罪,还应当包括其他从业人员违反职业义务的犯罪,以及侵犯公民民主权利的犯罪。(2)检察院在刑事诉讼中,实行法律监督最好的办法就是办案,不能认为检察院要专注于进行法律监督,便不能办案。实践证明:只有通过办案融入具体的诉讼程序,才能进行有效的法律监督。法律监督不能狭隘地理解为仅是对诉讼活动眈眈相视,随时纠错,行使侦查权也是履行法律监督职能的手段之一。(3)有了"认为条款",可以使公安机关该办不办的案件,或者由于案件特点不适宜由公安机关立案的案件(比如与原管辖机关的人员有关的案件)得到补救,于法有据,也合乎实际。因此这种意见建议,将检察院的职能管辖范围确定为:贪污贿赂罪、侵犯公民民主权利罪、渎职罪和其他违反职业义务的犯罪案件,以及人民检察院认为需要自己直接受理的其他刑事案件。

  第三种意见是变通说。在赞成缩小检察院自侦范围的意见中,也有部分同志主张保留"认为条款",理由是该规定不是简单的管辖条款,同时也是实行法律监督的需要。实践中确实存在一些不宜由公安机关受理的案件,或者公安机关应该追究犯罪而没有追究,检察院又认为必须追究的犯罪案件,如果没有这一弹性规定,将有可能放纵犯罪,检察院的法律监督职能也就难以真正落实。至于"随意性大"的问题,可考虑在保留弹性条款的同时,变更文字表述,以便对检察院加以制约。据此,建议将"认为条款"修改为"需要自己直接受理的其他案件,由人民检察院立案侦查和决定是否提起公诉。"针对这一修改意见,又有人提出异议,他们认为这种意见虽然去掉了"认为"二字,但仍是"换汤不换药"。因为,究竟什么叫"需要",这还是一个主观判断的问题,由谁来判断是否"需要"呢?其实还是由检察院自己判断,岂不又回到"认为需要"了吗?实际上还是没有解决问题。还有同志建议:可将"认为条款"修改为"人民检察院对于公安机关应当立案侦查的案件而不立案侦查的,应当通知公安机关予以立案侦查;对于公安机关接到通知后仍不立案侦查的案件,可以自行立案侦查。"

  到底该如何解决这一问题?立法机关颇显为难。

  在1995年12月提交全国人大常委会审议的《刑事诉讼法修正案(草案)》中,对这一条的修改方案是:"国家机关工作人员利用职权实施的其他犯罪案件,如果公安机关侦查有困难,需要由人民检察院直接受理时,经省级以上人民检察院决定,可以由人民检察院立案侦查。"

  在对上述草案征求意见时,又有人对这一修改方案提出意见,认为如果这样修改,操作起来可能很困难,主要是因为:如何理解"如果公安机关侦查有困难"？是公安机关自己提出有困难,还是检察院认为公安机关侦查有困难？如果是公安机关觉得自己侦查有困难就交给检察院,岂非由公安机关来指挥检察院？这种做法于理不通。如果是检察院认为公安机关侦查有困难,就由检察院自己进行立案侦查,岂不是又回到原来的"认为需要"？这种做法仍旧不妥。

总之,对于这一条款如何修改,直到 1996 年 1 月的最后一次大型研讨会上仍未确定,只好留待会后进一步推敲。

3. 立法确立的最后表述

1996 年《刑事诉讼法》第 18 条第 2 款对检察院直接受理的、自行侦查的案件范围作出规定:"贪污贿赂犯罪,国家工作人员的渎职犯罪,国家机关工作人员利用职权实施的非法拘禁、刑讯逼供、报复陷害、非法搜查的侵犯公民人身权利的犯罪以及侵犯公民民主权利的犯罪,由人民检察院立案侦查。对于国家机关工作人员利用职权实施的其他重大的犯罪案件,需要由人民检察院直接受理的时候,经省级以上人民检察院决定,可以由人民检察院立案侦查。"

对这一条的修改,大约是这次修改立法中最难定夺也最费周折的一个问题。它的基本精神,是将检察院直接受理自行侦查的案件范围,限定于国家工作人员利用职权实施的几种特定的犯罪,废除了原来规定的"认为"条款。至于国家机关工作人员利用职权实施的其他犯罪,一般还应当由公安机关负责侦查。只有对极个别特殊重大的案件,确实需要由人民检察院立案侦查时,才可以由人民检察院直接受理,但必须经过省级以上人民检察院决定。

总体而言,1996 年《刑事诉讼法》对第 18 条第 2 款后半段"认为条款"的内容作了重要修改,明确了适用的范围、条件和程序,标准比较客观可行,表述也明确、具体,既体现了法律监督职责的原则性,又适应了管辖分工的灵活性。

(三)法院自诉案件范围的调整

1979 年《刑事诉讼法》第 13 条第 1 款规定:"告诉才处理和其他不需要进行侦查的轻微的刑事案件,由人民法院直接受理,并可以进行调解。"据此,人民法院直接受理的刑事案件包括两类:一类是刑法规定"告诉才处理"的案件;另一类是"其他不需要进行侦查的轻微的刑事案件"。对于"告诉才处理"的案件应由法院直接受理,不存在疑问。主要争议问题是,除了这类案件,法院还应当直接受理哪些案件? 各方面的认识不大一致,修法中主要涉及三大问题。

1. "其他不需要进行侦查的轻微的刑事案件"是否还由法院管辖

关于法院直接受理案件的范围,1979 年《刑事诉讼法》第 13 条第 1 款规定为"告诉才处理和其他不需要进行侦查的轻微刑事案件"。鉴于"告诉才处理的案件"有明确的自诉人和被告人,不涉及侦查问题,故而由人民法院直接受理的规定没有异议。但是对于"其他不需要进行侦查的轻微刑事案件"的规定如何修改,则有两种不同意见。

一种意见主要来自法院系统和部分学者,他们认为应删去这一规定,不再由法院直接受理。主要理由是:(1)这一规定的含义、标准、范围很不明确、具体。从司法实践看,多数是轻伤害案件,公民告状时往往难以分清是轻伤还是重伤。如果不是轻伤,法院还要转给公安机关。即使是轻伤,也很难断定是否需要侦查。如不进行侦查,由谁负责收集和提供证据? 各方面的理解很不一致,这往往导致法院、公安机关对这类案件相互推诿,不利于及时惩治犯罪,保护公民的合法权利,也不利于诉讼经济。(2)同样是轻微的刑事案件,比如重婚罪,有的属于自诉,有的则需要公诉,自诉的可以调解,公诉的则不能调解,案件性质相同,适用法律却不一致,处理方法也各异,造成实质上不平等。(3)将"其他不需要进行侦查的轻微的刑事案件"规定由法院直接受理,实际上扩大了自诉案件的范围。将一部分本来属于公诉的案件做自诉处理,既不妥当,也不科学。

另一种意见主要来自公安部,他们主张保留,不作修改,仍由法院直接受理为好。主要理由是:公安机关是侦查机关,对不需要进入侦查程序的这一类轻微刑事案件,由于案件事实简单,有明确的自诉人和被告人,因果关系清楚,再由公安机关管辖来从头走一遍程序,没有必要,既增加了工作量,也不便民,更不利于及时处理犯罪。

2. 拒不执行判决、裁定和严重扰乱法庭秩序的案件[1]可否由法院直接受理

在 1996 年的修法过程中,有意见提出,是否应规定拒不执行判决、

---

[1] 在整理这部分资料的过程中发现相关材料还提到了藐视法庭罪,鉴于该罪在我国刑法中还未规定,故本评注使用了扰乱法庭秩序罪的表述,但相关讨论内容同样适用于藐视法庭的相关罪名。

裁定和严重扰乱法庭秩序的案件由法院直接受理？对此有三种不同意见。

第一种意见是赞同说。该意见主要由最高人民法院提出，其主张：严重扰乱法庭秩序的案件和拒不执行判决、裁定的案件，一般罪行较轻，事实清楚，不需要侦查。如果作为公诉案件，先由法院提供证据材料，起诉后法院又要审查自己提供的证据，在程序上不顺，也没有实际意义，不符合诉讼经济原则。国外对这类案件也一般实行当庭审判制。因此，建议增加规定严重扰乱法庭秩序的案件和拒不执行判决、裁定的案件由法院直接受理。这样有利于及时惩罚犯罪，有效维护法律尊严，体现法院权威。

第二种意见是否定说。反对赞同说的意见提出：国外有一种理论，认为"发生在法官眼皮底下的事实是最清楚的"，但也有人不赞成这种理论，认为如果授权法官对侵犯自身权益的案件直接审理又自行作出判决，缺乏必要的监督制约，有可能导致法官擅断。因而主张对于这两类案件，还是应由检察院提起公诉为好，不宜规定为法院直接受理。

第三种意见是折中说。第三种意见主张对上述两种案件的处理不应绝对化，可变通用两种办法处理。其认为：严重扰乱法庭秩序罪发生在审判阶段，严重损害法庭尊严，影响恶劣，而且公诉检察官也在场。无论是英美法系还是大陆法系国家都早有规定，认为可以作为控审分离原则的例外，由法院直接受理。[1] 但拒不执行判决、裁定的案件则不同，情况有时很复杂，需要按照侦查、起诉程序进行。如果由法院直接受理有悖于"控审分离，不告不理"这一世界公认的司法原则。

3. 是否应将"公诉转自诉"案件划归法院直接受理

"公诉转自诉案件"是指对公安机关应当立案侦查而不立案侦查、检察院应当起诉而不提起公诉的案件，法律规定可以由被害人直接向法院起诉。能否将"公诉转自诉"案件划归法院直接受理，修法中有不同意见。

赞成观点认为，如何进一步加强对被害人的保护，是1996年修法应当着重研究的问题。鉴于实践中有时发生公安机关或者检察院放弃职

---

[1] 参见陈光中、熊秋红：《刑事诉讼法修改刍议（上）》，载《中国法学》1995年第4期，第92页。

守，应当立案侦查而不立案侦查或者应当起诉而不提起公诉，致使被害人告状无门，其合法权益得不到保护的情况，建议在修改立法时规定：公民和组织有证据证明对被告人侵犯自己人身、财产权利的行为应当追究刑事责任，而公安机关或者检察院没有追究被告人的刑事责任的，可以作为自诉案件向法院直接起诉。如此规定，既可以使被害人有地方去申冤，也可以使公安机关和检察院的侦查、起诉工作起到一定的监督制约作用。

反对意见则认为，这样做实际上就将一部分公诉案件变成自诉案件，虽然目的是加强对被害人权利的保护，试图解决"告状难"的问题，但从诉讼理论上说不通。因为控告权和起诉权是两种不同性质的权利，不能把两者简单等同；另外，在实际操作中也更难行得通。法律之所以把严重的刑事罪案规定为公诉案件，主要是因为这部分案件必须经过侦查，才能收集到必要的证据，进而查明案情、证实犯罪，并查获犯罪人。如果公安机关或者检察院应当立案侦查而不立案侦查，或者检察院应当起诉而不提起公诉，就允许被害人向法院直接起诉，会遇到以下三个问题：(1) 被害人没有足够的力量，不可能收集到确实、充分的证据来证实犯罪，也没有能力将被告人缉拿归案。(2) 如果法院直接受理这一类案件，要想查明犯罪事实，就必须进行侦查，而法院没有侦查权，又怎么可能查明案情？又根据什么作出判决？势必只能以"缺乏罪证"和"提不出补充证据"为由说服自诉人撤回自诉或者裁定驳回起诉。(3) 试图以这样的规定来增强对公安机关或者检察院应当立案而不立案侦查、检察院应当起诉而不提起公诉的现象的监督制约，恐怕很难达到预期目的，反倒有可能给侦查机关和检察院提供了一种口实，他们可能更多地将被害人推出门外，甚至会说："你们如果对我们有意见，可以直接向法院起诉，请你们去法院解决好了。"如果本应提起公诉的案件作为自诉案件大量涌入法院，法院将难以承受，造成事与愿违的结果。鉴于此，这些同志认为，对于不依法立案侦查和不依法起诉的监督制约，只能通过更有权威的机关，例如上级领导机关或者国家权力机关进行监督，才能发挥有效的作用，试图用赋予被害人自诉权的方式，是不可能解决这一问题的。

总之，关于法院直接受理的自诉案件的范围，虽然普遍认为需要进行适当调整，但究竟应该如何规定，意见却不尽一致。

4.立法对自诉案件范围的最后确定

立法机关考虑了上述各种意见,经过深入讨论,在删去"其他不需要侦查的轻微刑事案件"后,只概括规定了"自诉案件,由人民法院直接受理"的原则性条款,同时决定对自诉案件的范围作一些调整。

一是在 1996 年《刑事诉讼法》第 170 条新增自诉案件的范围。自诉案件包括三类,除告诉才处理的案件外,新增两类自诉案件:第二类为"被害人有证据证明的轻微刑事案件",其由原"其他不需要进行侦查的轻微的刑事案件"修改而来;第三类为"被害人有证据证明对被告人侵犯自己人身、财产权利的行为应当依法追究刑事责任,而公安机关或者人民检察院不予追究被告人刑事责任的案件"。作上述修改主要是考虑:立法的原意在于充分保障公民的控告权,解决"告状难"问题。补充规定的两类自诉案件,一个是轻微犯罪,有证据证明,不需要进行侦查;另一个是虽有证据证明应追究刑事责任,但公安机关或者检察院不予追究,说明不再属于公诉范围。上述规定并不是对 1979 年《刑事诉讼法》第 13 条第 1 款中"其他不需要侦查的轻微刑事案件"的简单取代。与之不同,自诉人必须有证据证明犯罪行为,如果没有证据或者证据不足,法院仍然无法受理。有些案件虽然可能不轻微,但必须是属于依法应予追究而公安机关、检察院没有追究的。自诉范围的这一完善,是符合我国实际情况的,是长期司法实践经验的总结。这对于充分保障公民的诉讼权利,防止放纵犯罪,避免公安机关、检察院在侦查、起诉的过程中可能发生错误,加强司法机关的制约机制,都有着积极的意义。

二是对于拒不执行判决、裁定和扰乱法庭秩序的案件,没有列入应由法院直接受理的案件范围。这主要是考虑到"无告自判"不符合控审分离的原则。严重扰乱法庭秩序的犯罪,在 1996 年的刑法中尚无明确规定,且与国外的藐视法庭罪也不完全相同,情况比较复杂,有些是违反秩序的,可以当庭警告,有些是违法的,可以罚款,甚至拘留,上述举措同样可以解决扰乱法庭秩序的问题。构成犯罪的,特别是有些案件可能涉及人身伤亡,便很难由法院直接审判。因此,不宜作出规定。

二、2018 年《刑事诉讼法》对本条的修改

2018 年《刑事诉讼法》主要对本条第 2 款作出修改。

(一) 删去检察院贪污贿赂犯罪侦查权,保留部分自侦权

深化国家监察体制改革是以习近平同志为核心的党中央作出的重大决策部署。全国人大常委会于 2016 年 12 月、2017 年 11 月先后作出在北京市、陕西省、浙江省开展国家监察体制改革试点工作的决定和在全国各地推开国家监察体制改革试点工作的决定,暂时调整或者暂时停止适用刑事诉讼法关于检察院对直接受理的案件进行侦查的有关规定。2018 年 3 月,第十三届全国人大一次会议审议通过了宪法修正案和监察法。依据宪法等有关法律规定,职务犯罪等案件今后改由监察机关调查处理。为落实宪法有关规定,做好与监察法的衔接,保证国家监察体制改革顺利进行,2018 年《刑事诉讼法》对检察院侦查职权作出相应调整:删去检察院对贪污贿赂犯罪行使侦查权的规定,保留了检察院的部分自侦权,规定"人民检察院在对诉讼活动实行法律监督中发现的司法工作人员利用职权实施的非法拘禁、刑讯逼供、非法搜查等侵犯公民权利、损害司法公正的犯罪,可以由人民检察院立案侦查。"

保留检察院部分自侦权的理由主要有两个方面:

1. 维护检察院国家法律监督机关的宪法定位

《宪法》第 134 条规定:"中华人民共和国人民检察院是国家的法律监督机关。"作为国家的法律监督机关,检察院法律监督的主要任务之一就是对诉讼活动进行监督,包括对刑事、民事和行政诉讼活动展开监督,至于诉讼监督的方式主要有两类:一类是较为刚性的方式,以抗诉为代表,可以强制启动二审或再审程序;另一类是相对柔性的方式,对诉讼中的违法行为和错误决定提出纠正意见,包括发出检察建议、纠正违法等。在后一类方式中,检察院的监督主要是提出意见或者建议,监督对象是否纠正、如何纠正,由其自行决定,这就使得此类监督常因刚性不足而效果不好。以往因检察员具有职务犯罪侦查权,无论是抗诉还是检察建议、纠正违法,在监督效果上尚能够得到保障。随着职务犯罪侦查权的划转,检察院诉讼监督的效果难免会受到削弱。[1] 总之,诉讼职能的有效发挥必须有侦查权的有力支撑。为了维护检察院作为国家的法律监督机关的宪法定位,确保发挥其应有的监督职能和作用效果,应当赋予检察院

---

[1] 参见陈国庆:《刑事诉讼法修改与刑事检察工作的新发展》,载《国家检察官学院学报》2019 年第 1 期,第 17 页。

对诉讼活动进行监督时的刚性手段——立案侦查权。

2.有利于办案效果

司法工作人员利用职权实施的非法拘禁、刑讯逼供、非法搜查等侵犯公民权利、损害司法公正的犯罪主要发生在诉讼活动中,检察院作为诉讼的一方主体往往参与其中,更贴近诉讼,能够更为直接和便利地发现相关犯罪线索,及时收集犯罪证据,从而提升查办此类案件的效率,"特别是发现监管场所等特殊领域的职务犯罪线索,检察机关比监察机关的职能便利就更为明显"[1]。所以,赋予检察院对于司法工作人员的部分职务犯罪侦查权,是对监察机关职务犯罪全覆盖很好的配合和补充,有利于提高办案质量和效果,进而提升反腐败工作的整体效能。

(二)对机动侦查权条款作出文字修改

本条对机动侦查权的范围作了进一步明确,明确除由监察机关调查办理国家机关工作人员利用职权实施的重大犯罪案件之外,如果属于公安机关管辖的,检察院在需要时,经省级以上检察院决定后可以立案侦查。对这一条款所作的文字修改需要注意两个方面:一是针对监察机关管辖的国家机关工作人员利用职权实施的重大犯罪案件,检察院不享有机动侦查权;二是除公安机关外,其他侦查机关,如国家安全机关、军队保卫部门、中国海警局、监狱管辖的国家机关工作人员利用职权实施的重大犯罪案件,检察院在必要的时候也可以启用机动侦查权管辖办理,但都需要经过省级以上检察院决定。

▶▶【法条注解】

本条规定的是刑事诉讼的职能管辖。职能管辖又称立案管辖或者部门管辖,是指公安机关(含国家安全机关,下同)、检察院和法院,按照各自在国家机构中的性质、职能,依法分别立案受理刑事案件。职能管辖主要解决的是某类刑事案件应当由哪一公安司法机关立案侦查或者直接受理的问题。本条共分三款,对公安机关、检察院和法院各自的职能管辖分别作出专门规定。

---

[1] 朱孝清:《修改后刑诉法与监察法的衔接》,载《法治研究》2019年第1期,第12页。

一、公安机关的立案管辖

本条第 1 款规定:"刑事案件的侦查由公安机关进行,法律另有规定的除外。"联系第 1 款与第 2 款、第 3 款的关系可以得出两个结论:

第一,大部分刑事案件的办理都需要经过立案侦查程序,少部分案件可以不经侦查直接向法院提起自诉,这是对第 1 款与第 3 款作体系解释后得出的结论。

第二,对刑事案件开展侦查,绝大部分都由公安机关进行,少部分案件由法律另有规定的其他机关进行,如检察院对直接受理案件的侦查,这是对第 1 款与第 2 款进行体系解释后得出的结论。此外,"法律另有规定的除外"指的是本条第 2 款以及《刑事诉讼法》的第 4 条和第 308 条规定的其他享有侦查权的机关,包括检察院、国家安全机关、军队保卫部门、监狱和中国海警局。2020 年 6 月 30 日第十三届全国人民代表大会常务委员会第二十次会议通过的《中华人民共和国香港特别行政区维护国家安全法》第 56 条规定:"根据本法第五十五条[1]规定管辖有关危害国家安全犯罪案件时,由驻香港特别行政区维护国家安全公署负责立案侦查,最高人民检察院指定有关检察机关行使检察权,最高人民法院指定有关法院行使审判权。"可见,维护国家安全公署也拥有部分侦查权,这也属于法律另有规定的除外情形。

需要注意的是,对于法律另有规定的这几个机关,所侦查的案件范围较窄。因为侦查主要是公安机关的权力,其他机关开展侦查必须在其有限的案件范围内进行,不应寻求侦查权的扩张。

二、检察院的立案管辖

2018 年修改的《刑事诉讼法》将检察院立案管辖的案件范围进一步限缩。其第 19 条第 2 款规定:"人民检察院在对诉讼活动实行法律监督

---

[1]《中华人民共和国香港特别行政区维护国家安全法》第 55 条:"有以下情形之一的,经香港特别行政区政府或者驻香港特别行政区维护国家安全公署提出,并报中央人民政府批准,由驻香港特别行政区维护国家安全公署对本法规定的危害国家安全犯罪案件行使管辖权:(一)案件涉及外国或者境外势力介入的复杂情况,香港特别行政区管辖确有困难的;(二)出现香港特别行政区政府无法有效执行本法的严重情况的;(三)出现国家安全面临重大现实威胁的情况的。"

中发现的司法工作人员利用职权实施的非法拘禁、刑讯逼供、非法搜查等侵犯公民权利、损害司法公正的犯罪,可以由人民检察院立案侦查。对于公安机关管辖的国家机关工作人员利用职权实施的重大犯罪案件,需要由人民检察院直接受理的时候,经省级人民检察院决定,可以由人民检察院立案侦查。"据此,检察院对相关案件的立案侦查权主要有两大类:一类是对司法工作人员的相关职务犯罪案件有权侦查,可称为法定侦查权;与之相对,另一类可称为机动侦查权。

(一)法定侦查权

检察院行使法定侦查权的案件有四方面的条件要求。

1. 犯罪主体是司法工作人员

《刑法》第 94 条规定:"本法所称司法工作人员,是指有侦查、检察、审判、监管职责的工作人员。"据此,司法工作人员之外的人员实施的非法拘禁、非法搜查罪不由检察院立案管辖,而是由公安机关立案侦查。例如,钱某涉嫌非法搜查罪,本案是否应当由检察院立案侦查?答案:不一定。因为本案并不当然属于国家机关工作人员利用职权实施的侵犯公民权利的犯罪。非法搜查以及非法拘禁罪的犯罪主体属于一般主体,普通民众也可以实施,并不当然是国家机关工作人员实施的犯罪。另外,根据《刑法》第 94 条的规定,在监察机关行使职权的监察人员不是司法工作人员,其利用职权实施的犯罪不由检察院管辖。

2. 案件涉及 14 种犯罪

检察院可以自行侦查的案件是"对诉讼活动实行法律监督中发现司法工作人员利用职权实施的非法拘禁、刑讯逼供、非法搜查等侵犯公民权利、损害司法公正的犯罪"。由于条文中有"等"字规定,具体的罪名有哪些,单从法条来看并不明确。2018 年 11 月,最高人民检察院印发的《关于人民检察院立案侦查司法工作人员相关职务犯罪案件若干问题的规定》明确了 14 类案件的具体罪名:非法拘禁罪(非司法工作人员除外),非法搜查罪(非司法工作人员除外),刑讯逼供罪,暴力取证罪,虐待被监管人罪,滥用职权罪(非司法工作人员滥用职权侵犯公民权利、损害司法公正的情形除外),玩忽职守罪(非司法工作人员玩忽职守侵犯公民权利、损害司法公正的情形除外),徇私枉法罪,民事、行政枉法裁判罪,执行判决、裁定失职罪,执行判决、裁定滥用职权罪,私放在押人员罪,失职致使在押人员脱逃罪,徇私舞弊减刑、假释、暂予监外执行罪。

3. 犯罪案件由检察院在对诉讼监督中发现〔1〕

根据《刑事诉讼法》第 19 条第 2 款的规定,检察院可行使法定侦查权的案件须由其在对诉讼活动进行法律监督时发现。对此,有两个问题须进一步澄清:

其一,在诉讼监督中的"发现"包括检察院主动发现和被动接受。检察院对 14 种犯罪的发现不仅限于自我主动发现,此处的"发现"应理解为既包括检察院依职权直接发现,也包括在诉讼监督中通过受理控告、举报、申诉发现,还包括在诉讼监督中发现违法或者犯罪的线索,检察院通过深查深挖而发现。例如,《刑事诉讼法》第 56 条第 2 款就规定,对应当排除的非法证据的"发现"既包括公检法机关依职权的主动发现,也包括根据有关单位或个人提供的线索材料,由办案机关间接发现。〔2〕

其二,对诉讼活动实行"法律监督"包括事中监督和事后监督。缘于时间的一维性,诉讼活动总是向前推进,即使检察院的法律监督能及时跟进,但发现问题并作出反应总会有一个过程,因此监督的事后性不可避免。例如,在 2019 年云南省昆明市的孙小果案中,云南省人民检察院对在孙小果服刑期间涉嫌违法帮助其减刑的云南省监狱管理局安全环保处原处长王开贵等 6 名监狱干警,以涉嫌徇私舞弊减刑罪进行立案侦查。〔3〕其中,王开贵等人违法帮助孙小果减刑的犯罪发生在 2010 年以前,之后孙小果便刑满释放。2019 年,检察院对王开贵等人以徇私舞弊减刑罪立案显然就是在事后监督中对发现的犯罪进行立案管辖。

4. "可以"由检察院立案侦查

根据《刑事诉讼法》第 19 条第 2 款的规定,检察院对于司法工作人员相关职务犯罪案件"可以"立案侦查。本处的"可以"是一种选择性赋权,强调前述 14 类犯罪案件可以由检察院立案侦查,但也不排除可以由

---

〔1〕 参见董坤:《论监察机关与公安司法机关的管辖衔接——以深化监察体制改革为背景》,载《法商研究》2021 年第 6 期,第 10—11 页。

〔2〕 相关司法解释和规范性文件包括《高检规则》第 72 条、"两高三部"《严格排除非法证据规定》第 17 条等。

〔3〕 参见罗沙:《云南省高级法院依法对孙小果案启动再审——被查涉案公职人员和重要关系人增至 20 人》,载《检察日报》2019 年 7 月 27 日,第 1 版。

监察机关直接调查的可能[1],由此形成了监察机关与检察院针对14类犯罪案件"共有管辖权的办案模式"。这一模式的立法创制打破了以往各机关在受案或立案上泾渭分明的职能管辖格局。

需要注意的是,立法规定是有倾向的。"'可以'一方面暗含着条文的政策导向性,即由检察机关侦查,因为检察机关更贴近诉讼,更容易发现诉讼过程中司法人员相关职务犯罪,同时,查办这类职务犯罪,往往涉及证据合法性判断和诉讼走向,因此,由检察机关立案查办这些案件更为便捷,也有利于及时判断证据合法性,保障诉讼顺利进行。发现、遇到此类须立案查办的案件线索,检察机关就不能推诿,而应当依职责开展立案侦查工作。另一方面'可以'也意味着并非必然一定由检察机关侦查。检察机关在立案侦查司法工作人员相关职务犯罪过程中,发现犯罪嫌疑人还涉嫌监察委员会管辖的职务犯罪线索的,应当及时与监察委沟通,认为全案由监察委员会管辖更为适宜的,人民检察院应当撤销案件,将案件和职务犯罪线索一并移送监察委员会,并及时报告上一级人民检察院。"[2]

(二)机动侦查权

检察院行使机动侦查权的情形是:"对于公安机关管辖的国家机关工作人员利用职权实施的重大犯罪案件,需要由人民检察院直接受理的时候,经省级以上人民检察院决定,可以由人民检察院立案侦查。"对机动侦查权的理解应把握三个方面的内容。

1. 机动侦查权属"补位侦查权"或"二线侦查权"

机动侦查权所针对的案件本来应由公安机关管辖,但由于该类案件的特殊性,公安机关有时不宜侦查或不愿侦查,故由检察院来直接受理。从这个角度看,检察院的机动侦查权是对公安机关侦查权的补位与补充,可视为一种"二线侦查权"。

值得注意的是,条文中的"公安机关"须做广义理解。这里的公安机关还包括国家安全机关、军队保卫部门、中国海警局、监狱等。他们在办

---

[1] 参见李寿伟主编:《中华人民共和国刑事诉讼法解读》,中国法制出版社2018年版,第46页。

[2] 孙谦:《检察机关贯彻修改后刑事诉讼法的若干问题》,载《国家检察官学院学报》2018年第6期,第4页。

案中涉及的"对国家机关工作人员利用职权实施的重大犯罪案件",在必要的时候也可以交由检察院机动侦查。

2.机动侦查权的适用情形

机动侦查权适用的案件范围是"国家机关工作人员利用职权实施的重大犯罪案件",这类案件往往涉及个案,而非类案,如国家机关工作人员利用职务之便杀人、爆炸、强奸等。坚持机动侦查权的个案适用是为了保障刑事诉讼中管辖分工的法定化,维护公安机关这一主责侦查机关的地位,避免机动侦查权的泛化和滥用。

实践中,检察院行使机动侦查权的情形主要有:一是公安机关对于国家机关工作人员利用职权实施的其他重大犯罪案件有案不立、有罪不究,经人民检察院通知立案仍未依法追究的案件〔1〕;二是公安机关对国家机关工作人员利用职权实施的其他重大犯罪案件以罚代刑,降格处理,经人民检察院督促后仍不纠正的案件;三是公安机关、人民检察院对于国家机关工作人员的行为是否构成犯罪,认识不一致,而人民检察院认为应当依法追究刑事责任的案件;四是对案件管辖发生争议,而有管辖权的公安机关拒不侦查或者长期拖延不予立案侦查的案件;五是因为案件具有某种特殊情况,从维护司法公信力的角度出发,由人民检察院立案侦查更为适宜的案件。例如,公安机关工作人员与地方黑恶势力勾结,利用职权作掩护实施走私、贩毒等刑事犯罪或者充当"保护伞"的案件。〔2〕

3.机动侦查权的启动要经过省级以上检察院决定

为了避免机动侦查权的滥用,立法除了设定严格的启动条件和案件适用范围,还规定了程序控制条款,要求该项权力的启动要由省(自治区、直辖市)级人民检察院或者最高人民检察院决定。因为省级以上检察院的审核层级高,批准十分慎重,这就决定了实践中报批和批准的数量不多,机动侦查权的适用频率不高。

---

〔1〕 2019年《高检规则》修改时删除了原2012年《高检规则》第561条,目的在于强调机动侦查权的启动不以公安机关不立案为前提,不以立案监督为前置条件。

〔2〕 参见陈国庆:《刑事诉讼法修改与刑事检察工作的新发展》,载《国家检察官学院学报》2019年第1期,第20页;董坤:《检察机关机动侦查权研究——从2018年修改的〈刑事诉讼法〉第十九条第2款切入》,载《暨南学报(哲学社会科学版)》2019年第1期,第123页以下。

(三)自诉案件

《刑事诉讼法》第19条第3款规定:"自诉案件,由人民法院直接受理。"依据该款,刑事诉讼从程序上可分为两种,一种是自诉程序,一种是公诉程序。自诉程序和公诉程序最大的区别就在于是否需要侦查,凡是公诉程序必然有侦查[1],而自诉程序意味着不需要经过侦查,这是两者间的一个重要区别。"自诉案件,由人民法院直接受理",这就说明自诉案件是不经过公安机关侦查,不经过检察院审查起诉和提起公诉,而是由被害人直接向法院提起诉讼,请求法院追究被告人刑事责任的案件。本款规定的"自诉案件"其实是一个较为抽象的概念,《刑事诉讼法》第210条进一步规定了自诉案件的范围,主要分为三大类:(一)告诉才处理的案件;(二)被害人有证据证明的轻微刑事案件;(三)被害人有证据证明对被告人侵犯自己人身、财产权利的行为应当依法追究刑事责任,而公安机关或者人民检察院不予追究被告人刑事责任的案件。

另外,无论是公诉案件还是自诉案件,法院都有对案件的受理程序,但对于自诉案件的受理就意味着立案。《刑事诉讼法》第114条规定:"对于自诉案件,被害人有权向人民法院直接起诉。被害人死亡或者丧失行为能力的,被害人的法定代理人、近亲属有权向人民法院起诉。人民法院应当依法受理。"该条规定处于《刑事诉讼法》第二编"立案、侦查和提起公诉"中的第一章"立案"。这说明,自诉案件的"受理"与"立案"一词含义相同,是可以等约替换的。

▶▶【法条评点】

本条规定了公检法机关各自的立案管辖范围。但缺失了交叉管辖的规定。实践中,一人可能会犯有数罪,不同犯罪分别由不同的办案机关立案、受理或监察调查,这就会出现交叉管辖的情形,主要包括三种:

第一种是公诉和自诉的交叉。例如,被告人张三既有故意杀人的行为,还有虐待父母的罪行,构成两罪。故意杀人罪是公诉案件,虐待罪则是自诉案件。张三涉嫌两个犯罪,应分别由不同机关管辖,此时如何办理和处理案件?

---

[1] 随着监察法的出台,公诉案件中的职务犯罪案件也可以没有侦查,但必须进行调查。

第二种是公诉案件中不同的侦查机关立案管辖的交叉。例如,犯罪嫌疑人李四既有故意杀人又有暴力取证的行为。李四是司法工作人员,暴力取证罪一般由检察院立案侦查,故意杀人罪则由公安机关受理立案,这种情况下的交叉管辖如何处理?

第三种是监察管辖与侦查管辖的交叉。随着监察法的出台,监察机关负责大部分职务犯罪案件的调查,由此衍生出监察调查与刑事侦查之间在管辖上的交叉。例如,国家机关工作人员王五在北京利用职权受贿,后该罪行被发现,王五畏罪潜逃到上海。在上海生活没有着落,王五实施抢劫后被公安机关抓获。本案中,王五涉嫌两个犯罪,受贿罪和抢劫罪,前罪由监察机关调查,后罪由公安机关立案侦查,对此交叉管辖的情形如何处理?

这些问题,其实在域外都有明确的管辖规定,但在我国刑事诉讼法中有所缺失,司法解释的规定也较为原则、概括。对此有必要加强研究,在立法层面作出规定,从而能够统一采取强制措施,统一案件诉讼进程,提高办案效率。

除此以外,牵连管辖或并案管辖的问题也有必要在立法中加以考虑。

第二十条　【基层法院管辖】基层人民法院管辖第一审普通刑事案件,但是依照本法由上级人民法院管辖的除外。

▶▶【历次修法条文对照】

1979年《刑事诉讼法》	1996年《刑事诉讼法》	2012年《刑事诉讼法》	2018年《刑事诉讼法》
第二章　管辖	第二章　管辖	第二章　管辖	第二章　管辖
第14条:基层人民法院管辖第一审普通刑事案件,但是依照本法由上级人民法院管辖的除外。	第19条 内容未修订	第19条 内容未修订	第20条 内容未修订

▶▶【立法沿革】

本条自1979年《刑事诉讼法》确立以来,在历次修法中未有内容调整,仅在1996年和2018年有条文序号的变动。

▶▶【法条注解】

本条是关于基层人民法院第一审管辖范围的规定。

根据本条规定,第一审普通刑事案件除本法规定由上级人民法院管辖的以外,均由基层人民法院管辖。换言之,如果某一刑事案件没有规定应由中级人民法院、高级人民法院或最高人民法院按照第一审程序管辖的,都应由基层人民法院管辖。基层人民法院管辖第一审刑事案件,有利于就地调查,正确、及时处理案件,故基层人民法院负责绝大部分刑事案件的一审。

本条中的"基层人民法院","是指人民法院组织法中规定的县人民法院、不设区的市人民法院、自治县人民法院和市辖区人民法院。基层人民法院根据地区、人口和案件情况,可以设立若干人民法庭。人民法庭是基层人民法院的组成部分,它的判决和裁定就是基层人民法院的判决和裁定"[1]。

▶▶【法条评点】

一、建议考虑删除本条中"普通"二字

本条规定:"基层人民法院管辖第一审普通刑事案件,但是依照本法由上级人民法院管辖的除外。"从条文结构以及内容表述看,基层人民法院管辖第一审普通刑事案件,至于其他的普通刑事案件的一审则是"依照本法由上级人民法院管辖"。那么,其他的普通刑事案件是指哪些呢?在1979年《刑事诉讼法》中,其是指第15条第2项中的"判处无期徒刑、死刑的普通刑事案件";在1996年《刑事诉讼法》中,其是指

---

[1] 王爱立、雷建斌主编:《刑事诉讼法立法精解》,中国检察出版社2019年版,第35页。

第 20 条第 2 项中的"可能判处无期徒刑、死刑的普通刑事案件"。可见,立法者认为可能判处无期徒刑、死刑的案件也是普通刑事案件,但因为属于重罪案件,故法律规定其第一审由"上级人民法院",也就是中级人民法院管辖。然而,2012 年修订刑事诉讼法时,立法机关将中级人民法院管辖的第一审"可能判处无期徒刑、死刑的普通刑事案件"修改为"可能判处无期徒刑、死刑的案件",删除了"普通刑事"四个字。这样一来,中级人民法院管辖的第一审刑事案件就不再有"普通刑事案件"。恰如立法机关出版的条文释义书中所言:"基层人民法院管辖的'普通刑事案件',是指除危害国家安全、恐怖活动案件和可能判处无期徒刑以上重刑的案件以外的其他刑事案件。"[1] 显然,立法将中级人民法院管辖的第一审刑事案件都排除在"普通刑事案件"之外,一律称为"刑事案件"[2]。考虑到高级人民法院和最高人民法院管辖的第一审刑事案件都是省级范围或全国范围内的"重大刑事案件"。言下之意,除基层人民法院外,其他的上级法院都不会再管辖第一审"普通刑事案件"。

经过立法修改和对不同条文间的逻辑关系进行梳理可以发现,目前,"普通刑事案件"就是指基层人民法院管辖的第一审刑事案件,而"非普通刑事案件"则是指中级人民法院、高级人民法院和最高人民法院管辖的第一审刑事案件。由于每级人民法院第一审管辖的刑事案件范围都有明确指向或条件限制,"普通刑事案件"与"非普通刑事案件"并非划分刑事案件级别管辖的重要依据。[3] 为求立法用语的精简、准确,建议删除本条"普通刑事案件"中的"普通"二字。[4]

---

[1] 李寿伟主编:《中华人民共和国刑事诉讼法解读》,中国法制出版社 2018 年版,第 47 页。

[2] 《刑事诉讼法》第 21、22、23 条规定的中级人民法院、高级人民法院以及最高人民法院一审管辖的案件都称为"刑事案件"或"案件",没有"普通"二字。

[3] 参见冀祥德主编:《最新刑事诉讼法释评》,中国政法大学出版社 2012 年版,第 20 页。

[4] 参见陈卫东主编:《模范刑事诉讼法典》(第二版),中国人民大学出版社 2011 年版,第 119 页。

第二十一条 【中级法院管辖】中级人民法院管辖下列第一审刑事案件：
(一)危害国家安全、恐怖活动案件；
(二)可能判处无期徒刑、死刑的案件。

▶▶【历次修法条文对照】

1979年《刑事诉讼法》	1996年《刑事诉讼法》	2012年《刑事诉讼法》	2018年《刑事诉讼法》
第二章 管辖	第二章 管辖	第二章 管辖	第二章 管辖
第15条：中级人民法院管辖下列第一审刑事案件： (一)反革命案件； (二)判处无期徒刑、死刑的普通刑事案件； (三)外国人犯罪或者我国公民侵犯外国人合法权利的刑事案件。	第20条：中级人民法院管辖下列第一审刑事案件： (一)反革命案件、**危害国家安全案件**； (二)**可能**处无期徒刑、死刑的普通刑事案件； (三)外国人犯罪**或者我国公民侵犯外国人合法权利**的刑事案件。	第20条：中级人民法院管辖下列第一审刑事案件： (一)~~反革命案件~~、危害国家安全、**恐怖活动案件**； (二)可能判处无期徒刑、死刑~~的普通刑事案件~~； ~~(三)外国人犯罪的刑事案件。~~	第21条 内容未修订

▶▶【立法沿革】

本条自1979年确立以来，分别在1996年和2012年修法时有过两次内容调整，2018年修法时仅有条文序号的变化。

一、1996年《刑事诉讼法》对本条的修改

1996年《刑事诉讼法》对中级人民法院管辖的一审案件做了三方面的调整。

(一)在"反革命案件"后增加"危害国家安全案件"

我国在1996年修法前已经制定了1993年《国家安全法》，将"反革命罪"修改为"危害国家安全罪"。另外,无论是当时的刑法学理论界还是实务部门都较为一致地主张将《刑法》分则第一章规定的反革命罪修改为危害国家安全罪。立法机关也认为刑法修改在即,为了维护法律间的协调性和统一性,适应同犯罪作斗争的需要,有必要将中级人民法院一审管辖的"反革命案件"修改为"危害国家安全案件"。但是直接在原条文中删除"反革命案件",会出现法律适用上的一个空白窗口期,因为 1993 年《国家安全法》所列举的危害国家安全的行为尚不能完全囊括刑法规定的反革命行为,在刑法尚未修改前,刑事诉讼仍然要依据当时的刑法中部分"反革命罪"开展相关的侦查、起诉和审判工作。为了保障刑法的正确实施和刑事诉讼法的稳定,立法者采用了一种"过渡性"的立法技术,即保留"反革命案件",同时增设"危害国家安全案件",从而出现了一个条文中新旧两个类罪名并列、并存的局面。这样处理,一方面可以保证在 1997 年《刑法》修正前,刑事诉讼法中仍然有"反革命案件",以便与现行刑法用语保持统一,确保实践中案件办理的正常进行。另一方面,待 1997 年《刑法》修正,"反革命罪"完全被吸收改造进"危害国家安全罪"中,刑事诉讼法也不必再做修改,直接以条文中的"危害国家安全案件"立案、侦查、起诉和审判即可,刑事诉讼法仍然可以与修订后的刑法协调衔接。采取上述立法技术其实是特定时代背景下的一种权宜之计,体现了立法一定的灵活性,但也为 2012 年《刑事诉讼法》彻底删除"反革命案件"的表述预留了任务。

(二)在"判处无期徒刑、死刑的普通刑事案件"前增加"可能"一词

首先,从认识论的规律看,犯罪嫌疑人、被告人是否有犯罪事实,需要被判定何种犯罪,判处什么样的刑罚都是随着诉讼的推进逐渐被发现和认知的,并非在审判前就已确定。按照 1979 年《刑事诉讼法》第 15 条第 2 项的表述,"可能会被理解成审判管辖尚未确定,就已经知道被告人将被判处无期徒刑、死刑,有先定后审之嫌。这是表述上欠妥。这次修改增加了'可能'二字。就是表示被告人被判处无期徒刑、死刑仅仅是根据掌握的材料而推断出的一种可能性,至于被告人是否真的会被判处,还是要经过审判确定"[1]。其次,增加了"可能"二字有利于减少控审分歧和冲

---

[1] 郎胜主编:《关于修改刑事诉讼法的决定释义》,中国法制出版社 1996 年版,第 39 页。

突。检察院认为可能判处无期徒刑、死刑,向法院起诉的案件,被告人最终能否被判处无期徒刑、死刑,还要经过法院审判后才能确定。检察院对于起诉案件的量刑认识仅是一种可能性的判断,对法院并无实质拘束力。如果不加"可能"两字,则意味着检察院起诉的由中级法院管辖的案件必须是判处无期徒刑、死刑的案件,这就给法院无形中增加了一道压力,还有侵蚀法院审判权之嫌。而实践中,一旦法院与检察院认识不一致,就容易扯皮,形成内耗。加上"可能"一词可以说明检法在量刑认识上不一致属于合理现象,且法院在量刑上不受指控约束。最后,加上"可能"也有利于条文之间的统一协调,因为刑事诉讼法规定的关于适用取保候审、监视居住或者逮捕的条件中,针对量刑也用了"可能"一词,即"可能判处有期徒刑以上刑罚"。[1] 综上考虑,1996 年《刑事诉讼法》在原第 15 条第 2 项规定的"判处无期徒刑、死刑的普通刑事案件"前增加了"可能"一词。

(三) 删除"我国公民侵犯外国人合法权利"的刑事案件

1979 年《刑事诉讼法》第 15 条第 3 项规定:"外国人犯罪或者我国公民侵犯外国人合法权利的刑事案件。"该项其实包含了两种由中级人民法院一审的涉外刑事案件:一种是"外国人犯罪的刑事案件";另一种是"我国公民侵犯外国人合法权利的刑事案件"。在当年的修法过程中,不少参与立法的同志认为,鉴于外国人犯罪的情况比较复杂,涉及问题较多,仍由中级人民法院管辖是符合当时的实际情况和现实需求的,但规定"我国公民侵犯外国人合法权利的刑事案件"必须由中级人民法院管辖并无太大必要。"随着对外交流的日益增多,外国人到我国境内进行投资、工作、教学、经商、旅游等情况已非常普遍,在实际发生的案件中,我国公民实施的涉及外国人利益或者针对外国人的刑事案件与之增多,这些案件同中国公民实施的其他刑事案件在本质及其犯罪特征上没有什么差别,其中许多案件也不是严重的刑事案件,情节并不复杂。"[2] "司法实践中,这类案件有的只是偷了外国人的几百元钱或一架照相机,本来是很

---

[1] 参见周道鸾、张泗汉主编:《刑事诉讼法的修改与适用》,人民法院出版社 1996 年版,第 60 页。

[2] 郎胜主编:《关于修改刑事诉讼法的决定释义》,中国法制出版社 1996 年版,第 39—40 页。

轻微的犯罪,影响不大,也要由中级法院审理,大可不必。"[1]而且,此类案件一律交由中级人民法院审理,案件量过大,也不利于及时结案。鉴此,1996年《刑事诉讼法》删除了"我国公民侵犯外国人合法权利"的刑事案件由中级人民法院作为第一审刑事案件管辖法院的规定。

二、2012年《刑事诉讼法》对本条的修改

2012年《刑事诉讼法》对本条共作出四处修改。

(一)删除"反革命案件"

鉴于1997年《刑法》已经将分则第一章"反革命罪"修改为"危害国家安全罪",鉴于"反革命案件"已经成为历史,故有必要删除。

(二)增加"恐怖活动案件"

随着犯罪形势的变化,恐怖活动已经成为影响世界和平与发展的重要因素,我国也面临着恐怖活动的现实威胁。1997年之前,我国刑法中没有关于恐怖活动犯罪的规定。1997年《刑法》第120条新增"组织、领导、参加恐怖活动组织罪"。2001年12月29日,为响应联合国第1373号决议的要求,我国通过《刑法修正案(三)》,增设了一系列的专门反恐规定。[2]考虑到恐怖活动犯罪性质严重,社会危害性大,案件大多复杂且有较大影响,为了与刑法增设恐怖活动犯罪做好衔接,更好地打击犯罪,2012年《刑事诉讼法》增设了"恐怖活动案件"的第一审由中级人民法院管辖的规定。

(三)删除"外国人犯罪的刑事案件"

改革开放初期,我国与外国的民间交往并不频繁,来我国的外国人数量十分有限,涉嫌犯罪的案件数量相对较少。考虑到当时涉外案件有较强的敏感性,慎重起见,1979年和1996年《刑事诉讼法》都规定外国人犯罪的刑事案件统一由中级人民法院管辖。随着我国改革开放的不断扩大和深入,特别是随着全球化的迅猛发展,进入我国境内的外国人数量持续攀升,涉嫌犯罪的案件数量也开始增加,如果仍由中级人民法院作为一审

---

[1] 崔敏:《中国刑事诉讼法的新发展——刑事诉讼法修改研讨的全面回顾》,中国人民公安大学出版社1996年版,第60页。

[2] 参见陈光中主编:《〈中华人民共和国刑事诉讼法〉修改条文释义与点评》,人民法院出版社2012年版,第9页。

法院管辖,负担过重,不利于对下监督和集中精力办好二审案件。另外,外国人犯罪的案件类型多样,政治性、敏感性案件并不多见,有的案件事实清楚、案情简单,与我国公民实施的普通刑事犯罪并无差别,如果仍由中级人民法院一审,有违法律面前人人平等原则。最后,经过了十多年的司法实践以及国家统一的法律职业资格考试制度的施行,我国基层人民法院办案人员的能力和水平有了显著提升,完全有能力审理外国人犯罪案件。综合上述考虑,立法机关在2012年修改刑事诉讼法时,在中级人民法院管辖的第一审案件中删除了"外国人犯罪的刑事案件"的规定。

此外,本条第2项还删除了"可能判处无期徒刑、死刑的普通刑事案件"中的"普通刑事"的表述。

▶▶【法条注解】

一般认为,上级人民法院比下级人民法院办理案件的能力和水平更强,对案件审判的整体把控更为慎重和妥当,办案质量更高。故中级人民法院审理的都是性质比较严重、案情重大或者影响较大、处罚较重的刑事案件。根据本条规定,中级人民法院管辖的第一审刑事案件有两大类,主要是从涉嫌罪名和可能判处的刑罚的严重程度上作出划分。

(一) **危害国家安全、恐怖活动案件**

本条规定的"危害国家安全"案件,主要是指《刑法》分则第一章规定的危害国家安全罪。根据《全国人大常委会关于加强反恐怖工作有关问题的决定》第2条的规定,"恐怖活动",是指以制造社会恐慌、危害公共安全或者胁迫国家机关、国际组织为目的,采取暴力、破坏、恐吓等手段,造成或者意图造成人员伤亡、重大财产损失、公共设施损坏、社会秩序混乱等严重社会危害的行为,以及煽动、资助或者以其他方式协助实施上述活动的行为。"恐怖活动犯罪",是指实施上述恐怖活动的犯罪行为,包括《刑法》第120条规定的组织、领导、参加恐怖组织罪,第120条之一规定的帮助恐怖活动罪以及其他实施恐怖活动的犯罪。

(二) **可能判处无期徒刑、死刑的案件**

"可能判处无期徒刑、死刑的案件"是以可能判处的刑罚为标准来确定第一审法院的级别管辖。"可能判处无期徒刑、死刑的案件"包含三层意思。

一是"可能"判处无期徒刑、死刑的案件。在诉讼过程中,"可能"意味着无期徒刑、死刑可以是检察院对起诉的案件在量刑上的一种认识和判断,并非案件的最终处理结果。另外,依据该款可以进一步得出如下推论:如果人民检察院认为被告人应判处无期徒刑以上刑罚,将案件起诉至人民法院,而后案件经过审理发现不必判处无期徒刑以上刑罚的,人民法院仍有权继续审理,不再交基层人民法院审理。因为,条款中规定的中级人民法院一审的刑事案件是"可能"判处无期徒刑、死刑的案件,只要存在这种实质可能性,中级人民法院对案件就有管辖权和最终审判权。这也是《高法解释》第14条[1]确立的依据。

二是"无期徒刑、死刑"是指宣告刑,即依法可能判处的刑罚,而不是法定刑。当然,可能判处的刑罚又必须是该罪有无期徒刑、死刑的规定,如果某个罪名中没有无期徒刑、死刑的刑罚规定,那当然不属于中级人民法院管辖。

三是为了避免不同条项之间有交叉,"可能判处无期徒刑、死刑的案件"应解释为排除掉"危害国家安全、恐怖活动案件"中可能判处无期徒刑、死刑的案件。

(三)中级人民法院的范围

本条中的"中级人民法院","是指在省、自治区内按地区设立的中级人民法院,在直辖市内设立的中级人民法院,省、自治区辖市的中级人民法院和自治州中级人民法院"[2]。

▶▶【法条评点】

一、第一审最低要由中级人民法院管辖的刑事案件范围

本条是关于中级人民法院第一审刑事案件管辖范围的规定。需要注意的是,除了本条,《刑事诉讼法》第五编的"特别程序"中还有两处涉及一审案件由中级人民法院管辖的规定:一是第291条第2款规定的,对在境外人员缺席审判的案件,"由犯罪地、被告人离境前居住地或者最高人

---

[1] 《高法解释》第14条:"人民检察院认为可能判处无期徒刑、死刑,向中级人民法院提起公诉的案件,中级人民法院受理后,认为不需要判处无期徒刑、死刑的,应当依法审判,不再交基层人民法院审判。"

[2] 王爱立、雷建斌主编:《刑事诉讼法立法精解》,中国检察出版社2019年版,第37页。

民法院指定的中级人民法院组成合议庭进行审理";二是第299条第1款规定的,"没收违法所得的申请,由犯罪地或者犯罪嫌疑人、被告人居住地的中级人民法院组成合议庭进行审理"。

第二十二条 【高级法院管辖】高级人民法院管辖的第一审刑事案件,是全省(自治区、直辖市)性的重大刑事案件。

▶▶【历次修法条文对照】

1979年 《刑事诉讼法》	1996年 《刑事诉讼法》	2012年 《刑事诉讼法》	2018年 《刑事诉讼法》
第二章 管辖	第二章 管辖	第二章 管辖	第二章 管辖
第16条:高级人民法院管辖的第一审刑事案件,是全省(直辖市、自治区)性的重大刑事案件。	第21条:高级人民法院管辖的第一审刑事案件,是全省(自治区、直辖市)性的重大刑事案件。	第21条 内容未修订	第22条 内容未修订

▶▶【立法沿革】

本条为1979年《刑事诉讼法》确立。1996年《刑事诉讼法》将原条文中的"全省(直辖市、自治区)"修改为"全省(自治区、直辖市)"。这样表述与1954年《宪法》和1982年《宪法》,也就是现行2018年《宪法》第30条"全国分为省、自治区、直辖市"的规定相一致,也更符合现在"省、自治区、直辖市"的表述习惯。

在之后的两次修法中,本条未再有内容修改,仅在2018年修法时有条文序号的变动。

▶▶【法条注解】

本条规定的是关于高级人民法院第一审刑事案件的管辖范围。

这里的"高级人民法院","是地方各级人民法院中最高一级的法院,包括省高级人民法院、自治区高级人民法院和直辖市高级人民法院。

根据本条规定,只有全省(自治区、直辖市)性的重大刑事案件,由高级人民法院管辖"[1]。

值得注意的是,由高级人民法院承担一审的案件在全国为数不多,比较有代表性的有两例:一是云南玉溪红塔烟草(集团)有限责任公司原董事长、总裁褚时健等人贪污和巨额财产来源不明案由云南省高级人民法院一审[2],二是原北京市委书记陈希同贪污和玩忽职守案由北京市高级人民法院一审。

▶▶【典型案例】

陈希同贪污、玩忽职守案[3]

1998年7月31日,北京市高级人民法院对陈希同贪污、玩忽职守案进行一审判决:以贪污罪判处陈希同有期徒刑13年;以玩忽职守罪判处陈希同有期徒刑4年;两罪并罚,决定执行有期徒刑16年。赃物没收上缴国库。

法庭认定:陈希同在担任北京市市长、市委书记期间,自1991年7月至1994年11月,在对外交往中接受贵重礼物22件,共计价值人民币55.5万余元,没有按照国家有关规定交公,而是由个人非法占有。陈希同为追求奢靡生活,还指使、纵容王宝森擅自动用财政资金,在北京市八大处公园和怀柔县违规建造了两座豪华别墅,供陈希同、王宝森个人享用。自1993年1月至1995年2月,陈希同经常到上述两座别墅吃住享乐。违规建造的别墅和购置设备共动用财政资金人民币3521万元,耗用服务管理费人民币242万元,吃喝挥霍公款人民币105万元。一审判决后,陈希同不服,向最高人民法院提出上诉。8月20日,最高人民法院作出终审裁定:驳回陈希同上诉,维持原判。

---

[1] 王爱立、雷建斌主编:《刑事诉讼法立法精解》,中国检察出版社2019年版,第37页。

[2] 参见殷红:《烟王褚时健为何没判死刑?》,载《企业文化》1999年第1期,第18页。

[3] 参见新华月报编:《新中国70年大事记:1949.10.1—2019.10.1》(中),人民出版社2020年版,第948页。

▶▶【法条评点】

一、有必要考虑取消高级人民法院对第一审刑事案件的管辖权

取消高级人民法院对第一审刑事案件的管辖权主要出于以下三点考虑：

首先，高级人民法院主要负责全省、自治区、直辖市范围内审判工作的指导、监督以及对不服中级人民法院裁判的上诉和抗诉案件的二审。如果说在改革开放初期，考虑到基层、中级人民法院的法官在办案能力上有不足，规定全省范围内的重大刑事案件由高级人民法院一审有一定的示范、指引效果，属现实需求。那么，在国家统一法律职业资格考试、法官员额制和司法责任制普遍推行的当下，法官专业水平、法律素养得到了普遍提升，继续维持高级人民法院对第一审刑事案件的管辖权已无必要。而且，从司法实践的历史看，由高级人民法院一审的刑事案件极少。特别是党的十八大以来，中央反腐力度持续增强，一些影响大、罪行严重的"大老虎"被相继调查、起诉，但并未出现高级人民法院做第一审法院的情形，案件基本是由中级人民法院一审，审理的质效也相当不错，故有必要考虑在级别管辖中不再规定高级人民法院对第一审刑事案件的管辖。

其次，由高级人民法院一审可能会导致案件中被告人的部分诉讼权利被隐性压缩。例如，案件中的被告人可能被判处死刑，若由高级人民法院一审，被告人上诉或者检察院抗诉，则会由最高人民法院二审。如果最高人民法院二审驳回上诉、抗诉，维持原判，那么之后的死刑复核程序便会省却。因为根据《刑法》第 48 条第 2 款中的规定，"死刑除依法由最高人民法院判决的以外，都应当报请最高人民法院核准。"最高人民法院作为二审法院已然"判决"被告人死刑，再由自己复核没有意义和必要，故依法不再复核。如此，案件中被告人的死刑裁判其实只经过了两审法院的审判，不再有死刑复核的特殊救济。但如果本案由中级人民法院一审，最后还会由最高人民法院进行死刑复核的把关，有两级法院的审理和最高人民法院一级的死刑复核，这对被告人更有利。

再次，司法实践中对于"全省（自治区、直辖市）性的重大刑事案件"的判断与把握并未有明确依据或标准，容易引发控辩审三方的冲突。例如，在杭州保姆莫焕晶纵火案中，辩护律师就提出管辖权异议，认为案件属于在全省范围内或全国范围内有影响的重大刑事案件,要求杭州市中级人民法院中止审理,转由浙江省高级人民法院或最高人民法院一审。

> 2017年12月21日,杭州市中级人民法院通过网络直播方式,公开审理"6·22杭州保姆纵火案"被告人莫某某涉嫌放火、盗窃的刑事案件。庭审开始后,审判长依法询问被告人、辩护人是否申请回避,被告人莫某某的辩护人以要求指定杭州市中级人民法院以外的法院异地管辖为由,要求杭州市中级人民法院停止审理本案。被告辩护律师认为,根据刑诉法有关规定,浙江省高级人民法院对全省有重大影响的案件有管辖权,最高人民法院对全国有重大影响的案件有管辖权。被告人莫某某涉嫌纵火、盗窃罪一案,最高人民法院、浙江省高级人民法院均有管辖权,均可依据《刑事诉讼法》的有关规定指定杭州中院移送异地法院管辖。正是基于上述原因,已经于2017年11月8日向最高人民法院申请指定管辖,但截至开庭时尚未得到最高人民法院答复。杭州中院在最高人民法院没有答复的情况下开庭审理此案,没有法律依据。[1]

最后,删除《刑事诉讼法》第22条的规定,取消高级人民法院对第一审刑事案件的管辖权,但如果遇有特殊情况,需要由高级人民法院进行一审的,仍然可以依据《刑事诉讼法》第24条的规定,在必要的时候,由上级人民法院,也就是高级人民法院提级审判下级人民法院管辖的第一审刑事案件[2]。下级人民法院认为案情重大、复杂,需要由上级人民法院审判的第一审刑事案件,可以请求移送上一级人民法院审判。所以,删除第22条的规定并没有完全剥夺高级人民法院的一审机动管辖权。

---

[1] 参见黄楠:《浅论重大刑事案件的特别管辖——以杭州保姆案为例》,载《法制与经济》2018年第5期,第150页。
[2] 参见陈光中主编:《中华人民共和国刑事诉讼法再修改专家建议稿与论证》,中国法制出版社2006年版,第281页。

第二十三条 【最高法院管辖】最高人民法院管辖的第一审刑事案件,是全国性的重大刑事案件。

▶▶【历次修法条文对照】

1979 年 《刑事诉讼法》	1996 年 《刑事诉讼法》	2012 年 《刑事诉讼法》	2018 年 《刑事诉讼法》
第二章 管辖	第二章 管辖	第二章 管辖	第二章 管辖
第 17 条:最高人民法院管辖的第一审刑事案件,是全国性的重大刑事案件。	第 22 条 内容未修订	第 22 条 内容未修订	第 23 条 内容未修订

▶▶【立法沿革】

本条自 1979 年《刑事诉讼法》规定以来,仅在 1996 年和 2018 年修改刑事诉讼法时有条文序号的变动,条文内容并未修改。

▶▶【法条注解】

本条是关于最高人民法院第一审刑事案件管辖范围的规定。

根据本条规定,最高人民法院负责一审的刑事案件只能是全国性的重大刑事案件。何谓"全国性的重大刑事案件"？一般认为是指在全国范围内涉及面广、影响大、人数众多、性质严重的刑事案件,具体的标准由最高人民法院来掌握。

需要注意的是,最高人民法院审判的刑事案件,作出的判决、裁定是终审的判决、裁定。这些案件不可能因为上诉或者抗诉再引起第二审程序。

▶▶【典型案例】

林彪、江青反革命集团案[1]

1980年11月20日,设在北京市正义路一号的最高人民法院特别法庭正式开庭,一审公开审判中华人民共和国历史上一起前所未有的大案——林彪、江青反革命集团案的10名主犯。

从1980年11月20日开庭到1981年1月27日,历时两个月零七天。为了查明起诉书指控的犯罪事实,特别法庭第一审判庭和第二审判庭先后33次开庭,对10名被告人先后进行了45人次法庭调查,对873件各种证据进行了认真反复的审查。在庭审中,特别法庭先后向被告人出示和宣读了档案、信件、日记、笔记、讲话记录和录音等经过鉴定、验证的原始书证和物证共651件次,通知被害人和证人到庭陈述和提供证言共49人,做到凡是认定的犯罪事实,都有充分确凿的证据,从而查清了各被告人的犯罪事实。

特别法庭调查结束后,还进行了许多次法庭辩论。在辩论时,特别法庭依法保护了被告人行使辩护权和辩论终结后的最后陈述权。特别法庭既不因为被告人过去的地位高,而在犯罪后使他们可以不受法律制裁,也不因为被告人是人民痛恨的人而剥夺他们在法庭上依法享有的辩护和陈述的权利。江青和黄永胜在法庭上分别作了近两个小时和三个小时的辩护和陈述,这充分表明了我们坚决执行社会主义法制的民主原则。

▶▶【法条评点】

一、关于本条的存废

有不少研究者曾建议取消最高人民法院的一审刑事案件管辖权,至于理由,除了本评注于第22条【法条评点】中提及的取消高级人民法院

---

[1] 参见王岚:《老法官王文正回忆审判"四人帮"》,载《党史文苑》2006年第1期,第12页;王旸:《审判"四人帮"纪事》,载《人民公仆》2014年第6期,第78—79页。

一审管辖权的理由,还有如最高人民法院作为最高司法机关,主要负责全国审判工作的指导与协调、确保法律的统一适用,不宜再担负过多审判职能。从司法实践中的情况来看,由最高人民法院一审的刑事案件极少,规定其对第一审刑事案件的管辖权并无必要。本评注也倾向于取消最高人民法院对第一审刑事案件的管辖权,但若立法机关考虑由最高人民法院对于某些涉及国家重大利益的案件进行一审有特殊的政治意义或者宣誓意义,本评注也不完全反对保留该条款。

> **第二十四条 【级别管辖的变通】**上级人民法院在必要的时候,可以审判下级人民法院管辖的第一审刑事案件;下级人民法院认为案情重大、复杂需要由上级人民法院审判的第一审刑事案件,可以请求移送上一级人民法院审判。

▶▶【历次修法条文对照】

1979年《刑事诉讼法》	1996年《刑事诉讼法》	2012年《刑事诉讼法》	2018年《刑事诉讼法》
第二章 管辖	第二章 管辖	第二章 管辖	第二章 管辖
第18条:上级人民法院在必要的时候,可以审判下级人民法院管辖的第一审刑事案件,也可以把自己管辖的第一审刑事案件交由下级人民法院审判;下级人民法院认为案情重大、复杂需要由上级人民法院审判的第一审刑事案件,可以请求移送上一级人民法院审判。	第23条:上级人民法院在必要的时候,可以审判下级人民法院管辖的第一审刑事案件,~~也可以把自己管辖的第一审刑事案件交由下级人民法院审判~~;下级人民法院认为案情重大、复杂需要由上级人民法院审判的第一审刑事案件,可以请求移送上一级人民法院审判。	第23条 内容未修订	第24条 内容未修订

第二章 管　辖

▶▶【立法沿革】

本条为1979年《刑事诉讼法》确立，1996年《刑事诉讼法》修改时有内容删减，之后的两次修法未再有内容调整，仅在2018年《刑事诉讼法》修改时有条文序号的变动。

1996年《刑事诉讼法》删除了旧法中上级人民法院在必要的时候"也可以把自己管辖的第一审刑事案件交由下级人民法院审判"的表述，这样处理主要有两方面的原因。

一是从理论上分析，法律规定的级别管辖是按照各级人民法院的一审权限来划分的，这是管辖的一项原则。"上级人民法院在审级上高于下级人民法院，审判权限要大于下级人民法院，因而对下级人民法院负有指导、监督的责任。上级人民法院必要时可以审判下级人民法院管辖的第一审刑事案件，这是在原则基础上的灵活运用，但下级人民法院审判上级人民法院管辖的第一审刑事案件则有失于原则的灵活。"[1]

二是从实践中看，上述删除的部分条文曾经作为中级人民法院将死刑案件的一审权下放到基层人民法院的依据，引发了较为深刻的教训。1983年8月16日，即"严打"开始时，最高人民法院、最高人民检察院和公安部曾联合发出《最高人民法院、最高人民检察院、公安部关于判处无期徒刑、死刑的第一审普通刑事案件管辖问题的通知》（已失效），授权"中级人民法院在必要的时候，可以决定把某些属于严重危害社会治安的，应判处无期徒刑、死刑的第一审普通刑事案件，交由基层人民法院审判"。其所依据的就是1979年《刑事诉讼法》第18条中的规定。但后来在实践中发现，死刑判决权下放基层人民法院后，出现了判处死刑过多且失控的现象。[2] "据有的材料统计，在这段时间内，有个别地区的人民法院审判死刑的案件，报送高级人民法院核准时，其准确率只有百分之

---

〔1〕 周道鸾、张泗汉主编：《刑事诉讼法的修改与适用》，人民法院出版社1996年版，第61页。

〔2〕 参见崔敏：《中国刑事诉讼法的新发展——刑事诉讼法修改研讨的全面回顾》，中国人民公安大学出版社1996年版，第61页。

三十。"[1]不久,最高人民法院又会同最高人民检察院、公安部于1983年12月2日共同发出通知,将死刑案件的一审判决权重新收回中级人民法院。但实际上,直到1987年,个别省份仍然存在部分基层人民法院管辖应处无期徒刑、死刑的第一审普通刑事案件的情况。[2]

基于上述原因,1996年《刑事诉讼法》删除了原第18条中"也可以把自己管辖的第一审刑事案件交由下级人民法院审判"的内容。这意味着,在刑事诉讼法中,下级人民法院无权审理本应属于上级人民法院管辖的第一审案件。详言之,上级人民法院不能将本应属于自己管辖的一审案件交由下级人民法院一审;下级人民法院也不应向上级人民法院申请审理本应由上级人民法院一审的刑事案件。简言之,在刑事诉讼级别管辖的问题上,"下不可以审上",这对于维护法院的管辖制度和正常的审判程序意义重大。

▶▶【法条注解】

《刑事诉讼法》第24条是专门用来解决级别管辖中出现特殊情况的规定,学理上称为级别管辖的变通,也可称为级别管辖中的机动管辖。

尽管《刑事诉讼法》第20条至第23条对级别管辖做了较为明确的规定,但司法实践中依然可能会出现两种特殊情况:一种是上级人民法院发现下级人民法院对其管辖的一审刑事案件不宜审理或审理存在困难,上级人民法院对此案又较为重视,能否提级管辖?另外一种是下级

---

[1] 陈仁华:《正确适用审判管辖中的变通规定之我见》,载《法学评论》1991年第1期,第51页。

[2] 参见《最高人民法院关于无期徒刑、死刑的第一审普通刑事案件应由中级人民法院管辖的通知》,法(研)通〔1987〕1号(已失效),1987年3月26日。通知内容:"黑龙江省高级人民法院:一九八三年八月十六日,我院曾与最高人民检察院、公安部联合发出通知,提出:中级人民法院在必要的时候,可以决定把某些属于严重危害社会治安的,应判处无期徒刑、死刑的第一审普通刑事案件,交由基层人民法院审判。到一九八二年十二月二日,根据新的情况,我院又同最高人民检察院、公安部共同发出了(83)法研字第23号《关于判处无期徒刑、死刑的第一审普通刑事案件由中级人民法院管辖的通知》,指出:'今后对于判处无期徒刑、死刑的第一审普通刑事案件,仍执行刑事诉讼法第十五条的规定,由中级人民法院管辖。'据了解,你省仍有三十多个基层人民法院管辖无期徒刑、死刑的第一审普通刑事案件,这是不妥的。请你院通知所属中级人民法院注意认真执行我院(83)法研字第23号通知。"

人民法院受理了一起刑事案件,认为案情重大、复杂,自己审理能力不足,是否有权请求移送上级人民法院一审？对于这两种情况,第 24 条都作出了回应。

一、上级人民法院提级管辖下级人民法院的一审案件

第 24 条前半句规定:"上级人民法院在必要的时候,可以审判下级人民法院管辖的第一审刑事案件。"该部分内容规定的是上级人民法院对下级人民法院的管辖变通,即上级人民法院把本来应由下级人民法院管辖的第一审刑事案件改为由自己一审,可简称为"上提下"。

(一)适用条件

上级人民法院提级管辖下级人民法院的一审案件涉及三个适用条件。

第一,应是"必要的时候"才行使。何谓"必要的时候"？"鉴于刑事案件的情况千差万别,比较复杂,很难作出具体性的规定。总的说,应当理解为存在一种特殊需要的情况的时候。根据司法实践的经验,主要是,下级人民法院不便处理,如无力排除地方干扰、犯罪者为该地的主要领导成员;或者由上级人民法院处理,更为有利于惩治犯罪,保护当事人的合法权益。"[1]此外,最高人民法院的司法解释新增了两种"必要的时候"的具体情形。一种是中级人民法院受理了同级人民检察院提起公诉的案件后,经审查认为案件依法应当由下级基层人民法院管辖,但考虑到这类案件已经起诉至中级人民法院,若再交由基层人民法院审判,难免存在未审先定的问题,同时为了使案件能够得到更及时的处理,更快更好地完成刑事诉讼法的任务,不再交由下级基层人民法院审判,而由自己审判。这种"必要的时候"的情形规定在《高法解释》第 14 条:"人民检察院认为可能判处无期徒刑、死刑,向中级人民法院提起公诉的案件,中级人民法院受理后,认为不需要判处无期徒刑、死刑的,应当依法审判,不再交基层人民法院审判。"另一种是对于被告人犯有数罪、共同犯罪等需要并案审理的案件。当其中一人或者一罪按照级别管辖规定需要由上级人民法院一审的时候,虽然其他案件本应由下级人民法院管辖,但因为要并案

---

[1] 周道鸾、张泗汉主编:《刑事诉讼法的修改与适用》,人民法院出版社 1996 年版,第 69 页。

审理,所以全案都由上级人民法院管辖。这种情形也属于"必要的时候"的情形之一。相关条文为《高法解释》第 15 条:"一人犯数罪、共同犯罪或者其他需要并案审理的案件,其中一人或者一罪属于上级人民法院管辖的,全案由上级人民法院管辖。"

从对"必要的时候"的理解看,"上提下"属于特殊例外情形,不应成为级别管辖中的实践常态。《刑事诉讼法》第 5 条规定:"人民法院依照法律规定独立行使审判权……不受行政机关、社会团体和个人的干涉。"法院的独立审判包括法院内部上下级之间的独立。宪法规定,上下级人民法院之间是监督与被监督的关系,不是领导与被领导的关系。如果上级人民法院经常性地提审下级人民法院管辖的第一审刑事案件,可能构成对下级人民法院审判案件的过度干预,有违依法独立行使审判权原则。所以,上级人民法院对下级人民法院的一审案件进行提级管辖只能是特殊情况、个别情形,是一种应急性的机动处置,不应成为普遍原则。

第二,提级管辖的案件必须是下级人民法院有管辖权的案件。下级人民法院对于提级管辖的案件本身具有法定的一审管辖权,只是因为不宜审理、缺乏足够的审理能力或者办案存在阻力等特殊情况,上级人民法院才将案件提级管辖。如果下级人民法院对上提的案件本身就没有管辖权,则不适用《刑事诉讼法》第 24 条的规定。例如,乙市甲县人民法院以故意杀人罪判处被告人张三有期徒刑 15 年,后人民检察院抗诉,乙市中级人民法院作为二审法院审理该案,发现张三应当判处无期徒刑,该案级别管辖错误,故撤销原判发回重审。下级人民法院,也就是甲县人民法院通过将案件退回同级人民检察院的方式改变级别管辖,案件后移送至乙市中级人民法院一审,判处张三无期徒刑。在该案中,乙市中级人民法院一审张三故意杀人案是基于《刑事诉讼法》第 21 条的规定,不是第 24 条有关级别管辖变通的规定。

第三,上级人民法院对提级管辖的案件是进行一审。上级人民法院提级管辖审理的案件是下级人民法院管辖的"第一审刑事案件"。该案件本应由下级人民法院一审,但因经过提级移送到上级人民法院,所以案件仍然是由上级人民法院进行一审。本条不应简单理解为,上级人民法院"提级管辖"或"提审"就是进行二审,这样只会架空一审程序,违背两审终审制度。

(二)注意事项

除了"上提下"有三个适用条件,还应注意两个事项。

一是条文中的"上级人民法院"不是"上一级人民法院"。理论上,高级人民法院也可以提级管辖基层人民法院所管辖的第一审刑事案件。

二是上级人民法院在必要时审判的是下级人民法院管辖的"第一审"刑事案件。对于下级人民法院管辖的第二审刑事案件,上级人民法院无权提级管辖。

二、下级人民法院请求将案件移送上一级人民法院管辖

《刑事诉讼法》第 24 条后半句规定:"下级人民法院认为案情重大、复杂需要由上级人民法院审判的第一审刑事案件,可以请求移送上一级人民法院审判。"这部分是关于下级人民法院向上级人民法院移送案件管辖的规定,可简称为"下移上",其适用应主要遵循三个方面的条件和要求。

第一,请求移送的既可以是由下级人民法院管辖的第一审刑事案件,也可以是上级人民法院管辖的第一审刑事案件。从立法机关对该部分条文的释义看,下级人民法院认为的案情重大、复杂需要由上级人民法院审判的一审案件包括两种:一种是级别管辖错误,是指下级人民法院发现案件是依法应当由上级人民法院审判的第一审刑事案件,换言之,这种情形中的下级人民法院实际上是没有一审管辖权的;另一种是属于下级人民法院自己管辖的案件,但由于案情重大、复杂、涉及被告人多、地区广,或者案件影响重大,下级人民法院审理有困难,需要由上级人民法院审判的一审刑事案件。对于这两种情形,《高法解释》第 17 条第 1 款和第 2 款分别作出了相应规定。例如,针对上述第一种情形,第 17 条第 1 款规定:"基层人民法院对可能判处无期徒刑、死刑的第一审刑事案件,应当移送中级人民法院审判。"再如,针对上述第二种情形,第 17 条第 2 款规定:"基层人民法院对下列第一审刑事案件,可以请求移送中级人民法院审判:(一)重大、复杂案件;(二)新类型的疑难案件;(三)在法律适用上具有普遍指导意义的案件。"

第二,只能请求移送上一级人民法院管辖。如果请求移送上级人民法院审判第一审刑事案件,按照条文要求必须是逐级上报,即请求移送"上一级"人民法院审判。换言之,即使上一级人民法院审判下级人民法院的案件也存在困难或不宜审判的,也只能是层报最终的上级人民法院进行一审。

第三,下级人民法院只有请求权没有决定权。下级人民法院只能是请求移送上一级人民法院审判,并不是说一旦下级人民法院提出移送请求,上一级人民法院就必须接受,决定权其实在上一级人民法院。换言之,上一级人民法院有决定受理或不予受理案件的权力。《高法解释》第17条第3款对此有进一步的规定,即基层人民法院审判第一审刑事案件,"需要将案件移送中级人民法院审判的,应当在报请院长决定后,至迟于案件审理期限届满十五日以前书面请求移送。中级人民法院应当在接到申请后十日以内作出决定。不同意移送的,应当下达不同意移送决定书,由请求移送的人民法院依法审判;同意移送的,应当下达同意移送决定书,并书面通知同级人民检察院"。

▶▶【法条评点】

一、有关第24条后半段中"第一审刑事案件"范围的争议

对《刑事诉讼法》第24条后半句中的下级人民法院请求移送上一级人民法院审判的"第一审刑事案件"的范围曾有过争议。有学者认为下级人民法院请求移送上一级人民法院审判的刑事案件,究竟是属于该院有管辖权的还是无管辖权的,从条文表述看并不清楚明确,建议与第24条前半段表述一致,仅限于下级人民法院本身有管辖权的刑事案件,将原条文中"下级人民法院认为案情重大、复杂需要由上一级人民法院审判的第一审刑事案件,可以请求移送上一级人民法院审判"的规定,修改为"下级人民法院对自己所管辖的第一审刑事案件,认为案件重大、复杂需要由上一级人民法院审判的,可以请求移送上一级人民法院审判"[1]。但也有学者提出反驳,认为1979年《刑事诉讼法》第18条前半段明确指出,"上级人民法院在必要的时候,可以审判下级人民法院管辖的第一审刑事案件,也可以把自己管辖的第一审刑事案件交由下级人民法院审判",条文中明确使用的是"下级人民法院管辖"和"自己管辖"。而后半句并没有规定下级人民法院移送上一级人民法院审判的第一审刑事案件是下级人民法院管辖的案件。"立法上的这种安排,本身就意

---

〔1〕 参见陈光中、严端主编:《中华人民共和国刑事诉讼法修改建议稿与论证》,中国方正出版社1999年版,第139页。

味着下级人民法院移送上级人民法院审判的第一审刑事案件,不一定是自己管辖的第一审刑事案件。"[1]

本评注赞同后一种观点。首先,法律条文的语词使用不是随意为之,从文义解释出发,既然本条前半句明确了"下级人民法院管辖",而后半句并没有出现类似下级人民法院"管辖""所管辖"或"自己管辖"的表述,那么就应当作开放性解释,不应仅限于"下级人民法院请求移送上级人民法院审判的第一审刑事案件只能是由自己管辖的第一审刑事案件"。其次,从历史解释的角度看,前述主张限缩下级人民法院请求移送上一级人民法院审判的刑事案件范围的主张曾在1996年《刑事诉讼法》修改时被提及,而且也有明确的修改方案,但最终未被立法机关采纳。最后,从立法机关对本条的释义看,立法机关仍然坚持了开放性的广义解释,即下级人民法院请求移送上一级人民法院审判的刑事案件既包括下级人民法院对其有管辖权的案情重大、复杂的刑事案件,也包括下级人民法院受理的实际上应当由上级人民法院管辖的第一审刑事案件。正是在这一理解下,《高法解释》第17条第1款和第2款才作出了不同情形下的规定。这足见立法机关与司法机关已经达成默契,统一了立场和条文的适用范围。

二、级别管辖变通中的管辖异议权

根据《刑事诉讼法》第24条的规定,刑事案件在人民法院系统内部上下移送,成为法院内部的一种职权行为,但并没有考虑案件当事人的参与,听取其对级别管辖向上移转的意见,一定程度上忽略了级别管辖变通对当事人等诉讼权利的影响。另外,当事人能否向上一级人民法院提出提级管辖的申请,无论是立法还是司法解释都未规定。从这个角度看,这样的管辖制度是不完善的,有必要借鉴民事诉讼法的规定,增加当事人管辖异议制度。

---

[1] 陈仁华:《正确适用审判管辖中的变通规定之我见》,载《法学评论》1991年第1期,第52页。

第二章 管 辖 第25条

> **第二十五条 【地域管辖】**刑事案件由犯罪地的人民法院管辖。如果由被告人居住地的人民法院审判更为适宜的,可以由被告人居住地的人民法院管辖。

▶▶【历次修法条文对照】

1979年《刑事诉讼法》	1996年《刑事诉讼法》	2012年《刑事诉讼法》	2018年《刑事诉讼法》
第二章 管辖	第二章 管辖	第二章 管辖	第二章 管辖
第19条:刑事案件由犯罪地的人民法院管辖。如果由被告人居住地的人民法院审判更为适宜的,可以由被告人居住地的人民法院管辖。	第24条 内容未修订	第24条 内容未修订	第25条 内容未修订

▶▶【立法沿革】

本条自1979年《刑事诉讼法》确立后,除在1996年和2018年修法时有条文序号的变动外,内容未有调整。

▶▶【法条注解】

第25条是审判管辖中有关地域管辖的规定。确定案件的审判管辖顺序,首先是选择"纵轴"上的级别管辖,而后是确定"横轴"上的地域管辖。从刑事诉讼法在"管辖"一章的条文排序看,也是按照先级别管辖后地域管辖的顺序规定,即以由纵到横的方式确定"点"来具体化一审的管辖法院。谈及地域管辖仅涉及同级之法院管辖。[1] 至于确定地域管辖

---

[1] 参见林钰雄:《刑事诉讼法》(上册),新学林出版股份有限公司2019年版,第115页。

法院的标准,主要有原则与例外两种情形。

一、原则上由犯罪地的人民法院管辖

根据第 25 条,刑事案件的地域管辖原则上都是由犯罪地的人民法院管辖。这是因为犯罪地是犯罪的发生地,基于特定的时空原因,存有大量与案件有关的证据。由犯罪地的人民法院一审,有利于证据的收集和移送,也便于诉讼参与人就近参加诉讼以及群众旁听案件审理。

(一)"犯罪地"外延的演变

划定"犯罪地"的外延,学理上曾有不同认识。一种观点认为,犯罪地包括犯罪的行为发生地和结果发生地。《刑法》第 6 条第 1 款规定:"凡在中华人民共和国领域内犯罪的,除法律有特别规定的以外,都适用本法。"涉及刑法的空间效力问题,立法采取的属地管辖原则要求对犯罪地加以确定,即以什么因素为标准确定犯罪发生在本国领域内。我国刑法对此采取了"遍在说",即行为实施地与结果发生地都是犯罪地,行为或结果有一项发生在本国领域内,就适用本国刑法。[1] 具体规定是《刑法》第 6 条第 3 款:"犯罪的行为或者结果有一项发生在中华人民共和国领域内的,就认为是在中华人民共和国领域内犯罪"。刑事诉讼法中有关"犯罪地"的划定可由此借鉴。而且,如果对"犯罪地"的解释过窄,可能会影响或者限制对犯罪的追究,不利于严密刑事法网。另一种观点认为,犯罪地只应包括犯罪的行为发生地。"犯罪的行为地与结果地相分离的情况主要出现在经济领域的犯罪当中,如果犯罪结果发生地的司法机关对案件有管辖权,可能容易发生被害人所在地司法机关出于地方保护的目的,滥用刑事管辖权违法干预经济纠纷的情况。为防止这种情况发生,犯罪结果发生地不宜被解释为'犯罪地',或者对可以作为'犯罪地'的犯罪结果发生地作出严格限定。"[2]

在实践层面,司法解释对于"犯罪地"的划定也有一个演变过程。最初,最高人民法院的司法解释对犯罪地的确定采用的是前述学理上的第

---

[1] 参见张明楷:《刑法学(上)》(第六版),法律出版社 2021 年版,第 94 页。
[2] 王尚新主编:《最高人民法院、最高人民检察院、公安部、国家安全部、司法部、全国人大常委会法制工作委员会〈关于实施刑事诉讼法若干问题的规定〉解读》,中国法制出版社 2013 年版,第 7—8 页。

二种观点,犯罪地是指犯罪行为地以及有限度的犯罪结果地。如1998年《高法解释》第2条规定:"犯罪地是指犯罪行为发生地。以非法占有为目的的财产犯罪,犯罪地包括犯罪行为发生地和犯罪分子实际取得财产的犯罪结果发生地。"2002年最高人民法院、最高人民检察院、海关总署联合发布的《关于办理走私刑事案件适用法律若干问题的意见》第1条中对走私犯罪案件的犯罪地作出详细规定:"走私犯罪案件复杂,环节多,其犯罪地可能涉及多个犯罪行为发生地,包括货物、物品的进口(境)地、出口(境)地、报关地、核销地等。如果发生刑法第一百五十四条、第一百五十五条规定的走私犯罪行为的,走私货物、物品的销售地、运输地、收购地和贩卖地均属于犯罪行为的发生地。"该规定严格遵循1998年《高法解释》第2条对犯罪地确立的精神,体现出在那个时期,犯罪行为发生地几乎是唯一的犯罪地确定标准。

之后,因应司法实践的变化和需求,"犯罪地"的外延开始扩张,对犯罪结果地的限定开始松绑,不再局限于财产类犯罪。如2010年最高人民法院、最高人民检察院、公安部、司法部联合印发的《关于依法惩治拐卖妇女儿童犯罪的意见》第4条中规定:"拐卖妇女、儿童犯罪的犯罪地包括拐出地、中转地、拐入地以及拐卖活动的途经地。"2011年最高人民法院、最高人民检察院、公安部联合印发的《关于办理侵犯知识产权刑事案件适用法律若干问题的意见》第1条中规定:"侵犯知识产权犯罪案件的犯罪地,包括侵权产品制造地、储存地、运输地、销售地,传播侵权作品、销售侵权产品的网站服务器所在地、网络接入地、网站建立者或者管理者所在地,侵权作品上传者所在地,权利人受到实际侵害的犯罪结果发生地。"上述司法解释只涉及几类特定犯罪,在实际执行中,对于其他犯罪的"犯罪地"是否也可以包括犯罪结果地,各方认识仍有分歧。

在2012年《刑事诉讼法》修改后,为确保法律正确、有效和统一实施,立法机关和司法机关提出有必要总结实践经验,对"犯罪地"的含义作出重新界定。在研究刑事诉讼法规定部门互涉问题的过程中,各部门经过反复研究,一致认为,应当明确犯罪的行为发生地和结果发生地都属于"犯罪地"。据此,《六机关规定》第2条作出规定:"刑事诉讼法第二十四条中规定:'刑事案件由犯罪地的人民法院管辖。'刑事诉讼法规定的'犯罪地',包括犯罪的行为发生地和结果发生地"。这一规定的出台意味着立法和司法机关改变了既往的态度,将"犯罪地"的外延扩展到了前述第一种学理观点,"犯罪地"得到了扩大解释。进一步的理由主要包括如下几个方面:一是与《刑法》第 6 条第 3 款的精神保持一致,确保法律规定之间的衔接协调。二是刑事诉讼法规定刑事案件由犯罪地司法机关管辖,主要是为了及时收集证据,查明案情,有利于诉讼参与人就近参加诉讼,便于群众旁听案件。由于刑事案件的情况千差万别,为实现上述目的,有的案件可能由犯罪行为发生地的司法机关办理更为适当,有的案件则可能由犯罪结果发生地的司法机关办理更为适当。三是虽然犯罪结果发生地可能会发生被害人所在地司法机关出于地方保护的目的随意作为,违法干预经济纠纷的问题,但犯罪行为发生地也可能出现犯罪嫌疑人所在地的司法机关出于地方保护的目的,消极不作为,对刑事案件该立案不立案的问题。这两方面问题,主要还是应当通过加强监督制约,保障当事人诉讼权利等方法解决。[1] 遵循这一思路,2012 年《高法解释》第 2 条第 1 款也规定,"犯罪地包括犯罪行为地和犯罪结果地"。修订后的 2021 年《高法解释》第 2 条第 1 款延续了这一规定。

(二)"犯罪地"的确定

"犯罪地"包括犯罪行为地和犯罪结果地。一般认为,只要犯罪行为或犯罪结果的一部分发生在某地,该地即属犯罪地。"不作为犯,应履行作为义务之地及因不作为而生结果之地皆属之。"[2] 在间接正犯的场合,利用者(间接正犯者)的行为地,或者说利用者开始利用被利用者的行为地,以及被利用者实施犯罪的行为地与结果地,均属犯罪地。在共同正犯的场合,任何一个共同正犯者的行为地或结果地均属于犯罪地。在广义共犯的场合,正犯行为、共同正犯行为、教唆行为、帮助行为有一部分发生在某地或者共同犯罪结果有一部分发生在某地,均可视为犯罪地。

单就犯罪行为而言,其包括犯罪预备行为和犯罪实行行为。所以,犯罪预备地也是犯罪行为地。根据《公安规定》第 16 条第 1 款的规定,"犯罪行为发生地,包括犯罪行为的实施地以及预备地、开始地、途

---

[1] 参见王尚新主编:《最高人民法院、最高人民检察院、公安部、国家安全部、司法部、全国人大常委会法制工作委员会〈关于实施刑事诉讼法若干问题的规定〉解读》,中国法制出版社 2013 年版,第 9 页。

[2] 林钰雄:《刑事诉讼法》(上册),新学林出版股份有限公司 2019 年版,第 115 页。

经地、结束地等与犯罪行为有关的地点;犯罪行为有连续、持续或者继续状态的,犯罪行为连续、持续或者继续实施的地方都属于犯罪行为发生地"。

单就犯罪结果来看,实践中,其大多是死亡或者伤害等结果的发生地,权利人受到实际侵害地,犯罪分子实际取得财产地,相关物品的目的地、输入地等。[1]《公安规定》第16条第1款规定:"犯罪结果发生地,包括犯罪对象被侵害地、犯罪所得的实际取得地、藏匿地、转移地、使用地、销售地。"值得注意的是,犯罪结果地既包括犯罪构成要件的基本实害结果地与加重结果地,也包括构成要件的具体危险地。例如,在未遂犯的场合,除了犯罪行为地,行为人希望、放任结果发生之地,可能发生结果之地(危险地)都是犯罪地,具体可视为犯罪结果地。多数说认为,未遂犯是具体危险犯[2],故现实的、具体的危险地当然可以被视为犯罪结果地。

二、例外情形下由被告人居住地的人民法院管辖

第25条后半句规定:"如果由被告人居住地的人民法院审判更为适宜的,可以由被告人居住地的人民法院管辖。"据此,确定法院地域管辖的另一标准是被告人居住地。可以说,在地域管辖的确定上,被告人居住地标准是犯罪地标准的例外或补充,体现了原则性与灵活性相结合的立法技术。

一般认为,针对犯罪行为,如果被告人居住地的民愤极大或在当地产生了较大影响,在当地审判可以消除民愤,减少不当影响或舆情,同时有利于进行法制宣传教育,传播法治的正能量。另外,如果被告人可能被判处管制、缓刑或决定暂予监外执行,需要在居住地进行社区矫正的,由被告人居住地的人民法院审判,更能够便利诉讼和执行。此外,由被告人居住地审理更为适宜的还包括被告人流窜作案,主要犯罪地难以确定,而居住地群众更为了解其犯罪情况的案件,如临时外出组织成员之间相互侵

---

[1] 参见王尚新主编:《最高人民法院、最高人民检察院、公安部、国家安全部、司法部、全国人大常委会法制工作委员会〈关于实施刑事诉讼法若干问题的规定〉解读》,中国法制出版社2013年版,第10页。

[2] 参见张明楷:《中止犯中的"造成损害"》,载《中国法学》2013年第5期,第113页。

犯构成犯罪的案件。"甲地的李某、张某和王某结伴去乙地旅游,在旅游中李某偷了张某的钱和物。王某知道此事,回到甲地后告诉了张某,张某便可向甲地司法机关控告,尔后由甲地人民法院审判;巨额财产来源不明的案件,由于该罪所指的非法所得究竟通过何种途径或方式取得,并在何地实施犯罪行为无法加以确定的"[1],也可以由被告人居住地的人民法院审理。

对于"被告人居住地"的确定,不能将其仅仅限定为被告人的户籍地,随着改革开放的深入和持续,交通更加发达和便利,在人口流动的今天,居住地和户籍地不一致的情况较为常见,因此在确立被告人居住地时,有必要引入经常居住地,确定其含义。对此,《高法解释》第3条第1款规定:"被告人的户籍地为其居住地。经常居住地与户籍地不一致的,经常居住地为其居住地。经常居住地为被告人被追诉前已连续居住一年以上的地方,但住院就医的除外。"此外,对于单位犯罪案件而言,《高法解释》第3条第2款确立了单位的居住地,"被告单位登记的住所地为其居住地。主要营业地或者主要办事机构所在地与登记的住所地不一致的,主要营业地或者主要办事机构所在地为其居住地。"《公安规定》第16条第2款也做了基本相同的规定。

▶▶【法条评点】

一、刑事诉讼中犯罪地的确定时点

地域管辖中的犯罪地除了有空间层面的确认,还涉及时间层面的判断。因刑事诉讼体现为一个连续的动态进程,有关犯罪行为与犯罪结果的证据、事实均可能发生变化,作为判断地域管辖标准的犯罪地究竟应以哪一时点为据,直接影响一审管辖法院审理的稳定性和裁判的安定性。孙远教授曾对此问题举出案例,展开专门研究。

"B市检察机关指控被告人在A市生产毒品,然后又运到B市售予他人,B市法院经开庭审理,认为被告人将毒品由A市运到B市售与他人证据不足,不能成立,但被告人在A市生产毒品的证据充分。试问:在

---

[1] 刘华、吴杰:《论我国刑事案件的地区管辖》,载《政法论坛》1993年第1期,第39页。

此情况下,B市法院是否可以对该案件继续行使管辖权?"[1]

对于上述问题和案件的处理有三种不同的观点:

一是"判决书认定说",即以判决书所认定的犯罪地为准,判断时点为判决作出之时,据此B市法院不能继续行使管辖权。

二是"起诉书记载说",即以起诉书所记载的犯罪地为准,判断时点为提起公诉之时,据此B市法院可以继续行使管辖权。

三是"法院审查标准说",即以法院对起诉书指控的犯罪事实进行审查后所作的认定为准,判断时点为开庭审理前的庭前审查阶段,据此B市法院可以继续行使管辖权。

"判决书认定说"错误较为明显。直接的反例就是,法院作出的无罪判决否认犯罪事实的发生,自然没有所谓的"犯罪地"。如果依该说确认犯罪地,进而确定管辖法院,那么作出无罪判决的法院显然都不具有管辖权,更不具有审判权。另外,"判决书认定说"中的判决书到底是以一审、二审还是再审时为准本身也模糊不明,倘若都要依据终审判决才能认定犯罪地,那么大多数的一审可能会处于合法或非法的模糊境地,司法公信力何在?从学理上分析,以德国为代表的大陆法系国家,大多将管辖权理解为诉讼要件。"诉讼要件,或称为诉讼条件或程序要件,是指使整个诉讼能够合法进行并为实体判决所须具备之前提要件。亦即,具体刑事案件经提起诉讼后,产生诉讼关系,法院固然应以终局判决终结之,但是,必须具备一定的前提要件,法院始能就该案件为有罪或无罪之实体判决,此等前提要件,即为诉讼要件。维系整个诉讼程序的合法与否,可谓诉讼要件的本质,欠缺时法院不能为实体判决。"[2]据此,诉讼要件是否具备,须在法院正式开启实体审判前确定。作为诉讼要件之一的审判管辖权的确立也应先于实体审判。概言之,就管辖权与审判权之关系而言,先有管辖权之确立,后有实体审判权之启动。"判决书认定说"无异于颠倒了这一逻辑关系。

"起诉书记载说"将管辖权的确认置于法院实体审判前,厘清了管辖权与审判权的关系。但问题是如果直接依据起诉书所记载的犯罪地确定

---

[1] 孙远:《论犯罪地的确定——兼论庭前审查程序的实质化》,载《法律适用》2016年第8期,第106页。

[2] 林钰雄:《刑事诉讼法》(上册),新学林出版股份有限公司2019年版,第253页。

管辖法院,"将会导致控诉机关实质上掌握了管辖法院的选择权,从而规避管辖法定原则。因为检察院若欲选择本地法院审判,只须在起诉书指控之事实部分作出与该地有关之表述即可,即使经审判发现与该地相关之部分并无足够证据支持,亦不排除该地法院之管辖权。若如此,管辖制度的立法目的注定落空"[1]。该观点确有一定道理,但域外似乎也有与"起诉书记载说"相同的司法实践。我国台湾地区对于地域管辖(土地管辖)中犯罪地的确定时点就是以"起诉时"为准,具体指检察官或自诉人提出起诉书、自诉状于管辖法院时,即以案件诉讼系属于法院时为准。为此,有必要对该问题作进一步学理分析。

按照我国台湾地区对于地域管辖的确定以"起诉时"为准的认识,当案件系属于法院,法院即有了裁判管辖权。当然,为了避免管辖错误,基于管辖权为诉讼要件的性质,法院要在实体审理前对已经系属的案件是否有实质的管辖权依职权调查,如因犯罪地确立错误,法院实际并无地域管辖权,则不能开启实体审理,更不能作出实体裁判,但因案件已经起诉并系属于法院,基于"告即应理"的原则,此时须以"谕知管辖错误之判决"作出程序裁判,并同时谕知移送于管辖法院(见图三)。至于法院依职权作出的调查,由于诉讼要件之存否,管辖之有无属于程序事项,因此调查仅需采用自由证明程序,具体的调查方式以书面阅卷为主。

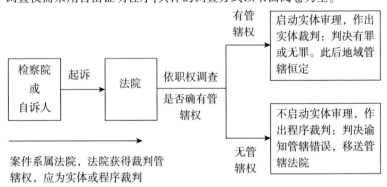

图三:案件系属理论与法院的实体、程序裁判

---

[1] 孙远:《论犯罪地的确定——兼论庭前审查程序的实质化》,载《法律适用》2016年第8期,第107页。

依上述分析和图表来看,我国台湾地区的"起诉时",仅是受诉法院就案件的地域管辖有调查和程序裁判权,但此时其地域管辖并未恒定。因为一旦受诉法院在启动实体审理前依职权调查发现自身并无管辖权,还是要判决谕知管辖错误,移送其他法院管辖。从这个层面来看,所谓"起诉时",即案件系属或受诉法院的地域管辖仍可能在变动流转中。真正地域管辖恒定的时点为受诉法院依职权调查确认自身有管辖权,拟开启实体审理之际。换言之,在刑事诉讼法中,确认法院获得恒定地域管辖权的时点是在实体审理前的职权调查确认环节。一旦法院调查确认自身拥有地域管辖权,后续即使在实体审理中发现犯罪地有变,法院也不再变更地域管辖,而应作出最终的实体裁判。

综上分析,本评注认可"法院审查标准说"。该说一方面避免了"判决书认定说"就管辖权与审判权逻辑倒错的问题,另一方面也与域外的制度和实践做法趋同,实际上承认了法院对起诉书所记载的犯罪地有审查决断的权力,由此防止检察院毫无根据的任意起诉,架空管辖法定原则。《高法解释》第218条第1项就规定,对提起公诉的案件,人民法院应当在收到起诉书和案卷、证据后,审查案件是否属于本院管辖。这其实是对"法院审查标准说"在规范层面上的肯认。需要注意的是,"法院审查标准说"并不是法院要对起诉书所指控的事实进行实质审理以准确判定犯罪地,而是仅在庭前审查阶段就起诉书指控的犯罪事实进行书面审查,确定犯罪地,核验自己是否有地域管辖权。所以,"法院审查标准说"是法院对起诉书中犯罪地确认的形式化审查、程序性审查、书面审查,并非实体性的实质审理。

一旦法院在庭前审查阶段依起诉书指控的犯罪事实,连同案卷、证据等进行审查,并依结果确认了犯罪地和自身的管辖权,即可开庭进行后续的实质性审理。即使最终认定的犯罪事实中犯罪地并非审理法院所在地,该法院的地域管辖也并无错误。这可称为地域管辖恒定原理。

▶▶【表格梳理】

本评注收集整理了近年来相关司法解释和规范性文件中部分犯罪案件有关"犯罪地"的相关规定(见表二)。

表二：部分司法解释和规范性文件中有关"犯罪地"的规定

	司法解释或规范性文件	犯罪地的确定
1	《办理走私刑事案件适用法律若干问题的意见》(2002)第1条第1款	走私犯罪案件复杂，环节多，其犯罪地可能涉及多个犯罪行为发生地，包括货物、物品的进口(境)地、出口(境)地、报关地、核销地等。如果发生刑法第一百五十四条、第一百五十五条规定的走私犯罪行为的，走私货物、物品的销售地、运输地、收购地和贩卖地均属于犯罪行为的发生地。
2	《办理毒品犯罪案件适用法律若干问题的意见》(2007)第1条第2款	"犯罪地"包括犯罪预谋地，毒资筹集地，交易进行地，毒品生产地，毒资、毒赃和毒品的藏匿地、转移地，走私或者贩运毒品的目的地以及犯罪嫌疑人被抓获地等。
3	《全国部分法院审理毒品犯罪案件工作座谈会纪要》(2008)第11条第1款	考虑到毒品犯罪的特殊性和毒品犯罪侦查体制，"犯罪地"不仅可以包括犯罪预谋地、毒资筹集地、交易进行地、运输途经地以及毒品生产地，也包括毒资、毒赃和毒品藏匿地、转移地、走私或者贩运毒品目的地等。
4	《关于依法惩治拐卖妇女儿童犯罪的意见》(2010)第4条	拐卖妇女、儿童犯罪的犯罪地包括拐出地、中转地、拐入地以及拐卖活动的途经地。
5	《关于办理网络赌博犯罪案件适用法律若干问题的意见》(2010)第4条第2款	"犯罪地"包括赌博网站服务器所在地、网络接入地，赌博网站建立者、管理者所在地，以及赌博网站代理人、参赌人实施网络赌博行为地等。
6	《关于办理侵犯知识产权刑事案件适用法律若干问题的意见》(2011)第1条第1款	侵犯知识产权犯罪案件的犯罪地，包括侵权产品制造地、储存地、运输地、销售地，传播侵权作品、销售侵权产品的网站服务器所在地、网络接入地、网站建立者或者管理者所在地，侵权作品上传者所在地，权利人受到实际侵害的犯罪结果发生地。

(续表)

	司法解释或规范性文件	犯罪地的确定
7	《关于办理网络犯罪案件适用刑事诉讼程序若干问题的意见》(2014)第2条第2款	网络犯罪案件的犯罪地包括用于实施犯罪行为的网站服务器所在地,网络接入地,网站建立者、管理者所在地,被侵害的计算机信息系统或其管理者所在地,犯罪嫌疑人、被害人使用的计算机信息系统所在地,被害人被侵害时所在地,以及被害人财产遭受损失地等。
8	《关于办理电信网络诈骗等刑事案件适用法律若干问题的意见》(2016)第5条第1项	犯罪地包括犯罪行为发生地和犯罪结果发生地。"犯罪行为发生地"包括用于电信网络诈骗犯罪的网站服务器所在地,网站建立者、管理者所在地,被侵害的计算机信息系统或其管理者所在地,犯罪嫌疑人、被害人使用的计算机信息系统所在地,诈骗电话、短信息、电子邮件等的拨打地、发送地、到达地、接受地,以及诈骗行为持续发生的实施地,预备地、开始地、途经地、结束地。"犯罪结果发生地"包括被害人被骗时所在地,以及诈骗所得财物的实际取得地、藏匿地、转移地、使用地、销售地等。
9	《关于公安机关办理经济犯罪案件的若干规定》(2017)第8条第2款、《公安机关办理刑事案件程序规定》(2020)第16条第1款	犯罪地包括犯罪行为发生地和犯罪结果发生地。犯罪行为发生地,包括犯罪行为的实施地以及预备地、开始地、途经地、结束地等与犯罪行为有关的地点;犯罪行为有连续、持续或者继续状态的,犯罪行为连续、持续或者继续实施的地方都属于犯罪行为发生地。犯罪结果发生地,包括犯罪对象被侵害地、犯罪所得的实际取得地、藏匿地、转移地、使用地、销售地。
10	《关于办理非法从事资金支付结算业务、非法买卖外汇刑事案件适用法律若干问题的解释》(2019)第10条	非法从事资金支付结算业务、非法买卖外汇刑事案件中的犯罪地,包括犯罪嫌疑人、被告人用于犯罪活动的账户开立地、资金接收地、资金过渡账户开立地、资金账户操作地,以及资金交易对手资金交付和汇出地等。

(续表)

	司法解释或规范性文件	犯罪地的确定
11	《关于办理"套路贷"刑事案件若干问题的意见》(2019)第11条第1款、第2款、第3款	犯罪地包括犯罪行为发生地和犯罪结果发生地。"犯罪行为发生地"包括为实施"套路贷"所设立的公司所在地、"借贷"协议或相关协议签订地、非法讨债行为实施地、为实施"套路贷"而进行诉讼、仲裁、公证的受案法院、仲裁委员会、公证机构所在地,以及"套路贷"行为的预备地、开始地、途经地、结束地等。"犯罪结果发生地"包括违法所得财物的支付地、实际取得地、藏匿地、转移地、使用地、销售地等。
12	《关于办理电信网络诈骗等刑事案件适用法律若干问题的意见(二)》(2021)第1条	电信网络诈骗犯罪地,除《最高人民法院、最高人民检察院、公安部关于办理电信网络诈骗等刑事案件适用法律若干问题的意见》规定的犯罪行为发生地和结果发生地外,还包括:(一)用于犯罪活动的手机卡、流量卡、物联网卡的开立地、销售地、转移地、藏匿地;(二)用于犯罪活动的信用卡的开立地、销售地、转移地、藏匿地、使用地以及资金交易对手资金交付和汇出地;(三)用于犯罪活动的银行账户、非银行支付账户的开立地、销售地、使用地以及资金交易对手资金交付和汇出地;(四)用于犯罪活动的即时通讯信息、广告推广信息的发送地、接受地、到达地;(五)用于犯罪活动的"猫池"(Modem Pool)、GOIP设备、多卡宝等硬件设备的销售地、入网地、藏匿地;(六)用于犯罪活动的互联网账号的销售地、登录地。
13	《高法解释》(2021)第2条第2款	针对或者主要利用计算机网络实施的犯罪,犯罪地包括用于实施犯罪行为的网络服务使用的服务器所在地,网络服务提供者所在地,被侵害的信息网络系统及其管理者所在地,犯罪过程中被告人、被害人使用的信息网络系统所在地,以及被害人被侵害时所在地和被害人财产遭受损失地等。

> **第二十六条 【优先管辖】【移送管辖】**几个同级人民法院都有权管辖的案件,由最初受理的人民法院审判。在必要的时候,可以移送主要犯罪地的人民法院审判。

▶▶【历次修法条文对照】

1979年《刑事诉讼法》	1996年《刑事诉讼法》	2012年《刑事诉讼法》	2018年《刑事诉讼法》
第二章 管辖	第二章 管辖	第二章 管辖	第二章 管辖
第20条:几个同级人民法院都有权管辖的案件,由最初受理的人民法院审判。在必要的时候,可以移送主要犯罪地的人民法院审判。	**第25条** 内容未修订	**第25条** 内容未修订	**第26条** 内容未修订

▶▶【立法沿革】

本条为1979年《刑事诉讼法》确立,在之后的历次修法中未有内容调整,仅在1996年和2018年修法时有过条文序号的变动。

▶▶【法条注解】

一、立法目的

第26条是对第25条的进一步补充,因为涉及地域管辖,仅第25条不足以解决以下两种情况中反映的现实问题。

一种情况是一个犯罪的行为地和结果地相分离,分别出现在不同地方。例如,甲于某市A区非法拘禁乙,后又用汽车经该市B区、C区,将乙转移至D区继续拘禁。本案中,甲属于持续犯,非法拘禁的犯罪行为在A、B、C、D四个区一直持续,故四个区都是犯罪地。类似上述情况,如何确定法院的地域管辖?

另一种情况是犯罪嫌疑人、被告人在不同地点实施了多起犯罪,有些犯罪单就行为或结果而言就涉及多地。此时的犯罪地涉及多处,犯罪地的人民法院都有管辖权,如果需要并案管辖,如何确定管辖法院?

对于上述问题,第26条作出明确规定,犯罪涉及多地,几个地方的人民法院都有管辖权的,原则上由最初受理的人民法院管辖,也称为优先管辖,必要时,可以移送主要犯罪地的人民法院审判。这样规定是因为最初受理的人民法院已经在前期进行了一些相关工作,对案件较为了解和熟悉,由其继续审理,更有利于提高审判效率,及时结案。但有些时候,最初受理的人民法院所在地并不是主要犯罪地,一定程度上会影响对案件主要事实的查清,也不利于关键证人等主要诉讼参与人的出庭。由最初受理的人民法院审判反而不利于提高审案的质量和效率。另外,在主要犯罪地的人民法院审理很多时候更有利于消除民愤,震慑潜在犯罪,提升社会治安效果,开展法制宣传教育。基于此,第26条规定,几个同级人民法院都有管辖权的,原则上虽由最初受理的人民法院审理,但考虑到上述情形,最初受理案件的人民法院可以将案件移送主要犯罪地的人民法院审判。

> **张某诈骗、盗窃案**[1]
>
> 被告人张某,男,24岁,原系河北省某县农民,此人一贯不务正业。1999年12月间,张某在长春火车站与流窜犯陈某(女)、王某(陈、王另案处理)相识,三人合谋到外地进行诈骗。他们化名为李军、李英、李铁,并冒充姐弟关系,流窜至关内某县。王某带领张某、陈某二人到该县舅父付某某家,托舅父给陈某在本地找婆家。经付某的岳母介绍,陈某答应与某村农民肖某结婚。陈某与肖某结婚前,被告人张某假称去东北给陈某开结婚证明,从肖某处骗取2000元。张某买了一份假证明后返回某村,交给肖某。肖某持假证明与陈某登记结婚。王某和张某又以回东北给陈某办理户口为名,从肖家骗取3000元。张某、王某到了东北后,给陈某、肖某来信,伪称须陈某亲自回东北办理户口迁移证明。陈某借机携带肖某给她买的衣服、首饰,以及结婚时收受的全部礼物和现金逃跑,致使肖某损失达

---

[1] 参见陈光中主编:《刑事诉讼法学案例选编》,中国城市出版社2001年版,第71页。

> 20000多元。2000年5月,张某在丹东扒窃时被抓获。
> 本案经丹东市某区公安局立案侦查,该区人民检察院审查起诉后向区法院提起公诉。区人民法院受理此案后认为,被告人张某系流窜犯,曾在多处作案,主要犯罪是在河北省某县某村的诈骗犯罪,为便于核实证据,查明案情,并教育当地群众,提高群众的法制观念,应将此案移送河北省某县人民法院审判。

本案中,最初受理的丹东市某区人民法院之所以要将案件移送河北省某县人民法院审理,正是依据了《刑事诉讼法》第26条,张某的主要犯罪地在河北省某县,大部分犯罪证据都在该地。而且,一段时期,利用假结婚骗取钱财的诈骗案件在农村地区比较常见,犯罪分子之所以屡屡得手,与当地群众警惕性较差、缺乏法制观念有关。因此,将本案移送诈骗案的主要犯罪地人民法院审判,有利于教育群众,做好犯罪预防工作。

综上,依第26条规定,几个同级人民法院都有管辖权的案件,由最初受理的人民法院管辖为主,主要犯罪地的人民法院管辖为辅。

二、适用前提和条件

(一)以级别管辖确定为前提

第26条属于地域管辖,适用前提是级别管辖的确定。从这个角度来说,《刑事诉讼法》第20条至第23条有关级别管辖的规定其实都是第26条的适用前提。得出这一结论的依据除了第26条在管辖一章中所处的条文位置,还在于本条的表述,即几个"同级"人民法院都有权管辖的案件,由最初受理法院管辖为主,主要犯罪地法院管辖为辅。按照审判管辖"先纵后横",即先定级别管辖,后定地域管辖的逻辑,第26条已不再牵涉级别管辖的问题,仅须考虑同级人民法院之间的地域管辖如何确定。反之,如果几个涉及管辖争议的人民法院不是同级,则不适用第26条的规定。例如,张三涉嫌三个犯罪。其在甲市A区盗窃人民币一万元,在甲市B区诈骗人民币一万元,在甲市C区绑架人质李四并向其家属索要赎金一万元,后又将李四"撕票"。本案中,张三的盗窃罪应由A区基层人民法院管辖,诈骗罪应由B区基层人民法院管辖,绑架罪应由甲市中级人民法院管辖。如果三个犯罪要并案管辖,因几个犯罪地的人民法院不在"同级",因此,在确定管辖时就不应适用第26条,而是要先确定级别管辖。具体要适用《高法解释》第 15 条的规定:"一人犯数罪、共同犯罪或者其他需要并案审理的案件,其中一人或者一罪属于上级人民法院管辖的,全案由上级人民法院管辖。"

(二)几个同级人民法院都应有管辖权

第 26 条的第二个适用前提是,几个同级人民法院依第 25 条的规定都有地域管辖权。换言之,第 26 条提及的几个人民法院要么是犯罪地人民法院,要么是被告人居住地的人民法院。

实践当中有时会出现这种情况,即受理案件的人民法院既不是犯罪地的人民法院,也不是被告人居住地的人民法院,则受理案件的人民法院无权管辖,应将案件退回人民检察院,移送有管辖权的人民法院管辖。从这个角度来看,第 25 条也是第 26 条的适用前提。

(三)何为主要犯罪地

主要犯罪地无疑是遗留犯罪证据最多的地方,也往往是被害人、证人所在地,当地群众最关心案件的处理结果。因此,"在必要的时候",由主要犯罪地的人民法院管辖更符合司法实践的需要。主要犯罪地,包括案件涉及多个地点时对该犯罪的成立起主要作用的行为地,如犯罪的实行地而非预备地,共同犯罪中的正犯行为地而非帮助犯等共犯行为地等;也包括一人犯数罪时主要罪行、严重罪行的实行地。

2019 年最高人民法院、最高人民检察院、公安部联合印发的《关于办理非法集资刑事案件若干问题的意见》第 7 条第 5 款关于管辖问题的规定指出,办理跨区域非法集资刑事案件,其中的"主要犯罪地"包括非法集资活动的主要组织、策划、实施地,集资行为人的注册地、主要营业地、主要办事机构所在地,集资参与人的主要所在地等。

▶▶【法条评点】

一、最初受理的人民法院如何将案件移送主要犯罪地的人民法院审判?

第 26 条规定,如果最初受理的人民法院不是主要犯罪地的人民法院,但由主要犯罪地的人民法院审判更为适宜的,最初受理的人民法院应当将已经受理的案件移送到主要犯罪地的人民法院。但具体程序如何设计,相关的司法解释和规范性文件未有规定。

按照前文分析,第 26 条是对第 25 条的补充,也是有关地域管辖的规定。所以,最初受理的人民法院和主要犯罪地的人民法院须是同级人民法院,且都有地域管辖权。那么,"在必要的时候,可以移送主要犯罪地的人民法院审判"到底由谁判断,是最初受理的人民法院还是主要犯罪地的人民法院,抑或任何一方提出动议均可? 一旦提出移送的动议,两个法院是否应沟通协商? 如果协商不成,产生争议,例如,受移送的人民法院不认为自己是"主要犯罪地的人民法院",不愿审理该案,可否提请共同的上级人民法院指定管辖?

> **安某盗窃案**[1]
>
> 安某,男,21 岁,常年沉迷于网络。安某经常于晚间上半夜到网吧上网聊天,下半夜到沈阳市内各大电影院伺机作案。安某或单独、或与他人合伙作案已达数十起,窃得财物价值达 10 万元。安某的作案地主要在沈阳市和平区和皇姑区。某日,安某首次在铁西区作案后被抓获。之后,检察院向铁西区法院起诉安某,铁西区法院认为安某的主要犯罪地在和平区和皇姑区,应由这两地的法院管辖,而和平区和皇姑区两法院认为谁先受理此案就由谁来管辖。此案管辖问题如何处理?

本案中,安某涉案的几个犯罪地法院均有管辖权,虽然铁西区法院最先受理此案,但本案由主要犯罪地的皇姑区或和平区法院审理也有必要。在移送管辖的问题上,最初受理的人民法院与主要犯罪地的人民法院发生了管辖上的分歧或争议,如何处理? 一种观点认为,本案可依据《高法解释》第 19 条第 2 款规定,先由争议法院之间协商解决,协商不成的,由争议的人民法院分别层报共同的上级人民法院指定管辖。另一种观点认为,《刑事诉讼法》第 27 条规定:"上级人民法院可以指定下级人民法院审判管辖不明的案件,也可以指定下级人民法院将案件移送其他人民法院审判"。第 27 条后半句,即上级人民法院"可以指定下级人民法院将案件移送其他人民法院审判"中的"其他人民法院"可以是本来没有管辖

---

[1] 参见张世琦主编,张丽佳分册主编:《中国公民法律咨询全书(第一册):刑事诉讼》,吉林人民出版 2002 年版,第 26 页。

权,但因更适宜审理案件而被赋予管辖权的人民法院,也可以是本来就有管辖权的人民法院。所以,第 27 条后半句规定也可适用于以下情形:几个同级人民法院都有管辖权的案件,当最初受理的人民法院与主要犯罪地的人民法院在移送管辖问题上协商不成时,可以由提出移送动议的人民法院向上一级人民法院申请,由上一级人民法院指定移送主要犯罪地的人民法院管辖。可参照适用的司法解释是《高法解释》第 18 条:"有管辖权的人民法院因案件涉及本院院长需要回避或者其他原因,不宜行使管辖权的,可以请求移送上一级人民法院管辖。上一级人民法院可以管辖,也可以指定与提出请求的人民法院同级的其他人民法院管辖。"

一般认为,依第 27 条的规定,指定管辖主要涉及两种情形:一是案件管辖不明,二是有管辖权的人民法院不宜或不能管辖,需要上级人民法院指定移送到其他原本没有管辖权的法院审理。上述盗窃案中涉及的两种观点或方案其实与传统的对指定管辖的理解与适用存在明显差异,因此未来仍有必要对第 26 条后半句的程序性操作作出明确规定,进行规范释义。

第二十七条 【指定管辖】 上级人民法院可以指定下级人民法院审判管辖不明的案件,也可以指定下级人民法院将案件移送其他人民法院审判。

▶▶【历次修法条文对照】

1979 年《刑事诉讼法》	1996 年《刑事诉讼法》	2012 年《刑事诉讼法》	2018 年《刑事诉讼法》
第二章 管辖	第二章 管辖	第二章 管辖	第二章 管辖
第 21 条:上级人民法院可以指定下级人民法院审判管辖不明的案件,也可以指定下级人民法院将案件移送其他人民法院审判。	第 26 条 内容未修订	第 26 条 内容未修订	第 27 条 内容未修订

第二章 管 辖　　第 27 条

▶▶【立法沿革】

本条自 1979 年《刑事诉讼法》确立后未有内容调整,仅在 1996 年和 2018 年修法时有条文序号的变动。

▶▶【法条注解】

本条是关于人民法院指定管辖的规定,也可称为地域管辖上的机动管辖或裁量管辖。

就管辖一章条义设计的排序来看(见图四),先有立案管辖(职能管辖),后有审判管辖;在审判管辖中,先有普通管辖,后有专门管辖;在普通管辖中,先有级别管辖,后有地域管辖;最后,无论是在级别管辖还是地域管辖中,都是先法定管辖,后裁量管辖(机动管辖)。

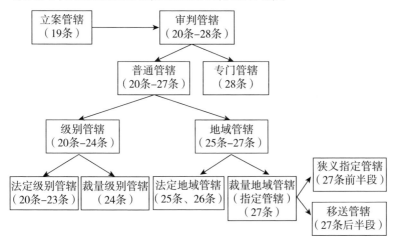

图四:刑事诉讼法"管辖"章条文结构图

综合上文对管辖一章的条文排序及内在体系结构的分析,第 27 条是在级别管辖已经确定的前提下,上级人民法院对下级的"同级人民法院"之间就地域管辖问题进行的裁量性指定管辖。如果从学理上进行划分和解释,本条可分为狭义的指定管辖与移送管辖两种。

一、狭义的指定管辖

所谓狭义的指定管辖是指"上级人民法院可以指定下级人民法院审

223

判管辖不明的案件"。何谓"管辖不明的案件",主要有三类情形。

一是某一案件的管辖在法律规范中没有明确规定。例如,对于某些境外敌对分子针对我国实施了危害国家安全犯罪,符合缺席审判条件,但由于其犯罪地和离境前居住地都不在我国境内,对于这类缺席审判案件的地域管辖,法律没有专门的明确性规定,此时就需要最高人民法院指定某地的中级人民法院管辖。

二是由于事实、证据等客观原因无法确定犯罪地或被告人居住地进而导致管辖法院不明。例如,对于海上发生的犯罪案件,即在一些新发现的海岛、人工岛屿或设施上发生的犯罪,由于这些犯罪地还没有明确的行政区划,归属地不明,可能出现地域管辖无从确定的情形,此时就需要上级人民法院指定管辖。再如,一些犯罪,如拦路抢劫、交通肇事等发生在两地交界,具体的犯罪地点无法被精确认定。又或者有些犯罪的发生年代较为久远,被害人与被告人对犯罪地点的指认或辨认不一致[1],也会导致犯罪地点无法确定。

三是对案件应由谁管辖存在争议。所谓的管辖争议主要包括两种情况:一种情况可称为积极的管辖权争议,几个同级人民法院都认为自己依法对案件有管辖权,要求审判该案件;另一种情况是消极的管辖权争议,几个有管辖权的同级人民法院都不愿审判该案件,相互推诿。实践中消极的管辖权争议一般较为多见。对于这类地域管辖有争议的刑事案件,究竟由哪一地的人民法院管辖,按照《高法解释》第19条第2款规定,发生管辖权争议,首先应由有争议的几个同级人民法院之间协商解决。协商不成的,分别层报共同的上级人民法院指定其中一个有管辖权的人民法院审判该案。需要说明的是,第27条是在级别管辖已经确定后,在遵循第25条和第26条的基础上裁量性、机动性地确定地域管辖。在管辖权有争议的指定管辖中,上级人民法院一般只能按照第25条和第26条的规定指定对这类案件有地域管辖权的人民法院审判,而不能指定其他同级人民法院审判。明确这一点非常重要,它有助于我们充分了解到指定管辖并非简单地为了解决管辖争议,还必须认真考虑划分地域管辖的原则和立法理由。

---

[1] 参见许越骋:《犯罪地点不明对定罪的影响及其表述》,载《人民司法》2010年第8期,第70—71页。

二、移送管辖

所谓移送管辖是指上级人民法院"也可以指定下级人民法院将案件移送其他人民法院审判"。由于刑事诉讼法中的移送管辖在第 27 条的规定中也需要上级人民法院"指定",所以移送管辖属于刑事诉讼中广义的指定管辖的一种。

本条后半部分规定的移送管辖不同于狭义的指定管辖。狭义的指定管辖中,下级人民法院的审判管辖不明,但是在移送管辖中,下级人民法院的审判管辖是明确的,即按照第 25 条和第 26 条地域管辖的规定,应由某地人民法院审判,但出现了某地人民法院不能或不宜审理该案的情形,此时只能由上级人民法院指定,某地人民法院将该案移送到其他人民法院审判。对于移送管辖有四点值得注意。

一是移送案件的人民法院须对案件有管辖权。如果受理案件的法院本身没有管辖权,则不适用第 27 条有关移送管辖的规定。例如,张三在甲地因实施盗窃罪被当地公安机关抓获。张三为了立功获得从宽处理,在侦查讯问环节主动揭发好友李四自行单独实施的诈骗罪。按照张三提供的线索,甲地公安机关将李四抓获并查清了其诈骗事实,后张三和李四的犯罪案件都被移送到了甲地人民法院。但经查明,李四的居住地及其诈骗罪的犯罪地均在乙地,不在甲地。本案可否依第 27 条,由上级人民法院指定作为下级人民法院的甲地人民法院将案件移送到乙地人民法院审判?答案是否定的,究其原因,指定移送管辖不是解决管辖错误,上级人民法院不可以通过指定移送管辖来纠正下级人民法院在管辖中的错误,指定移送管辖的案件,原受理案件的下级人民法院本身须对案件有管辖权。对于上述案件,正确的做法是,依《高法解释》第 219 条第 1 款第 1 项,甲地人民法院在庭前审查环节发现对李四的诈骗罪没有管辖权,应当退回甲地人民检察院,然后由甲地人民检察院将案件移送到乙地人民检察院,乙地人民检察院经审查后以自己的名义向乙地人民法院提起公诉。

二是移送案件的下级人民法院不能或不宜行使审判权。所谓"不能"审判是指由于地震、海啸、泥石流等自然灾害,或合议庭审判人员不够等,有管辖权的人民法院客观上在较长时间内不能行使审判权。所谓"不宜"审判则是指法院的院长、法官或法院本身是案件的一方当事人或者当事人一方的近亲属,又或者被告人是本地主管政法工作的领导等,由有管辖权的人民法院审理该案容易引发审判不公,影响司法的公信力。基于上述"天灾人祸",上级人民法院可以指定下级人民法院移送管辖。

三是启动移送管辖的方式既可以是下级人民法院申请指定,也可以是上级人民法院依职权直接指定。《高法解释》第18条就规定了下级人民法院申请上一级人民法院指定移送管辖的情形:"有管辖权的人民法院因案件涉及本院院长需要回避或者其他原因,不宜行使管辖权的,可以请求移送上一级人民法院管辖。上一级人民法院可以管辖,也可以指定与提出请求的人民法院同级的其他人民法院管辖。"《高法解释》第20条第2款规定了上级人民法院直接指定下级人民法院移送案件的情形:"有关案件,由犯罪地、被告人居住地以外的人民法院审判更为适宜的,上级人民法院可以指定下级人民法院管辖。"

四是受移送的人民法院可以是对案件有管辖权的法院,也可以是对案件没有管辖权,但由其审理更为适宜,经由上级人民法院指定获得管辖权的人民法院。学理上认为,移送管辖是经上级人民法院指定,案件从有管辖权的人民法院移送到原本没有管辖权的人民法院。所以,移送管辖是一种授权性管辖。但是从第27条后半段的表述看,移送的"其他人民法院"并不一定是原本没有管辖权的,也可能是有管辖权的,如作为犯罪地之一的人民法院。这一解释没有超过文义的射程范围,在文义解释上至少是被允许的。[1]

▶▶【法条评点】

一、指定管辖是否仅指一审?

不少刑事诉讼法教科书在"管辖"一章中对审判管辖所作的定义都是,不同人民法院之间就审判第一审刑事案件方面的职权分工[2],并指出"审判管辖所要解决的是某个刑事案件由哪个人民法院作为第一审进行审判的问题"[3]。据此,审判管辖与法院一审紧密相关。但是审判管辖包括级

---

[1] 这一观点回应《刑事诉讼法》第26条【法条评点】中最后的争议问题。
[2] 参见陈瑞华:《刑事诉讼法》,北京大学出版社2021年版,第204页;张建伟:《刑事诉讼法通义》(第二版),北京大学出版社2016年版,第204页;易延友:《刑事诉讼法:规则 原理 应用》(第五版),法律出版社2019年版,第197页。
[3] 陈光中主编:《刑事诉讼法》(第七版),北京大学出版社、高等教育出版社2021年,第125页。

别管辖、地域管辖、指定管辖以及专门管辖等,是否每一种管辖的确定都仅是对应法院的一审呢?这一问题在吉林王成忠案中被引出并引发了讨论。

> **王成忠案**[1]
>
> 2017年吉林省辽源市中级人民法院民三庭原庭长王成忠因涉嫌民事枉法裁判罪被刑事拘留。2018年2月,辽源市西安区人民法院以王成忠犯民事枉法裁判罪判处其有期徒刑三年,王成忠不服,上诉至辽源市中级人民法院。同年,辽源市中级人民法院作为二审法院开庭审理王成忠民事枉法裁判案。辩护人提出,该案审理法院为王成忠原工作法院,合议庭成员均为王成忠的同事,"法官审理前同事"有违司法中立和审判公正,全院审判人员都应予回避,辽源市中级人民法院不宜审理该案。后辽源市中级人民法院书面报请吉林省高级人民法院,请求将王成忠等涉嫌民事枉法裁判案指定其他法院审理。吉林省高级人民法院作出决定,将王成忠等涉嫌民事枉法裁判案指定通化市中级人民法院依照刑事二审程序审判。

对于王成忠案的指定管辖,有研究者曾认为:"就基本诉讼法理而言,管辖专指一审案件审理法院;也即,一审审理一旦系属,二审法院自然确定,通过高院改变、指定二审管辖地是匪夷所思的。"[2]该论断认为二审案件不能指定管辖,理由源于传统理论对于审判管辖制度的认识都是针对案件的一审而言。也正因如此,实践中很少见到二审指定管辖的案件。诚如指定管辖的吉林高院负责人所言:"目前在司法实践中,还没有案件进入二审阶段后再指定管辖的先例"。但查阅《刑事诉讼法》有关管辖的条文,仅有第20条至第24条的涉及级别管辖规定时,才出现了"一审"的字眼。至于第27条的指定管辖,条文中并未出现"一审"的字眼。从文义上看,立法并未禁止二审案件指定管辖。但是,异议者会接着

---

[1] 参见佚名:《法官被控枉法裁判一审获刑三年 二审终被指定异地审理》,载人民日报客户端2018年12月6日,https://baijiahao.baidu.com/s?id=1619061052431583186&wfr=spider&for=pc,访问日期:2023年11月16日。

[2] 郭烁:《前沿丨到了二审再指定管辖,刑诉法上说得通吗?评王成忠案》,载微信公众号"法学学术前沿"2018年12月4日,https://www.sohu.com/a/279656817_671251,访问日期:2021年3月9日。

指出,《刑事诉讼法》第 25 条、第 26 条规定地区管辖时也未出现"一审"字眼,难道地区管辖也适用于二审案件管辖法院的确定? 回答该问题,就需要深入理解整个管辖一章中的条文排序以及管辖法院确定的基本逻辑。刑事诉讼法对管辖法院的确定采用的是从"法定管辖"到"裁定管辖"的适用逻辑。原则上由法律明确规定管辖法院的确定规则,唯有出现特殊情况才能由上级法院以指定管辖的方式裁量确定管辖法院。"法定管辖"采用的是"纵横定点"的方式。所谓"纵"就是先从级别管辖上确定法院的审级,再由地区管辖从"横"向框定审理法院的所在区域,最后的"点"就是横纵两个向度确定下来的具体管辖法院。当然,如果最终确定的"点"有多个,也就是多个法院都有管辖权的,法律规定由最初受理的法院审判,必要时,可移送主要犯罪地的法院审理。上述确定管辖法院的逻辑就是现行《刑事诉讼法》第 20 条至第 26 条的规定,应用的逻辑顺序也与条文排序对应。基于此,本评注认为,由于第 20 条到第 24 条都是一审案件级别管辖的规定,紧接着便是第 25 条和第 26 条有关地区管辖的规定,两种管辖在条文排序上前后相接,适用上前后相继,故立法对地区管辖在条文设计上就作出了"对象省略",没有再规定"一审"的字眼。但本身内含着地区管辖就是针对一审的意思。而且,根据法院的上下审级关系,通过级别管辖和地区管辖确定了一审,二审也就随之明确,一切都是法定的流程,难有外力干预。所以,在法定管辖下,但凡遇到案件的审判管辖,按图索骥即可锁定一审和二审的管辖法院。当然,确定一审是级别管辖和地区管辖"纵横定点"的结果,二审的管辖确定则是审级关系使然。

  管辖原则上是以事先一般的、抽象的规范进行分配,也就是以法定管辖处理即可,除非遇有特殊情形,不能依法定管辖处理,立法才规定上级法院可以裁定管辖法院,以此对管辖作出"事后安排"。"理论上,裁定管辖包括指定管辖和移转管辖,前者用于处理管辖权之积极冲突、消极冲突或者权限不明的情形,后者则用于处理不能或不宜由法定管辖法院审判的情形。所谓不宜由法定管辖法院审判,是指因特别情形,如果由有管辖权的法院进行审判,可能影响公正审判或者难以期待其能够公正审判。"[1] 我

---

[1] 熊秋红:《正确处理管辖争议 保障司法客观公正》,载法制网 2018 年 12 月 3 日,http://www.legaldaily.com.cn/judicial/content/2018-12/03/content_7709848.html,访问日期:2021 年 3 月 10 日。

国刑事诉讼中,在裁定管辖之下,未明确区分指定管辖与移送管辖,而是以"指定管辖"笼而统之。但无论如何,我国目前的指定管辖适用的前提都是在"法定管辖"遇有特殊情形时立法赋予的最后手段,在"管辖"一章中也恰恰是即将终了的一个条文。由于特殊情形的类型多样,发生的阶段不仅限于一审,也可能发生在二审,甚至可能发生在再审。所以在哪一审出现就可以在哪一审指定管辖。例如,实践中,二审法院在案件审理过程中由于洪水、地震、泥石流等自然灾害原因客观上无法行使管辖权的,此时就可以由上级法院指定管辖。再如,二审过程中,有调查发现被告人的亲属通过行贿买通了包括院长、副院长在内的一众法官,二审法院的审判已难期公正,此时也可由上级法院指定管辖。

我国台湾地区也发生过与大陆王成忠案件类似的案件,也采用了上级指定原二审法院移送管辖的处理方式。

中国台湾地区"最高法院"104年度台声字第96号裁定

裁判案由:贪污声请移转管辖

裁判日期:2015年7月23日

声请人:林德盛

上列声请人因贪污案件(台湾地区"高等法院花莲分院"一〇四年度上诉字第一〇七号),声请移转管辖,本院裁定如下:

主文:本件移转于中国台湾地区"高等法院"。

理由:

一、按案件因特别情形由有管辖权之法院审判,恐影响公安或难期公平者,由直接上级法院,以裁定将案件移转于其管辖区域内与原法院同级之他法院,"刑事诉讼法"第十条第一项第二款定有明文。本诸审判独立不受任何干涉,所谓特别情形,须审酌该法院依其环境上之特殊关系,又所称难期公平,系指有具体事实,足认该法院之审判不得保持公平者而言;而此事由之有无,应以法院与被告间之关系事实,依一般通常之人所具有之合理观点,无法期待有管辖权之法院审判形成公正法院之信赖,或有管辖权之法院与被告间现有或曾经具有"特别紧密的"业务关系为断,例如被告曾担任有管辖权法院之法官且与法院同事互为合议庭成员,即属案件由有管辖权之法院审判,

> 恐难期公平之具体事实。
>
> 二、本件声请人林德盛声请意旨略谓：声请人因贪污案件，经检察官起诉，台湾地区"花莲地方法院"判刑，声请人不服，提起上诉，现正系属于台湾地区"高等法院花莲分院"。兹因声请人原任职此第二审法院为法官，时间长达十一年余，和院内各庭长、法官多有情谊，符合"刑事诉讼法"第十条第一项第二款情形，爰声请移转由台湾地区"高等法院"审判等语。
>
> 三、兹审酌台湾地区"高等法院花莲分院"审判庭之编制，声请人所称，与首揭所示难期有管辖权之法院公平审判之具体事实，经核尚无不合，其声请应予准许。爰裁定如主文。
> ……………

综上，我国立法没有对地区管辖明确"一审"的字眼应是一种立法技术上的"留白"或省略，但对第27条指定管辖的条文没有规定"一审"则是指其适用范围不仅包括一审还包括二审。这背后反映了法定管辖和裁定管辖在适用逻辑上的不同法理。

二、指定移送管辖难以包容实践中的事前指定管辖与集中管辖

所谓实践中的事前指定是指案件在尚未移送人民法院之前，即由相关规范或检法机关的事前沟通确定了案件须直接指定某地法院进行管辖。"集中管辖，是指上级司法机关将分散于各地的一种或几种特定类型的案件交由其辖区内一家或几家法院管辖。"[1]这两类管辖都与指定管辖密切相关，但细究起来，却难以在刑事诉讼法，特别是第27条指定管辖中找出直接适用依据。

（一）职务犯罪案件的事前指定管辖

随着国家监察体制改革的深入推进，以往检察院的职务犯罪侦查权转为职务调查权，由监察机关行使。然而，囿于职务犯罪案件的特殊性，如贪污贿赂等职务犯罪案件的涉案人员不少在犯罪地有一定的行政官阶，关系网复杂，为了排除地方干扰或案外因素的不当影响，监察

---

[1] 张志攀：《刑事诉讼集中管辖制度的反思与完善》，载《荆楚学刊》2021年第5期，第73页。

机关常常通过指定管辖的方式由异地监察机关办理此类案件。例如,《监察法》第17条第1款规定,上级监察机关可以将下级监察机关有管辖权的监察事项指定给其他监察机关管辖。但是,这一做法却导致后续的审查起诉和审判不能按照刑事诉讼法有关地域管辖的规定与监察管辖有效衔接,从而形成了管辖衔接上的错位与冲突。为了理顺监察与司法在管辖上的衔接关系,从规范和实践两个层面看,监察机关在移送职务犯罪案件前,常常会与检察院、法院事前沟通,通过上级检察院和法院事前指定管辖的方式,确定异地检察院、法院的管辖权。例如,A省B市教育局局长张三(居住地为B市)涉嫌严重违纪违法,由于张三长期在B市任职,涉嫌的严重违纪违法问题也都发生在B市,为排除干扰、保证案件的顺利办理,A省监察机关指定C市监察机关对本案进行管辖。如果监察机关最终查明张三涉嫌严重的受贿犯罪,可能判处无期徒刑以上刑罚,则案件应移送检察院审查起诉和提起公诉。在我国,由于检察院的审查起诉是参照法院的审判管辖规则对应管辖的,依据《刑事诉讼法》第25条的规定,法院是依照以犯罪地为主,被告人居住地为辅的原则确定地域管辖。结合本案,坚持诉审管辖对应原则,只有张三的犯罪地或居住地的检察院,即B市检察院可以审查起诉、提起公诉,B市中级法院可以对此案一审,而C市中级法院对该案无管辖权,C市检察院也无权对该案审查起诉。如何解决异地监察管辖与法定审查起诉、法定审判中地域管辖不一致的问题?《监察法实施条例》第222条规定:"上级监察机关指定下级监察机关进行调查,移送起诉时需要人民检察院依法指定管辖的,应当在移送起诉前由上级监察机关与同级人民检察院协商有关程序事宜。"本案中,C市监察机关在案件调查终结后,不能直接将案件移送C市检察院审查起诉,而应及时向A省监察机关报告,由A省监察机关与A省检察院以及A省高级人民法院共同协商解决异地审查起诉、审判管辖的问题。从司法实践看,上述案件最终的协商结果都是由A省检察院和A省高级人民法院以指定管辖的方式指定C市检察机关和C市法院办理张三受贿案件(见图五)。这样做的目的,一方面是便利C市监察机关同级、同地区移送检察院、法院案卷和证据材料,后续的退回补充调查等工作也便于沟通衔接;另一方面,由异地检察院和法院进行起诉审判,也便于受贿等国家工作人员的职务犯罪案件排除地方干扰,确保司法公正。

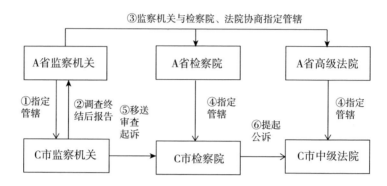

图五：监察与司法移送地区管辖中的衔接

上级人民法院事前的指定管辖，在处理监察与司法管辖的有序衔接上具有现实价值和实际意义，但这一做法在刑事诉讼法中并没有直接依据。从第 27 条有关指定管辖的规定看，事前指定管辖的动因显然不是案件管辖不明。就指定移送管辖而言，从第 27 条后半句的条文表述看，上级人民法院是可以指定下级人民法院"将案件移送"其他人民法院审判。既然是"将案件移送"，那就说明案件已由移送法院受理，只有案件已经转入才会有转出即移送的问题。但上述事前指定管辖显然不需要下级法院之间再行移送手续，而是由指定管辖的人民检察院直接将案件起诉至事前指定的人民法院。综上，在职务犯罪案件中，为了实现监察与司法的有效衔接，上级人民法院所采用的事前指定管辖在第 27 条的指定管辖规定中找不到适用依据。

（二）集中管辖

刑事诉讼中，集中管辖主要聚焦于知识产权类案件、环境保护类案件、青少年犯罪案件、外国人犯罪案件等。集中管辖在实践中主要是以上级人民法院指定管辖的方式来进行，即由上级人民法院统一将某类案件指定到辖区内某一家或几家人民法院进行审判。由于集中管辖中的指定管辖是根据案件类型进行的"批量式"指定，所以，形式上"一案一指"的个案指定管辖实为类案指定管辖。这首先就违反了指定管辖个案适用、例外适用的基本法理。详言之，集中管辖是依据案件类型来划分管辖权限的，指定管辖应针对存在管辖不明或有争议、无法或不宜行使管辖权情形的个案，而不能普遍适用于某一类尚未发生的案件。事实上，集中管辖更接近或类似于组织法上的专门管辖,需要由法律作出明确规定。[1]

另外值得注意的是,为了保证集中管辖的顺利推行,诉讼前端的公安机关、检察院等也在进行集中管辖制度的统一改革试点。某一行政区划内的公、检、法机关常常通过会签文件、事前协商等方式固定同一辖区内的公、检、法机关集中办理某类特殊案件,从而实现侦、诉、审管辖上的协调一致和有序衔接。[2] 以检察系统为例,检察院会与法院在集中管辖的问题上做好事前协商,通过指定管辖的方式将某类案件,如未成年人刑事案件等集中到辖区内的某一个或某几个检察院办理,以便与集中管辖此类案件的法院相对应。《高检规则》第22条就规定,上级人民检察院对于需要集中管辖的特定类型的案件可以指定管辖,对案件的审查起诉指定管辖的,检察院应当与相应的人民法院协商一致。这样做的目的就是确保上级人民法院做好事前指定管辖,以便集中管辖的检察院可直接将案件移送到事前已经指定好的对应的人民法院。可见,"集中管辖属于面向未来的'类案指定',即对于将来发生的某类刑事案件,由上级人民法院以规范性司法文件的形式指定由某个或者某几个法院统一管辖"[3]。在集中管辖的问题上,上级人民法院仍然存在事前的指定管辖,同前述职务犯罪案件事前指定管辖一样,这一做法同样缺乏第27条的立法支撑,在刑事诉讼法中也没有适用依据。

综上,第27条中的指定移送管辖难以包容实践中的事前指定管辖与集中管辖。而且,这两类管辖在实践中有愈发扩张之势,如何解决类似实践中管辖制度的创新改革于法无据、无法可依的问题,仅增订相关的司法

---

[1] 参见熊秋红、余鹏文:《我国刑事诉讼管辖体系之完善》,载《法学杂志》2022年第4期,第61页;万毅:《论检察机关集中管辖制度》,载《社会科学》2021年第11期,第110—111页。

[2] 如2006年安徽省高级人民法院、安徽省人民检察院、安徽省公安厅、安徽省司法厅制定的《关于市辖区一审未成年人刑事案件管辖的规定》,2011年上海市高级人民法院、上海市人民检察院、上海市公安局、上海市司法局制定的《关于本市审理知识产权刑事案件若干问题的意见》,2011年郑州市中级人民法院、郑州市人民检察院、郑州市公安局制定的《郑州市知识产权刑事案件提级管辖的若干规定》等。

[3] 孙长永主编:《中国刑事诉讼法制四十年:回顾、反思与展望》,中国政法大学出版社2021年版,第24页。

解释条文[1]难以摆脱"司法造法""司法续造"的诟病,还是应当以回归立法的方式对此加以解决。

第二十八条 【专门管辖】专门人民法院案件的管辖另行规定。

▶▶【历次修法条文对照】

1979 年 《刑事诉讼法》	1996 年 《刑事诉讼法》	2012 年 《刑事诉讼法》	2018 年 《刑事诉讼法》
第二章 管辖	第二章 管辖	第二章 管辖	第二章 管辖
第 22 条:专门人民法院案件的管辖另行规定。	第 27 条 内容未修订	第 27 条 内容未修订	第 28 条 内容未修订

▶▶【立法沿革】

本条为 1979 年《刑事诉讼法》确立,此后在历次修法中未有内容调整,仅在 1996 年和 2018 年修法时有过条文序号的变动。

▶▶【法条注解】

本条规定的是专门人民法院的管辖,具体指的是专门人民法院与普通人民法院之间在对第一审刑事案件管辖上的权限分工。

《人民法院组织法》第 15 条第 1 款规定:"专门人民法院包括军事法院和海事法院、知识产权法院、金融法院等。"我国刑事诉讼领域的专门法院主要是军事法院。目前,对军事法院的管辖还没有专门的法律规定,军事法院的管辖范围主要在有关司法解释中作出规定。所以,第 28 条中的"另行规定"既包括由法律就专门人民法院对案件的管辖作出规定,也包括在法律没有规定前由最高人民法院等通过司法解释来规定。

---

[1] 2021 年《高法解释》新增第 20 条第 2 款:"有关案件,由犯罪地、被告人居住地以外的人民法院审判更为适宜的,上级人民法院可以指定下级人民法院管辖。"规定该款很大程度上是为了应对职务犯罪案件事前指定管辖的问题。

此外，我国的专门人民法院还包括海事法院、知识产权法院、金融法院等。但这些专门人民法院的职权特定，案件管辖范围有限。关于海事法院的管辖，1984年11月14日第六届全国人大常委会第八次会议通过的《全国人民代表大会常务委员会关于在沿海港口城市设立海事法院的决定》规定，海事法院管辖第一审海事案件和海商案件，不受理刑事案件和其他民事案件。关于知识产权法院的管辖，2014年《全国人民代表大会常务委员会关于在北京、上海、广州设立知识产权法院的决定》规定，知识产权法院管辖有关专利、植物新品种、集成电路布图设计、技术秘密等专业技术性较强的第一审知识产权民事和行政案件。关于金融法院的管辖，2018年《全国人民代表大会常务委员会关于设立上海金融法院的决定》规定，上海金融法院专门管辖上海金融法院设立之前由上海市的中级人民法院管辖的金融民商事案件和涉金融行政案件。可见，虽然我国的专门人民法院不少，但真正有刑事管辖权的主要是军事法院。

值得注意的是，根据《最高人民法院关于全面深化人民法院改革的意见——人民法院第四个五年改革纲要（2014—2018）》中要改革海事案件管辖制度的要求，2017年2月，最高人民法院指定宁波海事法院试点管辖海事刑事案件。同年6月5日，宁波海事法院受理了宁波市人民检察院指控被告人艾伦·门多萨·塔布雷（Allan Mendoza Tablate）交通肇事罪一案。该案是宁波海事法院作为管辖海事刑事案件的试点法院受理的全国首例海事刑事案件。[1] 有关对海上刑事案件的审理能否经试点最终被纳入海事法院的管辖范围，第28条规定的专门人民法院的外延范围是否会有所拓展，值得观察和期待。

▶▶【延伸性阅读资料】

铁路运输法院的改革[2]

2009年7月8日，中央下发关于铁路公检法机关管理体制改革的文

---

[1] 参见罗书臻：《试点改革海事案件管辖制度 中国海事法院首次受理海事刑事案件》，载《人民法院报》2017年6月6日，第3版。

[2] 参见孙长永主编：《中国刑事诉讼法制四十年：回顾、反思与展望》，中国政法大学出版社2021年版，第9页。

件,要求铁路公检法机关整体纳入国家司法体系,铁路运输法院整体移交驻在地省(直辖市、自治区)党委、高级人民法院管理。截至2012年6月底,全国铁路运输法院完成管理体制改革,整体纳入国家司法体系。2012年7月2日,最高人民法院根据铁路运输法院管理体制改革变化,出台了《最高人民法院关于铁路运输法院案件管辖范围的若干规定》[1],对铁路法院案件管辖的刑事案件和民事案件范围进行了规定。其中关于刑事案件的管辖包括以下四类:(1)车站、货场、运输指挥机构等铁路工作区域发生的犯罪;(2)针对铁路线路、机车车辆、通讯、电力等铁路设备、设施的犯罪;(3)铁路运输企业职工在执行职务中发生的犯罪;(4)在列车上的犯罪,由犯罪发生后该列车最初停靠的车站所在地或者目的地的铁路运输法院管辖;但在国际列车上的犯罪,按照我国与相关国家签订的有关管辖协定确定管辖,没有协定的,由犯罪发生后该列车最初停靠的中国车站所在地或者目的地的铁路运输法院管辖。一些地方的铁路运输法院相继被改造成跨行政区划的法院,如北京市第四中级人民法院、上海市第三中级人民法院,均系原相关铁路运输法院改造而来,主要审理跨行政区划的案件、重大行政案件,环境资源保护、企业破产、食品药品安全等易受地方影响的案件等。鉴于铁路运输法院已经整体上移送驻在地的省、自治区、直辖市高级人民法院,实行属地管理[2],2018年10月,第十三届全国人大常委会修订通过的《人民法院组织法》第15条关于专门法院的规定删除了"铁路运输法院"。因此,在刑事案件的专门管辖制度中,铁路运输法院的专门管辖已经不复存在。

---

[1] 关于此前铁路运输法院的管辖权可参见1982年4月23日最高人民法院发布的《关于铁路运输法院办案问题的通知》,以及1982年7月9日最高人民法院、最高人民检察院、公安部、司法部、铁道部联合发布的《关于铁路运输法院、检察院办案中有关问题的联合通知》。

[2] 参见杨万明主编:《〈中华人民共和国人民法院组织法〉条文理解与适用》,人民法院出版社2019年版,第110页。

第三章 回 避

第二十九条 【回避的法定情形】审判人员、检察人员、侦查人员有下列情形之一的,应当自行回避,当事人及其法定代理人也有权要求他们回避:
(一)是本案的当事人或者是当事人的近亲属的;
(二)本人或者他的近亲属和本案有利害关系的;
(三)担任过本案的证人、鉴定人、辩护人、诉讼代理人的;
(四)与本案当事人有其他关系,可能影响公正处理案件的。

▶▶【历次修法条文对照】

1979年《刑事诉讼法》	1996年《刑事诉讼法》	2012年《刑事诉讼法》	2018年《刑事诉讼法》
第三章 回避	第三章 回避	第三章 回避	第三章 回避
第23条:审判人员、检察人员、侦查人员有下列情形之一的,应当自行回避,当事人及其法定代理人也有权要求他们回避: (一)是本案的当事人或者是当事人的近亲属的; (二)本人或者他的近亲属和本案有利害关系的; (三)担任过本案的证人、鉴定人、辩护人或者附带民事诉讼当事人	**第28条**:审判人员、检察人员、侦查人员有下列情形之一的,应当自行回避,当事人及其法定代理人也有权要求他们回避: (一)是本案的当事人或者是当事人的近亲属的; (二)本人或者他的近亲属和本案有利害关系的; (三)担任过本案的证人、鉴定人、辩护人~~或者附带民事诉讼当事人的~~、	**第28条** 内容未修订	**第29条** 内容未修订

(续表)

1979年 《刑事诉讼法》	1996年 《刑事诉讼法》	2012年 《刑事诉讼法》	2018年 《刑事诉讼法》
第三章 回避	第三章 回避	第三章 回避	第三章 回避
的代理人的； （四）与本案当事人有其他关系，可能影响公正处理案件的。	诉讼代理人的； （四）与本案当事人有其他关系，可能影响公正处理案件的。		

▶▶【立法沿革】

回避制度是指，如果诉讼中的有关国家工作人员是案件的当事人或当事人的近亲属、与案件有利害关系或者其他关系可能影响案件公正处理的，不应再参与案件的办理，须退出诉讼程序，当事人及其他诉讼参与人也有权申请国家工作人员退出诉讼程序的一项制度。回避制度能够保证刑事诉讼活动客观、公正地进行，是一项非常重要的制度。1979年《刑事诉讼法》在第一编第三章即确立了该项制度。

本条在1996年修法时有内容调整。1979年《刑事诉讼法》未将被害人规定为刑事诉讼中的当事人，仅规定当其作为附带民事诉讼当事人时，可以根据民事诉讼法的规定在参加附带民事诉讼时委托诉讼代理人。1996年《刑事诉讼法》将被害人归入当事人的范畴，被害人参加刑事诉讼活动可以根据刑事诉讼法的规定委托诉讼代理人。据此，1996年《刑事诉讼法》将"附带民事诉讼当事人的代理人"修改为"诉讼代理人"。之后在2012年和2018年刑事诉讼法修改时，本条未再修改，仅在2018年有条文序号的变动。

▶▶【法条注解】

本条规定了回避的适用对象、具体类型和法定事由。

一、回避的适用对象

设立回避制度的根本目的在于维护司法公正，直接目的就是确保司法人员在办案过程中能够始终处于无偏颇的中立地位。

法谚有云:"任何人不能做自己的法官"(nemo judex in parte sua)。法官审案只有不偏不倚,一碗水端平,裁判结果才能获得民众的认可与支持,裁判的权威性才能被树立和夯实,司法的公信力才会不断增强。不少国家和地区确立回避制度主要针对的是法官。侦查人员和检察人员为大控方,在对抗制诉讼模式中常常被视为一造之当事人,办案中有一定的追诉倾向并不奇怪。英国刑事诉讼法学者费尔曼(Fellman)教授曾言:"最谦虚之诉追人,亦难免对被告抱有偏见。"[1]从这个角度看,侦查人员、检察人员并非直接的回避对象。然而,我国刑事诉讼长期以来奉行"阶段论"的诉讼构造,公检法三机关基于制约配合关系,各管一段、平行站位,侦查对于后续诉讼中的起诉和审判亦有较大影响,为了实现司法公正的全流程、各阶段,纯化整个刑事诉讼活动,我国的侦查人员和检察人员也被要求承担客观公正义务。如《检察官法》第5条第1款规定:"检察官履行职责,应当以事实为根据,以法律为准绳,秉持客观公正的立场。"《刑事诉讼法》第52条规定,检察人员、侦查人员必须依照法定程序,收集能够证实犯罪嫌疑人、被告人有罪或者无罪、犯罪情节轻重的各种证据。既然我国的检察人员和侦查人员在办案中均应秉持客观立场,坚守客观义务,那么一旦他们在办案中有所偏袒或歧见,就应依回避制度退出诉讼程序。从另一层面看,我国的刑事诉讼主体包括国家专门机关和诉讼参与人两大部分。其中,国家专门机关指的是代表国家行使侦查权、起诉权、审判权和刑事执行权的机关和个人。代表国家行使公权力的个人应秉公执法,不能袒护一方,谋取私利。从这个角度看,代表公权力机关行使职权的审判人员、检察人员和侦查人员都应适用回避制度。而且,那些被国家专门机关指派或者聘请,辅助行使公权力的人员,即司法办案中的辅助人员,如书记员、翻译人员、鉴定人、法警、记录员等对于诉讼的推进和最终的结果都有相当的影响力,也有忠实履责,确保公权力被客观公正行使的义务,他们也是回避的对象。

基于上述法理,《刑事诉讼法》第29条规定,回避的适用对象为审判人员、检察人员、侦查人员。第32条第1款还规定:"本章关于回避的规定适用于书记员、翻译人员和鉴定人。"据此,我国法定的回避对象一共

---

[1] 黄东熊、吴景芳:《刑事诉讼法论》(上),三民书局股份有限公司2010年版,第67页。

有六类:审判人员、检察人员、侦查人员、书记员、翻译人员和鉴定人。

(一)侦查人员

侦查人员隶属于侦查机关,我国刑事诉讼法一共规定了六大侦查机关,分别是公安机关、人民检察院、国家安全机关、军队保卫部门、中国海警局和监狱。这些侦查机关的侦查人员都是回避的对象。另外,侦查人员是一个概括性的表述,应做广义理解,一线执行具体侦查任务的人员和二线负责指挥侦查工作的人员都是侦查人员。所以,"这里的'侦查人员'包括直接负责侦查本案的侦查人员(包括刑侦人员和预审人员等)、机关负责人和侦查部门负责人"[1]。

(二)检察人员

《人民检察院组织法》第 35 条规定:"人民检察院的检察人员由检察长、副检察长、检察委员会委员和检察员等人员组成。"该条对检察人员的规定采取了外延列举的方式,但由于以"等"字煞尾列举未尽导致对检察人员的范围认定并不清晰。《高检规则》第 682 条作了进一步补充:"本规则所称检察官,包括检察长、副检察长、检察委员会委员、检察员。本规则所称检察人员,包括检察官和检察官助理。"据此,《刑事诉讼法》第 29 条所称"检察人员"包括检察长、副检察长、检察委员会委员、检察员和检察官助理。

(三)审判人员

审判人员不是审判员,也不是仅指审判员和人民陪审员,而是法官与人民陪审员的集合。《法官法》第 2 条规定了法官的范围,"法官是依法行使国家审判权的审判人员,包括最高人民法院、地方各级人民法院和军事法院等专门人民法院的院长、副院长、审判委员会委员、庭长、副庭长和审判员。"但是,法官仅是审判人员的一部分,并不是全部。根据《高法解释》第 37 条的规定,"本章所称的审判人员,包括人民法院院长、副院长、审判委员会委员、庭长、副庭长、审判员和人民陪审员"。如果与前文中检察人员的范围做对比可以发现,《高检规则》明定检察官助理属于检察人员,而《高法解释》并没有将法官助理划入审判人员的范围,这是两者

---

[1] 陈光中主编:《刑事诉讼法》(第七版),北京大学出版社、高等教育出版社 2021 年版,第 137 页。

的一大区别。为了弥补回避对象可能存在的缺漏,《高法解释》第 38 条又单独作出规定,法官助理也适用审判人员回避的有关规定,其回避问题由院长决定。

(四)书记员

《刑事诉讼法》第 32 条规定的"书记员"主要是在审查起诉阶段、审判阶段负责记录工作的人员,包括检察院和法院内配备的书记员。检察院的书记员会参与起诉和审判两个阶段的活动,在审判阶段要随同公诉人出席法庭担任记录工作。法院的书记员主要参与审判阶段的活动,但有时也参与执行阶段的活动。无论在哪个诉讼阶段,他们都属于应予回避的人员范围。

(五)翻译人员

第 32 条规定的"翻译人员"包括侦查、起诉、审判等阶段中受聘请或者指派承担翻译工作的人员。

(六)鉴定人

第 32 条规定的"鉴定人",是指为了查明案件情况,需要解决案件中某些专门性问题时,侦查机关、检察院、法院指派或者聘请进行鉴定工作的有专门知识的人。其包括侦查、起诉、审判等阶段中受聘请或者指派进行鉴定工作的人员。

(七)其他人员

1. 司法警察

司法警察俗称"法警"。根据《人民法院组织法》和《人民检察院组织法》的规定,司法警察在检察院和法院被编入警察序列,执行搜查、拘传、押解、警戒、强制执行以及维护法庭秩序等任务。我国的司法警察并非刑事诉讼主体,其职能对于司法活动具有辅助性,并非刑事诉讼法调整的对象。但是,《高检规则》第 37 条将回避的人员范围扩大到了司法警察。

2. 记录人

公安机关没有书记员,但有与书记员职能类似的记录人。记录人在侦查过程中承担讯问笔录、询问笔录等侦查活动笔录的记录工作。《公安规定》第 40 条表明,记录人也适用有关回避的规定。

3. 就案件的专门性问题出具报告的人

2021 年《高法解释》新增第 100 条,规定因无鉴定机构,或者根据法律、司法解释的规定,办案机关可以指派、聘请有专门知识的人就案件的专门性问题出具报告,该报告可以作为证据使用。在庭审过程中,经法院通知,出具报告的人应出庭作证。据此,就案件的专门性问题出具报告的人与鉴定人在刑事诉讼中的地位和作用类似,从法理上看也应适用回避制度,是回避的对象。

二、回避类型

(一)两类法定回避

《刑事诉讼法》第29条规定了两种回避类型。

1. 自行回避

自行回避是指审判人员、检察人员、侦查人员等在诉讼过程中遇有法定回避事由,自己主动要求退出诉讼活动的诉讼行为。更准确地说,自行回避应称为"自请回避",因为审判人员、检察人员、侦查人员即使想自行回避,也不能自我决断,还要经过人民法院院长、人民检察院检察长或者审判委员会、检察委员会的决定,回避才能发生法律效力。从这个角度看,自行回避其实与申请回避一样,都要经过法定申请程序,并由法定的人员或组织审批决定,故自行回避称为"自请回避"更恰当。但因为第29条已经有了"自行回避"的表述,故学理和实践都以此相称。

2. 申请回避

申请回避,是指案件当事人及其法定代理人、辩护人、诉讼代理人依法提出申请,要求符合法定回避情形的审判人员、检察人员、侦查人员等退出诉讼活动的诉讼行为。申请回避是案件当事人及其法定代理人等的一项重要诉讼权利。这一权利的行使,有利于将回避制度落到实处,公安司法机关有义务保障当事人及其法定代理人等全面切实地行使这一权利。

《刑事诉讼法》第29条规定:"审判人员、检察人员、侦查人员有下列情形之一的,应当自行回避,当事人及其法定代理人也有权要求他们回避:……",本条以及第30条、第32条均没有使用"申请回避"的专业术语,而是使用了"要求回避"的通俗用语,这一表述似有不妥。因为,《刑事诉讼法》"回避"一章第31条其实已经使用"申请回避"的表述,其与"要求回避"的含义一致。从法律用语的专业性和统一性来看,既然学界已经对"申请回避"作为回避的类型之一有了共识,立法者也认可"申请回避"的专业表述,就有必要将条文之间的表述做好协同统一。否则,前面第29条和第30条都是"要求回避",后面第31条第3款却是"驳回申请回避的决定",前后不对应,衔接上也不协调。另外,比照《民事诉讼法》和《行政诉讼法》的相关规定,类似条文使用的都是"申请回避"的表述。如《民事诉讼法》第47条第1款:"审判人员有下列情形之一的,应当自行回避;当事人有权用口头或者书面方式申请他们回避:……"《行政诉讼法》第55条第1款:"当事人认为审判人员与本案有利害关系或者有其他关系可能影响公正审判,有权申请审判人员回避。"

(二)两类特殊回避

除第29条规定的两种法定回避类型外,涉及回避的还有两类较为特殊的情形。

1. 指令回避

学理上一般将回避分为三种,除自行回避、申请回避,还有一种称为指令回避或职权回避,是指审判人员、检察人员、侦查人员等有法定的回避情形却没有自行回避,当事人及其法定代理人、辩护人、诉讼代理人也没有申请他们回避,法定的人员或者组织可径行决定,要求他们退出诉讼活动的诉讼行为。刑事诉讼法并没有确立指令回避制度,但司法解释等规范性文件却有相关规定。《高法解释》第34条规定:"应当回避的审判人员没有自行回避,当事人及其法定代理人也没有申请其回避的,院长或者审判委员会应当决定其回避。"《高检规则》第31条规定:"检察长应当回避,本人没有自行回避,当事人及其法定代理人也没有申请其回避的,检察委员会应当决定其回避。其他检察人员有前款规定情形的,检察长应当决定其回避。"《公安规定》第32条、第33条也规定:公安机关负责人、侦查人员有应当回避情形的,应当自行提出回避申请,没有自行提出回避申请的,应当责令其回避,当事人及其法定代理人也有权要求他们回避。指令回避虽然没有明确的立法依据,但如果在实践中能够妥当适用则可以成为自行回避、申请回避的重要补充。因为多一种回避类型,可以更好地保障审判人员、检察人员、侦查人员等客观公正、无偏颇地办理或审理案件,对于确保案件质量,更大限度地维护当事人等诉讼参与人的各项利益有积极意义。对于公安司法机关这种"自我加压"式的义务性条款的设置并不违背刑事诉讼法的立法精神,具有正当性。

2. 发回重审的回避

《刑事诉讼法》第239条和第256条规定了二审或再审案件,如果被发回重审,原审法院都"应当另行组成合议庭"。"另行组成合议庭"意味着原审法院一审时的审判组织,无论是独任制还是合议制,都不得参加案件的重新审理,需要更换审判人员。值得注意的是,更换原审判组织人员,由新的合议庭成员审理案件是依据法律直接操作的,无须经法定人员或组织审批决定。本质上,这也是一种回避类型,可称为发回重审的直接回避。

综上,我国的回避一共有四种类型,分别规定在刑事诉讼法和司法解释等规范性文件中。

三、回避的法定事由

刑事诉讼中的回避事由规定在《刑事诉讼法》第29条和第30条。从立法规定看,我国刑事诉讼中的回避是有因回避和法定回避,第29条规定了四种回避的原因(回避事由)。

(一)是本案的当事人或者是当事人的近亲属的

不容否认,古往今来的司法实践中不乏办案人员公私分明、秉公执法的鲜活事例。例如,古代的包公铡包勉案,包公虽与案件的被告人包勉有亲属关系,但仍铁面无私、大义灭亲,获得了"包青天"的美誉。然而,正义的实现必须排除人们对司法人员中立性的任何怀疑。基于人性的弱点和偏私,一旦公检法办案人员就是案件中的当事人或当事人的近亲属,其公正办案的能力难免会受到一定程度的影响,办案中的袒护或偏倚情况很有可能出现。即使事实上没有出现这些情形,但民众的怀疑并不能彻底消除。引入回避制度恰恰就能够排除这种潜在的办案风险,消除民众对司法公正的质疑。确立回避制度所在意的并不是公检法等办案人员有保持公正这一事实,而是保护他们免于被怀疑没有保持公正,不给民众、社会留下任何怀疑的机会,以此增强社会对公检法等办案人员的信任,以及对整个司法的信任。

另外,本项规定也给那些愿意秉公办案、公正执法,但因与当事人有近亲属关系而陷入道德困境的办案人员一个更为妥适的出路,即通过回避制度退出办案程序,规避情感上的纠结,这对于办案人员也未尝不是一种保护和解脱。

根据《刑事诉讼法》第108条的规定,第29条第1项中的"当事人"是指被害人、自诉人、犯罪嫌疑人、被告人、附带民事诉讼的原告人和被告人;"近亲属"是指夫、妻、父、母、子、女、同胞兄弟姊妹。另外,《最高人民法院关于审判人员在诉讼活动中执行回避制度若干问题的规定》第1条进一步规定,与本案的当事人有夫妻、直系血亲、三代以内旁系血亲及近姻亲关系的审判人员都应当回避。

(二)本人或者他的近亲属和本案有利害关系的

如果审判人员、检察人员、侦查人员或者他们的近亲属不是本案当事人,但与本案的处理结果有利害关系,也应当回避。例如,审判人员张三审理一起诈骗案件,被告人为其爱人李四所工作的单位,本案的处理结果很可能会影响到被告单位的存续和生产经营,进而影响到李四的工作收入。此种情形可视为审判人员的近亲属与案件有利害关系,张三有必要回避。

(三)担任过本案的证人、鉴定人、辩护人、诉讼代理人的

本项是指在某一刑事案件中担任过证人、鉴定人、辩护人、诉讼代理人的人,既不能同时,也不能在以后的办案阶段再担任审判人员、检察人员、侦查人员,以防止其先入为主,产生预断和偏见,影响案件的公正办理。但是,担任过某一阶段的证人、辩护人、诉讼代理人的人仍然可以用同样的身份参与到案件后续的刑事诉讼之中。"凡是在侦查阶段介入刑事诉讼的律师,在审查起诉、审判等阶段均不得再行担任辩护人。这种结论显然是荒谬的。但此原理不适用于侦查人员、检察人员和审判人员。倘若一侦查人员或检察人员在侦查或审查起诉时曾担任该案侦查员或检察员,后来调至审判同一案件的法院工作,继续审理此案,则属于应当回避之列。"[1]此外,《最高人民法院关于审判人员在诉讼活动中执行回避制度若干问题的规定》第1条还规定,担任过本案勘验人的审判人员也应当回避。

(四)与本案当事人有其他关系,可能影响公正处理案件的

本项中的"其他关系"主要是指以下几种情况:是当事人的亲友,即亲属或朋友;与当事人是师生关系、同学关系、战友关系、恋人关系以及订有婚约;与当事人有过恩怨;与当事人有借贷关系等。值得注意的是,

---

[1] 易延友:《刑事诉讼法:规则 原理 应用》(第五版),法律出版社2019年版,第207页。

《高法解释》第27条第4项规定,审判人员与本案的辩护人、诉讼代理人有近亲属关系的也属于应当回避的事由。这其实是对审判人员的回避提出了更为严格的要求。

"与本案当事人有其他关系"和"可能影响公正处理案件的"是应当回避的两个必要条件,缺一不可。换言之,审判人员、检察人员、侦查人员与案件中的当事人有"其他关系",只有在可能影响公正处理案件的情况下才应回避。比如检察人员是当事人的近亲属,应当无条件回避,但如果检察人员与当事人是一种远亲关系,则要看这层远亲关系是否可能影响公正处理案件,据此再决定该检察人员是否回避。

▶▶【法条评点】

本条存在法定回避事由规定不全面、不周延的问题。另外,其他法律中规定的任职回避也有必要和本条做出区分。

一、法定回避事由不周延

从第29条的规定看,我国刑事诉讼法中的回避事由较为具体,列举式的规定呈现出一定的封闭性,一定程度上导致了回避事由的不周延,未能涵盖一些实践中存在的可能影响刑事诉讼公正进行的情况。具体来说,本条所规定的四种回避事由,前三种属于实践中较为常见的情形,第四种则较为概括,有兜底意味,目的是将实践中可能遇到的其他各种情形纳入法定回避事由中。然而,立法在第四种情形的规定上概括性仍然不足,其主要着眼于审判人员、检察人员、侦查人员等"与本案当事人有其他关系",而非"与本案有其他关系",这就大大限缩了回避事由的范围。例如,参与案件审理的合议庭法官与出庭公诉人系近亲属关系也会影响案件的公正审理,却不能归入第四种情形。《最高人民法院关于审判人员在诉讼活动中执行回避制度若干问题的规定》第1条第4项规定的"与本案的诉讼代理人、辩护人有夫妻、父母、子女或者同胞兄弟姐妹关系的"审判人员实际上也无法纳入"与本案当事人有其他关系"的范围。再如,主审法官的住宅曾先后遭到两次盗窃,其近几年对于审理的盗窃案件,量刑上基本是就高不就低,而本案被告人恰恰被指控犯有盗窃罪,这一情形也会影响到案件的公正办理,却无法纳入第4项回避事由。有学者就指出,将回避的弹性事由确定为"与本案当事人有其他关系,可能影响公正处理案件的",可能排斥了大量足以影响法官公正审判的回避情形,使得很多根据基本社会经验和常识需要退出案件审判的法官,无法通过正常的途径而回避。[1] 因此,应进一步修改《刑事诉讼法》第29条第4项,将"与本案当事人有其他关系"修改为"与本案有其他关系",适度扩大其涵盖范围。[2]

其实,从更具弹性的操作考虑,可以将《刑事诉讼法》第29条第4项规定得更为原则和概括,如我国台湾地区就从办案人员入手,指出对办案人员"足认其执行职务有偏颇之虞者",均可申请回避。这其实就覆盖了其他所有"有违办案人员中立、公正,可能影响案件公正处理"的情形。当然,对于这些情形的最终判断,还是要交由《刑事诉讼法》第31条规定的法定人员或组织裁量和决断。

二、任职回避是否也是刑事诉讼法回避制度的范畴?

《刑事审判参考》(2010年第6辑,总第77辑)章来苟等聚众扰乱社会秩序案(第662号)中涉及一回避问题,即检察官离任后在原任职检察院办理的案件中担任辩护人是否违反了回避制度?这其实涉及对刑事诉讼法回避类型的进一步理解。

> **章来苟等聚众扰乱社会秩序案**
>
> 被告人章来苟的一审辩护人陈小岑原为绩溪县人民检察院检察员、检察委员会委员、民事行政检察科科长,2004年8月提前退休,2006年5月正式申请为执业律师。2008年6月23日,陈小岑接受章来苟亲属的委托,担任本案章来苟的一审辩护人。对此,有观点认为:虽然刑事诉讼法没有规定辩护人的回避,但根据《检察官法》第37条第2款"检察官从人民检察院离任后,不得担任原任职检察院办理案件的诉讼代理人或者辩护人"的规定,陈小岑属法律规定的应当回避的情形。另有观点认为,陈小岑虽违反了《检察官法》的规定担任

---

[1] 参见陈瑞华:《刑事诉讼的前沿问题》(第二版),中国人民大学出版社2005年版,第435页。

[2] 参见宋英辉、刘广三、何挺等:《刑事诉讼法修改的历史梳理与阐释》,北京大学出版社2014年版,第60—61页。

> 原任职检察院办理案件的辩护人,但是陈小岑作为辩护人不属于刑事诉讼法规定的回避主体,不适用回避制度。陈小岑违反《检察官法》担任原任职检察院办理案件辩护人的行为属于一般性程序违法。[1]

本评注认为,关于辩护人的回避并不是刑事诉讼法中回避章的内容。

一般认为,回避制度在理论上可分为公务回避与任职回避(包括地域回避)两种。公务回避可以理解为行使公权力的主体针对特定对象、特定事项的回避,任职回避主要指基于一定的法定事由而被限制担任某职务。公务回避一般规定在程序法中,任职回避一般规定在人事管理方面的法律规范中。《刑事诉讼法》第三章"回避"是典型的公务回避。《法官法》和《检察官法》则规定了就职回避、离职回避等任职回避。本评注同意上述第二种观点,陈小岑作为辩护人不属于刑事诉讼法规定的回避主体。刑事诉讼中的辩护人不是回避的对象,其不同于鉴定人、翻译人员,不是法定的回避主体,也不适用与回避相关的一系列程序。但是这一认识在某些特殊情况下会有一些变通。这主要涉及对《刑事诉讼法》第238条第2项"违反回避制度的"规定如何进行妥当解释的问题。

刑事诉讼法的基本理论体系架构于惩罚犯罪与保障人权的双重目标,在具体的程序运转中可视为一种"权力与权利(Power and Right)的互动关系格局"。一方面,刑事诉讼法通过程序限制国家公权力的滥用,保证权力在既定的程序轨道内运行,从而将权力关进笼子中,或者更形象地说是"将权力关在程序里"。另一方面,刑事诉讼法通过规训权力,防止权力滥用来保障公民权利。一旦公民权利受到了公权力的侵犯,刑事诉讼法会通过一系列的程序设定来为公民提供救济。总之,刑事诉讼法的功能可概括为控权与保民。基于刑事诉讼法的功能与价值,本评注认为在对涉及公权力行使的条文进行解释时要作严格解释,避免为行使公权力的机关克减自身义务提供口实,以遏制权力的无限扩张或膨胀;而对涉及权利保障的条文进行解释时则要以相对宽松的解释为宜,甚至可以是类推解释,从而最大限度地维护权利不被压制或减损。

回到《刑事诉讼法》第238条第2项"违反回避制度的"条文表述,对

---

[1] 参见中华人民共和国最高人民法院刑事审判第一、二、三、四、五庭主办:《中国刑事审判指导案例7:刑事诉讼法》(增订第3版),法律出版社2017年版,第7页。

其中"回避"的范围作何解释,是仅指公务回避,还是既有公务回避,又有任职回避?本评注认为有必要按照上述"权力与权利的互动关系格局"的思路去铺陈解释路径。

《法官法》和《检察官法》对离任法官和检察官担任原任职法院、检察院办理案件的辩护人、诉讼代理人的禁止性规定,表面上看是对律师执业的限制,但仔细分析,该规定并非对不特定多数人从事律师职业予以限制,而是仅规范了法官、检察官离职后的行为,本质上属于法官、检察官的离职回避问题。如果离任的法官、检察官利用过去的职务关系、人际关系担任原任职法院、检察院办理案件的辩护人,则有可能对案件的公正处理带来影响。即使案件得到公正处理,也易引发案件当事人和社会公众的疑虑。尤其是司法实践中离任法官、检察官担任律师的情况屡见不鲜,由此滋生的司法不公甚至司法腐败现象也不罕见,在这种情况下作出禁止性规定具有现实必要性。所以,这一规定其实是对法官、检察官离任后利用此前的权力、地位影响案件公正办理的一种预防,本质上还是通过回避制度对行使公权力的人员在离任后延续其权力影响的一种制约。表面上看,这是对辩护人的回避,但实质上是对担任辩护人的前检察官、前法官的回避。

为了避免权力寻租和隐性扩张,本评注认为在对《刑事诉讼法》第238条第2项中的"回避"进行解释时,应当作扩大解释,将任职回避包含其中。法院在二审中发现此类情形,应当撤销原判,发回重审。但对第238条第2项中的"回避"作出的上述解释仅是一种特殊情形下的例外解释。刑事诉讼法中"回避"的一般含义仍应当限定在公务回避的层面。辩护人不应与鉴定人、翻译人员一样成为当然的回避对象。

三、国家专门机关不是回避对象

依据《刑事诉讼法》第29条、第32条的规定,回避的对象只能是自然人,国家专门机关不属于回避的对象。如果国家专门机关的办案人员需要全体回避或整体回避,意味着该国家机关不适宜办理此案件,需要通过改变管辖,如提级管辖、指定管辖或移送管辖等方式来作出应对和处理。《高法解释》第18条就作出相关规定:"有管辖权的人民法院因案件涉及本院院长需要回避或者其他原因,不宜行使管辖权的,可以请求移送上一级人民法院管辖。上一级人民法院可以管辖,也可以指定与提出请求的人民法院同级的其他人民法院管辖。"然而,我国刑事诉讼法并没有规定当事人及其法定代理人申请改变管辖的程序或路径,改变管辖仅仅是公权力机关的一种职权行为。概言之,刑事诉讼法并没有从私权的角度赋予当事人及其法定代理人等管辖异议权。实践中就出现了被告人及其辩护人通过向审判法院申请所有法官全体回避的方式变相提出管辖权异议的情形。"2009年,重庆市江北区人民法院审理李庄涉嫌律师伪证罪一案时,被告人李庄及其辩护人亦提出重庆法院所有法官应当全体回避的问题,在遭到该法院以《刑事诉讼法》没有规定整体回避为由拒绝后,李庄及其辩护律师遂对所有法官逐一提出回避申请。"〔1〕

本评注认为回避的对象是个人而非国家专门机关,赋予当事人及其法定代理人等管辖异议权是解决实践中回避与管辖混同的治本之道。《高法解释》第228条其实已经规定辩方可以在庭前会议中就案件管辖问题提出异议,审判人员也应当对此向控辩双方了解情况,听取意见。未来可以考虑修改完善这一条文,适时纳入立法,避免实践中再出现当事人就某一国家专门机关的所有办案人员提出整体回避或一一提出回避的情形。

第三十条 【办案人员违反禁止行为的回避】审判人员、检察人员、侦查人员不得接受当事人及其委托的人的请客送礼,不得违反规定会见当事人及其委托的人。

审判人员、检察人员、侦查人员违反前款规定的,应当依法追究法律责任。当事人及其法定代理人有权要求他们回避。

▶▶【历次修法条文对照】

1979年《刑事诉讼法》	1996年《刑事诉讼法》	2012年《刑事诉讼法》	2018年《刑事诉讼法》
第三章 回避	第三章 回避	第三章 回避	第三章 回避
无	第29条:审判人员、检察人员、侦查	第29条内容未修订	第30条内容未修订

〔1〕 易延友:《刑事诉讼法:规则 原理 应用》(第五版),法律出版社2019年版,第211页。

第三章　回　避　　　　　　　　　　　　　　　　　　　　　　第 30 条

(续表)

1979 年《刑事诉讼法》	1996 年《刑事诉讼法》	2012 年《刑事诉讼法》	2018 年《刑事诉讼法》
第三章　回避	第三章　回避	第三章　回避	第三章　回避
	人员不得接受当事人及其委托的人的请客送礼,不得违反规定会见当事人及其委托的人。 审判人员、检察人员、侦查人员违反前款规定的,应当依法追究法律责任。当事人及其法定代理人有权要求他们回避。		

▶▶【立法沿革】

　　本条为1996年《刑事诉讼法》确立的条款,在之后的2012年与2018年修法时未有内容调整,仅有条文序号的变动。

　　在1996年修改刑事诉讼法时,参与修法的同志指出,受当时社会中某些消极因素和拜金主义的影响与冲击,一些案件中的当事人及其法定代理人通过诸如同学、师生、朋友、战友、同事、邻居等各种关系,事先会见审判人员、检察人员、侦查人员,求情帮忙,请客送礼,行贿受贿,严重影响了司法办案的公正性与客观性,损害了司法机关的形象,败坏了社会风气。为有效杜绝"人情案"、"关系案"、"金钱案",有必要在回避章中增加规定:审判人员、检察人员和侦查人员不得私自会见当事人及其委托的人,不得接受他们的请客送礼。对于违反这　规定的要依法追究法律责任。[1]

---

　　[1]　参见周道鸾、张泗汉主编:《刑事诉讼法的修改与适用》,人民法院出版社1996年版,第75页。

不容否认,当事人及其委托的人事先私下会见办案人员,极易影响办案人员对案情全面、准确、客观的掌握和判断,有损司法公正;请客送礼更易导致权力滥用、徇私舞弊,甚至枉法裁判。因此,1996年《刑事诉讼法》增加本条,明确规定,对于那些事先会见过当事人及其委托的人、接受请客送礼的办案人员,当事人及其法定代理人有权要求他们回避。这既是当时廉政建设的需要,也是健全法制的必然要求。

▶▶【法条注解】

本条共分为两款。

第1款是关于禁止审判人员、检察人员、侦查人员接受当事人及其委托的人的请客送礼和违反规定会见当事人及其委托的人的规定。"不得接受当事人及其委托的人的请客送礼",是指不得接受当事人及其委托人的宴请、旅游、健身、娱乐等活动安排,不得接受以任何形式赠送的礼物。"不得违反规定会见当事人及其委托的人",是指审判人员、检察人员、侦查人员不得在法律规定的讯问犯罪嫌疑人、被告人以及询问被害人等程序之外,私自会见当事人及其委托的人。这样规定主要是为了防止办案人员接受当事人及其委托的人的说情以及为当事人提供他不应知道的案件情况等。

关于接受请客送礼和违反规定会见的问题,《最高人民法院关于审判人员在诉讼活动中执行回避制度若干问题的规定》第2条作了较为详细的规定,"当事人及其法定代理人发现审判人员违反规定,具有下列情形之一的,有权申请其回避:(一)私下会见本案一方当事人及其诉讼代理人、辩护人的;(二)为本案当事人推荐、介绍诉讼代理人、辩护人,或者为律师、其他人员介绍办理该案件的;(三)索取、接受本案当事人及其受托人的财物、其他利益,或者要求当事人及其受托人报销费用的;(四)接受本案当事人及其受托人的宴请,或者参加由其支付费用的各项活动的;(五)向本案当事人及其受托人借款,借用交通工具、通讯工具或者其他物品,或者索取、接受当事人及其受托人在购买商品、装修住房以及其他方面给予的好处的;(六)有其他不正当行为,可能影响案件公正审理的"。

第2款规定的是审判人员、检察人员、侦查人员违反本条第1款规定所产生的法律后果。"依法追究法律责任",是指审判人员、检察人员、侦查人员的行为构成受贿罪、徇私枉法罪的,应当依法追究刑事责任;对于达不到刑事处罚条件的,应当依照法官法、检察官法、人民警察法的规定,予以处分。除此以外,还可以进行职业惩戒和党纪处分。"当事人及其法定代理人有权要求他们回避",是指对于审判人员、检察人员、侦查人员有本条第1款规定的行为的,当事人及其法定代理人有权以此为由申请他们回避。

▶▶【法条评点】

一、修改本条中"请客送礼"的表述

有研究者指出,刑事诉讼法在法律用语上的极端不专业性,构成了刑事诉讼法解释学发展的一个重大障碍。因为缺少了专业用语的支撑,必然使人们对法律进行的所谓"文义解释"莫衷一是。《刑事诉讼法》第30条中的"请客送礼"便是例证,其用语既不严肃,也无价值。[1] 本评注认为,不得接受"请客送礼"确实是需要严格禁止、彻底杜绝的不当行为,但其更多是一种道德纪律层面的约束,规定在公检法办案人员执法守则或办案规范中更为妥当。而且,这一表述目前在《民事诉讼法》第47条、《仲裁法》第34条、《人民警察法》第22条、《海警法》第74条中都有出现,既不规范也不严肃,包容性也不强,如实践中免除办案人员的债务、利息等如何理解为是"请客送礼"便存在解释上的困境。

总之,要从法律上对请客送礼行为加以规制,要求牵涉其中的办案人员回避完全可以用更为专业的法律术语加以概括。借鉴修订后的《法官法》《检察官法》的规定,可以考虑将"审判人员、检察人员、侦查人员不得接受当事人及其委托的人的请客送礼"改为"审判人员、检察人员、侦查人员不得接受当事人及其委托的人的利益输送"似乎更为妥当,也更具包容性和规范性。而且,"利益输送"在《监察法》第11条的规定中也有出现,这样处理既能实现法律用语的专业性,又能维护不同部门法之间用语的一致性与协调性。

---

[1] 参见孙远:《刑事诉讼法解释问题研究》,法律出版社2016年版,第16页。

第三章 回避

第三十一条 【决定回避的程序】 审判人员、检察人员、侦查人员的回避,应当分别由院长、检察长、公安机关负责人决定;院长的回避,由本院审判委员会决定;检察长和公安机关负责人的回避,由同级人民检察院检察委员会决定。

对侦查人员的回避作出决定前,侦查人员不能停止对案件的侦查。

对驳回申请回避的决定,当事人及其法定代理人可以申请复议一次。

▶▶【历次修法条文对照】

1979年《刑事诉讼法》	1996年《刑事诉讼法》	2012年《刑事诉讼法》	2018年《刑事诉讼法》
第三章　回避	第三章　回避	第三章　回避	第三章　回避
第24条:审判人员、检察人员、侦查人员的回避,应当分别由院长、检察长、公安机关负责人决定;院长的回避,由本院审判委员会决定;检察长和公安机关负责人的回避,由同级人民检察院检察委员会决定。对侦查人员的回避作出决定前,侦查人员不能停止对案件的侦查。对驳回申请回避的决定,当事人可以申请复议一次。	第30条:审判人员、检察人员、侦查人员的回避,应当分别由院长、检察长、公安机关负责人决定;院长的回避,由本院审判委员会决定;检察长和公安机关负责人的回避,由同级人民检察院检察委员会决定。对侦查人员的回避作出决定前,侦查人员不能停止对案件的侦查。对驳回申请回避的决定,当事人**及其法定代理**人可以申请复议一次。	第30条 内容未修订	第31条 内容未修订

▶▶【立法沿革】

本条为1979年《刑事诉讼法》确立,在1996年修法时内容有所修改,主要是对第3款中"对驳回申请回避的决定",除当事人有权申请复议外,增加当事人的法定代理人也可以申请复议一次的规定。这主要是考虑到1979年《刑事诉讼法》第23条规定了有权要求回避的人包括当事人及其法定代理人,紧接着第24条规定有权对驳回申请回避的决定申请复议的人仅有当事人,并没有当事人的法定代理人。这样一来,一是造成了前后两个条文申请回避和申请复议的主体不一致,条文之间的衔接不畅;二是产生了实践中权利保障的缺失,若当事人的法定代理人代表当事人提出回避申请被驳回,将无法申请复议,这显然不利于保障当事人及其法定代理人回避申请权的行使。为了全面保障回避申请权及其被驳回后的救济复议权,1996年《刑事诉讼法》对原条文作出修改,将原规定"当事人可以申请复议一次"改为"当事人及其法定代理人可以申请复议一次"。之后该条款的内容再未有新的变动。但需要注意的是,2012年修订刑事诉讼法时,在回避章第31条新增第2款,即"辩护人、诉讼代理人可以按照本章的规定要求回避、申请复议"。据此,除了当事人及其法定代理人,辩护人、诉讼代理人也有权申请回避,在回避申请被驳回后也有权提出复议。

此外,一个值得思考的问题是,即使该条文没有列明当事人的法定代理人有申请复议的权利,本评注认为仍可从基本法理出发对此作出解释。简言之,如果当事人属于无行为能力人或限制行为能力人,其监护人是当然的法定代理人,原则上可以代行行使各项诉讼权利,其中当然包括申请回避的权利以及在回避申请被驳回后提出复议的权利。由此可进一步推导出,刑事诉讼法中的一些条款即使没有明确规定"法定代理人"享有某些诉讼权利,如果这些权利主体存在获得法定代理人的情形,则其法定代理人也可行使这些权利。例如,《刑事诉讼法》第58条第2款中规定:"当事人及其辩护人、诉讼代理人有权申请人民法院对以非法方法收集的证据依法予以排除。"虽然本条没有明确规定当事人的法定代理人有权申请人民法院排除非法证据,但在理论和实践中确立当事人的法定代理人拥有上述权利并无障碍。

2018年修订刑事诉讼法时,本条未有修改,仅有条文序号的变化。

▶▶【法条注解】

本条是关于回避决定程序的规定,共有三款。

一、回避的决定主体

本条第1款规定的是关于审判人员、检察人员、侦查人员的回避以及公检法负责人的回避应当由谁决定的问题。对于回避的决定,既包括对审判人员、检察人员、侦查人员自行提出回避的申请所作的决定,也包括对当事人及其法定代理人等申请审判人员、检察人员、侦查人员回避所作的决定。至于本评注提及的指令回避以及发回重审的回避并不适用本款规定的决定程序。

"院长的回避,由本院审判委员会决定",是指人民法院院长的回避,应经审判委员会讨论,按照多数人的意见决定。"检察长和公安机关负责人的回避,由同级人民检察院检察委员会决定",是指人民检察院检察长的回避,应经检察委员会讨论,按照多数人的意见决定。另外,这里规定的对公安机关负责人的回避由同级人民检察院检察委员会决定,主要是考虑到公安机关属于行政系统,实行首长负责制,没有公安委员会,但公安机关负责人的回避不能由本人决定;而且,作为国家的法律监督机关,人民检察院有权对公安机关的侦查活动,包括回避是否合法实行监督。所以,由同级人民检察院检察委员会决定公安机关负责人是否回避,既有利于保证案件的公正处理,也是人民检察院对侦查活动实行法律监督的具体表现。

二、回避决定作出前侦查工作不停止

本条第2款是关于对侦查人员作出回避决定前,不能停止其侦查工作的规定。这主要是为了保证侦查活动的及时顺利进行。侦查贯行迅速及时原则。侦查机关在立案后必须快速反应,及时发现线索、收集证据、缉获犯罪嫌疑人,避免证据灭失或被隐匿,防止犯罪嫌疑人潜逃。正所谓"丢失了时间就等于蒸发了真理",如果侦查活动因回避的提出被延迟或停滞,侦查战机就可能丧失,案件的侦办可能会就此陷入僵局,形成"冷案",这显然不利于案件事实的查明以及司法公正的体现。为了避免上述情形的发生,侦查人员在被决定是否回避前,不应停止手头的侦查工作。

三、驳回回避申请后的复议

本条第3款是关于当事人及其法定代理人对于驳回回避申请的决定申请复议的规定。其中"驳回申请的决定",是指对于回避有决定权的公检法机关认为当事人及其法定代理人要求回避的申请,不符合《刑事诉讼法》第29条、第30条规定的回避条件,对要求回避的申请予以驳回的决定。按照立法机关的解释以及相关司法解释的规定,对于驳回回避申请的决定,当事人及其法定代理人可以向原决定机关申请复议一次。《高检规则》第32条、《高法解释》第35条、《公安规定》第37条对此都有相应规定。另外,申请人申请复议时,可以重申过去提出的理由,也可以增加新的理由。

需要注意的是,从《刑事诉讼法》第29条和第30条的规定看,我国刑事诉讼中的回避是有因回避,而且是法定的有因回避。既然法律明确了回避的事由,就应当获得足够的尊重。一旦提出回避的申请包含法定的回避事由,办案机关就应当启动相应的处理程序,对回避申请进行审查,作出相应决定。相反,如果当事人及其法定代理人等提出回避申请,但申请的依据不属于法定回避事由,那么办案机关就不必启动相应的审查程序,而是直接驳回,也没有必要再启动申请复议的程序。这样做也是从另一个方面凸显出法定回避事由的重要性。《高法解释》第35条第2款恰好体现了上述论断的精神,"当事人及其法定代理人申请回避被驳回的,可以在接到决定时申请复议一次。不属于刑事诉讼法第二十九条、第三十条规定情形的回避申请,由法庭当庭驳回,并不得申请复议"。

▶▶【法条评点】

一、对办案人员回避前的取证和诉讼行为如何认定?

本条第2款规定了侦查人员在作出回避决定前,不得停止对案件的侦查。那么,对于应当回避的侦查人员,在回避决定前所进行的诉讼行为和取得证据效力如何,立法对此疏于规定。然而,从回避制度设立的目的看,如果承认侦查人员应当回避,却径行承认其诉讼行为和取得的证据有效,则回避的意义和价值就丧失殆尽。这就相当于裁判案件的法官虽然被决定回避,但其作出的裁判结果却并未撤销,仍然有效。如此操作没有根除司法不公的隐患,也没有维护司法的公信力。因此,有必要增设相应条款,作出具体规定。

对于上述问题,有三种解决方案:第一种是坚持严格的诉讼行为无效理论,对于回避的侦查人员在回避决定作出前的侦查行为和取得的证据一律不予认可,勒令其他侦查人员重新取证和进行相应的诉讼行为。第二种是从诉讼效率和发现真相的角度出发,对此前的侦查行为和取得的证据一律承认。上述两种全有全无式的方案,要么会因某些证据无法重复收集导致案件事实晦暗不明,要么无法起到真正的回避效果,无法对侦查人员的公正执法起到规训和警示作用。考虑到司法实践中复杂多变的个案情状,司法解释及相关规范性文件选择了中间路线,提出了第三种方案,即个案权衡法则。简言之,就是具体问题具体分析,侦查行为和取得的证据是否有效由有回避决定权的个人或组织根据个案情况作出是否有效或者部分有效的决定。[1] 如《公安规定》第 39 条规定:"被决定回避的公安机关负责人、侦查人员在回避决定作出以前所进行的诉讼活动是否有效,由作出决定的机关根据案件情况决定。"《高检规则》第 36 条第 3 款规定:"被决定回避的公安机关负责人在回避决定作出以前所进行的诉讼行为是否有效,由作出决定的人民检察院检察委员会根据案件具体情况决定。"当然,为了防止决定的随意和武断,同时也为了让回避申请人能够对该项处理提出有针对性的异议,如果承认之前的诉讼行为有效或部分有效,还有必要以说理的形式进一步列明决断的理由。

值得进一步关注的是,《高检规则》第 36 条第 1 款和第 2 款还就检察人员在回避决定作出前取得的证据和进行的诉讼行为是否有效作出了回

---

[1] 参见李忠诚:《论刑事诉讼中的回避》,载《公安研究》1999 年第 2 期,第 35 页以下。

应。答案也是效力待定、权衡取舍、酌情判断。[1] 据此,无论是针对检察人员还是侦查人员,在回避决定作出前,对他们取得的证据或进行的诉讼行为,司法解释或规范性文件都采取了个案权衡的判断标准。然而,这一判断标准对其他回避对象而言并不完全适用,存在适用上的"双标"。以鉴定人为例,鉴定人在侦查阶段作出了一份鉴定意见,形成一项证据。如果后续鉴定人因法定事由被决定回避的,依据《高法解释》第98条第2项的规定,鉴定人因违反回避规定所作出的鉴定意见不得作为定案的根据。这就相当于鉴定人因被决定回避导致其先前所进行的诉讼行为或者提供的证据被直接认定为无效。这与前述的个案权衡标准明显不同。再以审判人员为例,司法解释和规范性文件并未对被决定回避的审判人员在回避决定作出以前所进行的诉讼行为是否有效作出明确规定。但从相关条文也可推导出一些结论。如《刑事诉讼法》第239条和第256条规定,二审或再审案件如果被发回重审,原审人民法院都"应当另行组成合议庭"。"另行组成合议庭"意味着原审人民法院初审时的审判人员都应当回避,一审的审判工作须从头再来,由另行组成的新的审判组织,即合议庭重审案件。另外,根据集中审理原则,如果庭审过程中审判人员因为某些原因,如回避等不能再参与案件审理的,案件应当重新审理。《高法解释》第301条第1款就规定:"庭审结束后、评议前,部分合议庭成员不能继续履行审判职责的,人民法院应当依法更换合议庭组成人员,重新开庭审理。"上述规定都意味着被决定回避的审判人员在回避之前所进行的审判行为归于无效,应由其他审判组织重新进行。

  显然,立法、司法解释以及规范性文件对于办案人员回避前所取得的证据和进行的诉讼行为如何认定存有不同的处置方案和逻辑思路,如何处理,有必要作出统一规定。

---

  [1]《高检规则》第36条第1款和第2款规定:"被决定回避的检察长在回避决定作出以前所取得的证据和进行的诉讼行为是否有效,由检察委员会根据案件具体情况决定。被决定回避的其他检察人员在回避决定作出以前所取得的证据和进行的诉讼行为是否有效,由检察长根据案件具体情况决定。"

第三章 回 避

第三十二条 【回避制度的准用规定】本章关于回避的规定适用于书记员、翻译人员和鉴定人。

辩护人、诉讼代理人可以依照本章的规定要求回避、申请复议。

▶▶【历次修法条文对照】

1979年 《刑事诉讼法》	1996年 《刑事诉讼法》	2012年 《刑事诉讼法》	2018年 《刑事诉讼法》
第三章 回避	第三章 回避	第三章 回避	第三章 回避
第25条：本法第二十三条、第二十四条的规定也适用于书记员、翻译人员和鉴定人。	第31条：本法第二十八条、第二十九条、第三十条的规定也适用于书记员、翻译人员和鉴定人。	第31条：本章关于回避的规定适用于书记员、翻译人员和鉴定人。 辩护人、诉讼代理人可以依照本章的规定要求回避、申请复议。	第32条 内容未修订

▶▶【立法沿革】

本条为1979年《刑事诉讼法》确立。在1996年修法时，立法增加了第29条(2018年《刑事诉讼法》第30条)关于审判人员、检察人员、侦查人员不得违规接受请客送礼、私下会见以及由此要承担法律责任、予以回避的规定。因此，1996年《刑事诉讼法》在本条相应增加第29条也适用于书记员、翻译人员和鉴定人的规定。由于当年的修法增加了很多新的条文，本条中引用其他法条的序号也作出调整。

2012年《刑事诉讼法》对本条作出两处修改。

一是将原法条中"本法第二十八条、第二十九条、第三十条的规定"修改为"本章关于回避的规定"。因为刑事诉讼法"回避"一章只有四个条文，在一个条文中涉及对其他条文的引用时如果逐一列举是较为繁琐且冗长的，故有必要从立法表述上作出改进，改用"本章关于回避的规定"更加简洁明了。

二是新增第2款内容，即"辩护人、诉讼代理人可以依照本章的规定要求回避、申请复议。"本章第29条规定,当事人及其法定代理人有权要求审判人员、检察人员、侦查人员回避;第31条规定,对驳回申请回避的决定,当事人及其法定代理人可以申请复议一次。旧有的条文均没有规定辩护人、诉讼代理人是申请回避的主体,这反映出1996年《刑事诉讼法》对辩护人和诉讼代理人的法律地位不够重视,对其权利规定有一定的缺陷。故修订后的2012年《刑事诉讼法》进一步丰富了他们的诉讼权利。另外,由于我国的羁押率较高,犯罪嫌疑人、被告人常常处于人身自由被剥夺的羁押状态,对公安司法人员情况的了解十分有限,不能充分行使申请回避的权利。举例而言,《刑事诉讼法》第31条规定,审判人员、检察人员、侦查人员不得接受当事人及其委托的人的请客送礼,不得违反规定会见当事人及其委托的人。如果违反了这一规定,当事人及其法定代理人有权要求他们回避。实践中,如果一方当事人作为犯罪嫌疑人被司法机关采取了拘留、逮捕的羁押措施,对于司法人员违反规定会见另一方当事人或者接受请客送礼的行为就很难知晓,如果没有相应的补充性规定,第31条的规定就形同虚设。[1] 所以,2012年《刑事诉讼法》增设"辩护人、诉讼代理人可以依照本章的规定要求回避、申请复议"一款也是为了更充分地保障当事人的合法权益,确保案件的公正处埋。总之,第31条第2款的增订不仅加强了当事人及其辩护人、诉讼代理人的诉讼地位,而且对切实贯彻回避制度,实现司法公正也起到了相当的保障作用。

▶▶【法条注解】

本条共分为两款,涉及两个方面的问题。

一、书记员、翻译人员和鉴定人如何适用回避制度

第32条第1款规定,书记员、翻译人员和鉴定人同侦查人员、检察人员和审判人员一样也要依法实行回避制度。因为这三类人都是协助公权力机关办理刑事案件,对案件的诉讼走向会产生一定的影响,相关的工作也都关系到案件的正确处理,实行回避制度有利于维护司法公正,防止他

---

[1] 参见李寿伟主编:《中华人民共和国刑事诉讼法解读》,中国法制出版社2018年版,第64—65页。

第三章 回避

们在办案中出现徇私舞弊的现象。

本章关于回避的规定适用于书记员、翻译人员和鉴定人,也即书记员、翻译人员和鉴定人对于有《刑事诉讼法》第29条规定情形之一的,亦应当自行回避,当事人及其法定代理人也有权要求他们回避。依据第30条的规定,书记员、翻译人员、鉴定人也不得接受当事人及其委托的人的请客送礼,不得违反规定会见当事人及其委托的人。如果他们违反了这些规定,要被追究法律责任,当事人及其法定代理人也有权申请他们回避。[1]

《刑事诉讼法》第31条第1款并未规定对书记员、翻译人员、鉴定人的回避由谁决定。理论和实践认为,对于书记员的回避,根据其所属机关的不同,由所属机关的负责人决定。例如,法院书记员的回避由本院的院长决定。而实践中的翻译人员、鉴定人大多是公检法机关指派或聘请的,不一定属于上述机关的工作人员。对于鉴定人、翻译人员的回避,应由对其指派或聘请的机关负责人决定,如检察院在审查起诉阶段聘请了鉴定人或翻译人员参与案件的办理,他们的回避就由检察院的检察长决定。

之所以这样规定,理由也比较简单。举例而言,张三将李四打伤。在侦查阶段,法医王五经鉴定,认定被害人李四为重伤一级。根据刑事诉讼法的规定,公安机关在侦查阶段只需将鉴定意见告知犯罪嫌疑人张三和被害人李四即可。后案件被起诉至法院,法院在开庭审理时,法医王五被通知就其作出的鉴定意见出庭作证。王五出庭后,被告人张三提出王五与李四是近亲属关系,申请王五回避。首先,这一回避申请是有效的,因为张三提出的回避事由属于法定事由,虽然鉴定是在侦查阶段,提出回避申请是在庭审阶段,但因法定回避事由是在庭审中才发现,故可以提出回避申请。其次,由谁决定王五的回避?如果简单以诉讼阶段论来判断,回避的决定主体自然是人民法院的院长。但如果照此逻辑,回避申请应在庭审阶段提出,就由法院院长决定鉴定人的回避,那么其决定回避的范围也仅能是审判阶段,即王五不能以鉴定人的身份出庭作证。法院的回避决定并未覆盖或向前延伸到审前阶段。这就意味着王五在侦查、审查起诉阶段是不需要回避的,其进行的相应的诉讼行为,如作出的鉴定意见仍是有效的,可以作为定案的根据。然而,这一结论显然是荒谬的。

---

〔1〕 参见王爱立、雷建斌主编:《刑事诉讼法立法精解》,中国检察出版社2019年版,第47页。

第三章　回　避

王五的回避事由从诉讼伊始就存在,其回避当然应从接受聘请委托之时起。所以,王五的回避由侦查阶段公安机关的负责人决定才最为妥当,这样可以确保王五自始就应当回避,退出诉讼程序,其作出的鉴定意见据此也不能作为定案的根据。

另外,依照第31条第2款的规定,对书记员、翻译人员、鉴定人提出的回避申请,如果被驳回的,当事人及其法定代理人,还有辩护人、诉讼代理人都可以申请复议一次。

二、辩护人、诉讼代理人如何申请回避和复议

本条第2款规定,辩护人、诉讼代理人可以依照本章的规定要求回避、申请复议。"可以依照本章的规定要求回避、申请复议"是指辩护人、诉讼代理人可以依照本章关于回避的各项规定,在各个诉讼阶段要求有关司法人员回避,对于驳回申请回避的决定,还可以向原决定机关申请复议一次。

▶▶【法条评点】

一、鉴定人的回避

如果将本条第1款与《刑事诉讼法》第29条第3项中的回避事由做一关联,可以得出结论:在一个案件中担任过鉴定人的,不得再担任鉴定人。如何理解与适用这一结论值得进一步考究。例如,在一个故意杀人案中,公安机关认为犯罪嫌疑人张三先后杀害了被害人李四和王五。依据办案的规则和经验,需要对被害人的尸体进行解剖和鉴定。那么,侦查机关能否同时指派或聘请法医赵六对李四的尸体和王五的尸体进行解剖和鉴定呢?答案是否定的,因为依据《刑事诉讼法》第29条第3项和第32条的规定,担任过本案鉴定人的,不得再担任案件中的鉴定人。申言之,立法只允许鉴定人在一个案件当中对一个专门性问题进行鉴定,不能对两个或两个以上的专门性问题进行鉴定。背后的原因也很简单,担心鉴定人对第一个专门性问题作出鉴定后会先入为主、产生预断,会对第二个或本案中其他的专门性问题的鉴定产生影响,不利于最终作出客观公正的鉴定意见。

但需要注意的是,一般认为,鉴定人不得因其在诉讼中某一阶段参与

鉴定就排除其在此后的诉讼中作为鉴定人的资格。这种资格只是针对在某一阶段参与某一专门性问题进行鉴定的身份资格，后续诉讼将保留他之前的鉴定人身份，以便在之后的诉讼中接受询问或出庭作证。但是该鉴定人能否在后续的诉讼阶段对本案中的专门性问题重新鉴定，或针对其他专门性问题再行鉴定，本评注认为，如果鉴定人之前的鉴定与需要鉴定的对象或鉴定涉及的事实存在利益冲突，则他仍应回避。

第四章 辩护与代理

本章章名的修改

  1979年《刑事诉讼法》第一编第四章章名为"辩护"。1996年《刑事诉讼法》将旧法的章名"辩护"修改为"辩护与代理",刑事诉讼中的代理制度正式确立。之所以作此修改有三个方面的考虑。

  一是加强对被害人的法律保护急需立法层面的支持。1979年《刑事诉讼法》第四章章名为"辩护",没有"代理"的内容,分则条文中也没有"代理"的具体规定,这显然不利于对被害人(包括公诉案件中的被害人和自诉案件中的自诉人)合法权益的保护。立法机关在1996年修改刑事诉讼法时的一个重要指导思想就是从各个方面加强对被害人合法权益的保护。为此,就第四章章名增加"代理"的表述是十分必要且迫切的。

  二是律师业务的发展为立法修订积累了实践经验。虽然1979年《刑事诉讼法》未对"代理"作出明确规定,但1980年8月26日第五届全国人大常委会第十五次会议通过的《中华人民共和国律师暂行条例》(已失效)第2条第1款第3项中规定,律师的主要业务之一是"接受自诉案件自诉人、公诉案件被害人及其近亲属的委托,担任代理人,参加诉讼"。截至1996年,随着该暂行条例在全国的贯彻实施,律师代理业务有了长足进步和快速的发展,急需在立法层面作出规范。

  三是相关文件的出台为刑事立法做好了前期铺垫。1981年4月27日,《最高人民法院、最高人民检察院、公安部、司法部关于律师参加诉讼的几项具体规定的联合通知》(已失效)和1986年6月26日《最高人民法院、最高人民检察院、司法部、公安部关于律师参加诉讼的几项补充规定》(已失效),都对律师可以接受公诉案件的被害人及其近亲属的委托,担任代理人参加诉讼作出规定。1992年1月22日,《最高人民法院关于公诉案件被害人委托代理人以及代理人应享有何种诉讼权利问题的批复》(已失效)又对律师担任公诉案件被害人的委托代理人的问题作出进一步的规定。可以说,规范性文件的相继出台和落地实施已经为刑事诉讼法引入代理制度做好了前期铺垫。

> **第三十三条 【自行辩护与委托辩护】【辩护人的范围】**犯罪嫌疑人、被告人除自己行使辩护权以外,还可以委托一至二人作为辩护人。下列的人可以被委托为辩护人:
> （一）律师;
> （二）人民团体或者犯罪嫌疑人、被告人所在单位推荐的人;
> （三）犯罪嫌疑人、被告人的监护人、亲友。
> 正在被执行刑罚或者依法被剥夺、限制人身自由的人,不得担任辩护人。
> 被开除公职和被吊销律师、公证员执业证书的人,不得担任辩护人,但系犯罪嫌疑人、被告人的监护人、近亲属的除外。

▶▶【历次修法条文对照】

1979年《刑事诉讼法》	1996年《刑事诉讼法》	2012年《刑事诉讼法》	2018年《刑事诉讼法》
第四章 辩护	第四章 辩护与代理	第四章 辩护与代理	第四章 辩护与代理
第26条:被告人除自己行使辩护权以外,还可以委托下列的人辩护: （一）律师; （二）人民团体或者被告人所在单位推荐的,或者经人民法院许可的公民; （三）被告人的近亲属、监护人。	**第32条**:犯罪嫌疑人、被告人除自己行使辩护权以外,还可以委托一至二人作为辩护人。下列的人可以被委托为辩护人: （一）律师; （二）人民团体或者犯罪嫌疑人、被告人所在单位推荐的人,~~或者经人民法院许可的公民~~; （三）犯罪嫌	**第32条** 内容未修订	**第33条**:犯罪嫌疑人、被告人除自己行使辩护权以外,还可以委托一至二人作为辩护人。下列的人可以被委托为辩护人: （一）律师; （二）人民团体或者犯罪嫌疑人、被告人所在单位推荐的人; （三）犯罪嫌疑人、被告人的监护人、亲友。

(续表)

1979年《刑事诉讼法》	1996年《刑事诉讼法》	2012年《刑事诉讼法》	2018年《刑事诉讼法》
第四章 辩护	第四章 辩护与代理	第四章 辩护与代理	第四章 辩护与代理
	疑人、被告人的~~近亲属~~监护人、亲友。正在被执行刑罚或者依法被~~剥夺~~、限制人身自由的人,不得担任辩护人。		正在被执行刑罚或者依法被剥夺、限制人身自由的人,不得担任辩护人。被开除公职和被吊销律师、公证员执业证书的人,不得担任辩护人,但系犯罪嫌疑人、被告人的监护人、近亲属的除外。

▶▶【立法沿革】

本条为1979年《刑事诉讼法》确立,在1996年和2018年修法时有内容调整和条文序号的变化。

一、1996年《刑事诉讼法》对本条的修改

立法机关在1996年修改刑事诉讼法时,总结吸收司法实践经验,对1979年《刑事诉讼法》的旧有条文作出补充和修改。

第一,明确行使辩护权的主体不仅包括被告人,还包括"犯罪嫌疑人"。因为1996年修法时,立法机关将被告人和犯罪嫌疑人做了严格区分。依照1996年《刑事诉讼法》第33条第1款的规定,公诉案件自案件移送审查起诉之日起,犯罪嫌疑人有权委托辩护人。据此,立法增加了"犯罪嫌疑人"委托辩护人的规定。

第二,对辩护人的范围作出修订。首先,删去了原法条中"经人民法院许可的公民"的规定。1979年《刑事诉讼法》之所以规定"经人民法院许可的公民"可以担任辩护人,是出于保守国家机密和个人阴私案件不公开的考虑。1981年4月27日,《最高人民法院、最高人民检察院、公安部、司法部关于律师参加诉讼的几项具体规定的联合通知》(已失效)中"四、关于其他有关事项"的第1条规定:"依法不公开审理的有关国家机密、个人阴私的案件,被告人可以申请法院指定律师为其辩护,也可自行委托经法律顾问处主任同意的律师进行辩护;如果被告人要求由律师以外的人担任辩护人,应由法院审查,决定可否。"这一规定其实是对辩护人资格的一种限制,应当删除。而且,1996年《刑事诉讼法》已规定在公诉案件中,犯罪嫌疑人自案件移送审查起诉之日起就有权委托辩护人,旧法规定仅可委托"经人民法院许可的公民"作为辩护人已不妥当。其次,将"被告人的近亲属、监护人"修改为"犯罪嫌疑人、被告人的监护人、亲友"。将"近亲属"改为"亲友"主要是因为刑事诉讼法规定的"近亲属"是指夫、妻、父、母、子、女、同胞兄弟姊妹,"亲友"则泛指亲属、朋友,包括近亲属,也包括远亲以及与犯罪嫌疑人、被告人关系较好、值得信赖的人,范围比近亲属更广,犯罪嫌疑人、被告人的选择范围也更宽,这样规定更有利于他们充分行使辩护权。[1] 值得注意的是,立法机关在本条中将"监护人"排在"亲友"之前,主要是考虑到监护人不同于一般的"亲友"。按照当时《民法通则》(已失效)第二章第二节关于监护的有关规定,监护人是指对无民事行为能力或者限制民事行为能力的精神病人承担监护责任,对他们的人身财产和其他合法权益实施监督和保护的人。监护人既可以是被监护人的近亲属和关系密切的其他亲属、朋友[2],也可以是被监护人所在单位或者住所地的居民委员会、村民委员会或者民政部门。这些人与犯罪嫌疑人、被告人的关系更为紧密,由他们担任辩护人更有利于维护犯罪嫌疑人、被告人的合法权益。立法对"监护人""亲友"作前后排序,意在作出引导,体现出一定的立法倾向。

第三,明确规定犯罪嫌疑人、被告人除自己行使辩护权以外,还可以委托一至二人作为辩护人。1979年《刑事诉讼法》没有明确规定

---

[1] 参见周道鸾、张泗汉主编:《刑事诉讼法的修改与适用》,人民法院出版社1996年版,第85—86页。

[2] 某种程度上,本条中的"监护人"与"亲友"有交叉重叠,立法的规定存有瑕疵。

一个被告人可以同时委托几个辩护人为其辩护。从字面上看,似乎可以把委托辩护人的人数理解为多人,但实践中一般是允许委托一人。这在一定程度上造成了规范与实践的紧张、操作上的混乱。为此,1994年最高人民法院《关于审判刑事案件程序的具体规定》(已失效)第32条中曾规定:"一名被告人委托辩护人不得超过两人。"立法机关总结了长期以来刑事辩护制度方面的实践经验和做法,规定犯罪嫌疑人、被告人可以委托一至二人作为辩护人。这样规定的目的是加强可操作性,防止司法实践中发生有的司法机关只允许犯罪嫌疑人、被告人请一个辩护人的情况,确保他们能充分行使辩护权;同时也避免出现有的犯罪嫌疑人、被告人委托两个以上的多个辩护人,以致辩护人意见不一,给法院审理活动造成实际困难。需要指出的是,2012年修改刑事诉讼法时,全国律协曾提交《中华全国律师协会〈中华人民共和国刑事诉讼法〉及修正案(草案)修改意见稿》,建议将本条改为"犯罪嫌疑人、被告人委托的辩护人人数不受限制,但选定出庭的辩护人不应超出二人"。理由是:"聘请律师是被告人的私权利,公权力不应该予以限制;原来立法沿袭前苏联的规定,目前其他国家对此均没有限制性的规定;律师办案过程中,经常在会见、阅卷、研讨案件、请教专家等环节受限于只能聘请两名律师的规定,然而实践中为了实现充分辩护的目的,律师确实需要寻求他人帮助,或多名律师合作。如果不允许聘请多人做辩护,其他律师会因没有取得辩护权而无法配合工作。公诉机关可以安排多名公诉人参与诉讼(有时会达到六人、八人,可以利用退回补充侦查的方式获取更长的准备时间),而两名辩护人往往在开庭准备上无法保障质量(法院在公诉后一个月内开庭,仅有两名辩护人,阅卷、会见的时间常常不足);放开聘请律师人数限制,也为以后进一步实现律师讯问在场提供条件。"[1]对于立法机关对辩护人数过多,意见不一,不利于维护庭审秩序,难以确保审判效率的担忧,该意见稿提出对出庭辩护人的人数有不超过两人的限制。[2] 这一意见确有一定道理,但立法机关综

---

[1] 佚名:《中华全国律师协会〈中华人民共和国刑事诉讼法〉及修正案(草案)修改意见稿》,载110法律咨询网2011年10月1日,http://www.110.com/ziliao/article-245583.html,访问日期2023年11月19日。

[2] 参见田文昌、陈瑞华主编:《〈中华人民共和国刑事诉讼法〉再修改律师建议稿与论证》(增补版),法律出版社2012年版,第157—158页。

合权衡后未予采纳。

第四,补充不得担任辩护人的情形。1979年《刑事诉讼法》没有规定哪些人不能担任辩护人,只规定除律师、被告人的近亲属、监护人和人民团体或者被告人所在单位推荐的人以外的其他公民,如果担任辩护人时,须经法院许可。换句话说,如果法院不许可,则不得担任辩护人,而对在什么情况下才能获得"许可",立法并无明确规定,这就造成实践中的操作缺乏标准,尺度不一。对此,参与立法的同志提出,立法应当对哪些人不得担任辩护人作出明确规定。[1] 司法实践中,一般不得担任辩护人的情形有如下几种:被剥夺政治权利的人,在剥夺政治权利期间,不得担任辩护人;被判刑的罪犯,在服刑期间不能担任辩护人;同被告人的犯罪活动有某些牵连或者嫌疑的人,不能担任辩护人。总结这些从实践中得来的经验与做法,立法规定:"正在被执行刑罚或者依法被剥夺、限制人身自由的人,不得担任辩护人"。

二、2018年刑事诉讼法对本条的修改

2018年10月26日,第十三届全国人大常委会第六次会议通过《全国人民代表大会常务委员会关于修改〈中华人民共和国刑事诉讼法〉的决定》。《决定》在本条增加一款:"被开除公职和被吊销律师、公证员执业证书的人,不得担任辩护人,但系犯罪嫌疑人、被告人的监护人、近亲属的除外。"之所以增加禁止性规定,缘于法理和规范两个层面。

(一)法理依据

从法理上看,首先,近年来的司法实践中出现一些被吊销律师执业证书的人,继续以各种名义从事法律服务活动,扰乱法律服务秩序,损害当事人合法权益,损害法律权威,引发公众对司法公正的质疑。其次,随着司法体制改革不断深入推进,国家逐步建立起统一的法律职业资格准入制度,被吊销公证员执业证书的人也不宜从事律师等职业。再次,担任辩护人的人应当模范遵守法律,对于因违法违纪被开除公职

---

[1] 参见崔敏:《中国刑事诉讼法的新发展——刑事诉讼法修改研讨的全面回顾》,中国人民公安大学出版社1996年版,第73页。

的人员,也不宜再去担任辩护人。[1] 最后,因涉嫌违纪或违法犯罪被开除公职和被吊销律师、公证员执业证书的人担任辩护人,辩护的质量往往也难以得到保证,不利于犯罪嫌疑人、被告人合法权益的保障。[2]

综上,2018年《刑事诉讼法》第33条增加一款,即上述人员不得担任辩护人的规定。另外,考虑到如果上述人员是犯罪嫌疑人、被告人的监护人、近亲属的,犯罪嫌疑人、被告人也愿意委托其作为辩护人,也不能完全禁止,故法律又作了例外规定。

(二)规范依据[3]

除了法理依据,增加上述禁止性规定也是为了与《律师法》、《公证法》关于终身禁止从事法律职业制度的规定相衔接。2017年9月1日,第十二届全国人大常委会第二十九次会议修改《律师法》。修改后的《律师法》第53条第2款规定:"被吊销律师执业证书的,不得担任辩护人、诉讼代理人,但系刑事诉讼、民事诉讼、行政诉讼当事人的监护人、近亲属的除外。"同日修改的《公证法》第42条第3款也规定:"被吊销公证员执业证书的,不得担任辩护人、诉讼代理人,但系刑事诉讼、民事诉讼、行政诉讼当事人的监护人、近亲属的除外。"可见,修改后《律师法》和《公证法》根据建立终身禁止从事法律职业制度的要求,规定被吊销律师、公证员执业证书的人,不得担任辩护人、诉讼代理人,但系当事人的监护人、近亲属的除外。在2018年《刑事诉讼法》修改过程中,各方一致赞成与修改后的《律师法》和《公证法》的规定相衔接,在刑事诉讼法中作相应规定。

其间,有关方面提出,建议将被吊销执业证书的鉴定人员纳入本条范围,主要理由是:鉴定人员属于广义的司法人员,其专业素养不低于律师、公证员,实践中也出现一些被吊销执业证书的鉴定人员以"亲友"身份代理案件的情况,需要予以制止。但上述意见最终未被采纳。

---

[1] 参见王爱立、雷建斌主编:《刑事诉讼法立法精解》,中国检察出版社2019年版,第49页。
[2] 参见陈卫东主编:《2018刑事诉讼法修改条文理解与适用》,中国法制出版社2019年版,第31页。
[3] 参见喻海松:《刑事诉讼法修改与司法适用疑难解析》,北京大学出版社2021年版,第106—107页。

▶▶【法条注解】

本条共有三款,规定了辩护的种类,委托辩护人的人数要求和范围限定。

一、辩护的种类

本条首先规定了辩护权行使的两种方式以及两种具体的辩护种类。

(一)辩护权的行使方式

本条首先规定了犯罪嫌疑人、被告人行使辩护权的两种方式:一种是自行辩护,即犯罪嫌疑人、被告人自己行使辩护权;另一种是通过辩护人的协助进行辩护,即由犯罪嫌疑人、被告人委托的辩护人或者在必要时由法律援助机构指派的律师进行辩护。简言之,辩护权的表现形式一是犯罪嫌疑人、被告人自行辩护,二是获得他人,也就是辩护人协助的辩护。

(二)两种辩护种类:自行辩护与委托辩护

一般认为,辩护的种类有三种,自行辩护、委托辩护和法律援助辩护。本条明确规定了前两种辩护类型。所谓自行辩护,是指犯罪嫌疑人、被告人针对控诉机关的指控进行的反驳、申辩与解释。自行辩护权与国家追诉权相伴而生,任何公民一旦被追诉,在刑事诉讼程序中就自动享有自行辩护权。所谓委托辩护,是指犯罪嫌疑人、被告人依法委托律师或其他公民担任辩护人,协助其在刑事诉讼中进行辩护。

二、委托辩护的人数

犯罪嫌疑人、被告人在某一个诉讼阶段或诉讼时点可以委托的辩护人的人数最多不超过两人,当然也可以委托一个辩护人,甚至不委托辩护人,但委托人数的上限是两人。需要注意的是,本条中限制委托辩护人的数量"一至二人"应理解为,"犯罪嫌疑人、被告人在同一个时间段最多只能有 2 名辩护人,而不是说他们拒绝辩护、另行委托辩护人的总数不得超过 2 人"〔1〕。换言之,在不同的诉讼阶段或诉讼环节,犯罪嫌疑人、被告人可以更换辩护人,委托不同的辩护人,委托辩护人的总数完全可能超过两人。"法律作此规定仅在限制与公安机关、人民检察院和人民法院发生法律上联系之辩护人人数;倘若犯罪嫌疑人,被告人实力雄厚,自然可以聘请足够数量之律师为其服务,不过能以其辩护人之名至公安机关、检察机关和审判机关行使辩护权、提供辩护意见者,仅限于 2 人而已。"〔2〕

另外,在共同犯罪案件中,不同的犯罪嫌疑人、被告人可以分别聘请一人或二人作为自己的辩护人。但同案的犯罪嫌疑人、被告人之间可能存在利益冲突。《高法解释》第 43 条第 2 款规定:"一名辩护人不得为两名以上的同案被告人,或者未同案处理但犯罪事实存在关联的被告人辩护。"《公安规定》第 43 条第 2 款也规定:"对于同案的犯罪嫌疑人委托同一名辩护律师的,或者两名以上未同案处理但实施的犯罪存在关联的犯罪嫌疑人委托同一名辩护律师的,公安机关应当要求其更换辩护律师。"

三、委托辩护人的范围

关于委托辩护人的范围,立法从正反两个方面作出规定。

(一)可以担任辩护人的情形

本条第 1 款规定犯罪嫌疑人、被告人可以聘请三种人担任辩护人。

第一种是律师,依照《律师法》第 2 条第 1 款的规定,律师是指依法取得律师执业证书,接受委托或者指定,为当事人提供法律服务的执业人员;第二种是人民团体或者犯罪嫌疑人、被告人所在单位推荐的人;第三种是犯罪嫌疑人、被告人的监护人、亲友。"监护人"是指承担对未成年人、精神病人的人身、财产以及其他合法权利进行监督、保护职责的人,如未成年人的父母,精神病患者的配偶等。《民法典》第 27 条和第 28 条分别规定了未成年人的监护人以及无民事行为能力或者限制民事行为

---

〔1〕 李昌林主编:《最新中华人民共和国刑事诉讼法释义》,中国法制出版社 2012 年版,第 68 页。

〔2〕 易延友:《刑事诉讼法:规则 原理 应用》(第五版),法律出版社 2019 年版,第 135 页。

能力的成年人的监护人的范围。"亲友"的含义比较广泛,是指犯罪嫌疑人、被告人的亲属和朋友,这里的亲属不仅指近亲属,也包括远亲。"刑事诉讼中的辩护人'亲友'不仅仅限于近亲属。但最高法、最高检、公安部、司法部等部门均未明确其概念。根据汉语言文字的含义及伦理观念,从保障当事人辩护权的角度,'亲友'应当包含以下几类与当事人熟识的人群:①近亲属;②5代以内旁系血亲及姻亲;③朋友、恋人;④同学、同事、战友;⑤同村、同社区、同一活动组织的人;⑥其他关系密切的人,如邻居、玩伴、业务伙伴、网友、校友等。"[1]

(二)不得担任辩护人的情形

本条第2款和第3款规定了不得担任辩护人的情形,可具体分为三种:

一是"正在被执行刑罚的人"。这是指经法院的生效裁判判处死刑缓期执行和被判处无期徒刑、有期徒刑、拘役、管制、剥夺政治权利,正在服刑的人,以及判处罚金未缴纳的人。值得注意的是,早在1956年5月8日,第一届全国人民代表大会常务委员会第39次会议通过的《全国人民代表大会常务委员会关于被剥夺政治权利的人可否充当辩护人的决定》就规定:"被剥夺政治权利的人在被剥夺政治权利期间,不得充当辩护人。但是,被剥夺政治权利的人如果是被告人的近亲属或者监护人,可以充当辩护人"。该决定被1979年《刑事诉讼法》吸收,一直沿用至今。依据刑法规定,"剥夺政治权利"属于刑罚的一种。因此,犯罪嫌疑人、被告人在被剥夺政治权利期间,不得担任辩护人。但是,《刑法》第54条规定的"剥夺政治权利"的范围并不包括"不得担任辩护人"。这似乎又是立法上的冲突,值得进一步思考。[2]

二是"依法被剥夺、限制人身自由的人"。这类人是指依照法律对其采取拘留、逮捕、监视居住、取保候审的刑事强制措施和依照法律被治安拘留、强制隔离戒毒等人身自由被剥夺或者受到限制的人。需要指出的

---

[1] 冯江、钟健生主编:《刑事诉讼法全厚细》,中国法制出版社2022年版,第239页。

[2] 《刑事诉讼法》第69条规定,被剥夺政治权利的人还不得担任取保候审的保证人。参见冯江、钟健生主编:《刑事诉讼法全厚细》,中国法制出版社2022年版,第239页。

是，这里规定的是"正在"被执行刑罚或者被剥夺、限制人身自由的人，曾经被判处刑罚或者治安拘留等处罚已执行完毕，或者采取刑事强制措施已被解除或撤销的不在此限。[1] 之所以规定上述人员不得担任辩护人，主要是考虑委托正在被执行刑罚的人或依法被剥夺、限制人身自由的人担任辩护人会影响判决、决定的严格执行，也不严肃，而且本人已被依法剥夺、限制人身自由，也难以行使辩护人的权利，为委托人进行充分辩护。

三是"被开除公职和被吊销律师、公证员执业证书的人"。其中，"被开除公职的人"是指因各种违法、违纪乃至犯罪行为，开除所担任公职的人。"被吊销律师、公证员执业证书的人"是指因违反律师法、公证法等规定，被主管部门吊销律师执业证书、公证员执业证书的人。[2]《刑事诉讼法》第33条第3款作了例外规定，即上述人员如果系犯罪嫌疑人、被告人的监护人、近亲属的，仍然可以作为辩护人。

《高法解释》第40条对辩护人的范围作了进一步限定，"人民法院审判案件，应当充分保障被告人依法享有的辩护权利。被告人除自己行使辩护权以外，还可以委托辩护人辩护。下列人员不得担任辩护人：（一）正在被执行刑罚或者处于缓刑、假释考验期间的人；（二）依法被剥夺、限制人身自由的人；（三）被开除公职或者被吊销律师、公证员执业证书的人；（四）人民法院、人民检察院、监察机关、公安机关、国家安全机关、监狱的现职人员；（五）人民陪审员；（六）与本案审理结果有利害关系的人；（七）外国人或者无国籍人；（八）无行为能力或者限制行为能力的人。前款第三项至第七项规定的人员，如果是被告人的监护人、近亲属，由被告人委托担任辩护人的，可以准许。"

▶▶【法条评点】

一、从权利的放弃看辩护权的性质

本条规定了辩护的两种形式，自行辩护和委托辩护。众所周知，辩

---

[1] 参见李寿伟主编：《中华人民共和国刑事诉讼法解读》，中国法制出版社2018年版，第69页。
[2] 参见王爱立、雷建斌主编：《刑事诉讼法立法精解》，中国检察出版社2019年版，第50—51页。

护权是一项权利,根据权利的基本性质,权利可以被放弃,所以,犯罪嫌疑人、被告人在刑事诉讼中可以放弃行使辩护权,如面对指控不予反驳、申辩,也不再委托辩护人。然而,根据《刑事诉讼法》第35条和第278条的规定,犯罪嫌疑人、被告人没有委托辩护人,但如果是未成年人,或者是盲、聋、哑人,或者是尚未完全丧失辨认或者控制自己行为能力的精神病人,或者是可能判处无期徒刑、死刑的人,公检法机关都有义务通知法律援助机构指派律师为其提供辩护。而且,根据《高法解释》第50条的规定,属于应当提供法律援助的情形,被告人拒绝指派的律师为其辩护的,法院应当查明原因。理由正当的,应当准许,但被告人应当在五日以内另行委托辩护人;被告人未另行委托辩护人的,法院应当在三日以内通知法律援助机构另行指派律师为其提供辩护。法律援助辩护被不少学者称为强制辩护。究其原因,对于诸如盲、聋、哑人或未成年人等某些特殊群体或者可能判处重刑的人,获得法律援助辩护既是一项恩惠福利,也是一项强制性的、不能拒绝的给予。换言之,辩护权是一项权利,但其部分权利,即获得法律援助辩护的权利对某些人而言是不可放弃的。由此产生的疑问是,犯罪嫌疑人、被告人进行辩护完全就是行使权利吗?如果是权利,为什么不能全部放弃?是否有部分辩护权属于不可放弃的权利?

回答上述问题存在两套并行的理论:

一是放弃能力欠缺论。该理论认为未成年人,盲、聋、哑人,尚未完全丧失辨认或者控制自己行为能力的精神病人属于社会中的特殊群体,应当给予更多的关爱和专门保护,如果他们被列为犯罪嫌疑人、被告人,应当由公安司法机关联系法律援助机构指派律师辩护,费用由国家买单。而且,这些群体之所以特殊,主要在于他们多属困难群体,认知能力和辨识能力不足,没有能力理解辩护的重要价值和放弃的法律后果。所以,立法直接拟制这些人拒绝法律援助和放弃辩护的意思表示无效。放弃能力欠缺论着眼于权利拥有者,主张由于他们自身的特殊性,推导出他们根本没有能力作出放弃辩护权的行为,即使单方作出放弃的意思表示,也被视为无效,不会导致法律援助辩护权的消灭。

二是重大利益保护论。重大利益保护论着眼于与权利所对应的义务的承担者,即国家、社会或他人。一般认为,维系整个社会根基的是民众普遍尊重和维护的价值和利益,如生命、自由、尊严,这些属于人的基本权利,国家应当尊重和保障,在涉及对这些利益进行处置时须格外重视,谨慎从事。如果犯罪嫌疑人、被告人在刑事诉讼中可能被判处无期徒刑、死刑,最终将面临生命被剥夺或长期监禁的后果,这涉及生命和自由两项重大利益,为了确保裁判的公正,有必要在诉讼中引入辩护制度,确保控辩两造对抗,法官兼听则明。而且,在这两类重刑案件中,辩护的引入是必须的,不能因为犯罪嫌疑人、被告人单方拒绝,就免除义务人也即国家的责任。试想,在一个人人直言放弃生命就使得剥夺他人生命的行为正当化的社会,生命权的保护将陷入一个怎样危险的环境。人人都能够以对方承诺放弃生命来为自己的杀戮行为辩解,如果国家对此默许乃至纵容,甚至以犯罪嫌疑人、被告人承诺放弃生命为由来为自己的草率办案寻求辩解,那么维系社会存在和发展的那些根本利益和基本权利将不复存在。"一项基本权利可否被放弃,也取决于该权利的重要性。关系到公共利益的基本权利,基本权利主体不能放弃。"[1]同样,如果某些重大权利所连接的是公共利益,国家和社会也当然负有更大的保护责任和关照义务。可能判处无期徒刑、死刑的犯罪嫌疑人、被告人的辩护权即连接着诸多重大权利以及背后的公共利益,即使权利的拥有者放弃辩护权,拒绝法律援助,为了维护社会的整体利益和根本价值,作为法律援助的提供方——国家——也不能免除自身义务。

放弃能力欠缺论和重大利益保护论虽然能够在一定程度上解释为何某些人对于辩护权不可放弃,对于国家提供的法律援助不可拒绝,但也都不同程度地存在着逻辑不自洽的情形。比如,后天失明的盲人,一般能说会道,听力也无障碍,用放弃能力欠缺论去解释其没有能力决定是否放弃辩护权并不能令人信服。而且,对于放弃能力欠缺论的主张,立法机关常常通过引入法定代理人制度,对特殊群体的认识能力和辨识能力加以补强,确保其决定更明智,那么为何还是不能放弃法律援助辩护权?再如,刑事诉讼法规定,可能判处死刑的被告人在一审、二审中没有委托辩护人的,法律援助机构必须指派律师为其提供辩护。

---

[1] 王锴:《基本权利冲突及其解决思路》,载《法学研究》2021年第6期,第46页。

因为，生命权的保障连接着社会的根本价值和公共利益，即使被告人放弃再为之辩护和争取的机会，国家和社会也必须坚定地予以捍卫和保障。但是，根据《法律援助法》第25条的规定，如若案件到了死刑复核阶段，被告人需要申请法律援助，最高人民法院才会通知法律援助机构提供律师进行辩护。同样是对生命权的维护，为何在一审、二审阶段，可能判处死刑的被告人放弃辩护就不被允许，但是到了死刑复核阶段，被告人放弃权利不再申请法律援助的，国家便可不予提供，承认辩护权放弃的效力呢？

从更深层次去挖掘，其实上述两套理论背后都折射出浓重的"家长主义"（Paternalism）色彩，即如果承认所有权利都可以被放弃，权利人将会通过放弃他所拥有的权利取消国家或他人的相应义务，进而造成对他自己原本拥有的这项权利所保护的重要价值或者重大利益的损害，甚至会对某些公共利益的维护产生影响。因此，基于"为了权利人的重要价值或者重大利益着想"这个家长主义式的理由，立法机关才人为地划定出一个范围，一方面通过法律拟制的方式将一定范围内的人归入特殊群体，视为"无能力"，规定其弃权无效，即使是有法定代理人的参与也仍然等同视之，从而使得他们没有办法做出这些"自我损害"的举动；[1]另一方面则划定一部分案件，案件中的被告人可能被判处重刑，将面临人身自由的长期剥夺或生命权的剥夺，被告人对重刑辩护的放弃会关涉到重大利益、根本价值以及公共利益的维护，故而要求义务承担方——国家——负有不可免除的责任。无论是划定群体的范围还是划定案件的范围，背后都涉及对诸多价值利益的考量，因此，范围的划定可能会有所调适，是动态的。例如，尚未完全丧失辨认或控制自己行为能力的人，可能被判处无期徒刑的案件就不在应当提供法律援助的范围，但是随着法律的修改和新的价值观的融入，各种利益被重新权衡，新的群体和新的案件就被纳入辩护权不可放弃的情形中。这背后其实仍然是国家"家长主义"的理念在"搅动"。

总之，国家为了维护某些基本权利、公共利益和价值秩序，对于某些权利的行使与放弃都会设定一定的限度，这也是辩护权为什么不

---

[1] 参见陈景辉：《不可放弃的权利：它能成立吗？》，载《清华法学》2020年第2期，第14页。

能被全部放弃的根本原因。辩护权是一项权利,但也可能关涉他人的利益,连接着一定的公共利益和社会的基本价值秩序,在行使中应当受到一定的限制,在放弃时也同样应当受到限制,其中就包括在某些特殊的案件中,对某些特别的犯罪嫌疑人、被告人,他们不能随意放弃辩护权。

二、被追诉人自行辩护时的诉讼地位和法律身份没有改变

司法实践对自行辩护关注不多,法律的规定也十分简单,故有必要对其进一步研究。有关自行辩护,可以从三个方面加以分析:一是自行辩护是一种重要的辩护方式。辩护有多种方式,其中自行辩护也是重要的一种。二是自行辩护是犯罪嫌疑人、被告人一项不可剥夺的权利,对于公检法机关来讲,只有保障的义务而没有限制或剥夺的权力。三是犯罪嫌疑人、被告人在自行辩护时,其诉讼地位和法律地位没有任何改变。第三点尤为重要。详言之,犯罪嫌疑人、被告人在任何时候都不会因自行辩护导致其诉讼地位或角色发生改变,不会因自行辩护就成了辩护人,有了辩护人的独立的诉讼地位,并且当然地享有辩护人的一切诉讼权利。

对于这一问题的厘清将涉及《刑事诉讼法》第 40 条中犯罪嫌疑人、被告人是否有阅卷权的问题。本评注将在涉及该条时于【法条评点】中详加论述。

三、应修改本条语句结构中的不合理之处

2018 年《刑事诉讼法》就不能担任辩护人的情形新增一款规定,即"被开除公职和被吊销律师、公证员执业证书的人,不得担任辩护人,但系犯罪嫌疑人、被告人的监护人、近亲属的除外。"其中被开除公职与被吊销律师、公证员执业证书应该是选择性关系,用"和"字将前后相连,虽然不会产生太大歧义,但语句结构有些不合理。建议将"被开除公职和被吊销律师、公证员执业证书的人"修改为"被开除公职的人和被吊销律师、公证员执业证书的人",或将原文中的"和"字改为"或"字。

第三十四条 【委托辩护的时间】【辩护告知】犯罪嫌疑人自被侦查机关第一次讯问或者采取强制措施之日起,有权委托辩护人;在侦查期间,只能委托律师作为辩护人。被告人有权随时委托辩护人。

侦查机关在第一次讯问犯罪嫌疑人或者对犯罪嫌疑人采取强制措施的时候,应当告知犯罪嫌疑人有权委托辩护人。人民检察院自收到移送审查起诉的案件材料之日起三日以内,应当告知犯罪嫌疑人有权委托辩护人。人民法院自受理案件之日起三日以内,应当告知被告人有权委托辩护人。犯罪嫌疑人、被告人在押期间要求委托辩护人的,人民法院、人民检察院和公安机关应当及时转达其要求。

犯罪嫌疑人、被告人在押的,也可以由其监护人、近亲属代为委托辩护人。

辩护人接受犯罪嫌疑人、被告人委托后,应当及时告知办理案件的机关。

▶▶【历次修法条文对照】

1979年《刑事诉讼法》	1996年《刑事诉讼法》	2012年《刑事诉讼法》	2018年《刑事诉讼法》
第三编 审判 第二章 第一审程序	第二编 立案、侦查和提起公诉 第二章 侦查	第一编 总则 第四章 辩护与代理	第一编 总则 第四章 辩护与代理
第110条:人民法院决定开庭审判后,应当进行下列工作: …… (二)将人民检察院的起诉书副本至迟在开庭七日以前送达被告人,并且告知被告人可以委托辩护人,或者在必要时为被告人指定	**第96条**:犯罪嫌疑人在被侦查机关第一次讯问后或者采取强制措施之日起,可以聘请律师为其提供法律咨询、代理申诉、控告。 **第一编 总则** **第四章 辩护与代理** **第33条**:公诉案件自案件移送审查起诉之日起,	**第33条**:犯罪嫌疑人自被侦查机关第一次讯问后或者采取强制措施之日起,**有权委托辩护人;在侦查期间,只能委托律师作为辩护人**。~~自诉案件的~~被告人有权随时委托辩护人。 **侦查机关在第一次讯问犯罪**	**第34条** 内容未修订

(续表)

1979年《刑事诉讼法》	1996年《刑事诉讼法》	2012年《刑事诉讼法》	2018年《刑事诉讼法》
第三编 审判 第二章 第一审程序	第二编 立案、侦查和提起公诉 第二章 侦查	第一编 总则 第四章 辩护与代理	第一编 总则 第四章 辩护与代理
辩护人； ……	犯罪嫌疑人有权委托辩护人。自诉案件的被告人有权随时委托辩护人。 人民检察院自收到移送审查起诉的案件材料之日起三日以内,应当告知犯罪嫌疑人有权委托辩护人。人民法院自受理自诉案件之日起三日以内,应当告知被告人有权委托辩护人。	**嫌疑人或者对犯罪嫌疑人采取强制措施的时候,应当告知犯罪嫌疑人有权委托辩护人。**人民检察院自收到移送审查起诉的案件材料之日起三日以内,应当告知犯罪嫌疑人有权委托辩护人。人民法院自受理~~自诉~~案件之日起三日以内,应当告知被告人有权委托辩护人。犯罪嫌疑人、被告人在押期间要求委托辩护人的,人民法院、人民检察院和公安机关应当及时转达其要求。 犯罪嫌疑人、被告人在押的,也可以由其监护人、近亲属代为委托辩护人。 辩护人接受犯罪嫌疑人、被告人委托后,应当及时告知办理案件的机关。	

第四章 辩护与代理

▶▶【立法沿革】

本条是关于犯罪嫌疑人、被告人委托辩护人的程序规定,相关内容在1979年《刑事诉讼法》"审判"编第二章中有所涉及,1996年《刑事诉讼法》第一编"辩护"章有专门规定,2012年《刑事诉讼法》在原条文基础上作出大幅修改。

一、1996年《刑事诉讼法》对本条的修改

1996年《刑事诉讼法》主要对犯罪嫌疑人、被告人何时有权委托辩护人,司法机关履行委托辩护的告知义务的规定作出修订。

(一)委托辩护的开启阶段

犯罪嫌疑人、被告人何时有权委托辩护人?1979年《刑事诉讼法》第110条第1款第2项中规定,人民法院决定开庭审判后,"将人民检察院的起诉书副本至迟在开庭七日以前送达被告人,并且告知被告人可以委托辩护人"。据此,被追诉人委托辩护的权利始于法院审判阶段。实践中,辩护人只有在开庭前的几天才能接受委托介入刑事诉讼,准备出庭的时间太过紧张,不利于辩护权的充分行使。"他只能在法院开庭之前的几天时间内匆匆阅卷和与被告人会见,根本来不及对案件事实进行调查和仔细核实证据,因而他对出庭辩护的准备工作必然是十分草率的。"[1]

> 1983年9月2日通过的《全国人民代表大会常务委员会关于迅速审判严重危害社会治安的犯罪分子的程序的决定》第1条规定:"对杀人、强奸、抢劫、爆炸和其他严重危害公共安全应当判处死刑的犯罪分子,主要犯罪事实清楚,证据确凿,民愤极大的,应当迅速及时审判,可以不受刑事诉讼法第一百一十条规定的关于起诉书副本送达被告人期限以及各项传票、通知书送达期限的限制。"据此,对于那些严重危害公共安全、可能判处死刑的被告人,起诉书副本送达的期限不受1979年《刑事诉讼法》第110条的限制,既可以在开庭前七日送达,也可以在开庭前两日或三日送达,甚至在开庭前更短的时间,

---

[1] 崔敏:《中国刑事诉讼法的新发展——刑事诉讼法修改研讨的全面回顾》,中国人民公安大学出版社1996年版,第70页。

> 如几个小时内送达。这会导致被告人根本没有时间聘请辩护律师或其他辩护人,无异于变相剥夺了被告人的委托辩护权。由于辩护人不能及时介入刑事诉讼,辩护职能的发挥受到极大限制。

其实,早在1979年制定刑事诉讼法时,关于被告人在哪一诉讼阶段可以委托辩护人就曾有过讨论。当时主要考虑到我们国家尚处在法制建设初期,律师人数很少,远不能满足实际需要,如果规定被告人在审判以前某个阶段就可以委托辩护人,不具备条件,实际上做不到。同时,当时我国社会主义民主法制建设刚刚起步,许多工作正在逐步从被"四人帮"破坏的情形下恢复和拨乱反正,人民检察院刚刚恢复建立,在这种情况下,也不具备让律师过早参加诉讼案件的条件。因此,刑事诉讼法规定被告人在审判阶段有权委托辩护人,是符合当时实际情况的。刑事诉讼法实施十几年来,随着法制建设的逐步发展,我国律师队伍不断扩大,素质不断提高,广大人民群众在长期的普法教育中,法律观念和意识也不断增强。同时,社会的不断进步,对司法机关的执法水平也提出了更多的要求。这些因素为辩护人能够比原刑事诉讼法规定的时间提前介入刑事诉讼活动创造了客观条件。[1]

在1996年修改刑事诉讼法的过程中,公检法机关和司法部门一致认为律师等作为辩护人介入刑事诉讼活动的时间应当提前。至于提前到哪一阶段、哪一时点则有不同意见[2]:

一种意见主张从侦查阶段犯罪嫌疑人第一次被传讯或者采取强制措施开始,就有权委托律师,但应对律师的职责、义务在法律上作出规定,不得妨碍侦查活动的进行。[3]

另一种意见认为,律师在侦查阶段不宜介入,以避免妨碍和干扰侦查

---

[1] 参见郎胜主编:《关于修改刑事诉讼法的决定释义》,中国法制出版社1996年版,第50页。

[2] 对有关辩护律师何时介入刑事诉讼的观点更为详尽的介绍可参见周国均:《试谈律师介入诉讼的时间》,载《中国律师》1994年第5期,第33页;崔敏:《辩护制度立法完善研讨概述》,载《公安研究》1995年第5期,第53—54页。

[3] 参见陈光中、熊秋红:《刑事诉讼法修改刍议(上)》,载《中国法学》1995年第4期,第93页;刘金友:《刑事侦查阶段需要律师介入——再谈律师应全面介入刑事诉讼》,载《法制日报》1994年7月18日,第1版。

机关的侦查活动,因而主张犯罪嫌疑人、被告人从检察院审查起诉起可以委托辩护人,但犯罪嫌疑人、被告人是未成年人、聋哑人、盲人或者外国人、无国籍人或者可能判处无期徒刑以上刑罚的人可以随时委托辩护人。[1]

立法机关经过反复研究,在总结司法经验、充分听取各方意见的基础上最终采纳了第二种意见,但同时吸收了第一种意见中的合理因素。一方面在1996年《刑事诉讼法》第33条规定公诉案件自案件移送审查起诉之日起,犯罪嫌疑人、被告人有权委托辩护人,自诉案件的自诉人有权随时委托辩护人为其提供辩护。另一方面在1996年《刑事诉讼法》第96条规定犯罪嫌疑人在被侦查机关第一次讯问后或者采取强制措施之日起就可以聘请律师为其提供法律咨询、代理申诉、控告。犯罪嫌疑人被逮捕后,聘请的律师可以为其申请取保候审。这主要是考虑到律师在移送起诉和审判阶段与侦查阶段的职责不同。在移送起诉和审判阶段,律师的职责是为被告人进行辩护;在侦查阶段,则主要是为被告人提供法律上的帮助,进行一些法律咨询是可以的,如果发现侦查机关对犯罪嫌疑人所采取的有关侦查措施违反了法律,如错误羁押、超期羁押,或者对犯罪嫌疑人进行刑讯逼供等,律师就可以向有关机关提出申诉和纠正意见,或者依法提出新的诉讼。[2] 但是律师不宜作为辩护人介入侦查阶段的工作。在侦查阶段,随着侦查机关不断获取证据,案情随时可能发生变化。同时,为了防止犯罪分子转移、隐匿、毁弃证据,防止犯罪分子串供、逃跑,往往要采用秘密手段进行侦查,如果律师作为辩护人在侦查阶段就介入,会不可避免地要求随时了解案情,查阅案件材料,掌握侦查工作的进展情况,这样会使侦查工作无法正常展开,使侦查机关陷于被动,影响对犯罪分子的查处。因此,律师介入刑事诉讼的时间不宜过早。[3]

(二)规定检察院和法院向被告人履行委托辩护的告知义务

1996年《刑事诉讼法》规定在公诉案件中委托辩护的时间提前至案

---

[1] 参见陈光中、严端主编《中华人民共和国刑事诉讼法修改建议稿与论证》,中国方正出版社1999年版,第154页;李宝岳:《论律师介入刑事诉讼的时间》,载《中国法学》1994年第4期,第98页。

[2] 参见周道鸾、张泗汉主编:《刑事诉讼法的修改与适用》,人民法院出版社1996年版,第91页。

[3] 参见郎胜主编:《关于修改刑事诉讼法的决定释义》,中国法制出版社1996年版,第51—52页。

件移送审查起诉之日起,自诉案件中被告人有权随时委托辩护人。为了保障犯罪嫌疑人、被告人充分行使委托辩护权,必须使他们及时了解这项权利的行使时间和行使方式。故立法进一步规定检察院和法院承担相应的"诉讼关照义务"。所谓诉讼关照义务,是要求法院、刑事追诉机关有义务帮助不熟悉刑事程序的被告人伸张自己的权利。"法律规定法院、刑事追诉机关对被告人和其他参加刑事程序人员负有作告诉、提示的义务,是体现关照义务原则的范例。"[1]依据该法理,1996年《刑事诉讼法》第33条第2款规定了检察院和法院对犯罪嫌疑人、被告人的及时告知义务,即"人民检察院自收到移送审查起诉的案件材料之日起三日以内,应当告知犯罪嫌疑人有权委托辩护人。人民法院自受理自诉案件之日起三日以内,应当告知被告人有权委托辩护人"。

二、2012年《刑事诉讼法》对本条的修改

2012年《刑事诉讼法》对本条主要有五方面的修改:一是明确了犯罪嫌疑人在侦查阶段有权委托辩护人;二是强调办案机关要承担向犯罪嫌疑人、被告人告知其有权委托辩护人的义务;三是明确办案机关应承担及时转达犯罪嫌疑人、被告人委托辩护人要求的义务;四是补充了犯罪嫌疑人、被告人的监护人、近亲属可以代为委托辩护人的规定;五是要求辩护人接受委托后应当及时告知办案机关。

(一)犯罪嫌疑人在侦查阶段可以委托辩护律师

在犯罪嫌疑人、被告人何时可以委托辩护人及律师的问题上,1996年《刑事诉讼法》较1979年《刑事诉讼法》已有不小进步:一方面,规定在审查起诉阶段,犯罪嫌疑人有权委托辩护人;另一方面,在侦查阶段,犯罪嫌疑人有权聘请律师获得法律帮助。这些规定把委托辩护人及律师的时间从审判阶段提前到了审前阶段,具体包括审查起诉阶段和侦查阶段。但值得注意的是,受委托主体在不同阶段的法律地位并不相同,侦查阶段只是"律师",不是"辩护人",审查起诉和审判阶段才是"辩护人"。

2012年修改刑事诉讼法时,多数意见认为,律师在侦查阶段的身份和诉讼地位有待进一步厘清。1996年《刑事诉讼法》"虽然允许律师介入

---

[1] [德]约阿希姆·赫尔曼:《〈德国刑事诉讼法典〉中译本引言》,载《德国刑事诉讼法典》,李昌珂译,中国政法大学出版社1995年版,序言第13页。

侦查阶段，为犯罪嫌疑人提供法律帮助，却将其排除在'辩护与代理'一章及'辩护人'之外，而是规定在'侦查'一章之下的第96条。不仅如此，在该法第82条列举的'诉讼参与人'中也没有侦查阶段律师的名分。那么，侦查阶段的律师在诉讼地位及称谓上是什么？原《刑事诉讼法》公布后，理论界围绕这一问题展开了热烈的讨论，甚至发生了分歧和对立，但最终还是基于该法第33条的规定，认定侦查阶段的律师不是辩护人，而称其为'为犯罪嫌疑人提供法律帮助的律师。'对于这一称谓有人认为'不伦不类'。"[1]大多意见认为，既然犯罪嫌疑人、被告人在整个诉讼过程中均享有辩护权，也应当有权委托辩护人，建议将侦查阶段提供法律帮助的律师身份修改为辩护人。"在一定意义也可以说，真正决定中国犯罪嫌疑人和被告人命运的程序不是审判，而是侦查。"[2]在我国，侦查阶段其实是犯罪嫌疑人最需要辩护人的时候，不具有辩护权的律师在侦查阶段无法给予当事人足够的权利保障，这一点已经在我国的司法实践中有了较为充分的证明。

为进一步明确律师在侦查阶段的法律地位，更好地发挥其作用，经过反复论证并征求多方意见，立法机关最终对该条文作出重大修改，将犯罪嫌疑人在侦查阶段只能聘请律师提供法律帮助的规定修改为：犯罪嫌疑人自被侦查机关第一次讯问或者采取强制措施之日起，有权委托律师作为辩护人。[3]同时，删除了1996年《刑事诉讼法》第96条的规定。这就意味着，犯罪嫌疑人自侦查阶段就有权委托辩护人，但侦查阶段只能委托律师担任辩护人，不能委托律师以外的其他人，包括犯罪嫌疑人的监护人、亲友以及人民团体或犯罪嫌疑人所在单位推荐的人。

---

〔1〕 陈光中主编：《〈中华人民共和国刑事诉讼法〉修改条文释义与点评》，人民法院出版社2012年版，第15页。

〔2〕 孙长永：《侦查程序与人权——比较法考察》，中国方正出版社2000年版，序第5页。

〔3〕 修法时，有少数意见提出，在立案阶段即可允许犯罪嫌疑人委托辩护人，但该观点并不现实，实操性不强。中国刑事诉讼中最完整的公诉案件诉讼程序分为立案、侦查、起诉、审判和执行五大阶段。立案阶段的调查只能是初步调查，不少案件中并没有犯罪嫌疑人。即使有，大多数情况下的嫌疑程度也都较低，立案的侦查机关与犯罪嫌疑人多数没有正面接触，对抗性也不强。如果是现行犯或者重大嫌疑人分子，则立案阶段会很快结束，侦查活动随即展开，在犯罪嫌疑人自被第一次讯问或采取强制措施之日起委托辩护律师即可较好地保障其合法权益。

值得关注的是,律师在侦查阶段辩护人身份的确立,意味着其诉讼地位和行权方向发生了重大变化。1996年《刑事诉讼法》第96条规定,律师在侦查阶段可以向聘请他的犯罪嫌疑人提供法律咨询、代理申诉、控告,还有申请取保候审和会见的权利。2012年《刑事诉讼法》规定,律师作为辩护人在侦查阶段拥有的主要权利是:为犯罪嫌疑人提供法律帮助;代理申诉、控告;申请变更强制措施;向侦查机关了解犯罪嫌疑人涉嫌的罪名和案件有关情况,提出意见;会见和通信,申请取保候审。两相比较,可以发现,1996年《刑事诉讼法》规定的处于侦查阶段的律师只能以犯罪嫌疑人为中心,围绕犯罪嫌疑人的相关需求提供法律咨询,在犯罪嫌疑人的权利遭受侵害时代理申诉、控告,在犯罪嫌疑人被逮捕后申请取保候审。律师在侦查机关眼中只是犯罪嫌疑人纯粹的"法律帮助者"或"法律顾问",律师的依附性、被动性较强,独立性不足。而在2012年《刑事诉讼法》中,律师在侦查阶段作为辩护人具有较强的独立性,成为较独立的诉讼主体,或较独立的司法单元。除了为犯罪嫌疑人提供必要的法律帮助和服务,已可以主动与侦查机关正面接触,了解指控的罪名和案情;还可与侦查机关正面对抗,就案件的实体与程序等问题提出意见。在刑事诉讼活动中,控辩双方是对立统一的关系,不能割裂开来而单独存在。辩护必须与办案机关有所互动,产生影响,发生作用才具有实质意义,否则就流于形式。立法机关在本次修法中确立了律师在侦查阶段辩护人的身份,并赋予了律师与侦查机关正面接触和发表意见的权利,这就将辩方与控方有机地联系和统一起来,从实质上体现了律师在侦查阶段辩护人的身份和地位。不容否认的是,律师在侦查阶段的辩护权还是受到了一定程度的限制,如不能阅卷,但以辩护人身份的确立为基础,律师在侦查阶段的调查取证权[1]、讯问在场权至少有了可以进一步讨论的空

---

[1] 律师在侦查阶段具有辩护人身份后可否行使调查取证权,存在不小的争议,有不少赞同声音。田文昌律师就认为:"调查权是与律师的辩护人身份相联系的,原来的规定是在审查起诉阶段,律师才是辩护人,由于法律规定辩护人可以调查取证,所以,当律师没有辩护人身份的时候,调查权就受到了质疑。有人就说,律师在侦查阶段因为不是辩护人所以不能调查取证。这次修法明确律师有辩护人身份了,所以就可以调查取证了。"原最高人民检察院检察长、现最高人民法院院长张军也认为:"从理论上、实践中看,这个阶段是可以调查取证的,这也有利于侦查机关尽早地全面了解案情。"参见张军、姜伟、田文昌:《新控辩审三人谈》(增补本),北京大学出版社2020年版,第24页。

间,侦查阶段也据此有了明显的诉讼对抗性。这是中国辩护制度的一次重大发展。

(二)侦查机关的诉讼关照义务

由于立法机关增加了犯罪嫌疑人在侦查阶段有权委托辩护律师的规定。相应地,为了保障犯罪嫌疑人在此阶段能充分行使委托辩护权,立法规定了侦查机关的"诉讼关照义务",即"侦查机关在第一次讯问犯罪嫌疑人或者对犯罪嫌疑人采取强制措施时,应当告知犯罪嫌疑人有权委托辩护人"。

(三)犯罪嫌疑人、被告人的监护人、近亲属可以代为委托辩护人

依据1996年《刑事诉讼法》的规定,有权委托辩护人的主体只有犯罪嫌疑人、被告人。然而在司法办案中,犯罪嫌疑人、被告人常常会因拘留、逮捕处于被羁押的状态。由于人身自由被剥夺,他们在委托辩护人的过程中会存在诸多困难和不便,实践中很多是由其监护人或者近亲属代为委托辩护人,代为委托的辩护人在会见犯罪嫌疑人、被告人时,再补办有关委托手续对委托关系予以确认。公检法机关对此多是持默许的态度。1998年《公安规定》第38条第1款更是明确规定:"犯罪嫌疑人可以自己聘请律师,其亲属也可以代为聘请。"总结实践做法,从充分保障犯罪嫌疑人、被告人辩护权的角度出发,2012年《刑事诉讼法》增加了犯罪嫌疑人、被告人在押的,也可以由其监护人、近亲属代为委托辩护人的规定,最大限度地为犯罪嫌疑人、被告人委托辩护人提供便利。

(四)办案机关应及时转达犯罪嫌疑人、被告人委托辩护人的要求

为了方便被羁押的犯罪嫌疑人、被告人及时委托辩护人,保证其辩护权的实现,相应的办案机关及办案人员应当承担将犯罪嫌疑人、被告人委托辩护人的意愿转告相应人员的义务,但1996年《刑事诉讼法》没有对此加以明确。1998年《六机关规定》第10条作出补充规定:"依照刑事诉讼法第九十六条规定,在侦查阶段犯罪嫌疑人聘请律师的,可以自己聘请,也可以由其亲属代为聘请。在押的犯罪嫌疑人提出聘请律师的,看守机关应当及时将其请求转达办理案件的有关侦查机关,侦查机关应当及时向其所委托的人员或者所在的律师事务所转达该项请求。犯罪嫌疑人仅有聘请律师的要求,但提不出具体对象的,侦查机关应当及时通知当地律师协会或者司法行政机关为其推荐律师。"这一规定根据转告对象的不同区分了不同的程序,有利于将犯罪嫌疑人、被告人委托辩护人的意愿及时转告,保障辩护权的实现。2012年《刑事诉讼法》吸收了该条文的合理内核,增加规定:犯罪嫌疑人、被告人在押期间要求委托辩护人的,人民法院、人民检察院和公安机关应当及时转达其要求。

(五)辩护人接受委托后应当及时告知办案机关

"考虑到辩护人要履行职责,如接受委托后向侦查机关了解犯罪嫌疑人涉嫌的罪名等,需要先向办案机关提交有关委托手续,而办案机关如果有某些事项需要通知辩护人或者听取辩护人意见,也需要掌握有关委托辩护人的情况"[1],故立法新增了辩护人接受委托后应当及时告知办案机关的规定。

2012年"刑事诉讼法(修正草案)"曾规定"辩护人接受犯罪嫌疑人、被告人委托后,应当及时告知办理案件的司法机关。"有部分研究者指出:"该条第3款所谓'司法机关',实为'公安、司法机关'。域外法治国家尤其是大陆法系国家,虽然也有立法和理论将其侦查机关、公诉机关、审判机关合称'刑事司法机关'者,但这主要是因为在大陆法系国家,侦查权本由检察机关行使,警察并非侦查权主体而仅仅是检察机关的辅助机构,由于其侦查机关本为检察机关,称侦查机关为'司法机关',并无不妥。但在我国刑事诉讼体制下,侦查权乃由公安机关行使,公安机关(刑事警察)虽因行使刑事侦查权而与检察机关、法院在职能上有衔接,但其本质上仍为典型的行政机关,将'公安机关'与检察机关、法院并称'司法机关',实乃观念上之重大误解,属立法用语不严谨之举,故建议改称'公安、司法机关',或者按照我国主流刑事诉讼法教科书所使用的术语统称为'(国家)专门机关'。"[2]最终,立法机关接受了这一建议,将"司法机关"改为"机关",也间接认可了我国司法机关仅有检察院和法院,不包括公安机关的理论共识。

---

[1] 王爱立、雷建斌主编:《刑事诉讼法立法精解》,中国检察出版社2019年版,第52页。

[2] 万毅:《微观刑事诉讼法学——法解释学视野下的〈刑事诉讼法修正案〉》,中国检察出版社2012年版,第42页;陈光中:《刑事诉讼中公安机关定位问题之探讨——对〈刑事诉讼法修正案(草案)〉中"司法机关"规定之商榷》,载《法学》2011年第11期,第49页以下。

▶▶【法条注解】

本条是关于犯罪嫌疑人、被告人委托辩护人的程序性规定。

一、犯罪嫌疑人、被告人何时有权委托辩护人

本条第 1 款共两句话,规定了公诉案件和自诉案件中委托辩护的两种情形。

(一)公诉案件中的委托辩护

本条第 1 款第一句话是,"犯罪嫌疑人自被侦查机关第一次讯问或者采取强制措施之日起,有权委托辩护人;在侦查期间,只能委托律师作为辩护人"。依据文义,公诉案件中犯罪嫌疑人有权委托辩护人的起点有两个:一是自被侦查机关第一次讯问之日起,二是被侦查机关采取强制措施之日起。

1. 自被侦查机关第一次讯问之日起有权委托辩护人

本条中的"第一次讯问",是指公诉案件立案后的第一次侦查讯问。犯罪嫌疑人自被侦查机关第一次讯问之日起有权委托辩护人,这一规定由 2012 年《刑事诉讼法》确立,是立法机关对 1996 年《刑事诉讼法》第 96 条的修订。1996 年《刑事诉讼法》第 96 条规定律师介入刑事诉讼的时间点为"犯罪嫌疑人在被侦查机关第一次讯问后或者采取强制措施之日起……"两相比较,2012 年《刑事诉讼法》删除了"第一次讯问后"的"后"字。[1] 有学者指出:"这意味着从被侦查机关第一次讯问开始,而不是第一次讯问结束后开始,犯罪嫌疑人就有权委托辩护人。当然,虽然犯罪嫌疑人有权委托辩护人,但法律并没有规定要辩护人到场后才能够进行讯问。"[2] 本评注认为这一解读并不准确。立法机关删除"后"字的目的,在于实践中有侦查机关利用"后"字在时间上的模糊性做文章,搞曲意解释,将"被侦查机关第一次讯问后"解读为被侦查机关第一次讯问的

---

〔1〕 2012 年《刑事诉讼法》还将 1996 年《刑事诉讼法》第 96 条"犯罪嫌疑人在被侦查机关第一次讯问后……"中的"在"字改为了"自"字。目的是与删除的"后"字保持语句上的前后衔接。

〔2〕 李昌林主编:《最新中华人民共和国刑事诉讼法释义》,中国法制出版社 2012 年版,第 74 页。

"三日后""五日后"或"多日后"再委托辩护人,意在延滞辩护律师介入侦查的时点,变相限制甚至剥夺犯罪嫌疑人在侦查阶段的委托辩护权。为此,立法机关才将原条款中的"后"字删除。但这并不意味着"犯罪嫌疑人自被侦查机关第一次讯问,有权委托辩护人"。因为,当年立法机关在删除"后"字的同时,还将原条款中"被侦查机关第一次讯问"前的"在"字改为"自"字,目的就是与本句中的"之日起"作好衔接搭配。横向比较刑事诉讼法中的其他条文就会发现,第34条第2款中的"人民检察院自收到移送审查起诉的案件材料之日起三日以内……人民法院自受理案件之日起三日以内……";第39条第4款中的"自案件移送审查起诉之日起";以及第40条规定的"辩护律师自人民检察院对案件审查起诉之日起……",这些规定都是"自……之日起"的搭配。综上,本条款的真正含义是,"犯罪嫌疑人自被侦查机关第一次讯问之日起,有权委托辩护人。"这一解释结论与立法机关的解读相一致[1],与整个刑事诉讼法中相关条文的语句结构相统一,同时也明确了辩护人介入侦查的具体时点,即被第一次讯问的当日起,从而避免了侦查机关在实践中再去曲意释法,刻意限制委托辩护权行使的情形。

至于辩护律师能否在第一次讯问开始时就接受委托,乃至介入讯问,在场聆听,恐怕并不现实,也非立法本意。因为在侦查阶段,何时审讯是由侦查机关自行决定的,如果立法认可辩护人在场权,那么侦查机关是否需要待律师到场后才能展开讯问呢?问题的关键在于,如何保证律师能够随时在场呢?不少刑事案件都是突发性的,何时缉获犯罪嫌疑人具有相当的不确定性,为了及时获悉案件信息,查寻证据,需要尽早进行讯问,要求辩护人像侦查人员那样随时待命恐难以做到。[2]

2. 自被侦查机关采取强制措施之日起有权委托辩护人

本款中的"采取强制措施",是指立案后采取的取保候审、拘留、逮捕等各种刑事强制措施。犯罪嫌疑人在被采取强制措施之日起的任何时候都有权委托辩护人。

---

[1] 参与立法的同志在撰写的立法释义书中指出:"从被第一次讯问之日起,犯罪嫌疑人在任何时候都有权委托辩护人。"参见李寿伟主编:《中华人民共和国刑事诉讼法解读》,中国法制出版社2018年版,第72页。

[2] 参见夏永全:《条解刑事诉讼法——主旨·释评》,西南交通大学出版社2014年版,第34页。

被侦查机关第一次讯问或者采取强制措施之日,是犯罪嫌疑人进入刑事诉讼的开始。也是从这一刻起,犯罪嫌疑人与侦查机关开始正面接触,控辩双方可能的对抗开始出现,赋予犯罪嫌疑人委托辩护人的权利恰恰能够弥补控辩实力上的差距,确保控辩对抗的平等性与正当性。

3. 犯罪嫌疑人在侦查期间只能委托律师作为辩护人

之所以犯罪嫌疑人在侦查期间只能委托律师作为辩护人,主要是考虑到律师是专门提供法律服务的人员,具有较高的法律素养和职业操守,由其作为辩护人能够平衡侦查期间各方的利益,既能满足犯罪嫌疑人获得有效辩护的需求,也不致妨碍侦查活动依法有序进行。

当然,随着侦查活动的终结,案件移送检察院,依照《刑事诉讼法》第33条的规定,犯罪嫌疑人在审查起诉期间既可以委托律师作为辩护人,也可以委托人民团体或者犯罪嫌疑人所在单位推荐的人以及犯罪嫌疑人的监护人、亲友作为辩护人。因为此时侦查活动已终结,证据也收集齐整、固定完毕。由律师以外的其他辩护人参与诉讼,那种妨碍侦查取证,干扰诉讼推进的风险已大为降低。故而,立法机关就犯罪嫌疑人在侦查阶段和审查起诉阶段可以委托辩护人的人员范围作出了不同规定。

(二)自诉案件中的委托辩护

本条第1款规定的"被告人有权随时委托辩护人"可以做广义和狭义两种理解。广义解释,是指在公诉案件的审判阶段和在自诉案件中,被告人有权随时委托辩护人。若作狭义理解,则是指自诉案件中的被告人有权随时委托辩护人。从立法沿革看,2012年修改刑事诉讼法时,1996年《刑事诉讼法》中的"自诉案件的被告人有权随时委托辩护人"被修改为"被告人有权随时委托辩护人",也就是删除了"自诉案件的"这一定语。这意味着立法机关倾向于广义解释,无论是公诉案件还是自诉案件中的被告人,均有权随时委托辩护人。本评注认为这一删除似无必要。根据前文分析,既然犯罪嫌疑人在公诉案件中有权委托辩护人的时点始于侦查阶段,那么犯罪嫌疑人、被告人在后续的审查起诉和审判阶段当然可以随时委托辩护人。至于自诉案件,单独规定被告人可以随时委托辩护人正好与公诉案件中的委托辩护有所对应。所以,本部分内容的标题为"自诉案件中的委托辩护",意在强调自诉案件中的被告人有权随时委托辩护人。当然,立法机关当初删除"自诉案件的"表述可能还有一种考虑,就是与本条第2款中的"人民法院自受理案件之日起三日以内,应当告知被告人有权委托辩护人"相协调。第 2 款在 1996 年《刑事诉讼法》中的表述是"人民法院自受理自诉案件之日起三日以内,应当告知被告人有权委托辩护人。"2012 年《刑事诉讼法》删除了"自诉"二字,意在强调除了自诉案件,法院受理公诉案件后也负有告知被告人有权委托辩护人的义务。这一义务在旧法中是没有明确规定的,故列明加以强调。

另外,有研究者指出:被告人有权随时委托辩护人中的"随时",不是指什么时候都可以,应当理解为法院受理案件后,法庭辩论终结前。因为,法院受理案件才会有所谓的被告人,法庭辩论终结后,接下来就是合议庭评议和宣判,由于合议庭评议秘密进行,被告人此时再提出委托辩护人已无意义。[1] 这一观点并未得到司法机关的认可,《高法解释》第 313 条第 2 款规定:"庭审结束后,判决宣告前另行委托辩护人的,可以不重新开庭;辩护人提交书面辩护意见的,应当接受"。据此,被告人有权随时委托辩护人中的"随时"应理解为从法院受理案件后至判决宣告前的这段时间。

二、公检法机关的诉讼关照义务

本条第 2 款有两层意思,分别是关于侦查机关、检察院、法院应当告知犯罪嫌疑人、被告人有权委托辩护人,以及及时转达委托辩护人要求的规定。首先,侦查机关在第一次讯问犯罪嫌疑人或者对犯罪嫌疑人采取强制措施的时候,应当告知犯罪嫌疑人有权委托辩护人。检察院自收到移送审查起诉的案件材料之日起三日以内,应当告知犯罪嫌疑人有权委托辩护人。法院自受理案件之日起三日以内,应当告知被告人有权委托辩护人。告知义务是公检法三机关的法定义务,是前文谈及的诉讼关照义务的一个方面,也是保护犯罪嫌疑人、被告人辩护权的重要内容。需要注意的是,侦查机关、检察院和法院在对犯罪嫌疑人、被告人进行告知时,如果发现犯罪嫌疑人、被告人符合《刑事诉讼法》第 35 条规定的条件的,应当及时通知法律援助机构指派律师为其提供辩护。

其次,犯罪嫌疑人、被告人在押期间要求委托辩护人的,法院、检察院

---

[1] 参见夏永全:《条解刑事诉讼法——主旨·释评》,西南交通大学出版社 2014 年版,第 34 页。

和公安机关应当及时转达其要求。这里规定的"在押期间",是指犯罪嫌疑人、被告人被拘留、逮捕后的羁押期间。公检法机关"转达其要求"的对象包括:犯罪嫌疑人、被告人的监护人、近亲属,以及犯罪嫌疑人、被告人想委托的人或者有关律师事务所、律师协会。

三、监护人、近亲属代为委托辩护人

本条第3款是关于犯罪嫌疑人、被告人在押的,也可以由其监护人、近亲属代为委托辩护人的规定。该规定不仅解决了犯罪嫌疑人、被告人由于在押不便委托辩护人,而由其近亲属代为委托辩护人的问题,还解决了在押的犯罪嫌疑人、被告人属于限制行为能力人不能委托,而由其监护人代为委托辩护人的问题。

在允许犯罪嫌疑人、被告人的监护人、近亲属为其委托辩护人之后,需要考虑一个与之相关的问题,就是监护人、近亲属代替犯罪嫌疑人、被告人委托辩护人的效力问题。如果犯罪嫌疑人、被告人对监护人、近亲属代为委托的辩护人不满意当如何处理?一般认为,由辩护人协助犯罪嫌疑人、被告人行使辩护权是建立在辩护人与犯罪嫌疑人、被告人相互信任关系的基础上的,如果辩护人与犯罪嫌疑人、被告人之间互不信任,将使辩护效果大打折扣。因此,如果出现上述情况,应当允许犯罪嫌疑人、被告人依自己的意愿拒绝其监护人、近亲属代为委托的辩护人,另行委托其信任的辩护人。

四、辩护人向办案机关履行及时告知义务

本条第4款是关于辩护人接受犯罪嫌疑人、被告人委托后,应当及时告知办理案件的机关的规定。这里规定的"告知",是指辩护人在接受委托后,将接受委托的有关情况告知办案机关,提交有关委托手续。"办理案件的机关",是指辩护人接受委托时办理该案件的侦查机关、检察院或法院。侦查机关、检察院或法院收到有关委托手续后,应当记录在案并随案移送,方便其他办案机关能与辩护人随时取得联系,做好沟通交流。此外,犯罪嫌疑人、被告人另行委托辩护人的,新接受委托的辩护人也应当依照本款规定将接受委托的情况及时告知办案机关。[1]

---

[1] 参见王爱立、雷建斌主编:《刑事诉讼法立法精解》,中国检察出版社2019年版,第54页。

▶▶【法条评点】

一、监护人、近亲属以外的人能否代为委托辩护人

本条第 3 款规定:"犯罪嫌疑人、被告人在押的,也可以由其监护人、近亲属代为委托辩护人。"该款仅列举了代为委托辩护人的人是犯罪嫌疑人、被告人的监护人、近亲属,这是否意味着除此以外的其他人不能代为委托?《刑事诉讼法》第 108 条第 6 项规定了"近亲属"的范围,与其他部门法相比,刑事诉讼法中的近亲属外延过窄,限制了委托人的范围。例如,犯罪嫌疑人、被告人的祖父母、外祖父母、孙子女、外孙子女以及岳父岳母、公公婆婆就不可以为其委托辩护人。另外,司法实践中,一些外来务工人员因涉嫌犯罪被羁押,无法联系到近亲属,即使联系到近亲属也可能会因路途遥远,无法直接接触拟委托的律师,不能当面提交其与犯罪嫌疑人、被告人的身份关系证明,如户口簿、结婚证的原件等,以致办案机关对非监护人、非近亲属委托的辩护人不予接受。

考虑到这些现实情况,可以对本条作出调整,将代为委托的范围适当扩大到亲友。毕竟,这类委托在性质上还是代为委托,代为委托的辩护人会见被羁押的犯罪嫌疑人、被告人时最终还需要他们的确认,扩大范围并不会增加办案机关太多的负担,反而更有利于在实质上维护犯罪嫌疑人、被告人的辩护权。

二、规定辩护人接受委托后及时告知办案机关的必要性

无论是在 2012 年"刑事诉讼法(修正草案)"征求社会意见期间,还是在法律修订后的研讨交流中,一些研究人员和辩护律师都对本条第 4 款,即辩护人接受委托后应当及时告知办案机关的规定提出过异议,认为本款存在两大问题。

一是律师与犯罪嫌疑人、被告人的委托关系是"私权关系",属双方"私事",为何"应当及时告知"办案机关?这从侧面反映出立法机关对辩护人的不信任,会增加辩护人的工作负担。

二是告知要"及时"的标准不明,办案机关与辩护人在理解和执行上会存在分歧。不同地区的公检法机关很可能会抓住这一点,以辩护人没

有"及时告知"为由不允许辩护人会见、阅卷、出庭。[1]

上述异议确有一定道理,但如果站在维护程序的正当进行和保障辩护权的角度,作出这一规定的必要性和积极意义大于可能存在的隐忧和弊端。

首先,虽然委托关系本身涉及的只是辩护人与犯罪嫌疑人、被告人的关系,但是,委托辩护关系不是孤立的,而是要在刑事诉讼的场域内展开。辩护工作的大部分内容都要与办案机关发生关系,否则,辩护就是"空对空",流于形式。刑事辩护的核心是维护当事人的诉讼权利和其他合法权益,在很大程度上要依赖于办案机关。换言之,辩护意见要被办案机关采纳,对办案机关发生影响和作用,辩护才有实际意义。这就需要接受委托、担任辩护人的律师或者其他人及时把委托事项告知办案机关,一方面有利于及时沟通,开展辩护工作,另一方面也便于办案机关在诉讼活动中及时向辩护人通知有关事项。例如,及时告知辩护人其所承办案件已转入后一诉讼阶段或退回前一诉讼阶段,或者通知辩护人到办案机关及时查阅案卷材料等。

其次,对于理解和执行告知应"及时"的问题,法律之所以没有明确规定"一刀切"的时限要求,主要是考虑到辩护人的工作特点和案件的具体情况有所不同,这对辩护人其实是有利的,如此规定可以在实际办案中保有一定的弹性。而且,法律也没有规定辩护人未"及时"告知的法律后果或者应当承担的法律责任。[2] 当然,考虑到个别地方办案机关确实可能会以辩护人接受委托后不及时告知为由,限制或剥夺辩护人部分阅卷权、会见权等,故而应贯彻立法精神,原则上对未"及时"告知的情形不予处理。辩护人则应在办案中接受委托后尽快告知办案机关以便利诉讼,尽早开展辩护工作,不应人为拖延。另外,从技术层面看,地方公安司法机关可以与当地律协协商,对于辩护人接受委托后不及时告知的"常见""多发"情形,可以在某些办案的关键环节设定一个最低的时限要求,对于确实晚于这一时限要求的情形作出一些有针对性的变通举措。《高法解释》第313条第2款规定:"庭审结束后、判决宣告前另行委托辩

---

[1] 参见张军、姜伟、田文昌:《新控辩审三人谈》(增补本),北京大学出版社2020年版,第27页。

[2] 参见陈光中主编:《〈中华人民共和国刑事诉讼法〉修改条文释义与点评》,人民法院出版社2012年版,第17—18页。

护人的,可以不重新开庭;辩护人提交书面辩护意见的,应当接受。"借鉴这一条文,对于辩护人接受委托后不及时告知法院,以致错过庭审的,仍然可以提交辩护意见,但只能以书面形式提交,法院不再进行言词性的面对面审查。

> **第三十五条 【法律援助机构指派辩护】**犯罪嫌疑人、被告人因经济困难或者其他原因没有委托辩护人的,本人及其近亲属可以向法律援助机构提出申请。对符合法律援助条件的,法律援助机构应当指派律师为其提供辩护。
>
> 犯罪嫌疑人、被告人是盲、聋、哑人,或者是尚未完全丧失辨认或者控制自己行为能力的精神病人,没有委托辩护人的,人民法院、人民检察院和公安机关应当通知法律援助机构指派律师为其提供辩护。
>
> 犯罪嫌疑人、被告人可能被判处无期徒刑、死刑,没有委托辩护人的,人民法院、人民检察院和公安机关应当通知法律援助机构指派律师为其提供辩护。

▶▶【历次修法条文对照】

1979年《刑事诉讼法》	1996年《刑事诉讼法》	2012年《刑事诉讼法》	2018年《刑事诉讼法》
第四章 辩护	第四章 辩护与代理	第四章 辩护与代理	第四章 辩护与代理
第27条:公诉人出庭公诉的案件,被告人没有委托辩护人的,人民法院可以为他指定辩护人。 被告人是聋、哑或者未成年人而没有委托辩护人的,人民法院应当为他指定辩护人。	第34条:公诉人出庭公诉的案件,被告人因经济困难或者其他原因没有委托辩护人的,人民法院可以指定承担法律援助义务的律师为其提供辩护。 被告人是盲、聋、哑或者未成年人而没有委托辩护	第34条:~~公诉人出庭公诉的案件~~,犯罪嫌疑人、被告人因经济困难或者其他原因没有委托辩护人的,本人及其近亲属可以向法律援助机构提出申请。对符合法律援助条件的,法律援助机构应当指派律	第35条 内容未修订

(续表)

1979 年《刑事诉讼法》	1996 年《刑事诉讼法》	2012 年《刑事诉讼法》	2018 年《刑事诉讼法》
第四章　辩护	第四章　辩护与代理	第四章　辩护与代理	第四章　辩护与代理
	人的,~~人民法院应当为他指定辩护人。~~人民法院应当指定承担法律援助义务的律师为其提供辩护。 被告人可能被判处死刑而没有委托辩护人的,人民法院应当指定承担法律援助义务的律师为其提供辩护。	师为其提供辩护。 犯罪嫌疑人、被告人是盲、聋、哑人,或者是尚未完全丧失辨认或者控制自己行为能力的精神病人,没有委托辩护人的,人民法院、人民检察院和公安机关应当**通知法律援助机构指派**律师为其提供辩护。 犯罪嫌疑人、被告人可能被判处**无期徒刑**、死刑,没有委托辩护人的,人民法院、人民检察院和公安机关应当**通知法律援助机构指派**律师为其提供辩护。	

▶▶【立法沿革】

本条由 1979 年《刑事诉讼法》确立,起初被称为指定辩护。立法机关先后在 1996 年和 2012 年修改刑事诉讼法时对本条作出较大幅度的增删,扩展了法律援助辩护的范围,细化了法律援助辩护的程序,学界也将该条改称为法律援助辩护条款。

第四章　辩护与代理

一、1996年《刑事诉讼法》对本条的修改

1979年《刑事诉讼法》规定了指定辩护的两种情形：一是法院可以指定辩护，也称任意指定辩护，即"公诉人出庭公诉的案件，被告人没有委托辩护人的，人民法院可以为他指定辩护人"；二是法院应当指定辩护，也称强制指定辩护，是指"被告人是聋、哑或者未成年人而没有委托辩护人的，人民法院应当为他指定辩护人"。但是，这两种指定辩护的情形各自存在一些问题。

一是没有明确"可以指定辩护"的具体情形，或者说"可以指定辩护"中被告人"没有委托辩护人"的具体原因规定得较为模糊，导致实践中法院的指定辩护有些随意，有较大的地区差异；二是立法机关对"应当指定辩护"的情形规定得不够全面，仅规定了两类人：聋、哑人，以及未成年人，范围较为狭窄。一些急需指定辩护的弱势群体、特殊群体，如身体残疾或涉嫌特别严重的犯罪的被告人等，得不到司法的及时援助，辩护权的行使会受到限制。此外，1979年《刑事诉讼法》也未明确法院通过什么程序指定律师为被告人提供辩护。

对于上述问题，司法实践中较为普遍的做法是，"由人民检察院派员出庭公诉的案件，被告人没有委托辩护人，人民法院可以为他指定辩护人；被告人是聋、哑人或者未成年人而没有委托辩护人，或者被告人可能判处死刑的案件而没有委托辩护人的，人民法院应当为他指定辩护人"[1]。1994年最高人民法院《关于审理刑事案件程序的具体规定》（已失效）第33条规定："被告人没有委托辩护人而具有下列情形之一的，人民法院应当为他指定辩护人：（一）聋、哑、盲人或者其他限制行为能力的；（二）开庭审理时不满十八岁的；（三）法院认为案情重大，需要指定辩护人的。"第34条规定："公诉人出庭支持公诉的案件，被告人没有委托辩护人的，人民法院可以为他指定辩护人。"在总结实践经验，吸收既有规范的基础上，立法机关在1996年修改刑事诉讼时对指定辩护条款作出三方面修改：第一，明确了"可以指定辩护"的情形。新法规定，被告人因经济困难或者其他原因没有委托辩护人的，法院可以为他指定辩护

---

[1] 周道鸾、张泗汉主编：《刑事诉讼法的修改与适用》，人民法院出版社1996年版，第87页。

人。这就从立法上指明了被告人没有委托辩护人的原因。第二,补充了"应当指定辩护"的范围。增加规定被告人是盲人或者可能被判处死刑而没有委托辩护人的,法院应当指定承担法律援助义务的律师为其提供辩护。第三,明确法院指定律师应当通过法律援助的程序进行,规定法院可以指定承担法律援助义务的律师为其提供辩护。

二、2012年《刑事诉讼法》对本条的修改

2012年,立法机关在修改刑事诉讼法时对本条又作出较大幅度修改,涉及五方面的内容。

(一)扩大了刑事法律援助的适用程序和适用阶段

2012年《刑事诉讼法》将1996年《刑事诉讼法》中的"公诉人出庭公诉的案件"删除,意味着除了公诉案件,自诉案件中的被告人也能获得法律援助。另外,新法在"被告人"前增加"犯罪嫌疑人"一语,意在说明犯罪嫌疑人于侦查阶段和审查起诉阶段也可以获得法律援助辩护。[1] 自此,法律援助辩护基本覆盖刑事诉讼的全过程。这一认识与本条第2款和第3款的规定相互印证,正是因为犯罪嫌疑人、被告人属于弱势群体,如盲、聋、哑人或是尚未完全丧失辨认或者控制自己行为能力的精神病人,抑或是可能被判处无期徒刑、死刑的人,在没有委托辩护人的情况下,公检法机关便有义务为其在侦查、审查起诉和审判阶段提供法律援助。总之,2012年修订刑事诉讼法后,法律援助辩护基本实现了刑事诉讼的"全流程""多阶段"。

从体系解释的角度看,之所以作出上述修改,除了吸收《法律援助条例》的已有规定,还有一个重要原因就是与2012年《刑事诉讼法》辩护章中的另一修改条款,即将委托辩护的时间提前至侦查阶段的规定相协调。

---

〔1〕 2003年《法律援助条例》第11条规定:"刑事诉讼中有下列情形之一的,公民可以向法律援助机构申请法律援助:(一)犯罪嫌疑人在被侦查机关第一次讯问后或者采取强制措施之日起,因经济困难没有聘请律师的;(二)公诉案件中的被害人及其法定代理人或者近亲属,自案件移送审查起诉之日起,因经济困难没有委托诉讼代理人的;(三)自诉案件的自诉人及其法定代理人,自案件被人民法院受理之日起,因经济困难没有委托诉讼代理人的。"尽管条例已经将法律援助的范围扩展到自诉案件,提前至公诉案件的侦查程序,但刑事诉讼法的确认则无疑具有更高的法律效力。

1996年《刑事诉讼法》规定的指定辩护只适用于审判阶段,这与当时犯罪嫌疑人、被告人只有在案件移送审查起诉后才能委托辩护人的规定基本协调。2012年《刑事诉讼法》将犯罪嫌疑人、被告人委托辩护人的时间提前至侦查阶段,随之而来的问题是,指定辩护的适用阶段是否也要同步调整呢?一般认为,立法创设指定辩护制度的目的在于最大限度地保障被追诉人的辩护权,考虑到司法实践中有一部分犯罪嫌疑人、被告人由于经济困难或其他原因无法委托辩护人,为了贯彻"法律面前人人平等"的原则,国家都会尽量为无法聘请辩护人的犯罪嫌疑人、被告人"同等"委派辩护律师。联合国《关于律师作用的基本原则》第6条"任何没有律师的人在司法需要情况下均有权获得按犯罪性质指派给他的一名有经验和能力的律师以便得到有效的法律协助,如果他无足够力量为此种服务支付费用,可不交费"的规定也体现了这一精神。遵循这一基本理念可以发现,2012年修法后,犯罪嫌疑人在侦查和审查起诉阶段只要有能力、有条件委托辩护人都有权委托辩护人,获得辩护,但如果那些在审前阶段因为经济困难或其他原因无法委托辩护人的犯罪嫌疑人则只有待审判阶段才能获得法律援助,这明显违背了"法律面前人人平等"的原则。而且,相较于审判阶段,审前的侦查和起诉阶段的被追诉人的权利更容易受到侵害,更应该获得辩护人的帮助。[1] 综合上述原因,立法机关最终将指定辩护,也就是法律援助辩护的适用阶段扩展至审前的侦查和审查起诉阶段。

(二)进一步优化了法律援助的程序

2012年《刑事诉讼法》将法律援助的办理程序从法院指定转向由法律援助机构审查和统一指派,指定辩护改称法律援助辩护。

详言之,对于可以指定辩护,或称任意性指定辩护的情形,1996年《刑事诉讼法》第34条中规定,"公诉人出庭公诉的案件,被告人因经济困难或者其他原因没有委托辩护人的",法院可以指定辩护。立法机关在2012年修改刑事诉讼法时,考虑到由法院认定犯罪嫌疑人、被告人是否符合经济困难条件或者具有其他原因存在一定困难。实践中,法院也是通过法律援助机构来完成指定辩护的。加之,2003年7月国务院发布

---

[1] 参见宋英辉主编:《刑事诉讼法修改问题研究》,中国人民公安大学出版社2007年版,第105页。

的《法律援助条例》规定了对因经济困难或者其他原因申请法律援助的具体条件,并规定由法律援助机构进行审查,承担法律援助义务的律师也都是统一由法律援助机构进行管理。而且在当时,省级法律援助管理机构建设取得了突破性进展,"截至2009年底,全国32个省级法律援助管理机构中,共有20个纳入司法行政机关序列"[1]。到了2010年,"已有25个省级法律援助管理机构纳入司法行政机关序列"[2]。"至2010年底,全国县级以上行政区域已建法律援助机构3274个,基本实现了县级区域的全覆盖,这也为扩大法律援助实施阶段提供了组织机构上的保障。"[3]综合考量实践经验、相关规定和组织机构建设,立法机关将原法中的"人民法院可以指定辩护"的情形修改为"申请法律援助"的情形,规定由受理申请、审查决定的法律援助机构统一指派律师提供法律援助。[4]与之相呼应,对于应当指定辩护,也就是符合强制指定辩护情形的案件,根据其所处的不同诉讼阶段,分别由公安机关、检察院、法院通知法律援助机构,由法律援助机构指派律师为犯罪嫌疑人、被告人提供辩护。

值得注意的是,修改后的第1款与之后的两款规定虽然都涉及由法律援助机构指派律师提供辩护。但法律援助机构的工作内容不尽相同。对于第1款中规定的可以申请法律援助的情形,法律援助机构直接面对的是提出申请的犯罪嫌疑人、被告人及其近亲属,具体负责对申请的受理、审查和指派。但是对于第2款和第3款规定的"应当提供法律援助"的情形,法律援助机构则是直接对接公检法机关,在接到他们的通知后一般不再对相关条件进行实质审查,而是直接指派法援律师。

---

[1] 司法部法律援助中心:《2009年全国法律援助工作概况》,载司法部官网2010年6月10日,http://www.moj.gov.cn/pub/sfbgw/jgsz/jgszzsdw/zsdwflyzzx/flyzzxzcxx/zcxxfyzl/202006/t20200616_188916.html,访问日期:2023年11月20日。

[2] 司法部法律援助中心:《2010年全国法律援助工作概况》,载司法部官网2011年6月10日,http://www.moj.gov.cn/pub/sfbgw/jgsz/jgszzsdw/zsdwflyzzx/flyzzxzcxx/zcxxfyzl/202006/t20200616_188917.html,访问日期:2023年11月20日。

[3] 王公义:《〈刑事诉讼法〉修改中关于法律援助制度的若干问题》,载《中国司法》2011年第4期,第24页。

[4] 参见张勇、熊选国主编:《中华人民共和国法律援助法释义》,法律出版社2021年版,第106页。

(三)扩大了刑事法律援助的适用对象

2012年《刑事诉讼法》进一步扩大了法律援助的对象范围,增加规定对尚未完全丧失辨认或者控制自己行为能力的精神病人,以及可能被判处无期徒刑的犯罪嫌疑人、被告人,也应当提供法律援助。需要指出的是,1996年《刑事诉讼法》第34条中关于向未成年人提供法律援助的规定被调整到了2012年《刑事诉讼法》特别程序编的第一章"未成年人刑事案件诉讼程序",故本条修改后没有再涉及未成年犯罪嫌疑人、被告人法律援助的问题。

▶▶【法条注解】

本条是关于刑事法律援助的规定,共有三款。从历史沿革看,本条可划分为可以指定辩护和应当指定辩护两部分内容。但由于2012年之后,法院指定辩护律师被法律援助机构指派律师所替代,为延续传统的"二分法",本评注将第1款称为依申请的法律援助,将第2款和第3款合称为依职权的法律援助。

一、依申请的法律援助

本条第1款是关于因经济困难或者其他原因申请法律援助的规定。依《法律援助法》第2条的规定,法律援助,是国家建立的为经济困难公民和符合法定条件的其他当事人无偿提供法律咨询、代理、刑事辩护等法律服务的制度,是公共法律服务体系的组成部分。"这里所说的'法律援助',是由国家、社会来承担对犯罪嫌疑人、被告人在法律上的帮助,当他们需要辩护人,而由于种种原因未委托辩护人时,如果符合法律援助条件,则无偿地为其提供律师的帮助。"[1]

本款规定删去了1996年《刑事诉讼法》第34条第1款中"公诉人出庭公诉的案件"这一适用条件。因为2012年《刑事诉讼法》明确规定所有公诉案件,无论是适用普通程序、简易程序还是速裁程序,公诉人都应当出庭支持公诉,再无1996年《刑事诉讼法》第153条中规定的"适用简易程序的,人民检察院可以不派员出席法庭"那类情形。今后所有的公

---

[1] 李寿伟主编:《中华人民共和国刑事诉讼法解读》,中国法制出版社2018年版,第76页。

诉案件,在审判阶段以及审前的侦查和审查起诉阶段,犯罪嫌疑人、被告人因经济困难或者其他原因没有委托辩护人,向法律援助机构提出申请并符合法律援助条件的,都可以获得法律援助。另外,因为删减了"公诉人出庭公诉的案件"这一适用条件,对于自诉案件中符合条件的被告人,法律援助机构也应当为其提供法律援助服务。

本条第1款包括四方面的内容。

第一,本款的适用范围是犯罪嫌疑人、被告人因经济困难或者其他原因没有委托辩护人的情形。其具体是指,犯罪嫌疑人、被告人因经济上的原因,请不起律师,或者因经济困难以外的其他原因,如无人愿意接受委托担任其辩护人等,未委托辩护人。[1]《高法解释》第48条进一步细化了法院在审判阶段可以通知法律援助机构指派律师为被告人提供辩护的"其他原因",包括:"(一)共同犯罪案件中,其他被告人已委托辩护人的;(二)案件有重大社会影响的;(三)人民检察院抗诉的;(四)被告人的行为可能不构成犯罪的;(五)有必要指派律师提供辩护的其他情形"。本款规定的适用范围还涉及两个注意事项:一是可以委托辩护人而自动放弃这一权利的犯罪嫌疑人、被告人,不属于本款规定的可以提供法律援助的范围。二是犯罪嫌疑人、被告人想聘请某一个或选定了几个辩护律师,但因为没有渠道无法取得联系,或是聘请这几位律师的费用高昂支付困难,又或是这几位辩护律师不能或不愿接受委托的,都不是本款规定的需要提供法律援助的情形。

第二,本款规定的申请法律援助的主体是不仅有因经济困难或者其他原因没有委托辩护人的犯罪嫌疑人、被告人"本人",还有他们的"近亲属"。这里的"近亲属"是指《刑事诉讼法》第108条第6项的规定,即犯罪嫌疑人、被告人的夫、妻、父、母、子、女、同胞兄弟姊妹。注意,这里的"近亲属"不需要符合经济困难等条件。

第三,本款规定的法律援助申请的受理和审查机构是法律援助机构。依据《法律援助法》第12条的规定,法律援助机构是指县级以上人民政府司法行政部门设立的,负责组织实施法律援助工作,受理、审查法律援助申请,指派律师、基层法律服务工作者、法律援助志愿者等法律援助人

---

〔1〕 参见张勇、熊选国主编:《中华人民共和国法律援助法释义》,法律出版社2021年版,第105页。

员提供法律援助,支付法律援助补贴的机构。"这里的'法律援助机构'应当是办案机关所在地的法律援助机构。法律援助机构收到申请,并经审查,决定给予法律援助的,应当自作出决定之日起3日内指派律师担任犯罪嫌疑人、被告人的辩护人。"〔1〕

第四,对符合法律援助条件的,法律援助机构应当指派律师提供辩护。对犯罪嫌疑人、被告人及其近亲属提出的申请,法律援助机构受理后经审查,对符合法律援助条件的,应当指派律师为其提供辩护。

二、依职权的法律援助

本条第2款和第3款都是公检法机关依职权应当提供法律援助的情形,既适用于公诉案件,也适用于自诉案件。

第2款是关于对犯罪嫌疑人、被告人是盲、聋、哑或者是尚未完全丧失辨认或者控制自己行为能力的精神病人,没有委托辩护人的,应当为其提供法律援助的规定。其中的"盲"是指双目失明,"聋"是指两耳失聪,"哑"是指失语,不能发声表达交流。"盲、聋、哑人"用顿号隔开,是指三种生理状态,只要具备其中之一即可。另外,出现盲、聋、哑的时间一般来说是案发前或案发当时,但如果是案发后才出现的,也应当给予法律援助。〔2〕"尚未完全丧失辨认或者控制自己行为能力的精神病人"源自《刑法》第18条第3款,"主要是指病情尚未达到完全不能辨认或者不能控制自己行为的程度,还有部分识别是非善恶和控制自己行为能力的精神病人"〔3〕。

第3款是关于犯罪嫌疑人、被告人可能被判处无期徒刑、死刑,没有委托辩护人的,应当为其提供法律援助的规定。死刑是刑罚中的极刑,一旦判决执行,即使发现错误也难以挽回。本款中的"可能被判处死刑"包括可能被判处死刑立即执行和可能被判处死刑缓期执行。无期徒刑会在很长时间内剥夺罪犯的人身自由,也是很重的刑罚。本款总体上体现

---

〔1〕 张勇、熊选国主编:《中华人民共和国法律援助法释义》,法律出版社2021年版,第107页。

〔2〕 参见夏永全:《条解刑事诉讼法——主旨·释评》,西南交通大学出版社2014年版,第36页。

〔3〕 王爱立主编:《中华人民共和国刑法条文说明、立法理由及相关规定》,北京大学出版社2021年版,第45页。

的是对重刑犯辩护权的特殊保护。需要指出的是,本条规定的是"可能被"判处无期徒刑、死刑。"可能被"判处无期徒刑、死刑也意味着"可能不被"判处无期徒刑、死刑,但只要依据在案事实和证据有判处无期徒刑以上刑罚的可能,都要遵循"有利被告"的原则,给予法律援助。否则,如果最终判处了无期徒刑以上刑罚,由于审前未提供法律援助,可能导致此前的诉讼因未能有效保障犯罪嫌疑人、被告人的辩护权,面临程序性制裁的风险。

第2款和第3款中依职权提供法律援助的规定适用于侦查、审查起诉和审判阶段,义务主体包括法院、检察院、公安机关和法律援助机构。义务内容是对于符合法律援助条件的,公安机关、检察院和法院在侦查、审查起诉和审判阶段都应当通知法律援助机构,由法律援助机构指派律师为其提供辩护。

三、"申请援助"和"通知援助"的区别

本条还涉及两个需要加以区别的概念,一是第1款规定的犯罪嫌疑人、被告人及其近亲属向法律援助机构提出法律援助申请的"申请援助"行为;二是第2款和第3款规定的符合法律援助条件的,公检法机关通知法律援助机构指派律师的"通知援助"行为。这两种行为性质不同。"申请援助"属于犯罪嫌疑人、被告人及其近亲属的一项权利,他们享有是否行使、如何行使的自由。比如,他们既可以自行前往法律援助机构申请,也可以通过办理案件的公安司法机关或者值班律师提出申请[1],这些机关和个人在收到申请后,应当及时转交所在地的法律援助机构,并通知申请人的监护人、近亲属或者其委托的其他人员协助提供有关证件、证明等相关材料。而"通知援助"属义务范畴,当然,从另一个角度看,认为其具有一定的"权力"属性并无不可。因为对法律援助机构而言,依据《法律援助法》第36条,"人民法院、人民检察院、公安机关办理刑事案件,发现有本法第二十五条第一款、第二十八条规定情形的,应当在三日内通知法律援助机构指派律师。法律援助机构收到通知后,应当在三日

---

[1]《法律援助法》第39条:"被羁押的犯罪嫌疑人、被告人、服刑人员,以及强制隔离戒毒人员等提出法律援助申请的,办案机关、监管场所应当在二十四小时内将申请转交法律援助机构。犯罪嫌疑人、被告人通过值班律师提出代理、刑事辩护等法律援助申请的,值班律师应当在二十四小时内将申请转交法律援助机构。"

内指派律师并通知人民法院、人民检察院、公安机关",此时的法律援助机构不再对受援人是否符合法律援助条件进行审查。二者属性并不相同。

▶▶【法条评点】

随着法律援助法的出台实施,本条中关于刑事法律援助的相关内容已经有了实质变化,故在下次刑事诉讼法修改时,本条应当作出修改,实现法律间的协同。此外,本条中涉及的对精神病人的鉴定问题也值得关注。

一、法律援助法对本条已作出实质修改

《法律援助法》第25条第1款规定:"刑事案件的犯罪嫌疑人、被告人属于下列人员之一,没有委托辩护人的,人民法院、人民检察院、公安机关应当通知法律援助机构指派律师担任辩护人:(一)未成年人;(二)视力、听力、言语残疾人;(三)不能完全辨认自己行为的成年人;(四)可能被判处无期徒刑、死刑的人;(五)申请法律援助的死刑复核案件被告人;(六)缺席审判案件的被告人;(七)法律法规规定的其他人员。"其中,第1款第2项和第5项的规定实质上扩展了《刑事诉讼法》第35条第2款和第3款中公检法机关依职权提供法律援助对象的范围。

(一)将"盲、聋、哑人"扩展为"视力、听力、言语残疾人"

根据《残疾人保障法》第2条的规定,残疾人是指在心理、生理、人体结构上,某种组织、功能丧失或者不正常,全部或者部分丧失以正常方式从事某种活动能力的人,包括视力残疾、听力残疾、言语残疾等。依据《残疾人残疾分类和分级》(GB/T 26341-2010),视力残疾、听力残疾、言语残疾事实上包括不同等级的残疾程度。视力残疾是指各种原因导致双眼视力低下并且不能矫正或双眼视野缩小,以致影响其日常生活和社会参与。视力残疾包括盲及低视力。听力残疾是指各种原因导致双耳不同程度的永久性听力障碍,听不到或听不清周围环境声及言语声,以致影响其日常生活和社会参与。言语残疾是指各种原因导致的不同程度的言语障碍,经治疗一年以上不愈或病程超过两年,而不能或难以进行正常的言语交流活动,以致影响其日常生活和社会参与。包括:失语、运动性构音障碍、器质性构音障碍、发声障碍、儿童言语发育迟滞、听力障碍所致的言语障碍、口吃等。以"视力残疾"为例,"视力残疾"共分为四级,其中盲为视力残疾一级和二级,低视力为视力残疾三级和四级。因此,在外延上,"残疾人"明显大于彻底丧失或几乎全部丧失视力、听力、言语功能的"盲、聋、哑人"。基于此,《法律援助法》第25条第1款第2项"视力、听力、言语残疾人"的规定意味着,法律援助机构无须再审查申请人的残疾程度是否致使其"全部丧失以正常方式从事某种活动的能力",而只需审查申请人是否属于视力、听力、言语方面最低残疾等级的残疾人即可。换句话说,只要申请人达到了最低程度的视力、听力、言语残疾标准,即符合该条规定,而不要求其残疾程度必须达到"盲、聋、哑"的程度。[1] 可以说,法律援助法的新规定彻底改变了刑事诉讼法规定的必须是对"盲、聋、哑的人"才提供法律援助的做法。一些典型案例,如《刑事审判参考》"苏同强、王男敲诈勒索案(第469号)"[2]中原有的法律援助做法应予调整。

> **苏同强、王男敲诈勒索案**
>
> 在苏同强、王男敲诈勒索案中,被告人苏同强一审裁判后上诉辩称,原判认定事实不清,量刑过重。其双眼矫正视力分别为0.06和0.08,并持有吉林市船营区人民政府残疾人联合会颁发的视力残疾证书,可以证明其属于"盲人",符合刑事诉讼法规定的指定辩护条件,要求二审法院为其指定辩护人。从当时官方的裁判看,"本案中,吉林市船营区人民政府残疾人联合会的指定医院对被告人苏同强的视力状况进行检查后,确定其两眼矫正视力分别为0.06和0.08,评定为'二级低视力'残疾人,并发给了残疾人证书。该证书使用的是旧分类标准,所注明的'二级低视力',根据《残疾人实用评定标准》现在应当归为三级视力残疾,根据《人体重伤鉴定标准》现在应

---

[1] 参见吴宏耀等:《法律援助法注释书》,中国政法大学出版社2022年版,第227页。

[2] 参见翟丽佳、张大巍:《苏同强、王男敲诈勒索案——如何理解与认定刑法第十九条规定的"盲人"犯罪》,载中华人民共和国最高人民法院刑事审判第一、二、三、四、五庭主办:《刑事审判参考》2007年第6集(总第59集),法律出版社2008年版,第39—42页。

当归为低视力二级,但均高于 0.05 的'盲人'标准。这证明被告人苏同强在犯罪时的视力状况,按照医学上的标准不属于'盲人',自然也不能认定为刑法第十九条所规定的'盲人'。"同时,其也不属于刑事诉讼法规定的应当提供法律援助的"盲人",而是"视力残疾人"。但现在看来,依照《法律援助法》第 25 条第 1 款第 2 项的规定,则应当为本案被告人提供法律援助。《刑事审判参考》中该案例的一些做法已经不符合《法律援助法》的规定。

(二)死刑复核案件中的法律援助应予明确

在法律援助法制定施行前,从已有的研究成果和出台的相关规范看,死刑案件的法律援助适用于普通的一审、二审程序已为共识,至于后续的死刑复核阶段,法院应否依职权提供法律援助则存在较大分歧。

1. 肯定说与否定说的观点展示和立法定论

肯定说认为死刑案件在审判阶段的法律援助当然及于死刑复核阶段。首先,从程序正义的基本法理看,死刑案件人命关天,死刑复核程序作为最后一道关口,越是紧要关头越要谨慎从事、周全应对。如果被告人没有委托律师,就应当为其指派法律援助律师。[1] "在刑事司法活动中,辩护律师的参与强化了作为弱者的被指控人的地位,通过保护犯罪嫌疑人、被告人的人权来实现社会正义,维护程序的公正性。"[2] 将法律援助引入死刑复核程序恰恰能够最大限度地保障被告人的诉讼权利,提升复核程序的救济性价值和公正性品质,确保死刑案件的办理质量以及司法裁决的公信力。其次,从法解释学的研究进路看,1996 年《刑事诉讼法》第 34 条第 3 款首次确立人民法院应当为可能判处死刑的被告人提供法律援助辩护。之后的两次修法均未限定"人民法院"只能是一审、二审法院。从文义解释出发,立法并未排除此处的"人民法院"是死刑复核阶段的高级人民法院和最高人民法院。另外,按照全国人大法工委的解读,对可能判处死刑的被告人提供强制辩护的规定适用于侦查、审查起诉

---

[1] 参见陈光中主编:《〈中华人民共和国刑事诉讼法〉修改条文释义与点评》,人民法院出版社 2012 年版,第 22 页。
[2] 宋英辉等:《刑事诉讼原理》(第三版),北京大学出版社 2014 年版,第 26 页。

和审判阶段。[1] 从体系解释的视角看,死刑复核程序被规定在《刑事诉讼法》第三编"审判"。在体例结构上,"审判"编中的死刑复核程序与第一审程序、第二审程序并列规定,地位相当。被告人在死刑复核程序中理应获得与其在一审、二审程序中相匹配的法律援助辩护。更何况作为救济程序,死刑复核程序中被告人对法律援助的需求更为迫切和必要。[2] 最后,从功能主义视角出发,将法律援助引入死刑复核程序有助于防范冤假错案。实证研究表明,忽视辩护意见是导致冤错案件的一个重要原因。[3] 有研究者做过统计,在中国裁判文书网2014年至2016年公布的255个最高人民法院复核的死刑案例中,被告人自行聘请辩护律师的只有22例,约有91.37%的案例中被告人没有辩护律师的协助。[4] 死刑复核作为关涉被告人生死的最后一道程序,要降低死刑案件冤错概率,为没有委托辩护人的被告人提供法律援助十分必要。

否定说认为将法律援助制度引入死刑复核程序不具有当然性,死刑复核程序应被视为一个特别阶段而单独考虑引入法律援助的必要性以及以何种形式引入。首先,从程序设计上看,死刑复核程序是一种与一审、二审程序完全不同的特殊救济程序。由于死刑复核不开庭,所以复核法官不组织法庭调查、法庭辩论等法庭审理活动,无法贯彻直接言词原则,只得通过书面审查和间接审理的方式对案件的事实认定和法律适用等重新审查。1992年1月27日最高人民法院研究室曾就律师能否参与死刑复核程序作出答复:"死刑复核程序是一种不同于第一审和第二审的特殊程序。在死刑复核程序中,律师可否参加诉讼活动的问题,法律没有规定,因此不能按照第一审、第二审程序中关于律师参加诉讼的有关规定办理。"虽然死刑复核程序被归为刑事诉讼法第三编"审判",但其与一审、二审程序相比不具有一个完整、清晰的诉讼形态,在性质上更接近

---

[1] 参见李寿伟主编:《中华人民共和国刑事诉讼法解读》,中国法制出版社2018年版,第78页。

[2] 参见陈光中、曾新华:《新刑诉法中辩护制度规定之实施问题》,载《人民法院报》2012年7月18日,第6版。

[3] 参见陈永生:《我国刑事误判问题透视——以20起震惊全国的刑事冤案为样本的分析》,载《中国法学》2007年第3期,第54页。

[4] 参见吴宏耀、张亮:《死刑复核程序中被告人的律师帮助权——基于255份死刑复核刑事裁定书的实证研究》,载《法律适用》2017年第7期,第65页以下。

为一种"行政报核程序"[1]。故可能判处死刑的被告人在一审、二审中享有的法律援助优待并不当然及于死刑复核程序。其次,从诉讼构造上看,死刑复核程序并不是典型的三方诉讼构造,由于没有指控方,辩护人也不是必需的。一些刑庭法官就认为在死刑复核程序中,即使被告人没有再行委托辩护人,辩护理由也并未缺席。一审和二审中的辩护意见以及被告人在复核期间的自行辩护理由都会被复核法官在阅卷、会见时知悉掌握,这些都会作为复核案件时考虑的重要内容。最后,从法解释学的研究进路看,2018年《刑事诉讼法》第35条第3款规定的应当提供法律援助辩护的对象是"可能"被判处死刑的被告人。而在死刑复核程序开启前,案件经过了一审、二审,被告人"已经"被判处死刑,只是判决尚未生效。而在死刑复核案件中,最高人民法院最终只能作出核准或者不核准死刑的裁定,不能"判处"死刑,即使按照《刑事诉讼法》第250条的规定,最高人民法院作出不核准死刑裁定后需要改判的,也不会再作出死刑判决。总之,从文义解释出发,第35条第3款规定的"可能""判处"死刑的被告人应当获得法律援助的情形并不适用于死刑复核这个特殊阶段。

上述正反观点反映了死刑复核案件法律援助的复杂性与特殊性,一度影响甚至延滞了立法与司法解释的制定。首先具有破冰信号的是2012年《刑事诉讼法》增订第240条第1款:"最高人民法院复核死刑案件,应当讯问被告人,辩护律师提出要求的,应当听取辩护律师的意见。"立法机关至少已从侧面承认了辩护律师介入死刑复核程序的正当性,但基于立法"宜粗不宜细"的特点,该款规定中提出辩护意见的律师是指以前的一审、二审律师,还是死刑复核程序中新委托或法律援助机构指派的律师,规定暧昧不明。从实践来看,司法机关大多将这里的"辩护律师"限缩解释为基于委托关系产生的辩护律师。直至2012年《高法解释》第42条第2款才明确规定:"高级人民法院复核死刑案件,被告人没有委托辩护人的,应当通知法律援助机构指派律师为其提供辩护。"至此,死刑复核案件引入法律援助真正有了法律依据,但最高人民法院复核死刑案件是否也必须通知法援机构指派律师呢?2012年《高法解释》未置可否。从实践看,最高人民法院基本是不通知的,但从最高人民法院法官编著的一些解读性材料看,似乎也有不同意见。"《刑事诉讼法》既然规定对'可

---

[1] 陈瑞华:《刑事诉讼法》,北京大学出版社2021年版,第463页。

能'被判处死刑的被告人,如果没有委托辩护人的,人民法院应当通知法律援助机构指派律师为其辩护,那么,对于已经被判处死刑的被告人更应当提供法律帮助。因此,为死刑被告人提供法律帮助,不仅应适用于二审程序、高级人民法院复核程序,还应适用于最高人民法院死刑复核程序。"[1]然而,上述观点仍然限于学理研讨,并未在规范上得到确认,实践中也未获支持。直至《法律援助法》的出台,第25条第1款第5项规定了死刑复核案件被告人依申请获得法律援助辩护,死刑复核案件的法律援助辩护制度至此真正在立法上得以完整确立。

2.《法律援助法》第25条第1款第5项的立论之基

应当说,将法律援助辩护引入死刑复核程序填补了死刑案件中对被告人法律援助的"最后一块拼图",真正实现了法律援助在死刑案件中的"全流程""广覆盖"。[2] 接下来,有必要从立法规范层面进一步剖析条文设立的法理基础,那就是《法律援助法》第25条第1款选取了与前述正反观点不同的"中间路线",立论之基是:死刑复核程序是不同于一审、二审普通审判的特别救济程序,但应引入尊重被告人意愿的、必要的法律援助。

(1)坚持死刑复核程序是"核"而非"判"的本质

从条文结构看,第25条第1款第4项规定的"可能被判处无期徒刑、死刑的人"与第5项规定的"申请法律援助的死刑复核案件被告人"并列。两者在条文中各占一项,说明他们属于互不交叉的特定群体或适用情形。第5项规定中"死刑复核案件被告人"不应属于第4项规定中"可能被判处死刑的人"。依此逻辑可得出如下结论:死刑案件经过了两审已经终结,被告人是否判处死刑已不再处于"可能"的状态。因为,案件经过两审,被告人不可能再通过上诉撬动更高审级的法院进行三审,即使后续由最高人民法院复核死刑,也不再是一级审理,并不在两审之外构成一个审级[3],只能通过"复核"的方式进行案件审查和救济,最终的处理

---

[1] 江必新主编:《最高人民法院刑事诉讼法司法解释理解与适用》(上),人民法院出版社2015年版,第115页。

[2] 参见董坤:《两高改革年鉴①|学者谈"法援制度引入死刑复核":避免错杀,坚持慎杀》,载搜狐新闻2022年3月5日,http://news.sohu.com/a/527424821_260616,访问日期:2022年5月26日。

[3] 参见张建伟:《刑事诉讼法通义》(第二版),北京大学出版社2016年版,第537页。

结果也仅仅是"核准"或者"不核准"[1]。立法在此仍然坚持了以最高人民法院为代表的司法机关的一贯主张,死刑复核程序并不具有一审、二审那种"审理"和"裁判"的诉讼化形态,而是"复核"与"核准"的行政报核程序。[2] 因此,涉及法律援助辩护制度是否要被引入的问题时就须单独规定,即在第 25 条第 1 款中单设一项。而且,这样的单项规定其实也为法律援助辩护被引入的"姿态",即被告人在死刑复核过程中须依申请才能获得法律援助埋下了伏笔。

(2)死刑复核程序引入法律援助辩护确有必要

尽管死刑复核程序具有不同于一审、二审程序的特殊性,但将法律援助引入死刑复核确有必要。除去肯定说已提及的理由,为死刑案件被告人提供法律援助还具有十分重要的政治意义和国际意义。首先,党的十八大以来,以习近平同志为核心的党中央积极推进政法领域的各项改革,法律援助工作一直是一项重要的改革任务。"2013 年 2 月,习近平总书记在中央政治局集体学习中强调要加大对困难群众维护合法权益的法律援助。"[3]党的十八届三中全会将法律援助列为人权司法保障的重要组成部分,党的十八届四中全会明确提出要完善法律援助制度,扩大援助范围。死刑案件人命关大,在每一个环节都应当慎之又慎。将法律援助扩大至死刑复核阶段体现了党的意志和人民的意愿,体现了党和国家始终关注民生、维护群众合法权益,促进社会公平正义的一贯主张,具有重

---

[1] 2012 年《刑事诉讼法》第 239 条新增最高人民法院不核准死刑的,可以发回重审或者予以改判。但这里的发回重审或者改判是以最高人民法院裁定不核准死刑为前提和基础的,是另外的第二步处理。此处的改判不同于普通审理程序作出的判决,不需要开庭,没有控辩审三方诉讼结构,因此这种审判不是一般意义上的查明事实、核实证据、听取各方意见之后对案件事实的认定、法律适用的改变。简言之,对于不核准死刑的发回重审或改判不是在死刑复核程序中直接行使审判权。参见陈光中主编:《〈中华人民共和国刑事诉讼法〉修改条文释义与点评》,人民法院出版社 2012 年版,第 330 页;陈卫东主编:《2012 刑事诉讼法修改条文理解与适用》,中国法制出版社 2012 年版,第 308 页。

[2] 最高人民法院的死刑复核裁定书在正文案件事实部分不是采用一般审判文书中常用的"经审理查明"的表述,而是采用"经复核查明""经复核确认"的措辞。这表明最高人民法院对死刑复核程序的审判属性基本持否定态度。

[3] 樊崇义:《我国法律援助立法与实践的哲理思维》,载《江西社会科学》2021 年第 6 期,第 167 页。

大的政治意义。其次,在国际人权保障领域,《公民权利和政治权利国际公约》《联合国关于在刑事司法系统中获得法律援助机会的原则和准则》等文件都体现了国际社会对死刑问题和刑事司法程序中法律援助制度的关切,联合国经济及社会理事会 1984 年通过的《关于保护面对死刑的人的权利的保障措施》第 5 条更是明确指出,可判死刑之罪的人有权在诉讼过程的每一阶段取得适当法律协助后,才可根据主管法院的终审执行死刑。本次立法对死刑复核案件被告人提供法律援助可以更加有效地保障被告人依法行使辩护权等诉讼权利,彰显出我国人权保护的法治进步,也实现了我国人权司法保障与国际标准的接轨和并轨,对于提升我国人权保障的国际形象意义非凡。总之,无论是从政治意义、社会效果和法治实践看,还是从国内国际两个大局看,死刑复核程序引入法律援助辩护都确有必要且十分迫切。

(3)适度调整法律援助的引入方式

死刑复核程序引入法律援助辩护势在必行,但法律援助法也作出了适度调控,第 25 条第 1 款第 5 项规定死刑复核中的被告人只有先"申请法律援助",司法机关才有义务通知法律援助机构指派律师。这可称为死刑复核程序对法律援助的适度引入。

值得注意的是,在"法律援助法(草案)"第一次和第二次审议稿的对应位置,并没有"申请法律援助"的相关表述。有观点认为,这说明"最高司法机关对这件事情始终是没有完全地接受,但是,立法这边又想积极地推动"[1]。结合司法实践,立法者大体可能有如下考虑:一是基于司法惯性[2],希望继续保持目前死刑复核程序行政报核的非诉讼化样态,避免死刑复核被改造为三审的命运;二是考虑到司法资源有限,不加限制地在死刑复核程序中引入法律援助可能会过度增加最高人民法院的负担;三是基于保密原因,担心没有先决条件会导致死刑复核中的法律援助次数与死刑案件数量挂钩,变相泄露死刑数量。

总的来说,本评注认可立法最终选择的"中间路线"。一方面,作为立论之基,目前立法和司法机关均将死刑复核视为与一审、二审、再审

---

[1] 顾永忠:《〈法律援助法〉立法历程中的六个重要问题》,载《中国检察官》2021 年第 19 期,第 8 页。

[2] 参见郑曦:《刑事诉讼中程序惯性的反思与规制》,载《中国法学》2021 年第 3 期,第 249 页以下。

程序不同的特殊程序。在死刑复核程序中,最高人民法院不开庭,一般只听取检察院和辩护律师的意见,并无典型的控辩审之诉讼构造,加之《法律援助法》第 25 条将一审、二审与死刑复核程序列为不同的选项,所以引入不同的法律援助辩护形式,规定不同的启动条件并无不妥。另一方面,从实施的效果看,将申请作为前置条件对被告人获得法律援助影响有限。依据条文规定,虽然被告人在死刑复核程序中须提出申请才能获得法律援助,但绝大部分被告人都会抓住"最后的救命稻草"。"在最高人民法院充分履行告知义务的前提下,又有多少被告人会在生死面前断然放弃法律援助律师的帮助呢?"〔1〕"如果在实践中能够保障被告人知情权,那也基本能保证死刑复核案件被告人均能享有法律援助。"〔2〕况且,据此法律援助申请的操作本身也能最大化地遵从被告人的意愿,并无不妥。

法律援助法对死刑复核案件被告人提供法律援助的规定厘清了《刑事诉讼法》第 35 条的模糊之处,填补了刑事诉讼法中死刑复核阶段法律援助的空白。刑事诉讼法再次修改时应作出呼应,遵循上述立法精神,就相关条文作出修改。

3.《法律援助法》与《高法解释》第 47 条第 2 款的衔接

虽然本部分主要论及的是最高人民法院在死刑复核阶段引入法律援助辩护,但值得注意的是,《法律援助法》第 25 条第 1 款第 5 项规定的"死刑复核案件"不仅指《刑事诉讼法》第 247 条规定的应当报请最高人民法院核准的死刑立即执行案件,还包括第 1 款规定的中级人民法院一审,没有上诉或抗诉,高级人民法院复核的死刑立即执行案件,以及《刑事诉讼法》第 248 条规定的应当由高级人民法院核准的死刑缓期两年执行的案件。依据 2021 年《高法解释》第 47 条第 2 款的规定,高级人民法院复核死刑案件,被告人没有委托辩护人的,应当通知法律援助机构指派律师为其提供辩护。但吊诡的是,《法律援助法》第 25 条第 1 款第 5 项规定只有死刑复核案件中的被告人提出法律援助申请的才会启动程序。不得不承认,两个条文在适用上出现了冲突,如何协

---

〔1〕 吴宏耀等:《法律援助法注释书》,中国政法大学出版社 2022 年版,第 228 页。
〔2〕 顾永忠:《〈法律援助法〉立法历程中的六个重要问题》,载《中国检察官》2021 年第 19 期,第 8 页。

调,需要作出解释和抉择。

一种观点认为应以法律援助法的规定为准。首先,《高法解释》属于司法解释,法律援助法则为法律。司法解释的位阶效力显然要低于法律,故应当对《高法解释》第 47 条第 2 款作出相应修改,与《法律援助法》第 25 条第 1 款第 5 项保持一致。其次,《高法解释》自 2021 年 3 月 1 日起生效,法律援助法则是自 2022 年 1 月 1 日起施行。从新旧法律规范的适用关系看,办案机关也应当优先适用法律援助法的规定。

上述观点有一定道理。然而,如果统一适用法律援助法的规定,则必然要修改或废除《高法解释》第 47 条第 2 款的规定,被告人今后须提出申请才能获得法律援助。这一做法虽无不妥,但第 47 条第 2 款的规定其实在 2013 年就已施行,理论上一直未有争议,实践中也未出现问题。从权利保障的角度而言,强制性的法律援助辩护对维护被告人的权利更为全面和坚实,如果统一套用法律援助法的规定,不仅会缩小被告人权利保障的范围,还会增加高级人民法院履行告知、确认义务的潜在负担。对此,可以尝试从法解释学的研究角度提出一种新的协调方案。

众所周知,国家权力具有天然的对外扩张性,总会通过各种方式突破既有边界,超越必要限度,渗透延伸到更为广阔的领域。在司法领域,刑事诉讼法会通过一系列的程序规则形塑和制约公权力的行使,确保权力在既定的轨道上运行,从而维护个人权利不受非法侵犯。然而,在国家权力与个人权利交织互动、冲突协调的诉讼场域,司法机关还会通过制定司法解释的方式,不同程度地自我增设权力、扩充权力,限缩或压制公民权利,以实现权力行使的最大化。"例如,对诉讼行为的运用、强制性措施的实施以及当事人的权利保障等就存在司法解释有意扩充公权、缩减责任,限制民权、增设义务等情形。"[1]司法解释制定者违背法意自我扩权(力)或限权(利)的"创造性解释"[2]显然属于悖离程序法定原则的曲意解释或违法解释。但反过来,如果公权力机关在司法解释中主动揽责,增设义务,或者对公民个人提升权益保障的程度和标准,这类做法则有适用空间。详言之,在坚持程序法定、权力制约与权利保障的前提

---

[1] 董坤:《刑事诉讼法解释学:范式转型与体系建构》,载《比较法研究》2021 年第 4 期,第 59—60 页。
[2] 王莹:《中国刑法教义学:经验、反思与建构》,载《法学家》2020 年第 3 期,第 34 页。

下,司法机关在制定司法解释的过程中,一方面可以从责任本位主义的立场出发,主动践行权力的自我控制和约束,通过合理地增加自身义务和责任,最大化地实现国家机关行权的规范性、科学性和全面性,避免行为不当或权力失范。借用公法领域的相关理论,这可称为一种必要的"司法自制"[1]。另一方面,司法机关还可通过提升权利保障的幅度和标准,作出有利于被告人的扩大解释以及类推解释[2]。"对于刑事诉讼法,必须遵守系统性的解释原则……及须遵守某些基本原则,例如,对'禁止或无效的问题'应作限制性解释,以及一般对'诉讼权利及权能'应作扩张性解释。"[3]

举例而言,《刑事诉讼法》第 88 条规定,人民检察院审查批准逮捕的,有 3 种"应当讯问犯罪嫌疑人"的情形,而在最高人民检察院之后颁布的司法解释,即《高检规则》第 280 条则额外增加了 4 种"应当讯问犯罪嫌疑人"的情形。不难看出,司法解释为检察院设定了更多情形的讯问义务和责任,由于该规定属于检察系统的"自我加压",并不违背权力制约原则,不仅不应视为对《刑事诉讼法》第 88 条的悖反,反而是对立法精神的合理延伸,体现了不同效力位阶法律规范间的层次性设计。"行政自制强调'自发',是政府及其公务员主动控制自己的行为,前提是政府及其公务员在行使行政权之前或之时就已经在主观上具备了自我控制、服务公众的愿望和需要……政府'自愿做好事'的积极状态优于'被迫做好事'的消极状态。"[4]套用"行政自制"理论,如果本评注提炼的"司法自制"理论能够成立,那么在为死刑复核案件被告人提供法律援助这一问题上,《法律援助法》第 25 条第 1 款第 5 项的规定可视为对被告人提供法律援助的最低限度要求,即高级人民法院在复核死刑案件

---

[1] 行政法中有"行政自制"理论,是指行政主体自发地约束其所实施的行政行为,使其行政权在合法合理的范围内运行的一种自主行为,简单说,就是行政主体对自身违法或不当行为的自我控制。参见崔卓兰、刘福元:《行政自制——探索行政法理论视野之拓展》,载《法制与社会发展》2008 年第 3 期,第 98 页。

[2] 参见杨文革:《刑事诉讼法上的类推解释》,载《法学研究》2014 年第 2 期,第 184 页以下。

[3] 佚名:《澳门刑事诉讼法教程》(上册),卢映霞译,法律及司法培训中心 2020 年自印版,第 42 页。

[4] 崔卓兰、刘福元:《行政自制——探索行政法理论视野之拓展》,载《法制与社会发展》2008 年第 3 期,第 99 页。

时，当被告人提出了法律援助申请，法院应当为他们提供法律援助辩护。如果《高法解释》的相关规定低于此要求，如仅规定法律援助适用于死刑立即执行案件，不适用于死缓案件，则意味着其背离了法律援助法的最低要求，属违法操作。反之，如果按照《高法解释》第47条第2款的规定，高级人民法院本着更好地服务和保障被告人诉讼权利的要求和标准，即使死刑复核案件的被告人没有提出法律援助申请，也一律提供强制辩护就具有了正当性。因为这并不违背程序法定以及有利于被告人的解释原则和立法宗旨，与法律援助法并不抵触，无须废弃或修改。

值得注意的是，2022年1月施行的由最高人民法院、司法部联合印发的《关于为死刑复核案件被告人依法提供法律援助的规定（试行）》共13个条文，都是针对最高人民法院复核死刑案件时如何为提出申请的被告人提供法律援助作出的规定，至于高级人民法院复核死刑案件以何种形式和程序为被告人提供法律援助，该规定则未涉及，相关的操作还是以《高法解释》第47条第2款为依据。这也从侧面印证了上述解释的合理性。

未来刑事诉讼法的修改也应考虑其与法律援助法、司法解释的进一步协调问题。

（三）提供法律援助的辩护律师要有一定的门槛要求

《法律援助法》第26条规定："对可能被判处无期徒刑、死刑的人，以及死刑复核案件的被告人，法律援助机构收到人民法院、人民检察院、公安机关通知后，应当指派具有三年以上相关执业经历的律师担任辩护人。"据此，法律援助机构指派的辩护律师在为可能判处无期徒刑以上刑罚的犯罪嫌疑人、被告人，以及死刑复核案件中的被告人提供法律援助辩护时，必须"具有三年以上相关执业经历"。2022年1月施行的由最高人民法院、司法部联合印发的《关于为死刑复核案件被告人依法提供法律援助的规定（试行）》第4条第1款中进一步规定，应当指派"具有三年以上刑事辩护执业经历的律师"担任死刑复核案件中被告人的辩护律师。为了最大化地维护重罪案件中被告人的合法权益，法律规范对法律援助辩护律师的执业门槛有了新的严格要求。这也是刑事诉讼法未规定但需要在实践中严格遵守的新规。

二、"尚未完全丧失辨认或控制自己行为能力的精神病人"的用语和法律援助程序有待完善

《刑事诉讼法》第35条第2款规定了公检法机关依职权应当提供法律援助的情形有"尚未完全丧失辨认或者控制自己行为能力的精神病人",这与《刑法》第18条第3款的用语相一致。但《法律援助法》第25条第1款第3项则改用"不能完全辨认自己行为的成年人"。这是《法律援助法(草案)》第三次审议时作出的修订,即将原二审稿中的"尚未完全丧失辨认或者控制自己行为能力的精神病人"修改为"不能完全辨认自己行为的成年人"。据悉,在第三次审议时,"有的常委委员提出,《民法典》已不再使用'精神病人'的表述,而是采用'不能完全辨认自己行为的成年人'替代《民法通则》中的'不能完全辨认自己行为的精神病人',建议本项与《民法典》的规定保持一致"[1]。根据上述意见,本项最终修改为"不能完全辨认自己行为的成年人"。据此,刑法和刑事诉讼法在下次修改时,有必要与《民法典》《法律援助法》的相关用语保持统一。

另外,对"尚未完全丧失辨认或控制自己行为能力的精神病人"应当提供法律援助的条款也存在一定的程序设计纰漏。从逻辑上分析,要认定一个人是"尚未完全丧失辨认或者控制自己行为能力的精神病人"需要经法定程序进行科学鉴定。有疑问的是,是否一定要等到鉴定结果出来后,法律援助机构才可以决定是否为其提供法律援助服务呢?从法条的字面意思看,似乎应当作此解释。但众所周知,鉴定之前以及鉴定过程中,恰恰是这些人最需要法律帮助的时候,否则他的辩护权利恐怕还会受到不恰当的限制。[2] 综上,确定犯罪嫌疑人、被告人是否为"尚未完全丧失辨认或控制自己行为能力的精神病人"之前,有必要建立先行认定程序,以最大化地保障这些人的诉讼权利。

三、没有依职权提供法律援助的后果

本条规定了公检法机关依职权应当提供法律援助的几种情形。实践

---

[1] 张勇、熊选国主编:《中华人民共和国法律援助法释义》,法律出版社2021年版,第110页。

[2] 参见陈卫东主编:《2012刑事诉讼法修改条文理解与适用》,中国法制出版社2012年版,第33页。

中有时会出现这样的情况,一个案件的被告人一审或终审被判处无期徒刑以上刑罚,但其审前程序,如在侦查阶段,犯罪嫌疑人没有委托辩护律师,侦查机关也未通知法律援助机构为其指派律师,那么该案的侦查活动是否合法,是否应认定侦查行为无效?

本评注认为不可一概而论。刑事诉讼是一种回溯性的认识活动,根据认识论的基本规律,人的认识是循序渐进的,是一个由浅入深、由表及里、去粗取精、去伪存真的过程,侦查、起诉和审判活动也是如此。随着收集证据的种类和数量不断丰富,案情逐渐清晰,办案人员的认识和判断也会发生变化。遵循这一规律,在刑事诉讼活动中,对于案件事实的认定发生重大变化的,就不能以后阶段新认定的事实推论前阶段的行为不当。比如,侦查机关认定犯罪嫌疑人夜晚醉酒驾车撞击路边停放车辆,致使车内一人死亡,以交通肇事罪移送检察院审查起诉。案件经检察院提起公诉后发现一份新证据——某居民楼的住户无意间拍下的一段视频。视频显示犯罪嫌疑人驾驶车辆撞击被害人所乘车辆后,还有倒车二次撞击的情形,后经进一步核实鉴定,被害人死亡时间恰好是在所乘车辆被二次撞击之后。据此,被告人应被认定为故意杀人罪,可能判处无期徒刑、死刑。新证据的出现客观上导致审前阶段未委托辩护人的犯罪嫌疑人没有获得法律援助,但这不应成为抗辩审前行为无效的理由,法院也不能据此认为公安机关、检察院违反了本条中应当依职权提供法律援助的规定。本评注认为,对于这类情况应当谨慎判断,分情形区别对待。例如,被告人可能被判处无期徒刑、死刑的犯罪事实究竟是随着诉讼的推进在审判阶段才发现的,还是在侦查伊始就已经发现但侦查机关怠于提供法律援助的。如果是后者,应当采取一系列的程序性制裁措施,如排除侦查机关收集的证据,宣布相关诉讼行为无效,并作出程序倒流、重新取证的决定;同时可采取一定的实体性处置措施,如对犯罪嫌疑人不起诉,给予被告人一定的量刑减让作为补偿等[1]。但如果是前者,则宜从实质上判断,考量被告人没有在审前阶段获得法律援助是否确实影响到最终的裁判结果,如果没有,则不宜求全责备。

---

[1] 类似的处置方式可参见王一超:《论国家教唆之下被教唆人的诉讼救济——以刑事诉讼条件理论为视角》,载《中国刑事法杂志》2014年第3期,第88页以下。

第四章　辩护与代理

第三十六条　【值班律师】法律援助机构可以在人民法院、看守所等场所派驻值班律师。犯罪嫌疑人、被告人没有委托辩护人,法律援助机构没有指派律师为其提供辩护的,由值班律师为犯罪嫌疑人、被告人提供法律咨询、程序选择建议、申请变更强制措施、对案件处理提出意见等法律帮助。

人民法院、人民检察院、看守所应当告知犯罪嫌疑人、被告人有权约见值班律师,并为犯罪嫌疑人、被告人约见值班律师提供便利。

▶▶【历次修法条文对照】

1979年《刑事诉讼法》	1996年《刑事诉讼法》	2012年《刑事诉讼法》	2018年《刑事诉讼法》
第四章　辩护	第四章　辩护与代理	第四章　辩护与代理	第四章　辩护与代理
无	无	无	第36条：法律援助机构可以在人民法院、看守所等场所派驻值班律师。犯罪嫌疑人、被告人没有委托辩护人,法律援助机构没有指派律师为其提供辩护的,由值班律师为犯罪嫌疑人、被告人提供法律咨询、程序选择建议、申请变更强制措施、对案件处理提出意见等法律帮助。人民法院、人民检察院、看守所应当告知犯罪嫌疑人、被告人有权约见值班律师,并为犯罪嫌疑人、被告人约见值班律师提供便利。

▶▶【立法沿革】

本条为 2018 年《刑事诉讼法》新增条文,是对司法体制改革成果和地方试点经验的总结和吸收,是对域外值班律师制度相关做法的借鉴与引入。

一、出台背景

众所周知,在历次刑事诉讼法修改过程中,立法机关一直在不断完善辩护制度,丰富犯罪嫌疑人、被告人的辩护权。1979 年《刑事诉讼法》仅规定被告人在审判阶段有权获得辩护,1996 年《刑事诉讼法》将辩护人介入刑事诉讼的阶段扩展到审查起诉阶段,律师可以凭借法律帮助者的身份介入侦查。2012 年《刑事诉讼法》则将犯罪嫌疑人聘请律师提供辩护的阶段从审查起诉阶段提前至侦查阶段。然而,由于各方面原因和条件的限制,律师在实践中参与刑事诉讼活动的比例还不高,无法保障所有案件的犯罪嫌疑人、被告人从诉讼伊始就能获得辩护。为了提高律师在刑事诉讼中的参与度,国家在不断深化司法体制改革的过程中采取了一系列举措,建立值班律师制度就是其中一项重要工作。

2014 年,中央深化体制改革领导小组正式将"在法院、看守所设置法律援助值班律师办公室"列为司法体制改革的重要内容,将法律援助值班律师制度纳入国家司法体制改革的整体框架。2016 年 11 月,最高人民法院、最高人民检察院、公安部、国家安全部、司法部联合印发《关于在部分地区开展刑事案件认罪认罚从宽制度试点工作的办法》,明确规定值班律师制度。该《办法》第 5 条规定:"办理认罪认罚案件,应当保障犯罪嫌疑人、被告人获得有效法律帮助,确保其了解认罪认罚的性质和法律后果,自愿认罪认罚。法律援助机构可以根据人民法院、看守所实际工作需要,通过设立法律援助工作站派驻值班律师、及时安排值班律师等形式提供法律帮助。人民法院、看守所应当为值班律师开展工作提供便利工作场所和必要办公设施,简化会见程序,保障值班律师依法履行职责。犯罪嫌疑人、被告人自愿认罪认罚,没有辩护人的,人民法院、人民检察院、公安机关应当通知值班律师为其提供法律咨询、程序选择、申请变更强制措施等法律帮助。人民法院、人民检察院、公安机关应当告知犯罪嫌疑人、被告人申请法律援助的权利。符合应当通知辩护条件的,依法通知法律援助机构指派律师为其提供辩护。"之后,为充分发挥法律援助值班律师在以审判为中心的刑事诉讼制度改革和认罪认罚从宽制度改革试点中的功能作用,依法维护犯罪嫌疑人、被告人的诉讼权利,加强人权司法保障,促进司法公正,最高人民法院、最高人民检察院、公安部、国家安全部、司法部又于2017年8月联合印发《关于开展法律援助值班律师工作的意见》(已失效),其中第3条第1款进一步规定:"法律援助机构可以根据人民法院、人民检察院、看守所实际工作需要,通过设立法律援助工作站派驻值班律师或及时安排值班律师等形式提供法律帮助"[1]。同时第2条第1款还细化了法律援助值班律师的工作职责,包括:"(一)解答法律咨询。(二)引导和帮助犯罪嫌疑人、刑事被告人及其近亲属申请法律援助,转交申请材料。(三)在认罪认罚从宽制度改革试点中,为自愿认罪认罚的犯罪嫌疑人、刑事被告人提供法律咨询、程序选择、申请变更强制措施等法律帮助,对检察机关定罪量刑建议提出意见,犯罪嫌疑人签署认罪认罚具结书应当有值班律师在场。(四)对刑讯逼供、非法取证情形代理申诉、控告。(五)承办法律援助机构交办的其他任务。"

"值班律师制度也借鉴了域外的一些成功经验做法。为了给犯罪嫌疑人提供法律帮助,英国、日本、澳大利亚、加拿大等很多国家也建立值班律师制度……在2018年研究修改刑事诉讼法的过程中,各方面提出,为了充分发挥值班律师在刑事诉讼中的职能作用,依法保障犯罪嫌疑人、被告人诉讼权利,促进司法公正,与以审判为中心的刑事诉讼制度改革、认罪认罚从宽制度改革试点等中央司法改革文件衔接配套,建议将各地工作实践中形成的行之有效的经验做法上升为制度规范,在全国推行。2018年修改刑事诉讼法,总结实践经验,并合理借鉴外国的做法,增加了值班律师的规定。"[2]

---

[1] 本条与《关于在部分地区开展刑事案件认罪认罚从宽制度试点工作的办法》第5条第2款第1款相比,增加了在"检察院"设立法律援助工作站派驻值班律师或及时安排值班律师等形式提供法律帮助的规定。

[2] 李寿伟主编:《中华人民共和国刑事诉讼法解读》,中国法制出版社2018年版,第81页。

二、条文制定完善过程

一次审议稿	二次审议稿	三次审议稿(最终条文)
法律援助机构可以在人民法院、人民检察院、看守所派驻值班律师。犯罪嫌疑人、被告人没有委托辩护人,法律援助机构没有指派律师为其提供辩护的,由值班律师为犯罪嫌疑人、被告人提供法律咨询,程序选择建议,代理申诉、控告,申请变更强制措施,对案件处理提出意见等辩护。 人民法院、人民检察院、看守所应当告知犯罪嫌疑人、被告人有权约见值班律师,并为犯罪嫌疑人、被告人约见值班律师提供便利。	法律援助机构可以在人民法院、~~人民检察院~~、看守所派驻值班律师。犯罪嫌疑人、被告人没有委托辩护人,法律援助机构没有指派律师为其提供辩护的,由值班律师为犯罪嫌疑人、被告人提供法律咨询、程序选择建议、~~代理申诉、控告~~、申请变更强制措施、对案件处理提出意见等~~辩护~~法律帮助。 人民法院、人民检察院、看守所应当告知犯罪嫌疑人、被告人有权约见值班律师,并为犯罪嫌疑人、被告人约见值班律师提供便利。	法律援助机构可以在人民法院、看守所等场所派驻值班律师。犯罪嫌疑人、被告人没有委托辩护人,法律援助机构没有指派律师为其提供辩护的,由值班律师为犯罪嫌疑人、被告人提供法律咨询、程序选择建议、申请变更强制措施、对案件处理提出意见等法律帮助。 人民法院、人民检察院、看守所应当告知犯罪嫌疑人、被告人有权约见值班律师,并为犯罪嫌疑人、被告人约见值班律师提供便利。

本条在三次审议过程中有多处修改,修改的内容主要涉及值班律师的功能定位、职责权限以及相关的派驻场所等。

全国人大宪法和法律委员会相关负责人在作关于《刑事诉讼法(修正草案)》修改情况的汇报时介绍,对一审稿中关于值班律师职责的规定,"有的常委委员、地方、部门和社会公众提出,值班律师的职责与辩护人不同,主要应是为没有辩护人的犯罪嫌疑人、被告人提供法律帮助,这样定位符合认罪认罚从宽制度改革试点方案以及有关部门关于开展值班律师工作的意见要求,试点情况表明也较为可行"[1]。有委员更是直接指出:"最高人民法院、最高人民检察院、公安部、国家安全部、司法部发

---

[1] 《全国人民代表大会宪法和法律委员会关于〈中华人民共和国刑事诉讼法(修正草案)〉修改情况的汇报》,载中国人大网 2018 年 10 月 26 日,http://www.npc.gov.cn/zgrdw/npc/xinwen/2018-10/26/content_2064436.htm,访问日期:2023 年 11 月 22 日。

布的《关于开展法律援助值班律师工作的意见》中明确,值班律师不负有辩护职责,只是提供法律咨询、法律服务的职能,建议修正草案中不使用'辩护'的概念,改为'法律服务'。"[1]还有部分学者指出:"把值班律师在认罪认罚案件中提供的上述法律帮助界定为'辩护'是不恰当的,其充其量只具有某些辩护的因素,不能将之完全等同于真正的辩护。这是因为:从内容来看,刑事辩护有着三项核心权利,即阅卷权、会见权和出庭辩护权。但是,值班律师在认罪认罚案件中并不享有上述权利,倘若将不享有上述三项权利的值班律师在认罪认罚案件中提供的帮助看作辩护行为,则会降低辩护的标准,显然不符合刑事辩护的基本要求。因此,不能将值班律师提供的上述帮助界定为'辩护'行为。基于不降低法律辩护的内涵和标准的需要,应当将修正草案第4条中的'辩护'回归为'法律帮助'的表述。"[2]综合各方观点,草案二审稿将值班律师提供"辩护"修改为提供"法律帮助",并删去"代理申诉、控告"的内容。

另外,《刑事诉讼法(修正草案)》三审稿,即定稿中有一处表述与一、二审稿略有不同,那就是立法对《刑事诉讼法》第36条第1款中的第一句话,在法律援助机构可以派驻值班律师提供服务的场所上做了反复斟酌、审慎调整。二审稿先是删除了"人民检察院"的用语,但是三审稿又在条文中的"看守所"之后增加了"等场所"的表述。对于这些变化可以从两方面作出解读。

其一,在派驻值班律师的场所上,从二审稿删除"人民检察院"到三审稿在条文中"看守所"后增加"等场所"的表述来看,立法机关认为检察院仍然是法律援助机构派驻值班律师的场所之一。修法之时,适用认罪认罚从宽制度的试点地区多是在看守所或者法院派驻值班律师提供服务。看守所作为关押犯罪嫌疑人的场所,法院作为开庭审判的场所,在当时被认为是制度落实的两个关键。[3]但随着

---

[1]《常委委员分组审议刑诉法修正草案时建议通盘研究刑事缺席审判制度》,载中国人大网2018年4月28日,http://www.npc.gov.cn/npc/c1172/c34594/c34595/c34623/c34718/201905/t20190521_263338.html,访问日期2023年11月22日。

[2] 陈光中、肖沛权:《刑事诉讼法修正草案:完善刑事诉讼制度的新成就和新期待》,载《中国刑事法杂志》2018年第3期,第10—11页。

[3] 参见陈卫东主编:《2018刑事诉讼法修改条文理解与适用》,中国法制出版社2019年版,第41页。

制度的推行和发展,立法机关发现在检察院设置值班律师服务区是发展的趋势,故三审稿用"等场所"兜底,将在检察院派驻值班律师的情形也包括进来。

其二,从实践发展的情况看,对于被取保候审的犯罪嫌疑人,如果想得到值班律师的服务,多是在检察院的办案区得到有针对性的法律帮助。特别是随着醉驾入刑,涉嫌危险驾驶罪的犯罪嫌疑人人数激增。这些人多被取保候审,如果在审查起诉阶段签署认罪认罚具结书,很多都是由派驻在检察院的值班律师到场见证,提供法律服务的。

值得注意的是,2019 年,最高人民法院、最高人民检察院、公安部、国家安全部、司法部联合制定出台的《关于适用认罪认罚从宽制度的指导意见》第 11 条第 1 款中规定:"法律援助机构可以在人民法院、人民检察院、看守所派驻值班律师。人民法院、人民检察院、看守所应当为派驻值班律师提供必要办公场所和设施。"检察院作为派驻值班律师的场所已然十分明确。按照牵头制定该指导意见的最高人民检察院的同志的解释:"基于认罪认罚从宽制度适用的最主要阶段是审查起诉阶段,且目前轻罪案件犯罪嫌疑人非羁押的比例较高,人数众多,对值班律师提供法律帮助的需求量非常大,从制度设计的本意和有利于犯罪嫌疑人权利保障出发,在检察机关设立值班律师完全符合立法精神。"[1]

▶▶【法条注解】

本条共有两款,第 1 款是有关在法院、看守所等场所派驻值班律师以及值班律师职责的规定;第 2 款是关于法院、检察院、看守所应当告知犯罪嫌疑人、被告人有权约见值班律师,以及为犯罪嫌疑人、被告人约见值班律师提供便利的规定。

一、值班律师的派驻及相关职责

本条第 1 款涉及值班律师的派驻和相关职责两方面的内容。

---

[1] 苗生明、周颖:《认罪认罚从宽制度适用的基本问题——〈关于适用认罪认罚从宽制度的指导意见〉的理解和适用》,载《中国刑事法杂志》2019 年第 6 期,第 10 页。

(一) 值班律师的派驻

本条第1款第一句话为"法律援助机构可以在人民法院、看守所等场所派驻值班律师"。这是对在刑事诉讼活动中派驻值班律师作出的规定,可以从三个层面理解。

1. 法律援助机构负责派驻值班律师

本条第1款规定,值班律师的派驻,由法律援助机构负责。一般而言,可以担任值班律师的包括社会律师和法律援助值班律师,但具体的法律援助工作都由法律援助机构安排、协调。例如,2020年9月,最高人民法院、最高人民检察院、公安部、国家安全部、司法部联合发布的《法律援助值班律师工作办法》第18条规定:"法律援助机构应当综合律师政治素质、业务能力、执业年限等确定值班律师人选,建立值班律师名册或值班律师库。并将值班律师库或名册信息、值班律师工作安排,提前告知公安机关(看守所)、人民检察院、人民法院。"这样可以便于在犯罪嫌疑人、被告人需要法律帮助时及时通知值班律师,或者在相关场所直接派驻值班律师。

2. 值班律师的"派驻"

本条规定,提供法律帮助的值班律师可以被"派驻"到相关场所。如何理解"派驻"的含义?一般认为,"律师值班可以在相关场所固定专人或者轮流值班"就是"派驻",其强调值班律师人员的稳定性、工作地点的固定性以及工作周期的规律性。但值得注意的是,《刑事诉讼法》第36条第1款还有"可以在人民法院、看守所等场所派驻值班律师"的表述,这里的"可以"就意味着也"可以不"采取派驻的方式。可见,值班律师的"值班"形式是多样的,立法机关倾向于更多采用派驻方式,即在法院、看守所等场所设立法律援助工作站或者值班律师办公室,每天或定期派律师到场工作,做到值班的"定人、定点、定期"。但是,考虑到律师资源以及法律咨询需求量供需不平衡的实际情况,律师值班的形式可以更为多样,相对灵活。2020年9月,最高人民法院、最高人民检察院、公安部、国家安全部、司法部联合发布的《法律援助值班律师工作办法》第17条第2款规定:"值班方式可以采用现场值班、电话值班、网络值班相结合的方式。现场值班的,可以采取固定专人或轮流值班,也可以采取预约值班。"据此,在有些地区可以建立值班律师通讯录,在犯罪嫌疑人、被告人需要服务时及时安排值班律师提供现场、电话或网络形式的服务。

3. 派驻值班律师的场所

本条第 1 款规定,派驻值班律师的场所包括法院、看守所等场所。一般来说,看守所作为关押犯罪嫌疑人的场所,法院作为开庭审判的场所,是需要值班律师的。检察院等部门在刑事诉讼中,有的案件也需要值班律师参与。比如,犯罪嫌疑人在审查起诉阶段认罪认罚的,在签署具结书时,如果没有委托辩护人,就需要值班律师在场。对于可以在哪些场所派驻值班律师,可由法律援助机构与法院、检察院、公安机关、看守所根据诉讼的需要确定[1],本款规定的"等场所"是一个开放性的表述,有利于有关部门在工作中具体把握,至于其外延边界,不仅包括检察院,还包括公安机关、监狱或监管场所等。

(二)值班律师的职责

本条第 1 款规定了值班律师的职责,同时还规定了值班律师制度的适用场景。

1. 只有在犯罪嫌疑人、被告人没有辩护人时才会有值班律师介入

本条第 1 款规定,"犯罪嫌疑人、被告人没有委托辩护人,法律援助机构没有指派律师为其提供辩护的",才会由值班律师为犯罪嫌疑人、被告人提供法律帮助。如果作反对解释,当犯罪嫌疑人、被告人已经委托了辩护人或者接受了法律援助律师,那么值班律师就没有出现的可能。一般认为,法律援助值班律师提供的是一种应急性的、最低限度的法律服务,具有一次性、一站式的特点。所以,值班律师提供的法律服务是法律帮助,而非辩护。打个比方,值班律师提供的法律服务类似医院的急诊大夫提供的医疗服务,是在专科大夫不在岗、不上班的情况下给予的应急性治疗、紧急性处置。值班律师也是在犯罪嫌疑人、被告人没有辩护人的情况下,尽快为犯罪嫌疑人、被告人提供必要的法律援助,这可被视为对辩护的补充。对于犯罪嫌疑人、被告人已经委托辩护人的,或者因为符合法律援助条件法律援助机构已经指派律师提供辩护的,就可以不再由值班律师为其提供法律帮助了。总之,值班律师提供法律帮助的条件是犯罪嫌疑人、被告人没有委托辩护人,或者法律援助机构没有为其指派律师辩

---

[1] 参见王爱立、雷建斌主编:《刑事诉讼法立法精解》,中国检察出版社 2019 年版,第 61 页。

护,辩护人与值班律师两者是不可兼容的。依此逻辑,可以解决实践中的一些错误做法。

《刑事诉讼法》第 174 条第 1 款规定:"犯罪嫌疑人自愿认罪,同意量刑建议和程序适用的,应当在辩护人或者值班律师在场的情况下签署认罪认罚具结书。"辩护人或者值班律师之所以要在犯罪嫌疑人签署具结书时在场,一是可以向犯罪嫌疑人释法说理,让犯罪嫌疑人认识到认罪认罚的性质和法律后果,在权衡利弊得失后作出正确选择;二是监督检察院的办案活动,防止检察人员给犯罪嫌疑人施加不当的压力,影响认罪认罚的自愿性。从实践来看,检察院大都能够确保签署具结书时有辩护人或值班律师在场。但也有部分辩护律师反映,在办理的一些案件中,已明确反对犯罪嫌疑人认罪认罚,却在未被解除委托的情况下,被通知犯罪嫌疑人已经签署了认罪认罚具结书,在场的则是检察院安排的值班律师。他们认为,检察院这种"暗度陈仓"的做法违反了法律规定,也侵犯了辩护人的知情权和辩护权。检察院则认为,第 174 条第 1 款已规定,犯罪嫌疑人签署具结书时,是辩护人"或者"值班律师在场,只要二者有其一,程序即合法。换言之,即使犯罪嫌疑人委托了辩护人,也可以在辩护人不在场的情况下,由值班律师协助犯罪嫌疑人签署具结书。检察院从文义解释出发,将条文中"或者"前后的辩护人与值班律师并列、等同视之,作等价解释,看似合理,实则荒谬。按照体系解释的方法,依《刑事诉讼法》第 36 条第 1 款的规定,只有在犯罪嫌疑人没有辩护人的情况下,才会有值班律师提供法律帮助的可能。所以,犯罪嫌疑人在签署具结书时,辩护人或者值班律师的在场是轻重有别、先后有序的。犯罪嫌疑人如果已经委托或通过法律援助获得了辩护人,只要没有解除委托或者拒绝辩护,就没有值班律师出场的可能。检察院仅在"或者"一词上做文章,认为值班律师可直接替代辩护人,显然是忽略了对整部法律的体系性思考,更可能是在考核压力下力求在办案中更多地适用认罪认罚从宽制度。但这种片面解释,"强推"犯罪嫌疑人认罪认罚的做法,有变相压制甚至架空辩护权之嫌。值得庆幸的是,最高人民检察院发现了这一情况,纠正了曲意释法下的错误行为。2020 年 12 月,最高人民检察院印发的《关于认真学习贯彻十三届全国人大常委会第二十二次会议对〈最高人民检察院关于人民检察院适用认罪认罚从宽制度情况的报告〉的审议意见的通知》第7条中规定:"认罪认罚案件签署具结书时,犯罪嫌疑人有辩护人的,应当由辩护人在场见证具结,严禁绕开辩护人,安排值班律师代为具结见证。"[1]

2. 值班律师的职责

本条第1款规定了值班律师的职责:"为犯罪嫌疑人、被告人提供法律咨询、程序选择建议、申请变更强制措施、对案件处理提出意见等法律帮助。"从文义解释出发,本条对值班律师职责的规定采取的是列举未尽的表述方式。基于种属关系,值班律师的职责包括但不限于"提供法律咨询、程序选择建议、申请变更强制措施、对案件处理提出意见",但归根到底还是为犯罪嫌疑人、被告人提供法律帮助。所以,值班律师不是辩护人,不能行使所有的辩护职能,只是提供最低限度的法律服务,即法律帮助,辩护人拥有的辩护权在值班律师那里被克减,比如值班律师不能"代理申诉、控告",不能出庭参加法庭调查、法庭辩论,也没有调查取证权等。

至于"提供法律咨询、程序选择建议、申请变更强制措施、对案件处理提出意见"的含义可作如下解释:一是提供法律咨询,包括告知涉嫌或指控的罪名、相关法律的规定,使犯罪嫌疑人、被告人正确理解自己涉嫌犯罪的性质和法律后果;还包括告知有关的诉讼程序和法律制度,如认罪认罚的性质和法律后果等。二是程序选择建议,是指对于采取何种诉讼程序(普通审理程序、简易审理程序、速裁审理程序)处理案件,在向犯罪嫌疑人、被告人说明程序的法律规定和后果后,向犯罪嫌疑人、被告人提出选择意见。三是申请变更强制措施,即犯罪嫌疑人被采取强制措施的,值班律师可以为其向有关司法机关申请变更强制措施。四是对案件处理提出意见,包括对犯罪嫌疑人、被告人在诉讼中对如何供述等程序问题提出意见,也包括对是否构成犯罪,是否有自首、坦白、立功等情节,检察院的量刑建议中的主刑、附加刑以及是否适用缓刑等问题,为犯罪嫌疑人、被告人向法院、检察院、公安机关提出处理意见。[2]

---

[1] 参见董坤:《刑事诉讼法解释学:范式转型与体系建构》,载《比较法研究》2021年第4期,第59页。

[2] 参见王爱立、雷建斌主编:《刑事诉讼法立法精解》,中国检察出版社2019年版,第62页。

除了本款明确规定的值班律师的职责,最高人民法院,最高人民检察院、公安部、国家安全部、司法部于2019年联合发布实施的《关于适用认罪认罚从宽制度的指导意见》第12条第1款中还专门规定,"值班律师应当为认罪认罚的犯罪嫌疑人、被告人提供下列法律帮助:(一)提供法律咨询,包括告知涉嫌或指控的罪名、相关法律规定,认罪认罚的性质和法律后果等;(二)提出程序适用的建议;(三)帮助申请变更强制措施;(四)对人民检察院认定罪名、量刑建议提出意见;(五)就案件处理,向人民法院、人民检察院、公安机关提出意见;(六)引导、帮助犯罪嫌疑人、被告人及其近亲属申请法律援助;(七)法律法规规定的其他事项"。这其中就多了"对人民检察院认定罪名、量刑建议提出意见"[1]和"引导、帮助犯罪嫌疑人、被告人及其近亲属申请法律援助"两种情形,值得注意。

二、法院、检察院和看守所对犯罪嫌疑人、被告人约见值班律师有告知和提供便利的义务

本条第2款是关于法院、检察院、看守所应当告知犯罪嫌疑人、被告人有权约见值班律师,以及为犯罪嫌疑人、被告人约见值班律师提供便利的规定。在刑事诉讼中,犯罪嫌疑人、被告人由于缺乏法律知识,大多不知晓有权获得值班律师提供法律帮助的法律规定。故立法规定法院、检察院、看守所负有告知义务,以及为约见值班律师提供便利的义务。这其实是立法为法院、检察院、看守所设定的两项诉讼关照义务。所谓"提供便利",包括在犯罪嫌疑人、被告人提出约见值班律师时,及时为他们提供值班律师名册和联系方式;及时将犯罪嫌疑人、被告人的约见要求转告

---

[1] "对人民检察院认定罪名、量刑建议提出意见"对应的是《刑事诉讼法》第173条:"人民检察院审查案件,应当讯问犯罪嫌疑人,听取辩护人或者值班律师、被害人及其诉讼代理人的意见,并记录在案。辩护人或者值班律师、被害人及其诉讼代理人提出书面意见的,应当附卷。犯罪嫌疑人认罪认罚的,人民检察院应当告知其享有的诉讼权利和认罪认罚的法律规定,听取犯罪嫌疑人、辩护人或者值班律师、被害人及其诉讼代理人对下列事项的意见,并记录在案:(一)涉嫌的犯罪事实、罪名及适用的法律规定;(二)从轻、减轻或者免除处罚等从宽处罚的建议;(三)认罪认罚后案件审理适用的程序;(四)其他需要听取意见的事项。人民检察院依照前两款规定听取值班律师意见的,应当提前为值班律师了解案件有关情况提供必要的便利。"

值班律师，以及在法院、看守所等场所为约见提供必要的会见场地、桌椅等设施。

▶▶【法条评点】

一、如何理解法律帮助的含义？

值班律师所提供的是最低限度的法律服务，值班律师制度是法律援助的重要组成部分，是辩护制度的重要补充。

从立法条文看，值班律师提供的是"法律帮助"，包括"提供法律咨询、程序选择建议、申请变更强制措施、对案件处理提出意见等"。但《刑事诉讼法》第38条也有"法律帮助"的表述，"辩护律师在侦查期间可以为犯罪嫌疑人提供法律帮助；代理申诉、控告；申请变更强制措施；向侦查机关了解犯罪嫌疑人涉嫌的罪名和案件有关情况，提出意见"。参与立法的同志撰写的法律释义书对此解释道，第38条中的"法律帮助"是指"为犯罪嫌疑人提供法律咨询或者其他犯罪嫌疑人需要的法律帮助。其中提供法律咨询，主要是指帮助犯罪嫌疑人了解有关法律规定，向犯罪嫌疑人解释有关法律问题。提供法律帮助不限于回答犯罪嫌疑人提出的法律问题，对与犯罪嫌疑人有关的法律事务，不论其是否向辩护律师提出，辩护律师都有责任提供帮助，如对犯罪嫌疑人进行法制教育，教育犯罪嫌疑人如实供述，争取得到从轻处理，介绍有关刑事政策和法律规定，让其了解有关法律责任规定，讲解有关法律程序，告知其享有的各项诉讼权利等"[1]。可见，第38条中的"法律帮助"不包括代理申诉、控告和申请变更强制措施。但与第36条比较会发现，同为"法律帮助"，两者外延范围并不相同，最为明显的就是，第36条中的"法律帮助"包含申请变更强制措施，但第38条则不包括。遵循法律用语的同一性原则，应当尽量避免或减少同一表述含义不同的情形，因此建议两个条文就"法律帮助"一语的含义作出协调和统一。

---

[1] 李寿伟主编：《中华人民共和国刑事诉讼法解读》，中国法制出版社2018年版，第88页。

第三十七条 【辩护人的责任】辩护人的责任是根据事实和法律,提出犯罪嫌疑人、被告人无罪、罪轻或者减轻、免除其刑事责任的材料和意见,维护犯罪嫌疑人、被告人的诉讼权利和其他合法权益。

▶▶【历次修法条文对照】

1979年《刑事诉讼法》	1996年《刑事诉讼法》	2012年《刑事诉讼法》	2018年《刑事诉讼法》
第四章 辩护	第四章 辩护与代理	第四章 辩护与代理	第四章 辩护与代理
第28条:辩护人的责任是根据事实和法律,提出证明被告人无罪、罪轻或者减轻、免除其刑事责任的材料和意见,维护被告人的合法权益。	第35条:辩护人的责任是根据事实和法律,提出证明犯罪嫌疑人、被告人无罪、罪轻或者减轻、免除其刑事责任的材料和意见,维护犯罪嫌疑人、被告人的合法权益。	第35条:辩护人的责任是根据事实和法律,提出证明犯罪嫌疑人、被告人无罪、罪轻或者减轻、免除其刑事责任的材料和意见,维护犯罪嫌疑人、被告人的诉讼权利和其他合法权益。	第37条内容未修订

▶▶【立法沿革】

本条为1979年《刑事诉讼法》确立。1996年《刑事诉讼法》修订时,立法机关将原法中"人犯"的称谓废除,按照诉讼阶段的不同,将审前程序中的被追诉人称为犯罪嫌疑人,审判阶段的被追诉人称为被告人。为了与这一修改相协调,1996年《刑事诉讼法》在该条中的"被告人"前增加了"犯罪嫌疑人"的表述。

2012年《刑事诉讼法》对本条作出两处修改:一是删去了辩护人"提出证明犯罪嫌疑人、被告人无罪、罪轻或者减轻、免除其刑事责任的材料和意见"中的"证明"二字;二是将维护犯罪嫌疑人、被告人的"合法权益"增改为"诉讼权利和其他合法权益"。

一、删除辩护人负有"证明"责任的表述

2012年,立法机关将"辩护人的责任是根据事实和法律,提出证明犯罪嫌疑人、被告人无罪、罪轻或者减轻、免除其刑事责任的材料和意见"中的"证明"二字删除,意在表明辩护人在刑事诉讼中不负对犯罪嫌疑人、被告人无罪、罪轻或者减轻、免除其刑事责任的证明责任,对被告人有罪的证明责任由控方,也就是检察院或自诉人承担。这与当年立法机关在证据一章新增第49条,即2001年《律师法》第28条"公诉案件中被告人有罪的举证责任由人民检察院承担,自诉案件中被告人有罪的举证责任由自诉人承担"的规定相衔接。

另外,从原法条的语句结构看,"提出证明……的材料和意见"也有些搭配不当。一般认为,证明某一事实确实要提供证据材料,这是证据裁判原则的应有之义,但是证明某一事实仅提出意见似乎不妥。虽然实践中有辩护人仅对控方指控的事实和提供的证据,采用归谬法加以反驳,进而提出无罪、罪轻等辩护意见,但这是否为证明活动,值得推敲。删除"证明"二字,恰好使得该句的表述更为严谨,前后搭配也更为合理。

最后,本条的修改也与律师法的规定相协调。2007年10月,立法机关在对律师法进行修改时,对于旧法中与1996年《刑事诉讼法》第35条几乎相同的规定,即2001年《律师法》第28条"律师担任刑事辩护人的,应当根据事实和法律,提出证明犯罪嫌疑人、被告人无罪、罪轻或者减轻、免除其刑事责任的材料和意见,维护犯罪嫌疑人、被告人的合法权益"作出修订,删除了原条文中的"证明"二字。[1] 2012年《刑事诉讼法》的修改正是吸收了律师法修订时的经验和做法,从而实现了"两法"的衔接协调。

---

[1] 2001年《律师法》第28条规定:"律师担任刑事辩护人的,应当根据事实和法律,提出证明犯罪嫌疑人、被告人无罪、罪轻或者减轻、免除其刑事责任的材料和意见,维护犯罪嫌疑人、被告人的合法权益。"修订后的2007年《律师法》第31条规定:"律师担任辩护人的,应当根据事实和法律,提出犯罪嫌疑人、被告人无罪、罪轻或者减轻、免除其刑事责任的材料和意见,维护犯罪嫌疑人、被告人的合法权益。"两相比较,修订后的条文删除了刑事辩护人中的"刑事"二字,以及"证明"二字。

二、增修维护被追诉人"诉讼权利和其他合法权益"的表述

1996年《刑事诉讼法》将辩护人的责任主要限定于"提出证明犯罪嫌疑人、被告人无罪、罪轻或者减轻、免除其刑事责任的材料和意见"。其中,前半句中"无罪""罪轻""减轻""免除刑事责任"明显属于实体辩护目标,而孤立地看后半句"维护犯罪嫌疑人、被告人的合法权益",似乎也可以解释出"合法权益"还包含因程序辩护所维护的权益。但考虑到前后语句的承接关系,"维护犯罪嫌疑人、被告人的合法权益"更像是在前半句,也就是辩护人在做实体辩护后的一个当然结果或欲达目的,并没有突破实体辩护的范畴。照此理解,对于办案机关在诉讼活动中的程序违法、侵犯犯罪嫌疑人、被告人诉讼权利及其他合法权益的情形,如非法取证、错误拘留、超期羁押,辩护人是否有权向办案机关提出意见,要求排除非法证据,纠正错误拘留、超期羁押呢?1996年《刑事诉讼法》未置可否。在当时,辩护人对于犯罪嫌疑人、被告人程序性权利的维护缺乏明确的义务性规定,相关的程序辩护责任缺位。有鉴于此,2012年《刑事诉讼法》将本条最后一句修改为"维护犯罪嫌疑人、被告人的诉讼权利和其他合法权益"。由于增加了辩护人"维护……诉讼权利"的表述,立法其实已明确规定了辩护人除实体辩护外还有程序辩护的独立责任。本条中前后语句的关系也从此前的因果关系或手段目的关系转变为当下的实体辩护与程序辩护并列的关系,实现了两种辩护在刑事诉讼中相辅相成、缺一不可、并重同频的精神实质和立法要求。

▶▶【法条注解】

对本条可以从四个方面作出解读。

一、辩护人的独立地位和真实义务

辩护人的责任是为犯罪嫌疑人、被告人提供有效辩护,维护他们在诉讼中的各项合法权益。"根据事实和法律",就是要求辩护人实事求是,以案件的实际情况和法律的规定作为辩护根据。辩护人"根据事实和法律"提出材料和意见还可延伸出两个问题:辩护人的独立地位和真实义务。

(一)辩护人有独立的诉讼地位

依据本条规定,刑事诉讼法对辩护人履行辩护责任的要求是"根据事实和法律"提出有关材料和意见。这意味着辩护人辩护的根本或前提是尊重事实,服从法律,不完全以犯罪嫌疑人、被告人的意思表示为准。不容否认,辩护人在辩护时要充分考虑犯罪嫌疑人、被告人的各项利益诉求,但不得迁就、屈从犯罪嫌疑人、被告人的无端诉求和抗法意愿,更不能为了犯罪嫌疑人、被告人的利益去伪造证据、歪曲事实、曲解法律。对于犯罪嫌疑人、被告人而言,辩护人在诉讼中具有相当的独立性和自主性,在大陆法系国家被称为"独立的司法机关"[1]"自主性之司法单元"。辩护人不仅独立于侦查机关、检察院和法院,也不依附于犯罪嫌疑人、被告人,不是他们利益的代理人或所有意愿的传声筒。"在被告利益与被告意思冲突时,最能彰显辩护人独立于被告意思之外的自主地位,例如,被告自认为案发当时精神正常,但事实上早已心神丧失;又如,杀人案件之被告,案发当时与其情妇过夜故有不在场证明,但为避免外遇曝光的情绪因素而忽略被误判杀人的危险及后果;再如,被告为顶替他人(如至亲或情侣)之罪行而为虚伪之自白。类此情形,辩护人在不违反其保密义务的前提下,有可能乃至于有必要为被告利益但反于被告之意思而进行辩护。"[2]

(二)辩护人负有真实义务

本条中,辩护要"根据事实"的规定还可延伸出辩护人真实义务理论。所谓真实义务是指辩护人作辩护要实事求是,尊重案件事实真相,坚持证据裁判原则,不得毁灭、伪造、转移、隐匿证据,妨害证人、被害人作证,不得刻意歪曲案情,帮助犯罪嫌疑人、被告人脱罪或减轻处罚。首先,实事求是、尊重事实既是公权力机关办理刑事案件的基本要求(《刑事诉讼法》第6条),也是辩护人应尽的真实义务,符合辩护人肩负一定公益职能的角色定位。《刑法》第306条第1款规定:"在刑事诉讼中,辩护人、诉讼代理人毁灭、伪造证据,帮助当事人毁灭、伪造证

---

[1] [德]克劳思·罗科信:《刑事诉讼法(第24版)》,吴丽琪译,法律出版社2003年版,第149页。

[2] 林钰雄:《刑事诉讼法》(上册),新学林出版股份有限公司2019年版,第215页。

据,威胁、引诱证人违背事实改变证言或者作伪证的,处三年以下有期徒刑或者拘役;情节严重的,处三年以上七年以下有期徒刑。"这其实就是对辩护人违背真实义务所要追究的刑事责任的规定。其次,辩护人的真实义务不同于检察院、法院的客观义务,其仅面向犯罪嫌疑人、被告人的有利事项,而不论其不利部分。所以说,辩护人是犯罪嫌疑人、被告人各项合法权益的"专门维护者"。换言之,法律只要求辩护人提供对犯罪嫌疑人、被告人一方有利之事实、证据,讲一方道理,对于那些不利于犯罪嫌疑人、被告人的事实、证据可视而不见,不去插手,这并不违反真实义务。

综上,辩护人仅负低限度的真实义务。"虽然不得积极说谎,亦不得帮助被告逃亡或灭证,但仍得消极隐瞒不利被告之事实。消极隐瞒,有时甚至于是辩护人的义务,当被告向辩护人坦承犯罪并提供相关资讯时,辩护人负有维持业务信赖关系的保密义务,不得主动向任何人,尤其是检察官或法院提供该犯罪资讯。"[1]对此,《刑事诉讼法》第48条中就规定,"辩护律师对在执业活动中知悉的委托人的有关情况和信息,有权予以保密"。

二、辩护的两大形态

从本条的修订历程看,辩护人的辩护形态可分为实体辩护和程序辩护。

1. 实体辩护

实体辩护,对应本条中辩护人"提出犯罪嫌疑人、被告人无罪、罪轻或者减轻、免除其刑事责任的材料和意见"的规定,是指辩护人围绕犯罪嫌疑人、被告人的罪与刑,通过了解案情、展开调查,提出他们没有犯罪事实,行为不构成犯罪,或虽构成犯罪但罪行较轻的材料和意见,如被告人属于未成年人、有自首或立功情节等。理论上,实体辩护又可进一步划分为无罪辩护和罪轻辩护。

另外,辩护人从实体辩护出发,维护犯罪嫌疑人、被告人合法权益的方式是提出他们无罪、罪轻或者具有减轻、免除刑事责任的材料和意见。

---

[1] 林钰雄:《刑事诉讼法》(上册),新学林出版股份有限公司2019年版,第216页。

据此反推,辩护人可以提出犯罪嫌疑人、被告人"有罪"的材料和意见,但这里的"有罪"必须限于罪轻的范围和限度,不能提出犯罪嫌疑人、被告人罪重或者具有从重处罚情节的材料和意见。否则便违背了辩护人的应有责任,如果辩护人是律师的话,还会因违背律师执业伦理受到行业惩戒。

某律师协会对林某某律师予以"公开谴责"的行业处分[1]

……

关于林某某律师损害律师职业形象一案,经本会查明:

2020年10月10日,某省法律援助中心指派林某某律师担任胡某某贩卖毒品案件被告人的二审辩护人。2020年10月12日,林某某律师联系法院进行了阅卷;10月15日与被告人进行会见。2020年10月17日18:20,林某某律师在准备辩护词时,一时兴起便在微信朋友圈发布了一篇《辩护意见》,内容有"甚有邪恶之徒、杀人贩毒,泯灭人性,实为国之忧、民之害也,安可孰乎?""辩护人认为一审判决认定事实清楚,证据确实充分,法律适用正确,定罪量刑正确"等字样。在辩护意见的最后注明林某某的姓名、律所、办公地址、电话号码,并加盖了林某某律师的私章。随后,经其同事及朋友提醒该行为违背辩护律师法定职责,林某某律师遂于18:58分将该《辩护意见》从微信朋友圈删除。但《辩护意见》内容已被多家公众号、网站等转载、发布,随即被广泛传播,引起社会公众对于刑事辩护律师的大量负面评价。

……

本会认为,林某某律师作为法律援助律师,应根据《律师法》第三十一条之规定:"律师担任辩护人的,应当根据事实和法律,提出犯罪嫌疑人、被告人无罪、罪轻或者减轻、免除其刑事责任的材料和意见,维护犯罪嫌疑人、被告人的诉讼权利和其他合法权益。"积极履行辩护人责任,提供有利于被告人的材料和意

---

〔1〕 参见《杭州市律师协会处分决定书 杭律处字〔2020〕25号》,载神州律师网2021年5月6日,www.zjbar.com/info/7cece9144a4c4b168f5786f40d638951,访问日期:2023年11月25日。

见;而非指责被告人罪有应得。林某某律师在网上发布的《辩护意见》导致公众舆论对刑事辩护律师的非议,对于整个律师行业造成了恶劣影响。

根据《律师协会会员违规行为处分规则(试行)》第四十一条"有其他违反法律、法规、规章和行业规则的行为,依据本规则给予相应的处分";《律师执业行为规范》第八条"律师应当注重职业修养,自觉维护律师行业声誉"及第十五条"律师不得为以下行为:……(四)其他违反法律、法规、律师协会行业规范及职业道德的行为;(五)其他违反社会公德,严重损害律师职业形象的行为"的规定,应予林某某律师以行业处分。

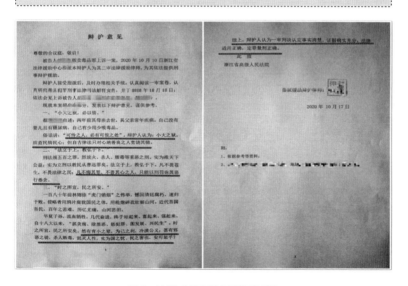

图六:被惩戒律师的"辩护意见"

2. 程序辩护

程序辩护,对应本条中辩护人要"维护犯罪嫌疑人、被告人的诉讼权利[1]和其他合法权益"的规定,是指辩护人通过提出程序性申请来维护犯罪嫌疑人、被告人诉讼权利的辩护活动,如申请回避、申请变更强制措施、申请证人出庭作证、申请法院调取证据材料、申请重新鉴定或者补充鉴定、申请二审法院开庭审理等[2]。此外,程序性辩护还包括辩护人发现办案机关有侵犯犯罪嫌疑人、被告人的诉讼权利和其他合法权益的情形时,应当依法提出意见或者代理申诉、控告,这可视为一种启动救济性程序的申请。

三、辩护人提交证据的性质

不少影视剧中经常会出现这样的场景:在紧张的庭审现场,辩护律师已然成竹在胸,向法庭提交了一份新证据或申请了一位关键证人出庭,证明被告人不在案发现场,真凶另有其人,从而将控方一剑封喉,决胜法庭。在类似的场景中,辩护人向法庭提交证据证明被告人无罪或罪轻似乎也是在承担证明责任,但其实是行使辩护权的体现。换言之,辩护人在诉讼中的工作,主要是对犯罪指控和检察院、自诉人的举证进行辩解和反驳。对于控方和法庭来讲,辩护人不承担犯罪嫌疑人、被告人无罪的举证责任,但享有通过提出证据进行辩护的权利以及从其他角度、其他方面进行辩护的权利。[3] 根据证明责任理论,负有责任的一方如果不履行证明责任将会招致其主张不被认可以致败诉的风险。例如,根据《刑事诉讼法》第51条的规定,公诉案件中被告人有罪的举证责任由检察院承担。只要检察院提出的证明被告人有罪的证据达不到确实、充分的程度,就不能认定被告人有罪,指控失败。但辩护人不行使提出证据的辩护权,仅是一种弃权行为,不会招致败诉的不利后果。总之,在刑事诉讼证明活动

---

[1] "诉讼权利"是指刑事诉讼法和其他法律规定的、犯罪嫌疑人、被告人在刑事诉讼中享有的程序性的权利,如使用本民族语言文字进行诉讼的权利,申请回避的权利,拒绝回答与本案无关的问题的权利,申请变更强制措施的权利,申请通知新的证人到庭的权利,进行法庭辩论和最后陈述的权利,上诉的权利等。

[2] 参见陈瑞华:《刑事诉讼法》,北京大学出版社2021年版,第265页。

[3] "辩护人从其他角度、其他方面进行辩护"具体是指针对指控事实和证据存在的问题,如证据之间有矛盾,指向不一致,事实有出入等进行否定式的、归谬式的辩护;还可以完全从法律适用上,包括定罪量刑方面进行辩护。

中,公诉案件中的检察院,自诉案件中的自诉人提出证据来论证、说服法庭认可、采纳其指控主张是在履行证明责任,但辩护方提出证据的行为则是在具体行使辩护权。一个是义务,一个是权利,两者性质不同,法律效果各异,不应混淆。

当然,从另一面看,对于犯罪嫌疑人、被告人而言,辩护人负有依法履职尽责,为他们提供有效辩护的义务。所以,本条规定的辩护人的"责任",是从辩护人的职责义务和执业要求的角度来说的,是相对于其委托人或法律援助对象而规定的。"具体如何辩护,则取决于每一个案的具体情况,需要通过提出证据、也能够提出证据进行辩护的,就应当提出证据;不需要或不能提出证据进行辩护的,则从其他方面展开辩护。当然,在刑事辩护中,如果辩护人能够发现而没有发现,应该提出而没有提出对犯罪嫌疑人、被告人有利的'材料和意见',面对犯罪嫌疑人、被告人是应当承担相应责任的,但这属于《律师法》和律师职业道德及执业纪律加以调整的范畴,不属于《刑事诉讼法》解决的问题。"[1]未来,当我国刑事诉讼法治发展到更高程度时,对辩护人不尽职、不尽责,不进行有效辩护的情形,还应当从程序上作出对犯罪嫌疑人、被告人有利的处理,如更换辩护人、提出上诉或宣布诉讼无效等。

四、对辩护人权利义务的概括规定

本条属于刑事诉讼法总则中的原则性、概括性规定,是指导立法上确立辩护人的法律地位,界定其诉讼权利和义务的重要依据。本条的精神和要求已经体现在刑事诉讼法的辩护章以及其他章节中有关辩护的条文中。比如,刑事诉讼法赋予辩护人在审查批捕环节提出辩护意见的权利、对侦查机关等违法办案行为提出申诉控告的权利,这些都体现了程序辩护的要求。可以说,在刑事诉讼活动中,依法严格执行有关辩护问题的规定,就是在贯彻落实该条的立法精神。

但是,有的辩护行为虽然在立法上没有明确规定,但只要符合本条的

---

[1] 陈光中主编:《〈中华人民共和国刑事诉讼法〉修改条文释义与点评》,人民法院出版社2012年版,第24页。

立法精神,司法解释和规范性文件便可作出进一步的规定,辩护人就有权实施。例如,我国刑事诉讼法没有规定管辖权异议程序,但司法实践中的有些管辖,如审判管辖不当的,会引发民众对司法裁判公正性的质疑,也会影响到犯罪嫌疑人、被告人合法权益的保障。辩护人就有权提出异议,办案机关应当允许并依法处理。典型的案件如吉林王成忠案。[1]该案中,辩护人是以向二审法院申请集体回避的方式请求上级法院指定移送管辖的。但诚如前文所言,本评注认为回避的对象是个人而非国家专门机关,对于申请法院等集体回避的情形,及时赋予当事人及其辩护人、诉讼代理人等提出管辖异议的权利才是治本之道。《刑事诉讼法》第35条的立法精神恰恰可以为王成忠案中辩护人行使管辖异议权提供法律上的实质依据。

▶▶【法条评点】

本条在法律用语和语句结构上都存在问题,有必要在下次修法时作出调整。

一、将"免除其刑事责任"改为"免除其刑事处罚",增加"从轻"辩护

一般认为,构成犯罪才需要追究刑事责任,无罪则无责(不需要追究刑事责任)。虽然有的行为客观上会造成损害结果,产生犯罪事实,但因行为人没有刑事责任能力或未达到刑事责任年龄,不会被追究刑事责任,最终都是以出罪的形式作出裁判。所以,本条中的"无罪"和"免除其刑事责任"在法律效果上是相同的,实际意思也是一致的,没有必要再重复规定。反观刑法总则中一些法定的从宽处罚情节,从宽处罚的结果大都有从轻、减轻或者免除处罚的规定。如《刑法》第19条规定:"又聋又哑的人或者盲人犯罪,可以从轻、减轻或者免除处罚。"第22条第2款规定:"对于预备犯,可以比照既遂犯从轻、减轻处罚或者免除处罚。"第27条第2款规定:"对于从犯,应当

---

[1] 参见前文管辖章第27条评注中有关王成忠案的案情介绍。

从轻、减轻处罚或者免除处罚。"有鉴于此,《刑事诉讼法》第 35 条有关实体辩护所追求的效果中似乎缺少了"从轻"和"免除处罚"的情形,有必要将本条中的"免除其刑事责任"改为"免除其刑事处罚",同时增加"从轻"的从宽情节。

二、本条的语句结构有逻辑缺陷

结合前文的分析,理论上,在引入实体辩护和程序辩护两种辩护形态后,本条中"提出犯罪嫌疑人、被告人无罪、罪轻或者减轻、免除其刑事责任的材料和意见"和"维护犯罪嫌疑人、被告人的诉讼权利和其他合法权益"是两个并列平行的短句,分别对应实体辩护和程序辩护。但从语句结构看,仍然可以将辩护人"提出……材料和意见"视为行为手段,将"维护……诉讼权利和其他合法权益"视为目的结果。至少 1996 年《刑事诉讼法》的旧有条文就是这样的逻辑结构。而且,辩护人从刑事法实体层面提出材料和意见也是为了维护犯罪嫌疑人、被告人的合法权益;反过来说,维护犯罪嫌疑人、被告人的诉讼权利也是需要提出材料和意见的,如《刑事诉讼法》第 58 条第 2 款规定,辩护人申请排除以非法方法收集的证据的,应当提供相关线索或材料;第 88 条第 2 款规定,检察院审查批准逮捕,可以听取辩护律师的意见,辩护律师提出要求的,应当听取辩护律师的意见。

综上,为了使本条的语句结构更为严谨,表达更为明确,结合前文对"免除其刑事责任"的语句修订,本条可作如下调整:

辩护人的责任是根据事实和法律,提出犯罪嫌疑人、被告人无罪、罪轻或者**从轻**、减轻、免除其刑事**处罚以及维护其诉讼权利**的材料和意见,维护犯罪嫌疑人、被告人的**诉讼权利和其**他合法权益。

第三十八条 【侦查期间的辩护】辩护律师在侦查期间可以为犯罪嫌疑人提供法律帮助;代理申诉、控告;申请变更强制措施;向侦查机关了解犯罪嫌疑人涉嫌的罪名和案件有关情况,提出意见。

▶▶【历次修法条文对照】

1979年《刑事诉讼法》	1996年《刑事诉讼法》	2012年《刑事诉讼法》	2018年《刑事诉讼法》
第一编 总则 第四章 辩护	第二编 立案、侦查和提起公诉 第二章 侦查	第一编 总则 第四章 辩护与代理	第一编 总则 第四章 辩护与代理
无	**第96条**：犯罪嫌疑人在被侦查机关第一次讯问后或者采取强制措施之日起，可以聘请律师为其提供法律咨询、代理申诉、控告。犯罪嫌疑人被逮捕的，聘请的律师可以为其申请取保候审。 受委托的律师有权向侦查机关了解犯罪嫌疑人涉嫌的罪名，可以会见在押的犯罪嫌疑人，向犯罪嫌疑人了解有关案件情况……	**第36条**：辩护律师在侦查期间**可以为犯罪嫌疑人提供法律帮助**；代理申诉、控告；**申请变更强制措施**；向侦查机关了解**犯罪嫌疑人涉嫌的罪名**和**案件有关情况**，提出意见。	**第38条** 内容未修改

▶▶【立法沿革】

本条涉及辩护律师在侦查期间的职责和权限，为2012年《刑事诉讼法》确立，在2018年《刑事诉讼法》修改时未有内容调整，仅有条文序号的变化。

本条的确立其实可以回溯到1979年《刑事诉讼法》，当时的法律只规定被告人可以在审判阶段委托辩护人。1996年《刑事诉讼法》规定犯

第四章 辩护与代理

罪嫌疑人自案件移送审查起诉之日起可以委托辩护人,在侦查阶段不能委托辩护人。但第 96 条规定:"犯罪嫌疑人在被侦查机关第一次讯问后或者采取强制措施之日起,可以聘请律师为其提供法律咨询、代理申诉、控告。犯罪嫌疑人被逮捕的,聘请的律师可以为其申请取保候审。涉及国家秘密的案件,犯罪嫌疑人聘请律师,应当经侦查机关批准。受委托的律师有权向侦查机关了解犯罪嫌疑人涉嫌的罪名,可以会见在押的犯罪嫌疑人,向犯罪嫌疑人了解有关案件情况。律师会见在押的犯罪嫌疑人,侦查机关根据案件情况和需要可以派员在场。涉及国家秘密的案件,律师会见在押的犯罪嫌疑人,应当经侦查机关批准。"在当时,律师虽然可以介入侦查阶段,但只能为犯罪嫌疑人"提供法律咨询、代理申诉、控告",为逮捕的犯罪嫌疑人申请取保候审,向侦查机关了解犯罪嫌疑人涉嫌的罪名,经侦查机关批准会见在押的犯罪嫌疑人。可以说,律师在侦查阶段只是犯罪嫌疑人的"法律顾问",单纯的"法律帮助者"。2012 年《刑事诉讼法》为进一步明确律师在侦查阶段的法律地位,更好地发挥其作用,将犯罪嫌疑人在侦查阶段只能聘请律师提供法律帮助的规定修改为,犯罪嫌疑人自被侦查机关第一次讯问或者采取强制措施之日起,有权委托律师作为辩护人。

2012 年之后,律师在侦查阶段的法律地位由法律帮助者转换为辩护人,相应的诉讼权利也发生变化。本条便是根据这一变化,结合 1996 年《刑事诉讼法》第 96 条、2007 年《律师法》第 28 条[1]的规定重新划定了辩护律师在侦查阶段的权利范围。修改内容涉及五个方面:一是将"受委托的律师"修改为"辩护律师",重申了犯罪嫌疑人委托或被指派的律师在侦查阶段的身份是辩护律师;二是把原来的"提供法律咨询"修改为

---

[1] 2007 年《律师法》第 28 条:律师可以从事下列业务:(一)接受自然人、法人或者其他组织的委托,担任法律顾问;(二)接受民事案件、行政案件当事人的委托,担任代理人,参加诉讼;(三)接受刑事案件犯罪嫌疑人的委托,为其提供法律咨询,代理申诉、控告,为被逮捕的犯罪嫌疑人申请取保候审,接受犯罪嫌疑人、被告人的委托或者人民法院的指定,担任辩护人,接受自诉案件自诉人、公诉案件被害人或者其近亲属的委托,担任代理人,参加诉讼;(四)接受委托,代理各类诉讼案件的申诉;(五)接受委托,参加调解、仲裁活动;(六)接受委托,提供非诉讼法律服务;(七)解答有关法律的询问、代写诉讼文书和有关法律事务的其他文书。

"提供法律帮助";三是把原来的"申请取保候审"修改为"申请变更强制措施";四是把辩护律师"向犯罪嫌疑人了解有关案件情况"修改为"向侦查机关了解……案件有关情况";五是增加了辩护律师向侦查机关"提出意见"的权利。

总体而言,这些修改扩充完善了律师在侦查阶段的各项权利,使其由单纯依附于犯罪嫌疑人,纯粹为犯罪嫌疑人提供各种服务的法律帮助者,转变为独立的诉讼主体,能够与侦查机关发生直接的联系。例如,可正面接触侦查机关,向侦查机关了解包括涉嫌罪名在内的案件情况,不再仅从犯罪嫌疑人处了解案件情况;再如,可与侦查机关协商、交涉,形成一定的控辩对抗,通过提出意见维护犯罪嫌疑人的合法权利。这些新增的或在原有基础上扩展的权利恰恰是律师侦查阶段行使辩护权的体现。

▶▶【法条注解】

本条规定了辩护律师在侦查阶段的职责权限。需要注意的是,本条的权责主体是辩护律师。根据《刑事诉讼法》第 34 条第 1 款的规定,犯罪嫌疑人自被侦查机关第一次讯问或者采取强制措施之日起只能在侦查阶段委托律师作为辩护人。既然本条规定的是辩护人在侦查阶段的职责权限,所以这里的辩护人只能是辩护律师。本条共规定了五个方面的内容。

一、向犯罪嫌疑人提供法律帮助

向犯罪嫌疑人提供法律帮助是辩护律师的第一项重要职责。相较于 1996 年《刑事诉讼法》第 96 条中的提供"法律咨询",本条中的提供"法律帮助"外延更大,是一个十分宽泛的概念。一般认为,提供法律咨询主要是通过会见向犯罪嫌疑人释法说理,帮助犯罪嫌疑人了解有关法律规定,向犯罪嫌疑人解释有关法律问题。但就提供法律帮助而言,除了刑事诉讼法和律师法规定的辩护律师在侦查阶段的各项权利,在法律未明确授权的情况下,辩护律师在侦查阶段为犯罪嫌疑人提供的服务,只要法律没有禁止,不违背法律精神和律师的职业道德规范,都可归属于"法律帮助"的范畴。"提供法律帮助不限于回答犯罪嫌疑人提出的法律问题,对与犯罪嫌疑人有关的法律事务,不论其是否向辩护律师提出,辩护律师都有责任提供帮助,如对犯罪嫌疑人进行法制教育,教育犯罪嫌疑人如实供述,争取得到从轻处理,介绍有关刑事政策和法律规定,让其了解有关法律责任规定,讲解有关法律程序,告知其享有的各项诉讼权利等。"[1]

二、为犯罪嫌疑人代理申诉、控告

辩护律师在侦查阶段的第二项职责是为犯罪嫌疑人"代理申诉、控告"。申诉与控告是两个不同的概念,在刑事诉讼法中有特定含义。一般认为,控告是公民对侵犯自身合法权利的行为向有关机关提出,要求依法作出处理的行为。控告的主体较为宽泛,如立案阶段的控告人是刑事案件的被害人,既可以是公民,也可以是单位,只要人身权利、财产权利、民主权利等遭到非法侵害就可以向公安司法机关提出,要求追究侵害方的刑事责任。被侵害的合法权利除了有实体权利,还可以是诉讼权利。例如,《刑事诉讼法》第14条第2款中规定,"诉讼参与人对于审判人员、检察人员和侦查人员侵犯公民诉讼权利和人身侮辱的行为,有权提出控告";第49条中规定,"辩护人、诉讼代理人认为公安机关、人民检察院、人民法院及其工作人员阻碍其依法行使诉讼权利的,有权向同级或者上一级人民检察院申诉或者控告"。其中,被阻碍的权利就包括诉讼权利,辩护人、诉讼代理人可据此提出控告。刑事诉讼法中的控告与"侵权"行为密切相关,是面对侵权行为时寻求的救济。

刑事诉讼法中的申诉是指公民对已经发生法律效力的决定或裁判不服时,有权向有关机关提出异议,要求纠正或撤销的行为。根据申诉对象的不同,刑事诉讼中的申诉可分为对生效裁判的申诉和对生效决定的申诉。前者指再审申诉;后者范围较广,有被害人、被不起诉人针对不起诉决定的申诉,还有《刑事诉讼法》第49条规定的,辩护人、诉讼代理人对公检法机关及其工作人员作出的阻碍其依法行使诉讼权利的

---

[1] 王爱立、雷建斌主编:《刑事诉讼法立法精解》,中国检察出版社2019年版,第65页。

决定提出申诉。例如，辩护人要求会见在押的犯罪嫌疑人，但侦查机关或看守所作出不许可、不批准的决定，辩护人以该决定阻碍其行使会见权为由提出申诉。《刑事诉讼法》第117条规定，当事人和辩护人、诉讼代理人、利害关系人对于司法机关及其工作人员采取的强制措施或侦查措施有违法情形时的申诉。例如，侦查人员对与案件无关的财物作出了扣押决定，犯罪嫌疑人、辩护人可据此向侦查机关提出申诉，如果对侦查机关的处理决定不服，可以向同级检察院再行申诉。刑事诉讼中的申诉与"生效裁判和决定"紧密相关，是面对生效结果的异议性救济。

根据控告、申诉的概念，结合本条规定，辩护律师在侦查阶段"代理申诉、控告"，主要是指代理犯罪嫌疑人对侦查人员及其他有关人员侵犯犯罪嫌疑人合法权利的决定和行为等提出的申诉、控告。这里的"申诉"不包括再审申诉和对不起诉决定的申诉。至于侵犯的合法权利既有诉讼权利，也有实体权利。

需要注意的是，本条规定辩护律师是为犯罪嫌疑人"代理"申诉、控告。申诉和控告是犯罪嫌疑人的固有权利，首先本人可以独立行使，其次还可以委托辩护律师代为行使。辩护律师为犯罪嫌疑人代理申诉、控告的，仍然要以犯罪嫌疑人的名义进行。

三、为犯罪嫌疑人申请变更强制措施

辩护律师在侦查阶段的第三项职责是"申请变更强制措施"。刑事诉讼法规定了五种强制措施，强制性从低到高是拘传、取保候审、监视居住、拘留、逮捕。1996年《刑事诉讼法》第96条第1款规定："犯罪嫌疑人被逮捕的，聘请的律师可以为其申请取保候审。"然而，这一规定并不全面。例如，对于在侦查阶段被拘留的犯罪嫌疑人，辩护律师也可以申请取保候审。本条将为被逮捕的犯罪嫌疑人"申请取保候审"变更成了为犯罪嫌疑人"申请变更强制措施"。这样一来，辩护律师为了维护犯罪嫌疑人的合法权益，可以申请侦查机关将强制性高的强制措施变更为强制性低的强制措施，如犯罪嫌疑人被拘留、逮捕的，辩护律师可以申请将拘留、逮捕变更为取保候审、监视居住；犯罪嫌疑人被监视居住的，辩护律师可以申请将监视居住变更为取保候审等。

对于辩护律师为犯罪嫌疑人申请变更强制措施这项职能,有四点值得注意:

一是申请变更强制措施不仅可以申请变更强制措施的种类,还可以申请变更强制措施的执行方式,如申请将指定居所监视居住变更为在住处的监视居住,将提供保证金的取保候审变更为提供保证人的取保候审。

二是单从逻辑上看,辩护律师申请变更强制措施也可以申请从强制性低的强制措施变更为强制性高的强制措施。但这是有违辩护律师责任条款的,即违反了《刑事诉讼法》第 37 条中"维护犯罪嫌疑人、被告人的诉讼权利和其他合法权益"的规定。不容否认,实践中确实出现过一些极为罕见的情形。例如,在采用指定居所监视居住的案件中,由于指定的居所较为封闭,管理缺乏标准,一些侦查机关有意不告知犯罪嫌疑人家属监视居住的地点和原因,导致外部力量监管难和辩护律师会见难。一段时间内,指定居所监视居住的强制性甚至超越了逮捕,异化为羁押措施,由此引发了在个别案件中律师申请变更强制措施,要求由指定居所监视居住变更为逮捕的"奇闻"。不容否认,申请变更强制措施确实是辩护律师一项重要的诉讼权利,但上述情况实乃指定监视居住的执行和监管不规范、不到位所致,辩护律师申请从强制性低的强制措施变更为强制性高的强制措施并不合理,也有违立法精神,应予否定。

三是与为犯罪嫌疑人代理申诉、控告不同,辩护律师申请变更强制措施可以自己的名义进行,不需要经犯罪嫌疑人的委托。

四是除了辩护律师在侦查期间可以申请变更强制措施,《刑事诉讼法》第 97 条中还规定,辩护人在其他诉讼阶段也有权申请变更强制措施,即"人民法院、人民检察院和公安机关收到申请后,应当在三日以内作出决定;不同意变更强制措施的,应当告知申请人,并说明不同意的理由"。据此,辩护律师在侦查期间申请变更强制措施的,公安机关收到申请后,应当在三日以内作出决定;不同意变更强制措施的,应当告知申请人,并说明不同意的理由。

四、向侦查机关了解犯罪嫌疑人涉嫌的罪名和案件有关情况

辩护律师在侦查阶段的第四项职责是"向侦查机关了解犯罪嫌疑人

涉嫌的罪名和案件有关情况"。本条规定的"了解犯罪嫌疑人涉嫌的罪名",是指向侦查机关了解犯罪嫌疑人涉嫌哪一个或哪几个罪名,即侦查机关立案侦查的罪名,侦查机关有义务告知。"了解案件有关情况",主要是指辩护律师向侦查机关了解案件的性质、罪行轻重以及对案件开展侦查已查明的事实、采取强制措施等情况。在不影响侦查、泄露办案信息的前提下,侦查机关应尽量向辩护律师告知案件的有关情况。《六机关规定》第 6 条中作出进一步总结和延伸:"辩护律师在侦查期间可以向侦查机关了解犯罪嫌疑人涉嫌的罪名及当时已查明的该罪的主要事实,犯罪嫌疑人被采取、变更、解除强制措施的情况,侦查机关延长侦查羁押期限等情况。"

五、向侦查机关提出意见

辩护律师在侦查阶段的第五项职责是向侦查机关提出意见。向侦查机关提出意见是辩护律师在充分了解案件情况或与诉讼相关的情况的基础上,进行综合研判后提出的。辩护律师在侦查阶段了解案件情况的渠道主要有三个:一是向侦查机关了解犯罪嫌疑人涉嫌的罪名和案件有关情况;二是通过与犯罪嫌疑人会见了解案情以及其他的,如侦查人员侵犯犯罪嫌疑人诉讼权利的情况;三是通过向犯罪嫌疑人的家属、朋友调查访问等了解到的一些与案件有关的情况。综合分析上述情况信息、证据材料,辩护律师有权向侦查机关提出意见。

本条中的"提出意见",主要指的是《刑事诉讼法》第 161 条的规定,"在案件侦查终结前,辩护律师提出要求的,侦查机关应当听取辩护律师的意见,并记录在案。辩护律师提出书面意见的,应当附卷"。据此,辩护律师提出意见既可以是口头,也可以是书面,口头提出的意见应当记录在案,书面意见应当附卷。在案件侦查终结前,辩护律师既可以针对案件的事实、证据提出意见,也可以针对侦查活动是否合法提出意见。

▶▶【法条评点】

一、辩护律师在侦查阶段行使职权的逻辑

根据本条和相关条文的规定,辩护律师在侦查阶段的辩护可以按照如下逻辑顺序展开：

首先，辩护律师自接受委托或指派后，会见犯罪嫌疑人，提供法律帮助，同时从犯罪嫌疑人处了解案件有关情况；其次，如果发现侦查人员或其他人员有侵犯犯罪嫌疑人合法权利的决定和行为，有权代理申诉、控告；再次，在原有强制措施适用条件已经发生变化的情况下，可以申请变更强制措施；复次，向侦查机关了解犯罪嫌疑人涉嫌的罪名和案件有关情况；最后，在全面了解案件有关情况，综合研判后，有权向侦查机关提出意见。

众所周知，在侦查阶段，证据还在不断被收集、审查和取舍，案件事实尚未全部查清。办案机关对案件事实、行为性质、涉嫌罪名和罪数、共同犯罪中各犯罪嫌疑人的地位和作用等的认定还需要一个过程。辩护律师此时对案情的了解也是有限的。就大多数案件而言，辩护律师在侦查阶段的工作重点还是程序性辩护，即维护犯罪嫌疑人的诉讼权利和其他合法权益。这便是上文所呈现的辩护律师在侦查阶段行使职权的基本逻辑和现实情况。当然，本条最大的亮点之一就是辩护律师可以向侦查机关提出意见，这一行为包含着一定的对抗色彩，提出的意见包括就案件的事实、证据、定性等实体性问题发表看法。所以，辩护律师在侦查阶段，有条件的还是可以进行实体辩护。

二、本条规定的辩护律师的职责权限并不限于侦查阶段

本条规定的辩护律师的部分职权并不仅限于在侦查阶段行使，在其他诉讼阶段也可以行使。以法律帮助为例，辩护人在法律允许的范围内，依法维护犯罪嫌疑人、被告人的诉讼权利和其他合法权益的活动或行为，都属于法律帮助。只是在不同阶段，辩护人的诉讼任务和工作重点不同，法律帮助的内容也有所差别。此外，辩护人在不同阶段还可以代理申诉、控告，申请变更强制措施以及提出意见。

（ ）代理申诉、控告

就代理申诉、控告而言，根据《刑事诉讼法》第37条关于辩护人"维护犯罪嫌疑人、被告人的诉讼权利和其他合法权益"的责任的规定，辩护人在其他诉讼阶段也可以代理犯罪嫌疑人、被告人行使申诉、控告的权利。

(二)申请变更强制措施

就申请变更强制措施而言,根据《刑事诉讼法》第 97 条的规定,辩护人在其他诉讼阶段,也有权申请变更强制措施,即"人民法院、人民检察院和公安机关收到申请后,应当在三日以内作出决定;不同意变更强制措施的,应当告知申请人,并说明不同意的理由"。

(三)提出意见

就辩护人提出意见而言,除《刑事诉讼法》第 161 条外,辩护人在不同的诉讼阶段和诉讼环节针对不同事项均可以提出意见。

一是在审查批准逮捕环节提出意见。第 88 条规定,检察院审查批准逮捕,可以听取辩护律师的意见;辩护律师提出要求的,应当听取辩护律师的意见。第 280 条规定,对未成年犯罪嫌疑人、被告人应当严格限制适用逮捕措施。检察院审查批准逮捕和法院决定逮捕,应当听取辩护律师的意见。

二是在审查起诉阶段提出意见。第 173 条规定,检察院审查案件,应听取辩护人的意见,辩护人提出书面意见的,应当附卷。犯罪嫌疑人认罪认罚的,检察院应当告知其享有的诉讼权利和认罪认罚的法律规定,听取辩护人对相关事项的意见,并记录在案。

三是在庭前会议环节提出意见。第 187 条规定,在开庭以前,审判人员可以召集公诉人、当事人和辩护人、诉讼代理人,对回避、出庭证人名单、非法证据排除等与审判相关的问题,了解情况,听取意见。

四是在一审、二审中提出意见。第 194 条、第 195 条、第 197 条、第 198 条、第 224 条等规定,一审中有辩护人的案件,无论是公诉案件还是自诉案件,无论适用的是普通程序、简易程序、速裁程序,听取辩护意见都是法院庭审的重要内容。即使是二审不开庭审理的案件,根据第 234 条第 2 款的规定,法院也应当听取辩护人的意见。

五是在死刑复核阶段提出意见。第 251 条规定,最高人民法院复核死刑案件,辩护律师提出要求的,应当听取辩护律师的意见。

总之,辩护人在审查逮捕、侦查、审查起诉、一审、二审以及死刑复核阶段都有提出意见的权利,至于提出意见的内容和形式,根据案件情况和所处诉讼阶段的不同会有所差异。

第三十九条 【辩护人会见、通信】辩护律师可以同在押的犯罪嫌疑人、被告人会见和通信。其他辩护人经人民法院、人民检察院许可,也可以同在押的犯罪嫌疑人、被告人会见和通信。

辩护律师持律师执业证书、律师事务所证明和委托书或者法律援助公函要求会见在押的犯罪嫌疑人、被告人的,看守所应当及时安排会见,至迟不得超过四十八小时。

危害国家安全犯罪、恐怖活动犯罪案件,在侦查期间辩护律师会见在押的犯罪嫌疑人,应当经侦查机关许可。上述案件,侦查机关应当事先通知看守所。

辩护律师会见在押的犯罪嫌疑人、被告人,可以了解案件有关情况,提供法律咨询等;自案件移送审查起诉之日起,可以向犯罪嫌疑人、被告人核实有关证据。辩护律师会见犯罪嫌疑人、被告人时不被监听。

辩护律师同被监视居住的犯罪嫌疑人、被告人会见、通信,适用第一款、第三款、第四款的规定

▶▶【历次修法条文对照】

1979年《刑事诉讼法》	1996年《刑事诉讼法》	2012年《刑事诉讼法》	2018年《刑事诉讼法》
第四章 辩护	第四章 辩护与代理	第四章 辩护与代理	第四章 辩护与代理
第29条:辩护律师可以查阅本案材料,了解案情,可以同在押的被告人会见和通信;其他的辩护人经过人民法院许可,也可以了解案情,同在押的被告人会见和通信。	第36条:辩护律师自人民检察院对案件审查起诉之日起,可以查阅、摘抄、复制本案的诉讼文书、技术性鉴定材料,可以同在押的犯罪嫌疑人会见和通信。其他辩护人经人民检察院许可,也可以查阅、摘抄、复制上述材	第37条:辩护律师可以同在押的犯罪嫌疑人、被告人会见和通信。其他辩护人经人民法院、人民检察院许可,也可以同在押的犯罪嫌疑人、被告人会见和通信。**辩护律师持律师执业证书、律师事务所证明和**	第39条:辩护律师可以同在押的犯罪嫌疑人、被告人会见和通信。其他辩护人经人民法院、人民检察院许可,也可以同在押的犯罪嫌疑人、被告人会见和通信。辩护律师持律师执业证书、律师事务所证明和

(续表)

1979年《刑事诉讼法》	1996年《刑事诉讼法》	2012年《刑事诉讼法》	2018年《刑事诉讼法》
第四章 辩护	第四章 辩护与代理	第四章 辩护与代理	第四章 辩护与代理
	料,同在押的犯罪嫌疑人会见和通信。 辩护律师自人民法院受理案件之日起,可以查阅、摘抄、复制本案所指控的犯罪事实的材料,可以同在押的被告人会见和通信。其他辩护人经人民法院许可,也可以查阅、摘抄、复制上述材料,同在押的被告人会见和通信。	委托书或者法律援助公函要求会见在押的犯罪嫌疑人、被告人的,看守所应当及时安排会见,至迟不得超过四十八小时。 危害国家安全犯罪、恐怖活动犯罪、特别重大贿赂犯罪案件,在侦查期间辩护律师会见在押的犯罪嫌疑人,应当经侦查机关许可。上述案件,侦查机关应当事先通知看守所。 辩护律师会见在押的犯罪嫌疑人、被告人,可以了解案件有关情况,提供法律咨询等;自案件移送审查起诉之日起,可以向犯罪嫌疑人、被告人核实有关证据。辩护律师会见犯罪嫌疑人、被告人时不被监听。 辩护律师同被监视居住的犯罪嫌疑人、被告人会见、通信,适用第一款、第三款、第四款的规定。	委托书或者法律援助公函要求会见在押的犯罪嫌疑人、被告人的,看守所应当及时安排会见,至迟不得超过四十八小时。 危害国家安全犯罪、恐怖活动犯罪、~~特别重大贿赂犯罪~~案件,在侦查期间辩护律师会见在押的犯罪嫌疑人,应当经侦查机关许可。上述案件,侦查机关应当事先通知看守所。 辩护律师会见在押的犯罪嫌疑人、被告人,可以了解案件有关情况,提供法律咨询等;自案件移送审查起诉之日起,可以向犯罪嫌疑人、被告人核实有关证据。辩护律师会见犯罪嫌疑人、被告人时不被监听。 辩护律师同被监视居住的犯罪嫌疑人、被告人会见、通信,适用第一款、第三款、第四款的规定。

▶▶【立法沿革】

本条是有关辩护人与在押的或被监视居住的犯罪嫌疑人、被告人会见与通信的规定。本条于1979年《刑事诉讼法》确立,在1996年、2012年和2018年三次修法时均有内容调整,其中2012年的修改幅度最大。

一、1979年《刑事诉讼法》对本条的确立

早在1979年《刑事诉讼法》确立之时,立法就对辩护人同在押的被告人会见和通信作出规定。第29条规定:"辩护律师可以查阅本案材料,了解案情,可以同在押的被告人会见和通信;其他的辩护人经过人民法院许可,也可以了解案情,同在押的被告人会见和通信。"只是当时规定的会见与通信局限于审判阶段,具体由辩护律师开展相关工作。

二、1996年《刑事诉讼法》对本条的修改

1996年,立法机关对刑事诉讼法作出第一次修改,修改后的《刑事诉讼法》第33条将委托辩护人的时间提前至审查起诉阶段,并在第96条规定犯罪嫌疑人在侦查阶段可以聘请律师为其提供法律咨询、代理申诉、控告。相应地,1996年《刑事诉讼法》在第36条也增加规定,辩护人在审查起诉阶段可以同在押的犯罪嫌疑人会见和通信,在第96条第2款中还规定,"受委托的律师……可以会见在押的犯罪嫌疑人,向犯罪嫌疑人了解有关案件情况。律师会见在押的犯罪嫌疑人,侦查机关根据案件情况和需要可以派员在场。涉及国家秘密的案件,律师会见在押的犯罪嫌疑人,应当经侦查机关批准"。至此,辩护人同在押的犯罪嫌疑人、被告人的会见和通信由审判阶段向前延伸至审查起诉阶段,以法律帮助者身份介入侦查阶段的律师也可以同在押的犯罪嫌疑人会见。

三、2012年《刑事诉讼法》对本条的修改

随着司法实践的深入推进。1996年《刑事诉讼法》的部分条款逐渐暴露出一些问题,急需修改完善。

(一)辩护人行使会见权存在的问题

依据1996年《刑事诉讼法》的规定,辩护人在实践中行使会见权存在一些问题。其中,以辩护律师在侦查阶段"会见难"的问题最为突

出,主要集中于两大方面。

一是"见不到"的问题。1996年《刑事诉讼法》第36条第2款规定,在侦查阶段,受委托的律师可以会见在押的犯罪嫌疑人,向犯罪嫌疑人了解有关案件情况,但如果是"涉及国家秘密的案件,律师会见在押的犯罪嫌疑人,应当经侦查机关批准"。刑事诉讼法规定的"涉及国家秘密的案件"一般应当理解为案情或案件性质涉及国家秘密的案件。[1] 但1996年《刑事诉讼法》实施后不久,公安部于1997年制定实施《关于律师在侦查阶段参与刑事诉讼活动的规定》(已失效),其中的第21条第2款将1996年《刑事诉讼法》第96条中的"国家秘密"扩张解释为"《中华人民共和国保守国家秘密法》第八条规定的情形和公安部、国家保密局就公安工作中规定的涉及国家秘密具体范围的有关事项"。照此理解,维护国家安全活动和追究刑事犯罪中的秘密事项都是国家秘密。公安机关立案侦查的所有案件都可能因有秘密事项而属于"涉及国家秘密的案件"。如此一来,公安机关针对任何一个正在侦查中的案件都能够以"涉及国家秘密"为由不批准律师介入侦查。这一解释显然存在问题,按照1996年《刑事诉讼法》第96条的立法精神,律师在侦查阶段会见犯罪嫌疑人不须批准是原则,须经批准才是例外。而公安机关的解释显然将原则与例外本末倒置,意在扩大自身权力以限制律师介入侦查后开展会见。针对这一错误的扩权解释,1998年《六机关规定》通过第9条予以纠正,即1996年《刑事诉讼法》第96条规定的"涉及国家秘密的案件",是指案情或者案件性质涉及国家秘密的案件,不能因刑事案件侦查过程中的有关材料和处理意见需保守秘密而作为涉及国家秘密的案件。至此,"涉及国家秘密的案件"的外延边界在一定程度上得以厘清,但实践中,侦查人员以案件涉及国家秘密为由随意对会见进行不合理限制,不批准律师会见犯罪嫌疑人的现象仍十分普遍。律师在侦查阶段"会见难""见不到"的问题一直没有得到彻底解决。

二是"无效会见"的问题。1996年《刑事诉讼法》实施后,虽然有不少律师通过积极努力争取到了在侦查阶段同在押犯罪嫌疑人会见的机

---

[1] 参见郎胜主编:《关于修改刑事诉讼法的决定释义》,中国法制出版社1996年版,第134页;中国政法大学刑事法律研究中心:《在京部分教授关于刑事诉讼法实施问题的若干建议》,载《政法论坛》1996年第6期,第34页。

会,但侦查机关常常对律师会见进行各种限制和约束,导致会见效果差,"无效会见"多。例如,有的地方的侦查机关限制会见的次数,仅允许律师在侦查阶段会见一次;有的控制会见的时长,要求律师一次会见不得超过一个小时;有的对会见交流的内容设定"禁区",不允许律师会见时谈案情;"有的采取录音、摄像等监控手段,使律师和犯罪嫌疑人无法正常的交谈"[1]。另外,1996年《刑事诉讼法》第96条第2款还规定,"律师会见在押的犯罪嫌疑人,侦查机关根据案件情况和需要可以派员在场"。由于有侦查人员在场,律师与犯罪嫌疑人的会见交流会被第三方知晓,不具私密性,还会受到一定程度的影响和干扰,犯罪嫌疑人自然会顾虑重重,不敢与律师充分、细致地交流案情,也不敢将自身合法权益遭受侵害的事实告知律师,导致律师无法全面知悉案情,合理、准确地设定辩护策略,制定辩护计划,开展有效辩护,也无法及时提出申诉、控告,最大限度地维护犯罪嫌疑人的合法权益。会见效果由此大打折扣,无效会见的情形普遍存在。

(二)面向实践问题的立法修改

针对"会见难"的实践痛点,2007年《律师法》第33条对律师会见犯罪嫌疑人、被告人作出调整,规定:"犯罪嫌疑人被侦查机关第一次讯问或者采取强制措施之日起,受委托的律师凭律师执业证书、律师事务所证明和委托书或者法律援助公函,有权会见犯罪嫌疑人、被告人并了解有关案件情况。律师会见犯罪嫌疑人、被告人,不被监听"。随后,2012年《刑事诉讼法》吸收了律师法的规定,对辩护人同在押的犯罪嫌疑人、被告人会见和通信的规定作出三方面修改,努力从立法层面破解"会见难"的现实问题。

一是破解实践中辩护律师在侦查阶段"见不到"犯罪嫌疑人的问题。首先,立法取消了一般案件辩护律师会见时的审批程序。2012年《刑事诉讼法》删除了律师在侦查阶段会见犯罪嫌疑人,若案件涉及国家秘密则须经侦查机关批准的旧有条款,并吸收律师法的相关规定,在第37条第2款规定辩护律师原则上持律师执业证书、律师事务所证明和委托书或者法律援助公函(简称"三证")可直接会见犯罪嫌疑人、被告人,无须办案机关许可和看守所审批。首先,这从规范层面上解决了长期以来司

---

[1] 黄太云:《刑事诉讼法修改释义》,载《人民检察》2012年第8期,第25页。

法实践中辩护律师在侦查阶段申请会见却审批受阻,"见不到"犯罪嫌疑人的问题。其次,为了防止看守所拖延安排会见时间,第 37 条第 2 款规定看守所对于辩护律师所持"三证"齐全的应及时安排会见,至迟不得超过 48 小时。最后,经反复研究,立法机关考虑到对于极少数案件,从维护国家安全、公共安全的实际情况出发,律师在侦查阶段会见犯罪嫌疑人,还是有必要先经侦查机关许可。故第 37 条第 3 款规定,"危害国家安全犯罪、恐怖活动犯罪、特别重大贿赂犯罪案件,在侦查期间辩护律师会见在押的犯罪嫌疑人,应当经侦查机关许可"。但这种经许可会见的情形仅发生在侦查阶段,若三类案件被移送审查起诉,辩护律师会见犯罪嫌疑人、被告人都无须办案机关许可。

二是解决实践中"无效会见"的问题。首先,2012 年《刑事诉讼法》第 37 条第 1 款对辩护人在侦查、审查起诉和审判阶段同在押的犯罪嫌疑人、被告人的会见和通信作出统一规定,取消了不同诉讼阶段在会见权上的差异化对待。"该条款的诞生,明示了辩护人在任何诉讼阶段的会见权利,不应因为所处阶段而受到时间、次数等限制,更不能因此被无故剥夺。"[1]其次,第 37 条第 4 款规定了辩护律师自侦查阶段就可以同犯罪嫌疑人谈案情,自案件移送审查起诉之日起就可以向犯罪嫌疑人、被告人核实有关证据。这就以立法的方式破除了以往办案机关任意设定的辩护人在会见时不能谈案情,不能核实证据的种种限制,不仅可以消除辩护律师的办案顾虑,也能在一定程度上保护其执业利益,最大限度地避免了会见的"空洞化""形式化"。最后且尤为重要的是,第 37 条第 4 款还规定了辩护律师会见犯罪嫌疑人、被告人时不被监听,这一规定有力保障了辩护律师与犯罪嫌疑人、被告人会见的秘密性和单独性,有利于彼此建立信任关系,有利于排除外来因素对会见的干扰,确保了会见交流的充分性、自由性和彻底性,对于提高辩护质量,避免"无效会见"意义重大。

三是增加了辩护人与被监视居住的犯罪嫌疑人、被告人会见、通信的规定。2012 年《刑事诉讼法》对监视居住措施进行改造,规定除监视居住可以在住处执行外,增加指定居所监视居住这一新的执行方式。有学者分析指出,指定居所监视居住事实上是一种独立的强制措施种类,已成为

---

[1] 陈卫东主编:《2012 刑事诉讼法修改条文理解与适用》,中国法制出版社 2012 年版,第 27 页。

介于羁押与非羁押之间的,但可能更接近羁押的强制措施,实质上是一种"准羁押"措施[1]。考虑到监视居住的特殊情形,2012年《刑事诉讼法》新增辩护人同被监视居住的犯罪嫌疑人、被告人会见、通信的条款,具体执行参照辩护人同在押犯罪嫌疑人、被告人会见、通信的相关规定。

四、2018年《刑事诉讼法》对本条的修改

刑事诉讼法在2018年作出第三次修正,由于新增条文的缘故,2012年《刑事诉讼法》第37条被调整至第39条。同时,立法对第39条第3款的内容作出修改,删除"特别重大贿赂犯罪案件"的表述。作出这一修改,主要是为了与监察法的规定相衔接,也是与2018年《刑事诉讼法》第19条第2款对检察院立案侦查的案件范围作出的调整相协调。2018年3月,第十三届全国人民代表大会第一次会议通过的监察法中规定,监察委员会对涉嫌贪污贿赂、失职渎职等职务违法和职务犯罪进行调查。对贪污贿赂犯罪的调查程序适用监察法的规定。与之相衔接,2018年《刑事诉讼法》删去了检察院对贪污贿赂等案件行使立案侦查权的规定。在刑事诉讼中,不再有检察院对贿赂犯罪案件进行侦查的情形。对"特别重大贿赂犯罪案件"的查办不再属于侦查程序,而是属于监察调查程序。这样一来,特别重大贿赂犯罪案件在监察调查阶段是否允许律师会见的决定权自然就不再属于侦查机关。

▶▶【**法条注解**】

本条是关于辩护人会见和通信的规定。在大陆法系国家和地区,辩护人同在押的犯罪嫌疑人、被告人会见和通信权被统称为交通权(Kontaktrecht)。"交通权是法治程序必须保障的辩护权利,鉴于辩护人与被告特殊的信赖关系,辩护人若与被告无法自由沟通,也就难以完成实质有效辩护目的。因此,在整个刑事诉讼程序,原则上必须保障辩护人与被告之间不受监察、干扰或阻碍的交通权,这对于人身自由受到拘束的羁押被告

---

[1] 参见左卫民:《指定监视居住的制度性思考》,载《法商研究》2012年第3期,第34页。

而言,尤其重要,毕竟其仅能以接见、通信的方式与律师联系。"[1] "通过会见在押的犯罪嫌疑人、被告人,辩护人可以为犯罪嫌疑人提供法律帮助,了解案情,并根据案情和案件的证据情况等准备辩护意见,同时,辩护人也可以了解犯罪嫌疑人、被告人对案件的辩护意见和其诉讼权利是否存在受到侵犯的情况等。因此,辩护人会见在押的犯罪嫌疑人、被告人,是辩护人履行其职责的重要的基础性的工作,对于提高辩护质量和保证案件的公正处理,都具有重要的意义。"[2]

一、关于辩护人与犯罪嫌疑人、被告人会见和通信的一般规定

本条第1款是关于辩护律师和其他辩护人同在押的犯罪嫌疑人、被告人会见和通信的一般性规定。

(一)会见权

1. 刑事诉讼法中的会见权是辩护人的固有权利

会见权在我国是辩护人[3]的固有权利,因辩护人特有的诉讼地位和角色身份而取得,为辩护人专有,并非犯罪嫌疑人、被告人的固有权利。

不少研究者和辩护律师都认为刑事诉讼法中规定的会见权既是辩护人的权利,更是犯罪嫌疑人、被告人的权利。一方面,辩护人是保障犯罪嫌疑人、被告人合法权益下的产物,无犯罪嫌疑人、被告人即无辩护人。辩护人拥有的辩护权源于犯罪嫌疑人、被告人的辩护权,所以,辩护人所享有的会见权理应及于犯罪嫌疑人、被告人,两者拥有同等的诉讼权利。另一方面,会见是双方合意下的行为。辩护人有权会见,但如果没有犯罪嫌疑人、被告人的同意与配合,会见最终无法实现。那么,会见权到底是谁的权利呢?

(1)会见权的性质

不得不承认,会见的确是双方合意下的行为。犯罪嫌疑人、被告人委托辩护人,大都会概括授意同意与辩护人会见,所以,委托辩护中的会见

---

[1] 林钰雄:《刑事诉讼法》(上册),新学林出版股份有限公司2019年版,第240页。

[2] 李寿伟主编:《中华人民共和国刑事诉讼法解读》,中国法制出版社2018年版,第90—91页。

[3] 2018年《刑事诉讼法》及相关司法解释规定,值班律师有会见权。

不会出现犯罪嫌疑人、被告人不配合的情形,实践中可能会出问题的是法律援助辩护中的会见。例如,犯罪嫌疑人在侦查阶段被羁押,放弃委托辩护律师,但因是盲、聋、哑人,又或者是可能被判处无期徒刑、死刑的人,依法必须为其配备法律援助律师。如果法律援助律师去看守所会见,但犯罪嫌疑人拒绝,就会出现会见权无法实际行使的情况。从这个角度看,会见权似乎不是辩护人的固有权利。但如果按照上述逻辑反向思考,会见权也不是犯罪嫌疑人、被告人的权利。首先,从立法层面看,法律没有明确规定;其次,从实践层面看,被羁押的犯罪嫌疑人、被告人提出会见要求的,看守所也不是必须转达并记录在案;最后,辩护人也有对犯罪嫌疑人、被告人过于频繁的会见要求加以拒绝的权利。综上,对于刑事诉讼法中规定的会见权的理解应当跳出"辩护人——犯罪嫌疑人、被告人"的私权范式与内部视角,转向外部视角,将会见置于个人权利与国家权力的互动关系框架中去考察,将辩护人的会见权定位为个人行使的一种不受国家公权力机关无端干涉或阻碍的权利。辩护人的会见权可理解为"辩护人有会见的自由,公权力机关不得干涉阻碍",而非"辩护人有会见的自由,犯罪嫌疑人、被告人必须配合服从"。总之,刑事诉讼法论及的辩护人的会见权是对公权力机关而言的,是一种"对公权",即对抗公权力不法干涉或阻碍的权利,包括辩护人提出会见要求,办案机关不得无端阻碍、刁难;会见过程中,辩护人与犯罪嫌疑人、被告人之间的沟通交流不受干涉或监听。

(2)犯罪嫌疑人、被告人是否应被赋予会见权

值得进一步思考的是,在个人权利与国家权力的互动关系框架中,犯罪嫌疑人、被告人是否也拥有与辩护人同等的会见权呢?在日本,答案是肯定的。"《刑事诉讼法》把会见权同时规定为犯罪嫌疑人的权利(第39条第1款)。犯罪嫌疑人希望与辩护人会见时,这种权利将受到保障。犯罪嫌疑人希望会见时,需要通过侦查人员转达给辩护人,辩护人如果不能立即会见时,应当考虑允许用电话等方式进行联系。"[1]然而,从我国的立法与实践看,答案却是否定的。那么接下来的问题是,立法有没有必要赋予犯罪嫌疑人、被告人跟辩护律师同等的会见权呢?举例而言,在普通

---

[1] [日]田口守一:《刑事诉讼法(第七版)》,张凌、于秀峰译,法律出版社2019年版,第182—183页。

刑事案件中,犯罪嫌疑人在侦查阶段向看守所提出会见要求,看守所或者侦查机关是不是无须审查便可直接通知辩护律师,后者只要同意,看守所就应在 48 小时内安排会见呢? 本评注认为,即使从立法的视角出发,我国当下作出这样的规定也并不妥当。首先,辩护律师有着专业的法律素养和业务水平,他们的会见多是必要的、有现实意义的。但是犯罪嫌疑人、被告人一方的会见要求并非都是理性的。[1] 频繁的、没有实际意义的聊天式、安慰式会见在实践中并不鲜见,如果不对此加以限制,看守所一律通知或安排既是对会见资源的浪费,还会侵犯到其他辩护人与犯罪嫌疑人、被告人之间的会见权。日本学者还指出:"如果频繁地要求会见,导致讯问无法进行时,作为例外,可以行使会见指定权"[2],对会见作出一定的限制。可能会有观点认为,犯罪嫌疑人、被告人的会见要有辩护人的配合,毕竟会见是两个人的事,律师也有其他案件和日常工作,犯罪嫌疑人、被告人的不理性会见可以通过辩护人这边的选择性同意会见进行理性调节。但实际情况是,作为接受委托的辩护人对于犯罪嫌疑人、被告人的会见要求基本都会努力配合,而且有的辩护人与委托人的会见是有次数约定的,超过约定次数会加收费用。从经济效益考虑,辩护人也会尽量满足委托人的会见要求。所以,对于犯罪嫌疑人、被告人非理性的、频繁的会见申请,靠辩护人单方的调节还是不够,需要对犯罪嫌疑人、被告人的会见(权)作出一定的限制。如何限制? 简单地说就是不应将辩护律师的会见权视为犯罪嫌疑人、被告人的会见权,也不应将两者的权利内容完全等同。但是,可以考虑将犯罪嫌疑人、被告人的会见权比照律

---

[1] 从实践来看,犯罪嫌疑人、被告人主动提出会见要求的情形包括:1.认罪认罚的态度转变,例如之前不认罪认罚现在想认罪认罚了,需要就认罪认罚的法律后果,如"认"与"不认"的刑期差别等了解情况;2.有新情况的发生,如检察官或者法官提审,提审中谈及案件新情况,犯罪嫌疑人、被告人不知如何应对或者不知情况对案件的影响,需要咨询;3.对自己的案件有了新看法;4.关心家里或者其他情况,比如遇到了爱人分娩或家属病危等特殊时点,还比如自己经营的公司需要定期汇报作出决定等;5.在看守所里的钱快用完,或缺少生活用品、医疗用品,希望与辩护人会见告知家属存钱或者送衣、送药等。除上述情形外,实践中不排除犯罪嫌疑人、被告人希望频繁与辩护人会见排解焦虑情绪的情况。这种会见有人称为"安慰式会见",对案件诉讼的实际意义有限。

[2] [日]田口守一:《刑事诉讼法(第七版)》,张凌、于秀峰译,法律出版社 2019 年版,第 186 页。

师以外其他辩护人的会见权对待,犯罪嫌疑人、被告人有申请会见的权利,看守所接到申请都应当接受,书面记录在案后立即对会见理由进行审查,理由合理的,应当通知辩护人。至于是否会见,由辩护人决定,再由看守所安排。

综上,立法规定的辩护人的会见权不能直接及于犯罪嫌疑人、被告人的会见权。但理论上可以强化犯罪嫌疑人、被告人会见的主动性,赋予其会见申请权。这是对犯罪嫌疑人、被告人会见权的保障维护与避免滥用之间权衡利弊后能够得出的最优方案。需要注意的是,如果上述论证成立,那么赋予犯罪嫌疑人、被告人会见申请权并不需要在立法上作出规定或修订,完全可以运用法解释学方法从辩护人行使会见权的条款中解释出该项申请权,然后通过司法解释或规范性文件加以明确。具体的解释路径是:辩护人启动会见权既可以是主动为之,也可以是犯罪嫌疑人、被告人提出要求,由看守所通知辩护人后作出。既然法律已经赋予辩护人会见权,那就要同时给于他拥有启动会见的各种机会和全面的信息来源,这其中就包括畅通犯罪嫌疑人、被告人提出会见申请的信息渠道。从这个角度看,会见权仍然是辩护人的固有权利,赋予犯罪嫌疑人、被告人申请会见权是充分保障辩护人会见权的应有之义。

2. 对会见权的规定以犯罪嫌疑人、被告人受羁押或监视居住为前提

本条规定的有关辩护人的会见主要指的是犯罪嫌疑人、被告人被羁押或被监视居住下的会见。在司法实践中,犯罪嫌疑人、被告人的人身自由常常被国家专门机关限制或剥夺,在拘留或逮捕后被羁押。辩护人要与他们会见交流,中间就隔着国家专门机关,会受到一定的影响和制约,由此衍生出"会见难"的问题。为了解决这一问题,刑事诉讼法对辩护人的会见作出专门规定。另外,2012年《刑事诉讼法》对监视居住措施进行改造,增加指定居所监视居住这一新的执行方式。由于指定居所监视居住的强制性高,具有一定的准羁押性质,考虑到这一特殊情形,当时的刑事诉讼法增加了犯罪嫌疑人、被告人在被监视居住状态下有关辩护人会见的规定。总之,刑事诉讼法涉及辩护人会见的规定主要是以犯罪嫌疑人、被告人被羁押或被采取监视居住为前提,至于在取保候审或未被采取强制措施下的会见,国家的公权力机关并未有实质介入,实践中也不存在太大障碍,故立法未予论及。这点在我国台湾地区已是共识。"本条仅以辩护人对人身自由受拘束之被告或犯罪嫌疑人之接见或互通书信

为规范内涵,至于人身自由未受拘束之被告或犯罪嫌疑人,辩护人得与之自由接见或互通书信,而无本条之适用,自属当然。"[1]

3. 辩护律师和其他辩护人有权会见的起始时间和阶段不同

根据《刑事诉讼法》第 34 条的规定,犯罪嫌疑人自被侦查机关第一次讯问或采取强制措施之日起即可委托辩护人,侦查期间委托的辩护人只能是辩护律师。结合本条规定,既然辩护律师在侦查阶段即可介入,当然可行使会见权。其他辩护人由于无法介入侦查程序,只能自检察院对案件审查起诉之日起行使会见权。所以,第 39 条第 1 款规定的是"其他辩护人经人民法院、人民检察院许可,也可以同在押的犯罪嫌疑人、被告人会见",这其中并未有"公安机关许可"的措辞,原因即在于此。

(二)通信权

根据前文分析,辩护人的通信权也是以犯罪嫌疑人、被告人被羁押或被采取监视居住为前提,辩护律师和其他辩护人有权通信交流的起始时间和阶段也不同,辩护律师在侦查阶段即可与犯罪嫌疑人通信,其他辩护人则是待案件移送审查起诉后才可与犯罪嫌疑人、被告人通信。

与辩护人的会见权不同,通信权不是辩护人的固有权利,犯罪嫌疑人、被告人也可以主动与辩护人通信。通信对于辩护人和犯罪嫌疑人、被告人而言是相互的,是双方都享有的权利,可称为互通书信的权利。通信一般指相互之间交换信件,用书信交流、传递信息和情况。随着现代社会的发展,通信的媒介或方式发生了变化,除了传统的书信,还有其他方式。例如,2022 年"两高两部"《取保候审规定》第 8 条第 2 款中就指出,"通信"包括以信件、短信、电子邮件、通话,通过网络平台或者网络应用服务交流信息等各种方式直接或者间接通信。本条中的"通信"可参照上述规定进行解释,从而最大限度地保障辩护人与犯罪嫌疑人、被告人之间信息交流的畅通。

二、关于辩护人会见的要求、审批程序以及看守所的会见安排

本条第 2 款是关于辩护律师同在押的犯罪嫌疑人、被告人会见的要求和安排程序的规定。第 3 款是关于特定案件辩护律师会见时需经侦查

---

[1] 林钰雄、王士帆主编:《刑事诉讼法》,新学林出版股份有限公司 2018 年版,第 A-62 页。

机关许可的规定。由于两款规定联系紧密,从体系解释的角度出发,本评注合并作出解读。

(一)辩护人会见的要求和审批程序

结合本条前三款的规定,本条根据辩护人的来源不同,就辩护律师和其他辩护人会见的要求和审批程序作出不同规定。

1. 辩护律师会见的要求和审批程序

根据本条第2款的规定,辩护律师到看守所会见在押的犯罪嫌疑人、被告人一般不须经公检法机关以及看守所的许可或批准,只须持律师执业证书、律师事务所证明和委托书或者法律援助公函[1],"三证"齐全即可会见。但结合第3款的规定,还有两点特殊情形值得注意。

一是在特定案件中,辩护律师在侦查阶段与在押、被监视居住的犯罪嫌疑人的会见有例外要求。如果犯罪嫌疑人涉嫌危害国家安全犯罪、恐怖活动犯罪,辩护律师在侦查阶段要求会见的,除持"三证"外,还要经侦查机关的许可。对于这两类案件,侦查机关也应事先通知看守所。"因为看守所不是负责案件侦查的部门,对于案件是否属于上述两类犯罪案件不一定清楚。根据这一规定,侦查机关在拘留、逮捕上述两类案件的犯罪嫌疑人后,应当在送交看守所羁押的同时将这一情况通知看守所,在侦查过程中发现犯罪嫌疑人还涉嫌上述两类案件时,也应当及时通知看守所。看守所接到通知后,对于上述两类案件的犯罪嫌疑人,在辩护律师要求会见时,如果辩护律师没有得到侦查机关的许可,看守所不得安排会见。"[2]但诚如本条所规定,辩护律师须经侦查机关许可才能会见的情形只限于"侦查期间",一旦案件被移送检察院审查起诉,辩护律师只须持"三证"即可会见,不需要再经检察院或法院的许可。至于职务犯罪案件,前期是由监察机关负责调查,包括律师在内的所有辩护人均不能介入监察程序,只有待案件被移送审查起诉后方能介入,与犯罪嫌疑人、被告人会见。

二是辩护律师在侦查阶段会见在押的犯罪嫌疑人要经侦查机关的许可。这里的"侦查机关"因侦办案件的不同使得具体的机关也不同。详

---

[1] 辩护人如果是接受委托辩护的,须携带律师执业证书、律师事务所证明和委托书,如果是法律援助指派的,须持律师执业证书、律师事务所证明和法律援助公函。

[2] 王爱立、雷建斌:《刑事诉讼法立法精解》,中国检察出版社2019年版,第71页。

言之,犯罪嫌疑人涉嫌危害国家安全犯罪的,辩护律师会见要经国家安全机关许可;如果犯罪嫌疑人涉嫌恐怖活动犯罪的,辩护律师会见要经公安机关许可。

2. 律师以外其他辩护人会见的要求和审批程序

根据本条第1款的规定,由于律师以外的其他辩护人不能介入侦查程序,他们无法在侦查阶段行使会见权,只能在审查起诉或审判阶段会见犯罪嫌疑人、被告人。所以,无论犯罪嫌疑人、被告人涉嫌的是危害国家安全犯罪、恐怖活动犯罪,还是其他类型的犯罪,辩护人会见在押的、被监视居住的犯罪嫌疑人、被告人都要经检察院、法院的许可。

(二)有关会见的安排程序

本条第2款规定,辩护律师持"三证","要求会见在押的犯罪嫌疑人、被告人的,看守所应当及时安排会见,至迟不得超过四十八小时"。其中,看守所应"及时安排会见"的规定具有一定的操作弹性。"及时"不是当下、立刻就安排辩护人见到犯罪嫌疑人、被告人。因为有时辩护人到看守所提交会见手续,出示有关证件后要求会见的,恰好犯罪嫌疑人、被告人正在被办案机关讯问,也可能会见室正被其他(会见)辩护律师所占用,马上会见并不现实,须由看守所统一安排。所以,法律用"及时"作出相对灵活的规定,但这一灵活规定并非毫无原则,而是有"至迟不得超过四十八小时"的上限。简言之,辩护人到看守所会见犯罪嫌疑人、被告人,符合会见条件的,看守所在一般情况下应立即允许律师会见,如果有上述不能立即会见的特殊情况,要立即作出会见安排,并将会见的具体时间告知律师。

2012年《刑事诉讼法》修订后不久,理论界和实务部门对于如何理解"至迟不得超过四十八小时"曾有争论。"有的认为,这是会见的时间要求,即律师在四十八小时内见到犯罪嫌疑人、被告人;有的认为,这是看守所安排会见的时间要求,即看守所在四十八小时内予以安排。"[1]为了明确这一问题,确保辩护律师及时见到犯罪嫌疑人、被告人,维护他们的合法权利,《六机关规定》第7条作出统一规定,刑事诉讼法中的"看守所

---

[1] 王尚新主编:《最高人民法院、最高人民检察院、公安部、国家安全部、司法部、全国人大常委会法制工作委员会〈关于实施刑事诉讼法若干问题的规定〉解读》,中国法制出版社2013年版,第38页。

应当及时安排会见,至迟不得超过四十八小时"是指看守所安排的会见应当"保证辩护律师在四十八小时以内见到在押的犯罪嫌疑人、被告人,"而非仅是在四十八小时内作出安排。换言之,看守所应当保证辩护律师在提出要求后的四十八小时以内见到犯罪嫌疑人、被告人。当然,对于看守所来说,辩护律师提出会见要求的,应当尽可能不迟延地安排会见,而不是每次都要在接近四十八小时的时候才安排辩护律师见到犯罪嫌疑人、被告人。申言之,看守所不仅要为侦查机关办案提供便利、创造条件,也应当积极为辩护律师会见犯罪嫌疑人、被告人提供各项保障,确保辩护权的充分行使以及刑事诉讼法的有效实施。

三、辩护律师的会见职责以及会见时不被监听

本条第4款是关于辩护律师同在押的犯罪嫌疑人、被告人会见时的职责及会见不被监听的规定。

(一)辩护律师的会见职责

辩护律师会见在押的犯罪嫌疑人、被告人时有三项职责。

一是了解案件有关情况,主要是听取犯罪嫌疑人、被告人对案件的陈述和辩解,判断涉罪案件的性质和情节,确定辩护方向。

二是提供法律咨询,主要是针对犯罪嫌疑人提出的相关法律问题作出专业性的回答和解释,帮助犯罪嫌疑人了解有关法律规定,讲解有关法律程序,告知犯罪嫌疑人享有的各项诉讼权利以及可能承担的相关法律责任等。

三是自案件移送审查起诉之日起,可以向犯罪嫌疑人、被告人核实有关证据。"之所以规定辩护律师从审查起诉阶段才可以向犯罪嫌疑人、被告人核实有关证据,主要是考虑这时案件已经侦查终结,案件事实已经查清,主要证据已经固定,辩护律师核实证据不致影响侦查活动的正常进行。"[1]

(二)会见时不被监听

第4款除了规定辩护律师在会见时的职责,还吸收了2007年《律师法》第33条的规定,明确辩护律师会见犯罪嫌疑人、被告人时不被监听。

---

[1] 李寿伟主编:《中华人民共和国刑事诉讼法解读》,中国法制出版社2018年版,第96页。

辩护律师会见时"不被监听"包含两方面的含义。

一方面,只有确保辩护律师会见犯罪嫌疑人、被告人时不被监听,才能保证辩护律师与犯罪嫌疑人、被告人之间会见的私密性,交流的自由性和充分性,从而提升辩护质量。2012年《刑事诉讼法》修订后不久,实务部门就对"监听"一词的理解产生了分歧。公安部门的同志曾将"监听"解释为"不通过设备监听"。言外之意是允许"人在场监听"。[1] 这一解释虽然对侦查机关发现线索、深挖余罪、防止串供有一定的积极作用,但本质上仍延续了1996年《刑事诉讼法》第96条规定的侦查机关可以在会见时派员在场的做法,属于"新瓶装旧酒",与修法初衷和立法精神背道而驰。立法机关在2012年对刑事诉讼法"辩护与代理"一章作出修订的主要目的是完善辩护制度,保障辩护权的充分行使,解决律师的"三难"问题。以"会见难"为例,1996年《刑事诉讼法》第96条规定,在侦查阶段,"律师会见在押的犯罪嫌疑人,侦查机关根据案件情况和需要可派员在场"。这一规定在司法实践中严重限制了律师与犯罪嫌疑人会见的有效性。因为有侦查人员在场,就能听到律师会见时的谈话内容,犯罪嫌疑人自然会顾虑重重,不敢对律师吐露实情。由于无法与律师充分交换信息,会见徒具形式。有鉴于此,立法机关在2012年修法时增加会见时"不被监听"的条款,目的就是充分保障辩护律师与犯罪嫌疑人之间谈话的私密性,不为第三方知悉。所以,对"不被监听"正确的解释是"包括有关机关不得派员在场,不得通过任何方式监听律师会见时的谈话内容,也不得对律师会见进行秘密录音"。[2] 为了纠正部分机关对"监听"的曲意解释,避免辩护律师在会见时遭遇不当干扰和影响,刑事诉讼法在2012年修订后不久,同年由公安部制定的2012年《公安规定》第52条第1款中明确指出:"辩护律师会见犯罪嫌疑人时,公安机关不得监听,不得派员在场"。

另一方面,为了维护看守所的管理秩序,如避免刀具、枪支等危险物品和毒品等违禁品流入看守所,发挥羁押对刑事诉讼顺利进行的保障作用,如防止共犯经由律师作为串供的媒介,也不能一概排除对辩护律师会

---

[1] 参见王丽丽、孟澍菲:《新律师法:叫好之后还有隐忧》,载《检察日报》2008年1月22日,第6版。

[2] 郎胜主编:《〈中华人民共和国刑事诉讼法〉修改与适用》,新华出版社2012年版,第95页。

见和通信的限制。所以,本条第 4 款虽规定辩护律师在会见时不被监听,但并未禁止有关机关对会见过程进行必要的监视,但这种监视不能影响律师与犯罪嫌疑人、被告人谈话内容的保密性。该会见限制规则被称为"监看而不与闻"规则。"为免利用接见机会而不当授受或夹带违禁品等不法事端发生,管制措施容许监看(有影无声),但任何与闻接见商议内容的措施,无论是由监所人员在场听闻或予以录音存证,原则上皆在禁止之列。"[1]

四、辩护律师同被监视居住的犯罪嫌疑人、被告人会见和通信

本条第 5 款是关于辩护律师同被监视居住的犯罪嫌疑人、被告人会见和通信的规定。

1996 年《刑事诉讼法》只对辩护律师会见在押的犯罪嫌疑人、被告人作出规定,因为未被羁押的犯罪嫌疑人、被告人的人身自由未受到限制,辩护律师可以随时会见。但 2012 年《刑事诉讼法》调整了监视居住措施的功能定位,对被监视居住人的监管程度更趋严格,如《刑事诉讼法》第 77 条规定,被监视居住的犯罪嫌疑人、被告人未经执行机关批准不得会见他人或者通信;第 78 条规定,执行机关在侦查期间,可以对被监视居住的犯罪嫌疑人的通信进行监控;第 75 条还规定了指定居所监视居住这类特殊的执行方式,导致指定居所监视居住具有了"准羁押"性质。综上,有必要对辩护律师如何同被监视居住的犯罪嫌疑人、被告人会见、通信作出明确规定。

根据本条第 5 款的规定,辩护律师同被监视居住的犯罪嫌疑人、被告人会见、通信,适用本条第 1 款、第 3 款、第 4 款的规定。

对应本条第 1 款的规定,辩护律师可以同被监视居住的犯罪嫌疑人、被告人会见和通信。

对应本条第 3 款的规定,除危害国家安全犯罪、恐怖活动犯罪案件,在侦查期间辩护律师会见被监视居住的犯罪嫌疑人应当经侦查机关许可外,辩护律师会见被监视居住的犯罪嫌疑人、被告人不须经侦查机关或其他机关许可或者批准。需要着重关注的是,结合《刑事诉讼法》第 77

---

[1] 林钰雄:《刑事诉讼法》(上册),新学林出版股份有限公司 2019 年版,第 241 页。

条第1款第2项中被监视居住的犯罪嫌疑人、被告人"未经执行机关批准不得会见他人或者通信"的规定可以得出如下结论：

　　首先，辩护律师会见被监视居住的犯罪嫌疑人、被告人时无须经执行机关——一般是公安机关——的批准。运用当然解释的方法，既然辩护律师持"三证"会见在押的犯罪嫌疑人、被告人时都不需要执行机关——也就是看守所——的批准，举重以明轻，那么当犯罪嫌疑人、被告人被采取强制性更低的监视居住措施时，辩护律师会见犯罪嫌疑人、被告人就更不需要执行机关的批准了。其次，如果在侦查期间，犯罪嫌疑人涉嫌危害国家安全犯罪、恐怖活动犯罪被监视居住的，辩护律师会见时还是要经侦查机关——国家安全机关或公安机关，而非执行机关——的许可。最后，律师以外的其他辩护人在审查起诉阶段或审判阶段会见被监视居住的犯罪嫌疑人、被告人的，须经检察院、法院许可，无须执行机关批准。

　　对应本条第4款的规定，辩护律师会见被监视居住的犯罪嫌疑人、被告人，可以了解有关案件情况，提供法律咨询等；自案件移送审查起诉之日起，可以向犯罪嫌疑人、被告人核实有关证据。辩护律师会见被监视居住的犯罪嫌疑人、被告人时不被监听。

▶▶▶【法条评点】

一、本条对其他辩护人有关会见的程序和相关权利未予明确

　　虽然本条第1款规定了辩护律师和其他辩护人都可以同在押的犯罪嫌疑人、被告人会见和通信，但第2款、第3款、第4款和第5款规定的行为主体均为辩护律师，其他辩护人行使会见权是否适用这四款规定呢？细究下来，由于律师以外的其他辩护人能够介入刑事诉讼的起点为案件移送审查起诉之日起，不可能在侦查期间与犯罪嫌疑人会见和通信，所以其他辩护人不适用本条第3款的规定。另外，因为其他辩护人不具备律师身份，也不可能根据第2款第1句话的规定，持"三证"会见犯罪嫌疑人、被告人。但是，经检察院、法院的许可，其他辩护人会见在押的犯罪嫌疑人、被告人的，看守所是否也应当及时安排会见，至迟不得超过四十八小时呢？依据第4款的规定，其他辩护人会见时是否也可以了解案情，提供法律咨询，核实有关证据，在会见时不被监听呢？另外，其他辩护人是否还可以依据第5款的规定同被监视居住的犯罪嫌疑人、被告人会

见和通信呢？这些疑问在本条中都没有给出明确回应。

本评注认为,本条第1款是辩护律师以及其他辩护人同在押犯罪嫌疑人、被告人会见和通信的一般性规定,应当统摄后四款,且不同条款间应有所呼应。针对上述问题,其他辩护人行使相关权利可以参照适用本条中对辩护律师有关会见权的规定。当然,为了避免实践中办案机关以"于法无据"为由,限制其他辩护人在同犯罪嫌疑人、被告人会见时了解案情、核实证据的权利,又或者在其他辩护人会见时进行录音录像,违反会见不被监听的规定,还是有必要通过司法解释或规范性文件加以明确。

二、辩护律师同被监视居住的犯罪嫌疑人、被告人会见是否适用本条第2款的规定？

本条第5款明确规定,"辩护律师同被监视居住的犯罪嫌疑人、被告人会见、通信,适用第一款、第三款、第四款的规定"。需要追问的是,如果辩护律师会见被监视居住的犯罪嫌疑人、被告人,执行机关是否适用"应当及时安排会见,至迟不得超过四十八小时"的规定呢？这一问题其实对于犯罪嫌疑人、被告人被采取在住处监视居住的情形影响不大,但是在犯罪嫌疑人、被告人被采取指定居所监视居住的案件中则较为突出。在后一种情形中,首先就是辩护律师无法获知犯罪嫌疑人、被告人被采取监视居住的地点,然后就是在获知地点后,办案机关常常通过各种方式阻挠、限制律师会见。其中一种方式就是不及时安排会见,以四十八小时安排会见是针对在押的犯罪嫌疑人、被告人,是看守所的义务,而非指定居所监视居住执行机关的义务加以搪塞。除此以外,一些地方安排会见时,还将会见地点安排在公安机关办案区的审讯室,进行录音录像,侵犯律师会见不被监听的权利。

总之,指定居所监视居住的适用已经成为实践中阻碍辩护律师行使会见权的"顽疾",亟待重视,同时在立法层面要加以回应和解决。

三、辩护律师核实证据权的性质和范围

2012年《刑事诉讼法》增加了辩护律师在案件移送审查起诉之日起可以向犯罪嫌疑人、被告人核实有关证据的规定。该条款甫一出台,即引发广泛讨论。有研究者认为这是变相赋予了犯罪嫌疑人、被告人阅

卷权。[1] 有的则认为应当严格限制辩护律师核实证据的类型、范围和方式。[2] 围绕这些争论形成了一大批研究成果。本书对这些成果梳理后总结出如下问题,同时提出相应观点和问题破解方案。

(一)核实证据权是辩护律师的固有权利

核实有关证据是辩护律师的固有权利,并非及于犯罪嫌疑人、被告人,更不应将其解读为立法变相赋予了犯罪嫌疑人、被告人阅卷权。

首先,从法解释学的视角出发,本条第4款规定:"辩护律师……自案件移送审查起诉之日起,可以向犯罪嫌疑人、被告人核实有关证据"。从条文结构看,本款核实有关证据的行为主体是辩护律师,不是其他辩护人,也不是犯罪嫌疑人、被告人。犯罪嫌疑人、被告人只是辩护律师核实有关证据的对象、媒介。对本款规定稍作文义解释后就会发现,核实有关证据是辩护律师在会见时所能行使的专有诉讼权利,不应扩大适用于他人。

其次,从功能主义的视角出发,立法赋予辩护律师会见时核实证据权的根本目的是让辩护律师更好地行使辩护权,提升辩护质量。刑事诉讼法赋予了辩护律师阅卷权,辩护律师在阅卷过程中通过在案证据的审查和比较,会发现证据之间的矛盾和案件中的疑点,还可能发现侵害犯罪嫌疑人、被告人合法权益的线索等蛛丝马迹。针对这些问题,辩护律师在会见犯罪嫌疑人、被告人时都可以核实确认,这对于接下来选择辩护方向、制定辩护策略、撰写辩护意见都十分重要。阅卷、与犯罪嫌疑人、被告人会见交流,再核实有关证据,都是辩护律师开展有效辩护的前提和基础,这对于有专业能力和法律素养的辩护律师来说意义重大。所以,立法赋予辩护律师核实证据的权利是保障他们充分履行辩护职责的应有之义,并未涉及其他考量。

最后,从有关辩护权的法理教义出发,根据辩护人在诉讼中权利的来源不同可以将辩护人的权利分为"固有权利"(原有权利或原始权利)和"继受权利"(传来权利)。[3] "固有权乃基于辩护人之地位而赋予之权

---

[1] 参见陈瑞华:《论被告人的阅卷权》,载《当代法学》2013年第3期,第127页。

[2] 参见朱孝清:《刑事诉讼法实施中的若干问题研究》,载《中国法学》2014年第3期,第247—253页。

[3] 将辩护人的权利划分为"继受权利"与"固有权利",是大陆法系国家刑事诉讼理论的通常做法。参见林山田:《刑事程序法》(增订第五版),五南图书出版股份有限公司2004年版,第202—205页。

限,或称为原始权限。此项权限,虽有与被告同享者,有仅辩护人所专有者,既系本其辩护人之地位而取得;是其行使与否,应由辩护人视其辩护之必要,并不受被告意思之拘束。其专属于辩护人者,或称狭义固有权。"[1] 固有权利一般包括阅卷权、会见交流权、调查取证权、出庭辩护权,核实证据的权利亦是辩护律师的固有权利,是单向的,而非犯罪嫌疑人或被告人的权利。辩护律师要不要核实证据,何时核实证据,核实哪些证据,核实证据运用哪些方式,是宣读、出示还是一问一答等,都由其自主选择。犯罪嫌疑人或被告人不能主动要求,更不能要求辩护律师将其查阅、摘抄、复制的案卷材料中的在案证据悉数交予自己查阅。如果认为核实证据的权利也是犯罪嫌疑人、被告人的权利,是一种变相的阅卷权,那么如何解释他们在没有辩护人的情况下就不能行使核实证据权呢? 如何解释律师以外的其他辩护人在未经检察院、法院批准无法与犯罪嫌疑人、被告人会见,更无法核实证据的现象呢?

总之,在我国,核实证据权是辩护律师的固有权利,其他辩护人以及犯罪嫌疑人、被告人都无权行使这一权利,更不能将其解读为立法间接赋予了犯罪嫌疑人、被告人阅卷权。

(二)辩护律师核实证据的类型划分

为了更好地认识和分析辩护律师的核实证据权,依据核实证据的原因或目的不同,可以做出一定的类型划分。

一是破除对证据材料在理解认识上的障碍。实践中,有些案卷材料涉及只有犯罪嫌疑人、被告人才能解释清楚的专业知识,有些是只有犯罪嫌疑人、被告人知晓的内幕信息,有些文字语言可以有多种角度的解释。[2] 面对案卷材料中这些生僻的专业知识、只有犯罪嫌疑人、被告人知晓的内幕信息、极易令人误读的文字语言,辩护律师对案情全面了解的最直接的途径就是同在押犯罪嫌疑人、被告人会见交流,当面核实这些材料,澄清疑点,避免误读,全面、准确地理解在卷证据与案件事实的关联关系,以及证据对案件事实的证明作用。

---

[1] 陈朴生:《刑事诉讼法实务》(增订四版),台湾地区自行 1981 年版,第 78 页。

[2] 参见田文昌、陈瑞华主编:《〈中华人民共和国刑事诉讼法〉再修改律师建议稿与论证》(增补版),法律出版社 2012 年版,第 193 页。

二是确认或消除对单个证据真实性或合法性的疑问。案件中的某些证据是否真实、可靠需要提交辩护人当面核对。例如，将有关物证、书证的照片或复印件出示给犯罪嫌疑人、被告人让其辨认；将某些书证上的签字出示给犯罪嫌疑人、被告人让其确认。还有些证据本身的合法性存有疑问，是否需要申请排除非法证据，辩护律师需要先通过会见犯罪嫌疑人、被告人加以核对确认。例如，讯问笔录中的口供前后反复，犯罪嫌疑人在前几次口供中一直都否认犯罪，但后几次口供则反映出犯罪嫌疑人改口并彻底认罪，且几份口供十分稳定、一致，这期间发生了什么，有无合理的解释，是否存在刑讯逼供等非法取证的情形？辩护律师需要核对确认。

三是确认或消除证据之间不一致、矛盾的情形。我国的司法实务普遍采用证据相互印证的证明模式，无论是办案机关还是辩护律师都特别重视证据内容的一致性，当对不同证据进行对照分析后，会发现两种或两种以上的证据，如物证、书证、证人证言或者鉴定意见等所证明的事实有实质差异、相互矛盾乃至截然相反，无法作出合理解释，此时向犯罪嫌疑人、被告人核实证据便成为解释、排除矛盾或确认矛盾的一项重要方法。例如，在某一杀人案件中，犯罪嫌疑人自称从未到过犯罪现场，但在现场勘查中却发现了犯罪嫌疑人的生物痕迹，两项证据所指向的案件事实不一致，这就需要辩护律师向犯罪嫌疑人概述或出示相关证据，向其核实。再比如，对于共同犯罪案件中，犯罪嫌疑人的供述与同案犯的供述不一致，与证人证言也有较大出入，这些也都有必要向犯罪嫌疑人当面核实。

通过对核实证据情形的分类可以发现，实践中由于核实证据的原因不同，所要核实证据的类型也十分多样，既有物证、书证等客观性证据，还有证人证言、被害人陈述以及同案犯供述等言词证据，犯罪不同，行为方式不同，收集证据的数量和种类也不同，需要核实证据的情形自然会有较大差异，并没有哪一类证据必须要核实，哪一类证据不必核实的情形。人为限制核实证据的类型，如"辩护律师可以向犯罪嫌疑人、被告人核实涉及犯罪嫌疑人、被告人的物证、书证等客观性证据，但不能核实除犯罪嫌疑人、被告人供述或辩解以外的言词证据"[1]，又或者"除有罪的实物证据律师可以告诉犯罪嫌疑人、被告人外，其他的证据即言词证据和无罪的

---

[1] 孙谦：《关于修改后刑事诉讼法执行情况的若干思考》，载《人民检察》2015年第7期，第10页。

实物证据都不能告诉"[1],等等,并不符合辩护律师核实证据的实际需求,与办案规律不符,也不利于辩护权的充分行使。

(三)对辩护律师核实证据权的限制

通过前文分析可以发现,人为限制辩护律师核实证据的范围并不符合其履职办案的规律,也不利于充分实现有效辩护的目的。但是任何权利都有被滥用的风险。不容否认,实践中,"少数辩护律师可能滥用核实证据权,以核实证据为名,帮助实施串供行为,或者教唆、引诱当事人违背事实进行翻供"[2]。为此,一些研究者指出有必要对辩护律师核实证据权进行一定的限制。

1. 对辩护律师核实证据权的已有限制

从现行法律看,立法机关已经从程序和实体上对核实证据权做出了一定的限制。

首先,本条第4款规定,辩护律师向犯罪嫌疑人、被告人核实证据是"自案件移送审查起诉之日起",如果作反对解释,这意味着辩护律师不能在侦查阶段核实有关证据。究其原因,一方面是辩护律师虽可在侦查阶段介入,与犯罪嫌疑人会见,但因不能阅卷,无法全面接触在案证据,向犯罪嫌疑人充分核实证据较为困难;另一方面则是考虑在侦查阶段,证据还在收集,案件事实尚未查清,此时允许辩护律师核实证据会对侦查办案产生影响,对诉讼程序干扰的风险较大,不利于迅速、及时地查明案件事实,惩罚犯罪和保障刑法的正确实施。

其次,核实证据的主体仅限于辩护律师,其他辩护人无此权利。这也是考虑到律师办案的专业性,辩护律师都要通过专门的法律职业资格考试,有主管机关对其监管,有律师行业纪律的约束,辩护律师利用核实证据的机会泄露案情,帮助犯罪嫌疑人、被告人串供,引诱、教唆其翻供,帮助毁灭、伪造证据的概率较低。但其他辩护人并不以辩护为常业,不少还与犯罪嫌疑人、被告人有利害关系,有些时候,为了犯罪嫌疑人、被告人的不法利益铤而走险,故意泄露案情,教唆帮助犯罪嫌疑人、被告人翻供、串供的可能性还是有的,所以,立法将核实证据的权利仅赋予辩护律师。

---

[1] 朱孝清:《刑事诉讼法实施中的若干问题研究》,载《中国法学》2014年第3期,第248页。

[2] 韩旭:《辩护律师核实证据问题研究》,载《法学家》2016年第2期,第121页。

再次,针对辩护律师在核实证据过程中的违法违规行为,现行法律规范已规定了实体性惩戒条款。例如,《刑事诉讼法》第44条第1款规定:"辩护人或者其他任何人,不得帮助犯罪嫌疑人、被告人隐匿、毁灭、伪造证据或者串供,不得威胁、引诱证人作伪证以及进行其他干扰司法机关诉讼活动的行为。"如果辩护人违反了这些禁止性规定,不仅违背执业纪律,还可能要承担一系列的法律责任,轻则依据律师法的规定停止执业、吊销律师执业证书,重则可能构成《刑法》第306条辩护人毁灭、伪造证据、妨害作证罪,需要追究刑事责任。

总之,立法虽然赋予了辩护律师核实证据的权利,但同时也从权利行使的时间、主体等方面作出规制,还对辩护律师违法违规核实证据的行为作出了实体性惩戒规定。

2. 对辩护律师核实证据权做出限制的应有尺度

如前所述,辩护律师向犯罪嫌疑人、被告人核实证据本就是对在案证据分析、比较时消除合理怀疑,排除或确认矛盾的一种重要方式或手段。案件情况不同,取证结果不同,核实证据的范围自然会千差万别,人为限制核实证据的类型并不符合刑事诉讼和辩护活动的基本规律。但不容否认,辩护律师核实证据确实在客观上会向犯罪嫌疑人、被告人传递一些案情信息,一些证据的出示或说明也会让犯罪嫌疑人、被告人了解一些未曾知晓的情况,促使其产生翻供或串供的意图,并付诸行动。加之审查起诉阶段还有补充侦查,证据有再收集、再变化的可能,所以整个证据体系在审查起诉阶段并不十分稳固,这时对辩护律师核实证据完全放开,不加限制也并不妥当。本评注认为对辩护律师核实证据权原则上应予以积极保障,最大限度地减轻他们核实证据的执业风险,但与此同时考虑到案件的具体情况,以及打击犯罪的现实需要,还要把握尺度,对辩护律师的核实证据权做出必要的限制。

(1) 核实证据的基本逻辑

本评注认为,辩护律师向犯罪嫌疑人、被告人核实有关证据,应以对案件事实、证据有疑问为前提,以必要性为原则。如前所述,辩护律师在阅卷和其他证据调查的基础上,会对在案证据产生各种疑问,如对某一证据进行审查时,发现该证据所证明的事实违背经验法则或常理常情,抑或证据本身的合法性存疑;再如对某几个证据进行比较分析时会发现证据之间存在无法排除的矛盾。如果这些疑问关乎案件事实是否查明,关乎证据是否排除,采用其他方法无法澄清疑问,消除或确证矛盾,辩护律师向犯罪嫌疑人、被告人核实证据就确有必要。可见,并不是案件中所有的证据都会让辩护律师产生疑问,有疑问的且有核实必要的证据只是少数,这也是本条中规定的辩护律师核实"有关证据"的应有之义。辩护律师并不需要将所有案卷材料以及自己收集的证据向犯罪嫌疑人、被告人和盘托出,或如数家珍似地悉数向他们宣读、出示,这种行为本身与立法精神和实践操作也是相悖的。

(2)通过司法解释确立核实证据的共识性范围

2012年《刑事诉讼法》确立辩护律师可以向犯罪嫌疑人、被告人核实有关证据的制度后,对可以核实的证据的范围就引发广泛讨论。为了消除分歧,达成共识,一方面降低辩护律师的执业风险,一方面确保刑事诉讼的顺利推进,《六机关规定(草案)》曾拟对法律条文中辩护律师可以核实的"有关证据"的范围作出列举式规定。"由于有关部门认为此时核实的证据不应包括'证人证言'等证据,而全国律师协会刑事业务委员会对此有不同意见。因为意见分歧,最终颁布的'六部委规定'对此就未作规定。这个结果,表面来看,对辩护权的保障有利有弊,实际却使辩护律师向犯罪嫌疑人、被告人核实有关证据,留下了隐患。如果遵循逐步推进刑事程序法治的原则,在相关司法解释中对'有关证据'的内容达成共识的那些部分予以明确规定,那么,辩护律师向犯罪嫌疑人、被告人核实物证、书证、供述与辩解、鉴定意见等证据,就不会再有因为法律规定不明确而留有的隐患。"〔1〕本评注认同这一观点,对于核实证据的范围可先求同存异,划出最大同心圆,即通过出台司法解释或规范性文件的方式明确可以核实的证据包括物证、书证、供述与辩解、鉴定意见等,这样做至少可以让辩护律师核实证据时有法可依,办案机关有据可查。如果今后对"有关证据"是否应当包含"证人证言""同案犯供述"等达成共识或有更为精细周延的方案,可再对司法解释或相关规范作出调整,这不失为一个明智的选择,也符合立法与时俱进、循序渐进,不断完善辩护制度,逐步推进刑事程序法治的原则和精神。

---

〔1〕 王敏远:《2012年刑事诉讼法修改后的司法解释研究》,载《国家检察官学院学报》2015年第1期,第148页。

(3)对于争议证据可灵活规定核实证据的阶段和方式

目前对于核实证据争议的焦点是在案的言词证据,即"证人证言""被害人陈述"以及"同案犯供述"[1]能否向犯罪嫌疑人、被告人出示、宣读,能否就其中的疑点或矛盾之处向他们核实。不容否认,这些言词证据易变性大,容易反复,律师在审查起诉阶段如果直接将其向犯罪嫌疑人出示、宣读,"可能会出现犯罪嫌疑人得知了其完全不知道的一些证人证言、同案犯的口供,以及其他的一些证据和线索情况,犯罪嫌疑人可能会据此进行翻供。也有可能犯罪嫌疑人利用看守所监管不严而进行串供,或者做出其他的妨害司法行为"[2]。所以对于这类言词证据能否核实,办案机关和看守所多持反对意见,辩护律师也因为执业风险的考虑不敢"越雷池半步"。对此,本评注从相对合理主义的角度提出两个渐进性应对方案。

一是限制对此类证据的核实阶段。参照韩旭教授的观点,可以根据诉讼阶段的不同逐步放开核实证据的范围。"自案件移送审查起诉之日起,辩护律师在会见犯罪嫌疑人、被告人时,可以向其核实自行调查收集的证据材料以及查阅、摘抄、复制的与犯罪嫌疑人、被告人供述和辩解不一致的物证、书证、勘验、检查、辨认、侦查实验等笔录、鉴定意见、视听资料、电子数据;自提起公诉之日起,辩护律师可以向其核实与犯罪嫌疑人、被告人供述和辩解不一致的证人证言、被害人陈述、同案人供述和辩解、虽未同案处理但与犯罪存在关联的案外人陈述。"[3]如前所述,刑事诉讼法之所以规定辩护律师自案件移送审查起诉之日起才可以向犯罪嫌疑人、被告人核实有关证据,主要是考虑到此时案件已经侦查终结,案件事实已经查清,主要证据已经固定,辩护律师核实证据不致影响侦查活动的正常进行。可见,"证据是否已经固定""是否影响侦查活动顺利进行"是核实证据制度设计的重要考量因素。但案件被移送至审查起诉阶段,实践中还有不少案件要退回补充侦查,补充证据,加之人证易变性、反复性的特点,现实中犯罪嫌疑人、证人到了审查起诉阶段因知悉案情后翻供、翻证的现象多有存在。本评注认为可以根据诉讼阶段的不同采用过渡性、渐进性的方案,待案件被提起公诉后,上述争议的言词类证据可由

---

[1] 包括未同案处理但与犯罪存在关联的犯罪嫌疑人、被告人的供述和辩解。
[2] 杨海生:《律师刑事辩护新的风险》,载《才智》2013年第17期,第149页。
[3] 韩旭:《辩护律师核实证据问题研究》,载《法学家》2016年第2期,第132页。

辩护律师加以核实。毕竟案件进入庭审后,证据再有变动的可能性越来越低,而且在庭审质证过程中,被告人也有权要求查看、核实侦查卷宗里的相关证据材料。也正是基于此,司法实践中,一些辩护律师在审判阶段会以提高质证、审判效率为由向法院申请满足被告人的庭前阅卷权,如果获得法院许可,辩护律师再去核实证据便顺理成章,既不会招致看守所的反对,也不会产生律师执业上的风险,更能在一定程度上实现核实证据的目的。这也许是当下多方都能接受的权宜之计。

二是核实证据的方式。"虽然允许辩护律师告知嫌疑人、被告人相关信息,但原则上对证言和同案嫌疑人、被告人的供述的信息采取口头告知的方式,而不将全部案卷交由被告阅读。"[1]对于有疑问的言词证据,辩护律师可以采用概括告知、笼统说明证据差异,以及提示启发、提问回答的形式来核实不一致或有疑问的言词证据。这样可以尽量避免披露过多的案件信息,直接或间接地影响到犯罪嫌疑人翻供、串供的想法,从而降低律师执业风险,这样也更容易获得办案机关的许可,符合看守所的管理规定。

最后,需要强调的是,辩护律师在阅卷或收集证据过程中获知的一些涉密信息不应通过核实证据的方式直接或间接泄露给犯罪嫌疑人、被告人。《律师法》第38条第1款规定:"律师应当保守在执业活动中知悉的国家秘密、商业秘密,不得泄露当事人的隐私。"2015年,"两高三部"《保障律师执业规定》第14条第4款规定:"辩护律师查阅、摘抄、复制的案卷材料属于国家秘密的,应当经过人民检察院、人民法院同意并遵守国家保密规定。律师不得违反规定,披露、散布案件重要信息和案卷材料,或者将其用于本案辩护、代理以外的其他用途。"2017年中华全国律师协会发布的《律师办理刑事案件规范》第252条规定:"律师应当依照法定程序履行职责,不得以下列不正当方式影响依法办理案件:……(四)违反规定披露、散布不公开审理案件的信息、材料,或者本人、其他律师在办案过程中获悉的有关案件重要信息、证据材料。"《高法解释》第55条第1款规定,辩护律师"查阅、摘抄、复制案卷材料,涉及国家秘密、商业秘密、个人隐私的,应当保密;对不公开审理案件的信息、材料,或者在办案过程中获悉的案件重要信息、证据材料,不得违反规定泄露、披露,不得用于办案

---

[1] 龙宗智:《辩护律师有权向当事人核实人证》,载《法学》2015年第5期,第150页。

以外的用途。人民法院可以要求相关人员出具承诺书"。梳理这些法律规范可以发现,在刑事诉讼中,涉及国家秘密、商业秘密与个人隐私;部分证人、被害人、举报人的姓名、住址、工作单位等个人信息;线人、卧底以及民间合作者的身份信息;其他案件的线索;技术侦查方法等信息的泄露,可能会给诉讼参与人或国家安全带来非常大的威胁,需要特别保密。[1]辩护律师有保密义务,不能将这些保密信息或材料以核实证据的方式直接或间接地传递给犯罪嫌疑人、被告人。

> **第四十条 【辩护人查阅、摘抄、复制案卷材料】** 辩护律师自人民检察院对案件审查起诉之日起,可以查阅、摘抄、复制本案的案卷材料。其他辩护人经人民法院、人民检察院许可,也可以查阅、摘抄、复制上述材料。

▶▶【历次修法条文对照】

1979年《刑事诉讼法》	1996年《刑事诉讼法》	2012年《刑事诉讼法》	2018年《刑事诉讼法》
第四章 辩护	第四章 辩护与代理	第四章 辩护与代理	第四章 辩护与代理
第29条:辩护律师可以查阅本案材料,了解案情,可以同在押的被告人会见和通信;其他的辩护人经过人民法院许可,也可以了解案情,同在押的被告人会见和通信。	第36条:辩护律师自人民检察院对案件审查起诉之日起,可以查阅、摘抄、复制本案的诉讼文书、技术性鉴定材料,可以同在押的犯罪嫌疑人会见和通信。其他辩护人经人民检察院许可,也可以查阅、摘抄、复制上述材	第38条:辩护律师自人民检察院对案件审查起诉之日起,可以查阅、摘抄、复制本案的案卷材料。其他辩护人经人民法院、人民检察院许可,也可以查阅、摘抄、复制上述材料。	第40条 内容未修订

---

[1] 参见谢小剑:《刑诉法修改后涉密证据的质证》,载《法学论坛》2013年第5期,第92—93页。

(续表)

1979年《刑事诉讼法》	1996年《刑事诉讼法》	2012年《刑事诉讼法》	2018年《刑事诉讼法》
第四章 辩护	第四章 辩护与代理	第四章 辩护与代理	第四章 辩护与代理
	料,同在押的犯罪嫌疑人会见和通信。辩护律师自人民法院受理案件之日起,可以查阅、摘抄、复制本案所指控的犯罪事实的材料,可以同在押的被告人会见和通信。其他辩护人经人民法院许可,也可以查阅、摘抄、复制上述材料,同在押的被告人会见和通信。		

▶▶【立法沿革】

本条是有关辩护人阅卷的规定。关于阅卷的范围和时间,不同时期的刑事诉讼法有不同的规定。

1979年《刑事诉讼法》第29条规定,辩护律师在审判阶段可以查阅本案材料,了解案情。在当时的司法实践中,辩护律师可以查阅案件的全部卷宗,这对于其有效辩护起到了积极作用。

1996年《刑事诉讼法》对辩护人阅卷权作出较大幅度修改,第33条第1款将辩护人参加诉讼的时间提前至审查起诉阶段,第36条也相应地将辩护人行使阅卷权的时间提前至审查起诉阶段。但是,辩护人阅卷的范围却较之以往受到限制。根据第36条的规定,辩护律师在审查起诉阶段只能查阅、摘抄、复制本案的诉讼文书、技术性鉴定材料,其他辩护人经检察院许可,也仅能查阅、摘抄、复制上述材料。在审判阶段,辩护律师可以查阅、摘抄、复制本案所指控的犯罪事实的材料,其他辩护人经法院许可,也可以查阅、摘抄、复制上述材料。从司法实践看,辩护人在审查起诉阶段,几乎无法查阅与案件事实有关的材料;在审判阶段难以查阅有关被告人无罪、罪轻或者其他有利于被告人的材料。[1] 辩护人能够查阅的只限于检察院向法院移送的主要证据复印件或照片,以及证据目录和证人名单。[2] 总之,在当时无论是在审查起诉阶段还是在审判阶段,辩护人可以查阅的只是部分案卷材料,这严重制约了辩护人充分地履行辩护职责。因为辩护要"以事实为根据,以法律为准绳",辩护人不能全面了解案情,掌握案件材料特别是控方的证据材料,何以"以事实为根据"展开有效辩护?[3]

为了解决上述问题,2007年《律师法》进一步完善律师阅卷权,第34条规定:"受委托的律师自案件审查起诉之日起,有权查阅、摘抄和复制与案件有关的诉讼文书及案卷材料。受委托的律师自案件被人民法院受理之日起,有权查阅、摘抄和复制与案件有关的所有材料。"该规定在一定程度上消解了1996年《刑事诉讼法》第36条所带来的负面影响。2012年《刑事诉讼法》吸收了2007年《律师法》的规定,将1996年《刑事诉讼法》第36条改为两条,在新法第38条专门对辩护人的阅卷作出规定,"辩护律师自人民检察院对案件审查起诉之日起,可以查阅、摘抄、复制本案的案卷材料。其他辩护人经人民法院、人民检察院许可,也可以查阅、摘抄、复制上述材料"。修订后的条文将阅卷的范围从"本案的诉讼文书、技术性鉴定材料""指控的犯罪事实的材料"统一改为"案卷材料",意味着侦查机关和检察院在移送案卷材料时,应当将证明犯罪嫌疑人无罪、罪轻的证据材料一并移送,这就确保了辩护人阅卷的客观性和全面性。

▶▶【法条注解】

本条是针对辩护人阅卷的规定。

---

[1] 参见江必新主编:《最高人民法院刑事诉讼法司法解释理解与适用》(上),人民法院出版社2015年版,第131页。

[2] 1996年《刑事诉讼法》第150条规定:"人民法院对提起公诉的案件进行审查后,对于起诉书中有明确的指控犯罪事实并且附有证据目录、证人名单和主要证据复印件或者照片的,应当决定开庭审判。"

[3] 参见陈光中主编:《〈中华人民共和国刑事诉讼法〉修改条文释义与点评》,人民法院出版社2012年版,第35页。

从本条规定来看,辩护律师在侦查阶段了解案件情况的方式主要有两种:一是通过与犯罪嫌疑人会见了解案情;二是从侦查机关那里了解犯罪嫌疑人涉嫌的罪名和案件有关情况。当案件移送审查起诉后,辩护律师以及其他辩护人又多了一个获悉案情的渠道,那就是阅卷。一般认为,经过侦查程序,案件事实已经查清,证据也收集完备,辩护人此时阅卷能够更加全面、详细、确切地了解案件事实,对在案证据进行审查,从而发现指控中可能存有的疑点和问题,寻找对犯罪嫌疑人、被告人有利的证据、线索或突破口,进而确定辩护方向,提供更为有效的辩护意见。

对于刑事诉讼中的国家机关而言,阅卷是辩护人的一项重要权利,检察院和法院应当为辩护人阅卷提供便利,保障权利的实现。对于犯罪嫌疑人、被告人而言,为他们提供有效辩护是辩护人应尽的义务,阅卷是必不可少的一项工作。不管律师在群众的心目当中有多大名气,对律师来说,一旦受理一起案件,如果不亲自监督从侦查机关的侦查程序到检察机关的把关起诉的全流程,如果不细心地查阅、审看各类证据,仅凭经验,或者仅靠助理看完后草拟提纲,将不利于自己在法庭上就本案的焦点问题进行辩护。[1]

总之,检察院与法院积极保障辩护人的阅卷权,对于提高辩护质量,保证案件的公正处理具有重要意义。本条主要从阅卷主体、阅卷的起始时间、阅卷范围以及阅卷方式四个方面作出具体规定。

一、阅卷主体

本条规定辩护人有阅卷权,但是辩护律师及其他辩护人在阅卷权的行使上略有不同。辩护律师持律师执业证书、律师事务所证明、委托书或法律援助公函即可阅卷,不需要其他机关的许可或批准。但律师以外的其他辩护人在审查起诉阶段须经检察院许可,在审判阶段须经法院许可方能阅卷。这样规定缘于公权力机关对不同辩护人的"信赖差异"。

一般认为,辩护律师是通过法律职业资格考试或国家司法考试并依法取得执业证书的法律专业人员,与案件大都没有利害关系,有自己的行

---

[1] 参见顾永忠主编:《中美刑事辩护技能与技巧研讨》,中国检察出版社2007年版,第41页。

业组织进行职业培训和伦理教育,有主管的司法行政机关进行监督和管理,开展辩护都要受到职业纪律约束。相比之下,律师以外的其他辩护人来源复杂,专业知识、教育经历、个人素养等方面差异较大,没有一个统一的组织进行管理和培训。[1] 他们有的是犯罪嫌疑人、被告人的亲友,不以辩护为常业,有时为了帮助犯罪嫌疑人、被告人成功脱罪或为一方私利,更有可能铤而走险故意泄露案情,或者通过阅卷帮助犯罪嫌疑人、被告人串供,毁灭、伪造证据,干扰证人作证,妨碍诉讼。所以,立法规定对这类辩护人的阅卷要由法院、检察院根据案情和辩护人的情况作出审核许可,以规范他们的辩护行为,在保障他们充分行使辩护权的同时避免滥用权利,妨碍诉讼。当然,从保障被追诉者的辩护权出发,检察院、法院的审查许可只是对辩护人阅卷权作出的一种合理的、有限度的限制,不应是随意性地一概禁止,否则就等于剥夺了其他辩护人的阅卷权,最终损害的将是被追诉者的合法权益以及司法的公信力。如何设置一套合理的许可标准?首先要看案件的基本情况。一般认为,对于同案犯都已归案,事实清楚、证据确实,犯罪嫌疑人也供认不讳的,应当让律师以外的其他辩护人阅卷。此外,还要看辩护人的个人情况,如果让辩护人阅卷可能产生串供或其他妨碍诉讼的现实风险,那么作出不许可阅卷的限制也是必要的。[2] 需要注意的是,实践中对律师以外其他辩护人阅卷权的限制可以采取更为灵活的形式,并非都是直接禁止,比如推迟阅卷时间在一些情况下也是一种必要的限制。[3]

除了阅卷权,基于上述相同的原因,律师以外的其他辩护人在会见权、通信权、调查取证权的行使上也与辩护律师有所不同。另外,根据2015年9月,"两高三部"《保障律师执业规定》第14条第3款的规定,辩

---

[1] 参见李昌林主编:《最新中华人民共和国刑事诉讼法释义》,中国法制出版社2012年版,第84—85页。

[2] 《高检规则》第48条第3款规定,律师以外的辩护人申请查阅、摘抄、复制案卷材料,具有下列情形之一的,人民检察院可以不予许可:(一)同案犯罪嫌疑人在逃的;(二)案件事实不清,证据不足,或者遗漏罪行、遗漏同案犯罪嫌疑人需要补充侦查的;(三)涉及国家秘密或者商业秘密的;(四)有事实表明存在串供、毁灭、伪造证据或者危害证人人身安全可能的。

[3] 参见李寿伟主编:《中华人民共和国刑事诉讼法解读》,中国法制出版社2018年版,第99页。

护律师阅卷的,可以根据需要带律师助理协助阅卷。办案机关应当核实律师助理的身份。

二、阅卷的起始时间

本条规定辩护人"自人民检察院对案件审查起诉之日起"有权阅卷。无论是监察机关办理职务犯罪案件移送检察院审查起诉,还是侦查机关侦查终结移送检察院审查起诉,检察院自受理案件后开展审查起诉之日起,辩护人即可阅卷。依反对解释,辩护人在侦查阶段没有阅卷权。因为在侦查阶段,证据尚在收集,案件事实尚未查清,如果允许辩护人阅卷,可能会泄漏侦查办案信息,引发犯罪嫌疑人串供,干扰证人作证,毁灭、伪造、隐匿、转移证据的风险。另外,案件在侦查阶段,证据尚未收集完毕,诉讼文书也不齐全,案卷材料并不完备,辩护人此时阅卷,也难以形成完整全面的辩护思路和辩护策略。基于上述原因,辩护人的阅卷权起始于对案件审查起诉之日。当然,在之后的审判阶段,辩护人也可以阅卷。

如前所述,阅卷是辩护人的一项重要权利,作为保障权利行使的义务方——检察院和法院,负有对辩护人阅卷提供便利和协助的职责。为了确保辩护人能够及时阅卷,"两高三部"《保障律师执业规定》第14条第1款和第2款规定,"侦查机关应当在案件移送审查起诉后三日以内,人民检察院应当在提起公诉后三日以内,将案件移送情况告知辩护律师……辩护律师提出阅卷要求的,人民检察院、人民法院应当当时安排辩护律师阅卷,无法当时安排的,应当向辩护律师说明并安排其在三个工作日以内阅卷,不得限制辩护律师阅卷的次数和时间。有条件的地方可以设立阅卷预约平台"。《高检规则》第49条第1款也有类似规定。

三、阅卷范围

谈及辩护人的阅卷范围涉及两阶层判断:一是阅卷中"卷"的认定,依本条规定,辩护人阅卷的对象是本案的案卷材料,何为案卷材料?如何认定?这是划定阅卷范围在第一阶层要判断的问题;二是对于已经划归"卷"的材料,辩护人是否都有查阅、摘抄、复制的权利?在一定情况下是否会受到限制?这是划定阅卷范围要在第二阶层判断的问题。只有综合两阶层式的递进性审查,才能最终准确划定辩护人的阅卷范围。

(一)对"卷"的认定

本条规定辩护人阅卷的"卷"是案卷材料。《高检规则》第47条第1

款规定,"案卷材料包括案件的诉讼文书和证据材料"。其具体是指,侦查机关移送检察院和检察院移送法院的案卷中的各种材料,包括证明犯罪嫌疑人、被告人是否有罪、犯罪情节轻重的所有证据材料、诉讼文书等。需要注意的是,广义的案卷材料包括正卷和副卷。正卷又可以分为诉讼文书卷和证据卷,副卷则是公安机关、检察院、法院的内部工作文书。本条中涉及的"案卷材料"是指狭义的案卷材料,也就是正卷中的诉讼文书和证据材料。司法实践中,辩护人仅能够查阅、摘抄、复制正卷中的材料,不能接触副卷。

一般而言,诉讼文书的范围较易划定,如受案登记表、立案决定书、拘留证、逮捕证、起诉意见书等都属于诉讼文书。至于证据材料的外延则有一定的争议。按照当时2012年《刑事诉讼法》修订后最高人民检察院的意见,"证据材料既包括指控犯罪事实以及表明罪行严重等对犯罪嫌疑人不利的证据材料,也包括有从轻、减轻处罚情节等对犯罪嫌疑人有利的证据材料。"〔1〕这一认识将证据材料的范围聚焦于对案件实体事实证明的材料,并未提及对程序事实证明的材料。由此引发了律师界以及学界的争论,争论焦点多在于以讯问录音录像为代表的证明诉讼程序合法的材料是否也可归为案件中的证据材料。

2012年《刑事诉讼法》第121条第1款规定:"侦查人员在讯问犯罪嫌疑人的时候,可以对讯问过程进行录音或者录像;对于可能判处无期徒刑、死刑的案件或者其他重大犯罪案件,应当对讯问过程进行录音或者录像。"2018年《刑事诉讼法》对本条未予修改。讯问录音录像是否为证据材料,辩护人能否查阅、复制,一度引发了控辩双方的"争执"乃至"冲突"。以律师群体为代表的肯定说认为,讯问录音录像是证据材料,辩护人有权查阅、复制。以检察院为代表的司法机关则持否定说,最具代表性的观点和理由为最高人民检察院法律政策研究室在2014年给上海市人民检察院法律政策研究室的答复,"讯问犯罪嫌疑人录音、录像不是诉讼文书和证据材料,属于案卷材料之外的其他与案件有关的材料,辩护人未经许可,无权查阅、复制。"〔2〕

---

〔1〕 陈国庆、李昊昕:《〈人民检察院刑事诉讼规则(试行)〉修改的主要问题理解与适用》,载《人民检察》2012年第24期,第8页。
〔2〕 2014年最高人民检察院法律政策研究室《关于辩护人要求查阅、复制讯问录音、录像如何处理的答复》。

与上述正反观点不同,折中说认为,讯问录音录像是证据材料,但非传统的证明案件实体事实的证据材料,仅是一种过程性证据,主要用来证明讯问的合法性。司法机关出台的一系列司法解释和规范性文件大多趋向折中说。《六机关规定》第19条在规定讯问录音录像材料是否随案移送时,全国人大常委会法工委就对讯问录音录像的功能定位和证据属性作出解释:"2012年刑事诉讼法增加规定讯问录音或者录像制度的目的,在于规范侦查讯问行为,防止刑讯逼供,保护犯罪嫌疑人的合法权益,提高办案质量。侦查讯问过程的录音、录像资料,主要是用于真实完整地记录讯问过程,在办案机关对犯罪嫌疑人供述取得的合法性进行调查时证明讯问行为的合法性……用于证明讯问合法性的录音录像不作为证明案件实体事实的证据,也就不必要每个案件都随案移送。"[1]之后,最高人民法院在答复广东省高级人民法院时,作出《关于辩护律师能否复制侦查机关讯问录像问题的批复》(简称《批复》)。在对《批复》进行解读时,最高人民法院也表达了相同的观点:"侦查过程的同步录音录像属于侦查人员对犯罪嫌疑人讯问笔录的视听资料载体,对于案件的作用不是证明案件事实本身而是证明讯问过程的合法性。"[2]

遵循上述认识,讯问录音录像作为过程性证据,是用来证明讯问合法性的,证明对象为程序性事实。"程序性事实在无异议的情况下甚至可以不待质证,而依卷宗记载直接认定。"[3]《高检规则》第401条第4项就规定,"在法庭审理中不存在异议的程序事实"属于"不必提出证据进行证明"的事项。据此,只有在辩护方对讯问合法性提出异议,法官产生疑问时,控方才会承担讯问合法性的证明责任,移送、提交讯问录音录像材料。如果辩护方不持异议,未能有效提出有关讯问合法性的"疑点",即可推定讯问合法,讯问录音录像自然没有必要移送附卷,辩护方也没有必要查阅、复制。

---

[1] 王尚新主编:《最高人民法院、最高人民检察院、公安部、国家安全部、司法部、全国人大常委会法制工作委员会〈关于实施刑事诉讼法若干问题的规定〉解读》,中国法制出版社2013年版,第99页。

[2] 王晓东、康瑛:《〈关于辩护律师能否复制侦查机关讯问录像问题的批复〉的理解与适用》,载《人民司法》2014年第3期,第26页。

[3] 孙远:《全案移送背景下控方卷宗笔录在审判阶段的使用》,载《法学研究》2016年第6期,第165—166页。

综上，讯问录音录像主要是证明讯问合法性的材料，虽然可视为证据材料，但不同于传统的证明案件实体事实的证据材料，并非必须随案移送。既然不一定随案移送，讯问录音录像就不是"卷"的当然组成部分。由此推而广之，证明诉讼程序合法性的材料，如证明取证、管辖、回避、公开审理等程序合法的材料，属于证明程序事实的证据材料，不同于传统的证明案件实体事实的证据材料，不是必须随案移送，也不当然属于案卷的组成部分。在认定阅卷范围时，它们在是否属于"卷"的问题上有一定的弹性。究其原因，程序性事项千头万绪，证明相关事实要面面俱到、事无巨细根本无法实现，也无必要。"在一起案件的处理过程中，所涉及的实体法事实与程序法事实相比完全不成比例，后者的数量远远大于前者。任何一起案件在审判对象确定之后，所需查明的实体法事实往往仅限于起诉书中援引的某些具体刑法条文所规定的要件事实，而程序法事实则涉及诉讼的各个环节，若将上诉审也考虑进来，则几乎涉及整部刑事诉讼法，故各诉讼环节的程序性事实之调查均须固守严格证明法则在客观上是不可能的。"〔1〕基于"公权信赖""国家信赖"的原则，在对程序事实无异议或未能提出有效"疑点"的情况下，该类事实可推定成立。

基于上述基本法理和认识逻辑，多年来涉及阅卷时对讯问录音录像的查阅、复制，司法机关都是持有限的开放态度，仅在两种情况下将讯问录音录像视为证据材料，允许律师行使"阅卷权"。

一是当辩方对讯问合法性提出异议并制造有效"疑点"或法院自身对讯问合法性产生疑问，非法证据排除程序被启动，录音录像作为证明讯问合法性的证据由控方提交或由法院依职权调取，辩护方当然可以行使"阅卷权"。"两高三部"《严格排除非法证据规定》第22条就对此作出规定："犯罪嫌疑人、被告人及其辩护人向人民法院、人民检察院申请调取公安机关、国家安全机关、人民检察院收集但未提交的讯问录音录像、体检记录等证据材料，人民法院、人民检察院经审查认为犯罪嫌疑人、被告人及其辩护人申请调取的证据材料与证明证据收集的合法性有联系的，应当予以调取；认为与证明证据收集的合法性没有联系的，应当决定不予调取并向犯罪嫌疑人、被告人及其辩护人说明理由。"值得注意的

---

〔1〕 孙远：《全案移送背景下控方卷宗笔录在审判阶段的使用》，载《法学研究》2016年第6期，第165页。

是,本条是在已经启动"排非"程序的前提下,法院基于证明取证合法性的目的才考虑辩方调取证据的动议。法院经审查如果认为讯问录音录像与讯问合法性有联系的才会调取,辩护律师才有权查阅、复制。反之,如果未启动"排非"程序,未调取讯问录音录像,辩护律师对于讯问录音录像不具有当然的"阅卷权"。

二是控方在移送案卷材料时主动移送的情形。当控方将讯问录音录像材料归入案卷材料,显然已将其视为案件中必须具备的证据材料(无论是作为证明实体性事实还是程序性事实的证据材料),辩护人当然可以查阅、复制。上述谈及的《批复》就对此情形作出规定:"侦查机关对被告人的讯问录音录像已经作为证据材料向人民法院移送并已在庭审中播放,不属于依法不能公开的材料,在辩护律师提出要求复制有关录音录像的情况下,应当准许。"《高法解释》第54条也规定:"对作为证据材料向人民法院移送的讯问录音录像,辩护律师申请查阅的,人民法院应当准许。"在对该条文进行解读时,司法解释制定者认为:"对于移送人民法院的录音录像,无论是否已经在庭审中举证质证,无论是直接用于证明案件事实还是用于证明取证合法性,均应当属于案卷材料的范围。"[1] 如果对该条文和相关解读稍作分析就会发现,最高人民法院认为不是所有的讯问录音录像都必然是"在卷"的证据材料,都要随案移送,对于没有移送的,辩护律师仍然无权查阅。

总之,不是所有的讯问录音录像都属于案卷的范畴,唯有法院调取的以及检察院移送的材料才可称为证据材料,才是"卷"的组成部分,辩护人方可行使阅卷权。

当然,上述结论的前提是将讯问录音录像的证据性质视为证明讯问合法性的材料,证明对象是案件的程序事实。但值得注意的是,近些年,官方对讯问录音录像证据性质的认识有微妙的变化,即从程序事实的证明有限度地转向对实体事实的证明。代表这一转向的标志性条款源自2018年最高人民法院制定的"三项规程"。其中,《人民法院办理刑事案件排除非法证据规程(试行)》第22条第4项规定:"讯问录音录像与讯问笔录的内容是否存在差异。对与定罪量刑有关的内容,讯问笔录记载的内容与讯问录音录像是否存在实质性差异,存在实质性差异的,以讯问

---

[1] 李少平主编:《最高人民法院关于适用〈中华人民共和国刑事诉讼法〉的解释理解与使用》,人民法院出版社2021年版,第183页。

录音录像为准。"《人民法院办理刑事案件第一审普通程序法庭调查规程(试行)》第50条第2款也作了几乎相同的规定:"法庭应当结合讯问录音录像对讯问笔录进行全面审查。讯问笔录记载的内容与讯问录音录像存在实质性差异的,以讯问录音录像为准。"然而,从条文的具体表述看,唯有在讯问笔录记载的内容与录音录像有实质性差异的前提下,讯问录音录像才具有实质证据的价值,可以作为证明案件实体事实的材料。这种有限度的承认仅出现在最高人民法院的规范性文件中,且以"实质性差异"为适用前提,足见讯问录音录像作为证明案件实体事实的证据材料是非常少见和例外的。值得注意的是,2021年最高人民法院在修订《高法解释》时,曾想把上述规定上升为司法解释条文。"高法解释(草案)"曾规定:"对证人证言、被害人陈述、被告人供述和辩解、勘验、检查笔录等证据材料,可以结合录音录像对笔录进行全面审查。笔录记载的内容与录音录像存在实质性差异,经审查确认录音录像的制作合法规范的,以录音录像为准。"但该规定遭到了其他部门的"抵制",主要原因是多数说认为讯问录音录像是证明讯问合法性的材料,刑事诉讼法从未明确规定录音录像可以用来证明案件的实体事实,与讯问笔录一样是法定的证据形式(固定口供的法定形式)。故最终的正式稿删除了草案的规定。可以预见,在未来较长时期内,讯问录音录像仍然是证明取证合法性的重要材料,但作为直接证明案件实体事实的证据材料恐难与讯问笔录比肩。[1]

(二)对"阅"卷的限制

根据本条规定,已经确认是"卷"的诉讼文书和证据材料原则上都允许辩护人查阅、摘抄和复制,但也有特殊情形下的例外规定。例如,根据《刑事诉讼法》第154条的规定,采取技术侦查、秘密侦查、控制下交付等特殊侦查手段收集的证据材料,如果在法庭上出示、质证可能危及有关人员的人身安全,或者可能产生其他严重后果,即使采取不暴露有关人员身份、技术方法等保护措施也难以防止这类风险的,那么辩护人不能查阅、摘抄、复制,只能由审判人员在庭外对证据进行核实。

对阅卷权的限制往往是限制部分案卷材料向辩护人开放,不允许辩护人查阅、摘抄、复制。需要注意的是,这部分材料本身是案卷材料,已经

---

[1] 参见董坤:《监察与司法衔接中的证据问题研究》,载《西南民族大学学报(人文社会科学版)》2021年第7期,第121页。

前述第一阶层的审查,但由于某些原因不能完全向辩护人开放,所以还要经过第二阶层的审查,这本质上是在限制辩护人对"已经成卷"的材料"阅"的权力。根据《高法解释》第53条的规定,合议庭、审判委员会的讨论记录以及其他依法不公开的材料,辩护人不得查阅、摘抄、复制。"两高三部"《保障律师执业规定》第14条第1款中进一步规定:"辩护律师自人民检察院对案件审查起诉之日起,可以查阅、摘抄、复制本案的案卷材料,人民检察院检察委员会的讨论记录、人民法院合议庭、审判委员会的讨论记录以及其他依法不能公开的材料除外。"人民检察院检察委员会的讨论、人民法院合议庭、审判委员会的讨论本就不对外公开,相关讨论记录自然也不应成为辩护人的阅卷范围。这其实在实践中容易把握。但是,"其他依法不公开的材料"的范围则较为模糊。"依法"是仅根据法律规定还是也包括行政法规、规章制度,需要通过不断总结实践经验逐步确定。

本评注认为,辩护权是一项宪法性权利,国家不得随意剥夺和限制。阅卷权作为辩护权下的重要子项,对其作出限制也只能是极个别的例外情形,只能是基于对更大的利益保护和权利保障,由立法和司法机关综合权衡,做出最终的利益考量与取舍。例如,上文提及的对律师以外的其他辩护人的阅卷要经过检察院或法院的许可,就是基于保障诉讼和打击犯罪的利益诉求对少部分辩护人阅卷权的牺牲。再如,《高法解释》第54条规定:"对作为证据材料向人民法院移送的讯问录音录像,辩护律师申请查阅的,人民法院应当准许。"该条仅规定了辩护律师对已经作为证据材料的讯问录音录像有查阅权,却无复制权。这显然与刑事诉讼法的规定,即所有案件材料都可以查阅、摘抄、复制的规定相悖。审视其规定的理由,"较之一般证据材料,录音录像确实具有一定特殊性。特别是作为证明取证合法性的录音录像,可能涉及侦查办案的策略方法,也可能涉及其他关联案件和当事人隐私,一律允许复制,恐难以控制传播面以及一旦泄露可能带来的影响。从实践来看,允许查阅,即可以满足辩护律师的辩护需要,充分保障其权益。"[1]这一理由其实有些牵强,一是在公开审理的案件中举证、质证的相关证据材料,包括录音录像在内,由于不少要进行庭审直播,人民群众均可观看、下载。以防止录音录像广泛传播为由禁

---

[1] 李少平主编:《最高人民法院关于适用〈中华人民共和国刑事诉讼法〉的解释理解与适用》,人民法院出版社2021年版,第183页。

止辩护律师复制讯问录音录像,于理不通。二是实践中确有少部分律师会泄露讯问录音录像信息,诱导公众,意图通过舆情干扰办案,上述担心也并非空穴来风。但应对之策是运用《高法解释》第55条的规定,由办案机关要求辩护人出具承诺书,以追究法律责任的方式反向规制辩护人对讯问录音录像的阅卷行为。唯有在后一种情形仍不能避免舆情的发生和风险的出现时,才可以启动事前防范机制,限制辩护人的阅卷权,即本条规定的仅允许查阅的阅卷方式。这本质上也是不同价值间权衡的结果。

四、阅卷方式

辩护人阅卷的方式是查阅、摘抄、复制。查阅就是阅读,用眼看。在对案卷材料阅读中部分地摘录、抄录一些重要内容、信息材料则被认为是摘抄。至于复制,其方式则灵活多样。按照"两高三部"《保障律师执业规定》第14条的规定,复制包括采用复印、拍照、扫描、电子数据拷贝等,必要时还可以带律师助理协助阅卷。另外,第14条还规定,辩护律师查阅、摘抄、复制的案卷材料属于国家秘密的,应当经过检察院、法院同意并遵守国家保密规定。律师不得违反规定,披露、散布案件重要信息和案卷材料,或者将其用于本案辩护、代理以外的其他用途。

另外,检察院、法院应当为辩护律师阅卷提供场所和便利,配备必要的设备。因复制材料发生费用的,只收取工本费用。律师办理法律援助案件复制材料发生的费用,应当予以免收或者减收。

▶▶【法条评点】

一、犯罪嫌疑人、被告人是否享有阅卷权?

有观点认为:"被告既系刑事诉讼主体,辩护人乃被告诉讼权保障下之产物,无被告即无辩护人。"[1]"从理论上看,刑事被告人与辩护律师都属于统一的'辩护方',两者拥有同等的诉讼权利。"[2]类似观点其实是指,辩护人拥有的辩护权源于犯罪嫌疑人、被告人的辩护权,两者都是"辩护者"。立法赋予辩护人的辩护权当然可以反推及于犯罪嫌疑人、被告

---

[1] 黄朝义:《刑事诉讼法》,新学林出版股份有限公司2009年版,第90页。
[2] 陈瑞华:《论被告人的阅卷权》,载《当代法学》2013年第3期,第135页。

人。依此逻辑,"有人明确指出:'律师的辩护权来源于委托他的犯罪嫌疑人、被告人。因此,律师所享有的查阅案卷材料的权利本来就是犯罪嫌疑人、被告人的权利,他当然可以将复制的案卷材料交犯罪嫌疑人、被告人阅览。'"[1]据此,辩护人拥有的阅卷权同样应当赋予犯罪嫌疑人、被告人。

本评注认为上述观点有失偏颇。在法理上,根据辩护人在诉讼中权利的来源不同,可将辩护人的权利分为"固有权利"(原有权利或原始权利)和"继受权利"(传来权利)。[2]"固有权乃基于辩护人之地位而赋予之权限,或称为原始权限。此项权限,虽有与被告同享者,有仅辩护人所专有者,既系本其辩护人之地位而取得;是其行使与否,应由辩护人视其辩护之必要,并不受被告意思之拘束。其专属于辩护人者,或称狭义固有权。"[3]固有权利一般包括阅卷权、会见交流权、调查取证权、出庭辩护权等。相对地,继受权利是指原来属于犯罪嫌疑人、被告人本身的诉讼权利,但依其性质,只要在不违反他们意思的情况下,皆可以辩护人自己的名义代为行使[4],如申请回避的权利、提起上诉的权利等。具言之,"辩护人的继受权利与固有权利,在具体行使方式上存在着重大差异。继受权利,因为本为被告人所有,而仅仅是由辩护律师代为行使,因此,辩护律师虽得以自己名义行使该权利,但却不得违背被告人明示的意思表示。例如,辩护律师有权为被告人利益而提起上诉,但若被告人明确表示不愿意上诉的,则辩护人不得提起上诉,因为上诉权本为被告人的诉讼权利,辩护律师虽得代为行使,但不得与被告人明示的意思表示相悖。而固有权利,因为系辩护律师基于其自身辩护地位而特别拥有的权利,因而其行使不受被告人明示或默示的意思表示之拘束,辩护律师可以以自己名义完全独立行使。例如,实践中,被告人可能认为现有证据已经能够证明自己无罪,继而明确要求辩护律师不要再调查取证(以节约相关费用),但调查取证权本为辩护律师的固有权利,其行使完全不受被告人意

---

[1] 石献智:《律师能否将复制的案卷提供给犯罪嫌疑人?》,载《检察日报》2008年8月6日,第3版。
[2] 将辩护人的权利划分为"继受权利"与"固有权利",是大陆法系国家刑事诉讼理论的通常做法。参见林山田:《刑事程序法》(增订第五版),五南图书出版股份有限公司2004年版,第202—205页。
[3] 陈朴生:《刑事诉讼法实务》(增订四版),台湾地区自行1981年版,第78页。
[4] 参见黄朝义:《刑事诉讼法》,新学林出版股份有限公司2009年版,第90页。

思表示之拘束,因而若辩护律师认为无罪证据尚不充分的,自可继续调查取证"〔1〕。综上,本评注认为被追诉人与辩护人虽然行使辩护权,但两者的诉讼地位和角色身份并不相同,行使辩护权的内容和方式也不相同,两者的辩护权不可等约替换。从规范层面看,我国刑事诉讼法将阅卷权视为辩护人的专属权利,即固有权利,并未规定被追诉人也拥有阅卷权。从辩护人拥有阅卷权这一"固有权利"反向推导出犯罪嫌疑人、被告人在自行辩护时也当然享有同等的阅卷权实属逻辑错误。两个独立的诉讼主体行使辩护权的内容和方式不同并不违反法律规定和基本法理。

有研究者曾做出比较:"非律师的辩护人阅卷除法律授权外,尚且还要'经过人民法院、人民检察院许可',难道法律未予授权的犯罪嫌疑人、被告人还可以自行阅卷吗?"〔2〕可见,犯罪嫌疑人、被告人,辩护律师,律师以外的辩护人在辩护权行使的内容和方式上是有差异的,直接原因在于他们的诉讼地位和角色身份不同,背后的法理依据是固有权利和继受权利的性质不同,而根本的、更深层次的原因则是基于司法上的信赖差异以及诉讼中的利益权衡,故而立法才设计了辩护人与被追诉人不同的行权(利)逻辑。仍以阅卷权为例,所谓的信赖差异是指,辩护律师毁损原始案卷和利用案卷信息侵犯第三人利益的可能性,均远低于被追诉人。换言之,相比于被追诉人,辩护律师更值得信赖。正是存在此种信赖差异,本属被追诉人享有的阅卷权,只能由辩护人行使。〔3〕所谓的利益权衡则是指,一方面,犯罪嫌疑人、被告人基于信息资讯占有的不充分,特别是在没有委托辩护人的情况下,无法获知案卷信息,不能展开有效辩护,这会引发实质的控辩不平等,有违公平审判原则;另一方面,完全赋予犯罪嫌疑人、被告人阅卷权可能会引发串供、毁证、隐证以及干扰证人作证、侵害第三人利益、庭审翻供等情形,导致案件晦暗不明,社会秩序不稳,不利于查明真相和惩治犯罪。两个方面在本质上涉及的是对诉讼中的权利保障与打击犯罪之间的价值考量和利益权衡。不同国家或地区基于不同时期的社会

---

〔1〕 万毅:《从李庄案二审看辩护律师的独立性》,载《江苏行政学院学报》2011年第4期,第129页。

〔2〕 朱孝清:《再论辩护律师向犯罪嫌疑人、被告人核实证据》,载《中国法学》2018年第4期,第46页。

〔3〕 参见陈学权:《论被追诉人本人的阅卷权》,载《法商研究》2019年第4期,第103页。

现状和司法生态会作出一定的抉择,例如,有的国家的法律就直接赋予了辩护人和犯罪嫌疑人、被告人都享有阅卷权,"如《奥地利刑事诉讼法》第51条、《保加利亚刑事诉讼法》第55条、《俄罗斯刑事诉讼法》第47条、《葡萄牙刑事诉讼法》第89条、《瑞士刑事诉讼法》第107条、《乌克兰刑事诉讼法》第43条、《西班牙刑事诉讼法》第654条的规定。"[1]显然,在这些国家,阅卷权作为辩护人"固有权利"的通说已经松动。而有的国家则固守阅卷权为辩护人固有权利,仅允许辩护人阅卷,禁止被追诉人直接接触卷宗证据。[2]还有的国家或地区则采取了折中做法,设定了特殊情形下,如未委托辩护人的犯罪嫌疑人、被告人在一定范围内享有阅卷权。如我国台湾地区"刑事诉讼法"第33条第2项和第3项的规定[3]。这些做法各有利弊,但在本国的司法环境中可能就是最优的,没有绝对正确的唯一方案。

在我国,刑事诉讼中的阅卷权是辩护人的固有权利,并不及于犯罪嫌疑人、被告人。在他们没有辩护人的情况下,无法间接触及案卷,如何弥补他们的资讯落差,提升自我辩护的能力和效果?我国目前正在推行的刑事案件律师辩护全覆盖恰恰对此问题作出了回应。2022年10月,"两高两部"联合出台的《关于进一步深化刑事案件律师辩护全覆盖试点工作的意见》第7条规定:"犯罪嫌疑人没有委托辩护人,且具有可能判处二年以上有期徒刑、本人或其共同犯罪嫌疑人拒不认罪、案情重大复杂、可能造成重大社会影响情形之一的,人民检察院应当通知法律援助机构指派律师为其提供辩护。已先行开展试点的地区,可以结合本地实际扩大通知辩护案件范围。"这一规定是在巩固前期审判阶段刑事案件律师辩护全覆盖的基础上,将覆盖范围延伸到审查起诉阶段,对于可能判处三年以上有期徒刑的犯罪嫌疑人,没有委托辩护人但符合相关条件的,能够直接获得法律援助。

---

[1] 陈学权:《论被追诉人本人的阅卷权》,载《法商研究》2019年第4期,第104页。

[2] 采用当事人主义对抗制诉讼模式的英美法系国家大多设立与阅卷权相类似的证据开示制度。参见龙宗智:《刑事诉讼中的证据开示制度研究(上)》,载《政法论坛》1998年第1期,第2页以下;孙长永:《当事人主义刑事诉讼与证据开示》,载《法律科学》2000年第4期,第83页以下。

[3] 我国台湾地区"刑事诉讼法"第33条第2项和第3项规定:"被告于审判中得预纳费用请求付与卷宗及证物之影本。但卷宗及证物之内容与被诉事实无关或足以妨害另案之侦查,或涉及当事人或第三人之隐私或业务秘密者,法院得限制之。被告于审判中经法院许可者,得在确保卷宗及证物安全之前提下检阅之。但有前项但书情形,或非属其有效行使防御权之必要者,法院得限制之。"

这就解决了可能判处重刑的犯罪嫌疑人在审查起诉阶段没有委托辩护人，无法通过辩护人间接阅卷了解案情的问题。对于可能判处三年有期徒刑以下刑罚的犯罪嫌疑人、被告人，刑事诉讼法和相关司法解释有关值班律师阅卷并提供法律帮助的规定恰恰能够弥补轻罪案件中犯罪嫌疑人、被告人没有委托辩护人，获取案情信息不足的缺憾。

更值得关注的是，2021年最高人民检察院印发的《人民检察院办理认罪认罚案件开展量刑建议工作的指导意见》第26条规定，"人民检察院在听取意见的过程中，必要时可以通过出示、宣读、播放等方式向犯罪嫌疑人开示或部分开示影响定罪量刑的主要证据材料，说明证据证明的内容，促使犯罪嫌疑人认罪认罚。言词证据确需开示的，应注意合理选择开示内容及方式，避免妨碍诉讼、影响庭审。"据此，检察院在办理认罪认罚案件的过程中，犯罪嫌疑人在审查起诉阶段也已经被间接赋予了部分阅卷权，即获得开示[1]部分影响定罪量刑的主要证据的机会。

总之，在我国的刑事诉讼活动中，犯罪嫌疑人、被告人在自行辩护时，诉讼中的身份地位没有发生变化，依然是犯罪嫌疑人、被告人，并非辩护人。辩护人的所有诉讼权利，包括固有权与继受权，并不当然及于犯罪嫌疑人、被告人。

二、"自人民检察院对案件审查起诉之日起"和"自案件移送审查起诉之日起"的表述应统一

本条规定辩护人阅卷的起始时间是"自人民检察院对案件审查起诉之日起"，与之相对的是第39条第4款规定的辩护律师向犯罪嫌疑人、被告人核实有关证据的起始时间是"自案件移送审查起诉之日起"。两者

---

[1] 值得进一步思考的问题是，在英美法系国家案卷不随案移送，为了弥补控辩双方之间的信息不对等，实现控辩平等对抗，这些国家设计了证据开示制度。日本受到当事人主义诉讼模式的影响，奉行起诉书一本主义，案卷不全面移送，也设有证据开示制度。大陆法系奉行卷宗主义，案卷全案移送，辩护人有阅卷权，通过阅卷可以全面了解案件信息，从而解决控辩"信息差"的问题，故大陆法系国家大多没有证据开示制度。中国的刑事诉讼奉行卷宗移送主义，辩护人有阅卷权，原则上也不应有证据开示制度，但之所以《人民检察院办理认罪认罚案件开展量刑建议工作的指导意见》第26条规定部分证据开示制度，也许源于犯罪嫌疑人、被告人没有独立阅卷权的现状。解决该问题最直接的办法就是在审查起诉阶段中的认罪认罚环节赋予他们部分阅卷权，但直接插入"证据开示"制度以解决上述问题，似乎有些不伦不类。

关于时间点的表述在内涵上并不相同。

一是针对的主体不同。案件移送审查起诉之日是针对公安机关而言，因为公安机关负责移送审查起诉；对案件审查起诉之日是针对检察院而言，因为检察院负责审查起诉。

二是时间上有一定差别。一般认为，侦查机关只要将案件移送到检察院，案件管理部门受理，这个时间就视为"案件移送审查起诉之日"，至于案件管理部门审查后再分案至承办的检察官，这中间有一个时间差，只有当案件分管到承办检察官才可视为正式对案件开始审查，此时才是"对案件移送审查起诉之日"。从这个角度来看，理论上，辩护律师有权核实证据的时间早于开始阅卷的时间。当然，从实践来看，检察院案件管理部门从受案到分案，时间一般很短，基本当日就分案完毕，所以涉及以"日"为单位的时间差别几乎是没有的。

但无论如何，上述不同用语导致的时间点的差别是否有现实意义，值得怀疑。按照基本的办案逻辑，辩护律师一般是在阅卷的基础上，结合自行调查收集的有关材料信息进行综合研判，会对在案证据的真实性、合法性产生疑问，发现证据之间的不一致或矛盾之处，此时才会有核实有关证据的可能性和必要性。所以，阅卷在前，核实有关证据在后是辩护律师办案的惯常路径。但从上述分析看，辩护律师阅卷时间与核实证据的时间却是前后颠倒的，这似乎违背常理。考虑到有关辩护律师阅卷"自人民检察院审查起诉之日起"的规定是 1996 年《刑事诉讼法》确立的，而有关核实证据"自案件移送审查起诉之日起"的规定是 2012 年《刑事诉讼法》确立的，本评注揣测也许是因为立法源于不同时期，导致立法机关忽略了条文用语前后的一致性。前后条文用语的不同并非立法有意为之。而且从司法实践看，案件移送审查起诉之日，受案的检察院案件管理部门就会将案件录入系统，而案件录入系统之日，审查起诉的时间就开始计算了。所以，"人民检察院对案件审查起诉之日"与"案件移送审查起诉之日"在实践中也是重合的。[1] 综上，本评注认为应将第 39 条辩护律师核实有关证据的起始时间与第 40 条辩护律师阅卷的起始时间作出用语表述上

---

[1] 值得玩味的是，2012 年《高检规则》第 47 条第 1 款曾规定，"自案件移送审查起诉之日起，人民检察院应当允许辩护律师查阅、摘抄、复制本案的案卷材料。"但 2019 年修订后的《高检规则》第 47 条第 1 款将允许辩护律师阅卷的时间改回"自人民检察院对案件审查起诉之日起"，与《刑事诉讼法》第 40 条的规定统一。

的一致性规定。

> **第四十一条　【辩护人向办案机关申请调取证据】** 辩护人认为在侦查、审查起诉期间公安机关、人民检察院收集的证明犯罪嫌疑人、被告人无罪或者罪轻的证据材料未提交的,有权申请人民检察院、人民法院调取。

▶▶【历次修法条文对照】

1979年《刑事诉讼法》	1996年《刑事诉讼法》	2012年《刑事诉讼法》	2018年《刑事诉讼法》
第四章　辩护	第四章 辩护与代理	第四章 辩护与代理	第四章 辩护与代理
无	无	第39条:辩护人认为在侦查、审查起诉期间公安机关、人民检察院收集的证明犯罪嫌疑人、被告人无罪或者罪轻的证据材料未提交的,有权申请人民检察院、人民法院调取。	第41条 内容未修订

▶▶【立法沿革】

　　本条为2012年《刑事诉讼法》新增条文。

　　本条其实源于辩护人阅卷的有关规定。诚如本评注于《刑事诉讼法》第40条【立法沿革】中所言,1996年《刑事诉讼法》第36条规定,辩护人在审查起诉阶段只能查阅、摘抄、复制本案的诉讼文书、技术性鉴定材料;在审判阶段,辩护人可以查阅、摘抄、复制本案所指控的犯罪事实的材料。在2012年以前的司法实践中,辩护人在审查起诉阶段几乎无法查阅与案件事实有关的材料,在审判阶段能够查阅的也仅限于检察院向法院移送的证据目录、证人名单和主要证据复印件或者照片,无法查阅有关被告人无罪、罪轻或者其他有利于被告人的材料。这些情况严重制约了辩护人充分地履行辩护职责。辩护人阅卷不全面,尤其是难以接触对于犯罪嫌疑人、被告人有利的在案证据,辩护的效果自然大打折扣。为了解决这一问题,1998年《六机关规定》第13条第2款规定:"在法庭审理过程中,辩护律师在提供被告人无罪或者罪轻的证据时,认为在侦查、审查起诉过程中侦查机关、人民检察院收集的证明被告人无罪或者罪轻的证据材料需要在法庭上出示,可以申请人民法院向人民检察院调取该证据材料,并可以到人民法院查阅、摘抄、复制该证据材料。"

此后,2007年《律师法》第34条进一步完善辩护律师阅卷的规定,"受委托的律师自案件审查起诉之日起,有权查阅、摘抄和复制与案件有关的诉讼文书及案卷材料。受委托的律师自案件被人民法院受理之日起,有权查阅、摘抄和复制与案件有关的所有材料"。该规定将辩护律师阅卷的范围扩大至与案件有关的案卷材料或所有材料,一定程度上解决了1996年《刑事诉讼法》规定的辩护律师在审判阶段阅卷片面化的问题,但实践中仍有办案机关将证明犯罪嫌疑人、被告人无罪、罪轻的证据视为与案件无关的材料不予移送,导致辩护人无法通过阅卷全面了解案情,充分履行辩护职责。

为彻底解决上述问题,2012年《刑事诉讼法》充分借鉴吸收上述法律规范,总结实践经验,专门作出赋予辩护人申请调取无罪或者罪轻证据的规定,并将申请调取证据的诉讼阶段从1998年《六机关规定》第13条中的审判阶段扩展到审查起诉阶段。"考虑到辩护人在会见犯罪嫌疑人、被告人,阅卷和对案件进行调查的过程中,均有可能发现侦查机关、人民检察院收集的无罪或者罪轻的证据因为未被采信或者其他原因没有随案移送的情况,实践中还存在需要向公安机关调取有关证据的情况,因此,对上述规定作了修改完善后在刑事诉讼法中加以规定。"[1]

▶▶【法条注解】

本条规定了辩护人申请调取无罪或者罪轻证据的规定。

《刑事诉讼法》第52条中规定:"审判人员、检察人员、侦查人员必须依照法定程序,收集能够证实犯罪嫌疑人、被告人有罪或者无罪、犯罪情

---

[1] 王爱立、雷建斌:《刑事诉讼法立法精解》,中国检察出版社2019年版,第75页。

节轻重的各种证据。"据此,公检法机关的办案人员在取证过程中负有客观义务,对于与案件有关的各种证据均应全面收集,附卷并随案移送,供下一诉讼阶段的办案机关对在卷证据进行再审查、再判断,同时对一些不予采纳的重要证据材料在起诉意见书、起诉书或者判决中作出说明。不容否认,实践中确实有一些公安机关或检察院在收集证据、审查证据过程中对于一些有利于犯罪嫌疑人、被告人的证据未予采纳,或有意隐匿。为此,立法机关赋予辩护人申请调取公安机关、检察院未随案移送的证明犯罪嫌疑人、被告人无罪或者罪轻的证据材料的权利,确保司法机关全面准确地认定案件事实,维护司法公正。

一、申请主体

有权申请调取无罪或者罪轻证据的主体是辩护人,包括辩护律师以及其他辩护人。

需要注意的是,《刑事诉讼法》第43条规定的有调查取证权的主体是辩护律师,不包括其他辩护人。第41条申请调取无罪或者罪轻证据与第43条调查取证是两项不同的权利,前者是指无罪或罪轻的证据已经纳入公安机关、检察院的视野,被收集和固定,但未被随案移送至审查起诉或审判阶段,所以需要向前一诉讼阶段的办案机关去调取;后者则是指证据还未被纳入刑事诉讼活动,未被公安机关、检察院发现、收集,但辩护律师经法定程序可以申请检察院、法院去收集、调取。总之,依第41条规定,辩护人有权申请调取的证据仅限于"在侦查、审查起诉期间公安机关、人民检察院收集的证明犯罪嫌疑人、被告人无罪或者罪轻的证据材料未提交的",即公安机关、检察院"在侦查、审查起诉期间"已经收集却并未提交的、对辩方有利的证据,除此之外的其他证据,辩护人只能依据第43条向检察院、法院申请调取。例如,辩护律师认为一目击证人的证言有利于辩方,欲向其调查取证,但该证人拒绝向辩护人提供证言,此时,辩护律师只能依据第43条第1款的规定,申请检察院、法院收集、调取该证人证言,或者在审判期间申请法院通知该证人出庭作证。[1]

---

〔1〕 参见万毅:《〈刑事诉讼法修正案(草案)〉证据制度修正条文释评》,载李学军主编:《证据学论坛》(第17卷),法律出版社2012年版,第5页。

二、申请时间

从条文规定看,有权申请调取无罪或者罪轻证据的时间是自检察院对案件审查起诉之日起,也就是在审查起诉和审判阶段,辩护人可以申请调取证据。这点可以从辩护人所申请的司法机关——检察院、法院反向推导出来。试举以下三种情形:

情形一:案件侦查终结被移送检察院审查起诉,辩护人认为公安机关在侦查期间收集的证明犯罪嫌疑人无罪或者罪轻的证据材料未提交,即未附卷随案移送,有权向主导此诉讼阶段的司法机关——检察院提出申请,要求检察院向公安机关调取对犯罪嫌疑人有利的、未随案移送的证据。

情形二:案件被提起公诉,辩护人发现检察院未将审查起诉期间其自行侦查或公安机关补充侦查收集的证明被告人无罪、罪轻的证据材料提交法院,或是直接"扣留"了公安机关移送的证明被告人无罪、罪轻的证据材料的,可申请审判阶段的主导机关——法院向检察院调取这些证据。

一般认为,在侦查阶段,由于证据还在收集,一些证明犯罪嫌疑人无罪、罪轻的证据可能还未被发现、收集,即使已经收集但因侦查尚未终结,故案卷材料还未移送,不会出现公安机关未提交收集证据的情形。但是从《高检规则》第50条的规定看,如果在侦查阶段,公安机关将案件提请批准逮捕后,辩护人认为公安机关在侦查期间收集的证明犯罪嫌疑人无罪或者罪轻的证据材料未提交,申请检察院向公安机关调取的,检察院负责捕诉的部门应当及时审查。据此,在侦查阶段的报捕环节又会出现辩护律师申请调取证据的第三种情形。

情形三:案件被移送检察院审查逮捕,辩护人认为公安机关在侦查期间收集的证明犯罪嫌疑人无罪或者罪轻的证据材料未提交检察院的,有权申请检察院向公安机关调取相关证据。

有研究者指出,《高检规则》把检察院审查逮捕环节纳入辩护律师向检察院申请调取无罪、罪轻证据的诉讼时段,尽管和立法初衷不太一致,却有利于充分保障辩护权,值得赞同。[1] 本评注认为从本条的内容看,《高检规则》的规定并未突破立法文义的射程范围,符合立法精神,且

---

[1] 参见夏永全:《条解刑事诉讼法——主旨·释评》,西南交通大学出版社2014年版,第45页。

该解释还有利于检察院审查批准逮捕的客观公正性,并无不妥。

三、申请调取证据的范围

本条规定,辩护人申请调取的证据材料是"证明犯罪嫌疑人、被告人无罪或者罪轻的证据材料"。这些材料,"既包括某个单独的可能证明犯罪嫌疑人无罪或者罪轻的证据,也包括某些相矛盾的证据材料中可能证明犯罪嫌疑人无罪或者罪轻的证据,如一个案件中有多个目击证人,有的目击证人的证言是证明犯罪嫌疑人有罪或者罪重的,有的目击证人的证言是证明犯罪嫌疑人无罪或者罪轻的;再比如,一个证人前后提供过多次证言,有的证言是证明犯罪嫌疑人有罪或者罪重的,有的证言是证明犯罪嫌疑人无罪或者罪轻的"[1]。

此外,本条中规定的公安机关、检察院对证明犯罪嫌疑人、被告人无罪或者罪轻的证据材料"未提交",是指公安机关、检察院因为未采信或者其他原因,没有将证明犯罪嫌疑人无罪或者罪轻的证据放在案卷中并随案移送到检察院、法院。

四、申请调取证据的程序

辩护人向检察院和法院申请调取侦查、审查起诉期间公安机关、检察院收集的证明犯罪嫌疑人、被告人无罪或者罪轻的证据材料,不能道听途说、捕风捉影,必须提供相关的线索或材料,且须以书面形式提出,以便检察院或法院调取证据时能有迹可循。有研究者就指出:"从诉讼法理的角度看,辩护人根据本条规定提出请求,是一种诉讼主张,至少应当以合理的方式表明其主张成立,包括提交有关线索等。"[2]至于提交的相关线索或材料,一般主要是辩护人从阅卷中发现,或通过与犯罪嫌疑人、被告人会见交流时得知。当然,对于辩护律师发现、收集的对犯罪嫌疑人、被告人有利的证据材料提交给公安机关或检察院,但他们之后并未将其附卷随案移送的,也可以申请调取。

检察院或法院收到辩护人调取无罪或者罪轻的证据材料申请,应当

---

[1] 王爱立、雷建斌:《刑事诉讼法立法精解》,中国检察出版社2019年版,第75页。
[2] 李昌林主编:《最新中华人民共和国刑事诉讼法释义》,中国法制出版社2012年版,第86页。

充分考虑辩护人的要求,认真审查其提供的线索、材料,对于可能存在辩护人申请调取证据的情形,影响案件处理的,应当予以调取;对于辩护人提出的申请经审查没有根据或者与认定案件确实没有关联,决定不予调取的,应当向辩护人说明理由。《高检规则》第50条中规定:"案件提请批准逮捕或者移送起诉后,辩护人认为公安机关在侦查期间收集的证明犯罪嫌疑人无罪或者罪轻的证据材料未提交,申请人民检察院向公安机关调取的,人民检察院负责捕诉的部门应当及时审查。经审查,认为辩护人申请调取的证据已收集并且与案件事实有联系的,应当予以调取;认为辩护人申请调取的证据未收集或者与案件事实没有联系的,应当决定不予调取并向辩护人说明理由。"《高法解释》第57条也规定:"辩护人认为在调查、侦查、审查起诉期间监察机关、公安机关、人民检察院收集的证明被告人无罪或者罪轻的证据材料未随案移送,申请人民法院调取的,应当以书面形式提出,并提供相关线索或者材料。人民法院接受申请后,应当向人民检察院调取。人民检察院移送相关证据材料后,人民法院应当及时通知辩护人。"

如果法院、检察院决定调取有关证据材料的,收集证据的检察院、公安机关应当予以配合,不能以各种理由推诿拒绝。如果确实没有相关证据材料的,也应当作出说明。《高检规则》第414条对此规定:"在法庭审理过程中,合议庭对证据有疑问或者人民法院根据辩护人、被告人的申请,向人民检察院调取在侦查、审查起诉中收集的有关被告人无罪或者罪轻的证据材料的,人民检察院应当自收到人民法院要求调取证据材料决定书后三日以内移交。没有上述材料的,应当向人民法院说明情况。"

另外,待公安机关、检察院移送相关证据材料后,检察院、法院应当及时通知辩护人。《高检规则》第50条中对此规定,"公安机关移送相关证据材料的,人民检察院应当在三日以内告知辩护人。"《高法解释》第57条也有相类似规定。

五、申请调取证据受阻后的权利救济

本条虽然赋予了辩护人申请调取证明犯罪嫌疑人、被告人无罪或者罪轻证据材料的权利,但并未规定针对该项权利的救济机制。本评注认为,如果检察院、法院无正当理由不予调取有利于犯罪嫌疑人、被告人的证据材料,辩护人可依据《刑事诉讼法》第49条的规定,"有权向同级或者上一级人民检察院申诉或者控告。人民检察院对申诉或者控告应当及时进行审查,情况属实的,通知有关机关予以纠正。"《高检规则》第57条对此进一步规定:"辩护人、诉讼代理人认为公安机关、人民检察院、人民法院及其工作人员具有下列阻碍其依法行使诉讼权利行为之一,向同级或者上一级人民检察院申诉或者控告的,人民检察院负责控告申诉检察的部门应当接受并依法办理,其他办案部门应当予以配合:……(十)没有正当理由不同意辩护律师收集、调取证据或者通知证人出庭作证的申请,或者不答复、不说明理由的……对于直接向上一级人民检察院申诉或者控告的,上一级人民检察院可以交下级人民检察院办理,也可以直接办理。"

▶▶【法条评点】

一、有必要增加向监察机关调取证明犯罪嫌疑人、被告人无罪或者罪轻的证据材料的规定

随着国家监察体制改革的深入推进以及监察法的出台实施,职务犯罪案件已转交监察机关办理。《监察法》第45条第1款规定:"监察机关根据监督、调查结果,依法作出如下处置……(四)对涉嫌职务犯罪的,监察机关经调查认为犯罪事实清楚,证据确实、充分的,制作起诉意见书,连同案卷材料、证据一并移送人民检察院依法审查、提起公诉。"在职务犯罪案件被移送检察院审查起诉前,监察机关负责职务犯罪案件的前期调查和证据收集工作,如果监察机关没有将其调查环节或退回补充调查期间收集的证明犯罪嫌疑人、被告人无罪或者罪轻的证据材料随案移送到检察院、法院,后者是否可经辩护人申请向监察机关调取?从司法解释的规定看,监察机关与检察院和法院已经达成共识。《高检规则》第363条规定:"在审查起诉期间,人民检察院可以根据辩护人的申请,向监察机关、公安机关调取在调查、侦查期间收集的证明犯罪嫌疑人、被告人无罪或者罪轻的证据材料。"《高法解释》第57条也规定:"辩护人认为在调查、侦查、审查起诉期间监察机关、公安机关、人民检察院收集的证明被告人无罪或者罪轻的证据材料未随案移送,申请人民法院调取的,应当以书面形式提出,并提供相关线索或者材料。人民法院接受申请后,应当向人民检察院调取。人民检察院移送相关证据材料后,人民法院应当及时通知辩护人。"

第四章　辩护与代理

有鉴于此,本评注认为在下一次刑事诉讼法修改时有必要对本条作出修改,增加向监察机关调取证明犯罪嫌疑人、被告人无罪或者罪轻的证据材料的规定,具体修改方案是：

《刑事诉讼法》第 41 条：辩护人认为在**调查**、侦查、审查起诉期间**监察机关**、公安机关、人民检察院收集的证明犯罪嫌疑人、被告人无罪或者罪轻的证据材料未提交的,有权申请人民检察院、人民法院调取。

第四十二条　【辩护人向办案机关告知证据】辩护人收集的有关犯罪嫌疑人不在犯罪现场、未达到刑事责任年龄、属于依法不负刑事责任的精神病人的证据,应当及时告知公安机关、人民检察院。

▶▶【历次修法条文对照】

1979 年 《刑事诉讼法》	1996 年 《刑事诉讼法》	2012 年 《刑事诉讼法》	2018 年 《刑事诉讼法》
第四章　辩护	第四章 辩护与代理	第四章 辩护与代理	第四章 辩护与代理
无	无	**第 40 条**：辩护人收集的有关犯罪嫌疑人不在犯罪现场、未达到刑事责任年龄、属于依法不负刑事责任的精神病人的证据,应当及时告知公安机关、人民检察院。	**第 42 条** 内容未修订

▶▶【立法沿革】

本条为 2012 年《刑事诉讼法》新增条文。

本条其实是有关辩护人阅卷制度的一项延伸性规定。阅卷本质上是证据开示的一种形式。证据开示的基本涵意是庭审调查前在双方当事人之间相互获取有关案件的信息。根据《布莱克法律辞典》,Discovery 的本意是了解原先所不知道的,揭露和展示原先隐藏起来的东西。在审判制度中,它是一种审判前的程序和机制,用于诉讼一方从另一方获得与案件有关的事实情况和其他信息,从而为审判作准备。[1] "刑事证据开示使得控诉双方给对方提供尽可能多的信息,以便帮助他们准备案件,减少证据突袭。这样的证据开示机制是一种有益的发展,它增强了对抗制的公平性。"[2]

证据开示与阅卷制度在英美法系和大陆法系国家中分别使用,虽名称不同,但在功能和目标上可谓殊途同归。从英美法系国家来看,证据开示经历了一个从单向开示向双方开示的发展过程。我国 1979 年《刑事诉讼法》确立之初即规定了辩护人阅卷制度,1996 年和 2012 年两次修法,两次对辩护人的阅卷制度进行修改完善。总体来看,我国的阅卷制度反映的仍然是证据的单向开示,也就是控方向辩方开示证据材料和诉讼文书。

2012 年,立法机关在对刑事诉讼法进行第二次修订时,"有的办案机关提出,律师在审查起诉阶段可以查阅、复制、摘抄全部案卷材料,律师却只向检察机关告知少数几项证据,不平衡。建议明确辩护人应将收集的所有拟向法庭出示的证据都应当向检察机关出示,并规定辩护人不向检察机关出示证据的法律后果。对此,一些专家、律师则认为不应规定律师的证据告知义务,担心有的办案机关知道律师手中不负刑事责任的相关证据后可能会找相关证人做工作改变有关证据,使律师在法庭的辩护更加困难。考虑到辩护律师的职责主要是依据法律和事实维护犯罪嫌疑人的合法权益,对于'犯罪嫌疑人不在犯罪现场、未达到刑事责任年龄、属于依法不负刑事责任的精神病人'等明显不应当追究其当事人刑事责任的证据,及时告知公安、检察机关,不仅有利于尽早解除限制其当事人人身自由的强制措施,使其早日解脱,维护其合法权益,而且也可以使公安、检察机关及时调整侦查方向,节省有限司法资源。无论对侦查机关、辩护律师还是其当事人,都是有利的"[3]。最终,立法机关增加了辩方向控方的证据开示规定,也就是辩护人在审前(侦查、审查起诉)程序中就"犯

---

[1] 参见龙宗智:《刑事诉讼中的证据开示制度研究(上)》,载《政法论坛》1998 年第 1 期,第 2 页。
[2] *Wardius v. Oregon*, 412 U.S. 470 (1973).
[3] 黄太云:《刑事诉讼法修改释义》,载《人民检察》2012 年第 8 期,第 27 页。

罪嫌疑人不在犯罪现场""未达到刑事责任年龄""属于不负刑事责任的精神病人"三类特定证据的开示义务,从而在一定程度上实现了证据开示的双向性和互动性。

增加这一规定的目的和初衷,主要是考虑到如果辩护人在审前掌握了犯罪嫌疑人无罪的三类证据,却为了辩护效果、律师业务营销等故意压扣,待到庭审上搞"证据突袭",这样做不仅不能将犯罪嫌疑人及时从诉讼中解脱出来,最大限度地维护其合法权益,也不利于司法机关及时纠错,改变侦查方向,维护司法公正。[1]

2018年《刑事诉讼法》对本条未有修改,仅有条文序号的变化。

▶▶【法条注解】

本条规定了辩护人将收集的证明犯罪嫌疑人无罪的证据及时告知公安机关、检察院的义务,也有人称为辩护人的特定证据开示义务。

辩护人,特别是辩护律师自侦查阶段便可介入刑事诉讼活动,通过与犯罪嫌疑人的会见交流,与犯罪嫌疑人家属、亲友的走访交谈可能会发现一些有利于犯罪嫌疑人的证据。其中,对于犯罪嫌疑人不在犯罪现场、没有达到刑事责任年龄以及属于依法不负刑事责任的精神病人的证据(有研究者将其简称为"不在场""不够大""不正常"的"三不证据"),辩护人负有及时告知公安机关、检察院的义务。

一、告知主体

本条规定的告知主体是辩护人,包括辩护律师以及其他辩护人。从条文中"应当"的表述看,辩护人及时告知公安机关、检察院是一项职责义务。由于"三不证据"是关系到犯罪嫌疑人是否有罪以及刑事诉讼有无必要继续进行的关键性证据,且辩护方更容易知悉及获取,因此立法要求辩护人一旦收集到这三类证据,应当立即向公安机关、检察院告知,以便后者在核实证据后作出是否终止刑事诉讼的决定。

对于犯罪嫌疑人而言,虽然及时告知"不在犯罪现场、未达到刑事责任年龄、属于依法不负刑事责任的精神病人的证据"能够使其尽快摆脱

---

[1] 参见王爱立、雷建斌:《刑事诉讼法立法精解》,中国检察出版社2019年版,第76页。

讼累,回归社会,但立法并未对其作出强制性规定,其中原因可能五花八门。"例如,被告自认为案发当时精神正常,但事实上早已心神丧失;又如,杀人案件之被告,案发当时与其情妇过夜故有不在场证明,但为避免外遇曝光的情绪因素而忽略被误判杀人的危险及后果;再如,被告为顶替他人(如至亲或情侣)之罪行而为虚伪之自白。"〔1〕类似原因,犯罪嫌疑人如不及时告知似情有可原,故不宜强求。但辩护人在不违反其保密义务的前提下,为了犯罪嫌疑人的利益以及公共利益的考量则应积极履行辩护职能,及时将上述无罪证据告知公安机关、检察院。

二、及时告知的对象和诉讼阶段

有意见认为,本条规定的辩护人及时告知的对象为公安机关、检察院,没有法院,这就意味着辩护人在审判阶段发现被告人有不在犯罪现场、未达到刑事责任年龄、属于依法不负刑事责任的精神病人的证据的,无须告知法院。这一认识实属对条文的误读。

首先,本条规定的辩护人应及时告知的证据为"犯罪嫌疑人"的无罪证据,所以,这些无罪证据被发现的诉讼阶段应限定在侦查或审查起诉阶段,要及时告知的国家机关自然只能是公安机关或检察院。辩护人如果是在审判阶段才发现前述三类无罪证据的,当然也要及时告知法院,如申请在法庭上出示,申请法院通知有关证人出庭或调取有关证据。《高法解释》第 272 条规定:"公诉人申请出示开庭前未移送或者提交人民法院的证据,辩护方提出异议,审判长应当要求公诉人说明理由;理由成立并确有出示必要的,应当准许。辩护方提出需要对新的证据作辩护准备的,法庭可以宣布休庭,并确定准备辩护的时间。辩护方申请出示开庭前未提交的证据,参照适用前两款规定。"第 273 条第 1 款规定:"法庭审理过程中,控辩双方申请通知新的证人到庭,调取新的证据,申请重新鉴定或者勘验的,应当提供证人的基本信息、证据的存放地点,说明拟证明的事项,申请重新鉴定或者勘验的理由。法庭认为有必要的,应当同意,并宣布休庭;根据案件情况,可以决定延期审理。"可见,司法解释其实已经补充了辩护人在审判阶段提交收集的新证据的规定。

其次,立法机关之所以规定辩护人及时履行告知义务是在审前阶段

---

〔1〕 林钰雄:《刑事诉讼法》(上册),新学林出版股份有限公司 2019 年版,第 215 页。

面向公安机关、检察院,主要目的是避免实践中辩护人早在侦查或审查起诉阶段就发现了犯罪嫌疑人有不在犯罪现场、未达到刑事责任年龄、属于依法不负刑事责任的精神病人的证据,但故意"按下不表""引而不发",待到案件被起诉到法院,才在法庭上"和盘托出",搞"证据突袭"。这样做固然能够提升庭审的辩护效果,对于辩护人,尤其是辩护律师今后的业务拓展、职业发展可能还有一定的"增值"效果,但对于案件事实的查明以及被追诉人合法权益的保障并无益处。例如,当辩护人已经掌握了犯罪嫌疑人有不在犯罪现场的确实证据,如果在侦查阶段就第一时间告知公安机关,不仅可以帮助犯罪嫌疑人及时从讼累中解脱,还能促使公安机关尽快改变侦查方向,调整侦查方案,变换侦查路径,查明真相,抓获真凶,节约司法资源。反之,不及时告知证据,时过境迁,一些本来可以通过改变侦查方向、办案路径就能够收集到的证据可能就此灭失,侦查办案陷入僵局,不仅真凶难以缉获,犯罪嫌疑人也可能会背负更长时间的"涉罪"之名。这其实是一个"双输""多输"的结局。所以,本条规定辩护人如果收集到犯罪嫌疑人有不在犯罪现场、没有达到刑事责任年龄以及属于依法不负刑事责任的精神病人的证据,应第一时间告知公安机关、检察院,不得延误。

三、告知的内容

本条规定了辩护人的及时告知义务,及时告知的内容包括三项证据:犯罪嫌疑人不在犯罪现场、未达到刑事责任年龄、属于依法不负刑事责任的精神病人的证据。这三类无罪证据具备其一便可直接证明犯罪嫌疑人无罪。需要注意的是,证明犯罪嫌疑人无罪的证据有很多种,不限于上述三类,例如证明犯罪已过追诉时效期限、正当防卫、紧急避险等的证据也是无罪证据。但针对这些证据材料,辩护人即使收集到也不必第一时间告知和提交。

"不在犯罪现场",是指有证据证明案发时,犯罪嫌疑人在犯罪现场以外的地方,且无法靠近、接触或遥控犯罪现场的情况。人不可能在同一个时间内处于两个或两个以上的空间。如果犯罪嫌疑人在案发时处于其他空间或场域,就无法再出现在犯罪现场,这就排除了其作案的时间和条件,真凶另有其人。

"未达到刑事责任年龄",是指犯罪嫌疑人没有达到具体的要定罪、追究刑事责任的年龄。根据刑法犯罪理论，仅有"不法"、没有"责任"不构成犯罪。而在"责任"领域，刑事责任年龄是一个必备要件。依据《刑法》第17条的规定，行为人只有达到了刑事责任年龄才能够对自己的行为有认知和辨别是非的能力，才能被定罪，追究刑事责任。如果未达到刑事责任年龄则无罪。判断刑事责任年龄需要有确实、充分的证据。《高法解释》第146条第1款规定："审查被告人实施被指控的犯罪时或者审判时是否达到相应法定责任年龄，应当根据户籍证明、出生证明文件、学籍卡、人口普查登记、无利害关系人的证言等证据综合判断。"

"属于依法不负刑事责任的精神病人"，是指依《刑法》第18条规定，行为人属于精神病人，在不能辨认或者不能控制自己行为的时候造成危害结果，经法定程序鉴定确认的，不负刑事责任。这类无罪证据主要是指由专门机构出具的鉴定意见。

▶▶【法条评点】

一、本条未规定辩护人不及时告知无罪证据的法律后果

既然辩护人向公安机关、检察院及时告知无罪证据是一项法定义务，那么违反该义务理应要承担一定的法律后果，如此才能确保本条款在实践中得到根本遵循和有效执行。但问题在于，本条并未明确规定违反告知义务的法律后果。实践中，辩护人一旦违背义务，没有将上述三类证据及时告知公安机关、检察院的，是否要承担法律责任，如何进行惩戒或制裁？例如，对于应当开示而未开示之证据，是否即丧失证据资格而不得在后续程序中提出（证据失权）？

本评注同意万毅教授的观点，鉴于辩护人违反特定证据开示义务，仅导致诉讼无法及时终结，违法后果并不严重，因此，不宜以证据失权作为其程序违法的后果。实践中遇到类似问题，对于律师以外的其他辩护人，可以责令其改正、命令其立即开示；对于辩护律师，则可将其视为违背律师执业义务和职业伦理的行为，由公安机关、检察院建议司法行政机关视其情节责令其改正或予以警告、罚款、停止执业等处罚。[1]

---

［1］ 参见万毅：《微观刑事诉讼法学——法解释学视野下的〈刑事诉讼法修正案〉》，中国检察出版社2012年版，第37页。

二、如何理解本条中辩护人对三类无罪证据的"收集"

"从本条规定可以看出,辩护律师从侦查阶段开始,其他辩护人从审查起诉阶段就可以收集上述三类证据。否则其告知义务就没有根据了。这说明辩护律师在侦查阶段就享有了调查取证权,并且其他辩护人也享有调查取证权。"[1]这样看来,《刑事诉讼法》第42条的规定就与第43条的规定存在两处不一致的地方,有必要对条文之间的关系作出体系解释。

其一,根据《刑事诉讼法》第43条的规定,收集证据的主体仅限于辩护律师,律师以外的其他辩护人没有收集证据的权利,但从第42条规定看,其他辩护人在审查起诉阶段也有权收集三类无罪证据,对此应如何理解?本评注认为,依照立法机关对本条中"收集"一词的解释,其既包括犯罪嫌疑人及其近亲属或者其他人向辩护人提供的有关证据材料,还包括辩护律师依照第43条的规定向有关单位和个人收集的有关证据材料。对于律师以外的其他辩护人而言,他们在审查起诉阶段对三类无罪证据的收集,可以解释为仅限于前一种情形的"收集"。这本身也符合司法实践。根据刑事诉讼法的规定,律师以外的其他辩护人在侦查阶段无权介入,只能是在案件被移送审查起诉后介入,一旦介入,便可以通过阅卷与犯罪嫌疑人及其家属、亲友会见交流,了解到一些与案件有关的信息、材料。其中就可能有犯罪嫌疑人不在犯罪现场、未达到刑事责任年龄、属于依法不负刑事责任的精神病人的证据,如果辩护人发现并"收集"到,就应当及时告知公安机关、检察院。至于第43条规定的向证人或者其他有关单位和个人收集证据,仍然只是辩护律师的专属权利。

其二,辩护律师在侦查阶段有调查取证权吗?这一问题一直存有争议,需要结合《刑事诉讼法》第43条加以讨论,但仅从本条规定看似乎也能发现些许端倪。如前所述,只有辩护律师才能介入侦查阶段,如果其要履行"及时告知公安机关"三类无罪证据的义务,只能是在侦查阶段"收集"这些证据。这就意味着立法已经赋予了辩护律师在侦查阶段的调查取证权。可以作出印证的就是《高检规则》第51条的规定,"在人民检察

---

[1] 李昌林主编:《最新中华人民共和国刑事诉讼法释义》,中国法制出版社2012年版,第87页。

院侦查、审查逮捕、审查起诉过程中,辩护人收集的有关犯罪嫌疑人不在犯罪现场、未达到刑事责任年龄、属于依法不负刑事责任的精神病人的证据,告知人民检察院的,人民检察院应当及时审查"。当然,还有一种解释方案就是对此处的"收集"作限缩解释,认为辩护律师在侦查阶段收集三类无罪证据的方式仅限于犯罪嫌疑人及其近亲属或者其他人向辩护律师提供的有关证据材料,辩护律师在侦查阶段"收集"证据仍然具有消极被动性,不应直接采用第43条规定的那种积极主动型的调查取证方式。考虑到我国侦查阶段并未采用"双轨"制侦查模式,辩方也不能在刑事案件中雇佣私家侦探,主动取证风险较高,故本评注认为仅凭第42条的规定还不能直接推导出辩护律师在侦查阶段可以直接向证人或者其他有关单位和个人收集与本案有关的材料,还须结合第43条的规定综合考虑,进一步的分析将在第43条【法条评注】中再作延展。

三、辩护人及时告知三类无罪证据是举证责任的体现吗?

有观点对本条提出质疑,认为在刑事诉讼中被告人有罪的举证责任由控方承担,辩方不承担举证责任,而本条要求辩护人在审前程序中应当把收集的有关犯罪嫌疑人不在犯罪现场、未达到刑事责任年龄、属于依法不负刑事责任的精神病人的证据及时告知公安机关、检察院,破坏了举证责任的分配规定,有违刑事诉讼中的证据法原理。

本评注认为,证明被告人有罪的举证责任仍然是由控方,即公诉案件中的检察院、自诉案件中的自诉人来承担,证明标准仍然是证据确实、充分,包括三个层面,即《刑事诉讼法》第55条规定的"(一)定罪量刑的事实都有证据证明;(二)据以定案的证据均经法定程序查证属实;(三)综合全案证据,对所认定事实已排除合理怀疑"。其中,被告人在犯罪现场、达到刑事责任年龄、不属于依法不负刑事责任的精神病人都是控方需要提供确实、充分的证据加以证明的对象,缺一不可。

当控方就上述内容以及犯罪构成要件事实加以证明后,法官会形成被告人有罪的临时心证,辩方为了维护自身的合法权益会积极行使辩护权,告知有关犯罪嫌疑人不在犯罪现场、未达到刑事责任年龄、属于依法不负刑事责任的精神病人的证据,促使法官对被告有罪的心证事实产生合理怀疑,形成"疑点"。当然,控方还有机会通过进一步收集和提交证据积极举证去消除"疑点",如果其最终无法排除这一合理怀疑,则控方举证失败,要为此承担败诉风险,即法院最终认定被告人无罪。从整个举证过程看,承担被告人有罪的举证责任的一方仍然是控方,并未发生转移或倒置。辩护人告知犯罪嫌疑人无罪的三类证据并不是在履行举证责任,顶多是一种让法官对被告人有罪的事实产生怀疑的辩护行为,有学者将其称为"疑点形成责任"[1],但最终消除"疑点",指控被告人有罪的举证责任还是完全归属控方。辩方不履行疑点形成责任的后果最多是其诉讼主张得不到支持,不会直接导致败诉危险;辩方即使选择放弃或不积极行使权利,不履行及时告知三类无罪证据的义务,也不会直接导致败诉。"因为一方面在法官职权探知主义原则领域,败诉并不是对当事人不作为的必然的不利后果;另一方面即使辩方不予反驳,控方也需在排除合理怀疑后法官才会作出有罪判决。疑点形成责任是被告对自己负责的责任,是针对法官推进诉讼的责任。"[2]

　　至于本条为什么规定辩护人"及时告知"三类无罪证据是一项义务,本评注认为辩护人的这一义务并非源于对法院的举证责任,而是源于对犯罪嫌疑人、被告人负有依法、尽职辩护的职责,是在恪守《刑事诉讼法》第 37 条的规定,即"辩护人的责任是根据事实和法律,提出犯罪嫌疑人、被告人无罪、罪轻或者减轻、免除其刑事责任的材料和意见,维护犯罪嫌疑人、被告人的诉讼权利和其他合法权益"。辩护人一旦发现三类无罪证据,只要能够向办案机关告知,协助办案机关最终确认犯罪嫌疑人无罪的,就应当及时告知,这恰恰是辩护人最大化地维护犯罪嫌疑人、被告人合法权益的职责所在。所以,本条规定辩护人有义务和责任向公安机关、检察院及时告知三类无罪证据,是对于犯罪嫌疑人而言的,是辩护人履行辩护职责的应有之义。

---

[1] 黄维智:《合理疑点与疑点排除——兼论刑事诉讼证明责任的分配理论》,载《法学》2006 年第 7 期,第 155 页以下。

[2] 黄维智:《合理疑点与疑点排除——兼论刑事诉讼证明责任的分配理论》,载《法学》2006 年第 7 期,第 155 页。

第四十三条　【辩护律师收集材料】【辩护律师申请取证及证人出庭】 辩护律师经证人或者其他有关单位和个人同意,可以向他们收集与本案有关的材料,也可以申请人民检察院、人民法院收集、调取证据,或者申请人民法院通知证人出庭作证。

辩护律师经人民检察院或者人民法院许可,并且经被害人或者其近亲属、被害人提供的证人同意,可以向他们收集与本案有关的材料。

▶▶【历次修法条文对照】

1979 年《刑事诉讼法》	1996 年《刑事诉讼法》	2012 年《刑事诉讼法》	2018 年《刑事诉讼法》
第四章　辩护	第四章　辩护与代理	第四章　辩护与代理	第四章　辩护与代理
无	**第 37 条**:辩护律师经证人或者其他有关单位和个人同意,可以向他们收集与本案有关的材料,也可以申请人民检察院、人民法院收集、调取证据,或者申请人民法院通知证人出庭作证。 辩护律师经人民检察院或者人民法院许可,并且经被害人或者其近亲属、被害人提供的证人同意,可以向他们收集与本案有关的材料。	**第 41 条** 内容未修订	**第 43 条** 内容未修订

第四章　辩护与代理　　　　　　　　　　　　　　　　　　　　第 43 条

▶▶【立法沿革】

本条为 1996 年《刑事诉讼法》新增条文,在 2012 年和 2018 年的修法过程中未有内容调整,仅有条文序号的变化。

关于辩护律师在刑事诉讼中是否享有调查取证的权利,是 1996 年修改刑事诉讼法过程中一个颇具争议的问题。一种意见认为,律师应当享有调查取证的权利。理由是:刑事诉讼法赋予公安、检察院以刑事侦查权,可以依法进行调查,并收集证明犯罪嫌疑人、被告人有罪的证据,在庭审时出示。而作为犯罪嫌疑人、被告人的辩护律师,却没有法定的调查取证权,不能依法调查收集证明犯罪嫌疑人、被告人无罪、罪轻的证据,这有碍保障被追诉人的合法权益,法律有失公允。因此,建议在刑事诉讼法中增加"律师担任刑事诉讼辩护人,有权向有关单位和个人进行调查、收集证据,有关单位和个人应当协助"的规定。当时的《中华人民共和国律师暂行条例》第 7 条也规定,律师参加诉讼活动,有权依照有关规定向有关单位、个人调查,有关单位和个人有责任给予支持。另一种意见则认为,辩护律师在刑事诉讼中不应享有调查取证的权利。否则,会影响侦查机关侦查活动的顺利进行。[1]

立法机关经多方论证最终原则上采纳了第一种意见,同时对辩护律师在刑事诉讼中的调查取证权利作出以下四项限制性的规定:

第一,辩护律师的调查取证只能始于审查起诉阶段,这是因为 1996 年《刑事诉讼法》规定律师以辩护人的身份介入刑事诉讼只能始于审查起诉阶段,本条规定的调查取证主体为辩护律师,所以其调查取证活动始于审查起诉阶段。

第二,辩护律师可以向证人或者其他单位和个人收集与本案有关的材料,但必须征得他们本人的同意。

第三,辩护律师可以向被害人或者其亲属、被害人提供的证人收集与本案有关的材料。但必须经两方的许可或同意:一是要经检察院或者法院的许可,二是要经被害人或者其近亲属、被害人提供的证人同意。

第四,辩护律师也可以申请检察院、法院收集、调取证据,或者申请人民法院通知证人出庭作证。

---

[1] 参见周道鸾、张泗汉主编:《刑事诉讼法的修改与适用》,人民法院出版社 1996 年版,第 91 页。

▶▶【法条注解】

本条是关于辩护律师收集证据的规定,可称为辩护律师调查取证权条款。

一、调查取证主体

本条规定的调查取证主体是辩护律师。"这是考虑调查、收集证据的工作涉及到被调查的公民的权利,律师是有组织,有职业纪律,并有法律约束的执业人员,而其他辩护人则可能是犯罪嫌疑人、被告人的父母、子女、亲友,如果赋予调查取证权,缺乏必要的约束,易造成对被调查的公民权利的侵害。"[1]

至于律师以外的其他辩护人,如果是在与犯罪嫌疑人、被告人及其近亲属或者其他人会见交流时发现或收集到他们提交的证据,又或者是他们主动提供的证言,可以向办案机关及时告知、提交或反映相关取证线索、信息。

二、调查取证的方式

本条第 1 款规定:"辩护律师经证人或者其他有关单位和个人同意,可以向他们收集与本案有关的材料,也可以申请人民检察院、人民法院收集、调取证据,或者申请人民法院通知证人出庭作证。"据此,辩护律师收集证据有三种方式:一是辩护律师自行调查取证,二是辩护律师申请调查取证,三是辩护律师申请证人出庭作证。第 2 款规定的内容其实也是辩护律师自行调查取证,属于三种方式中的第一种。综上,本条共规定了辩护律师的三种收集证据方式,可称为调查取证权的三种形式。

(一)辩护律师自行调查取证

1. 针对"辩方证人"的自行调查取证

本条第 1 款规定,"辩护律师经证人或者其他有关单位和个人同意,可以向他们收集与本案有关的材料",这是指接受犯罪嫌疑人、被告人委托或者承担法律援助工作的律师,为了辩护的需要,经证人或者其他有关单位、个人同意,向他们收集证实犯罪嫌疑人、被告人是否犯罪、罪重

---

[1] 王爱立、雷建斌:《刑事诉讼法立法精解》,中国检察出版社 2019 年版,第 78 页。

还是罪轻的物证、书证、视听资料、电子数据等证据和证人证言。[1]《律师法》第35条第2款也有类似规定,"律师自行调查取证的,凭律师执业证书和律师事务所证明,可以向有关单位或者个人调查与承办法律事务有关的情况"。至于收集证据的具体方式,既包括向被调查者收集实物证据,也包括向证人了解案件情况,要求其提供书面证言,或者邀请其出庭作证。

需要注意的是,本条第1款中的"证人或者其他有关单位和个人"不包含本条第2款中的"被害人或者其近亲属、被害人提供的证人",是第2款中的"被害人或者其近亲属、被害人提供的证人"以外的"证人或者其他有关单位和个人"。不少研究者为了表述方便,将其称为"辩方证人"[2]。辩护律师向这些人或单位收集证据须经本人或单位的同意。究其原因,辩护律师的调查取证不同于国家专门机关的调查取证,不具有国家强制力,是一种"民间力量",被调查单位或个人并没有法定的配合服从义务,因此这种自行调查事前须征得被调查单位或者个人的同意。一旦他们拒绝接受调查或者拒绝提供证据材料,辩护律师便不能继续完成调查取证活动。也恰恰是这一原因,实践中,辩护律师"取证难"的问题长期存在。"行政机关常常以有内部规定、无配合义务、承办人不在为由拒绝律师收集、调取与案件有关的材料。非政府部门,如银行、电信、邮局、医院等一般对辩护律师的调查、取证予以拒绝,致使辩护律师调查取证权难以实现。"[3]

---

〔1〕 参见王爱立、雷建斌:《刑事诉讼法立法精解》,中国检察出版社2019年版,第78页。

〔2〕 本评注认为这一表述并不妥当,依本条第2款规定,辩护律师只有在向被害人或者其近亲属、被害人提供的证人调查取证时,才需要经过检察院、法院的许可,对控方找的其他证人调查取证无须经过许可,仅须本人同意即可。而且,并不是说控方先找的就是控方证人,要看其陈述的内容对控辩哪方更为有利,有时可能对控辩双方都有利、都不利或利弊参半,硬性区分控方证人、辩方证人并不一定能做到泾渭分明。总之,控方找的证人不一定就是控方证人,辩护律师向他们调查取证不是都要经过检察院、法院许可。经过许可才能调查取证的仅限于本条第2款中"向被害人或其近亲属、被害人提供的证人"取证的情形,这是对被害人及其近亲属的情感的尊重和保护,是对被害人的特别保护条款。参见张军、姜伟、田文昌:《新控辩审三人谈》(增补本),北京大学出版社2020年版,第63页。

〔3〕 江必新主编:《最高人民法院刑事诉讼法司法解释理解与适用》(上),人民法院出版社2015年版,第150页。

2. 针对被害人或者其近亲属、被害人提供的证人的自行调查取证

本条第2款中的"被害人或者其近亲属、被害人提供的证人"实质上也是第1款"证人或者其他有关单位和个人"的一部分,但因为这类群体较为特殊,故单列一款专门作出规定。详言之,本条第2款是关于辩护律师向被害人、被害人近亲属、被害人提供的证人收集证据专门的程序性规定。根据本款规定,辩护律师可以向被害人、被害人近亲属、被害人提供的证人收集证据,但必须受两方面限制。

一是要经检察院或者法院的许可。辩护律师向被害人或者其近亲属、被害人提供的证人取证,在审前阶段应经检察院的许可,在审判阶段要经法院的许可。"之所以作如此限制性规定,主要是为防止被害人或者其近亲属、被害人提供的证人产生不必要的心理压力,或避免其同辩护人进行私下交易,不利于准确地对被告定罪量刑,不利于打击犯罪。"[1]

二是要经被害人、被害人近亲属、被害人提供的证人同意。毕竟,被害人是刑事犯罪的直接受害者,不应当因为向本人取证,或向其近亲属,以及他们提供的证人取证而在刑事诉讼中受到威胁、引诱等无端伤害,要保障他们的合法权益。

(二)辩护律师申请调查取证

本条第1款中"可以申请人民检察院、人民法院收集、调取证据",是指辩护律师在调查取证过程中,收集证据被拒绝或者无法收集某项证据时,可以申请检察院、法院依法收集、调取证据。

1. 申请调查取证的两种情形

刑事诉讼法并未规定辩护律师在何种情况下拥有申请调查取证的权利,本评注总结为两种情形:一是证人或者其他有关单位、个人拒绝辩护律师自行调查取证;二是辩护律师直接申请检察院、法院收集、调取那些辩护律师在客观上不宜或不能收集的证据。

(1)辩护律师因自行取证受阻、被拒而申请调查取证

由于证人或者其他有关单位、个人的不配合,辩护律师自行调查取证常常步履维艰,辩护效果会不同程度地受到影响。当辩护律师自行调查

---

[1] 刘家琛主编:《刑事诉讼法及配套规定新释新解》(上),人民法院出版社2003年版,第427页。

取证受阻或遭到拒绝时,立法便赋予了其一定的补救措施和救济手段,那就是申请检察院、法院收集、调取证据(当然也可以申请法院在开庭审案时通知证人出庭作证)。毕竟,一旦检察院、法院准许了辩护律师的申请,由国家专门机关收集、调取证据,此时的取证便有了公权力的属性,有国家强制力做后盾,自然能够有效解决辩护律师自行收集证据"刚性不足"的问题。

(2)辩护律师因不宜或不能收集到相关证据而申请调查取证

《高法解释》第60条第1款规定:"辩护律师直接申请人民法院向证人或者有关单位、个人收集、调取证据材料,人民法院认为确有必要,且不宜或者不能由辩护律师收集、调取的,应当同意。"该规定其实已指明辩护律师申请检察院、法院调查取证的另一种情形,即针对某些证据材料,辩护律师不宜或者不能自行收集、调取,只能借由公权力,申请检察院、法院去收集、调取。

何谓辩护律师"不宜"自行收集、调取的证据?司法实践中主要涉及三个方面:一是特殊案件中的证人,例如危害国家安全犯罪、恐怖活动犯罪、黑社会性质组织犯罪、毒品犯罪等案件中的关键证人,依法需要国家专门机关予以保护,在此情形下,不宜由辩护律师直接向证人收集、调取证据;二是采取技术侦查措施收集的证据材料,因可能危及有关人员的人身安全或者可能产生其他严重后果,不宜由辩护律师直接调取;三是其他不宜由辩护律师直接收集、调取证据的情形。何谓辩护律师"不能"自行收集、调取的证据?司法实践中应注意从三个方面把握:一是辩护律师不享有收集相关证据的权利。根据刑事诉讼法的规定,收集证据必须是由法定主体依法定程序收集,凡是未经法定主体依法定程序收集的证据均不具有合法性,也就是说不具备证据能力。因此,辩护律师依法无权收集相关证据的属"不能"收集。二是因证据可能涉及国家秘密、商业秘密、个人隐私,基于保密或者对隐私权的尊重,不能由辩护律师收集的情形。[1] 三是如果辩护律师事先预判到有关单位或个人会拒绝其调查取证,也可以直接申请检察院或者法院收集、调取证据。当然,对此要在申请时提供理由,以证明其确实"不能"收集

---

[1] 参见江必新主编:《最高人民法院刑事诉讼法司法解释理解与适用》(上),人民法院出版社2015年版,第152—153页。

到相关证据。

2. 申请调查取证的相关程序

(1) 辩护律师的申请程序

依《高法解释》第 61 条的规定，辩护律师向法院提出调查取证的申请，"应当以书面形式提出，并说明理由，写明需要收集、调取证据材料的内容或者需要调查问题的提纲"。辩护律师向检察院申请调查取证可参照这一规定适用。

(2) 申请调查取证要经过检法两机关审查许可

辩护律师向检察院、法院提出调查取证的申请，并不必然启动检法两机关的调查取证活动，还是要先经过检察院、法院的审查，以确认律师所申请调查的证据是否与案件事实相关，对案件的定罪量刑是否有重大影响，或者所通知的证人能否提供有关的案件事实情况。否则，检察院、法院将驳回申请，不再启动调查取证程序。《高法解释》第 59 条规定："辩护律师向证人或者有关单位、个人收集、调取与本案有关的证据材料，因证人或者有关单位、个人不同意，申请人民法院收集、调取，或者申请通知证人出庭作证，人民法院认为确有必要的，应当同意。"这其中的"确有必要的"即意味着针对辩护律师提出的要求法院调查取证的申请，法院有审批把关的权限。另外，《高法解释》第 60 条也有"人民法院认为确有必要"的规定。此外，《高检规则》第 52 条第 1 款也作了相同规定："案件移送起诉后，辩护律师依据刑事诉讼法第四十三条第一款的规定申请人民检察院收集、调取证据的，人民检察院负责捕诉的部门应当及时审查。经审查，认为需要收集、调取证据的，应当决定收集、调取并制作笔录附卷；决定不予收集、调取的，应当书面说明理由"。

(3) 调查取证申请被许可后应由检察院、法院自行取证

辩护律师申请检察院、法院向证人或者有关单位、个人调查取证，应当由检察院、法院亲自收集、调取证据。换言之，辩护律师提出申请，检察院、法院一旦许可后，调查取证的责任主体就是检察院、法院，而非辩护律师。《六机关规定》第 8 条中明确指出："对于辩护律师申请人民检察院、人民法院收集、调取证据，人民检察院、人民法院认为需要调查取证的，应当由人民检察院、人民法院收集、调取证据，不得向律师签发准许调查决定书，让律师收集、调取证据。"

(4)检察院、法院调查取证的相关程序

有关检察院、法院调查取证的程序性内容规定不多,根据《高检规则》第52条第2款[1]以及《高法解释》第60条第2款、第3款、第4款[2]的规定,主要涉及四个方面[3]:

一是法院向有关单位收集、调取书面证据材料时,必须由提供人在书面证据材料上签名,并加盖单位印章;向个人收集、调取书面证据材料时,必须由提供人在书面证据材料上签名。之所以作此规定,旨在便于控辩双方对证据来源进行审查。

二是法院对有关单位、个人提供的证据材料,应当出具收据,写明证据材料的名称、收到的时间、件数、页数以及是否为原件等,由书记员或者审判人员签名。这样做的目的是对法院调取证据的行为予以规范。众所周知,证据是认定案件事实的根据,国家专门机关在诉讼过程中收集的证据,应当入卷随案移送。凡是伪造证据、隐匿证据或者毁灭证据的,无论属于何方,都必须受法律追究。法院对有关单位、个人提供的证据材料,应当出具收据,意味着法院对该证据材料负有保管和附卷移送义务。一旦证据被伪造、隐匿或者毁灭,法院相关人员则应承担相应的法律责任。

三是检察院收集、调取证据材料时,辩护律师可以在场。《高检规则》第52条第2款赋予辩护律师在检察院调查取证时的在场权,目的在于由辩护律师监督检察人员客观、全面、依法收集证据。值得注意的是,2012年《高法解释》第52条第1款中曾规定:"人民法院收集、调取证据材料时,辩护律师可以在场。"但在2021年修订《高法解释》时则删除了这一表述。

---

[1] 《高检规则》第52条第2款规定:"人民检察院根据辩护律师的申请收集、调取证据时,辩护律师可以在场。"

[2] 《高法解释》第60条第2款、第3款、第4款规定:"人民法院向有关单位收集、调取的书面证据材料,必须由提供人签名,并加盖单位印章;向个人收集、调取的书面证据材料,必须由提供人签名。人民法院对有关单位、个人提供的证据材料,应当出具收据,写明证据材料的名称、收到的时间、件数、页数以及是否为原件等,由书记员、法官助理或者审判人员签名。收集、调取证据材料后,应当及时通知辩护律师查阅、摘抄、复制,并告知人民检察院。"

[3] 部分内容参见江必新主编:《最高人民法院刑事诉讼法司法解释理解与适用》(上),人民法院出版社2015年版,第153—154页。

四是法院收集、调取证据材料后,应当开展两项诉讼活动:首先,及时通知辩护律师查阅、摘抄、复制相关证据材料。法院依申请向证人或者有关单位个人收集、调取证据材料后,应当及时通知辩护律师到法院阅卷,方便辩护律师做好质证准备。其次,及时告知检察院。这里规定的"告知",既可以是口头告知,也可以是书面告知。控辩双方平等对抗,是现代刑事诉讼应当遵循的原则,辩护律师对控方收集的证据材料享有阅卷权,对于辩护律师提供的证据材料或者是辩护律师申请法院收集调取的证据材料,控方也对等地享有知情权。为此,法院应当承担告知义务,便于检察院到法院及时阅卷,为庭审质证做好准备。

(三)辩护律师申请证人出庭作证

本条第1款中"申请人民法院通知证人出庭作证",是指辩护律师可以申请法院向证人发出出庭作证通知。这种方式只适用于审判阶段,包括一审、二审以及按照审判监督程序开庭审理的案件。法院一旦接受通知人出庭作证的申请,证人就应当出庭作证。

如前所述,申请证人出庭作证既可以是辩护律师自行向证人取证受阻或遭拒后的救济行为,也可以是因自身不能或不宜向证人取证,向法院提出要求证人出庭的申请。此外,从辩护策略考虑,申请法院通知证人出庭作证,对于辩护律师以及法院而言,可以节约许多时间。"证人在法庭上当众作证,由于法庭的威严、神圣,一般会如实作证,作伪证的可能性较小。因此,尽管在法庭开庭之前,辩护律师或人民法院已收集到不少证据,或者某证人已提供过有关证据材料,但是为了进一步增加证据的份量或增加证据的可信性,辩护律师在审判阶段仍然可以申请人民法院通知证人出庭作证。"[1]

当然,根据《刑事诉讼法》第192条第1款的规定,证人出庭须满足三个条件:"公诉人、当事人或者辩护人、诉讼代理人对证人证言有异议""该证人证言对案件定罪量刑有重大影响""人民法院认为证人有必要出庭作证"。辩护律师申请法院通知证人出庭作证的,法院也需要从上述三个条件出发进行审查,满足条件的,应当通知证人出庭作证。

---

[1] 刘家琛主编:《刑事诉讼法及配套规定新释新解》(上),人民法院出版社2003年版,第428页。

第四章　辩护与代理

▶▶【法条评点】

一、辩护律师在侦查阶段可否调查取证？

本评注在《刑事诉讼法》第42条"【法条评点】二"中曾指出，辩护人"收集证据"既包括犯罪嫌疑人及其近亲属或者其他人主动提交的有关证据材料，如自行提供的物证、书证、视听资料等实物证据，或是自书签字的书面言词材料等；还包括辩护律师依照《刑事诉讼法》第43条的规定向有关单位和个人自行调查取得的证据材料。

本部分所要讨论的是依据《刑事诉讼法》第43条的规定，辩护律师在侦查阶段可否主动向有关单位和个人自行调查取证？本评注认为，虽然刑事诉讼法并未明确规定辩护律师在侦查阶段拥有调查取证权，但通过对相关法律条文的体系性梳理以及国内外相关权利的横向比较，我国的辩护律师在侦查阶段其实已被赋予了相应的调查取证权。

（一）体系解释方法的逻辑推演

"文义解释，指依照法文用语之文义及通常使用方式而为解释，据以确定法律之意义而言。"[1]文义解释是法律解释中最常用、最基础的解释方法。在对既有法律条文进行解释时，文义解释为首选。但当文义解释存在多种解释可能或条文本身含糊不清时，则需要借助法律条文之间的关系、立法精神、社会变动情势等加以综合考虑。其中，体系解释在法律解释方法体系中处于仅次于文义解释的优先位阶。"这主要是因为，其和文义解释一样，是从文本的字面含义和结构来进行的解释。且此种方法与文义解释具有密切的联系，甚至在很多情况下难以区分。"[2]体系解释是将对某一法条的理解放入整个法律文本中进行语境化的诠释，以实现在一个法律体系下法条间的一致性和融贯性。其重要方式就是将待释法条与其他法条进行串联、结合。"在多种字义上可能的解释之中，应优先考虑有助于维持该规定与其他规定——事理上的一致

---

[1]　杨仁寿：《法学方法论》（第二版），中国政法大学出版社2013年版，第139页。

[2]　王利明：《法律解释学导论——以民法为视角》（第三版），法律出版社2021年版，第278页。

性者。"[1]

在2012年以前,依1996年《刑事诉讼法》第33条和第96条的规定,律师以辩护人身份最早介入刑事诉讼是在审查起诉阶段,侦查阶段受聘为犯罪嫌疑人的"律师"只能提供法律咨询、代理申诉、控告,是"法律帮助者"[2],而非辩护人。不同诉讼阶段律师身份的立法界分恰好与1996年《刑事诉讼法》第37条相衔接。根据第37条的规定,调查取证的主体只能是辩护律师,而非"法律帮助者"。由此推之,在当时,律师的调查取证权只存在于审查起诉和审判阶段,在侦查阶段无法行使。随着2012年《刑事诉讼法》的修订,虽然立法机关并未修改1996年《刑事诉讼法》第37条的规定,但对条文的解读却不能固守旧有文本的含义。因为与其紧密相关的另一条文,即2012年《刑事诉讼法》第33条(2018年《刑事诉讼法》第34条)一改既往侦查阶段律师仅是"法律帮助者"的尴尬境地,赋予了律师在侦查阶段辩护人的新身份,即"犯罪嫌疑人自被侦查机关第一次讯问或者采取强制措施之日起,有权委托辩护人;在侦查期间,只能委托律师作为辩护人。被告人有权随时委托辩护人。"正所谓"时移则势易,势易则情变,情变则法不同",如果再将调查取证的主体只能是辩护律师的理解置入修订后的法律规范,可得出作为辩护人的律师在侦查阶段经证人或者其他有关单位和个人同意,也可以向他们收集与本案有关材料的结论。

除了体系解释的理论证成,结合本评注对《刑事诉讼法》第42条相关内容的解读和推理,也可得出辩护律师在侦查阶段被赋予调查取证权的结论。第42条规定:"辩护人收集的有关犯罪嫌疑人不在犯罪现场、未达到刑事责任年龄、属于依法不负刑事责任的精神病人的证据,应当及时告知公安机关、人民检察院。"本条不仅从正面明确了辩护人(包括辩护律师)必要的证据开示义务,也从另一侧面印证了前述体系解释的分析,因为根据《刑事诉讼法》第3条的规定,公安机关在刑事诉讼中专司

---

[1] [德]卡尔·拉伦茨:《法学方法论》,陈爱娥译,商务印书馆2003年版,第204—205页。

[2] 1996年《刑事诉讼法》第96条第1款规定:"犯罪嫌疑人在被侦查机关第一次讯问后或者采取强制措施之日起,可以聘请律师为其提供法律咨询、代理申诉、控告。犯罪嫌疑人被逮捕的,聘请的律师可以为其申请取保候审。涉及国家秘密的案件,犯罪嫌疑人聘请律师,应当经侦查机关批准。"

侦查,如果辩护律师在侦查阶段没有收集证据的权利,就不可能将特定的证据材料及时告知公安机关。而且,《刑事诉讼法》第88条和第161条还规定了辩护律师在批捕环节以及侦查终结前都有提出意见的权利。试想,如果这些辩护意见没有相应的证据材料作为参考依据,没有律师扎实的调查取证活动作后盾,其提出的意见自然缺乏说服力和辩护的实质效果。

(二)比较法视野中的横向考察

所谓"他山之石,可以攻玉",比较考察其他国家辩护律师在侦查阶段的调查取证权现状后,可以发现在侦查阶段赋予辩护律师调查取证权已然成为一种发展趋势。

1. 英美法系律师在侦查阶段的调查取证现状

英美法系国家的刑事诉讼奉行当事人对抗主义,对抗模式不仅集中在审判阶段,审前程序中的对抗情景也十分常见,最为明显的就是在侦查程序中,不同于大陆法系单轨制侦查模式,英美法系奉行"两条腿走路",倡导双轨制侦查模式,警察和被告方均可以对案件展开调查。[1]之所以如此,缘于英美法系的法律文化中自始便充盈着民主、自由的因子及对政府根深蒂固的怀疑与不信任,在那里,"对国家的不信任是关于国家和公民之间关系的思想基础"[2],因此对权力"分权制衡"和"以权利制约权力"的制度安排和程序设计就成了英美法系国家传统的政治理念和立法基础。英美法系的双轨制侦查模式正是贯彻了这一理念,基于对侦查机关在取证过程中对犯罪嫌疑人有利和不利证据取舍的可能性偏好,以及对取得证据真实性的怀疑,英美法系的法律规定在侦查阶段,辩护律师同侦查机关一样享有调查取证权。如在美国,"侦查或审判中,被

---

[1] 对于单轨制侦查模式和双轨制侦查模式,有学者也称为单轨制证据调查模式和双轨制证据调查模式。"所谓单轨制证据调查,是指证据调查活动基本上由诉讼一方的证据调查人员单独进行,即公诉方的侦查人员进行。所谓双轨制证据调查,是指证据调查活动由诉讼双方的证据调查人员分别进行,官方的证据调查服务于公诉方,私人或民间的证据调查服务于辩护方。换言之,在单轨制下,查明案情和收集证据是以检察官和警察为代表的'官方'活动;而在双轨制下,查明案情和收集证据则是控辩双方的活动。"参见何家弘:《刑事诉讼中证据调查的实证研究》,载《中外法学》2012年第1期,第181页。

[2] [英]麦高伟、杰弗里·威尔逊主编:《英国刑事司法程序》,姚永吉等译,法律出版社2003年版,第39页。

告(或辩护人)为搜集有利证据,得访谈证人,对谈话内容得录音或制作笔记"[1]。此外,辩护律师还可以聘请某些专门人员(一般为私人侦探和民间鉴定人员)协助辩护方调查案情和收集证据[2],包括勘查现场、询问证人和检验物证等。"在有些情况下,辩护律师甚至可以请未参与本案调查的其他警察机构的人员为其勘查现场、检验物证和出庭作证。"[3]辩护律师的调查取证权打破了既往侦查机关独享案件侦查的垄断格局,实现了制度设计上"以权利制约权力"。

2. 大陆法系律师在侦查阶段调查取证的实践样态

大陆法系国家虽然奉行单轨制侦查模式,主张警察等专门国家机关独享侦查权,但是这种单轨制侦查模式主要是限制辩护方使用诸如搜查、扣押等强制性侦查措施或技术性侦查手段,至于任意性侦查手段[4],法律上并没有绝对禁止。如德国刑事诉讼法就认为,辩护律师有权自行调查,必要的时候还可以聘请私人侦探和专家进行调查。[5] 但是,德国的辩护人并没有强制侦查权,因而只能以公民身份收集信息。他们绝对不能对证人施加压力,以及试图影响他们。[6] 在法国,尤其是自20世纪80年代以来,随着诉讼模式的转型,律师在诉讼中尤其是在刑事诉讼中的作用日益彰显。在侦查和预审阶段(法国的预审法官也享有侦查

---

[1] 王兆鹏:《美国刑事诉讼法》,北京大学出版社2005年版,第444页。

[2] 参见何家弘编著:《外国犯罪侦查制度》,中国人民大学出版社1995年版,第27页;万毅:《侦查程序模式与律师权利配置》,载《学术研究》2005年第6期,第87页。

[3] 何家弘:《刑事诉讼中证据调查的实证研究》,载《中外法学》2012年第1期,第182页。

[4] 关于强制侦查与任意侦查的区别标准主要有四种影响力较大的学说,分别是"形式强制力说""中间领域说""形式权利侵害说""重要权利侵害说",本评注采"形式强制力说",其是指伴随着直接物理性质的实力或强制力的行使(直接强制)或者使负有包含制裁效果的义务行为(间接强制)的处分,为强制侦查,反之为任意侦查。参见陈运财:《侦查之基本原则与任意侦查之界限》,载《东海法学研究》1995年第9期,第295页。

[5] 参见[德]托马斯·魏根特:《德国现代侦查程序与人权保护》,刘莹译,载孙长永主编:《现代侦查取证程序》,中国检察出版社2005年版,第347页。

[6] 参见[德]托马斯·魏根特:《德国刑事诉讼程序》,岳礼玲、温小洁译,中国政法大学出版社2004年版,第66页。

权),辩护律师可协助被告收集无罪证据、听取证人证言、向鉴定人提问等[1],还可以通过委托或授权的方式,选择适合案件的私人侦探来完成调查行为中的某一部分任务,在尽可能的最大范围内保障委托人的权利[2]。但是,作为同样奉行单轨制侦查模式的大陆法系国家,法国的《刑事诉讼法典》中并未直接认可辩护律师享有侦查权,对于私人侦探也未有提及,故两者在侦查阶段并非是侦查主体,而仅仅是以侦查程序中的辅助人员或助手的身份来对案件进行调查,被赋予的权利当然不会太多,所使用的调查方法也相当有限,除了前述的几种调查手段,诸如征求法学教授意见等调查手段也都主要局限在非强制性的任意侦查取证范围内。

无论是从法律条文入手进行体系解释,还是从比较研究的视野出发考察其他国家辩护律师的相应权利,都可以发现我国的辩护律师在侦查阶段已经具有调查取证权。只是这种调查取证权的性质和英美法系的侦查权还有较大差异,其更亲缘于大陆法系的任意性调查取证权。简言之,辩护律师在侦查阶段可以向证人或者其他有关单位和个人收集与案件相关的材料,但要经过他们的同意,如果被拒绝,则无法行使该项权利。

需要注意的是,《刑事诉讼法》第43条第2款规定:"辩护律师经人民检察院或者人民法院许可,并且经被害人或者其近亲属、被害人提供的证人同意,可以向他们收集与本案有关的材料。""由于检察机关主持审查起诉阶段,法院主持审判阶段,因此,从字面上看,辩护律师在侦查阶段无权向被害人或者其近亲属、被害人提供的证人收集证据,而只在审查起诉和审判阶段有此权限,并且事先还需要经过检察机关或者法院的许可。同样,按照此逻辑,依据此条第1款后半句,'(辩护律师)也可以申请人民检察院、人民法院收集、调取证据,或者申请人民法院通知证人出庭作证',辩护律师也只能在审查起诉和审判阶段行使申请收集证据权。"[3]

---

[1] 参见施鹏鹏:《法国律师制度述评》,载《当代法学》2010年第6期,第90页。

[2] 参见肖军:《法国侦查主体有关问题初探——兼与中国侦查主体比较研究》,载《四川警察学院学报》2011年第4期,第61页。

[3] 汪海燕、胡广平:《辩护律师侦查阶段有无调查取证权辨析——以法律解释学为视角》,载《法学杂志》2013年第11期,第87页。

> 第四十四条 【辩护人行为禁止】辩护人或者其他任何人,不得帮助犯罪嫌疑人、被告人隐匿、毁灭、伪造证据或者串供,不得威胁、引诱证人作伪证以及进行其他干扰司法机关诉讼活动的行为。
>
> 【追究辩护人刑事责任的特别规定】违反前款规定的,应当依法追究法律责任,辩护人涉嫌犯罪的,应当由办理辩护人所承办案件的侦查机关以外的侦查机关办理。辩护人是律师的,应当及时通知其所在的律师事务所或者所属的律师协会。

▶▶【历次修法条文对照】

1979年《刑事诉讼法》	1996年《刑事诉讼法》	2012年《刑事诉讼法》	2018年《刑事诉讼法》
第四章 辩护	第四章 辩护与代理	第四章 辩护与代理	第四章 辩护与代理
无	**第38条**:辩护律师和其他辩护人,不得帮助犯罪嫌疑人、被告人隐匿、毁灭、伪造证据或者串供,不得威胁、引诱证人改变证言或者作伪证以及进行其他干扰司法机关诉讼活动的行为。 违反前款规定的,应当依法追究法律责任。	**第42条**:辩护人或者其他任何人,不得帮助犯罪嫌疑人、被告人隐匿、毁灭、伪造证据或者串供,不得威胁、引诱证人~~改变证言或者~~作伪证以及进行其他干扰司法机关诉讼活动的行为。 违反前款规定的,应当依法追究法律责任,**辩护人涉嫌犯罪的,应当由办理辩护人所承办案件的侦查机关以外的侦查机关办理。辩护人是律师的,应当及时通知其所在的律师事务所或者所属的律师协会。**	**第44条** 内容未修订

▶▶【立法沿革】

本条为1996年《刑事诉讼法》新增条文。立法机关在2012年修改刑事诉讼法时,对本条内容作出调整。2018年《刑事诉讼法》对本条未予修改,仅有条文序号的变动。

一、1996年《刑事诉讼法》对本条的修改

1979年《刑事诉讼法》"第四章 辩护"仅对辩护人在刑事诉讼中享有的权利作出概括性规定,对辩护人应当履行的义务未予明确,考虑到权利与义务的相对性,这实属立法疏漏。另外,1986年《最高人民法院、最高人民检察院、公安部、司法部关于律师参加诉讼的几项补充规定》第4条也仅对辩护律师义务作出原则规定,即律师依法出庭履行职务,应严格遵守法庭的规则和秩序。应当说,我国的律师队伍总体上是好的,但也有少部分律师在为犯罪嫌疑人和被告人辩护过程中,抱着"收人钱财,替人消灾"的错误观念,违背职业道德,帮助当事人隐匿、毁灭、伪造证据,妨碍诉讼活动。因此,应当在立法层面对辩护人的职业禁止行为作出明确规定。在1996年修改刑事诉讼法时,立法机关增设第38条,对辩护律师和其他辩护人明令三项禁止性规定:第一,在刑事诉讼活动中,不得帮助犯罪嫌疑人、被告人隐藏、毁灭、伪造证据或者串供;第二,不得威胁、引诱证人改变证言或者作伪证;第三,不得进行其他干扰司法机关诉讼活动的行为。辩护律师和其他辩护人违反上述规定的,应依法追究法律责任。

二、2012年《刑事诉讼法》对本条的修改[1]

较之1996年《刑事诉讼法》第38条的规定,2012年《刑事诉讼法》第42条有三处修改。

(一)扩大禁令行为主体的范围

修正草案在全国征求意见过程中,一些专家和律师提出,本条涉及《刑法》第306条规定的律师伪证罪,是对律师的歧视,严重影响律师执

---

[1] 部分内容参见黄太云:《刑事诉讼法修改释义》,载《人民检察》2012年第8期,第29—30页。

业,应当删除。该意见对条文有一定误解。首先,帮助犯罪嫌疑人、被告人隐匿、毁灭、伪造证据或者串供,威胁证人作伪证等行为,是严重妨害刑事诉讼的行为。无论在中国还是外国,任何人实施上述行为,构成犯罪的,均应当依法追究刑事责任,辩护人也不例外。其次,我国刑法对毁灭证据、伪造证据等妨害作证行为,除了在《刑法》第306条规定对辩护人、诉讼代理人追究刑事责任,在第305条、第307条中对司法工作人员,证人、鉴定人、记录人、翻译人员等诉讼参与人,以及其他案外人也规定要追究刑事责任,不存在歧视辩护人的问题。另外,考虑到本条在刑事诉讼法"辩护与代理"一节中,立法机关将条文中的主体由"辩护人"修改为"辩护人或者其他任何人",并没有专门针对辩护人的意思。

(二)删除"改变证言"的表述

在2012年《刑事诉讼法》修改过程中,律师和专家学者普遍认为,旧法关于"引诱证人违背事实改变证言"的规定太过笼统宽泛,不够科学严谨,成为一些地方办案机关和办案人员打击、报复辩护律师的依据,给律师办理刑事案件带来很大的执业风险。在侦查实践中,一些办案机关和办案人员对证人使用暴力、威胁等手段逼取证言,有些证人在办案机关的重压之下屈服,说了一些不符合事实的、违心的话,待辩护律师向其调查取证时才敢说出实情,改变后的证言虽然回归了事实真相,却与之前的证言有较大差异。一些办案机关和办案人员将律师会见证人改变证言作为追究律师伪证罪的"有力证据",而是否"违背事实"又由办案机关或者办案人员主观认定,容易引发对辩护律师的职业报复。这样的结果造成律师普遍不愿意办理刑事案件,不利于辩护制度的发展,也不利于国家法治建设,建议对本条作出修改。考虑到证人改变证言的原因比较复杂,有的是因为受到暴力威胁,之前的证言本就是假的,使证言回归真实不一定就是坏事,也未必就是律师引诱的结果,不能与作伪证混为一谈。所以,修改后的规定删除了原条文中的"改变证言",只保留"不得威胁、引诱证人作伪证"的规定。

(三)增加了对辩护人追究刑事责任的相关程序

为避免办理同一案件的侦查机关随意对辩护人以律师伪证罪立案侦查,保护律师权利和对律师涉嫌伪证罪案件公正处理,立法机关增加规定,"辩护人涉嫌犯罪的,应当由办理辩护人所承办案件的侦查机关以外的侦查机关办理"。同时,为便于律师协会和律师事务所对律师的管理和维护涉案律师的合法权益,刑事诉讼法在立法中吸收2007年《律师法》第37条第3款中"律师在参与诉讼活动中因涉嫌犯罪被依法拘留、逮捕的,拘留、逮捕机关应当在拘留、逮捕实施后的二十四小时内通知该律师的家属、所在的律师事务所以及所属的律师协会"的规定,增设"辩护人是律师的,应当及时通知其所在的律师事务所或者所属的律师协会"[1]的规定,根本目的还是在于防止追究辩护人伪证罪的程序被滥用。

另外,在对2012年"刑事诉讼法(修正草案)"讨论过程中,有的专家和律师提出,现在一些办案机关以律师伪证罪"抓律师"的案件往往发生在律师代理案件后的调查取证、为案件辩护的过程中。案件事实到底是什么,律师是否作伪证,在法院作出生效判决前往往是控辩双方各执一词,而办案机关在律师办案过程中就把律师抓起来使得案件辩护无法进行。建议对于涉嫌伪证罪的律师,应当等法院对该案审理结束、作出判决后才能启动刑事追究程序。"应该补充规定追究辩护人包括辩护律师涉嫌本条之罪的,在时间上应当是在辩护人包括辩护律师所办理的前一案件在诉讼程序上应当诉讼程序已经终结,判决已经生效。因为本条之罪是辩护人伪证罪,属于'案中案',涉及辩护人所办的前一案件。如果前案没有查清,没有审判结论,就无法确定前案事实和证据的虚实真伪,在此情形下,何以为据认定辩护人实施了'伪证'的行为?"[2]这一观点和理由确有一定道理,但考虑到现实的复杂性,该意见在实践操作中有一定难度。首先,司法实践的情况十分复杂,如果辩护律师实施了法律禁止的帮助证人作伪证的行为,有时情形还很严重,在这种情况下,还让他继续履行律师职责,进行所谓的辩护活动显然不合适,不利于维护司法公正。在有些情况下,需要马上展开侦查。其次,如何理解"诉讼程序已经终

---

[1] 值得注意的是,2012年《刑事诉讼法》新增内容与2007年《律师法》的规定不尽相同,对于律师协会与律师事务所的通知,办案机关可以"二选一",而不必像律师法那样全部通知到位,这就减轻了办案机关在告知事项上的压力和责任,同时又不妨碍立法意图的实现。之后,《律师法》在2012年再次修改时就吸收了刑事诉讼法在修改时的立法经验,第37条第3款规定,"律师在参与诉讼活动中涉嫌犯罪的,侦查机关应当及时通知其所在的律师事务所或者所属的律师协会"。

[2] 陈光中主编:《〈中华人民共和国刑事诉讼法〉修改条文释义与点评》,人民法院出版社2012年版,第42页。

结"或"案件终结"？"是将一审终结作为时间截止点合适,还是将二审终结作为时间截止点恰当呢？何况对于死刑案件还存在漫长的死刑复核程序,有些案件还会启动再审。这就给时间的确定带来了很大的操作难度"[1]。案件办理旷日持久,如果必须等到辩护人原承办案件生效后才启动"案中案"的办理,未必对辩护人有利。综合上述原因,慎重起见,立法机关最终未采纳部分专家和律师的意见。

2018年《刑事诉讼法》对本条未有内容调整,仅有条文序号的变化。

▶▶【法条注解】

本条是关于辩护人或者其他任何人在刑事诉讼中禁止从事相关行为以及违反禁止性规定要承担相应法律责任的规定。从条文内容看,所呈现的是"行为——后果——处置程序"的结构。

一、禁止辩护人或其他任何人在刑事诉讼中从事相关行为

本条第1款是"行为"设定,即对辩护人或者其他任何人[2]在刑事诉讼中禁止从事相关行为作出规定。这是对行为主体的"禁令性"要求,具体为"不得帮助犯罪嫌疑人、被告人隐匿、毁灭、伪造证据或者串供,不得威胁、引诱证人作伪证以及进行其他干扰司法机关诉讼活动的行为"。如果对本条进行学理解释,可细分为六种禁止性行为[3]。

第一,帮助犯罪嫌疑人、被告人隐匿证据,是指帮助犯罪嫌疑人、被告人将司法机关尚未掌握的证据隐藏起来,拒不交出、提供。

第二,帮助犯罪嫌疑人、被告人毁灭证据,是指帮助犯罪嫌疑人、被告人将证据烧毁、涂抹、砸碎、撕碎、抛弃或者使用其他方法让其灭失,使其不再具备证明效力,不能再作为证据使用。

第三,帮助犯罪嫌疑人、被告人伪造证据,是指帮助犯罪嫌疑人、被告人制作虚假的物证、书证等,如补开假的单据、证明,涂改账目,甚至

---

[1] 陈卫东主编:《2012刑事诉讼法修改条文理解与适用》,中国法制出版社2012年版,第35—36页。

[2] "辩护人或者其他任何人",包括辩护律师和其他辩护人,以及其他任何参与刑事诉讼或者和刑事诉讼有关的人。

[3] 参见王爱立、雷建斌:《刑事诉讼法立法精解》,中国检察出版社2019年版,第80页。

伪造是他人犯罪的物证、书证等。"对辩护人在刑事诉讼中教唆犯罪嫌疑人、被告人向司法机关作虚假供述的行为,是否构成本条规定的辩护人伪造证据罪,实践中有不同意见。这一问题涉及本条规定的证据与刑事诉讼法规定的证据种类的关系,涉及如何理解《刑事诉讼法》第四十四条将隐匿、毁灭、伪造证据和串供并列规定,涉及律师辩护权行使界限和对刑事诉讼程序公正的影响,涉及刑事诉讼法规定的'辩护律师会见犯罪嫌疑人、被告人时不被监听'的权利保障。应当说,本条规定的辩护人、诉讼代理人帮助当事人毁灭、伪造证据,其中'伪造证据'一般是指帮助犯罪嫌疑人、被告人制作虚假的物证、书证等。"[1]将教唆犯罪嫌疑人、被告人向司法机关不如实供述的行为视为帮助犯罪嫌疑人、被告人毁灭、伪造证据,需要结合行为方式等具体规定,应当慎重。

第四,帮助犯罪嫌疑人、被告人串供。是指帮助犯罪嫌疑人、被告人与同案人或者证人建立"攻守同盟",串通口径应对办案机关侦查。

第五,威胁、引诱证人作伪证。是指采取以暴力或者其他方式胁迫、以利益引诱等手段指使证人提供虚假证言,包括让了解案件情况的人不按照事实真相作证,以及让不了解案件情况的人提供虚假的证言。需要注意的是,本款中的"证人"并不限于刑事诉讼法规定的狭义的证人,还包括被害人、鉴定人、翻译人。辩护人在刑事诉讼中威胁、引诱被害人或者鉴定人、翻译人违背事实改变陈述、鉴定意见或翻译的,依然属于这里的"威胁、引诱证人作伪证",构成《刑法》第306条的辩护人、诉讼代理人毁灭证据、伪造证据、妨害作证罪。[2]

第六,其他干扰司法机关诉讼活动的行为。是指其他影响司法机关诉讼活动正常进行,影响案件公正处理的行为。如利用权力给办案人员施加压力,威胁自诉人撤回自诉等。

二、违反禁止性规定的法律后果

本条第2款第一句的前半句是"后果",具体指辩护人或者其他任何

---

[1] 王爱立主编:《中华人民共和国刑法条文说明、立法理由及相关规定》,北京大学出版社2021年版,第1214—1215页。

[2] 参见张明楷:《刑法学(下)》(第六版),法律出版社2021年版,第1422页。

人若违反第1款的"禁令性"要求要承担相应的法律后果,也就是"违反前款规定的,应当依法追究法律责任"。这些法律后果包括纪律处分、刑事责任追究多个方面。

首先,《律师法》第49条规定:"律师有下列行为之一的,由设区的市级或者直辖市的区人民政府司法行政部门给予停止执业六个月以上一年以下的处罚,可以处五万元以下的罚款;有违法所得的,没收违法所得;情节严重的,由省、自治区、直辖市人民政府司法行政部门吊销其律师执业证书;构成犯罪的,依法追究刑事责任;……(四)故意提供虚假证据或者威胁、利诱他人提供虚假证据,妨碍对方当事人合法取得证据的……"据此,辩护律师如果违反了《刑事诉讼法》第44条第1款的禁止性规定,就可能要承担被停止执业或吊销律师执业证书的法律后果,情节严重的可能被追究《刑法》第306条辩护人毁灭证据、伪造证据、妨害作证罪。

其次,由于本条第1款规定的行为主体除辩护人以外,还包括其他任何人。如果在刑事诉讼中,证人、鉴定人、记录人、翻译人对与案件有重要关系的情节,故意作虚假证明、鉴定、记录、翻译,意图陷害他人或者隐匿罪证的,可能会触犯《刑法》第305条伪证罪。

最后,本条第1款中辩护人以外的其他任何人还可以是侦查人员、检察人员和审判人员等行使公权力的国家工作人员,若他们在刑事诉讼中实施了本条第1款规定的那些禁止性行为,也要受到相应的纪律惩戒,甚至要被追究刑事责任。

三、追究刑事责任的处置程序

本条第2款第一句的后半句和第二句是"处置程序",具体指辩护人因违反"禁令性"规定需要追究刑事责任的,办案机关要遵循哪些办案的步骤和要求,这主要涉及两方面的问题。

(一)辩护人涉嫌犯罪的特殊管辖

本条第2款规定:"辩护人涉嫌犯罪的,应当由办理辩护人所承办案件的侦查机关以外的侦查机关办理。"这其实是一条特殊的立案管辖规定,更确切地说,是特殊的侦查管辖规定。

首先,不是所有的辩护人所犯之罪都适用本款的管辖规定。本款中"辩护人涉嫌犯罪"是指辩护人在承办案件过程中涉嫌实施了"帮助犯罪嫌疑人、被告人隐匿、毁灭、伪造证据或者串供,威胁、引诱证人作伪证以及进行其他干扰司法机关诉讼活动的行为",构成犯罪的情形。

其次,辩护人涉嫌犯罪的,有管辖权的侦查机关必须是"辩护人所承办案件的侦查机关以外的侦查机关"。之所以如此规定,主要是为了确保程序公正。毕竟,侦办辩护人所承办案件的侦查机关与辩护人本就是诉讼中的控辩双方,有一定的对立性和利害关系,再负责辩护人涉嫌犯罪案件的侦查,很难确保其客观性和中立性。即使侦查机关能做好"慎独",也难保不会引发外界猜测,产生侦查机关借办案之名行打击报复律师之实的质疑。因此,本款明确规定辩护人在承办案件过程中涉嫌相关犯罪的,此前侦查辩护人所承办案件的侦查机关自动丧失对辩护人所涉之罪的管辖权,转由异地的侦查机关立案管辖。至于具体的管辖机关,依《六机关规定》第 9 条的规定,"公安机关、人民检察院发现辩护人涉嫌犯罪,或者接受报案、控告、举报、有关机关的移送,依照侦查管辖分工进行审查后认为符合立案条件的,应当按照规定报请办理辩护人所承办案件的侦查机关的上一级侦查机关指定其他侦查机关立案侦查,或者由上一级侦查机关立案侦查。不得指定办理辩护人所承办案件的侦查机关的下级侦查机关立案侦查"。

举例来说,家住 W 省 A 市 B 区的张三因涉嫌组织、领导黑社会性质组织罪被 A 市公安机关立案侦查,李四律师作为张三的辩护人在侦查期间帮助张三伪造证据,构成犯罪。依照《六机关规定》第 9 条,A 市公安机关对李四律师所涉之罪无侦查管辖权,A 市公安机关应报请上一级的W 省公安机关指定本省内的其他公安机关立案侦查,如指定 W 省 C 市公安机关或 C 市 N 区公安机关立案侦查,也可以直接由 W 省公安机关立案侦查。但是,W 省公安机关不得指定 A 市公安机关下辖的区县公安机关立案侦查李四所涉之罪。因为公安机关以及其他侦查机关上下级之间是领导与被领导关系,基于"上命下从"的组织领导关系,A 市公安机关下辖的区县公安机关仍然要服从 A 市公安机关的领导和指令,这无异于还是由 A 市公安机关立案侦查,于理不符。

(二)侦查机关办理辩护律师涉嫌犯罪的案件应履行通知义务

本条第 2 款还规定追究辩护律师刑事责任的,应当及时通知其所在的律师事务所或者所属的律师协会。本款只适用于被追究的辩护人是律师的情况。通知的主体是办理辩护律师涉嫌犯罪案件的侦查机关。通知的时间是在启动追究辩护律师刑事责任的程序之后,而且要求"及时"通知。通知的对象是辩护律师所在的律师事务所或者所属的律师协会,两者"二选一"即可。通知的方式原则上应当是书面形式。

辩护律师在承办案件过程中涉嫌实施本条第1款之犯罪行为的,侦查机关在办案过程中之所以"应当及时通知其所在的律师事务所或者所属的律师协会",目的是便于有关律师事务所或律师协会了解律师涉案情况,做好相应的工作安排。例如,辩护律师被立案侦查并采取强制措施后,就不能按照委托协议继续为当事人提供法律服务,需要其所在的律师事务所出面与委托人或者其亲属协商处理后续事宜。又如,律师涉嫌犯罪的,会影响律师协会对律师的管理以及后续的惩戒。律师协会及时了解有关情况可以作出相应的工作部署。此外,对于律师并没有涉嫌犯罪而被侦查机关立案侦查并采取强制措施的,律师事务所或律师协会进行调查,掌握情况后,可以向侦查机关提出交涉或向上级有关部门反映情况,维护涉案律师的合法权益,维护律师行业的形象和声誉。[1]

需要注意的是,《律师法》第9条、第49条规定了司法行政机关对律师违法、违规行为的处理。最高人民检察院在2019年修订《高检规则》时,为更好地与律师法衔接,对于辩护律师在刑事诉讼中违反法律、法规或者执业纪律的,在第60条第2款增加规定,"人民检察院发现辩护律师在刑事诉讼中违反法律、法规或者执业纪律的,应当及时向其所在的律师事务所、所属的律师协会以及司法行政机关通报"。《公安规定》第56条第2款也作了相同规定。

▶▶【法条评点】

一、本条对"其他任何人"的命令性规定似乎超越了章名的涵摄范围

本条第1款规定的行为主体是"辩护人或者其他任何人"。从体系解释的角度看,其中的"其他任何人"规定在此处并不合适。因为本章是专门规定"辩护与代理"问题的,涉及的主体就是辩护人与代理人,其中

---

[1] 参见陈光中主编:《〈中华人民共和国刑事诉讼法〉修改条文释义与点评》,人民法院出版社2012年版,第41页。

主要是律师,并不涉及"其他任何人"。正因为如此,1996年《刑事诉讼法》第38条规定的主体只是"辩护律师和其他辩护人",没有涉及"其他任何人"。"其他任何人"如果实施了本条所禁止的行为,对其追究责任,在刑事诉讼法及刑法上有不少条文与规定可以适用,并不需要放在此处予以"特别强调",这似乎是多此一举,也不会产生任何实质效果。应当说,这在立法技术上存在一些问题。

当然,之所以这样规定,也可能是立法机关的"良苦用心"或"无奈之举"。毕竟原来的条文仅是针对辩护人作出的一系列的职业禁止和追责规定,似乎是在针对辩护人,有意放大他们干扰诉讼活动的可能性,隐约透露出国家对辩护人执业的不放心和不信任。为此,学界和律师界一直有反对和质疑的声音。还有人认为,这一条是产生《刑法》第306条的根源所在,要从根本上解决问题,首先应取消本条规定。针对这些异议和不同声音,立法机关在2012年修改刑事诉讼法时,将"辩护律师和其他辩护人"修改为"辩护人或者其他任何人"。这样做,首先将辩护人以外的代理人纳入进来,与本章"辩护与代理"的章名"扣题";其次,将辩护人和代理人以外的"其他任何人"纳入进来,可以将本条适用范围延伸到其他诉讼参与人以及公检法办案人员,做到人人平等,任何人皆要遵守本条的"禁令性"规定,从而淡化原条文对辩护人的歧视性色彩。总体而言,这样修改具有更大的宣示意义,是立法的积极回应,虽然可能有些许瑕疵,但并不存在太大的立法缺陷。

二、本条第1款中的"司法机关"表述不妥

本条第1款规定,辩护人或者其他任何人,不得进行其他干扰司法机关诉讼活动的行为。"此条中的'司法机关'显然包括公安机关及其他进行刑事诉讼的国家专门机关。"[1]唯有如此理解,辩护人或者其他任何人在侦查期间实施其他干扰公安机关诉讼活动的行为才可一并追责。然而,在学理和法规范层面,"司法机关"都是指法院与检察院,并不包括公安机关等侦查机关。故此处的"司法机关"改为"办案机关"似乎更为妥当。

---

[1] 陈光中:《刑事诉讼中公安机关定位问题之探讨——对〈刑事诉讼法修正案(草案)〉中"司法机关"规定之商榷》,载《法学》2011年第11期,第50页。

三、本条第 2 款对律师担任诉讼代理人涉嫌犯罪的追责程序未予规定

2017 年《律师法》第 37 条第 3 款中规定:"律师在参与诉讼活动中涉嫌犯罪的,侦查机关应当及时通知其所在的律师事务所或者所属的律师协会。"该条规定的律师既包括辩护律师,还包括担任诉讼代理人的代理律师。反观本条第 2 款的规定,通知的对象仅是辩护律师所在律师事务所或者所属的律师协会,那么代理律师涉嫌犯罪的,侦查机关就不履行通知义务了吗?这与律师法的规定不协调、不一致。需要进一步追问的是,本条第 2 款仅是对追究辩护律师刑事责任的管辖问题作出特别规定,律师在刑事诉讼中,除担任辩护人以外,还可能担任诉讼代理人,对律师担任诉讼代理人的,是否也可以参照适用本规定,由办理律师所代理的案件的侦查机关以外的侦查机关进行侦查呢?[1] 这些问题其实值得进一步思考。

第四十五条 【被告人拒绝辩护】在审判过程中,被告人可以拒绝辩护人继续为他辩护,也可以另行委托辩护人辩护。

▶▶【历次修法条文对照】

1979 年《刑事诉讼法》	1996 年《刑事诉讼法》	2012 年《刑事诉讼法》	2018 年《刑事诉讼法》
第四章 辩护	第四章 辩护与代理	第四章 辩护与代理	第四章 辩护与代理
第 30 条:在审判过程中,被告人可以拒绝辩护人继续为他辩护,也可以另行委托辩护人辩护。	第 39 条 内容未修订	第 43 条 内容未修订	第 45 条 内容未修订

---

[1] 参见李昌林主编:《最新中华人民共和国刑事诉讼法释义》,中国法制出版社 2012 年版,第 92 页。

第四章 辩护与代理　　　　　　　　　　　　　　　　　　　　第45条

▶▶【立法沿革】

本条为1979年《刑事诉讼法》确立。1979年《刑事诉讼法》第110条第1款第2项规定,被告人在审判阶段可以委托辩护人,法院在必要时也可以为被告人指定辩护人。无论是基于委托还是指定,辩护人都应为了维护被告人的合法权益提供有效辩护,以及其他有质量的法律服务。如果辩护人提供的辩护和法律服务违法、违规或是表现不称职、没有达到被告人的期许,被告人就有权终止辩护人的工作,另换他人。这也是辩护作为被告人的一项权利的体现。

本条在1996年、2012年以及2018年修法时均未有内容调整,仅有条文序号的变化。

▶▶【法条注解】

辩护人是基于犯罪嫌疑人、被告人的委托或者法律援助机构的指派而产生,为犯罪嫌疑人、被告人辩护,提供法律服务,维护他们的合法权益。辩护是犯罪嫌疑人、被告人的一项权利,他们有行使权利的自由。一方面,犯罪嫌疑人、被告人有权放弃辩护,如不再自行辩护和委托辩护人,已经委托辩护人的自行解除委托或者拒绝指派的律师继续为其辩护;另一方面,犯罪嫌疑人、被告人可自由选择辩护方式和辩护人,例如,犯罪嫌疑人、被告人由于自身语言表达能力的不足可放弃自行辩护,将案件的辩护工作悉数交由辩护人全权代理;再如,犯罪嫌疑人、被告人在解除委托的辩护人或拒绝指派的辩护律师后,可更换辩护人。此外,犯罪嫌疑人、被告人还可以同辩护人协商沟通,就辩护策略、辩护方案进行谋划、调整。本条是从辩护的权利属性出发,聚焦审判阶段,从被告人拒绝辩护和另行委托辩护人两个方面作出规定。

一、对本条的规范解读

首先,本条规定的权利主体是被告人,所涉及的权利是辩护权,行使权利的诉讼阶段是在审判过程中。

其次,本条规定了审判过程中被告人具体行使辩护权的两个方面:

一是被告人可以拒绝辩护人继续为其辩护。对于委托辩护而言,拒绝辩护就是解除委托关系,终止委托合同。对于法律援助辩护而言,拒绝辩护就是被告人不再接受指派,终止法律援助律师继续为其辩护。至于被告人拒绝辩护的理由,可以是认为辩护人的辩护违背了自己的意愿或是使自己陷入更加不利的境地,没有达到预期要求,愿意自行辩护或者另行委托辩护人;也可能是被告人对指控的犯罪已经承认,或是认罪认罚,不再需要辩护人继续辩护等。

二是被告人可以更换辩护人。被告人认为辩护人辩护不力或不同意某一辩护人继续辩护的,可以在拒绝辩护后,另行委托其他辩护人为其辩护。

二、对相关司法解释的梳理归纳

人民法院在审判过程中,对于被告人自愿拒绝辩护或者要求另行委托辩护人辩护的,《高法解释》等规范性文件对此作出了详细规定。

《高法解释》第 50 条规定:"被告人拒绝法律援助机构指派的律师为其辩护,坚持自己行使辩护权的,人民法院应当准许。属于应当提供法律援助的情形,被告人拒绝指派的律师为其辩护的,人民法院应当查明原因。理由正当的,应当准许,但被告人应当在五日以内另行委托辩护人;被告人未另行委托辩护人的,人民法院应当在三日以内通知法律援助机构另行指派律师为其提供辩护。"

第 311 条规定:"被告人在一个审判程序中更换辩护人一般不得超过两次。被告人当庭拒绝辩护人辩护,要求另行委托辩护人或者指派律师的,合议庭应当准许。被告人拒绝辩护人辩护后,没有辩护人的,应当宣布休庭;仍有辩护人的,庭审可以继续进行。有多名被告人的案件,部分被告人拒绝辩护人辩护后,没有辩护人的,根据案件情况,可以对该部分被告人另案处理,其他被告人的庭审继续进行。重新开庭后,被告人再次当庭拒绝辩护人辩护的,可以准许,但被告人不得再次另行委托辩护人或者要求另行指派律师,由其自行辩护。被告人属于应当提供法律援助的情形,重新开庭后再次当庭拒绝辩护人辩护的,不予准许。"

第 313 条规定:"依照前两条规定另行委托辩护人或者通知法律援助机构指派律师的,自案件宣布休庭之日起至第十五日止,由辩护人准备辩护,但被告人及其辩护人自愿缩短时间的除外。庭审结束后、判决宣告前另行委托辩护人的,可以不重新开庭;辩护人提交书面辩护意见的,应当接受。"

根据上述司法解释规定,以被告人是否属于应当提供法律援助的情形为标准,可以将被告人的拒绝辩护分为普通的拒绝辩护和应当提供法律援助情形的拒绝辩护两大类。

(一)普通的拒绝辩护

普通的拒绝辩护主要是指被告人与辩护人之间是委托关系,也可以是在"可以"提供法律援助辩护情形下的指派辩护关系。如果被告人当庭拒绝辩护人继续为他辩护的,法庭应当准许;如果在拒绝辩护后,被告人要求另行委托辩护人或者指派律师的,合议庭也应当准许。被告人拒绝辩护人辩护后,没有辩护人的,应当宣布休庭;仍有辩护人的(因为辩护人有两个,可以仅拒绝一个),庭审可以继续进行。待被告人另行委托辩护人或者接受指派律师的,重新开庭后,被告人再次当庭拒绝辩护人辩护的,法庭可以准许,但被告人不得再次另行委托辩护人或者要求另行指派律师,只能由其自行辩护(《高法解释》第50条第1款、第311条第2款和第4款)。简言之,在普通的拒绝辩护中,被告人可以当庭拒绝两次[1],但两次拒绝辩护后只能自行辩护。

(二)应当提供法律援助情形的拒绝辩护

应当提供法律援助情形的拒绝辩护是指被告人是盲、聋、哑人,或是尚未完全丧失辨认或者控制自己行为能力的精神病人,或是可能被判处无期徒刑、死刑的人,抑或是未成年人,法院应依职权通知法律援助机构为其指派辩护律师,在此情形下,被告人当庭拒绝辩护。在这类拒绝辩护中,被告人当庭拒绝指派的律师为其辩护,法院应当查明原因。理由正当的,应当准许,但被告人应当在五日以内另行委托辩护人;被告人未另行委托辩护人的,法院应当在三日以内通知法律援助机构另行指派律师为其提供辩护。如果被告人另行委托辩护人或者获得

---

[1] 需要注意的是,2021年《高法解释》第311条增加第1款规定:"被告人在一个审判程序中更换辩护人一般不得超过两次。"这就意味着被告人在庭审中"当庭"拒绝辩护、更换辩护人最多不超过两次,但在一个审判程序中,包括庭上和庭下,可在特殊情况下拒绝辩护、更换辩护人两次以上。

法律援助机构另行指派律师的,当重新开庭后再次当庭拒绝辩护人辩护的,法庭不予准许(《高法解释》第50条第2款,第311条第5款)。简言之,在应当提供法律援助情形的拒绝辩护中,被告人只能当庭拒绝一次,且必须有正当理由。拒绝一次后,被告人要么另行委托辩护人,要么选择法律援助机构另行指派的辩护律师。再次开庭时,其必须有辩护人在场。

遵循上述分类解释,可简单设计如下四个案例:

例1:被告人张某在审判过程中提出不想再由辩护人王律师为其辩护,要求另行委托辩护人马律师,法院能否同意?答:可以同意。

例2:上例中,如果张某再次拒绝另行委托的马律师为其辩护,法院能否同意?答:可以同意。

例3:上例中,张某再次拒绝马律师的辩护后还想委托向律师为其辩护,法院能否同意?答:不能同意,因为对于普通的拒绝辩护,被告人当庭只能拒绝两次。被告人张某在行使两次拒绝辩护权后只能自行辩护。

例4:人民法院审理一起刑事案件,被告人张某可能被判处死刑,没有委托辩护人。人民法院依法通知法律援助机构指派辩护律师林某担任张某的辩护人。但是,张某当庭拒绝林律师为其辩护,要求自行辩护,不再委托或要求法律援助机构另行指派辩护人。法院应当如何处理?张某能否自行辩护?答:人民法院应当先审查被告人张某拒绝辩护的理由,如果理由正当,应当准许张某的拒绝辩护要求。人民法院准许后,被告人张某须另行委托辩护人或者由人民法院通知法律援助机构为其另行指派律师,张某不能仅做自行辩护。这是因为张某可能被判死刑,须适用应当提供法律援助情形的拒绝辩护规则。

▶▶【法条评点】

一、拒绝辩护和另行委托辩护人的适用阶段应当扩展

众所周知,2012年《刑事诉讼法》修改后,律师自侦查阶段便可以辩护人的身份介入,其他接受委托的辩护人在审查起诉阶段也可行使阅卷、会见、通信等辩护权。那么,犯罪嫌疑人在审前阶段是否有拒绝辩护和另行委托辩护人的权利呢?从《刑事诉讼法》第45条的规定看,本条仅规定被告人在审判阶段有拒绝辩护和另行委托辩护人的权利。立

法似乎排除了犯罪嫌疑人在侦查和审查起诉阶段拒绝辩护和更换辩护人的权利。

但是,考虑到本条规定于1979年,之后一直未有调整。而在1979年《刑事诉讼法》的规定中,辩护人只有在审判阶段才能被委托或指定,审前阶段不能介入。所以,当时无所谓犯罪嫌疑人在审前阶段是否有拒绝辩护和另行委托辩护人的问题。然而,随着辩护人全面介入侦查、审查起诉和审判等刑事诉讼各阶段,犯罪嫌疑人自侦查阶段就有委托辩护律师的权利,也有获得法律援助机构指派律师的机会,其拒绝辩护以及更换辩护人的情形在实践中时有出现,立法机关对此有必要作出更全面的规定。

而且,拒绝辩护和更换辩护人本就属于辩护权的重要组成部分。犯罪嫌疑人依法享有辩护权,当然也应被赋予拒绝辩护和更换辩护人的权利。法律没有理由对此作出限制。

另外,实践中很大一部分的辩护人是由犯罪嫌疑人、被告人委托而产生,其与犯罪嫌疑人、被告人之间是委托关系,双方签署的是委托合同,作为委托人的犯罪嫌疑人、被告人可以随时解除委托,再签订新的委托合同。犯罪嫌疑人在审前阶段拒绝先前委托的辩护人,另行委托辩护人的,不存在法理障碍,并无不妥。

综上,建议将第45条的适用阶段扩展至审前阶段,规定:

在诉讼过程中,犯罪嫌疑人、被告人可以拒绝辩护人继续为他辩护,也可以另行委托辩护人辩护。

至于在侦查阶段、审查起诉阶段,犯罪嫌疑人拒绝辩护以及另行委托辩护人是否要有所不同,是否要作出一定的限制,可经调研论证,由司法解释或规范性文件[1]作出进一步规定。

---

[1] 一些司法解释和规范性文件已经就审前阶段法律援助律师的拒绝辩护作出相关规定。如《公安规定》第47条第2款规定:"犯罪嫌疑人拒绝法律援助机构指派的律师作为辩护人或者自行委托辩护人的,公安机关应当在三日以内通知法律援助机构。"再如《高检规则》第44条规定:"属于应当提供法律援助的情形,犯罪嫌疑人拒绝法律援助机构指派的律师作为辩护人的,人民检察院应当查明拒绝的原因。有正当理由的,予以准许,但犯罪嫌疑人需另行委托辩护人;犯罪嫌疑人未另行委托辩护人的,应当书面通知法律援助机构另行指派律师为其提供辩护。"

第四十六条 【诉讼代理人】公诉案件的被害人及其法定代理人或者近亲属,附带民事诉讼的当事人及其法定代理人,自案件移送审查起诉之日起,有权委托诉讼代理人。自诉案件的自诉人及其法定代理人,附带民事诉讼的当事人及其法定代理人,有权随时委托诉讼代理人。

人民检察院自收到移送审查起诉的案件材料之日起三日以内,应当告知被害人及其法定代理人或者其近亲属、附带民事诉讼的当事人及其法定代理人有权委托诉讼代理人。人民法院自受理自诉案件之日起三日以内,应当告知自诉人及其法定代理人、附带民事诉讼的当事人及其法定代理人有权委托诉讼代理人。

▶▶【历次修法条文对照】

1979年《刑事诉讼法》	1996年《刑事诉讼法》	2012年《刑事诉讼法》	2018年《刑事诉讼法》
第四章 辩护	第四章 辩护与代理	第四章 辩护与代理	第四章 辩护与代理
无	第40条:公诉案件的被害人及其法定代理人或者近亲属,附带民事诉讼的当事人及其法定代理人,自案件移送审查起诉之日起,有权委托诉讼代理人。自诉案件的自诉人及其法定代理人,附带民事诉讼的当事人及其法定代理人,有权随时委托诉讼代理人。 人民检察院自收到移送审查	第44条 内容未修订	第46条 内容未修订

（续表）

1979年《刑事诉讼法》	1996年《刑事诉讼法》	2012年《刑事诉讼法》	2018年《刑事诉讼法》
第四章　辩护	第四章　辩护与代理	第四章　辩护与代理	第四章　辩护与代理
	起诉的案件材料之日起三日以内，应当告知被害人及其法定代理人或者其近亲属、附带民事诉讼的当事人及其法定代理人有权委托诉讼代理人。人民法院自受理自诉案件之日起三日以内，应当告知自诉人及其法定代理人、附带民事诉讼的当事人及其法定代理人有权委托诉讼代理人。		

▶▶【立法沿革】

本条为1996年《刑事诉讼法》修订时确立。

1979年《刑事诉讼法》未将被害人列为当事人。被害人在刑事诉讼中的地位和作用与证人相近，没有太多独立的主体性权利。当时认为，检察院在公诉案件中起诉，派员出庭支持公诉，已经能够代表被害人的利益，没有必要对被害人委托诉讼代理人的问题再费周章。但是，随着一系列规范性文件的出台，律师在刑事诉讼中的代理问题逐渐引发关注。1980年第五届全国人大常委会第十五次会议通过的《中华人民共和国律师暂行条例》第2条第3项规定，律师的主要业务之一是"接受自诉案件自诉人、公诉案件被害人以及近亲属的委托，担任代理人，参加诉讼"。1986年发布的《最高人民法院、最高人民检察院、司法部、公安部关于律师参加诉讼的几项补充规定》(已失效)第6条又详细指出:"根据《中华人民共和国律师暂行条例》第二条第(三)款的规定,律师可以接受公诉案件被害人及其近亲属的委托,担任代理人参加诉讼。担任被害人代理人的律师应同担任公诉人的检察员密切配合。在庭审过程中,担任被害人代理人的律师,经审判长的许可,可以在法庭调查时提问和回答问题,向法庭陈述被代理人的意见,以充分维护被害人的合法权益。"1987年发布的《最高人民法院关于刑事自诉案件的自诉人可否委托近亲属担任代理人的批复》(已失效)还规定:"关于刑事自诉案件自诉人可否委托近亲属担任代理人参加诉讼的问题,我们认为,参照刑事诉讼法有关自诉案件有关程序的规定,刑事自诉案件的自诉人可以委托其近亲属为代理人参加诉讼。但自诉人的近亲属在人民法院、人民检察院工作的,一般以不担任自诉人的委托代理人为宜。"总之,为了满足司法实践的需求,一系列规范都对有关公民委托诉讼代理人的问题作出详尽规定。[1]

为了更好地在刑事诉讼中保护当事人以及刑事被害人的合法权益,立法机关吸收已有规范的相关规定,总结实践经验,在1996年修改刑事诉讼法时,把被害人列为当事人,赋予其当事人应有的合法权益和多种诉讼权利,"如申请回避权、庭审中向被告人的发问权、对证人、鉴定人的发问权、辨认物证权,申请通知新的证人到庭权、申请调取新的物证权、申请重新鉴定、勘验权、申请人民检察院抗诉权、自诉案件中的起诉权、上诉权等等。"[2]同时,将1979年《刑事诉讼法》总则第一编第四章的标题"辩护"修改为"辩护与代理",在第40条规定哪些人有权委托诉讼代理人。从此,在刑事诉讼活动中,除犯罪嫌疑人、被告人可以委托辩护人外,被害人、自诉人、附带民事诉讼的当事人也有权委托诉讼代理人,从而能够获得有效的法律帮助,更好地维护其诉讼权利和其他合法权益。此外,1996年《刑事诉讼法》第40条还规定,检察院、法院在法定期限内应履行告知被害人等有关人员有权委托诉讼代理人的义务。

---

[1] 参见郎胜主编:《关于修改刑事诉讼法的决定释义》,中国法制出版社1996年版,第65页;王爱立、雷建斌主编:《刑事诉讼法立法精解》,中国检察出版社2019年版,第82页。

[2] 胡康生、李福成主编:《〈中华人民共和国刑事诉讼法〉释义》,法律出版社1996年版,第49页。

立法机关在2012年、2018年修法时对本条内容未作修改,仅有条文序号的变化。

▶▶【法条注解】

本条是关于被害人等有关人员有权委托诉讼代理人的规定。

一、诉讼代理人

诉讼代理人是指接受被害人等的委托,参加刑事诉讼活动,代表被害人等被代理人行使部分诉讼权利的诉讼参与人。诉讼代理是基于被害人等被代理人对代理人的委托关系而产生。诉讼代理人只能在被代理人,也就是委托人的有效授权范围内进行诉讼代理活动,在被害人等被代理人的诉讼权利之外以及授权之外,诉讼代理人不享有其他诉讼权利。与辩护人不同,诉讼代理人不具有独立的诉讼地位,诉讼代理人行使诉讼权利不得违背被代理人的意愿。

从学理和规范层面看,刑事诉讼活动中的代理可分为三种:一种是基于委托关系产生,称为委托代理;另一种是由业已存在的法律规定的某种特定关系产生,称为法定代理,如《刑事诉讼法》第108条第3项规定,"法定代理人"是指被代理人的父母、养父母、监护人和负有保护责任的机关、团体的代表;还有一种是基于法律援助产生的法律援助机构指派的律师进行代理,可称为指派代理。如《刑事诉讼法》第304条第2款规定:"人民法院审理强制医疗案件,应当通知被申请人或者被告人的法定代理人到场。被申请人或者被告人没有委托诉讼代理人的,人民法院应当通知法律援助机构指派律师为其提供法律帮助。"《法律援助法》第29条也规定:"刑事公诉案件的被害人及其法定代理人或者近亲属,刑事自诉案件的自诉人及其法定代理人,刑事附带民事诉讼案件的原告人及其法定代理人,因经济困难没有委托诉讼代理人的,可以向法律援助机构申请法律援助。"这三种代理合称为刑事代理。简言之,刑事代理产生的方式有三种:委托、法定和指派,根据产生方式的不同,刑事诉讼中的代理人分别称为诉讼代理人、法定代理人和指派提供法律援助(帮助)的代理人。本条主要规定的是基于委托关系而产生的诉讼代理人,有研究者从学理上也将其称为委托代理人[1]。

另外,在刑事诉讼法中,法定代理人与诉讼代理人经常出现。两者的区别主要表现在三个方面:一是产生原因不同,法定代理人基于法律规定或法定程序产生,诉讼代理人基于被代理人委托产生;二是权利来源不同,法定代理人的权利源于法律授权,诉讼代理人的权利源于委托协议授权,诉讼代理人参与刑事诉讼是基于被代理人的委托,依据双方签订的委托协议进行代理,而不是依据法律的规定;三是行使权利的独立性不同,对于法定代理人而言,被代理人有什么权利,法定代理人就自动取得什么权利,故法定代理人在行使诉讼权利时可能会出现违背被代理人意志的情形;但对于诉讼代理人而言,其只能在被代理人授权范围内进行诉讼活动,既不能超越代理范围,也不能违背被代理人的意志。

二、委托诉讼代理人的主体

本条第1款规定了哪些人自何时起有权委托诉讼代理人。

(一)有权委托诉讼代理人的主体

结合本条与《刑事诉讼法》第299条第2款和第304条第2款的规定,有权委托诉讼代理人的主体如下:

其一,公诉案件的被害人及其法定代理人或者近亲属;其二,自诉案件的自诉人及其法定代理人;其三,附带民事诉讼的当事人及其法定代理人;其四,犯罪嫌疑人、被告人逃匿、死亡案件违法所得的没收程序中的犯罪嫌疑人、被告人的近亲属和其他利害关系人;其五,法院审理强制医疗案件中的被申请人或者被告人。

需要注意的是,只有公诉案件被害人的近亲属,以及犯罪嫌疑人、被告人逃匿、死亡案件违法所得的没收程序中的犯罪嫌疑人、被告人的近亲属有独立委托诉讼代理人的权利,自诉案件的自诉人和附带民事诉讼的当事人的近亲属没有此权利。这主要是考虑到在自诉案件和附带民事诉

---

[1] 有研究者认为,立法机关在制定刑事诉讼法时并未按照学理上的划分使用立法用语,其将经过委托而产生的代理人称为诉讼代理人并不妥当,称为委托代理人更为准确。刑事诉讼中的三类代理人并称为诉讼代理人更能名实相符,在此之下可进一步分为委托代理人、法定代理人和指派的提供法律援助(帮助)的代理人。总之,诉讼代理人不应当降格与法定代理人并列处于同一层次。

讼案件中,自诉人或者附带民事诉讼的当事人死亡,其近亲属可以直接以自己的名义"承继"自诉人、附带民事诉讼的当事人的诉讼身份,提起和推进诉讼。如《刑事诉讼法》第 101 条第 1 款规定:"被害人死亡或者丧失行为能力的,被害人的法定代理人、近亲属有权提起附带民事诉讼。"[1]第 114 条规定:"对于自诉案件,被害人有权向人民法院直接起诉。被害人死亡或者丧失行为能力的,被害人的法定代理人、近亲属有权向人民法院起诉。人民法院应当依法受理。"但在公诉案件中,如在故意杀人、抢劫、绑架、过失致人死亡、投放危险物质案中,被害人死亡,或在特别没收程序中,有的犯罪嫌疑人、被告人死亡,他们的近亲属不能直接以自己的名义获得刑事诉讼中被害人的身份,更不能在特别没收程序中被扣上犯罪嫌疑人、被告人的"帽子",立法只能通过赋予前述死亡人的近亲属独立委托诉讼代理人的权利,以维护相关人员的合法权益。至于法院审理强制医疗案件中的被申请人或者被告人的近亲属为何也没有独立委托诉讼代理人的权利,主要是因为该类案件中被申请人或者被告人死亡的,已经没有了强制医疗的对象,强制医疗特别程序随即结束,自然没有近亲属再委托诉讼代理人参加诉讼的必要。

另外,本条规定(公诉案件的)被害人、自诉人、附带民事诉讼的当事人的法定代理人有权委托诉讼代理人,是考虑一些被害人、自诉人、附带民事诉讼的当事人是未成年人或无行为能力人,他们的一些权利,如诉讼权利等由其法定代理人代行较为妥当。

(二)有权委托诉讼代理人的起始时间

根据起诉主体的不同,刑事案件可分为公诉案件和自诉案件。在这两类案件中,立法对被害人等有关人员何时起有权委托诉讼代理人的规定不同。

在公诉案件中,被害人及其法定代理人或者近亲属,附带民事诉讼的当事人及其法定代理人,自案件移送审查起诉之日起,有权委托诉讼代理人。

---

[1] 根据《刑事诉讼法》第 101 条第 1 款的规定,刑事附带民事诉讼中的被害人死亡,其近亲属有权以附带民事诉讼原告人的身份提起附带民事诉讼。另外,刑事被告人以外的附带民事诉讼被告人死亡的,他们的近亲属也可以以附带民事诉讼被告人的名义应诉。

在自诉案件中，自诉人及其法定代理人、附带民事诉讼的当事人及其法定代理人，有权随时委托诉讼代理人，包括自诉人在起诉前委托诉讼代理人提起诉讼。

对附带民事诉讼案件而言，虽然提起时间较为宽松，但其本质上系民事诉讼，这就决定了附带民事诉讼当事人及其法定代理人委托的诉讼代理人，只有在案件审理阶段方能有实质作为。

有研究者指出，"本条中关于委托诉讼代理人的时间限制，只是从规范意义上承认诉讼代理人的法律地位，即在该案件处于法定诉讼阶段后，诉讼代理人才可以法定身份与办案机关展开交涉。而从法理上分析，刑事被害人、自诉人、附带民事诉讼当事人自刑事案件发生之日起，完全可以委托有关人员提供相关法律服务。此时，受委托人员虽不具有刑事诉讼法意义上的'代理人'身份，其至少属于民事上的代理，只待案件进入相应诉讼阶段后，即可'转正'。从这个角度可以说，立法对委托诉讼代理人的时间进行限制，其依据并不充足，也与被害人保护的国际趋势不符。"[1]这一观点有一定道理，由此还可以延伸出被害人在侦查阶段可否委托诉讼代理人的问题。对此，本评注将在之后的【法条评点】中详加说明。

三、检察院和法院的告知义务

根据本条第 2 款的规定，在公诉案件中，检察院自收到移送审查起诉的案件之日起三日以内，应当告知被害人等有权委托诉讼代理人。在自诉案件中，法院自受理案件之日起三日以内，应当告知自诉人等有权委托诉讼代理人。按照《刑事诉讼法》第 105 条第 2 款的规定，三日告知期限自收到案件的第二日开始计算。本款规定的"告知"是检察院、法院的一项法定义务，也可称为诉讼关照义务，与《刑事诉讼法》第 34 条第 2 款告知犯罪嫌疑人、被告人有权委托辩护人的时间相同。

被害人、自诉人、附带民事诉讼的当事人等根据本款规定享有被告知权。检察院、法院不告知或逾期告知违反刑事诉讼程序，是对当事人等诉讼权利的侵犯，当事人等可以根据《刑事诉讼法》第 49 条的规定，向同级

---

[1] 夏永全：《条解刑事诉讼法——主旨·释评》，西南交通大学出版社 2014 年版，第 50 页。

或者上一级检察院申诉或者控告。

▶▶【法条评点】

一、本条第2款遗漏了法院在公诉案件中的告知义务和告知时间

如前所述,《刑事诉讼法》第46条第2款规定的"告知"被害人等在何时有权委托诉讼代理人是检察院、法院的一项法定义务,告知时间与第34条第2款告知犯罪嫌疑人、被告人有权委托辩护人的时间相同。但在表述上有一处不同。第34条第2款中规定:"人民法院自受理案件之日起三日以内,应当告知被告人有权委托辩护人。"第46条第2款中则规定:"人民法院自受理自诉案件之日起三日以内,应当告知自诉人及其法定代理人、附带民事诉讼的当事人及其法定代理人有权委托诉讼代理人。"这里似乎缺少了一种告知情形,那就是在公诉案件中,法院自受理案件之日起三日以内,应当告知被害人及其法定代理人或者其近亲属、附带民事诉讼的当事人及其法定代理人有权委托诉讼代理人。

其实,现行《刑事诉讼法》第34条第2款在2012年《刑事诉讼法》修改过程中也曾有过调整。1996年《刑事诉讼法》第33条第2款规定:"人民法院自受理自诉案件之日起三日以内,应当告知被告人有权委托辩护人。"立法机关在2012年《刑事诉讼法》修改时删除"自诉"二字,将该条修改为:"人民法院自受理案件之日起三日以内,应当告知被告人有权委托辩护人"。这就将法院告知被告人有权委托辩护人的义务从自诉案件扩展到公诉案件。与其对应,立法有必要在公诉案件和自诉案件中都作出明确规定,那就是法院何时有义务告知被害人、自诉人等有权委托诉讼代理人。有鉴于此,本评注认为第46条第2款应作如下修改:

人民检察院自收到移送审查起诉的案件材料之日起三日以内,应当告知被害人及其法定代理人或者其近亲属、附带民事诉讼的当事人及其法定代理人有权委托诉讼代理人。人民法院自受理~~自诉~~案件之日起三日以内,**应当告知被害人及其法定代理人或者其近亲属**、~~应当告知~~自诉人及其法定代理人、附带民事诉讼的当事人及其法定代理人有权委托诉讼代理人。

二、有必要赋予被害人自侦查阶段委托诉讼代理人的权利

刑事诉讼法规定,犯罪嫌疑人委托辩护人或接受法律援助机构指派

律师的时间都始于侦查阶段,但在公诉案件中,被害人等有权委托诉讼代理人的时间最早是"自案件移送审查起诉之日起"。两相对比,被害人委托诉讼代理人的时间相对滞后。"由此引发的疑问是,在'尊重和保障人权'的基本原则下,刑事被追诉者与被害人的权利本应得到同等程度的重视,但为何公诉案件的被害人在侦查阶段不能得到与刑事被追诉者相同的待遇?如果说侦查阶段刑事被追诉者的合法权益主要体现为不受非法侦查活动的侵害,那么被害人的合法权益则体现为在遭受犯罪侵害后依法追求赔偿、补偿以及对刑事被追诉者依法惩处。因此,既然刑事被追诉者的合法权益可以通过辩护人来实现,那么也应该允许律师在侦查阶段帮助被害人维护其权益。"[1]

有研究者认为:"之所以做出如此规定,可能是考虑到在此之前公诉人尚未介入,或者尚未形成起诉的意思,是否继续刑事诉讼程序还不确定。如果此时被害人一方已经着手委托诉讼代理人,实际上是走到了公诉人的前面,不符合公诉制度应有的'逻辑'。"[2]还有观点认为:"之所以没有赋予被害人在侦查阶段委托律师的权利,是因为刑事诉讼本质上是一种公力救济,侦查机关立案侦查就意味着公权力介入并替代被害人针对犯罪嫌疑人展开追诉,从而避免无休止、无限度的私力报复。尤其是对比公诉和自诉案件关于诉讼代理人介入的不同规定,立法者很可能认为在没有侦查机关介入的情况下被害人才需要律师的帮助。"[3]

上述观点其实忽略了两个问题,一是被害人和公诉人的利益诉求并不完全重合,二者的诉讼地位相互独立,彼此仅是协助关系,在某些方面甚至是对立关系,因此,不应要求被害人完全配合公诉人来行动,应当允许其自由决定诉讼权利的行使时间。二是刑事诉讼所追求的价值早已不是单纯的刑罚报应主义,还包括立足于被害人的恢复性正义,即充分考虑并尊重被害人的感受,发挥其在刑事诉讼中的主体性作用。另外,在侦查期间,如果诉讼代理人仅提供法律服务,在实践中运用民事代理即可。但

---

[1] 刘仁文、孙禹:《刑案中,应允许被害人律师更早介入》,载《南方周末》2022年6月9日,第7版。

[2] 冯准:《新修刑事诉讼法中的被害人权利保护问题》,载《新视野》2014年第1期,第116—117页。

[3] 刘仁文、孙禹:《刑案中,应允许被害人律师更早介入》,载《南方周末》2022年6月9日,第7版。

是要真正赋予诉讼代理人一系列更为实质性的权利,还是要诉讼代理人能介入侦查,与侦查机关对话,拥有向侦查机关了解犯罪嫌疑人涉嫌的罪名和案件有关情况的权利,以及提出意见的权利。

本评注认为,从保障被害人权益的角度来看,确有必要在立法上考虑研究赋予公诉案件的被害人在侦查阶段有委托诉讼代理人的权利,同时侦查机关也应当履行相应的告知义务。此外,还有学者指出:"实际上在司法实务中被害人在侦查阶段尤其是在作为证人接受询问时,同样非常需要获得律师的帮助,因为律师于被害人接受询问时在场,能够有效防止侦查人员的暴力取证以及不当询问,防止被害人'二次受害'。同时,对于被害人委托诉讼代理人而言,与犯罪嫌疑人委托辩护律师不同,并不存在可能违反侦查密行原则的顾虑,因此,完全可以将被害人委托诉讼代理人的诉讼阶段提前到侦查阶段,而没有必要加以限制。"[1]

第四十七条　【委托诉讼代理人】委托诉讼代理人,参照本法第三十三条的规定执行。

▶▶【历次修法条文对照】

1979年《刑事诉讼法》	1996年《刑事诉讼法》	2012年《刑事诉讼法》	2018年《刑事诉讼法》
第四章　辩护	第四章 辩护与代理	第四章 辩护与代理	第四章 辩护与代理
无	**第41条**:委托诉讼代理人,参照本法第三十二条的规定执行。	**第45条** 内容未修订	**第47条**:委托诉讼代理人,参照本法第三十三条的规定执行。

▶▶【立法沿革】

本条为1996年《刑事诉讼法》新增条文,目的是与前一条被害人等

---

〔1〕 万毅:《刑事被害人诉讼权利保障若干问题研究》,载《兰州学刊》2016年第12期,第132页。

委托诉讼代理人的规定相衔接。因为第46条规定了被害人等基于委托关系可以委托诉讼代理人,故而针对可以委托几个诉讼代理人和如何限定诉讼代理人的范围的问题,便有必要通过立法加以明确。为了满足立法和实践的要求,本条规定"委托诉讼代理人,参照本法第三十三条的规定执行。"

本条属于转引性条文,立法机关在2012年、2018年修改刑事诉讼法时未对本条内容作出实质性修改,仅有条文序号和其中转引条文的序号发生变化。

▶▶【法条注解】

根据本条规定,委托诉讼代理人,参照《刑事诉讼法》第33条关于委托辩护人的规定执行,主要涉及三大方面的内容。

一是委托诉讼代理人的数量。委托人可以委托一至二人作为诉讼代理人。

二是诉讼代理人的范围。可以被委托为诉讼代理人的包括:(1)律师;(2)人民团体或者被害人、自诉人、附带民事诉讼当事人等人员所在单位推荐的人;(3)被害人、自诉人、附带民事诉讼当事人等人员的监护人、亲友。

三是不得担任诉讼代理人的情形。不得担任诉讼代理人的情形有两种:(1)正在被执行刑罚或者依法被剥夺、限制人身自由的人,不得担任诉讼代理人;(2)被开除公职和被吊销律师、公证员执业证书的人,不得担任诉讼代理人,但系被委托人的监护人、近亲属的除外。

▶▶【法条评点】

一、诉讼代理人的权利可适度扩大

与辩护人相比,有关诉讼代理人的诉讼权利还有很大的立法空间。例如,为适应司法实践的需要,切实维护被害人的合法权益,自公诉案件移送审查起诉之日起,或者待自诉案件开启后,诉讼代理人亦有必要享有阅卷权、调查取证权等与辩护人相当的权利。然而,法律对此并未明确,仅有部分司法解释作出规定。如《高法解释》第65条规定:"律师担任诉讼代理人的,可以查阅、摘抄、复制案卷材料。其他诉讼代理人经人

民法院许可,也可以查阅、摘抄、复制案卷材料。律师担任诉讼代理人,需要收集、调取与本案有关的证据材料的,参照适用本解释第五十九条至第六十一条的规定。"再如《高检规则》第 56 条规定:"经人民检察院许可,诉讼代理人查阅、摘抄、复制本案案卷材料的,参照本规则第四十九条的规定办理。律师担任诉讼代理人,需要申请人民检察院收集、调取证据的,参照本规则第五十二条的规定办理。"

本评注认为,从体系解释的角度看,立法在"辩护与代理"一章规定的最后一条,即《刑事诉讼法》第 49 条中"……诉讼代理人认为公安机关、人民检察院、人民法院及其工作人员阻碍其依法行使诉讼权利的,有权向同级或者上一级人民检察院申诉或者控告",是应在诉讼代理人的诉讼权利已经列明的情况下,为了维护权利的正常行使所作的保障性规定、救济性条款。然而,现行刑事诉讼法并未完全列明诉讼代理人的各项诉讼权利,至少前述的阅卷权、调查取证权就付之阙如,故未来有必要在本条增列第 2 款和第 3 款。

有关本条的具体设计如下:

第 47 条:委托诉讼代理人,参照本法第三十三条的规定执行。

诉讼代理人查阅、摘抄、复制本案案卷材料的,参照本法第四十条的规定执行。

律师担任诉讼代理人,需要收集与本案有关的证据材料,申请人民检察院、人民法院收集、调取证据,或者申请人民法院通知证人出庭作证,参照本法第四十三条第一款的规定执行。

需要说明的是,新增的第 2 款中"参照本法第四十条的规定执行"具体是指:律师担任诉讼代理人的,可以查阅、摘抄、复制本案的案卷材料。其他诉讼代理人经人民法院、人民检察院许可,也可以查阅、摘抄、复制上述材料。这一理解其实与 2012 年《高法解释》第 57 条第 1 款[1]、2019 年修订的《高检规则》第 56 条的规定有所不同,因为这两条规定都指出,经人民法院、人民检察院许可,诉讼代理人(律师或其他诉讼代理人)可以查阅、摘抄、复制本案的案卷材料。但值得注意的是,在 2021 年修订的《高法解释》第 65 条第 1 款中,"经人民法院许可"的表述被删除。

---

[1] 2012 年《高法解释》第 57 条第 1 款规定:经人民法院许可,诉讼代理人可以查阅、摘抄、复制本案的案卷材料。

这是因为,"当前,在强化对犯罪嫌疑人、被告人权利保护的同时,应当更加注意对被害人权利的保护。而且,从刑事诉讼法理上而言,被害人与被告人同属于当事人,诉讼代理人的权利与辩护人的权利基本相同,应当对诉讼代理人和辩护人在查阅、摘抄、复制案卷材料方面予以同等权利保护"。[1] 本评注认同这一观点,故参照《高法解释》第 65 条第 1 款认为,律师担任诉讼代理人的,查阅、摘抄、复制本案的案卷材料无须经法院、检察院许可。

在新增第 3 款的规定中,律师担任诉讼代理人,主要是为公诉案件中的被害人、自诉讼案件中的自诉人提供法律服务,违背事实、故意威胁、引诱被害人或者其近亲属、被害人提供的证人,改变其证言的可能性不大,故无须经法院、检察院的许可,再向被害人或者其近亲属、被害人提供的证人取证。至于向辩方证人取证,实践中也不会对相关人员产生所谓的"二次伤害",仅需经有关单位或本人同意即可,故只需参照适用《刑事诉讼法》第 43 条第 1 款的规定。

第四十八条 【辩护律师执业保密及例外】辩护律师对在执业活动中知悉的委托人的有关情况和信息,有权予以保密。但是,辩护律师在执业活动中知悉委托人或者其他人,准备或者正在实施危害国家安全、公共安全以及严重危害他人人身安全的犯罪的,应当及时告知司法机关。

▶▶【历次修法条文对照】

1979 年《刑事诉讼法》	1996 年《刑事诉讼法》	2012 年《刑事诉讼法》	2018 年《刑事诉讼法》
第四章 辩护	第四章 辩护与代理	第四章 辩护与代理	第四章 辩护与代理
无	无	第 46 条:辩护律师对在执业活动	第 48 条 内容未修订

---

[1] 李少平主编:《最高人民法院关于适用〈中华人民共和国刑事诉讼法〉的解释理解与适用》,人民法院出版社 2021 年版,第 190 页。

(续表)

1979 年《刑事诉讼法》	1996 年《刑事诉讼法》	2012 年《刑事诉讼法》	2018 年《刑事诉讼法》
第四章 辩护	第四章 辩护**与代理**	第四章 辩护与代理	第四章 辩护与代理
		中知悉的委托人的有关情况和信息,有权予以保密。但是,辩护律师在执业活动中知悉委托人或者其他人,准备或者正在实施危害国家安全、公共安全以及严重危害他人人身安全的犯罪的,应当及时告知司法机关。	

▶▶【立法沿革】

本条为 2012 年《刑事诉讼法》新增条文。

律师在执业过程中往往会知悉、接触委托人的有关情况和信息,其中可能包括违法犯罪的情况和信息。保守执业中知悉的秘密,是维系律师与其委托人之间信任关系的基础,是律师取信于整个社会的一个基本要求和条件。律师如果不能保守秘密,就很难获得委托人的信任,不仅不利于辩护权的充分行使,还可能从根本上动摇律师职业存在的社会根基。然而,实践中时常出现公安机关以当事人涉嫌犯罪为由,找辩护律师调查取证,并主张这是辩护律师配合侦查办案的义务。有从事辩护工作的资深律师"不止一次遇到过律师办案过程中公安机关来找律师要材料的情况,称委托人涉嫌刑事犯罪,强制律师必须提供案件情况和材料,还要对律师作调查笔录,不给就是妨碍公务"。[1] 有鉴于此,有必要规定律师

---

[1] 张军、姜伟、田文昌:《新控辩审三人谈》(增补本),北京大学出版社 2020 年版,第 69 页。

对其在执业活动中知悉的有关情况和信息有保密权,从而"对抗"侦查机关的调查,不被强制取证和强制作证。而且,规定赋予辩护律师保密权本身也是现代各国律师制度的通行做法。《联合国关于律师作用的基本原则》第22条明确规定:"各国政府应确认和尊重律师及其委托人之间在其专业关系内的所有联络和磋商均属保密。"为此,2007年《律师法》第38条作出规定,"律师应当保守在执业活动中知悉的国家秘密、商业秘密,不得泄露当事人的隐私。律师对在执业活动中知悉的委托人和其他人不愿泄露的情况和信息,应当予以保密。但是,委托人或者其他人准备或者正在实施的危害国家安全、公共安全以及其他严重危害他人人身、财产安全的犯罪事实和信息除外"[1]。2012年《刑事诉讼法》修改时,立法机关征求各方面的意见,吸收律师法的规定,从律师行使权利的角度,增加了辩护律师在刑事诉讼中的保密权及其例外规定。

本条在2018年修法时未有内容调整,仅有条文序号的变化。

▶▶【法条注解】

本条涉及两方面的问题,一是关于辩护律师保密权的规定,主要涉及保密权的适用范围、对象;二是有关辩护律师保密权的例外情形。由于辩护律师保密权的内涵极为丰富,本部分将从辩护律师保密权的性质、理论溯源和条文的体系化解释三个方面展开精细化分析。

一、辩护律师保密权的性质分析

霍菲尔德法律分析理论在20世纪80年代中后期被引介到我国[2],随

---

[1] 2012年《律师法》第38条第2款作出修订,规定:"律师对在执业活动中知悉的委托人和其他人不愿泄露的有关情况和信息,应当予以保密。但是,委托人或者其他人准备或者正在实施危害国家安全、公共安全以及严重危害他人人身安全的犯罪事实和信息除外。"两相对比,新的律师法将保密例外情形中规定的准备或正在实施的犯罪类型加以限缩,删除了严重危害他人"财产安全"的犯罪。可见,新的律师法又吸收了2012年《刑事诉讼法》的条文规定。

[2] 参见杜万华:《霍菲尔德的法律分析理论简介》,载《外国法学研究》1985年第3、4期;沈宗灵:《对霍菲尔德法律概念学说的比较研究》,载《中国社会科学》1990年第1期。

之在哲学界和法学界产生不小影响。[1] 在法学领域,借用霍菲尔德权利分析框架从法律关系视角切入,可以对辩护律师保密权作出类型划分和性质辨析。

(一)分析工具:霍菲尔德权利分析框架

霍菲尔德认为,法律中的大量权利、义务、责任等概念,都不对应各自独立的"客观事物",必须被置于不同主体间形成的"法律关系"(jural relations)中才能被有效理解。[2] 基于关系意义上的法律思维,霍菲尔德在不同的法律关系中将权利细分为四种:狭义的权利(right)或请求权(claim)[3]、特权(privilege)、权力(power)、豁免(immunity)。它们在不同的法律关系中都有各自的对应物,即义务(duty)、无权利(no-right)或无请求权(no-claim)、责任(liability)、无权力(disability),由此形成了四对关联概念关系:

请求权(claim)——义务(duty),

特权(privilege)——无请求权(no-right),

权力(power)——责任(liability),

豁免(immunity)——无权力(disability)。[4]

1. 请求权——义务

第一种权利是一种主张、要求,称为请求权,对应的是义务。两者的对应关系是:X 具有要求 Y 作为或不作为的权利,Y 根据 X 的要求有作

---

[1] 参见王涌:《寻找法律概念的"最小公分母"——霍菲尔德法律概念分析思想研究》,载《比较法研究》1998 年第 2 期;翟小波:《对 Hohfeld 权利及其类似概念的初步理解》,载《北大法律评论》编辑委员会编:《北大法律评论》2003 年第 5 卷第 2 辑,法律出版社 2004 年版,第 364 页以下;李剑:《对霍菲尔德法律权利概念的分析》,载赵敦华主编:《外国哲学》(第 16 辑),商务印书馆 2004 年版,第 190 页以下。

[2] 参见戴昕:《数据界权的关系进路》,载《中外法学》2021 年第 6 期,第 1568 页。

[3] 为了与广义上的 right 相区分,霍菲尔德在英语中寻找了一个近义词 claim 来说明严格意义上的第一种权利。claim 是主张和请求的意思,这与大陆法系中的请求权(Anspruch)概念比较相似。参见王涌:《寻找法律概念的"最小公分母"——霍菲尔德法律概念分析思想研究》,载《比较法研究》1998 年第 2 期,第 154—155 页。

[4] 参见[美]韦斯利·霍菲尔德:《司法推理中应用的基本法律概念(修订译本)》,张书友译,商务印书馆 2022 年版,第 54 页。

为或不作为的义务。请求权都有对应的、具体的义务。若找不到任何一个 Y 就某种作为或不作为承担"义务",那么说 X 享有"请求权"则毫无意义。[1] 刑事诉讼活动在一定程度上体现出国家机关与个人的权利义务关系,在"请求权——义务"法律关系中,个人的请求权主要由国家机关以积极行为履行义务来实现。例如,依《刑事诉讼法》第 39 条规定,辩护律师持律师执业证书、律师事务所证明和委托书要求会见在押的犯罪嫌疑人的,看守所有及时安排会见,并在 48 小时内安排律师会见到犯罪嫌疑人的义务。

2. 特权——无请求权

第二种权利是特权,也称自由(liberty),对应的是无请求权或无权利。两者的对应关系是:Y 具有作为或不作为的特权,X 无权利要求 Y 不作为或作为。第二种权利与第一种权利相呼应。如果 X 对 Y 提出要求,Y 就有作为或者不作为的义务,X 即拥有请求权。反过来说,如果 Y 有不受 X 的请求权对应的作为或者不作为的自由,Y 就拥有特权。在刑事诉讼中,拥有特权多是指个人不受国家机关或他人的干涉,不受国家或他人提出的履行义务请求权的约束。例如,被告人在庭审中有最后陈述的权利,无论是适用普通程序、简易程序还是速裁程序,法院都无权剥夺或干涉。

3. 权力——责任

第三种权利称为权力,与法律上的能力(ability)近义,对应的是责任。两者的对应关系是:X 具有改变自己与 Y 或者 Y 与其他人之间的法律关系的权力,Y 有责任承受 X 权力之行使所带来的法律关系的变动。例如,在刑事诉讼中,被害人 X 委托律师 Y 为诉讼代理人,双方形成委托代理关系。X 在诉讼中有权力单方解除委托代理关系,Y 有责任承受这一法律关系变更的后果。

4. 豁免——无权力

第四种权利称为豁免权,对应的是无权力。两者的对应关系是:X 不具有改变自己与 Y 或者 Y 与其他人之间的法律关系的权力(能力),这对 Y 来说即为"豁免",X 为"无权力"。第四种权利与第三种权利亦有呼

---

[1] See Pierre Schlag, How to Do Things with Hohfeld, Law and Contemporary Problems, Vol.78, No.1&2, 2015, pp. 188-189.

应。当 X 具有改变自己与 Y 或者 Y 与其他人之间的法律关系的权力,Y 必须承受法律关系变动后果的,X 便具有权力。反之,如果 X 不具有改变上述法律关系的权力(能力),Y 便拥有豁免权。

上述四对关联关系和八个基本概念起初适用于私法领域,由于在法律关系中加入了权力与责任关系,同时引入了特权、豁免等概念,因此,霍菲尔德权利分析框架可以被轻松地扩展到公法领域,进而成为一种普遍的理论。[1] 同时,霍菲尔德权利分析框架提供了一套更精确的规定性定义,能够有效解决实践中权利混用的乱象。而这种"规定性定义"的产生方式其实是逻辑上的推导。由于逻辑推导的普遍有效性,霍菲尔德的这套概念同样可被用作分析其他国家和其他领域中法律关系的概念工具。[2] 据此,霍菲尔德权利分析框架能够成为阐释国家与个人之间法律关系的分析工具,适用于刑事诉讼领域,可以下沉到更为具体的关系层面用来剖析辩护律师保密权的性质。

(二)既有观点对辩护律师保密权性质的判定逻辑

《刑事诉讼法》第 48 条规定了辩护律师的保密权,"辩护律师对在执业活动中知悉的委托人的有关情况和信息,有权予以保密。"从既有观点看,辩护律师保密权多被视为保密特权[3]或拒证特权[4]。

"'特权'这个词大概指一种通常用来表示 P 的特殊地位的观念,这种特殊地位与排除一般适用的义务相关,例如,'一名警察享有在宵禁后外出的权利'。"[5]换言之,虽然 X 有要求 A、B、C、D……作为或不作为的请求权(claim),A、B、C、D……有根据 X 的要求作为或不作为的义务。

---

[1] 参见陈锐:《法律关系内容的重构:从线性结构到立体模型》,载《法制与社会发展》2020 年第 2 期,第 107 页。

[2] 参见雷磊:《法律权利的逻辑分析:结构与类型》,载《法制与社会发展》2014 年第 3 期,第 57 页。

[3] 参见甄贞、姚磊:《论辩护律师保密特权的范围》,载《辽宁大学学报(哲学社会科学版)》2014 年第 3 期,第 110 页;刘蕾:《保密义务与真实义务之间的较量——兼论我国辩护律师保密特权制度的完善》,载《西北大学学报(哲学社会科学版)》2014 年第 1 期,第 94 页以下。

[4] 梁玉霞:《成就与希望——从刑事诉讼法修正案(草案)看证据利益配置的成败》,载《暨南学报(哲学社会科学版)》2012 年第 1 期,第 34 页。

[5] 夏勇:《权利哲学的基本问题》,载《法学研究》2004 年第 3 期,第 13 页。

但如果 Y 能够排除 X 的请求权,不承担 X 要求的作为或不作为的义务,Y 便享有特权,有不履行 X 的请求权中设定的义务的自由。特权纯粹是对义务的否定,[1]将辩护律师保密权视为特权的观点试图通过"特权"的属性来否定律师作为一般公民的"举报作证义务"。何为举报作证义务?从体系解释的视角看,刑事诉讼法有三处条文规定了单位和个人有向国家机关举报作证的义务。一是第 54 条第 1 款规定的如实提供证据义务,二是第 62 条第 1 款规定的作证义务,三是第 110 条第 1 款规定的报案举报义务。这三项义务围绕提交证据、作证、报案举报展开,目的是协助办案机关发现、查清案件事实,对应的是办案机关的调查取证权(claim),相应的权利义务关系可总结为"国家机关调查取证权——公民举报作证义务"(见表三)。

表三:"国家机关调查取证权——公民举报作证义务"法律关系

	刑事诉讼法	权利(claim)	义务(duty)
1	第 54 条第 1 款	国家机关收集和调取证据权	有关单位和个人如实提供证据义务
2	第 62 条第 1 款	国家机关要求或通知证人作证	证人作证义务
3	第 110 条第 1 款	国家机关要求知晓案情的人报案或举报	公民报案举报义务
对三项权利义务关系的整合		国家机关调查取证权	公民举报作证义务

在图七所示的法律关系中,国家机关有权要求知晓案情的单位和个人履行举报作证义务,这在刑事诉讼中属于普遍性义务。但如果要求辩护律师和普通民众一样也必须承担该项义务,无疑会破坏辩护律师与委托人(犯罪嫌疑人、被告人)之间的信赖关系,侵蚀辩护制度的根基。为妥善处理好律师作为一般公民的义务和作为提供法律服务的执业人员的义务之间的关系,"特权论"认为《刑事诉讼法》第 48 条中的保密权就是专门为辩护律师规定的一项免除向国家机关举报作证义务的

---

[1] 参见王涌:《法律关系的元形式——分析法学方法论之基础》,载《北大法律评论》编委会编:《北大法律评论》1998 年第 1 卷第 2 辑,法律出版社 1999 年版,第 586 页。

"特权"。[1]

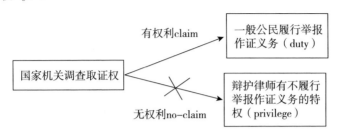

图七:辩护律师保密特权法律关系

(三)解释困境:保密特权能否放弃?

将辩护律师保密权定性为特权能够免除律师作为一般公民的举报作证义务,保障律师与委托人之间的信赖关系。但众所周知,权利原则上可以放弃,特权也不例外。如《刑事诉讼法》第 193 条规定,被告人的配偶、父母、子女不被强制到庭作证。如果对该条作反对解释,被告人的配偶、父母、子女可以自愿到庭作证。这意味着他们能够放弃免予到庭作证的特权。那么辩护律师可否放弃保密特权,向国家机关举报揭发委托人,充当控方证人呢?答案是否定的。首先,在法理层面,这种做法与律师的辩护职能相悖,当律师成为第二公诉人,辩护与控诉的界限将会变得模糊;其次,在规范层面,这种做法违反了《律师法》第 38 条第 2 款中律师有保密义务的规定;最后,在实践层面,这种做法不具现实性和长远性,辩护律师未来将很难再获得委托人的信任,会从根本上动摇律师职业存在的社会基础。可见,辩护律师保密权即便为特权,也是一项不能放弃的特权。持特权论观点的学者必须要证明为何律师保密权是一项不能放弃的特权。

按照霍菲尔德的定义,权力(power)就是单方意志对于规范关系的改变。所谓可放弃的权利,是基于权力导致(由权利派生之)义务归于消灭的权利。[2] 不可放弃的权利则是权利人本身无能(权)力

---

〔1〕 参见王爱立、雷建斌:《刑事诉讼法立法精解》,中国检察出版社 2019 年版,第 84 页。

〔2〕 参见陈景辉:《不可放弃的权利:它能成立吗?》,载《清华法学》2020 年第 2 期,第 12 页。

(disability)导致义务归于消灭的权利。权利人无能力常常会关涉以下两套理论：

一是弃权能力欠缺论。弃权能力欠缺论着眼于权利主体，主张由于主体自身的特殊性，推导出他们没有能力放弃权利和免除义务。"个人只有在他有能力合理地决定自己要做什么，而且享有做此事的自由时，法庭才能判他对此负责。"[1]对于被追诉人而言，具备相应的处分能力，才能通过自身行为表示放弃权利，从而自愿且理智地做出符合自己利益的选择。"所谓处分能力，是指被追诉人必须具备相当的辨识与理解能力，能够完全理解所要处分之权利的内涵与处分结果。"[2]如果权利主体欠缺处分能力，即使单方作出弃权的意思表示也会因不具正当性而视为无效，不会导致权利义务关系的消灭。以法律援助为例，未成年犯罪嫌疑人、被告人属于社会中的特殊群体，认知能力和辨识能力不足，立法机关认为他们没有能力辨识和理解辩护的重要价值和放弃法律援助的后果，便通过立法直接拟制这些人放弃辩护或拒绝法律援助的意思表示无效，须强制给予法律援助。

二是重大利益保护论。重大利益保护论着眼于与权利主体对应的义务承担者，如国家、社会组织等。一般认为，民众普遍尊崇的价值和利益是维系整个社会的根基，生命、自由、尊严等属基本权，国家应当尊重和保障，在对这些利益处置时须格外重视，谨慎从事。试想，在一个人人直言放弃生命就可以使剥夺他人生命的行为正当化的社会，生命权将陷入一个极度危险的境地。人人都能够以对方承诺放弃生命来为自己的杀戮辩解，如果国家对此默许纵容，甚至也把犯罪嫌疑人、被告人承诺放弃生命作为自己草率办案的理由，那么维系社会存在和发展的根本利益和基本权利将不复存在。"一项基本权利可否被放弃，也取决于该权利的重要性。关系到公共利益的基本权利，基本权利主体不能放弃。"[3]以死刑案件法律援助为例，如果犯罪嫌疑人、被告人可能被判处死刑，将涉及生命权的剥夺。所以，在死刑案件中应强制赋予犯罪嫌疑人、被告人辩护

---

[1]〔英〕彼得·斯坦、约翰·香德：《西方社会的法律价值》，王献平译，中国法制出版社2004年版，第172页。

[2] 郭松：《被追诉人的权利处分：基础规范与制度构建》，载《法学研究》2019年第1期，第161页。

[3] 王锴：《基本权利冲突及其解决思路》，载《法学研究》2021年第6期，第46页。

权,不能因为他们单方放弃或拒绝法律援助就免除义务人——国家的责任。

然而,在回应辩护律师保密特权不能放弃的问题上,上述两套理论的解释力显然不足。首先,律师群体都具有正常的认知能力和专业的法律技能,对于保密权的性质和弃权的法律后果都有全面、准确的认知,认为他们放弃保密权的意思能力欠缺显属荒谬。其次,辩护律师的保密特权并不像生命、健康、自由等基本权利那样举足轻重,关乎公共利益。就算有所涉及,也是保密内容关涉国家安全、公共安全,这恰恰需要律师放弃保密权,而非继续守密。由于不符合上述两种情形,辩护律师保密权显然不能因此被解释为不可放弃的权利。

综上,将辩护律师保密权视为特权无法解释该项权利不能被放弃的缘由。究其原因,特权视角仅关注律师与国家机关这一重法律关系,忽略了与辩护律师保密权密切相关的保密义务,及其背后的律师与委托人之间的另一重法律关系,以致还没有厘清多重法律关系之间内在的联通逻辑就对保密权仓促定性。有鉴于此,须重启霍菲尔德权利分析框架再行认定保密权的性质。

(四)辩护律师保密权实为豁免权

《律师法》第38条第2款中规定:"律师对在执业活动中知悉的委托人和其他人不愿泄露的有关情况和信息,应当予以保密。"从义务层面看,辩护律师对在执业活动中知悉的有关委托人的情况信息予以保密不仅是权利,也是不能放弃的、必须履行的义务。有学者指出:"律师保守职业秘密的职责相对于律师——委托人关系之外的对抗力量时,体现为律师职业的一种特权……律师保守职业秘密的职责运作于律师——委托人关系当中。相对于委托人时,则体现为律师的一种义务,即着眼于律师职业的自我约束来获得委托人的信赖,来促进律师和委托人之间的交流。总之,律师的保密特权和保密义务,是分别针对律师——委托人关系的外部干涉力量和内部驱动力量来实现律师保守职业秘密的职责的,是律师保守职业秘密职责不可分割的两个方面。"[1]这一论述已经揭示出辩护律师保密同时涉及其与内部的委托人之间及其

---

[1] 王进喜:《刑事证人证言论》,中国人民公安大学出版社2002年版,第109页。

与外部力量之间的两重关系。沿着这一思路,运用霍菲尔德的权利分析框架可对两重关系之间的内在联系作进一步分析,厘定辩护律师保密权的性质。

一是委托人(犯罪嫌疑人、被告人)与辩护律师的关系。两者之间是"请求权——义务"法律关系,委托人有要求辩护律师对执业活动中知悉的有关情况和信息保密的权利(claim),辩护律师对委托人的请求权承担保密义务(duty)。

二是辩护律师与国家机关的关系。两者之间是"豁免——无权力"法律关系,国家机关向在执业活动中知悉的有关委托人情况信息的辩护律师展开调查取证时,无权力(disability)改变辩护律师与委托人之间"请求权——义务"法律关系,也当然无权力解除辩护律师对委托人的保密义务(duty)。

聚合上述两重法律关系可以发现,在"委托人——律师"法律关系中,委托人有要求辩护律师保密的请求权,辩护律师须承担保密义务,这是先在的法律关系。[1] 基于这一法律关系,辩护律师不能向外部的第三方披露从委托人那里知悉的案情信息,更不能因国家机关调查取证活动的介入就解除保密义务。因为,国家机关无权力改变"委托人——律师"法律关系。这是第二层的、外在的法律关系。《刑事诉讼法》第48条规定的辩护律师"有权予以保密"并不意味着辩护律师有权决定是否保密,有放弃或拒绝保密的特权,而是意味着其有不被国家机关强制调查取证,充当控方证人的权利,也不会因沉默遭受惩戒追责,这本质上是辩护律师举报作证豁免权的体现,展现出由第一层法律关系衍生出第二层法律关系的逻辑脉络(见图八)。那种认为辩护律师的保密权与保密义务如同一枚硬币一体两面的说法并不准确。"在两者的逻辑关系上,是先有律师法第38条的律师保密义务,然后才有所谓辩护律师的举报作证豁免权,辩护律师的举报作证豁免权是基于律师保密义务而在刑事诉讼法

---

[1] 克莱默教授将权利、特权所在的法律关系称为第一序列的法律关系(first-order relations),因为它们适用的对象都是人的行为和社会互动过程。权力和豁免直接适用的对象是人的资格,间接意义上导致人的行为和社会互动过程的变化,称之为第二序列的关系(second-order relations)。See Matthew H. Kramer, N. E. Simmonds, Hillel Steiner, A Debate Over Rights: Philosophical Enquiries, Oxford University Press, 2000, p.20.

上派生的一项诉讼权利。"[1]从这个意义上看,辩护律师先有保密义务,后生保密权利,遵守义务是享有权利的前提。保密权对保密义务有极强的依附性,不能单独存在。德国有论者曾形象地指出:"律师的拒绝证言权无异于律师缄默义务的反射。"[2]

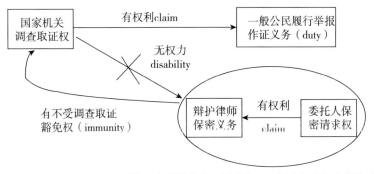

委托人与辩护律师"请求权——保密义务"法律关系

图八:辩护律师保密权法律关系

需要强调的是,中国语境中的特权一般是对义务的否定或免除,豁免权则是对因违反义务所要承担的责任的免除。但在霍菲尔德的权利分析框架中,"特权指有特权的人可以有这样行为或不行为而不受他人干涉的自由……豁免是指有豁免的人有不因其他人的行为或不行为而改变某种法律关系的自由"[3]。这里的豁免与中国语境中的豁免税赋、豁免刑责不同,其与特权均可指涉某一自由,但因豁免直接取得自由的主体并非人,而是法律关系(间接涉及关系中的人)。简言之,霍菲尔德理论中的豁免体现的是法律关系不受外在权力改变或控制的自由。美国法中存在律师与委托人特免权或隐匿特权(Attorney-client Privilege)。这里虽然用了"特权",但"特权"主体其实是律师与委托人之间的法律关系(At-

---

[1] 万毅:《刑事诉讼权利的类型分析——以分析实证主义法学为视角》,载《政法论坛》2014年第2期,第25页。

[2] Wolfgang Hartung, in: Berufs- und Fachanwaltsordnung: Kommentar, 8. Aufl., 2022, BORA § 2 Rn. 5.

[3] 沈宗灵:《对霍菲尔德法律概念学说的比较研究》,载《中国社会科学》1990年第1期,第76页。

torney-client），即保密的权利义务关系有不被国家机关或第三方变更或解除的自由。如果将法律关系视作一个"存在物"，那么其对于外在权力的屏蔽或否定就可外化为"特权""自由"的表象。故域外的律师与委托人特权与本评注中谈及的律师保密权实为豁免权的观点并无实质冲突。

二、辩护律师保密权的理论溯源

运用霍菲尔德权利分析框架对辩护律师保密权的性质进行分析后会发现，辩护律师的保密权是用于抗辩国家机关调查取证的一项举报作证豁免权，是基于对委托人的保密义务在刑事诉讼法中派生的诉讼权利，而辩护律师的保密义务则源于委托人的保密请求权。其衍生逻辑是：委托人保密请求权→辩护律师保密义务→辩护律师保密权。据此，真正决定案情信息是否保密的权利主体是委托人，而非辩护律师。只有委托人才能放弃保密权（claim），辩护律师无法自行或代为放弃保密权（immunity）。"西方早期亦认为此一权利之主体为律师，目的在维持律师之荣誉与尊严，法院不得强迫律师作证，但律师有权决定是否作证。惟18世纪后的思潮，则认为此一特权之主体为被告，目的在保护被告向律师为完整及诚实的陈述以获得充分的律师协助。因此，秘匿特权之主体应系被告而非律师，只有被告有权决定其与律师间的沟通是否得揭露于他人。"[1] 还有观点进一步指出，"委托人和律师都可以放弃保密权，但是律师只有在获得委托人的授权时才能放弃。在这一普遍原则下，如果律师在没有获得委托人明示或暗示的允许而将保密内容公开，则保密权并没有被放弃。"[2]

综上，如果对辩护律师保密权展开理论溯源，须将目光落在"委托人——律师"这层法律关系中，关注产生委托人保密请求权的理论依据。至于探寻依据的路径，可以是对承载规范意旨的法律文本进行解释，明确设立委托人保密请求权实为保障被控告人（犯罪嫌疑人、被告人）的宪法

---

[1] 王兆鹏、张明伟、李荣耕：《刑事诉讼法》（上），新学林出版股份有限公司2020年版，第591页。

[2] Christopher B. Mueller, Laird C. Kirkpatrick, Evidence under the rules: Text, Cases and Problems, 7th ed., New York: Wolters Kluwer Law & Business, 2011, p. 800.

性权利。[1]

(一) 不被强迫自证其罪的宪法性权利

委托人及辩护律师的保密权首先源于公民不被强迫自证其罪的宪法性权利。传统纠问主义的诉讼制度要求被控告人协助法院发现真实。被控告人负有供述义务和真实义务,是口供的来源,可以被拷问刑讯。法国最早奉行纠问式诉讼,整个预审程序都集中于法官之手。"自受控告人被逮捕起,最迟 24 小时之内,必须对其进行讯问(1670 年敕令第 14 编第 1 条),'法官的全部艺术'就在于(如何)取得被控告人的供述。讯问被控告人秘密进行,被控告人没有辩护人协助,而且为了取得被控告人的供述,可以采用所谓的'问题'(拷问)手段,也就是采取'酷刑拷打'手段。被控告人应当宣誓'说出事实真相',尽管受到拉莫阿农等人的批评,1670 年敕令仍然维持被控告人应当承担这一义务。"[2]在纠问体制下,即使引入辩护制度,辩护人也难逃作证义务和真实义务。当事人主义和职权主义的诉讼制度承认被控告人的主体地位,赋予被控告人不被强迫自证其罪的宪法性权利,保障被控告人的沉默权,否定被控告人的供述义务和真实义务。[3] 在这种制度下,被控告人没有义务协助法院发现真实,其辩护律师自然也不负有该项义务。"保障刑事被告人的保密特权拥有强有力的道德基础,它是以反对自我归罪的权利为依据的:如果律师被要求泄露当事人的秘密,那么向律师说真话的当事人就是在通过代理人来提供反对她自己的证词。"[4]这便会出现有辩护律师的被控告人

---

〔1〕 边沁、威格摩尔、弗里德曼都曾对律师与委托人特免权的理论基础作过研究。20 世纪 50 年代后,美国学者还提出隐私权理论、附条件抗辩权理论。本评注主要从法教义学视角出发,以释宪方式提炼委托人保密请求权的理论基础。域外的理论学说可参见〔美〕罗纳德·J.艾伦、理查德·B.库恩斯、埃莉诺·斯威夫特:《证据法:文本、问题和案例(第三版)》,张保生、王进喜、赵滢译,高等教育出版社 2006 年版,第 957 页以下;〔美〕戴维·鲁本:《律师与正义——一个伦理学研究》,戴锐译,中国政法大学出版社 2010 年版,第 174 页以下。

〔2〕 〔法〕贝尔纳·布洛克:《法国刑事诉讼法(原书第 21 版)》,罗结珍译,中国政法大学出版社 2009 年版,第 41 页。

〔3〕 参见〔日〕佐藤博史:《刑事辩护之技术与伦理:刑事辩护之心·技·体》,王信仁译,尤伯祥审订,新学林出版股份有限公司 2017 年版,第 38 页。

〔4〕 〔美〕戴维·鲁本:《律师与正义——一个伦理学研究》,戴锐译,中国政法大学出版社 2010 年版,第 184 页。

的诉讼境遇反而比没有辩护律师的被控告人更为不利的畸象。"如在当事人向其律师陈述犯罪之细节与内容后,国家机关得以强制力强迫律师陈述该内容,如同强迫律师成为国家机关的线民或代理人,也如同强迫代理人(即律师)陈述对本人(即被告)不利之事实,等于间接侵害被告不自证己罪之特权。"[1]

(二)获得律师帮助的宪法性权利

世界绝大多数国家都在宪法中规定,被控告人都有获得律师协助或辩护的权利。我国《宪法》第130条规定,"被告人有权获得辩护"。其中就包含被告人有获得律师辩护的权利。[2] 众所周知,被控告人委托律师能够获得法律层面的专业支持,诸如谋划最优的辩护策略,制定最佳的辩护方案等。但是,这些专业服务必须仰赖委托人提供全面、充分、真实的案情信息,其中就会牵涉委托人的私密信息或不愿对外公开的事项。"委托人基于其因对专业或其他考量而给予律师高度之信赖,此一信赖关系,使委托人能较无保留地将家丑、社会交际、业务秘密及个人不为人知行为或心理状态等资讯告知于律师,而律师亦系在此能获得完全资讯下可为周全之法律判断,以成就及履行其服务给付。"[3]作为一项宪法性权利,委托人获得律师协助或辩护的一项核心价值便是基于双方的"高度信赖关系",委托人可以与辩护律师完全、充分及自由地沟通,能毫无恐惧、毫无疑虑地吐露实情,不必担心今日所言会成为明日对己不利的证据。若不赋予委托人保密请求权,辩护律师没有保密义务的约束,委托人自然会因担心律师泄密,不敢向其吐露实情或有所保留,律师无法全盘了解案情,必然影响辩护效果,损及委托人的利益,所谓受律师协助或辩护的宪法性权利也会化为泡影,沦为虚无。

---

[1] 王兆鹏:《辩护权与诘问权》,华中科技大学出版社2010年版,第94页。

[2] "被告人有权获得辩护"在1954年宪法草案初稿中的表述是"被告人有辩护权",之所以作出修改,是因为当时参与立法的刘少奇认为,保证被告人获得辩护,实行起来是有困难的,但不能因有困难,这项权利就不要了。有的人不会讲话,到了法院说不清楚,要求法院找个人能把他要说的话说清楚,是不是给他找?不一定是律师。可见,"被告人有权获得辩护"除了指被告人自行辩护外,更强调被告人可以获得包括律师在内的其他人的协助辩护。参见全国人大常委会办公厅研究室政治组编:《中国宪法精释》,中国民主法制出版社1996年版,第277—278页。

[3] 姜世明:《法律伦理学》,元照出版有限公司2011年版,第346页。

(三)一般人格权保护的宪法性权利

以德国法为代表的大陆法系国家从一般人格权的宪法性权利引申出委托人的信息自决权[1],进而推演出"委托人信息自决权——辩护律师保密义务"的法律关系。我国《宪法》第38条和第40条从基本权利的视角规定了公民的人格尊严和通信秘密受宪法保护。个人信息保护法除了构建个人信息处理的"知情——同意"规则,第44条还特别规定了个人对其个人信息的处理享有决定权,有权限制或者拒绝他人对其个人信息进行处理,具体化了宪法将个人信息作为一般人格权进行保护的规范。因此,个人信息权是一项具有宪法位阶的基本权利,能够作为"针对国家的主观防御权和辐射一切法领域的客观价值秩序"[2]。委托人和辩护律师能够借助个人信息权的主观防御性,对抗国家的普遍调查取证权;国家机关则应当将委托人和辩护律师之间的通信秘密作为一项客观价值秩序予以尊重和保障。"对于律师缄默义务或守密义务之法基础,在德国,且强调其与基本法之关系,亦即,其宪法基础乃源自于一般人格权之保护,尤其系此一人格权之保护中,强调任何人均有发展人格之自由,此一自由权且包括资讯之自我决定权。据此,任何人对于其言论之发出、内容及主体范围,均有决定权。如此,律师对于委托人之咨讯,自不得任意加以散布,否则亦侵害委托人之咨讯决定权。"[3]

综上,辩护律师保密权的理论溯源是公民在刑事诉讼中有不被强迫自证其罪、获得律师帮助以及一般人格权等宪法性权利。委托人的保密请求权为维护这些宪法性权利而存在,并以辩护律师的保密义务为权利客体。国家机关为维护上述客观价值秩序,无权要求辩护律师披露因执

---

[1] 信息自决权是指个人对与自身相关的信息具有决定是否为他人所收集处理的权利,其本质在于保障公民可自我决定于何时以及在何种范围内对外公开生活事实,尤其是向公权力机关披露个人信息的权利。该权利始自德国联邦宪法法院于1983年对于"人口普查案"(史称"第二人口调查案")所作的判决,长期以来被置于私法领域的"数据和个人信息保护"的主题下讨论,近年来其适用场域在公法领域迅速延伸。参见杨芳:《个人信息自决权理论及其检讨——兼论个人信息保护法之保护客体》,载《比较法研究》2015年第6期,第27页。

[2] 张翔:《个人信息权的宪法(学)证成——基于对区分保护论和支配权论的反思》,载《环球法律评论》2022年第1期,第53页。

[3] 姜世明:《法律伦理学》,元照出版有限公司2011年版,第344—345页。

业活动知悉的委托人的情况信息,辩护律师面对国家机关的调查取证则拥有举报作证豁免权。委托人与辩护律师之间的"请求权——义务"法律关系是先在的、核心的法律关系,辩护律师与国家机关之间的"豁免——无权力"法律关系则是派生的、从属的法律关系,两者之间是源与流的关系。这是对辩护律师保密权理论溯源后进行归纳提炼得出的两重法律关系之间的内在逻辑。

对辩护律师保密权展开理论溯源,一方面可以验证由霍菲尔德权利分析框架推导出的辩护律师保密权实为豁免权的结论的逻辑自洽性;另一方面还能为辩护律师保密权规范体系的构建以及体系中要件要素的合理解释提供理论指引。

三、对第48条辩护律师保密权的体系化解释

作为知识层面的法教义学可以被理解为基于制定法之上的"一般性权威命题或原理的整体",或者说围绕一国现行实在法构造的"概念——命题"体系。[1] 在对辩护律师保密权的性质、理论溯源作出知识层面的教义化处理后,有必要回归条文去展现教义的解释力。"如果法学的讨论,不受本国法律文本之约束,而任由价值判断甚至比较法论证泛滥,不仅无助于本国法律问题的解决,还会有损于实定法下的法秩序建构。"[2]虽然国内已有不少学者从律师保密义务层面就保密主体、客体、期间和例外情形等作出分析[3],但一方面,这些分析并未在前述教义下展开,一些认识和判断并不准确;另一方面,相关法律的修改和司法实践中新情况、新问题的出现也会导致旧有知识需要更新迭代。"法教义学的长处在于能够以已有的法律规范为中心形成一个构架坚固的理论与知识体系。理论不断在司法实践中接受考验,对于司法实践的批判与总结又不断将新的知识与理论添加到这一体系之中,这样法律的发展是渐进

---

[1] 参见雷磊:《法教义学:关于十组问题的思考》,载《社会科学研究》2021年第2期,第11页。

[2] 张翔:《基本权利的规范建构》(增订版),法律出版社2017年版,第318页。

[3] 参见许身健:《法律职业伦理》(第三版),中国政法大学出版社2021年版,第279页以下;王琳主编:《法律职业伦理》,中国人民大学出版社2021年版,第95页以下;司莉等:《律师职业操守》,北京大学出版社2013年版,第156页以下。

地但也是稳固地。"[1]为了使第48条能够有效因应不同的个案情境,实现教义与实践的互通,本部分将从辩护律师保密权的适用前提、构成要件以及例外情形三个方面进行语词重释和体系化构建。

(一)适用前提:委托人不愿泄密

诚如前言,真正决定案情信息是否保密的主体是委托人,而非辩护律师。所以,辩护律师是否对国家机关的调查取证拥有保密权源于委托人是否要求辩护律师履行保密义务。这一点虽未在《刑事诉讼法》第48条中言明,却可在《律师法》第38条中窥见一斑,即律师在执业活动中知悉的委托人的有关情况和信息必须是委托人"不愿泄露"的才应保密。如果委托人明示或不反对律师对外披露案情信息,律师没有保密义务,便不会拥有派生的保密权,不能对抗办案机关的调查取证。《德国刑事诉讼法》第53条第2款就规定,第一款第一句第二项"被指控人的辩护人,对于以此身份被信赖告知或知悉的事项"有权拒绝提供证言,但如果被解除了缄默义务,不得拒绝提供证言。[2]

关于辩护律师保密权的适用前提有两点需要注意:

一是委托人不愿泄密是辩护律师保密权适用的前提而非例外。一般认为,只有满足某一前提条件,才能适用某一规则或程序。如果前提条件丧失,规则或程序的适用则无从谈起,自始不存在。适用例外则是指已经存在前提的情况下,因有特殊情形,导致准备适用或正在适用的规则或程序停止。辩护律师的保密权本质上源于委托人的保密权,如果委托人放弃保密权,则辩护律师没有保密义务,对外行使保密权也就成了无源之水、无根之木。律师透露案情事先已获得委托人的授权或同意的,没有保密义务适用之余地,不属于保密义务的例外情形。

二是如果委托人不要求律师履行保密义务,并不意味着律师有义务披露委托人告知的案情信息。律师只是不受保密义务的约束,除后文提及的保密权的例外情形,律师可依据良知、公共利益、执业风险等因素综合考量,自我抉择是否披露。但如果委托人明确要求律师向办案机关转达于己有利的案情信息,如自首、立功的线索,这显属辩护职责,律师当依

---

[1] 卜石元:《德国法学与当代中国》,北京大学出版社2021年版,第26页。
[2] 参见宗玉琨译注:《德国刑事诉讼法典》,知识产权出版社2013年版,第28页。

委托人的意思行事。但倘若这些信息实属虚妄杜撰,律师应当拒绝,因为辩护律师负有消极的真实义务。理论上,消极的真实义务与积极的真实义务相对,后者类似于检察机关的客观义务,指"律师必须积极地将无论有利或不利于自己当事人的证据,都向法院提出,以积极地促成真实的发现"[1]。在大多数国家,辩护律师不负积极的真实义务,否则无异于第二追诉方,与辩方角色定位背道而驰。通说认为,辩护律师的真实义务只能是消极的真实义务,包含两方面内容:一是义务的"消极性",辩护律师对真实的发现仅限于委托人的有利事项,对于不利事项不负积极发现义务。二是义务的"真实性",消极的真实义务是低限度的真实义务,仍须保有"真实性"的底色。辩护律师不得以欺骗、伪证等方法,破坏或阻碍办案机关发现真相。换言之,即使律师没有去积极地促成办案机关对于真实的发现,也至少消极地不可以妨碍他们对于真实的发现。[2] 倘若律师明知委托人要求其转达的案情信息或证据材料不真实,却仍然按其意思行事显然是在误导办案机关,已违反消极的真实义务,律师应予拒绝。但是,若律师对委托人要求告知的案情信息的真实性有合理怀疑,如何处理?我国台湾地区2009年"律师伦理规范"第23条特别增订第2项规定:"律师于案件进行中,经合理判断为不实之证据,得拒绝提出。但刑事被告之陈述,不在此限。"显然,但书确定了辩护律师将委托人陈述的案情信息告知转达的义务。究其原因,"律师对法院有一定之诚实义务。如律师合理怀疑证据不实,原则上应容许其拒绝提出该项证据。但如系刑事被告之陈述,因被告有为自己辩护之宪法上权利,律师如仅因合理怀疑即得拒绝协助,无异自任法官。"[3]

(二)构成要件

根据第48条的规定,辩护律师保密权的构成要件可以从保密主体、保密时限、保密内容、保密行为四个方面展开分析。

---

[1] 刘宏恩:《我可不可以骗你:律师对法院的真实义务》,载《月旦法学教室》第137期(2014年第3期),第34页。

[2] 参见林钰雄:《刑事诉讼法》(上册),新学林出版股份有限公司2019年版,第216页。

[3] 刘宏恩:《我可不可以骗你:律师对法院的真实义务》,载《月旦法学教室》第137期(2014年第3期),第35页。

1. 保密主体：辩护律师

第 48 条规定的保密主体为辩护律师。依立法机关对本条的解读，"辩护律师"是"接受犯罪嫌疑人、被告人委托或者其监护人、近亲属代为委托担任辩护人的律师，以及受法律援助机构指派提供辩护法律援助的律师"[1]。这一解释没有受到条文中与辩护律师相对的"委托人"的语境限制，将"辩护律师"的外延扩展到委托辩护之外的法律援助律师，扩大了拥有保密权的律师的范围，具有合理性，但尺度仍显保守。首先，依第 33 条的规定，我国的辩护人不仅可以由律师担任，还可以由人民团体或者犯罪嫌疑人、被告人所在单位推荐的人，犯罪嫌疑人、被告人的监护人、亲友担任。这些人一旦成为辩护人，也应当诚实地全力维护委托人的合法权益。为达此目的，需要委托人毫无保留地将整个案情信息和盘托出。如果律师以外的辩护人不负保密义务，委托人自然会心生顾虑，不敢全面、如实地吐露案情，这必然会影响最终的辩护效果。故律师以外的其他辩护人也应当参照适用第 48 条。其次，立法机关在 2018 年第三次修订刑事诉讼法时增加值班律师制度。作为辩护制度的有效补充，值班律师制度要有长远发展，也应当规定值班律师拥有保密权。毕竟，值班律师在与犯罪嫌疑人、被告人会见时同样会知悉委托人的有关情况和信息，如果面对国家机关的调查取证无权保密，无疑会异化为"告密者"或"国家线人"，招致犯罪嫌疑人、被告人的疏离和排斥，最终损害的将是该项制度的生存根基。最后，律师助理也应考虑被赋予保密权。"律师助理"包括辩护律师所在律师事务所的其他律师和申请律师执业实习人员。2015 年 9 月最高人民法院、最高人民检察院、公安部、国家安全部、司法部联合印发的《关于依法保障律师执业权利的规定》第 7 条第 4 款中规定："辩护律师可以带一名律师助理协助会见。"据此，律师助理在刑事诉讼中可以参与会见，也会知悉委托人的有关情况和信息，如果不被赋予保密权，也难保不会有案情信息外泄，影响辩护的整体质量。

总之，为了使委托人没有顾虑地与辩护人全面、充分及自由地沟通交流，最大限度地确保辩护质量和辩护效果，第 48 条中的"辩护律师"宜扩大解释为辩护人（委托律师、法律援助律师、律师以外的其他辩护人）、值

---

[1] 李寿伟主编：《中华人民共和国刑事诉讼法解读》，中国法制出版社 2018 年版，第 114 页。

班律师和律师助理。

其实,在域外,承担保密义务、拥有保密权的主体早已扩大到律所的其他律师和相关工作人员。如《日本辩护士职务基本规程》在"共同事务所"章节第56条规定:"共同事务所的所属律师,对于事务所的其他律师因职务上所得知有关委托人的秘密,除非有正当理由,不得泄露给其他人或者供其他人使用。"[1]"在英美的判例中,律师包括事务律师、法律顾问以及外国律师(oversea lawyer)等,律师的代理人包括律师助理、秘书、文书职员(file clerk)以及律师委派的调查者,甚至包括受聘于律师而为进行相关诉讼作准备的专家。"[2]基于现代专业的复杂性和分工的精细化,越来越多的律师已不可能独揽所有辩护工作,为求辩护之极致,聘请医生、翻译、会计师、税务师等协助辩护的情形十分常见。基于工作上的关系,与委托人相关的案情信息也需要透露给这些协助者,那么他们是否也要承担保密义务、拥有保密权?本评注认为,第三方因协助律师辩护需要获知委托人不愿泄露的案情信息的,辩护律师应事先告知委托人,经委托人同意后方可透露有关案情信息。同时,律师应告知第三方协助者须承担保密义务,并做好监督工作。

2. 保密时限:执业过程中

从第48条中"辩护律师"的身份确立展开分析,律师被赋予辩护人身份的时点就应是保密起点,然而实践中常有更复杂的情形。例如,在委托关系尚未确立,律师与犯罪嫌疑人、被告人及其近亲属会见接洽时,为了准确、全面地了解案情,提供咨询,确定是否接受委托,律师会要求获知案情信息。其中就可能涉及犯罪嫌疑人、被告人的有关情况和信息,但因双方尚未建立委托关系,尚未成为"辩护律师"的律师对已经获知的内容是否要保密?《美国律师职业行为准则》(Model Rules of Professional Conduct)第1.18条确立了律师对潜在委托人(prospective client)的保密规定。第1.18(a)条规定,客户和律师讨论到具体个案而可能建立律师与客户之间的委托关系时,客户即为潜在委托人。而依照第1.18(b)条的规定,即使后来律师与客户之间没有建立正式的委托关系,律师也不能将与

---

[1]《日本辩护士职务基本规程》,载日本辩护律师联合会网站,https://www.nichibenren.or.jp/activity/improvement/ethic.html,访问日期:2023年3月6日。

[2] 吴丹红:《刑事诉讼中的律师保密义务》,载陈兴良主编:《刑事法评论·第18卷》(2006),北京大学出版社2006年版,第296—297页。

客户先前商议时所得知的信息泄露出去。[1] 本评注认为赋予辩护律师保密权的核心目的就是确保委托人能够向律师完整且诚实地陈述以获得律师充分的协助和辩护,不因吐露实情招致不利后果。这一目的在委托关系尚未建立前的"磋商环节"也应有所体现。有鉴于此,确认上述复杂情形中保密权的成立时点,可以跳出第 48 条中"辩护律师"的语境限制,转向对"在执业活动中"一语的解释。只要潜在的委托人为寻求法律帮助与其信赖的拥有执业身份的律师会见、交流和咨询,便已落入律师执业活动的范畴。而且,实践中不少律师提供法律咨询也都收取相应费用,这从侧面也证实了"磋商环节"属于律师执业活动的一部分,应是律师保密权产生的真正起点。

一般认为,为了维系律师与委托人之间的信赖关系,保障委托人的诉讼权利和裁判利益,律师的保密义务不会随着委托关系的解除或消灭而结束,律师的保密权也没有终结的时点。例如,犯罪嫌疑人张三因涉嫌抢夺罪被立案侦查,律师李四在侦查阶段会见张三时,张三告知李四自己是携带凶器抢夺,李四对此信息自当保密。如果张三最终以抢夺罪定罪处刑,张三与李四间的委托关系随之终结。两个月后,李四在某研讨会上发言指出张三其实是携带凶器抢夺,该事实未被侦查机关发现。如果之后对张三案启动再审,办案机关向李四调查取证,李四可否拒绝作证?如果认为委托关系终结,律师的保密义务和保密权也随之结束,李四应当向办案机关如实作证。但这显然侵害了委托人对律师的信赖期待,对今后委托人与律师之间的自由沟通也会产生负面影响。中华全国律师协会 2001 年修订的《律师职业道德和执业纪律规范》第 39 条就规定,律师对与委托事项有关的保密信息,委托代理关系结束后仍有保密义务。总之,在委托人——律师之间的委托关系解除或终结后,律师的保密义务和保密权依然存在,不能以授课、演讲、出版自传或回忆录[2]等方式泄露其执业过程中知悉的委托人的有关情况或信息。

---

[1] 参见美国律师协会 2020 年《美国律师职业行为准则》(ABA Model Rules of Professional Conduct),载美国律师协会网站,https://www.americanbar.org/groups/professional_responsibility/publications/model_rules_of_professional_conduct/model_rules_of_professional_conduct_table_of_contents/,访问日期:2023 年 3 月 14 日。

[2] 参见刘宏恩:《把你的案件写进我的回忆录?律师的保密义务》,载《月旦法学教室》第 151 期(2015 年第 5 期),第 37 页以下。

3. 保密内容：委托人的有关情况和信息

第48条规定，辩护律师保密的内容是"委托人的有关情况和信息"，据此结合《律师法》第38条的规定可梳理出保密内容的三要素。

一是保密内容不包括国家秘密、商业秘密、当事人隐私。从体系解释的角度看，《律师法》第38条共两款，每款规定的保密内容不应在范围上交叉。第1款规定的律师应当保守的国家秘密、商业秘密、当事人隐私不应在第2款中重复出现。由于第2款与《刑事诉讼法》第48条相对应，所以，辩护律师保密的范围仅限于委托人的有关情况和信息，不包括国家秘密、商业秘密、当事人隐私。后者应由《律师法》第38条第1款以及刑法、行政法等调整。这一论断的意义在于前述有关辩护律师保密的适用前提以及后文提及的例外情形均限于"委托人的有关情况和信息"的范围，不包括国家秘密、商业秘密、当事人隐私。例如，委托人在会见时向辩护律师透露的国家秘密，即使辩护律师获得委托人同意也不得泄露。

二是保密内容与委托人有关。保密内容与委托人有关是"委托人——律师"法律关系的体现。日本学者对保密内容的外延界定得较为宽泛，"委托人过去的犯罪行为，反伦理行为，疾病，身份，亲属关系，财产关系，是否留有遗言，住所及其他对委托人不利的事项等，还有委托人不想让第三人（有不同利害的人）知道的事项及一般社会观念中不想让别人知道的事项全部包含在内"[1]。结合我国的规定，其中有些秘密可归属于国家秘密、商业秘密或者当事人隐私，有些仅涉及民事诉讼。在中国的刑事诉讼语境下，与委托人有关的情况信息主要还是与犯罪相关的事实，但就具体范围而言曾有不同认识。有人认为仅限于不利于委托人的事实，但司法实践中有利或不利于委托人的事实有时难以区分，为了充分维护委托人与律师之间的信赖利益，保密内容不应仅限于不利于委托人的事实，与犯罪事实有关即可。[2]

三是保密内容应是情况信息而非证据。如果委托人交予辩护律师的是证据材料，律师取得后以拥有保密权为由拒不提交无异于隐匿证据，不

---

[1] [日]森际康友编：《司法伦理》，于晓琪、沈军译，商务印书馆2010年版，第26页。

[2] 参见田文昌、陈瑞华主编：《〈中华人民共和国刑事诉讼法〉再修改律师建议稿与论证》（增补版），法律出版社2012年版，第163—164页。

仅违反《刑事诉讼法》第44条中辩护人不得帮助犯罪嫌疑人、被告人隐匿证据的规定,也违背其消极的真实义务。在司法实践中,如果有委托人向律师提交证据或告知律师藏匿赃款赃物、作案工具的地点,要求律师取得保管的,律师有权拒绝或解除委托。但对于委托人告知律师的藏匿赃款赃物、作案工具、被害人尸体的地点等信息,律师有权保密。

4. 保密行为:三种形态

一般认为,保密就是不让秘密泄露。依第48条的规定,辩护律师的保密行为就是不向办案机关提供与委托人有关的案情信息,可解释为三种形态:

一是拒绝提供线索情报。辩护律师不得以案件知情人的身份向国家机关透露从委托人那里知悉的案件线索或情报信息,如作案工具的藏匿地点、目击证人的姓名、身份等。

二是拒绝作证。律师不得以控方证人的身份就从委托人那里知悉的情况信息向法庭作证。与第一种保密行为所针对的内容是信息不同,第二种保密行为所针对的是由信息转化的证人证言。这类似于美国的律师与委托人特免权规则,"是指在刑事诉讼和民事诉讼中,即使律师具有证人的适格性,仍然能够就其因提供法律服务而从委托人处知悉的委托人的秘密信息拒绝作证"[1]。

三是不受搜查和扣押。这一点类似于美国的律师工作成果原则(work product doctrine)[2]或工作成果保护(work product protection),是指律师因预期诉讼所准备的或者为审判所准备的实物材料(或者其非实物的同等物)免受侵扰,应获得保护。[3] 与前两项保密行为所针对的内容是信息或言词证据不同,律师工作成果原则突出了律师在执业过程中

---

[1] 王进喜:《美国律师职业行为规则:理论与实践》,中国人民公安大学出版社2005年版,第75页。

[2] 美国的律师保密原则具有多重内涵,包括律师—委托人特免权和律师工作成果原则等。See Ronald J. Allen, Mark F. Grady, Daniel D. Polsby and Michael S. Yashko, A Positive Theory of the Attorney-Client Privilege and the Work Product Doctrine, 19 J. LEGAL Stud. 359, 359-361 (1990).

[3] 参见王进喜:《美国〈联邦证据规则〉(2011年重塑版)条解》,中国法制出版社2012年版,第145页;《联邦证据规则》第502条(a)、(g),载康奈尔大学法学院网站,https://www.law.cornell.edu/rules/fre/rule_502,访问日期:2023年2月26日。

发现、收集、制作的实物类证据材料不受搜查和扣押。前文已述,我国刑事诉讼法规定,辩护律师不得隐匿从委托人那里接受的或根据委托人的提示发现的犯罪证据,如犯罪工具、账本、尸体等。但律师为了辩护的需要,在与委托人会见交流时也会作必要的记录,所写、所画、录音都会形成有形材料,在日常交流中还可能会采用信函或电子邮件、即时通讯设备等方式形成文书材料、电子数据,这些衍生材料如果不能对抗办案机关的搜查和扣押,仍会导致交流信息的外泄,无异于变相剥夺辩护律师的保密权。结合第 48 条的规定,如果辩护律师在会见或调查取证过程中形成了含有委托人的有关情况信息的有形材料,也不应受到办案机关的搜查和扣押。当然,考虑到司法实践中,这些由情况信息转化的"实物材料""有形材料"有时与犯罪证据难以区分,一律不得搜查和扣押将导致关键证据灭失或被隐匿,故实践中不应一刀切,宜交由办案机关个案判断,权衡抉择,防止辩护律师滥用保密权隐匿罪证。

(三) 例外情形

第 48 条规定了辩护律师保密权的例外,"辩护律师在执业活动中知悉委托人或者其他人,准备或者正在实施危害国家安全、公共安全以及严重危害他人人身安全的犯罪的,应当及时告知司法机关"。运用霍菲尔德权利分析框架进行推导会发现,辩护律师保密权的例外是指在特殊情形下,国家机关有权力(power)改变"委托人——辩护律师"之间的法律关系,进而要求辩护律师承受这一法律关系变更的后果——向司法机关履行举报作证义务。"之所以这样规定,主要是考虑到与律师为不利于其委托人的已经发生的事实情况保密所保护的利益相比,准备或者正在实施的危害国家安全、公共安全和他人人身安全犯罪所侵害的社会利益更值得保护。"[1]可见,辩护律师保密权的原则与例外其实是利益权衡,是要在个人权利保障和必要的公共利益维护之间作出合理的平衡。

细究第 48 条中的例外情形,主要涉及两个限定标准。

一是强调例外情形中犯罪的严重性,必须是"危害国家安全、公共安全以及严重危害他人人身安全的犯罪"。"因为无论是危害国家安全的犯罪、危害公共安全的犯罪,还是严重危害他人人身安全的犯罪,都属于

---

[1] 黄太云:《刑事诉讼法修改释义》,载《人民检察》2012 年第 8 期,第 29 页。

严重的犯罪,一旦实施完毕就会造成非常严重的、不可挽回的后果。"[1]在这种情况下,辩护律师应放弃保密权,承担起向司法机关举报揭发、告知案情的义务。但是,我国刑事诉讼法仍将保障个人权利作为原则,对辩护律师保密权的例外情形设定了严苛的门槛,以防止国家公权力对"委托人——辩护律师"法律关系的随意变更和破坏。例如,2007 年《律师法》第 38 条第 2 款曾规定,辩护律师担负保密义务的例外情形中还涉及严重危害"财产安全"类犯罪。但 2012 年《律师法》删除了严重危害"财产安全"类犯罪的例外情形,与当时已修订的刑事诉讼法相协调。与此相反,我国台湾地区的"律师伦理规范"曾将生命法益、身体法益以及财产法益区分开来,不认为对财产法益造成危害包含在保密义务的例外范围内。但 2009 年修订规范时,其参考《美国律师职业行为准则》1.61(b)(2)(3)[2]的规定,将对他人财产造成重大损害的情形也列为律师保密义务的例外[3]。吊诡的是,《美国律师职业行为准则》原来也没有将对他人

---

[1] 陈光中主编:《〈中华人民共和国刑事诉讼法〉修改条文释义与点评》,人民法院出版社 2012 年版,第 43 页。

[2] 《美国律师职业行为准则》第 1.6 条规定:(a)律师不得泄露因为为委托人代理所得知的秘密,除非得到委托人同意、在代理过程中得到默示授权,或者是(b)款所准许的事项。(b)在为委托人代理时,律师合理相信有下列必要时可泄露因代理而得知的秘密:(1)为了防止合理相信的死亡或重大的身体伤害;(2)为了防止委托人已经利用或正在利用律师的服务从事会造成他人经济利益或财产严重损害的犯罪或诈欺行为;(3)为了防止、减轻、纠正委托人利用或正在利用律师的服务而从事的犯罪或诈欺行为所造成其他人的财务利益或财产损害;(4)为了就律师遵守本准则而获得法律建议;(5)在律师和委托人的争议中,律师为自己确立主张或防御方法;或者在委托人牵涉在内的针对律师所提起之刑事指控或民事告诉中建立防御方法;或因为受任处理委托人事务而衍生的在程序中针对有关主张作出响应;(6)为了遵守其他法律或法院的命令;(7)发现并解决因律师换工作或因律师事务所的组成或所有权变更而引起的利益冲突,但前提是披露的信息不会损害或以其他方式损害委托人的权益。

[3] 2009 年,我国台湾地区修订的"律师伦理规范"第 33 条规定:律师对于受任事件内应严守秘密,非经告知委任人并得其同意,不得泄露。但下列情形之一,且在必要范围内者,得为揭露:一、避免任何人之生命,身体或健康之危害。二、避免或减轻因委任人之犯罪意图及计划或已完成之犯罪行为之延续可能造成他人财产上之重大损害。三、律师与委任人间就委任关系所生之争议而需主张或抗辩时,或律师因处理受任事务而成为民刑事诉讼之被告,或因而被移送惩戒时。四、依法律或本规范应揭露者。

财产造成重大危害的情形列为律师保密义务的例外,但在安然(Enron)案件中,被追诉的律师及会计师引用保密义务的规定,主张即使他们已经知道当事人的行为或意图会造成社会大众财产的重大损害,也因为保密义务的约束不应该揭露。对此,美国国会在 2002 年通过《萨班斯—奥克斯利法案》(Sarbanes-Oxley Act),法案第 31 条对于处理证券业务的律师在有关投资人可能遭到重大损失的消息,要求在特定条件下揭露信息。《美国律师职业行为准则》1.61(b)(2)(3)在 2003 年修订时,将委托人计划实施重大的财产犯罪排除在律师保密义务之外。两相比较,在对保障个人基本权利与维护财产法益的权衡抉择上,我国立法选择了前者,严格限缩辩护律师保密权的例外,目的就是避免过多的例外冲击原则,以致律师的辩护太过独立,侵蚀"委托人——辩护律师"法律关系。[1] 当然,原则与例外仍有必要保持一定的动态协调,对例外情形的必要调整仍是为了更好地平衡各重价值利益,甚至这种平衡可以深入到辩护律师向司法机关透露相关案情信息的范围。例如,在某些情况下,告知部分案情信息就足以避免或控制危害结果发生的,辩护律师就应向司法机关仅告知部分信息而非全部案情。

二是强调例外情形中犯罪的未然性,即准备或者正在实施犯罪。"准备实施"犯罪可以理解为"委托人或者其他人准备犯罪,虽然还没有实施犯罪,但他并没有停下来的意思"[2],在谋划阶段、预备阶段都属于准备实施犯罪。"正在实施"犯罪一般理解为行为人已经着手实行犯罪,尚未结束。如果对第 48 条的例外规定作反对解释,辩护律师对于委托人或者其他人已然实施的严重犯罪不负告知义务。但"已然"与"未然"间其实存在灰色地带,那就是犯罪行为实行终了,但危害结果尚未出现或虽已出现尚未大规模蔓延的。考虑到例外情形中强调犯罪的"未然性",目的是有效预防和制止"准备或正在实施的"严重犯罪,避免或尽可

---

[1] 美国《萨班斯—奥克斯利法案》及证券法规中规定的律师就严重财产犯罪的信息披露义务在近些年也不断遭到美国律师协会的反对和批评。一些规则也开始调整,如美国证券交易委员会就通过《205 规则》免除了证券律师的强制报告义务,回归律师保密义务规则。参见许身健:《安然事件视阈下完善公司律师伦理的多个面向》,载《政法论坛》2023 年第 2 期,第 118 页。

[2] 张军、姜伟、田文昌:《新控辩审三人谈》(增补本),北京大学出版社 2020 年版,第 70 页。

能降低其对社会的严重危害,最大限度地维护公共利益。所以,对于上述特殊情形,国家安全、公共安全、人身安全仍面临诸多不确定的严重风险。此时,有可能、也有必要采取补救措施,对危害结果作出及时防范和控制,辩护律师应履行向司法机关告知的义务。其实,《美国律师职业行为准则》1.61(b)(3)和我国台湾地区"律师伦理规范"第33条也都将"已完成之犯罪行为之延续"可能造成重大损害的情形列入律师保密的例外。综上,有必要对"准备或者正在实施"的犯罪作扩张解释,将犯罪行为实施完毕,但犯罪结果尚未发生或正在继续蔓延的情形解释为正在实施犯罪的"必然延伸",将"犯罪结果"的未然性也归入犯罪的未然性,从而使其进入辩护律师保密权的例外情形中。

▶▶【法条评点】

随着前文对第48条的深入分析,一些与我国实践和规范相冲突的问题也浮出水面。例如辩护律师拥有保密权的适用前提是犯罪嫌疑人、被告人不愿意泄露,如果犯罪嫌疑人已决意向司法机关坦陈不利于己的案情,比如想通过认罪认罚获得从宽处理,辩护律师其实无法阻止,所谓的保密特权也就丧失了现实意义。所以可对第48条第一句话作出调整:辩护律师对在执业活动中知悉的委托人不愿泄露的有关情况和信息,有权予以保密。此外,有必要赋予辩护律师以外的其他辩护人保密权。毕竟,这些人对于委托人而言也有保密义务,面对侦查机关的调查,也应有告知案情或作证义务的豁免权,即保密权。而在立法未修改的当下,其他辩护人的保密权应类推适用第48条的规定。除了这些需要完善的内容,本评注认为还有两个方面值得关注。以下详述之。

一、有关不被强迫自证其罪特权的法律地位

辩护律师保密权派生于委托人要求律师承担保密义务的请求权,保密权的主体实际上是委托人。而赋予委托人决定对相关信息是否保密的理论基础之一便是委托人享有不被强迫自证其罪的权利,对于国家机关的调查取证没有供述义务和真实义务,其委托的辩护律师也无作证义务和(积极的)真实义务。然而,我国宪法中没有被控告人不得强迫自证其罪的规定,刑事诉讼法中"任何人不被强迫证实自己有罪"条款又规定于证据章,被矮化为一项有关取证程序、举证责任分配的证据规则,无法统

摄其他编章中的制度和程序,自然也无法对辩护章中的辩护律师保密权形成理论关照。更糟糕的是,《刑事诉讼法》第 120 条还规定,犯罪嫌疑人对于侦查人员的提问有如实回答的义务。依此推导,犯罪嫌疑人委托的辩护律师面对国家机关的调查取证亦有如实作证义务,这直接与辩护律师保密权相冲突。"通过对中国已有法律规范进行系统化,能够发现其中究竟存在哪些矛盾,可以了解如果是通过立法改进,应该从何处入手。这种对制定法的系统化和提供立法的备选也是法教义学的应有之义。"〔1〕基于上述情况,应当删除第 120 条中犯罪嫌疑人应当如实回答的规定,将"任何人不得强迫证实自己有罪"置入《刑事诉讼法》的"任务和基本原则"一章,以统摄、框范包括证据制度、辩护制度在内的各个章节,为辩护律师的保密营造协调一致、融贯自洽的法规范语境。在条件成熟时,还可以考虑在宪法中规定任何人不被强迫自证其罪条款。

二、应完善律师泄密惩戒追责机制

第 48 条仅规定了辩护律师保密权及其例外情形,并未规定辩护律师违反保密义务泄密的法律后果。其实,域外不少国家都有相应的惩戒追责机制,一些国家还直接在刑法中规定了泄密罪。例如,《日本刑法》第 134 条第 1 项规定:"……律师、辩护人……或担任其他类似职务者,无正当理由,而泄露其因职务上行为知悉他人之秘密者,处 6 个月以下有期徒刑或 10 万日元以下罚金。"《德国刑法》第 203 条规定:"一、因下列各种身份而被告知或知悉他人的秘密,尤其是私生活秘密或企业、商业秘密,未被授权而加以泄露的,处 1 年以下自由刑或罚金:……3.律师、法律顾问、办理专利问题的律师、公证人、法定程序中的辩护律师、审计师、宣誓的会计师、税务顾问、税务代理人……"辩护律师保密作为一项职业伦理和法律行为,除了要做好正面引导和正向激励,还应对辩护律师的泄密行为建立不同位阶的反向惩戒与追责机制。在实体法层面,应在《律师法》第 48 条第 4 项中增补律师泄密惩戒条款,对于律师有泄露商业秘密、个人隐私或者"在执业活动中知悉的委托人不愿泄露的有关情况和信息的",应作出警告、一万元以下罚款、没收违法所得、停止执业三个月以上六个月以下的处罚。对于情节严重的,应在刑法中增设泄密罪,处一年以

---

〔1〕 卜石元:《德国法学与当代中国》,北京大学出版社 2021 年版,第 24 页。

下有期徒刑或者罚金。在程序法上,应否定办案机关因律师泄密所获证据的证据资格,建立非法证据排除规则。如前所述,保密权实为委托人的权利。辩护律师泄密侵害的是委托人的权利,背后牵涉的是不得强迫自证其罪等一系列的宪法性权利。"在有关证据排除规则的建立和发展过程中,也是以侵犯公民的宪法性权利作为排除标准的。"[1]从这个角度看,律师如果泄密,相当于协助国家机关收集到对委托人的不利证据,可视为国家机关的"线人",整个取证行为已然侵犯到委托人的宪法性权利,所收集的证据自应认定为"非法",予以排除。[2]

> **第四十九条 【妨碍辩护人、诉讼代理人行使诉讼权利的救济】**辩护人、诉讼代理人认为公安机关、人民检察院、人民法院及其工作人员阻碍其依法行使诉讼权利的,有权向同级或者上一级人民检察院申诉或者控告。人民检察院对申诉或者控告应当及时进行审查,情况属实的,通知有关机关予以纠正。

▶▶【历次修法条文对照】

1979年《刑事诉讼法》	1996年《刑事诉讼法》	2012年《刑事诉讼法》	2018年《刑事诉讼法》
第四章 辩护	第四章 辩护与代理	第四章 辩护与代理	第四章 辩护与代理
无	无	第47条:辩护人、诉讼代理人认为公安机关、人民检察院、人民法院及其工作人员阻碍其依法行使诉讼	第49条 内容未修订

---

[1] 汪建成:《中国需要什么样的非法证据排除规则》,载《环球法律评论》2006年第5期,第552页。

[2] 作为美国证据法的一部分,律师与委托人特免权规则规定由律师披露的委托人的秘密不能被用作证据。参见〔美〕戴维·鲁本:《律师与正义——一个伦理学研究》,戴锐译,中国政法大学出版社2010年版,第172页。

（续表）

1979 年 《刑事诉讼法》	1996 年 《刑事诉讼法》	2012 年 《刑事诉讼法》	2018 年 《刑事诉讼法》
第四章 辩护	第四章 辩护与代理	第四章 辩护与代理	第四章 辩护与代理
		权利的,有权向同级或者上一级人民检察院申诉或者控告。人民检察院对申诉或者控告应当及时进行审查,情况属实的,通知有关机关予以纠正。	

▶▶【立法沿革】

本条是 2012 年《刑事诉讼法》新增条文。

1996 年《刑事诉讼法》赋予了辩护人较为广泛的诉讼权利,如会见权、阅卷权、调查取证权等。随着刑事诉讼法的全面施行,控辩双方的对抗性愈发增强,对抗场域也从此前的审判阶段向前延伸至审前程序。不容否认,"辩护人、诉讼代理人的工作至少会在办案程序上或者在工作量上给办案机关及其工作人员带来'麻烦'或造成'负担'"[1],引发司法实践中少数公安机关、检察院、法院及其工作人员利用手中权力阻碍辩护人、诉讼代理人依法行使诉讼权利的情形。例如,无正当理由阻挠辩护人会见犯罪嫌疑人、被告人,拒绝辩护律师查阅、复制、摘抄案卷材料,不向辩护人、诉讼代理人送达有关诉讼文书,还有个别法官在法庭上不适当地限制辩护人、诉讼代理人进行质证、辩论等。这些做法不仅阻碍了辩护人、诉讼代理人依法行使诉讼权利,还严重损害了犯罪嫌疑人、被告人、被害人等委托人的诉讼权利和合法权益,影响了案件的公正处理。律师在执业过程中一旦遇到类似做法,往往感到束手无策,因为救济途径不

---

[1] 陈光中主编:《〈中华人民共和国刑事诉讼法〉修改条文释义与点评》,人民法院出版社 2012 年版,第 44 页。

足,这些不合理甚至不合法的做法常常难以得到纠正。有鉴于此,在 2012 年修改刑事诉讼法时,立法机关结合司法实践的现实情况,综合各方面的意见,专门增加了辩护人、诉讼代理人对公安机关、检察院、法院及其工作人员阻碍其依法行使诉讼权利的申诉、控告及处理程序的规定。

另外,2012 年《刑事诉讼法》进一步完善辩护制度,丰富和强化了辩护人的各项辩护权能。然而,根据以往的经验,仅有这些规定还不足以确保辩护权的充分行使。公检法机关及其工作人员很可能还会以形形色色的理由为辩护权的行使设置障碍。从体系解释的角度看,本条在辩护人和诉讼代理人各项诉讼权利确立之后再行规定,作为"辩护与代理"章的最后一条,对辩护人以及诉讼代理人各项权利的行使显然具有兜底保障作用。

本条在 2018 年修法时未有内容调整,仅有条文序号的变化。

▶▶【法条注解】

本条共有两句话,涉及两个方面:一是辩护人、诉讼代理人对阻碍其依法行使诉讼权利的,有权向检察院申诉控告;二是检察院对申诉控告的处理程序。

一、辩护人、诉讼代理人的申诉控告

《刑事诉讼法》第 14 条第 2 款规定:"诉讼参与人对于审判人员、检察人员和侦查人员侵犯公民诉讼权利和人身侮辱的行为,有权提出控告。"本条为《刑事诉讼法》第一章"任务和基本原则"的规定,作为一项基本原则,其他章节可据此作出进一步规定。以辩护章为例,《刑事诉讼法》第 38 条就规定,辩护律师在侦查期间可以为犯罪嫌疑人代理申诉、控告。这就意味着作为诉讼参与人之一的犯罪嫌疑人,对于侦查机关侵犯其诉讼权利的,有权提出申诉、控告,辩护律师可以为其代理。

本条也是对《刑事诉讼法》第 14 条第 2 款的进一步细化。辩护人、诉讼代理人属于诉讼参与人,如果公检法机关及其工作人员侵犯了他们的诉讼权利,他们有权向检察院提出控告。除此以外,本条还规定了辩护人、诉讼代理人对侵权行为有权向检察院申诉。从法理上看,辩护人、诉讼代理人的申诉控告权本质上是一种救济权,当辩护人、诉讼代理人行使诉讼权利受阻,寻求救济的方式就是向检察院申诉控告。所以,申诉控告

权可称为"二次权利"。至于申诉与控告的区别,本评注在本章第 38 条的【法条注解】中已做过详尽分析。简言之,刑事诉讼法中的控告与"侵权"密切相关,是面对侵权寻求的救济;申诉则与"生效裁判和决定"紧密相连,是对生效结果的异议救济。

(一)申诉控告的缘由

根据本条规定,申诉控告的缘由或起因是辩护人、诉讼代理人行使诉讼权利受阻。辩护人、诉讼代理人的诉讼权利较为广泛,在辩护一章就包括阅卷权、会见通信权、调查取证权、核实有关证据权等。此外,还包括本章之外的各项诉讼权利,如申请回避及复议的权利(第 32 条),申请法院排除非法证据的权利(第 58 条第 2 款),申请法院通知证人、鉴定人出庭作证的权利(第 192 条),对出庭证人的发问权(第 194 条),对未到庭的证人的证言笔录、鉴定人的鉴定意见、勘验笔录和其他作为证据的文书提出意见权(第 195 条),申请通知新的证人到庭、调取新的物证、申请重新鉴定或者勘验的权利(第 197 条第 1 款),参与法庭辩论的权利(第 198 条第 2 款)等。需要注意的是,本条仅是对辩护人、诉讼代理人诉讼权利的救济,如果公检法机关及其工作人员侵犯的是辩护人、诉讼代理人的其他权利,例如,法官在庭审中称律师说话太快"等于放屁"[1],这是对律师的人身侮辱行为,并未阻碍其诉讼权利。针对这一情形,辩护律师可根据《刑事诉讼法》第 14 条第 2 款的规定向法院提出控告。

(二)向检察院提出申诉控告

根据本条规定,辩护人、诉讼代理人在行使诉讼权利时受阻,可以向检察院提出申诉控告。需要注意的是,按照《刑事诉讼法》第 14 条第 2 款的规定,除检察院外,接受控告的机关还可以是其他机关,如上述案例中被嘲讽说话太快的律师就是向法院提出了控告。但本条专门规定,辩护人、诉讼代理人"有权向同级或者上一级人民检察院申诉或者控告。"之所以这样规定,是因为检察院是国家的法律监督机关,对刑事诉讼实行法律监督(《刑事诉讼法》第 8 条、第 19 条第 2 款),其中就包括对于公安机关、法院在侦查、审判过程中违反法定程序,阻碍辩护人、诉讼代理人依法行使诉讼权利的,可以开展法律监督。一般来说,检察院开展法律监督的

---

[1] 参见佚名:《法官骂律师说话太快"等于放屁"》,载《东方今报》2022 年 12 月 27 日,第 7 版。

线索,有的是依职权调查获得,有的则是来自辩护人、诉讼代理人的申诉控告。此外,如果是检察院及其工作人员阻碍辩护人、诉讼代理人依法行使诉讼权利,由涉案检察院来处理申诉控告,显然违背了"任何人不能担任自己案件的法官"的基本法理,有违案件处理的客观中立。因此,第49条规定,由涉案检察院的上一级检察院受理申诉或者控告。

综上,可以梳理出诉讼权利保障与检察监督之间的逻辑关系:辩护人、诉讼代理人在行使诉讼权利时受到公检法机关及其工作人员的阻碍,有权向检察院提出申诉控告,寻求救济。检察院通过开展法律监督,对公检法机关及其工作人员的阻碍行为或侵权行为加以调查认定,作出制止和纠正的决定,为辩护人、诉讼代理人依法行使诉讼权利提供救济和保障。

二、检察院对申诉控告的处理

本条第二句话规定了检察院受理申诉控告的处理程序。

检察院对受理的申诉或者控告应及时审查,不得拖延。《六机关规定》第10条中指出:"人民检察院受理辩护人、诉讼代理人的申诉或者控告后,应当在十日以内将处理情况书面答复提出申诉或者控告的辩护人、诉讼代理人。"《高检规则》第58条中也规定:"辩护人、诉讼代理人认为其依法行使诉讼权利受到阻碍向人民检察院申诉或者控告的,人民检察院应当及时受理并调查核实,在十日以内办结并书面答复。"

在审查过程中,检察院可以向有关机关和个人了解情况,进行核实,具体的审查方法包括查阅、调取、复制相关案卷材料、证据材料,询问辩护人、诉讼代理人以及相关办案人员等。

检察院经审查发现,有关公检法机关或其工作人员确实有阻碍辩护人、诉讼代理人依法行使诉讼权利情形的,对于"机关"应当通知其纠正;对于"人",即公检法的工作人员,如果是违反有关纪律的,应当依法给予处分,如果有徇私舞弊等行为构成犯罪的,应当依法追究刑事责任。

▶▶【法条评点】

一、将本条中检察院实行法律监督的"审查"方式改为"调查核实"

值得关注的是,立法机关在本条第二句中使用"审查"一词来界定检察院在受理申诉控告后可开展的行为。而在立法机关最早撰写的草案中,使用的却是"调查核实",其相对于"审查"明显更为主动,力度也更强。然而,这样的措辞却受到了其他司法机关的质疑,认为检察院如果对于涉控告申诉事项进行调查核实,会影响到公检法三机关之间的分工配合、互相制约关系。故立法最终以较为温和的"审查"一词代替。这样做尽管中规中矩,不会产生太多异议,却带来了新的问题。[1] 那就是"审查"的具体方式不明确,缺乏足够的刚性,待审查的情况能否查实,检察院通过开展法律监督救济辩护人和诉讼代理人那些被阻碍的诉讼权利能否最终得以实现,都不无疑问。毕竟,随着2018年《刑事诉讼法》的修改,检察院的反贪反渎职能转隶至监察委行使,检察院的法律监督"刚性"不足的问题开始显现。考虑到2018年修订的《人民检察院组织法》第21条重新赋予检察院在法律监督过程中进行调查核实的权力。本评注认为,应将第49条第二句中的"审查"改为"调查核实",以确保检察院进行法律监督的效果,也与《人民检察院组织法》第21条的规定相协调与衔接。值得关注的是,《高检规则》第58条已经采用了这一观点,规定"辩护人、诉讼代理人认为其依法行使诉讼权利受到阻碍向人民检察院申诉或者控告的,人民检察院应当及时受理并调查核实,在十日以内办结并书面答复。情况属实的,通知有关机关或者本院有关部门、下级人民检察院予以纠正"。

二、对本条中的最终处理程序应予细化

依据本条规定,检察院如果经审查后发现申诉控告的情况属实,应依法予以纠正,至于如何纠正,本条并未明确。而且,如果检察院提出纠正意见,被纠正单位不执行的话,检察院又当如何处理,能采取更为"强硬"的举措吗?有何更"强硬"的举措?毕竟,检察院并没有获得任何惩戒的授权,而在三机关"分工配合不得越界"的大原则下,辩护人能否真正获得救济着实令人担忧。考虑到这些问题,有必要通过司法解释对本条作出进一步细化。

一是明确检察院纠正的方式和具体的法律后果。比如,看守所违反

---

〔1〕 参见陈卫东主编:《2012刑事诉讼法修改条文理解与适用》,中国法制出版社2012年版,第36—37页。

规定剥夺辩护律师会见权,检察院提出纠正意见,看守所仍不予执行,一直到开庭前,辩护律师都未能见到辩护人,甚至未能充分阅卷。对此情形,是否可以考虑一审庭审无效,二审法院应当撤销原判发回重审,抑或是侦查期间讯问获得的口供都要排除?类似的情形,其实可以通过司法解释或规范性文件,将阻碍辩护人、诉讼代理人行使各项诉讼权利的情形加以细化,分门别类,并对应好相应的救济举措和明确的法律后果。

二是应规定在检察院提出纠正意见后,被纠正单位不执行的,检察院应当报上级检察院,由上级检察院与被纠正单位的上级机关进行交涉,确保执行到位。

三是如果检察院对辩护人和诉讼代理人的申诉控告处理不当或不予受理的,应当赋予辩护人和诉讼代理人向上一级检察院申诉控告的权利。换言之,对本条规定的辩护人和诉讼代理人"有权向同级或者上一级人民检察院申诉或者控告",应理解为是上下级检察院均可接受申诉或者控告,允许辩护人和诉讼代理人有"两级"申诉控告权。《高检规则》第57条第2款就规定:"对于直接向上一级人民检察院申诉或者控告的,上一级人民检察院可以交下级人民检察院办理,也可以直接办理。"

第五章 证 据

第五十条 【证据的含义及法定种类】 可以用于证明案件事实的材料,都是证据。

证据包括:

(一)物证;

(二)书证;

(三)证人证言;

(四)被害人陈述;

(五)犯罪嫌疑人、被告人供述和辩解;

(六)鉴定意见;

(七)勘验、检查、辨认、侦查实验等笔录;

(八)视听资料、电子数据。

证据必须经过查证属实,才能作为定案的根据。

▶▶【历次修法条文对照】

1979年《刑事诉讼法》	1996年《刑事诉讼法》	2012年《刑事诉讼法》	2018年《刑事诉讼法》
第五章 证据	第五章 证据	第五章 证据	第五章 证据
第31条:证明案件真实情况的一切事实,都是证据。 证据有下列六种: (一)物证、书证; (二)证人证言; (三)被害人陈述;	**第42条**:证明案件真实情况的一切事实,都是证据。 证据有下列七种: (一)物证、书证; (二)证人证言; (三)被害人陈述;	**第48条**:可以用于证明案件事实的材料,都是证据。 证据包括: (一)物证; (二)书证; (三)证人证言; (四)被害人陈述; (五)犯罪嫌	**第50条** 内容未修订

(续表)

1979年《刑事诉讼法》	1996年《刑事诉讼法》	2012年《刑事诉讼法》	2018年《刑事诉讼法》
第五章 证据	第五章 证据	第五章 证据	第五章 证据
（四）被告人供述和辩解； （五）鉴定结论； （六）勘验、检查笔录。 以上证据必须经过查证属实，才能作为定案的根据。	**（四）犯罪嫌疑人**、被告人供述和辩解； （五）鉴定结论； （六）勘验、检查笔录； **（七）视听资料**。 以上证据必须经过查证属实，才能作为定案的根据。	疑人、被告人供述和辩解； （六）鉴定意见； （七）勘验、检查、辨认、侦查实验等笔录； （八）视听资料、电子数据。 ~~以上~~证据必须经过查证属实，才能作为定案的根据。	

【立法沿革】

本条自1979年《刑事诉讼法》确立以来，共经历两次修改，分别为1996年和2012年。2018年《刑事诉讼法》修订时，本条未有修改，仅有条文序号的变动。

一、1996年《刑事诉讼法》对本条的修改

就本条而言，1996年《刑事诉讼法》较1979年《刑事诉讼法》共有两处修改：

一是完善了口供的内涵，明确口供是指犯罪嫌疑人、被告人供述和辩解。立法机关在1996年修改刑事诉讼法时，将原法中"人犯"一词废除，按照诉讼阶段的不同，将审前程序中的被追诉人称为犯罪嫌疑人，审判阶段的被追诉人称为被告人。为了与这一修改相协调，立法在旧法条文中的"被告人"前增加了"犯罪嫌疑人"一语。

二是增加了一种新的独立的法定证据种类——视听资料，将证据种类从六种扩展到七种。由于经济社会的快速发展和科技的巨大进步，能够提供视听资料的电子产品、科技设备被广泛应用于社会生活的各个领

域,这为人们普遍地、大量地占有和使用视听资料提供了必要的物质条件。更为重要的是,视听资料对案件事实的证明效果较之其他证据有较为显著的优势,如具有直接性、稳定性、连续性的特点,所反映的案件事实信息量大、精准度高。正是因为有这些特点和优势,视听资料才会被司法实践认可和接受,被立法机关认识和重视。在 1996 年修订刑事诉讼法时,对于将视听资料补充规定为一种独立的证据种类,各方意见基本一致,主要理由如下[1]:

第一,我国其他诉讼法已将视听资料规定为法定证据种类。视听资料作为一种独立的证据种类,在 1989 年《行政诉讼法》第 31 条、1991 年《民事诉讼法》第 63 条都有明确规定,刑事诉讼法作为三大诉讼法之一,理应与其他诉讼法的规定保持一致,以维护我国诉讼法律体系的统一性,实现整个证据法体系的融贯和自洽。

第二,我国在司法实践中已有成熟经验。1979 年《刑事诉讼法》虽然没有将视听资料规定为独立的证据种类,但在刑事诉讼实践中,司法机关已经日益广泛地使用视听资料作为证据。之后,为了加强同犯罪作斗争的客观需要,利用现代科学技术手段获取视听资料并运用它破获刑事案件的情况将会日趋增多,在刑事诉讼法中规定视听资料这样一种独立的证据种类,符合司法实践的客观要求。

第三,世界其他国家和地区已有判例和成功做法。采用视听资料作为裁决刑事案件的证据,已被世界上一些经济和科技发达的国家以立法的形式或者判例的方式加以确认。这种有益的经验值得借鉴。

第四,作为一种新的独立的法定证据种类利大于弊。视听资料虽然存在伪造、剪辑、篡改的风险,且有时难以被发觉和识别,但其他种类的证据也同样存在造假的可能,不能因噎废食。某一视听资料是否虚假,完全可以通过科学技术手段加以鉴别和确定。更重要的是,视听资料在刑事诉讼证据中的独特作用,是其他种类的证据无法取代的。

---

[1] 参见周道鸾、张泗汉主编:《刑事诉讼法的修改与适用》,人民法院出版社 1996 年版,第 110—111 页;最高人民检察院法律政策研究室编著:《〈关于修改〈中华人民共和国刑事诉讼法〉的决定〉学习纲要》,中国检察出版社 1996 年版,第 65 页;崔敏:《中国刑事诉讼法的新发展——刑事诉讼法修改研讨的全面回顾》,中国人民公安大学出版社 1996 年版,第 200 页。

二、2012年《刑事诉讼法》对本条的修改

立法机关在2012年修改刑事诉讼法时对本条作出大幅度修改,包括对证据的概念进行修改,对证据的种类进行补充和完善,具体涉及三个方面。

(一)证据的概念从"事实说"转向"材料说"

无论是1979年《刑事诉讼法》还是1996年《刑事诉讼法》,对证据概念的界定都采"事实说",即证据是证明案件真实情况的一切事实。简言之,证据就是事实,而且还是证明案件真实情况的事实。但这样的规定带来了诸多问题。

一是既然证据是用来证明案件事实的,案件事实是运用证据证明的对象,所以,证据与案件事实是反映与被反映的关系。但依据"事实说",证据本身又是事实,由此导致用事实证明事实,用事实反映事实这种循环论证的结果。

二是证据是事实,那么事实具体又是什么?从哲学角度看,事实是一种客观存在,不以人的意志为转移。可是"客观存在"太过抽象,看不到、摸不着。在司法活动中,证据的运用是非常具体和实在的,以客观存在作为证据内涵去指导司法办案人员发现、收集、审查和运用证据,会让办案人员无所适从,对司法实践的支持十分有限。

三是将"真实性"作为界定证据的标准,不符合司法状况。根据1996年《刑事诉讼法》第42条第1款的规定,证据必须是证明案件真实情况的事实,那么不能反映案件真实情况的,即不真实或不属实的证据材料则要被排除在证据范畴之外。而依据本条第3款的规定,证据必须经过查证属实才能作为定案的根据。如果将本条第1款与第3款作体系解释会发现,既然证据是事实,已具有真实性,为何还需"查证",还要确认"属实"?这本身就存在逻辑上的前后矛盾。

基于上述原因,立法在证据概念的界定上从"事实说"转向了"材料说"。

首先,"材料说"避免了"事实说"在理论上的循环论证,解决了"事实说"在指导司法实践过程中过于空泛的弊端,同时也与本条第2款中罗列的各种具体的证据种类相称。"材料"本身不是"案件事实",而是记载、解读并展现出"案件事实"信息的证据材料。

其次,新修订的法律条文进一步明确了证据、事实和材料的关系。材料是客观存在于自然界的,如果能够被纳入司法办案人员的视野,进入司

法程序,就有可能成为证据,一旦成为证据,就具备了反映案件事实的条件,能证明案件事实,帮助司法办案人员发掘真相。从这个角度来看,材料可以成为证据,证据能够反映事实。三者之间的关系是清楚明白的,逻辑也是顺畅自洽的。

最后,将证据视为证明案件事实的材料,表明了证据作为材料的"中性"色彩,虽然是客观存在的,但在证明案件事实上也可能"失真"。换言之,材料既可能是真,也可能是假,故还需要本条第3款中的"查证属实"才能作为最终定案的根据。另外,作为材料的证据能够准确体现其"证实"和"证伪"的两重功用,这都是在反映案件的真实情况。

(二)法定证据种类的范围从封闭走向开放

立法用语从"证据有下列七种"改为"证据包括",意味着立法机关将法定证据种类的范围从封闭立法模式转为开放立法模式。"证据包括"可以解释为证据"包括但不限于",意味着在第2款之外可以有更多的其他类型的证据成为新的证据种类。比如,《高法解释》第100条第1款规定,"因无鉴定机构,或者根据法律、司法解释的规定,指派、聘请有专门知识的人就案件的专门性问题出具的报告,可以作为证据使用。"据此,在盗窃、诈骗等侵害财产类犯罪案件中,被广泛运用的价格认定报告就属于本款所讲的"报告",类似的就专门性问题出具的报告今后会成为一种新的法定证据。同理,第101条中的事故调查报告也可以作为证据使用,也是一种新的法定证据。此外,法院在开庭审理减刑、假释案件的过程中,减刑、假释罪犯的陈述也是认定案情的重要依据[1],但该陈述既不是犯罪嫌疑人、被告人的供述和辩解,也不是证人证言,应视为一种新的法定证据种类。总之,基于司法实践中能够证明案件真实情况,又不拘泥于法定证据种类的证明材料愈来愈多,2012年《刑事诉讼法》第48条第2款采用"证据包括"一语预示着今后的证据种类将不再限于条文所罗列的八种情形,公安司法机关在办案中可以积极发掘,适度探索,有限扩展法定证据种类的形式。

与本款修改相适应,为了保证法定证据种类的开放性,本条第3款删除了旧有条文中的"以上"二字。

---

[1] 详见2014年《最高人民法院关于减刑、假释案件审理程序的规定》第7条、第10条和第11条。

(三)新增电子数据和辨认、侦查实验等笔录类证据

为了吸收司法实践中的成功经验和司法改革成果,2012年《刑事诉讼法》对证据的法定种类作出补充,增加辨认笔录、侦查实验笔录和电子数据,不仅丰富了证据的法定种类,更是突出了对具体证据材料的审查判断意识,有利于更新和树立现代化的程序意识和证据意识,充分发挥证据在司法实践中的证明作用,保障刑事诉讼的程序公正与实体公正的有机统一。

1. 明确了辨认、侦查实验等笔录类证据

(1)辨认笔录

辨认是在侦查人员主持下由被害人、证人、犯罪嫌疑人对犯罪嫌疑人或与案件有关的物品、尸体、场所等进行识别认定的一种侦查措施。辨认笔录是以笔录的方式全面、客观地记录辨认的全过程和辨认结果,并有在场相关人员签名的笔录。很长一段时间内,我国立法对辨认没有给予足够的重视,无论是1979年《刑事诉讼法》还是1996年《刑事诉讼法》,都未对辨认作出规定,既没有在侦查一章中将辨认规定为一种侦查措施并设定相应的适用程序,也没有在证据一章中规定辨认笔录的证据属性,仅有1999年《高检规则》第210条至第215条和1998年《公安规定》第246条至第251条对辨认作出了部分程序规定。实践中,不少公安司法机关都将辨认笔录作为证据来使用。这一立法缺陷导致实践中辨认操作不规范,违法辨认等问题大量存在。还有部分司法办案人员对辨认结论的证明效力盲目轻信,造成冤错案件。20世纪80年代发生了河南省魏清安冤杀案,在本案中,辨认不规范,侦查人员盲目轻信辨认结论就是最终造成悲剧的一个重要原因。[1]

除了立法与司法层面的问题,刑事诉讼法学界对辨认,尤其是对辨认笔录证据属性的认定也多有争议。

第一种观点否认辨认笔录的证据资格,认为辨认笔录不是证据。"合法的取证方式仅限于法定的侦查措施,辨认措施的实施条件与运行过程结构与法定侦查措施迥然不同,辨认不具有侦查措施的法律属性,其行为目的亦非收集证据。"[2]"辨认只是查明案件事实的辅助手段而

---

[1] 参见王小光、李琴:《目击辨认错误的原因分析及防范对策》,载《上海政法学院学报(法治论丛)》2016年第6期,第111页。

[2] 张海峰、俞洪水:《试论辨认笔录的证明力》,载《贵州警官职业学院学报》2008年第3期,第34页。

已,只能提供案件线索、锁定嫌疑人,不能起到固定证据的作用,因此辨认笔录不宜作为证据在诉讼中采用。"[1]

第二种观点认为,辨认笔录可分别纳入证人证言、被害人陈述、犯罪嫌疑人供述三种证据中,不必单列为一种法定证据。因为,"辨认笔录中的辨认主体与证人证言、被害人陈述、犯罪嫌疑人口供三种证据提供主体完全相同,其中证人证言、被害人陈述这两种证据一般是以公安人员或检察人员询问笔录形式体现,而犯罪嫌疑人口供除亲笔书写外全部以讯问笔录体现。可见无论是询问笔录,还是讯问笔录,均是证人证言、被害人陈述、犯罪嫌疑人口供的外在记载形式,并未改变其作为该种证据的内在本质"[2]。证人、被害人、犯罪嫌疑人的三种辨认笔录阐述的内容与证人证言、被害人陈述、犯罪嫌疑人口供有诸多的相似,"无论是主体、待证事实,还是与案件事实的相关性,均是'一脉相承'。仅仅是在获取的形式上,参与组织的过程中等外在表现方面存在差异,但无法掩盖证人的辨认笔录与证人证言、被害人的辨认笔录与被害人陈述、犯罪嫌疑人的辨认笔录与犯罪嫌疑人口供之间的内在一致性,即均是对同一待证事实的证明"[3]。

第三种观点认为,"辨认笔录属于一种特殊的鉴定证据,此种观点主要是借鉴了英美法系的证据理论,认为辨认笔录是辨认人在回忆基础上所作出的一种判断。但由于英美法系的证明理论与我国的传统证据理论相差较大,该种观点目前尚无法融入我国的传统证据理论,也不符合我国关于鉴定结论的诉讼证据概念的定位"[4]。

第四种观点认为辨认笔录应当归类到勘验、检验笔录这一证据种类中。"该观点认为辨认程序由侦查机关依法启动,设置辨认对象、陪衬对象以及见证人,由侦查人员对辨认过程进行记录,辨认笔录主体为侦查人员,其证据属性与勘验、检查笔录最为相近。"[5]

---

[1] 李革明、李强:《我国刑事辨认制度的改革完善》,载《人民检察》2010年第6期,第58页。

[2] 宗森、孙朝晖:《辨认笔录的证据归类》,载《人民检察》2003年第7期,第58页。

[3] 宗森、孙朝晖:《辨认笔录的证据归类》,载《人民检察》2003年第7期,第58页。

[4] 李革明、李强:《我国刑事辨认制度的改革完善》,载《人民检察》2010年第6期,第57—58页。

[5] 李革明、李强:《我国刑事辨认制度的改革完善》,载《人民检察》2010年第6期,第58页。

第五种观点认为,辨认笔录是一种单独的诉讼证据形式。原因在于:"辨认笔录是辨认人对既往的感知回忆以及在回忆基础之上的判断后得出的结论,辨认过程是在有参照物的情况下进行的再认;而证人证言、被害人陈述则仅仅是证人、被害人对其经历的一种回忆。因而,在性质上,辨认笔录与证人证言、被害人陈述、犯罪嫌疑人供述是有本质差异的。将辨认证据纳入证人证言、被害人陈述、犯罪嫌疑人口供三种证据的范畴中,会造成证人证言、被害人陈述、犯罪嫌疑人口供三种证据的泛化,从而淹没了其本身原始的质的规定性。"[1]未来的刑事诉讼法修改不仅要规定辨认的具体程序,而且应当将辨认结论列为单独的法定证据。

综合上述多方意见,立法机关最终在2012年《刑事诉讼法》中将辨认笔录列入法定证据种类。"一方面,辨认笔录与单纯的证人证言、被害人陈述及犯罪嫌疑人、被告人供述有着本质上的差别。辨认笔录中既包含有辨认人的感知、记忆和表达的内容,但是它还包含有主持辨认的侦查人员的相关活动,如辨认对象的选择等。另一方面,满足客观真实性的辨认笔录确实能够证明案件事实,因此从理论上应当认可其证据资格。因此,新《刑事诉讼法》将'辨认笔录'列入法定的证据种类是比较恰当的。"[2]同时,考虑到辨认笔录的属性与勘验、检查笔录的属性在司法实践中最为相近,"这三者通常都是以记载的内容结合其他材料共同来证明案件的事实,都是在侦查机关的主导下进行的,其证明效力都受侦查人员的个人业务能力、经验、工作态度等主观因素的影响且都要求有见证人签字以证明其公正性。因此,将辨认笔录与'勘验、检查笔录'归为一个证据种类最为适宜"[3]。另外,立法上的规定其实也间接承认了辨认的侦查行为属性。因为,既然承认辨认笔录的证据属性,那么就必然要承认取证行为——辨认的合法性。当然,从体系解释的角度看,立法机关并没有在刑事诉讼法第二编第二章"侦查"中明确辨认的侦查行为属性和地位,目前仅有《高检规则》与《公安规定》对辨认作出了相关规定。未来刑

---

[1] 杨雄:《刑事辨认证据规则初探》,载《江西公安专科学校学报》2006年第1期,第59页。

[2] 陈光中主编:《〈中华人民共和国刑事诉讼法〉修改条文释义与点评》,人民法院出版社2012年版,第50页。

[3] 陈卫东主编:《2012刑事诉讼法修改条文理解与适用》,中国法制出版社2012年版,第49—50页。

事诉讼法再修改时,有必要将辨认这一侦查行为纳入立法层面,对辨认规则、辨认程序作出明确统一的规定。

(2)侦查实验笔录

"侦查实验,是指为了确定与案件有关的某一事件或者事实在某种条件下能否发生或者怎样发生而按照原来的条件,将该事件或者事实加以重演或者进行试验的一种证据调查活动。"[1]侦查实验笔录是侦查机关对进行侦查实验的时间、地点、实验条件以及实验经过和结果等所作的客观记录,并由进行实验的侦查人员、其他参加人员和见证人签名或者盖章。1996年《刑事诉讼法》在第二编第二章第四节"勘验、检查"中对侦查实验的程序及要求作了简要规定,将侦查实验设定为一种法定侦查措施,但并未道明依据该侦查措施收集的侦查实验笔录是否具有证据属性。客观上,侦查实验笔录记录了侦查实验的整个过程和结果,对证明案件事实确实发挥了重要作用。司法实践中侦查实验笔录也被大量用于庭审,作为最终定案的根据。2012年《刑事诉讼法》从司法实践出发,将侦查实验笔录纳入证据的法定种类中。

需要注意的是,本条在"勘验、检查、辨认、侦查实验"后用了"等笔录"的表述,这是因为司法实践中的搜查笔录、扣押笔录等也可以作为证据使用,这里的"等"字意味着笔录证据是开放的,应作"等外等"的解释。

2. 增加电子数据

为了回应科技与网络迅猛发展所衍生出的新的证明要求,2012年《刑事诉讼法》第48条将电子数据列为一种法定证据,但未对电子数据的概念作出明确规定。2012年《高法解释》第93条规定,电子数据的形式包括电子邮件、电子数据交换、网上聊天记录、博客、微博客、手机短信、电子签名、域名等。学理上认为,"电子数据是指以电子形式存在的、用作证据使用的一切材料及其派生物。它既包括反映法律关于产生、变更或消灭的电子信息正文本身,又包括反映电子信息生成、存储、传递、修改、增删等过程的电子记录,还包括电子信息所处的硬件和软件环境。无疑这是个广义的定义"[2]。2016年9月,最高人民法院、最高人民检察

---

[1] 陈光中主编:《刑事诉讼法》(第七版),北京大学出版社、高等教育出版社2021年版,第315页。

[2] 陈光中主编:《刑事诉讼法》(第七版),北京大学出版社、高等教育出版社2021年版,第229页。

院、公安部联合发布的《关于办理刑事案件收集提取和审查判断电子数据若干问题的规定》第1条中对电子数据作出概念界定,"电子数据是案件发生过程中形成的,以数字化形式存储、处理、传输的,能够证明案件事实的数据"。这是对电子数据的狭义定义,"这就意味着,以数字化形式记载的证人证言、被害人陈述以及犯罪嫌疑人、被告人供述和辩解等传统证据,被排除出了电子数据范畴。"[1] 2019年1月,公安部发布的《公安机关办理刑事案件电子数据取证规则》未对电子数据进行界定,实质上沿用了上述电子数据的概念界定。

鉴于电子数据在刑事诉讼中作为证据使用已是大势所趋,而传统的视听资料与电子数据在属性上既存在根本区别,又存在密切联系。2012年《刑事诉讼法》将"视听资料"和"电子数据"合并作为一类证据,这样的立法方式既有效解决了司法实践中将电子数据作为证据使用的法律依据问题,也避免了在某些特殊情况下,如在计算机网页中的视频文件,视听资料与电子数据难以截然分开的难题,总体而言是比较妥当的。在适用本条时,还需要注意的是,"电子数据"的外延应当是开放的。随着信息技术的不断发展,还会不断出现电子数据的新类型。只要与计算机以及信息技术相关的、能够证明案件事实但又明显不属于其他证据种类的材料,原则上均可纳入电子数据之范畴。[2]

(四)将物证、书证两类证据分列,将鉴定结论修改为鉴定意见

2012年《刑事诉讼法》还对证据种类进行了部分修改和调整。

1. 将物证、书证分列为两种不同种类的证据

1996年《刑事诉讼法》将物证与书证合并为一类证据规定,但无论是从理论还是实践看,物证和书证都有明显不同。首先,物证是以其外部形态、存在位置、物质属性等来证明案件事实的一切物品和痕迹。书证则是以文字、符号、图形等所表达的思想、承载的内容来证明有关案件事实的书面文字或者其他物品。

书证与物证既有联系又有着显著的区别,其差异主要体现在:"第

---

[1] 胡铭:《电子数据在刑事证据体系中的定位与审查判断规则——基于网络假货犯罪案件裁判文书的分析》,载《法学研究》2019年第2期,第173页。

[2] 参见陈光中主编:《〈中华人民共和国刑事诉讼法〉修改条文释义与点评》,人民法院出版社2012年版,第52页。

一,对案件事实起证明作用的根据不同。书证以文字、符号、图表、图画等表达的思想内容来证明案件事实,而物证则以其存在方式、外部特征和物质属性来证明案件事实……第二,是否反映人的思想不同。书证是以其内容反映和表达人的主观思想及其行为的物质材料,而物证则并不反映人的主观思想。书证在内容上具有主观属性,而物证只有客观属性。第三,内容和形式是否能为人所理解不同。书证表达、记载的内容和形式,一般都能为常人所理解,一般都比较清楚、明了;而物证在表现形式上则会受客观存在的特殊状态所决定,有些必须借助专门的技术手段进行鉴定,才能揭示其与案件事实的联系。第四,对案件事实所起的证明作用不同。书证在许多情况下可以直接证明案件主要事实或案件中的某一部分事实,其证明的案件事实情节一般较为完整,而物证往往只能证明案件事实的某个环节或者局部。第五,保存和固定的方法不同。一般而言,书证最为常见的是以纸张等物质材料作为载体,所以,对书证通常可采用复印等方式予以保存、固定,而物证的保存与固定则不尽相同。"[1] 理论上,物证和书证是属性差异较大的两种证据,理论界已普遍将其视为两种独立的证据种类。"考虑到书证和物证在性质和证明案件事实的方式上有明显区别,并参考民事诉讼法、行政诉讼法的有关规定,2012 年修改刑事诉讼法,将物证、书证分作两项加以规定。"[2]

2. 鉴定意见

刑事诉讼法中的鉴定意见是指"国家专门机关就案件中的专门性问题,指派或聘请具有专门知识的人进行鉴定后作出的判断性意见"[3]。1996 年《刑事诉讼法》采用的是"鉴定结论"一语,2005 年《全国人民代表大会常务委员会关于司法鉴定管理问题的决定》率先将"鉴定结论"改为"鉴定意见"。2010 年"两高三部"《办理死刑案件证据规定》也将"鉴定结论"改为"鉴定意见"。"'鉴定意见'是鉴定人依据自己的专业知识、经验和技能对专门问题作出的分析判断,'鉴定意见'体现了鉴定的自然科

---

[1] 陈光中主编:《刑事诉讼法》(第七版),北京大学出版社、高等教育出版社 2021 年版,第 218—219 页。

[2] 王爱立、雷建斌主编:《刑事诉讼法立法精解》,中国检察出版社 2019 年版,第 88 页。

[3] 陈光中主编:《刑事诉讼法》(第七版),北京大学出版社、高等教育出版社 2021 年版,第 225 页。

学属性,且考虑到这种证据并无预定的证明力,故表述为'鉴定意见'。"[1]而且,鉴定人表达的意见和看法并非事实本身,绝非准确无误的科学定论,否则法庭的质证和认证便没有了意义。"鉴定的结果不是最终结论,仍然要经过司法机关结合全案情况和其他证据进行审查判断,查证属实之后,才能作为定案的根据。"[2]将"鉴定结论"改为"鉴定意见"恰好能与本条第3款"证据必须经过'查证属实',才能作为定案的根据"的规定相呼应,更能体现司法鉴定活动及其结果的属性,也有助于消除当前我国司法实践中对鉴定结论的迷信盲从和过度依赖,有效引导公安司法人员更加理性地看待鉴定活动,从对鉴定"结论"的盲从转向对鉴定"意见"的质辩。综合上述原因,吸收实践做法和相关规范性文件的已有规定,2012年《刑事诉讼法》最终采用了"鉴定意见"的表述。

本条在2018年修法时未有内容修改,仅有条文序号的变化。

▶▶【法条注解】

本条共分三款,分别是对证据概念的界定,对法定证据种类的列举以及对证据转换为定案根据的要求。一般认为,为了保证整个法律文本内在的一致性和协调性,实现法律的客观性和可预测性,"同一概念在同一法律部门内部,甚至在不同的法律部门之中,都应当尽可能保持含义的一致"[3],这被称为同一解释规则,是运用文义解释方法应遵循的一项重要规则。依据该规则,既然一部法律的不同条文中出现的同一语词应在含义上尽可能保持一致,那么一个条文的不同款项中出现的同一语词含义更应当趋同。照此理解,第50条中出现的三处"证据"含义应当相同。然而,每一个语词、每一个概念在不同的场合也会有不同的表达,在法律规范中也是如此,承认这种现象便是承认同一解释规则也有例外。通过对第50条的分析会发现,该条出现的三处"证据"所表达的内涵各

---

[1] 张军主编:《刑事证据规则理解与适用》,法律出版社2010年版,第200页。
[2] 王爱立、雷建斌主编:《刑事诉讼法立法精解》,中国检察出版社2019年版,第89页。
[3] 王利明:《法律解释学导论——以民法为视角》(第三版),法律出版社2021年版,第271页。

有侧重,并不相同,恰恰体现了同一解释规则的例外,即同一用语解释的相对性。

本部分将以本条三款中三处"证据"的不同内涵为线索,对每款条文作出解释。

一、对证据内容的表达

《刑事诉讼法》第 50 条第 1 款规定"可以用于证明案件事实的材料,都是证据。"该款被认为是对 2012 年以前刑事诉讼法中证据概念的修正,即将证据概念从传统的"事实说"修正为"材料说"。对于该款规定,可用文义解释方法着重阐释"证据"一词的核心内涵。

(一)证据的功能——证明案件事实

有学者曾对刑事诉讼中的"可以"一词进行了全面系统的梳理和解释,认为刑事诉讼法中的"可以"主要有"表示有某种功能或用途""表示许可或允许""表示资格""表示授予权利或权力"四个方面的含义。[1] 结合《刑事诉讼法》第 50 条第 1 款的条文结构,第 1 款中的"可以"宜解释为对证据赋予的某种功能或用途。换言之,证据的功能或用途是"用于证明案件事实"。所谓"案件事实",学界通说认为是实体法事实与程序法事实,不包括证据事实[2]。从《刑事诉讼法》第 55 条第 1 款的规定看,"其他证据"与"被告人供述"都应符合第 50 条规定的"证据"的要求,符合八种法定证据形式之一,还应属于"实质证据",即证明案件主要事实或间接事实的证据。如果一个案件仅有被告人供述,还有(1)证人甲作证表明该被告人一贯诚实可靠,讲信用、重声誉;(2)有关被告人供述时在场律师以及侦查人员的证言;(3)讯问在场专家提出的专业性判断意见,该案件仍被视为"孤证"案件。[3] 同样地,侦查讯问中的同步录

---

[1] 参见万毅:《刑事诉讼法文本中"可以"一词的解释问题》,载《苏州大学学报(法学版)》2014 年第 2 期,第 101—102 页。

[2] 证据事实是证据载体含有的有关案件的信息,这些信息是证明手段而不是证明客体,这是因为证明手段一旦成为证明客体,则该证明手段需要由其他证明手段来证明,其他证明手段又需要别的证明手段来证明,循环往复,将永无终期。参见张建伟:《证据法要义》(第二版),北京大学出版社 2014 年版,第 377 页。

[3] 参见向燕:《"印证"证明与事实认定——以印证规则与程序机制的互动结构为视角》,载《政法论坛》2017 年第 6 期,第 18 页。

音录像,强奸案中用于鉴定的体液检材是否被污染的情况说明等,因为在功能上并不能直接证明"案件事实",故不能视为证据。

从证据的功能出发,可以进一步发掘出证据的一个重要属性——关联性。证据既然能够被用于证明案件事实,必然与案件事实有一定程度的关联性,可以用于揭示、推断案件事实。[1] 一般认为,证据的关联性可以是直接的也可以是间接的,可以是偶然的也可以是必然的,可以是肯定的也可以是否定的,关联的方式很多,但必然是客观存在的,且关联的一方指向案件事实。反之,某些材料与案件事实没有关联性,或表面上有关联性但实质上是伪造的、虚假的关联性,则不能被用于证明案件事实,不具备证据的功能,自然就不是证据。例如,《刑事诉讼法》第120条中规定,"犯罪嫌疑人对侦查人员的提问,应当如实回答。但是对与本案无关的问题,有拒绝回答的权利。"讯问笔录记载着犯罪嫌疑人、被告人的供述和辩解,记录的内容应当与案件事实有关联性。如果侦查人员的提问与案件无关,意味着提问的内容与案件事实没有关联性,犯罪嫌疑人即使回答,相关笔录内容也不具有证明案件事实的作用,不被作为证据使用,犯罪嫌疑人可不予回答。

(二)证据的质地——材料

如果将第50条第1款的语序作一调整,即为"证据是可以用于证明案件事实的材料。"按照种+属的定义方式,"证据"为下位概念的种指,"材料"则为上位概念的属指。据此可以得出,立法规定的"证据"首先应是一种材料,具备材料的质地和特点。

其一,材料是多样的,包括有形体和无形体,所以证据的形式也是多样的。一般认为,材料常常指代现实存在的有形体。如《刑事诉讼法》第50条第2款中的物证、书证被称为实物材料、书面材料,录音录像、电子数据被称为音像材料、电子科技材料,勘验、检查、辨认、侦查实验等笔录则被称为笔录类材料,甚至连证言笔录、被告人的讯问笔录也可称为言词笔录材料。[2] 然而,对于提交法庭的无形的信息是不是材料,是不是证

---

[1] 参见李寿伟主编:《中华人民共和国刑事诉讼法解读》,中国法制出版社2018年版,第120页。
[2] 参见陈瑞华:《刑事证据法学》(第二版),北京大学出版社2014年版,第71页。

据则一直存有争议。有学者提出:"通过口头陈述表述出来的言词证据、气体、味道等不容易提取的信息算不算材料?"[1]因为,自然人在法庭上的回忆和口头陈述以及其他诸如气体、味道等无形物,与一般认识中的"材料"似乎并不是一回事,但其却能够被用来证明案件事实。有鉴于此,应当对第50条第1款中的"材料"作广义解释,认定其既包括有形物,也包括无形体,即只要能够证明案件事实的且现实存在的都可以称为"材料",可以成为证据。据此,一些学者提出将证据材料理解为兼具"有形物"和"无形物"的"资料"或"资讯"似乎更为妥当。[2]

其二,材料是中性词,所以证据材料也是中性的,没有先验的预设立场,只要能够证明案件事实都可以是证据。虽然证据在学理上常常被划分为对犯罪嫌疑人、被告人有利的证据和不利的证据,但这是证据从客观世界进入司法领域后,被人为地在规范层面作出的区分,目的是便利对案件的指控和辩护。实际上,有利和不利的证据材料都是证据,都是客观存在的,具有证明案件事实的功能,而且这种有利和不利是相对的,有时甚至可以相互转化。例如,罪轻证据在认定被告人有罪的问题上,对被告人是不利的,但在对被告人量刑时又是有利的。而且,有些证据,如一份记录犯罪嫌疑人口供的讯问笔录,其中可能既有对犯罪嫌疑人有利的内容,又有对犯罪嫌疑人不利的内容,但都可以证明案件事实,都是证据。综上,证据在客观上是中性的,只是在被导入司法证明领域后被人为设定带有一定的主观倾向和色彩。行使公权力、承担控诉职能的侦查机关和检察院在日常办案中应秉持客观公正的立场,遵循《刑事诉讼法》第50条的规定,全面收集能够证实犯罪嫌疑人、被告人有罪或者无罪、犯罪情节轻重的各种证据,认真对待每一项证据,不能因某一证据对控方不利而对犯罪嫌疑人、被告人有利就故意不收集、隐匿或毁弃,这不仅违反了办案机关的客观义务,也破坏了证据的中性特质。

二、对证据形式的侧重

在分析了证据的功能和质地后,需要进一步追问的是,是否"材料

---

[1] 陈卫东主编:《2012刑事诉讼法修改条文理解与适用》,中国法制出版社2012年版,第46页。

[2] 参见万毅:《〈刑事诉讼法修正案(草案)〉证据制度修正条文释评》,载李学军主编:《证据学论坛》(第17卷),法律出版社2012年版,第7页。

说"就是对证据概念的充要解释,或者说证据是否仅有一层含义？本评注认为,第50条第1款仅仅揭示了证据的自然属性或事实内涵,并没有完全体现证据的法律属性和规范内涵。要周延证据的内涵和外延还应对第50条第2款再行解释,进行补充。

(一)设定法定证据种类的意义

与其他国家不同,我国立法对刑事证据种类作出明确规定,对证据提出了法定的形式化要求,即任何一种材料要成为证据除了能够证明案件事实,还须具备某种法定形式。之所以如此规定,一方面是为了方便公安司法人员按图索骥,从纷繁复杂的案件材料中挑选出最有价值、对案件证明效果最强的某类证据材料,从而提高取证效率和办案质量,避免办案人员面对"海量材料"时手足无措；另一方面则是为了通过明确证据种类,确保办案机关对各种证据在取证、举证、质证和认证程序上的规范。诚如龙宗智教授所言,细致化分类有利于把握不同证据形式的特点,从而更妥当地使用与判断证据。[1]

结合上述分析,第50条第2款对证据作出分类规定是为了强调,证据除了是证明案件事实的材料,还必须具备法定的表现形式,即证据的八种类型,这可视为证据的第二层内涵。当然,前文已述,目前证据的法定种类并不仅仅包括刑事诉讼法明确列举的八种,还有进一步扩展的空间,但这种扩展是半开放性的,要有相应的司法解释或规范性文件加以确认,故是审慎的、渐进性的,要经过充分的实践检验。

(二)证据种类的排序

"法律不作无意义的次序编排"(das Postulat der systematische Ordnung)。[2] 遵循这一逻辑进路,审视本条第2款对证据种类的排序可以发现,立法机关有意将口供,即"犯罪嫌疑人、被告人的供述与辩解"排后,将物证、书证等客观证据置前,目的是让办案机关注重对客观证据的收集,避免对言词证据过于偏重乃至迷信,防止"罪从供定""口供中心主

---

[1] 参见龙宗智：《证据法的理念、制度与方法》,法律出版社2008年版,第56页。

[2] 王利明：《法律解释学导论——以民法为视角》(第三版),法律出版社2021年版,第305页。

义"的回潮。[1] 但有研究者指出,严格而论,《刑事诉讼法》第 50 条第 2 款所提出的各种证据仍是一种简单的罗列,没有体现出一定的规律性和逻辑性,因此这种罗列顺序仍然具有任意性和杂乱无章的特征。为了强化证据种类排列的逻辑性,可以考虑按照从客观向主观的逻辑,对不同类型的证据重新排列,即证据自身所包含的主观性程度(受人的主观影响的大小)越小,越应当往前排。可对第 50 条第 2 款修订为,证据包括:(一)物证;(二)书证;(三)视听资料、电子数据;(四)勘验、检查、辨认、侦查实验等笔录;(五)鉴定意见;(六)证人证言;(七)被害人陈述;(八)犯罪嫌疑人、被告人供述和辩解。[2]

(三)对本条第 1 款和第 2 款的综合分析

证据种类的法定化体现了证据的规范属性和形式要求,包括两个层面的内容:其一,某一材料必须能归属到刑事诉讼法明文规定的八种证据之列,才可能具备证据资格。所以,实践中的警犬识别、概率统计由于无法归入某一类法定证据,且没有经过实践的充分检验,不符合法定的证据形式,无法成为证据。其二,某一材料除了能够归属某一类法定证据,还要符合某一类证据的专有规格,即要满足某一类证据在格式要件上的规范要求,如对于鉴定意见应当有鉴定人的签名或盖章,讯问笔录应当有被讯问人的签名等,否则仍不具有完整的法定形式(规格),不能称之为完整意义上的证据。

综上,可以对《刑事诉讼法》第 50 条前两款中的"证据"内涵先作一总结。证据包含两层含义,其一是证据内容,在刑事诉讼中指的是所有与待证犯罪事实直接或间接相关的材料。证据内容反映了证据的功能和质地,特别是其关联性的特质,体现出证据的自然属性,这是第 50 条第 1 款所指向的证据的基本内涵。其二是证据形式,在刑事诉讼中指的是证据必须归属于某一具体的法定种类,并满足这类证据所有的规格要求;证据形式反映了证据在诉讼证明中的表现样态,体现出一定程度的法律属性,这是从第 50 条第 2 款所发掘出的证据的基本内涵。

---

[1] 参见董坤:《规范语境下口供补强规则的解释图景》,载《法学家》2022 年第 1 期,第 114 页。

[2] 参见宋英辉主编:《刑事诉讼法修改问题研究》,中国人民公安大学出版社 2007 年版,第 149 页。

证据是证据内容和证据形式的有机统一,二者缺一不可。"证据的形式如不包含反映与案件有关的事实,那就徒具形式,什么都不能证明;反之,如果事实材料不依附于一定的证据形式,就无法存在并进入诉讼轨道成为裁判的依据。"[1]本评注认为,第50条第3款中的"证据"恰恰是证据内容和形式结合后的统一表述,"形神兼备"是对该处"证据"内涵的完整诠释。但是,证据即使满足了内容和形式的要求,也不必然能够直接用来证明案件事实,还要经过查证属实,才能最终成为定案的根据。

三、"证据"向"定案的根据"的转化

《刑事诉讼法》第50条第3款对"证据"向"定案的根据"的转化作出规定:"证据必须经过查证属实,才能作为定案的根据。"如何理解"证据"与"定案的根据"之间的关系以及其间的转化过程,仍需要通过解释方法作出分析。

(一)"证据"并不必然是最终"定案的根据"

依证据裁判主义,认定案件事实必须依靠证据,没有证据或证据不足则不能定案。而依据第50条第3款的规定,即使有了证据也不能据此定案,证据还要经过查证属实,才能作为最终定案的根据。对证据的"查证属实"主要包括两个方面:一是对证据的查证行为。传统理论认为,对证据的查证主要是从证据的三性出发,即对证据的客观性、关联性和合法性进行审查。二是查证属实的结果,即通过对证据"三性"的审查,最终确认证据是"属实"的。

然而,由于条文表述的简洁,上述文义解释还是过于简单,并未揭示出查证的主体、方式、程序等具体内容。而且随着刑事诉讼法的修改,新的理念和制度被不断借鉴、吸纳和建立,故而有必要结合法律的其他条文,运用体系解释的方法作出更精细化的分析与解读,同时结合国外的相关证据理论,面向实践,对证据的查证内容等作出一定的调整。

(二)"查证"要经过法定的程序

《刑事诉讼法》第55条第2款第2项规定:"据以定案的证据均经法定程序查证属实。"此处的"查证属实"与第50条第3款中的"查证属实"表述相同,按照同一解释规则,语义一致。如果作等约替换,可以得出证

---

[1] 张建伟:《刑事诉讼法通义》(第二版),北京大学出版社2016年版,第241页。

据要成为"定案的证据",必须"经法定程序"查证属实。那么"法定程序"具体是指刑事诉讼的哪个阶段、哪套程序呢？首先可以想到的就是审判阶段的法庭调查程序。刑事诉讼法的任务之一是查明案件事实,准确定罪量刑。而查明案件事实必须要对证据进行审查判断,查证核实。这期间,裁判者必然要对证据进行调查和取舍。既然案件的最终裁判者是法官,那么对于证据的查证属实当然集中于证据审查和事实认定的最终环节——庭审程序。有研究者指出:"'查证'自然是依据本法规定的证据调查程序进行调查,如证人应当依法出庭接受质证,实物证据原则上应当出示原物、原件等一系列程序规则,若违反之,则该证据不具有作为定案依据的资格。"[1]上述解释与本评注的判断不谋而合,也契合了《刑事诉讼法》第61条中的规定,"证人证言必须在法庭上经过公诉人、被害人和被告人、辩护人双方质证并且查实以后,才能作为定案的根据"。而且,《高法解释》第71条也从反面作出印证,"证据未经当庭出示、辨认、质证等法庭调查程序查证属实,不得作为定案的根据"。至于具体的查证程序,除了上文提及的法律和司法解释的规定,当然还包括庭审中其他的证据调查程序,如《刑事诉讼法》第191条、第194条、第197条规定的对于被告人、证人、鉴定人的讯问、发问或询问,通知有专门知识的人出庭,就鉴定人作出的鉴定意见提出意见;第195条规定的对物证的出示,让当事人辨认,以及对未到庭的证人的证言笔录、鉴定人的鉴定意见、勘验笔录和其他作为证据的文书应当当庭宣读,听取各方意见等。经过这些法定的调查程序,法官可据此对各类证据的可靠性形成心证判断。

由于现代刑事诉讼秉承自由心证主义,何种证据属实不应通过法律加以预先规定。为了不使自由心证太过"自由",法定的控制方式只能是要求法官对事实认定结果加以论证,以此做到事后审查。但是,需要进一步追问的是,查证属实的法定程序是否仅指庭审对证据可靠性、真实性的调查呢？随着2012年《刑事诉讼法》对非法证据排除规则的引入和确立,证据的合法性审查成为法庭调查的新内容,相关的审查、调查程序都逐步建立,并在实践磨合中不断完善,为此,有必要结合增订条文和域外经验,对"查证属实"的完整内涵作进一步阐释。

---

[1] 孙远:《行政执法证据准入问题新论——从卷宗笔录式审判到审判中心主义》,载《中国刑事法杂志》2018年第1期,第136页。

(三)"查证"对象是证据的证据能力和证明力

如果对证据"属实"进行文义解释,其中心含义是指证据为"真",可靠性强,这主要涉及的是证据证明力问题。证明力是大陆法系国家证据制度中的专有术语,是指证据所具有的对案件事实的证明作用,也就是证据对证明案件事实的价值。[1] 证据的真实可靠是考察证据证明力的一个重要且核心的要素。证据可信度高,证明力就高,可信度低,证明力就低,被法官采信的可能性自然也低。证据的可靠性、真实性是证明力的应有之义,而这恰恰应当是"属实"的应有含义。然而,如果将查证属实仅仅理解为是对"证明力"的诠释,可能会出现以下两个问题:

其一,如果"查证属实"仅仅作用于证据的证明力,那么对于证据能力[2]的审查如何进行?根据第50条第3款的规定,在证据向定案的根据转化过程中,查证属实是唯一的转化手段和过滤机制,如果不包括对证据的合法性审查,那么立法确立的非法证据排除规则即被架空,确立该规则用以规范侦查取证的目的也将难以实现,这显然与立法初衷相悖。

其二,在任何国家,证明力的判断都委诸于庭审中的裁判者。裁判者通过对某一证据与案件事实关联的强弱程度,与其他证据比较印证后的可靠性大小、可信度高低来综合判断证据能否"作为定案的根据",这一自由心证的过程都是在庭审中由审理者完成的。但是,依据2012年全国人大常委会法工委出版的《〈中华人民共和国刑事诉讼法〉修改与适用》一书对于"作为定案的根据"的解释,其是指"作为认定案件事实,作出是否移送起诉、是否起诉等决定和判决裁定的依据"[3]。显然法律的制定者认为决定证据作为定案根据的主体既包括法院,还包括侦查机关和检察院,这显然与证据证明力的确定主体仅限于审判机关的通说相悖。

结合前文提及的刑事诉讼法的修改,非法证据排除规则的引入和确立,本评注认为有必要对"查证属实"作出新的解释,将其分解为"查""证"

---

[1] 参见林钰雄:《刑事诉讼法》(上册),新学林出版股份有限公司2019年版,第500页;张建伟:《证据法要义》(第二版),北京大学出版社2014年版,第142页。

[2] 证据能力,又称"证据的适格性""证据资格",指的是"证据的容许性,亦即作为证据,在审判庭上为了用于调查的所谓适格"。参见〔日〕我妻荣主编:《新法律学辞典》,董璠舆等译校,中国政法大学出版社1991年版,第485页。

[3] 朗胜主编:《〈中华人民共和国刑事诉讼法〉修改与适用》,新华出版社2012年版,第114页。

"属实"三个关键词。"查"既包括对"证据能力"的审查,还包括对"证明力"的审查。审查的顺序首先是"证据能力",而后才是"证明力"。如果经过审查,证据没有证据能力,则应被直接排除,不必再对证据的证明力继续审查。如此操作恰好与《刑事诉讼法》第56条第2款的规定——对于非法证据予以排除的,"不得作为起诉意见、起诉决定和判决的依据"——相印证。当然,由于我国长久以来"宜粗不宜细"的立法思路,刑事证据体系中的其他证据排除规则,如意见规则、传闻法则、鉴真法则等并未在法律中得以规定,但这些规则同非法证据排除规则一样,也规范着证据的证据能力,也应当以司法解释,如《高法解释》第88条[1]等为依据,对证据的合法性作出全面审查。另外,当证据经过了证据能力的审查,还要继续对证据的证明力进行审查,对于没有证明力或证明力明显不高的证据,也不应当作为最后定案的根据。总之,证据要成为"定案的根据",其被查证的过程其实包含了证据能力和证明力两个前后相继的条件的审查。

(四)"查证"主体应依查证内容的不同作出区分

在对"查证"的内容作出完整诠释后,需要进一步分析的还有查证的主体。按照前述全国人大常委会法工委对于查证主体和查证阶段的限定,似乎公检法机关对于证据能力和证明力的审查都拥有同样的权力。这样理解基本契合我国现有的诉讼结构。长期以来,我国公检法三机关分工负责、封闭作业,刑事诉讼呈现出流水线式的诉讼结构。在刑事诉讼中,侦查机关、检察院和法院平行站位,在侦查、审查起诉和审判阶段各管一段,互不干涉。这种流水线式的诉讼结构在很多具体的法律规定中都有明显印记,如公检法都可以决定采取拘传、取保候审和监视居住,都可以在自己管控的诉讼阶段内解除拘留、逮捕等强制措施。这种诉讼构造和办案方式也影响着立法者对证据查证属实主体的范围划定。具体表现就是,立法者在其出版的权威注释书中指出,将对证据查证属实的工作规定到侦查、起诉和审判的每个阶段,由公检法三机关共同负责。[2] 对我

---

[1] 《高法解释》第88条:处于明显醉酒、中毒或者麻醉等状态,不能正常感知或者正确表达的证人所提供的证言,不得作为证据使用。证人的猜测性、评论性、推断性的证言,不得作为证据使用,但根据一般生活经验判断符合事实的除外。

[2] 参见李寿伟主编:《中华人民共和国刑事诉讼法解读》,中国法制出版社2018年版,第122页。

国刑事诉讼立法有重大影响的苏俄法系也有着类似的规定。2001年颁布的《俄罗斯联邦刑事诉讼法典》第88条第3项和第4项分别规定:"检察长、侦查员、调查人员有权根据犯罪嫌疑人、刑事被告人的请求或主动地认定证据不允许采信。被认定不可采信的证据不得列入起诉结论或起诉书。""法院有权依照本法典第234条和第235条规定的程序根据控辩双方的请求或主动认定证据的不允许采信。"[1]

然而,如此理解和规定除了与世界其他国家的主流理论不符——他国对于证据能力和证明力的审查基本都集中于审判阶段,对证据证明力的判断尤为如此——另外一个重要问题则是,证据证明力的有无、高低是自由心证的结果,是根据经验、理性和良心加以自由评判的个人行为,将证明力委诸于侦查人员、检察人员和审判人员,可能在不同的诉讼阶段产生三个不尽相同的标准,这势必会导致案件事实认定过程和结果的混乱,甚至可能出现控诉方为了达到成功追诉的目的,故意过滤掉一些所谓"证明力不高"但对犯罪嫌疑人、被告人有利的证据。

本评注认为,涉及对证据能力的审查,主体可以包括侦查机关、检察院和法院及其工作人员。依据《刑事诉讼法》第56条第2款的规定,我国的非法证据排除是一种多阶段、递进式的排除体系,公检法机关都有排除非法证据的权力和职责。我国对证据能力进行审查的主体不限于法院。这也可以回答前文中提到的"查证程序"为什么还包括审前阶段的疑问。而且,《刑事诉讼法》第57条中规定,"人民检察院接到报案、控告、举报或者发现侦查人员以非法方法收集证据的,应当进行调查核实"。这里的"调查核实"其实就是指在审前阶段对证据能力的"查证"。

但是,对于证明力的查证还是宜由庭审的法官判定,同时应在庭审中进一步构筑起精细化的证据调查程序,确保法官的心证形成过程更为科学合理,这其实也是我国推进以审判为中心的诉讼制度改革的重要任务。当然,对于诉讼中涉及证据证明力问题时,侦查机关和检察院基于以审判为中心,采用证据标准向审判看齐的司法改革要求,也应按照审判的标准进行审查,但其"查证属实"不具有终局性。一方面,侦查机关和检察院如果对证据的证明力审查后认为"查证属实"的,仅具有将证据继续移送

---

[1]《俄罗斯联邦刑事诉讼法典》,黄道秀译,中国政法大学出版社2003年版,第70页。

审判的权力,这些证据最终仍然要由庭审法官通过证据调查的方式来决定哪些证据可以是最终"定案的根据"。另一方面,侦查机关和检察院不得以证据无证明力为借口随意截留、隐匿对指控不利,却对犯罪嫌疑人、被告人有利的证据。一旦发现,应当追究相关人员的法律责任。

四、总结

行文至此,有必要对《刑事诉讼法》第50条第3款规定中的三处"证据"的关系,以及从"证据材料"到"定案的根据"的查证程序作出总结。首先,第50条第1款规定,证据材料只有与案件事实有关联,才具有证明案件事实的功能,才可能具备证据的资格,关联性是证据的一项自然属性,是证据的核心内容。但证据材料除了具备关联性,还要符合法定形式,可以被归为第50条第2款中的任何一类证据,并符合该类证据的各项规格要求,这是证据在规范层面上的形式要求。除此以外,具备了关联性的实质内容和法定种类的表现形式,证据还要经过查证属实才能作为定案的根据。所以,"形神兼备"应当是第50条第3款中"证据"含义的形象表述。"查证属实"作为"证据"向"定案的根据"转化的重要过程和手段,包括合法性的判断和可靠性的查明,借用大陆法系的证据理论,就是对证据的证据能力和证明力的审查,唯有再经过这两个前后相继的审查过程,"证据"才能最终成为"定案的根据"。

总之,证据从《刑事诉讼法》第50条第1款中的"证据材料"到第3款中的"定案的根据",要经过关联性、形式性、合法性和真实性多个方面的审查(见图九)。这可以视为中国化的证据审查和调查过程。

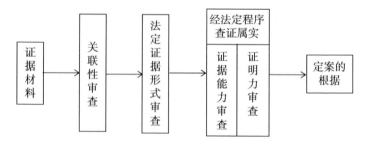

图九:对证据从"证据材料"到"定案的根据"审查调查的程序

▶▶【法条评点】

一、"证据"一语的同一性与相对性

证据的概念可谓是证据法学界的哥德巴赫猜想,长期以来争论不休。这一争论也对实定法中涉及"证据"规定的理解产生了深远影响。有学者很早就指出《刑事诉讼法》第 50 条的第 1 款和第 3 款中"证据"含义前后矛盾。[1] 还有学者对非法证据是不是"证据"提出省思。[2] 这些研究的背后其实都是在力求对"证据"概念作出周延界定,以打造出对刑事诉讼法所有条文统一适用的"证据"概念。但殊不知,在刑事诉讼法的 308 个条文中,"证据"一词共出现 105 次,要对这 105 处"证据"的含义统一口径几无可能。从法解释学的研究进路出发,承认"证据"含义的相对性恰恰能够消除上述含义界定中难以逾越的鸿沟。有研究者指出,"证据"一词并不是一个静止不变的概念,在不同的场合和语境下会存在不同程度的差别。刑事诉讼法中的"证据"至少有三种不同的语义:"一是作为记录犯罪过程的证据,也就是说,证据是犯罪行为所产生的能够证明犯罪事实的各种物品、痕迹或反映的现象;二是作为证明或者说'查明'案件过程中的证据,也就是说司法工作人员用以进行逻辑推理、进行主观性理性思维过程中所运用的证据;三是作为定案根据的证据,也就是说,证据是法院进行裁判的根据。"[3] 遵循这一思路,可以对刑事诉讼法中出现的大部分"证据"用语的含义作出相对性区分。

第一重语义上的"证据"侧重于"证据"是一种涉嫌犯罪过程中产生的客观存在,对案件事实有记录功能,强调的是"证据"具有反映案件事实的现实价值。这其实是"证据"的一种自然属性,属于日常生活中的"证据"概念。例如,《刑事诉讼法》第 44 条、第 54 条、第 71

---

[1] 参见何家弘:《论法律语言的统一和规范——以证据法学为语料》,载《中国人民大学学报》2009 年第 1 期,第 73—74 页。

[2] 参见张志铭、延柄斗:《非法证据排除规则的法理意涵》,载《浙江社会科学》2019 年第 8 期,第 41 页以下。

[3] 汪建成、孙远:《刑事证据立法方向的转变》,载《法学研究》2003 年第 5 期,第 38 页。

条、第77条、第81条、第82条等规定的不得隐匿、毁灭、伪造"证据";第42条规定的辩护人收集的有关犯罪嫌疑人不在犯罪现场、未达到刑事责任年龄、属于依法不负刑事责任的精神病人的"证据",都是指该重语义上的"证据"。

第二重语义上的"证据"侧重于法律层面的规范属性,是指作为一种客观存在的,具有记录、反映案件事实的"证据"在被纳入司法领域加以运用时所呈现出的状态。例如,《刑事诉讼法》第198条第1款规定,"法庭审理过程中,对与定罪、量刑有关的事实、证据都应当进行调查、辩论"。其中接受法庭调查的"证据"就是第二重语义上的"证据"。当然,此时的"证据"也因为诉讼过程的不同阶段或环节有含义上的差别,例如,具备法定形式的证据(第50条第2款,第54条第2款),具备或者不具备证据能力的证据(第56条第1款)等。这些都是司法工作人员在"查证"案件事实过程中加以运用和审查的证据。

第三重语义上的"证据"是指诉讼终局层面上的证据,是经过法定程序查证属实的"证据",也被称为定案的根据。如《刑事诉讼法》第200条第1项中规定的"案件事实清楚,证据确实、充分,依据法律认定被告人有罪的,应当作出有罪判决"。这其中的确实、充分的"证据"就是第三重语义上的"证据"。

总体而言,对上述不同语境中不同"证据"所作的语义上的区分至少可以大体包容刑事诉讼法中的各种"证据"。而针对前述有学者谈及的《刑事诉讼法》第50条第1款和第3款中证据的语义冲突,其实就是"证据"在第一层面和第二层面上的相对含义,而且第3款中"定案的根据"其实就是"证据"在第三层面上的含义。至于有学者追问非法证据是不是证据,显然要看提问者所论及的"证据"的含义究竟处于哪一个层面。如果是第一个层面上的"证据",则非法证据也是证据,因为它也可能具有反映、记录案件事实的功能;如果是第三个层面上的"证据",则非法证据不是证据,因为根据《刑事诉讼法》第56条的规定,非法证据应予排除,不能作为定案的根据;至于第二个层面上的"证据",非法证据往往具有法定的形式,但因不具备证据能力而被排除,不再进行有关证明力的审查判断。从这个角度而言,非法证据往往是具有法定形式的"证据",但不是有证据能力的"证据"。

第五十一条 【举证责任】公诉案件中被告人有罪的举证责任由人民检察院承担,自诉案件中被告人有罪的举证责任由自诉人承担。

▶▶【历次修法条文对照】

1979年《刑事诉讼法》	1996年《刑事诉讼法》	2012年《刑事诉讼法》	2018年《刑事诉讼法》
第五章 证据	第五章 证据	第五章 证据	第五章 证据
无	无	第49条:公诉案件中被告人有罪的举证责任由人民检察院承担,自诉案件中被告人有罪的举证责任由自诉人承担。	第51条 内容未修订

▶▶【立法沿革】

本条为2012年《刑事诉讼法》新增条文。2018年修法时,本条未有修改,仅有条文序号的变化。

我国1979年《刑事诉讼法》在制定之初对证据制度的规定较少,1996年《刑事诉讼法》在证据章仅有8条,诸如举证责任、证据规则等的规定长期付之阙如,严重影响了证据理论的发展,同时也引发了司法实践的乱象。以举证责任为例,在2012年以前,1996年《刑事诉讼法》第35条中规定:"辩护人的责任是根据事实和法律,提出证明犯罪嫌疑人、被告人无罪、罪轻或者减轻、免除其刑事责任的材料和意见"。其中,辩护人提出证明材料的"责任"的表述就引发了误解。一些司法工作人员对于犯罪嫌疑人、被告人及其辩护人的一些辩护理由,常常要求其自行调查取证,导致举证责任的分配不明。总的来说,刑事诉讼中的举证责任都是由控方,即检察院或自诉人来承担,去证明被告人有罪。但在少数案件中,司法机关及其办案人员对证明责任的分配确实存有一些分歧。2012年《刑事诉讼法》坚持尊重和保障人权的宪法精神,为了进一步明确举证责任,规范诉讼活动,维护当事人的诉讼权利,保障无罪的人不受刑事追究,增加了关于举证责任承担的规定。

▶▶【法条注解】

本条是对刑事诉讼中举证责任承担的规定。

一、如何理解检察院和自诉人举证责任的内涵与外延

贯彻"谁主张,谁举证"的古老证明法则,在刑事诉讼中指控被告人、主张被告人有罪的是检察院和自诉人,所以,在公诉案件中主张被告人有罪的举证责任由检察院承担,在自诉案件中主张被告人有罪的举证责任由自诉人承担。这恰恰是本条的规定。

在现代刑事诉讼中,基于无罪推定和不得强迫自证其罪原则,犯罪嫌疑人、被告人被推定为无罪,不承担自证其罪的举证责任。值得注意的是,在刑事庭审中经常可以看到被告人及其辩护人进行辩护,提出无罪主张和抗辩事由,这是否意味着被告人无罪的举证责任由被告人或辩护人承担呢?答案显然是否定的。一种解释进路就是,对指控持否定主张的一方不负证明责任。"证明责任制度最早萌芽于古罗马时代,当时的立法者就已经强调双方当事人的对抗以及主张事实者的证明责任。学者们将这种证明责任制度及其分配原则概括为以下几个公式:(1)主张之人有证明之义务,否定之人则无之;(2)事物之性质上,否定之人无须证明……"[1]据此,如果被告人及其辩护人对控方的有罪指控仅是否定,将不负举证责任。但是,被告人或辩护人"若提出抗辩,则就其抗辩有举证之必要"[2]。比如,被告人或辩护人提出正当防卫或精神病抗辩,主张被告人是正当防卫或不负刑事责任的精神病人,就要为此承担举证责任。故有研究者在举证责任的问题上指出,"被告人不承担证明自己无罪的举证责任;但是,法律另有规定的除外"[3]。

但是,上述理解也存在一定偏差,因为抗辩的情形有很多种,如果有的抗辩针对的是某一犯罪构成要件或要件要素不成立,这一抗辩的举证

---

[1] 卞建林、郭志媛:《刑事证明主体新论——基于证明责任的分析》,载《中国刑事法杂志》2003年第1期,第61页。

[2] 卞建林、郭志媛:《刑事证明主体新论——基于证明责任的分析》,载《中国刑事法杂志》2003年第1期,第61页。

[3] 陈光中主编:《〈中华人民共和国刑事诉讼法〉修改条文释义与点评》,人民法院出版社2012年版,第56页。

责任如何分配就存在问题。例如,在某一杀人案件中,被告人提出其并非故意杀人,而是过失致人死亡,并提供了相关证据,这是否意味着被告人及其辩护人是在对故意杀人或过失致人死亡案件中的主观构成要件事实承担举证责任?答案显然是否定的。因为在公诉案件中被告人有罪的举证责任由检察院承担,而被告人有罪的构成要件事实当然包括主观要件事实,这仍然是检察院承担举证责任要证明的对象。"证明对象未发生改变,依然针对的是控方的证明对象——犯罪构成要件。即便此时被告人提出与控方证据相反的其他证据进行反驳,也不是证明责任问题,而依然属于对控方证明对象的质疑、抗辩,所以即便被告人的反驳不成立,也不必然会使其承担不利后果,也就是说,不会直接导致某个构成要件成立或者直接认定被告人有罪(如被告人否认在犯罪现场,但未能提出不在现场的证据,不能直接认定被告人就在现场),最终依然要看控方的证据是否能够达到证明标准。"[1]综上,有必要对举证责任问题作进一步分析。

一般认为,举证责任是指诉讼当事人对自己主张的事实提出证据加以证明的责任,在理论上可进一步细分为两个方面:一是行为责任,也就是提出证据对自己的主张加以证明,使诉讼向有利于自己的方向前进的责任;二是结果责任,也称败诉责任,是指因为不能提供证据或者提出的证据达不到法律规定的证明标准,导致己方主张被裁判者认定不能成立的责任。[2]在证据学理论上,举证责任的核心是结果责任,当作为证明对象的某一事实处于真伪不明的状态时,通过假定(拟制)该事实存在或不存在来作出裁判,进而使一方当事人遭受到危险或不利益。[3]结果责任主要是诉讼裁判中一种风险责任的分配,而行为责任并不存在分配的问题。"因为诉讼资料及证据收集的责任在于当事人,当事人为使法院形成对己有利的心证,必须为其主张提出证据,否则即有可能蒙受诉讼不利判决,为此目的而积极为举证活动的行为责任"[4],本质上衍生于

[1] 纵博:《刑事被告人的证明责任》,载《国家检察官学院学报》2014年第2期,第123页。
[2] 参见王爱立、雷建斌主编:《刑事诉讼法立法精解》,中国检察出版社2019年版,第90页。
[3] 参见[日]高桥宏志:《民事诉讼法:制度与理论的深层分析》,林剑锋译,法律出版社2003年版,第420页。
[4] 林钰雄:《刑事诉讼法》(上册),新学林出版股份有限公司2019年版,第524—525页。

结果责任。行为责任是受到结果责任的"压迫"所生,本身欠缺自主性,它随着法官在诉讼过程中对相应事实之真伪形成的"临时心证",在双方当事人之间随时转换。换言之,结果责任之分配是一个法律预先加以确定的问题,法官原则上不得自由裁量;而行为责任之转换,则是在法官自由心证前提之下,在诉讼中时时产生的一种举证之现实需要,"这并非法的概念,只是一种现实状态"[1]。假设法律将系争诽谤事实之真伪的举证责任分配给被告人承担,被告人便产生了举证的"现实需要"。如果被告人向法庭提供证人A之证言,证明自诉人确与某人有不正当男女关系,并有一私生子,被告人即是在履行行为责任。但是,对该事实之真伪实际承担行为责任者则未必仅为被告人一方。假若A的证言被法官采信,此时自诉人为避免指控失败,往往会提供相反证据对A的证言进行反驳,而自诉人为反驳提出证据(假设为证人B)的行为,也是在履行行为责任。在证据法学理论上,前述A之证言被称为本证,B之证言则为反证。可见,在某一待证事实之上,双方当事人中仅有一方对其承担结果责任,而行为责任双方均可承担,一为本证,一为反证,只是反证提出之责任以本证成立为必要。[2]

不少研究者认为,针对前述疑问,运用举证责任的"两分理论",被告人及其辩护人仅对提出的抗辩事由承担举证责任中的行为责任,至于结果责任仍然是由控方承担。本评注基本认同这一观点,但诚如上文所言,如果控辩双方都要为使法官的"临时心证"倒向己方主张而承担行为责任,那么相应的证明程度或要求是否相同呢?为了进一步澄清相关问题,本评注拟从另一角度,即从刑事诉讼证明标准出发,将举证责任细分为争点形成责任、疑点形成责任与疑点排除责任[3],两相结合对上述问题再行详细回应。

举证责任与证明标准是相互依存的概念,不应孤立看待。当提出证据的量与质达到证明标准时,负有举证责任的一方即可卸下责任。在我国,检察院或自诉人承担被告人有罪的举证责任。依据《刑事诉讼法》第

---

[1] [日]三月章:《日本民事诉讼法》,汪一凡译,五南图书出版有限公司1997年版,第444页。

[2] 参见孙远:《法律要件分类说与刑事证明责任分配——兼与龙宗智教授商榷》,载《法学家》2010年第6期,第101页。

[3] 参见黄维智:《刑事证明责任研究——穿梭于实体与程序之间》,北京大学出版社2007年版,第222页以下。

55条第2款的规定,检察院或自诉人举证,唯有达到事实清楚,证据确实、充分的证明标准才能解除或卸下举证责任。2012年《刑事诉讼法》在对"证据确实、充分"的证明标准进行解释时引入排除合理怀疑要素,规定"证据确实、充分"必须满足"综合全案证据,对所认定事实已排除合理怀疑"的要求。言下之意,在庭审过程中,控方首先要根据指控提供证据,形成控辩双方的争点,即被告人是否有罪。控方如果提供证据证明的案件事实有合理疑点,意味着没有完成举证责任,要么继续举证消除疑点,要么承担败诉的结果。那么谁来提出疑点呢?我国刑事诉讼偏重于职权探知主义,法官在庭审中可依职权对有关事实争点或疑问开展调查。除了法官在审判中可以依职权发现并调查疑点,被告人及其辩护人也可以提出疑点。例如,面对检察院对被告人故意杀人的指控,辩方可以提出被告人不在犯罪现场,真凶另有其人的抗辩事由,为了使该抗辩事由能够形成合理疑点,制造控方的举证障碍,辩方要为此展开举证,这便是疑点形成责任(类似于行为责任、主观证明责任)。一旦通过举证使法官对被告人有罪的事实产生合理怀疑,辩方便完成疑点形成责任。"对于定罪量刑事实,辩护方提出异议时,只需证明到存在合理怀疑的程度即可。即只要存在合理怀疑,就意味着检察机关的犯罪指控还没有达到'排除合理怀疑'的程度。"[1]一旦产生了合理怀疑,就意味着控方要再积极举证,消除疑点,排除合理怀疑,这便是疑点排除责任(也是行为责任、主观证明责任)。一般认为,疑点形成责任的证明标准不需要达到证据确实、充分的程度,只要使法官产生合理怀疑,认为可能存在或可能发生即可,而疑点排除责任则需要达到证据确实、充分的程度。如果控方的举证达不到该证明标准,合理怀疑视为仍然存在,不能排除,不能认定被告人有罪,这恰恰是"疑点有利被告原则"的应有之义(结果责任、客观证明责任)。

需要注意的是,不同法系国家不同的犯罪构成理论会影响举证责任的分配。英美法系犯罪构成理论被称为"双层"理论,其中评价是否构成犯罪的基本原则在于是否符合"犯罪本体要件",但是当存在违法或者责任阻却事由,也就是积极抗辩事由时,可以免除罪责。犯罪本体要件可称为犯罪的"积极要件"或者"犯罪表面上成立的要件",包括客观行为(ac-

---

[1] 吴宏耀:《云南冷兰案中值得关注的几个程序法问题》,载搜狐网2020年5月7日,https://www.sohu.com/a/393556398_120058306,访问日期:2023年12月3日。

tus reus)和主观心态(menus rea)。积极抗辩事由则是在犯罪本体要件成立的基础上提出的阻却行为违法性或者有责性的排除犯罪性事由,可称为犯罪的"消极要件"或者"犯罪实质上成立的要件"。[1] 它包括两个方面:一是排除行为违法性的正当化事由(justifications),如正当防卫、紧急避险、依法行使职权等;二是排除行为人有责性的可宽恕事由(excuses),如精神失常、醉酒、梦游症、反射动作等。前者是构成犯罪与否的规则,后者则是例外。英美法系国家把作为例外的排除犯罪性事由作为辩方的一种"抗辩"看待,它是犯罪构成要件之外的一个"独立要素"。当辩方提出可以阻却犯罪的积极抗辩,如正当防卫,美国有的州是要求辩方承担说服责任,即前文说的举证责任,但通常达到优势证据程度的证明标准即可;还有的州则规定辩方仅承担该抗辩的提供证据责任,不承担说服责任(举证责任、结果责任、客观证明责任)。[2] 与英美法系不同,在德国等大陆法系国家,犯罪构成采用"三阶层"理论,无论是入罪要素(构成要件符合性)还是出罪要素(违法阻却和责任阻却事由),凡是可能影响被告人是否承担刑事责任的要素,均被纳入犯罪的定义之中。作为出罪要素的积极抗辩事由不再被视为例外情形。同英美法系"原则加例外"的犯罪构成理论相比,三阶层的犯罪构成是一种囊括了所有罪责要素的封闭式综合性规则。据此,被告人提出诸如正当防卫等抗辩事由,不再被视为一种积极主张,而是对控方所指控犯罪事实的否定主张,包括违法性、有责性在内的所有犯罪构成要件事实均应由国家予以证明。[3] 我国的犯罪构成要件更亲缘于大陆法系国家,辩护方无论是提出诸如正当防卫的积极抗辩事由,还是对犯罪本体要件,也就是大陆法系的犯罪构成符合性要件进行反驳,如提出不存在故意、对盗窃犯罪数额提出异议等,均统一视为辩方对犯罪构成要件提出异议,仅承担疑点形成责任,不承担最终的结果责任也就是举证责任。"对于作为犯罪阻却事由的事(出罪要件事实,本评注注),只要它们没有形成诉讼中的争点就没

---

[1] 参见赖早兴:《精神病辩护制度研究——基于美国精神病辩护制度的思考》,载《中国法学》2008年第6期,第111页。

[2] 参见李昌盛:《"剩余疑点"下的审判模式》,载《法律科学》2017年第2期,第156页。

[3] 参见李昌盛:《积极抗辩事由的证明责任:误解与澄清》,载《法学研究》2016年第2期,第172、175页。

有必要加以考虑。也即是说,只有被告人提出了显示这些事由可能存在的某种资料,或者诉讼中客观地出现了某种使人能够推测或许存在着构成这些事由的事实那样的状况,裁判所才有必要将阻却事由的存在与否作为争点而纳入审判的对象。不过,阻却事由一旦争点化,也应理解为最终必须由检察官承担证明其不存在的举证责任"[1]。

综上而言,无论是公诉案件中的检察院还是自诉案件中的自诉人都承担着被告人有罪的举证责任,这一举证责任主要体现在对被告人的有罪指控提供证据加以证明,并就辩方对指控事实提出的合理疑点(合理怀疑)进一步提供证据加以反驳,消除疑点,最终达到指控犯罪的事实清楚,证据确实、充分,综合全案排除合理怀疑的要求。在这期间,被告人及其辩护人可以就指控的构成犯罪的要件事实提出疑点,做出攻击。为了把疑点上升到使法官产生合理怀疑的程度,辩方有提供证据(线索或材料)加以证明的疑点形成责任。但这不是举证责任的实质体现,因为其并未伴有不利风险分配的后果,辩方如果提不出证据或提出的证据达不到合理怀疑的证明标准,只会使其主张或提出的疑点不被裁判者认可。法院不能据此认定被告人有罪。因为被告人有罪的举证责任是由控方,也就是检察院或自诉人承担,法院还是要看控方就被告人有罪的指控是否提出了确实、充分的证据,如果控方达不到这一要求,仍然要承担结果责任或败诉责任,这才是举证责任的核心要义。诚如参与立法的同志所言,针对被告人无罪、罪轻的辩护理由提供证据,是犯罪嫌疑人、被告人及其辩护人享有的诉讼权利,同时也是辩护人的职责,其目的主要是反驳控方的指控,而不是证明自己无罪。他们不行使这项权利,不能导致犯罪嫌疑人、被告人被认定有罪的法律后果。[2]

基于上述法理分析,2012年修订刑事诉讼法时,立法机关将原法第35条"辩护人的责任是根据事实和法律,提出证明犯罪嫌疑人、被告人无罪、罪轻或者减轻、免除其刑事责任的材料和意见"中的"证明"二字删除,意在表明辩护人在刑事诉讼中不负对犯罪嫌疑人、被告人无罪、罪轻或者减轻、免除其刑事责任的举证责任。对被告人有罪的举证责任由控

---

[1] [日]铃木茂嗣:《刑事证据法的若干问题》,载[日]西原春夫主编:《日本刑事法的形成与特色——日本法学家论日本刑事法》,李海东等译,法律出版社、成文堂1997年版,第165页。

[2] 参见王爱立、雷建斌主编:《刑事诉讼法立法精解》,中国检察出版社2019年版,第91页。

二、举证责任与检察官的客观义务

虽然本条规定了检察院和检察官的举证责任,即被告人有罪的举证责任由检察院承担,但并不能据此仅要求检察院提供证明被告人有罪的证据。因为,检察院既是国家的公诉机关,也是宪法规定的国家的法律监督机关,检察院和检察官都要遵循客观公正的立场,有客观义务。"检察官为了发现真实情况,不应站在当事人的立场上,而应站在客观的立场上进行活动,这就是赋予检察官的'客观义务'。"[1]我国检察官的客观义务规定在《检察官法》第5条第1款:"检察官履行职责,应当以事实为根据,以法律为准绳,秉持客观公正的立场。"据此,无论是犯罪嫌疑人、被告人有罪、罪重的证据,还是无罪、罪轻的证据,检察院和检察官都应当向法院提出,由法院根据在案的所有证据综合判断,认定被告人是否有罪。

同样,法院作为消极中立的裁判方,也负有客观全面审查证据的义务。为作出公正判决,法院不能只消极审查检察院提出的证据,在法庭审理过程中,合议庭对证据有疑问的,也可以宣布休庭对证据进行调查核实。如果综合全案证据,对所认定的事实不能排除合理怀疑的,法院应当判决被告人无罪或作出有利于被告人的裁判。

▶▶【法条评点】

一、对举证责任例外情形的评析

在2012年《刑事诉讼法》修订期间,全国人民代表大会在2011年8月公布了"刑事诉讼法修正案(草案)",面向社会征集意见。草案中的举证责任条款是"公诉案件中被告人有罪的举证责任由公诉机关承担,自诉案件中被告人有罪的举证责任由自诉人承担。但是,法律另有规定的除外。"但后来正式公布的法律文本删除了"但是,法律另有规定的除外"的但书规定。有学者指出:"删除原来的但书规定不仅是必要的,而且也使最终通过的法律规定更加科学。因为根据国际社会公认

---

[1] [日]松本一郎:《检察官的客观义务》,郭布罗·润麒译,载《法学译丛》1980年第2期,第50页。

的无罪推定原则,证明被告人有罪的责任都是由控诉一方承担的,对此并不存在任何例外。"[1]

本评注赞同此观点,从立法用语的前后逻辑关系看,草案中"法律另有规定的除外"所针对的是"有罪的举证责任",这意味着"法律另有规定的除外"是指在某些例外情形中被告人及其辩护人还要自证其罪,承担证明自己有罪的举证责任,这显然是荒谬的,也与2012年《刑事诉讼法》第50条增订的"不得强迫任何人证实自己有罪"的规定相冲突。有研究者就指出,"'被告人有罪'的证明对象——行为符合犯罪构成要件——是不可能作为一个整体全部分配给被告人的,因此事实上这种'法律另有规定的除外'中的例外情形,根本就不可能会存在,删除'法律另有规定的除外'无非是纠正了立法中的语病,不能认为是立法者禁止被告人承担任何证明责任"[2]。

二、对量刑事实、程序性事实的举证责任如何分配

从证明对象看,在目前的刑事诉讼中,实际存在着三种性质有别的证明对象,即定罪事实、量刑事实和程序性事实(如是否回避、是否逮捕、证据是否为非法证据)。前文分析主要适用于定罪事实的举证责任分配,而对实践中广泛存在的量刑事实与程序性事实而言,本条并未阐明如何分配举证责任。从实践操作和既有规定看,一些量刑事实,如侵犯财产类犯罪案件的犯罪数额,在定罪与量刑事实上往往就是量变引发质变的问题,一般还是由控方承担举证责任。至于程序性事实,《刑事诉讼法》第59条第1款规定,"在对证据收集的合法性进行法庭调查的过程中,人民检察院应当对证据收集的合法性加以证明"。据此,对证据是否"非法"取得的程序性事实的举证责任仍然由检察院承担。综上,对于量刑事实和程序性事实的举证责任一般还是由控方承担,但并不绝对。对于部分回避事由的证明,例如当事人及其法定代理人如果以审判人员、检察人员、侦查人员接受当事人及其委托的人的请客送礼、违反规定会见当事人及其委托的人为由申请回避,依《高法解释》第33条的规定,应当提供证明材料。由于量刑事实和程序性事实没有纳入无罪推定原则,如果被

---

[1] 孙长永:《论刑事证据法规范体系及其合理构建——评刑事诉讼法修正案关于证据制度的修改》,载《政法论坛》2012年第5期,第28页。

[2] 纵博:《刑事被告人的证明责任》,载《国家检察官学院学报》2014年第2期,第123页。

追诉人,即辩护方提出主张,是否必然不承担举证责任,如果承担,其证明标准又如何,都是较为复杂的问题,须分门别类深入分析。也许这正是本条仅就有罪事实的举证责任作出分配的原因之一。

> **第五十二条 【依法收集证据】【不得强迫任何人自证其罪】**审判人员、检察人员、侦查人员必须依照法定程序,收集能够证实犯罪嫌疑人、被告人有罪或者无罪、犯罪情节轻重的各种证据。严禁刑讯逼供和以威胁、引诱、欺骗以及其他非法方法收集证据,不得强迫任何人证实自己有罪。必须保证一切与案件有关或者了解案情的公民,有客观地充分地提供证据的条件,除特殊情况外,可以吸收他们协助调查。

▶▶【历次修法条文对照】

1979年《刑事诉讼法》	1996年《刑事诉讼法》	2012年《刑事诉讼法》	2018年《刑事诉讼法》
第五章 证据	第五章 证据	第五章 证据	第五章 证据
第32条:审判人员、检察人员、侦查人员必须依照法定程序,收集能够证实被告人有罪或者无罪、犯罪情节轻重的各种证据。严禁刑讯逼供和以威胁、引诱、欺骗以及其他非法的方法收集证据。必须保证一切与案件有关或者了解案情的公民,有客观地充分地提供证据的条件,除特殊情况外,并且可以吸收他们协助调查。	第43条:审判人员、检察人员、侦查人员必须依照法定程序,收集能够证实**犯罪嫌疑人**、被告人有罪或者无罪、犯罪情节轻重的各种证据。严禁刑讯逼供和以威胁、引诱、欺骗以及其他非法的方法收集证据。必须保证一切与案件有关或者了解案情的公民,有客观地充分地提供证据的条件,除特殊情况外,并且可以吸收他们协助调查。	第50条:审判人员、检察人员、侦查人员必须依照法定程序,收集能够证实犯罪嫌疑人、被告人有罪或者无罪、犯罪情节轻重的各种证据。严禁刑讯逼供和以威胁、引诱、欺骗以及其他非法方法收集证据,**不得强迫任何人证实自己有罪**。必须保证一切与案件有关或者了解案情的公民,有客观地充分地提供证据的条件,除特殊情况外,并且可以吸收他们协助调查。	第52条 内容未修订

第五章　证　据

▶▶【立法沿革】

本条为1979年《刑事诉讼法》确立,在1996年和2012年修订刑事诉讼法时均有内容调整,在2018年修法时仅有条文序号的变动。

1996年修法时,立法机关将旧法中"人犯"一语废除,依照刑事诉讼阶段的不同,将处于审前程序中侦查阶段和审查起诉阶段的被追诉人称为犯罪嫌疑人,将处于审判阶段的被追诉人称为被告人。为了与这一修改相协调,本条在原法中的"被告人"前增加了"犯罪嫌疑人"一语,将"收集能够证实被告人有罪或者无罪、犯罪情节轻重的各种证据"修改为"收集能够证实犯罪嫌疑人、被告人有罪或者无罪、犯罪情节轻重的各种证据"。

2012年修法时,立法机关对本条作出两处修改。

一是在本条"严禁刑讯逼供和以威胁、引诱、欺骗以及其他非法方法收集证据"后,增加了"不得强迫任何人证实自己有罪"的表述。这一修改对刑事诉讼法有重要意义:一是作出了具有刑事诉讼法的原则性质的规定,有重要的法律引领作用,体现了我国刑事诉讼制度对于程序公正的重视,体现了社会主义法治理念和现代诉讼理念;二是从原则和理念上进一步强化对刑讯逼供的严格禁止;三是与国际公约的有关规定相衔接。我国签署的《公民权利及政治权利国际公约》中有"不被强迫作不利于他自己的证言或承认犯罪"的规定,"不得强迫任何人证实自己有罪"条款与公约规定的精神是一致的。[1]

二是删除了本条"必须保证一切与案件有关或者了解案情的公民,有客观地充分地提供证据的条件,除特殊情况外,并且可以吸收他们协助调查"中"并且"二字,实现了整个条文语句的简洁和通畅。

▶▶【法条注解】

本条对审判人员、检察人员、侦查人员收集证据提出了六个方面的要求。

---

[1] 参见王爱立、雷建斌主编:《刑事诉讼法立法精解》,中国检察出版社2019年版,第92页。

一、必须依照法定程序收集证据

依本条第一句话,收集证据"必须依照法定程序",这既是对办案机关取证规范性的要求,也是保障被取证方合法权益的重要规定,是程序法定原则的重要体现。由于收集证据的主体主要为侦查机关,所涉及"法定程序"的具体规定集中在《刑事诉讼法》第二编第二章"侦查"中。该章重点就讯问、询问、勘验、检查、侦查实验、搜查、查封、扣押、查询、冻结、鉴定、技术侦查等取证手段作了较为详尽的程序性规定,如讯问犯罪嫌疑人,侦查人员不得少于二人;搜查时必须出示搜查证;证人笔录必须交本人核对;鉴定应当指派、聘请有专门知识的人进行等等,侦查人员在取证时要严格遵守这些规定。除此以外,相关的司法解释对于收集证据也有进一步的程序规定。《高检规则》第182条第2款规定:"讯问同案的犯罪嫌疑人,应当个别进行。"第192条规定:"询问证人,应当由检察人员负责进行。询问时,检察人员或者检察人员和书记员不得少于二人。"这些都是对刑事诉讼法的有益补充。

需要注意的是,除了侦查人员收集证据,检察人员在审查起诉过程中审查某些案件,需要补充侦查的,也可以自行侦查,这意味着检察人员也可以取证。审判人员在审判过程中,需要对被告人进行讯问,对证人、被害人进行询问,客观上也会收集相应的言词证据。所以,无论是侦查人员,还是检察人员、审判人员都有权收集证据,也都应当遵守相应的法定程序。这些程序有的规定在刑事诉讼法中,有的则规定在其他法律或司法解释等规范性文件中。

二、收集证据必须客观全面

客观全面收集证据是指侦查人员、检察人员和审判人员在取证时要"收集能够证实犯罪嫌疑人、被告人有罪或者无罪、犯罪情节轻重的各种证据",既要收集犯罪嫌疑人、被告人有罪、罪重的证据,也要收集他们无罪、罪轻的证据,不能只收集一方,尤其是不能仅收集控方证据。有研究者指出,从举证责任的实体内容看,取证义务不仅指向符合犯罪构成要件的各种事实,还包括了阻却违法及阻却有责等各种事由。[1]

---

[1] 参见黄维智:《刑事证明责任研究——穿梭于实体与程序之间》,北京大学出版社2007年版,第187页。

值得注意的是,有关立法中的"收集"一词,1979年《刑事诉讼法》制定之时,就有过是"收集"证据还是"搜集"证据的讨论。

"彭真提出:修改刑事诉讼法草案初稿,必须结合'文化大革命'中血的教训,要有针对性地作出一些具体规定。针对'文化大革命'中出现的迫害广大干部、群众,大搞逼供信的问题,在刑事诉讼法中应规定'要重证据、重调查研究,不轻信口供',证据收集必须依照法定程序进行。彭真在审查草案修改稿时,亲自把'搜集'证据修改为'收集'证据;又对'证据'一词增写了前置词,改为'能够证实被告人有罪或者无罪、犯罪情节轻重的各种证据'。他解释说:为什么这么改?因为'文化大革命'中往往先定框框再去搜集证据,'搜集'是主观的,'收集'是客观的,不是去制造,而是把客观事实'收集'起来,也不是只收集证明有罪或罪重的证据,而且要收集证明无罪或罪轻的证据。"[1]

可见,采用"收集"证据的立法用意就是要求办案人员取证时应兼顾各方,客观全面。

三、严禁以非法的方法收集证据

本条第二句话是从反面强调了取证的禁止性规定,简言之,就是严禁"逼供信"。"逼供信"一般是指审讯人员对被审讯人施用肉刑、变相肉刑或其他威胁手段,从而逼取口供,一有招供即信以为真,据以定案。这种取证方式(或称办案方式)在"文化大革命"期间普遍存在,以致酿成了不少冤假错案。后来随着党中央的拨乱反正,一批冤假错案被平反。作为对这种取证手段、办案方式的深刻反思,1979年《刑事诉讼法》用"严禁刑讯逼供和以威胁、引诱、欺骗以及其他非法的方法收集证据"表达了对"文化大革命"中办案"逼供信"的否定。这一表述主要是对刑讯逼供、威胁、引诱、欺骗等非法取证方式的明令禁止。因为以刑讯逼供、威胁、引诱、欺骗方式取得犯罪嫌疑人、被告人口供,不仅是对基本人权的严重漠视和侵犯,更重要的是由此收集的口供是被讯问人在迫于压力或被欺骗情况下提供的,虚假的可能性非常之大,如果凭此作为定案根据,极易造成错案。

本条中的刑讯逼供既包括以暴力殴打犯罪嫌疑人逼取口供的行

---

[1]《彭真传》编写组:《彭真传》(第四卷),中央文献出版社2012年版,第1355页。

为,也包括采用长时间的冻、饿、晒、烤、疲劳审讯等恶劣手段逼取口供的行为,可简称为肉刑或者变相肉刑两种刑讯方式。

四、不得强迫任何人证实自己有罪

"不得强迫任何人证实自己有罪"是2012年《刑事诉讼法》新增内容。需要注意的是,本条款规定的是任何人不被"强迫"证实自己有罪,如果行为人自愿如实交代罪行,法律当然不会禁止。而且,如果行为人自愿、主动自证其罪的,依据《刑事诉讼法》第15条的规定,行为人自愿认罪认罚可以获得从宽处理;刑法中亦有坦白、自首从宽处罚的规定。除此以外,对于该规定,还可以从以下几个方面进一步拓清其内涵和适用边界。

(一)如何理解"证实自己有罪"的方式

如果仅从字面意思看,"证实自己有罪"的方式有很多种,不仅包括以言词方式主动供述犯罪事实或者承认有罪指控,还包括交出证明自己有罪的实物证据,以及通过自己的身体配合国家追诉,如接受测谎,或是作为被辨认对象模仿真正的犯罪人案发时的言行举止、穿上特定的服饰,或是配合采集血液、尿液等生物样本、指纹信息等。然而,从立法机关作出的解释或说明看,"'不得强迫任何人证实自己有罪',是对司法机关收集口供的原则性要求"[1],"要求办案机关和办案人员严禁用刑讯逼供、威胁、引诱、欺骗或者其他对犯罪嫌疑人、被告人进行肉体或者精神折磨,以迫使其违背本人意愿作有罪供述的方法审讯犯罪嫌疑人、被告人"[2]。据此,本条规定的"不得强迫任何人证实自己有罪"的适用范围仅限于犯罪嫌疑人、被告人不被强迫作出有罪供述,并未延伸到不被强迫交出可能证明自己有罪的实物证据,至于任何人有权不被强迫通过自己的身体配合国家追诉更是未有涉及。

对于立法机关的观点,本评注持不同意见。众所周知,趋利避害与自我保护是人的本能,尊重这一本能是维护人的尊严的基本要求。在不违背自然法则的前提下,任何人都有权自主决定做什么或不做什么。不被强迫自证其罪的最基本的价值就在于维护人之尊严与自由。照此逻

---

[1] 王爱立、雷建斌主编:《刑事诉讼法立法精解》,中国检察出版社2019年版,第93页。

[2] 黄太云:《刑事诉讼法修改释义》,载《人民检察》2012年第8期,第20—21页。

辑,强迫犯罪嫌疑人、被告人交出证明自己有罪的实物证据与强迫他们作出有罪供述并无实质差异,都是强迫犯罪嫌疑人、被告人弹劾自己、否定自己,是对人的本性和尊严的践踏。从维护人的尊严与自由的角度出发,应将不得强迫任何人交出可能证明自己有罪的实物证据纳入"不得强迫任何人证实自己有罪"的适用范围。而且,从法解释学的进路来看,这一解释也未超越文义的射程范围。因为就立法语言的表达而言,"不得强迫任何人证实自己有罪"显然可以解释为包含不得强迫任何人提交可能证明自己有罪的实物证据之意。当然,这样解释并不意味着国家不能通过强制的方法获取实物证据。因为"不得强迫任何人证实自己有罪"只是要求侦查机关不得强迫任何人自行交出可能证明自己有罪的实物证据,至于通过依法(强制)搜查或扣押等方式获取实物证据,则与"不得强迫任何人证实自己有罪"并不冲突。[1]

至于"不得强迫任何人证实自己有罪"是否包括不得强迫任何人,尤其是犯罪嫌疑人、被告人利用自己身体积极配合国家追诉?本评注持否定态度。"任何人皆无义务以积极作为来协助对己的刑事追诉;反面言之,国家机关亦不得强制任何人积极自证己罪。据此导出,被告对于被控的嫌疑,并无陈述之义务,而是享有陈述之自由……不过,不自证己罪原则的射程距离,仅止于被告'积极'自证己罪义务的禁止,并未免除其'消极'的忍受义务,因此,当被告作为强制处分或其他调查证据方法的对象时,例如抽血检测、身体勘验或(与证人或共同被告)对质等等,国家纵使课予被告忍受义务,亦不违反不自证己罪原则。"[2]据此,强迫犯罪嫌疑人、被告人作为辨认人以口头或其他方式进行辨认,属于强迫其以积极作为自证其罪,违反了"不得强迫任何人证实自己有罪"的规定。但如果依据辨认规定,要求犯罪嫌疑人、被告人作为被辨认对象,强迫其站在特定的地点接受辨认,或者强制对其采集血液、尿液等生物样本、指纹信息的,则并不违规。《公安规定》第217条第1款和第2款对此明确规定:"为了确定被害人、犯罪嫌疑人的某些特征、伤害情况或者生理状态,可以对人身进行检查,依法提取、采集肖像、指纹等人体生物识别信息,采集

---

[1] 参见陈学权:《论不被强迫自证其罪的保护客体》,载《政法论坛》2013年第5期,第182页。

[2] 林钰雄:《刑事诉讼法》(上册),新学林出版股份有限公司2019年版,第163—164页。

血液、尿液等生物样本。被害人死亡的,应当通过被害人近亲属辨认、提取生物样本鉴定等方式确定被害人身份。犯罪嫌疑人拒绝检查、提取、采集的,侦查人员认为必要的时候,经办案部门负责人批准,可以强制检查、提取、采集。"

(二) 如何理解"证实"的含义

从字面意思看,"证实"是指"证明其确实","指的是证明后的结果状态,而不是证明行为本身"[1],这一结果状态本身也体现出对证明的程度要求。所以,"不得强迫任何人证实自己有罪"就是"不得强迫任何人证明自己确实有罪",至于强迫犯罪嫌疑人、被告人提供不利于己的证据但尚未达到"确实有罪"的证明程度的行为似乎不在禁止之列。如果与《公民权利及政治权利国际公约》中任何人"不被强迫作不利于他自己的证言或承认犯罪"相比,"不得强迫任何人证实自己有罪"对公权力机关取证的限制范围似乎更窄,并不包含公约中规定的任何人"不被强迫作不利于他自己的证言"的情形。有学者在 2012 年"刑事诉讼法修正案(草案)"公开征求意见时就指出这一问题,并提出"为了强化该项规定在刑事诉讼制度中的重要地位,草案应明确规定,不得强迫任何人作不利于他自己的证言或强迫其承认自己有罪"[2]。

本评注并不赞同上述观点。首先,从体系解释的角度看,本条中"证实"的含义应解释为"证明"。因为本条除了在"不得强迫任何人证实自己有罪"中有"证实"一词,条文中"审判人员、检察人员、侦查人员必须依照法定程序,收集能够证实犯罪嫌疑人、被告人有罪或者无罪、犯罪情节轻重的各种证据"也使用了"证实"一词。对于犯罪嫌疑人、被告人有罪的认定,当然需要公安司法机关收集确实、充分的证据来证实;但对于犯罪嫌疑人、被告人无罪的认定,根据无罪推定原则延伸出的疑罪从无之定案规则,在有罪证据达不到确实、充分的程度时应作无罪裁判,并不需要"证实"其无罪。[3] 从用语的同一性规则看,本条中的"证实"应理解为

---

[1] 汪建成:《刑事证据制度的重大变革及其展开》,载《中国法学》2011 年第 6 期,第 51 页。

[2] 张媛:《立法初步确立"反对强迫自证其罪"原则 专家建议进一步修改为"不得强迫任何人承认自己有罪"》,载《法制日报》2011 年 12 月 26 日,第 5 版。

[3] 参见陈学权:《论不被强迫自证其罪的保护客体》,载《政法论坛》2013 年第 5 期,第 179 页。

"证明",而非"证明其确实"。立法机关在此用"证实"一词,无非是为了实现同一条文中立法用语的统一性与协调性,并非有意限缩不得强迫自证其罪原则在我国的适用范围,也并非有意对公权力机关的取证手段或方式作宽松化的"放权"处理。当然,既然本条中的"证实"实为"证明",那么今后在立法措辞上统一修改为"证明"也并无不可。[1]

其次,从目的解释的角度看,2012年修改刑事诉讼法时,《关于〈中华人民共和国刑事诉讼法修正案(草案)的说明〉》明确指出:"为从制度上进一步遏制刑讯逼供和其他非法收集证据的行为,维护司法公正和刑事诉讼参与人的合法权利,有必要在法律中对非法证据的排除作出明确规定。据此,修正案草案在刑事诉讼法规定严禁刑讯逼供的基础上,增加不得强迫任何人证实自己有罪的规定。"据此,刑事诉讼法引入"不得强迫任何人证实自己有罪"主要就是为了遏制刑讯逼供以及其他强迫犯罪嫌疑人、被告人供述的非法取证行为。从这一立法意图看,强迫犯罪嫌疑人、被告人提供不利于己的陈述,即使尚未达到"确实"的证明程度,也应在取证方法的禁止之列。

最后,从司法实践的角度看,如果将"不得强迫任何人证实自己有罪"中的"证实"解释为"证明其确实"并无实际意义。因为根据《刑事诉讼法》第55条第1款的规定,即便强迫犯罪嫌疑人、被告人作出完整的有罪供述,但仅凭口供亦无法"证实"其有罪。

综上,"不得强迫任何人证实自己有罪"其实与《公民权利及政治权利国际公约》规定的精神相一致,都包含两种情形。一种情形是不得强迫任何人作出有罪供述或面对指控承认犯罪;另一种情形是不得强迫任何人作出可能证明其有罪的陈述,即任何关于犯罪片段或情节的陈述或可能间接导致其有罪的陈述。例如,根据日常经验法则或形式逻辑能直接推断(这一推断不被法律所禁止)出犯罪嫌疑人、被告人实施犯罪的主要事实或犯罪构成要件中某一方面事实的陈述。[2]

(三)如何理解"强迫"的含义

何为"强迫",可谓莫衷一是。有研究者曾主张,犯罪嫌疑人在羁押

---

[1] 参见陈光中主编:《〈中华人民共和国刑事诉讼法〉修改条文释义与点评》,人民法院出版社2012年版,第60页。

[2] 参见董坤:《不得强迫自证其罪原则在我国的确立与完善》,载《国家检察官学院学报》2012年第2期,第115页。

环境下所作出的供述也属被强迫的情形,这种无限扩充"强迫"含义的随意性解释显然是不恰当的。刑事诉讼法的主要任务是依法追究犯罪人的刑事责任,为了惩罚犯罪,国家赋予了公安司法机关强制性的侦查措施或手段,犯罪嫌疑人对此有一定的隐忍义务。这种必要的隐忍不应理解为是"强迫"。正如美国学者华尔兹在其《刑事证据大全》一书中所言:"要求嫌疑犯讲真话,不能被考虑为逼迫。"[1]很难想象,绝大多数罪犯会在没有任何压力的情况下完全"自愿"地供述罪行。既然刑事诉讼法将"不得强迫任何人证实自己有罪"归入证据章,那么在解释"强迫"的内涵和外延时应着重关注其所处条文的上下语境和前后逻辑关系,据此划定"不得强迫任何人证实自己有罪"中"强迫"的外延范围。本评注认为,对"强迫"的范围界定应着重关注刑讯逼供和威胁的非法方法,同时参照《公民权利及政治权利国际公约》第7条"任何人不得施以酷刑,或予以残忍、不人道或侮辱之处遇或惩罚",特别是对任何人均不得未经其自由同意而施以医药或科学试验的规定,可将"强迫"解释为三种类型:(1)刑讯,如殴打、电击、动物撕咬的肉刑以及长时间的冻、饿、晒、烤、疲劳审讯等变相肉刑;(2)威胁,也称精神刑讯;(3)其他与刑讯、威胁同质等效的非法强迫方式,如非法拘禁,或未经同意而施以医药和科学试验,常见的有催眠、服用药物等。至于引诱、欺骗,本评注认为还是要具体分析,依案而定、依情而判。因为有时某些取证行为到底是引诱还是疏导,是欺骗还是谋略并非泾渭分明,界限清晰。[2] 为此,立法作出模糊处理,将判定"引诱、欺骗"是否具有强迫性,是否违反不得强迫自证其罪规定交由司法机关个案裁量。

然而,如果将上述解释视为"强迫"的全部外延会引发一个现实问题。2012年《刑事诉讼法》增订不得强迫自证其罪条款是否还有实质意义?按照上述解释,在未有"不得强迫任何人证实自己有罪"规定之前,刑事诉讼法已明确规定"严禁刑讯逼供和以威胁、引诱、欺骗以及其他非法方法收集证据",立法机关又何须多此一举呢?故将条款中的"强迫"与非法讯问方法区别对待,视为有不同含义,才是更为合理的解释方

---

[1] [美]乔恩·R. 华尔兹:《刑事证据大全》(第二版),何家弘等译,中国人民公安大学出版社2004年版,第340页。

[2] 参见郑广宇:《反贪侦查取证原则及其适用》,载《人民检察》2011年第16期,第11页。

案。从比较解释的角度看,在《公民权利及政治权利国际公约》中,"强迫"是指采用各种直接或间接的身体或心理压力的形式,以及以强加司法制裁的方式,迫使人作出不利于己的陈述或承认犯罪。[1] 据此,强迫可以分为两种情形,一种情形正如上文所言,直接作用于身心的刑讯或威胁等,属于直接强迫;另一种情形指的是一种诉讼程序、诉讼制度的强迫,是指各种情形的依法强制——尤指"于法有据"的间接强制或称间接强迫。这种诉讼程序上的强迫就是指犯罪嫌疑人、被告人在拒绝提供不利于己的陈述时,追诉机关对其拒绝供述的行为加以苛责,施以某种不利或制裁效果,间接达到强制被告自我入罪的目的,常见的如在后续的诉讼中作出对其不利的评价或推论,还包括判处较重刑罚或采用更严厉的强制性措施等歧视性对待。所谓不利的评论常常是指诉方为了让事实裁判者确信被追诉人有罪,而就其拒绝回答的某些问题发表不利于被追诉者的意见,以求对案件的裁判者——法官施加影响,实现其控诉目的。而不利的推论往往是指案件裁判者将被告人拒绝回答某些具体问题的情形作为证明其犯罪的证据,并由此进一步认定被告人有罪。当然这种推论可以只涉及案件中对被告人不利的某一方面,如犯罪嫌疑人在侦查阶段拒绝回答讯问人员有关案发时身在何处的问题,裁判者可以据此推断被讯问者在案发时间可能去过犯罪现场。

立法机关确立"不得强迫任何人证实自己有罪"表明犯罪嫌疑人、被告人没有协助追诉机关证明自己有罪的义务,如果法律允许控诉方或裁判者对犯罪嫌疑人、被告人的某些拒绝回答行为作出不利的评价或推断,无异于从法律规范或法律程序上"强迫"犯罪嫌疑人、被告人面对追诉机关的提问要"如实陈述"。为了避免出现这种情况,"不得强迫任何人证实自己有罪"中的"强迫"还应包括因拒绝自我归罪而被作出不利评价或推论。

当然,考虑到惩罚犯罪与保障人权、实体正义与程序正义的平衡与并重,禁止作出不利评价或推论的具体规则在世界各国还是有一些例外。如在20世纪70、80年代,面对日益严重的商业欺诈犯罪,英国1987年颁布的《刑事审判法》(Criminal Justice Act 1987)第2条就规定:在严重欺诈

---

[1] 参见陈光中主编:《〈中华人民共和国刑事诉讼法〉修改条文释义与点评》,人民法院出版社2012年版,第57页。

案件调查局(the Serious Fraud Office)的官员调查欺诈案件过程中,接受讯问的嫌疑人如果在没有合理理由的情况下拒绝回答提出的问题或者说谎,这本身就构成犯罪,并可能被判处短期监禁的刑罚。[1] 随后出台的《1994年刑事审判与公共秩序法》(Criminal Justice and Public Order Act 1994)第34条规定:被告人在侦查阶段经提出警告后接受警察或者其他有侦查或指控权力的官员讯问时无正当理由没有提到某一事实,但在审判中却又将该事实作为辩护依据的,法官或陪审团可以作出不利于被告人的推论;第36条规定:嫌疑人被逮捕后,其身体上,或者衣服、鞋等持有物品上,或者其被逮捕的场所,存在某种物品或痕迹,执行逮捕的警官或侦查本案的另一警官或者海关官员合理地相信该物品或痕迹可能是因为嫌疑人参与一桩特定罪案而产生的,该警官或海关官员在告知嫌疑人自己的这种看法并且向其提出警告后要求其作出解释时,如果嫌疑人没有解释或者拒绝解释的,法官在决定是否存在一个需要他答辩的案件(即控方案件是否"表面上成立")时,或者法官或陪审团在决定被告人是否有罪时,可以作出适当的不利推论;第37条规定:警官逮捕嫌疑人时发现嫌疑人在构成逮捕原因的犯罪所发生的时间(或者大约是这个时间)处于该犯罪所发生的场所,该警官或侦查本案的另一警官或者海关官员合理地相信嫌疑人在该时间处于该场所可能是因为嫌疑人参与了该犯罪的,在告知嫌疑人自己的这种看法并且向其提出警告后要求其作出解释时,如果嫌疑人没有或者拒绝解释的,法官在决定是否在一个需要他答辩的案件时,或者法官或陪审团在决定被告人是否有罪时,可以作出适当的不利推论。[2] 之所以作出上述规定,主要是缘于特殊的时代背景,犯罪尤其是恐怖主义和有组织犯罪在当时的英国较为猖獗,英国及英联邦国家刑事司法制度中利益保护的钟摆开始向有利于打击犯罪的方向摆动。本评注认为,可以借鉴其他国家的立法经验,对于"不得强迫任何人证实自己有罪"中的"强迫"也应当保持一种动态的理解和认识,根据我国的犯罪形势,考虑在"不得强迫任何人证实自己有罪"后添加"除法律另有规定,不得因犯罪嫌疑人、被告人拒绝陈述作不利于他的评价和推断"的

---

[1] 参见中国政法大学刑事法律研究中心:《英国刑事诉讼制度的新发展——赴英考察报告》,载陈光中、江伟主编:《诉讼法论丛》(第2卷),法律出版社1998年版,第367页。

[2] 参见孙长永:《沉默权制度研究》,法律出版社2001年版,第91—92页。

表述,以求达到惩罚犯罪与保障人权的动态平衡。

五、应为知情人创造客观地充分地提供证据的条件

本条规定"要保证一切与案件有关或者了解案件情况的人,有客观地充分地提供证据的条件"。其中,"有客观地充分地提供证据的条件"主要包括三个方面:一是要保护证人及其近亲属的安全,免除证人的恐惧心理,摆脱可能受到的威胁、损害,让证人可以自由地讲述案件的真实情况;二是要分别询问证人,避免证人之间相互影响、干扰;三是要全面听取陈述或证词,不得诱导证人作片面的陈述,或者只听取、记录片面的证词。

需要注意的是,以上的保障性条件同样适用于被害人。另外,这里的提供证据也不仅限于提供言词证据,还可以提供实物证据,如物证、书证、视听资料、电子数据等。

六、吸收有关公民协助调查

除特殊情况外,可以吸收与案件有关或者了解案情的公民协助调查,这是指收集证据、查明案情、抓获犯罪嫌疑人等要依靠群众,寻求人民群众的帮助。本条中的"特殊情况","主要是指与案件有关或者了解案情的人参与调查可能会透露案情,使未抓获的犯罪嫌疑人逃跑,或者造成串供以及毁灭、伪造、隐匿证据等后果。另外,对涉及国家秘密的案件,不应知悉该国家秘密的人也不得参与调查"[1]。

▶▶【法条评点】

一、我国是否确立了沉默权

部分学者认为,本条中"不得强迫任何人证实自己有罪"的规定实际上确立了中国的沉默权。因为对于归罪性提问,犯罪嫌疑人、被告人可以拒绝回答,而拒绝回答的形式就包括缄口不言,保持沉默。"不得强迫任何人证实自己有罪",即不得强迫自证其罪是一个总体原则,而沉默权是

---

[1] 王爱立、雷建斌主编:《刑事诉讼法立法法精解》,中国检察出版社2019年版,第93页。

实现这个原则的具体路径和方法之一。[1] 2012年《刑事诉讼法》其实已经将沉默权引入我国立法。本评注不赞同该观点。法律的规定应当是明确清晰的,模棱两可或者含糊其词的法律不仅使执法者无所适从,也会减损法律对普通民众的教育和指引效果。刑事诉讼法没有明确沉默权,规定不得强迫自证其罪条款不等于默认沉默权。"所谓'默认'只是一种理解,法律的标准是要给出'明示',既然没有明确规定,就不能说'默认'了沉默权。"[2] 通过对不得强迫自证其罪与沉默权的比较可以发现二者之间其实有较大区别。

首先,两者产生的先后顺序不同。尽管对于不得强迫自证其罪和沉默权产生的具体时间学界还有不同程度的争论。但就两者产生时间上的先后顺序,学界的观点趋于一致。从职权宣誓程序和纠问程序中根据基督教的学说和教义产生"不自我控告的权利",再由此产生"不得强迫自证其罪",进而发展出具体的沉默权制度。不得强迫自证其罪在前,沉默权在后。

其次,两者的适用范围也不相同。按照前述分析,不被强迫自证其罪条款的适应范围不仅是不被强迫作出不利于己的陈述,还包括不被强迫提交不利于己的实物证据,不被强迫以自己的身体积极配合国家追诉。但沉默权则仅指行为主体没有供述义务,仅限于言词证据的提供。不被强迫自证其罪条款的适用范围更宽。

再次,两者的权利范围也有差别。沉默权是以否定一切陈述义务为前提的,它意味着犯罪嫌疑人、被告人等有权拒绝回答一切提问,还可以决定不为自己作证或辩解,且无需说明理由;而不得强迫自证其罪的权利是以有部分陈述或作证义务为前提的。"在大陆法系国家,由于法庭审判从审判长核实被告人的身份事项开始,然后再告知其沉默权,被告人对于自己的姓名、地址一般没有沉默权;有的国家甚至要求在侦查阶段被调查人也不得对其身份拒绝陈述。"[3] 如《葡萄牙刑事诉讼法》第342条就

---

[1] 参见杨宇冠:《论不强迫自证其罪原则》,载《中国法学》2003年第1期,第131页。

[2] 杜萌:《权威专家详解刑诉法修正案草案争议话题》,载《法制日报》2011年9月19日,第4版。

[3] 孙长永:《沉默权制度的基本内容研究》,载陈光中、江伟主编:《诉讼法论丛》(第4卷),法律出版社2000年版,第41页。

有关被告人的身份识别问题作出规定:"1.主审法官首先询问被告人的姓名、亲子关系、所属地区、出生地、出生日期、婚姻状况、职业、工作地以及居住地。如有必要,还应当要求其出示能充分证明其身份的官方文件。2.法官应当警告被告人,如不回答或者不如实回答上述问题,有可能承担刑事责任。"[1]可见,不少国家都规定犯罪嫌疑人、被告人对自己的姓名、地址不能沉默不言。只是对于可能使自己受到刑事追究的问题才有权拒绝回答,因而必须针对具体问题分别主张权利,并且要附具理由予以释明。

最后,也是最重要的,两者的作用对象和立法初衷不尽相同。不得强迫自证其罪重在禁止政府"强迫",强调抵制和消除司法专横,遏制刑讯逼供等强迫性取证手段,这不仅体现了国家对被追诉人"自由"权益的尊重,更是一种"控权"思想的表现;而沉默权则从被讯问人角度出发,指出其面对追诉机关的强制取证有拒绝回答提问、保持缄默的权利,倾向于通过对个人"赋权"来增加诉讼的对抗主义色彩。

综上所述,不得强迫自证其罪与沉默权是两个不同的概念,既然刑事诉讼法仅规定了"不得强迫任何人证实自己有罪",没有明示确立沉默权,那就暂不宜作扩张性解释,将沉默权解释成刑事诉讼法的隐性规定。

二、应将不得强迫自证其罪条文设定在总则第一章

将"不得强迫任何人证实自己有罪"条款归入证据章,对于明确举证责任的分配、规范取证方式以及划定"强迫"的适用范围都有积极的理论意义和实践价值。但是,"不得强迫任何人证实自己有罪"作为不得强迫自证其罪原则的中国式规定,在整个刑事诉讼法中的位置显属不当,间接影响了其在刑事诉讼法中应有的定位以及作用的发挥。

首先,不得强迫自证其罪是一项法律原则,法律原则具有高度的概括性和普遍适用性,往往能统摄一个或多个部门法,并非专属于法律的某一章节的制度或程序;其次,原则具有抽象性和体系化的特点,能够衍生出许多具体的制度安排与程序设计,细化为众多的法律条款。不得强迫自证其罪原则内涵丰富,无论是被追诉人有权拒绝回答归罪性提问,有权

---

[1]《世界各国刑事诉讼法》编辑委员会编译:《世界各国刑事诉讼法(欧洲卷·中)》,中国检察出版社2016年版,第1267页。

获得律师帮助,追诉机关不得采用强迫性讯问手段,还是非法证据排除规则以及拒绝自我归罪不被作出不利推论或评价,[1]这些内容都被具化为相关条款规定到刑事诉讼的侦查、审查起诉和审判等阶段,其精神已被注入到整个刑事诉讼法的体系结构中。如果仅将不得强迫自证其罪条款置于证据章,不得强迫自证其罪原则会退缩为一项证据规则,失去其原则的本色,无法有效统摄延伸到其他诉讼阶段和具体的制度程序中,不利于该原则的全面贯彻和实施。例如,《刑事诉讼法》第48条中规定,"辩护律师对在执业活动中知悉的委托人的有关情况和信息,有权予以保密"。这是辩护律师面对公权力机关调查取证时有权保密的立法确认。辩护律师保密权派生于委托人要求律师承担保密义务的请求权,保密权的主体实际上是委托人。而赋予委托人决定对相关信息是否保密的理论基础之一便是委托人享有不被强迫自证其罪的权利,对于国家机关的调查取证没有供义务和真实义务,其委托的辩护律师也无作证义务和(积极)真实义务。然而,我国宪法中没有被控告人不得强迫自证其罪的规定,刑事诉讼法中任何人不被强迫证实自己有罪的条款规定于证据章,无法统摄其他编章中的制度和程序,自然也无法对辩护章中辩护律师保密权形成原则关涉和条文呼应。这恰恰是"不得强迫任何人证实自己有罪"所处位置不当而引发的一个现实问题。

其次,从世界其他国家或地区的立法规定看,大多将不得强迫自证其罪作为一项法律原则进行规定,同时将其抬高至公民的一项宪法性权利。[2]《美国宪法修正案》第5条规定:"任何人不得被强迫成为对自己不利的证人。"1982年《加拿大宪法法》第11条规定:"任何被指控为犯罪的人有权:……(三)不被强迫在指控其犯罪的诉讼程序中作证……"[3]《日本宪法》第38条第1款规定:"任何人均不得被强制作不利于自己的

---

[1] 参见董坤:《不得强迫自证其罪原则在我国的确立与完善》,载《国家检察官学院学报》2012年第2期,第119—120页。

[2] 在美国,刑事诉讼可以直接被称为宪法性刑事诉讼(constitutional criminal procedure),有学者就指出其在美国时发现刑事诉讼通常不被视为一个单纯的部门法,而是美国宪法的重要分支,刑事诉讼的一些规则和原则都视为重要的宪法性权利或原则。参见陈瑞华:《法律人的思维方式》,法律出版社2007年版,第295页。

[3]《世界各国宪法》编辑委员会译:《世界各国宪法(美洲大洋洲卷)》,中国检察出版社2012年版,第607页。

供述。"〔1〕德国基本法虽没有直接规定不得强迫自证其罪之权利,但联邦宪法法院已宣称:"公民在对自己不利的刑事诉讼程序中拒绝积极合作的权利,是从基本法的第1条和第2条所保障的人的尊严和自由引申而来的,并且是法治国家概念的组成部分。因此这一权利是宪法性权利,不能被一般法律所剥夺。"〔2〕

最后,从国内已有的立法建议看,学术界主流观点认为,在我国刑事诉讼法中应当设立不得强迫自证其罪条款。至于如何设立,从目前涉及对刑事诉讼法修改提供立法建言的三个较为权威的学者建议稿看,中国政法大学陈光中教授主编的《中华人民共和国刑事诉讼法再修改专家建议稿与论证》(简称"法大版本")、中国人民大学陈卫东教授主编的《模范刑事诉讼法典》(简称"人大版本")以及西南政法大学徐静村教授主持编写的《中国刑事诉讼法(第二修正案)学者拟制稿及立法理由》(简称"西政版本")都将不得强迫自证其罪作为原则性条款在刑事诉讼法开篇的基本原则中加以规定。如"法大版本"第12条规定:"不得强迫任何人证明自己有罪或作其他不利于自己的陈述。"〔3〕"人大版本"第5条规定:"在刑事诉讼中,任何人不受强迫作不利于自己的陈述。"〔4〕"西政版本"第5条规定:"在刑事诉讼中,任何人不得被强迫做出不利于自己的证言或被强迫承认犯罪。"〔5〕

本评注认为,不得强迫自证其罪条款应当作为原则性条款,置于《刑事诉讼法》第一编第一章"任务和基本原则"中。对于其被剥离出证据章是否会影响到证明责任的准确分配、取证方式的依法运用以及"强迫"范围的合理界定,这些担忧并无必要。正如《刑事诉讼法修正案(草案)说

---

〔1〕 《世界各国宪法》编辑委员会编译:《世界各国宪法(亚洲卷)》,中国检察出版社2012年版,第496页。

〔2〕 〔德〕托马斯·魏根特:《德国刑事诉讼程序》,岳礼玲、温小洁译,中国政法大学出版社2004年版,第79页。

〔3〕 陈光中主编:《中华人民共和国刑事诉讼法再修改专家建议稿与论证》,中国法制出版社2006年版,第6页。

〔4〕 陈卫东主编:《模范刑事诉讼法典》(第二版),中国人民大学出版社2011年版,第3页。

〔5〕 徐静村主持:《中国刑事诉讼法(第二修正案)学者拟制稿及立法理由》,法律出版社2005年版,第6页。

明》中所言:"为从制度上进一步遏制刑讯逼供和其他非法收集证据的行为,维护司法公正和刑事诉讼参与人的合法权利,建议在严禁刑讯逼供的规定后,增加不得强迫任何人证实自己有罪的规定。"立法者在此处添加不得强迫自证其罪条款,主要目的仍是对上述三项问题作进一步的强调,从而进一步明确举证责任、取证主体、取证方式以及取证限度,进一步保护诉讼参与人的合法权利。因此,从本条中抽出不得强迫自证其罪条款并不会引发条文内容的缺失,也不会对法条的上下衔接以及前后逻辑关系产生影响。

三、修改"必须保证一切与案件有关或者了解案情的公民"的表述

建议将"必须保证一切与案件有关或者了解案情的公民,有客观地充分地提供证据的条件……"修改为"必须保证与案件有关或者了解案情的人,有客观地充分地提供证据的条件……"。

首先,删除"一切"的表述主要是因为有部分人,如被告人的配偶、父母、子女以及辩护律师等,基于特定的身份享有拒绝出庭作证或提供案情信息的权利,去掉"一切"避免了要求所有知晓案情的人都要提供证据的绝对化倾向。与此同时,保留"必须"一词则强调了办案机关有义务为能够提供证据,且有意愿提供证据的人创造客观充分的条件。

其次,将"公民"改为"人",主要是因为除特殊情形[1],在中国的外国人、无国籍人既有义务、也有权利就自己所知晓的案情提供证据。而"公民"一词限制了这些人提供证据的意愿和机会。[2]

---

[1] 《中华人民共和国外交特权与豁免条例》第14条第4款规定:"外交代表没有以证人身份作证的义务。"《中华人民共和国领事特权与豁免条例》第15条规定:"领馆成员可以被要求在司法或者行政程序中到场作证,但没有义务就其执行职务所涉及事项作证。领馆成员有权拒绝以鉴定人身份就派遣国的法律提出证词。领事官员拒绝作证,不得对其采取强制措施或者给予处罚。领馆行政技术人员和领馆服务人员除执行职务所涉及事项外,不得拒绝作证。"

[2] 参见陈光中主编:《中华人民共和国刑事诉讼法再修改专家建议稿与论证》,中国法制出版社2006年版,第331页。

第五章 证 据

第五十三条 【办案机关法律文书的证据要求】公安机关提请批准逮捕书、人民检察院起诉书、人民法院判决书,必须忠实于事实真象。故意隐瞒事实真象的,应当追究责任。

▶▶【历次修法条文对照】

1979年《刑事诉讼法》	1996年《刑事诉讼法》	2012年《刑事诉讼法》	2018年《刑事诉讼法》
第五章 证据	第五章 证据	第五章 证据	第五章 证据
第33条:公安机关提请批准逮捕书、人民检察院起诉书、人民法院判决书,必须忠实于事实真象。故意隐瞒事实真象的,应当追究责任。	第44条内容未修订	第51条内容未修订	第53条内容未修订

▶▶【立法沿革】

本条为1979年《刑事诉讼法》确立,在之后的1996年、2012年以及2018年三次修法过程中均未有内容调整,仅有条文序号的变化。

▶▶【法条注解】

本条是关于提请批准逮捕书、起诉书、判决书必须忠实于事实真象的规定。"以事实为根据,以法律为准绳"是《刑事诉讼法》第6条规定的办理刑事案件的基本原则之一。在刑事诉讼的各个阶段,公安机关、检察院、法院都应当严格遵循这一原则。本条针对刑事诉讼中侦查、审查起诉和审判阶段三种重要的法律文书,提出了"忠实于事实真象"的要求。

一、三类法律文书

本条是对公安机关、检察院、法院作出的法律文书提出的严格要求。提请批准逮捕书是公安机关提请检察院批准将犯罪嫌疑人进行较长时间羁押的法律文书。《刑事诉讼法》第87条中规定:"公安机关要求逮捕犯罪嫌疑人的时候,应当写出提请批准逮捕书,连同案卷材料、证据,一并移送同级人民检察院审查批准。"提请批准逮捕书是检察院是否批准逮捕的主要根据。在检察院批捕过程中,一般不对案件的事实、证据进行新的调查,只是对提请批准逮捕书中所提供的事实、证据进行核实,作出是否批准逮捕的决定。一旦提请批准逮捕书出现错误,与事实真象相左,就有可能造成犯罪嫌疑人长期被错误羁押。

起诉书是检察院代表国家向法院控告犯罪的法律文书。《刑事诉讼法》第186条规定:"人民法院对提起公诉的案件进行审查后,对于起诉书中有明确的指控犯罪事实的,应当决定开庭审判。"在公诉案件中,检察院向法院提交起诉书,才有审判的开始,起诉书的内容直接关系到审判的方向、焦点,决定着审判的对象和范围,是非常严肃与严谨的,必须符合客观实际,不能脱离事实真象。

判决书是法院对被告人作出判决的法律文书,一般为刑罚执行的书面凭证。事实是一切判决的根据,如果判决书未忠实于事实真象,必然导致判决错误,刑罚执行失当。

二、忠实于事实真象

本条强调这三种法律文书必须要忠实于事实真象。"忠实于事实真象",是指要符合客观实际,要真实。它包括两方面内容:一是不得主观臆断,不得夸大一方面而缩小另一方面,甚至只反映事实的一个侧面。二是不得歪曲事实、捏造事实,故意隐瞒事实真象,使犯罪分子逃避法律制裁,或者使无罪的人受刑事追究。"故意隐瞒事实真象的,应当追究责任",是指侦查人员、检察人员、审判人员在提请批准逮捕书、起诉书、判决书中故意弄虚作假的,应当依法追究其责任。构成妨害作证、徇私枉法、滥用职权、玩忽职守等犯罪的,应当依法追究刑事责任;对于尚不够刑事处罚的,应当依照公务员法、人民警察法、检察官法、法官法等规定予以处理;同时还可以给予党纪处分和职业惩戒。需要说明的是,本条规定的"事实真象",应当是公安机关、检察院、法院根据法定程序查明的案件真象。2012年《刑事诉讼法》新增非法证据排除程序的规定,对于因收集程序不合法被依法予以排除的证据,不得作为公安机关提请批准逮捕书、检察院起诉书、法院判决书中认定案件事实的根据。[1]

▶▶【法条评点】

一、"真相"与"真象"

本条使用了"事实真象"的表述,整部刑事诉讼法也仅在本条使用过"事实真象"一语。当下,人们的习惯用语中已经较少出现"真象"一词,代之以"真相"或"事实真相"的表述居多。远的如1978年党的十一届三中全会公报曾指出:"检察机关和司法机关要保持应有的独立性;要忠实于法律和制度,忠实于人民利益,忠实于事实真相……"[2]近的如2018年《监察法》第63条第2项,"提供虚假情况,掩盖事实真相的";以及2020年《公职人员政务处分法》第12条第2款,"公职人员因不明真相被裹挟或者被胁迫参与违法活动,经批评教育后确有悔改表现的,可以减轻、免予或者不予政务处分"。这些规定都使用了"真相"一语。

工具书《辞海》注释:真相亦作"真象"。本佛教用语。犹言本来面目。《洛阳伽蓝记·修梵寺》:"修梵寺有金刚,鸠鸽不入,鸟雀不栖。菩提达摩云:'得其真相也。'"引申指事情的真实情况。如:真相毕露;真相大白。[3] 由此可知两点,一是两个词语可以通用,二是把真相作为词条则说明其更常用。

从语言学的角度出发,"'真相'和'真象'是异形词,汉语的异形词为普通话书面语中并存并用的同音(指声、韵、调完全相同)和同义(指理性意义、色彩意义和语法意义完全相同)而书写形式不同的词语。那么,再根据通用性和理据性原则,宜以'真相'为推荐词形,也即是用'真相'代替'真象'。法律应当采用更常用的推荐词形,以求普及和适用的方便。"[4]

---

[1] 以上内容主要参见王爱立、雷建斌主编:《刑事诉讼法立法精解》,中国检察出版社2019年版,第94页。

[2] 《中国共产党第十一届中央委员会第三次全体会议公报》,载《实事求是》1978年第4期,第7—8页。

[3] 参见夏征农、陈至立主编:《辞海:典藏本8》(第6版),上海辞书出版社2011年版,第5710页。

[4] 任国征:《一则法律条文的国学解读》,载《中华读书报》2012年4月18日,第15版。

第五十四条 【向单位和个人收集、调取证据】人民法院、人民检察院和公安机关有权向有关单位和个人收集、调取证据。有关单位和个人应当如实提供证据。

【行政执法办案证据的使用】行政机关在行政执法和查办案件过程中收集的物证、书证、视听资料、电子数据等证据材料,在刑事诉讼中可以作为证据使用。

【证据保密】对涉及国家秘密、商业秘密、个人隐私的证据,应当保密。

【伪造、隐匿、毁灭证据的责任】凡是伪造证据、隐匿证据或者毁灭证据的,无论属于何方,必须受法律追究。

▶▶【历次修法条文对照】

1979年《刑事诉讼法》	1996年《刑事诉讼法》	2012年《刑事诉讼法》	2018年《刑事诉讼法》
第五章 证据	第五章 证据	第五章 证据	第五章 证据
第34条:人民法院、人民检察院和公安机关有权向有关的国家机关、企业、事业单位、人民公社、人民团体和公民收集、调取证据。 对于涉及国家机密的证据,应当保密。 凡是伪造证据、隐匿证据或者毁灭证据的,无论属于何方,必须受法律追究。	**第45条**:人民法院、人民检察院和公安机关有权向有关单位和个人收集、调取证据。**有关单位和个人应当如实提供证据。** 对于涉及国家秘密的证据,应当保密。 凡是伪造证据、隐匿证据或者毁灭证据的,无论属于何方,必须受法律追究。	**第52条**:人民法院、人民检察院和公安机关有权向有关单位和个人收集、调取证据。有关单位和个人应当如实提供证据。 **行政机关在行政执法和查办案件过程中收集的物证、书证、视听资料、电子数据等证据材料,在刑事诉讼中可以作为证据使用。** 对于涉及国家秘密、**商业秘密、个人隐私**的证据,应当保密。 凡是伪造证据、隐匿证据或者毁灭证据的,无论属于何方,必须受法律追究。	**第54条** 内容未修订

▶▶【立法沿革】

本条为1979年《刑事诉讼法》规定,在1996年和2012年修法时均有内容调整,在2018年修法时仅有条文序号的变化。

一、1996年《刑事诉讼法》对本条的修改

1996年《刑事诉讼法》对旧有条文有三处修改和补充。

一是修改了收集证据的对象的名称。将原规定中"有关的国家机关、企业、事业单位、人民公社、人民团体和公民"修改为"有关单位和个人"。这是因为随着国家政治体制的变化以及经济体制的改革,政企合一的"人民公社"在1984年被取消,已不复存在,到1993年修改宪法时,"人民公社"的表述也被取消[1];同时,"人民团体"这一政治术语亦不能包含目前所有的社会团体,故将"有关的国家机关、企业、事业单位、人民公社、人民团体"修改为"单位"。随着国家实行对外开放政策,国际交流日趋广泛,旅游事业迅速发展,外国人和无国籍人大量进入我国境内,涉外和侵犯外国人的刑事案件有所增加,"公民"一词已不能适应司法实践的客观需要,故将"公民"修改为"个人"。所以,1996年《刑事诉讼法》采用"有关单位和个人"一语予以表述,不仅弥补了原有规定中存在的缺陷,而且为司法机关尽一切可能收集所有案件的证据提供了法律保障。

二是增加了"有关单位和个人应当如实提供证据"的规定。这是鉴于在以往的司法实践中,司法人员在收集、调取证据时,经常遇到一些单位和个人以种种借口非法阻挠,或消极拖延或公然拒绝提供有关案件的情况,有的甚至还进行伪造、藏匿、毁灭证据的违法犯罪活动,严重妨碍了

---

[1] 我国在1982年修改制定宪法,改变农村人民公社的政社合一体制,设立乡级人民政府。1983年10月,在总结各地试点经验基础上,中共中央、国务院发出《关于实行政社分开,建立乡政府的通知》,要求在1984年年底前大体上完成建立乡政府的工作。工作报告显示:1983年有12702个人民公社宣布解体,1984年又有39830个人民公社宣布解体,至1984年底,全国各地基本完成政社分设、以政代社的过程,建立了9.1万个乡(镇)政府,92.6万个村民委员会。至此,农村人民公社及其下属的生产队实际上被废除。参见王令金:《农村人民公社制度的建立与废除》,载《党史博采》2000年第10期,第37页。

刑事诉讼活动的正常进行。1996年《刑事诉讼法》补充规定"有关单位和个人应当如实提供证据",明确了向司法机关如实提供证据是每一个有关单位和个人都应当履行的法律义务,任何拒绝履行这一义务的行为,都是法律所不允许的。[1]

三是将"涉及国家机密的证据"修改为"涉及国家秘密的证据"。1988年9月5日,第七届全国人民代表大会常务委员会第三次会议通过了《中华人民共和国保守国家秘密法》,第9条将国家秘密的密级分为"绝密""机密""秘密"三级。本次会议还决定对刑法补充规定:"为境外的机构、组织、人员窃取、刺探、收买、非法提供国家秘密的,处五年以上十年以下有期徒刑;情节较轻的,处五年以下有期徒刑、拘役或者剥夺政治权利;情节特别严重的,处十年以上有期徒刑、无期徒刑或者死刑,并处剥夺政治权利。"刑事诉讼法作为保障刑法正确实施的程序法,在1996年修法时将"对于涉及国家机密的证据,应当保密"修改为"对于涉及国家秘密的证据,应当保密",这正是根据有关实体法的具体规定作出的针对性调整。

二、2012年《刑事诉讼法》对本条的修改

在2012年以前,刑事证据领域出现了不少新情况和新问题。

首先,随着经济社会的发展,犯罪形势发生了很大变化。司法实践中,不少刑事犯罪案件的发现都是从行政违法调查入手,随着调查的深入,会发现一部分原本违法的案件已经涉嫌犯罪。这就出现了很多刑事案件是由担负有关职责的行政机关在行政执法或查办案件过程中依法调查后,再移送公安机关侦查的情形。随之而来的问题是,行政机关在调查案件过程中收集的证据材料,如市监、税务等部门收集的证据,能否直接进入刑事诉讼程序?如何在刑事诉讼中使用这些证据?理论上有不同认识,实践中做法不一,有的直接作为证据运用到刑事诉讼中,有的则被要求重新取证,经核实后方可作为刑事证据使用。经过分析和调研发现,对于行政机关收集的证人证言等言词证据,侦查机关应当重新收集。但对于物证、书证、视听资料、电子数据等实物证据,如果要求侦查机关重新收

---

[1] 参见周道鸾、张泗汉主编:《刑事诉讼法的修改与适用》,人民法院出版社1996年版,第111页。

集,会在很大程度上增加他们的负担,而且很多实物证据实际上也无法"重新"收集。如果这些证据材料不能在刑事诉讼中作为证据使用,司法机关查明案件事实就会陷入困境或僵局,对于打击犯罪、保障人权都是不利的。[1] 经征求各方意见和建议,2012年《刑事诉讼法》对原有条文作出修改,增加了行政机关收集的证据材料在刑事诉讼中作为证据使用的规定,作为本条第2款。

其次,随着市场经济的发展和人民群众权利意识的增强,对诉讼证据中涉及的商业秘密和个人隐私也应当保密。故2012年《刑事诉讼法》对本条规定作出修改,增加了对涉及商业秘密、个人隐私的证据应当保密的规定,明确指出,"对涉及国家秘密、商业秘密、个人隐私的证据,应当保密"。

▶▶【法条注解】

本条是关于法院、检察院、公安机关收集、调取证据的有关规定,共有四款。

一、关于取证的权力和义务关系

本条第1款是关于收集证据权力(职权)和提供证据义务的规定。法院、检察院和公安机关都有权向有关单位和个人收集、调取证据。根据查明案件事实,打击犯罪和保障人权的需要,法律赋予法院、检察院和公安机关取证的职权。恰恰是因为公检法各机关都有收集、调取证据的权力,刑事诉讼法才规定了各机关在取证过程中要遵守相关程序和规范,如第52条中规定,"审判人员、检察人员、侦查人员必须依照法定程序,收集能够证实犯罪嫌疑人、被告人有罪或者无罪、犯罪情节轻重的各种证据。严禁刑讯逼供和以威胁、引诱、欺骗以及其他非法方法收集证据,不得强迫任何人证实自己有罪"。此外,刑事诉讼法也在侦查、审查起诉和审判等章节对取证的程序和规范作出规定。

"有关单位和个人应当如实提供证据",是指有关单位和个人在公安机关、检察院、法院依法向其收集、调取证据时,有义务客观、真实地

---

[1] 参见王爱立、雷建斌主编:《刑事诉讼法立法精解》,中国检察出版社2019年版,第95页。

提供证据,包括提交真实的物证、书证,如实作证等。"如实提供证据",就是实事求是,既不能隐藏、伪造证物,也不能故意不提供或提供虚假的证言。

值得注意的是,根据刑事诉讼法的规定,"有关单位和个人应当如实提供证据"存在四种例外情形:一是任何人不被强迫提供证实自己有罪的证据。《刑事诉讼法》第52条有"不得强迫任何人证实自己有罪"的规定,如果有关单位和个人如实提供证据(言词证据或实物证据)可能会证实自己有罪,则不被强迫提供。二是辩护律师对于公检法机关就犯罪嫌疑人、被告人涉罪信息的调查,有权拒绝作证。《刑事诉讼法》第48条规定:"辩护律师对在执业活动中知悉的委托人的有关情况和信息,有权予以保密。但是,辩护律师在执业活动中知悉委托人或者其他人,准备或者正在实施危害国家安全、公共安全以及严重危害他人人身安全的犯罪的,应当及时告知司法机关。"据此,在司法实践中,如果公检法机关以案件调查为名强令辩护律师作证,如实提供犯罪嫌疑人、被告人涉嫌犯罪的信息,辩护律师有权拒绝。三是被告人的配偶、父母、子女不被强制出庭作证。《刑事诉讼法》第193条第1款规定:"经人民法院通知,证人没有正当理由不出庭作证的,人民法院可以强制其到庭,但是被告人的配偶、父母、子女除外。"据此,被告人的配偶、父母、子女如果知晓被告人涉嫌犯罪的信息,面对法庭出庭作证的通知,有权拒绝,也就是说他们在庭审阶段可以免予强制到庭如实作证。四是外交代表、领馆成员一般也不被强制作证。法律依据为《中华人民共和国外交特权与豁免条例》第14条第4款:"外交代表没有以证人身份作证的义务。"《中华人民共和国领事特权与豁免条例》第15条还规定:"领馆成员可以被要求在司法或者行政程序中到场作证,但没有义务就其执行职务所涉及事项作证。领馆成员有权拒绝以鉴定人身份就派遣国的法律提出证词。领事官员拒绝作证,不得对其采取强制措施或者给予处罚。领馆行政技术人员和领馆服务人员除执行职务所涉及事项外,不得拒绝作证。"

二、行刑衔接中行政证据的使用

本条第2款确立了行政机关在行政执法和查办案件过程中收集的证据材料在刑事诉讼中的法律地位,在行政执法与刑事司法之间构筑起了证据移送的流转机制,提升了行刑衔接的规范性和证据移送效率。

(一)行刑衔接中证据移送的法理分析

行政执法与刑事司法性质迥异,但为何行政机关收集的证据可以在刑事诉讼中使用?这源于某些不法行为在行政违法和刑事犯罪构成要件上"质"的同一性。

众所周知,我国存在着"违法"与"犯罪"二元分立的立法格局。某一不法行为可能会面临三种不同情形的法律评价:第一种是纯粹的犯罪行为,一旦发生只能被刑法调整,不存在行政违法的可能,如杀人、抢劫等犯罪;第二种为单纯的行政违法行为,一旦出现只会被纳入行政法规所调整的范围,不会触及犯罪,如吸食毒品等;第三种则可能会认定为行政违法,也可能会认定为刑事犯罪,对于这类不法行为的法律评价,行政法规是刑法的前置法。"行政不法与刑事不法的根本区别在于两者的法益危害、行为危险和伦理可责难性的程度不同所决定的可罚性的差别。"[1]刑事不法,具有严重的法益危害、行为危险和伦理可责难性,其行为超越行政法规可"度量"的边界,已构成犯罪,具有刑罚上的可罚性,这其实就是刑法学中的法定犯或行政犯。"行政犯是一种因违反行政法上的义务且情节严重,而升格为犯罪的情形,这种行为在义务违反性上体现了对行政法义务的背离,但因其违法程度严重,而超越了行政不法之量的规定,而具有了刑事不法性质,所以被处以刑罚制裁。"[2]违法向犯罪的质变引发的行政执法与刑事司法的衔接和转换主要出现于上述第三种情形。诸如盗窃、诈骗、侵犯知识产权等不法行为,行政法规和刑法都可以调整,但无论是评价为违法还是盗窃罪,两者在构成要件上基本一致,并无质的区别,不同的恰恰是某一构成要件或构成要件要素对数额的多少、情节的轻重以及后果的严重程度等"量"的要求。质言之,当某一不法行为由于"量"的累积或增长从违法转变为犯罪,其不法的构成要件并无质的变化,所对应的要件事实也无大的改观,无论是行政执法机关还是侦查机关,需要收集的证据材料的类型和范围也是趋同的。此前行政机关为证明行政违法而收集的证据材料所蕴含的反映案件构成要件事实的情况和

---

[1] 梁根林:《刑事法网:扩张与限缩》,法律出版社2005年版,第64页。
[2] 参见姜涛:《行政犯与二元化犯罪模式》,载《中国刑事法杂志》2010年第12期,第15页。

信息并没有质的变化,可以在刑事诉讼中被"二次利用",故直接移送能避免重复收集。

(二)"行政执法""查办案件"的内涵界定

"行政执法"是指履行行政管理方面的法律、法规赋予的职责的活动。如市监、质检部门履行市场监管职责,证券监督管理机构履行资本市场监管职责等。"查办案件"是指依法调查、处理行政违法案件。如市监部门查办侵犯知识产权案件等。

值得注意的是,本条为2012年《刑事诉讼法》修改,当时负有查办案件职能的行政机关还包括行政监察机关。有研究者专门指出:"本条中的'行政执法'主要是指行政处罚之执法活动。鉴于我国监察部门对于国家工作人员违法违纪的案件有权进行调查,但是此种查处行为并非'行政执法',新《刑事诉讼法》中规定的'查办案件'主要是针对此种情形。"[1]参与2012年修法的全国人大常委会法工委的同志对该款解释时也指出,"查办案件"是指依法调查、处理行政违法、违纪案件。如市监部门查办侵犯知识产权案件,行政监察机关查办行政违纪案件等。[2]立法者认为,当时的行政监察机关属于行政机关,其所办理的违法、违纪案件都属于条文中的"查办案件"。换言之,立法将当时行政监察机关的纪检执纪视为"查办案件",从而赋予了行政监察机关收集的物证、书证、视听资料、电子数据等证据材料进入刑事诉讼的证据资格。然而,随着国家监察体制改革的深入推进,"一府一委两院"的权力架构确立,监察机关已独立于国家行政机关、审判机关和检察机关,由于监察机关的性质和职能发生了深刻变化,旧有条文已无法准确涵盖和释明监察证据在刑事诉讼中的定位。有鉴于此,2018年全国人民代表大会通过的《监察法》第33条第1款专门规定:"监察机关依照本法收集的物证、书证、证人证言、被调查人供述和辩解、视听资料、电子数据等证据材料,在刑事诉讼中可以作为证据使用。"所以,本条中的"行政机关……查办案件"在当下已不再包含监察机关对违纪违法案件的调查。

---

[1] 陈光中主编:《〈中华人民共和国刑事诉讼法〉修改条文释义与点评》,人民法院出版社2012年版,第61—62页。

[2] 参见郎胜主编:《〈中华人民共和国刑事诉讼法〉修改与适用》,新华出版社2012年版,第120页。

(三)行刑衔接中可直接作为刑事证据使用的行政证据的范围

本条第 2 款专门划定了行政机关收集的,可以在刑事诉讼中作为证据使用的行政证据的种类范围,包括"物证、书证、视听资料、电子数据等证据材料"。为什么行政机关收集的"物证、书证、视听资料、电子数据"可以在刑事诉讼中作为证据使用,"等证据材料"又包括哪些类型的行政证据,这些都需要从法理层面作出解读。

1. 行政机关收集的实物证据原则上可以在刑事诉讼中作为证据使用

本款明确规定行政机关收集的"物证、书证、视听资料和电子数据"可以在刑事诉讼中作为证据使用,究其原因,四类证据均为实物证据。首先,实物证据具有客观性,在违法或犯罪过程中一旦产生或出现,所蕴含的反映案件事实的情况或信息就会固定下来,稳定性强,可靠性高,一般不会因收集、提取、保存、运输等外在因素的影响发生变化,也不会在行刑衔接中发生质的异变。其次,实物证据具有唯一性,一旦被排除或舍弃,便无法再次收集,所以对实物证据的收集大多不可逆。例如,行政机关在办理张三某行政违法案件中扣押了 A 物证和 B 书证,后来查明该违法行为已构成犯罪,须由侦查机关立案侦查。如前所述,在行刑衔接案件中,行政违法和刑事犯罪两者的构成要件高度一致,办案机关所要证明的要件事实也十分趋同,故侦查机关为了查明案情也会扣押 A 物证和 B 书证,但由于行政机关此前已经履行了扣押手续,侦查机关再扣押一次已无可能。但是,仅因为 A 物证和 B 书证无法恢复到扣押前的"原状",侦查机关客观上无法重新收集就直接舍弃这两种证据,则既是对证据资源的浪费,也会减损刑事诉讼追诉犯罪的功能。

综上,在行刑衔接案件中,侦查机关往往不具有重新收集证据的条件,但物证、书证、视听资料和电子数据客观性强、稳定性高,一般不易变造、伪造,有较大的可靠性,加之它们具有唯一性和不可替代性,仅因无法被重复收集就直接排除,显然不利于证明和打击犯罪。因此,在行刑衔接案件中,行政机关收集的实物证据具有进入刑事诉讼程序,作为证据使用的证据资格,无须侦查机关再次履行取证手续。这一共识在"两高"有关刑事诉讼法的司法解释中都有明确规定。如《高法解释》第 75 条第 1 款规定:"行政机关在行政执法和查办案件过程中收集的物证、书证、视听资料、电子数据等证据材料,经法庭查证属实,且收集程序符合有关法律、行政法规规定的,可以作为定案的根据。"又如《高检规则》第 64 条第 1

款规定:"行政机关在行政执法和查办案件过程中收集的物证、书证、视听资料、电子数据等证据材料,经人民检察院审查符合法定要求的,可以作为证据使用。"

应当特别指出的是,本条所称"行政机关在行政执法和查办案件过程中收集的物证、书证、视听资料电子数据等证据材料",是指行政机关在执法和查办案件过程中收到的可以证明行为人实施犯罪行为的物证、书证、视听资料、电子数据等证据材料,如实施犯罪时留下的作案工具和在监控设备中留下的影像资料等证据材料。行政机关在办案过程中讯问犯罪嫌疑人的录音录像不属于本条规定的"在刑事诉讼中可以作为证据使用"的"视听资料",其只不过是讯问时的录像资料而已,与言词证据一样,在大多数情况下,需要由司法机关核实或者重新讯问犯罪嫌疑人、被告人后决定是否作为证据使用。[1]

2. 大部分行政笔录在行刑衔接案件中可以作为刑事证据使用

本款中最值得关注和讨论的就是对"物证、书证、视听资料、电子数据"之外的其他"等证据材料"的范围认定。按照同类解释规则,"等证据材料"应当与"物证、书证、视听资料、电子数据"等质同效,在属性上也应为实物证据。从《刑事诉讼法》第 50 条第 2 款的规定看,可以称为实物证据的还有勘验、检查等笔录,那么与之对应的行政笔录可否在刑事诉讼中作为证据使用呢?

根据参与立法的全国人大常委会法工委的同志的解释,可以在刑事诉讼中使用的行政证据仅限于实物证据,不包括证人证言等言词证据[2],但《高检规则》和《公安规定》都对可以在刑事诉讼中作为证据使用的行政证据的范围作出扩张解释[3],将证据范围涵盖至鉴定意见、勘

---

[1] 参见黄太云:《刑事诉讼法修改释义》,载《人民检察》2012 年第 8 期,第 20 页。

[2] 参见郎胜主编:《〈中华人民共和国刑事诉讼法〉修改与适用》,新华出版社 2012 年版,第 120 页。

[3] 《高检规则》第 64 条 2 款规定:"行政机关在行政执法和查办案件过程中收集的鉴定意见、勘验、检查笔录,经人民检察院审查符合法定要求的,可以作为证据使用。"《公安规定》第 63 条规定:"公安机关接受或者依法调取的行政机关在行政执法和查办案件过程中收集的物证、书证、视听资料、电子数据、鉴定意见、勘验笔录、检查笔录等证据材料,经公安机关审查符合法定要求的,可以作为证据使用。"

验笔录、检查笔录。《高法解释》虽未进行这种扩张解释,但根据主持制定《高法解释》的最高人民法院研究室的解读,鉴定意见、勘验笔录、检查笔录等证据材料在取得方式、客观性方面与书证、物证、电子数据、视听资料有较大差别。直接承认这三类证据材料在刑事诉讼中的证据资格,不符合刑事诉讼法的价值取向。但是,司法实践中也确实存在无法重新鉴定、收集的情况。例如,因为时过境迁,现场已经被破坏,无法重新进行勘验、检查;检材不复存在,无法重新进行鉴定。根据司法实践中的具体情况,鉴定意见和勘验笔录、检查笔录确属无法重新鉴定、收集,或者无需重新鉴定、收集的,经司法人员审查,也可以作为证据使用。[1] 由于本条第 2 款从文义上并未直接限制"等证据材料"的范围,而参与立法的同志作出的学理解释并无法律效力,仅具参考价值,故《高检规则》和《公安规定》的扩张解释并未明显违法。可以说,在规范层面上,行政机关收集和制作的鉴定意见、勘验笔录、检查笔录可以在刑事诉讼中使用。

根据我国行政诉讼法的规定,行政机关在执法中制作的笔录有两类:勘验笔录和现场笔录。行政勘验笔录与刑事勘验笔录相似,都是针对与案件相关的物品、场所,由专门办案人员依法定程序进行勘查、检验作出的记载;而现场笔录是行政程序中的一种特有证据,"专指行政机关及其工作人员在执行职务过程中,实施具体行政行为时,当场所作的能够证明案件事实的记录,又称为当场记录。现场笔录和勘验笔录的不同在于,勘验笔录一般只记录现场的真实情况,而不涉及当事人、证人等的询问内容;勘验笔录是作出具体行政行为的一个环节,而现场笔录包括行政事件发生现场和处理现场的记录,既包括案件事实客观真实情况的记录,也包括作出处理的行政程序记录。如行政机关对违反治安管理处罚的人进行现场询问所作的笔录。行政案件涉及的现场包括行政违法行为发生的场所、作出具体行政行为的场所以及案件事实发生的其他场所。行政机关在执行职务的过程中所作的现场笔录,应由执行职务的人、当事人、见证人等有关人员签名或盖章"[2]。

---

[1] 参见江必新主编:《〈最高人民法院关于适用《中华人民共和国刑事诉讼法》的解释〉理解与适用》,中国法制出版社 2013 年版,第 49 页。

[2] 沈志先主编:《行政证据规则应用》,法律出版社 2012 年版,第 10 页。

现场笔录比勘验笔录所包含的内容更加复杂,实践中主要以现场检查笔录的形式出现,但笔录内容可能包括对案件事实的记录、询问笔录、检验笔录、处理笔录等。也就是说,现场检查笔录既包含执法人员对案件事实过程所见所闻的记录,也可能包含对当事人、证人的询问,或者对物品的检验过程、作出行政处理的程序等。根据《高检规则》和《公安规定》的相关条款,行政机关制作的勘验、检查笔录可以作为刑事证据使用,但由于检查笔录在行政程序中往往以现场检查笔录的形式出现,如《市场监督管理行政处罚程序暂行规定》第25条就要求现场检查要制作现场检查笔录,因此在笔录的具体名称上,行政机关提供的不限于勘验和检查笔录,而是各种各样的勘验笔录和现场笔录。为了保持与《行政诉讼法》所规定的证据种类的一致性,本评注接下来主要探讨行政机关制作的勘验笔录、现场笔录(二者合称为"行政笔录")在刑事诉讼中的使用问题。

在已有的相关研究中,尚未有专门针对行政笔录问题的研究成果,学者多是对行政笔录是否可以作为刑事证据使用进行探讨。[1] 但随着《高检规则》和《公安规定》的实施,这已不是一个需要探讨的问题,需要探讨的是何种行政笔录内容可以使用、如何使用。不同的行政笔录内容在刑事诉讼中有着不同的证明作用,其证据资格的判断也有所不同,本评注拟根据笔录内容的不同,对行政笔录在刑事诉讼中的证明作用进行梳理。

刑事诉讼中不同的笔录发挥的证明作用各不相同,如搜查、查封、扣押、提取笔录主要发挥证明物证、书证等证据来源的作用,是一种辅助证据;勘验、检查、侦查实验笔录则是证明与案件事实有关的现场、物品、人

---

[1] 如有学者赞同行政笔录在刑事诉讼中作为证据使用,参见杜磊:《行政证据与刑事证据衔接规范研究——基于刑事诉讼法第52条第2款的分析》,载《证据科学》2012年第6期;顾永忠:《行政执法证据"在刑事诉讼中可以作为证据使用"解析》,载《法律适用》2014年第3期。但也有学者认为应当区别对待,参见吕保春、王小光:《行政执法证据在刑事诉讼中的有效运用途径分析——兼论行政执法与刑事司法程序的衔接》,载《上海公安高等专科学校学报》2012年第5期。还有学者反对将现场笔录直接作为刑事证据,参见陈卫国、胡巧绒:《行政执法证据在刑事诉讼中的转换与运用——兼论新刑事诉讼法第五十二条第二款的适用》,载《犯罪研究》2013年第4期。

身的状态,一般作为间接证据使用;而讯问、询问、辨认笔录则是对言词证据的固定方式。与之类似,不同的行政笔录在进入刑事诉讼程序后,发挥的证明作用也不相同。

一是证明现场情况。这是行政笔录最主要的证明功能。行政程序中所作的勘验笔录与刑事诉讼中的勘验笔录相似,都是对与案件事实有关的场所、物品进行勘查、检验而形成的记录。另外,在行政程序的现场检查笔录中,也有一部分内容是对现场情况进行的记录,与勘验笔录功能类似,只不过勘验笔录通常是在事后对现场或物品进行勘查、检验的记录,而现场检查则是在事实发生的过程中对现场及物品检查的记录,具有现场性、及时性的特点。[1] 勘验笔录一般是在事实发生后,由行政机关在行政处罚等程序中制作,但在各种日常行政执法检查中,执法人员必须随时准备进行现场笔录的制作。在常见的行政执法规章和规范性文件中,对勘验、现场笔录的规定往往都有记录现场及物品情况的要求。例如根据2017年12月26日《国家卫生计生委关于修改〈新食品原料安全性审查管理办法〉等7件部门规章的决定》(国家卫生和计划生育委员会令第18号)修订的《卫生行政执法文书规范》,其第28条第1款对现场笔录中现场检查的相关记载内容进行了非常详细的规定,"现场笔录,是在案件调查、现场监督检查或者采取行政强制措施过程中,对与案件有关的现场环境、场所、设施、物品、人员、生产经营过程等进行现场检查时作的记录"。按照这些规范性文件的要求制作的行政笔录,其中对现场、设备、物品等进行的记录部分,实际发挥着与刑事勘验笔录相同的功能,是对案件现场进行的记录和证明。

二是直接证明案件事实。在行政程序中制作的现场笔录,其中有一部分内容是对案件现场当事人违法行为的直接记载,这是与刑事诉讼中各种笔录明显不同的一种笔录。这种现场笔录实际上是公权力机关对当事人违法行为的见证,与证人证言相似,所以这部分现场笔录可以直接证明案件事实。《最高人民法院关于行政诉讼证据若干问题的规定》第15条中规定,"被告向人民法院提供的现场笔录,应当载明时间、地点和事件等内容"。此处规定的"事件",主要就是对当事人违法行为的记载

---

[1] 参见高家伟、张玉录:《论现场笔录》,载何家弘主编:《证据学论坛》(第六卷),中国检察出版社2003年版,第360页。

内容。由于行政执法面对的往往是转瞬即逝的事件，在固定证据时必须及时、高效，否则就无法有效证明当事人的违法行为。如食品药品监督部门在现场检查中，发现当事人正在生产不合格的食品，通常来说，当事人在执法人员离开后，很快就会将设备、食品或原料转移、销毁，因此即便因当事人涉嫌构成犯罪而及时将案件移送公安机关，侦查人员也无法再次勘验或检查，此时就只能将食品药品监督部门的现场笔录作为证明当事人生产、销售不符合安全标准食品的主要证据。在各种行政规章或规范性文件中，都有对现场检查笔录应记载检查情况、事件的要求，如2018年《市场监督管理行政处罚程序暂行规定》第25条规定："对有违法嫌疑的物品或者场所进行检查时，应当通知当事人到场。办案人员应当制作现场笔录，载明时间、地点、事件等内容，由办案人员、当事人签名或者盖章。"2023年《烟草专卖行政处罚程序规定》第45条也规定："对涉嫌违法行为发生的现场进行检查时，执法人员应当制作现场笔录并交当事人签名或者以其他方式确认。当事人拒绝确认或者不在场的，应当有2名以上见证人在场确认；见证人不足2名或者拒绝确认的，执法人员应当在现场笔录上注明情况并签名。参与调查的人员不得作为见证人。"这些对检查、调查过程的记录，必然要包含对当事人违法行为的记录，因此在进入刑事程序后，这部分笔录可以直接用以证明案件事实。

三是证明其他证据的可靠性与真实性。进入刑事诉讼的行政笔录还可以发挥保管链条的作用，即证明行政机关收集的其他证据的来源，从而保障其他证据的真实性、可靠性。自2010年"两高三部"《办理死刑案件证据规定》开始，至最高人民法院2021年修订《高法解释》，我国在司法解释中确立了诸多保障证据可靠性、真实性的规则，如果某个证据因取证程序的违法或者因证据自身缺陷而显然不可信，就会被排除或不得作为定案的根据。如"两高三部"《办理死刑案件证据规定》第9条第1款和《高法解释》第86条第1款作出了几乎相同的规定："在勘验、检查、搜查过程中提取、扣押的物证、书证，未附笔录或者清单，不能证明物证、书证来源的，不得作为定案的根据。""如果不能证明物证的来源，就无法排除伪造证据的可能性，进而无法确保该物证、书证自身具有客观性；也无法建立该证据与犯罪现场和被告人之间的关联，进而无法确保该物证书证与案件事实的关联性；还欠缺证据形式的法律要件，进而无法确保该物证、书证形式上的合法性。"[1]由行政程序进入到刑事诉讼程序中的物证、书证、电子数据、视听资料等实物类证据,较之刑事诉讼中收集的证据经历了更长的取证过程和保管链条,更需要对证据是否具备真实性、可靠性进行证明。但由于行政证据一般是在案件移送至刑事司法机关后才一并随案移送,侦查机关缺乏对证据来源及收集情况进行证明的手段,形成了一个证据收集、保管链条上证明环节的空缺。而行政笔录则能够对物证、书证等证据的来源及收集情况进行证明,填补这一空缺,与侦查机关接收证据后的保管、移送链条合并在一起,形成一个完整的证据链,对物证、书证等证据的收集、保管、移送过程进行证明,从取证程序方面保障这些证据的真实性、可靠性。各种行政规章或规范性文件一般有在笔录中记载登记保存、扣押、查封程序的要求。《市场监督管理行政处罚程序规定》第44条规定:"进行现场检查、询问当事人及其他有关单位和个人、抽样取证、采取先行登记保存措施、实施查封或者扣押等行政强制措施时,按照有关规定采取拍照、录音、录像等方式记录现场情况。"现场检查笔录中对登记保存、查封、扣押等用文字附加拍照、录音、录像的方式予以记载,实际上就发挥着与刑事诉讼中查封、扣押笔录相同的功能,是证明其他证据来源的辅助证据,用来证明和保障其他证据的真实性与可靠性。

综上所述,与刑事诉讼中的各种笔录类似,行政笔录较之物证、书证等证据在刑事诉讼中发挥着更为多样化的证明功能:证明案件现场情况的笔录发挥着与刑事勘验、检查笔录相似的功能;直接证明案件事实的笔录实际上相当于证人证言[2],是行政程序中特有的一种笔录证据;证明保障其他证据真实性与可靠性的笔录属于辅助证据,与刑事搜查、查封、扣押笔录相似。这几种不同形式、不同证明效果的行政笔录在进入刑事诉讼程序后应当分别对应不同的刑事证据类型,然后再进行审查判断。

3.行政机关收集的言词证据原则上不能在刑事诉讼中使用

如前所述,按照参与立法的全国人大常委会法工委的同志的解释,在

---

[1] 张军主编:《刑事证据规则理解与适用》,法律出版社2010年版,第121页。
[2] 这类证据更像是言词证据,是否需要重新收集,理论和实践中存在争议,本评注倾向于重新收集。

行刑衔接案件中,可以直接作为刑事证据使用的行政证据仅限于实物证据,不包括言词证据。原因有三。第一,言词性证据更容易受到外界的影响,反复性强,易变性大,虚假性高,必须重新收集,确保其可信度与可靠性;第二,言词性证据的收集具有可重复性、可再生性的特点,由刑事办案人员重新收集一般并不困难,有现实可操作性;第三,行政机关收集的言词证据在形式上与刑事证据的种类不相匹配,如何对接存在障碍。总之,行政机关收集的涉案人员供述或者相关人员证言、陈述不属于"等证据材料"的辐射范围,需要侦查机关重新收集,这其实已是学界共识。值得注意的是,2012年《刑事诉讼法》修订后,最高人民检察院制定的有关刑事诉讼法的司法解释对于上述问题曾有认识上的反复。2012年《高检规则》第64条第3款曾规定:"人民检察院办理直接受理立案侦查的案件,对于有关机关在行政执法和查办案件过程中收集的涉案人员供述或者相关人员的证言、陈述,应当重新收集;确有证据证实涉案人员或者相关人员因路途遥远、死亡、失踪或者丧失作证能力,无法重新收集,但供述、证言或者陈述的来源、收集程序合法,并有其他证据相印证,经人民检察院审查符合法定要求的,可以作为证据使用。"该款中的"例外条款"曾在一些地方引发了实践乱象,有研究者指出,"从《规则》试行一年多以来的实务情况看,这一例外条款,被部分基层检察机关所滥用,成为规避法律的工具。根据笔者在基层的调研,部分基层检察机关往往以涉案人员或者相关人员'出差在外'、'称(装)病在家'等为由,继续使用行政执法环节收集的言词证据"〔1〕。可见,由"例外条款"引发的实践乱象已然与前述规范分析所得出的结论——行政机关在行政执法和查办案件过程中收集的涉案人员供述或者相关人员的证言、陈述等都需要由侦查机关重新收集,不可直接作为证据使用——完全相悖。为此,2019年《高检规则》第64条删除了第3款。

4. 行政鉴定意见能否直接作为刑事证据使用

除了行政机关收集的涉案人员供述或者相关人员的证言、陈述等言词证据不能进入刑事诉讼直接作为证据使用,还有一类言词证据值得研究,那就是行政鉴定意见、检验报告等能否在刑事诉讼中作为证据

---

〔1〕 万毅:《检察机关证据规则的修改与完善——对〈人民检察院刑事诉讼规则(试行)〉"证据"章修改建议》,载《中国刑事法杂志》2014年第3期,第66页。

使用？

如前所述,《高检规则》和《公安规定》将可以作为刑事证据使用的行政证据的范围扩张到行政机关作出的鉴定意见、检验报告、认定报告(为行文方便,以下统称广义的行政鉴定意见)。《高法解释》虽然没有进行这种扩张解释,但最高人民法院在对《高法解释》相关条文进行说明时也指出,一般来说,在有条件的情况下应由侦查机关重新鉴定、勘验,但司法实践中确实存在无法鉴定、勘验的情形,根据司法实践的具体情况,鉴定意见、勘验笔录确属无法鉴定、收集,或无须鉴定、收集的,经司法人员审查,也可以作为证据使用。[1] 然而,根据参与立法的全国人大常委会法工委的同志的解释,该款规定的证据材料的范围是物证、书证、视听资料、电子数据等实物证据,不包括证人证言等言词证据。[2] 这里的"等言词证据"当然包括鉴定意见。可见,在行政鉴定意见能否作为刑事证据使用的问题上,立法机关与最高人民法院、最高人民检察院、公安部的意见并不一致。本评注认为行政鉴定意见可以作为刑事证据使用。

首先,从《刑事诉讼法》第54条第2款确立的规范目的看,不宜禁止行政鉴定意见作为刑事证据使用。根据立法说明,之所以在刑事诉讼法中规定行政证据可以作为刑事证据使用,就是因为有些证据无法再次收集,若不允许作为刑事证据使用,就会导致司法机关难以查明事实,同时如果要求一概重新收集,很大程度上会增加司法机关的负担。[3] 可见,该款的规范目的是保障发现真实以及提升诉讼效率。但对于证人证言等几类言词证据,行政执法及办案取证远不及刑事取证的规范和严格。由于缺乏更有力的程序保障,这些言词证据的真实性、可靠性难以达到刑事证明的标准和要求,故不宜直接作为刑事证据使用。但行政鉴定意见与这几类言词证据不同,其是针对行政执法和查办案件中的专业性问题作出的专门性意见,受取证方式的影响较小,都必须遵循

---

[1] 参见江必新主编:《〈最高人民法院关于适用《中华人民共和国刑事诉讼法》的解释〉理解与适用》,中国法制出版社2013年版,第49页。

[2] 参见郎胜主编:《〈中华人民共和国刑事诉讼法〉修改与适用》,新华出版社2012年版,第120页。

[3] 参见郎胜主编:《〈中华人民共和国刑事诉讼法〉修改与适用》,新华出版社2012年版,第119页。

统一的鉴定规程和标准。只要行政鉴定严格遵循鉴定规程,是能够保障鉴定意见的真实性和可靠性的。若一概否定其在刑事诉讼中的证据资格,无疑不利于准确、及时查明案件事实,也与本条款的规范目的相悖。

其次,从诉讼经济及证据资源的有限性看,应允许使用行政鉴定意见。一旦行政案件涉嫌犯罪,须移送公安司法机关,对证人证言、被告人供述、被害人陈述这几类言词证据的重新收集一般不会耗费太大的司法资源。但不少行政鉴定意见往往要耗费较多的甚至是巨大的人力、物力和财力。"有些重大案件如重大火灾、铁路事故、海难、矿难事故等,实践中一般都是行政机关先介入调查,对事故原因作出鉴定,而后司法再介入。如果再由司法机关重新鉴定,不仅成本太大,而且在很多案件中重新鉴定的条件已不复存在。"[1]例如,我国1999年发生在渤海湾的造成282人死亡的"大舜号"海难事件,最初是由国务院组织特大事故调查组进行调查处理的,在调查中共有20余位专家花费了半年多时间,耗费了大量资源才作出事故责任认定。在该案进入刑事诉讼后,如果不允许使用行政调查程序中的事故责任认定书,显然是对诉讼资源的巨大浪费,而且有些司法机关可能根本无法承受开展这种调查所需的巨大耗资,基于诉讼经济的考虑,应当允许行政鉴定意见作为刑事证据使用。另外,受制于证明资源的有限性,也不可能一概否定行政鉴定意见作为刑事证据使用。证明资源的有限性是龙宗智教授提出的命题,他认为,事实证明的无限需求与证明资源有限性的矛盾,是证据法中的根本矛盾。因此,在证明资源有限的情况下,人们必须区分证明任务的轻重缓急,作出合理的资源分配,由此而产生如何发现与利用这些资源的**种种证据学原理**。[2] 行政鉴定意见在刑事诉讼中往往有关键的、重要的证明价值,属于一种较为稀缺的证明资源。在很多案件中,随着时间的推移,刑事诉讼已经不再具备鉴定的条件,如对于鲜活易腐等食品的鉴定就是如此。所以在能够保障行政鉴定意见真实可靠的前提下,应当最大限度地利用已有的证明资源,赋予行政鉴定意见在刑事诉讼中

---

[1] 黄太云:《刑事诉讼法修改释义》,载《人民检察》2012年第8期,第20页。
[2] 参见龙宗智:《证据法的理念、制度与方法》,法律出版社2008年版,第17—18页。

的证据资格。

再次,从比较法的角度看,其他国家或地区也很少禁止在刑事诉讼中使用行政鉴定意见。如《德国刑事诉讼法》第256条规定,公共机构等出具的包含证言或者鉴定意见的陈述可以在法庭调查时出示并宣读,此外,"刑事诉讼法修正第一草案亦将可朗读性扩张延伸至汽车之记速器之摘要记录、血型检验、血液中酒精含量并及其回溯计算之结果,以及医生就血液检测所做之报导"[1]。按照这些规定,行政鉴定意见在刑事诉讼中作为证据使用是没有法律障碍的。我国台湾地区的"刑事诉讼法"也允许将公务员依职务而制作的纪录文书、证明文书作为刑事证据使用。"立法理由谓:此种文书'性质上亦不失为传闻证据之一种,但因该等文书系公务员依其职权所为,与其责任、信誉攸关,若有错误、虚伪,公务员可能因此负担刑事及行政责任,从而其正确性高,且该等文书经常处于可受公开检查之状态,设有错误,其易发现而予及时纠正,是以,除显有不可信之情况外,其真实之保障极高'。"[2]从文义解释上看,此处的证明文书就包括广义的行政鉴定类文书。美国《联邦证据规则》第803条(8)也规定:"不考虑陈述人是否到庭,下列陈述可以作为传闻规则的例外:公共机关或机构以任何形式记载的下列内容的各种记录、报告、陈述或数据汇编:(A)该机关或机构的活动,(B)根据法律赋予的职责对所观察的、监视的事物有责任报告的,但是不包括在刑事案件中由警察或其他执法人员观察的事项,或(C)在民事诉讼活动或程序中,以及或刑事诉讼中对政府不利的事实性结论,该结论是由有关部门根据法律授权通过调查作出的,除非信息来源或者其他情况表明其缺乏可信性。"[3]之所以设置此种例外,一是因为这类陈述文书特殊的可信性,二是因为若不如此,将会干扰公务管理,产生一大批公务证人。而根据美国联邦最高法院的判例,依《联邦证据规则》第803条(8)(C)之规定,具有可采性的调查报告,并不仅仅因为其部分内容包含结论或者意见而不可采,只要这些结论基于事实调查,满足了《联邦证据规则》的可靠性要求,这些部分就应当

---

[1] [德]克劳思·罗科信:《刑事诉讼法(第24版)》,吴丽琪译,法律出版社2003年版,第434页。

[2] 林钰雄:《刑事诉讼法》(上册),新学林出版股份有限公司2019年版,第541页。

[3] [美]约翰·W.斯特龙主编:《麦考密克论证据(第五版)》,汤维建等译,中国政法大学出版社2004年版,第573—574页。

与其他部分一起采纳。[1] 可见,按照这种观点,同样包含结论性意见的行政鉴定是可以作为传闻证据的例外而被采纳的。由以上国家和地区的做法来看,允许行政文书类证据在刑事诉讼中使用的理由一般包括:行政文书的可靠性、行政文书的不可代替性、行政文书的严格性。当然,其他国家和地区并非专门规定行政文书可以作为刑事证据使用,而是以其他证据规则对其使用进行规范,如美国和我国台湾地区都是将其作为传闻证据的例外而使用的,德国则是将其作为直接言词原则的例外。行政鉴定意见作为行政文书类证据之一,同样具有上述特征,所以并不被禁止作为刑事证据使用。需要注意的是,这里所说的可靠性并不是指行政鉴定意见就绝对不会有错误,而是说在相对严格的行政管理程序中,所产生的行政鉴定意见一般能够保障客观真实性,不会有故意伪造的现象。但行政鉴定意见究竟是否具备证据能力,其证明力大小如何,还是需要法官通过双方质证、辩论以及鉴定人出庭作证等方式进行审查判断。

最后,从现实的刑事司法需求来看,也应允许行政鉴定意见在刑事诉讼中作为证据使用。目前侦查机关自设鉴定部门的鉴定范围极其有限,除了常规的物证、痕迹、血型、化学、笔迹、毒品等鉴定项目,其他很多鉴定事项都必须委托行政机关所属或指定的鉴定机构进行鉴定或检验,如价格认定、产品质量鉴定、食品毒物或添加剂鉴定、药品质量检验、工程质量鉴定等。所以即便不允许行政鉴定意见直接作为刑事证据使用,在刑事立案之后,侦查机关依然要委托行政机关及其所属或指定的鉴定机构进行鉴定,因为这些类型的案件若没有鉴定意见,通常就无法准确定罪量刑。所以将行政鉴定意见直接作为刑事证据使用,与刑事立案后再委托相关行政鉴定机构或有关机关进行鉴定或检验,无非是取得的路径不同,实际上并无区别,也不会产生证据合法性的问题,关键是对鉴定意见的证据能力及证明力审查要依法进行,最终决定其是否可以作为定案根据。随着市场经济的发展,食品药品安全案件、工程质量案件、产品质量案件较为多发,多地已经建立了相关案件的行刑衔接办理机制,要求在鉴定、检验、认定方面,由食品药品监督等部门为侦查机关提供鉴定便利,如2013年,湖北省食品药品监督管理局、湖北省公安厅与湖北省人民

---

[1] 参见王进喜:《美国〈联邦证据规则〉(2011年重塑版)条解》,中国法制出版社2012年版,第272页。

政府法制办公室联合制定《关于涉嫌食品药品犯罪案件移送的规定》，要求公安机关立案后需要食品药品监督管理部门进行检验、鉴定、认定等协助的，食品药品监督管理部门应当予以协助，及时出具书面的鉴定意见，并且各级公安部门、食品药品监督管理部门在工作中不得相互收取费用；2014年，山西省高级人民法院、山西省人民检察院、山西省公安厅、山西省食品药品监督管理局专门制定《山西省办理食品药品涉刑案件物证检验鉴定的工作规定（试行）》，对食品药品监督部门协助公安机关进行鉴定的范围、流程、费用等进行了详细规定。从这些地区的做法来看，司法实践对于行政鉴定意见作为刑事证据使用有着极其强烈的需求，若一概否定并不符合现实需求。

综上，无论是从本款的规范目的出发，还是从诉讼经济、证明资源有限性的现实需要来看，抑或是从比较法角度观察，都没有充分的理由限制行政鉴定意见作为刑事证据使用。出于对司法实践现实需求的考虑，《高检规则》和《公安规定》将广义的行政鉴定意见纳入刑事证据范围，具有合理性。最高人民法院也在2021年修订《高法解释》时转变立场。《高法解释》第100条第1款规定："因无鉴定机构，或者根据法律、司法解释的规定，指派、聘请有专门知识的人就案件的专门性问题出具的报告，可以作为证据使用。"之所以作此规定，"在司法实践中，大量的关于专门性问题的报告被用于证明案件事实，有些还被用于证明与定罪量刑直接相关的构成要件的事实，发挥着与鉴定意见同等重要的作用。无论从法条的规定来看，还是从司法实务的操作出发，该类报告可以且已经作为证据使用。特别是，在盗窃、诈骗等侵财案件中，被广泛运用的价格认定报告就属于本条所讲的'报告'。目前看来，现实中的专业性问题层出不穷，司法鉴定却非常有限，无法一一涵盖，允许出具报告不仅仅是应急之策，而是已成为常态"[1]。另外，《高法解释》第101条规定，"有关部门对事故进行调查形成的报告，在刑事诉讼中可以作为证据使用"。增加此规定也是因为在司法实践中，事故调查报告已被广泛运用。"此类证据的特点如下：（1）以行政机关或者事故调查组名义出具，且很多时候是集体讨论的结果。（2）内容多涉及单位就其职权范围，依照一定的程

---

[1] 李少平主编：《最高人民法院关于适用〈中华人民共和国刑事诉讼法〉的解释理解与适用》，人民法院出版社2021年版，第226页。

序对某一事实进行审查、认定。(3)技术性强,具有不可替代性。例如,火灾事故调查报告记录了火灾的起火时间、起火点、可能的起火原因等对案件事实认定至关重要的因素。由于上述材料无法归入现行的证据种类,实践中对其能否作为刑事证据使用,存在不同认识。基于此,本条作出此专门规定。"[1]

可见,无论是就案件的专门性问题出具的报告,还是事故调查报告,其实不少都是行政机关在行政执法或查办案件过程中制作完成的,属于广义的"行政鉴定意见",最高人民法院经过实践调研和充分论证显然是认可了这两类证据材料能够进入刑事诉讼作为证据使用的资格,这样规定不仅丰富了《刑事诉讼法》第50条第2款的证据种类,更是对本条第2款行刑衔接中可以作为刑事证据使用的"行政证据"范围进行了扩充。

总体上看,允许行政鉴定意见以及各种检验报告作为刑事证据使用是符合诉讼证明的现实需求的,也符合鉴定意见的证明原理,不仅获得了不少研究者的肯定[2],也得到了实务机关的认可和支持。

(四)如何理解"可以作为证据使用"

本款规定的行政证据的范围是物证、书证、视听资料、电子数据等实物证据,不包括证人证言等言词证据。另外,本款规定的"可以作为证据使用",是指前述证据具有进入刑事诉讼的资格,不需要侦查机关再次履行取证手续。但这些证据能否作为定案的根据,还需要根据本法以及其他规范性文件中规定的证据规则,如非法证据排除规则以及涉及证据证明力的审查判断规则进行检验,经审查,如果属于应当排除的或者不真实的证据,不能作为最终定案的根据。

---

[1] 李少平主编:《最高人民法院关于适用〈中华人民共和国刑事诉讼法〉的解释理解与适用》,人民法院出版社2021年版,第227页。

[2] 很多学者赞同行政鉴定意见可以作为刑事证据使用,参见顾永忠:《行政执法证据"在刑事诉讼中可以作为证据使用"解析》,载《法律适用》2014年第3期;郭泰和:《行政证据与刑事证据的程序衔接问题研究——〈刑事诉讼法〉(2012年)第52条第2款的思考》,载《证据科学》2012年第6期;高通:《行政执法与刑事司法衔接中的证据转化——对〈刑事诉讼法〉(2012年)第52条第2款的分析》,载《证据科学》2012年第6期。

三、对涉密证据的保密规定

本条第 3 款是关于对涉及国家秘密、商业秘密、个人隐私的证据应当保密的规定。本款主要是对办案机关及其工作人员的要求。"'国家秘密'是指关系国家安全和利益,依照法定程序确定,在一定时间内只限一定范围的人员知悉的事项。'商业秘密'是指不为公众所知悉,能为权利人带来经济利益,具有实用性并经权利人采取保密措施的技术信息和经营信息。'个人隐私'是指个人生活中不愿公开或不愿为他人知悉的秘密。国家秘密关系国家安全和利益,商业秘密关系权利人的经济利益,隐私权属个人的重要人身权利。"[1]"保密"是指对涉及国家秘密、商业秘密、个人隐私的证据妥善保管,确保证据不被遗失、泄露,不被无关人员知悉、接触。

四、对伪造、隐匿、毁灭证据的法律追究

伪造、隐匿、毁灭证据会对事实真相的查明、案件的正确办理造成严重影响,甚至会酿成冤假错案。所以本条第 4 款规定对伪造、隐匿、毁灭证据的行为,无论是何方所为,都要追究法律责任。

"无论属于何方",是指无论是执法人员,还是诉讼参与人,或是其他人,只要有伪造、隐匿、毁灭证据这三种行为,都要受到法律追究。本款与《刑事诉讼法》第 44 条的规定,"辩护人或者其他任何人,不得帮助犯罪嫌疑人、被告人隐匿、毁灭、伪造证据……违反前款规定的,应当依法追究法律责任"相呼应。不同的是,本款是一般性条款,第 44 条为特殊条款,如果辩护人帮助犯罪嫌疑人、被告人隐匿、毁灭、伪造证据,涉嫌犯罪的,适用专门的刑事诉讼程序,"应当由办理辩护人所承办案件的侦查机关以外的侦查机关办理。辩护人是律师的,应当及时通知其所在的律师事务所或者所属的律师协会"。

本条中的"受法律追究"与《刑事诉讼法》第 53 条中的"故意隐瞒事实真象的,应当追究责任"的规定内涵趋同。本条中的"受法律追究"具体是指,对伪造、隐匿、毁灭证据的行为依法追究责任,包括构成伪证罪、

---

[1] 王爱立、雷建斌主编:《刑事诉讼法立法精解》,中国检察出版社 2019 年版,第 96 页。

包庇罪、滥用职权罪等犯罪的，依法追究刑事责任；尚不构成犯罪的，依法给予行政处罚或者处分。如果行为人是公安侦查人员、检察官、法官的，还应依照人民警察法、检察官法、法官法等法律的有关规定予以处理。

▶▶【法条评点】

一、本条应当增加监察证据在刑事诉讼中如何认定的法律条款

本条共有4款，其中第2款为2012年《刑事诉讼法》新增条款，主要规定了在涉及行政执法与刑事司法的衔接过程中，行政证据在刑事诉讼中的法律地位如何认定。随着国家监察体制改革的深入推进，监察机关被赋予了查办违纪、违法和职务犯罪案件的权力。某些案件中的监察对象如果已经由违纪违法质变为涉嫌犯罪，就需要移送司法机关处理，这就会出现监察调查与刑事司法相衔接的诸多问题，其中就包括监察证据在刑事诉讼中的法律地位应如何认定。《监察法》第33条第1款为此规定："监察机关依照本法收集的物证、书证、证人证言、被调查人供述和辩解、视听资料、电子数据等证据材料，在刑事诉讼中可以作为证据使用。"本评注认为，《监察法》第33条第1款的规定其实应当由刑事诉讼法作出，原因在于监察与司法之间的衔接是监察调查在前，刑事司法在后，监察办案中收集的监察证据能否在刑事诉讼中作为证据使用须由后端的司法机关来判断和决定。这其中，相关权力的赋予和行使，判断的标准，最终决断的法律效力都是在刑事诉讼中完成和产生实际作用的，理应由刑事诉讼法规定。从本条第2款的规定看，行政机关在行政执法和查办案件过程中收集的证据在刑事诉讼中的法律地位如何认定，就是由刑事诉讼法来规定的，而不是由行刑衔接中的"前置法"，即相关的行政法规来规定。综上，本评注认为，未来刑事诉讼法在修订时，应当增加一款，规定：

"监察机关依照监察法规收集的物证、书证、证人证言、被调查人供述和辩解、视听资料、电子数据等证据材料，在刑事诉讼中可以作为证据使用。"

第五章　证　据

第五十五条　【重证据、不轻信口供】对一切案件的判处都要重证据,重调查研究,不轻信口供。只有被告人供述,没有其他证据的,不能认定被告人有罪和处以刑罚;没有被告人供述,证据确实、充分的,可以认定被告人有罪和处以刑罚。

【证据确实、充分的法定条件】证据确实、充分,应当符合以下条件:

(一)定罪量刑的事实都有证据证明;

(二)据以定案的证据均经法定程序查证属实;

(三)综合全案证据,对所认定事实已排除合理怀疑。

▶▶【历次修法条文对照】

1979年《刑事诉讼法》	1996年《刑事诉讼法》	2012年《刑事诉讼法》	2018年《刑事诉讼法》
第五章　证据	第五章　证据	第五章　证据	第五章　证据
第35条:对一切案件的判处都要重证据,重调查研究,不轻信口供。只有被告人供述,没有其他证据的,不能认定被告人有罪和处以刑罚;没有被告人供述,证据充分确实的,可以认定被告人有罪和处以刑罚。	第46条内容未修订	第53条:对一切案件的判处都要重证据,重调查研究,不轻信口供。只有被告人供述,没有其他证据的,不能认定被告人有罪和处以刑罚;没有被告人供述,证据确实、充分的,可以认定被告人有罪和处以刑罚。证据确实、充分,应当符合以下条件:(一)定罪量刑的事实都有证据证明;(二)据以定案的证据均经法定程序查证属实;(三)综合全案证据,对所认定事实已排除合理怀疑。	第55条内容未修订

第五章 证 据

▶▶【立法沿革】

本条为 1979 年《刑事诉讼法》确立,在 1996 年和 2018 年修法时未有内容修改,仅有条文序号的变化。立法机关在 2012 年修订刑事诉讼法时,对本条作出两处修改。

一、将"证据充分确实"修改为"证据确实、充分"

2012 年《刑事诉讼法》将旧法中"没有被告人供述,证据充分确实的,可以认定被告人有罪和处以刑罚"修改为"没有被告人供述,证据确实、充分的,可以认定被告人有罪和处以刑罚"。之所以这样修改,主要是与其他条文的用语表述协调一致。早在 1979 年《刑事诉讼法》中就有"证据确实、充分"的表述,如第 96 条规定,"人民检察院审查案件的时候,必须查明:(一)犯罪事实、情节是否清楚,证据是否确实、充分,犯罪性质和罪名的认定是否正确……"。此外,第 100 条也规定,"人民检察院认为被告人的犯罪事实已经查清,证据确实、充分,依法应当追究刑事责任的,应当作出起诉决定,按照审判管辖的规定,向人民法院提起公诉"。到了 1996 年《刑事诉讼法》,有关"证据确实、充分"的表述更是多达 5 处,分别规定在第 128 条、第 129 条、第 137 条、第 141 条以及第 162 条。为了维护整个刑事诉讼法用语的协调统一,2012 年《刑事诉讼法》将本条中的"证据充分确实"修改为"证据确实、充分"。

二、增加了认定"证据确实、充分"的条件

1996 年《刑事诉讼法》第 46 条中规定:"没有被告人供述,证据充分确实的,可以认定被告人有罪和处以刑罚。"同时,在第 129 条关于公安机关侦查终结移送起诉的规定,第 141 条关于检察院提起公诉的规定以及第 162 条关于法院作出有罪判决的规定中,都要求办案机关做到"证据确实、充分"。可见,"证据确实、充分"是我国刑事诉讼法对侦查机关侦查终结移送起诉、检察院提起公诉的要求,也是审判程序中检察院完成被告人有罪的举证责任,法院判决被告人有罪的证明标准。但是,由于"证据确实、充分"的证明标准过于原则和抽象,学术界对其解读各不相同,未达成共识,实务部门对该标准也有不同认识和理解,以致影响到司法办案。实践中就曾出现这样的情形,一个案件辩护律师说证据不充分,公诉

人说证据充分,法院以证据不足判决无罪,检察院又以案件的证据充分提出抗诉。可见,控辩审三方对证据确实、充分的标准认识不一,主要原因还是该标准过于抽象、概括,不同主体的主观认识差别过大。为此,理论界和实务部门都要求对"证据确实、充分"的具体含义作出规定。2010年"两高三部"《办理死刑案件证据规定》首次作出尝试,其第5条第2款对办理死刑案件"证据确实、充分"的含义作出解释,"证据确实、充分是指:(一)定罪量刑的事实都有证据证明;(二)每一个定案的证据均已经法定程序查证属实;(三)证据与证据之间、证据与案件事实之间不存在矛盾或者矛盾得以合理排除;(四)共同犯罪案件中,被告人的地位、作用均已查清;(五)根据证据认定案件事实的过程符合逻辑和经验规则,由证据得出的结论为唯一结论"。2012年,立法机关根据实际情况和各方面的意见,总结司法解释性文件的相关规定以及学术界的研究成果,增加了认定"证据确实、充分"的条件的规定,进一步明确了刑事案件的证明标准,为司法机关准确适用这一标准提供了较为细化的法律依据。

▶▶【法条注解】

本条是关于重证据、不轻信口供和刑事案件证明标准的规定。

一、重证据,重调查研究,不轻信口供

本条第1款第一句为"对一切案件的判处都要重证据,重调查研究,不轻信口供"。作出此规定有两个方面的原因:汲取历史教训和遵循办案规律。

一是汲取"文化大革命"期间办案的惨痛教训。"79刑诉法有关证据的规定也与'文革'有关。'文革'期间大量冤假错案的产生,很重要的一个原因就是检举揭发、偏听偏信,没有充分的调查、没有充分的证据就定罪。所以刑诉法多次提到证据确实充分才能定罪"[1],"1979年颁布《刑事诉讼法》,其中关于'严禁刑讯逼供''对一切案件的判处都要重证据、重调查研究、不轻信口供'等规定,正是总结了多年来我们在运用证据问题上的经验教训,在法律上的集中体现,形成了符合我国实际情况的

---

[1] 景致远:《刑事诉讼立法三十年的国家记忆》,载《检察风云》2012年第7期,第10页。

刑事证据制度"[1]。

二是遵循取证认证规律,明确公检法办案人员收集和审查判断口供的态度。口供,即犯罪嫌疑人、被告人的供述和辩解,是刑事诉讼中的法定证据和重要证据。如果犯罪嫌疑人、被告人就是作案人,口供可以作为直接证据,反映案件事实的全貌,同时还能反映作案人的主观心态和罪过形式,这对于认定案件事实有非常重要的意义,故办案机关应当重视口供的收集。然而,重视、倚重口供也有弊端。一方面,由于犯罪嫌疑人、被告人可能被追究刑事责任,其供述时往往会有趋利避害的心理,作出虚假供述,又或者供述避重就轻,半真半假;另一方面,口供不确定性高、易变性大,如果办案机关轻信甚至过度执着于口供,就会忽视对其他证据的收集,很可能造成犯罪嫌疑人、被告人一旦翻供,就无证定罪的局面,不利于打击犯罪和提高办案质效。而且,过分依赖口供,极易造成办案人员为获取口供不择手段、不问是非、不计后果,引发刑讯逼供等非法取证行为,侵犯犯罪嫌疑人、被告人的合法权益。为了保证办案人员客观、全面、合法收集口供,正确认识和对待口供,遵循取证、认证规律,本款规定了"重证据,重调查研究,不轻信口供"的办案原则。

"重证据"是指要重视一切证据的收集、认定,特别是口供以外的客观证据。"不轻信口供"是指不能不经核实,不经与其他证据相互印证,就轻易相信口供。需要注意的是,"不轻信口供"并不是说不要口供,办案搞"零口供"。如果口供是办案机关合法取得,且经过审查,其被确认是可靠、确实的,当然可以作为定案的根据。这里"不轻信口供"强调的是针对口供虚假性、易变性、反复性的特点,不轻易确信,而是要以更加审慎的态度去审查判断,确保口供的合法性与真实性,从而使其为最终的定案作出实质"贡献"、发挥真正作用。

本条第一款就"对一切案件的判处都要重证据,重调查研究,不轻信口供"作出了具体规定,包括两种情形:一是"只有被告人供述,没有其他证据的,不能认定被告人有罪和处以刑罚",这是在有口供情况下的定罪裁判规则,也称为口供补强规则;二是"没有被告人供述,证据确实、充分的,可以认定被告人有罪和处以刑罚",这是在没有口供情况下的定罪裁判规则。

---

[1] 徐益初:《略论发展和完善我国的刑事证据制度》,载《法学研究》1988年第2期,第42页。

二、口供补强规则

长久以来,口供对于案件事实的查明一直发挥着重要的作用。但由于口供易变性大、虚假性高,过分依赖口供容易导致冤假错案。有鉴于此,《刑事诉讼法》第 55 条第 1 款明文规定,认定案件事实"不轻信口供"。在对法定的证据种类进行列举排序时,立法也有意将口供,即"犯罪嫌疑人、被告人供述与辩解"排后,将物证、书证等客观证据置前。如此细致的安排正是为了防止"罪从供定""口供中心主义"回潮。同时,为避免过分偏重口供,损害真实发现与人权保障的目标,立法还围绕口供设定了若干证据规则,如规范口供证据能力的非法口供排除规则,确立该规则的目的之一就是遏制以刑讯等非法手段制造虚假供述进而侵犯人权的现象;同时规定限制口供证明力的口供补强规则,即本条第 1 款规定的"只有被告人供述,没有其他证据的,不能认定被告人有罪和处以刑罚",确立该规则的目的之一是限制口供在案件事实认定中的作用和价值,减少虚假供述所引发的误判风险。除此以外,立法还进一步提倡"无供定案"的办案思路,规定"没有被告人供述,证据确实、充分的,可以认定被告人有罪和处以刑罚"。

(一)口供补强规则的适用逻辑

依本条第 1 款规定,口供补强规则的适用既是对口供证明力的认定(可信性判断)过程,也是依口供所包含的案件事实信息认定被告人有罪的过程。

首先,口供补强规则的适用是对口供证明力(可靠性、可信性)的认定。就法官对口供的审查判断而言,可否仅凭口供就确信口供的可靠性呢?有研究者认为,实践中即使不需要其他证据也能判定口供的真实性与可靠性,进而对口供的证明力作出评价。[1] 结合我国的立法规范,这一论断并不妥当。不容否认,依据法官的自由心证,如果某一供述的取得合法规范,且供述者表达连贯,言行正常,供述内容前后一致没有实质矛盾,法官通过察言观色并辅之以经验法则、逻辑推演、直觉判断,也可认定供述为真,形成内心确信。然而,口供补强规则(只有被告人供述,没有

---

[1] 参见纵博:《认罪认罚案件中口供判断的若干问题》,载《中国刑事法杂志》2019 年第 6 期,第 116 页以下。

其他证据的,不能认定被告人有罪和处以刑罚)却通过法律拟制的方式限制了法官对口供证明力的心证判断和自由评价。本质上属于"一种'反向的法定证据评价法则',其内容和前述历史上的自白评价法则刚好相反,但其排除自由心证的用意则是如一"[1]。申言之,即使法官已对口供的真实性和可靠性形成内心确信,本条第 1 款仍将此种情形拟制为可能的"轻信",目的是督促法官继续调查其他证据,进一步验证口供的真实性,强化定罪的内心确信。

在口供补强规则的影响下,法官对口供证明力的审查,既要有内心确信的实质性判断,还要通过对一定数量补强证据的累积满足法规范的"形式化要求",这其实是对口供证明力就内在心证与外部标准的综合性判断。反之,如果违反口供补强规则,即使法官通过经验、逻辑和直觉已经内心确信了口供的证明力和可靠性,但因未满足口供补强规则的数量要求,不能认定被告人有罪,那么对单个口供真实性的内心确信便没有实质意义,口供的证明力其实就归于零。从这个意义上说,我国的口供补强规则实际上是把单个口供的证明力审查与依口供等证据定罪的证明标准的判断置于同一审理流程中。法官通过补强证据验证口供为真,就此推断口供所包含的案件事实信息为真,并据此定罪。可以说,中国的口供补强规则既是口供证明力的判断规则和评价法则,又是针对被告人的定罪规则。两者融为一体,并未有明确的分离。[2]

(二)何谓口供补强规则中的"口供"

口供补强规则中的"口供"是指能够直接证明案件主要事实的被告人供述,包括三方面的内容:一是补强的口供应限于能直接证明案件主要事实的口供;二是补强的口供必须是供述,不包括辩解;三是补强的口供包括庭上供述和庭外供述。

1. 需要补强的口供须证明案件主要事实

本条第 1 款规定:"只有被告人供述,没有其他证据的,不能认定被告人有罪和处以刑罚。"法律禁止法官仅凭被告人供述就判定被告人有罪

---

[1] 林钰雄:《严格证明与刑事证据》,法律出版社 2008 年版,第 108 页。
[2] 如果有分离的意义,则可能出现在实践中,绝非规范的要求。例如,法官在某一案件中仅依据被告人的供述即形成了事实确信,但由于法律要求必须有一定的补强证据才能定罪,那么法官在确认补强证据的类型和数量时就会有宽松和紧严之分。

并施以刑罚,要求法官还须调查其他必要的证据,综合判定案情。立法之所以作此限制,其实暗含着此处的"供述"已能单独对法官的心证产生重大影响,在一般情况下几乎可以左右判决的结果,可一旦出错则会产生误判风险。为了避免这种风险,立法才创制口供补强规则,人为降低有罪供述在案件事实认定中的分量,限制法官仅凭被告人供述就定罪的心证不要太过"自由"。诚如日本学者田宫裕所言:"只根据自白就形成了充分的心证时,也必须有补强证据,这是本来的补强法则。"[1]可见,在口供补强规则中,需要补强的口供必须是能使法官形成充分定罪心证的供述,而具备这一条件的供述必然是能够单独定罪的供述,或者说是能涵盖案件主要事实甚至全部事实的供述。[2]在中国传统的证据理论中,案件主要事实是指"犯罪事实是否存有,以及该行为是否系犯罪嫌疑人、被告人所实施"[3]。其主要包括两大方面:"谁"和"犯罪事实"。其中,"谁"是指有明确的犯罪嫌疑人、被告人,"犯罪事实"则主要锁定在定罪的构成要件事实层面[4],其余的诸如犯罪后的表现、回避等对量刑、程序运行有作用、有影响的事实可不视为案件主要事实。据此,只有包含案件主要事实的口供才有可能成为单独定罪的证据材料,才会成为补强的对象。反之,有些供述只能证明案件事实的某一片段或情节,不能齐备犯罪构成的要件事实,仅凭它们根本不可能对定案有实质影响,法官亦不可能形成充分心证,这本质上属于定案证据不足,只能通过证据的进一步收集、"填补"和"完备"定罪的证据体系,但这已不再是真正意义上的口供补强规则。

2. 需要补强的口供仅限于供述

《刑事诉讼法》第 50 条将口供定义为犯罪嫌疑人、被告人的供述和辩解。结合口供补强规则的规定,如果能证明案件主要事实的口供不是

---

[1] [日]田口守一:《刑事诉讼法(第七版)》,张凌、于秀峰译,法律出版社 2019 年版,第 493 页。

[2] 参见江必新主编:《〈最高人民法院关于适用《中华人民共和国刑事诉讼法》的解释〉理解与适用》,中国法制出版社 2013 年版,第 113 页。

[3] 陈光中主编:《刑事诉讼法》(第七版),北京大学出版社、高等教育出版社 2021 年版,第 232 页。

[4] 参见占善刚、刘显鹏:《证据法论》(第二版),武汉大学出版社 2013 年版,第 53 页。

供述而是辩解,则不适用补强规则。因为,口供补强规则本质上是定罪证据规则,而非定案证据规则。对于犯罪嫌疑人、被告人提出的无罪辩解(哪怕没有辩解),没有其他证据补强,法官依然可以认定被告人无罪,就此定案。

林肯辩护案

美国总统林肯做律师的时候,在小阿姆斯特朗故意杀人案的辩护中在对证人福尔盘问后,运用伦理法则和逻辑推理为被告人成功进行无罪辩护。

林肯:请问证人,你说你当天晚上看到小阿姆斯特朗开枪杀死了死者,你对你的证词发誓?

福尔:是的。

林肯:你自称当时是在一个草垛后面,而小阿姆斯特朗是在二三十米之外的大树下,你能看清吗?

福尔:我看得非常清楚,因为当天晚上的月光很亮。

林肯:你确定自己不是从衣着方面进行判断的?

福尔:绝对不是,我清楚地看到了他的脸,因为月光刚好照在他的脸上。

林肯:那么,具体时间呢?你在证词上说是11时,你能肯定吗?

福尔:完全可以肯定,因为我回屋时专门看了看挂钟,那时是11时05分。

林肯问到此处,面朝法官和陪审团,底气十足地说道:"现在,我可以肯定地告诉大家,这个证人是个十足的骗子!证人一口咬定是在10月18日的晚上11点清楚地看到了被告的脸。10月18日那天正是上弦月,晚上11时月亮已经落下去了,哪里还有月光?即使退一步说,证人所记的时间不够准确,就算将时间提前一些。请诸位想象一下,当时的月光是从西往东照,草垛在大树的东边,如果被告的脸正对着草垛,他脸上显然是不可能有月光,证人又是如何凭借月光看清被告的脸的?"

以林肯辩护案为例,如果犯罪嫌疑人、被告人提出了类似的无罪辩解,而该辩解是根据在案的证据和既有事实,运用伦理法则和逻辑推断进行归谬,指出证据之间的矛盾以及控方指控事实的问题,法官便会对指控被告人有罪的事实产生合理怀疑。根据刑事诉讼中举证责任的分配,若犯罪嫌疑人、被告人提出的辩解能够产生疑点,使法官对全案产生合理怀疑,控方需要承担疑点释明或争点澄清的举证责任[1],以达到"综合全案证据,对所认定事实已排除合理怀疑"的证明标准。若控方不能通过举证消除疑点,法官可根据存疑时有利被告原则判决被告人无罪。在这个过程中,犯罪嫌疑人、被告人其实是仅凭辩解去"攻破"控方的证据体系,"颠覆"指控事实,并未提出其他证据去补强辩解。

总之,口供补强规则是在定罪过程中对口供证明力评价的法则,被告人提出的诸如正当防卫、紧急避险、未达到刑事责任年龄、没有期待可能性等包含违法阻却事由或责任阻却事由的无罪辩解不在补强之列。口供补强规则是定罪规则,并非定案规则。

3. 需要补强的口供包括庭外供述与庭上供述

依本条第1款规定,口供补强规则针对的是被告人供述,而非犯罪嫌疑人供述,这说明口供补强规则适用的场域集中于法庭审判阶段,服务于对被告人的定罪裁判。有研究者据此认为,我国立法对口供补强的范围仅限于法庭内的供述,将庭外的犯罪嫌疑人供述排除在需要补强的范围之外。[2] 本评注认为该认识有失偏颇。

首先,值得肯定的是,依据上述观点,如果犯罪嫌疑人的供述未进入庭审,仅作为决定立案、批准逮捕、认罪认罚从宽等审前程序适用或强制措施采用的证据材料,该供述可不适用补强规则。然而,由于我国未彻底实行直接言词原则,庭外供述仍然可以以书面形式提交法庭作为定案的依据。[3] 特别是在推行以审判为中心的诉讼制度改革的背景下,侦查机关和检察院为了履行法定的举证责任,完成指控犯罪的目标,必然要向

---

[1] 参见黄维智:《合理疑点与疑点排除——兼论刑事诉讼证明责任的分配理论》,载《法学》2006年第7期,第155—158页。

[2] 参见徐美君:《口供补强法则的基础与构成》,载《中国法学》2003年第6期,第127页。

[3] 2021年《高法解释》第96条第2款规定:"被告人庭审中翻供,但不能合理说明翻供原因或者其辩解与全案证据矛盾,而其庭前供述与其他证据相互印证的,可以采信其庭前供述。"

审判看齐,将侦查终结、提起公诉的证明标准对标审判的定罪标准。作为对被告人定罪的证据规则——口供补强规则自然也会从庭审反向传导至审前阶段。这种情况在域外司法实践中已有出现。在日本,因为没有补强证据而宣告无罪的判例并不多,主要原因在于,如果一个案件只有自白的话,检察官通常不会提起公诉。这其实就反映了口供补强规则反向作用于审前阶段的情形。[1] 因此,口供补强规则中的"被告人供述"既包括庭审中被告人当庭作出的有罪供述,也包括庭审外犯罪嫌疑人作出的有罪供述。需要解释的是,"一旦案件进入审判阶段,证据的名称也随着被控对象名称的改变而改变,犯罪嫌疑人在侦查阶段和审查起诉阶段的供述的证据名称也由'犯罪嫌疑人供述'变成'被告人供述'"[2]。故这里的"被告人供述"当然可以解释为是在审前阶段作出的、最后提交到法庭的"犯罪嫌疑人供述"。国外其实也有类似的区分,即庭外之自白(Extrajudicial Confession)和庭上之自白(Judicial Confession)。[3] 前者是犯罪嫌疑人于庭审前作出,通过书面或录音录像等形式提交法庭作为证据;后者是指被告人当庭作出的有罪供述。

根据《美国联邦证据规则》第 804 条(b)3(B)的规定,在刑事案件中,陈述人作出对己不利且可能导致追究刑事责任的(庭外)传闻陈述,如该陈述得到了补强情况的支持,并由此已清楚地表明其可靠性,该传闻陈述可以获得证据资格。[4] 可见,美国的口供补强规则主要适用于被告人于法庭外所作的不利于己的自白。被告人在法庭上的有罪答辩,认罪自白无须补强。[5] 而在日本,对于自白的范围,司法判例和学界的观点则存在分歧。日本最高裁判所在昭和 22 年 11 月 19 日、昭和 23

---

〔1〕 参见〔日〕宇藤崇、松田岳士、堀江慎司:《刑事诉讼法》,有斐阁 2018 年版,第 450 页。

〔2〕 谢小剑:《边缘化刑事程序研究——被理论忽视的司法实践》,中国检察出版社 2010 年版,第 277 页。

〔3〕 See C. J. Antieau, "The Involuntary Judicial Confession", University of Detroit Law Journal, Vol. 10, 1 (1946), p.1.

〔4〕 参见王进喜:《美国联邦证据规则(2011 年重塑版)条解》,中国法制出版社 2012 年版,第 291 页。

〔5〕 See "Evidence—Extrajudicial Confession Inadmissible Without Corroborate Evidence to Establish Corpus Delicti", St. Louis v. Watters, 289 S.W.2d 444 (Mo. App. 1956), Washington University Law Quarterly, Vol.1954, Iss. 4, (1956), p.484.

年2月7日、昭和23年2月12日、昭和23年7月29日的判决中都指出,被告人在法庭上的自白并不属于《日本宪法》第38条第3项规定的补强法则中的自白,无须其他补强证据即可认定犯罪事实,主要原因可归结为三点:一是对于被告人在法官面前作出的自白,法官可从被告人的发言、举动、脸色、态度等的变化来判断自白的可靠性,为了形成有罪心证,法官还可通过对被告人刨根究底式的仔细询问,确保自白与真实相符;二是法庭上的自白与侦查程序中的自白不同,被告人的身体未受拘束,也不会受到强制、拷问、胁迫等不当干涉和影响,属于自由状态下的供述;三是依据日本新宪法,被告人原则上可以随时获得律师辩护,如果被告人做了虚假自白,律师可立即以再询问的方法迫使被告人订正其自白。[1] 日本学界对此持异议者不在少数,反对意见认为:第一,从被告人的态度判断自白的真伪过于武断,刨根究底式地加以询问是纠问制思想的产物,不应作为理由;第二,法庭外的强制仍可能影响到法庭的自白;第三,公判庭未必都有辩护人,即使有,若辩护人未尽职亦无法订正虚伪的自白。虽然日本宪法时至今日仍未对自白的内容进行修改,也未如《日本刑事诉讼法》第319条明确将"法庭上的自白"纳入补强规则中,但考虑到学界的反对意见以及许多法官的反对,法庭上的自白基本上也适用自白补强法则。[2] 从不同国家的情况看,我国适用补强规则的口供范围较之美国更宽泛,与日本趋同。究其原因,英美法系国家的刑事诉讼几乎与民事诉讼一样都建立在彻底的当事人主义基础上,刑事诉讼有罪答辩的法律效果与民事诉讼中的自认或认诺相同,无须其他证据即可认定案件事实。我国目前的刑事诉讼虽有向当事人主义改良的趋势,但仍以职权主义为底色,故法庭内外的有罪供述均应补强,这本身也符合我国以审判为中心的诉讼制度改革导向。

(三) 何谓补强证据中的"其他证据"

根据补强证据规则的内在结构要求,口供补强规则中的口供属于主证据,而《刑事诉讼法》第55条规定的口供外的"其他证据"属于佐证

---

[1] 参见许哲嘉:《析论自白之补强法则(上)》,载台湾《刑事法杂志》第39卷第4期(1995年),第87—90页。
[2] 参见〔日〕宇藤崇、松田岳士、堀江慎司:《刑事诉讼法》,有斐阁2018年版,第451页。

(Corroboration),被用以"肯定""支持"或"加强"主证据口供的真实性,称为补强证据。

1. "其他证据"之准入资格

依据口供补强规则条款,作为补强证据的"其他证据"也是证据,首先要具备证据能力。根据《刑事诉讼法》第56条的规定,如果某一证据材料是非法的言词证据或实物证据,因其不具备证据资格需要予以排除,自然不能成为补强证据。口供补强规则的适用逻辑是:通过提出补强证据验证口供的真实性,进而推论出口供所包含的案件事实信息为真,据此认定被告人有罪。在此逻辑下,补强证据的作用是担保口供的真实可靠性,降低误认风险,并不在于确保口供取得的合法性。实践中,证明取供合法性的材料,如证明讯问过程合法的同步录音录像;证明获取被告人口供过程合法,经侦查人员签名并加盖公章的书面说明材料等均不属于口供补强证据中的"其他证据"。

2. "其他证据"之形式与实质要求

在满足准入资格的前提下,对于"其他证据"的认定还应从我国证据法的规范和实践层面作出形式与实质的双重判断。

首先,"其他证据"具体指口供外其他的法定证据。除口供外,"其他证据"必须满足《刑事诉讼法》第50条规定的另外7种法定证据的类型和规格,这是对"其他证据"基本形式的要求。口供不能成为自身的补强证据。例如,被告人在侦查阶段所作的供述不能成为其当庭供述的补强证据。当然,实践中口供的固定方式有多种,有的是讯问笔录,有的是自书供词,有的是记录供述内容的录音录像资料,无论哪一种都不能再成为口供的补强证据。

其次,除形式上的判断,对"其他证据"还须做实质性认定。实践中,有些证据虽然具有供述外其他证据的法定形式,但其实都源于同一被告人的言行,本质上与供述具有内在同一性,是有罪供述的重复累积,也被称为累积证据(Cumulative Evidence)[1],常见的情形如被告人的辨认笔录或第三人转述被告人在审判外的陈述(证人证言)。这些"其他证据"与口供具有同源性,实质上是口供的"变种""翻版",本身只能证明被

---

[1] 参见吴灿:《被告人之自白与补强》,载《月旦法学教室》第194期(2018年),第21页。

告人的供述前后一致、相对稳定,并不能直接担保口供的真实性。此外,被告人在诉讼中向被害人下跪道歉或请求和解的录音等实质上也是被告人供述内容的重复;被告人在审前与侦查人员在勘查犯罪现场进行的指认或现场模拟也不能作为补强证据。[1]

值得注意的是,有些材料如果是在犯罪过程中,进入刑事司法活动前由被告人制成,如被告人的日记、笔记、账簿等,因被告人当时并未意识到被侦查或诉讼,此类证据材料与口供的形成时间与形成过程不同,不具有内在同一性,即使属于被告人的言行表现,仍可例外地被认定为具有补强证据的资格。在日本,"判例就违反食品管理法案件指出,根据《日本刑事诉讼法》第 323 条第 2 项的规定,被告人填写的未入库存单有证据能力,也有补强自白的证据能力"[2]。总之,不能与被告人供述作出实质性区分的其他证据,不能作为补强证据。

3. "其他证据"一般不包括共犯[3]供述

由于本条第 1 款并未指明作出供述的被告人有几人,故条文中"被告人供述"宜作广义理解,包括单一的被告人供述和共同犯罪中的被告人供述。既然共同犯罪中被告人以外的共犯供述也是口供,就不应将共犯供述作为补强证据,以口供补强口供。考虑到司法实践中,共犯为了获得不起诉、自首、立功等免除或减轻自己罪责的利益而栽赃他人或推卸责任等情形时有发生,将共犯供述排除于口供的补强证据之外对于避免误判具有现实意义。然而,实践中的情形复杂多样,基于各种原因,共犯会被分案处理或不予追诉。若共同犯罪中某一被告人接受审判,其他分案处理的共犯被通知到庭应讯,身份便会从被告人转列为证人,所做陈述自然也会视为证人证言,那么该"证人证言"可否作为被告人口供的补强证据呢?从形式上看,该证人证言确实是口供外的其他证据,但实质上,该"证人"仍然是被告人实施犯罪的共同参与者,有共犯身份。"如果允许

---

[1] 参见吴灿:《被告人之自白与补强》,载《月旦法学教室》第 194 期(2018年),第 21 页。

[2] [日]田口守一:《刑事诉讼法(第七版)》,张凌、于秀峰译,法律出版社 2019年版,第 496 页。

[3] 刑法中的狭义共犯主要是教唆犯、帮助犯,就共同犯罪中的主犯而言的。程序法中的共犯既包括狭义共犯,也包括主犯。本评注采程序法中的共犯,包括共同审理以及未共同审理的除去被告人以外的共同犯罪者。

仅凭共犯口供定案,由于共犯之间的利害冲突,有可能存在嫁祸于人、主犯从犯地位颠倒等实体法上的问题,导致事实的误认,甚至无中生有"[1],故仍应将此处的证人证言视为口供内容的延续或翻版,不宜作为补强证据。然而,鉴于实践中的特殊情形,某些类型的案件存在惯常性的取证困难,司法解释或规范性文件对共犯供述作为补强证据作出了特殊规定。例如,最高人民法院于 2000 年 4 月发布的《全国法院审理毒品犯罪案件工作座谈会纪要》(简称《会议纪要》)规定:"有些毒品犯罪案件,往往由于毒品、毒资等证据已不存在,或者被告人翻供,导致审查证据和认定事实困难。在处理这类案件时,仅凭被告人口供依法不能定案。只有当被告人的口供与同案其他被告人供述吻合,并且完全排除诱供、逼供、串供等情形,被告人的口供与同案被告人的供述才可以作为定案的证据。对仅有口供作为定案证据的,对其判处死刑立即执行要特别慎重。"根据这一规定,在毒品犯罪案件中,被告人的口供可以由同案其他被告人的供述补强,如果相互印证,并排除诱供、逼供、串供等可能性,可据此定案。但这一定案思路能否再扩展到其他有类似取证困境的诸如黑社会性质犯罪、恐怖活动犯罪、职务犯罪等案件中呢?其实,在 2012 年《高法解释》的起草过程中,就曾规定,"被告人的供述与同案其他被告人的供述相互印证,并排除诱供、逼供、串供等可能性的,可以作为定案的根据。"但后来的正式公布稿删去了此条,主要原因是"若作出上述规定,可能会进一步强化'口供至上','导向不好'"[2]。但上述规定在征求意见过程中,有关部门并未提出太多异议,故前述《会议纪要》中的规则适用可在司法实践中根据个案情况进行有限度的扩展。

在遵循上述条文基本精神,即坚持"排除诱供、逼供、串供等可能性,同案被告人供述印证补强"的前提下,可考虑规定几种特殊情形,控制适用范围:

一是共犯被告人转列为证人身份,所做陈述另有其他证据补强,其真实可靠性已有保障,再作为其他被告人口供的补强证据即无大碍。

二是共犯之间除具备上述情形外,在互为补强的供述中还提出了

---

[1] 陈光中主编:《中华人民共和国刑事证据法专家拟制稿(条文、释义与论证)》,中国法制出版社 2004 年版,第 171 页。

[2] 江必新主编:《〈最高人民法院关于适用〈中华人民共和国刑事诉讼法〉的解释〉理解与适用》,中国法制出版社 2013 年版,第 115 页。

一些隐蔽性证据或细节,并得以确证。

三是共犯被判无罪或因责任年龄、追诉时效、期待可能性等原因不需要对参与被告人犯罪的行为承担责任,此时其以证人身份参与被告人的审判,由于没有直接的利害冲突,其陈述可作为补强证据。当然,实践中还应最大可能地要求同案被告人到庭,给予受审被告人及其辩护人发问质证的机会,以最大限度地确保同案被告人供述的可靠性与真实性。试举两例:

> **现金盗窃案**
>
> 15周岁的甲与18周岁的乙共同盗窃一万元。案发后,甲乙被抓获归案。因甲未达到刑事责任年龄,不构成犯罪。但乙应负刑事责任,构成盗窃罪。若审判中乙为有罪供述,甲以证人身份出庭对盗窃过程作出的陈述,可视为对乙的供述作出补强。
>
> **杀人碎尸案**
>
> 张三杀人后,请李四帮忙一起碎尸。案发后,李四应认定帮助毁灭、伪造证据罪,张三虽也参与碎尸,但由于《刑法》第307条第2款规定的是"帮助当事人毁灭、伪造证据",张三是当事人,毁尸灭迹的行为不符合该罪的构成要件,而且张三毁尸灭迹的行为也不具期待可能性,属事后不可罚,仅定故意杀人罪。若两人分案审理,对于李四的审判,张三以证人身份参与庭审,并不会因坦诚案情招致不利裁判,故张三的证人证言可为李四供述的补强证据。

4. "其他证据"一般为间接证据

有学者曾总结出依证据定案的三种类型:一是仅有直接证据,即两个以上的直接证据在案件事实上基本重合;二是仅有间接证据,即各间接证据之间相互印证,全案证据已形成完整的证明体系,足以对案件事实得出唯一性结论;三是一项直接证据被若干项其他间接证据所印证。[1] 按照上述分类,仅能单独证明案件部分事实的供述属于间接证据,如果案件

---

[1] 参见向燕:《论口供补强规则的展开及适用》,载《比较法研究》2016年第6期,第32页。

中仅有这类供述,又无其他直接证据,供述与其他证据将适用间接证据定案规则,不得适用本条规定的口供补强规则。另外,如果补强证据和口供一样都属直接证据,两者可以对案件事实形成印证,口供的虚伪性自然可以得到排除。然而,这种有直接证据补强口供的情形虽然也符合口供补强规则的要求,但口供和补强证据已没有所谓的主次之分,到底是谁补强谁,是否还是严格意义上的补强规则的适用,其实存有疑问。实践中出现两项或多项直接证据的情形较少,最为常见的恐怕还是第三种情形:口供能证明案件主要事实,属直接证据,补强证据则是间接证据,只要其能够在合理范围内对口供补强,补强口供的真实性即可明了,被告人能否定罪也容易判断。综上,我国口供补强规则中的"其他证据"既可以是直接证据,也可以是间接证据,但从实践来看大多为间接证据,这其实也是口供补强规则亟待研究的主要情形。

(四)口供补强的范围

有关口供补强的对象和范围其实是口供补强规则中最为复杂和疑难的问题。为了更好地理解中国语境下口供补强的范围,有必要对域外的相关规则和补强思路先做比较分析。

1. 域外口供补强的范围

口供补强规则主要存在于英美法系国家和日本。基于不同的思维进路,即需要直接补强的对象是口供所包含的案件事实,还是口供证据本身,这些国家发展出两套标准:罪体标准和可信性标准(实质标准)。

(1)传统思路和方案:罪体标准

依罪体标准,当控方所提交的补强证据能独立证明口供所包含的罪体要素时,口供的真实性便得到补强,法官可认定被告人有罪。"罪体"源自拉丁文 Corpus Delicti, 本意为尸体,其对应的案件事实范围一直存有争议。一般认为,控方在刑事诉讼中要证明被告人有罪,必须于客观层面证明三项事实:①犯罪结果,即发生了现实的损害或者危害(如尸体的存在);②犯罪行为,即该损害或危害是某人的犯罪行为造成的(如杀人行为);③主体同一,即被告人就是实施犯罪行为的那个人(如被告人是凶手)。[1] 证据法学大师威格摩尔认为,罪体仅仅意味着

---

[1] 参见〔美〕约翰·W. 斯特龙主编:《麦考密克论证据(第五版)》,汤维建等译,中国政法大学出版社2004年版,第277—278页。

上述事实中的①,即当犯罪结果得到补强,被告人有罪即可得到证实,无须再对损害或者危害是犯罪引起的事实②进行补强。美国一些州法院对此表示赞同,但大多数州法院认为罪体应包含①和②,至于③主体同一则未被纳入罪体范畴。[1] 换言之,在罪体标准下,控方不必提交被告人与犯罪有关联的补强证据,因为该事实的证明通常认为存在举证上的困难。

在日本以及我国台湾地区,根据犯罪构成要件的分类,构成要件所对应的案件事实大体分为三部分:①犯罪的客观面(诸如行为、对象、结果等外在的事实);②犯罪的主观面(诸如故意、过失、知情、目的等被告内心的状态)以及③犯罪的主体面(犯人与被告人为同一人之事实)。由于自身的特点,口供能较为全面地涵盖上述三大部分的内容。但这些内容是否均需补强,少数说认为,除了犯罪的客观面,犯罪的主体面亦需有补强证据。多数说则认为,有关犯罪客观面的全部或至少其重要部分需要有补强证据。[2]

就补强对象而言,日本、美国以及我国台湾地区的多数说认识趋同:罪体属于从犯罪构成要件中排除犯罪主体要件(被告人与犯罪的联系)和主观要件(故意、目的等)之后的剩余部分。[3] 在被告人自愿供述的前提下,如果口供之外的补强证据能独立证明案件事实中的罪体要素,则口供被补强,证明力得到肯定,被告人可被定罪。

依罪体标准划定补强的对象范围可以确证犯罪事实的存在,避免无辜者供认根本没有发生的犯罪,其错案防治的意义可追溯至17世纪的英国佩里案(Perry)。该案中被害人失踪但并未发现尸体,在警察的讯问下,被害人的仆人佩里供认,其伙同自己的母亲和兄弟杀害了被害人,然后抛尸沼泽。根据佩里的供述及一个带血的帽子,三名被告人最终被定罪并执行死刑。但数年后,被害人却从国外"亡者归来"。[4] 虽然当时

---

[1] See J. D. Walker, "Corpus Delicti in Homicide", Western Law Review, 2 (1962-1963), pp. 78-79.

[2] 参见黄朝义:《刑事诉讼法》,新学林出版股份有限公司2009年版,第502页。

[3] 参见[日]松尾浩也:《日本刑事诉讼法(下卷)》,张凌译,金光旭校,中国人民大学出版社2005年版,第38页。

[4] See Russell L. Miller, "Wrestling with MRE 304(G): The Struggle to Apply the Corroboration Rule", Military Law Review, 178(2003), pp.4-5.

的英国法规定,依据未补强的口供可以定罪,[1]但佩里案促使英国反思既有的制度设计和法律规定。此后,谋杀案的认定都被要求有补强证据,尤其是要有被害人的尸体。[2] 依罪体标准划定补强的对象范围可以确证犯罪事实的存在,避免无辜者供认根本没有发生的犯罪,防止出现无中生有的假案。例如,实践中有时会出现精神不正常的人针对想象中的犯罪做出招供。[3] 对此情形,适用罪体标准能起到较好的预防误判的效果。

(2)替代性思路和方案:可信性标准

罪体标准虽由来已久、肯认者众多,但本身也存在问题:一是现代的刑事制定法在规定犯罪的数量和复杂性上大大增加,不同犯罪的构成要件内容不同,仅是识别要件中罪体的范围就颇费周章,且争议颇多;二是一旦确定了个罪中的罪体范围,就必须尽力收集证明罪体中各要素事实的"补强证据",控方的举证负担过重,惯常性的举证困难时有发生;三是早期的犯罪主要是以故意杀人为代表的传统犯罪,在杀人、伤害、强奸、盗窃等自然犯中往往有犯罪结果发生,如被害人的报案、财产的损失、伤口或尸体的出现。但是在预备犯、未遂犯中并无实害结果的出现。随着社会的发展,法定犯时代到来,现代犯罪中出现了无独立或实质损害的危险犯、行为犯。在上述案件中,因应不断变化的立法发展和司法实践,对罪体的识别及其范围的调整又面临新的困境。[4] 为此,一种更为现代的补强思路——"可信性标准"被提及。在奥伯诉合众国案(Opper v. United States)中,美国联邦最高法院认为:"'更好的规则'(可信性标准,本评注注)不应要求有证明罪体的佐证,而更应该要求有倾向于证明陈述真实性的实质性证据。"[5]与罪体标准不同,可信性标准要求对口供证据

---

[1] See Corey J. Ayling, "Corroborating Confessions: An Empirical Analysis of Legal Safeguards against False Confessions", Wisconsin Law Review, 1984(1984), pp.1126.

[2] 参见李训虎:《变迁中的英美补强规则》,载《环球法律评论》2017年第5期,第123页。

[3] 参见〔美〕诺曼·M.嘉兰、吉尔伯特·B.斯达克:《执法人员刑事证据教程(第四版)》,但彦铮等译,中国检察出版社2007年版,第256页。

[4] 参见〔美〕约翰·W.斯特龙主编:《麦考密克论证据(第五版)》,汤维建等译,中国政法大学出版社2004年版,第279页。

[5] *Opper v. U.S.*,348 U.S. 84(1954).

本身的真实可靠性进行补强而不是对口供所证明的部分案件事实,即罪体直接补强。本评注将这些补强证据概括为两类:一类可称为附属的补强证据(Dependent Corroboration),主要为故意不向民众或媒体公布,只有办案人员和真正实施犯罪的人才知道的细节性证据,例如被盗货币的面额、纵火案件中的起火点、杀人案件中被害人受伤的部位,或者杀人案件中凶犯使用的凶器种类。[1] 附属的补强证据虽然不能直接证明罪体事实,但证明的对象依然是与案件有关的细节性事实。所谓"真相往往隐藏在细节处",如果附属的补强证据所证明的内容与被告人供述中所包含的细节吻合、一致,那么口供的真实性便可确证。另外一类证据类似于辅助证据,也称补助证据,是指用于证明辅助事实的证据,而辅助事实是指能据以推论证据之"质地"的事实,亦即以某证据的"证明力"为对象的事实。[2] 在美国一些州法院的判例中可以发现,对口供的真实性进行补强的证据,就包括其他一些面向口供这一证据事实的可信性予以支持的证据。"口供是自发作出的陈述;取得口供并没有采取误导、欺骗、威胁或承诺等手段;从被告人的年龄、教育以及阅历等综合情况看,被告人身体状况与精神状态良好;被告人作出陈述时有律师在场。"[3]

2. 中国语境下三种口供补强模式的归纳

设立补强证据规则的初衷在于通过补强证据的提出担保某些证明力较为薄弱的主证据的可信性,继而提升认定案件整体事实的可靠性。[4] 口供补强规则的设立也在于通过补强证据提升口供的证明力。

借鉴罪体标准和可信性标准的合理内核,结合中国证据法学的研究成果,根据补强对象的不同,本评注将口供补强模式细分为罪体印证补强模式、隐蔽性证据(细节)补强模式和口供事实补强模式。

(1)罪体印证补强模式

国外罪体标准的适用逻辑本质上相当于我国的印证模式。有学者就

---

[1] 参见〔美〕佛瑞德·E.英鲍等:《刑事审讯与供述(第5版)》,刘涛等译,中国人民公安大学出版社2015年版,第339页。
[2] 参见林钰雄:《刑事诉讼法》(上册),新学林出版股份有限公司2019年版,第519页。
[3] State v. Mauchley, Utah, No. 20010551 (4/1/03), Para.52.
[4] 参见陈光中主编:《刑事诉讼法》(第七版),北京大学出版社、高等教育出版社2021年版,第213页。

认为:"许多国家或地区刑事证据法上的补强证据规则便是对证据相互印证最有力的肯定和强调。"[1]我国台湾地区"大法官"针对台湾地区"刑事诉讼法"第156条第2项的补强法则作出的解释也表达了相同观点:"为避免过分偏重自白,有害于真实发现及人权保障,并规定被告人之自白,不得作为有罪判决之唯一证据,仍应调查其他必要之证据,以察其是否与事实相符。基于上开严格证明法则及对自白证明力之限制规定,所谓'其他必要之证据',自亦须具备证据能力,经合法调查,且就其证明力之程度……应依其他必要证据之质量,与自白相互印证,综合判断,足以确信自白之犯罪事实之真实性,始足当之。"[2]"所谓'印证',是指两个以上的证据在所包含的事实信息方面发生了完全重合或者部分交叉,使一个证据的真实性得到了其他证据的验证。"[3]当一个或多个补强证据证明的案件事实与口供所涵盖的主要案件事实在"罪体"部分重合一致、相互印证,口供的真实性即视为得到担保,口供所包含的所有案件事实信息即可认定。该模式本质上是罪体被印证、被补强后,口供的真实性得以确认的模式。

(2)隐蔽性证据(细节)补强模式

域外的可信性证明标准可细分为两种补强模式,一种是隐蔽性证据补强模式,即补强证据仅能证明案件中某些隐蔽性的细节事实,但鉴于该事实只有办案人员和作案人才能知晓,一旦其与口供所证明的案件事实存在"节点"上的对应或吻合,口供的可信性会大为提高,真实性亦可得到确证。从某种程度上说,隐蔽性证据补强模式也可视为印证补强模式的特殊形式,只是印证的内容为案件中的事实细节。需要进一步指出的是,隐蔽性证据或隐蔽性细节大多不是案件的主要事实,有的甚至与案件事实没有直接关系,比如盗窃案中的犯罪嫌疑人能准确说出被害人家中的家具摆设情况,某些特殊物品存放的隐蔽位置;强奸案件中被害人的隐

---

[1] 李建明:《刑事证据相互印证的合理性与合理限度》,载《法学研究》2005年第6期,第26页。

[2] 我国台湾地区"大法官"于2004年7月23日以相关"最高法院"判例为标的,作出"93释字第582号"。参见林钰雄:《刑事诉讼法》(上册),新学林出版股份有限公司2019年版,第562—563页。

[3] 陈瑞华:《刑事证据法的理论问题》(第二版),法律出版社2018年版,第221页。

私部位特征及内衣颜色等。这些隐蔽性证据(细节)大多属于案件的"边缘材料"或"外围证据",但因为与案件事实也有一定的关联性,至少存在间接性联系,故均可视为隐蔽性证据(细节)。但以下事项通常不属于隐蔽性证据(细节):第一,已经部分泄露的证据或事实细节,如讯问侦查人员不知道,但其他侦查人员已知悉的事实;第二,常见的事实,如被害人被刺伤时,发出"啊"的叫声。[1]

(3)口供事实补强模式

域外可信性证明标准的另一种补强模式可称为证据事实补强模式,即补强证据本身不与待证的案件事实发生直接关联,也不是通过与口供所涵盖的案件信息在基本事实"面"或隐蔽细节"点"上的重合一致、相互印证来验证口供的真实性,而是直接面向口供,将口供事实而非口供包含的案件事实作为补强对象,通过提供证明口供前后稳定,以及口供形成过程合法、规范等材料[2],证明口供为真。简言之,在口供事实补强模式中,口供证明案件事实,补强证据则是证明口供事实"质地"或"证明效果"的材料。例如,证明被告人是否主动自愿供述、被告人的年龄(成年或年幼)、生理状况(是否属于盲、聋、哑或有其他生理缺陷的情况)、精神状况(智力的强弱、精神是否正常)、被告人做出口供的动机(真诚悔罪或外在压力)等个体情况以及讯问过程(环境、地点、时间)的材料在口供事实补强模式中都可成为补强证据。

3. 三种补强模式的比较和选择

将国外有关口供补强对象的基本标准进行本土化转换后,有必要结合中国的证据法理论以及司法实践对上述三种模式比较权衡,做出倾向性选择。

---

[1] 参见秦宗文:《刑事隐蔽性证据规则研究》,载《法学研究》2016年第3期,第177页以下。

[2] 日本判例中对自白可信性的判断标准有:口供内容是否与其他证据确认的客观事实矛盾;在真凶可轻松说明的以及会自然言及的、证据确凿的事实上,是否有说明的缺漏;是否包含只有犯人可知的秘密的暴露;是否包含只有犯人才可表述出的体验供述。从这四项判断标准来看,其中口供的事实完整度、亲身体验均非证明案件事实的实质证据,而是要靠司法者的经验、感觉进行判断的辅助证据。参见〔日〕秋山贤三:《法官因何错判》,曾玉婷译,法律出版社2019年版,第116页。

(1) 我国不宜采用口供事实补强模式

口供事实补强模式在我国没有直接适用的土壤。对口供事实起到直接证明作用的，如证明口供形成过程的证据，本质上是辅助证据，在补强证据的资格上一直存有争议。我国长期以来对"证据"的界定都是以证据与案件事实的关系为基准。2012年《刑事诉讼法》修订后，立法虽对证据的概念有所修改，但始终以"可以用于证明案件事实"作为证据资格的基本要求。所谓"案件事实"，学界通说认为是实体法事实与程序法事实，而不包括证据事实。[1] 证明证据事实的辅助证据尽管在司法实践中有少量运用，但在规范和实践意义上并不是约定俗成的"证据"。本条第1款中规定，"只有被告人供述，没有其他证据的，不能认定被告人有罪和处以刑罚"，"其他证据"与"被告人供述"都应符合《刑事诉讼法》第50条规定的"证据"的要求，符合八种法定证据形式，还应属于"实质证据"，即证明案件主要事实或间接事实的证据。如果一个案件仅有被告人供述，还有①证人甲作证表明该被告人一贯诚实可靠，讲信用、重清誉；②有关被告人供述时在场律师以及侦查人员的证言；③讯问在场专家提出的专业性判断意见，那么该案件仍被视为"孤证"案件。[2] 另外，在口供事实补强模式中，被告人的审前供述与庭审中被告人供述相同，可以用来证明和强化被告人供述的稳定性和可信性，被视为口供的补强证据。但这一认识显然与本条第1款中要求的补强证据必须是"被告人供述"外的"其他证据"相悖。有鉴于此，中国语境下的口供补强规则就补强的对象而言，应坚持面向案件事实，不宜采用口供事实补强模式。

(2) 罪体印证补强模式和隐蔽性证据补强模式的一体化运用

无论是罪体印证补强模式还是隐蔽性证据补强模式，其中的补强证据都面向案件事实，且仅是印证口供所涵盖的部分案件事实。两者的区别是：补强证据在罪体印证模式中所印证的罪体是事实"面"，在隐蔽性证据补强模式中所印证的隐蔽性细节是事实"点"。相同点则都是为了

---

[1] 证据事实是证据载体含有的有关案件的信息，这些信息是证明手段而不是证明客体，这是因为证明手段一旦成为证明客体，则该证明手段需要由其他证明手段来证明，其他证明手段又需要别的证明手段来证明，循环往复，将永无终期。参见张建伟：《证据法要义》（第二版），北京大学出版社2014年版，第377页。

[2] 参见向燕：《"印证"证明与事实认定——以印证规则与程序机制的互动结构为视角》，载《法论坛》2017年第6期，第18页。

验证口供的真实性，提升口供的证明力，增强法官对被告人有罪的心证。当然，不容否认的是两种补强模式也都有各自的缺陷与不足。

罪体印证补强模式除了存在前述的罪体范围识别困难、控方举证负担过重的问题，更为重要的是罪体的外延并不及于被告人与犯罪事实之间的关联性，由于这部分内容无需补强，导致罪体标准不能有效识别被告人与行为人的同一性。实践中的有些案件，控方提供了较多的证据材料补强被告人供述，但这些材料大多仅能证明犯罪事实的存在，不能证明被告人与犯罪事实之间的关联，指控被告人实施犯罪的证据仍旧只有被告人的供述。简言之，在补强对象的范围划定上，罪体印证模式仅能证明发生了犯罪事实，避免无辜被告人供认根本没有发生过的"犯罪"；但在犯罪已经确证的情况下，如何避免无辜者被错抓错判，如何避免无辜被告人供认并非其所为的犯罪，罪体标准往往表现得无能为力。

隐蔽性证据补强模式在被告人与案件事实的关联性，即被告人与行为人同一的认定上能够起到很好的识别作用。隐蔽性证据多是犯罪过程中衍生出的细节性、秘密性证据。法国的陪审员们就认为：一个人不是罪犯，却承认自己犯了罪，而且在招供时提供了确切的细节，这种情况是难以让人理解的，因为如果一个人是无辜的，他就不能了解这些细节。[1] 在日本以及我国台湾地区，隐蔽性证据也称为"秘密暴露"，是指被告人供述时提出侦查人员不知情的证据或事项，侦查人员于讯问后透过进一步的侦查，方才取得相关证据或确定某一事项的存在。实务上向来将"秘密暴露"视作证明被告人即为犯人的铁证。理由是，若被告人不是犯人，不可能知道连侦查者都不知晓的事实；理论上也多认为，倘若被告为秘密之暴露，被告人就是行为人的认定部分即得到补强。[2] 然而，隐蔽性证据补强模式仅能补强被告人与行为人的同一性，却无法与口供就犯罪事实的发生相互印证。毕竟隐蔽性证据仅能证明案件的某些细节，本身并不能证明案件事实必然发生，也不能证明案件事实一定就是犯罪事实。例如，犯罪嫌疑人在供述强奸犯罪时，对被害人隐私部位的特征以及

---

〔1〕 参见〔法〕勒内·弗洛里奥：《错案》，赵淑美、张洪竹译，法律出版社2013年版，第58页。

〔2〕 参见民间司法改革基金会、何赖杰、黄朝义、李茂生：《徐自强掳人勒赎杀人案评析》，载《月旦法学杂志》总第102期（2003年11期），第215页。

所穿内衣颜色、特点等都作出较为详细的描述,但由于缺乏被害人的报案,就算能证明犯罪嫌疑人与案件有关,但这类案件到底是不是犯罪,就算有"奸",是否存在违背妇女意志的"强"奸等都存在疑问。笔者在调研中,还发现一起类似案例:

> **盗窃自行车案**
>
> 2017年8月10日和11日,被害人宋某、何某先后报警称自己的自行车被盗。公安机关通过查看案发现场周边监控,抓获嫌疑男子孙某。孙某到案后,如实交代了5起盗窃自行车的犯罪事实。其中,孙某交代的2017年8月10日在A市城南大厦盗窃UCC牌进击者2.0型自行车1辆、2017年8月11日在A市汇景小区盗窃捷安特牌830-S型自行车1辆,有被害人宋某、何某的报案陈述、自行车收购人的证言予以印证,因而可以认定犯罪。但其交代的于2017年8月9日、11日、14日在A市某大学分别盗窃捷安特牌ATX690型自行车、捷安特牌FCR3100型自行车以及捷安特牌ATX777型自行车各1辆的事实,并无被害人报案。公安机关在犯罪嫌疑人辨认的盗窃地点张贴告示,仍未查找到被害人。民警在抓获被告人时,从其藏匿自行车的车棚内扣押到上述自行车,并进行了价格鉴定,但因缺少被害人报案笔录,本案虽有自行车扣押在案,由于无法排除上述自行车是否系他人丢弃的合理怀疑,检察院未将上述3辆扣押的自行车认定到犯罪嫌疑人孙某的盗窃事实中。

本案中,根据犯罪嫌疑人孙某的有罪供述,其实已经发现了重要的隐蔽性物证——3辆自行车。但由于没有被害人报案,自行车也较为陈旧,无法排除是否系他人丢弃等原因[1],盗窃犯罪事实的发生其实难以确定,故本案中没有认定3辆自行车的盗窃事实。可见,隐蔽性证据补强模式仅能补强行为人与(其所供述的)案件的联系,但由于隐蔽性证据往往是案件的某一个片段或细节,很多时候并不能证明犯罪事实的发生。

---

〔1〕 据办案人员介绍,A市大学每年6月份大四学生或研究生毕业后,会有不少自行车(新旧不同)被毕业生遗弃在车棚等自行车存放处,因此学校每年会在9月份开学后进行定期清理。本案中即使孙某确实是在A大学撬锁骑走了3辆自行车,也不能排除这3辆自行车已经被实际丢弃的可能。

所以,仅有隐蔽性证据与供述相印证,但犯罪嫌疑人所供述的案件事实是否存在,如果存在是否就一定是犯罪事实,仍然需要其他证据的补强,否则依然不能认定被告人有罪。

罪体印证补强模式补强的主要对象为犯罪行为和犯罪结果;隐蔽性证据补强模式的补强对象则主要是犯罪主体,两者在补强的对象上都缺乏周延性,如果两者合并,将补强证据所要证明的案件事实,即补强证据与口供需要相互印证的事实限定在三个方面:犯罪结果、犯罪行为、主体同一,那么被补强后的口供可信性将大为增强,依口供和补强证据认定案件事实,定罪的把握性也会更大。我国早在2010年"两高三部"《办理死刑案件证据规定》第34条就对死刑案件中的口供补强规则进行了细化:"根据被告人的供述、指认提取到了隐蔽性很强的物证、书证,且与其他证明犯罪事实发生的证据相互印证,并排除串供、逼供、诱供等可能性的,可以认定有罪。"该规定就吸收了罪体印证补强模式和隐蔽性证据补强模式的各自优点,就口供补强的对象和范围作出了与前述分析相同的结论。2013年《高法解释》第106条(2021年《高法解释》第141条)吸收了上述条文的规定,作了更为明确的表述,"根据被告人的供述、指认提取到了隐蔽性很强的物证、书证,且被告人的供述与其他证明犯罪事实发生的证据相互印证,并排除串供、逼供、诱供等可能性的,可以认定被告人有罪"[1]。其中,"根据被告人的供述、指认提取到了隐蔽性很强的物证、书证"是隐蔽性证据补强模式的要求,确定了被告人与行为人的同一性;"被告人的供述与其他证明犯罪事实发生的证据相互印证"是罪体印证补强模式的体现,因为印证犯罪事实发生,即犯罪行为和结果,正是罪体的基本内容。该规定的出台,一方面明确了口供补强规则的具体适用方式,另一方面也使这一适用方式上升为司法解释,适用范围也

---

[1] 2013《高法解释》第106条(2021年《高法解释》第141条)规定:"根据被告人的供述、指认提取到了隐蔽性很强的物证、书证,且被告人的供述与其他证明犯罪事实发生的证据相互印证,并排除串供、逼供、诱供等可能性的,可以认定被告人有罪。"该条进一步明确了是"被告人的供述要与其他证明犯罪事实发生的证据相互印证",而不是之前《关于办理死刑案件审查判断证据若干问题的规定》中容易产生歧义的是否是"根据被告人的供述、指认提取到了隐蔽性很强的物证、书证与其他证明犯罪事实发生的证据相互印证"。

从死刑案件扩展到普通刑事案件。

综上，对于口供的补强，只要补强证据能够在案件事实的三个方面——损害结果、犯罪行为、犯罪主体——与口供相互印证，那么口供即得到补强，口供的真实性即得到担保，口供所包含的案件事实即得到确认，法官也可据此形成被告人有罪的心证。需要强调的是，口供需要补强的三个方面中，犯罪主体的补强，即被告人与犯人同一，可以通过隐蔽性证据的提出进行补强。但隐蔽性证据的提出仅是补强犯罪主体同一的一种方法。司法实践中，任何可建立被告人与犯罪之间有关联的证据，都可以用来作为犯罪主体面的补强证据。例如，目击证人重述或视频监控播放被告人的犯罪过程就可直接与口供相互印证，证明被告人就是犯人；或是以间接的方式，推论被告人与犯人应为同一人，例如凶刀上之指纹为被告人所有，被告人藏有凶刀或拥有运送被害人尸体的车辆。[1] 从这几个例子看，可证明被告人与行为人同一的证据所指涉的犯罪事实不少都包含在犯罪的客观面，即犯罪行为或犯罪结果之中。但无论如何，补强证据所应补强的对象，除了传统的罪体，还必须能在客观上证明被告人与行为人的同一。

(3) 犯罪主观面的供述无需直接补强

犯罪的主观面无须补强似乎已成口供补强规则的共识。通说认为，犯罪之主观面系以被告人之内心状态为探讨对象，除自白以外无其他证据存在乃属不常之事。故在犯罪主观面之证明上，若一再要求须有补强证据，反而会被视为苛求过度。[2]

不容否认，有关犯罪之主观面，如故意、过失、明知、目的等确实发自被告人内心，除了口供能直接反映，并无其他证据。但从实体法的角度而言，反映某一犯罪构成要件或要素的主观面，如果仅由口供支撑，一旦被告人在庭审中否认或翻供，将会出现罪与非罪、此罪与彼罪的重大认定偏差。这对于检察院指控犯罪和法院定罪都会产生重大影响。

---

〔1〕 参见李佳玟：《自白的补强法则》，载《月旦法学杂志》总第177期（2010年第2期），第314页。

〔2〕 参见民间司法改革基金会、何赖杰、黄朝义、李茂生：《徐自强掳人勒赎杀人案》，载《月旦法学杂志》总第102期（2003年第11期），第215页。

携带毒品案

甲因携带毒品海洛因一包,被办案人员查获。经审讯,甲供述被查扣的毒品是为贩卖而买入。检察官起诉甲涉嫌贩卖毒品罪(未遂)。审判中,甲翻供称,因侦查阶段接受讯问时办案人员有威胁、欺骗等不文明取证行为,甲本身也胆小怕事,故承认毒品系贩卖所用。但事实上,甲有吸毒史,身上被查获的毒品系供自己吸食所用,并未有贩卖意图。

本案中证明甲携带海洛因毒品是客观事实,甲亦对此作出供认,但问题是,海洛因是甲用来贩卖还是自己吸食,如果全凭口供来认定,那么在认定甲是构成贩卖毒品罪还是非法持有毒品罪上就存在很大分歧,这将会导致检察院在指控犯罪和法院定罪上陷入被动。本评注认为,对于口供中涉及主观要件或要素的内容,仍然需要"补强",以避免因为被告人的翻供而陷入诉讼中的被动。但这里的"补强"并不是通过再收集其他证据补强,而是根据已有的补强证据,如客观行为等,依逻辑推理、经验法则进一步推论出被告人的主观面,实现推论与口供中涉及的主观要素的吻合;同时还要证明被告人的口供系自愿作出。上述案例中,办案机关可以通过对甲所查获的海洛因的分量、甲的吸毒史即是否最近仍在吸食毒品,以及甲是否曾遭遇了威胁、欺骗等非法取证行为,来综合判断甲是否有贩毒行为。诚如研究者指出:"犯罪的主观方面是犯罪行为人的主观心理状态,一般都是通过对客观行为的推定来认定的。如果被告人供述了犯罪的主观心理状态,结合客观行为予以认定就可以了,不必要进行补强。因为,证明主观犯意或意图的证据,很难取得,所以,不应要求对其予以证明之补强证据。"[1]

(4)小结

在口供补强规则中,为了担保口供的真实性,不能硬性要求供述的各个方面都要有证据补强。一般来说,补强的对象以口供所指向的犯罪的客观面为界,包括犯罪行为、犯罪结果以及犯罪主体三个方向。至于犯罪的主观面,一般由客观事实或行为推定确认,而用来推定的客观事实或行

---

[1] 卫跃宁:《口供制度研究》,中国政法大学2005年博士学位论文,第212—213页。

为要有一定证据的支持。

针对被告人就是犯罪行为人的同一认定,实践中常用隐蔽性证据加以补强。但这种补强在"由供到证"的案件中一般问题不大。但是在"由证到供"的案件中则会产生问题。如果办案机关已经收集了相关的物证、书证,那么这种隐蔽性证据的补强也可能是透过刑讯、指供、诱供等非法的方法安排出来的假象。因此,在通过隐蔽性证据补强被告人就是犯罪人的过程中,首先要甄别有无事先安排的假象。一般的方法是,先审查口供取得的合法性,即衍生出物证、书证的口供是不是合法取得。

(五)口供补强的程度

在口供补强规则中,补强证据的数量与效果(证明力或证明价值)等达到何种程度即可? 从国外来看,美国有两种主张:一种称为"独立说",是指除口供之外的补强证据,都应当达到排除合理怀疑的证明程度;另一种可称为"结合说","以自白与补强证据结合,考虑检方对于所诉被告犯罪本体的证明是否达到排除合理怀疑的程度"[1],就可以认定口供的证明力。与美国相同,日本也有"绝对说"与"相对说"两种不同观点。"绝对说"认为仅依补强证据足以形成一定心证程度之证明力;"相对说"认为只要补强证据与自白两者之相互关系得以达到证明事实程度即可。[2]

本评注并不赞同美国的"独立说"和日本的"绝对说"。不容否认,最理想的补强效果当然是口供中的所有内容都能得到其他证据的补强。这其实相当于补强证据所证明的内容与口供所涵盖的事实信息能相互印证,达到排除合理怀疑的程度,口供的真实性自然可以获得最大程度的确认。但这在司法实践中难以做到。我国台湾学者就认为:"惟非对于被

---

[1] 1982年伊利诺州的一个案例指出:"如果独立证据倾向于证明犯罪的发生,且这些证据可以与供述中包含的事实所佐证,那么在认定罪体的时候这些证据可以与供述结合在一起加以考虑。在此情形中,独立的证据在证实犯罪发生时不需要达到排除合理怀疑的程度。" See *People v. Willingham*, No. 54756, Feb. 2, 1982.

[2] 如日本最高裁判所昭和24年4月7日判决,刑集,3卷4号,489页;最高裁判所昭和23年10月30日判决,刑集,2卷11号,1427页;最高裁判所昭和28年5月29日判决,刑集,7卷5号,1132页。转引自司法改革基金会、何赖杰、黄朝义、李茂生:《徐自强掳人勒赎杀人案评析》,载《月旦法学杂志》总第102期(2003年第11期),第217页。

告自白之事实均需要补强证据。因之,对于一部分之事实,自白仍可作为唯一证据。例如对于犯罪构成事实之主观要素(故意、过失或目的犯之意图),显难要求另有补强证据。"[1]退一步来讲,即使能毫无遗漏地收集到与口供相印证的所有补强证据,那就意味着补强证据已能单独证明案件主要事实或全部事实,口供的证明价值其实已被架空,因为此时法官已经形成定案心证,这似乎又走向了零口供的歧途。比较而言,美国的"结合说"和日本的"相对说"较为现实,但可操作性仍然不强。因为,补强证据对法官形成的所谓"一定心证"之程度较为模糊,而且补强证据与口供如何能够结合并相互作用达到对案件事实证明的"排除合理怀疑"呢?这仍是一种理论上的"想象推演"。

有学者从反面提出了补强程度的禁止性内容:"一般来说,对补强证据不要求其达到单独使法官确信犯罪事实的程度,但也不是仅仅要求对口供稍有支撑。"[2]如何使补强证据既不替代口供,又能对口供的真实性起到切实的支撑、肯定和强化作用?既然补强证据能够越大范围地支撑、印证口供中的信息,那么口供就愈发可信,补强效果就愈好。口供补强的程度就应与具体的补强对象结合,划定一个补强的范围,当补强证据的数量和证明效果能够涵盖到这个范围,同时与口供相互作用、支撑、印证,那么整个口供可信度就高,补强程度就达到了要求。至于这个补强对象的范围,宜划定在证明犯罪事实的客观面,即犯罪主体、犯罪行为、犯罪结果。针对三个客观面,如果既有的补强证据能够与口供相互印证,至少可以产生两个方面的证明效果:一是有补强证据证明发生了犯罪事实,例如,有尸体且证明是他杀,或烧毁的房屋证明是他人纵火而非意外起火;二是有补强证据证明该犯罪事实是被告人张三所为。在此过程中,补强证据的程度要求正是通过与补强对象范围的结合得以具象化。该补强程度也与"结合说""相对说"类似。诚如有学者所言,补强的程度应为"整体上能保障不失去'被告人有犯罪事实'的真实性就行了"[3]。

不容否认,上述对补强程度的要求虽然能在实践中施行,但不免在理

---

[1] 蔡墩铭、朱石炎:《刑事诉讼法》,五南图书出版有限公司1981年版,第105页。

[2] 龙宗智:《相对合理主义》,中国政法大学出版社1999年版,第459页。

[3] [日]小野清一郎:《犯罪构成要件理论》,王泰译,中国人民大学出版社2004年版,第261页。

论上引发质疑。因为,当补强证据所证明的事实,仅与口供所涵盖的部分案件事实(主体、结果、犯罪行为)相互作用印证时,就视为完成了补强的程度要求,验证了口供的可靠性,进而确证了口供所包含的所有案件事实的真实性,这种定罪判案的做法是否有"部分为真则全部为真""以偏概全"之嫌呢?毕竟口供中所包含的其他事实信息,如犯罪的主观面、量刑的加重情节等仅有口供证明,并没有其他补强证据支撑,这样定案是否会引发误判?特别是在认罪认罚案件中,这种风险更容易存在。

对此可作如下理解:中国的口供补强其实就是对口供中所涵盖的部分重要事实进行印证。如前所述,补强的内容越多,口供中所涵盖的事实信息被印证的也就越多,口供的可信性与可靠性自然就越强,补强的程度自然就越高。但这种补强显然需要更多的其他证据来维系和支撑,并不符合司法实践。毕竟证据属于稀缺性资源,并不是在每个案件中都能全面收集、轻松获取。因此,就需要寻求口供中比较重要的关键事实,即前文所说的三要素(结果、犯罪行为、主体同一)。简言之,当这些关键性的事实"节点"被补强,就会产生两大效果:一是案件基本的定性不会出错,可以得出"犯罪确实有,人也没搞错"的基本论断,这就排除了两个方面的可能性:所发生的案件不是犯罪事件,或者犯罪事件根本没有发生;或是所发生的犯罪行为不属于被告人所为,存在着其他人实施犯罪行为的可能性[1],即不会出现无辜之人承认本没有发生的犯罪事实(假案),也不会出现无辜之人承认其未曾实施的但确已发生的犯罪事实(冤案),发生误判的可能性会大为降低。二是当口供中的几个关键事实得到补强和确认,也同时意味着口供本身的可信性得到进一步强化。既然口供更可信,那么口供所主张的其他并没有被补强的事实也"更可能是真的"。

> **凶刀杀人案**
>
> 被告人供述证明其整个犯罪过程,根据被告人的供述在其家后院地窖内起获作案用的凶刀,经过鉴定凶刀上有被害人的血迹以及被告人的指纹。另外,被害人的尸体情况与被告人供述中的关于杀害被害人的内容相印证。

---

〔1〕 参见陈瑞华:《刑事证据法的理论问题》(第二版),法律出版社2018年版,第314页。

上述证明体系中,在用其他证据去印证被告人供述中的各个具体事实,这种印证其实就是对口供的补强。如果被告人供述中涉及10个内容点,经过侦查能够找到9个证据分别对其中的9个内容点进行印证,但还有1个点没有证据去补强,那就是被告人供述中关于被害人起先对其辱骂、威胁的事实——在被害人当场死亡的情况下,这段事实没有任何其他证据印证,除非现场有目击者或者监控录像。但法庭最后仍然对被告人的全部供述内容予以认定,原因无非是被告人供述中的10个内容点中有9个点都能被其他证据印证,最后一个点虽然不能被其他证据印证,但也没有其他相反证据,也未违反经验法则,所以被告人的供述在整体上是可信的,最终认定10个内容点都是事实,包括最后那个无法被其他证据印证的内容。[1] 这一论证过程不仅坚持了较为严谨的经验主义立场,而且与口供补强规则也并无矛盾。如前所述,口供补强规则是定罪规则,强调仅有口供这一种证据不能定罪,但并没有说仅有口供不能认定案件中的部分事实。反过来说,如果口供是可信的,案件中部分事实仅有口供证明也可确证。当然确证的前提还包括没有相反或其他的解释,即控辩双方都未能提出其他解释,未形成有效的其他"事实争点",法院便可仅依据口供认定部分案件事实[2],上述案件中的做法恰恰符合这一逻辑推断。日本学者也曾指出:"既然口供已经属于证据之一,那么就不应要求对犯罪事实各部分全都要有补强证据,而且如果依据对相当一部分的补强证据就可以达到确认被告人犯罪事实的全体的话,仅有口供就足够了。这种观点还是合适的。"[3]

当然,不容否认,由于供述人趋利避害的心理,以及口供内容的复杂性。口供半真半假、真假并存的现象时有发生。当口供所涵盖的上述三要素得到了印证确认,虽然可以保证案件认定的基本方向不会错,口供也更为可信。但口供中部分、小部分或极少部分内容还是可能会出现偏差错误,这种例外情形不能排除。这就类似"三点一面"的几何原理,补

---

[1] 参见赵鹏:《刑事出庭修炼手册:成为高手的100个思维策略》,法律出版社2017年版,第32页。

[2] 参见李昌盛:《证据确实充分等于排除合理怀疑吗?》,载《国家检察官学院学报》2020年第2期,第104页。

[3] [日]小野清一郎:《犯罪构成要件理论》,王泰译,中国人民大学出版社2004年版,第260—261页。

强证据所证明的客观面上的三个要素事实可视为三个"点",口供所证明的主要或全部案件事实可比作待证的"面",如果补强证据所证明的事实"点"与口供事实能够重合印证,根据点面关系,口供所包含的案件事实"面"的可靠性即可得到检验。但也存在低概率的偶然或例外,就是出现"三点在一线不能证成面"的情形,此时单凭口供认定那些没有被补强的供述就存在出错的风险。但其实与"排除合理怀疑"不能百分之百证事实一样,是法官心证不可避免的"缺憾"。在口供补强规则中,根据补强证据考量口供可靠性的方案不能绝对保证认定的案件事实不出现任何差错,但这是在司法资源有限,法官又必须裁判的情况下司法所必须付出的代价,属于法律所允许、正义所容忍的范围。法官没办法回溯历史,还原过去的客观真相,但补强规则却可以帮助他们最大可能地接近真相,解决司法裁判中的种种问题。

除此以外,司法机关还应重视口供补强规则的配套保障机制,避免实践中的顶包案、指供和诱供案破坏口供补强规则的适用环境。为此,有必要再做一个排除法,那就是在口供补强规则划定补强对象,确定补强程度的同时,设定外在保障措施,其一,口供是合法取得,不存在刑讯逼供、引供、诱供的现象;其二,某些犯罪案件中要审查犯罪动机,避免顶包、替身现象的出现。

三、"零口供"的定罪规则

本条第1款还规定,"没有被告人供述,证据确实、充分的,可以认定被告人有罪和处以刑罚",这其实是指在没有被告人供述的情况下,如果经法庭审理查证属实的其他证据确实、充分,可以证明被告人有罪的,也可以对被告人定罪判刑。

(一)"没有被告人供述"意味着本案"零口供"

"没有被告人供述"意味着本案为"零口供"。[1] 产生"零口供"有如下几方面的原因:一是犯罪嫌疑人、被告人没有供述;二是供述为刑讯

---

[1] 当然,这里的"零口供"并不排斥全案证据中存在被告人辩解,但依据"没有被告人供述,证据确实、充分的,可以认定被告人有罪和处以刑罚"的规定,被告人最终被定罪处罚意味着案件中即使有被告人的无罪辩解其实也未被法院接受采信,所以本评注将"没有被告人供述"等约为本案"零口供"。

逼供等非法取证手段所收集,后被依法排除;三是供述经审查判断不属实、不可信,为虚假证据,不能作为定案的根据。总之,"没有被告人供述"意味着在案证据中可以定罪的没有供述这类证据。值得注意的是,这里的"供述"不是"只有被告人供述,没有其他证据的,不能认定被告人有罪和处以刑罚"中可以单独用来定罪的"供述"。只要是主动供述或承认有罪,哪怕仅涉及案件事实的片段或情节,都可以认为是这里的"供述"。从这个角度来看,本条第一款中的两个"供述"含义并不相同,同一用语具有相对性。

(二)"零口供"背后的间接证据定罪规则

在"没有被告人供述"的情况下,本款"证据确实、充分"中的"证据"其实就是指供述外的"其他证据",至于"其他证据"仍应按照前文分析的从形式和实质两方面作出解释,即"其他证据"是供述之外的其他(法定)种类的证据,且"其他证据"能与供述作出实质性区分。

在没有被告人供述,即在"零口供"案件中,依证据对被告人定罪的类型主要有两种:一是有一个或者多个直接证据,以及若干间接证据;二是仅有间接证据。一般而言,第一种情形在实践中如果出现,定罪的逻辑和规则并不复杂,一般也需要直接证据——如被害人陈述、证人证言、视听资料等——被其他间接证据补强或印证。当然,如果在口供外有多个直接证据彼此印证,对被告人定罪则更为简单。

真正需要讨论和注意的是第二种情形,即如何在"零口供"案件中依间接证据定罪。《高法解释》第140条规定,"没有直接证据,但间接证据同时符合下列条件的,可以认定被告人有罪:(一)证据已经查证属实;(二)证据之间相互印证,不存在无法排除的矛盾和无法解释的疑问;(三)全案证据形成完整的证据链;(四)根据证据认定案件事实足以排除合理怀疑,结论具有唯一性;(五)运用证据进行的推理符合逻辑和经验。"据此,依间接证据认定被告人有罪,须达到全案间接证据"属实性""一致性""完整性",且结论"唯一性""合理性",共计五个方面的要求。

四、认定"证据确实、充分"的条件

本条第2款规定了定罪量刑的证明标准,即认定"证据确实、充分"的三个条件。刑事诉讼法在其他条款中规定的"证据确实、充分",也都适用本款规定的认定条件。通过对本条第2款有关证明标准各项条件的

分析,可以发现,"证据确实、充分"的证明标准是证据质与量的统一、依证据断案主观与客观的统一。

(一)定罪量刑的事实都有证据证明

"定罪量刑的事实都有证据证明"是指作为认定犯罪嫌疑人、被告人是否犯罪、犯何种罪,决定是否对其判处刑罚,判处何种刑罚所依据的事实,包括构成某种犯罪的各项要件事实以及影响量刑的各种情节,都要有相应的证据加以反映。该项规定反映了两个方面的重要内容。

一是体现了证据裁判原则。"要求定罪量刑的事实都有证据证明,是一项体现证据裁判原则的基础性要求。"[1]认定案件事实必须以证据为根据,对被告人的定罪量刑当然也需要证据支撑,而不是仅凭猜测、假设、占卜等对事实作主观臆断,这是证据裁判原则的基本要求。

二是体现了对证据"量"的要求。"定罪量刑的事实'都'有证据证明",强调定罪量刑不仅要坚持证据裁判原则,以证据为根据和基础,还要求证据的数量必须达到一定的程度和要求。一般认为,证据量的多少影响着法官裁判案件的正确性,但不计成本的追求证据量的"充足"会对有限的司法资源形成挤压,降低诉讼效率。所以,要求案件中的所有细节性事实都有证据证明是不现实的,也是没必要的。如何对证据的量划定标准,依本条第 2 款第 1 项的规定,可以根据证明对象来划定范围与边界,只有与定罪量刑有关的全部证明对象都有证据反映才达到了证据"量"的标准,符合证据的"充分"性。

(二)据以定案的证据均经法定程序查证属实

"据以定案的证据均经法定程序查证属实"是指经过公检法等办案机关按照法律规定的程序,包括经 2012 年《刑事诉讼法》新增加的非法证据排除规则程序等的审查,对据以定案的证据确证真实可靠。该项规定也反映了两个方面的内容。

一是体现了对证据"质"的要求。定案的证据必须查证"属实",强调每一项证据的"质地"要经过检验,必须是可靠的、真实的,才能符合证据的"确实"性,才能作为定案的根据。如果按照我国传统的证据"三性"来分析,证据属实是证据"客观性"的体现,与"虚假性"相对。

---

[1] 龙宗智:《中国法语境中的"排除合理怀疑"》,载《中外法学》2012 年第 6 期,第 1125 页。

二是体现了对证据查证属实过程中的法定性和程序性要求。传统证据法学理论认为,证据"三性"中的合法性是指,"证据的形式以及证据收集的主体、方法和程序应当符合法律的规定,并且证据必须经过法定的审查程序"[1]。据此,证据的合法性应当具备如下要素:取证主体合法、证据的表现形式合法、取证方法合法、法定(庭)审查程序合法。反之,如果上述证据要素缺失,该证据即被视为不合法,不得作为定案的根据。定案证据要经"法定"程序查证属实的规定显然是受到了传统理论中证据合法性标准的影响。"据以定罪量刑的证据均已由法庭查证属实,即用以证明犯罪事实成立的证据的合法性已被法庭确认。"[2]这是对定案证据"合法性"的要求。另外,如果说《刑事诉讼法》第50条第3款仅规定了"证据必须经过查证属实,才能作为定案的根据",没有规定查证属实的方式方法,那么本条第2款则明确表达了这一方式方法是要经法定"程序",即在运用证据发现和认定案件事实的过程中,必须尊重体现一定价值的刑事程序的要求,这又体现了对证据查证过程中的程序性要求。另外,证据查证属实要"经法定程序"在不同的诉讼阶段是有差异的,在审判阶段主要是须经过举证、质证和认证环节,相关论述在《刑事诉讼法》第50条评注【法条注解】"三、'证据'向'定案的根据'的转化"已有详细阐述,故不再重复。

(三)综合全案证据,对所认定事实已排除合理怀疑

本项规定引入了域外"排除合理怀疑"的证明标准。一般认为,域外的证明标准,如"排除合理怀疑""内心确信"都具有一定的主观性,与我国的证明标准,即"证据确实、充分"的客观性特点相对。不少研究认为,主观性的证明标准符合司法实践中侦查人员、检察人员和审判人员在个案中自行判断、主观抉择的现实情况,是以裁判者的内心对案件事实的认知程度作为定罪的证明标准。主观性的证明标准比较好感觉、好把握,应当积极引入,替代原有过于泛化、抽象的证明标准,从而推动我国的证明标准从客观转向主观,从"客观真实"转向"法律真实"。然而,从立法机关对本项的解释说明看,"本条使用'排除合理怀疑'这一提法,并不

---

[1] 陈光中主编:《刑事诉讼法》(第七版),北京大学出版社、高等教育出版社2021年版,第175页。

[2] 黄太云:《刑事诉讼法修改释义》,载《人民检察》2012年第8期,第16页。

是修改了我国刑事诉讼的证明标准,而是从主观角度进一步明确了'证据确实、充分'的含义,便于办案人员把握"〔1〕。刑事诉讼中的证明标准在引入了排除合理怀疑后更多的是坚持了"主客观相统一"的办案要求和证明标准,并没有变相否定或弱化"证据确实、充分"的证明标准。而且从本条第 2 款的条文结构看,"排除合理怀疑"仅仅是"证据确实、充分"的一个必要条件(补充),而非充分条件。在司法实践中,如果综合全案,对案件事实存在合理怀疑且难以排除,则不能对被告人定罪量刑。反之,如果对案件事实排除了合理怀疑,并不意味着证据已经达到了确实、充分的程度。"排除合理怀疑进入新《刑事诉讼法》,只是为我国刑事司法实践中如何判断'证据确实、充分'增加了一个容易操作的主观性标准,但这并不意味着《刑事诉讼法》长期以来坚持的'排他性''唯一性'的证明标准已经被动摇。"〔2〕

1. 怀疑什么:排除合理怀疑的适用对象

如果对本项规定作文义解释,排除合理怀疑是以对"全案证据"判断为前提,是对案件事实,即犯罪构成要件事实与量刑事实的综合判断。从我国立法和司法机关对排除合理怀疑的认识来看,其强调排除合理怀疑与案件事实"排他性""唯一性"的对应和可通约性。例如,最高人民法院原院长肖扬就曾指出,"如果认定犯罪的事实不清、证据不足,特别是影响定罪的关键证据存在疑问,不能排除合理怀疑得出唯一结论的,就应当坚决按照'事实清楚,证据确实充分'的裁判标准,果断作出证据不足、指控的犯罪不能成立的无罪判决"〔3〕。陈光中教授主编的刑事诉讼法经典教材也指出:"我国《刑事诉讼法》中规定的'排除合理怀疑',是指排除符合常理的、有根据的怀疑,不仅包括'最大程度的盖然性',而且包括结论之'确定性''唯一性'。"〔4〕总之,对案件事实排除合理怀疑的反面其实就是只应

---

〔1〕 王爱立、雷建斌主编:《刑事诉讼法立法精解》,中国检察出版社 2019 年版,第 99 页。

〔2〕 陈光中主编:《〈中华人民共和国刑事诉讼法〉修改条文释义与点评》,人民法院出版社 2012 年版,第 68 页。

〔3〕 肖扬:《充分发挥刑事审判在构建社会主义和谐社会中的司法保障作用》,载《中国审判》2006 年第 10 期,第 9 页。

〔4〕 陈光中主编:《刑事诉讼法》(第七版),北京大学出版社、高等教育出版社 2021 年版,第 192 页。

有一种可能性结论,从诉讼阶段上看,它是对全案事实的一个最终判断。

一些研究者认为,排除合理怀疑的对象也包括对个别证据可靠性的判断,以及对案件局部事实的判断。[1] 本评注对此不敢苟同。

首先,从文义解释的角度看,这与我国立法的规定相冲突,排除合理怀疑的适用前提必然是"综合全案(证据)所认定的事实",也就是办案人员在对每一项证据查证属实的基础上,经过对证据的综合审查,运用法律知识和逻辑、经验进行推理、判断,对全案事实的认定,而非对其他单个证据或局部事实的认定。

其次,从体系解释的角度看,本条第2款共有三项,对单个证据可靠性、真实性的判断属于第2项,只有经法定程序查证,且查证属实的各个证据才会进入本条第3项综合判断阶段。"证据的审查判断是审查证据的客观性、合法性、关联性,从而取舍证据的过程,是全案证据综合分析的前置环节……单个证据的审查判断主要依靠证据规则。违背了任一证据规则,该证据材料就会因不具备某一项证据特性而被弃之不用,不会成为综合分析全案证据的材料"。[2] 所以对单个证据、局部事实的可靠性、真实性的判断是证据调查的任务,不是排除合理怀疑的工作。

最后,从法律效果看,对单个证据的疑问与对全案事实的合理怀疑产生的法律效果不同。某一证据的合法性、真实性有疑问可以经过法定的证据调查程序查证,如果确实不能查证,要么排除该证据,要么不得将其作为定案的根据,但综合全案仍然可能认定被告人有罪并处以刑罚。[3] 但排除合理怀疑是针对全案事实而言,如果全案事实不能排除合理怀疑,那么对被告人将适用疑罪从无的规则,即指控的犯罪事实不能成立。从这个角度看,排除合理怀疑与疑罪从无紧密相关,都是针对全案事实的

---

[1] 参见龙宗智:《中国法语境中的"排除合理怀疑"》,载《中外法学》2012年第6期,第1136页;纵博:《"排除合理怀疑"适用效果的实证研究——以〈刑事诉讼法〉修改前后共40件案件为样本》,载《法学家》2018年第3期,第43页。

[2] 杨斌:《正确界定"合理怀疑"的内涵》,载《检察日报》2016年7月27日,第3版。

[3] 不可否认,对某个关键证据存疑可能导致对全案事实的唯一性产生合理怀疑,但这里的合理怀疑是结合全案其他证据形成的(综合其他证据,对关键证据的质疑也可能会被消除),属于综合全案证据分析的阶段,而非产生于该单个证据的审查判断环节。因此,对单个证据的审查判断,只涉及存疑取舍的问题,并不是要去证明全案事实是确定还是存疑,因而不存在适用合理怀疑的空间。

最终判断。前者是证明标准且提供了断案的方法,即疑点的发现、验证和排除的方法,后者是断案的结论或者说是裁判规则。诚如学者所言:"正是在此一证明标准正式确立之后,无罪推定才引申出这样一条著名规则:如果对被告人有罪的证明存在合理的怀疑,则应作有利于被告的推定或解释。"[1]

综上,排除合理怀疑的适用对象并不是个别证据或局部事实,排除合理怀疑也不是用来指导(事实审)法官如何评价某一证据证明力的评价方法或证据法则,而是在"综合全案",即对全案证据评价结束之后才能运用的事实认定方法和证明标准。其运用的时点是在法官对案件事实评价的最后阶段,这里所称的"最后",是指法官依法践行审判程序并调查证据之后,依自由心证原则综合评价所有"出自审判的证据",如果对被指控的犯罪事实仍然有合理怀疑,法官对被告人有罪的指控无法形成内心确信,则应对被告人疑罪从无。

2. 何为合理怀疑

什么样的怀疑算是合理怀疑,不少研究给出了不同的解释。如认为合理怀疑是"不带偏见的人,经过审慎的思考,在一定的根据(证据)基础上所提出的'充分的怀疑'或'现实的怀疑'。"[2]美国联邦第二巡回上诉法院在标准陪审团指示中指出:"合理的怀疑是一种基于理由和一般常识的怀疑——这种怀疑类型会使一个理性之人在行动之前犹豫不决。因此,排除合理怀疑的证明,是如此地令人信服,以致你们在日常生活中面临重要事项作出决定时会毫不犹豫地据此采取行动。"[3]还有的研究是从合理怀疑的反面进行解释:"所谓合理之怀疑,必非以下各种的怀疑:非任意妄想的怀疑(fanciful doubt)。非过于敏感机巧的怀疑(ingenious doubt)。非仅凭臆测的怀疑(conjecture)。非吹毛求疵,强词夺理的怀

---

[1] 汤维建、陈开欣:《试论英美证据法上的刑事证明标准》,载《政法论坛》1993年第4期,第78页。

[2] [日]中川孝博:《超越合理性怀疑的证明——刑事审判中证明标准的功能》,日本现代人文社2003年版,第264—369页,转引自龙宗智:《中国法语境中的"排除合理怀疑"》,载《中外法学》2012年第6期,第1131页。

[3] Edward J. Devitt et al. , Federal Jury Practice and Instructions, § 12. 10, West Pub. Co. ,354 (4th ed. 1987). 转引自肖沛权:《排除合理怀疑及其中国适用》,载《政法论坛》2015年第6期,第54页。

疑(captious doubt)。非与证言无徵(unwarranted by the testimony)的怀疑。非故为被告解脱以逃避刑责(to escape conviction)的怀疑。如果属于以上各种的怀疑,即非通常有理性的人,所为合理的、公正诚实的怀疑。"〔1〕

本评注认为合理怀疑是指建立在一定的理由之上,有合理根据的怀疑。没有根据的任意猜测、无端质疑以及吹毛求疵都不能算合理怀疑。从产生合理怀疑的理由、根据出发可作如下分析。

首先,怀疑的合理根据可以是部分证据材料。例如,被告人被指控盗窃了某超市的若干烟酒,其中关键的证据有目击证人的证言、被害人提供的烟酒被盗的数量和金额、被告人盗窃及销赃的供述(被盗烟酒的下落未查清)。庭审中,辩护人辩解称被告人盗窃的烟酒可能是假烟假酒,最终认定的盗窃金额达不到定罪标准。不容否认,本案中辩护人的意见确实是一种怀疑,但这种怀疑是在没有任何证据材料支持的情况下作出的,并不能称为合理怀疑,只能视为凭空猜测、无端怀疑。但如果辩护人提出证据证明该烟酒超市在近三个月因销售假烟假酒或劣质烟酒被市监局处罚多次,这就会使法官对本案被盗的烟酒的真假、优劣产生合理怀疑。控方要为此举证消除怀疑。

其次,怀疑的合理根据还可以是逻辑规则、经验法则。"合理怀疑不是只凭想象或轻率的怀疑,也不是指基于同情或偏见的怀疑,它是基于推理和常识,而这些推理和常识必须合乎逻辑地建立在证据基础之上。"〔2〕值得注意的是,这些作为基础的证据可以是新发现的证据,也可以是既有的在案证据。著名刑辩律师田文昌曾办理过一起案件:被告人是个农民,杀死了村支书,事实清楚,被告人供认不讳,一、二审都判处死刑。田律师在死刑复核阶段接受家属委托担任辩护人,通过阅卷发现了一个一、二审律师、公诉人和法官都没有注意到的重大问题:弹道痕迹显示,子弹是从被害人腰部射入,从锁骨穿出。这种情况下,如果是被告人故意开枪,需趴在地上射击才可能形成这样的弹道痕迹。但在案证据并没有反映被告人有趴在地上射击的行为。据此,田律师向法庭提出,本案事实不能排除枪走火的可能。田律师在本案中提出的合理怀疑,即被告

---

〔1〕 李学灯:《证据法比较研究》,五南图书出版有限公司1992年版,第667页。
〔2〕 卞建林、张璐:《我国刑事证明标准的理解与适用》,载《法律适用》2014年第3期,第19页。

人并非故意而是过失致人死亡的怀疑并没有新发现的证据予以支撑,而是依据在案证据,通过经验常识和逻辑推断得出,同样使法官产生了合理怀疑。后经进一步了解,得知被告人和村支书因为有矛盾,有多次争吵,有一次喝了酒拿着枪又去找村支书算账,走到村支书家门口担心自己酒后控制不住,就把枪放在院墙外面,只身进去。进去后两人没说两句就又吵了起来,被告人一生气,回头取了枪又进院。刚进院子,村支书夫妻就过来了,村支书的老婆和被告人夺枪,在夺枪过程中枪响了。至于被告人为什么没有向办案机关陈述这些事实情节,是因为被告人认为:杀人偿命,天经地义,没必要说那么多。[1]

▶▶【法条评点】

一、有关证明标准适用条件的关系和排序问题

本条第2款有关"证据确实、充分"的证明标准有三项要件,这三项要件彼此联系,融为一体,共同构成了定罪量刑的证明标准。详言之,认定"证据是否确实、充分"一定要建立在"定罪量刑的事实都有证据证明"和"据以定案的证据均经法定程序查证属实"这两项要件的基础之上,然后综合全案证据对案件事实进行判断是否能够"排除合理怀疑",而不能孤立地适用。

在实务操作中,应当强调作业流程上的先后次序。一般认为,对证据的审查,应当先审查单个证据的"质",即证据是否确实、可靠,也就是据以定案的证据是否均经法定程序查证属实,确信后方能进入对证据"量"的审查判断,即所有经过"质"的审查的证据能否与案件中定罪量刑的事实一一对应,没有短缺,也就是定罪量刑的事实是否都有证据证明,在此基础上再综合全案证据,判断所有经过"质""量"审查的证据所反映的案件事实是否能够在裁判者心中排除合理怀疑。

上述依证据定案的审查判断路径是从个别到整体、从局部到全部、从客观到主观,符合一般的思维习惯和经验逻辑,是较为科学的断案方式。也许正是受到该断案思路的影响,2012年《刑事诉讼法》将旧法中"证据

---

[1] 参见张军、姜伟、田文昌:《新控辩审三人谈》(增补本),北京大学出版社2020年版,第144页。

充分确实"修改为"证据确实、充分",并在"确实""充分"间用顿号隔开,表示两者同等重要以及对两者的审查应当前后相继,有序进行。从这个角度看,有必要对本条第 2 款中第 1 项和第 2 项的位置作出调整。将对证据"质"的审查放到"量"的审查之前,以更加符合依证据定案的思维路径和经验逻辑,也与证据标准中"确实""充分"的前后排序相对应。

第五十六条 【非法证据排除】采用刑讯逼供等非法方法收集的犯罪嫌疑人、被告人供述和采用暴力、威胁等非法方法收集的证人证言、被害人陈述,应当予以排除。收集物证、书证不符合法定程序,可能严重影响司法公正的,应当予以补正或者作出合理解释;不能补正或者作出合理解释的,对该证据应当予以排除。

在侦查、审查起诉、审判时发现有应当排除的证据的,应当依法予以排除,不得作为起诉意见、起诉决定和判决的依据。

▶▶【历次修法条文对照】

1979 年《刑事诉讼法》	1996 年《刑事诉讼法》	2012 年《刑事诉讼法》	2018 年《刑事诉讼法》
第五章 证据	第五章 证据	第五章 证据	第五章 证据
无	无	**第 54 条**:采用刑讯逼供等非法方法收集的犯罪嫌疑人、被告人供述和采用暴力、威胁等非法方法收集的证人证言、被害人陈述,应当予以排除。收集物证、书证不符合法定程序,可能严重影响司法公正的,应当予以补正或者作出合理解释;不能补正或者作出合理解释的,	**第 56 条** 内容未修订

(续表)

1979 年 《刑事诉讼法》	1996 年 《刑事诉讼法》	2012 年 《刑事诉讼法》	2018 年 《刑事诉讼法》
第五章　证据	第五章　证据	第五章　证据	第五章　证据
		对该证据应当予以排除。 　　在侦查、审查起诉、审判时发现有应当排除的证据的,应当依法予以排除,不得作为起诉意见、起诉决定和判决的依据。	

▶▶【立法沿革】

本条为 2012 年《刑事诉讼法》新增条文。2018 年《刑事诉讼法》修改时,本条内容未有调整,仅有条文序号的变化。

1979 年《刑事诉讼法》第 32 条规定:"严禁刑讯逼供和以威胁、引诱、欺骗以及其他非法的方法收集证据。"这是最早针对某些取证行为作出的禁止性规定,对于非法证据概念的界定有一定影响,但该规定没有明确采用刑讯逼供、威胁、引诱、欺骗以及其他非法方法收集的证据会有何程序上的法律后果,即证据是否被排除,取证行为是否归于无效以及须重做等都未有规定,所以当时的立法只能算是确立了一个"没有牙齿"的"非法证据规则"。

1994 年最高人民法院印发《关于审理刑事案件程序的具体规定》(已失效)第一次规定了非法证据须排除的内容,第 45 条中规定:"严禁以非法的方法收集证据。凡经查证确实属于采用刑讯逼供或者威胁、引诱、欺骗等非法的方法取得的证人证言、被害人陈述、被告人供述,不能作为证据使用。"该规定对 1996 年《刑事诉讼法》的修订产生了不小影响。当时基于遏制刑讯逼供的需要,学界主张对非法言词证据确立有限度的排除规则。[1]

---

[1] 参见吴宏耀:《非法证据排除的规则与实效——兼论我国非法证据排除规则的完善进路》,载《现代法学》2014 年第 4 期,第 122 页。

以陈光中教授领衔的中国政法大学专家团队完成的"刑事诉讼法修改建议稿"第60条规定:"收集证据,必须依照法定程序进行。严禁刑讯逼供和以威胁、引诱、欺骗以及其他非法的方法收集证据。用非法方法获得的证据,不得作为定案的根据,但是行为严重危害国家安全、社会利益的案件除外。前款例外不适用于以刑讯逼供取得的嫌疑人、被害人陈述。"[1]

然而,学界的努力并未获得立法机关的肯定,1996年《刑事诉讼法》并未引入非法证据排除规则,修改后的《刑事诉讼法》第43条只是"照抄"了1979年《刑事诉讼法》第32条的内容。与立法相映成趣的是,为贯彻刑事诉讼法的修改,"两高"制定的司法解释延续了1994年《关于审理刑事案件程序的具体规定》(已失效)第45条的规定。1998年《高法解释》第61条规定:"严禁以非法的方法收集证据。凡经查证确实属于采用刑讯逼供或者威胁、引诱、欺骗等非法的方法取得的证人证言、被害人陈述、被告人供述,不能作为定案的根据。"1999年《高检规则》第265条第1款也作了类似规定:"严禁以非法的方法收集证据。以刑讯逼供或者威胁、引诱、欺骗等非法的方法收集的犯罪嫌疑人供述、被害人陈述、证人证言,不能作为指控犯罪的根据。""两高"司法解释将非法证据的范围以及排除的法律后果都予以列明,可以说,非法证据"排除"规则在司法解释层面得以确立。

然而,多年的司法实践表明,这些非法证据排除规定并没有得到切实执行,司法机关非法取证、使用非法证据酿成冤假错案的情形时有发生。杜培武案、佘祥林案、赵作海案的背后都有刑讯逼供的影子,都有违规使用刑讯收集口供的情形。为何非法证据排除规定没有得到有效执行?究其原因,除了这些规定存有模糊之处,更重要的是其缺乏可操作的程序性内容,以致当事人不知如何提出排除非法证据的申请,司法人员不知如何对有关证据进行审查、调查和排除,公众也不知如何对司法机关排除非法证据的行为进行监督。为解决这些问题,2008年11月,中共中央政治局通过的《中央政法委员会关于深化司法体制和工作机制改革若干问题的意见》明确提出,要完善非法证据排除制度,明确非法证据排除的范围、证明责任、审查程序和救济途径等。根据该意见,在认真总结刑事证据适

---

[1] 陈光中、严端主编:《中华人民共和国刑事诉讼法修改建议稿与论证》,中国方正出版社1999年版,第17页。

用经验、吸取过去错案教训的基础上,"两高三部"于2010年联合发布了《办理死刑案件证据规定》与《排除非法证据规定》,并于2010年7月1日正式实施。[1] 其中,《排除非法证据规定》对审判阶段非法证据的排除作了较为系统的规定,第4条到第13条规定了非法证据排除的启动方式、调查程序、举证责任、裁决标准以及不服裁决的救济程序(二审程序)等,第14条将非法证据的范围从原来"两高"司法解释中的非法言词证据扩展到非法实物证据,即"物证、书证的取得明显违反法律规定,可能影响公正审判的,应当予以补正或者作出合理解释,否则,该物证、书证不能作为定案的根据。"2010年"两高三部"《排除非法证据规定》是第一个专门规定非法证据排除规则的规范性文件,为在刑事诉讼中有效排除非法证据奠定了坚实的规范基础。

规范性文件的出台以及司法实践的有益探索推动了2012年《刑事诉讼法》的修改。立法机关将非法证据排除规则上升为法律,并用五个条文对非法证据排除制度的实体性内容("排什么")与程序性内容("怎么排")作了较为具体的规定。在程序性内容方面,2012年《刑事诉讼法》除对审判阶段非法证据排除程序的启动、排除的主体、排除的证明责任等有明确规定外,还构建了一种多阶段递进式的非法证据排除体系,不仅规定了法官在审判阶段的证据排除职责,还规定了侦查人员与检察人员在审前程序中的证据排除义务和权力。

▶▶【法条注解】

本条共有两款,第1款规定了非法证据的范围,也就是非法证据排除规则的适用对象,即"排什么"的问题;第2款规定的是排除非法证据的适用阶段和法律后果。

一、非法证据的范围

非法证据的范围其实就是对非法证据范围的认定,涉及形式要件和实质要件两个方面。形式要件是指哪些种类的证据会成为非法证据,实质要件则是指非法证据之"非法"的实质内涵是什么,或者说非法证据被

---

[1] 参见樊崇义、吴光升:《审前非法证据排除程序:文本解读与制度展望》,载《中国刑事法杂志》2012年第11期,第3—4页。

排除的实质缘由或根本原因是什么。

（一）认定非法证据的"两项要件"

依据本条第 1 款规定，认定某一证据为非法证据需要满足两项要件：形式要件与实质要件。

1. 非法证据的形式要件：法定证据种类的限定

本条第 1 款对非法证据的证据种类作出封闭性规定，即可能成为非法证据的有犯罪嫌疑人或被告人供述、证人证言、被害人陈述、物证、书证 5 种。但依《刑事诉讼法》第 50 条规定，法定证据种类共 8 种，经比对发现，犯罪嫌疑人、被告人的辩解，鉴定意见，视听资料、电子数据，勘验、检查、辨认、侦查实验等笔录并未出现在本条第 1 款中，这意味着这些种类的证据不能成为本法规定的、可以排除的非法证据。该结论得到了 2017 年"两高三部"《严格排除非法证据规定》的印证。根据该规定第一部分第 2 条至第 7 条的规定，需要排除的非法证据被严格限定于非法的犯罪嫌疑人或被告人供述、证人证言、被害人陈述、物证、书证，至于其他种类的证据，如采用暴力方法劫取的视听资料等不能称为非法证据，在《严格排除非法证据规定》中也没有规定，这其实是规定的制定者对刑事诉讼法的严格贯彻。在一些学术会议中，有同志就曾提出意见，认为《严格排除非法证据规定》没有将其他种类的证据也纳入非法证据的排除范围，即没有规定违反法定程序收集的鉴定意见、勘验或检查笔录、侦查实验笔录、视听资料、电子证据能不能排除，有失偏颇。[1] 这种观点或意见显然是没有注意到《严格排除非法证据规定》与刑事诉讼法对非法证据种类的限定和外延的限制。

2018 年《刑事诉讼法》进行第三次修订后，最高人民检察院、公安部、最高人民法院相继修订了本部门有关刑事诉讼法的司法解释或规范性文件。其中，《高检规则》第 66 条基本"照抄"了刑事诉讼法的规定，但吊诡的是，《公安规定》第 71 条第 1 款和第 2 款却扩充了非法证据的种类范围，规定，"采用刑讯逼供等非法方法收集的犯罪嫌疑人供述和采用暴

---

[1] 参见邓楚开：《运用好法律解释技术，通过非法证据排除推动刑事诉讼制度进步》，载微信公众号"尚权刑辩"2017 年 1 月 2 日，https://mp.weixin.qq.com/s?__biz=Mzg5ODA5Mjg1MQ==&mid=2247491668&idx=2&sn=143142032834c256057b63f05b651a23&source=41#wechat_redirect，访问日期：2023 年 12 月 6 日。

力、威胁等非法方法收集的证人证言、被害人陈述,应当予以排除。收集物证、书证、视听资料、电子数据违反法定程序,可能严重影响司法公正的,应当予以补正或者作出合理解释;不能补正或者作出合理解释的,对该证据应当予以排除"。据此,《公安规定》将非法的"视听资料""电子数据"也划入非法证据的范围。《高法解释》在修订之初也曾考虑借鉴《公安规定》的做法,在"草案"中规定,"采用非法搜查、扣押等违反法定程序的方法收集物证、书证、视听资料、电子数据,可能严重影响司法公正的,应当予以补正或者作出合理解释;不能补正或者作出合理解释的,对有关证据应当予以排除"。但最终版本仍然回到了《刑事诉讼法》第56条第1款的规定,未突破立法。主要原因还是刑事诉讼法以及"两高三部"《严格排除非法证据规定》未规定视听资料、电子数据的排除方法和范围与物证、书证的等同,而且对于其非法取证的判断方法,公检法三机关也存在不同认识。另外,虽然视听资料、电子数据的特征接近于物证、书证,但就客观性而言,视听资料、电子数据与物证、书证相比仍有所不同。[1] 总之,就立法和司法机关的立场看,可能成为非法证据的法定证据种类仍然限定在本条第1款规定的5种证据类型。

2. 非法证据的实质要件:"非法"的实质内涵

非法证据除了有形式要件的限定,还有实质要件的要求。非法证据的实质要件,即非法证据之"非法"性的实质内涵是指收集非法证据的取证方法违反法定程序,对公民的宪法性权利或基本权利造成严重侵害。[2]

非法证据排除规则起源于英美法系的美国,施行已百年有余。规则自创设之初便与公民的基本权利密切相关。一系列以宪法为根据的刑事证据排除规则,主要涉及两大类证据,即刑事被告受警方胁迫而做的自认和警方以非法手段获取的不利于被告的证据。这些证据之所以被排

---

[1] 参见李少平主编:《最高人民法院关于适用〈中华人民共和国刑事诉讼法〉的解释理解与适用》,人民法院出版社2021年版,第241页。

[2] 参见易延友:《非法证据排除规则的立法表述与意义空间——〈刑事诉讼法〉第54条第1款的法教义学分析》,载《当代法学》2017年第1期,第40页;汪建成:《中国需要什么样的非法证据排除规则》,载《环球法律评论》2006年第5期,第552页;樊崇义:《"两个证据规定"理解与适用中的几个问题》,载《证据科学》2010年第5期,第525页。

除,皆因取证方法侵犯了公民的宪法性基本权利。前一种取证方法侵犯了《美国宪法》第五修正案规定的,在刑事诉讼中,被告不得被强迫自证其罪的权利;后一种取证方法则违反了《美国宪法》第四修正案规定的人民拥有其"人身、住宅、文件和物品"不受"不合理搜查与扣押"之权利。[1] 在德国,法律设立证据排除规则的主要目的也是保障公民个人的权利,特别是隐私权。该权利可以从保护人格尊严和个人自由发展的宪法规定中推导出来。[2] 在法国,若某一诉讼行为被宣告无效,原则上,依据该项无效诉讼行为制作的诉讼文书应从预审案卷中撤除,视为"不曾制作",由该行为收集的有关证据材料也可能被排除。这种与英美非法证据排除规则发挥相似作用的制度被称为诉讼行为无效制度,一般必须以程序性违法行为侵害当事人的利益为前提。[3] "虽然各国刑事诉讼中的证据排除规则不尽相同,但设立这一规则的目的或初衷是相同的——都是从人权保障价值出发的。换言之,非法证据排除规则的目的并不是为了保证获取证据的真实性,也主要不是为了规范取证行为,而是为了维护证据收集过程中对相关人基本权利的尊重。"[4]

---

[1] 参见满运龙:《美国证据法的宪法维度》,载《人大法律评论》编辑委员会组编:《人大法律评论》2016年卷第2辑(总第21辑),法律出版社2016年版,第163—164页。

[2] 参见[美]弗洛伊德·菲尼、[德]约阿希姆·赫尔曼、岳礼玲:《一个案例 两种制度——美德刑事司法比较》,郭志媛译,中国法制出版社2006年版,第211页。

[3] 法国的诉讼行为无效制度主要是针对预审程序中的违法行为而建立的,主要分为法定无效与实质无效。根据《法国刑事诉讼法典》第802条的规定,"法定无效"一般是以程序性违法行为损害当事人利益为前提,又被称为"附条件的无效"。但还有一些尽管未损害当事人利益,却使司法权威和公共利益受到侵犯的违法行为也可能带来诉讼行为的无效,称之为"公益性无效"。当然,"法定无效"中附条件的无效——也就是以损害当事人利益为前提的无效——仍然是最主要的无效形态,也代表了法国诉讼行为无效制度的未来发展方向。所谓"实质无效"是指警察、检察官或者预审法官的行为违反了刑事诉讼法所规定的程序,尽管法典没有针对这一违法行为确立法定的无效后果,但由于该违法行为侵犯了当事人的权利或者损害了当事人的利益,上诉法院预审庭也可以宣告其无效。可见,法国的诉讼行为无效制度,其适用的基本前提是某一程序性违法行为损害了当事人的权益。相关内容可参见陈瑞华:《大陆法中的诉讼行为无效制度——三个法律文本的考察》,载《政法论坛》2003年第5期,第106页以下。

[4] 汪建成:《中国需要什么样的非法证据排除规则》,载《环球法律评论》2006年第5期,第551页。

2012年《刑事诉讼法》确立非法证据排除规则就是"为从制度上进一步遏制刑讯逼供和其他非法收集证据的行为,维护司法公正和刑事诉讼参与人的合法权利"[1]。虽然与他国的理论基础有差别,但细究下来,我国确立非法证据排除规则的目的同样是执行某些"外部政策"。诚如证据法学大师威格摩尔所言,之所以称之为"外部"政策[2],是因为这些政策并非服务于运用证据"求真"的内在要求,而是用来彰显探求事实真相之外的一系列重要理念或价值。立法者所宣称的,保障诉讼参与人的合法权利,遏制刑讯逼供等非法取证行为恰好属于"外部政策"的范畴。至于"为了更加准确和便捷地查明案件事实而对证据能力提出的要求,如排除是为了涤除某些虚伪不实的证据",并未在非法证据排除规则的立法目的中言说。当然需要指出的是,由于2012年《刑事诉讼法》第54条第1款既规定了非法言词证据,又规定了非法物证、书证这类非法实物证据,在排除不同类型的非法证据时,各自的目的导向略有不同。非法言词证据的排除更专注于对刑讯逼供等非法取证行为的抑制,而对非法物证、书证的排除则更倾向于对司法公正的维护。但是,本条第1款的立法规范目的均可以被归结为对公民宪法性基本权利的保障,至于为了提高事实认定的准确性,排除某些虚假不可信的证据并不是我国非法证据排除规则确立的初衷。

上述结论可以通过对本条第1款进行解释得出。依据该款规定,认定供述、证人证言以及被害人陈述为非法证据都要求必须是通过刑讯逼供、暴力、威胁的方法取得,且符合"痛苦规则"[3]的严重程度。《宪法》第37条第1款规定:"中华人民共和国公民的人身自由不受侵犯。""人身自由,又称身体自由,是指公民的人身不受非法侵犯的自由。"[4]刑讯

---

[1] 上述内容请参见2012年关于《中华人民共和国刑事诉讼法修正案(草案)》的说明。

[2] 政策性因素,是指基于某些与正确认定案件事实或确保特定审判模式得以正常、高效运转无关的,其他方面的政策性目的,而对刑事证据能力提出的要求。参见孙远:《刑事证据能力导论》,人民法院出版社2007年版,第90页。

[3] 参见龙宗智:《我国非法口供排除的"痛苦规则"及相关问题》,载《政法论坛》2013年第5期,第16—20页。

[4] 韩大元、王建学编著:《基本权利与宪法判例》,中国人民大学出版社2013年版,第215页。

逼供和暴力取证都对公民的人身健康造成直接的、严重的伤害,已然构成对公民宪法性基本权利的严重侵害。至于对证人、被害人的威胁,虽然没有直接的肉体伤害,但对他们的心理却有强烈的摧残,联合国《禁止酷刑和其他残忍、不人道或有辱人格的待遇或处罚公约》中就有关于威胁酷刑的专门规定。[1] 威胁在有些国家还被称为精神刑讯或精神暴力,对人的身心损害绝不亚于刑讯或暴力,这也构成对公民身心等宪法性基本权利的严重侵害。有研究者还从不得强迫自证其罪条款出发对本条第1款进行解释:刑讯逼供等非法方法,就是指侵犯被告人强迫自我归罪等权利的方法。法律排除刑讯逼供获得的供述,本质上是排除以侵犯基本权利的方法获得的供述。犯罪嫌疑人、被告人除了反对强迫自我归罪的权利,还有其他一些基本权利,如人身自由不受任意侵犯、获得律师帮助等,通过侵犯这些权利所获得的供述,也应当予以排除,这就是实质解释,它注重的是刑讯逼供这种侵犯基本权利行为的本质,揭示的是非法证据排除规则保障基本权利的实质。[2] 另外,本条第1款对物证、书证规定了排除的三个条件,虽然第一个条件仅要求取证违反法定程序,没有限度要求,但第二个条件"严重影响司法公正"多被解释为"收集实物证据的行为故意违反法定程序,并且侵犯了宪法规定的公民隐私权、财产权、通信自由权和通信秘密权等基本人权"[3]。如侦查人员未带搜查证,夜晚非法侵入他人住宅进行搜查侵犯了《宪法》第39条规定的公民住宅不受非法侵入的权利;再如没有立案或未经批准,非法监听他人通话侵犯了《宪法》第40条规定的公民的通信自由权。

---

[1]《禁止酷刑和其他残忍、不人道或有辱人格的待遇或处罚公约》第1条第1款中明确规定:"'酷刑'是指为了向某人或第三者取得情报或供状,为了他或第三者所作或涉嫌的行为对他加以处罚,或为了恐吓或威胁他或第三者,或为了基于任何一种歧视的任何理由,蓄意使某人在肉体或精神上遭受剧烈疼痛或痛苦的任何行为,而这种疼痛或痛苦是由公职人员或以官方身份行使职权的其他人所造成或在其唆使、同意或默许下造成的。"可见,"酷刑"可以覆盖司法实践中常见的"肉刑""变相肉刑"以及"精神刑讯"。参见万毅:《论"刑讯逼供"的解释与认定——以"两个〈证据规定〉"的适用为中心》,载《现代法学》2011年第3期,第176页。

[2] 参见易延友:《非法证据排除规则的立法表述与意义空间——〈刑事诉讼法〉第54条第1款的法教义学分析》,载《当代法学》2017年第1期,第40页。

[3] 戴长林:《非法证据排除规则司法适用疑难问题研究》,载《人民司法》2013年第9期,第24页。

综上,我国非法证据的实质要件是取证方法违反法定程序严重侵犯公民宪法性基本权利,核心是"基本权利侵害说",这是判断非法证据之"非法"的实质要件。

(二) 非法言词证据

本条规定的非法证据有两类,第一类是采用刑讯逼供等非法方法收集的犯罪嫌疑人、被告人供述和采用暴力、威胁等非法方法收集的证人证言、被害人陈述,统称为非法言词证据。对于非法言词证据的判断,除了要遵循前述"两项要件"的判断逻辑,还要对诸如"刑讯逼供""等非法方法""暴力威胁等非法方法"作出解释,以有效甄别非法言词证据。

1. 刑讯逼供

依据本条第 1 款规定,采用刑讯逼取的供述应予排除。这在理论与实践上均无异议。需要研究的问题是何谓"刑讯逼供"?这似乎并不是一个问题,但不同的人对其内涵的解读各有不同。2017 年"两高三部"《严格排除非法证据规定》第 2 条对刑讯逼供的含义做了较为精准的概括,刑讯逼供是指采取殴打、违法使用戒具等暴力方法或者变相肉刑的恶劣手段,使犯罪嫌疑人、被告人遭受难以忍受的痛苦而违背意愿作出供述的行为。对刑讯逼供的理解可以从三个方面加以把握:

一是行为手段:肉刑或变相肉刑。刑讯逼供有多种形式和手段,主要包括两大类:一是肉刑,即殴打、捆绑、电击、火烤、违法使用戒具等暴力方法;二是变相肉刑的恶劣手段。对于肉刑一般容易理解和判断,至于变相肉刑,主要是指长时间的冻、饿、晒、烤、疲劳讯问等。

二是程度要求:使人遭受难以忍受的痛苦。依"两高三部"《严格排除非法证据规定》第 2 条的规定,并非采用殴打、违法使用戒具等方法收集的供述都要排除,只有使犯罪嫌疑人、被告人遭受难以忍受的痛苦才达到了刑讯逼供的程度要求。由于每个人的耐受力不同,如何把握"难以忍受的痛苦"的程度,一般可借鉴刑法期待可能性理论中的"一般人标准"加以判断。同时,由司法人员根据案情、被讯问人的情况等综合裁量,区分非法取证与不文明的司法行为。当然,为了限制裁判者的裁量权,可以采用是否排除非法证据书面说理以及发布指导性案例、典型案例等方式对权力加以外部化控制。

三是结果要求:违背意愿作出供述。刑讯逼供和其他非法方法造成的实际结果是犯罪嫌疑人、被告人违背意愿作出供述。对此需要注意两点:第一点是供述是"违背意愿"作出的,这是自白任意性规则的体现,但由于对自白的任意性较难判断,可结合上述第二项要求,借助对刑讯程度的要求来综合判断,只要刑讯的手段使犯罪嫌疑人、被告人遭受了难以忍受的痛苦,所收集的供述就推定欠缺任意性,视为"违背意愿作出供述",除非控方有相反证据证明。第二点是犯罪嫌疑人、被告人违背意愿作出的是"供述"而非"辩解"。《刑事诉讼法》第50条第2款将口供细分为犯罪嫌疑人、被告人的供述和辩解。在排除因刑讯逼供收集的犯罪嫌疑人、被告人供述时,务必要甄别讯问笔录或其他形式的材料中一些犯罪嫌疑人、被告人辩解的内容,避免排除规则适用中的"误伤"。至于不排除辩解的原因也较易理解,辩解是犯罪嫌疑人、被告人针对指控的反驳,对自己无罪、罪轻的申辩。不难想象,某人在刑讯强压之下仍坚称无罪,其陈述的自愿性被压制的可能性不大,清白无罪的概率高,辩解自然不应排除。根据本条第1款的规定,只有采用刑讯逼供等非法方法收集的犯罪嫌疑人、被告人的供述才应排除,辩解无须排除。还应当注意的是,实践中供述和辩解存在一定的"转化现象"。如侦查人员刑讯张三。张三说:"案发时,我并未在甲地杀人,而是在乙地盗窃。"这一陈述如果是针对故意杀人的指控就是辩解,但若是针对盗窃罪的指控则应视为供述。究竟如何判断,必须结合指控的犯罪事实、涉嫌罪名、犯罪形态(预备、未遂、中止、既遂)、共同犯罪中的主从地位以及责任归属等法律性评价逐一判断。[1]

2. 威胁

《刑事诉讼法》第52条明确禁止采用威胁的方法收集证据,并在第56条第1款规定采用威胁方法收集的证人证言、被害人陈述应当排除,但对于采用威胁方法收集的犯罪嫌疑人、被告人供述是否排除,立法并未明示,而是采用了"等非法方法"兜底的模糊处理方式。这可能是考虑到实践中威胁的手段、情境以及被讯问人耐受力等的差异化;又或者是

---

[1] 再举一例,公安机关指控王某故意杀害林某。侦查人员刑讯王某,王某仍坚持自己并非有意持枪射杀林某,只是想拿枪"吓唬"他,但林某上来夺枪,争执中不小心触碰扳机,子弹击中林某致其死亡。如果检察院在审查起诉过程中发现这一口供,那么针对公安机关指控王某故意杀人的犯罪,这一口供为辩解,不应排除。但如果检察院之后变更起诉罪名,将故意杀人罪改为过失致人死亡罪,起诉至法院。针对过失致人死亡罪的指控,该口供即为供述,法院应将该供述作为非法证据排除。

考虑到威胁取证(言)与有压力情形下的讯问取供(述)有时还较为相似,笼统否定过于绝对。但立足于法律规定、司法实践以及域外的经验做法,本评注认为如果将收集证人证言、被害人陈述过程中使用的威胁方法用于收集供述,所获供述应予排除。"两高三部"《严格排除非法证据规定》第3条规定:"采用以暴力或者严重损害本人及其近亲属合法权益等进行威胁的方法,使犯罪嫌疑人、被告人遭受难以忍受的痛苦而违背意愿作出的供述,应当予以排除。"威胁概念的界定直接关系到对威胁取供法律后果的认定,对于威胁取得的供述不应不加分析、不分情况地一概排除或全盘接受,而是要通过设定关键要素来限定威胁的强度,厘定威胁的内涵和外延,从而有选择地排除供述。至于限定的要素,其实就是在界定威胁的含义,涉及两个方面:

一是对威胁方法的限定。综合实践中容易诱发虚假供述以及严重侵犯犯罪嫌疑人、被告人合法权益的情形,可以将威胁方法限定为两种:一种是以暴力相威胁,典型的如用枪指着被讯问人,扬言"再不交代,直接枪毙",该威胁方法容易使人高度恐惧,产生的心理痛苦不亚于刑讯所带来的肉体疼痛,对犯罪嫌疑人、被告人的自由意志往往有绝对压制,效果与刑讯十分接近,故常被称为精神刑讯,在不少国家和地区都被禁止,所获供述均被认定为非法证据予以排除。另一种是以严重损害本人及其近亲属合法权益的方法相威胁,例如,拒绝犯罪嫌疑人、被告人提出的正常医疗救治请求,宣称不交代问题不能吃药打针,不给予治疗。一些案件中还存在以侵害犯罪嫌疑人、被告人亲属合法权益相威胁收集证据的行为。"威胁嫌疑人要将其怀孕的妻子抓起来,因其违反了怀孕妇女可以不适用逮捕强制措施的法律规定,且有悖于体恤孕妇的社会道德……这种方式的违法程度不亚于刑讯逼供"[1],对犯罪嫌疑人作出的有关供述应予排除。再如,某官员涉嫌受贿500万元,案发后该官员在讯问中拒不供认。办案人员告知,官员儿子也被怀疑参与受贿或为知情人,如果官员还不交代,就去学校找他儿子(此时高考在即,官员儿子正在积极备考,有望考入名牌大学)调查案情,如果承认了就不去找他儿子。这名官员十分紧张、认为自己奋斗一辈子都是为了儿子,如因此案牵

---

〔1〕 龙宗智、夏黎阳主编:《中国刑事证据规则研究——以刑事证据的"两个规定"为中心》,中国检察出版社2011年版,第449页。

连到儿子肯定会耽误他的前程,遂承认了所有指控。这种利用亲情相威胁的取证方法破坏了基本的人伦道德底线,也侵犯了犯罪嫌疑人、被告人家属的合法权益,有关供述应当排除。[1] 上述两种威胁方法不仅为法律以及伦理常情所禁止或排斥,且极易诱发虚假供述,故"两高三部"《严格排除非法证据规定》第 3 条作出明确规定,但该条最后仍以"等"字煞尾,意味着还有其他威胁方法也会导致所收集的供述被排除,如揭露隐私等。

二是对威胁程度的限定。本条第 1 款规定:"采用刑讯逼供等非法方法收集的犯罪嫌疑人、被告人供述和采用暴力、威胁等非法方法收集的证人证言、被害人陈述,应当予以排除。"其中的"刑讯逼供等非法方法"采用的是"列举+种属"式的表达方式,意味着除法条列举的"刑讯逼供"外,采用其他与刑讯逼供具有同质性或等效性的非法方法收集的供述也应当排除。按照"两高三部"《严格排除非法证据规定》第 2 条对刑讯逼供的界定,刑讯的方法是"采取殴打、违法使用戒具等暴力方法或者变相肉刑的恶劣手段",在程度上要达到"使犯罪嫌疑人、被告人遭受难以忍受的痛苦而违背意愿作出供述"。正是从程度的等效性出发,第 3 条将威胁也限定在了"使犯罪嫌疑人、被告人遭受难以忍受的痛苦而违背意愿作出供述"的程度。至于如何判断这一程度,需要法官根据"一般人"的标准,结合具体案情,综合裁量。

至于最后的威胁结果,就是使犯罪嫌疑人、被告人违背意愿作出供述,也与前述采用刑讯逼供造成的后果相当,认定方式也相当。如果威胁已经使人产生了剧烈痛苦,便可推定收集的供述是违背意愿作出的,除非有相反证据证明。

3. 等非法方法

一般认为,作为助词的"等"字在汉语中往往表示列举未尽或列举煞尾。从本条第 1 款的立法目的看,"等"字作为助词与"刑讯逼供"一词连

---

[1] 《刑事诉讼法》第 62 条第 1 款规定:"凡是知道案件情况的人,都有作证的义务。"犯罪嫌疑人的亲友如果知晓案情也不例外,而且,犯罪嫌疑人亲友涉嫌共同犯罪,或涉嫌窝藏、包庇等犯罪,理应受到法律追究。为广泛收集证据,侦查人员向犯罪嫌疑人的亲友调查了解案情合理合法。但本案中,官员的儿子长期住校,对父亲的工作没有了解,与本案并无牵连,侦查人员在高考备考期间找官员儿子调查案情,明显是"醉翁之意不在酒",带有向官员施压的明显意图。

用,应解释为列举未尽,意在表明如果刑讯逼供之外还有其他非法方法,采用这些方法收集的证据也应认定为非法证据。从"刑讯逼供等非法方法"这一词组的结构来看,"等"的插入,形成了一个"种+等+属"的语义结构,"等"字前为下位概念的种指("刑讯逼供"),"等"字后为上位概念的属指("非法手段")。这一语义结构,意味着在"等"字的解释上,必须同时满足两点要求:其一,"等"字所指与"刑讯逼供"必定系同"属",两者应具有同质性,即皆类属于"非法手段"。所谓"非法手段",专指"取证手段违法"之情形,至于"取证主体违法"抑或"证据形式违法",则均不属于"等"字所指范畴,司法实务中不得作为非法证据予以排除。[1] 其二,"等"字所指与"刑讯逼供"必定系同"种",两者应具有同质性或等效性,即必须在违法强度上相当于或接近于"刑讯逼供"的非法取证行为,才能被纳入"等"字的解释范畴。"刑讯逼供"作为一种取证手段,之所以在现代刑事诉讼法中遭到禁止,主要是基于两方面原因:一是刑讯逼供以折磨被追诉人的肉体来逼取供述,严重侵犯被追诉人的基本人权,程序上极不人道,违背刑事诉讼法保障人权的价值目标;二是刑讯逼供往往"屈打成招",容易诱发虚假供述,违背刑事诉讼法发现实体真实的价值目标。[2] 结合前文对非法证据"非法"内涵的实质性解释,本评注认为,要求"等"字所指与"刑讯逼供"具有同质性或等效性,意味着凡是那些严重侵犯犯罪嫌疑人、被告人宪法性基本权利的取证手段都应纳入"等"字范围,归入"等非法方法"的解释范畴。遵循这一解释逻辑,"两高三部"《严格排除非法证据规定》对本条第1款中"刑讯逼供"后的"等非法方法"作出规定,将"等非法方法"延伸解释为威胁(取供)、非法拘禁(等非法限制人身自由的方法)以及受刑讯影响而产生重复性供述三种不同的"等非法方法"。具体的推演逻辑是:《严格排除非法证据规定》第3条规定的以暴力或者严重损害本人及其近亲属合法权益等进行威胁的方法因涉及对公民自由意志权这一基本权利(或不得强迫自证其罪特权)的侵犯,且与刑讯对人身的暴力侵犯所产生的效果十分接近或基本相当,都会使人遭受难以忍受的痛苦而违背意愿作出供述,故《刑

---

〔1〕 从《刑事诉讼法》第56条第1款的规定看,刑讯逼供等非法方法前也没有主语限定。

〔2〕 参见万毅:《〈刑事诉讼法修正案(草案)〉证据制度修正条文释评》,载李学军主编:《证据学论坛》(第17卷),法律出版社2012年版,第12页。

事诉讼法》第56条第1款中的"等非法方法"应当包括对犯罪嫌疑人、被告人的威胁。同理,《严格排除非法证据规定》第4条所规定的"采用非法拘禁等非法限制人身自由的方法"是对《宪法》第37条第3款"禁止非法拘禁和以其他方法非法剥夺或者限制公民的人身自由"的公然违反,严重侵犯了公民的人身自由权,所收集的供述应视为非法证据予以排除。至于重复性供述的排除,因先前的刑讯有强烈的延续效应和波及影响,虽然没有对人身产生直接强制或侵害,但对于精神压迫和心理强制仍然很大,同样涉及对公民自由意志(或不得强迫自证其罪特权)这一基本权利的侵害。在间隔时间不长、办案人员没有更换的情形下,之前刑讯的阴影和负面影响仍会使被讯问人心生恐惧,对其心理意志的摧残不亚于肉刑上的剧烈疼痛。因此,《严格排除非法证据规定》第5条将利用刑讯影响收集重复性供述的手段也列入"等非法方法"中。

　　除了上述非法方法,实践中的一些取证方法如果侵害了公民其他的宪法性基本权利,也应当排除有关证据。例如,《宪法》第130条规定"被告人有权获得辩护"。如果未成年犯罪嫌疑人没有委托辩护人,侦查机关也没有为其提供法律援助辩护,又或者犯罪嫌疑人明确提出要委托辩护律师张三,但侦查机关不予配合协助,不给予张三律师会见和辩护的机会,那么在此期间从犯罪嫌疑人处收集的供述应当排除,侦查取证视为无效。

　　4. 暴力、威胁等非法方法

　　本条第1款规定"采用暴力、威胁等非法方法收集的证人证言、被害人陈述,应当予以排除"。其中的"暴力、威胁等非法方法"可以比照上述"刑讯逼供""威胁""等非法方法"加以解释。简言之,"暴力"可以等同于"刑讯",威胁取证(言)可以等同于威胁取供(述),暴力、威胁后的"等非法方法"还包括非法拘禁等非法限制人身自由的方法。

(三) 非法实物证据

　　第二类非法证据是指非法实物证据,主要是指本条第1款规定的不符合法定程序收集的物证、书证。

　　"不符合法定程序"包括不符合法律对于取证主体、取证手续、取证方法的规定,如由不具备办案资格的人员提取的物证,勘验笔录没有见证人签字的物证,未出示搜查证搜查取得的书证等。违法收集物证、书证的情况比较复杂,物证、书证属于客观证据,取证程序的违法一般不影响证据的可信度。而且许多物证、书证具有唯一性,一旦被排除就不可能再次取得,也没有替代品。大部分国家对于违法取得的实物证据都没有规定绝对排除,而是区分情况做不同处理。本条第 1 款统筹考虑惩罚犯罪和保障人权的要求,规定对于收集物证、书证不符合法定程序,可能严重影响司法公正的,应当予以补正或者作出合理解释;不能补正或者作出合理解释的,对有关证据才应当予以排除。按照立法机关的解释,"可能严重影响司法公正"是排除非法取得的物证、书证的前提,是指收集物证、书证不符合法定程序的行为明显违法或者情节严重,可能对司法机关办理案件的公正性、权威性以及司法的公信力产生严重的损害。[1] 结合前文分析,本评注认为这里的"可能严重影响司法公正"还是应当从侵权视角入手,如果收集物证、书证的手段方法严重侵犯了公民的宪法性基本权利,对司法机关的公信力、权威性都产生了严重影响,就应当视为"可能严重影响司法公正",至于取证行为对证据的可靠性、真实性的影响不应划归到"可能严重影响司法公正"的范畴。

"补正或者合理解释"的主体是收集证据的办案机关或者办案人员。"补正"是指对取证程序上的非实质性的瑕疵进行补救,如在缺少侦查人员签名的勘验、检查笔录上签名等。"合理解释"是指对取证程序的瑕疵作出符合逻辑的解释,如对书证副本复制时间作出解释等。[2] 本评注对上述立法机关的解释并不认同,详细意见将在后文【法条评点】中加以说明。

根据本款规定,如果收集证据的办案机关或者办案人员对违法取证的情况作出补正或者合理解释,审查证据的机关认为不影响证据使用的,该证据便可继续使用;不能补正或者作出合理解释的,该证据应当予以排除。

二、排除非法证据的适用阶段和法律效果

2004 年,"国家尊重和保障人权"被写入宪法。2012 年,素有"小宪法"之称的刑事诉讼法也将"尊重和保障人权"写入第 2 条,作为刑事诉讼法的任务之一。作为国家专门机关的代表,公安机关、检察院、法院在刑事诉讼中尊重人权的重要方式就是不得采用侵犯公民宪法性基本权利

---

[1] 参见王爱立、雷建斌主编:《刑事诉讼法立法精解》,中国检察出版社 2019 年版,第 100 页。

[2] 参见王爱立、雷建斌主编:《刑事诉讼法立法精解》,中国检察出版社 2019 年版,第 100 页。

的方法收集、调取证据,对于在办案中发现的采用非法方法收集的证据有义务和职责加以排除。有鉴于此,本条第 2 款规定,"在侦查、审查起诉、审判时发现有应当排除的证据的,应当依法予以排除,不得作为起诉意见、起诉决定和判决的依据"。

(一)公检法都有"排非"的权力和职责

就大多数域外国家或地区而言,排除非法证据的权力仅赋予了法院。但在中国,拥有"排非"权力的主体包括公安机关、检察院和法院。依本条第 2 款的规定,我国呈现的是一种多阶段递进式的非法证据排除体系,公检法三机关各管一段、接力行权,在侦查、审查起诉、审判阶段都有"排非"的权力和职责。在修改刑事诉讼法的过程中,曾有意见提出,非法证据的排除是法庭的职责,公安机关和检察院不存在排除证据的问题,但立法机关最终没有采纳这一意见。主要有两方面的理由:第一,所谓"排除",并不是说要把非法证据丢弃或者拿出案卷,而是指不可采或不具有证据能力。公安机关或者检察院发现了依法应当排除的非法证据,如果仍然将其作为起诉意见、起诉决定的依据,有违其职责要求。第二,应当予以排除的证据发现得越早,越容易得到纠正;而纠正越早,就越有利于保护当事人的合法权益,也有利于及时补救,防止因事过境迁而无法补救,从而更有利于案件的正确办理。[1]

本款规定的"应当排除的证据",是指依照本条第 1 款的规定应当排除的言词证据和实物证据。根据本款规定,依法被排除的证据有明确的法律后果,那就是不得作为公安机关起诉意见,检察院起诉决定和法院判决中认定事实的依据。

(二)"排非"申请渠道不仅局限于审判阶段

《刑事诉讼法》第 58 条第 2 款规定,当事人及其辩护人、诉讼代理人有权向法院提出排除非法证据的申请。鉴于公安机关、检察院、法院都有排除非法证据的权力和职责,《刑事诉讼法》第 161 条规定了辩护律师要求侦查机关听取意见的程序,第 173 条规定了检察院审查案件时讯问犯罪嫌疑人和听取辩护人、被害人及其诉讼代理人意见的程序。有关人员可以充分利用这些规定,以本条第 2 款为依据,扩展"排非"的申请渠道,在审前阶

---

[1] 参见李寿伟:《非法证据排除制度的若干问题》,载《中国刑事法杂志》2014 年第 2 期,第 62 页。

段,即在侦查和审查起诉阶段就及时提出排除有关非法证据的申请和意见。

▶▶【法条评点】

一、非法证据、不可靠证据与瑕疵证据及相关排除规则

本评注认为,判断非法证据之"非法"的实质要件是"基本权利侵害说",即取证方法侵害了公民的宪法性基本权利。然而,一些办案人员或辩护律师在实践中随意扩大非法证据的适用范围,把没有侵犯公民宪法性基本权利,仅仅因程序违法可能影响证据真实性的取证行为也视为本条第1款中的"等非法方法",进而(要求)启动非法证据排除程序。比较常见的情形是将2010年"两高三部"《办理死刑案件证据规定》中确立的大量"不得作为定案的根据"[1]的证据排除规则误认为是非法证据排除规则。有办案人员就认为,为了提高办案效率,对多个证人集体询问的,属于《办理死刑案件证据规定》第13条(一)规定的询问证人没有个别进行的情形,取得的证人证言属于非法证据应绝对排除。[2] 然而,询问证人未个别进行并没有侵害到证人的人身自由权、财产权、隐私权、通信自由权等宪法性基本权利,不能将收集到的证人证言视为非法证据,继而启动非法证据排除程序。有鉴于此,应当将与非法证据排除规则相类似的、容易使人混淆的其他证据排除规则进行梳理归纳,区分不同证据排除规则的规范意义和适用路径。

(一)立法和司法解释规定的三类证据排除规则

刑事诉讼法确立非法证据排除规则的主要目的是保障和救济公民被侵害的宪法性基本权利,没有过多关注证据不真实、不可靠的问题,但后者并没有在证据能力的判断体系中被否弃,而是体现在"证据不予认定条款"中。"证据不予认定条款"最早出现在《办理死刑案件证据规定》

---

[1] 《办理死刑案件证据规定》中含有"不得作为定案的根据"表述的条款包括"直接不得作为定案的根据"条款和"不能补正或合理解释不得作为定案的根据"条款。这两类条款后文统称为"证据不予认定条款"。

[2] 参见李昌林:《刑事证据排除的范围、阶段和机制》,载《广东社会科学》2013年第6期,第216页;闫召华:《"名禁实允"与"虽令不行":非法证据排除难研究》,载《法制与社会发展》2014年第2期,第185页。

中。当时我国没有引入证据能力和证明力这对概念,司法实务中也没有对他们作出明确区分,贸然引入涉及证据能力的众多证据规则可能会使司法办案人员无所适从。本着循序渐进的制度设计思路,《办理死刑案件证据规定》创造性地区分了三类涉及证据能力的证据规则。

第一类是基于对外部性政策的考量而创设的证据能力规则,排除证据的规范意义是保障和救济公民被侵害的宪法性基本权利。如《办理死刑案件证据规定》第12条第1款规定:"以暴力、威胁等非法手段取得的证人证言,不能作为定案的根据。"否定该类证据的证据能力并不是基于证人证言的不可信、不可靠,而是为了维护证人的人身权利不受非法侵犯,将非法收集的证人证言予以排除从而反向否定取证行为的合法性、有效性和实际价值。这类涉及证据能力的证据排除规则后来发展成《刑事诉讼法》第56条至第60条规定的非法证据排除规则,并在2017年"两高三部"《严格排除非法证据规定》中得到细化、补充和完善。

第二类则是基于防止证据不可信之危险,避免错误认定案件事实而创设的证据能力规则。该规则实际上是在考虑证据证明力的基础上而确立的证据排除规则。"证据容许性之各种法则,除因其他外部之政策而发生者外,迹其渊源,甚多由于防止不可信之危险。换言之,即原由证据力之问题而转为证据能力之限制。"[1]此类涉及证据能力的证据规则后来演变为《高法解释》第四章"证据章"第二节至第八节中的"证据不予认定条款"[2]。按照当时的思路,"证据不予认定条款"中的证据由于本身的特点导致其具有极大的虚假可能性,法律便索性釜底抽薪地否定了其作为证据的资格。[3]虽然证据的客观真实性属于证明力判断的范畴,立法者却人为地将证明力这样一个事实问题以法律的方法,即以创设证据能力规则的方式加以解决。有学者将这类证据排除规则称为"基本要素欠缺"[4]的证据能力规则,也有学者称为"证据客观性保

---

〔1〕 李学灯:《证据法比较研究》,台湾五南图书出版有限公司1992年版,第467页。
〔2〕 《高法解释》第四章"证据章"第二节至第八节中的"证据不予认定条款"更多来自此前2010年"两高三部"《办理死刑案件证据规定》"二、证据的分类审查与认定"部分的规定。
〔3〕 参见张军主编:《刑事证据规则理解与适用》,法律出版社2010年版,第51页。
〔4〕 龙宗智:《两个证据规定的规范与执行若干问题研究》,载《中国法学》2010年第6期,第23页。

障规则"[1]。本评注将这类证据排除规则称为"不可靠证据排除规则","不可靠"即"难以保障真实性,具有较大的虚假可能性",这一概念可以区别于非法证据排除规则,同时也区别于证明力判断中的"真实性"要素。毕竟,"不可靠证据排除规则"并不是因为已经确定证据虚假不实才将其排除,而是因为证据的真实性难以确定,导致其证明力存疑,虚假的可能性极高,所以直接从证据能力出发一概排除。如果将非法证据排除规则与不可靠证据排除规则作一比较会发现,前者主要考虑取证手段"善不善"的问题,是价值判断;后者主要考虑收集的证据"真不真"的问题,是事实判断。

第三类是基于实践中取证不规范的问题有针对性地设置的证据能力排除规则,目的是倒逼侦查取证更规范、更科学。我国在《办理死刑案件证据规定》以及《高法解释》"证据不予认定条款"中创造性规定了"瑕疵证据"。有别于大陆法系国家有关证据能力全有全无式的规定,瑕疵证据既不是无证据能力的证据,也不是有证据能力的证据,而是处于证据能力的中间状态,类似于民法中的"效力待定"。如果能够对瑕疵证据进行补正或作出合理解释,"瑕疵"得以治愈,瑕疵证据便转为有证据能力的证据;如果不能补正或作出合理解释,"瑕疵"便会成为"实质缺陷",瑕疵证据即视为无证据能力,不得作为证据使用。这便是我国第三类证据排除规则——瑕疵证据排除规则。瑕疵证据排除规则既不涉及非法取证方法对公民宪法性基本权利的严重侵犯,也不牵涉因非法取证可能导致的证据虚假不实,而是关涉取证行为在程序上的不规范以及所获证据在要件规格上的差错或不完整。一般而言,瑕疵证据的"瑕疵"仅具形式意义,关乎两个层面:一是取证程序的瑕疵,二是所收集的证据的自身瑕疵。前者特指取证程序的不规范,如询问证人的地点不符合规定,多属技术性、细节性问题,违法性并不严重,也未侵害到当事人的基本权利;后者专指所收集的证据在形式要件上有差错或不完整,如勘验笔录上没有侦查人员的签名,扣押清单对物品的名称、特征等注明不详,但这些差错或不完整没有实质影响到证据的真实性。另外,考虑到"瑕疵"对合法权益的侵犯以及对证据可靠性的影响都不具有严重性或实质性,一概排除,可

---

[1] 纵博、马静华:《论证据客观性保障规则》,载《山东大学学报(哲学社会科学版)》2013年第4期,第76页以下。

能导致案件事实无法认定,基于对中国司法现状的考虑,《办理死刑案件证据规定》以及《高法解释》才折中规定了瑕疵证据排除规则。但正如参与创设该规则的最高人民法院的法官所言,"随着证据收集、审查、运用等制度不断完善,证据规则将会更加严格,瑕疵证据也将严格予以排除"[1]。

(二)三类证据排除规则的关系定位

通过分析会发现,刑事诉讼法所确立的"非法证据排除规则"具有特定的含义,只有采用违反法定程序且严重侵犯公民宪法性基本权利的方法收集的证据才属"非法证据",适用非法证据排除程序。证据排除规则是一个体系性框架,在"非法证据排除规则"之外,《高法解释》中"证据不予认定条款"还另行创立了两类证据排除规则——"不可靠证据排除规则"和"瑕疵证据排除规则"。他们分别从证据的可信性以及取证的规范性出发,对每一类法定证据的证据能力作了较为形式化、具体化的规定。"不可靠证据排除规则"规定了证据无证据能力的情形,并要求对该类证据强制性地、直接排除。"瑕疵证据排除规则"规定了什么情形下的证据有瑕疵,允许办案机关有补正或作出合理解释的机会,而非径行排除证据。

总之,《高法解释》中的"证据不予认定条款"既不是证明力的判断规则,也不是对非法证据排除规则的细化拓展。"证据不予认定条款"中的不可靠证据和瑕疵证据也根本不属于"非法证据"。由"证据不予认定条款"确立的"不可靠证据排除规则""瑕疵证据排除规则"与"非法证据排除规则"平行并列,互不重叠,他们被统合于中国的证据排除规则之中,共同规范证据的证据能力。当然,对于在规范层面上梳理出的中国化的证据排除规则还有两点需要加以说明:

其一,"不可靠证据排除规则"散见于《高法解释》第四章第二节至第八节的各类证据的审查与认定条款中,主要以"不得作为证据使用"或"不得作为定案的根据"的表述形式呈现。其中部分规定已经有了英美法系国家意见证据规则、鉴真证据规则的雏形,如《高法解释》第88条第2款规定:"证人的猜测性、评论性、推断性的证言,不得作为证据使用,但根据一般生活经验判断符合事实的除外。"再如第86条第1款规定:"在

---

[1] 戴长林、罗国良、刘静坤:《中国非法证据排除制度:原理·案例·适用》,法律出版社2016年版,第255页。

勘验、检查、搜查过程中提取、扣押的物证、书证,未附笔录或者清单,不能证明物证、书证来源的,不得作为定案的根据。"然而,由于刑事诉讼法对此没有明确规定,实务中包括法官在内的部分办案人员还没有证据能力、证明力的概念,大踏步地一次性引入过多的证据排除规则,旧有的证据观念和办案习惯可能一时难以转变。加之,上述两款规定反映出的排除规则也与证据的客观真实性紧密相关[1],故其所体现的证据能力排除规则都被划归到"不可靠证据排除规则"当中,这在一定程度上也反映出我国证据规则在规范层面上的粗疏与简单。

其二,《刑事诉讼法》第56条第1款中规定:"收集物证、书证不符合法定程序,可能严重影响司法公正的,应当予以补正或者作出合理解释;不能补正或作出合理解释的,对该证据应当予以排除。"从文义解释出发,物证、书证要成为非法证据必须符合三个条件:收集程序违法、严重影响司法公正、不能补正或作出合理解释。对"严重影响司法公正"的理解,应从取证行为违反程序的严重程度以及对公民宪法性基本权利的侵害程度两个方面作出判断。取证行为违反程序的严重程度包括行为对程序违反的频次;行为人当时的主观罪过,是故意、重大过失还是一般过失;行为的方式,是暴力方式还是欺骗等较为平和的手段;行为时的现实情况,如有无期待可能性等。至于违反程序的取证行为对公民权利的侵害程度,主要是看所侵害的权利是否重大,如是宪法性基本权利,还是一般性权利,抑或是非常轻微的权利,此外还要对侵害后果等予以考量。有研究者认为,"严重影响司法公正"既包括程序公正,还包括实体公正,即侦查机关的违法取证行为足以影响到证据的客观性和真实性,进而可能妨害实体公正的实现[2]。本评注持不同意见。从前述确立非法证据排除

---

[1] 最高人民法院在对《高法解释》第86条第1款"在勘验、检查、搜查过程中提取、扣押的物证、书证,未附笔录或者清单,不能证明物证、书证来源的,不得作为定案的根据"进行解读时,就指出只有来源清楚的物证、书证才有证据资格。在证据保管链条的全部记录中,有关证据来源的记录最为重要,因为该记录显示的是证据的出处,直接关系到证据的真实性。最高人民法院在解读《高法解释》第88条第2款的规范目的时也认为,之所以让人猜测性、评论性、推断性的证言不可采,主要是因为其并非证人对案件事实的亲身感知,且无法确保其真实性。参见江必新主编:《最高人民法院刑事诉讼法司法解释理解与适用》(上),人民法院出版社2015年版,第228、245页。

[2] 参见万毅:《关键词解读:非法实物证据排除规则的解释与适用》,载《四川大学学报(哲学社会科学版)》2014年第3期,第138页。

规则的规范目的出发,只要取证违法程度恶劣,严重侵害了公民的宪法性基本权利,即使最终收集的证据是真实可靠的,也应排除,这一点从立法目的即可得出。"物证、书证本身是客观证据,取证程序的违法一般不影响证据的可信度。而且许多物证、书证具有唯一性,一旦被排除就不可能再次取得。大部分国家的法律对于违法取得的实物证据,都没有规定绝对予以排除,而是区分情况作不同的处理。"[1]我国立法对于非法物证、书证采用的是裁量排除,并非如非法言词证据那样适用绝对排除。刑事诉讼法对非法物证、书证的排除是从假定物证、书证客观性强、可信度高的前提下设计的。对于物证、书证排除条件的分析认定,应当因循此前提。在对物证、书证适用非法证据排除规则时,不应过分专注其真实性、虚假性,而应从收集物证、书证对程序违反的程度和对公民权利侵害的程度两个方面来综合考察对司法公正的影响。至于违反程序的取证行为对物证、书证真实性、可靠性的影响,则由"不可靠证据排除规则"去"接力"处断。

二、对不同类型证据"补正或作出合理解释"的理解

"非法证据排除规则"和"瑕疵证据排除规则"都涉及对证据的补正或合理解释。依《刑事诉讼法》第 56 条第 1 款的规定,"非法证据排除规则"中的补正或合理解释针对的是非法物证、书证,"瑕疵证据排除规则"中的补正或合理解释针对的是《高法解释》"证据不予认定条款"中的瑕疵证据,其中也包括瑕疵的物证、书证。本评注认为,在两类证据排除规则中对不同证据作补正或者合理解释的方向以及方法并不一致,不应混淆,须结合已有的研究成果和具体案例深入探讨。

> **案例 1**
>
> 2012 年 11 月 3 日晚 21 时,在全市打击制售假药劣药集中行动中,侦查人员甲、乙、丙、丁根据情报冲入关某家中搜查,在一个房间查获了大批假冒伪劣药品。搜查人员身着便衣,搜查时出示警官证表明了身份,但还是遭到了被搜查方的阻挠,双方发生了肢体冲突,惊扰到邻居,引发了一定程度的民众聚集,后该行动在网上曝光,

---

[1] 朗胜主编:《〈中华人民共和国刑事诉讼法〉修改与适用》,新华出版社 2012 年版,第 124 页。

引发舆情。事后查明,甲、乙、丙、丁冲入关某家中时未带搜查证,那么通过搜查所收集的假冒伪劣药品是否应作为非法证据予以排除?

案例 2

在对叶某盗窃案审查批捕期间,承办该案的检察官在审查一份证实公安机关从现场提取指纹的"现场勘查笔录"时,发现 3 个问题:(1)现场勘查笔录中的日期有明显改动的痕迹(由 2001 年改为 2000 年);(2)现场勘查笔录中署名的两名参与勘查的侦查人员中有一位是案发 1 年后,即 2001 年才由其他单位调入 N 市公安局工作,签名有误;(3)现场勘查笔录上无见证人签名。该嫌疑指纹是否应作为非法证据予以排除?

案例 3

在梁某故意伤害案的侦查过程中,A 县公安机关的侦查人员王某、陈某通知该案的目击证人李某到该县红桥宾馆接受询问,并现场制作了询问笔录,经李某核对签字后放入诉讼案卷。后该案在审判时,辩护律师对询问笔录的询问地点提出质疑,认为询问程序违法。该询问笔录是否应作为非法证据予以排除?

(一)第 56 条第 1 款有关非法物证、书证的补正或合理解释

如何理解刑事诉讼法中对物证、书证的补正或合理解释,有三种不同认识:

观点一:本款中的补正或合理解释等同于《高法解释》"证据不予认定条款"中对瑕疵物证、书证的补正或合理解释。全国人大常委会法工委在其出版的相关注释书中指出:"'补正'是指对取证程序上的非实质性的瑕疵进行补救,如在缺少侦查人员签名的勘验、检查笔录上签名等。'合理解释'是指对取证程序的瑕疵作出符合逻辑的解释,如对书证副本复制时间作出解释等。"[1]这一解读与《高法解释》第 86 条规定的对瑕疵物证、书证的补正或合理解释完全相同,意味着非法证据与瑕疵证据在补正或作出合理解释的方向与路径上一致。

---

[1] 朗胜主编:《〈中华人民共和国刑事诉讼法〉修改与适用》,新华出版社 2012 年版,第 125 页。

观点二:本条第1款中的"补正或者作出合理解释"可以理解为,"如果物证、书证的收集不符合法定程序,可能严重影响司法公正,那么对于可以进行补正或合理解释的证据,应当进行补正或合理解释,经补正或合理解释后可以采用;但是如果物证、书证属于不可以(或不应当)进行补正或合理解释的,则对该证据应当予以排除"[1]。这一解释其实是以条文中的分号为界,将待补正的物证、书证分为瑕疵证据和非法证据,分号前能够补正或作出合理解释的是瑕疵的物证、书证;分号后不可以(或不应当)补正或作出合理解释的是非法的物证、书证。

观点三:将"不能补正或作出合理解释"列为非法实物证据排除规则的适用条件之一属于立法失误。第56条第1款所排除的证据为"非法证据",而"瑕疵证据排除规则"规范的对象是"瑕疵证据",只有瑕疵证据才存在补正或合理解释的空间。对于非法证据,问题的关键是应否排除,不存在补正或者作出合理解释的余地。"将'不能补正或者作出合理解释'设定为非法实物证据排除规则的适用条件、先决条件,混淆了非法证据与瑕疵证据的概念和程序处理方式,事实上使得非法实物证据排除规则被瑕疵证据补正规则所替代、架空,是一个重大的失误和败笔。"[2]删除非法实物证据排除规则中的补正或者作出合理解释规定似乎是最优选择。

本评注倾向于观点三。从前文梳理出的我国三类证据排除规则及其不同的规范目的看,"非法证据排除规则"与"瑕疵证据排除规则"是性质不同的两种证据排除规则。"非法证据排除规则"中需要补正或作出合理解释的物证、书证是"非法证据","瑕疵证据排除规则"所调整的对象为瑕疵证据,当然也包括有瑕疵的物证、书证。观点一和观点二混淆了两类不同证据排除规则的适用范围,也导致不同情形下物证、书证在排除规则适用上的交叉。为了避免可能的歧义或混淆,最好的方法就是删除第56条第1款中"补正或者作出合理解释"的条件。但考虑到"法的稳定性",短期内修法恐难实现,权宜之计是寻求法解释的进路。

鉴于"非法证据排除规则"的规范目的是保护和救济违法取证所侵

---

[1] 陈盛、纵博:《瑕疵证据规定的法律解释分析——以〈刑事诉讼法〉第54条为对象》,载陈金钊、谢晖主编:《法律方法》(第15卷),山东人民出版社2014年版,第355页。

[2] 万毅:《关键词解读:非法实物证据排除规则的解释与适用》,载《四川大学学报(哲学社会科学版)》2014年第3期,第127页。

犯的公民的基本权利,而"严重影响司法公正"的外在表现即在于违法取证对"公民宪法性基本权利"的侵犯程度和影响后果。故对第56条第1款中非法物证、书证的补正或合理解释进路可以是将"违反法定程序"与"可能严重影响司法公正"两个条件理解为实质性的客观要件。换言之,收集物证、书证的行为客观上确实违反了法定程序,对当事人的权利产生了严重侵害。此时是否还有补正或合理解释的空间?比照国外非法证据排除规则会发现,即使在美国,20世纪80年代后,面对不断高涨的犯罪浪潮,美国联邦最高法院也不再要求对"非法证据"一概排除,而是设立了一些例外,如"最终或者必然发现的例外""善意的例外""在国外取得的证据之例外"等。[1] 在日本,非法证据排除规则也有两种例外情形:(1)不可避免发现的例外;(2)善意的例外。[2] 德国在证据禁止规则中也提出,证据的排除必须是为曾经被破坏的程序性规则服务的,"但是如果排除证据并不会促进被违反的规则的目的的实现,法庭就会采纳该证据,因为不这样做就会在没有达到任何积极效果的情况下干扰了对事实真相的查明"[3]。借鉴域外做法,可以考虑将第56条第1款涉及的"补正或者作出合理解释"转换成非法物证、书证排除规则中的"例外规定"。申言之,当取证方法客观上已"违反法定程序,可能严重影响司法公正",即实质上侵害了公民的宪法性基本权利,但为了维护更高的价值,保护更大的利益,不得不考虑一些例外不排除的情形,那么对非法物证、书证进行补正或者作出合理解释便有了适用空间。至于其中的例外情形,可以参照当前国外已普遍认同的例外性规定,如"紧急情况的例外""无害错误的例外""善意的例外""恐怖犯罪中的例外"等[4],同时规定只有证明违法取证行为符合例外情形,才能达到补正或合理解释的要求。具体到案例1,可能的操作思路为:即使本案物证是非法收集,且

---

〔1〕 参见陈光中主编:《刑事诉讼法》(第七版),北京大学出版社、高等教育出版社2021年版,第201页。
〔2〕 参见〔日〕田口守一:《刑事诉讼法》(第七版),张凌、于秀峰译,法律出版社2019年版,第481页。
〔3〕 〔德〕托马斯·魏根特:《德国刑事诉讼程序》,岳礼玲、温小洁译,中国政法大学出版社2004年版,第197页。
〔4〕 参见李富成:《刑事证据规则的一般性规定与例外性规定》,载《中国刑事法杂志》2016年第5期,第65页。

取证手段已侵犯了犯罪嫌疑人、被告人的基本权利,造成了一定影响,"但如果检控方证明了它将被以一种合法的方式'必然发现',或者通过另一个独立的非法来源获得这些证据,那么,这些证据仍可为检控方所用"[1]。这一补正或解释的进路虽然借鉴了国外的规则经验,但仍符合我国创设非法证据排除规则的权利视角和规范目的。毕竟,权利或法益有多种,在不同案件中多项权利或法益相互交织。"非法证据排除规则"大多是为保护个人利益,保障人权而设定的;非法证据排除规则的例外情形则更多地是为打击犯罪,维护公益而规定。某一行为客观上已经侵犯了个人权利,甚至是宪法性基本权利,但为了维护更大的利益或价值,立法和司法不得不对某些"非法证据"保持"容忍"。综上,设置若干例外性规定可以成为我国非法物证、书证排除过程中可以补正或作出合理解释的方向,但这种例外性的解释应严格限制,防止"例外"扩大成"一般"。

(二)对瑕疵证据的补正与合理解释

证据瑕疵有两种表现形式:一种瑕疵的产生多是由于固定证据过程中的疏忽大意、不够细致,反映在某些证据上即为形式要件上的差错或不完整,如在勘验、检查笔录上忘记签名,或是由于笔误在扣押清单上错记了物证的数量、质量。这些情况中的取证多是合法、规范的,只要能及时修改,作出说明,就能满足对瑕疵证据进行补正或作出合理解释的要求。以案例2为例,对于现场勘查笔录中的三处瑕疵,侦查机关可作如下补正或解释:(1)因为现场勘查笔录制作的时间为2000年年底,由于制作时忘记填写日期,等元旦过后再行补填时疏忽了当时的年份,习惯性地写成了2001年年底,发现后马上更改过来;(2)现场勘查笔录中署名的一名侦查人员确实是2001年才调入N市公安局,但在办理该案时已被借调到N市公安局工作,也具有侦查人员的身份,故参加了该案的现场勘查工作;(3)现场勘查中确实邀请了见证人,只是由于当时现场工作较为繁杂琐碎,耗时较长,待见证与其他工作一并结束准备签名时,见证人因有其他急事已先走。

另一种"瑕疵"则是指确实违反了法定程序,有不规范的取证行为,这些行为后来也反映到笔录或其他证据的形式要件中。例如,根据

---

[1] [美]罗纳德·J. 艾伦:《排除规则的困难》,郑飞、强卉译,张保生校,载《证据科学》2012年第6期,第755页。

《刑事诉讼法》第 124 条的规定,侦查人员询问证人的地点可以是现场,也可以是证人所在单位、住处或者证人提出的地点,在必要的时候,可以通知证人到检察院或者公安机关提供证言。在案例 3 中,侦查人员询问证人的地点是侦查机关指定的地点,显然违反了第 124 条的规定,属询问程序违法,最终也反映到了询问笔录中,被辩护方发现。该种情形下的瑕疵证据如何进行补正或解释就需要从立法的规范目的出发作实质解释。具体思路是:控方可以指出该瑕疵证据的出现仅反映了取证的不规范,但危害后果轻微,既未侵害当事人的宪法性基本权利,也未影响到证据的真实性,法政策上对这类不规范的取证行为可保持适度的"容忍"。以案例 3 为例,本案中询问地点程序违法已是不争的事实,但如果办案人员能够证明询问的手段合法,证人在被询问期间没有受到暴力、威胁等非法取证方法的侵害;同时,宾馆的询问环境也未有任何不当,没有对证人造成任何不必要的心理影响,证人的陈述是在自愿、明知且明智的状态下作出的,笔录中证言的真实性没有受到任何实质性影响,那么询问笔录的瑕疵便得到了合理解释,笔录可以作为证据使用。反之,就应当排除证据。

(三)警惕"形式上的瑕疵证据"

需要特别强调的是,无论是非法证据、不可靠证据还是瑕疵证据,实践中大多身披瑕疵证据的"外衣"出现。例如,某些案件中的询问笔录反映,在同一时间段内,同一询问人员询问不同的证人。发生这种情况的缘由可能是询问证人没有个别进行,也可能是询问笔录的制作不规范。如果是前者,属不可靠证据,适用《高法解释》第 89 条直接排除;如果是后者,则是瑕疵证据,适用《高法解释》第 90 条给予办案机关作出补正或合理解释的机会。但在实践中,部分所谓的"瑕疵证据"有很强的隐蔽性、欺骗性,办案人员通常会按照瑕疵证据处理,让控方去补正或作出合理解释,但随着诉讼的深入会发现所谓的"瑕疵证据"根本就不是瑕疵证据,而是不可靠证据或非法证据,这时就无须再补正或作出合理解释,而是应直接适用不可靠证据排除规则或非法证据排除规则来排除证据。仍以案例 2 为例,仅看案情,勘验检查笔录仅仅是签字错误或缺少签名,形式上符合瑕疵证据。但在公安机关补正和解释的过程中,检察院又发现了诸多疑点,后经调查核实发现了真实的情况:2000 年 12 月 28 日,经被害人报案,侦查人员确实到案发现场进行勘查,并从现场提取嫌疑指纹一枚,但由于侦查人员工作上的疏忽,没有及时制作现场勘查笔录。2001

年6月2日,犯罪嫌疑人叶某被抓获,侦查人员在补写现场勘查笔录时出于习惯将"现场勘查"的年份写为"2001年",后因意识到与实际案发时间不符又改为"2000年"。同时,因补写"现场勘查笔录"时恰逢那位2001年由其他单位调入N市公安局工作的侦查人员在场,于是就随手填写了他的名字。至于"现场勘查笔录"中未填写见证人的姓名问题,是因为现场勘查时没有见证人在场。如果案情如此"反转",意味着该勘验检查笔录属事后补做,已无法反映半年前现场的真实情况,当属无效,视同没有"现场勘查笔录",案件中提取的指纹来源不明。依《高法解释》第86条第1款规定,"在勘验、检查、搜查过程中提取、扣押的物证、书证,未附笔录或者清单,不能证明物证、书证来源的,不得作为定案的根据",嫌疑指纹应视为不可靠证据直接排除,不得作为定案的根据。

第五十七条 【检察院对非法收集证据的法律监督】人民检察院接到报案、控告、举报或者发现侦查人员以非法方法收集证据的,应当进行调查核实。对于确有以非法方法收集证据情形的,应当提出纠正意见;构成犯罪的,依法追究刑事责任。

▶▶【历次修法条文对照】

1979年《刑事诉讼法》	1996年《刑事诉讼法》	2012年《刑事诉讼法》	2018年《刑事诉讼法》
第五章 证据	第五章 证据	第五章 证据	第五章 证据
无	无	**第55条**:人民检察院接到报案、控告、举报或者发现侦查人员以非法方法收集证据的,应当进行调查核实。对于确有以非法方法收集证据情形的,应当提出纠正意见;构成犯罪的,依法追究刑事责任。	**第57条**内容未修订

▶▶【立法沿革】

宪法和刑事诉讼法规定,检察院是国家的法律监督机关,有权对刑事诉讼中的立案、侦查、审判、执行各个阶段进行"全流程"的法律监督。其中,检察院开展侦查监督的一个重要方面就是对侦查取证行为进行监督。随着2012年《刑事诉讼法》引入非法证据排除规则,检察院对侦查取证行为的监督内容进一步丰富。首先,在程序层面,检察院在审查起诉过程中发现侦查机关采用刑讯逼供等非法方法收集证据的,有权力也有义务排除非法证据,从而以程序性制裁反向监督侦查,形塑侦查取证活动。这便是《刑事诉讼法》第56条第2款的规定。其次,在实体层面,检察院对于非法取证行为以及实施非法取证的侦查人员也可以进行监督和处理。一方面,检察院通过提出纠正意见,及时制止非法取证行为;另一方面,对一些构成犯罪的非法取证行为,如刑讯逼供、暴力取证等,检察院根据管辖规定可以立案侦查,或移送其他有管辖权的机关办理,追究有关人员的刑事责任。这便是本条规定的内容。另外,根据《刑事诉讼法》第59条的规定,在法院对证据收集合法性进行法庭调查的过程中,检察院应对证据收集的合法性承担举证责任。为确保提交法庭的证据的合法性,检察院也应当对侦查阶段证据收集的合法性加强监督。

本条为2012年《刑事诉讼法》新增条文,除了规定检察院对侦查活动的监督,还规定了检察院对侦查人员非法收集证据行为的调查、处理程序。2018年修改刑事诉讼法时,本条未有修改,仅有条文序号的变化。

▶▶【法条注解】

本条是关于检察院对侦查人员非法收集证据行为的发现、调查核实和处理的规定。

一、检察院对非法取证行为的发现

本条规定了检察院发现侦查人员非法取证的线索的来源渠道。

一是自然人或单位报案、控告、举报,这是从检察院外部获得的线索。"报案"是指群众向检察院报告侦查人员有非法取证的行为。"举报"是指当事人以外的其他知情人向检察院检举、揭发侦查人员有非法取证行为。"控告"是指权利受到非法取证侵害的人,如被刑讯逼供的犯罪嫌疑人、被暴力取证的被害人、证人等,向检察院告诉。值得注意的是,1996年《刑事诉讼法》第14条第3款规定:"诉讼参与人对于审判人员、检察人员和侦查人员侵犯公民诉讼权利和人身侮辱的行为,有权提出控告。"该条规定作为刑事诉讼法的基本原则适用于诉讼的各个阶段,但当时的法律一直没有规定诉讼参与人在侦查阶段进行控告的具体方式、受理主体和处理程序。2012年《刑事诉讼法》新增第55条(2018年《刑事诉讼法》第57条),完善了诉讼参与人在侦查阶段的控告程序,是对1996年《刑事诉讼法》第14条基本原则的贯彻和落实。

二是检察院依职权在日常办案(如批准逮捕、审查起诉)或法律监督中(如检察人员在重大案件侦查终结前开展讯问合法性核查[1]),自行发现侦查人员非法收集证据的线索。简言之,检察院发现侦查人员非法取证的线索的方式既可以是由他人提供,也可以是依职权自行获取。至于侦查人员非法收集证据的行为,依《刑事诉讼法》第56条第1款的规定,主要包括以刑讯逼供、暴力、威胁等非法方法收集言词证据的行为和以非法搜查、非法扣押等非法方法收集物证、书证的行为。除此以外,还应依照第54条的规定,将采用引诱、欺骗以及其他强迫任何人证实自己有罪的方法来收集证据的行为都归入这里的"以非法方法收集证据的行为"。

二、检察院对非法取证行为的调查核实

本条赋予了检察院对发现的线索调查核实的权力。无论侦查人员非法收集证据的行为是否构成犯罪,检察院都有权且应当调查核实。调查核实的方法可以是询问有关当事人或者知情人、查阅、调取或者复制相关法律文书、案卷材料,对受害人进行伤情检查等。一般认为,检察院的调查核实权不具有"刚性",不能对人、对物采取强制性措施或手段,也不能采取技术性侦查手段。

三、检察院对非法取证线索调查核实后的处理

本条还规定检察院对侦查人员非法取证的线索进行调查核实后的处理,包括两种情形。

---

[1] 参见2020年最高人民检察院、公安部、国家安全部联合发布的《关于重大案件侦查终结前开展讯问合法性核查工作若干问题的意见》。

一是对于确有以非法方法收集证据情形的,检察院应当提出纠正意见。纠正意见的内容应根据案件的具体情况确定。这种纠正意见是检察院行使法律监督权的重要方式,实践中一般称为发出纠正违法通知书,如建议更换办案人员、立即停止侵权行为等,侦查机关应当重视并开展调查,对于非法取证情况属实的,应及时纠正,并将纠正情况通报检察院,并根据《刑事诉讼法》第 56 条的规定对非法证据予以排除。需要注意的是,如果案件处于侦查阶段,检察院可以对侦查机关的非法取证行为开展监督,发出纠正违法通知书,侦查机关如果查证属实的,负有排除非法证据的义务,基于我国"阶段论"的诉讼构造,检察院无权排除还处于侦查阶段的案件中的非法证据。2017 年"两高三部"《严格排除非法证据规定》第 14 条第 3 款规定:"对重大案件,人民检察院驻看守所检察人员应当在侦查终结前询问犯罪嫌疑人,核查是否存在刑讯逼供、非法取证情形,并同步录音录像。经核查,确有刑讯逼供、非法取证情形的,侦查机关应当及时排除非法证据,不得作为提请批准逮捕、移送审查起诉的根据。"该款规定很好地贯彻了《刑事诉讼法》第 57 条的立法精神,明确规定,当案件处于侦查阶段(侦查终结前),检察院发现侦查人员有刑讯逼供等非法取证情形的,经核实,应由侦查机关及时排除非法证据。

二是对于侦查人员以非法方法收集证据,构成刑法规定的刑讯逼供、暴力取证、非法拘禁、非法搜查、滥用职权、徇私舞弊等犯罪的,检察院应当按照管辖范围依法立案侦查,或移送有管辖权的机关办理,追究有关人员的刑事责任。

▶▶【法条评点】

一、检察院在案件审判阶段启动对侦查取证的法律监督,法院能否直接作出"排非"决定?

本条规定,检察院接到报案、控告、举报或者发现侦查人员以非法方法收集证据的,应当进行调查核实并作出处理。乍一看,该条规定似乎仅适用于侦查阶段或审查起诉阶段,但实际上立法并未否定上述情形也可能发生于审判阶段。

实践中曾发生过这样的案件:法院在审判阶段已经启动非法证据排除程序,经对证据收集的合法性进行法庭调查,法院认为本案不存在非法取证的情形,拟作出不予排除有关证据的决定。但辩护人此时向法院提出,依据《刑事诉讼法》第 57 条的规定,辩护人认为本案存在侦查人员以非法方法收集证据的情形,已向检察院提交了报案材料,检察院也已接收材料,下一步会开展调查核实,并对本案是否存在非法取证行为作出认定和处理。在检察院未作出认定和处理前,法院不应"仓促"下判。本评注认为,辩护人依据第 57 条的规定申请检察院对侦查人员收集证据的行为进行法律监督并无不当,检察院开展侦查监督既可以在"事中",也可以在"事后",即使案件已经进入审判阶段,哪怕是二审阶段,辩护人等相关人员都可以向检察院报案、控告、举报侦查人员以非法方法收集证据。但问题是本案中法院是否要像辩护人所说的那样,要待检察院完成对侦查取证行为的调查核实工作并作出结论后,才能决定对有关证据是否排除呢?

  本评注认为,辩护人的这一说法不能成立。众所周知,我国刑事诉讼奉行的是"阶段论"的诉讼构造,公检法三机关对侦查、起诉、审判三个阶段各管一段、互不干涉。结合《刑事诉讼法》第 56 条第 2 款的规定,公检法三机关在侦查、起诉、审查三个阶段都能独立决定是否排除非法证据,其他机关不可越俎代庖。诚如前文所言,如果案件还处于侦查阶段,即使检察院认定侦查人员有非法取证行为,所收集的证据是非法证据,也不能直接作出"排非"决定,而是要向侦查机关提出意见建议,由后者作出决定。同样的道理,在本案中,案件已被提起公诉,法院也已受理案件并启动了非法证据排除程序,经对有关证据的合法性进行法庭调查后,法院当然有权作出是否"排非"的决定。即使检察院最终经过调查核实认定本案中侦查机关有非法取证行为,所收集的证据是非法证据,这也只是检察院的一方判断,因案件已处于审判阶段,检察院只能就证据是否排除向法院提出意见建议,不能代替法院决定是否"排非"。为何《刑事诉讼法》第 57 条仅规定检察院对于发现的非法取证行为有提出纠正意见的权力,构成犯罪的,有追究刑事责任的权力,但唯独没有规定检察院有直接排除非法证据的权力?因为"排非"的权力在不同的诉讼阶段,是由不同的办案机关"把持"的,这是由第 56 条第 2 款明确规定的,检察院当然不能"独揽"。

  综上,本案中,法院在审判阶段启动了非法证据排除程序,并已围绕有关证据开展了证据合法性的法庭调查工作,只要这些工作是细致缜密的,符合法定程序的,法院就可作出处理,大胆决定是否排除有关证据,无须等待检察院的调查结论。

第五十八条 【对证据收集合法性的法庭调查】法庭审理过程中,审判人员认为可能存在本法第五十六条规定的以非法方法收集证据情形的,应当对证据收集的合法性进行法庭调查。

【申请排除非法证据】当事人及其辩护人、诉讼代理人有权申请人民法院对以非法方法收集的证据依法予以排除。申请排除以非法方法收集的证据的,应当提供相关线索或者材料。

▶▶【历次修法条文对照】

1979年《刑事诉讼法》	1996年《刑事诉讼法》	2012年《刑事诉讼法》	2018年《刑事诉讼法》
第五章 证据	第五章 证据	第五章 证据	第五章 证据
无	无	**第56条**:法庭审理过程中,审判人员认为可能存在本法第五十四条规定的以非法方法收集证据情形的,应当对证据收集的合法性进行法庭调查。 当事人及其辩护人、诉讼代理人有权申请人民法院对以非法方法收集的证据依法予以排除。申请排除以非法方法收集的证据的,应当提供相关线索或者材料。	**第58条**:法庭审理过程中,审判人员认为可能存在本法第**五十六条**规定的以非法方法收集证据情形的,应当对证据收集的合法性进行法庭调查。 当事人及其辩护人、诉讼代理人有权申请人民法院对以非法方法收集的证据依法予以排除。申请排除以非法方法收集的证据的,应当提供相关线索或者材料。

▶▶【立法沿革】

本条为 2012 年《刑事诉讼法》修改时新增条款。

无论是 1979 年《刑事诉讼法》还是 1996 年《刑事诉讼法》，都规定的是传统的法庭调查程序。传统的法庭调查程序围绕有关被告人定罪量刑的证据、事实设计和进行，属于对案件实体事实的法庭调查，并不针对取证的合法性问题等程序性事实展开。随着非法证据排除规则引入我国司法实践，为了有效落实和执行该项规则，把排除非法证据的主体责任落到实处，有必要针对取证合法性的庭审调查处理程序作出专门规定。有鉴于此，2010 年"两高三部"《排除非法证据规定》第 5 条规定，"被告人及其辩护人在开庭审理前或者庭审中，提出被告人审判前供述是非法取得的，法庭在公诉人宣读起诉书之后，应当先行当庭调查。法庭辩论结束前，被告人及其辩护人提出被告人审判前供述是非法取得的，法庭也应当进行调查"。各地法院依照规定纷纷开展司法实践，积累了不少对证据收集合法性进行调查处理的审判经验。2012 年，立法机关总结实践经验，吸收规范性文件的合理内容，同时根据各方面意见，在本条对证据收集合法性的法庭调查程序作出规定，明确了调查的启动程序、启动主体和启动条件。

本条在 2018 年修改刑事诉讼法时未有内容上的实质调整，仅有引用法条的序号以及条文本身序号的变化。

▶▶【法条注解】

本条是关于对证据收集的合法性进行法庭调查的启动程序的规定，共分两款，分别规定了在审判阶段启动法庭调查程序的两种方式。

一、审判阶段法院依职权启动法庭调查程序

根据本款规定，审判人员在法庭审理过程中对证据收集的合法性有疑问的可以直接启动法庭调查程序，也就是"排非程序"。

本款规定的法庭调查程序，是专门针对公诉方提供的证据收集的合法性进行的相对独立的法庭调查程序，不是对与定罪量刑有关的案件事

实、证据的法庭调查程序。对证据收集合法性的法庭调查程序,属于法庭审理过程中的一个专门程序,相对独立,可以称为"审判中的审判"。启动调查程序的条件是审判人员"认为可能存在本法第五十六条规定的以非法方法收集证据情形",包括非法收集言词证据和非法收集物证、书证的情形。简言之,启动调查程序的条件就是审判人员对有关证据是否属于法律规定的排除范围存在疑问。启动调查程序的目的是认定是否存在依法应当排除的非法证据。调查的对象是有关证据收集的合法性。启动调查的时间区段是"法庭审理过程中",是指从开庭审判到法庭辩论终结的过程,包括一审和二审。2010年"两高三部"《排除非法证据规定》第5条第2款还规定,法庭辩论结束前,被告人及其辩护人提出被告人审判前供述是非法取得的,法庭也应当进行调查。启动调查的权力主体是法院的审判人员,结合《刑事诉讼法》第58条第2款看,审判人员可以根据审判过程中发现的情况依职权启动调查,也可以在对当事人及其辩护人、诉讼代理人根据第58条第2款规定提出的申请进行审查后,决定启动调查。

需要注意的是,关于启动证据收集合法性的法庭调查程序,刑事诉讼法只规定了"法庭审理过程中"这一时间段,而没有明确启动的具体时间点。实际上,刑事诉讼法对法庭审判中法庭调查和法庭辩论的具体顺序均未作明确规定。法庭审判的主持者是独任法官、合议庭及审判长。法庭审判的具体顺序,应当由上述审判组织或人员根据庭审需要来确定。基于上述考虑,2012年《六机关规定》明确,证据收集合法性的"法庭调查的顺序由法庭根据案件审理情况确定"[1]。但2017年"两高三部"《严格排除非法证据规定》第30条规定:"庭审期间,法庭决定对证据收集的合法性进行调查的,应当先行当庭调查。但为防止庭审过分迟延,也可以在法庭调查结束前进行调查。"至此,在法庭审理中,对证据收集合法性的先行调查原则得以确立。"之所以应对非法证据实行优先调查原则,是因为一旦非法取证的事实得到查明,非法证据被排除后,控方若无充足证据证明被告有罪,法官即可直接作出无罪判决终结诉讼,避免庭审

---

[1] 李寿伟:《非法证据排除制度的若干问题》,载《中国刑事法杂志》2014年第2期,第62页。

无谓进行并减少讼累。"[1]该原则在2021年修订的《高法解释》第134条的规定中得以延续。

二、审判阶段当事人等依申请启动法庭调查程序

根据本条规定,对证据收集合法性的法庭调查程序,既可以由审判人员根据审判过程中发现的情况依职权启动,也可以由审判人员在对当事人及其辩护人、诉讼代理人提出的非法证据排除申请进行审查后决定启动。本条第2款便是对第二种启动方式的规定。众所周知,刑讯逼供等非法取证行为侵犯的是当事人的合法权利,赋予当事人及其辩护人、诉讼代理人申请启动对证据收集合法性的调查程序的权利,有利于及时发现并排除非法证据,维护司法公正,符合保障人权的要求。

根据本条第2款的规定,有权申请启动调查程序的主体是当事人及其辩护人、诉讼代理人。根据本条第1款及有关司法解释的规定,当事人及其辩护人、诉讼代理人从案件进入审判到法庭辩论终结前,都有权提出"排非"申请。相较于法院依职权启动对证据收集合法性的调查程序须在"法庭审理过程中"而言,当事人及其辩护人、诉讼代理人依申请启动的时间范围更为宽泛。按照《高法解释》第128条、第129条和第132条的规定,法院向被告人及其辩护人送达起诉书副本时,应当告知其有权申请排除非法证据;当事人及其辩护人、诉讼代理人原则上须在开庭审理前提出申请。如果当事人及其辩护人、诉讼代理人在开庭审理前未申请排除非法证据,在庭审过程中提出申请的,应当说明理由。

本款对于排除非法证据的申请设定了条件,即申请人应当提供办案机关及其工作人员非法收集证据的相关线索或者材料。"线索"是指可说明存在非法取证情形,指引调查进行的信息资讯,如曾在何时、何地被何人用何种方式刑讯逼供的回忆等。"材料"是指可用于证明非法取证行为存在的资料,如血衣、伤痕、同监室人员的证言等。本款之所以规定提出申请应当提供线索或者材料,一方面是因为当事人是非法取证的亲历者,距离相关线索、材料最近,有条件向法庭提供有关线索或者材料,另

---

[1] 万毅:《〈刑事诉讼法修正案(草案)〉证据制度修正条文释评》,载李学军主编:《证据学论坛》(第17卷),法律出版社2012年版,第14页。

一方面也是为了防止当事人及其辩护人、诉讼代理人滥用诉讼权利,随意提出申请,干扰庭审的正常进行。[1]从这个角度看,本条第2款其实是在非法证据排除程序中要求被告方承担一定程度的举证责任,有学者将其称为"疑点形成责任"或"争点形成责任"。"考虑到在刑讯逼供等非法取证案件中被告方举证的困难,被告抗辩时无需承担举证责任,仅需通过陈述意见、提供线索等方式,使之形成有效'争点'即可,此可称为'争点形成责任',以区别于检察官的举证责任。"[2]被告方提出抗辩,首先承担对证据合法性的"争点形成责任",一旦法庭对证据收集的合法性有疑问,被告方的"争点形成责任"即完成,人民检察院随即应承担对证据收集合法性的举证责任。有研究者对上述举证责任的分配采用了另一种表述方式:"由人民检察院对证据收集的合法性承担证明责任,但当事人及其辩护人、诉讼代理人申请人民法院启动证据合法性调查程序时需要承担初步的证明责任,即应当提供涉嫌非法取证的人员、时间、地点、方式、内容等相关线索和材料。如果仅仅主张取证不合法,但未能提供任何线索和材料的,审判人员也认为没有非法取证的嫌疑的,审判人员可以不启动证据合法性调查程序。"[3]当然,对于这种初步证明责任或争点形成责任,不应要求达到证据确实、充分的程度,只需要对证据收集的合法性"产生疑问"或"有疑问"即可。总之,本款规定对申请人提供线索或者材料的要求是较为宽松的,即有材料的应当提供材料,没有或者无法提供材料的,可提供要查证的线索。同时,提供线索或者材料只是对申请人提出申请的要求,一旦审判人员依职权决定启动调查程序,根据本法第59条的规定,对证据收集的合法性的证明责任仍然由检察院承担。

对于当事人及其辩护人、诉讼代理人申请启动调查的,审判人员应当对申请以及提交的有关线索或者材料进行初步审查。经审查认为可

---

[1] 参见王爱立、雷建斌主编:《刑事诉讼法立法精解》,中国检察出版社2019年版,第103页。

[2] 万毅:《〈刑事诉讼法修正案(草案)〉证据制度修正条文释评》,载李学军主编:《证据学论坛》(第17卷),法律出版社2012年版,第14页。

[3] 李昌林主编:《最新中华人民共和国刑事诉讼法释义》,中国法制出版社2012年版,第126页。

能存在《刑事诉讼法》第 56 条规定的非法取证情形的,应当根据本条第 1 款的规定对证据收集的合法性问题启动法庭调查程序;认为不可能存在非法取证情形的,应当驳回申请。另外,《高法解释》第 132 条第 2 款还规定,"驳回排除非法证据的申请后,当事人及其辩护人、诉讼代理人没有新的线索或者材料,以相同理由再次提出申请的,人民法院不再审查"。

▶▶【法条评点】

一、对证据收集合法性的法庭调查与前置性"审查"程序的关系

本条规定了法院对证据收集的合法性进行法庭调查的权力和职责。为了避免当事人及其辩护人、诉讼代理人随意申请启动证据收集合法性的"法庭调查",司法机关等部门通过司法解释和规范性文件增加了前置性的"审查"过滤程序。"审查"程序包括两种方式。

第一种是在开庭审理前通过召开庭前会议进行"审查"。《高法解释》第 130 条规定:"开庭审理前,人民法院可以召开庭前会议,就非法证据排除等问题了解情况,听取意见。在庭前会议中,人民检察院可以通过出示有关证据材料等方式,对证据收集的合法性加以说明。必要时,可以通知调查人员、侦查人员或者其他人员参加庭前会议,说明情况。"第 133 条规定:"控辩双方在庭前会议中对证据收集是否合法未达成一致意见,人民法院对证据收集的合法性有疑问的,应当在庭审中进行调查;对证据收集的合法性没有疑问,且无新的线索或者材料表明可能存在非法取证的,可以决定不再进行调查并说明理由。"据此,如果当事人等提出"排非"申请,并提供了相关线索、材料,法院应启动庭前会议,对非法证据排除问题了解情况,听取意见,这其实就是对证据收集合法性开展法庭调查的前置"审查"程序。依第 133 条的规定,控辩双方在庭前会议中对证据收集是否合法未达成一致意见,法院对证据收集的合法性又有疑问的,就应当在庭审中对证据合法性开展调查。这意味着法院一旦启动"排非"程序,对证据收集的合法性的审理基本遵循的是一种"先审查,后调查"的模式。

需要注意的是,《刑事诉讼法》第 187 条规定的"庭前会议"属于开庭前准备程序的一部分,目的是帮助审判人员确定庭审的重点和主要争议点。[1] 虽然该条规定了开庭以前审判人员可以就非法证据排除问题"了解情况,听取意见",但审判人员不能在庭前会议中就非法证据是否排除作出实质性处理,而且,并不是所有的审判组织和人员以及诉讼参与人都参加庭前会议,审判人员也不应在这一阶段就启动对证据收集合法性的法庭调查程序,而是要到正式庭审中才能启动。当然,通过在庭前会议中提供相关情况和发表意见,检察院可以决定在庭审过程中不再使用某项存在争议的证据[2],也可以据此启动对非法取证的调查核实程序(《刑事诉讼法》第 57 条之规定),或者要求公安机关对证据收集的合法性作出说明。[3]

第二种是在庭审中直接嵌入"审查"前置程序。《高法解释》第 132 条规定:"当事人及其辩护人、诉讼代理人在开庭审理前未申请排除非法证据,在庭审过程中提出申请的,应当说明理由。人民法院经审查,对证据收集的合法性有疑问的,应当进行调查;没有疑问的,驳回申请。驳回排除非法证据的申请后,当事人及其辩护人、诉讼代理人没有新的线索或者材料,以相同理由再次提出申请的,人民法院不再审查。"据此,当事人及其辩护人、诉讼代理人在庭审中申请排除非法证据,如果有合理理由的,法院要先"审查",如果对证据收集的合法性有疑问的,应当进行法庭调查,如果没有疑问则驳回申请,不再启动相关法庭调查程序。

---

[1] 参见王爱立、雷建斌主编:《刑事诉讼法立法精解》,中国检察出版社 2019 年版,第 344 页。

[2] 《高法解释》第 131 条:"在庭前会议中,人民检察院可以撤回有关证据。撤回的证据,没有新的理由,不得在庭审中出示。当事人及其辩护人、诉讼代理人可以撤回排除非法证据的申请。撤回申请后,没有新的线索或者材料,不得再次对有关证据提出排除申请。"

[3] 参见李寿伟:《非法证据排除制度的若干问题》,载《中国刑事法杂志》2014 年第 2 期,第 62 页。

第五章 证据 第59条

第五十九条 【对证据收集合法性的证明】在对证据收集的合法性进行法庭调查的过程中,人民检察院应当对证据收集的合法性加以证明。

现有证据材料不能证明证据收集的合法性的,人民检察院可以提请人民法院通知有关侦查人员或者其他人员出庭说明情况;人民法院可以通知有关侦查人员或者其他人员出庭说明情况。有关侦查人员或者其他人员也可以要求出庭说明情况。经人民法院通知,有关人员应当出庭。

▶▶【历次修法条文对照】

1979年《刑事诉讼法》	1996年《刑事诉讼法》	2012年《刑事诉讼法》	2018年《刑事诉讼法》
第五章 证据	第五章 证据	第五章 证据	第五章 证据
无	无	**第57条**:在对证据收集的合法性进行法庭调查的过程中,人民检察院应当对证据收集的合法性加以证明。 现有证据材料不能证明证据收集的合法性的,人民检察院可以提请人民法院通知有关侦查人员或者其他人员出庭说明情况;人民法院可以通知有关侦查人员或者其他人员出庭说明情况。有关侦查人员或者其他人员也可以要求出庭说明情况。经人民法院通知,有关人员应当出庭。	**第59条** 内容未修订

第五章 证 据

▶▶【立法沿革】

本条为 2012 年《刑事诉讼法》修改时新增条文。

根据《刑事诉讼法》第 58 条的规定,审判人员认为可能存在以非法方法收集证据情形的,应当启动对证据收集的合法性进行法庭调查的程序。这一程序由控辩审三方参与,以查明证据收集是否合法为目的,法庭调查程序相对独立,可称之为"诉中诉""案中案""审判中的审判"[1]。"法律需要对这一程序中举证责任由谁承担,可以用何种方式举证作出规定,以便于调查程序的进行。作为不同于对定罪量刑事实的法庭调查的特别调查程序,还需要通知了解证据收集过程的特定人员出庭说明有关情况。"[2] 2010 年"两高三部"《排除非法证据规定》第 7 条第 1 款中规定:"经审查,法庭对被告人审判前供述取得的合法性有疑问的,公诉人应当向法庭提供讯问笔录、原始的讯问过程录音录像或者其他证据,提请法庭通知讯问时其他在场人员或者其他证人出庭作证,仍不能排除刑讯逼供嫌疑的,提请法庭通知讯问人员出庭作证,对该供述取得的合法性予以证明。"2012 年修改刑事诉讼法时,立法机关吸收了"两高三部"《排除非法证据规定》第 7 条第 1 款的相关内容,根据实际情况并综合各方面的意见,在本条明确了对证据收集的合法性由检察院承担举证责任,还对调查程序中侦查人员等出庭说明情况加以规定。

本条在 2018 年《刑事诉讼法》修改时未有内容调整,仅有条文序号的变动。

▶▶【法条注解】

本条是关于证据收集的合法性的证明责任和侦查人员等出庭说明情况的规定。

一、有关证据收集的合法性的举证责任

本条第 1 款是关于证据收集的合法性的举证责任的规定。在刑事诉

---

[1] 陈瑞华:《适应法律新变化新要求 充分发挥检察职能作用》,载《人民检察》2012 年第 7 期,第 47 页。

[2] 王爱立、雷建斌主编:《刑事诉讼法立法精解》,中国检察出版社 2019 年版,第 104 页。

讼中由控诉方承担被告人有罪的举证责任,是现代刑事诉讼的基本原则。《刑事诉讼法》第51条规定,"公诉案件中被告人有罪的举证责任由人民检察院承担",那么,证明被告人定罪量刑事实的证据的合法性是否也要由检察院来承担举证责任呢?

(一)检察院承担对证据收集的合法性的举证责任

根据第58条的规定,启动"排非"程序有两种方式,一是法院依职权,二是当事人及其辩护人、诉讼代理人提出申请,后者在司法实践中更多见。以被告人及其辩护人申请排除非法证据为例,在有关证据收集的合法性的法庭调查中,被告方主张控方采用了刑讯逼供等非法方法收集证据,有关证据为非法证据,法庭应予排除。根据"谁主张、谁举证"的传统举证责任分配规则,被告方是主张方,应承担证据收集非法的举证责任。但本条第1款的规定明显否定了这一逻辑推论,规定,"在对证据收集的合法性进行法庭调查的过程中,人民检察院应当对证据收集的合法性加以证明"。一种可能的解释路径是:依"谁主张、谁举证"的传统举证责任分配理论,持"否定性""消极性"事实主张的一方不承担证明责任。学者们将这种证明责任制度及其分配原则概括为以下几个公式:(1)主张之人有证明之义务,否定之人则无;(2)事物之性质上,否定之人无须证明。[1] 在证据收集的合法性问题上,持肯定、积极主张,主张证据收集合法的一方是以检察院为代表的控方,而持否定、消极主张,主张证据收集不合法(非法)的则是以被告人及其辩护人为代表的被告方。一旦对证据收集合法性有疑问,需要分配举证责任时,应由检察院承担肯定的、积极的证据收集的合法性事实的举证责任。"根据诉讼法理,诉讼中由主张积极性(肯定)事实的当事人承担证明责任,而将消极性(否定)事实引入诉讼的当事人则无须对此承担证明责任。对于证据本身合法性的证明属于证明积极请求的重要组成部分,而辩护方提出的证据非法的主张,则属于消极性(否定)事实,无须承担证明责任。"[2]"当辩护方对控方审前程序中诉讼行为的合法性提出异议而控方予以否认时,实

---

[1] 参见卞建林、郭志媛:《刑事证明主体新论——基于证明责任的分析》,载《中国刑事法杂志》2003年第1期,第61页。
[2] 李昌林主编:《最新中华人民共和国刑事诉讼法释义》,中国法制出版社2012年版,第127页。

质是控方在主张合法性事实,也即积极事实,所以由控方承担证明责任符合诉讼证明的一般规则。"[1]上述解释是对"谁主张,谁举证"的传统举证责任分配规则的演绎推导,看似有一定道理,但由于语言的极端灵活性,有时很难区分肯定与否定、积极与消极事实。"原告主张甲是成年人,被告主张甲是未成年人,那么甲成年与否究竟应当是积极事实还是消极事实呢?设若法官判定原告主张为积极事实,要求其举证的话,那么是否原告只需将其主张变更为'甲不是未成年人'便可免予举证呢?"[2]在证据收集合法性的问题上,虽然检察院主张证据收集合法可以视为肯定的、积极的事实,被告方主张证据收集不合法(非法)可以视为否定的、消极的事实。但如果换一个视角重新表述,会发现情况远非这么简单。以刑讯逼供为例,如果被告方在审判阶段向法庭主张某一证据,如口供是侦查人员刑讯逼供所得,是非法证据,申请法庭排除。这其实就是说,被告方向法庭主张侦查人员在侦查讯问环节有非法讯问行为——刑讯逼供,这其实是一个肯定的、积极的违法事实主张,恰恰是因为这一事实才导致所收集的口供在法律上被认为非法,应予排除。这就相当于检察院向法院提起公诉主张被告人有犯罪事实一样,也是一个肯定的、积极的事实,只不过相较于违法取证而言是一个犯罪事实,检察院要为此主张承担举证责任。同样的道理,在对证据收集的合法性的法庭调查中,被告方也要对侦查人员有违法取证的事实这一肯定性主张承担举证责任。这仍然是依"谁主张,谁举证"规则进行逻辑演绎的结果。

行文至此可以发现,本条第1款"在对证据收集的合法性进行法庭调查的过程中,人民检察院应当对证据收集的合法性加以证明"的规定并非是对"谁主张、谁举证"这一传统举证责任分配规则的贯彻和延展,而是规则的例外,属于举证责任的倒置。立法为何作此例外规定?有四方面原因。

一是保证控辩平等。"举证责任的配置从形式上看是一个程序和证据问题,但在实质上却是一个实体权利的合理配置及司法正义的实现问题。司法正义对诉讼程序的一项基本要求就是控辩平等。为了实现这种

---

[1] 李建明:《刑事审前程序合法性的证明》,载《政法论坛》2009年第3期,第163页。
[2] 孙远:《法律要件分类说与刑事证明责任分配——兼与龙宗智教授商榷》,载《法学家》2010年第6期,第103页。

平等,立法者在程序设计时不仅要注意控辩双方权利分配在数量和形式上的对等,而且要兼顾控辩双方自身取证能力的差异。"〔1〕在我国的刑事诉讼中,不少犯罪嫌疑人、被告人在审前和审判中都被羁押,已经丧失取证的机会和条件,其辩护人虽有调查取证权,但由于侦查的封闭性、非法取证的隐秘性,加之时过境迁,被告方大多难以证明存在非法取证,是取证和举证弱势的一方。作为代表国家追诉犯罪的检察院无论是在权力配置(如拥有侦查监督权)还是取证手段(如拥有调查核实的方法)上,都远远优于作为个体的被告方。"证明被告人有罪的证据大多数都是由公安机关和人民检察院依法收集,并经过人民检察院依法审查的,人民检察院也有能力证明证据收集的合法性。"〔2〕基于控辩双方在取证能力上的强弱关系,立法机关在对证据收集的合法性的证明责任分配上确立了"举证责任倒置"的规定。

二是督促检察院履行好对证据收集的合法性的诉前审查职能。由检察院承担举证责任可以督促检察院以更为审慎的态度对证据收集的合法性做好诉前审查和把关,避免庭审中出现对证据收集的合法性举证不能的尴尬境地。

三是倒逼检察院加强对侦查取证的监督制约。由检察院承担对证据收集的合法性的举证责任实际上是对侦查取证形成了监督制约,检察院及时纠正非法取证行为,客观上具有引导和规范侦查取证程序的效果,对于提高侦查取证的合法性与规范性,确保程序公正具有重要意义。

四是对"公诉案件中被告人有罪的举证责任由人民检察院承担"的必然延伸。"2012 年修改刑事诉讼法,明确了被告人有罪的举证责任。人民检察院对公诉案件中被告人有罪承担举证责任,这一责任理应包含对证明被告人有罪的证据的合法性的证明责任。"〔3〕

(二)合理信赖理论——对取证合法性推定原则

虽然本条第 1 款规定了检察院对证据收集的合法性承担举证责

---

〔1〕 王建中、唐宝莉:《刑讯逼供的举证责任倒置问题研究》,载《青海社会科学》2010 年第 4 期,第 183 页。

〔2〕 王爱立、雷建斌主编:《刑事诉讼法立法精解》,中国检察出版社 2019 年版,第 104 页。

〔3〕 李寿伟:《非法证据排除制度的若干问题》,载《中国刑事法杂志》2014 年第 2 期,第 63 页。

任,但并非只要被告方提出"排非"申请,检察院就要举证。《刑事诉讼法》第58条第2款规定:"当事人及其辩护人、诉讼代理人有权申请人民法院对以非法方法收集的证据依法予以排除。申请排除以非法方法收集的证据的,应当提供相关线索或者材料。"反之,如果被告方没有提出或不能提出相关线索、材料的,检察院就不需要对证据收集的合法性承担举证责任。由此可以得出结论,对于证据收集的合法性事实,以检察院为代表的控方并不承担完整的、彻底的举证责任。检察院无须主动向法庭"自证清白",唯有法院对取证合法性有疑问或被告方提出"排非"申请并提供相关线索、材料的,检察院才会承担举证责任。如果法院没有依职权或被告方没有依申请启动"排非",控方收集证据的行为即被推定合法,这便是取证合法性推定原则。"控诉方对证据合法性证明的前提是对证据收集合法性法庭调查程序的启动。根据新《刑事诉讼法》第56条(2018年《刑事诉讼法》第58条,本评注注)规定,当事人及其辩护人和诉讼代理人可以申请启动证据合法性的法庭调查程序,法院也可以依照职权主动启动证据合法性的法庭调查程序。在没有根据此两种途径启动证据合法性调查程序的情况下,一般应当推定控诉方所举证据系合法取得。立法作出如此规定,既是对侦查机关在绝大多数情况下均会依法取证之合理信赖,也是提高诉讼效率的内在要求。"[1]而且,让控方等公权力机关就所有审前诉讼行为的合法性都一一举证也无可能。"在一起案件的处理过程中,所涉及的实体法事实与程序法事实相比完全不成比例,后者的数量远远大于前者。任何一起案件在审判对象确定之后,所需查明的实体法事实往往仅限于起诉书中援引的某些具体刑法条文所规定的要件事实,而程序法事实则涉及诉讼的各个环节,若将上诉审也考虑进来,则几乎涉及整部刑事诉讼法。"[2]综上,在各诉讼阶段或诉讼环节,对控方取证的合法性事实等程序性事实都应原则上推定合法,唯有审判方确有疑问,或被告方提供相关线索材料引发"排非"动议,才会启动对取证之合法性调查,检察院要为此承担举证责任。

---

[1] 陈光中主编:《〈中华人民共和国刑事诉讼法〉修改条文释义与点评》,人民法院出版社2012年版,第79页。
[2] 孙远:《全案移送背景下控方卷宗笔录在审判阶段的使用》,载《法学研究》2016年第6期,第165页。

(三)小结

诚如普通民众更愿意相信"官宣"那样,诉讼法中也有对公权力的合理信赖理论,即对侦查取证等公权力机关的审前诉讼行为原则上应推定为合法。与无罪推定原则类似,虽然被告人在法院定罪前被推定无罪,但推定允许反驳,只要控方能够提供确实、充分的证据,那么被告人无罪的推定便被推翻,法院可依证据对被告人定罪量刑。同样的道理,虽然可以推定审前控方取证行为合法,但推定也可反驳或被推翻。但是,与普通公诉案件审理中检察院承担被告人有罪的举证责任不同,在证据收集合法性的法庭调查中被告方作为主张方并不承担对证据收集的合法性的举证责任,而是先承担初步的举证责任或"争点形成责任",通过举证,即提供相关线索、材料,能够使法院对证据收集的合法性"产生怀疑",那么对证据收集的合法性的举证责任则倒置给检察院。"尽管国家机关的职权行为推定为具有合法性,即通常情况下不需要证明其职权行为具有合法性,但如果辩方对控诉机关诉讼行为的程序合法性提出了合理的质疑,那么由控方来证明自己的行为程序便是法治原则的一般要求。"[1]这便是非法证据排除规则中举证责任的全部内容。

二、侦查人员或者其他人员出庭说明情况

本条第2款是侦查人员或者其他人员出庭说明情况的规定。根据第1款的规定,检察院要对证据收集的合法性承担举证责任,举证的方法有多种。根据"两高三部"《严格排除非法证据规定》第31条的规定,公诉人对证据收集的合法性加以证明,可以出示讯问笔录、提讯登记、体检记录、采取强制措施或者侦查措施的法律文书、侦查终结前对讯问合法性的核查材料等证据材料,有针对性地播放讯问录音录像等。此外,《刑事诉讼法》第59条第2款还专门规定了一种举证方法,即由有关侦查人员或者其他人员对证据收集的合法性出庭说明情况。"收集证据的侦查人员和了解证据收集情况的其他人员,作为取证过程的亲历者,最了解证据收集是否合法的情况。如果有关证据确系合法收集,由他们出庭说明有关

---

[1] 李建明:《刑事审前程序合法性的证明》,载《政法论坛》2009年第3期,第163页。

情况,对证据收集的合法性是有力的证明。"[1]本条中的"有关侦查人员"主要是指参与收集有关证据的侦查人员,如讯问犯罪嫌疑人、询问证人或被害人的侦查人员,搜查、扣押、提取物证或书证的侦查人员等。"其他人员"是指了解证据收集情况的其他人员,如看守所民警、搜查或扣押时的见证人、进行录音录像的技术人员、讯问未成年人时在场的合适成年人等。他们出庭"说明情况",主要是向法庭说明收集证据的过程,便于法庭对证据收集的合法性进行审查。

本条第 2 款规定的是侦查人员出庭说明情况,而非出庭作证,这一规定需要运用法解释学方法展开细致分析。

(一)解释学视角下出庭说明情况的侦查人员的身份

本条第 2 款规定:"现有证据材料不能证明证据收集的合法性的,人民检察院可以提请人民法院通知有关侦查人员或者其他人员出庭说明情况;人民法院可以通知有关侦查人员或者其他人员出庭说明情况。有关侦查人员或者其他人员也可以要求出庭说明情况。经人民法院通知,有关人员应当出庭。"理论界和实务部门对于该款中侦查人员的身份存在一定的认识分歧,归纳起来,主要有以下三种观点:

观点一:实体证人身份说。该说认为,第 59 条第 2 款中侦查人员出庭有明确的证明对象,承担明确的证明责任,这种职责及其在庭上的活动与证人作证并无二致,故其身份只能是证人。虽然立法规定侦查人员出庭是"说明情况",但这与普通证人出庭"作证"的内涵并无差异,不能因表述不同而以辞害意,玩简单的文字推理。[2]

观点二:程序证人身份说。该观点指出,由于诉的变化引起诉讼参与主体身份的变化。有关非法证据排除问题的裁判,属于程序性裁判,相较于案件实体事实的裁判是"诉中诉""案中案""审判之中的审判",这种单独的程序之诉使侦查人员从传统认知的实体证人向程序证人转变。[3]

---

[1] 王爱立、雷建斌主编:《刑事诉讼法立法精解》,中国检察出版社 2019 年版,第 105 页。

[2] 参见董兆玲、李晓琛、李东蓉:《落实侦查人员出庭需厘清三大问题》,载《检察日报》2015 年 4 月 3 日,第 3 版;王超:《论侦查人员出庭作证的多重诉讼地位》,载《中共中央党校学报》2013 年第 6 期,第 98 页以下。

[3] 参见牟绿叶:《论侦查人员的程序证人身份》,载《中国刑事法杂志》2013 年第 9 期,第 82 页。

当侦查人员在庭审中就取证行为的合法性问题出庭说明情况,他们就不再是执行职务的侦查人员,而是就程序争议问题作证的程序证人。

观点三:证人身份否定说。该观点认为,侦查人员不能成为自己所承办案件的证人。第59条规定侦查人员出庭是对情况"说明",不同于出庭作证中对事实的"证明",如果认为侦查人员出庭说明情况就是证人作证,就变成了证人"自己证明自己",显然是不可行的。[1]

本评注倾向于"证人身份否定说"。我国刑事诉讼法并未直接承认出庭说明情况的侦查人员为严格意义上的证明案件实体事实(定罪量刑事实)的证人,这些侦查人员也并非非法证据排除程序中的程序证人,运用法解释学研究方法[2]可以从三个方面对这一观点加以论证。

1. 历史解释的谱系性梳理

从立法演进的轨迹看,由侦查人员出庭说明情况证明取证的合法性,最早的立法雏形是2010年"两高三部"《排除非法证据规定》第7条第1款中的规定,"经审查,法庭对被告人审判前供述取得的合法性有疑问的,公诉人应当向法庭提供讯问笔录、原始的讯问过程录音录像或者其他证据,提请法庭通知讯问时其他在场人员或者其他证人出庭作证,仍不能排除刑讯逼供嫌疑的,提请法庭通知讯问人员出庭作证,对该供述取得的合法性予以证明"。该款规定法庭通知讯问人员出庭是"作证"。《排除非法证据规定》的制定者认为:"讯问人员作为第一线工作人员,他们对案件事实的接触是最及时的,对取证行为是否合法的事实的记忆也是最清晰的。因此,讯问人员出庭作证或提供有关证明材料,更有利于查明案件事实……讯问人员出庭作证有利于维护被告人的对质权。"[3]从制定规范的目的和理由可以确证,出庭的讯问人员在当时都被视为证人。2012年《刑事诉讼法》借鉴吸收了《排除非法证据规定》的合理内核,在文字表述上做了进一步调整:一是将"审前供述"修改为"证据",扩大了需要证明取证合法性的证据范围;二是将提请法庭通知的"讯问人员"改为"侦查人员",扩大了通知出庭的取证主体的范围;三是将侦查人员"出

---

[1] 参见朱小华:《侦查人员出庭说明情况不属于证人出庭作证》,载《人民检察》2013年第16期,第72页。

[2] 为了说理方便,本部分并未按照文义解释、体系解释、历史解释和目的解释的排序进行分析。

[3] 张军主编:《刑事证据规则理解与适用》,法律出版社2010年版,第324页。

庭作证"修改为"出庭说明情况"。立法文字的调整并非任意为之,按照立法机关的说法,"本条对有关侦查人员和其他人员出庭说明情况的规定,是比较慎重、稳妥的"[1],而用语的改变隐含着立法对出庭的侦查人员身份认识上的微妙变化,因此,不能将"出庭作证"和"出庭说明情况"简单地等同视之。

2. 文义解释的内涵挖掘

从文义解释出发,本条第2款对侦查人员出庭职责的描述为"说明情况"。"说明情况"是指取证的侦查人员就证据材料的形成经过作客观性描述和说明。这种对取证合法性的举证方式其实在我国早就存在,但基本是以书面材料的形式呈现,即将侦查人员的口述转换为书面的"情况说明"并提交法庭,由公诉人以当庭宣读的方式来完成举证。2012年《刑事诉讼法》将以往的"情况说明"改为"说明情况",看似举证方式从"书证"转向了"人证",但其实仅是提交材料方式的转换,法律语词的结构调整并未改变其本质内涵。换言之,出庭侦查人员仅是"情况说明的搬运工",他们出庭"说明"情况中的"说"仍未达到"证明"中"证"的标准和要求。"说明"的作用方向基本是单向的,说明人员无须承担接受质询的义务,类似的如《刑事诉讼法》第107条第2款的规定,"收件人本人或者代收人拒绝接收或者拒绝签名、盖章的时候,送达人可以邀请他的邻居或者其他见证人到场,说明情况,把文件留在他的住处……"而就证人出庭作证的活动看,证人除了向法庭陈述,还须接受法庭各方人员的发问和询问,属于双向或多向的互动交流。因此说,出庭"说明情况"无法包含证人出庭的所有活动,出庭说明情况的侦查人员不能简单地视为证人。

3. 体系解释的比较

运用体系解释的方法对关联性条文进行比较会发现,刑事诉讼法对侦查人员出庭的情形有两处规定:一是《刑事诉讼法》第192条第2款,"人民警察就其执行职务时目击的犯罪情况作为证人出庭作证,适用前款规定。"该款明确规定侦查人员就其执行职务时目击的犯罪情况出庭,身份就是证人,适用证人的相关法律规定。二是第59条第2款提及

---

[1] 郎胜主编:《〈中华人民共和国刑事诉讼法〉修改与适用》,新华出版社2012年版,第130页。

的,在对取证的合法性事实举证过程中,侦查人员可以出庭说明情况。比较两处条文会发现,都是侦查人员出庭,但立法却作出不同表述,而且还规定在不同的章节。从证人的概念和特征看,刑事诉讼中的证人是指在诉讼外了解案件情况的当事人以外的人,证人首先是当事人以外的人。被告人、被害人通常也了解案件情况,但与案件的处理结果有直接利害关系,是当事人,而非证人。比较上述两个条文中出庭的侦查人员与案件处理结果的关系会发现,执行职务时的人民警察所目击的"犯罪情况"多是他人的犯罪行为,刑法上称为犯罪的客观要件或客观方面,如被告人持刀劫持绑架人质、公交车上扒窃等,这些目击事实常常是认定罪与非罪、此罪与彼罪的重要内容。此外,被告人在人民警察执行职务时的坦白、自首以及立功等涉及量刑的情节,决定着被告人的罪行轻重,也可称为"犯罪情况"。这些"犯罪情况"作为案件的实体法事实一旦被法院认定,被告人就会被定罪并课以刑罚,但裁判结果与人民警察并没有直接的、切身的利害关系。这种情况下,作为人民警察的侦查人员出庭陈述被告人的"犯罪情况"与普通证人出庭作证并无实质差异,故第192条第2款直接规定出庭的侦查人员(人民警察)"适用普通证人的规定"。然而,对于出庭说明取证合法性情况的侦查人员而言,他们是取证过程的亲历者和实际操作者,取证过程的合法与否不仅关系到证据是否要排除,还关系到他们的取证行为是否合法,履职是否规范。按照"审判之中的审判"理论,出庭说明取证合法性的侦查人员在程序性裁判中已转变为被审查者——程序性被告,他们与非法证据裁判的结果形成了直接的、紧密的利害关系,与第一种情形中的人民警察相比,他们已不是案件中纯粹的旁观者。质言之,与诉讼争点的利害关系不同决定了出庭的侦查人员在诉讼中的身份差异,直接将出庭陈述取证情况的侦查人员认定为证人,并冠之以出庭作证的职责与其复杂的诉讼角色和诉讼身份并不吻合,故立法才采用了"说明情况"的表述。

综上,无论从历史解释、文义解释还是体系解释的视角进行分析都会发现,《刑事诉讼法》第59条第2款对侦查人员出庭"说明情况"的规定是有意为之,有别于第192条第2款中人民警察就其执行职务时目击的犯罪情况作为证人出庭作证的规定,这也间接释明了立法者的态度,即出庭说明取证合法性情况的侦查人员的身份并不是刑事诉讼中的证人,不能直接适用证人作证的相关规定。

(二)立法背后的目的探寻与证据法学说

法律不是嘲弄的对象。本条规定出庭说明情况的侦查人员并不具有证人身份,背后其实蕴含着对多重价值的权衡以及证据法理的支撑。

1. 立法目的探寻

早在2010年"两高三部"《排除非法证据规定》创制时,制定者就指出,要求侦查讯问人员出庭的确更有利于查明取证情况,提高诉讼效率,预防和制止刑讯逼供。但实践中的隐忧是,"要求侦查人员出庭作证,必将影响侦查机关的正常工作,在目前各地执法办案任务繁重,警力普遍不足的情况下,公安机关难以承受,这一问题应当在修改刑事诉讼法时一并考虑"[1]。2012年《刑事诉讼法》修订时,该问题的讨论渐趋深入,经过周密慎重的论证,最终的结果是,"侦查人员的出庭"作为中央深化司法体制和工作改革的意见要求必须落实,但相关的规定不应对侦查机关的工作造成大的困难和干扰。[2] 遵循立法的目的和精神,本条第2款就侦查人员的出庭设计了不同于证人出庭的两个特殊细节。

一是"必要原则"下的"最后手段"。一般而言,证明收集证据的合法性的方式有多种,如向法庭出示讯问笔录、提讯登记、体检记录、采取强制措施或者侦查措施的法律文书、侦查终结前对讯问合法性的核查材料以及播放讯问中的同步录音录像材料等,如果"现有证据材料不能证明证据收集的合法性",造成有关证据可能被认定为非法证据而面临被排除的风险,此时作为取证过程的亲历者和参与者——侦查人员才会出场。申言之,侦查人员出庭说明情况是控方在举证遭遇困境时所祭出的最后一道杀手锏。由于"最后手段"的应用在实践中并不常见,因而对侦查工作影响不大。

二是法律规定侦查人员出庭是"说明情况"。不同于证人"出庭作证",立法设计"出庭说明情况"这一法律用语的最大用意就在于尽量减轻侦查人员因为出庭而要承担的各种义务或责任。众所周知,出庭作证者在刑事诉讼中的角色定位是证人,不仅享有各种诉讼权利,也要担负不少义务和责任。按照《刑事诉讼法》第193条和第194条的规定,首先,出

---

[1] 张军主编:《刑事证据规则理解与适用》,法律出版社2010年版,第328页。
[2] 参见郎胜主编:《〈中华人民共和国刑事诉讼法〉修改与适用》,新华出版社2012年版,第130页。

庭的证人要接受控辩双方的质询和法官的询问;其次,经法院通知,证人没有正当理由不出庭作证的,法院可以签发证人强制出庭令,强制证人到庭;再次,如果证人没有正当理由拒绝出庭或出庭后拒绝作证,法院可以对其进行训诫,情节严重的,经院长批准,处十日以下的拘留;最后,如果证人出庭后未如实提供证言,有意作伪证或者隐匿罪证还要负法律责任,如判定构成伪证罪等。如果将上述普通证人的义务和责任都无差别地附加到出庭说明取证情况的侦查人员身上,无疑会影响到侦查机关的工作。毕竟,有些刑事案件可能没有证人,即使有证人也是碰巧、偶然感知某一刑事案件的发生,是一种"缘分",而非常态。不同于普通证人,侦查人员每年要承担大量刑事案件的侦查工作,如果在其所办理的案件中有一半哪怕是更少的案件中,由于取证的合法性争议需要侦查人员出庭,工作量也是巨大的。这对于长期奋战在一线、工作压力大、负荷重的侦查人员而言是难以承受的。另外,因为出庭作证被辩方发现自己工作上的疏忽或瑕疵,可能还要承担法律责任。上述因素的累积会产生负面激励,刺激侦查人员少干活,甚至不干活,毕竟"少工作,就少出错"。一旦形成这种心理,对于刑事司法的正常运转将会产生巨大影响。基于对侦查工作的"体谅",对侦查人员的"关照",立法机关最终的选择是,侦查人员尽量不出庭,如果确有必要出庭,也是"说明情况",而非作证。立法者的良苦用心可见一斑。

2. 自由证明下的逻辑演绎

长久以来,我国证据法学将刑事诉讼中的证明对象分为案件的实体法事实和程序法事实。[1] 实体法事实包括:犯罪构成要件的诸事实,如犯罪主体、犯罪客体、犯罪的主观方面和客观方面的事实;影响量刑轻重的各种量刑事实,即作为影响量刑的从重或者从轻、减轻、免除处罚理由的法定情节或者酌定情节;足以排除行为的违法性、可罚性和行为人刑事责任的事实,即所谓违法阻却事由和责任阻却事由。如刑法规定的正当

---

[1] 翻阅 2012 年以前的证据法学教科书,"证明对象一般包括实体法事实和程序法事实"的观点可谓是传统证据学的通说。参见樊崇义主编:《证据法学》(第 5 版),法律出版社 2012 年版,第 311 页以下;卞建林、谭世贵主编:《证据法学》(第 2 版),中国政法大学出版社 2010 年版,第 392 页以下;叶青主编:《诉讼证据法学》,北京大学出版社 2006 年版,第 227 页以下;何家弘、刘品新:《证据法学》(第 4 版),法律出版社 2011 年版,第 199 页以下。

防卫、紧急避险、未满12周岁或14周岁以及《刑事诉讼法》第16条规定的几种不予追究刑事责任的情形等。程序法事实主要包括：对犯罪嫌疑人、被告人采取强制措施的事实；关于回避的事实；耽误诉讼期限是否有不能抗拒的原因或者其他正当理由的事实；有关管辖争议的事实；与执行的合法性有关的事实，如关于罪犯"是否怀孕"的事实。

传统证据法学认为，证据收集的合法性事实既不属于实体法事实，也不属于程序法事实，至多可视为证据事实，不属于证明对象。因为，证明对象是证明的客体和目的，证据事实归根结底是用以证明待证事实，即厘清证明对象的手段，如果把证据事实也当作证明对象，就会导致目的和手段的混同；其次，证据需要查证属实，但并非所有需要查明的事实都能作为证明对象，查证属实只是证据作为证明手段的资格条件，而不是其作为证明对象的充分条件；[1]另外，如果证据事实是证明对象，那么用来证明证据事实的材料是否也要由另外的材料来证明，如此，便会引发无休止的证明延续。因此，经典证据法学教科书均没有将证据收集的合法性事实纳入证明对象，而是将此类事实委诸法官通过对证据材料的审查判断，综合运用印证等规则加以查证。

随着2012年《刑事诉讼法》的修改，非法证据排除规则得以确立，证据收集的合法性问题受到广泛关注，相关的证明程序也被法律规定，证据收集的合法性被纳入广义的证明对象范畴。一般而言，证明对象是需要运用证据加以证明的案件事实，具体什么情形的事实才是证明对象，判断的标准主要是，对证明对象的查明能产生法律上的实际意义，与正确处理案件紧密相关。以往，我国没有专门的证据排除规则，即使有材料能够证明某一证据是非法取得的，也不会引发证据排除，不会在诉讼程序上产生任何法律后果。但是，随着非法证据排除规则的建立，证据可能因取证手段的非法而被排除，这就产生了法律上的现实意义。基于现实情况的变化，证据的合法性成为广义的证明对象。考虑到证据收集的合法性主要源于对取证手段或取证行为是否合乎程序法的规定，故一般将证据收集

---

[1] 参见陈一云主编：《证据学》（第2版），中国人民大学出版社2000年版，第149页以下；樊崇义主编：《证据学》，中国人民公安大学出版社2001年版，第188页以下。

的合法性问题纳入程序性证明事项中。[1] 根据大陆法系证据法学理论,诉讼证明在形式上存在着严格证明和自由证明两种类型。一般而言,对于案件实体法事实的证明适用严格证明,对于程序性事实的证明则适用自由证明。严格证明与自由证明两者有较大的区别,严格证明必须采取法定的证据方法,且应经过严格的调查程序;但自由证明则无上述限制。在自由证明中,法庭可以不受证据方法的限制,如证据的种类或形式没有严格要求,且通常情况下法庭可以接受不具有证据能力的证据,如品格证据和传闻证据。另外,自由证明的证据是否在法庭出示,出示以后用什么方式调查,由法院裁量。[2] 申言之,"法院得以一般实务之惯例以自由证明之方式调查之,亦即可不拘任何方式来获取可信性(例如以查阅卷宗或电话询问之方式)"[3]。遵循上述证明原理,取证合法性系证据能力的判断,属对程序性事实的证明,经自由证明即可。"因认自白任意性之证明,系属程序法上事实证明之一种,以经自由的证明为已足。"[4]因而,对出庭证明取证合法性的侦查人员自然不必拘泥于严格证明中对人证的调查方法,无须严格贯彻直接言词原则,也无须恪守出庭具结或接受控辩双方交互诘问的规则。换言之,若侦查人员通过出庭说明收集证据时的相关情况,能对法庭争议问题释疑解惑,消除"疑点"或"争点",即达到自由证明的标准,无须再承担接受控辩双方质询的义务。

例如,某区法院在开庭审理黎某涉黑案件过程中,辩护人发现某份被告人的供述笔录最后的签字为"以上笔录我已看过,与你说的一样"。辩护人据此认为整个笔录是侦查人员逼供、诱供而成,并非被告人本人所说,申请排除该份证据。针对这一问题,侦查人员出庭作出说明:每次侦查讯问结束后,侦查人员都会让犯罪嫌疑人核对笔录,而后告知犯罪嫌疑人在核对无误的笔录末尾写上"以上笔录你已看过,和你说的一样"的内

---

[1] 参见陈光中主编:《证据法学》(第三版),法律出版社2015年版,第306页;陈瑞华:《论侦查人员的证人地位》,载《暨南学报(哲学社会科学版)》2012年第2期,第40页以下。

[2] 参见〔日〕田口守一:《刑事诉讼法(第七版)》,张凌、于秀峰译,法律出版社2019年版,第441页。

[3] 〔德〕克劳思·罗科信:《刑事诉讼法(第24版)》,吴丽琪译,法律出版社2003年版,第208页。

[4] 陈朴生:《刑事证据法》,台湾三民书局1979年版,第191页。

容,有些犯罪嫌疑人由于文化程度低或者情绪紧张,一时笔误,没有进行人称转换,将语境中的"你"替换为"我",以致发生了一字差错。[1] 如果侦查人员的说明澄清了笔录中的"问题",消除了法官的怀疑,便达到了自由证明的效果,法庭即可转回对案件实体事实的审理。

3. 小结

我国刑事诉讼法规定的对取证合法性的证明宜采自由证明理论。为了证明取证过程的合法性,作为自由证明的证据调查方法之一——侦查人员出庭说明情况,不必严格遵循人证调查方式,只须出庭进行情况"说明",澄清争点或疑点即可。对于出庭的侦查人员的身份,本评注倾向于在有需要时,侦查人员不以证人身份,而是以"报告人"身份列席法庭。由于程序法事实一般不会直接影响到被告人的定罪量刑等重大利益,自由证明中可以考虑牺牲被告人的部分权利,如对质权、诘问权等。另外,自由证明所使用的证明材料多样繁杂,很难清晰地归入某一法定证据种类,但对取证过程的合法性确有不同程度的证明力,因而,自由证明不受法定证据形式的限制,对于侦查人员出庭说明情况这类证据材料也不必纠缠于证据种类上的严格划分。

▶▶【法条评点】

一、立法从侦查人员出庭说明情况向出庭作证的转向

考虑到我国侦查工作的现状,以及在诉讼证明中对程序性争点采用自由证明的法理逻辑,刑事诉讼法规定可以采用由侦查人员出庭说明情况的方式来证明取证的合法性,但这样规定仍存在着诉讼观念滞后以及证据法理论体系的内部冲突等问题,需要进行必要的反思和进一步的完善。

(一)改变侦查中心主义下侦查人员的威权地位

缘于旧有侦查中心主义的影响,作为侦查机关的典型代表——公安机关,长期处于刑事诉讼中的龙头地位,作出的侦查结论对后续的检察起诉和法院审判都会产生实质性影响;另外,来自检察院的侦查监督和法院

---

[1] 参见李勇:《审判中心主义背景下出庭公诉的对策研究》,载《中国刑事法杂志》2016年第5期,第72—73页。

的无罪裁判也并未倒逼公安机关规范取证,产生必要的约束效果。诉讼中三机关关系错位,监督乏力的现状进一步强化了侦查机关和侦查人员的威权意识。常见的现象是,对于检察院在审查起诉阶段退回补充侦查的要求,一些公安机关根本不按照退查提纲去重新或补充收集证据,而是在一个月后将案卷原封不动地移交检察院。很长一段时间里,对于法院通知侦查人员出庭,侦查机关都是以工作繁忙为由拒绝,"情况说明"满天飞的情形在一定时期内也多有发生。虽然刑事诉讼法规定了对于取证合法性的事实可以通过侦查人员出庭的方式进行说明,但如果赋予侦查人员证人的身份出庭作证,接受被告人、辩护人的质询,按照一些研究者的说法,侦查人员在"审判之中的审判"中俨然成为"程序被告"[1],这对于长期以来权力意识浓重、诉讼地位优越感强烈的侦查人员而言,必将产生极大的心理落差。在辩方的连续追问、穷追猛打下,一些侦查人员在庭上可能会陷入"被动",甚至略显"狼狈"。这对于侦查人员和侦查机关的形象都会产生很大的负面影响。也正是基于对上述情况的考虑,在各方力量的反复博弈下,立法机关最终选择了一种渐进式的方案,即侦查人员出庭,但只说明情况,不作证,不接受质询。

然而,随着以审判为中心的诉讼制度改革的推进,侦查中心主义被淡化,侦查机关的传统强势地位和侦查人员的威权意识也在发生变化。侦查人员虽是执法者,但首先是守法者。他们收集证据、查明案情的行为也应遵守程序规则,确保每个证据都经得起合法性、可靠性的检验。侦查人员应转变观念,敢于出庭并接受对取证的质疑,"自证清白"。考虑到侦查工作的特殊性以及办理大量案件所承受的超负荷压力,未来的立法可把握两点:

一是完善最后手段原则,借鉴"两高三部"《排除非法证据规定》第7条的规定,在侦查人员出庭前,应将其他的举证手段统一置前化,这其中不仅包括提供讯问笔录、出入看守所的体检记录、原始的讯问同步录音录像等材料,还应当提请法庭通知取证时其他在场人员,如记录人员、翻译人员、录音录像的技术人员以及未成年人的法定代理人或其他合适成年人等优先出庭,只有在这些举证方式都不足以排除法庭对非法取证的怀

---

[1] 牟绿叶:《论侦查人员的程序证人身份》,载《中国刑事法杂志》2013年第9期,第84页。

疑时,才通知侦查人员出庭说明情况。

二是加强对侦查人员出庭前的培训,明确出庭的基本流程。侦查人员要转变观念,克服对出庭的排斥和畏难心理,注意作好出庭前的预案,培养语言组织能力、抗压心理和应变技巧。出庭时应客观、简明、准确地向法庭说明情况,避免出现带有个人情绪、主观推测、模棱两可的陈述,同时,注意保守国家秘密和职业秘密。另外,在不断提升侦查人员出庭能力的同时,要进一步减少书面"情况说明"的使用频率。

(二)自由证明向严格证明的层次性转化

虽然侦查人员出庭说明情况的证明方式符合自由证明原理,但与相关法律规范却存在冲突。遵循德日经典理论,自由证明的证明标准无须达到严格证明的要求,"在许多案例中对此只需有纯粹的可使人相信之释明程度即已足"[1]。德国诉讼法学认为,"提出证据,使法院得生薄弱之心证,以为普通经验上大概如此之行为,谓之释明"[2]。反观我国2010年《排除非法证据规定》第 11 条,"对被告人审判前供述的合法性,公诉人不提供证据加以证明,或者已提供的证据不够确实、充分的,该供述不能作为定案的根据"。据此,对于证据收集合法性的证明标准应为"证据确实、充分",这俨然已是严格证明的尺度。刑事诉讼法虽未对取证合法性的事实设置明确的证明标准,但若对该法第 60 条所称不能排除以非法方法收集证据的情形进行反向推导,也可得出为了避免法官对于证据收集的合法性产生合理怀疑,控方也应当在举证上达到"证据确实、充分"的标准。可见,自由证明的调查方式之一——侦查人员出庭说明情况,与"证据确实、充分"的严格证明标准间存在着证明模式上的不匹配。

针对上述问题,需要从理论上挖掘更深层次的智识资源。众所周知,对世界上任何现象或事物的归类或判断都不应陷入非黑即白的绝对化思维窠臼。从历史发展的眼光看,严格证明与自由证明的适用范围从来不是一成不变的。在严格证明与自由证明理论较为发达的日本,随着战后旧刑事诉讼法向新刑事诉讼法的过渡,对证据能力的限制规则越来

---

[1] [德]克劳思·罗科信:《刑事诉讼法(第 24 版)》,吴丽琪译,法律出版社 2003 年版,第 208 页。

[2] 黄栋培:《民事诉讼法释论》,五南图书出版公司 1982 年版,第 465 页。

越多,出现了"自由证明向严格证明的转化"[1]。最为明显的就是对口供合法性,即自白任意性的证明。一般情况下,"被告提出刑求抗辩时,由于系争事项乃讯问官员有无使用不正方法之程序争点,因此,仅须自由证明即可"[2]。但是由于自白的特殊性,对某些自白任意性的保障直接关系到公民的宪法性权利,可能涉及"宪法性侵权",某些自白对认定犯罪事实也起着直接、关键的作用,故在对供述合法性的证明标准上,越来越多地采用严格证明。

借鉴两种证明方式可转化的理论学说,本评注认为可以对自由证明作进一步解构,以传统的自由证明为基点,根据争点所反映的程序性违法的严重程度,设置不同的证明标准,以差别化的证据调查方式实现自由证明的层次性。申言之,争议的程序违法越严重,对权利的侵害程度越大,相应的自由证明标准就越高。从大致使人相信的"释明"到可能性居上的优势证据再到使人相对确信的较高证明标准,一直过渡到排除合理怀疑的严格证明标准。因为对严重的程序违法施以更高的证明标准,诉讼行为主体证明自己行为合法的难度便会越来越高,随着败诉风险的上升,程序性制裁所意欲达到的预防和惩治严重程序性违法行为的目的也逐渐实现。[3] 同时,在证明标准的渐进性演变过程中,证据的调查方式将会更加趋紧,贴近严格证明,例如直接言词原则从不适用到有限适用,再到大多数情况下的适用。对于侦查人员出庭说明情况的证据调查也应根据争点中涉及的取证违法的严重程度,由法庭权衡以便引导侦查人员参与到合适的证据调查方式中。遵循这一思路,可考虑如下操作方案:一般情况下,对取证合法性事实的证明若仅涉及一般程度的技术性违法,可采用自由证明标准和证据调查方式,侦查人员出庭只承担"说明情况"的义务。"说明情况"中的"说明"意味着"对这些诉讼事实只要一定程度的可信性"[4],具体包括两层含义:一是"说",为动词,是指出庭向

---

[1] 吴宏耀、魏晓娜:《诉讼证明原理》,法律出版社2002年版,第65—66页。

[2] Roxin, Strafverfahrenstrecht, 1995, §24 Rdnr.5; a.A. Eisenberg, Beweisrecht der StPO, 1999, Rdnr.40; Schöch, in: AK- StPO, 1993, §244 Rdnr.7.转引自林钰雄:《严格证明与刑事证据》,法律出版社2008年版,第18页。

[3] 参见林劲松:《论刑事程序合法性的证明》,载《中国刑事法杂志》2013年第1期,第63页。

[4] 黄海涛:《民事诉讼中的疏明责任初探》,载《法学家》2008年第4期,第110页。

法庭陈述、解释;二是"明",为程度副词,是指向法庭"释明"。但是,当某些取证行为的合法性,如刑讯逼供关系到被告人宪法性基本权利的保障,或者有关证据属于案件中的关键证据,与案件的主要事实紧密相关,对于收集这些证据的合法性的证明若仍然固守侦查人员出庭说明情况的举证方式,仅在"释明"层面上去澄清争点恐难达到理想的证明效果,法官也难以产生足够的心证,故应逐步向较为严格的自由证明方式迈进,适用更高的证明标准。具体可采用"两步走"的方式:如侦查人员向法庭说明情况后,法官仍有疑虑,可直接向侦查人员发问,侦查人员应予回答,向法庭补充说明情况;若法官提问后,侦查人员对相关情况的说明仍未能澄清争点,甚至引起了更大的质疑和困惑,应采严格证明,赋予被告人对质权与辩护人诘问权,通过控辩双方向出庭的侦查人员发问进一步查明取证的合法性。值得注意的是,2017年"两高三部"《严格排除非法证据规定》第31条第3款中规定,"侦查人员或者其他人员出庭,应当向法庭说明证据收集过程,并就相关情况接受发问"。该规定充分吸收了有关严格证明与自由证明可以适度转化的理论成果,规定针对某些特殊情形下的程序性争点,应当从自由证明转向严格证明。可见,在司法机关和执法机关看来,越来越多的非法取证行为直接关系到公民的宪法性基本权利,同时对案件事实的认定起到至关重要的作用,故在对取证合法性的证明问题上,越来越倾向于改采严格证明的调查方式,赋予被告人、辩护人对出庭说明情况之侦查人员对质和诘问的权利,以最大限度地澄清取证合法性的相关争议,维护当事人的合法权益。上述规定也被2021年修订的《高法解释》第136条第3款[1]吸收。这为未来的立法,即对证据收集合法性的证明,能否由侦查人员或者其他人员出庭说明情况向出庭作证转换,提供了一些新的思考。

二、应进一步丰富侦查人员或者其他人员出庭说明情况的启动方式

依本条第2款规定,有关侦查人员或者其他人员出庭说明情况的启动方式有三种:一是检察院认为有必要由有关侦查人员或者其他人员出

---

[1] 《高法解释》第136条第3款:"调查人员、侦查人员或者其他人员出庭的,应当向法庭说明证据收集过程,并就相关情况接受控辩双方和法庭的询问。"

庭说明情况的,可以提请法院发出通知;二是法院自行认为有必要由有关侦查人员或者其他人员出庭说明情况的,也可以向他们发出通知,在这两种情况下,经法院通知,有关侦查人员或者其他人员应当出庭;三是有关侦查人员或者其他人员主动要求出庭说明情况。总之,检察院、法院以及有关侦查人员或者其他人员都可以提起出庭说明情况的动议。但立法似乎忽略了赋予被告人及其辩护人提出动议的权利,这对于辩护方而言显属不公。对此,2017年"两高三部"《严格排除非法证据规定》第27条作出补充,"被告人及其辩护人申请人民法院通知侦查人员或者其他人员出庭,人民法院认为现有证据材料不能证明证据收集的合法性,确有必要通知上述人员出庭作证或者说明情况的,可以通知上述人员出庭"。然而,这一规定相较于《刑事诉讼法》第59条第2款仍有缺憾。第27条规定,被告人及其辩护人申请法院通知侦查人员或者其他人员出庭,法院要经过审查,认为"确有必要"的,才会通知有关人员出庭说明情况。有实务部门的同志认为,从《刑事诉讼法》第59条第2款的规定看,检察院只要作出提请,法院就应通知有关侦查人员或者其他人员出庭说明情况,这似乎仍有控辩不平等之嫌。为了解决上述争议,2021年修订的《高法解释》第136条第1款规定:"控辩双方申请法庭通知调查人员、侦查人员或者其他人员出庭说明情况,法庭认为有必要的,应当通知有关人员出庭。"据此,无论是辩护方还是控方,申请法庭通知有关人员出庭说明情况,法庭都要进行审查,"认为有必要的",才会通知。这就使控辩双方处于一个相对均势、平等的状态。未来修法,有必要对本条第2款作出修改,进一步丰富侦查人员或者其他人员出庭说明情况的启动方式。

三、通知有关人员出庭说明情况还应包括监察人员

随着国家监察体制改革的深入推进以及监察法的出台,监察机关负责职务犯罪案件的调查和移送。在职务犯罪案件中,监察人员收集的证据也需要接受刑事诉讼法规定的对取证合法性的审查,如果启动了非法证据排除程序,检察院也应承担取证合法性的举证责任,其中就会涉及监察人员出庭说明情况。但由于2018年《刑事诉讼法》并未对第59条作出修改完善,在办理职务犯罪案件的过程中,当现有证据材料不能证明证据收集的合法性,监察人员是否也应当出庭说明情况呢?在一段时期内,实践办案中曾有分歧和不同做法。2021年修订的《高法解释》第136

条对此明确规定:"控辩双方申请法庭通知调查人员、侦查人员或者其他人员出庭说明情况,法庭认为有必要的,应当通知有关人员出庭。根据案件情况,法庭可以依职权通知调查人员、侦查人员或者其他人员出庭说明情况。调查人员、侦查人员或者其他人员出庭的,应当向法庭说明证据收集过程,并就相关情况接受控辩双方和法庭的询问。"随后出台的《监察法实施条例》第 229 条第 2 款也规定:"人民法院在审判过程中就证据收集合法性问题要求有关调查人员出庭说明情况时,监察机关应当依法予以配合。"据此,涉及刑事诉讼中对取证合法性的证明,必要时,监察人员也应出庭说明情况。本评注认为,在下次刑事诉讼法修改时,上述司法解释和相关规范性文件的规定应当被吸收到本条规定中。

四、非法证据排除规则是否适用于私人非法收集的证据?

《刑事诉讼法》第 56 条第 1 款在"采用暴力、威胁等非法方法收集的证人证言、被害人陈述"前未明确限定行为主体为"侦查人员"。立法似乎未将收集非法证据的主体限定于侦查机关等公权力机关。而且,自诉人也是收集证据的主体,辩护律师也有调查取证权。更为重要的是,第 58 条第 2 款规定的申请排除证据的主体中还有"当事人",所以,作为当事人之一的被害人也是申请排除证据的主体,这就不得不让人推测,被害人作为大控方的一员,申请排除的证据自然应是辩方收集的证据。那么,非法证据排除规则难道也适用于自诉人、辩护方等私人非法收集的证据吗?

本评注对此持否定态度。从文义解释与体系解释的视角出发,《刑事诉讼法》第 59 条第 1 款规定对证据收集合法性的举证责任由检察院承担,这说明立法者从未考虑排除自诉人或辩方证据的情形,因为如果存在对辩方证据"排非"的情形,检察院一方面主张对辩方证据"排非",另一方面还要证明辩方取证合法,这种自相矛盾的做法显然是违背常理和逻辑的。再加上第 57 条、第 175 条第 1 款关于检察院的调查核实、要求公安机关对证据收集的合法性作出说明的规定,可进一步推出刑事诉讼法规定的非法证据排除仅适用于公权力机关收集证据的结论。但需要注意的是,基于证据收集的方法可能影响到证据的真实性、可靠性,对私人收集证据的过程仍然需要质证,确保证据是真实可靠的,可以作为最终定案的根据。[1]

另外,需要说明的是,《刑事诉讼法》第 58 条提及的被害人申请排除非法证据的情形应理解为对检察院提交的证据申请排除。作为当事人之一的被害人,具有独立于检察院的控方主体身份,虽然多数情况下可以推定检察院与被害人的意见一致,但被害人基于自身独立的诉讼利益,完全可以提出不同于检察院的诉讼意见。例如,当被害人认为,检察院通过使用某一有利于被告人的证据可能导致被告人得到无罪或者罪轻的实体处理结果时,就完全可以且非常有必要通过行使非法证据排除的程序权利主张本方的诉讼请求。[2]

第六十条 【庭审排除非法证据】对于经过法庭审理,确认或者不能排除存在本法第五十六条规定的以非法方法收集证据情形的,对有关证据应当予以排除。

▶▶【历次修法条文对照】

1979 年《刑事诉讼法》	1996 年《刑事诉讼法》	2012 年《刑事诉讼法》	2018 年《刑事诉讼法》
第五章 证据	第五章 证据	第五章 证据	第五章 证据
无	无	**第 58 条**:对于经过法庭审理,确认或者不能排除存在本法第五十四条规定的以非法方法收集证据情形的,对有关证据应当予以排除。	**第 60 条**:对于经过法庭审理,确认或者不能排除存在本法第五十六条规定的以非法方法收集证据情形的,对有关证据应当予以排除。

---

〔1〕 参见李寿伟:《非法证据排除制度的若干问题》,载《中国刑事法杂志》2014年第 2 期,第 61 页。
〔2〕 参见程雷:《非法证据排除规则规范分析》,载《政法论坛》2014 年第 6 期,第 184 页。

▶▶【立法沿革】

本条为 2012 年《刑事诉讼法》新增条文。从非法证据排除规则的适用流程看,当法院依照《刑事诉讼法》第 58 条、第 59 条对证据收集的合法性进行法庭调查后,应当根据调查结果,区分情况,对有关证据作出处理。本条即是对证据收集合法性问题进行审理后作出程序性裁判的规定。

本条规定最早可以追溯到 1996 年《刑事诉讼法》。彼时,刑事诉讼法刚完成第一次修订,之后,"两高"便分别出台了相关司法解释。1998 年《高法解释》第 61 条规定:"严禁以非法的方法收集证据。凡经查证确实属于采用刑讯逼供或者威胁、引诱、欺骗等非法的方法取得的证人证言、被害人陈述、被告人供述,不能作为定案的根据。"可见,当时认定和排除非法言词证据的证明标准是"查证确实",但对于没有确实、充分的证据证明有非法取证行为,即不能排除有非法取证行为的,有关证据是否也"不能作为定案的根据"? 司法解释并未明示。直到 2010 年,"两高三部"《排除非法证据规定》第 11 条才规定,"对被告人审判前供述的合法性,公诉人不提供证据加以证明,或者已提供的证据不够确实、充分的,该供述不能作为定案的根据"。据此,排除非法言词证据的证明标准被设定为"确实、充分",公诉人如果承担举证责任时达不到这一标准,如提不出证据,或提出证据不足,不能排除存在非法收集供述情形的,都要承担败诉风险,有关供述应视为非法证据并予以排除。在取得重大进步的同时也应当看到,第 11 条仅仅针对的是有关供述,至于其他证据,诸如证人证言、被害人陈述、物证、书证是否也适用该规定并做出同样处理,仍存疑问。到了 2012 年,经充分征求和听取相关部门以及专家学者的意见建议,立法机关在 2012 年《刑事诉讼法》新增第 58 条,规定,"对于经过法庭审理,确认或者不能排除存在本法第五十四条规定的以非法方法收集证据情形的,对有关证据应当予以排除"。至此,刑事诉讼法将"不能排除存在以非法方法收集证据情形即排除有关证据"的适用范围从供述扩展到所有有关证据。

本条在 2018 年《刑事诉讼法》修改时没有实质修改,仅有引用法条的序号变化,以及条文本身序号的调整。

▶▶【法条注解】

本条是关于法院对证据收集的合法性进行法庭调查后如何处理的规定。

本条规定的"经过法庭审理",是指经过《刑事诉讼法》第58条、第59条规定对证据收集的合法性的法庭调查程序,审判人员就证据收集的合法性问题审查了控辩双方提交的证据,听取了控辩双方的意见。之后,法院根据调查结果,对取证合法性存在疑问的证据进行处理,具体包括三种处理情形:

第一,确认存在《刑事诉讼法》第56条规定的非法取证情形,包括法院确认存在非法收集言词证据以及物证、书证的情形,对有关证据应当予以排除,不得作为裁判的依据。

第二,不能排除存在第56条规定的非法取证情形,即检察院对证据收集合法性的证明没有达到确实、充分的程度,审判人员对是否存在非法取证的情形仍有疑问的,根据"疑点有利被告"原则,法院应将有关证据视为非法证据并予以排除,不得作为定案的根据。需要注意的是,"不能排除存在本法第五十六条规定的以非法方法收集证据情形的,对有关证据应当予以排除"的规定,是检察院承担证据收集合法性举证责任的法律后果。但不能因此得出结论,法院只要对是否存在法律规定的以非法方法收集证据的情形有疑问的,就应当排除有关证据。"存在疑问是启动证据收集合法性法庭调查程序的条件,需要予以排除的,是经过专门的法庭调查程序仍不能排除疑问的证据。"〔1〕

第三,如果经过法庭调查和检察院举证,法院确认不存在第56条规定的非法取证情形的,有关证据就属于合法证据,具有证据资格或证据能力,可以在对案件实体事实(定罪量刑事实)的法庭调查中使用,如果经查证属实的,也可以作为最终定案的根据。

---

〔1〕 李寿伟:《非法证据排除制度的若干问题》,载《中国刑事法杂志》2014年第2期,第63页。

▶▶【法条评点】

一、刑事诉讼法对证据收集合法性的证明标准设定过高吗?

本条"不能排除存在……以非法方法收集证据情形"的表述,与《刑事诉讼法》第 55 条中"排除合理怀疑"[1]的表述类似,似可推出刑事诉讼法在对证据收集合法性的证明上采用的仍是"证据确实、充分"的证明标准[2]。陈光中教授也认为:"本条关于非法证据排除程序之证明标准的规定可以理解为检察机关应当以确实、充分的证据证明该证据系合法取得,该证据才不会被排除;只要存在非法取得该证据之可能性的,法院就应当排除该证据。"[3]

然而,按照大陆法系证据法学基本理论,对证据收集合法性事实的证明是以自由证明为原则。"因认自白任意性之证明,系属程序法上事实证明之一种,以经自由的证明为已足。"[4]自由证明与严格证明相对,两者主要有三个方面的区别:其一,证据形式(种类)的要求不同。严格证明要求使用属于法定证据形式的证据,而自由证明则不受证据法定形式的限制。其二,证据调查方法不同。严格证明必须遵守法律有关法定证据形式的调查方法和程序,贯彻直接、言词、公开等审判的基本原则。自由证明中,"法院得以一般实务之惯例以自由证明之方式调查之,亦即可不拘任何方式来获取可信性(例如以查阅卷宗或电话询问之方式)"[5]。"自由证明的证据是否在法庭上开示,开示以后用什么方式进行调查,均

---

[1] 在《刑事诉讼法》第 55 条第 2 款的规定中,"排除合理怀疑"被用来解释"证据确实、充分"的含义。
[2] 参见王尚新、李寿伟主编:《〈关于修改刑事诉讼法的决定〉释解与适用》,人民法院出版社 2012 年版,第 59 页。
[3] 陈光中主编:《〈中华人民共和国刑事诉讼法〉修改条文释义与点评》,人民法院出版社 2012 年版,第 82 页。
[4] 陈朴生:《刑事证据法》,台湾三民书局 1979 年版,第 191 页。
[5] 〔德〕克劳思·罗科信:《刑事诉讼法(第 24 版)》,吴丽琪译,法律出版社 2003 年版,第 208 页。

由法院裁量。"[1]传闻证据、品格证据等在严格证明中是一般禁止使用的证据,在自由证明中通常允许使用。其三,证明标准不同。严格证明适用"排除合理怀疑"这一诉讼证明的最高标准,必须使法官对主张事实达到"确信"的心证程度。自由证明的标准无须达到这一高度,甚至"在许多案例中对此只需有纯粹的可使人相信之释明程度即已足"[2],"即只需要法官形成薄弱的心证"[3]。据此,本条对有关证据收集合法性事实的证明标准设定为证据确实、充分或排除合理怀疑显然已达到严格证明的要求,与传统大陆法系的证明标准理论相悖。那么,刑事诉讼法对证据收集合法性的证明标准是否设定得过高呢?本评注对此持否定态度。

自由证明的标准也有层次的划分,从大致使人相信的"释明"到可能性居上的"优势证据"再到使人相对确信的较高证明标准,呈现出一个心证不断强化、标准由低到高的过程。在自由证明的前提下,争议的程序违法的程度不同,证明取证合法的程序性事实的标准亦有所区别。总之,程序违法的程度应与证明标准的高低成正比,争议的程序违法越严重,证明该程序合法的证明标准就应越高。有学者将程序违法区分为三种:"技术性违法""一般的侵权性违法"和"宪法性侵权",对三种不同的程序性违法,应分别确立不同的法律后果。[4]借用该分类,"宪法性侵权"的证明标准应高于"一般的侵权性违法"的证明标准,而"一般的侵权性违法"的证明标准应高于"技术性违法"的证明标准。因为,对严重的程序违法施以更高的证明标准,实际上增加了诉讼行为主体证明自己行为合法的难度,相应地增加了行为主体败诉的风险,从而实现程序性制裁制度所意欲达到的更多地惩罚严重程序违法行为并预防严重程序违法行为发生的

---

[1] [日]田口守一:《刑事诉讼法(第七版)》,张凌、于秀峰译,法律出版社2019年版,第441—442页。

[2] [德]克劳思·罗科信:《刑事诉讼法(第24版)》,吴丽琪译,法律出版社2003年版,第208页。

[3] 林劲松:《论刑事程序合法性的证明》,载《中国刑事法杂志》2013年第1期,第62页。

[4] 参见陈瑞华:《程序性制裁制度的法理学分析》,载《中国法学》2005年第6期,第162页。

目的。[1]

有研究者进一步指出,战后日本出现了严格证明对象扩大化和自由证明对象缩小化的趋势。换言之,一些在历史上曾经作为自由证明对象的事实有可能随着一国诉讼结构、价值理念的转变而成为严格证明的对象,有学者将其称为"自由证明向严格证明的转化"[2]。我国台湾地区的林钰雄教授认为:"自由证明之事项,并不禁止法院以更为慎重的严格证明程序来调查(但不改变下述的心证程度要求),尤其在非经亲自传讯证人无从澄清争点的情形,法院基于自身的调查义务及合目的性的考量,甚至于还有必要传讯证人(如原侦询被告的警员)。"[3]我国引入非法证据排除规则的一个重要目的就是遏制刑讯逼供等侵犯公民宪法性权利的非法取证行为,进而降低冤假错案发生的可能性。只有下猛药才能去沉疴,在对证据收集合法性这一程序性事实的证明上设定更高的证明标准,向严格证明的证明标准(证据确实、充分或排除合理怀疑的标准)看齐,更符合我国的立法导向和司法需求,体现了我国治理刑讯逼供等非法取证行为及防治冤假错案的决心和信心。

二、何时排除非法证据与排除后如何救济存在立法缺失

本条其实还涉及一项重要问题,就是法庭应何时作出排除非法证据的决定?是对证据的合法性调查结束后当庭作出,还是在合议后宣判时一并作出?本条及其他条款并未明确规定。"非法证据排除问题是程序性问题,程序本身具有承前继后的本质属性,前置性程序问题不解决,后续程序无法启动或者不应进行。非法证据排除对实体处理结果有影响,但不是必然存在影响,不应当将非法证据排除的处理结果过度实体化,不应将其与合议、判决过程合并处理。这种处理方式事实上是对程序

---

[1] 参见林劲松:《论刑事程序合法性的证明》,载《中国刑事法杂志》2013年第1期,第63页。

[2] 吴宏耀、魏晓娜:《诉讼证明原理》,法律出版社2002年版,第65—66页。

[3] 林钰雄:《自由证明法则之新开展》,载《台湾本土法学杂志》总第96期(2007年),第129页。

独立价值的漠视。非法证据排除一旦启动,就应当连续进行并即时产生结果,之后方可转入其他调查程序。"[1]有鉴于此,2017 年"两高三部"《严格排除非法证据规定》第 33 条第 1 款作出补充性规定,"法庭对证据收集的合法性进行调查后,应当当庭作出是否排除有关证据的决定。必要时,可以宣布休庭,由合议庭评议或者提交审判委员会讨论,再次开庭时宣布决定"。

此外,还有一些问题涉及非法证据排除的二审程序或特别救济程序。例如,一旦法庭作出有关证据排除与否的决定,控辩双方如何寻求救济,可否对法院的"排非"提出上诉、抗诉,启动二审?又如,被告人及其辩护人在第一审程序中未申请排除非法证据,可否在二审程序中提出申请,法院又当如何处理?再如,一旦启动二审程序,第二审法院如何对证据收集合法性展开调查,是否可以参照第一审程序,最终又当如何处理?还如,法院在审判监督程序、死刑复核程序中能否对证据收集的合法性展开审查和调查?凡此种种,刑事诉讼法并未明确规定,只有 2017 年《严格排除非法证据规定》第 38 条至第 41 条作出过补充性规定,部分条文被 2021 年《高法解释》吸收。

本评注认为上述问题涉及的相关规定较为具体和琐碎,却十分重要,未来刑事诉讼法再修订时应予重视,宜作出一些原则性、概括性规定,避免出现立法上的疏漏,也便于司法机关在制定司法解释时有法可依。

第六十一条 【证人证言的质证与查实】【有意作伪证或隐匿罪证的责任】证人证言必须在法庭上经过公诉人、被害人和被告人、辩护人双方质证并且查实以后,才能作为定案的根据。法庭查明证人有意伪证或者隐匿罪证的时候,应当依法处理。

---

[1] 程雷:《非法证据排除规则规范分析》,载《政法论坛》2014 年第 6 期,第 187—188 页。

▶▶【历次修法条文对照】

1979 年《刑事诉讼法》	1996 年《刑事诉讼法》	2012 年《刑事诉讼法》	2018 年《刑事诉讼法》
第五章 证据	第五章 证据	第五章 证据	第五章 证据
第36条：证人证言必须在法庭上经过公诉人、被害人和被告人、辩护人双方讯问、质证，听取各方证人的证言并经过查实以后，才能作为定案的根据。法庭查明证人有意作伪证或者隐匿罪证时，应当依法处理。	第47条：证人证言必须在法庭上经过公诉人、被害人和被告人、辩护人双方讯问、质证，听取各方证人的证言并且经过查实以后，才能作为定案的根据。法庭查明证人有意作伪证或者隐匿罪证**的时候**，当依法处理。	第59条：证人证言必须在法庭上经过公诉人、被害人和被告人、辩护人双方~~讯问~~、质证，~~听取各方证人的证言~~并经过查实以后，才能作为定案的根据。法庭查明证人有意作伪证或者隐匿罪证的时候，应当依法处理。	第61条 内容未修订

▶▶【立法沿革】

本条为 1979 年《刑事诉讼法》确立，在 1996 年《刑事诉讼法》修改时仅有个别文字的调整，如将"并经过查实以后"改为"并且经过查实以后"，将"法庭查明证人有意作伪证或者隐匿罪证时"改为"法庭查明证人有意作伪证或者隐匿罪证的时候"，目的是让条文的表述更为清楚、明白。

2012 年《刑事诉讼法》对本条内容又作出一定幅度的调整。

一、删除原条文"质证"前的"讯问"一词

2012 年《刑事诉讼法》将原条文"质证"前的"讯问"一词删除主要有三方面原因。

一是刑事诉讼法中的"讯问"多带有一定的强制性，如拘传后的讯问，拘留、逮捕后的讯问等，"讯问"惯常的适用对象是犯罪嫌疑人、被告人。而针对证人、被害人的发问常常使用相对中性的、无强制性的"询

问"。本条中对证人采用"讯问"手段属于方法措施规定不当,应予修改。

> **辩护律师可否讯问证人?**
>
> 全国人大代表、著名刑辩律师高子程2010年2月在对李某案先期提交的二审辩护意见中曾提到一处细节,在李某案一审庭审中,高子程律师与出庭证人唐某(某区看守所医生)有如下一段对话:
> 高:请你如实回答下列问题,同时提示你,你愿意出庭作证就不能像前几个证人那样选择不回答辩护人的问题,否则你的证言不能作证据使用,知道吗?
> 唐:我是证人,不是嫌疑人,请你不要讯问,你的问话有攻击性,你不应向我道歉吗?
> 高:你是证人,根据《刑事诉讼法》(1996年)第47条规定就要接受讯问。
> 唐:请你注意,我不是嫌疑人。
> 高:审判长,让我们共同学习《刑事诉讼法》第47条规定,不能允许证人再像以前那四个证人那样遇到关键问题就选择不回答或沉默。
> 审判长:《刑事诉讼法》第47条规定,证人出庭应当接受控辩各方讯问、质证。辩护人可以继续发问。

二是针对证人证言的"质证"本身就包含控辩双方对出庭作证的证人当面发问、交叉询问,"质证"本身就包含了"讯问"中的"问",再在"质证"前列明"讯问"一词,属用语重复,应予删除。

三是1996年《刑事诉讼法》规定,"证人证言"必须在法庭上经过控辩双方"讯问",属主谓搭配不当。因为只有出庭作证的"证人"才会接受"讯问","证人证言"特别是书面的"证人证言"不能接受"讯问",只能接受"质证"。"'证人证言'作为证据种类之一,是不能被讯问的,只有人才能被讯问。"[1]基于上述多种原因,2012年《刑事诉讼法》将原条文中的

---

[1] 冀祥德主编:《最新刑事诉讼法释评》,中国政法大学出版社2012年版,第53页。

"讯问"一词删除,这一修改在一定程度上体现了我国法律制定的严谨性。

当然,值得注意的是,删除本条中的"讯问"可能会改变对证人证言的法庭调查方式。原条文中规定证人证言必须在法庭上经"讯问"才能作为定案的根据,至少表明证人必须出庭作证,证言经质证、查实后方可作为定案的根据。"如果仅仅是简单地删除'讯问',则意味着证人证言笔录(审前制作的询问笔录)可以经书面质证而使用,这在立法精神和内容上与本法后文强调的证人出庭作证制度存在一定的矛盾。"[1]

二、删除"听取各方证人的证言"

2012年《刑事诉讼法》删除"听取各方证人的证言"的表述避免了语言表达中的重复,因为对证人证言质证后的"查实"本身就包含了"听取各方证人的证言",再综合分析,相互印证。

除此以外,2012年《刑事诉讼法》还删除了原条文中"并且经过查实以后,才能作为定案的根据"中的"经过"一词,使条文表述更为简洁、凝练。

本条在2018年《刑事诉讼法》修改时未有内容调整,仅有条文序号的变化。

▶▶【法条注解】

本条是关于证人证言必须查证属实,才能作为定案的根据的规定,共有两句话,可从两个层面作出解释。

一、证人证言必须经法庭质证且查实后才能作为定案的根据

《刑事诉讼法》第50条第3款规定:"证据必须经过查证属实,才能作为定案的根据。"如何对证据"查证属实"?第55条第2款第2项进一步规定:"据以定案的证据均经法定程序查证属实"。据此,对证据查证属实必须"经法定程序"。本条第1句其实是对上述两个条文的进一步细化。详言之,证人证言要作为定案的根据,被查证属实的法定程序

---

[1] 万毅:《〈刑事诉讼法修正案(草案)〉证据制度修正条文释评》,载李学军主编:《证据学论坛》(第17卷),法律出版社2012年版,第15页。

为:"在法庭上经过公诉人、被害人和被告人、辩护人双方质证并且查实。"这其中包含两道程序:质证和查实。

(一)证人证言必须在法庭上经过控辩双方质证

无论是公诉人、被害人一方提出的证人,还是被告人、辩护人一方提出的证人,抑或是为查明案件事实、调查核实证据,法院依职权通知出庭的证人都要经过双方的质证。"质证的方式包括控辩双方就证人提供证言的具体内容或者就本方想要了解的情况对证人进行提问,通过提问,让证人全面深入地陈述证词,暴露虚假或者不可靠的证言中的矛盾,便于法庭审查;还包括针对对方提出的证人证言中存在的疑点提出问题和意见,或者答复对方的疑问,提出反驳的意见。对于证人未出庭的,双方也应对宣读的证言笔录进行质证。"[1]

关于对证人证言的质证还有两点需要注意。一是本条中的"证人证言",既包括出庭证人以口头方式提供的证言,还包括庭前证人作出的书面证言。依《刑事诉讼法》第192条第1款的规定,唯有"公诉人、当事人或者辩护人、诉讼代理人对证人证言有异议,且该证人证言对案件定罪量刑有重大影响,人民法院认为证人有必要出庭作证的",证人才应当出庭作证。反之,证人在一些案件中可不予出庭,其庭前作出的书面证言也可作为定案的根据。依体系解释,本条中的"证人证言"也应包括书面证言。但无论是口头证言还是书面证言,都要经过质证、查实后才可以作为定案的根据。从这个角度看,我国没有像域外那样彻底贯彻直接言词原则,也没有设立传闻证据排除规则。二是对证人证言质证的场域是"在法庭上"。反之,在庭外任何地方对证人证言质证因为不是"当庭",证人证言就不能作为定案的根据。这就导致在二审不开庭的案件以及在其他特殊案件中,对于没有经过当庭质证的证人证言还能否作为定案的根据,以及法庭应当如何处理等问题,存在争议。

(二)证人证言经质证后还要再经查实方可作为定案的根据

"查实"证言,强调了审判人员的审理义务和庭审职责,主要是指审判人员在法庭调查中通过控辩双方的质证,确定证人的作证资格,确定证言的收集程序合法,并运用全案的其他证据,如物证、书证、其他证人的证

---

[1] 王爱立、雷建斌主编:《刑事诉讼法立法精解》,中国检察出版社2019年版,第107—108页。

言、被害人陈述、被告人的供述和辩解等进行综合分析,相互印证,排除疑点,从而确认证言的可信性。[1]

二、法庭查明证人有意作伪证或者隐匿罪证的应依法处理

本条第 2 句话规定:"法庭查明证人有意作伪证或者隐匿罪证的时候,应当依法处理。"这里的"作伪证"主要包括两种情况:一种是歪曲事实,即张冠李戴、颠倒黑白、混淆是非、指鹿为马,没有提供案件的真实情况,如在行为、时间、地点、参与人员等重要情节等方面作虚假陈述;另一种是捏造事实,即无中生有、捕风捉影、道听途说,诬陷无罪的人有犯罪行为,或者为有罪的人开脱。"隐匿罪证"是指证人明知被告人有犯罪行为而故意隐瞒,如证人在陈述斗殴过程时,明知张三在场,并参与斗殴,而故意不讲等。"隐匿罪证"不包括隐匿无罪证据,比如证人明明知晓犯罪嫌疑人在案发时在某地与情人幽会,不在犯罪现场,但故意不予提供,这种情况应视为前述"作伪证"的情形。"依法处理"是指除不采用该证人证言外,对证人的行为构成伪证罪、包庇罪等犯罪的,应当移送公安机关依法追究刑事责任;情节较轻的,给予行政处罚或处分。

▶▶【法条评点】

一、对证人证言的质证主体缺少诉讼代理人

本条规定,对证人证言拥有质证权的主体有四类:公诉人、被害人和被告人、辩护人,却唯独遗漏了诉讼代理人。根据刑事诉讼法的规定,在法庭审理阶段,诉讼代理人既有权参与法庭调查,也有权与公诉人、辩护人展开辩论。尤其值得注意的是,《刑事诉讼法》第 194 条第 1 款中规定:"证人作证,审判人员应当告知他要如实地提供证言和有意作伪证或者隐匿罪证要负的法律责任。公诉人、当事人和辩护人、诉讼代理人经审判长许可,可以对证人、鉴定人发问。"第 195 条中规定:"对未到庭的证人的证言笔录、鉴定人的鉴定意见、勘验笔录和其他作为证据的文书,应当

---

[1] 参见王爱立、雷建斌主编:《刑事诉讼法立法精解》,中国检察出版社 2019 年版,第 108 页。

当庭宣读。审判人员应当听取公诉人、当事人和辩护人、诉讼代理人的意见。"无论是口头证言还是书面证言,法律都赋予了诉讼代理人发问和提出意见的权利,这其实就是对证人证言行使质证权的表现。依体系解释,本条规定遗漏了赋予诉讼代理人对证人证言质证权的规定。可能的解释就是本条为1979年制定,当时还没有确立专门维护被害人、自诉人合法权益的代理制度,诉讼代理人这一主体当然也就不存在,没有在刑事诉讼法中作出规定。直到1996年第一次修订刑事诉讼法,代理制度得以确立,诉讼代理人这一主体才在刑事诉讼法中出现。本评注推测,也许是因为新旧条文衔接得不彻底、不协调,法律修订得不细致,导致当时的立法机关忽略了在本条中及时补充诉讼代理人这一新质证主体,以致形成了现在的立法漏洞。有鉴于此,未来修法时有必要对本条的质证主体范围作相应扩展。

第六十二条 【证人的范围和作证义务】 凡是知道案件情况的人,都有作证的义务。

生理上、精神上有缺陷或者年幼,不能辨别是非、不能正确表达的人,不能作证人。

▶▶【历次修法条文对照】

1979年《刑事诉讼法》	1996年《刑事诉讼法》	2012年《刑事诉讼法》	2018年《刑事诉讼法》
第五章 证据	第五章 证据	第五章 证据	第五章 证据
第37条:凡是知道案件情况的人,都有作证的义务。 生理上、精神上有缺陷或者年幼,不能辨别是非、不能正确表达的人,不能作证人。	**第48条** 内容未修订	**第60条** 内容未修订	**第62条** 内容未修订

▶▶【立法沿革】

本条为1979年《刑事诉讼法》确立,在之后的三次修法中均未有内容调整,仅有条文序号的变化。

▶▶【法条注解】

本条共两款规定,分别是关于作证义务和证人资格的规定。

一、证人作证义务

本条第一款是关于凡是知道案件情况的人,都有义务作证的规定。

(一)何谓证人?

该款首先规定了证人的最基本特征,也就是成为证人的最基本条件——知道案件情况。所谓"知道案件情况"是指通过自己的感官,看见、听见、闻见或者接触到犯罪现场或与犯罪有关的材料、信息,从而了解案件情况。例如,耳闻目睹犯罪行为的发生、犯罪嫌疑人或被告人的行为,以及犯罪嫌疑人、被告人、被害人对案情的陈述、肢体语言等,从而"知道案件情况"。知道案件情况的人有义务向公安司法机关提供案件的真实情况,证明犯罪嫌疑人、被告人的罪与刑,但是从新闻媒体或是道听途说知道的案件情况,或是捕风捉影、自行猜测案件情况的人不属于本条所说的"知道案件情况"的人,他们不能作为证人,也没有作证的义务。

"知道案件情况"是成为证人的必要条件,但非充要条件。换言之,知道案件情况的人很多,但并非都具有证人的身份。证人是指在诉讼外了解案件情况的当事人以外的自然人。

首先,证人必须是在诉讼之外了解案件情况的人。参与案件办理的侦查、审查起诉、审判人员以及辩护人、诉讼代理人、鉴定人等在诉讼过程中也会了解到案件情况,但他们对案件情况的了解是在诉讼过程中,因而不是证人。这些人员如果在诉讼开始之前就了解到案件情况,则具备了作为证人的条件,应优先作为证人作证,不能参与案件的办理。《刑事诉讼法》第192条第2款规定:"人民警察就其执行职务时目击的犯罪情况作为证人出庭作证,适用前款规定(前款为普通证人作证规定,本评注注)。"规定本款的基本法理就是证人作证具有优先性,人民警察目击了犯罪情况,应优先以证人身份出庭作证,而非作为侦查人员参与案件办理。证人对案件事实的感知是其可以证明案件事实的根据,这种感知具有亲历性,不能由他人替代。如果张三是某刑事案件的唯一目击者,不让其作证,而是参与案件的办理,则必然会对案件事实的查明产生重大影响,故张三应当优先以证人身份作证。由证人的不可替代性[1]也可得出证人作证优先性的规则。

其次,证人必须是当事人以外的人。虽然犯罪嫌疑人、被告人和被害人等通常也了解案件情况,但由于与案件的处理结果存在直接的利害关系,因而只能作为当事人,有独立的诉讼地位,不能作为证人。

最后,刑事诉讼中的证人只能是自然人。国家机关、企业、事业单位或者人民团体,不能成为证人,因为他们不能像自然人那样感知案件事实,也无法享有证人的诉讼权利或者承担证人的诉讼义务。以这些单位或人民团体的名义出具的证明案件事实的书面文件,一般视为书证而非证人证言。

(二)何谓作证义务?

证人的作证义务主要包括三个方面:一是接受公安司法机关的询问,不能无故拒绝,也不能由他人代替;二是如实提供证言,不得作虚假陈述,也不得歪曲事实或有所保留;三是根据办案人员的要求,对自己所了解的案件情况保守秘密。[2]这是刑事诉讼法从惩罚犯罪与保障人权的理念和宗旨出发,对知道案件情况的人规定的法定义务,每个公民都应当遵守。

---

[1] 依证人的不可替代性还可进一步推导出证人不适用回避制度。无论证人与案件当事人有无利害关系,因为证人具有不可替代性,如果不允许其作证,对于案件事实的查明将产生较大或非常大的不利影响,故证人不需要回避。只不过,与本案有利害关系的证人证言比与本案无利害关系的证人证言证明力较弱,可信性会受到影响。

[2] 参见李昌林主编:《最新中华人民共和国刑事诉讼法释义》,中国法制出版社2012年版,第131页。

二、证人资格

在我国刑事诉讼中,凡是知道案件情况的人,都有作证的义务。但并不是每个知道案件情况的人都可以作为证人,根据本条第 2 款的规定,一般认为,有以下三种情况的人不能作为证人:一是生理上有缺陷的人,如色盲、弱视的人,就不能作为证人陈述犯罪的场面;二是精神上有缺陷的人,如精神病患者在发病期间对于事物、人物分辨不清,或不能作正确表述;三是年幼的人,是指因年龄小对案件中的人物、经过记忆不清,认定不准,或者表述不明的。[1] 需要注意的是,生理上、精神上有缺陷或者年幼的人,只有达到不能辨别是非或者不能正确表达的程度,才不能作证人。反之,虽然生理上、精神上有缺陷或者年幼,但是还没有达到不能辨别是非或者不能正确表达的程度,仍然可以作为证人。一个盲人可以就他亲耳听到的内容出庭作证,一个聋哑人可以就他看到的犯罪场景在法庭上以打手语的方式作证;间歇性精神病患者在未犯病期间,或虽年幼,但识别能力、表达能力均正常的人,可以作为证人。例如,秦某带着 8 岁的儿子买肉时,与摊主发生争执,继而互殴。秦某被摊主用刀背打击造成面部骨折,脑体受损。该案进入刑事诉讼程序,秦某的儿子虽然只有 8 岁,但只要能辨别是非、正确表达就可以出庭作证,在法庭上陈述其目睹的犯罪场景。总之,"不能辨别是非、不能正确表达"是"生理上、精神上有缺陷或者年幼"三种情况下最核心和决定性的条件。虽然生理上、精神上有缺陷或者年幼,但能够辨别是非、正确表达的人,仍可以作为证人。

▶▶【法条评点】

一、作证义务的例外

本条第 1 款规定:"凡是知道案件情况的人,都有作证的义务。"这一表述太过绝对,至少从现行刑事诉讼法的规定看,一些有特定身份或职业的人就有作证特免权或作证豁免权。《刑事诉讼法》第 48 条规定:"辩

---

[1] 参见王爱立、雷建斌主编:《刑事诉讼法立法精解》,中国检察出版社 2019 年版,第 109 页。

护律师对在执业活动中知悉的委托人的有关情况和信息,有权予以保密。但是,辩护律师在执业活动中知悉委托人或者其他人,准备或者正在实施危害国家安全、公共安全以及严重危害他人人身安全的犯罪的,应当及时告知司法机关。"据此,在司法实践中,如果公安司法机关以案件调查为名强令辩护律师作证,如实提供其了解的犯罪嫌疑人、被告人涉嫌犯罪的信息,辩护律师有权拒绝作证。《刑事诉讼法》第 193 条第 1 款还规定:"经人民法院通知,证人没有正当理由不出庭作证的,人民法院可以强制其到庭,但是被告人的配偶、父母、子女除外。"据此,被告人的配偶、父母、子女如果知晓被告人涉嫌犯罪的信息,面对法庭出庭作证的通知,也有权拒绝。《中华人民共和国外交特权与豁免条例》第 14 条第 4 款还规定:"外交代表没有以证人身份作证的义务。"《中华人民共和国领事特权与豁免条例》第 15 条规定:"领馆成员可以被要求在司法或者行政程序中到场作证,但没有义务就其执行职务所涉及事项作证。领馆成员有权拒绝以鉴定人身份就派遣国的法律提出证词。领事官员拒绝作证,不得对其采取强制措施或者给予处罚。领馆行政技术人员和领馆服务人员除执行职务所涉及事项外,不得拒绝作证。"基于以上原因,本评注认为应修改本条第 1 款,补充一但书性规定,"凡是知道案件情况的人,都有作证的义务,法律另有规定的除外"。

二、建议增加对证人资格或作证能力的审查确认程序

在诉讼活动中,对证人是否具有证人资格或作证能力进行审查,对保证证言的真实可靠性,准确查明案件事实有重要意义。1998 年《高法解释》第 57 条就曾规定:"对于证人能否辨别是非,能否正确表达,必要时可以进行审查或者鉴定。"本评注建议吸收上述规定,在刑事诉讼法中规定在必要时对证人资格或作证能力的审查确认程序,具体方式是在本条增加一款:

证人的身体或者精神状况可能影响其如实作证的,人民法院、人民检察院和公安机关可以指定医师进行检查。[1]

---

[1] 参见陈光中主编:《中华人民共和国刑事诉讼法再修改专家建议稿与论证》,中国法制出版社 2006 年版,第 339 页。

第六十三条 【证人及其近亲属的安全保障】人民法院、人民检察院和公安机关应当保障证人及其近亲属的安全。

对证人及其近亲属进行威胁、侮辱、殴打或者打击报复,构成犯罪的,依法追究刑事责任;尚不够刑事处罚的,依法给予治安管理处罚。

▶▶【历次修法条文对照】

1979年 《刑事诉讼法》	1996年 《刑事诉讼法》	2012年 《刑事诉讼法》	2018年 《刑事诉讼法》
第五章 证据	第五章 证据	第五章 证据	第五章 证据
无	**第49条**:人民法院、人民检察院和公安机关应当保障证人及其近亲属的安全。 对证人及其近亲属进行威胁、侮辱、殴打或者打击报复,构成犯罪的,依法追究刑事责任;尚不够刑事处罚的,依法给予治安管理处罚。	**第61条** 内容未修订	**第63条** 内容未修订

▶▶【立法沿革】

本条为1996年《刑事诉讼法》新增条文。

在司法实践中,为了妨碍诉讼的正常进行,阻止真相的查明,实施犯罪的人或者利益相关者,常常会采取各种手段方式对证人及其近亲属进行威胁、侮辱、殴打或者打击报复。"没有一种法律制度有正当理由能强迫证人作证,而在发现证人作证受到侵害时又拒绝给予援助。采用一切可行的手段来保护证人是法庭的职责。否则整个法律诉讼就会一文不值。"[1]保障诉讼参与人的各项权利,是刑事诉讼法的一项基本原则。《刑事诉讼法》第52条中规定:"必须保证一切与案件有关或者了解案情的公民,有客观地充分地提供证据的条件,……"确保证人履行作证义务,客观全面地提供案件的真实情况,首先要保证证人及其近亲属的安全。法律不能只强调证人作证的义务,也要采取多项保护措施为其提供人身安全保障,消除证人作证的各种风险,为证人解决后顾之忧。有鉴于此,1996年《刑事诉讼法》增设本条,对公检法机关保障证人及其近亲属安全的职责以及对威胁、侮辱、殴打或者打击报复证人及其近亲属的行为要追究法律责任都作了原则性规定。

本条在2012年和2018年修法时未有内容调整,仅有条文序号的变动。

▶▶【法条注解】

本条是关于保障证人及其近亲属安全的规定,共分两款。

一、公检法机关有义务保障证人及其近亲属的安全

本条第1款是关于法院、检察院和公安机关保障证人及其近亲属安全的义务的规定,可从四个方面加以理解和认识。

首先,负有保护职责的主体是公检法机关。保障证人及其近亲属安全是公安机关、检察院、法院的法定职责。保障证人及其近亲属的安全,是公检法机关维护法律正确实施,确保犯罪得到依法惩治,无罪之人不受刑事追究的法定职责,也是公检法机关落实刑事诉讼法"尊重和保障人权"的具体实践。

其次,保护的方式分为事前保护和事后追责。保障证人及其近亲属的安全,包括事前提供必要的保护和事后依法追究侵害证人利益的行为。在以往的司法实践中,对于因证人作证导致本人及其近亲属遭受不法侵害的,应对的手段方式多限于事后的依法追责。由于缺少事前的预防性保护,会引发一些案件的刑事诉讼活动中断,甚至无法继续进行,导致部分犯罪分子逃脱了法律的制裁。因此,应当加强对证人的事前保护。事

---

[1] [英]丹宁勋爵:《法律的正当程序》,李克强、杨百揆、刘庸安译,法律出版社2015年版,第26页。

前保护可以是对证人的各项信息保密,使其姓名和身份不被公开;也可以是及时采取有效措施排除威胁,如及时拘捕干扰证人作证的犯罪嫌疑人、被告人以及其他利益相关人;还可以是为避免不法侵害行为而采取必要的防范措施,如《刑事诉讼法》第64条规定的对证人的人身和住宅采取专门性保护措施等。

再次,保护的法益是人身安全、财产安全、名誉隐私等利益。保障证人及其近亲属的安全,主要是指保障他们的人身安全,这与《刑事诉讼法》第64条的规定有所呼应,但除此以外,还包括保障他们的名誉隐私以及财产安全,后者如住宅、汽车等。

最后,保护的对象和范围是一切依法履行作证义务的证人。无论是控诉一方的证人还是辩护一方的证人,公检法机关都应当提供必要的法律保护。在司法实践中,如果辩护一方认为己方证人需要提供保护的,可向有管辖权的公安机关、检察院、法院提出申请,待后者审查确认后,应当采取必要的保护措施。

二、对于干扰证人作证的行为应予追责

本条第2款是关于对威胁、侮辱、殴打、打击报复证人及其近亲属的,应当依法追究法律责任的规定。这其实也是法院、检察院、公安机关保障证人及其近亲属安全的重要举措,属于事后救济、事后保障。

首先,对证人及其近亲属实施威胁、侮辱、殴打或者打击报复的行为,应当限于针对证人作证而实施的,不能把其他原因引发的类似行为与之混淆。其次,事后追责也要遵循比例原则。凡是对证人及其近亲属实施威胁、侮辱、殴打、打击报复等行为的,依照刑法规定构成犯罪的,应当依法追究刑事责任,根据犯罪情节定罪处刑。如果上述行为情节轻微,尚不构成犯罪的,应当依照治安管理处罚法的规定,对行为人作出拘留或者罚款的决定。

本款中的"威胁"是指以将要使用暴力或者以损害本人及其近亲属合法权益、揭露隐私等其他非法方法进行恐吓。"侮辱"是指以暴力或者其他言行对证人及其近亲属的人格、名誉进行诋毁、攻击、败坏。"殴打"是指以暴力损害证人及其近亲属的身体健康,行为方式一般为拳打脚踢,或者使用棍棒等器具伤害他人。"打击报复"是指用敌对的态度回击对方,包括用多种手段对证人及其近亲属进行报复、迫害等。

▶▶【法条评点】

一、增加"对于违反命令接触证人及其近亲属"须追责的情形

为了保护证人,《刑事诉讼法》第64条第1款第3项规定,"禁止特定的人员接触证人、鉴定人、被害人及其近亲属"。第71条还规定,人民法院、人民检察院和公安机关可以根据案件情况,责令被取保候审的犯罪嫌疑人、被告人"不得与特定的人员会见或者通信"。为了与上述条文做好衔接,本条第2款有必要增加规定,"对于违反命令接触证人及其近亲属,……构成犯罪的,依法追究刑事责任;尚不够刑事处罚的,依法给予治安管理处罚。"[1]这样规定可以对以各种形式干扰证人作证的行为加以防范,进而织密追责法网。

需要注意的是,从保护对象的周延性考虑,对这里的"证人"可扩大解释为那些出庭作证的人,包括证人、鉴定人、被害人。

二、修改侵害证人及其近亲属利益须追责的用语表述

建议对本条第2款"……构成犯罪的,依法追究刑事责任;尚不够刑事处罚的,依法给予治安管理处罚"的规定改为"应当追究法律责任,构成犯罪的,依法追究刑事责任"。如此修改,一方面可以使文字表述更为通畅,法律责任的程度递增也符合人们的认识逻辑;另一方面,现行条文中"治安管理处罚"的表述不能涵盖未构成犯罪但需要追究法律责任的所有处理方式[2]。例如,依据《刑事诉讼法》第71条的规定,被取保候审的犯罪嫌疑人、被告人违反规定会见接触证人的,已交纳的保证金应予以全部或部分没收,这就不属于治安管理处罚的范围。再如,《高检规则》第79条第5款规定,"对证人及其近亲属进行威胁、侮辱、殴打或者打击报复……情节轻微的,予以批评教育、训诫",这其实也是一种特殊的追责方式,并非治安管理处罚。

---

[1] 陈光中主编:《中华人民共和国刑事诉讼法再修改专家建议稿与论证》,中国法制出版社2006年版,第344页。
[2] 陈光中主编:《中华人民共和国刑事诉讼法再修改专家建议稿与论证》,中国法制出版社2006年版,第344页。

第六十四条　【作证保护】对于危害国家安全犯罪、恐怖活动犯罪、黑社会性质的组织犯罪、毒品犯罪等案件,证人、鉴定人、被害人因在诉讼中作证,本人或者其近亲属的人身安全面临危险的,人民法院、人民检察院和公安机关应当采取以下一项或者多项保护措施:

(一)不公开真实姓名、住址和工作单位等个人信息;
(二)采取不暴露外貌、真实声音等出庭作证措施;
(三)禁止特定的人员接触证人、鉴定人、被害人及其近亲属;
(四)对人身和住宅采取专门性保护措施;
(五)其他必要的保护措施。

证人、鉴定人、被害人认为因在诉讼中作证,本人或者其近亲属的人身安全面临危险的,可以向人民法院、人民检察院、公安机关请求予以保护。

人民法院、人民检察院、公安机关依法采取保护措施,有关单位和个人应当配合。

▶▶【历次修法条文对照】

1979年《刑事诉讼法》	1996年《刑事诉讼法》	2012年《刑事诉讼法》	2018年《刑事诉讼法》
第五章　证据	第五章　证据	第五章　证据	第五章　证据
无	无	**第62条**:对于危害国家安全犯罪、恐怖活动犯罪、黑社会性质的组织犯罪、毒品犯罪等案件,证人、鉴定人、被害人因在诉讼中作证,本人或者其近亲属的人身安全面临危险的,人民法院、人民检察院和公安	**第64条** 内容未修订

(续表)

1979年《刑事诉讼法》	1996年《刑事诉讼法》	2012年《刑事诉讼法》	2018年《刑事诉讼法》
第五章 证据	第五章 证据	第五章 证据	第五章 证据
		机关应当采取以下一项或者多项保护措施： （一）不公开真实姓名、住址和工作单位等个人信息； （二）采取不暴露外貌、真实声音等出庭作证措施； （三）禁止特定的人员接触证人、鉴定人、被害人及其近亲属； （四）对人身和住宅采取专门性保护措施； （五）其他必要的保护措施。 证人、鉴定人、被害人认为因在诉讼中作证，本人或者其近亲属的人身安全面临危险的，可以向人民法院、人民检察院、公安机关请求予以保护。 人民法院、人民检察院、公安机关依法采取保护措施，有关单位和个人应当配合。	

▶▶【立法沿革】

本条为 2012 年《刑事诉讼法》新增条文。

根据《刑事诉讼法》第 63 条第 1 款的规定,法院、检察院和公安机关应当保障证人及其近亲属的安全。在以往的司法实践中,对证人及其近亲属的保护多是事后保护,主要体现为事后处罚,即依第 63 条第 2 款,对于威胁、侮辱、殴打或者打击报复证人的行为通过依法追究责任的方式来实现。然而,这种事后保护具有一定的滞后性,特别是对于一些特定类型的犯罪案件,由于案件关系国家安全、公共安全,或者犯罪性质恶劣、组织性强,证人遭到打击报复的可能性大,如果不能未雨绸缪、事前预防,一旦发生打击报复证人的情形,后果将十分严重,证人甚至会有生命危险,案件事实的查明也可能就此陷入僵局。有研究者据此指出:"证人作证,保护比补偿更重要。"[1] 如何对证人进行保护,除了要有事后追责的手段,还要做好事前保护的预案,从作证前到作证后,做到证人保护的全流程、各环节,为公民履行作证义务提供客观充分的条件。有鉴于此,2012 年《刑事诉讼法》增加了对特定案件的证人采取特别保护措施的规定。同时,特定案件的鉴定人、被害人因为参与诉讼,也可能面临被打击报复的危险,故而本条规定也把他们纳入保护的范围。

本条在 2018 年《刑事诉讼法》修订时未作内容调整,仅有条文序号的变化。

▶▶【法条注解】

本条共有三款,是关于对特定案件的证人、鉴定人、被害人采取特别保护措施的规定。

一、公检法依职权保护特定案件的证人、鉴定人、被害人及其近亲属

本条第 1 款是对特定案件的证人、鉴定人、被害人应当采取特别的保

---

[1] 毛立华:《证人作证:保护比补偿更重要》,载《中国刑事法杂志》2005 年第 1 期,第 78 页以下。

护措施的规定。

(一)案件范围

根据本款规定,可以采取特别的保护措施的案件范围是"危害国家安全犯罪、恐怖活动犯罪、黑社会性质的组织犯罪、毒品犯罪等案件"。在2012年刑事诉讼法修正案(草案)讨论过程中,"对于证人保护的案件范围,不少意见认为,证人保护不应限制案件范围,无论哪种案件,只要证人因出庭作证受到严重人身威胁或者存在人身危险,并且本人提出申请的,就应当保护。有的部门提出,职务犯罪案件的证人都不愿意作证,而且也容易受到打击报复,建议将职务犯罪案件的证人也纳入保护范围。公安机关提出,证人保护措施要考虑国家的实际情况,需要人力物力以及制度方面的保障。如果保障问题解决不了,还是不规定为好"[1]。考虑到现阶段警力的现实情况,经征求各方面意见,本条第1款把证人保护的案件范围限定在"危害国家安全犯罪、恐怖活动犯罪、黑社会性质的组织犯罪、毒品犯罪等案件"。立法罗列的这四类犯罪都涉及国家安全或者公共安全,社会危害性大,证人、鉴定人、被害人遭受严重打击报复的可能性高,危险性大。因此,证人、鉴定人、被害人只要在上述案件中作证,本人或者近亲属的人身安全面临危险的,都可以向公检法机关提出保护请求。当然,考虑到本款中还有"等案件"煞尾,本评注认为,如果其他犯罪案件的社会危害性和证人、鉴定人、被害人在案件中面临打击报复的危险同上述四类犯罪的情形相当,公检法机关也可以采取本条规定的特别保护措施。

(二)保护对象

特别保护措施保护的对象是案件的证人、鉴定人和被害人。采取保护措施的条件是证人、鉴定人和被害人因为在诉讼中作证,包括在侦查、审查起诉和审判阶段向侦查机关、检察院和法院作证,本人或者近亲属的人身安全面临危险。[2] 另外,本条中的"近亲属"宜作广义理解,不应局限于《刑事诉讼法》第108条第6项的规定,在条件允许的情

---

[1] 黄太云:《刑事诉讼法修改释义》,载《人民检察》2012年第8期,第19页。
[2] 参见王爱立、雷建斌主编:《刑事诉讼法立法精解》,中国检察出版社2019年版,第112页。

况下,与本案的证人、鉴定人和被害人有夫妻、直系血亲、三代以内旁系血亲关系的人,以及有婚约的人(如未婚夫或妻)等都有必要纳入保护的范围。

需要注意的是,这里的"作证"不是让鉴定人和被害人也成为证人去作证,而是指他们在诉讼中提供言词证据。另外,这里面临的"危险"不是抽象危险,而是具体的、现实的危险,办案机关应当根据危险的具体程度和实际情况,对是否有必要采取特别保护措施进行具体把握。

(三)保护措施

本款规定的特别保护措施有五项,办案机关可以根据案件情况,决定采取一项或者多项措施[1]。

一是不公开真实姓名、住址和工作单位等个人信息。公检法三机关都可以采用并实施本条措施,该措施是指办案机关在办理案件的过程中对有关个人信息予以保密,包括在起诉书、判决书等法律文书上使用化名等代替真实的个人信息。《高法解释》第257条规定:"决定对出庭作证的证人、鉴定人、被害人采取不公开个人信息的保护措施的,审判人员应当在开庭前核实其身份,对证人、鉴定人如实作证的保证书不得公开,在判决书、裁定书等法律文书中可以使用化名等代替其个人信息。"

二是采取不暴露外貌、真实声音等出庭作证措施。本条措施只有法院才能实施,因为在侦查和审查起诉阶段不会有"出庭"的情况。采取不暴露外貌、真实声音等出庭作证措施是指法院在有关人员出庭参与诉讼时,采取戴面具、设置屏风、使用变声话筒等措施不使其外貌、声音等暴露给被告人、旁听人员等,但应保证控辩双方质证的顺利进行。值得注意的是,古语有云:"两造具备,师听五辞"。如果采取不暴露外貌、真实声音的方式让证人出庭,意味着证人的言行举止、谈吐表情等都无法在法庭上被呈现、被观察,"将会影响裁判者在察言观色的基础上对证人证言进行

---

[1] 一律采取多项保护措施有时并无必要,在客观上也无法实现,比如公安机关在侦查阶段采用保护人的措施就不能是"采取不暴露外貌、真实声音等出庭作证措施",因为案件还没有到审判阶段,何来法院"开庭",又何来证人"出庭"?

审查判断。因此,在现代法治国家,对匿名作证及采取不暴露外貌、真实声音等出庭作证措施一般限定在特定的案件中,以在证人保护与被告人的公正审判权之间进行平衡"[1]。

三是禁止特定的人员接触证人、鉴定人、被害人及其近亲属。公检法三机关都有权采用本条措施,其是指办案机关采取措施、发布禁令,禁止可能实施打击报复的特定人员在一定期间内接触证人、鉴定人、被害人及其近亲属。"所谓接触,是指特定的人员在各种大小活动场所及一些偏僻地点接触证人、鉴定人、被害人及其亲属;特定的人员通过寄信件、打电话、发短信以及采取网络 QQ、视频的方式与证人、鉴定人、被害人及其亲属进行联络接触;特定的人员通过指使其近亲属、朋友以滋扰、威胁、诱骗等手段间接接触证人、鉴定人、被害人及其亲属。"[2]

四是对人身和住宅采取专门性保护措施。本条措施一般只有公安机关才有能力采取,包括派警力加强警戒和布控,派人 24 小时轮班值守,保护证人、鉴定人、被害人人身和住宅的安全。在极个别的情况下,可根据办案需要为其更换住宅,提供临时性隐蔽住所,如安全屋等,保障证人等其他人员的安全。

五是其他必要的保护措施。是指除本条规定的前述四项措施以外的,办案机关认为有必要采取的其他特别保护措施。例如,改变证人身份,甚至帮助证人整容,改头换面,协助证人在异地工作和生活。

需要注意的是,在司法实践中决定适用上述保护措施时,"一方面应从案情需要出发,所采取的保护措施应能切实有效地保障证人、鉴定人、被害人及其近亲属的人身安全;另一方面决定采取何种措施时,应征求保护对象的意见,不得强迫保护对象接受保护措施,更不允许以保护为名限制或剥夺保护对象的人身自由,侵犯其诉讼权利及其他权利。"[3]

---

[1] 陈光中主编:《〈中华人民共和国刑事诉讼法〉修改条文释义与点评》,人民法院出版社 2012 年版,第 86 页。
[2] 李昌林主编:《最新中华人民共和国刑事诉讼法释义》,中国法制出版社 2012 年版,第 135 页。
[3] 李昌林主编:《最新中华人民共和国刑事诉讼法释义》,中国法制出版社 2012 年版,第 135—136 页。

二、证人、鉴定人、被害人依申请获得作证保护

本条第 2 款是关于证人、鉴定人、被害人请求予以保护的规定,不仅适用于第 1 款规定的案件,还可适用于其他任何刑事案件,但要经过严格的审查。证人、鉴定人、被害人因在诉讼中作证,本人或者其近亲属的人身安全面临危险时,向法院、检察院、公安机关请求予以保护的,后者在收到请求后应当立即认真审查,认为人身安全确实面临危险的,应当采取本条第 1 款规定的一项或者多项保护措施。

三、有关单位和个人对采取的保护措施应当配合

在司法实践中,公检法机关采取本条第 1 款规定的证人保护措施常常需要有关单位和个人的协助与配合。"如不公开证人的个人信息可能需要新闻媒体配合,禁止特定人员接触证人、鉴定人、被害人及其近亲属可能需要基层群众组织的配合等。"[1] 有鉴于此,本条第 3 款规定:"人民法院、人民检察院、公安机关依法采取保护措施,有关单位和个人应当配合。"这样规定一方面贯彻了《刑事诉讼法》第 6 条"人民法院、人民检察院和公安机关进行刑事诉讼,必须依靠群众"的原则和精神,另一方面也能使证人保护的各项措施落实到位,切实发挥保护作用。

▶▶【法条评点】

一、如何对证人、鉴定人、被害人的财产做好事前保护?

本条第 1 款仅规定了对于证人、鉴定人、被害人因在诉讼中作证,本人或者其近亲属的人身安全面临危险的,公检法机关如何采取保护措施,但是对于证人、鉴定人、被害人因在诉讼中作证,其财产安全面临危险的应如何保护,其名誉权、肖像权可能面临危险的又应如何保护,这些问题值得进一步研究。

---

[1] 王爱立、雷建斌主编:《刑事诉讼法立法精解》,中国检察出版社 2019 年版,第 113 页。

第五章 证　据

第六十五条　【证人作证补助与保障】证人因履行作证义务而支出的交通、住宿、就餐等费用,应当给予补助。证人作证的补助列入司法机关业务经费,由同级政府财政予以保障。

有工作单位的证人作证,所在单位不得克扣或者变相克扣其工资、奖金及其他福利待遇。

▶▶【历次修法条文对照】

1979年《刑事诉讼法》	1996年《刑事诉讼法》	2012年《刑事诉讼法》	2018年《刑事诉讼法》
第五章　证据	第五章　证据	第五章　证据	第五章　证据
无	无	**第63条**:证人因履行作证义务而支出的交通、住宿、就餐等费用,应当给予补助。证人作证的补助列入司法机关业务经费,由同级政府财政予以保障。 有工作单位的证人作证,所在单位不得克扣或者变相克扣其工资、奖金及其他福利待遇。	**第65条** 内容未修订

▶▶【立法沿革】

本条为2012年《刑事诉讼法》新增规定,涉及对证人作证的补助和相关经济保障。了解案件情况的证人向司法机关作证,是法律规定的义务。但实践中,证人作证,特别是证人出庭作证的概率很低。究其原因,除了担心被打击报复,还有就是证人因出庭作证可能要遭受一定的经济损失和时间耗费。例如,有的证人外出旅游目睹了一起故意伤害案件,但其居住地距离案发地以及司法机关所在地较远,如果出庭作证必然要支出一定的交通费、住宿费和就餐费,这可能会是一笔不小的数目。有的证人需要占用工作时间到司法机关作证,由此造成的工作延误可能会影响到其绩效以及工资、奖金、福利待遇等。这些经济上的掣肘常常会成为证人拒绝作证的一个重要原因。为从经济上解除证人作证的后顾之忧,鼓励证人积极履行作证义务,帮助司法机关查明案件事实,本条规定了对证人因作证而支出的有关费用给予补助以及证人所在单位不得因证人作证克扣其工资、奖金及其他福利待遇。

本条在2018年《刑事诉讼法》修订时未作内容调整,仅有条文序号的变化。

▶▶【法条注解】

本条分为两款,分别是关于对证人作证的补助和证人所在单位不得克扣其福利待遇的规定。需要注意的是,本条规定的证人作证既包括审前在公安机关、检察院作证,也包括在审判阶段出庭作证,因作证而支出的费用都应给予补助,而且证人因作证占用工作时间的,所在单位也不得克扣其工资、奖金及其他福利待遇。

一、证人作证补助

本条第1款是关于证人因作证支出的费用应给予补助的规定。

(一)补助的范围和标准

对证人因履行作证义务而支出的交通、住宿、就餐[1]等费用,办理案件的法院、检察院和公安机关应当给予补助。补助的范围是证人因履行作证义务在吃住行方面的支出费用。证人在诉讼的各个阶段因作证支出费用,都应当由该阶段的办案主管机关给予补助。补助的标准应当是根据实际支出情况适当予以补助,同时参照当地平均生活标准,由司法机关确定。需要注意的是,本条规定的是"补助",而非"报销"。在基层司法实践中,许多证人因作证所支出的费用往往没有票据或者发票,如坐车刷卡、在小饭馆就餐等,因而证人无法凭票据"报销"。对此情况,办案机关仍然应该给予补助,不能拒绝。"补助标准以证人因作证所造成的直接耗费和经济损失为参考,同时应当结合当地平均生活标准,确定合理的

---

[1] 就餐费用应解释为餐饮费用,不仅有吃,还有喝。

补助标准。一般可以按照证人实际支出费用给予补助,也可以适当高于实际支出,但要合情合理。"[1]

如何理解"等费用"？这其实涉及对"等"字是作等内解释还是作等外解释的问题。本评注认为原则上做等内解释。因为,证人作证所支出的长途交通费,如乘坐火车、飞机、轮船等都有固定的票据可直接"报销",对于在作证地支出的交通、住宿、就餐等费用则可依当地标准采取"定额"方法补助。据此,"等费用"作等外解释的空间其实不大。但考虑到司法实践的复杂性和多样性,留一个在特殊情况下的例外也未尝不可。

(二) 补助的来源

本款还对补助经费的来源作出规定,即列入司法机关业务经费,由同级政府财政予以保障,确保补助的规定落到实处。司法机关在编制本单位业务经费预算时,应当列入证人补助所需经费。[2]

值得关注的问题是,侦查阶段证人作证能否获得补助？如果对本条第1款中的"司法机关"做文义解释,一般认为,我国司法机关仅指检察院和法院,并不包括公安机关,这似乎表明证人在侦查阶段作证无法获得补助。然而,从中央有关司法经费保障的精神来看,公安机关的业务经费与检察院、法院的业务经费是有同样保障的。因此,证人在侦查阶段作证,如果有经济损失,理应从侦查机关获得相应的经济补偿。[3]

二、证人作证所在单位不得克扣其福利待遇

本条第2款是关于证人所在单位不得克扣其工资、奖金以及其他福利待遇的规定。证人配合司法机关作证是履行法定义务,因而占用了工作时间,耽误了工作不应认定为旷工。根据本款规定,证人有工作单位的,国家不再对其因作证所造成的误工费给予补助,而是要求证人所在单位不得以证人作证"误工"为由,克扣或者以其他理由、方式变相克扣其

---

[1] 童建明主编:《新刑事诉讼法理解与适用》,中国检察出版社2012年版,第92页。

[2] 参见王爱立、雷建斌主编:《刑事诉讼法立法精解》,中国检察出版社2019年版,第113页。

[3] 参见陈光中主编:《〈中华人民共和国刑事诉讼法〉修改条文释义与点评》,人民法院出版社2012年版,第93页。

工资、奖金及其他福利待遇,作证期间的待遇应当与工作期间相同。当然,"举轻以明重",既然证人因作证,所在单位不得克扣或者变相克扣其工资、奖金及其他福利待遇,也更不能作出解聘、辞退、开除的决定。这些都是证人所在单位支持证人作证,配合司法机关办案的责任。从本质上看,这是国家把证人作证产生的"误工费"转嫁给了单位,由证人所在单位承担了这笔费用。

▶▶【法条评点】

一、如何理解本条中的"证人"

有研究者认为,公诉案件中控方要求证人作证,会产生费用等问题,但辩护方也可能提出证人。"辩方证人应由辩护人负责带到法庭并承担有关费用。"[1]另外,我国刑事诉讼中除有公诉案件外,还有自诉案件。"在自诉案件中,除了人民法院可能依职权调取证据外,自诉人及其代理人、被告人及其辩护人都有可能提出证人,而在这种私人控诉案件中,要求国家承担证人的补助费用明显不合理。……应当把证人限定为公安司法机关要求其作证的情况,除此之外,自诉人及其代理人、被告人及其辩护人因提出证人而产生的费用,应当由其自行承担。"[2]

本评注不同意这种观点。首先,从文义解释的角度出发,本条并未限定这里的"证人"是控方证人还是辩方证人,是公诉案件中的证人还是自诉案件中的证人。只要具有作证资格,符合作证条件,履行了作证义务的人都是这里的"证人",都应获得经济上的补助和保障。其次,刑事诉讼是国家行为,证人在刑事诉讼中作证是协助国家来查明案件事实,追诉犯罪和保障无辜,无论是哪方的证人都是在为国家作证,理应由国家给予经济上的补助和保障。故本条在设计时并未采用民事诉讼中"由提供证人的一方先行支付,由败诉一方当事人承担"的做法。再次,由控辩双方各自负担证人作证的相关费用,似乎也有收买证人之嫌,这会导致证人作证

---

[1] 刘玫:《"一国两制"下香港刑事诉讼制度若干问题研究》,载樊崇义主编:《刑事诉讼法专论》,中国方正出版社1998年版,第567页。

[2] 夏永全:《条解刑事诉讼法——主旨·释评》,西南交通大学出版社2014年版,第82页。

的可信性受到质疑。最后,从司法实践看,刑事诉讼中的被告人大多会被判有罪,不少被告人本身经济上就非常拮据,由其承担证人的相关费用并不现实。

二、无单位的证人作证是否要给予经济补偿?

本条第2款规定:"有工作单位的证人作证,所在单位不得克扣或者变相克扣其工资、奖金及其他福利待遇。"反之,如果证人没有工作单位或没有固定的、正式的工作单位,比如在校大学生、从事农业生产的农户、个体工商户以及其他自由职业者,当然无所谓单位克扣工资、奖金及其他福利待遇的问题,但这类证人因作证也可能产生误工损失,比如小时工、钟点工,虽然他们没有固定的工作,但如果作证时间占用了其事前约定或每日例行的工作时间,也会导致收入的减少,如不给予适当补助,显然有失公平。本评注认为,为了鼓励证人出庭作证,公安司法机关还是可以考虑参照有关行业、职业或当地的平均工资水平或者民事法律中有关误工费的计算标准,对于部分没有工作单位却有实际误工损失的证人给予相应的"误工费"补助。[1]

三、对强制作证的证人是否要给予补助和保障?

有观点认为,给予证人经济上的补助和保障是国家对自愿履行出庭义务的公民的一种鼓励。但对于强制出庭作证的证人,其违反作证义务在先,故被强制出庭作证的证人就不应享受到本条规定的补助和保障。[2] 本评注不同意这种观点。对证人履行作证义务应作实质解释,即要看证人是否最终如实作证,而非形式上的是否出庭。《刑事诉讼法》第193条规定的强制证人出庭作证,本质上强制的还是证人"出庭""到庭",而非强制证人"作证",证人即使被强制到庭,仍然可以保持沉默,出庭后拒绝作证,但如果被强制出庭后作证,则实质上是履行了作证

---

[1] 值得注意的是,2012年"刑事诉讼法(修正草案)"曾规定:"证人因履行作证义务而支出的交通、住宿、就餐等费用及误工损失,应当给予补助。证人作证的补助列入司法机关业务经费,由同级政府财政予以保障。"但最终的版本删除了"误工损失"的表述。

[2] 参见宋英辉主编:《刑事诉讼法修改问题研究》,中国人民公安大学出版社2007年版,第189页。

义务。所以，认为证人被强制出庭作证是违反义务在先，其实是混淆了出庭义务和作证义务，这里真正违反的是证人的出庭义务，而非作证义务。综上，本评注倾向于对那些被强制出庭但最终作证的证人给予相应的补助和保障。但对于那些拒绝出庭或出庭后拒绝作证的人，在此期间产生的交通、住宿、就餐等费用都不再考虑给予保障，有关单位不得克扣其工资、奖金及其他福利待遇的规定也可不予执行。

第六章　强制措施

第六十六条　【拘传、取保候审或者监视居住】人民法院、人民检察院和公安机关根据案件情况,对犯罪嫌疑人、被告人可以拘传、取保候审或者监视居住。

▶▶【历次修法条文对照】

1979年《刑事诉讼法》	1996年《刑事诉讼法》	2012年《刑事诉讼法》	2018年《刑事诉讼法》
第六章　强制措施	第六章　强制措施	第六章　强制措施	第六章　强制措施
第38条:人民法院、人民检察院和公安机关根据案件情况,对被告人可以拘传、取保候审或者监视居住。 被监视居住的被告人不得离开指定的区域。监视居住由当地公安派出所执行,或者由受委托的人民公社、被告人的所在单位执行。 对被告人采取取保候审、监视居住的,如果情况发生变化,应当撤销或者变更。	第50条:人民法院、人民检察院和公安机关根据案件情况,对犯罪嫌疑人、被告人可以拘传、取保候审或者监视居住。 ~~被监视居住的被告人不得离开指定的区域。监视居住由当地公安派出所执行,或者由受委托的人民公社、被告人的所在单位执行。~~ ~~对被告人采取取保候审、监视居住的,如果情况发生变化,应当撤销或者变更。~~	第64条 内容未修订	第66条 内容未修订

▶▶【立法沿革】

本条为 1979 年《刑事诉讼法》确立,在 1996 年修法时,本条第 2 款和第 3 款被删除。其中,第 2 款由当时新增的第 51 条第 2 款和第 57 条专门规定,并加以完善。第 3 款则因规定得过于原则,引发了一定的实践乱象,直接被删除。

本条在 2012 年和 2018 年修改刑事诉讼法时未有内容调整,仅有条文序号的变化。

▶▶【法条注解】

本条是关于法院、检察院和公安机关依法可以对犯罪嫌疑人、被告人采取拘传、取保候审或者监视居住三种强制措施的一般性规定。

本条规定:"人民法院、人民检察院和公安机关根据案件情况,对犯罪嫌疑人、被告人可以拘传、取保候审或者监视居住。"其中的"根据案件情况","是指要根据案件本身的情况和办理案件、保证诉讼正常进行的需要来决定对犯罪嫌疑人、被告人是否采取强制措施,采取何种强制措施"[1]。对于拘传而言,公检法三机关既可以决定,也可以自行执行。对于取保候审、监视居住而言,公检法三机关都有决定权,但只有公安机关才有执行权,如果涉及危害国家安全的犯罪,则由国家安全机关执行。

一、三种强制措施

我国刑事强制措施一共有五种,按照强制程度的不同,强制性由弱到强可依次分为拘传、取保候审、监视居住、拘留、逮捕,本条规定了前三种强制措施。一般认为,拘传、取保候审和监视居住这三种强制措施同拘留、逮捕不同,为非羁押性强制措施。从概念出发,刑事强制措施是指公安机关、检察院、法院为了保证刑事诉讼的顺利进行,依法对犯罪嫌疑人、

---

[1] 王爱立、雷建斌主编:《刑事诉讼法立法精解》,中国检察出版社 2019 年版,第 114 页。

被告人的人身自由进行限制或者剥夺的各种强制性方法。其中,限制人身自由的强制措施有拘传、取保候审、监视居住,而剥夺人身自由的强制措施则是拘留、逮捕。理论上,对于犯罪嫌疑人、被告人采取强制措施以必要性为前提,对于犯罪嫌疑人、被告人,可以不采取强制措施的,应当尽量不采取强制措施。因为犯罪嫌疑人、被告人还未经判决确定有罪,存在无罪的可能,对于没有社会危险性并且不妨碍诉讼正常进行的犯罪嫌疑人、被告人不采取强制措施,可以避免对他们的人身自由和日常生活造成不必要的限制和影响。如果需要采取强制措施,则是"以非羁押为原则,以羁押为例外"。本条首先将拘传、取保候审、监视居住三种强制措施做统一规定,并置于强制措施一章的第一条,就是告知办案人员,如果采用强制措施,尽量采取不具有羁押性的强制措施,尽量不对犯罪嫌疑人、被告人的人身自由这一宪法性基本权利造成不必要的干预。当然,如果犯罪嫌疑人、被告人符合刑事诉讼法规定的适用强制措施的条件,就应当及时采取强制措施,保证诉讼的正常进行。

本条中的拘传,"是指公安机关、人民检察院和人民法院对未被羁押的犯罪嫌疑人、被告人,依法强制其到案接受讯问的一种强制方法,它是我国刑事诉讼强制措施体系中强度最轻的一种"[1]。本条中的取保候审,"是指在刑事诉讼过程中,公安机关、人民检察院和人民法院责令犯罪嫌疑人、被告人提出保证人或者交纳保证金,保证犯罪嫌疑人、被告人不逃避或妨碍侦查、起诉和审判,并随传随到的一种强制方法。"[2]本条中的监视居住,"是指人民法院、人民检察院和公安机关在刑事诉讼过程中对犯罪嫌疑人、被告人采用的,命令其不得擅自离开住处,无固定住处不得擅自离开指定的居所,并对其活动予以监视和控制的一种强制方法"[3]。

---

[1] 陈光中主编:《刑事诉讼法》(第七版),北京大学出版社、高等教育出版社2021年版,第238页。
[2] 陈光中主编:《刑事诉讼法》(第七版),北京大学出版社、高等教育出版社2021年版,第240页。
[3] 陈光中主编:《刑事诉讼法》(第七版),北京大学出版社、高等教育出版社2021年版,第245页。

二、拘传

"拘传"是指采用强制方式,如使用警绳、戒具等,将未被拘留、逮捕的犯罪嫌疑人、被告人带到指定地点进行讯问。

(一)拘传的目的

拘传的目的可以概括为八个字:强制到案,进行讯问。拘传的目的就是通过讯问收集犯罪嫌疑人、被告人的口供。从这个角度看,拘传不仅是一种刑事强制措施,也是一种取供(证)措施,或者说拘传是为了讯问、获取口供的一种强制措施。

(二)拘传对象

拘传的对象是犯罪嫌疑人、被告人。法院在审理单位犯罪案件过程中,如果诉讼代表人不到庭的,法院也可以将其拘传到庭。但这里的拘传不是刑事强制措施性质上的拘传,而是司法性质上的拘传。另外,拘传的犯罪嫌疑人、被告人应当处于未被羁押的状态。因为拘传的目的是讯问取供,犯罪嫌疑人、被告人被羁押的,人已经在看守所,如果需要讯问,及时从看守所提讯他们即可,无须拘传。

(三)拘传的适用情形

实践中适用拘传一般有两种情形:一是犯罪嫌疑人、被告人经传唤拒不到案的;二是如不拘传,犯罪嫌疑人、被告人可能逃跑或走漏消息的,此时可不经传唤,直接拘传犯罪嫌疑人、被告人。《高法解释》第148条第1款作出相应规定:"对经依法传唤拒不到庭的被告人,或者根据案件情况有必要拘传的被告人,可以拘传。"

(四)拘传的时间

根据《刑事诉讼法》第119条第2款、第3款的规定,拘传持续的时间不得超过12小时;案情特别重大、复杂,需要采取拘留、逮捕措施的,拘传持续的时间不得超过24小时。不得以连续拘传的形式变相拘禁犯罪嫌疑人。拘传犯罪嫌疑人,应当保证犯罪嫌疑人的饮食和必要的休息时间。

▶▶【法条评点】

一、适度增加拘传的适用条件和程序等条款

除本条以外,有关拘传的规定就仅有《刑事诉讼法》第119条。整个刑事诉讼法只有这两个条文,共出现五处"拘传"一词,与同为强制措施的取保候审、监视居住、拘留、逮捕在刑事诉讼法中规定的条文数量存在明显差别,甚至极不相称。特别是关于拘传的主体、地点、适用条件和具体程序等都缺乏法律规定,大多出现在公安机关、检察院、法院制定的规范性文件或司法解释中,如《公安规定》第78条、第79条、第80条、第157条、第164条、第165条、第166条、第167条、第201条、第346条、第347条、第350条,《高检规则》第81条、第82条、第83条、第84条、第85条、第148条,《高法解释》第147条、第148条、第149条中。这些规范条文内容较多,大体可以梳理出拘传的适用程序。

1. 拘传应当依据《拘传证》(法院称为《拘传票》)。《拘传证》上应载明被拘传人的姓名、性别、年龄、籍贯、住址、工作单位、案由、接受讯问的时间和地点,以及拘传的理由。

2. 拘传应当在被拘传人所在的市、县内进行。根据《高检规则》第84条第2款,犯罪嫌疑人工作单位与居住地不在同一市、县的,拘传应当在犯罪嫌疑人工作单位所在的市、县内进行;特殊情况下,也可以在犯罪嫌疑人居住地所在的市、县内进行。

3. 拘传时,应当向被拘传人出示《拘传证》。执行拘传的公安司法人员不得少于2人。对于抗拒拘传的,可以使用诸如警棍、警绳、手铐等戒具,强制其到案。

4. 犯罪嫌疑人到案后,应当责令其在《拘传证》上填写到案时间,并在拘传证上签名或盖章,并捺指印,然后立即讯问。拘传结束后,应当责令犯罪嫌疑人在《拘传证》上填写拘传结束时间。犯罪嫌疑人拒绝填写的,侦查人员应当在《拘传证》上注明。

5. 讯问结束后,如果被拘传人符合其他强制措施如拘留、逮捕的条件,应当依法采取其他强制措施。如果不需要采取其他强制措施的,应当结束拘传,恢复其人身自由。一次拘传的时间不得超过12小时,案情特

别重大、复杂,需要采取拘留、逮捕措施的,拘传持续的时间不得超过24小时。不得以连续拘传的形式变相拘禁犯罪嫌疑人、被告人,两次拘传间隔的时间一般不得少于12小时。拘传犯罪嫌疑人、被告人,应当保证其饮食和必要的休息时间。

然而,上述规范性文件和司法解释的效力显然不及刑事诉讼法。未来修法可以考虑吸收前述规范性文件或司法解释的规定,进一步明确拘传的适用条件、程序和批准权限。

二、传唤与拘传的区别

《刑事诉讼法》第119条规定了传唤与拘传两种措施,如何区别,值得分析。

在刑事诉讼中,拘传和传唤都是要求犯罪嫌疑人、被告人到案接受讯问,但二者性质不同。刑事诉讼中的传唤是指法院、检察院和公安机关使用传票的形式通知犯罪嫌疑人、被告人及其他当事人在指定的时间自行到指定的地点接受讯问、询问或审理,性质等同于通知,不具有强制性;而拘传则具有一定的强制性,对不愿到案接受讯问的犯罪嫌疑人、被告人可以强制到案接受讯问,在其抗拒到案的情况下可以使用戒具。拘传和传唤两者的区别具体表现在三个方面:

第一,强制力不同。传唤是自动到案,拘传则是强制到案。

第二,适用的对象不同。传唤适用于所有当事人,包括犯罪嫌疑人、被告人、自诉人、被害人、附带民事诉讼的原告人和被告人;拘传则仅适用于犯罪嫌疑人、被告人。例如,在一起聚众斗殴案件发生时,证人甲在现场目睹案发经过。侦查人员可否传唤证人甲到公安机关提供证言?答案是否定的。因为,传唤只能适用于当事人,证人不属于当事人的范围。

第三,是否一定需要法律文书不同。拘传时必须出示《拘传证》,传唤在大多数情况下也需要出示《传唤通知书》,但《刑事诉讼法》第119条规定,对在现场发现的犯罪嫌疑人,侦查人员经出示工作证件,可以口头传唤,但应当在讯问笔录中注明。

另外,需要注意的是,传唤不是拘传的必经程序,法院、检察院和公安机关根据案件的具体情况,可以不经传唤,直接拘传犯罪嫌疑人、被告人。

第六十七条 【取保候审的法定情形和执行机关】人民法院、人民检察院和公安机关对有下列情形之一的犯罪嫌疑人、被告人,可以取保候审:

(一)可能判处管制、拘役或者独立适用附加刑的;

(二)可能判处有期徒刑以上刑罚,采取取保候审不致发生社会危险性的;

(三)患有严重疾病、生活不能自理,怀孕或者正在哺乳自己婴儿的妇女,采取取保候审不致发生社会危险性的;

(四)羁押期限届满,案件尚未办结,需要采取取保候审的。

取保候审由公安机关执行。

▶▶【历次修法条文对照】

1979年《刑事诉讼法》	1996年《刑事诉讼法》	2012年《刑事诉讼法》	2018年《刑事诉讼法》
第六章 强制措施	第六章 强制措施	第六章 强制措施	第六章 强制措施
无	**第51条**:人民法院、人民检察院和公安机关对于有下列情形之一的犯罪嫌疑人、被告人,可以取保候审或者监视居住: (一)可能判处管制、拘役或者独立适用附加刑的; (二)可能判处有期徒刑以上刑罚,采取取保候审、监视居住不致发生社会危险性的。 取保候审、监视居住由公安机关执行。	**第65条**:人民法院、人民检察院和公安机关对有下列情形之一的犯罪嫌疑人、被告人,可以取保候审~~或者监视居住~~: (一)可能判处管制、拘役或者独立适用附加刑的; (二)可能判处有期徒刑以上刑罚,采取取保候审、~~监视居住~~不致发生社会危险性的; (三)患有严重疾病、生活不能自理,怀孕或者正在哺乳自己婴儿的妇女,采取取保	**第67条** 内容未修订

（续表）

1979年《刑事诉讼法》	1996年《刑事诉讼法》	2012年《刑事诉讼法》	2018年《刑事诉讼法》
第六章　强制措施	第六章　强制措施	第六章　强制措施	第六章　强制措施
		候审不致发生社会危险性的； （四）羁押期限届满，案件尚未办结，需要采取取保候审的。 取保候审~~、监视居住~~由公安机关执行。	

▶▶【立法沿革】

本条为1996年《刑事诉讼法》新增条文。2012年《刑事诉讼法》对本条做出一定的删减和调整。

一、1996年《刑事诉讼法》确立取保候审、监视居住的适用条件

1979年《刑事诉讼法》第38条仅规定，法院、检察院和公安机关根据案件情况，可以取保候审或者监视居住，并未规定两种强制措施具体的适用条件或对象，一定程度上引发了实践乱象。以监视居住为例，"有的在办理治安案件中使用监视居住；有的在处理经济纠纷中为迫使债务人偿还债务或者追索钱财而滥用监视居住；有些地方对犯有杀人、抢劫、惯窃等重罪的被告人，本应拘留、逮捕的，也适用了监视居住"[1]。为了实现强制措施适用的统一性和规范性，立法机关在1996年修改刑事诉讼法时，除了保留1979年《刑事诉讼法》第40条第2款规定的"对应当逮捕的人犯（修正后为犯罪嫌疑人、被告人——本评注注），如果患有严重疾病，或者是正在怀孕、哺乳自己婴儿的妇女，可以采用取保候审或者监视

---

[1] 崔敏：《中国刑事诉讼法的新发展——刑事诉讼法修改研讨的全面回顾》，中国人民公安大学出版社1996年版，第104页。

居住的办法",新增第51条,补充规定两种犯罪嫌疑人、被告人可以取保候审或者监视居住的情形:一是可能判处管制、拘役或者独立适用附加刑的;二是可能判处有期徒刑以上刑罚,采取取保候审、监视居住不致发生社会危险的。这样规定有利于公安司法机关在适用取保候审、监视居住标准上的统一与规范。

二、2012年《刑事诉讼法》完善取保候审的适用情形

2012年《刑事诉讼法》对本条作出两处修订:一是删除了本条中"监视居住"一词;二是增加了取保候审的适用情形。

(一)删除本条中"监视居住"的表述

2012年《刑事诉讼法》删除了本条中有关"监视居住"的表述,主要有两方面原因。

一是避免两种强制措施在执行上的混淆和不统一。1996年《刑事诉讼法》第51条规定了取保候审、监视居住的决定机关、适用条件和执行机关。根据本条和当时刑事诉讼法其他有关条文的规定,取保候审、监视居住两种强制措施的适用条件和对象基本上是相同的。从实际情况看,虽然两种强制措施类似,但对犯罪嫌疑人、被告人的人身自由的限制程度还是有较大差别的,被取保候审的人有较大程度的人身自由,未经批准不得离开居住的市、县,属于一个活动"面";被监视居住的人则基本不能离开执行的处所,被限制于一个活动"点"。规定取保候审、监视居住适用于相同的对象,不利于根据不同犯罪嫌疑人、被告人的社会危险性采取有针对性的强制措施,也存在司法机关执行不统一的问题。[1]"立法调研中普遍反映,取保候审和监视居住作为限制犯罪嫌疑人、被告人人身自由的强制措施,二者在人身自由的限制程度、适用期限和对违反应当遵守的规定的处理上有很大差别,采取何种强制措施本应与犯罪的轻重及行为人的社会危害性相适应,但却规定了同样的适用条件,造成了适用对象的随意性。在实践中,同样的情况有的适用取保候审,有的则采取监视居住。建议进一步明确区分适用取保候审和监视居住的条件,增加可操作

---

[1] 参见王爱立、雷建斌主编:《刑事诉讼法立法精解》,中国检察出版社2019年版,第116页。

性。"[1]根据上述意见和实际情况,立法机关在本条中删除"监视居住"一词,将监视居住调整到其他条文中规定,同时进一步明确了监视居住措施的性质和定位,以便与取保候审作出明确区分。

二是与立法对两种强制措施性质的重新定位相协调。2012年修改刑事诉讼法时,立法机关根据实际情况和各方意见,对取保候审、监视居住的相关规定都作出修改。取保候审仍然被定位为对社会危险性较小的犯罪嫌疑人、被告人采取的限制人身自由程度较轻的强制措施。但监视居住的定位则有较大调整,规定为对符合逮捕条件,但因特殊原因不宜羁押的犯罪嫌疑人、被告人采取的替代性措施。从此,取保候审和监视居住的适用条件有了质的区别,一个本就不符合逮捕条件,一个则符合逮捕条件,故有必要分别规定。

(二)增加两种可以适用取保候审的情形

根据1996年《刑事诉讼法》第60条第2款和第74条的规定,对于患有严重疾病的人,或者正在怀孕、哺乳自己婴儿的妇女,以及羁押期限届满,案件需要继续查证、审理的犯罪嫌疑人、被告人,可以适用取保候审措施。为与这些条文相衔接,本条新增上述人员和那些生活不能自理,采取取保候审不致发生社会危险性的人可以取保候审的规定,进一步明确了取保候审的适用条件,将取保候审的适用情形归纳为四种,即"人民法院、人民检察院和公安机关对有下列情形之一的犯罪嫌疑人、被告人,可以取保候审:(一)可能判处管制、拘役或者独立适用附加刑的;(二)可能判处有期徒刑以上刑罚,采取取保候审不致发生社会危险性的;(三)患有严重疾病、生活不能自理,怀孕或者正在哺乳自己婴儿的妇女,采取取保候审不致发生社会危险性的;(四)羁押期限届满,案件尚未办结,需要采取取保候审的"。需要说明的是,本条新增的两种取保候审的适用情形在之前的司法解释或规范性文件中已有规定。1999年《高检规则》第37条规定:"人民检察院对于有下列情形之一的犯罪嫌疑人,可以取保候审:(一)可能判处管制、拘役或者独立适用附加刑的;(二)可能判处有期徒刑以上刑罚,不予逮捕不致发生社会危险性的;(三)对被拘留的人,需要逮捕而证据尚不符合逮捕条件的;(四)应当逮捕但患有严重疾病的;(五)应当逮捕但正在怀孕或者哺乳自己婴儿的;(六)被羁押的犯罪嫌疑

---

[1] 黄太云:《刑事诉讼法修改释义》,载《人民检察》2012年第8期,第30页。

人不能在法定侦查羁押、审查起诉期限内结案,需要继续侦查或者审查起诉的;(七)持有有效护照或者其他有效出境证件,可能出境逃避侦查,但不需要逮捕的。"1998年《高法解释》第66条也有类似规定。这说明本条新增的两种取保候审的适用情形充分借鉴吸收了前期司法解释的规定,具有一定的司法实践基础。

本条在2018年《刑事诉讼法》修改时未有内容调整,仅有条文序号的变动。

▶▶【法条注解】

本条分为两款,分别规定了取保候审的决定机关、适用条件和执行机关。

一、关于取保候审的决定机关和适用情形

本条第1款规定了取保候审的决定机关和适用情形。

(一)取保候审的决定机关

根据第1款的规定,法院、检察院和公安机关有权决定对犯罪嫌疑人、被告人取保候审。具体来讲,法院对于被告人,检察院和公安机关对于犯罪嫌疑人,发现有本款规定的四种情形之一的,可以决定取保候审。当然,对于不采取强制措施不致发生社会危险性的,也可以不采取任何强制措施。

(二)取保候审的适用情形

本款规定了四种可以适用取保候审的情形。理解这四种适用情形应遵循一个基本原则,即"不符合逮捕条件,取保"。取保候审和监视居住都是逮捕羁押的替代性措施,但取保候审的适用前提就是不符合逮捕条件,如果不符合逮捕条件,但又要采取强制措施的,一般就考虑取保候审。根据《刑事诉讼法》第81条的规定,逮捕某人必须同时符合三个条件:一是证据要件,有证据证明有犯罪事实;二是刑罚要件,可能判处徒刑以上刑罚;三是社会危险性要件,采取取保候审尚不足以防止发生社会危险性。三个条件齐备方可逮捕犯罪嫌疑人、被告人,但若有一项条件不满足,则不能逮捕,可考虑取保。依此法理逻辑,可对照下面取保候审的适用情形进行检验。

1. 可能判处管制、拘役或者独立适用附加刑的

管制是不剥夺人身自由的、最轻的自由刑。拘役的关押期限最长为 6 个月,数罪并罚最高不超过 1 年。可能独立适用罚金、剥夺政治权利等附加刑的也都是较轻的罪行。对可能判处前述刑罚的犯罪嫌疑人、被告人,不羁押不致引发社会危险。更重要的是,这些刑罚均是有期徒刑以下的刑罚,都不符合逮捕的刑罚要件,故可能判处这些刑罚的人都不能逮捕,更不能羁押,如果有必要采取强制措施的,一般只能考虑取保候审。

2. 可能判处有期徒刑以上刑罚,采取取保候审不致发生社会危险性的

司法实践中,一些犯罪嫌疑人、被告人虽然涉嫌的罪行较重,可能判处有期徒刑以上刑罚,已经符合逮捕的刑罚要件,但如果涉嫌的犯罪是过失犯罪,如交通肇事罪、玩忽职守罪,或者就算是故意犯罪,但主观恶性小,如属于初犯、偶犯等,对这些人如果采取取保候审不致发生社会危险性的,就没有符合逮捕的社会危险性要件,不能逮捕羁押,如果有必要,只能取保候审。

"可能判处有期徒刑以上刑罚,采取取保候审不致发生社会危险性"的情形多适用于有可能判处缓刑的犯罪嫌疑人、被告人以及初犯、过失犯、未成年人犯罪等案件的犯罪嫌疑人、被告人。如果作反面解释,则意味着对于累犯、犯罪集团的主犯,以自伤、自残办法逃避侦查的犯罪嫌疑人、被告人,危害国家安全的犯罪、暴力犯罪,以及其他严重犯罪的犯罪嫌疑人、被告人采取取保候审则往往难以避免发生社会危险性,故一般不考虑取保候审。《公安规定》第 82 条就规定:"对累犯,犯罪集团的主犯,以自伤、自残办法逃避侦查的犯罪嫌疑人,严重暴力犯罪以及其他严重犯罪的犯罪嫌疑人不得取保候审,但犯罪嫌疑人具有本规定第八十一条第一款第三项、第四项[1]规定情形的除外。"

此外,本项中的"社会危险性"是指《刑事诉讼法》第 81 条规定的可能实施新的犯罪,有危害国家安全、公共安全或者社会秩序的现实危险,可能毁灭、伪造证据,干扰证人作证或者串供,可能对被害人、举报人、

---

[1] 《公安规定》第 81 条第 1 款第 3 项、第 4 项规定:"(三)患有严重疾病、生活不能自理,怀孕或者正在哺乳自己婴儿的妇女,采取取保候审不致发生社会危险性的;(四)羁押期限届满,案件尚未办结,需要继续侦查的。"

控告人实施打击报复,企图自杀或者逃跑等情形。[1] 逮捕的要件之一"采取取保候审尚不足以防止发生下列社会危险性的"与取保候审的适用情形之一"采取取保候审不致发生社会危险性的"恰巧是反对关系,这进一步证明了本评注所言的,不符合逮捕社会危险性要件的就符合了取保候审的适用情形,即"不符合逮捕条件,取保"。

3.患有严重疾病、生活不能自理,怀孕或者正在哺乳自己婴儿的妇女,采取取保候审不致发生社会危险性的

本项规定的情形其实已经包含在第2项中,无论犯罪嫌疑人、被告人是否为"患有严重疾病、生活不能自理,怀孕或者正在哺乳自己婴儿的妇女",只要对其采取取保候审不致发生社会危险性的,就不符合逮捕(社会危险性)条件,考虑取保。但立法机关仍单独规定本项,意在强调,类似于注意条款,目的是告知公安司法机关,如果犯罪嫌疑人、被告人是"患有严重疾病、生活不能自理,怀孕或者正在哺乳自己婴儿的妇女",则"推定"对他们采取取保候审不致发生社会危险性,原则上应取保候审,除非有相反的材料证明采取取保候审不足以防止发生社会危险性,如哺乳自己婴儿的妇女有自杀或杀婴倾向的,应当逮捕。该项规定的背后其实体现了人道主义精神和对犯罪嫌疑人、被告人合法权利的保护。

本项规定的适用对象可细化为三类人:一是患有严重疾病的人,"患有严重疾病"是指病情严重,有生命危险或者患有传染性疾病等;二是因为年老、残疾等原因生活不能自理的人,"生活不能自理"主要指因年老、残疾等原因导致无法照料自己的生活;三是怀孕或者正在哺乳自己婴儿的妇女,包括怀孕的妇女和正处于哺乳期,需要哺乳自己婴儿的妇女。对于这三类人中的任何一类,采取取保候审不致发生《刑事诉讼法》第81条规定的社会危险性的,可以取保候审。

总之,本项是注意条款,目的是提示公安司法机关,如果犯罪嫌疑人、被告人是"患有严重疾病、生活不能自理,怀孕或者正在哺乳自己婴儿的妇女",社会危险性一般较低,应倾向于取保候审。

---

[1] 判断犯罪嫌疑人、被告人是否有社会危险性,要根据犯罪嫌疑人、被告人各方面情况综合考虑。通常应当根据其涉嫌犯罪的性质、社会危害、对所犯罪行的态度、本人的一贯表现、与所居住区域的联系等方面的因素进行综合判断。一般情况下,对涉嫌犯罪性质、情节恶劣,后果严重的犯罪嫌疑人、被告人不宜适用取保候审。

4. 羁押期限届满,案件尚未办结,需要采取取保候审的

本项中"羁押期限届满,案件尚未办结,需要采取取保候审措施的"表明取保候审可以作为羁押的替代措施,对于减少羁押有重要作用;还表明取保候审既可以在逮捕前适用,也可以在逮捕后适用,两者没有先后顺序之分。"羁押期限"包括侦查羁押以及审查起诉、一审、二审的羁押期限。"尚未办结"包括需要继续侦查、审查起诉或者审判。这一规定来自《刑事诉讼法》第98条,"犯罪嫌疑人、被告人被羁押的案件,不能在本法规定的侦查羁押、审查起诉、一审、二审期限内办结的,对犯罪嫌疑人、被告人应当予以释放;需要继续查证、审理的,对犯罪嫌疑人、被告人可以取保候审或者监视居住"。故本项是与第98条相衔接的规定。细究会发现,如果羁押期限届满,意味着不能再次逮捕和羁押犯罪嫌疑人、被告人,否则便属超期羁押。这在客观上已经形成了逮捕不能的情况,既然不能再逮捕,当然就要考虑取保。从本质上看,本项规定仍然遵循了前述"不符合逮捕条件,取保"的基本法理。

二、取保候审的执行机关

本条第2款是关于取保候审执行机关的规定。法院、检察院和公安机关都有权决定对犯罪嫌疑人、被告人取保候审,但根据本款规定,取保候审的执行机关只有公安机关。法院、检察院和公安机关决定采取取保候审,都应由公安机关执行。之所以这样规定,主要是考虑到公安机关在基层普遍设有派出机构,与居民委员会、村民委员会等基层组织也有紧密的联系,并且有执行拘留、逮捕的权力。由公安机关执行取保候审,便于加强对被取保候审人的监督和考察,一旦发现违反规定或者不应当取保候审的情形,可以及时依法处理。[1] 需要注意的是,《刑事诉讼法》第4条规定,"国家安全机关依照法律规定,办理危害国家安全的刑事案件,行使与公安机关相同的职权"。据此,如果是涉嫌危害国家安全犯罪的刑事案件,取保候审的执行机关为国家安全机关。此外,《海警法》第42条规定,"海警机构、人民检察院、人民法院依法对海上刑事案件的犯罪嫌疑人、被告人决定取保候审的,由被取保候审人居住地的海警机构执行。被取保候审人居住地未设海警机构的,当地公安机关应当协助执行"。

---

[1] 参见王爱立、雷建斌主编:《刑事诉讼法立法精解》,中国检察出版社2019年版,第118页。

▶▶【法条评点】

一、本条不必增设禁止适用取保候审情形的条款

本条仅从正面规定了取保候审的适用条件,有研究者提出,应从正反两方面规定取保候审的适用条件和对象。[1] 其实,从解释学的角度看,刑事诉讼法自2012年修订后已经从反面规定了不能适用取保候审的情形。《刑事诉讼法》第81条第1款规定:"对有证据证明有犯罪事实,可能判处徒刑以上刑罚的犯罪嫌疑人、被告人,采取取保候审尚不足以防止发生下列社会危险性的,应当予以逮捕:(一)可能实施新的犯罪的;(二)有危害国家安全、公共安全或者社会秩序的现实危险的;(三)可能毁灭、伪造证据,干扰证人作证或者串供的;(四)可能对被害人、举报人、控告人实施打击报复的;(五)企图自杀或者逃跑的。"本条中"采取取保候审尚不足以防止发生下列社会危险性的"五种情形,其实已经明确了在刑事诉讼中,何种情况下不能采用取保候审,是从反面作出的禁止性规定。

《公安规定》第82条还规定:"对累犯,犯罪集团的主犯,以自伤、自残办法逃避侦查的犯罪嫌疑人,严重暴力犯罪以及其他严重犯罪的犯罪嫌疑人不得取保候审,但犯罪嫌疑人具有本规定第八十一条第一款第三项、第四项规定情形的除外。"而第81条第3项、第4项规定的是"(三)患有严重疾病、生活不能自理,怀孕或者正在哺乳自己婴儿的妇女,采取取保候审不致发生社会危险性的;(四)羁押期限届满,案件尚未办结,需要继续侦查的"。从这个角度看,《公安规定》第82条也规定了一种取保候审的禁止情形,即"原则加例外"的立法模式。原则上,对累犯,犯罪集团的主犯,以自伤、自残办法逃避侦查的犯罪嫌疑人,严重暴力犯罪以及其他严重犯罪的犯罪嫌疑人不得取保候审,但如果犯罪嫌疑人有两种例外情形,即患有严重疾病、生活不能自理,怀孕或者正在哺乳自己婴儿的妇女,采取取保候审不致发生社会危险性的;羁押期限届满,案件尚未办结,需要继续侦查的,也可以考虑采用取保候审。

---

[1] 参见宋英辉主编:《刑事诉讼法修改问题研究》,中国人民公安大学出版社2007年版,第204—205页;徐静村主持:《中国刑事诉讼法(第二修正案)学者拟制稿及立法理由》,法律出版社2005年版,第46页。

第六十八条 【取保候审的方式】人民法院、人民检察院和公安机关决定对犯罪嫌疑人、被告人取保候审,应当责令犯罪嫌疑人、被告人提出保证人或者交纳保证金。

▶▶【历次修法条文对照】

1979年《刑事诉讼法》	1996年《刑事诉讼法》	2012年《刑事诉讼法》	2018年《刑事诉讼法》
第六章 强制措施	第六章 强制措施	第六章 强制措施	第六章 强制措施
无	第53条:人民法院、人民检察院和公安机关决定对犯罪嫌疑人、被告人取保候审,应当责令犯罪嫌疑人、被告人提出保证人或者交纳保证金。	第66条 内容未修订	第68条 内容未修订

▶▶【立法沿革】

1979年《刑事诉讼法》规定,法院、检察院、公安机关根据案件情况,可以对犯罪嫌疑人、被告人取保候审。当时的司法实践中,取保的方式主要是保证人保证。"实践证明,保证人制度对犯罪嫌疑人、被告人及保证人的法律约束力不强,犯罪嫌疑人、被告人在取保候审期间逃跑、串供、伪造证据、毁灭证据等妨碍刑事诉讼活动的情况时有发生,有的保证人只是为了应付司法机关而取保,根本保证不了被取保候审的人随传随到,接受讯问和审判,有的甚至为被保证人提供方便,使其在取保候审期间逃跑、串供、毁灭、伪造证据或继续犯罪,有碍刑事诉讼活动的顺利进行。"[1]为使取保候审制度在刑事诉

---

[1] 郎胜主编:《关于修改刑事诉讼法的决定释义》,中国法制出版社1996年版,第81页。

讼中更加充分有效地发挥作用,1996年修改刑事诉讼法时,保证金制度被提出,引发热议。

"在我国,可否实行财产保证。在修改过程中,有不同意见,有的表示不赞成,其主要理由是:(1)如果允许以财产保证,就等于给了有钱人不受羁押的特权,穷人没钱只能受羁押,从而有损于法律面前人人平等的社会主义法制原则。(2)根据我国现有经济发展水平,犯罪嫌疑人、被告人一般很少能支付这笔费用。如果以少量财产担保起不了保证的作用;要求交纳的保证金多了,又不符合我国国情。绝大多数学者和司法部门主张增设财产保证的规定,其主要理由是:(1)有利于促使犯罪嫌疑人、被告人自觉地履行义务,保证刑事诉讼活动的顺利进行。(2)随着我国社会主义市场经济的建立、发展,我国人民生活水平明显提高,经济能力大大增强,一般情况下人们有能力交纳保证金。如果确实属于无力交纳保证金的,由于保留了人保的办法,仍可避免穷人没钱只能受羁押的情况发生。(3)有利于被取保人及其家属的生活和工作。(4)可以节约国家用于在押人员生活费、管理费的开支,也可以减轻羁押场所人员拥挤的压力。在发生犯罪嫌疑人、被告人逃跑、隐匿等情况下,被没收的保证金可以补充追捕的费用,既能节约国家开支,又能保证追捕工作及时有效地进行。(5)世界大多数国家都规定有财物取保候审,值得我们借鉴。"[1]

综合各方意见,经认真研究,立法机关最终采纳了第二种观点,在保留保证人保证的同时,补充规定了财产保证的方法,即"人民法院、人民检察院和公安机关决定对犯罪嫌疑人、被告人取保候审,应当责令犯罪嫌疑人、被告人提出保证人或者交纳保证金"。这在一定程度上也体现了我国传统"重义轻利"思想的解放。

本条在2012年和2018年修法时未有内容调整,仅有条文序号的变化。

▶▶【法条注解】

本条是关于被取保候审的人应当提出保证人或者交纳保证金的

---

[1] 周道鸾、张泗汉主编:《刑事诉讼法的修改与适用》,人民法院出版社1996年版,第126页。

规定。

根据本条规定,法院、检察院和公安机关应当责令被取保候审的犯罪嫌疑人、被告人提出保证人或者交纳保证金。需要注意的是,法院、检察院、公安机关在责令犯罪嫌疑人、被告人提出保证人或者交纳保证金时,必须首先依法对其作出取保候审的决定。申言之,无论是采取保证人还是保证金的取保方式,都必须以犯罪嫌疑人、被告人符合取保候审的法定条件为前提,如果不符合取保候审的条件,提供任何人作保证人或者交纳再多的保证金也不可以决定取保候审。

本条中的"保证人",仅指自然人,可以是被保证人的近亲属、朋友,也可以是被保证人提出的其他人,具体是指以自己的人格和信誉担保犯罪嫌疑人、被告人不被羁押,允许其继续在社会上生活、工作,保证遵守取保候审规定的公民。对于保证人的资格和条件,《刑事诉讼法》第69条作出了规定。本条中的"保证金"是指犯罪嫌疑人、被告人交纳的保证遵守取保候审规定的金钱。"保证金"强调的是"金",以人民币计算,而非财产或财物。至于具体的数额,法律没有明确规定,但《刑事诉讼法》第72条规定了取保候审决定机关确定保证金数额时应当考虑的因素。

另外,本条规定"责令犯罪嫌疑人、被告人提出保证人或者交纳保证金","或者"一词表明,取保候审决定机关不能要求被取保候审的人同时提供保证人和交纳保证金,"人保"与"财产保"只能二选一,不能都用,更不能都不用,二者一般没有先后之分、轻重之别。[1] "但是,这并不是指对同一犯罪嫌疑人、被告人始终只能采取一种保证方式。不同机关对同一犯罪嫌疑人、被告人决定取保候审的,或者同一机关再次对同一犯罪嫌疑人、被告人决定取保候审的,以及保证人没有履行保证义务、不愿意继续担任保证人或者丧失行为能力的,则可以根据案件的具体情况决定采取不同的保证方式。"[2]

---

[1] "两高两部"《取保候审规定》第4条第2款规定:"对同一犯罪嫌疑人、被告人决定取保候审的,不得同时使用保证人保证和保证金保证。对未成年人取保候审的,应当优先适用保证人保证。"

[2] 李昌林主编:《最新中华人民共和国刑事诉讼法释义》,中国法制出版社2012年版,第144页。

▶▶【法条评点】

一、赋予被取保人在采用取保候审方式上的提出意见权

根据本条规定,无论是采用保证人取保,还是采用保证金取保,都由法院、检察院、公安机关决定,犯罪嫌疑人、被告人及其法定代理人、近亲属只有申请取保候审的权利,没有选择采用何种方式取保候审的权利。未来修法时,可以考虑赋予犯罪嫌疑人、被告人及其法定代理人、近亲属一定的意见权,提高其在采用何种方式取保候审上的话语权,毕竟强制措施的采用关涉犯罪嫌疑人、被告人的人身自由,保证他们在强制措施决定上的适度参与,能更好维护其合法权益,也更有利于强制措施适用的规范和科学。

第八十九条 【保证人的法定条件】保证人必须符合下列条件:
(一)与本案无牵连;
(二)有能力履行保证义务;
(三)享有政治权利,人身自由未受到限制;
(四)有固定的住处和收入。

▶▶【历次修法条文对照】

1979年《刑事诉讼法》	1996年《刑事诉讼法》	2012年《刑事诉讼法》	2018年《刑事诉讼法》
第六章 强制措施	第六章 强制措施	第六章 强制措施	第六章 强制措施
无	**第54条**:保证人必须符合下列条件: (一)与本案无牵连; (二)有能力履行保证义务; (三)享有政治权利,人身自由未受到限制; (四)有固定的住处和收入。	**第67条** 内容未修订	**第69条** 内容未修订

▶▶【立法沿革】

本条为1996年《刑事诉讼法》新增条文,规定了担任取保候审的保证人应当具备的条件。

1979年《刑事诉讼法》确立取保候审制度,对取保候审基本实行的是保证人保证,但多年的实践表明,保证人制度对犯罪嫌疑人、被告人及保证人的法律约束力不强。部分原因是保证人的门槛过低,资格要求不统一,有的保证人只是为了应付司法机关,没有责任感和行动力,根本保证不了被取保候审人随传随到,接受讯问和审判。1996年修改刑事诉讼法时,为了回应上述问题,除了新增保证金保证,还对保证人保证作出完善,其中之一就是增设本条,对保证人的资格条件作出限制,确保有保证能力、有责任心、有执行力的人担任保证人,保障刑事诉讼的正常进行,避免取保候审流于形式。

本条在2012年和2018年修法时未有内容调整,仅有条文序号的变动。

▶▶【法条注解】

本条规定的是取保候审保证人的资格或条件。根据本条规定,担任保证人必须同时符合四个条件。

一是与本案无牵连。保证人与本案无牵连是指与犯罪嫌疑人、被告人所涉嫌的案件(而不是本人)没有任何牵连。保证人不是同案犯、证人、被害人,不能与本案有利害关系,避免出现保证人为被保证人串供、毁灭证据、帮助逃跑等有碍刑事诉讼活动顺利开展的情形。另外,保证人也不能是承办案件的公安司法人员、翻译人员或鉴定人等,目的是避免诉讼角色冲突,确保保证人有效履行保证义务。

二是有能力履行保证义务。保证人有能力履行保证义务包括保证人必须年满18周岁,具有完全行为能力;对被保证人有一定影响力;同时,保证人身体、精神、思想品德各方面能保证其完成监督被保证人行为的任务。详言之,如果保证人说的话被保证人根本不听;或者保证人属于危重病人、残疾人、精神病人或限制行为能力人,如双目失明且长期卧病在床,对被保证人是否遵守取保候审义务无力监督、督促;又或者保证人长期在外经商,对被保证人的行为无暇顾及;又或者保证人一贯不讲信用、毫无责任感等等,都不能认为其"有能力履行保证义务"。因此,是否有能力履行保证义务需要综合判断,绝不能仅凭犯罪嫌疑人、被告人或者保证人的一面之词就仓促认定。需要注意的是,这里的"有能力履行保证义务"主要指的是有能力履行《刑事诉讼法》第70条第1款规定的"监督"和"及时报告"的义务。有研究者认为能够履行这两项义务,但未满18岁,属于未成年人的,从保护未成年人身心健康的角度考虑,不宜允许他们担任取保候审的保证人,建议将这里的"有能力履行保证义务"修改为"有行为能力和履行保证义务的能力"。[1]本评注认同未成年人不能作保证人的观点,因为这里还牵涉保证人如果没有履行保证义务要承担法律责任的问题,但同时认为无须修改本项规定。因为,本条第3项规定,具备保证人的资格还要符合"享有政治权利"的条件,依《宪法》第34条的规定,未满18周岁的未成年人没有选举权和被选举权,不完全享有政治权利,当然就不能是取保候审的保证人。

三是享有政治权利,人身自由未受到限制。享有政治权利,是指《刑法》第54条规定的四项具体权利,即"(一)选举权和被选举权;(二)言论、出版、集会、结社、游行、示威自由的权利;(三)担任国家机关职务的权利;(四)担任国有公司、企业、事业单位和人民团体领导职务的权利"。如果以上权利未被剥夺,即可认为"享有政治权利"。一般认为,除因犯罪被判处刑罚,附加或者独立适用剥夺政治权利外,未满18周岁的中国公民,以及外国人(外国国籍、无国籍、国籍不明的人)也不享有政治权利,不能担任保证人。"人身自由未受到限制",是指保证人未受到任何剥夺或者限制人身自由的刑罚处罚,未被采取任何剥夺、限制人身自由的刑事、行政强制措施,未受到限制人身自由的行政处罚。具体而言,包括保证人未被判处徒刑、拘役、管制等刑罚,未被采取拘传、取保候审、监视居住、拘留、逮捕的强制措施,未受到治安拘留、强制戒毒等处罚或处理。一般认为,行为人因为犯罪常常会被判处刑罚进而被剥夺政治权利和限制(剥夺)人身自由,故享有政治权利与人身自由未受到限制似乎有一定的内在关联,但实际上二者是两个独立的限制条件。有时候,不享有政治权利不代表人身自由会受到限制,比如外国人;再比如行为人因犯罪判处

---

〔1〕 参见陈光中主编:《中华人民共和国刑事诉讼法再修改专家建议稿与论证》,中国法制出版社2006年版,第359页。

有期徒刑并附加剥夺政治权利,主刑执行完毕,人身自由已不再受到限制,但仍然在执行附加刑剥夺政治权利。同样,有的人享有政治权利,但人身自由可能会被限制,比如犯罪嫌疑人被取保候审或监视居住,但仍然享有政治权利。这些人都不具备保证人的资格。享有政治权利与人身自由未受到限制虽然在本条中列为一项,但作为保证人的一项基本条件,其实是两个独立的条件要素,必须同时具备。换言之,本项规定保证人既要享有政治权利,又未受人身自由限制。只有这样,才能满足本项的条件。

四是有固定的住处和收入。保证人有固定的住处和收入其实也是两个独立的条件要素,是指保证人有自己常住的居所和稳定的经济收入。有固定的住处,一般是指保证人在被保证人的居住地有固定的住处,便于和司法机关随时取得联系,也便于公安机关执行。有固定的收入,是指保证人有固定的经济来源,有承担保证义务所需要的物质条件,如果保证人尚处衣食无着、漂泊不定的境遇,一方面,根本谈不上履行保证义务;另一方面,执行机关也无法执行并对其进行监督。[1]

以上四个条件都是成为取保候审保证人的必要条件,只有同时具备才有资格担任保证人。

▶▶【法条评点】

一、保证人的范围应进一步扩大

从刑事诉讼法确立的保证人的资格条件看,法律对保证人范围的限定有些过窄,即除了具备四个条件,还必须是自然人和中国公民。从实践来看,因为没有明确的权利保障规定,保证人完全是一个"纯义务"角色,在目前的社会环境下,除了犯罪嫌疑人、被告人的亲友,其他人几乎不可能去担任保证人。然而,亲友担任保证人常常使公安司法机关在抉择上有所纠结和犹疑。"与犯罪嫌疑人的关系愈亲密,即意味着其对犯罪嫌疑人的约束能力愈强,犯罪嫌疑人在意欲'逃保'时出于不愿意牵连保证人的顾虑而放弃。但是,如果从另外一个角度来考虑,也正是基于保证

---

[1] 参见郎胜主编:《关于修改刑事诉讼法的决定释义》,中国法制出版社1996年版,第83—84页;王爱立、雷建斌主编:《刑事诉讼法立法精解》,中国检察出版社2019年版,第119—120页。

人与犯罪嫌疑人之间的亲密关系,所以保证人更有可能不顾自己的利益而放任犯罪嫌疑人'逃保',或进行其他违反取保候审期间义务的行为。因此,从理论上说,公安机关的任何考虑都可以有两种相反的解释,从而陷入一种两难之境。"[1]

另外,基于实践情况的复杂,不少犯罪嫌疑人、被告人无法通过提出保证人的方式获得取保候审。如未成年人犯罪、外国人犯罪,如果取保候审,有时很难找到合适的保证人,只能交纳保证金或者直接逮捕。本评注认为,未来应进一步扩大保证人的主体范围,从自然人扩展到单位、社会团体,从中国公民扩展到外国人,如允许社会团体、基层组织作为保证人履行保证义务,探索由企业或社会服务机构集中建立"管护基地"提供担保[2]。《高法解释》第554条就作出开创性规定:"人民法院对无固定住所、无法提供保证人的未成年被告人适用取保候审的,应当指定合适成年人作为保证人,必要时可以安排取保候审的被告人接受社会观护。"此外,对于外国人的犯罪,采用取保候审的,可以由大使馆的官方工作人员担任保证人。这一建议在司法实践中已有先例[3]。

> **对犯罪事实供认不讳!两名加拿大人依法被批准取保候审**
>
> 2021年9月25日,在中国涉嫌间谍罪的加拿大公民康明凯、迈克尔得以取保候审返回加拿大。两人以身患疾病为由申请取保候审,经有关部门确认和专业医疗机构诊断,并由加拿大驻华大使提供担保,北京市第二中级人民法院和辽宁省高级人民法院根据《刑事诉讼法》第67条、第206条的规定,于2021年9月25日分别对两名被告人依法作出批准取保候审的决定和中止审理案件的裁定,由国家安全机关执行取保候审。

---

[1] 刘方权:《侦查程序实证研究》,中国检察出版社2010年版,第170页。

[2] 参见孙长永主编:《中国刑事诉讼法制四十年:回顾、反思与展望》,中国政法大学出版社2021年版,第236页。

[3] 参见陶短房、陈青青:《孟晚舟获释提供契机 加拿大政策仍不确定 中加关系能否改善引多方关注》,载《环球时报》2021年9月28日,第3版;共青团中央:《对犯罪事实供认不讳!两名加拿大人依法被批准取保候审》,载腾讯网2021年9月27日,https://new.qq.com/rain/a/20210927A08LMO00?no-redirect=1,访问日期:2023年12月11日。

二、建议增加保证人的人数

本条可以考虑增加一款规定保证人的人数。具体借鉴《高检规则》第 89 条,规定,"人民法院、人民检察院、公安机关决定采用保证人取保候审的,可以责令犯罪嫌疑人、被告人提供一至二名保证人"。

> **第七十条 【保证人的法定义务】** 保证人应当履行以下义务:
> (一) 监督被保证人遵守本法第七十一条的规定;
> (二) 发现被保证人可能发生或者已经发生违反本法第七十一条规定的行为的,应当及时向执行机关报告。
> 被保证人有违反本法第七十一条规定的行为,保证人未履行保证义务的,对保证人处以罚款,构成犯罪的,依法追究刑事责任。

▶▶【历次修法条文对照】

1979 年《刑事诉讼法》	1996 年《刑事诉讼法》	2012 年《刑事诉讼法》	2018 年《刑事诉讼法》
第六章 强制措施	第六章 强制措施	第六章 强制措施	第六章 强制措施
无	第 55 条:保证人应当履行以下义务: (一) 监督被保证人遵守本法第五十六条的规定; (二) 发现被保证人可能发生或者已经发生违反本法第五十六条规定的行为的,应当及时向执行机关报告。 被保证人有违反本法第五十六条规定的行	第 68 条:保证人应当履行以下义务: (一) 监督被保证人遵守本法第六十九条的规定; (二) 发现被保证人可能发生或者已经发生违反本法第六十九条规定的行为的,应当及时向执行机关报告。 被保证人有违反本法第六十九条规定的行	第 70 条:保证人应当履行以下义务: (一) 监督被保证人遵守本法第七十一条的规定; (二) 发现被保证人可能发生或者已经发生违反本法第七十一条规定的行为的,应当及时向执行机关报告。 被保证人有违反本法第七十一条规定的行

(续表)

1979年《刑事诉讼法》	1996年《刑事诉讼法》	2012年《刑事诉讼法》	2018年《刑事诉讼法》
第六章 强制措施	第六章 强制措施	第六章 强制措施	第六章 强制措施
	为,保证人未及时报告的,对保证人处以罚款,构成犯罪的,依法追究刑事责任。	为,保证人未履行保证义务的,对保证人处以罚款,构成犯罪的,依法追究刑事责任。	为,保证人未履行保证义务的,对保证人处以罚款,构成犯罪的,依法追究刑事责任。

▶▶【立法沿革】

本条为1996年《刑事诉讼法》新增条文,规定了取保候审保证人应当履行的义务,以及违反义务须承担的法律责任。1979年《刑事诉讼法》确立取保候审制度,基本实行保证人保证。但经过十几年的司法实践后,一些问题逐渐显现。有的保证人只是为了应付司法机关,根本保证不了被取保候审人随传随到、接受讯问和审判,有的甚至为被保证人提供方便,帮助其在取保期间逃跑、串供,毁灭、伪造证据或继续犯罪,妨碍刑事诉讼活动的顺利进行。为了解决这些问题,立法机关在1996年修改刑事诉讼法时明确了保证人的义务以及违反义务的法律责任。

需要注意的是,关于保证人的法律责任。1979年《刑事诉讼法》虽没有规定。但1989年7月,《最高人民法院关于取保候审的被告人逃匿如何追究保证人责任问题的批复》(已失效)规定,"对刑事被告人采取取保候审,保证人应当负哪些法律责任,刑事诉讼法没有具体规定,在目前情况下,应根据不同情况分别处理:一、根据案件事实,取保候审的被告人确系犯罪分子,如保证人与被告人串通,协助被告人逃匿,视其情节,已构成犯罪的,可根据刑法第一百六十二条规定的窝藏罪,追究保证人的刑事责任。二、在刑事附带民事诉讼中,取保候审的被告人逃匿,如保证人明知其逃匿下落,但拒绝提供被告人去处或者拒绝将被告人找回,以及与被告人串通,协助被告人逃匿的,可由保证人承担应由被告人承担的民事赔偿责任。"该司法解释对于司法实践起到了较好的指导作用,但法律效力位阶不高,且对保证人适用的责任范围规定过窄,如果保证人只是一般性地不履行保证义务,懈怠敷衍,并不会因此担负法律责任。这不仅对保证人缺乏足够的约束力,而且保证人对被保证人所承担的责任也相对减轻,不利于取保候审措施发挥积极作用。因此,实务部门和学界都主张刑事诉讼法明确规定保证人的义务与法律责任。[1] 立法机关经认真研究,将保证人违反义务后的法律责任作了进一步完善,在 1996 年《刑事诉讼法》第 55 条第 2 款规定了罚款和追究刑事责任两种追责方式。

2012 年《刑事诉讼法》对本条作出两处修改:一是对本条中引用的条文序号作出调整,二是将第 2 款中保证人"未及时报告"修改为"未履行保证义务"。1996 年《刑事诉讼法》就保证人应当承担法律责任的条件仅规定保证人"未及时报告"一项,忽略了其未履行监督义务这种情况,不够完整。故 2012 年《刑事诉讼法》将本部分修改为"未履行保证义务",这样就比较全面地概括了保证人承担法律责任的两种事由。

本条在 2018 年修改刑事诉讼法时未有实质修改,只有原条文中引用的条文序号发生了变动。

▶▶【法条注解】

本条共有两款,是关于取保候审保证人的义务和不履行义务的法律责任的规定。

一、保证人应当履行的义务

本条第 1 款规定了保证人应当履行的两项义务,简单来说,就是监督和及时报告。

所谓监督义务,是指保证人要监督被保证人遵守《刑事诉讼法》第 71

---

〔1〕 参见周道鸾、张泗汉主编:《刑事诉讼法的修改与适用》,人民法院出版社1996 年版,第 127 页。

条规定的前两款义务,包括第71条第1款规定的五项法定义务,以及第2款规定的法院、检察院和公安机关根据案件情况责令被保证人遵守的四项酌定义务中的一项或者多项。

所谓及时报告义务,是指保证人发现被保证人可能发生或者已经发生违反第71条规定的义务的,应当及时向执行机关报告。实践中,即使保证人履行了监督义务,也难免发生被取保候审人违反取保候审规定的情形。在这种情况下,应当要求保证人承担向执行机关报告被取保候审人违规的企图或行为的义务。本条中的"及时"是指保证人在履行保证义务过程中,如果发现被保证人有违反取保候审期间应当遵守的义务的企图,可能发生违反义务的行为,或者已经发生违反义务的行为,应当毫不迟延地向执行机关报告。这里的"执行机关"是指公安机关,如果涉及危害国家安全犯罪的,执行机关为国家安全机关。对发生在海上的刑事犯罪,执行机关一般为海警局。

二、保证人未履行保证义务应负法律责任

本条第2款规定,保证人未履行第1款规定的监督或及时报告的义务应负法律责任。

首先,被保证人有违反《刑事诉讼法》第71条前两款规定的义务的行为,保证人未履行监督或及时报告的义务,应被罚款。这里规定的罚款系刑事司法行为,并非行政机关作出的行政处罚,故不能提起行政诉讼。2022年"两高两部"《取保候审规定》第32条专门规定了保证人对罚款的救济程序,"公安机关决定对保证人罚款的,应当制作对保证人罚款决定书,在三日以内向保证人宣布,告知其如果对罚款决定不服,可以在五日以内向作出罚款决定的公安机关申请复议。保证人对复议决定不服的,可以在收到复议决定书后五日以内向上一级公安机关申请复核一次"。

其次,若保证人有帮助被保证人逃避侦查、起诉、审判,串供、毁灭、伪造证据等行为,构成包庇罪等犯罪的,应依法追究刑事责任。

上述两种处罚有先后和轻重之分。"两高两部"《取保候审规定》第31条规定:"保证人未履行监督义务,或者被取保候审人违反刑事诉讼法

第七十一条的规定,保证人未及时报告或者隐瞒不报告的,经查证属实后,由公安机关对保证人处以罚款,并将有关情况及时通知决定机关。保证人帮助被取保候审人实施妨害诉讼等行为,构成犯罪的,依法追究其刑事责任。"

需要注意的是,被保证人违反第71条前两款规定是对保证人处罚的前提。"未履行保证义务"是指未履行第71条第1款规定的保证义务,包括未认真对被保证人遵守第71条规定进行监督,以及发现被保证人可能违反或者已经违反第71条规定的,未及时向执行机关报告。《六机关规定》第14条规定:"对取保候审保证人是否履行了保证义务,由公安机关认定,对保证人的罚款决定,也由公安机关作出。"

对保证人处以罚款的数额,实践中应由执行机关根据被保证人违法情况的严重程度、责任大小及其经济状况来确定。但《公安规定》第103条确定了罚款的上下限,"被保证人违反应当遵守的规定,保证人未履行保证义务的,查证属实后,经县级以上公安机关负责人批准,对保证人处一千元以上二万元以下罚款;构成犯罪的,依法追究刑事责任"。

▶▶【法条评点】

一、应增加对保证人退保的规定

在司法实践中,可能会出现保证人由于某些原因不能或不愿继续承担保证义务的情形,刑事诉讼法对此没有明确规定。所谓不能承担保证义务,是指保证人突发严重疾病、客观上已经没有能力履行保证义务,又或者经济状况恶化或住址变更,不符合保证人的基本条件。所谓不愿承担保证义务是指保证人不愿意担任取保候审的保证人,不愿意再承担保证义务,例如,被保证人屡次表现出逃跑或其他违反法律规定的情形,经长期说服教育无效,保证人面临较大的责任风险。当上述两种情况出现时,应赋予保证人向执行机关申请解除保证关系的权利。司法解释和规范性文件已经作出相关规定。《高检规则》第96条规定:"采取保证人保证方式的,如果保证人在取保候审期间不愿继续保证或者丧失保证条件的,人民检察院应当在收到保证人不愿继续保证的申请或者发现其丧失保证条件后三日以内,责令犯罪嫌疑人重新提出保证人或者交纳保证金,并将变更情况通知公安机关。"《公安规定》第106条规定:"对于犯罪嫌疑人采取保证人保证的,如果保证人在取保候审期间情况发生变化,不愿继续担保或者丧失担保条件,公安机关应当责令被取保候审人重新提出保证人或者交纳保证金,或者作出变更强制措施的决定。人民法院、人民检察院决定取保候审的,负责执行的派出所应当自发现保证人不愿继续担保或者丧失担保条件之日起三日以内通知决定取保候审的机关。"《高法解释》第155条规定:"被告人被取保候审期间,保证人不愿继续履行保证义务或者丧失履行保证义务能力的,人民法院应当在收到保证人的申请或者公安机关的书面通知后三日以内,责令被告人重新提出保证人或者交纳保证金,或者变更强制措施,并通知公安机关。"“两高两部”《取保候审规定》第22条第2款规定:"保证人不愿继续保证或者丧失保证条件的,保证人或者被取保候审人应当及时报告执行机关。执行机关应当在发现或者被告知该情形之日起三日以内通知决定机关。决定机关应当责令被取保候审人重新提出保证人或者交纳保证金,或者变更强制措施,并通知执行机关。"综合上述规定,本评注建议在本条增加一款:

保证人在取保候审期间不愿继续履行保证义务或者丧失保证条件的,人民法院、人民检察院、公安机关应当责令犯罪嫌疑人、被告人重新提出保证人或者交纳保证金,或者变更强制措施。

这里规定"重新提出保证人或者交纳保证金"意味着办案机关承认原取保候审决定的法律效力,避免出现因保证人的个人原因使被取保候审人遭受不利的后果,陷入不利的境地。但是,如果犯罪嫌疑人、被告人既不提保证人,又无力交纳保证金的,则可根据《刑事诉讼法》第74条第2款"对符合取保候审条件,但犯罪嫌疑人、被告人不能提出保证人,也不交纳保证金的,可以监视居住"的规定,变更强制措施,改为监视居住。

第七十一条 【被取保候审人应遵守的一般规定和特别规定】 被取保候审的犯罪嫌疑人、被告人应当遵守以下规定:

(一) 未经执行机关批准不得离开所居住的市、县;

(二) 住址、工作单位和联系方式发生变动的,在二十四小时以内向执行机关报告;

(三) 在传讯的时候及时到案;

(四) 不得以任何形式干扰证人作证;

(五) 不得毁灭、伪造证据或者串供。

【对被取保候审人违反规定的处理】 人民法院、人民检察院和公安机关可以根据案件情况,责令被取保候审的犯罪嫌疑人、被告人遵守以下一项或者多项规定:

(一) 不得进入特定的场所;

(二) 不得与特定的人员会见或者通信;

(三) 不得从事特定的活动;

(四) 将护照等出入境证件、驾驶证件交执行机关保存。

被取保候审的犯罪嫌疑人、被告人违反前两款规定,已交纳保证金的,没收部分或者全部保证金,并且区别情形,责令犯罪嫌疑人、被告人具结悔过,重新交纳保证金、提出保证人,或者监视居住、予以逮捕。

对违反取保候审规定,需要予以逮捕的,可以对犯罪嫌疑人、被告人先行拘留。

▶▶【历次修法条文对照】

1979 年 《刑事诉讼法》	1996 年 《刑事诉讼法》	2012 年 《刑事诉讼法》	2018 年 《刑事诉讼法》
第六章 强制措施	第六章 强制措施	第六章 强制措施	第六章 强制措施
无	**第 56 条**:被取保候审的犯罪嫌疑人、被告人应当遵守以下规定: (一) 未经执行机关批准不得离开所居住的市、县;	**第 69 条**:被取保候审的犯罪嫌疑人、被告人应当遵守以下规定: (一) 未经执行机关批准不得离开所居住的市、县;	**第 71 条** 内容未修订

(续表)

1979年 《刑事诉讼法》	1996年 《刑事诉讼法》	2012年 《刑事诉讼法》	2018年 《刑事诉讼法》
第六章 强制措施	第六章 强制措施	第六章 强制措施	第六章 强制措施
	（二）在传讯的时候及时到案； （三）不得以任何形式干扰证人作证； （四）不得毁灭、伪造证据或者串供。 被取保候审的犯罪嫌疑人、被告人违反前款规定，已交纳保证金的，没收保证金，并且区别情形，责令犯罪嫌疑人、被告人具结悔过，重新交纳保证金、提出保证人或者监视居住、予以逮捕。犯罪嫌疑人、被告人在取保候审期间未违反前款规定的，取保候审结束的时候，应当退还保证金。	（二）**住址、工作单位和联系方式发生变动的**，**在二十四小时以内向执行机关报告**； （三）在传讯的时候及时到案； （四）不得以任何形式干扰证人作证； （五）不得毁灭、伪造证据或者串供。 **人民法院、人民检察院和公安机关可以根据案件情况，责令被取保候审的犯罪嫌疑人、被告人遵守以下一项或者多项规定：** **（一）不得进入特定的场所；** **（二）不得与特定的人员会见或者通信；** **（三）不得从事特定的活动；** **（四）将护照等出入境证件、驾驶证件交执行机关保存。** 被取保候审的犯罪嫌疑人、被告人违反前**两**款	

（续表）

1979 年《刑事诉讼法》	1996 年《刑事诉讼法》	2012 年《刑事诉讼法》	2018 年《刑事诉讼法》
第六章　强制措施	第六章　强制措施	第六章　强制措施	第六章　强制措施
		规定,已交纳保证金的,没收**部分或者全部**保证金,并且区别情形,责令犯罪嫌疑人、被告人具结悔过,重新交纳保证金、提出保证人,或者监视居住、予以逮捕。**对违反取保候审规定,需要予以逮捕的,可以对犯罪嫌疑人、被告人先行拘留。**	

▶▶【立法沿革】

本条为 1996 年《刑事诉讼法》新增条文,在 2012 年修法时有较大幅度修改。

一、1996 年《刑事诉讼法》增设本条

1979 年《刑事诉讼法》第 38 条规定法院、检察院和公安机关根据案件情况可以取保候审,但未规定被取保候审人的义务及法律责任。司法实践中,被取保候审人对自己应履行哪些义务不清楚,决定机关大多只是笼统地要求被取保候审人随传随到,不逃避侦查和审判,至于其他的义务要求则并不明确,也不统一,导致执行机关和保证人无法有效监督,犯罪嫌疑人、被告人一旦被取保候审常常就处于无人过问的状态。此外,法律对于被取保候审人违反义务应当承担什么样的法律责任也没有规定,不同地方的办案机关看法不一、做法不同,对被取保候审人不及时到案或者妨碍诉讼的行为作出处理常常处于于法无据的状态,影响了取保候审的正确实施。为了确保取保候审制度发挥应有的作用,防止被取保候审人逃避、干扰侦查和审判,保证刑事诉讼的顺利进行,1996 年《刑事诉讼法》

第 56 条分两款规定了被取保候审人的义务以及违反义务应当承担的法律责任,"被取保候审的犯罪嫌疑人、被告人应当遵守以下规定:(一)未经执行机关批准不得离开所居住的市、县;(二)在传讯的时候及时到案;(三)不得以任何形式干扰证人作证;(四)不得毁灭、伪造证据或者串供。被取保候审的犯罪嫌疑人、被告人违反前款规定,已交纳保证金的,没收保证金,并且区别情形,责令犯罪嫌疑人、被告人具结悔过,重新交纳保证金、提出保证人或者监视居住、予以逮捕。犯罪嫌疑人、被告人在取保候审期间未违反前款规定的,取保候审结束的时候,应当退还保证金"。

二、2012 年《刑事诉讼法》对本条的修改

立法机关在 2012 年修改刑事诉讼法时,在总结实践经验的基础上对 1996 年《刑事诉讼法》第 56 条作出四处修改。

一是在应当遵守的一般规定中增加"住址、工作单位和联系方式发生变动的,在二十四小时以内向执行机关报告"的规定。增加该项规定主要有两方面原因:首先,取保候审是法律规定的五种强制措施中程度较轻的一种,虽然被取保候审的犯罪嫌疑人、被告人的人身自由受到一定限制,但在居住、工作以及通信等方面仍享有较大自由。随着经济社会的迅猛发展,人们的生产、生活方式发生了巨大变化,人员的流动性增强,租房、"跳槽"、更换手机号或微信号习空见惯,住址、工作单位及联系方式发生变动多有出现,为了确保被取保候审的犯罪嫌疑人、被告人能够随传随到,避免他们借住址、工作单位、联系方式发生变动"玩失踪",搞"变相脱保",妨碍诉讼进行,逃避法律追究,有必要要求被取保候审人在上述三项信息发生变动时提前向执行机关报告。其次,增加本项规定有一定的"修法"前瞻性。当前我国的取保候审基本是由公安机关执行,但逐渐吸收社会力量参与取保候审的执行已成发展趋势。比如前文提及的由犯罪嫌疑人、被告人工作单位、居委会、村委会等社会力量参与取保候审的执行。实际上,当前公安机关在执行取保候审的过程中,由犯罪嫌疑人、被害人的工作单位及居委会、村委会进行一定的协助再正常不过。犯罪嫌疑人、被告人的住址、工作单位和联系方式发生变动时提前向执行机关报告,便于警民合作以增强取保候审的执行效果。[1]

---

[1] 参见陈卫东主编:《2012 刑事诉讼法修改条文理解与适用》,中国法制出版社 2012 年版,第 170—171 页。

二是增加公安司法机关可以根据案件情况有选择地责令被取保候审人遵守相关义务的条款。2012年《刑事诉讼法》新增第69条第2款,赋予法院、检察院、公安机关一定的自由裁量权,根据案件情况可以选择性地责令犯罪嫌疑人、被告人履行取保候审期间相应的义务,这与第69条第1款共同形成了被取保候审人需要遵守的法定义务和酌定义务并行的局面,体现了被取保候审人义务的多样化和针对性。以往取保候审的执行多受诟病,其中一个重要原因就是不考虑不同罪名、不同案情以及不同当事人之间的差别,"一刀切"地适用1996年《刑事诉讼法》第56条中的所有义务性规定,使得取保候审难以发挥最优效用。另外,随着科技的发展和犯罪形势的变化,一些传统的措施在确保取保候审的作用发挥上也出现"疲软",需要"创新"和"求变"。以毒品犯罪为例,一些经营不规范的公共娱乐场所是该类犯罪常见多发的地点,但立法没有禁止涉嫌毒品犯罪的犯罪嫌疑人、被告人被采取取保候审后不能进入这些场所,这就为其毁灭、伪造证据或者再次犯罪提供了机会和条件,如果办案机关根据毒品犯罪的特点以及犯罪嫌疑人、被告人的悔罪表现,责令他们不得进入上述场所,不得接触与毒品犯罪有关的高发人群,就能更好地提升取保候审的执行效果。[1] 针对上述新情况、新问题、新变化,2012年《刑事诉讼法》第69条增加了公安司法机关可以根据案件情况有选择地责令被取保候审人遵守相关义务的条款。

三是将没收保证金的规定细化为没收"部分或者全部"保证金。1996年《刑事诉讼法》第56条规定,被取保候审的犯罪嫌疑人、被告人违反取保候审期间应当遵守的规定,没收保证金的范围及于其交纳的全部保证金,并没有根据犯罪嫌疑人、被告人违反取保候审规定的严重程度区别对待。此外,实践中一些办案机关在保证金的没收问题上"没收较多,退还较少",乱收滥罚的情况时有发生,犯罪嫌疑人、被告人的合法财产极易受到侵害。2012年《刑事诉讼法》摒弃了在保证金没收问题上的"一刀切"做法,赋予办案机关根据具体情况决定"没收部分或者全部保证金",这其实是对《刑事诉讼法》第2条"保护公民财产权利"规定的贯彻落实。

---

[1] 参见陈卫东主编:《2012刑事诉讼法修改条文理解与适用》,中国法制出版社2012年版,第171页。

四是增加对违反取保候审规定需要逮捕的犯罪嫌疑人、被告人可以先行拘留的条款。增加这款规定主要是因为逮捕犯罪嫌疑人、被告人需要经过检察院批准或者法院决定,2012年《刑事诉讼法》又新增规定,要求检察院审查批准逮捕时可以讯问犯罪嫌疑人,但实践中检察院都是"凡捕必讯",即在捕前都"应当"讯问犯罪嫌疑人。这些"繁琐"的捕前程序,严格的审批手续,使得批准或决定逮捕的周期较长,犯罪嫌疑人、被告人在逮捕前仍有一定的时间处于人身自由未被剥夺的状态。一般认为,违反取保候审规定需要逮捕的犯罪嫌疑人、被告人往往都是违反规定情节严重、人身危险性高、急待收押的,如果批准或决定逮捕的时间过于延宕,将不足以有效防止犯罪嫌疑人、被告人危害社会,逃避刑事追究,阻碍刑事诉讼顺利进行。有鉴于此,2012年《刑事诉讼法》增加取保候审变更为逮捕时的先行拘留程序,方便办案机关更好地控制犯罪嫌疑人、被告人,同时也给审查逮捕的检察院、法院较为充裕的审查办案时间,降低错捕错押的概率。

本条在2018年修改刑事诉讼法时未有内容调整,仅有条文序号的变动。

▶▶【法条注解】

本条围绕被取保候审的犯罪嫌疑人、被告人应当遵守的义务及违反义务后所要承担的法律责任作出四款规定。

一、被取保候审人应当遵守的一般义务

本条第1款规定了被取保候审人应当遵守的一般义务、一般要求或称法定义务,所有被取保候审的犯罪嫌疑人、被告人都应当遵守五项义务。

(一)未经执行机关批准不得离开所居住的市、县

在刑事案件终结前,法院、检察院、公安机关可能经常会对被取保候审的犯罪嫌疑人、被告人进行讯问、核实证据,适时地对案件开庭审理。为了保证刑事诉讼的正常进行,避免诉讼停滞或中断,本条第1款第1项规定被取保候审人不得离开居住的市、县。本项规定的"执行机关"是公安机关,依据是《刑事诉讼法》第67条第2款"取保候审由公安机关执行"的规定。但是,如果案件属于危害国家安全的犯罪,则由国家安全机

关执行取保候审。此外,《海警法》第 42 条规定:"海警机构、人民检察院、人民法院依法对海上刑事案件的犯罪嫌疑人、被告人决定取保候审的,由被取保候审人居住地的海警机构执行。被取保候审人居住地未设海警机构的,当地公安机关应当协助执行。"据此,本项中的"执行机关"不仅有公安机关,还包括国家安全机关、海警机构等。应当注意的是,如果是法院、检察院决定取保候审,犯罪嫌疑人、被告人在执行期间申请离开所居住的市、县的,执行机关应当征得检察院、法院的同意,因为后者作为取保候审的决定机关,如果不知晓被取保候审人已经离开居住的市、县,便不能及时开展讯问、核实证据或开庭审理,这必将影响到刑事诉讼的顺利进行,也无法实现对犯罪嫌疑人、被告人随传随到的取保候审效果。

(二)住址、工作单位和联系方式发生变动的,在 24 小时以内向执行机关报告

随着经济社会的迅猛发展,人员流动更为便利,人们的住址、工作单位和联系方式发生变动也变得稀松平常。本项规定,一旦发生变动,被取保候审的犯罪嫌疑人、被告人应当在变动后的 24 小时内向执行机关报告,以确保执行机关做好日常的监督管理工作,同时也能够保证犯罪嫌疑人、被告人满足本条第 1 款第 3 项之要求——"在传讯的时候及时到案",保障刑事诉讼的顺利推进。

值得注意的是,被取保候审的犯罪嫌疑人、被告人的住址、工作单位和联系方式发生变动的,只需向执行机关报告,不必经执行机关批准。但是,如果变动后的住址、工作单位不在其原来所居住的市、县之内,以致因为变动要离开原来所居住的市、县,这就涉及到了本条第 1 款第 1 项的规定,离开居住的市、县要先经执行机关批准。当然,对于住址、工作单位变动等原因要离开原来所居住的市、县,办案机关认为对犯罪嫌疑人、被告人不宜再取保候审的,可以变更为其他强制措施。另外,需要强调的是,犯罪嫌疑人、被告人向执行机关报告的义务仅限于住址、工作单位和联系方式这三项信息发生变动。办案机关在适用该规定时不得超出法律授权的范围,额外增加犯罪嫌疑人、被告人的报告义务。

(三)在传讯的时候及时到案

被取保候审的犯罪嫌疑人、被告人不在押,法院、检察院、公安机关多采用传讯的方式通知他们到案,从而保证刑事诉讼活动的顺利进行。本项中的"传讯"是指传唤讯问,而非拘传讯问。因为拘传也是强制措施,刑事诉讼法中的每种强制措施都有各自的适用条件和要求,彼此并不兼容。某一犯罪嫌疑人、被告人不可能同时采用两种或两种以上的强制措施,被取保候审的犯罪嫌疑人、被告人自然也不可能再适用拘传的强制措施,故本项中"传讯"的"传"只能是传唤。另外,本项中的"到案",是指犯罪嫌疑人、被告人根据要求,随传随到,自行到法院、检察院、公安机关或者他们指定的地点接受讯问、审判等。

(四)不得以任何形式干扰证人作证

被取保候审的犯罪嫌疑人、被告人不得以暴力、威胁、恐吓、引诱、收买等形式使证人不作证或者不如实作证。"不得以任何形式"其实是对犯罪嫌疑人、被告人干扰证人作证的行为作出了极为严格的限制。这里的"任何形式"包括暴力、威胁、引诱、无理纠缠等各种方式,既可以是口头的,也可以是书面的。在实践中,这种活动可能是犯罪嫌疑人、被告人实施的,也可能是由其指使的他人实施的;既可以是直接对证人实施的,也可以是对其他与证人有直接利害关系的人,如父母、配偶、子女、兄弟姐妹、未婚夫(妻)等实施的。"干扰证人作证"包括使证人作伪证、不敢作证等。

(五)不得毁灭、伪造证据或者串供

所谓"毁灭"证据,包括消灭、毁损、转移、隐匿证据等。"伪造"证据,包括制造假证据、对证据进行篡改、变造等改变证据特征或所包含信息的行为。"串供",是指被取保候审人利用自己未被羁押的便利条件与其他同案犯串通口供,订立攻守同盟、统一对外口径等。

对于上述五项义务,决定机关没有裁量权,无选择适用的余地,一经决定取保,这些义务就会自动及于被取保候审人。

二、被取保候审人应当遵守的酌定义务[1]

本条第2款是关于法院、检察院、公安机关可以根据案件本身和犯罪嫌疑人、被告人的情况有针对性地选择决定被取保候审人应当遵守的规定。根据近些年的发展,具体要求根据犯罪嫌疑人、被告人涉嫌犯罪的危

---

[1] 部分内容参见王爱立、雷建斌主编:《刑事诉讼法立法法精解》,中国检察出版社2019年版,第124—125页。

害、可能影响刑事诉讼的程度,以及其认识能力、行为倾向、特殊身份等个人情况,有针对性地使用个别化的强制措施,从而更有效地防止发生社会危险性,保障诉讼顺利进行,同时减少对犯罪嫌疑人、被告人人身自由等权利的不必要限制或者剥夺。在总结实践经验的基础上,2012年《刑事诉讼法》对被取保候审的犯罪嫌疑人、被告人应当遵守的规定做出修改,规定公检法机关可以根据案件情况,责令被取保候审的犯罪嫌疑人、被告人遵守一项或者多项义务性规定,这些义务或要求类似于《刑法修正案(八)》有关禁止令的相关规定,可参照适用。

(一)不得进入特定的场所

"特定的场所",是指根据犯罪的性质及犯罪嫌疑人的个人倾向、心理状态等,可能会对这一场所正常的生产、生活或者学习造成不利影响,比如引起恐慌等,或者导致犯罪嫌疑人、被告人因为场景刺激而再次犯罪的地点。比如禁止涉嫌猥亵儿童犯罪、毒品犯罪等的犯罪嫌疑人、被告人进入学校、医院等场所;禁止涉嫌盗窃犯罪的犯罪嫌疑人、被告人进入商场、车站等大型人员密集型场所;禁止进入犯罪现场等可能与被指控的犯罪有关的场所或者地点,防止毁坏现场、毁弃证据等行为的发生等。"两高两部"《取保候审规定》第7条规定:"决定取保候审时,可以根据案件情况责令被取保候审人不得进入下列'特定的场所':(一)可能导致其再次实施犯罪的场所;(二)可能导致其实施妨害社会秩序、干扰他人正常活动行为的场所;(三)与其所涉嫌犯罪活动有关联的场所;(四)可能导致其实施毁灭证据、干扰证人作证等妨害诉讼活动的场所;(五)其他可能妨害取保候审执行的特定场所。"

(二)不得与特定的人员会见或者通信

本项中的"特定的人员",一般是指案件的被害人、同案犯、证人、鉴定人等人员,也包括他们的亲属或有婚约之人等。犯罪嫌疑人、被告人与这些人员会见或者通信,有可能会造成串供、威胁引诱欺骗证人、打击报复被害人或者证人等,从而影响诉讼的顺利进行。"两高两部"《取保候审规定》第8条规定:"决定取保候审时,可以根据案件情况责令被取保候审人不得与下列'特定的人员'会见或者通信:(一)证人、鉴定人、被害人及其法定代理人和近亲属;(二)同案违法行为人、犯罪嫌疑人、被告人以及与案件有关联的其他人员;(三)可能遭受被取保候审人侵害、滋扰的人员;(四)可能实施妨害取保候审执行、影响诉讼活动的人员。前款中的'通信'包括以信件、短信、电子邮件、通话,通过网络平台或者网络应用服务交流信息等各种方式直接或者间接通信。"

(三)不得从事特定的活动

"不得从事特定的活动",一般是指禁止从事与其被指控的犯罪有关的活动。这些"特定的活动",或者是与被指控的犯罪为一类或者相似的行为,可能会引发犯罪嫌疑人、被告人新的犯意,或者可能对正常的社会生产、生活秩序造成不利影响。比如,对于涉嫌证券犯罪的,禁止从事证券交易;对于涉嫌贩毒、吸毒的,禁止从事医药卫生工作中接触精神药品和麻醉药品的活动;对于涉嫌拐卖妇女儿童的,禁止参加与儿童接触的教学活动等。"两高两部"《取保候审规定》第9条规定:"决定取保候审时,可以根据案件情况责令被取保候审人不得从事下列'特定的活动':(一)可能导致其再次实施犯罪的活动;(二)可能对国家安全、公共安全、社会秩序造成不良影响的活动;(三)与所涉嫌犯罪相关联的活动;(四)可能妨害诉讼的活动;(五)其他可能妨害取保候审执行的特定活动。"

(四)将护照等出入境证件、驾驶证件交执行机关保存

随着国际交往的增多,外国人在我国境内犯罪或对中国公民犯罪的情况日益增多,对这些人采取取保候审措施,有必要限制或者防止其离境,以保证诉讼的顺利进行和刑罚得到有效执行。在这些情况下,除了要求其遵守"不得离开所居住的市、县"等一般性规定,还有必要采取一定措施限制其交通、通行,降低他们逃脱监管的可能。这里规定的"出入境证件""驾驶证件"是指出入(中)国国(边)境需要的证件,包括护照、海员证、签证等能够证明其身份以及允许进出中国的证件,港澳通行证、台胞证等允许进出大陆内地的证件,交通运输管理部门颁发的允许驾驶机动车(船)的驾驶证等证件。

需要注意的是,随着互联网技术、数字技术的发展,机动车电子驾照已经在一些省份、城市出现,未来将在更多的地方普及,如果仅从本项规定出发作文义解释,要求被取保候审的犯罪嫌疑人、被告人向执行机关交存纸质驾驶证件已经不能达到控制其运用交通工具出行逃跑的目的,故有必要对本项中的"交执行机关保存"作实质解释,对于执行机关通过技术手段"保全"被取保候审人的电子驾照,使其暂时丧失使用功能,也属于本项中的"将驾驶证件交执行机关保存"。

三、对犯罪嫌疑人、被告人违反取保候审义务的处理

根据本条第3款的规定,被取保候审的犯罪嫌疑人、被告人如果违反本条第1款、第2款的规定,已交纳保证金的,没收部分或者全部保证金。这里没收的保证金是"部分或者全部",而非全部没收,至于没收的具体数额,应当根据犯罪嫌疑人、被告人违反取保候审义务的情节及严重程度决定。另外,本款还规定,犯罪嫌疑人、被告人违反取保候审规定的,除了没收保证金,还要根据不同情形分别作出相应处罚:对于违法情节较轻,不需要逮捕的,允许再次取保候审的,责令犯罪嫌疑人、被告人具结悔过、重新交纳保证金或者提出保证人;对于违法情节较为严重,不允许再次取保候审的,则采用更为严厉的强制措施,如监视居住、逮捕。根据本条第4款规定,如果要从取保候审转为逮捕,可先行拘留。

本款中的"具结悔过",是向执行机关作出检查、保证悔过改正的书面材料,这是重新取保的前提。"重新交纳保证金"应理解为,原保证金被全部没收后,另行交纳保证金;如果保证金被部分没收,在余额基础上补交相应数额即可。"重新提出保证人"是指在原保证人之外,另行提出符合条件的保证人。

四、对违反取保候审规定需要逮捕的犯罪嫌疑人、被告人可先行拘留

依照本条第4款规定,犯罪嫌疑人、被告人违反取保候审的规定,情节严重,需要予以逮捕的,可以决定先行拘留。这里的先行拘留不同于普通刑事强制措施中的先行拘留,是取保候审向逮捕转换期间的过渡性强制措施,适用情形极为特殊,决定主体可以是公安机关、检察院和法院,执行机关为公安机关。

需要注意的是,先行拘留并非取保候审向逮捕转换时所必须采取的强制措施,而是办案机关自由裁量的事项。办案机关可不经先行拘留直接逮捕。

▶▶【法条评点】

一、关于"市"的理解

本条第1款第1项规定:"未经执行机关批准不得离开所居住的市、

县。"该项是有关被取保候审的犯罪嫌疑人、被告人在取保期间应当遵守的义务情形,主要限定了被取保候审人的活动范围。其中的"县"是指行政区划中的县,对此解释尚无太大争议[1],但对于"市"的理解就存在不小的分歧。一种常见的理解是将这里的"市"视为"县级市"。根据同类解释规则,条文中的"市"和"县"用顿号隔开,常常意味着顿号前后的字词具有性质或效果上的等价性。例如,《刑事诉讼法》第35条第2款规定,犯罪嫌疑人、被告人是盲、聋、哑人的,应当为其提供法律援助辩护。其中,"犯罪嫌疑人""被告人",以及"盲""聋""哑"之间就是并列等价关系。类似的情形在刑事诉讼法条文中多有出现。

然而,若将"市"简单解释为"县级市"会产生两个疑问:其一,如果"市"仅指县级市,虽可与顿号后的"县"并列适用,但缺少了其他可等价并列的"区""旗"等,这种列举未尽的立法方法为何不在文末加"等"字煞尾?其二,在一部法律中,法律用语应保持含义的一致,这是同一性解释原则。如果这里的"市"是指"县级市",那么参照其他条文的立法技术,就应作明确、具体的表达。毕竟,刑事诉讼法中其他涉及"市"的条文都有具体指代。如《刑事诉讼法》第265条第5款规定:"在交付执行前,暂予监外执行由交付执行的人民法院决定;在交付执行后,暂予监外执行由监狱或者看守所提出书面意见,报省级以上监狱管理机关或者设区的市一级以上公安机关批准。"再如第22条规定:"高级人民法院管辖的第一审刑事案件,是全省(自治区、直辖市)性的重大刑事案件。"但为何第71条中的"市"却没有明确的范围限定?综合上述两点疑问,第71条第1款第1项中的"市"并不是指"县级市",而是对行政区划中所有"市"的统称,包括直辖市、设区的市、不设区的市以及县级市,但是如果直辖市或者设区的市内还有县,那么这些县要剔除出"市"的范围。如此理解既可回应上述质疑,同时也能周延条文中"市"的应有内涵。其实,全国人大常委会法工委早在2012年修改刑事诉讼法后就在其出版的法条注释书中对取保候审条款中的"市"作出解释,"这里所说的'市',是指直辖市、设区的市的城市市区和县级市的辖区"[2]。这一解释与本评

---

[1] 对一些地方的风景名胜管理区、工业(经济)开发区、林区等如何认定有些许争议,囿于篇幅和实践的复杂性与个别性,暂不予讨论。
[2] 郎胜主编:《〈中华人民共和国刑事诉讼法〉修改与适用》,新华出版社2012年版,第157页。

注的理解基本相同。只是前述解释对"市"认定还遗漏了不设区的市这种情况,比如广东省东莞市、广东省中山市、海南省儋州市、甘肃省嘉峪关市(没有设立市辖区的地级市)等。值得注意的是,2019年全国人大常委会通过《社区矫正法》,该法在2020年7月1日生效实施。当日,最高人民法院、最高人民检察院、公安部、司法部联合发布了《中华人民共和国社区矫正法实施办法》,第26条就明确了"市"的外延,规定,"社区矫正对象未经批准不得离开所居住市、县。……前款规定的市是指直辖市的城市市区、设区的市的城市市区和县级市的辖区。在设区的同一市内跨区活动的,不属于离开所居住的市、县"。

综上,本条第1款第1项中的"市"不是仅指县级市,而是包括直辖市、设区的市的城市市区(如甲市下辖的所有区都属市区)、不设区的市以及县级市的辖区。这里的"市"虽与"县"不再是同一级别的行政区划,但性质上都属于某一行政区划的地域范围,在这一层面,"市"与"县"仍可并列使用。为便于理解,试举一例:

盛大娘子住在汴京市A区,因涉嫌犯罪在A区被取保候审。取保候审期间,盛大娘子要去汴京市B区参加女儿明兰的婚礼。因为A区和B区都属于汴京市的城市市区,故盛大娘子不需要经过执行机关批准即可前往B区。但如果女儿明兰的婚礼在汴京市C县举行,因为要离开汴京市的"市"区,则盛大娘子需经执行机关批准才能到C县参加婚礼。类似的情形,同样适用于直辖市及所辖区。

上述对"市"的理解与分析除了对取保候审的执行有指导意义,对于《刑事诉讼法》第119条第1款的传唤(对不需要逮捕、拘留的犯罪嫌疑人,可以传唤到犯罪嫌疑人所在市、县内的指定地点或者到他的住处进行讯问……)以及第283条第3款第3项中有关被附条件不起诉的未成年人应当遵守的规定(离开所居住的市、县或者迁居,应当报经考察机关批准)的理解与执行都有重要意义,如果扩展到其他部门法,除了前文提到的《社区矫正法》,对于刑法中的管制(《刑法》第39条)、缓刑(《刑法》第75条)、假释(《刑法》第84条)的执行也都有实践价值。

第七十二条 【保证金数额的确定与执行】取保候审的决定机关应当综合考虑保证诉讼活动正常进行的需要,被取保候审人的社会危险性,案件的性质、情节,可能判处刑罚的轻重,被取保候审人的经济状况等情况,确定保证金的数额。

提供保证金的人应当将保证金存入执行机关指定银行的专门账户。

▶▶【历次修法条文对照】

1979 年《刑事诉讼法》	1996 年《刑事诉讼法》	2012 年《刑事诉讼法》	2018 年《刑事诉讼法》
第六章 强制措施	第六章 强制措施	第六章 强制措施	第六章 强制措施
无	无	第 70 条:取保候审的决定机关应当综合考虑保证诉讼活动正常进行的需要,被取保候审人的社会危险性,案件的性质、情节,可能判处刑罚的轻重,被取保候审人的经济状况等情况,确定保证金的数额。提供保证金的人应当将保证金存入执行机关指定银行的专门账户。	第 72 条 内容未修订

▶▶【立法沿革】

本条为 2012 年《刑事诉讼法》修订时新增条文。

1996 年《刑事诉讼法》第 53 条规定:"人民法院、人民检察院和公安机关决定对犯罪嫌疑人、被告人取保候审,应当责令犯罪嫌疑人、被告人提出保证人或者交纳保证金。"1996 年以后,办案机关采取取保候审可以在"人保"的基础上另外适用"财保",即保证金制度,但是对于保证金数额的标准以及交纳保证金的具体程序并未明确。由于缺乏明确的标准和条件,交纳保证金在实际执行中较为混乱;保证金数额的确定任意性很大,低的几百元、上千元人民币,缺乏足够的约束力,导致被取保候审人弃保潜逃;高的达几百万甚至更多,给被取保候审人带来沉重负担,无力交纳或不愿交纳的只能被逮捕,导致强制措施的适用违反比例原则,羁押率偏高,取保候审被虚置。有鉴于此,2012年《刑事诉讼法》对确定保证金数额的原则和依据作了规定。另外,"对于交纳保证金的程序,1996年刑事诉讼法没有明确规定,实践中一般是要求犯罪嫌疑人、被告人将保证金交给执行机关,再由执行机关存入银行专门账户。这对保证金的收取、管理和没收的执行都造成影响。实践中甚至出现个别执行机关及其工作人员截留、坐支、私分、挪用或侵吞保证金,或者在犯罪嫌疑人、被告人取保候审结束后拒绝退还保证金的情况。近些年,为了加强保证金的管理,防止违反规定处理保证金等情况的出现,司法实践部门根据国家财经管理制度,采取了在银行开立专门的取保候审保证金账户,由犯罪嫌疑人、被告人按照执行机关要求将保证金存入专门账户的做法,取得了良好的效果"[1]。立法机关在2012年修改刑事诉讼法时吸收了实践中的有益经验,在第70条第2款增加规定,由提供保证金的人将保证金直接存入指定银行的专门账户。

本条在2018年修法未有内容调整,仅有条文序号的变动。

▶▶【法条注解】

本条共分两款,规定的是如何确定保证金的数额以及交纳保证金的具体程序。

一、保证金数额的确定

本条第1款规定的是如何确定取保候审保证金的数额。

确定保证金数额的基本原则是要确保取保候审充分发挥作用,能够对被取保候审的犯罪嫌疑人、被告人起到足够的约束效果,防止其干扰诉

---

〔1〕王爱立、雷建斌主编:《刑事诉讼法立法精解》,中国检察出版社2019年版,第127—128页。

讼、弃保潜逃。在已经达到约束效果的同时，又要避免因为数额过高给犯罪嫌疑人、被告人的家庭带来过重负担，引发他们与国家和社会的对立，降低司法的公信力。

如何确定保证金的数额以保证取保候审产生足够的约束力？本条第1款规定："取保候审的决定机关应当综合考虑保证诉讼活动正常进行的需要，被取保候审人的社会危险性，案件的性质、情节，可能判处刑罚的轻重，被取保候审人的经济状况等情况，确定保证金的数额。"据此，确定保证金数额需要考虑的具体因素包括被取保候审人的社会危险性，案件的性质、情节，可能判处刑罚的轻重，被取保候审人的经济状况。

首先，要考虑被取保候审人的社会危险性。这里的社会危险性是指被取保候审人实施相关行为对社会造成危害的可能性，主要根据被取保候审人已经实施犯罪的性质、个人性格、价值观及心理倾向等因素综合考虑。一般认为，社会危险性的大小与保证金数额的高低呈正向关系。社会危险性大，所需要的保证金数额就高，对被取保候审人的约束力才强。

其次，要考虑案件的性质、情节。一般认为，越是情节、性质严重的案件，表明犯罪嫌疑人、被告人主观恶性越大，逃避诉讼的可能性越高，应当确定较高数额的保证金，反之，情节较为轻微的刑事案件，尤其是青少年犯罪案件，犯罪嫌疑人、被告人主观恶性不大，妨碍诉讼的可能性较小，应确定较小数额的保证金。

再次，要考虑可能判处刑罚的轻重。对于可能判处较重刑罚的犯罪嫌疑人、被告人，出于对严厉刑罚的恐惧，弃保潜逃、妨碍诉讼的可能性较大，收取较高数额的保证金能够起到相应的威慑作用。而且，越是较高刑罚的犯罪，对社会法益造成的危害越大，收取较高数额的保证金更有利于未来诉讼活动结束后退赔被害人、履行附带民事诉讼义务以及执行罚金等财产刑的实现。"两高两部"《取保候审规定》第33条第2款规定："如果保证金系被取保候审人的个人财产，且需要用以退赔被害人、履行附带民事赔偿义务或者执行财产刑的，人民法院可以书面通知公安机关移交全部保证金，由人民法院作出处理，剩余部分退还被告人。"

最后，要考虑被取保候审人的经济状况。经济状况不同，即使社会危险性、犯罪性质、情节、刑罚的轻重等因素基本相同,犯罪嫌疑人、被告人遵守取保候审义务的心理倾向也会有所差异。一般认为,经济状况较差的犯罪嫌疑人、被告人,同等数额的保证金能够产生更好的约束效果。因此,确定保证金数额还要考虑犯罪嫌疑人、被告人的经济状况,确定与其经济能力相称的数额标准,这也是从人道主义角度进行的周延考虑。

需要注意的是,本条并没有规定保证金的数额范围,但"两高两部"《取保候审规定》第5条第1款规定,"采取保证金形式取保候审的,保证金的起点数额为人民币一千元;被取保候审人为未成年人的,保证金的起点数额为人民币五百元"。相关的规范性文件只是规定了保证金的下限,并没有规定上限。这是因为不同地域经济差异大,被取保候审人的个体情况又千差万别,划定一个具体的数额范围,设定一个上限并没有太大意义,总会有一些特定的例外出现,比如有些人一年就能实现一个亿的"小目标"。所以,由规范性文件设定保证金下限,但不设上限,交由办案机关个案裁量,同时加强监督,这样的做法是较为妥当的。

二、保证金的执行

本条第2款是关于将保证金直接存入执行机关指定银行的专门账户的规定。"提供保证金的人"是指交纳保证金的犯罪嫌疑人、被告人或者因为犯罪嫌疑人、被告人被拘留、逮捕而无法亲自交纳保证金,进而接受委托代其交纳保证金的人。"执行机关指定银行的专门账户"是指执行机关在银行开立的专门用来收取取保候审保证金的专用账户。[1]

▶▶【法条评点】

一、确定取保候审保证金数额时还应考虑当地的经济发展水平

1999年"两高两部"《取保候审规定》第5条第2款规定:"决定机关应当以保证被取保候审人不逃避、不妨碍刑事诉讼活动为原则,综合考虑犯罪嫌疑人、被告人的社会危险性,案件的情节、性质,可能判处刑罚的轻

---

[1] 参见王爱立、雷建斌主编:《刑事诉讼法立法精解》,中国检察出版社2019年版,第129页。

重,犯罪嫌疑人、被告人经济状况,当地的经济发展水平等情况,确定收取保证金的数额。"到了2012年《刑事诉讼法》修订时,新增的第70条第1款基本吸收了前述规定,但唯独删除了"当地的经济发展水平"的表述。这是否意味着"当地的经济发展水平"不再是确定保证金数额的考虑因素?本评注持否定态度。众所周知,我国经济社会发展存在地域不均衡的特点,东西部收入差距大,确定保证金的具体数额,当然要考虑与各地的经济社会发展情况相适应,这其实并无太大异议,只是很多时候当地的经济发展水平多与被取保候审人的经济状况关联度大,故一般包含在了被取保候审的犯罪嫌疑人、被告人的经济状况中,但并不是说当地的经济发展水平不是确定保证金数额时需要考虑的因素。综上,《刑事诉讼法》第72条第1款中确定保证金数额的考虑因素应当包括"当地的经济发展水平",属于本条第1款"等情况"中的内容。

第七十三条 【保证金的退还】犯罪嫌疑人、被告人在取保候审期间未违反本法第七十一条规定的,取保候审结束的时候,凭解除取保候审的通知或者有关法律文书到银行领取退还的保证金。

▶▶【历次修法条文对照】

1979年《刑事诉讼法》	1996年《刑事诉讼法》	2012年《刑事诉讼法》	2018年《刑事诉讼法》
第六章 强制措施	第六章 强制措施	第六章 强制措施	第六章 强制措施
无	第56条第2款:犯罪嫌疑人、被告人在取保候审期间未违反前款规定的,取保候审结束的时候,应当退还保证金。	第71条:犯罪嫌疑人、被告人在取保候审期间未违反本法第六十九条规定的,取保候审结束的时候,**凭解除取保候审的通知或者有关法律文书到银行领取**退还的保证金。	第73条:犯罪嫌疑人、被告人在取保候审期间未违反本法第七十一条规定的,取保候审结束的时候,凭解除取保候审的通知或者有关法律文书到银行领取退还的保证金。

▶▶【立法沿革】

本条为1996年《刑事诉讼法》新增条文。

1996年《刑事诉讼法》第56条第2款中规定:"犯罪嫌疑人、被告人在取保候审期间未违反前款规定的,取保候审结束的时候,应当退还保证金。"当时的法律未对保证金的退还程序,即领取退还的保证金的手续和凭证作出明确规定。"实践中,为了具体执行刑事诉讼法关于退还保证金的规定,有关机关和部门也作了一系列补充规定。根据这些规定,在犯罪嫌疑人、被告人取保候审结束,没有违反有关规定的情况下,有关机关要作出决定,签发《退还保证金决定书》,在解除对犯罪嫌疑人、被告人取保候审的同时,将保证金如数退还给犯罪嫌疑人、被告人,并由犯罪嫌疑人、被告人在《退还保证金决定书》上签名或者捺指印。但在执行中,也曾存在个别办案机关或者办案人员由于利益驱动,故意刁难犯罪嫌疑人、被告人,拒绝签发《退还保证金决定书》,或者采取相互推诿、拒绝会见等各种方式,变相不签发《退还保证金决定书》,导致被取保候审的犯罪嫌疑人、被告人及其近亲属无法领取保证金的情况。"[1]实践中甚至出现,有的被取保候审人在向决定机关讨要保证金时,会被以各种借口羁押起来的情况。2012年修改刑事诉讼法时,各方普遍建议对保证金的退还程序作出明确规定。综合各方建议,立法机关经认真研究,对领取退还的保证金的方式或手续作出修改完善,明确规定犯罪嫌疑人、被告人凭解除取保候审通知书或者有关法律文书领取退还的取保候审保证金。

本条在2018年修改刑事诉讼法时未有实质修改,只在原条文中引用的条文序号发生变动。

▶▶【法条注解】

本条规定的是关于退还取保候审保证金的程序。

---

〔1〕 王爱立、雷建斌主编:《刑事诉讼法立法精解》,中国检察出版社2019年版,第130页。

一、退还保证金不以实体法结果为准

取保候审是保障刑事诉讼顺利进行的强制措施,不具有刑罚性质,保证金是被取保候审人承诺不妨碍、不逃避刑事诉讼的担保,也不等同于罚金,不能因为被告人最后被定罪判刑就不退还保证金。是否退还保证金不以实体裁判结果为准,而是以被取保候审的犯罪嫌疑人、被告人有没有妨碍、逃避刑事诉讼为准,即"犯罪嫌疑人、被告人在取保候审期间未违反本法第七十一条规定的"。

需要注意的是,为了保证生效裁判中的罚金刑、附带民事诉讼的赔偿以及向被害人的退赔等能够执行落实到位,《高法解释》第159条规定,"对取保候审的被告人的判决、裁定生效后,如果保证金属于其个人财产,且需要用以退赔被害人、履行附带民事赔偿义务或者执行财产刑的,人民法院可以书面通知公安机关移交全部保证金,由人民法院作出处理,剩余部分退还被告人"。这一规定并未改变保证金的性质,仅是将保证金的退还和使用做了"两步并一步"式的处理,是将被执行人交纳的保证金视为"个人财产"去退赔被害人、履行附带民事诉讼赔偿以及承担罚金刑。之所以视为"个人财产",就是认为被执行人所交纳的保证金已经从银行账户退还到个人手中,然后才会有后续财产强制处分的问题。其本质上仍然承认有退还保证金的这样一个隐性的过程,保证金的退还仍然以被取保候审人遵守取保候审义务和保证刑事诉讼顺利进行为准。

二、退还保证金的时间为取保候审结束

根据本条规定,退还保证金的时间为"取保候审结束的时候"。何谓"取保候审结束"?本评注认为"取保候审结束"主要包括三种情形。

一是取保候审期限届满的。取保候审最长为12个月,如果适用取保候审期限届满,就应当解除取保候审或变更强制措施,取保候审宣告结束。

二是取保候审期限未满,但变更为其他强制措施或者释放的。例如,犯罪嫌疑人、被告人从取保候审变更为监视居住、拘留、逮捕,变更后的强制措施已经开始执行,取保候审随之结束;再如,被取保候审人的犯

罪嫌疑虽未被排除,但其犯罪情节轻微、认罪态度好、不需要再取保候审,就可提前结束取保候审,释放犯罪嫌疑人。

三是法院、检察院或者公安机关对被取保候审人作出了刑事处罚、无罪判决、不起诉或者撤销案件等处理的。法院作出刑事处罚意味着刑事诉讼终结,作为保证刑事诉讼进行的强制措施应视为结束。法院作出的刑事处罚类型较多,主要包括:判处监禁刑,刑罚已经开始执行的;判处管制或者适用缓刑,社区矫正已经开始执行的;单处附加刑,判决、裁定已经发生法律效力的。此外,法院作出的无罪、免于刑事处罚或者不负刑事责任的判决、裁定已经发生法律效力的,被告人此前被采取的取保候审措施也随之结束。检察院作出不起诉决定的,无论是法定不起诉、酌定不起诉、证据不足不起诉还是附条件不起诉,都意味着已采取的取保候审结束。公安机关发现不应当追究被取保候审人刑事责任而作出撤销案件或者终止侦查决定的,犯罪嫌疑人已被采取的取保候审措施随即结束。

三、退还保证金需要书面凭证

本条规定:"取保候审结束的时候,凭解除取保候审的通知或者有关法律文书到银行领取退还的保证金。"据此,退还保证金必须要有书面的法律凭证。由于导致取保候审结束的原因有多种,所以标志着取保候审结束的法律文书也不同,主要分为两大类:

一类是解除取保候审通知书。出具解除取保候审通知书主要缘于三种情形:一是犯罪嫌疑人、被告人在取保候审期间没有违反相关规定,取保候审期限届满的。二是对于发现不应当追究被取保候审人刑事责任并作出撤销案件或者终止侦查决定的,决定机关应当及时作出解除取保候审决定,并送交执行机关。这是"两高两部"《取保候审规定》第24条第2款的规定。三是决定机关在取保候审期限届满前提前决定解除取保候审的,如被取保候审人虽有犯罪嫌疑,但犯罪情节轻微、认罪态度好、不需要再取保候审,可提前结束取保候审。

另一类为有关法律文书。法律文书的类型较为多样,因为取保候审结束的情形较为复杂。"两高两部"《取保候审规定》第24条第3款规定:"有下列情形之一的,取保候审自动解除,不再办理解除手续,决定机关应当及时通知执行机关:(一)取保候审依法变更为监视居住、拘留、逮捕,变更后的强制措施已经开始执行的;(二)人民检察院作出不起诉决定的;(三)人民法院作出的无罪、免予刑事处罚或者不负刑事责任的判决、裁定已经发生法律效力的;(四)被判处管制或者适用缓刑,社区矫正已经开始执行的;(五)被单处附加刑,判决、裁定已经发生法律效力的;(六)被判处监禁刑,刑罚已经开始执行的。"在上述情形中,犯罪嫌疑人、被告人领取退还保证金的书面凭证并非解除取保候审通知书,而是变更强制措施决定书、不起诉决定书、判决裁定书等"有关法律文书"。此外,取保候审期间变更保证方式,由交纳保证金转为提供保证人的,因不再采取保证金方式保证,也应退还保证金。这种情况下虽然不需要办理解除取保候审的手续,但也应当发给变更保证方式的决定书,作为犯罪嫌疑人、被告人领取退还的保证金的凭证,也应视为一种法律文书。

  司法实践中,无论是决定机关出具的解除取保候审通知书还是有关法律文书,公安机关在执行解除取保候审的同时,需要退还保证金的,还要制作呈请退还保证金报告书,写明退还的理由和拟退还的数额,报县级以上公安机关负责人批准。经县级以上公安机关负责人批准,执行机关制作退还保证金决定书、通知书。执行机关民警将《退还保证金决定书》送达被取保候审人,让其在副本上签名、捺指印,并填写收到日期,同时将《退还保证金通知书》正本和回执联送达收取保证金的银行,并书面通知决定机关。被取保候审人凭《退还保证金决定书》到交纳保证金的银行办理退还手续。收取保证金的银行在办理好退款手续后,填写退还保证金通知书回执联并加盖银行印章,退还执行机关。执行机关应当将退还保证金决定书副本和退还保证金通知书回执联送达决定取保候审的机关,由决定机关存入诉讼卷。[1]当然,司法实践中,各地根据情况也可做适当变通或程序简化,比如有的地方的公安机关作出退还保证金决定书和通知书后,通知被取保候审人将自己的银行卡和身份证复印件交到公安的财务部门,由财务部门通过系统直接划拨到被取保候审人提供的

---

[1] 参见孙茂利主编:《公安机关办理刑事案件程序规定释义与实务指南》,中国人民公安大学出版社2020年版,第263页。

账号,免去了后者再去银行的麻烦。另外,随着科技化、智能化技术和硬件设备的完善,手机APP、小程序进一步简化了上述手续。但大部分地区的公安机关都还要出具《退还保证金决定书》[1]。

然而,上述退还保证金的程序和执行方式似乎受到了立法机关的批评和否定。参与立法的同志在撰写的条文注释书中曾指出:"在执行中,也曾存在个别办案机关或者办案人员由于利益驱动,故意刁难犯罪嫌疑人、被告人,拒绝签发《退还保证金决定书》,或者采取相互推诿、拒绝会见等各种方式,变相不签发《退还保证金决定书》,导致被取保候审的犯罪嫌疑人、被告人及其近亲属无法领取保证金的情况。"[2]为此,2012年《刑事诉讼法》对退还保证金的方式作出修改,从修改后的2012年《刑事诉讼法》第71条(2018年《刑事诉讼法》第73条)的内容看,立法似乎有意淡化公安机关制作退还保证金决定书、通知书这道手续,明确规定犯罪嫌疑人、被告人凭解除取保候审通知书或者有关法律文书就可领取退还的取保候审保证金。但从此后多年的司法实践看,实践与规范之间发生了背离,法律规定未被有效执行。

本评注认为,犯罪嫌疑人、被告人在取保候审结束的时候,仅凭解除取保候审的通知或者有关法律文书到银行领取退还的保证金的规定并不妥当和周延。因为结束取保候审的原因有多种,取保候审结束与保证金退还并没有必然的因果联系。有的取保候审结束可能要同时没收保证金的全部或者一部分,仅凭解除取保候审通知书就领取退还的保证金并不合理,还会产生错误。另外,《高法解释》第159条还规定,"对被取保候审的被告人的判决、裁定生效后,如果保证金属于其个人财产,且需要用以退赔被害人、履行附带民事赔偿义务或者执行财产

---

[1] 《公安规定》第101条规定:"被取保候审人在取保候审期间,没有违反本规定第八十九条、第九十条有关规定,也没有重新故意犯罪的,或者具有本规定第一百八十六条规定的情形之一的,在解除取保候审、变更强制措施的同时,公安机关应当制作退还保证金决定书,通知银行如数退还保证金。被取保候审人可以凭退还保证金决定书到银行领取退还的保证金。被取保候审人委托他人领取的,应当出具委托书。"

[2] 王爱立、雷建斌主编:《刑事诉讼法立法精解》,中国检察出版社2019年版,第130页。

刑的,人民法院可以书面通知公安机关移交全部保证金,由人民法院作出处理,剩余部分退还被告人"。据此,作出法律文书虽然也意味着取保候审结束,但保证金可以不再退还被取保候审人,直接视为个人财产由公安机关移交法院作罚金、退赔或赔偿处理。此外,由公安机关出具《退还保证金决定书》本身也是一个"自证清白"的过程,表明公安机关办了手续,"留了痕",日后出现问题或争执,也有据可查。综上,本评注认为在退还保证金时,由公安机关出具相应法律手续并无不妥,至于对实践中公安机关故意刁难、拒绝或变相不签发《退还保证金决定书》的情况,依照《刑事诉讼法》第117条的规定,由检察院加强法律监督即可。

最后,需要说明的是,被取保候审人还可以委托他人代为领取保证金,但应当出具委托书,他人持委托书和《退还保证金决定书》,可以去银行领取退还的保证金。

▶▶【法条评点】

一、保证金在银行产生的利息是否要一并退还?

《刑事诉讼法》第72条第2款规定:"提供保证金的人应当将保证金存入执行机关指定银行的专门账户。"保证金由银行代为收取、保管,是否会产生利息?如果有利息,是否还需要与保证金一并退还?本评注对此不予认可。首先,执行机关和银行不是储蓄关系,而是委托代理关系。保证金是由银行代管而不是银行收储,因此不会产生利息,不存在退还利息的问题。同样,银行是基于法律的规定对保证金履行收取、保管义务,也无权收取代理费。在实践中,有的取保候审执行机关以"创收"为目的,在银行开普通储蓄账户而不是专门账户,用以收取保证金,这是为法律所禁止的。[1]

---

[1] 参见李昌林主编:《最新中华人民共和国刑事诉讼法释义》,中国法制出版社2012年版,第156—157页。

第七十四条　【监视居住的法定情形与执行机关】人民法院、人民检察院和公安机关对符合逮捕条件,有下列情形之一的犯罪嫌疑人、被告人,可以监视居住:

(一)患有严重疾病、生活不能自理的;

(二)怀孕或者正在哺乳自己婴儿的妇女;

(三)系生活不能自理的人的唯一扶养人;

(四)因为案件的特殊情况或者办理案件的需要,采取监视居住措施更为适宜的;

(五)羁押期限届满,案件尚未办结,需要采取监视居住措施的。

对符合取保候审条件,但犯罪嫌疑人、被告人不能提出保证人,也不交纳保证金的,可以监视居住。

监视居住由公安机关执行。

▶▶【历次修法条文对照】

1979年《刑事诉讼法》	1996年《刑事诉讼法》	2012年《刑事诉讼法》	2018年《刑事诉讼法》
第六章　强制措施	第六章　强制措施	第六章　强制措施	第六章　强制措施
无	**第51条**:人民法院、人民检察院和公安机关对于有下列情形之一的犯罪嫌疑人、被告人,可以取保候审或者监视居住: (一)可能判处管制、拘役或者独立适用附加刑的; (二)可能判处有期徒刑以上刑罚,采取保候审、监视居住不致发生社会危险性的。	**第72条**:人民法院、人民检察院和公安机关**对符合逮捕条件**,有下列情形之一的犯罪嫌疑人、被告人,可以~~取保候审或者~~监视居住: (一)患有严重疾病、生活不能自理的; (二)怀孕或者正在哺乳自己婴儿的妇女; (三)系生活不能自理的人的唯一扶养人;	**第74条**内容未修订

(续表)

1979年《刑事诉讼法》	1996年《刑事诉讼法》	2012年《刑事诉讼法》	2018年《刑事诉讼法》
第六章 强制措施	第六章 强制措施	第六章 强制措施	第六章 强制措施
	取保候审、监视居住由公安机关执行。	(四)因为案件的特殊情况或者办理案件的需要,采取监视居住措施更为适宜的; (五)羁押期限届满,案件尚未办结,需要采取监视居住措施的。 对符合取保候审条件,但犯罪嫌疑人、被告人不能提出保证人,也不交纳保证金的,可以监视居住。 ~~取保候审、~~监视居住由公安机关执行。	

▶▶【立法沿革】

本条为1996年《刑事诉讼法》新增规定。依当时第51条之规定,取保候审与监视居住的适用条件和适用对象相同,导致两种强制措施在适用上的混乱和随意(参见第67条评注的【立法沿革】部分)。

实践中普遍反映,"随着通讯、交通日益发达,监视居住未经批准'不得离开住所或者指定的居所''不得会见他人'等规定难以落实,导致监视居住在实践中对犯罪嫌疑人缺乏必要的约束"[1]。"现行刑事诉讼法

---

[1] 王爱立、雷建斌主编:《刑事诉讼法立法精解》,中国检察出版社2019年版,第132页。

由于对监视居住的适用条件、对象规定不明确,加上监视居住的居所不宜选定,警力不足,检察机关和公安机关在实践中对监视居住措施很少适用,有的将监视居住异化为变相羁押。"〔1〕"另外,由于监视居住是以不符合逮捕条件为前提采取的强制措施,对于在办理案件过程中有的犯罪嫌疑人、被告人符合逮捕条件,但因为案件的特殊情况、办理案件的需要等不宜采取逮捕措施的,缺乏必要的替代措施。"〔2〕针对上述问题,立法机关在2012年修改刑事诉讼法时,经过反复研究,从监视居住对人身自由的限制程度和实际执行情况考虑,将监视居住定位为逮捕的替代措施、变通执行方式,单设条文作出规定,并进一步严格限定监视居住的适用条件,缩小其适用范围,既防止监视居住被滥用,又避免监视居住被虚置,确保该项强制措施真正发挥作用。

2018年修改刑事诉讼法时本条内容未有修改,仅有条文序号的调整。

▶▶【法条注解】

本条共有三款,主要规定的是监视居住的适用条件和执行机关,可从两个方面展开注解。

一、监视居住的适用条件

根据本条第1款和第2款的规定,监视居住可分为替代逮捕的监视居住和替代取保的监视居住,两者各有不同的适用条件。

(一)替代逮捕的监视居住

本条第1款规定的是替代逮捕的监视居住,该类监视居住的适用条件可分为适用前提和适用情形两部分。

1. 适用前提

2012年修订刑事诉讼法时,立法机关对监视居住的性质定位作出调整,将监视居住定位为逮捕的替代性措施,即对符合逮捕条件,但因特殊情形不宜羁押的犯罪嫌疑人、被告人采取的替代性措施。由于这类监视

---

〔1〕 黄太云:《刑事诉讼法修改释义》,载《人民检察》2012年第8期,第31页。
〔2〕 王爱立、雷建斌主编:《刑事诉讼法立法精解》,中国检察出版社2019年版,第132页。

居住的适用前提是"符合逮捕条件",故称为替代逮捕的监视居住。本评注认为,与其说监视居住是逮捕的替代性措施,不如说监视居住是逮捕的一种变通执行方式,即"符合逮捕条件",罪该逮捕,但因特殊情形(严重疾病、怀孕等)而变通逮捕的执行方式。通说认为,取保候审也是逮捕的替代性措施,但不能说是逮捕的变通执行方式。取保候审和监视居住都是逮捕的替代性措施,但一个是不符合逮捕条件的,一个是符合逮捕条件的,若将监视居住定位为逮捕的变通执行方式似乎更能与取保候审作出实质性区别,也便于理解和执行。

根据本条第 1 款的规定,适用监视居住的情形包括五个方面:"(一)患有严重疾病、生活不能自理的;(二)怀孕或者正在哺乳自己婴儿的妇女;(三)系生活不能自理的人的唯一扶养人;(四)因为案件的特殊情况或者办理案件的需要,采取监视居住措施更为适宜的;(五)羁押期限届满,案件尚未办结,需要采取监视居住措施的。"其中,"(一)患有严重疾病、生活不能自理的;(二)怀孕或者正在哺乳自己婴儿的妇女"与取保候审的适用情形,即《刑事诉讼法》第 67 条第 1 款第 3 项的规定基本相同,但由于替代逮捕的监视居住的适用前提是"符合逮捕条件",而取保候审的适用前提是不符合逮捕条件,两者仍有本质差异。如果将这一认识逻辑进一步延伸可以发现,本条第 1 款第 1 项和第 2 项都没有第 67 条第 1 款第 3 项中"采取取保候审不致发生社会危险性的"的表述。究其原因,适用取保候审的上述情形本就"不符合逮捕条件",具体为不符合逮捕的社会危险性要件,即"采取取保候审不致发生社会危险性的",故不能逮捕,可以取保。但替代逮捕的监视居住的适用情形则恰恰相反,是"采取取保候审不足以防止发生社会危险性的",满足逮捕的人身危险性要件,"符合逮捕条件",需要逮捕。当然,虽应逮捕,但考虑到犯罪嫌疑人、被告人属于特殊群体,即"(一)患有严重疾病、生活不能自理的;(二)怀孕或者正在哺乳自己婴儿的妇女",从人道主义的角度考虑,最终适用监视居住。总之,"符合逮捕条件"是替代逮捕的监视居住的适用前提,也是该类监视居住与取保候审在适用中的本质区别。

2. 适用情形[1]

本条第 1 款规定了五种替代逮捕的监视居住的适用情形。

---

[1] 本部分内容主要参考引用王爱立、雷建斌主编:《刑事诉讼法立法精解》,中国检察出版社 2019 年版,第 132—134 页。

（1）患有严重疾病、生活不能自理的。本项规定"患有严重疾病"和"生活不能自理"之间采用的是顿号，故应当解释为本项包括患有严重疾病和生活不能自理两种情况。其中的"患有严重疾病"，主要是指病情严重、生命垂危、在羁押场所内容易导致传染、羁押场所的医疗条件无法治疗该种疾病需要外出就医、确需家属照料生活等情况。这主要是参考了《看守所条例》第10条规定的不予收押的前两种情况，一是患有精神病或者急性传染病；二是患有其他严重疾病，在羁押中可能发生生命危险或者生活不能自理的。本项中的"生活不能自理"，是指因年老、严重残疾等导致丧失行动能力，无法自己照料自己的基本生活，需要他人照料的情形。这种情况的犯罪嫌疑人、被告人由于丧失生活自理能力，不能照料自己生活，一般也无法再实施妨碍诉讼、危害社会的行为。

（2）怀孕或者正在哺乳自己婴儿的妇女。妇女在怀孕后，生理、心理会发生变化，行动不便等也减弱了其妨碍诉讼、实施危害社会行为的能力，胎儿的正常发育也需要不同于一般人的照顾和医疗措施。刚出生的婴儿需要母乳喂养，初期的成长环境也会对其人生具有非常重大的塑造作用。为了有利于胎儿、婴儿的发育、成长，规定对怀孕或者正在哺乳自己婴儿的妇女监视居住，让她们及婴儿回到社会上或家庭中，得到更好的医疗和照顾，这是人道主义精神的要求，也有利于刑事诉讼取得更好的社会效果。此外，《看守所条例》第10条中还规定"怀孕或者哺乳自己不满一周岁的婴儿的妇女"不予收押，故采取监视居住是较为妥当的处理方式。

（3）系生活不能自理的人的唯一扶养人。扶养是指家庭成员以及亲属之间依据法律所进行的共同生活、互相照顾、互相帮助的权利和义务。这里所说的"扶养"应作扩大解释，包括父母对子女的抚养和子女对老人的赡养（包括养父母子女以及具有扶养关系的继父母子女），以及配偶之间、兄弟姐妹之间的相互扶养。《高检规则》第107条第2款对此有规定："前款第三项中的扶养包括父母、祖父母、外祖父母对子女、孙子女、外孙子女的抚养和子女、孙子女、外孙子女对父母、祖父母、外祖父母的赡养以及配偶、兄弟姐妹之间的相互扶养。"《民法典》第1129条规定："丧偶儿媳对公婆，丧偶女婿对岳父母，尽了主要赡养义务的，作为第一顺序继承人。"这种情况也是我国法律规定的扶养关系。本项规定的适用监视居住的条件为：一是要求被扶养人丧失生活自理能力，比如因为疾病、残疾、年老丧失生活能力或者行动能力,或因年幼等无法照顾自己基本生活的情况;二是犯罪嫌疑人、被告人系该生活不能自理的人的唯一扶养人,即除该犯罪嫌疑人、被告人之外,没有其他人对该生活不能自理的人负有法律上的扶养义务。这一规定也是从人道主义精神出发,为了维系基本的社会家庭伦理关系,维护司法权威,维护社会和谐所作的规定。

(4)因为案件的特殊情况或者办理案件的需要,采取监视居住措施更为适宜的。"案件的特殊情况"一般是指案件的性质、情节等表明虽然犯罪嫌疑人、被告人符合逮捕条件,但因为案件情况特殊,对犯罪嫌疑人、被告人采取监视居住措施能够取得更好的社会效果的情形。比如,因长期受迫害所引发的杀人、伤害案件,引起社会同情,且现实危险性较小的;犯罪嫌疑人、被告人悔罪赎罪态度明确积极,得到被害人、社会谅解的案件等。"办理案件的需要"是从有利于继续侦查犯罪,或者诉讼活动获得更好的社会效果出发,对本来应当逮捕的犯罪嫌疑人、被告人采取监视居住措施。比如,为抓获可能与其联系的同案犯、防止其他犯罪嫌疑人因为与其无法联系而潜逃,对犯罪嫌疑人、被告人不采取羁押措施,采取监视居住措施更为有利的。由于犯罪嫌疑人、被告人符合逮捕条件,实际上存在《刑事诉讼法》第81条规定的社会危险,这导致办案机关对其采取监视居住措施时会面临一定的风险。因此,公安机关、检察院、法院在确定采取监视居住措施是否"更为适宜"时,要结合案件的性质、情节,可能存在的风险等,综合各方面因素慎重考虑。

(5)羁押期限届满,案件尚未办结,需要采取监视居住措施的。作出该项规定源于2012年《刑事诉讼法》第96条(2018年《刑事诉讼法》第98条)的规定,犯罪嫌疑人、被告人被羁押的案件,不能在刑事诉讼法规定的侦查羁押、审查起诉、一审、二审期限内办结,需要继续查证、审理的,对犯罪嫌疑人、被告人可以取保候审或者监视居住。这里规定的"羁押期限",是指本法规定的侦查羁押、审查起诉、一审、二审的羁押期限。犯罪嫌疑人、被告人羁押期限届满,为避免超期羁押,势必变更强制措施,按照犯罪嫌疑人、被告人涉嫌案件的情形和本人的情况(着重考虑社会危险性),或采取取保候审,或采取监视居住,两者二选一。

应当指出的是,本条第1款开头规定的是"可以"采取监视居住措施,而不是"应当""必须"采取,是考虑到让司法机关根据具体情况作出决定。对于有些尽管符合本条规定的情况,但可能具有很大的社会危险性的,也可不采取监视居住措施而予以逮捕。

(二)替代取保的监视居住

本条第 2 款规定的替代取保的监视居住,是对符合取保候审条件,不能提出保证人,也不交纳保证金的犯罪嫌疑人、被告人,也可采取监视居住。需要强调的是,符合这种情形的犯罪嫌疑人、被告人本身并不符合逮捕条件,是罪不当捕而需要取保的,但囿于取保候审有法定的执行方式,如果犯罪嫌疑人、被告人既不能提出保证人,又不能交纳保证金,客观上便不能取保候审,对他们放任不管,不采取任何强制措施,又无法对犯罪嫌疑人、被告人产生必要的约束,难以保证其不逃避、妨碍诉讼,产生社会危险。从保障诉讼进行、维护社会秩序的角度出发,立法机关最终在取保候审与逮捕之间选择了一条中间路线,采用强制性"适中"的监视居住。从这个角度来看,本条第 2 款的监视居住本质上是取保候审的一种替代措施,属权宜之计,故称为替代取保的监视居住。

值得注意的是,本条第 2 款规定,对符合取保候审条件,但犯罪嫌疑人、被告人不能提出保证人,也不交纳保证金的,"可以"监视居住。据此,立法并未排除在取保候审客观不能的情况下采用监视居住之外的逮捕措施的可能,故在对监视居住和逮捕两种强制措施间进行选择时,应充分遵守比例原则,在可能的情况下尽量倾向于采用监视居住措施,减少对逮捕的适用。

二、监视居住的执行机关

本条第 3 款是关于监视居住执行机关的规定。公安机关、检察院和法院都有权决定对犯罪嫌疑人、被告人监视居住,但执行机关为公安机关。如果案件涉及危害国家安全犯罪的,国家安全机关也可以执行监视居住。《海警法》第 43 条中规定:"海警机构、人民检察院、人民法院依法对海上刑事案件的犯罪嫌疑人、被告人决定监视居住的,由海警机构在被监视居住人住处执行;被监视居住人在负责办案的海警机构所在的市、县没有固定住处的,可以在指定的居所执行。"据此,对海上刑事案件的犯罪嫌疑人、被告人决定监视居住的,海警机构负责监视居住的执行。

本款在 2012 年修法过程中,曾有意见建议将"监视居住由公安机关执行"修改为"监视居住由决定机关执行"。理由是,实践中对于检察院决定监视居住的,由于公安机关警力有限以及检察院办案需要等原因,基本上是检察机关自己执行。决定机关对案件情况更为了解,在监视居住过程中对犯罪嫌疑人会见、通信、人身控制等方面的要求更为具体明确,由公安机关执行易因不了解有关情况而出现问题。考虑到监视居住的执行主要在基层,公安机关的派出机构一直设到社区,民警每天工作在社区,更熟悉情况。同时,公安机关与居民委员会、村民委员会等基层组织也有紧密的联系,并且有拘留、执行逮捕的权力,一旦发现违反规定者或者不该监视居住者,可以及时依法处理。而检察院在社区没有派出机构,检察官的职能和检察院的警力也决定了难以对监视居住的犯罪嫌疑人和被告人做到全天候监督。因此,立法最终还是维持了"监视居住由公安机关执行"的规定。[1]

▶▶【法条评点】

一、应进一步明确"因为案件的特殊情况或者办理案件的需要,采取监视居住措施更为适宜的"情形

本条第 1 款第 4 项规定了监视居住的适用情形之一,即"因为案件的特殊情况或者办理案件的需要,采取监视居住措施更为适宜的"。严格意义上说,本条第 1 款规定的其他四项情形都属于"案件的特殊情况或者办理案件的需要",第 4 项规定与其他四项规定有包容或交叉,不在一个层面,且其规定的情形外延过宽、内涵模糊,赋予了决定机关,即公安机关、检察院、法院过大的裁量权,合理性值得斟酌。在缺乏明确适用条件的情况下,只要是"办理案件的需要"就可以监视居住,如果在实践中不加以控制,难免会有滥用之虞。例如,通过监视居住实行变相侦查,这与强制措施目的明显不符;再如,利用本项规定,通过监视居住放纵本应逮捕的犯罪嫌疑人、被告人,这又属错用监视居住措施。在未来的修法中,宜更多总结实践经验,对本项规定作出修改,进一步明确监视居住的适用情形。

---

[1] 参见黄太云:《刑事诉讼法修改释义》,载《人民检察》2012 年第 8 期,第 31 页;王爱立、雷建斌主编:《刑事诉讼法立法精解》,中国检察出版社 2019 年版,第 134 页。

第七十五条 【监视居住的执行处所与被监视居住人的权利保障】监视居住应当在犯罪嫌疑人、被告人的住处执行;无固定住处的,可以在指定的居所执行。对于涉嫌危害国家安全犯罪、恐怖活动犯罪,在住处执行可能有碍侦查的,经上一级公安机关批准,也可以在指定的居所执行。但是,不得在羁押场所、专门的办案场所执行。

指定居所监视居住的,除无法通知的以外,应当在执行监视居住后二十四小时以内,通知被监视居住人的家属。

被监视居住的犯罪嫌疑人、被告人委托辩护人,适用本法第三十四条的规定。

人民检察院对指定居所监视居住的决定和执行是否合法实行监督。

▶▶【历次修法条文对照】

1979 年 《刑事诉讼法》	1996 年 《刑事诉讼法》	2012 年 《刑事诉讼法》	2018 年 《刑事诉讼法》
第六章 强制措施	第六章 强制措施	第六章 强制措施	第六章 强制措施
无	**第 57 条**:被监视居住的犯罪嫌疑人、被告人应当遵守以下规定: (一)未经执行机关批准不得离开住处,无固定住处的,未经批准不得离开指定的居所;……	**第 73 条**:监视居住应当在犯罪嫌疑人、被告人的住处执行;无固定住处的,可以在指定的居所执行。对于涉嫌危害国家安全犯罪、恐怖活动犯罪、特别重大贿赂犯罪,在住处执行可能有碍侦查的,经上一级人民检察院或者公安机关批准,也可以在指定的居所执行。但是,不得在羁押场所、专门的办案场所执行。	**第 75 条**:监视居住应当在犯罪嫌疑人、被告人的住处执行;无固定住处的,可以在指定的居所执行。对于涉嫌危害国家安全犯罪、恐怖活动犯罪,~~特别重大贿赂犯罪~~,在住处执行可能有碍侦查的,经上一级~~人民检察院或者~~公安机关批准,也可以在指定的居所执行。但是,不得在羁押场所、专门的办案场所执行。

(续表)

1979年《刑事诉讼法》	1996年《刑事诉讼法》	2012年《刑事诉讼法》	2018年《刑事诉讼法》
第六章 强制措施	第六章 强制措施	第六章 强制措施	第六章 强制措施
		指定居所监视居住的,除无法通知的以外,应当在执行监视居住后二十四小时以内,通知被监视居住人的家属。被监视居住的犯罪嫌疑人、被告人委托辩护人,适用本法第三十三条的规定。人民检察院对指定居所监视居住的决定和执行是否合法实行监督。	指定居所监视居住的,除无法通知的以外,应当在执行监视居住后二十四小时以内,通知被监视居住人的家属。被监视居住的犯罪嫌疑人、被告人委托辩护人,适用本法**第三十四条**的规定。人民检察院对指定居所监视居住的决定和执行是否合法实行监督。

▶▶【立法沿革】

监视居住强制措施为1979年《刑事诉讼法》规定。从文义解释出发,监视居住是指居所监控,相当于软禁。然而,1979年《刑事诉讼法》并未规定监视居住的执行地点,直到1996年修法时,立法机关才在第57条规定,被监视居住的犯罪嫌疑人、被告人"未经执行机关批准不得离开住处,无固定住处的,未经批准不得离开指定的居所"。至此,立法首次"隐晦"地规定了监视居住的两个地点:固定住处和指定的居所。

其实,在1996年修改刑事诉讼法时,对监视居住地点的规定曾有不同意见。"第一种观点认为:监视居住的范围应当是司法机关指定的区域。这既有利于同犯罪作斗争,也有利于国际上的政治斗争。第二种意见主张被监视居住的人,不得随意离开自己的居住地及其工作、学习的地方。第三种观点认为,鉴于目前社会情况的变化,对于监视居住的范围,要区分有住处的与无固定住处的不同情况来确定。上述观点中,第一种意见虽有利于公安司法机关灵活选择,适应打击犯罪的需要,但由于客观标准不明确,主观随意性大,司法实践中容易被滥用,甚至导致变相监禁;第二种观点认为,有利于被监视居住人的生活、学习,但相对扩大了监视居住的区域,有悖于监视居住的本来意义,客观上也不易落实;第三种主张比较符合监视居住的立法本意,而且由于将犯罪嫌疑人、被告人限制在'住处'或者'指定的居所'中,不同于易地监视居住那种'变相拘禁'的做法,也便于监视措施的落实,因而被《决定》所采纳。"[1]

之后,2012年《刑事诉讼法》对监视居住的性质重新定位,单独规定了其适用条件和适用对象。与之相关的执行方式和程序也有必要进一步规定,方便实践操作。如前所述,1996年《刑事诉讼法》第57条对监视居住确立了"以固定住处为原则,以指定的居所为例外"的执行原则。"但在实际执行当中,有些办案机关不论犯罪嫌疑人、被告人有没有固定住处,一律在'指定的居所'搞监视居住;有的把指定监视居住的地点设在办案单位内部设立的'办案点'或者羁押场所,把指定监视居住变成了变相羁押,这样做有违立法本意。"[2]有鉴于此,2012年《刑事诉讼法》对监视居住的执行处所、通知家属和委托律师作出具体规定,同时为了防止实践中的监视居住被滥用,异化为变相羁押,还增加了检察院对监视居住决定和执行监督的条款。

党的十八大以来,党中央作出了深化国家监察体制改革的重大决策部署。2016年12月和2017年11月,全国人大常委会先后作出关于在北京市、山西省、浙江省开展国家监察体制改革试点工作的决定和在全国各地推开试点工作的决定,暂时调整或者暂时停止适用刑事诉讼法关于检察院对直接受理的案件进行侦查的有关规定。2018年3月,第十三届全国人大第一次会议审议通过了宪法修正案和监察法,监察委员会的职权在立法层面作出重大调整,其有权对涉嫌贪污贿赂、失职渎职等职务违法和职务犯罪进行调查。对贪污贿赂犯罪的调查程序也开始适用监察法的规定。为了配合国家监察体制改革,完善与监察法的衔接机制,2018年《刑事诉讼法》删去了2012年《刑事诉讼法》第18条第2款中检察院对

---

〔1〕 周道鸾、张泗汉主编:《刑事诉讼法的修改与适用》,人民法院出版社1996年版,第130页。

〔2〕 黄太云:《刑事诉讼法修改释义》,载《人民检察》2012年第8期,第32页。

贪污贿赂犯罪、渎职侵权犯罪等案件行使立案侦查权的规定。从此,刑事诉讼中不再有检察院对这些案件侦查的情形,其他条文中的相关规定也都相应作出修改,这其中就包括本条的规定。具体而言,2018年《刑事诉讼法》在本条第1款删除了对"特别重大贿赂犯罪",在住处执行可能有碍侦查的,经上一级"人民检察院"批准,可以在指定居所监视居住的相关表述。

此外,本条还有一处文字修改,将原规定第3款中的"适用本法第三十三条的规定"修改为"适用本法第三十四条的规定"。

▶▶【法条注解】

本条共有四款,主要规定的是监视居住的执行地点,执行程序以及对执行的监督,可从四个方面对本条展开注解。

一、监视居住的执行地点

本条第1款规定的是监视居住的执行地点:"处所"。其中的"处"是犯罪嫌疑人、被告人的住处,是指犯罪嫌疑人、被告人在办案机关所在地的市、县内工作、生活、学习的合法场所;其中的"所"是办案机关指定的居所。在两个地点执行监视居住,主要延续了1996年《刑事诉讼法》规定的"以固定住处为原则,以指定的居所为例外"的精神。执行监视居住原则上"应当在犯罪嫌疑人、被告人的住处执行",称为住处监视居住,只有在两种特殊情况下才可以在指定的居所执行监视居住,称为指定居所监视居住。

一种特殊情况是犯罪嫌疑人、被告人"无固定住处",可称为"无家可归型"的指定居所监视居住。这类指定居所监视居住没有案件范围、诉讼阶段的限制,也不需要上一级办案机关许可,只要犯罪嫌疑人、被告人无固定住处,符合监视居住条件的,就可以采用指定居所监视居住的强制措施。

另一种特殊情况是"对于涉嫌危害国家安全犯罪、恐怖活动犯罪,在住处执行可能有碍侦查的,经上一级公安机关批准",也可以在指定的居所执行,可称为"有家不让回型"的指定居所监视居住。需要注意的是,这种指定居所监视居住的适用条件有三个:首先,在案件条件上,案件必须是涉嫌危害国家安全犯罪、恐怖活动犯罪,不涉及其他案件。其次,在阶段条件上,案件必须处于侦查阶段,否则条文中不会是"有碍侦查"的表述,而应是"有碍诉讼"的规定。如果案件已经被移送审查起诉或提起公诉,案件处于审查起诉阶段或审判阶段,即使案件涉嫌危害国家安全犯罪、恐怖活动犯罪,因不可能再出现"有碍侦查"的情形,也不可采用这种情形的指定居所监视居住。再次,在前提条件上,"在住处执行可能有碍侦查的",依《公安规定》第111条第2款,"有碍侦查"包括五种情形:1.可能毁灭、伪造证据,干扰证人作证或者串供的;2.可能引起犯罪嫌疑人自残、自杀或者逃跑的;3.可能引起同案犯逃避、妨碍侦查的;4.犯罪嫌疑人、被告人在住处执行监视居住有人身危险的;5.犯罪嫌疑人、被人的家属或者所在单位人员与犯罪有牵连的。最后,在审批条件上,决定此类情形的指定居所监视居住还要"经上一级公安机关批准",如果案件涉及的是危害国家安全犯罪,则要"经上一级国家安全机关批准"。如果是公安部、国家安全部侦查的案件,有权直接决定指定居所监视居住。

需要特别说明的是,无论是"无家可归型"的指定居所监视居住,还是"有家不让回型"的指定居所监视居住,都要先符合《刑事诉讼法》第74条规定的监视居住的适用条件。反之,如果犯罪嫌疑人本应逮捕,又不符合第74条规定的条件,即使没有固定住处,或涉嫌危害国家安全犯罪、恐怖活动犯罪,都应当逮捕。

本款还规定了监视居住执行地点的禁止性规定,"不得在羁押场所、专门的办案场所执行"。这一规定实际上是为了防止监视居住沦为变相羁押,剥夺被监视居住人的自由,甚至出现刑讯逼供等侵犯犯罪嫌疑人、被告人合法权益的行为。按照本款要求,《高检规则》第116条第4款规定,"采取指定居所监视居住,不得在看守所、拘留所、监狱等羁押、监管场所以及留置室、讯问室等专门的办案场所、办公区域执行"。该条第3款还规定:"指定的居所应当符合下列条件:(一)具备正常的生活、休息条件;(二)便于监视、管理;(三)能够保证安全。"《公安规定》第112条也做了类似的规定。[1]

另外,《六机关规定》第15条还就指定居所监视居住的费用问题作出规定,"指定居所监视居住的,不得要求被监视居住人支付费用"。

---

[1] 《公安规定》第112条:"固定住处,是指被监视居住人在办案机关所在的市、县内生活的合法住处;指定的居所,是指公安机关根据案件情况,在办案机关所在的市、县内为被监视居住人指定的生活居所。指定的居所应当符合下列条件:(一)具备正常的生活、休息条件;(二)便于监视、管理;(三)保证安全。公安机关不得在羁押场所、专门的办案场所或者办公场所执行监视居住。"

二、指定居所监视居住通知家属

为了保障被监视居住人的家属的知情权,便于被监视居住人的家属了解情况后为其聘请律师或者提供其他帮助,充分保护被监视居住人的合法权益,避免"秘密拘捕"现象的出现,本条第 2 款规定,对于指定居所监视居住的,除无法通知的以外,应当在执行监视居住后 24 小时以内,通知被监视居住人的家属。

首先,只有指定居所监视居住才需要通知被监视居住人的家属,如果是住处监视居住,犯罪嫌疑人、被告人大都与其家属同住,无须通知。

其次,通知家属的时间是在执行监视居住(不是决定监视居住)后的 24 小时以内,通知的主体是决定监视居住的机关,即"谁决定,谁通知"。

最后,指定居所监视居住的,通知家属是原则,但例外情况下可不通知家属。所谓的例外情况就是"无法通知"家属。如何理解"无法通知"家属?《高检规则》第 117 条第 2 款规定:"无法通知包括下列情形:(一)被监视居住人无家属;(二)与其家属无法取得联系;(三)受自然灾害等不可抗力阻碍。"《公安规定》第 113 条规定:"指定居所监视居住的,除无法通知的以外,应当制作监视居住通知书,在执行监视居住后二十四小时以内,由决定机关通知被监视居住人的家属。有下列情形之一的,属于本条规定的'无法通知':(一)不讲真实姓名、住址、身份不明的;(二)没有家属的;(三)提供的家属联系方式无法取得联系的;(四)因自然灾害等不可抗力导致无法通知的。无法通知的情形消失以后,应当立即通知被监视居住人的家属。无法通知家属的,应当在监视居住通知书中注明原因。"比较上述两个条文会发现,《公安规定》对"无法通知"的解释比《高检规则》多了一种情形,即犯罪嫌疑人、被告人"不讲真实姓名、住址、身份不明的",本评注认为这种情形一般也属于"无法通知"的情形,但其实客观上会导致办案机关"与家属无法取得联系",属于《高检规则》第 117 条第 2 款第 2 项情形,所以上述两个条文对"无法通知"的解释并无实质差别。需要注意的是,按照《刑事诉讼法》第 160 条的规定,犯罪嫌疑人不讲真实姓名、住址、身份不明的,应当对其身份进行调查,并且不得停止对其犯罪行为的侦查取证。故办案机关不得未经调查就直接以"无法通知"为由不通知家属。

三、被监视居住的犯罪嫌疑人、被告人委托辩护人

为了更好地实现被监视居住人的辩护权,本条第 3 款规定,被监视居住的犯罪嫌疑人、被告人委托辩护人,适用《刑事诉讼法》第 34 条的规定。《刑事诉讼法》第 34 条规定:"犯罪嫌疑人自被侦查机关第一次讯问或者采取强制措施之日起,有权委托辩护人;在侦查期间,只能委托律师作为辩护人。被告人有权随时委托辩护人。侦查机关在第一次讯问犯罪嫌疑人或者对犯罪嫌疑人采取强制措施的时候,应当告知犯罪嫌疑人有权委托辩护人。人民检察院自收到移送审查起诉的案件材料之日起三日以内,应当告知犯罪嫌疑人有权委托辩护人。人民法院自受理案件之日起三日以内,应当告知被告人有权委托辩护人。犯罪嫌疑人、被告人在押期间要求委托辩护人的,人民法院、人民检察院和公安机关应当及时转达其要求。犯罪嫌疑人、被告人在押的,也可以由其监护人、近亲属代为委托辩护人。辩护人接受犯罪嫌疑人、被告人委托后,应当及时告知办理案件的机关。"据此,被监视居住的犯罪嫌疑人、被告人可以委托辩护人,也可以由其近亲属代为委托辩护人,在侦查期间,只能委托律师作为辩护人。办案机关也应当根据第 34 条的规定告知犯罪嫌疑人、被告人委托辩护人的权利。犯罪嫌疑人、被告人在被监视居住,尤其是被指定居所监视居住期间要求委托辩护人的,法院、检察院、公安机关应当及时转达其要求。

四、检察院对指定居所监视居住决定和执行的监督

本条第 4 款是检察院对指定居所监视居住的合法性实行法律监督的规定。从以往的实践来看,办案机关对监视居住的决定和适用较为随意,监视居住在执行中常常异化为变相羁押。为确保指定居所监视居住措施被依法执行,法律规定检察院对指定居所监视居住的决定和执行是否合法实行监督。这种监督,不仅包括检察院对公安机关决定和采取的指定居所监视居住的监督,也包括对法院或检察院决定,并由公安执行的指定居所监视居住的监督。《高检规则》第 118 条规定:"对于公安机关、人民法院决定指定居所监视居住的案件,由批准或者决定的公安机关、人民法院的同级人民检察院负责捕诉的部门对决定是否合法实行监督。人民检察院决定指定居所监视居住的案件,由负责控告申诉检察的部门对决定是否合法实行监督。"

另外,《高检规则》第119条规定了对指定居所监视居住的决定所要监督的内容,"被指定居所监视居住人及其法定代理人、近亲属或者辩护人认为指定居所监视居住决定存在违法情形,提出控告或者举报的,人民检察院应当受理。人民检察院可以要求有关机关提供指定居所监视居住决定书和相关案卷材料。经审查,发现存在下列违法情形之一的,应当及时通知其纠正:(一)不符合指定居所监视居住的适用条件的;(二)未按法定程序履行批准手续的;(三)在决定过程中有其他违反刑事诉讼法规定的行为的"。《高检规则》第120条第1款规定了对指定居所监视居住的执行所要监督的内容,"对于公安机关、人民法院决定指定居所监视居住的案件,由人民检察院负责刑事执行检察的部门对指定居所监视居住的执行活动是否合法实行监督。发现存在下列违法情形之一的,应当及时提出纠正意见:(一)执行机关收到指定居所监视居住决定书、执行通知书等法律文书后不派员执行或者不及时派员执行的;(二)在执行指定居所监视居住后二十四小时以内没有通知被监视居住人的家属的;(三)在羁押场所、专门的办案场所执行监视居住的;(四)为被监视居住人通风报信、私自传递信件、物品的;(五)违反规定安排辩护人同被监视居住人会见、通信,或者违法限制被监视居住人与辩护人会见、通信的;(六)对被监视居住人刑讯逼供、体罚、虐待或者变相体罚、虐待的;(七)有其他侵犯被监视居住人合法权利行为或者其他违法行为的"。

▶▶【法条评点】

一、应将指定居所监视居住的原因和地点通知家属

本条第2款规定:"指定居所监视居住的,除无法通知的以外,应当在执行监视居住后二十四小时以内,通知被监视居住人的家属。"如果对本条作文义解释会发现,本条并未明确要将指定居所监视居住的原因和地点通知犯罪嫌疑人、被告人的家属。从司法解释和规范性文件看,仅《高法解释》第161条第2款规定,"对被告人指定居所监视居住后,人民法院应当在二十四小时以内,将监视居住的原因和处所通知其家属;确实无法通知的,应当记录在案"。而《高检规则》第117条则规定,检察院应当将指定居所监视居住的原因通知被监视居住人的家属。至于是否通知家属指定居所监视居住的地点,本条并未明确。《公安规定》第113条则直接省略了通知被监视居住人家属的内容,复制了刑事诉讼法的规定。在司法实践中,公安机关大多不通知家属指定居所监视居住的原因和地点,客观上造成了犯罪嫌疑人在侦查阶段"被失踪",指定居所监视居住异化为"秘密逮捕",辩护律师在侦查阶段无法会见犯罪嫌疑人,辩护权的行使受到严重侵害。本评注认为,上述做法存在明显错误。2012年3月8日,也就是刑事诉讼法第二次大修后,时任全国人大常委会法工委副主任的郎胜在回答中外记者提问时指出,对于犯罪嫌疑人、被告人被指定居所监视居住的,"现在做了通知家属这样一个原则的规定,在一般情况下就都包含了采取强制措施的原因、羁押的场所。当然在有些情况下,一个人犯罪,有了犯罪线索,当时根据这个犯罪线索来通知,但是事后随着案件的进展,随着进一步的侦查,可能一开始通知的涉嫌的罪名和后来的又不一致,因为可能随着侦查罪名发生了变化,案件的情况也发生了变化,所以为了适应各种复杂的情况,法律作了原则性的规定"〔1〕。这一解释出自立法机关的领导之口,且面向中外记者,具有权威性,应当成为今后指定居所监视居住通知家属原因和地点的依据。

二、应加强对无固定住处指定居所监视居住的监督与治理

监视居住是限制被追诉人人身自由的一种强制措施,为逮捕的替代性措施,而非羁押措施。2012年《刑事诉讼法》将监视居住的执行方式分为住处监视居住和指定居所监视居住两种。从司法实践来看,指定居所监视居住在实践中被滥用,并有"准逮捕化""类羁押化"的倾向。这主要源于有些办案机关通过指定管辖、异地办案,人为造成犯罪嫌疑人在异地"无固定住处"的状况,从而达到采用指定居所监视居住措施的目的。实践中,由于指定的居所较为封闭,管理缺乏标准,加之一些侦查机关有意不告知犯罪嫌疑人家属监视居住的地点和原因,导致外部力量监管难,辩护律师会见难。一段时间,指定居所监视居住的强制性甚至超越了逮捕,异化为羁押措施,以致出现了一系列让人匪夷所思的现象。如部分律师申请变更强制措施,要求由指定居所监视居住变更为逮捕,目的是能在

---

〔1〕 佚名:《郎胜解释把"采取强制措施场所告诉家属"删除》,载搜狐新闻网2012年3月8日,http://news.sohu.com/20120308/n337130040.shtml,访问日期:2023年12月14日。

看守所见到犯罪嫌疑人;再如个别犯罪嫌疑人在办案机关指定居所监视居住后的第三天便在当地买房,目的是在当地有固定住处,从而申请变更监视居住的执行方式为住处监视居住。基于上述种种乱象和奇闻,有必要进一步规范指定居所监视居住的适用,使监视居住真正成为逮捕的替代措施,分流消化实践中那些不必羁押的犯罪嫌疑人、被告人。

首先,要合理解释"无固定住处"的含义。"固定住处"最早出现于1996年《刑事诉讼法》对监视居住制度的调整。1998年《公安规定》第98条将其解释为"犯罪嫌疑人在办案机关所在的市、县内生活的合法住处",并一直沿用至今。按照这一解释,只要犯罪嫌疑人在办案机关所在市、县内有合法住处就视为"固定住处",那么异地指定管辖后的案件,犯罪嫌疑人在异地办案机关所在地并非一定没有合法住处,因为"合法"仅仅是表明取得住处的途径符合法律的规定。[1] 换言之,只要犯罪嫌疑人通过合法方式购买、租赁或借用住处的,就可视为"合法住处""固定住处",办案机关就不应再指定居所监视居住。

其次,要合理解释"市、县内生活的合法住处"中"市"的含义。《公安规定》第112条第1款规定:"固定住处,是指被监视居住人在办案机关所在的市、县内生活的合法住处。"不少公安机关在办案中经常将本应由甲市A区办理的案件指定到甲市B区,造成犯罪嫌疑人在B区没有固定住处,进而采取指定居所监视居住措施。本评注认为这实为不妥。主要原因在于办案机关没有准确理解条文中"市"的含义。按照前文对第71条【法条评点】中"一、关于'市'的理解"的解释说明,这里的"市"不仅指县级市,而是包括直辖市、设区的市的城市市区(如甲市下辖的所有区都属市区)、不设区的市以及县级市的辖区。例如,居住在甲市A区的徐三因为涉嫌犯罪被甲市B区公安机关立案侦查,拟采取监视居住的强制措施。经查,徐三一直生活在A区,在B区没有生活住处(没有租房)。那么,B区公安机关能否以徐三在B区没有固定住处而采取指定居所监视居住呢?按照前述分析,答案是否定的,因为徐三虽然在B区没有固定住处,但在办案机关所在的"市"内,即甲市的市区(包括甲市A区)有固定住处,故不能采用指定居所监视居住措施。综上,对于B区公安机关

---

[1] 参见程雷:《指定居所监视居住实施问题的解释论分析》,载《中国法学》2016年第3期,第238页。

的做法应予纠正,改采住处监视居住。

最后,要严格规制公安机关在实践中对指定管辖的滥用,检察院要以对指定居所监视居住的决定和执行进行监督为依据和抓手,监督公安机关指定管辖的合法性与规范性,对于实践中一些错误做法要及时监督和纠正。

第七十六条 【指定居所监视居住期限的刑期折抵】 指定居所监视居住的期限应当折抵刑期。被判处管制的,监视居住一日折抵刑期一日;被判处拘役、有期徒刑的,监视居住二日折抵刑期一日。

▶▶【历次修法条文对照】

1979 年 《刑事诉讼法》	1996 年 《刑事诉讼法》	2012 年 《刑事诉讼法》	2018 年 《刑事诉讼法》
第六章 强制措施	第六章 强制措施	第六章 强制措施	第六章 强制措施
无	无	第 74 条:指定居所监视居住的期限应当折抵刑期。被判处管制的,监视居住一日折抵刑期一日;被判处拘役、有期徒刑的,监视居住二日折抵刑期一日。	第 76 条 内容未修订

▶▶【立法沿革】

本条为 2012 年《刑事诉讼法》新增条文。

我国刑法规定拘留、逮捕的期限可以折抵管制、拘役、有期徒刑的刑期。因为拘留、逮捕作为保障刑事诉讼顺利进行的强制措施,本不具有刑罚处罚性,但客观上却剥夺了人身自由,属未决羁押,跟已决羁押具有"物理上"的等效性,故判决前的拘留、逮捕期限有必要在判处的刑罚中予以折抵。2012 年修改刑事诉讼法时,立法机关考虑到指定居所监视居住虽不属羁押措施,但对公民人身自由的限制程度较高,比住处监视居住和取保候审的强制性都要大。根据刑事诉讼法的规定,指定居所监视居住要求犯罪嫌疑人、被告人在指定的居所范围内活动,类似于"软禁""禁足";未经执行机关批准不得会见他人或者通信;即使允许通信,执行机关也可以在侦查期间对通信进行监控。总体来看,指定居所监视居住对人身自由的限制程度更为接近对人身自由的剥夺,有"准逮捕""类羁押"的性质,为了更好地维护被指定居所监视居住人的合法权益,有必要参照拘留或逮捕"减半"折抵刑期。故2012年《刑事诉讼法》增加了本条规定。

2018年修订刑事诉讼法时,本条未有修改,仅有条文序号的变化。

▶▶【法条注解】

本条规定的是关于指定居所监视居住的期限折抵刑期的问题,可从两个方面进行理解和把握。

一、只有指定居所监视居住的才可折抵刑期

不是所有的监视居住都可以折抵刑期。指定居所监视居住较住处监视居住强制性高,对人身自由几近剥夺,故只有指定居所监视居住的期限可以折抵刑期。

> **案例1**
>
> 居住在甲市A区的张三在所住小区旁的大有发超市盗窃价值两万元的财物,后被A区公安机关抓获并立案侦查,法院终审判处张三1年有期徒刑。张三在整个诉讼中仅在侦查阶段被监视居住六个月,后一直被取保候审,试问张三被判处徒刑后还要服刑多久?答案:一年。因为只有指定居所监视居住的期限才能折抵刑期。依《刑事诉讼法》第75条规定,可以对犯罪嫌疑人采用指定居所监视居住措施的有两种情形:一是"无固定住处的",本案中办案机关在A区,张三居住在A区,有固定住处,不符合无固定住处指定居所监视居住的情形;二是"对于涉嫌危害国家安全犯罪、恐怖活动犯罪,在住处执行可能有碍侦查的,经上一级公安机关批准,也可以在指定的居

所执行",本案中张三涉嫌的是盗窃罪,而非危害国家安全犯罪、恐怖活动犯罪,也不符合这种指定居所监视居住的情形。综上,本案中对张三采取的监视居住只能是住处监视居住,监视居住期限不能折抵有期徒刑的刑期,故张三在判决执行时还要服刑一年。

案例 2

2014 年 11 月 13 日,被告人杨布嫫因贩卖毒品,在宁蒗县民族广场被公安机关抓获。公安人员当场从其身上查获毒品海洛因 14 小包。据杨布嫫交代,她曾将毒品以每小包 100 元的价格分别卖给吸毒人员苏某和杨某。因杨布嫫被抓获时正在哺乳自己未满周岁的孩子,公安机关当天对她采取了监视居住强制措施,执行地点就在杨布嫫家中。2015 年 5 月 13 日,监视居住期满后,杨布嫫被执行逮捕。该案经宁蒗县检察院提起公诉,10 月 12 日,法院以贩卖毒品罪一审判处杨布嫫有期徒刑一年零四个月,并处罚金 2000 元,同时,判决书将杨布嫫被监视居住的六个月折抵了三个月刑期。判决书被送至宁蒗县检察院后,该院公诉科检察官经审查,发现该判决存在刑期折抵错误。根据 2012 年《刑事诉讼法》第 73 条(2018 年《刑事诉讼法》第 75 条)之规定,监视居住应当在犯罪嫌疑人、被告人的住处执行;无固定住处的,可以在指定的居所执行。第 74 条(2018 年《刑事诉讼法》第 76 条)规定,指定居所监视居住的期限应当折抵刑期。被判处管制的,监视居住一日折抵刑期一日;被判处拘役、有期徒刑的,监视居住二日折抵刑期一日。根据上述规定,被告人杨布嫫虽然被监视居住,但执行地点就在其家中,并不属于被指定居所监视居住的情况,对其监视居住的六个月不应折抵刑期。检察院遂向法院发出《纠正违法通知书》,将发现的问题和法律依据进行了详细阐述。随后,法院以《刑事裁定书》的方式对刑期折抵错误进行了纠正。[1]

---

[1] 参见何赟、西鲁东:《监视居住就在家里咋还折抵刑期?云南宁蒗:依法监督纠正一起刑期折抵错误案》,载《检察日报》2015 年 12 月 2 日,第 4 版。

二、明确折抵刑期的标准

本条明确了指定居所监视居住的期限折抵刑期的标准,指定居所监视居住一日折抵管制一日,指定居所监视居住二日折抵拘役、有期徒刑一日。之所以这样规定,主要是考虑指定居所监视居住被定位为非羁押强制措施,对人身自由是限制而非剥夺,虽然对人身的强制性强于住处监视居住,但仍弱于拘留、逮捕,只能算是准羁押措施,故在刑期折抵上应低于拘留、逮捕折抵刑期的标准,"减半"处理。

> **案例 3**
> 甲被判处拘役六个月,被指定居所监视居住 154 天应折抵刑期 154 天吗? 答案:错误。甲被判处拘役,被指定居所监视居住 154 天,指定居所监视居住二日折抵拘役一日,故应折抵拘役刑期 77 天。

▶▶【法条评点】

一、关于指定居所监视居住的期限折抵刑期的计算方法

本条虽没有明确规定指定居所监视居住的期限折抵刑期的计算方法,但在具体实践中也应当依据有关法律做好操作。根据刑法规定,指定居所监视居住的期限折抵刑期,从判决执行之日起计算,即判决开始执行的当日起计算,当日包括在刑期之内;判决执行以前指定居所监视居住的期限,一日折抵管制刑期一日,或者二日折抵拘役、有期徒刑一日。这里所说的"判决执行之日",是指罪犯被送交监狱或者其他执行机关执行刑罚之日,而不是指判决生效的日期。对于虽已作出有罪判决,但犯罪分子尚未交付监狱或者其他执行机关执行的,还不能算判决执行之日,不能开始计算刑期。[1]

二、关于指定居所监视居住折抵刑期出现半日的计算方法

《刑事诉讼法》第 76 条规定:"指定居所监视居住的期限应当折抵刑期。被判处管制的,监视居住一日折抵刑期一日;被判处拘役、有期徒刑

---

[1] 参见王爱立、雷建斌主编:《刑事诉讼法立法精解》,中国检察出版社 2019 年版,第 139 页。

的,监视居住二日折抵刑期一日。"实践中对此折抵刑期的计算方法在适用中存在一定困惑。例如,指定居所监视居住日期是双数,折抵刑期自然不存在问题,但如果是单数,将会出现折抵刑期存在半日的情况。为体现司法文明,最大限度保障被监视居住人的合法权益,本评注建议在适用中,如果指定居所监视居住折抵刑期出现半日情形的,应按一日计算。

第七十七条　【被监视居住人应遵守的规定】被监视居住的犯罪嫌疑人、被告人应当遵守以下规定:
(一)未经执行机关批准不得离开执行监视居住的处所;
(二)未经执行机关批准不得会见他人或者通信;
(三)在传讯的时候及时到案;
(四)不得以任何形式干扰证人作证;
(五)不得毁灭、伪造证据或者串供;
(六)将护照等出入境证件、身份证件、驾驶证件交执行机关保存。
【对被监视居住人违反规定的处理】被监视居住的犯罪嫌疑人、被告人违反前款规定,情节严重的,可以予以逮捕;需要予以逮捕的,可以对犯罪嫌疑人、被告人先行拘留。

▶▶【历次修法条文对照】

1979 年《刑事诉讼法》	1996 年《刑事诉讼法》	2012 年《刑事诉讼法》	2018 年《刑事诉讼法》
第六章　强制措施	第六章　强制措施	第六章　强制措施	第六章　强制措施
无	**第 57 条**:被监视居住的犯罪嫌疑人、被告人应当遵守以下规定: (一)未经执行机关批准不得离开住处,无固定住处的,未经批准不得离开指定的居所;	**第 75 条**:被监视居住的犯罪嫌疑人、被告人应当遵守以下规定: (一)未经执行机关批准不得**离开执行监视居住的处所**; (二)未经执行机关批准不得会	**第 77 条** 内容未修订

(续表)

1979年《刑事诉讼法》	1996年《刑事诉讼法》	2012年《刑事诉讼法》	2018年《刑事诉讼法》
第六章 强制措施	第六章 强制措施	第六章 强制措施	第六章 强制措施
	（二）未经执行机关批准不得会见他人； （三）在传讯的时候及时到案； （四）不得以任何形式干扰证人作证； （五）不得毁灭、伪造证据或者串供。 被监视居住的犯罪嫌疑人、被告人违反前款规定，情节严重的，予以逮捕。	见他人**或者通信**； （三）在传讯的时候及时到案； （四）不得以任何形式干扰证人作证； （五）不得毁灭、伪造证据或者串供； （六）**将护照等出入境证件、身份证件、驾驶证件交执行机关保存。** 被监视居住的犯罪嫌疑人、被告人违反前款规定，情节严重的，可以予以逮捕；需要予以逮捕的，可以对犯罪嫌疑人、被告人先行拘留。	

▶▶【立法沿革】

本条为1996年《刑事诉讼法》新增条文。

1979年《刑事诉讼法》对被监视居住人应当遵守什么义务，违反义务当如何处理没有明确规定，导致实践中被监视居住人的执行内容、标准和后果不统一，不同地区执行差异大，甚至有些混乱。有的地方将监视居住执行得过于宽松，导致对被监视居住人处于"脱监"的失控状态，根本无法监视，也产生不了任何实际的约束效果；有的地方则执行得过于严苛，把被监视居住的犯罪嫌疑人、被告人关进看守所、拘留所，放在招待所、旅馆，甚至私设的"小黑屋"，严密监控，搞讯问取证，把监视居住弄成了变相羁押和取证的手段,严重侵犯犯罪嫌疑人、被告人的合法权益,与监视居住的设计初衷相去甚远。为了对被监视居住的犯罪嫌疑人、被告人的行为作出规范,明确其应当遵守的义务和违反义务的法律后果,同时为了便于执行机关对被监视居住的犯罪嫌疑人、被告人进行监督,1996年《刑事诉讼法》增加了被监视居住的犯罪嫌疑人、被告人应当遵守的义务性规定。

1996年以后,随着经济社会的快速发展,科技突飞猛进,人们的生产和生活发生了巨大变化,人员的流动性增强,犯罪形势也有了新变化,一些传统的监督管理措施已不能有效保障监视居住的执行效果,为了增强监视居住措施的针对性,有效防卫社会,保障诉讼进行,2012年《刑事诉讼法》对本条作出补充修改。

一是统一了监视居住的执行处所,将"未经执行机关批准不得离开住所,无固定住所的,未经批准不得离开指定的居所"统一明确为"未经执行机关批准不得离开执行监视居住的处所"。之所以改为更简洁的表述,是因为《刑事诉讼法》第75条已经对监视居住的执行场所作出规定,没有必要再在被监视居住人应当遵守的义务性条款中重申。

二是增加了不得与他人通信的要求,在"未经执行机关批准不得会见他人"的规定后增加不得"通信"的要求。在信息时代,各种新型通信手段不断出现,人们足不出户便可与外界沟通联系。在此背景下,仅仅限制被监视居住人的会见已经不能满足防止其妨碍诉讼的需要,故将被监视居住人的通信行为纳入法律规制的范围就有了现实必要性和紧迫性。

三是增加了将护照等出入境证件、身份证件、驾驶证件交执行机关保存的要求。随着经济社会的迅猛发展,交通日益发达,人员流动愈发便利和频繁,犯罪嫌疑人、被告人逃跑的手段和工具也日渐增多。另外,随着国际交流的增多,外国人在我国境内犯罪或对中国公民犯罪的情况也开始增多。为了保证诉讼顺利进行和判处刑罚能执行到位,对某些人的监视居住需要采取一系列措施来剥夺他们逃脱监管的便利通行条件,限制或者防止其离境。有鉴于此,立法机关增设被监视居住人要"将护照等出入境证件、身份证件、驾驶证件交执行机关保存"的义务性规定。

四是在原条文第2款"予以逮捕"前增加"可以"二字,规定对违反监视居住义务规定的犯罪嫌疑人、被告人,即使是情节严重,也并非一律逮捕。例如,根据1996年《刑事诉讼法》的规定,1999年《高检规则》第68条第2款作出规定,"下列违反监视居住规定的行为,属于情节严重,对犯罪嫌疑人应当予以逮捕:……(四)……两次未经批准,擅自离开住处或者指定的居所的……"之后,根据修订后的2012年《刑事诉讼法》的规定,2012年《高检规则》第121条第2款重新作出规定,被监视居住的犯罪嫌疑人,"两次未经批准,擅自离开执行监视居住的处所的",检察院可以对犯罪嫌疑人予以逮捕,也可以不予逮捕。毕竟,司法实践中情况极为复杂,有时就会出现被监视居住人来不及经执行机关批准就要离开处所求医问药、临终探视亲属以及奔丧等紧急特殊情形,这些情形如果出现两次,但并未妨碍刑事诉讼顺利推进,是否必然逮捕就有疑问。2012年的修法其实给了办案机关是否决定逮捕一定的裁量空间,避免了逮捕措施适用的僵化和"一刀切"。

五是增加规定,对违反监视居住规定,情节严重,需要予以逮捕的犯罪嫌疑人、被告人,可以先行拘留。在实践中,对于应当逮捕的犯罪嫌疑人、被告人,要依法定程序履行必要的审批手续,这往往需要一定的时间。在此期间,犯罪嫌疑人、被告人的人身自由未被剥夺,缺乏必要的控制和约束,可能会对诉讼活动造成不必要的干扰和影响。由于1996年《刑事诉讼法》对在批准逮捕之前是否可以采取先行拘留措施规定不明,为防止犯罪嫌疑人、被告人在检察院作出批准逮捕决定前继续实施危害社会、逃避刑事追究、阻碍刑事诉讼的行为,有必要先行采取必要的强制措施。有鉴于此,2012年《刑事诉讼法》增加规定,对于违反监视居住规定,情节严重,需要予以逮捕的犯罪嫌疑人、被告人,可以先行拘留。

本条在2018年修法时未有内容调整,仅有条文序号的变化。

▶▶【法条注解】

本条共有两款,分别规定的是被监视居住人应当遵守的义务以及违反义务该如何处理的问题。

一、关于监视居住期间应当遵守的义务

本条第1款规定,犯罪嫌疑人、被告人在被监视居住期间应遵守六项

义务。

(一)未经执行机关批准不得离开执行监视居住的处所

本项中执行监视居住的"处所"是根据《刑事诉讼法》第 75 条规定的监视居住不同的执行方式进行的用语整合。其中,"处"是指犯罪嫌疑人、被告人的固定住处,"所"是指办案机关为犯罪嫌疑人、被告人监视居住指定的居所。关于"住处"和"指定的居所"在本书第 75 条的【法条注解】中都已作出解释,故不再赘述。另外,监视居住的"处所"不能是羁押场所或专门的办案场所,这在第 75 条也有规定。

另外,根据《六机关规定》第 13 条的规定,被监视居住的犯罪嫌疑人、被告人有正当理由需要离开执行监视居住的处所,应当经执行机关批准。如果监视居住是由检察院、法院决定的,执行机关在批准犯罪嫌疑人、被告人离开执行监视居住的处所前,应当征得决定机关同意。

(二)未经执行机关批准不得会见他人或者通信

本项规定的"他人"是指与被监视居住人共同居住的家庭成员和辩护律师、非律师辩护人以外的人。如果被监视居住人适用的是住处监视居住,其与家庭成员共处一室(屋),难免"抬头不见低头见",强制要求被监视居住人每次与家庭成员会见前都要经执行机关批准,实属强人所难。然而,"法律不能强人所难"。另外,《刑事诉讼法》第 39 条第 1 款规定,"辩护律师可以同在押的犯罪嫌疑人、被告人会见和通信。其他辩护人经人民法院、人民检察院许可,也可以同在押的犯罪嫌疑人、被告人会见和通信";第 5 款规定,"辩护律师同被监视居住的犯罪嫌疑人、被告人会见、通信,适用第一款、第三款、第四款的规定"。据此,除涉及危害国家安全犯罪、恐怖活动犯罪,辩护律师在侦查期间会见被监视居住的犯罪嫌疑人应当经侦查机关(也就是执行机关)许可外,在其余案件中都可不经侦查机关许可直接会见和通信。而辩护律师以外的非律师辩护人在审查起诉阶段或审判阶段会见被监视居住的犯罪嫌疑人、被告人的,须经检察院、法院许可,也无须执行机关(公安机关)批准。综上,本项规定的"他人"是指排除了被监视居住人共同居住的家庭成员和辩护律师、非律师辩护人以外的其他人,这里的"他人"应从文义上作限缩解释。

本项规定的"通信"除一般的信件往来之外,也包括近些年来随着科技进步所衍生出的一些新的通讯方式,比如通过电话、传真、电子邮件、手机短信、即时通讯工具(微信、MSN、QQ)等进行的沟通和交流。刑事诉讼法总共有四个条文,共计六处出现"通信"一词。按照同一解释规则,同一法律规范中的用语含义应保持统一,故这六处"通信"的含义原则上应前后一致。如《刑事诉讼法》第71条第2款规定:"人民法院、人民检察院和公安机关可以根据案件情况,责令被取保候审的犯罪嫌疑人、被告人遵守以下一项或者多项规定:……(二)不得与特定的人员会见或者通信……""两高两部"《取保候审规定》第8条第2款对本条中的"通信"作出解释,"'通信'包括以信件、短信、电子邮件、通话,通过网络平台或者网络应用服务交流信息等各种方式直接或者间接通信"。本项中的"通信"也宜参照该解释。同时,被监视居住人每次与他人通信都应当由执行机关进行审批。执行机关通过对通信对象、通信时间、通信次数等进行审查,作出是否批准本次通信的决定。但是,执行机关不可依据此项规定检查通信的内容。对通信内容的检查,执行机关应当依据《刑事诉讼法》第78条的规定,在侦查期间对被监视居住的犯罪嫌疑人的通信进行监控。

值得注意的是,本项规定中"对被监视居住的犯罪嫌疑人、被告人通信权的限制,比对被拘留或者逮捕的犯罪嫌疑人、被告人的限制力度要低。因为前者没有限定通信的对象,即被监视居住人在符合法定程序的情况下,既可以与辩护人通信,也可与辩护人以外的人通信。而在被羁押的情况下,犯罪嫌疑人、被告人仅可与辩护人进行通信。这体现了监视居住作为逮捕的替代措施,与羁押性强制措施的差别"[1]。

(三)第3、4、5项义务与第71条中被取保候审人应遵守的义务相同

本条第1款第3、4、5项的规定是,"在传讯的时候及时到案""不得以任何形式干扰证人作证""不得毁灭、伪造证据或者串供",这与《刑事诉讼法》第71条第1款第3、4、5项的规定,即犯罪嫌疑人、被告人在被取保候审期间应当遵守的义务相同。对此可参见第71条【法条注解】的相关内容,不再赘述。

---

[1] 陈光中主编:《〈中华人民共和国刑事诉讼法〉修改条文释义与点评》,人民法院出版社2012年版,第133页。

(四)将护照等出入境证件、身份证件、驾驶证件交执行机关保存

《刑法修正案(九)》将"身份证件"的范围由居民身份证扩大到护照、社会保障卡、驾驶证等,规定在《刑法》第 280 条第 3 款。如果借鉴刑法的规定划定本项中"身份证件"的外延,会导致其与本项中的"出入境证件"(护照、港澳通行证、台湾通行证等)和"驾驶证件"的交叉混淆,故对本项中的"身份证件"宜作限缩解释,主要指居民身份证。在我国,居民身份证在人们的日常生活、经济交往中愈发体现得举足轻重。在银行开户办卡,在宾馆登记住宿,在火车站、飞机航站楼购票出行都需要居民身份证。现代社会,没有居民身份证,可谓寸步难行。被监视居住的犯罪嫌疑人、被告人的居民身份证如果被执行机关保存、扣押,其就很难出行潜逃,即使侥幸逃脱执行机关的监控,也难以在宾馆住宿、隐藏落脚。从目的解释和功能主义的视角出发,如果居民身份证丢失,凡是可以代替居民身份证,使被监视居住的犯罪嫌疑人、被告人能够出行、逃跑或住宿的户口簿、军人身份证等都可视为本项中的"身份证件"。

需要说明的是,要求被监视居住的犯罪嫌疑人、被告人向执行机关交存身份证件并不会对其合法权利的行使造成太多不便。因为监视居住的地点是固定住处或指定的居所,监视居住的执行方式决定了被监视居住人必须做到"足不出户",自然也没有太多需要用到身份证件的机会或场合。当然,当发生被监视居住的犯罪嫌疑人、被告人急需使用身份证件进行正常活动且不会妨碍刑事诉讼顺利进行时,一概拒绝其使用身份证件并不适当,有研究者就认为,本项并未对这样的特殊情况作出规定,似有不妥。[1] 另外,对于扣押被监视居住的犯罪嫌疑人、被告人的居民身份证,《中华人民共和国居民身份证法》第 15 条第 3 款也作了明确规定,"任何组织或者个人不得扣押居民身份证。但是,公安机关依照《中华人民共和国刑事诉讼法》执行监视居住强制措施的情形除外"[2]。对于出

---

[1] 参见陈光中主编:《〈中华人民共和国刑事诉讼法〉修改条文释义与点评》,人民法院出版社 2012 年版,第 133 页。

[2] 1985 年《中华人民共和国居民身份证条例》(已失效)第 10 条规定:"被判处拘役、有期徒刑以上刑罚的人和被劳动教养的人以及被羁押的人,尚未申请领取居民身份证的,在服刑、劳动教养和羁押期间,不发给居民身份证;已领取居民身份证的,由执行机关按照规定收缴其居民身份证……"到了 2003 年,在制定《中华人民共和国居民身份证法》时,有的委员和地方单位提出,有些被采取强制措施的犯罪(转下页)

入境证件、驾驶证件等的含义,《刑事诉讼法》第71条【法条注解】已经作出解释,不再赘述。

需要注意的是,本项义务与第71条第2款规定的被取保候审人应当遵守的第4项义务,即"将护照等出入境证件、驾驶证件交执行机关保存"不同。首先,本项义务为法定义务,任何犯罪嫌疑人、被告人只要被监视居住,都应当遵守。但第71条第2款第4项规定的义务为被取保候审的犯罪嫌疑人、被告人所要遵守的酌定义务,是决定机关根据案情适时采用的,并不必然使用。从监视居住的适用条件看,被监视居住人必须符合逮捕的适用前提,这说明其涉嫌犯罪比较严重,人身危险性比较高,逃跑的可能性比较大,因此需要对其活动范围、人身自由作出更加严格的限制,将部分被取保候审人的酌定义务规定为被监视居住人的法定义务。其次,将护照等出入境证件、身份证件、驾驶证件交执行机关保存是被监视居住人应当遵守的规定,比被取保候审人增加了要将身份证件交执行机关保存的情形。这主要是考虑到刑事诉讼法允许被取保候审的犯罪嫌疑人、被告人可以在其居住的市、县活动,不保存其身份证件是为保障其生活、工作所需。而监视居住是将犯罪嫌疑人、被告人的活动限制在其住处或指定的居所,将出入境证件、驾驶证件以及身份证件交执行机关保存不会对其生活、工作、学习造成太大影响。

二、对被监视居住人违反相关义务的处理

本条第2款是对被监视居住人违反法定义务当如何处理的规定。根据本款规定,被监视居住的犯罪嫌疑人、被告人违反本条第1款规定的六项义务之一的,如果给刑事诉讼活动造成了干扰或者负面影响,严重妨碍了诉讼活动的正常进行,即属"情节严重",可以逮捕;如果违反规定情节较轻,可以继续监视居住。关于"情节严重"的具体情形,《高检规则》第111条和《高法解释》第165条都有相应规定(见表四)。

(接上页)嫌疑人、被告人,如取保候审,在社会生活中还需使用身份证,建议缩减扣押范围。立法机关最终采纳了这一建议,在第15条第3款规定,"任何组织或者个人不得扣押居民身份证。但是,公安机关依照《中华人民共和国刑事诉讼法》执行监视居住强制措施的情形除外"。为了与居民身份证法的规定相衔接,2012年《刑事诉讼法》增加了监视居住期间应当交存身份证件的规定。从这个角度看,监视居住义务中需要交执行机关保存的"身份证件"主要指的是居民身份证。

表四:有关违反监视居住义务"情节严重"的情形

情节严重	应当逮捕的"情节严重"	可以逮捕的"情节严重"
《高检规则》第111条	(一)故意实施新的犯罪行为;(二)企图自杀、逃跑;(三)实施毁灭、伪造证据或者串供、干扰证人作证行为,足以影响侦查、审查起诉工作正常进行;(四)对被害人、证人、鉴定人、举报人、控告人及其他人员实施打击报复。	(一)未经批准,擅自离开执行监视居住的处所,造成严重后果,或者两次未经批准,擅自离开执行监视居住的处所;(二)未经批准,擅自会见他人或者通信,造成严重后果,或者两次未经批准,擅自会见他人或者通信;(三)经传讯不到案,造成严重后果,或者经两次传讯不到案。
《高法解释》第165条	(一)具有前条第一至第五项规定情形之一的(①故意实施新的犯罪的;②企图自杀或者逃跑的;③毁灭、伪造证据,干扰证人作证或者串供的;④打击报复、恐吓滋扰被害人、证人、鉴定人、举报人、控告人等的;⑤经传唤,无正当理由不到案,影响审判活动正常进行的);(二)未经批准,擅自离开执行监视居住的处所,影响审判活动正常进行,或者两次未经批准,擅自离开执行监视居住的处所的;(三)未经批准,擅自会见他人或者通信,影响审判活动正常进行,或者两次未经批准,擅自会见他人或者通信的;(四)对因患有严重疾病、生活不能自理,或者因怀孕、正在哺乳自己婴儿而未予逮捕的被告人,疾病痊愈或者哺乳期已满的;(五)依法应当决定逮捕的其他情形。	无

▶▶【法条评点】

一、如何评价监视居住期间的长期就医行为?

司法实践中有时会出现犯罪嫌疑人因为涉嫌犯罪造成他人伤亡,自身也受伤造成严重疾患的情况。比如,犯罪嫌疑人在公交车上纵火,烧死烧伤多名乘客,自己也严重烧伤,紧急送往医院救治。这样的犯罪嫌疑人一般是符合逮捕条件需要收押的。但是,《看守所条例》第10条规定,"看守所收押人犯,应当进行健康检查,有下列情形之一的,不予收押:……(二)患有其他严重疾病,在羁押中可能发生生命危险或者生活不能自理的,但是罪大恶极不羁押对社会有危险性的除外……"据此,上述情形中的犯罪嫌疑人大多不会被收押,只能监视居住。但紧接着就会涉及一个问题,犯罪嫌疑人因身患严重疾病需要在医院较长时间就医治疗的,监视居住的地点在医院,并非其固定住处〔1〕,如果案件不涉及危害国家安全犯罪、恐怖活动犯罪的,也不符合指定居所监视居住的条件,医院也不能视为指定的居所。既然被监视居住人长时间就医的医院不是固定住处,也非指定的居所,那么这类案件中监视居住的执行方式还合法吗?

本评注认为,监视居住期间长期在医院的就医行为并不违反法律规定。不容否认,无论是身患严重疾病还是怀孕,因为治疗或分娩都可能使犯罪嫌疑人、被告人长时间"住"在医院,但他们此时仍然处于监视居住的状态,监视居住的法定地点仍然是其固定住处或指定的居所。至于如何解释他们长时间"住"在医院的现象,其实可以从《刑事诉讼法》第77条第1款第1项的规定入手进行解释。该项规定:"未经执行机关批准不得离开执行监视居住的处所。"如果作反面解释,被监视居住人经执行机关批准便可以离开执行监视居住的处所,这就为有病患的人到医院问诊治疗,或是怀孕的妇女到医院产检分娩提供了可能。另外,本项规定并未限定离开执行监视居住处所的时间,如果确有必要,较长时间离开监视居住的处所也是允许的。这就可以解释为什么被监视居住人可以长期在医院就医,"住"在医院,因为这属于经执行机关批准,离开监视居住处所后所衍生的正常现象和合理结果。

---

〔1〕 立法和司法机关一般不会将住院期间的就医医院解释为住处或者居所。《高法解释》第3条中规定:"经常居住地为被告人被追诉前已连续居住一年以上的地方,但住院就医的除外。"可见,最高人民法院就认为,就医的医院不是住处或居所。

第六章　强制措施

> **第七十八条　【执行机关对被监视居住人的监督与监控】**执行机关对被监视居住的犯罪嫌疑人、被告人，可以采取电子监控、不定期检查等监视方法对其遵守监视居住规定的情况进行监督；在侦查期间，可以对被监视居住的犯罪嫌疑人的通信进行监控。

▶▶【历次修法条文对照】

1979 年 《刑事诉讼法》	1996 年 《刑事诉讼法》	2012 年 《刑事诉讼法》	2018 年 《刑事诉讼法》
第六章　强制措施	第六章　强制措施	第六章　强制措施	第六章　强制措施
无	无	**第 76 条**：执行机关对被监视居住的犯罪嫌疑人、被告人，可以采取电子监控、不定期检查等监视方法对其遵守监视居住规定的情况进行监督；在侦查期间，可以对被监视居住的犯罪嫌疑人的通信进行监控。	**第 78 条** 内容未修订

▶▶【立法沿革】

本条为 2012 年《刑事诉讼法》新增条文。

1996 年《刑事诉讼法》并未明确规定监督犯罪嫌疑人、被告人在监视居住期间遵守有关义务的方式方法。当时，各地的操作并不统一，有的还较为随意。20 世纪 90 年代，科技的进步助推通信和网络技术的发展日新月异。这些进步和发展一方面给监督被监视居住人遵守监视居住规定的工作带来了困难和挑战，另一方面也为更有效地监控被监视居住人的行踪带来了便利。为了更好地保证被监视居住的犯罪嫌疑人、被告人遵守有关规定，一些国家发展了电子手镯等监控方式，通过电子定位的方式对他们遵守法律的情况进行监视。我国在试行社区矫正的过程中,有些地方也尝试这种方法,取得很好的效果,有必要在监视居住措施中推广。[1] 2012年《刑事诉讼法》将监视居住定位为逮捕的替代措施,规定监视居住的适用前提是犯罪嫌疑人、被告人已符合逮捕条件,这意味着绝大部分被监视居住的人具有一定的社会危险性,有妨碍诉讼的可能,应进一步加强对监视居住的监控力度和约束效果,保障诉讼的顺利进行。有鉴于此,2012年《刑事诉讼法》明确赋予了执行机关执行相应监视措施的权力,规定,"执行机关对被监视居住的犯罪嫌疑人、被告人,可以采取电子监控、不定期检查等监视方法对其遵守监视居住规定的情况进行监督;在侦查期间,可以对被监视居住的犯罪嫌疑人的通信进行监控"。

2018年修订刑事诉讼法时,本条未有修改,仅有条文序号的变化。

▶▶【法条注解】

本条规定的是执行机关对被监视居住犯罪嫌疑人、被告人进行监督的具体方式和内容。

顾名思义,监视居住是对在处所居住的人进行"监视"。如何"监视",是派人24小时在处所外蹲守,还是直接到其处所内监视犯罪嫌疑人、被告人的一举一动?本条规定,监视居住的执行机关可以采取电子监控、不定期检查等监视方法,对被监视居住的犯罪嫌疑人、被告人遵守监视居住规定的情况进行监督;在侦查期间,可以对被监视居住的犯罪嫌疑人的通信进行监控。

电子监控,是指采取在被监视居住人身上或者住所内安装电子定位装置等电子科技手段对其行踪进行的监视。电子监控的类型较为多样,常见的有视频监控、电子手镯(Electronic Ring)、手机定位等。[2] 电子监控通过远程定位对被监视居住人的行踪轨迹进行监控,可以监视被监视居住人是否离开了指定的区域,是否逃跑,但对被监视居住人在处所内做了什么,如是否有自杀行为,是否通过电话"遥控"指挥他人干扰证

---

[1] 参见王爱立、雷建斌主编:《刑事诉讼法立法精解》,中国检察出版社2019年版,第143页。

[2] 参见张忠柱:《论指定居所监视居住的执行》,载《山东警察学院学报》2017年第6期,第80页。

人作证，毁灭伪造证据以及串供等都无法监视，需要其他监督方式，如通信监控等加以弥补。

不定期检查，是指执行机关对被监视居住人的行踪和遵守有关规定的情况进行随机的、不固定的检查和监视，既包括随时到监视居住的处所进行检查，也包括以打电话、实时视频等方式随机抽查。相较于电子监控这种技术监控手段，不定期检查属于一种人力监控手段，虽然监控力度和效果不及技术监控，但作为一种辅助或补充，也能起到较好的"监视"效果。一方面，与传统的连续监视相比，不定期检查大幅减轻了公安机关的警力负担；另一方面，通过实地考察被监视居住人的表现，又能弥补前述某些电子监控手段的缺陷，将监控的触角适时延伸到被监视居住人的处所内，确保被监视居住人遵守和履行好各项义务。

通信监控是指对被监视居住人的电话、传真、信函、邮件、网络等通信进行监控。

需要注意的是，执行机关的监视或监督行为有适用的范围和法定程序。首先，上述措施只能涉及被监视居住人本人，不能对其家人或者第三人进行电子监控、不定期检查、通信监控。其次，执行机关对被监视居住的犯罪嫌疑人的通信进行监控，只能适用于侦查阶段，不能延伸到后续的审查起诉或审判阶段。

▶▶【法条评点】

一、对被监视居住的犯罪嫌疑人的通信进行监控不是技术侦查手段

参与立法的同志在对本条进行解读时指出："在侦查阶段为了对被监视居住人进行监督管理，可以采取通信监控的方式。如果需要采取监控通信的方式侦破犯罪，要根据本法关于技术侦查的有关规定，经过严格的批准手续，根据批准的措施种类、对象和期限执行。"[1]本评注认为对通信进行监控一方面可以加强对被监视居住人的监督，另一方面可以协助侦破案件。但设置这两项功能的目的不同，适用的程序和审批手续也

---

〔1〕王爱立、雷建斌主编：《刑事诉讼法立法精解》，中国检察出版社2019年版，第144页。

不同,不应混淆。

本条规定的是执行机关对被监视居住的犯罪嫌疑人、被告人进行监督的具体方式和内容。其中,"对通信进行监控"的目的是保证犯罪嫌疑人、被告人在被监视居住期间遵守相关的法律规定,不妨碍诉讼的顺利进行,并不具备侦查功能。执行机关不能将监视居住期间采用的通信监控作为侦查手段来使用。必须明确,这里的"对通信进行监控"不同于侦查章中的技术侦查手段,后者的目的是查获证据、抓获犯罪嫌疑人,并非保障诉讼。所以,在监视居住期间,如果执行机关在侦查阶段对犯罪嫌疑人的通信进行监控的,目的仅限于对被监视居住的犯罪嫌疑人、被告人所处的位置进行监控,这对人身自由的侵犯程度较之技术侦查低很多,并不需要"经过严格的批准手续",只需要履行监视居住执行的相关手续即可。[1]

第七十九条 【取保候审、监视居住的期限及其解除】 人民法院、人民检察院和公安机关对犯罪嫌疑人、被告人取保候审最长不得超过十二个月,监视居住最长不得超过六个月。

在取保候审、监视居住期间,不得中断对案件的侦查、起诉和审理。对于发现不应当追究刑事责任或者取保候审、监视居住期限届满的,应当及时解除取保候审、监视居住。解除取保候审、监视居住,应当及时通知被取保候审、监视居住人和有关单位。

▶▶【历次修法条文对照】

1979 年《刑事诉讼法》	1996 年《刑事诉讼法》	2012 年《刑事诉讼法》	2018 年《刑事诉讼法》
第六章 强制措施	第六章 强制措施	第六章 强制措施	第六章 强制措施
无	第 58 条:人民法院、人民检察院和公安机关对犯罪嫌疑人、被告人取	第 77 条 内容未修订	第 79 条 内容未修订

---

[1] 参见汪海燕:《刑事诉讼法解释论纲》,载《清华法学》2013 年第 6 期,第 21 页。

（续表）

1979年《刑事诉讼法》	1996年《刑事诉讼法》	2012年《刑事诉讼法》	2018年《刑事诉讼法》
第六章　强制措施	第六章　强制措施	第六章　强制措施	第六章　强制措施
	保候审最长不得超过十二个月，监视居住最长不得超过六个月。 　　在取保候审、监视居住期间，不得中断对案件的侦查、起诉和审理。对于发现不应当追究刑事责任或者取保候审、监视居住期限届满的，应当及时解除取保候审、监视居住。解除取保候审、监视居住，应当及时通知被取保候审、监视居住人和有关单位。		

▶▶【立法沿革】

本条为1996年《刑事诉讼法》新增条文。

1979年《刑事诉讼法》没有规定取保候审、监视居住的期限，导致在司法实践中，各地执行期限长短不一，较为混乱。有的办案机关一旦决定取保候审、监视居住，就很难再撤销，出现所谓"候而不审"或长期监视居住的情况，使得案件久拖不决。另外，由于没有时限的规定，对解除取保候审、监视居住的条件也没有具体规定，有些案件结案后，一些办案机关迟迟不予办理解除犯罪嫌疑人、被告人取保候审、监视居住的手续。还有的办案机关对犯罪嫌疑人、被告人宣布取保候审、监视居住后，案件便不了了之,将取保候审、监视居住作为最终"消化"案件的处理方式。上述种种现象不利于保护当事人的合法权益,也有损司法的权威性和严肃性。针对实践乱象和现实问题,立法机关在1996年修改刑事诉讼法时,对取保候审、监视居住的期限以及采取措施后的诉讼活动如何进行都作了明确的规定。

本条在2012年和2018年修法时未有内容调整,仅有条文序号的变化。

▶▶【法条注解】

本条分为两款,分别规定了取保候审、监视居住的期限和解除的问题。

一、取保候审、监视居住的期限

本条第1款是关于取保候审、监视居住期限的规定。依本款规定,取保候审的期限不得超过12个月,监视居住的期限不得超过6个月。这里规定的取保候审、监视居住的期限,是指犯罪嫌疑人、被告人分别被公安机关、检察院、法院采取取保候审、监视居住措施,每一机关有权决定的最长期限。基于我国"阶段论"的诉讼构造,法院、检察院、公安机关在刑事诉讼中担负着不同的任务,在不同的诉讼阶段奉行"各管一段、互不干涉"的原则。因此,各机关在不同的诉讼阶段都有权决定对犯罪嫌疑人、被告人采用取保候审、监视居住的强制措施。"在取保候审、监视居住的期限计算上,人民法院、人民检察院、公安机关分别决定取保候审、监视居住的,应各自分别计算,而不是将公、检、法三机关分别决定的这两种强制措施的期限累计计算。"[1]立法机关的解读在司法解释中已有明确体现。例如,对于公安机关在侦查阶段决定采用取保候审和监视居住的最长期限,《公安规定》第107条第2款规定,"取保候审最长不得超过十二个月";第122条第2款规定,"监视居住最长不得超过六个月"。对于检察院在审查起诉阶段决定采用取保候审和监视居住的最长期限,《高检规则》也分别作出规定,第102条规定,"人民检察院决定对犯罪嫌

---

[1] 郎胜主编:《关于修改刑事诉讼法的决定释义》,中国法制出版社1996年版,第91页。

人取保候审,最长不得超过十二个月";第 112 条规定,"人民检察院决定对犯罪嫌疑人监视居住,最长不得超过六个月"。总之,公检法三机关在各自负责的诉讼阶段决定取保候审的期限最长不超过 12 个月,决定监视居住的期限最长不超过 6 个月。

监视居住作为逮捕的替代性措施,适用前提是犯罪嫌疑人、被告人符合逮捕条件,这意味着该项强制措施对人身自由的强制性比取保候审要高,因此,立法机关对监视居住规定了比取保候审更短的期限,监视居住期限最长不超过 6 个月。根据强制措施各自的特点和不同的强制约束效果,分别规定不同的时限和应当遵守的义务,有利于保护公民的人身自由等一系列的合法权利,也有利于取保候审、监视居住和拘留、逮捕构成一个循序渐进、强弱有序的强制措施体系,便于办案机关根据案情有针对性地选择恰当的强制措施。

需要注意的是,本条第 1 款虽然对取保候审、监视居住的最长期限作了规定,但不是要求对每个犯罪嫌疑人、被告人都要确定 12 个月的取保候审或者 6 个月的监视居住期限。在侦查、审查起诉、审判过程中,公安机关、检察院、法院决定强制措施,既要考虑保障办案的实际需要,也要依照比例原则,根据犯罪嫌疑人、被告人涉嫌犯罪的社会危害性及其本人的人身危险性等因素,综合确定合适的强制措施适用期限,在尽量短的时间内完成诉讼活动。

二、取保候审、监视居住期间以及期限届满后的办案要求

本条第 2 款是对公安司法机关在取保候审、监视居住期间或者期限届满后应当如何办理案件的规定,主要包括两方面的内容。

(一)在取保候审、监视居住期间不得中断案件办理

"在取保候审、监视居住期间,不得中断对案件的侦查、起诉和审理",这是对公安机关、检察院、法院的基本要求。本款中的不得"中断"侦查、起诉和审理是指公检法三机关在将犯罪嫌疑人、被告人取保候审、监视居住后,仍然要抓紧时间、紧锣密鼓地继续对案件进行侦查、起诉和审理,尽量在此期间内完成各阶段的任务和工作。对犯罪嫌疑人、被告人决定取保候审、监视居住是从案件的实际情况和犯罪嫌疑人、被告人的人身危险性等角度出发,为保障诉讼顺利进行而采取的强制措施,不应异化

为"消化"案件的方式或终结案件的特殊手段,绝不能认为犯罪嫌疑人、被告人未被羁押就可以将案件束之高阁、放任不管。本款的规定正是为了避免案件过分拖延,防止出现被取保候审或被监视居住的犯罪嫌疑人、被告人长期处于未羁押、被追诉的权利不确定状态,最大限度地保障当事人的各项权利。

(二)取保候审、监视居住的解除

"对于发现不应当追究刑事责任或者取保候审、监视居住期限届满的,应当及时解除取保候审、监视居住。"本款规定的取保候审、监视居住的解除主要有两种情况：

一是不应当追究刑事责任。决定取保候审、监视居住是以犯罪嫌疑人、被告人涉嫌犯罪,应当追究刑事责任为基本前提的。在刑事诉讼中,如果对被取保候审、监视居住的犯罪嫌疑人、被告人经过一段时间的查证或审理,发现不应追究其刑事责任的,公检法三机关应及时解除强制措施。需要注意的是,如果被取保候审、监视居住人无任何违法犯罪事实,本不应追究刑事责任,但办案机关却错误地采用了取保候审、监视居住措施,应当依据《刑事诉讼法》第96条的规定,撤销取保候审、监视居住措施,而非解除强制措施。[1] 另外,这里规定的"不应当追究刑事责任",主要包括两种:第一,被取保候审、监视居住的人没有犯罪事实的,包括犯罪事实没有发生,或所涉嫌的犯罪不是被取保候审、监视居住人所为;第二,被取保候审、监视居住人有《刑事诉讼法》第16条规定的不应当追究刑事责任的情形。

二是取保候审、监视居住期限届满的。"取保候审、监视居住期限届满",是指公安机关、检察院、法院在取保候审、监视居住决定书上确定的具体期限已经届满。在这种情况下,即使案件还未了结,也应及时解除取保候审、监视居住。另外需要注意的是,如果是被取保候审人违反《刑事诉讼法》第71条规定的法定义务或酌定义务,被依法没收保证金后,法院、检察院、公安机关根据情况仍决定对其取保候审的,对于取保候审的

---

[1] 有关撤销或解除强制措施的区分,可参见本评注对《刑事诉讼法》第96条的相关解释。还可参见陈国庆、王振勇、刘国祥、王守安、杨钊编著：《修改后刑事诉讼法实施疑难问题解答》,中国检察出版社1997年版,第114页。

期限应当连续计算,不能另行计算期限,期限也要遵守本条第 1 款最长不得超过 12 个月的规定。总之,如果某一诉讼阶段累计的最长期限已经届满,则不能再采取取保候审、监视居住。此时,对于一些需要继续侦查、起诉或审判的案件,如果犯罪嫌疑人、被告人符合逮捕条件的可以逮捕;如果被取保候审的犯罪嫌疑人、被告人符合监视居住条件的,或者被监视居住的犯罪嫌疑人、被告人符合取保候审条件的,也都可以变更强制措施。如果都不符合其他强制措施适用条件的,则应当将犯罪嫌疑人、被告人予以释放,同时继续查证案件。

(三)取保候审、监视居住解除后的通知义务

本条第 2 款还规定了公安机关、检察院、法院在解除取保候审、监视居住后应当及时通知被取保候审、监视居住的犯罪嫌疑人、被告人以及有关单位。这样规定,有利于解除取保候审、监视居住措施的犯罪嫌疑人、被告人及时恢复正常的工作、生活和学习。[1]

▶▶【法条评点】

一、取保候审、监视居住的期限是分段计算还是连续计算

本条第 1 款中取保候审、监视居住的期限到底如何计算曾有不同认识。

一种观点认为,某一案件中的犯罪嫌疑人、被告人被取保候审或监视居住的,所有侦查、起诉、审判阶段被采取取保候审或监视居住的时间加起来总和不得超过 12 个月或 6 个月。另一种观点则认为,取保候审、监视居住的法定最长期限是针对每个诉讼阶段而言的。其实,两种观点从文义解释出发似乎都无太大问题。但从立法目的看,之所以有此期限限制,是为了避免长时间采用强制措施对犯罪嫌疑人、被告人的人身自由等造成损害,从权利保障的视角来看,第一种观点似乎更有道理。不过,立法和司法机关目前都普遍采用了第二种观点。本评注认为,这其实暗合了我国长久以来奉行的刑事诉讼"阶段论"的诉讼构造,强调每个阶段的

---

[1] 参见王爱立、雷建斌主编:《刑事诉讼法立法精解》,中国检察出版社 2019 年版,第 145—146 页。

独立性、自洽性和完整性。更为重要的是,这样规定便于实践操作。以取保候审为例,如果12个月是三个诉讼阶段加总的上限,那么当办案机关在前一诉讼阶段采用取保候审已经达到了12个月的期限,接下来的诉讼阶段又当如何采用取保候审强制措施?另外,公检法三机关该如何"分配"取保候审的期限,公平起见似乎又要平均分成4个月。倘若如此,为何立法不对此加以明确?

综合上述原因,本评注倾向于第二种观点。公安机关、检察院、法院在侦查、起诉和审判阶段都应当分别计算取保候审、监视居住的期限。检察院对于公安机关移送审查起诉的案件、法院对于检察院移送起诉的案件,都应当分别重新办理取保候审、监视居住的手续(实践中存在一定差异),并重新计算取保候审、监视居住的期限,即使前一阶段的办案机关采取取保候审或监视居住的期限没有用完,也不能"接续"使用前一阶段没有使用完的期限。

需要注意的是,就一个诉讼阶段而言,办案机关可以采取多次取保候审、监视居住,但总的期限不能超过12个月或6个月。一旦某一阶段采用两种强制措施的期限超过上限,就不能再重复取保候审、监视居住。

第八十条 【逮捕的批准、决定与执行】逮捕犯罪嫌疑人、被告人,必须经过人民检察院批准或者人民法院决定,由公安机关执行。

▶▶【历次修法条文对照】

1979年 《刑事诉讼法》	1996年 《刑事诉讼法》	2012年 《刑事诉讼法》	2018年 《刑事诉讼法》
第六章 强制措施	第六章 强制措施	第六章 强制措施	第六章 强制措施
第39条:逮捕人犯,必须经过人民检察院批准或者人民法院决定,由公安机关执行。	第59条:逮捕犯罪嫌疑人、被告人,必须经过人民检察院批准或者人民法院决定,由公安机关执行。	第78条 内容未修订	第80条 内容未修订

▶▶【立法沿革】

本条为1979年《刑事诉讼法》确立,与当时的第3条第1款"对刑事案件的侦查、拘留、预审,由公安机关负责。批准逮捕和检察(包括侦查)、提起公诉,由人民检察院负责。审判由人民法院负责。其他任何机关、团体和个人都无权行使这些权力"相呼应。不同的是,彼时的第3条第1款是立法赋予检察院逮捕权,授权公权力机关来限制个人权利,属"授权条款"。而《刑事诉讼法》第80条应被理解为对公权力的"限制条款",限制的内容包括两方面:一是除检察院、法院、公安机关,禁止其他机关逮捕;二是要求检察院和法院逮捕必须遵守法定程序。

本条与《宪法》第37条第2款,即"任何公民,非经人民检察院批准或者决定或者人民法院决定,并由公安机关执行,不受逮捕"的规定相近,故本条的立法沿革可回溯宪法规定。1954年《宪法》第89条中规定:"任何公民,非经人民法院决定或者人民检察院批准,不受逮捕。"1975年《宪法》因为规定检察院的职权由各级公安机关行使,故取消了公民逮捕"经检察院批准"的规定。1978年《宪法》在重建人民检察院的基础上重新赋予其批准逮捕的职能,并增加了公安机关执行逮捕的规定,其第47条第2款规定,"任何公民,非经人民法院决定或者人民检察院批准并由公安机关执行,不受逮捕"。1979年制定刑事诉讼法时,立法机关借鉴1978年《宪法》规定,在刑事诉讼法中明确规定,"逮捕人犯,必须经过人民检察院批准或者人民法院决定,由公安机关执行"。

到了1996年修改刑事诉讼法时,立法增设第12条,明确被告人只有到审判阶段,经过法院的依法判决才能认定有罪。反之,未经法院依法判决,不能认定有罪,作为罪犯对待,"即使现场抓获人赃俱在,也要经过法定的程序根据事实和法律由人民法院定罪处罚"[1]。反观1979年《刑事诉讼法》,除了使用"犯罪嫌疑人""被告人",还多处使用"人犯"这一带有浓重的有罪推定色彩的用语,已不符合第12条的立法用意,故立法机关在1996年修法时删除了"人犯"一词,将审前阶段的被追诉人统

---

〔1〕 李寿伟主编:《中华人民共和国刑事诉讼法解读》,中国法制出版社2018年版,第24页。

一称为犯罪嫌疑人,而将被提起公诉,接受正式指控审判的被追诉人统一称为被告人。为了与上述修改协调统一,本条也将其中的"逮捕人犯"修改为"逮捕犯罪嫌疑人、被告人"。

本条在2012年和2018年修法时未有内容调整,仅有条文序号的变化。

▶▶【法条注解】

本条是关于逮捕的批准、决定和执行的规定。

一、逮捕的批准和决定

根据本条规定,逮捕犯罪嫌疑人、被告人,必须经过检察院批准或者法院决定。

(一)批准逮捕

批准逮捕权只能由检察院行使。所谓"批准",一般是指对意见、建议或请求表示同意。批准逮捕权是指,公安机关在侦查过程中发现需要逮捕的犯罪嫌疑人,须写出提请批准逮捕决定书,同时将案卷材料一并报请检察院审查,检察院经审查后有作出批准或者不批准逮捕的权力。从这个角度看,没有公安机关对逮捕的提请,检察院不能直接批准逮捕;但仅有公安机关的报请,检察院不批准逮捕的,公安机关也不能自行逮捕。批准逮捕通过"报请——批准"的程序设计,将逮捕权作了一定程度的分解、分离,这体现了分权思想,一定程度上保证了逮捕权不会被滥用。

逮捕涉及对人身自由的剥夺,在"司法令状"主义的影响下,域外主要由侦查法官或专门法官审查和批准,我国则由检察院批准,这主要源于中国的检察机关在宪法层面上是国家的法律监督机关,审查批准逮捕是检察院实行法律监督的一项重要工作,具有鲜明的中国特色。

(二)决定逮捕

检察院和法院都有决定逮捕权。

检察院决定逮捕主要有两种情形:一是公安机关没有对犯罪嫌疑人采取逮捕措施,待案件移送审查起诉后检察院认为应当逮捕犯罪嫌疑人,或者在审查起诉阶段因为情况变化犯罪嫌疑人不再符合取保候审、监视居住条件而需要逮捕的;二是检察院在自侦案件(侦查阶段)中需要逮捕犯罪嫌疑人的。

法院决定逮捕也有两种情形:一是法院在审判阶段对提起公诉的案件中尚未逮捕的被告人需要逮捕的,以及法院决定对被告人采取取保候审、监视居住措施后因被告人违反规定等情形而不再符合取保候审、监视居住条件,需要逮捕的;二是法院对自诉案件的被告人认为有逮捕必要的。[1]

二、逮捕的执行

根据本条规定,法院虽然有逮捕决定权,检察院虽然有逮捕审查批准权和逮捕决定权,但是逮捕只能由公安机关执行,法院、检察院不能自己执行。法律这样规定既体现了公检法三机关的互相配合,也有利于三机关互相制约、互相监督,发现错误能及时纠正。

值得注意的是,由公安机关执行逮捕在1979年《刑事诉讼法》中就有规定,但在相当长的一段时间里,实践中还是有部分司法机关自行逮捕"人犯"的情形。有一线部门的同志指出:"在司法实践中,为了工作上的方便,不少检察机关将自侦案件的逮捕人犯由自己执行。这样做,保证了执行逮捕工作的及时准确,有利于自侦案件的诉讼。但是,这种做法显然缺乏足够的法律根据"[2],也与宪法中公安机关执行逮捕的规定相违背。有鉴于此,立法机关在1996年《刑事诉讼法》第3条第1款特意列明执行逮捕权由公安机关专门行使。

▶▶【法条评点】

一、有关对人大代表逮捕的特殊规定

为保证人大代表行使代表职责,《全国人民代表大会组织法》第49条、《地方各级人民代表大会和地方各级人民政府组织法》第40条,以及《全国人民代表大会和地方各级人民代表大会代表法》第32条都有特殊

---

〔1〕 参见王爱立、雷建斌主编:《刑事诉讼法立法精解》,中国检察出版社2019年版,第147页。

〔2〕 于永林:《检察机关应有执行逮捕权》,载《人民检察》1994年第5期,第54页。

规定。例如,《全国人民代表大会和地方各级人民代表大会代表法》第32条规定,"县级以上的各级人民代表大会代表,非经本级人民代表大会主席团许可,在本级人民代表大会闭会期间,非经本级人民代表大会常务委员会许可,不受逮捕或者刑事审判……人民代表大会主席团或者常务委员会受理有关机关依照本条规定提请许可的申请,应当审查是否存在对代表在人民代表大会各种会议上的发言和表决进行法律追究,或者对代表提出建议、批评和意见等其他执行职务行为打击报复的情形,并据此作出决定。乡、民族乡、镇的人民代表大会代表,如果被逮捕、受刑事审判、或者被采取法律规定的其他限制人身自由的措施,执行机关应当立即报告乡、民族乡、镇的人民代表大会"。

  对于上述法律规定,《高检规则》第148条作了更为细致的司法解释,"人民检察院对担任县级以上各级人民代表大会代表的犯罪嫌疑人决定采取拘传、取保候审、监视居住、拘留、逮捕强制措施的,应当报请该代表所属的人民代表大会主席团或者常务委员会许可。人民检察院对担任本级人民代表大会代表的犯罪嫌疑人决定采取强制措施的,应当报请本级人民代表大会主席团或者常务委员会许可。对担任上级人民代表大会代表的犯罪嫌疑人决定采取强制措施的,应当层报该代表所属的人民代表大会同级的人民检察院报请许可。对担任下级人民代表大会代表的犯罪嫌疑人决定采取强制措施的,可以直接报请该代表所属的人民代表大会主席团或者常务委员会许可,也可以委托该代表所属的人民代表大会同级的人民检察院报请许可。对担任两级以上的人民代表大会代表的犯罪嫌疑人决定采取强制措施的,分别依照本条第二、三、四款的规定报请许可。对担任办案单位所在省、市、县(区)以外的其他地区人民代表大会代表的犯罪嫌疑人决定采取强制措施的,应当委托该代表所属的人民代表大会同级的人民检察院报请许可;担任两级以上人民代表大会代表的,应当分别委托该代表所属的人民代表大会同级的人民检察院报请许可。对于公安机关提请人民检察院批准逮捕的案件,犯罪嫌疑人担任人民代表大会代表的,报请许可手续由公安机关负责办理。担任县级以上人民代表大会代表的犯罪嫌疑人,经报请该代表所属人民代表大会主席团或者常务委员会许可后被刑事拘留的,适用逮捕措施时不需要再次报请许可"。

第八十一条 【逮捕的法定条件】对有证据证明有犯罪事实,可能判处徒刑以上刑罚的犯罪嫌疑人、被告人,采取取保候审尚不足以防止发生下列社会危险性的,应当予以逮捕:

(一)可能实施新的犯罪的;

(二)有危害国家安全、公共安全或者社会秩序的现实危险的;

(三)可能毁灭、伪造证据,干扰证人作证或者串供的;

(四)可能对被害人、举报人、控告人实施打击报复的;

(五)企图自杀或者逃跑的。

批准或者决定逮捕,应当将犯罪嫌疑人、被告人涉嫌犯罪的性质、情节、认罪认罚等情况,作为是否可能发生社会危险性的考虑因素。

对有证据证明有犯罪事实,可能判处十年有期徒刑以上刑罚的,或者有证据证明有犯罪事实,可能判处徒刑以上刑罚,曾经故意犯罪或者身份不明的,应当予以逮捕。

被取保候审、监视居住的犯罪嫌疑人、被告人违反取保候审、监视居住规定,情节严重的,可以予以逮捕。

▶▶【历次修法条文对照】

1979年《刑事诉讼法》	1996年《刑事诉讼法》	2012年《刑事诉讼法》	2018年《刑事诉讼法》
第六章 强制措施	第六章 强制措施	第六章 强制措施	第六章 强制措施
第40条:对主要犯罪事实已经查清,可能判处徒刑以上刑罚的人犯,采取取保候审、监视居住等方法,尚不足以防止发生社会危险性,而有逮捕必要的,应即依法逮捕。对应当逮捕的人犯,如果患有严重疾病,或者是正在怀孕、哺乳自	第60条:对有证据证明有犯罪事实,可能判处徒刑以上刑罚的犯罪嫌疑人、被告人,采取取保候审、监视居住等方法,尚不足以防止发生社会危险性,而有逮捕必要的,应即依法逮捕。对应当逮捕的犯罪嫌疑人、被告人,如果患有严	第79条:对有证据证明有犯罪事实,可能判处徒刑以上刑罚的犯罪嫌疑人、被告人,采取取保候审~~、监视居住等方法~~,尚不足以防止发生下列社会危险性的,~~而有逮捕必要的,~~应予以逮捕: (一)可能实施新的犯罪的; (二)有危害	第81条:对有证据证明有犯罪事实,可能判处徒刑以上刑罚的犯罪嫌疑人、被告人,采取取保候审尚不足以防止发生下列社会危险性的,应当予以逮捕: (一)可能实施新的犯罪的; (二)有危害国家安全、公共安全或者社会秩序

(续表)

1979年《刑事诉讼法》	1996年《刑事诉讼法》	2012年《刑事诉讼法》	2018年《刑事诉讼法》
第六章 强制措施	第六章 强制措施	第六章 强制措施	第六章 强制措施
己婴儿的妇女,可以采用取保候审或者监视居住的办法。	重疾病,或者是正在怀孕、哺乳自己婴儿的妇女,可以采用取保候审或者监视居住的办法。	国家安全、公共安全或者社会秩序的现实危险的; (三)可能毁灭、伪造证据,干扰证人作证或者串供的; (四)可能对被害人、举报人、控告人实施打击报复的; (五)企图自杀或者逃跑的。 对有证据证明有犯罪事实,可能判处十年有期徒刑以上刑罚的,或者有证据证明有犯罪事实,可能判处徒刑以上刑罚,曾经故意犯罪或者身份不明的,应当予以逮捕。 被取保候审、监视居住的犯罪嫌疑人、被告人违反取保候审、监视居住规定,情节严重的,可以予以逮捕。 <del>对应当逮捕的犯罪嫌疑人、被告人,如果患有严重疾病,或者是正在怀孕、哺乳自己婴儿的妇女,可以采用取保候审或者监视居住的办法。</del>	的现实危险的; (三)可能毁灭、伪造证据,干扰证人作证或者串供的; (四)可能对被害人、举报人、控告人实施打击报复的; (五)企图自杀或者逃跑的。 批准或者决定逮捕,应当将犯罪嫌疑人、被告人涉嫌犯罪的性质、情节,认罪认罚等情况,作为是否可能发生社会危险性的考虑因素。 对有证据证明有犯罪事实,可能判处十年有期徒刑以上刑罚的,或者有证据证明有犯罪事实,可能判处徒刑以上刑罚,曾经故意犯罪或者身份不明的,应当予以逮捕。 被取保候审、监视居住的犯罪嫌疑人、被告人违反取保候审、监视居住规定,情节严重的,可以予以逮捕。

▶▶【立法沿革】

本条为1979年《刑事诉讼法》确立,在1996年、2012年和2018年修改刑事诉讼法时都有相当程度的内容调整。

一、1996年《刑事诉讼法》对本条的修改

1996年《刑事诉讼法》对本条有两处修改:一是修改逮捕条件中的证据要件,将原法第40条中的"对主要犯罪事实已经查清"修改为"对有证据证明有犯罪事实";二是删除原条文中的"人犯"一词,用"犯罪嫌疑人、被告人"的称谓替代。

(一)修改逮捕的证据要件

1979年《刑事诉讼法》制定之初,立法机关即对逮捕的条件作出规定,"对主要犯罪事实已经查清,可能判处徒刑以上刑罚的人犯,采取取保候审、监视居住等方法,尚不足以防止发生社会危险性,而有逮捕必要的,应即依法逮捕"。据此,逮捕有三个要件:第一,证据要件,"主要犯罪事实已经查清";第二,刑罚要件,"可能判处徒刑以上刑罚";第三,必要性要件,"采取取保候审、监视居住等方法,尚不足以防止发生社会危险性,而有逮捕必要的"。这三个要件严格限制了逮捕的适用范围,一定程度上可以防止再出现"文化大革命"中的乱捕乱押现象。全国人大常委会法工委原主任顾昂然在1985年5月第一期立法干部培训班上就指出:"要改变过去的老习惯。有些同志过去习惯于'以捕代侦'、'以拘代侦',不是把犯罪事实基本查清了再捕,而是捕了再查。刑事诉讼法规定,对主要犯罪事实已经查清,可能判处徒刑以上的人犯,采取取保候审、监视居住等方法尚不足以防止发生社会危险性,而有逮捕必要的,应即依法逮捕。一个是'主要犯罪事实已经查清',而不是捕了再查;另一个是'采取取保候审、监视居住等方法,尚不足以防止发生社会危险性'的。"[1]总之,1979年《刑事诉讼法》制定于"文化大革命"结束后不久,是对"十年浩劫"中乱捕乱押、冤假错案多发、公民的人身权益得不到法律有效保护等教训的总结,希望通过严格限定逮捕条件来达到控制逮

---

[1] 顾昂然:《立法札记——关于我国部分法律制定情况的介绍(1982—2004年)》,法律出版社2006年版,第452—453页。

捕适用、保障公民权利的目标。[1]但随着法律付诸实践,一些新情况、新问题、新矛盾开始出现。

1."主要犯罪事实已经查清"的逮捕条件过严

不容否认,设定逮捕的证据要件,即"主要犯罪事实已经查清",能够避免曾经的"以捕代侦""捕了再查"的办案陋习,但也存在设定标准过高、条件过严的弊端。

首先,在逮捕之前,既然"主要犯罪事实已经查清",那么在逮捕之后的几个月里继续侦查、预审什么?难道只需要围绕"次要犯罪事实"开展工作吗?果真如此,岂非主次颠倒、本末倒置?事实上,"查明主要犯罪事实并足以判处徒刑以上刑罚"已经与移送起诉的条件相当,然而批捕与起诉在证明标准和证明要求上还是有较大差距的。[2]可见,1979年《刑事诉讼法》有关逮捕条件的规定至少在证据要件上没有把批捕与起诉明显区分开。由此也反证出当时的立法对逮捕条件的设定过高。

其次,由于在正式逮捕前的刑事拘留期限一般只有三日(特殊情况下可以延长一至四日),连同报请批捕的审查期限三日,最多只有十日。[3]在这样短的时间内,要求查清主要犯罪事实,并足以对被拘留人判处徒刑以上的刑罚,确实要求过高、过严、过急,实践中很难办到,特别是对一些疑难、重大、复杂的案件更难做到。为了解决办案时间有限,主要犯罪事实未及时查清而无法逮捕的问题,公安机关在实际办案中往往大量使用收容审查措施。[4]

---

[1] 参见杨依:《以社会危险性审查为核心的逮捕条件重构——基于经验事实的理论反思》,载《比较法研究》2018年第3期,第131页。

[2] 参见崔敏:《中国刑事诉讼法的新发展——刑事诉讼法修改研讨的全面回顾》,中国人民公安大学出版社1996年版,第96—97页;周道鸾、张泗汉主编:《刑事诉讼法的修改与适用》,人民法院出版社1996年版,第133页。

[3] 1979年《刑事诉讼法》第48条第1款规定:"公安机关对被拘留的人,认为需要逮捕的,应当在拘留后的三日以内,提请人民检察院审查批准。在特殊情况下,提请审查批准的时间可以延长一日至四日。人民检察院应当在接到公安机关提请批准逮捕书后的三日以内,作出批准逮捕或者不批准逮捕的决定。人民检察院不批准逮捕的,公安机关应当在接到通知后立即释放,发给释放证明。"

[4] 参见崔敏:《中国刑事诉讼法的新发展——刑事诉讼法修改研讨的全面回顾》,中国人民公安大学出版社1996年版,第96页;周道鸾、张泗汉主编:《刑事诉讼法的修改与适用》,人民法院出版社1996年版,第133页。

2. 收容审查在实践中架空逮捕措施[1]

在1996年以前的很长一段时间内,收容审查制度在司法实践中被广泛使用,基本替代乃至架空了拘留、逮捕强制措施的运用。公安机关羁押的人员中,绝大多数没有被正式拘留、逮捕,而是先以"收审"的方式限制其人身自由,在大体查清事实后,再根据情况转为逮捕或做其他处理,这在不少地区都已成为普遍现象。从司法实践看,收容审查问题丛生、症结颇多,主要表现为超范围、超期限、管理混乱等问题。

一是收容审查的范围过宽。1980年2月,《国务院关于将强制劳动和收容审查两项措施统一于劳动教养的通知》划定了收容审查的对象,是指"有轻微违法犯罪行为又不讲真实姓名、住址、来历不明的人,或者有轻微违法犯罪行为又有流窜作案、多次作案、结伙作案嫌疑需收容查清罪行的人"。1985年,公安部又发布了《公安部关于严格控制使用收容审查手段的通知》,重申收容审查的对象"应严格控制在有流窜作案嫌疑的,或有犯罪行为又不讲真实姓名、住址、来历不明的人这个范围之内"。但从执行情况看,收容审查范围仍失之于宽。有的地方把一般流动人员当作了收审对象。有的地方把不符合"收审"条件的人也予以"收审"。如对过失犯罪、交通肇事、重婚甚至通奸、非法同居、违反计划生育、无证驾驶等行为人实行收审;对患有严重疾病的人、孕妇、精神病人也有"收审"的,个别地方还发现在处理经济纠纷案件中把"收审"变成讨债索赔的手段。还有的地方只图省事,为了减少办理法律手续的麻烦,把本应拘留、逮捕的人,也予以收容审查。"某省在收容审查的1412人中符合公安部规定的收审条件的不到十分之一。收容审查的正确率过低,以收代拘、以收代捕、滥用收审的现象严重。"[2]

二是收容审查的期限失控。1985年《公安部关于严格控制使用收容审查手段的通知》第3条规定:"对于有流窜作案嫌疑的,应当在一个月内查清事实;案情复杂或跨省、区作案,在一个月内不能审查清楚的,报经上一级公安机关批准,可以延长审查期限一个月,如果仍不能审查清楚而又有延长审查期限必要的,可以报请省、自治区、直辖市公安厅、局批准延

---

[1] 参见周道鸾、张泗汉主编:《刑事诉讼法的修改与适用》,人民法院出版社1996年版,第130—131页;崔敏:《中国刑事诉讼法的新发展——刑事诉讼法修改研讨的全面回顾》,中国人民公安大学出版社1996年版,第84—91页。

[2] 陈光中主编:《中国刑事诉讼程序研究》,法律出版社1993年版,第151页。

长,但审查期限累计不得超过三个月。对不讲真实姓名、住址、来历不明的人,审查期限可按上述规定,从讲清真实姓名、住址时起计算。"可见,收容审查的时限原则上不得超过三个月,但实践中收容审查超期限的问题相当突出,有的地方将嫌疑人收审后不及时审查,或一时难以查清,干脆拖延不理、收而不审、悬而不决,一拖数月、一两年甚至三五年,大大超过办案期限。

三是收容审查的制度管理不严格。有的地方没有设立专门的收容审查站,被收容审查人与被治安拘留的人,逮捕、拘留的人乃至已决犯关押在一起,在有的地方引发了事故,造成了不良影响。

3.将逮捕条件中"对主要犯罪事实已经查清"修改为"对有证据证明有犯罪事实"

由于刑事拘留和逮捕的规定不尽完善,不能适应公安机关打击犯罪的需要,收容审查的滥用一直存在,但种种弊端长期得不到规范和根治,立法部门权衡利弊,下定决心不再保留收容审查,而将收容审查中与犯罪斗争有实际需要的内容吸收到刑事诉讼法中,对有关刑事强制措施进行补充修改,这其中便包括1996年《刑事诉讼法》对逮捕条件的修改,即将原第40条中关于"对主要犯罪事实已经查清"的规定修改为"对有证据证明有犯罪事实"。这一修改,实际上是相对放宽了逮捕的条件,消除了收容审查制度被取消后其相应的功能作用没有其他措施及时跟进替代的问题。

有研究者对1996年《刑事诉讼法》修改前后逮捕条件的区别作出比较分析,提出了条文修改的进步之处:"第一,对犯罪事实主次的要求不同。修改后的刑事诉讼法不再强调是主罪、重罪,在侦查的犯罪事实中,有一个犯罪事实成立即符合该条件;第二,对犯罪事实查证的要求不同。修改后的刑事诉讼法对犯罪事实只要求有证据证明'有'的程度即可,不要求'主',也不要求'全',修改前的刑事诉讼法则要求达到'查清'的程度;第三,对证据、证明、犯罪事实三者之间的关系要求不同。修改后与修改前相比,以条文化、法律化的形式明确了证据与犯罪事实之间是证明与被证明的关系,这样显得更加明确、完善。"[1]

---

[1] 高景峰:《逮捕制度三十年之改革与完善》,载《检察日报》2008年6月20日,第3版。

4. 有关逮捕条件修改中的一些争论[1]

在 1996 年修改刑事诉讼法的过程中,参加修法的同志对旧法第 40 条规定的逮捕条件过高、过严的意见是一致的,但对如何修改条文,则持不同意见。有的同志主张借鉴国外有关逮捕条件的规定,将"主要犯罪事实已经查清"改为"有证据证明有犯罪重大嫌疑"或者"根据证据有犯罪重大嫌疑"。立法部门经认真研究没有采纳这一主张,而是将旧法第 40 条第 1 款关于"对主要犯罪事实已经查清"的规定修改为"对有证据证明有犯罪事实"。其主要考虑是:(1) 逮捕的条件规定较严格,对防止以捕代侦有好处,但在实践中,某些犯罪嫌疑人的犯罪事实,有些已经查明,虽然主要犯罪事实尚未完全查清,仍然需要逮捕,因此,"对有证据证明有犯罪事实"即应依法逮捕。(2) 如果仅凭有"犯罪重大嫌疑"就逮捕人,很有可能使一些虽有犯罪重大嫌疑,但实际上没有犯罪事实的人被逮捕,造成错捕率上升,不利于保护公民的合法权利。(3) "有犯罪重大嫌疑"与拘留条件中的"重大嫌疑分子"相同,容易混淆逮捕与拘留的条件。

在修法的过程中,还有的同志建议删除刑事诉讼法中"可能判处徒刑以上刑罚"的条件。立法机关对此也未采纳,主要理由是:(1) 强制措施的适用应与犯罪人的社会危险性相适应。逮捕作为一种最严厉的强制措施,其羁押时间往往也较长,如果将其适用于可能判处管制、拘役或者附加刑的犯罪嫌疑人、被告人,则其强制力超出了犯罪的危害程度及被羁押人的社会危险性,不利于保障人权。(2) 我国刑法规定所有犯罪的法定刑中都有徒刑这一刑种,将"可能判处徒刑以上刑罚"作为决定是否逮捕的法律尺度,便于掌握和适用。(3) 从法国、英国、俄罗斯等外国刑事诉讼法典的规定看,其逮捕条件都是以一定的刑罚加以限制的,而且多以自由刑作为捕与不捕的法律标准之一。另外,还有一种意见主张,不要把"可能判处徒刑以上刑罚"作为逮捕的条件,改为"可能追究刑事责任的"。经过研究,还是保留了原有的规定条件。这主要是考虑到,在司法实践中,可能被判处有期徒刑以下刑罚的,一般都是较为轻微的犯罪,这种轻微犯罪很少具有现实的危险性,因此可以不予逮捕。如需要限制其

---

[1] 参见周道鸾、张泗汉主编:《刑事诉讼法的修改与适用》,人民法院出版社 1996 年版,第 134 页。

人身自由,也可以通过采取取保候审或者监视居住的方法解决。[1] 总之,经过广泛讨论和充分研究,立法最终仍保留了"可能判处徒刑以上刑罚"这一逮捕条件。

(二)将"人犯"修改为"犯罪嫌疑人、被告人"

立法机关在1996年修改刑事诉讼法时统一删除了旧法中"人犯"这一带有浓重的有罪推定色彩的用语,将审前阶段的被追诉人称为犯罪嫌疑人,将被提起公诉并接受正式指控审判的被追诉人称为被告人。为了与整部刑事诉讼法的用语修改相统一,本条也将原条文中的两处"人犯"都修改为"犯罪嫌疑人、被告人"。

二、2012年《刑事诉讼法》对本条的修改

2012年《刑事诉讼法》对本条作出较大幅度的修改,主要涉及六个方面:一是删除逮捕的必要性要件;二是以社会危险性要件替代逮捕必要性要件,并对不足以防止发生社会危险性的情形明确列举;三是将第三项要件中的"采取取保候审、监视居住等方法"尚不足以防止发生社会危险性,修改为"采取取保候审"尚不足以防止发生社会危险性;四是增加一款径行逮捕的规定,"对有证据证明有犯罪事实,可能判处十年有期徒刑以上刑罚的,或者有证据证明有犯罪事实,可能判处徒刑以上刑罚,曾经故意犯罪或者身份不明的,应当予以逮捕";五是增加一款转化性逮捕的规定,"被取保候审、监视居住的犯罪嫌疑人、被告人违反取保候审、监视居住规定,情节严重的,可以予以逮捕";六是将原条文第2款"对应当逮捕的犯罪嫌疑人、被告人,如果患有严重疾病,或者是正在怀孕、哺乳自己婴儿的妇女,可以采用取保候审或者监视居住的办法",挪至2012年《刑事诉讼法》第65条(取保候审的适用范围)和第72条(监视居住的适用范围)中分别规定。

(一)删除必要性要件

长久以来,有逮捕必要一直是逮捕的法定要件之一。1954年《逮捕拘留条例》第2条第1款规定:"对反革命分子和其他可能判处死刑、徒刑的人犯,经人民法院决定或者人民检察院批准,应即逮捕。"当时并没有

---

[1] 参见郎胜主编:《关于修改刑事诉讼法的决定释义》,中国法制出版社1996年版,第95页。

要求考虑是否"有逮捕必要"。真正出现"有逮捕必要"的规范性文件是1979年2月出台的《逮捕拘留条例》，其中第3条第1款规定："主要犯罪事实已经查清，可能判处徒刑以上刑罚的人犯，有逮捕必要的，经人民法院决定或者人民检察院批准，应即逮捕。"该条例颁布后，最高人民检察院专门下发《关于认真执行逮捕拘留条例的通知》（〔79〕高检一字第1号，已失效），明确要求，"凡批准公安机关提请逮捕的人犯，必须符合《条例》第三条规定的三个条件"。中共中央随即转发《最高人民检察院党组关于认真执行〈逮捕拘留条例〉简化案件批准手续的请示报告的通知》（中发〔1979〕45号，已失效），其中第2条明确要求，"各级人民检察院在批捕工作中，必须坚持毛主席关于捕人要少和可捕可不捕的坚决不捕的指示，对批准逮捕的人犯，必须按照《逮捕拘留条例》规定的主要犯罪事实已经查清、可能判处徒刑以上刑罚、有逮捕必要的三个条件，严格掌握"。1979年《刑事诉讼法》第40条第1款有关逮捕条件的规定也基本吸收了1979年《逮捕拘留条例》的相关内容，但在"（而）有逮捕必要"前增加了"采取取保候审、监视居住等方法，尚不足以防止发生社会危险性"的表述。至此，社会危险性要件被引入刑事诉讼法逮捕条件中。细读1979年《刑事诉讼法》有关逮捕条件的规定不难发现，立法的本意并不在于犯罪嫌疑人、被告人是否具有社会危险性，而在于强调"采取取保候审、监视居住等方法，尚不足以防止发生社会危险性"，这里的社会危险性是在穷尽了取保候审、监视居住等方法后仍会发生的结果，为了防止这种危险，只能采取逮捕措施，即"而有逮捕必要"。"必要"二字，意味着逮捕应当是一种最后的、迫不得已的选择，是在权衡了取保候审、监视居住以及其他"等方法"后的一个最终抉择。[1] 所以，从语句的前后关系看，"而有逮捕必要的"，可以视为采取取保候审、监视居住等方法，尚不足以防止发生社会危险性后的应然结果。如果作文义解释，"而有"不是"而且有"，其前后连接的并非是并列关系的短语，而是连接语意相承的部分，前后短语是承接或顺承关系，"而有逮捕必要的"是"采取取保候审、监视居住等方法，尚不足以防止发生社会危险性"的顺承结果或必要手段。据此，立法引入社会危险性的概念其实是对逮捕必要性的解释和

---

〔1〕参见吴宏耀、唐彬彬：《刑事强制措施制度的立法发展与实施状况》，载《国家检察官学院学报》2014年第3期，第68页。

说明,而不是引入一个新的逮捕要件。能够对此佐证的就是 1988 年《最高人民检察院一厅关于办理批捕案件的质量标准(试行规定)》的相关规定,"批准逮捕的人犯,应当符合主要犯罪事实已经查清,可能判处徒刑以上刑罚,而有逮捕必要的三个条件"。通过简单的历史梳理和分析可以发现,逮捕必要性是逮捕的法定要件之一,而社会危险性则依附于逮捕必要性要件,是对逮捕必要性的解释和说明。

1996 年《刑事诉讼法》第 60 条在对 1979 年旧法中逮捕条件的证据要件作出修改后仍然延续了三要件的认定模式,即证据要件、刑罚要件、逮捕必要性要件。然而,"在 1996 年《刑事诉讼法》实施后不久,实务部门对逮捕条款的意见就迅速由证据要件转向必要性要件,认为该法条中的所谓'有逮捕必要'的立法表述和规定较为模糊,实务操作不太好把握,在具体案件中容易出现认识分歧,从而影响到逮捕制度的可操作性"[1]。不容否认,"有逮捕必要的"含义确实较为模糊,导致各部门认识有分歧、执行有差异。这也是为什么在制定 1979 年《刑事诉讼法》时要引入社会危险性概念,补充说明逮捕必要性含义的重要原因。2001 年 8 月,最高人民检察院、公安部曾联合发布《关于依法适用逮捕措施有关问题的规定》(高检会〔2001〕10 号),规定 1996 年《刑事诉讼法》第 60 条中的"有逮捕必要"是指,"1、可能继续实施犯罪行为,危害社会的;2、可能毁灭、伪造证据、干扰证人作证或者串供的;3、可能自杀或逃跑的;4、可能实施打击报复行为的;5、可能有碍其他案件侦查的;6、其他可能发生社会危险性的情形"。这一规定仍然是通过罗列"采取取保候审、监视居住等方法,尚不足以防止发生社会危险性"的情形来解释说明逮捕必要性的外延范围,否则不会在第 6 项兜底条款中使用"其他可能发生社会危险性的情形"的表述。同时,这样的解释方式虽然可以廓清逮捕必要性的外延范围,但似乎又让人感觉到,有社会危险性与有逮捕必要性已经具有等价性,两者其实可以等约替换。本评注揣测,也许正是基于这一原因,立法机关在 2012 年修改刑事诉讼法时删除了逮捕必要性的表述,以社会危险性要件加以代替。毕竟,逮捕必要性太过原则和抽象,"印象"或"写意"的风格对司法实践的指导意义十分有限,不如将最初对

---

〔1〕 万毅:《解读逮捕制度三个关键词——"社会危险性""逮捕必要性"与"羁押必要性"》,载《中国刑事法杂志》2021 年第 4 期,第 66—67 页。

其作解释说明的"社会危险性要件"加以替换,并以"工笔画"的形式在细节处描摹清楚,努力周延社会危险性的外延范围,这样做仍然是延续传统逮捕三要件的规定,但更具实践价值和现实意义。

自2012年修法后,由于法条用语发生了明显变化,对于审查逮捕,官方已不再提"逮捕必要性",转而强调"社会危险性",我国的审查逮捕制度也从以"逮捕必要性"为中心转向以"社会危险性"为中心。

(二)明确逮捕的社会危险性要件

不少实务部门的同志和专家学者认为,1996年以后,逮捕中存在的主要问题是捕人太多,羁押常态化,这与我们党和国家的"少捕"政策不符。造成上述问题和现象的原因与法律规定不完善有密切关系。其中一个重要原因就是作为解释逮捕必要的"采取取保候审、监视居住等方法,尚不足以防止发生社会危险性"的规定仍旧过于粗疏,具体包括哪些情况、是否有程度限制,实践中都不好掌握。由此产生两种结果:一种结果是,有的检察院对逮捕条件掌握过严,甚至按照起诉、定罪的条件把握逮捕条件,导致对一些本该逮捕的犯罪嫌疑人、被告人不批捕。有的公安机关为侦查需要,或者对犯罪嫌疑人采取监视居住措施搞变相羁押,或者采取拘留后延长拘留提请批准逮捕期限的办法,以拘代侦,从而造成实践中普遍延长拘留期限至三十日。但更为不利的还是第二种结果,那就是宽泛掌握逮捕的社会危险性要件,"够罪即捕"。毕竟,没有人敢保证犯罪嫌疑人、被告人被放出去后绝对不致危害社会,基于趋利避害的本能他们很可能会逃避追诉、干扰诉讼。有鉴于此,办案机关大多会采取保守做法,可捕可不捕的都捕,对一些罪行较轻或者社会危险性很小的犯罪嫌疑人也适用逮捕措施,以致出现应该判处的刑期短于羁押期限,法院不得不关多久判多久,"实报实销"。

为了回应司法实践中的新情况和新问题,2012年《刑事诉讼法》一方面删除了"而有逮捕必要的"表述,以社会危险性要件取代逮捕必要性要件,另一方面细化、列举社会危险性要件的五种情形,试图以此消弭条文表述的模糊性,增强制度的可操作性。修改后的第79条第1款规定:"对有证据证明有犯罪事实,可能判处徒刑以上刑罚的犯罪嫌疑人、被告人,采取取保候审尚不足以防止发生下列社会危险性的,应当予以逮捕:(一)可能实施新的犯罪的;(二)有危害国家安全、公共安全或者社会秩序的现实危险的;(三)可能毁灭、伪造证据,干扰证人作证或者串供的;

(四)可能对被害人、举报人、控告人实施打击报复的;(五)企图自杀或者逃跑的。"至此,逮捕中的社会危险性要件从以往的"抽象危险"转换为穷尽列举式的"具体危险"。

(三)删除社会危险性要件中的"监视居住"

按照1979年和1996年《刑事诉讼法》对强制措施体系的设计,监视居住与取保候审都属非羁押性强制措施,适用范围基本相同。在2012年修法前,对犯罪嫌疑人、被告人采用强制措施,应优先考虑取保候审、监视居住,只有这两种非羁押性强制措施不足以防止发生社会危险性的,才有逮捕必要。在2012年修法后,监视居住真正成为逮捕措施的替代措施或变通执行方式,只有当犯罪嫌疑人、被告人已经"符合逮捕条件",有逮捕必要,但基于人道主义、羁押期限届满等原因或案件存在特殊情况,办案机关才会放弃逮捕转而采用监视居住。可见,修法前后,监视居住在整个强制措施体系中的适用时序发生了重要变化,已经从捕前优先考量转为捕后(或拟捕后)的变通适用。这意味着在逮捕前,也就是在审查犯罪嫌疑人、被告人是否满足逮捕要件时,监视居住能否在捕前适用、捕前"分流"已经不再是考虑内容。所以,本条将逮捕的第三项要件,即"采取取保候审、监视居住等方法"尚不足以防止发生社会危险性,修改为"采取取保候审"尚不足以防止发生社会危险性。

(四)增加径行逮捕

针对特殊案件是否可以直接予以逮捕的争论,2012年《刑事诉讼法》增加一款径行逮捕的规定,"对有证据证明有犯罪事实,可能判处十年有期徒刑以上刑罚的,或者有证据证明有犯罪事实,可能判处徒刑以上刑罚,曾经故意犯罪或者身份不明的,应当予以逮捕"。有研究者还将其称为推定型逮捕。"所谓推定型逮捕,是指在特定案件中,由于可能判处的刑罚或犯罪嫌疑人、被告人的个人特征已经表明其具有极大的社会危险性,从而推定具有逮捕的必要性,直接予以逮捕。"[1]如果将径行逮捕称为推定型逮捕,那么从立法表述看,该推定应为不可反驳的推定,即使辩护方提出了相反的证据材料,证明犯罪嫌疑人、被告人虽然涉嫌重罪或曾经故意犯罪,但采取取保候审足以防止发生社会危险性的,办案机关仍会

---

[1] 李昌林主编:《最新中华人民共和国刑事诉讼法释义》,中国法制出版社2012年版,第68页。

逮捕犯罪嫌疑人、被告人。本评注认为,这种"一刀切"式的、过于绝对的立法方式欠妥。

(五)增加转化型逮捕

2012年修改刑事诉讼法时,本条还增加一款,"被取保候审、监视居住的犯罪嫌疑人、被告人违反取保候审、监视居住规定,情节严重的,可以予以逮捕",这被称为转化型逮捕或变更型逮捕。增加该款缘于两方面原因:一是回应司法实践。以往办案中,对于违反取保候审、监视居住规定,情节严重的,是否可以批准逮捕存在认识不一致的问题,立法对此作出了及时回应。二是与其他条文相衔接呼应。其实,转化型逮捕早在1996年《刑事诉讼法》第56条、第57条中就已分别作出规定,被取保候审、监视居住的犯罪嫌疑人、被告人违反取保候审、监视居住规定,情节严重的,可以予以逮捕。2012年《刑事诉讼法》第69条、第75条在规定被取保候审、监视居住的人应当遵守的义务时也对此作出规定。为了与前述条文衔接呼应,本条在规定逮捕的适用条件时作出统一规定,有利于明确逮捕的各种适用情形和范围,便于办案机关掌握、理解和操作。

(六)删除原条文第2款

2012年《刑事诉讼法》在对本条作出修改增补的同时,还删减了"对应当逮捕的犯罪嫌疑人、被告人,如果患有严重疾病,或者是正在怀孕、哺乳自己婴儿的妇女,可以采用取保候审或者监视居住的办法"的规定,同时将删减后的条文分别挪到取保候审、监视居住的相应条款中加以明确。删除的条款实质上是可以适用取保候审、监视居住的一种特殊情形,本质上属于取保候审、监视居住的适用条款,而本条规定的是逮捕的适用条件,规定在这里不尽合理,挪到取保候审、监视居住的适用条款中加以规定显然是更为贴切的。

三、2018年《刑事诉讼法》对本条的修改

2018年修改刑事诉讼法时,立法机关增加第2款规定,"批准或者决定逮捕,应当将犯罪嫌疑人、被告人涉嫌犯罪的性质、情节,认罪认罚等情况,作为是否可能发生社会危险性的考虑因素"。这一修改是完善刑事案件认罪认罚从宽制度的需要。2016年,最高人民法院、最高人民检察院、公安部、国家安全部、司法部联合发布的《关于在部分地区开展刑事案件认罪认罚从宽制度试点工作的办法》第6条规定,"人民法院、人民检察院、公安机关应当将犯罪嫌疑人、被告人认罪认罚作为其是否具有社会危害性的重要考虑因素,对于没有社会危险性的犯罪嫌疑人、被告人,应当取保候审、监视居住"。2018年《刑事诉讼法》将这一内容纳入到逮捕条件中作出规定。

▶▶【法条注解】

本条有四款规定,主要规定了三种不同类型逮捕的适用条件,第一款和第二款规定的是一般逮捕,第三款是径行逮捕,第四款是变更型逮捕。

一、一般逮捕

本条第1款和第2款是对一般逮捕的规定。

(一)一般逮捕的条件

根据本条第1款的规定,逮捕应同时具备三个条件:证据要件、刑罚要件、社会危险性要件。

1. 证据要件

逮捕的证据要件是指"有证据证明有犯罪事实"。《高检规则》第128条第2款和第3款规定:"有证据证明有犯罪事实是指同时具备下列情形:(一)有证据证明发生了犯罪事实;(二)有证据证明该犯罪事实是犯罪嫌疑人实施的;(三)证明犯罪嫌疑人实施犯罪行为的证据已经查证属实。犯罪事实既可以是单一犯罪行为的事实,也可以是数个犯罪行为中任何一个犯罪行为的事实。"其中,"数个犯罪行为中任何一个犯罪行为的事实"可以是数罪中的一罪;也可以是多次犯罪中的一次犯罪,如多次盗窃、多次诈骗等;还可以是共同犯罪中,已有证据证明其中一人有犯罪的。

从证明的角度看,只要有《刑事诉讼法》第50条规定的八种法定证据中的一种或多种证据[1]能证明犯罪嫌疑人、被告人实施了犯罪行为,就达到了逮捕的证据要件,并不要求侦查人员把证明犯罪的所有证据都先拿到手、收集到位,不要求像1979年《刑事诉讼法》那样,需要对主要犯罪事实都查清,更不需要达到"事实清楚,证据确实、充分"的程度。

---

[1] 本评注认为满足逮捕的证据要件并不适用孤证不能定案或口供补强规则。

2. 刑罚要件

逮捕的刑罚要件也称罪行要件,是指对犯罪嫌疑人、被告人所实施的犯罪行为有可能判处徒刑以上刑罚。刑罚的轻重,反映犯罪嫌疑人、被告人的主观恶性、社会危险性,也与其逃避或者妨碍刑事诉讼的可能之间存在很大的正相关关系。这里的"可能判处徒刑以上刑罚"是指根据查清的犯罪事实和刑法有关规定,犯罪嫌疑人、被告人可能判处有期徒刑以上刑罚。一般认为,基于人的趋利避害心理,犯罪嫌疑人、被告人可能判处的刑罚越重,逃避或干扰诉讼的可能性就越大,越有必要逮捕。反之,对于那些罪行较轻,危害较小,可能判处管制、拘役或者独立适用罚金、剥夺政治权利的犯罪嫌疑人、被告人,由于其社会危险性小,逃避或妨碍诉讼的可能性低,就没有必要逮捕。

规定逮捕的刑罚要件有两方面的考量:一方面,与刑期折抵相协调。逮捕后的羁押(未决羁押)直接剥夺犯罪嫌疑人、被告人的人身自由,实际效果并不亚于徒刑的执行(已决羁押)。如果犯罪嫌疑人、被告人不可能判处徒刑以上刑罚,那么其所受到的审前羁押便无法获得有效"冲抵",这是对司法公正的损害。另一方面,与《刑事诉讼法》第67条的规定相衔接,第67条第1款第1项规定,"可能判处管制、拘役或者独立适用附加刑的",可以取保候审。如果作反对解释,犯罪嫌疑人、被告人可能判处徒刑以上刑罚,就不能取保候审,只能采用强制性更高的强制措施。逮捕恰恰就符合了这个条件,这就保证了不同强制措施之间的内在衔接和"阶梯式"适用。

需要注意的是,可能判处徒刑以上刑罚是指"宣告刑"而非"法定刑"。因为如果将"徒刑以上刑罚"理解为是后者,那么我国刑法规定的几乎所有犯罪都符合这一条件,[1]这显然违背了刑事诉讼法的立法本意,使得逮捕的适用泛化,存在被滥用的风险。

3. 社会危险性要件

逮捕的社会危险性要件具体是指采用取保候审尚不足以防止发生社会危险性的。对"社会危险性"可从四个方面进一步展开剖析。

---

[1] 我国刑法中最高刑为拘役以下刑罚的犯罪有三个:危险驾驶罪(第133条之一),使用虚假身份证件、盗用身份证件罪(第280条之一)以及代替考试罪(第284条之一)。

一是社会危险性是由犯罪嫌疑人、被告人引起,而非他人所为。司法实践中,有一种所谓的"保护性拘留""保护性逮捕"的做法。如果犯罪嫌疑人、被告人实施犯罪产生了较大的社会影响,引发了一定的公愤,仅对其采取取保候审的强制措施,不足以防止他人对犯罪嫌疑人、被告人实施伤害、攻击等"义举",为了保障犯罪嫌疑人、被告人的人身安全,有的办案机关会以拘留、逮捕的方式对其进行"保护性羁押"。"保护性羁押"是将"不足以防止发生社会危险性"理解为是不足以防止他人对被取保候审的犯罪嫌疑人、被告人实施犯罪的社会危险性,适用的对象有错误,理解和操作有偏差。出现上述情况,办案机关应当作出一定的事前干预,采取一定的保护措施,而非一捕了之。

二是社会危险性包括妨碍诉讼的危险和继续危害社会的危险,前者主要是指妨碍刑事诉讼顺利进行的危险,如逃跑、自杀、串供、毁灭或伪造证据等,后者则是指可能实施新的违法犯罪行为。

三是社会危险性是对犯罪嫌疑人、被告人采取取保候审后仍不能防止发生的。这其中蕴含了强制措施适用的比例原则,如果采用取保候审等非羁押性强制措施足以保障诉讼顺利进行,不致发生社会危险性,就不应逮捕。

四是社会危险性不是抽象危险,而是具体危险或现实危险,可细化为五种情形,《高检规则》分别作出了详细规定。

(1)可能实施新的犯罪。《高检规则》第129条规定:"犯罪嫌疑人具有下列情形之一的,可以认定为'可能实施新的犯罪':(一)案发前或者案发后正在策划、组织或者预备实施新的犯罪的;(二)扬言实施新的犯罪的;(三)多次作案、连续作案、流窜作案的;(四)一年内曾因故意实施同类违法行为受到行政处罚的;(五)以犯罪所得为主要生活来源的;(六)有吸毒、赌博等恶习的;(七)其他可能实施新的犯罪的情形。"

(2)有危害国家安全、公共安全或者社会秩序的现实危险的。《高检规则》第130条规定:"犯罪嫌疑人具有下列情形之一的,可以认定为'有危害国家安全、公共安全或者社会秩序的现实危险':(一)案发前或者案发后正在积极策划、组织或者预备实施危害国家安全、公共安全或者社会秩序的重大违法犯罪行为的;(二)曾因危害国家安全、公共安全或者社会秩序受到刑事处罚或者行政处罚的;(三)在危害国家安全、黑恶势力、恐怖活动、毒品犯罪中起组织、策划、指挥作用或者积极参加的;(四)其他有危害国家安全、公共安全或者社会秩序的现实危险的情形。"

（3）可能毁灭、伪造证据，干扰证人作证或者串供的。《高检规则》第131条规定："犯罪嫌疑人具有下列情形之一的，可以认定为'可能毁灭、伪造证据，干扰证人作证或者串供'：（一）曾经或者企图毁灭、伪造、隐匿、转移证据的；（二）曾经或者企图威逼、恐吓、利诱、收买证人，干扰证人作证的；（三）有同案犯罪嫌疑人或者与其在事实上存在密切关联犯罪的犯罪嫌疑人在逃，重要证据尚未收集到位的；（四）其他可能毁灭、伪造证据，干扰证人作证或者串供的情形。"

（4）可能对被害人、举报人、控告人实施打击报复的。《高检规则》第132条规定："犯罪嫌疑人具有下列情形之一的，可以认定为'可能对被害人、举报人、控告人实施打击报复'：（一）扬言或者准备、策划对被害人、举报人、控告人实施打击报复的；（二）曾经对被害人、举报人、控告人实施打击、要挟、迫害等行为的；（三）采取其他方式滋扰被害人、举报人、控告人的正常生活、工作的；（四）其他可能对被害人、举报人、控告人实施打击报复的情形。"

（5）企图自杀或者逃跑的。《高检规则》第133条规定："犯罪嫌疑人具有下列情形之一的，可以认定为'企图自杀或者逃跑'：（一）着手准备自杀、自残或者逃跑的；（二）曾经自杀、自残或者逃跑的；（三）有自杀、自残或者逃跑的意思表示的；（四）曾经以暴力、威胁手段抗拒抓捕的；（五）其他企图自杀或者逃跑的情形。"

（二）逮捕时评估社会危险性的考虑因素

本条第2款是批准或者决定逮捕时评估社会危险性的考虑因素的规定。本条第1款第1项至第5项规定的是五种具体的社会危险，只要具备其一，就认为有社会危险性，应考虑逮捕。然而，这五种情形都是"可能"出现、"企图"实施的危险，属未然情形，如何证明会发生？只能从已然出现或发生的事实情况去推测、评估。本条第2款即遵循了这一逻辑，规定将犯罪嫌疑人、被告人已经实施的犯罪的客观情况，如犯罪的性质、情节，以及犯罪后认罪认罚等情况，作为是否会发生具体社会危险的评估因素。例如，"可能毁灭、伪造证据，干扰证人作证或者串供"是一类具体的社会危险，但这类危险性目前还可能只是犯罪嫌疑人张三脑海中的"企图""计划"，如何评估其将来会实施？按照本款规定，必须依赖已然发生的客观事实进行判断。首先，需要考虑张三涉嫌的犯罪性质，包括涉嫌什么类型的犯罪、可能判处什么罪名。其次,考虑张三犯罪的情节,包括犯罪的情节轻重以及是否具有相关法定、酌定的量刑情节,如有无自首、立功,一贯表现如何,是否积极退赔退赃,是否愿意赔偿被害人损失等。再次,考虑张三认罪认罚的情况,包括张三是否自愿认罪,能否如实供述罪行,是否同意量刑建议和程序适用等。在本案中,如果张三涉嫌的是妨害司法类犯罪,可能判处三年有期徒刑以上刑罚,曾经还隐匿证据、干扰证人作证,同时在案件中不认罪认罚,那么可以认定张三毁灭证据、干扰证人作证的可能性高,具有社会危险性,可考虑逮捕。

二、径行逮捕

本条第3款是对犯罪嫌疑人、被告人可以径行逮捕的特殊规定,包括三种情形。

一是有证据证明有犯罪事实,可能判处十年有期徒刑以上刑罚的。这可称为重罪逮捕或重罪羁押。在一般逮捕的条件中,可能判处有期徒刑以上刑罚,并不意味着犯罪嫌疑人、被告人就一定会实施逮捕所要防止的有社会危险性的行为。但如果一个人面临的是十年的牢狱之灾,或者更重的刑罚,基于人趋利避害的心理,逃避处罚、妨碍诉讼的可能性很大,以致立法者也相信可能被判处重刑的犯罪嫌疑人、被告人极有可能实施那些具有社会危险性的行为。所以,面对这种大概率事件,立法者选择径行逮捕的应对方案就具有了合理性。

二是有证据证明有犯罪事实,可能判处徒刑以上刑罚,曾经故意犯罪的犯罪嫌疑人、被告人。从刑法上来说,再犯一般都表明罪犯具有较强烈的反社会心理属性和较大的社会危险性,曾经故意犯罪的情况本身就已表明这种社会危险性的存在,因此有必要径行逮捕。需要注意的是,过失犯罪是行为人由于疏忽大意或者过于自信所实施,行为人对过失犯罪往往持否定或反对态度,再犯的可能性不大,故径行逮捕仅限于"曾经故意犯罪"的犯罪嫌疑人、被告人。

三是有证据证明有犯罪事实,可能判处徒刑以上刑罚,身份不明的犯罪嫌疑人、被告人。在司法实践中,犯罪嫌疑人、被告人之所以身份不明,一个重要原因是他们可能是在逃犯,还身负重罪、命案,基于强烈的避害、逃罪心理拒绝向办案机关吐露自己的真实身份、住址等信息,造成客观上身份不明。而且,不讲明自己的身份也可视为一种认罪态度,故有必要逮捕。另外,从操作层面看,如果对身份不明的犯罪嫌疑人、被告人采用取保候审,其一旦逃脱,很难再发现和缉拿归案。综上,有必要对这类犯罪嫌疑人、被告人逮捕羁押。

三、变更型逮捕

本条第 4 款是对违反取保候审、监视居住规定的犯罪嫌疑人、被告人采取变更型逮捕措施的规定。诚如前文所言,本款规定与《刑事诉讼法》第 71 条、第 77 条的规定相衔接。根据本款规定,犯罪嫌疑人、被告人在取保候审、监视居住期间所违反的义务,本就包含毁灭、伪造证据,干扰证人作证,以及企图自杀、逃跑等情形,这些情形有些直接属于本条第 1 款规定的五种社会危险性情形,给刑事诉讼活动造成了干扰和影响,如果"情节严重",就应当予以逮捕。

2012 年《刑事诉讼法》施行后,理论界和实务部门对本款的适用产生争议。"对于可能判处拘役、管制的犯罪嫌疑人、被告人,违反取保候审、监视居住规定,情节严重的,是否能够逮捕规定不明确。因为,如果对这种情形的犯罪嫌疑人、被告人予以逮捕,则违背了第一款规定的'可能判处徒刑以上刑罚'逮捕条件的规定。虽然该款中规定的是'可以予以逮捕',仍然容易出现不同的理解,不利于司法实践中的具体适用。"[1]换言之,是不是在所有情况下,可能判处徒刑以上刑罚都是批准、决定逮捕的先决条件呢?

针对上述争议,第十二届全国人民代表大会常务委员会第八次会议通过了《全国人民代表大会常务委员会关于〈中华人民共和国刑事诉讼法〉第七十九条第三款的解释》,专门作出立法解释,"根据刑事诉讼法第七十九条第三款(2018 年《刑事诉讼法》第 81 条第 4 款——本评注注)的规定,对于被取保候审、监视居住的可能判处徒刑以下刑罚的犯罪嫌疑人、被告人,违反取保候审、监视居住规定,严重影响诉讼活动正常进行的,可以予以逮捕"。这主要是考虑到犯罪嫌疑人、被告人可能判处徒刑以下刑罚的,由于其犯罪情节较为轻微,一般不会发生社会危险性,依法可以取保候审、监视居住[2]。但犯罪嫌疑人、被告人如果在取保候审、

---

〔1〕 冀祥德主编:《最新刑事诉讼法释评》,中国政法大学出版社 2012 年版,第 75 页。

〔2〕 犯罪嫌疑人、被告人可能被判处徒刑以下刑罚的,一般采用取保候审强制措施,但根据《刑事诉讼法》第 74 条第 2 款也可以监视居住。

监视居住期间有自杀、逃跑、干扰证人作证、毁灭、伪造证据或者串供等行为，妨碍刑事诉讼活动正常进行，甚至可能实施新的犯罪，是典型的具有社会危险性的情形，应当通过逮捕加以制止或者防范。对被取保候审、监视居住人违反取保候审、监视居住规定，严重影响诉讼活动正常进行，可以予以逮捕的规定，既适用于可能判处徒刑以上刑罚被取保候审、监视居住的犯罪嫌疑人、被告人，也适用于可能判处徒刑以下刑罚被取保候审、监视居住的犯罪嫌疑人、被告人。[1] 从这个角度看，对犯罪嫌疑人、被告人适用变更型逮捕，刑罚要件已经没有了"要件"上的实际意义和严格要求。

▶▶【法条评点】

一、刑罚要件中的"徒刑"宜改为"有期徒刑"

考察刑法的规定可以发现，本条第1款中使用"徒刑"指称犯罪嫌疑人、被告人可能判处的刑罚存在用语不严谨的问题。在我国的刑罚体系中，并不包含"徒刑"这一刑种，只有有期徒刑和无期徒刑这两种与之相关的刑罚类型。本条用"徒刑"表述刑罚要件，容易产生歧义，让人误以为这里的"徒刑"可能是无期徒刑以上刑罚。为了确保条文用语的精准和严谨，建议将本条第一款中的"可能判处徒刑以上刑罚"改为"可能判处有期徒刑以上刑罚"。

二、逮捕的刑罚条件是否必要？

根据本条第1款的规定，一般逮捕措施需要具备三个要件：证据要件、刑罚要件、社会危险性要件。但从本条第3款和第4款的规定看，刑罚要件已不是逮捕的必要条件。尤其是从本条第4款有关变更型逮捕的规定看，如果犯罪嫌疑人、被告人事前没有被采取任何强制措施，但直接违反了取保候审、监视居住的义务性规定，如干扰证人作证，毁灭、伪造证据或者串供，且情节严重，即使涉嫌犯罪不可能判处徒刑以上刑罚，再采取取保候审也明显不足以防止发生社会危险性，可直接逮捕。可以说，本条第4款其实已经虚化了逮捕中刑罚条件的"要件"意义，有"穿透"刑罚

---

[1] 参见王爱立、雷建斌主编：《刑事诉讼法立法法精解》，中国检察出版社2019年版，第155页。

要件的意味,一定程度上改变了一般逮捕须齐备三要件的规定。为此,可进一步分析在批准或决定逮捕过程中各项逮捕要件的功能定位。

在逮捕要件的问题上,证据条件是逮捕的必要条件,也是前提要件。如果没有证据,仅凭主观猜测、经验推断就捕人入罪,显然是违法的,也是违背常理的。所以,"有证据证明有犯罪事实",属于逮捕正当化的前提要件。

如果对《刑事诉讼法》强制措施一章有关逮捕条件的规定作体系解释后便会发现,刑罚条件已不再是逮捕的必要条件,刑罚轻重只是评估逮捕社会危险性的一个重要因素。首先,犯罪嫌疑人、被告人可能判处有期徒刑以下刑罚的,立法认为其逃避、干扰诉讼活动的可能性不大,一般取保候审,不予逮捕;但如果确有严重干扰诉讼活动,情节严重的情形,如行为人醉酒驾车被发现后当场要自杀的,也应逮捕(第67条第1款第1项、第81条第4款)。其次,犯罪嫌疑人、被告人可能判处徒刑以上刑罚,立法认为其干扰诉讼活动的可能性较大,如果满足证据的前提要件,同时存在某一具体的社会危险性情形或者曾经故意犯罪、身份不明的,应当逮捕(第81条第1款和第3款)。最后,犯罪嫌疑人、被告人可能判处十年有期徒刑以上刑罚的,立法推定犯罪嫌疑人、被告人干扰诉讼活动的可能性极大,社会危险性高,应径行逮捕(第81条第3款)。综上分析,刑罚条件已不再是一个独立的逮捕要件,而是依附于社会危险性条件,成为评估逮捕社会危险性的一个重要因素和辅助参考条件。这一观点在2018年修法时得到印证。2018年《刑事诉讼法》新增第81条第2款规定:"批准或者决定逮捕,应当将犯罪嫌疑人、被告人涉嫌犯罪的性质、情节,认罪认罚等情况,作为是否可能发生社会危险性的考虑因素。""犯罪嫌疑人、被告人涉嫌犯罪的性质、情节,认罪认罚等情况,都将直接决定其将来可能面临的刑罚。因此,该规定实际上属于解释性规定,就是以更加直白的方式告诉执法人员,犯罪嫌疑人、被告人可能判处什么样的刑罚,只是判断其社会危险性的一种途径,是判断人身危险性的一个参考条件,而不是决定是否逮捕的必要条件,更不是决定逮捕的充分条件。"[1]

那么,什么是逮捕中的关键条件、核心条件?无疑是社会危险性条件,即"采取取保候审不足以防止发生社会危险性"。可以说,社会危险

---

[1] 易延友:《刑事诉讼法:规则 原理 应用》(第五版),法律出版社2019年版,第340页。

性条件是逮捕唯一的充分必要条件。判断这一条件的因素有很多,其中就包括刑罚因素,只是这个因素非常重要,立法者单独拎出来,在2018年《刑事诉讼法》第81条第2款中对其进行了强调。

三、径行逮捕的规定太过绝对

本条对径行逮捕的规定缺乏弹性,太过绝对,容易引发僵化办案、机械司法。以径行逮捕中"有证据证明有犯罪事实,可能判处徒刑以上刑罚,曾经故意犯罪"的情形为例,一旦出现该种情形应径行逮捕,办案机关没有任何裁量空间。但从司法实践看,符合该种情形的犯罪嫌疑人、被告人并非都有逮捕必要。例如,犯罪嫌疑人张三曾因醉酒驾车构成危险驾驶罪被判处拘役4个月,3年后又因涉嫌安全责任事故罪被立案侦查。本案中,即使后罪可能判处缓刑,但依径行逮捕条款,检察院必须批准逮捕。但是,倘若当年张三醉酒驾车造成一人重伤,按照司法解释的规定,张三构成交通肇事罪,为过失犯罪,即使3年后再犯安全责任事故罪,也不再适用径行逮捕条款,必须逮捕。然而,从刑法角度分析,前述交通肇事罪完全可以视为危险驾驶罪的结果加重犯,即危险驾驶的基础罪行导致人身伤亡的加重结果。举轻以明重,既然曾经构成危险驾驶罪的张三因又犯徒刑以上轻罪都要径行逮捕,那么曾经犯更为严重的、比危险驾驶罪还增加一项"实害结果"要素的交通肇事罪的张三因又犯轻罪就更应逮捕了。但显然立法的逻辑并非如此,后种情形并不适用径行逮捕规定。如果说在2012年修改刑事诉讼法时,受制于我国长久以来刑法重刑主义的影响,"曾经故意犯罪"多为重罪,那么随着经济社会的快速发展以及刑法的频繁修改,我国的犯罪圈逐渐扩大,犯罪结构也发生了明显变化,以危险驾驶罪为代表的不少轻罪入刑,发案数持续攀升,中国进入了轻罪时代。当下,如果不加区分地将所有的"曾经故意犯罪"都作为径行逮捕的一个条件,势必会导致一些本无逮捕必要的案件数量增加,出现逮捕的僵化和办案的不协调。此外,"曾经故意犯罪"还涉及到法定犯的问题。例如,犯罪嫌疑人李四在多年前经营私人流动加油站,构成非法经营罪,属罪行较轻的行政犯,多年后这种行为已不被认定为犯罪,但此时李四又犯一过失轻罪,是否应径行逮捕,实践中也有争议。

综上,本评注认为应为径行逮捕"松绑解套",释放一些裁量空间给办案机关,确保径行逮捕保有适度弹性。故建议将本条第3款修改为:

"对有证据证明有犯罪事实,可能判处十年有期徒刑以上刑罚的,或者有证据证明有犯罪事实,可能判处徒刑以上刑罚,曾经故意犯罪或者身份不明的,'一般'应当予以逮捕。"

第八十二条 【刑事拘留的对象和条件】公安机关对于现行犯或者重大嫌疑分子,如果有下列情形之一的,可以先行拘留:
(一)正在预备犯罪、实行犯罪或者在犯罪后即时被发觉的;
(二)被害人或者在场亲眼看见的人指认他犯罪的;
(三)在身边或者住处发现有犯罪证据的;
(四)犯罪后企图自杀、逃跑或者在逃的;
(五)有毁灭、伪造证据或者串供可能的;
(六)不讲真实姓名、住址,身份不明的;
(七)有流窜作案、多次作案、结伙作案重大嫌疑的。

▶▶【历次修法条文对照】

1979年《刑事诉讼法》	1996年《刑事诉讼法》	2012年《刑事诉讼法》	2018年《刑事诉讼法》
第六章 强制措施	第六章 强制措施	第六章 强制措施	第六章 强制措施
第41条:公安机关对于罪该逮捕的现行犯或者重大嫌疑分子,如果有下列情形之一的,可以先行拘留: (一)正在预备犯罪、实行犯罪或者在犯罪后即时被发觉的; (二)被害人或者在场亲眼看见的人指认他犯罪的; (三)在身边或者住处发现有犯罪证据的;	**第61条**:公安机关对于~~罪该逮捕的~~现行犯或者重大嫌疑分子,如果有下列情形之一的,可以先行拘留: (一)正在预备犯罪、实行犯罪或者在犯罪后即时被发觉的; (二)被害人或者在场亲眼看见的人指认他犯罪的; (三)在身边或者住处发现有犯罪证据的;	**第80条** 内容未修订	**第82条** 内容未修订

(续表)

1979年《刑事诉讼法》	1996年《刑事诉讼法》	2012年《刑事诉讼法》	2018年《刑事诉讼法》
第六章 强制措施	第六章 强制措施	第六章 强制措施	第六章 强制措施
（四）犯罪后企图自杀、逃跑或者在逃的； （五）有毁灭、伪造证据或者串供可能的； （六）身份不明有流窜作案重大嫌疑的； （七）正在进行"打砸抢"和严重破坏工作、生产、社会秩序的。	（四）犯罪后企图自杀、逃跑或者在逃的； （五）有毁灭、伪造证据或者串供可能的； （六）不讲真实姓名、住址，身份不明的； （七）有流窜作案、多次作案、结伙作案重大嫌疑的。 ~~（七）正在进行"打砸抢"和严重破坏工作、生产、社会秩序的。~~		

▶▶【立法沿革】

我国1954年和1979年由全国人民代表大会常务委员会通过的《逮捕拘留条例》都对拘留的条件和适用对象作出严格规定，并被1979年《刑事诉讼法》所吸收。1996年修改刑事诉讼法时，立法机关总结长期的司法实践经验，根据当时的经济社会发展状况，又对旧法中拘留的适用条件作出修改完善。

一、溯源1979年《刑事诉讼法》第41条

本条是关于刑事拘留对象和条件的规定，可追溯至新中国成立后1954年由全国人民代表大会常务委员会通过的《逮捕拘留条例》第5条的规定，"公安机关对需要进行侦查的并且有下列一种情形的人犯，可以采取紧急措施，先行拘留：一、正在预备犯罪、实行犯罪或者在犯罪后即时被发觉的；二、被害人或者在场亲眼看见的人指认他犯罪的；三、在身边或者住处发现有犯罪证据的；四、企图逃跑或者在逃的；五、有毁灭、伪造证据或者串供可能的；

六、身份不明或者没有一定住处的"。从文义解释出发,条例规定的"先行拘留"属于逮捕前的紧急措施,其适用似不限于可能判处徒刑以上刑罚的"人犯"。

1979年2月23日,第五届全国人民代表大会常务委员会第六次会议通过了新的《逮捕拘留条例》,其第6条规定,"公安机关对罪该逮捕的现行犯或者重大犯罪嫌疑分子,如果有下列情形之一的,由于情况紧急,可以先行拘留:(一)正在预备犯罪、实行犯罪或者在犯罪后即时被发觉的;(二)被害人或者在场亲眼看见的人指认他犯罪的;(三)在身边或者住处发现有犯罪证据的;(四)犯罪后企图自杀、逃跑或者在逃的;(五)有毁灭、伪造证据或者串供可能的;(六)身份不明有流窜作案重大嫌疑的;(七)正在进行打、砸、抢、抄和严重破坏工作、生产、社会秩序的"。相较于1954年条例,1979年条例从五个方面对拘留的适用对象和条件作出修改:一是将"人犯"修改为"罪该逮捕的现行犯或者重大犯罪嫌疑分子";二是将"可以采取紧急措施,先行拘留"修改为"由于情况紧急,可以先行拘留";三是在条文的第4项中增加"犯罪后企图自杀"的拘留情形;四是将"身份不明或者没有一定住处的"的情形修改为"身份不明有流窜作案重大嫌疑";五是增加了"正在进行打、砸、抢、抄和严重破坏工作、生产、社会秩序的"的拘留情形。其中,第一个修改内容最为重要,"罪该逮捕"的提法,更紧密地将拘留和逮捕联系在一起,表明了两者同质化的倾向,都只适用于可能判处徒刑以上刑罚的犯罪嫌疑人。

1979年条例很快就被当年7月1日通过的刑事诉讼法所吸收。[1] 1979年《刑事诉讼法》第41条规定:"公安机关对于罪该逮捕的现行犯或者重大嫌疑分子,如果有下列情形之一的,可以先行拘留:(一)正在预备犯罪、实行犯罪或者在犯罪后即时被发觉的;(二)被害人或者在场亲眼看见的人指认他犯罪的;(三)在身边或者住处发现有犯罪证据的;(四)犯罪后企图自杀、逃跑或者在逃的;(五)有毁灭、伪造证据或者串供可能的;(六)身份不明有流窜作案重大嫌疑的;(七)正在进行'打砸抢'和严重破坏工作、生产、社会秩序的。"两相比较,第41条基本是照搬了1979年《逮捕拘留条例》第6条的规定,仅有两处小的删改,一是删去了"由于情况紧急"的表述;二是在第7项中删除了条例中"打、砸、抢、抄"中"抄"的这一行为。

---

[1] 1979年《逮捕拘留条例》正式废止并不是在1979年,而是在1996年修改刑事诉讼法时。

二、1996年《刑事诉讼法》对本条的修改

1996年《刑事诉讼法》对本条主要作出三处修改。[1]

一是删除"罪该逮捕"的规定。1979年《刑事诉讼法》将"罪该逮捕"作为拘留的前提条件,意味着公安机关在拘留现行犯或重大嫌疑分子时,这些人必须达到逮捕条件,这就将拘留和逮捕等同起来,引发了两者的混淆和错用。从规范层面看,1979年《刑事诉讼法》第40条规定逮捕人犯必须是"主要犯罪事实已经查清""可能判处徒刑以上刑罚",而第41条规定的先行拘留的七种情形中,基本都不符合逮捕条件。例如,预备犯罪、在身边或者住处发现有犯罪证据、身份不明有流窜作案重大嫌疑等,这些情况都非常紧急,公安机关根本来不及查清主要犯罪事实,甚至被拘留人是否确实有罪都难以肯定,怎么能说"主要犯罪事实已经查清",并且"可能判处徒刑以上刑罚"呢?这显然是前后矛盾的。从操作层面看,曾经被公安机关拘留的犯罪嫌疑人,经过审查,其中有相当一部分人没有被逮捕,而是教育释放或给予治安行政处罚的处理,这其实是很正常的事,根本无法做到都应逮捕的程度。总之,"罪该逮捕"的立法表述容易使人产生要依照逮捕条件来掌握拘留条件的错觉,模糊了两种强制措施的适用边界,故立法机关最终取消了拘留条件中"罪该逮捕"的这一限制性表述。

二是吸收原收容审查的对象,增加先行拘留的对象。随着收容审查制度的取消,为了保证打击犯罪的需要,立法机关通过调整拘留、逮捕的适用对象和范围,延续了收容审查的部分功能。1996年《刑事诉讼法》第61条第6项和第7项针对原收容审查对象中不讲真实姓名、住址、身份不明和有流窜作案、多次作案、结伙作案的现行犯或者重大嫌疑分子[2],规定公安机关可以

---

[1] 参见崔敏:《中国刑事诉讼法的新发展——刑事诉讼法修改研讨的全面回顾》,中国人民公安大学出版社1996年版,第101—102页;周道鸾、张泗汉主编:《刑事诉讼法的修改与适用》,人民法院出版社1996年版,第134—135页;郎胜主编:《关于修改刑事诉讼法的决定释义》,中国法制出版社1996年版,第97—98页。

[2] 1980年2月29日,《国务院关于将强制劳动和收容审查两项措施统一于劳动教养的通知》规定收容审查的对象是"有轻微违法犯罪行为又不讲真实姓名、住址,来历不明的人,或者有轻微违法犯罪行为又有流窜作案、多次作案、结伙作案嫌疑需收容查清罪行的人"。1985年《公安部关于严格控制使用收容审查手段的通知》重申收容审查的对象"应严格控制在有流窜作案嫌疑的,或有犯罪行为又不讲真实姓名、住址,来历不明的人这个范围之内"。

先行拘留。诚如立法机关所言:"将收容审查中与犯罪斗争有实际需要的内容,吸收到刑事诉讼法中,对有关刑事强制措施进行补充修改,将其中不讲真实姓名、来历不明、流窜作案、多次作案、结伙作案等需要公安机关迅速采取措施,才能制止犯罪,查明犯罪,抓获犯罪嫌疑人的情况,也吸收到刑事诉讼法有关先行拘留的规定中,不再保留作为行政强制手段的收容审查。这样修改,有利于防止在刑事诉讼中采用非刑事强制措施限制人身自由的情形。"[1]

三是删除"正在进行'打砸抢'和严重破坏工作、生产、社会秩序的"的规定。1979年《刑事诉讼法》第41条第7项是针对"文化大革命"期间"红卫兵"到处进行打砸抢造成社会秩序混乱的情况所写的一项规定,有其特殊的时代背景,是特定历史条件下的产物,在当下已无保留的必要。而且,这种情形在1979年《刑法》第137条的规定中是犯罪行为,又是"正在进行"的,完全可以包括在1979年《刑事诉讼法》第41条第1项规定的正在"实行犯罪"的情形中,故无单立一项的必要。最终立法机关删除了本项规定。

本条在2012年和2018年修法时未有内容调整,仅有条文序号的变化。

▶▶【法条注解】

本条是关于刑事拘留的对象和条件的规定。

一、对"可以先行拘留"的解读

本条规定:"公安机关对于现行犯或者重大嫌疑分子,如果有下列情形之一的,可以先行拘留:……"

(一)何谓先行拘留中的"先行"

先行拘留中的"先行"是针对逮捕而言。众所周知,办理逮捕的手续过于复杂、繁琐,批准逮捕、决定逮捕、执行逮捕都需要一定的时间,为了能在紧急情况下及时对行为人实施人身控制,确保其到案,法律允许侦查机关在逮捕之前先用拘留这种控制人身自由的过渡措施。"拘留是在紧

---

[1] 王爱立、雷建斌主编:《刑事诉讼法立法精解》,中国检察出版社2019年版,第156页。

急情况下采用的一种处置办法。只有在紧急情况下,来不及办理逮捕手续而又需要马上剥夺现行犯或者重大嫌疑分子的人身自由的,才能采取拘留;如果没有紧急情况,公安机关、人民检察院有时间办理逮捕的手续,就不必先行拘留。"〔1〕所以,先行拘留中的"先行"是先于"逮捕"。支持这一论断的理由有二:一是,《刑事诉讼法》"强制措施"一章对于逮捕和拘留措施不是按照强制性从低到高排序规定,而是先讲逮捕,再讲拘留,相关的条文顺序是逮捕条件(第81条)、拘留条件(第82条)、拘留执行程序(第85条、第86条)、提请批准逮捕程序(第87条)、审查批准逮捕程序(第88条、第89条)、逮捕执行程序(第90条、第91条、第92条、第93条、第94条)。在其他章节的有关条文中,并列规定逮捕、拘留的时候,通常也是先讲逮捕,后讲拘留。二是,严格来说,刑事诉讼法没有专门对拘留规定期限,而是规定了拘留后提请批准逮捕的期限。例如,第91条就没有使用"拘留期限"的表述,而是使用"提请审查批准(逮捕)的时间"这一表述。基于上述理由,从某种意义上讲,先行拘留只是附属于逮捕的一种强制到案措施,是为了逮捕而在紧急情况下的一种便宜处理。先行拘留更准确的名称,似乎应该是"临时逮捕"或者"紧急逮捕",以区别于经检察院批准、决定或者法院决定的正式逮捕。

只有逮捕这项剥夺人身自由的强制措施是被宪法所肯定的。根据宪法规定,公检法机关在刑事诉讼中只能通过逮捕来剥夺公民的人身自由。然而,在我国刑事诉讼法中能够剥夺公民人身自由的强制措施,除了逮捕还有拘留,可是拘留在宪法中没有明确规定。但是,如果对"先行拘留"的内涵作出解释,就会发现拘留或者先行拘留并不具有完全的独立性,其附属于逮捕,实质上是逮捕前的紧急措施、过渡手段或是例外规定〔2〕,可以

---

〔1〕 陈光中主编:《刑事诉讼法》(第七版),北京大学出版社、高等教育出版社2021年版,第249页。

〔2〕 1954年《宪法》第89条规定:"中华人民共和国公民的人身自由不受侵犯。任何公民,非经人民法院决定或者人民检察院批准,不受逮捕。"事实上,在1954年《宪法》草案第一稿中,该条文后面还有半句话,"在紧急情况下的临时拘留,至迟要在三日内得到法院或者检察长的许可,否则被拘留的人应当得到释放"。在审议中,有代表指出,既然是紧急情况下的例外性规定,可以不用写在宪法条文之中。吴玉章认为:"'拘留'问题,苏联先法是不写的,他们另外搞了一个拘留法。苏联的《拘留法》规定:拘留在24小时内要报告检察长,48小时内检察长要作出决定。这个时限也可伸缩,远的地方时间可长些。我们的宪法中也可以不规定。"彭真认为:"'拘留'问题(转下页)

理解为逮捕的必然衍生,这一解释在一定程度上就符合了宪法规定,也体现了刑事诉讼法是"根据宪法,制定本法"。

(二)何谓"可以"先行拘留

本条中的先行拘留前有"可以"二字做限制,意味着拘留向逮捕的过渡并不具有必然性。先行拘留前有"可以"做限制,表明拘留后不一定会逮捕,拘留后必须逮捕的要求在法律上没有依据。而且,立法机关在1996年修改拘留的适用对象和条件时,已经将"罪该逮捕"的表述删除,这表明拘留虽然先于逮捕,具有"临时逮捕""紧急逮捕"的意思,但两者并不具有同质等价性。逮捕前一般会先行拘留,但逮捕不是先行拘留的必然结果。依据《刑事诉讼法》第86条的规定,"公安机关对被拘留的人,应当在拘留后的二十四小时以内进行讯问。在发现不应当拘留的时候,必须立即释放,发给释放证明"。另外,第91条规定,"公安机关对被拘留的人,认为需要逮捕的,应当在拘留后的三日以内,提请人民检察院审查批准……人民检察院应当自接到公安机关提请批准逮捕书后的七日以内,作出批准逮捕或者不批准逮捕的决定。人民检察院不批准逮捕的,公安机关应当在接到通知后立即释放,并且将执行情况及时通知人民检察院。对于需要继续侦查,并且符合取保候审、监视居住条件的,依法取保候审或者监视居住"。可见,某人被先行拘留后可能会被无罪释放,或者依法被取保候审或监视居住,被逮捕仅是先行拘留后的一种可能。

(三)先行拘留的性质特点

关于先行拘留的性质特点,可以从三个方面来把握。

(接上页)在宪法中讲不清楚。苏联是在《刑事诉讼法》中规定,我们也可以在《刑事诉讼法》中规定,如果一下子搞不起来刑事诉讼,可以先搞一个单行条例解决这个拘留问题。吴老的意见是对的,临时拘留是有的。比如,乡长看见一个强盗在放火,他必须立即抓起来,他要是不抓,国家还要追究他的责任的。"刘少奇认为:"把这一句删去。搞一个临时拘留法。要在宪法通过同时搞出来。现在就要准备。请政法委、最高人民法院、最高人民检察署、法制委员会、公安部、司法部等单位研究起草,以董老为领导。"沈钧儒也认为:"这一句删掉是可以的。"于是,最终通过的宪法条文删除了后半句。不过随后,也就是1954年12月颁布的《逮捕拘留条例》在逮捕之后,进一步就拘留、扭送作出规定。参见韩大元:《1954年宪法制定过程》,法律出版社2014年版,第292页;吴宏耀:《中国近现代立法中的现行犯制度——基于法律移植的考察》,载《中国政法大学学报》2016年第1期,第73页。

首先,先行拘留属于一种"紧急逮捕""临时逮捕"措施,适用于需要逮捕但因情况紧急来不及办理逮捕手续的情形,与逮捕有紧密联系,有一定的依附性。从新中国成立以来有关刑事诉讼法的立法史料看,当时的立法者对拘留的性质定位有清醒的认识。1957年《刑事诉讼法草案(草稿)》对刑事拘留和立法上的其他强制措施进行了明确区分,尽管立法者在草稿中将拘留规定于强制措施一章,但根据《草稿》第60条关于强制措施种类的列举,立法者并没有将拘留视为法定的强制措施种类之一。更重要的是,《草稿》第64条明确规定,"只有在犯罪嫌疑人被告知为被告人后,才能对他实施强制措施。但是,如有下列一种情形的,虽然没有告知为被告人,侦查机关也可以先行拘留……"[1]。简言之,当时的立法者在草案中刻意将拘留定位为刑事诉讼中的一种"特别手段",而非常规措施。

其次,先行拘留与拘传一样,均属到案措施,有一定的相似性,但适用的对象在涉嫌犯罪轻重方面有差异,适用的情形特别是在紧急性上有所不同。

最后,先行拘留原则上适用于侦查阶段。在审查起诉和审判阶段,除违反取保候审、监视居住规定,情节严重,需要逮捕的,可以由执行取保候审、监视居住的公安机关先行拘留,检察院和法院均不能采取拘留措施。

二、先行拘留的对象为"现行犯或者重大嫌疑分子"

根据本条规定,先行拘留的对象为现行犯或者重大嫌疑分子。所谓现行犯,是指正在进行犯罪的人,包括正在预备犯罪、实施犯罪,或者犯罪刚结束,尚未离开现场,在场目击的人或者随后追查犯罪的人可以确认犯罪系其实施的人。重大嫌疑分子,一般是指已经有较多的证据能够基本证明犯罪系其实施的,具有重大嫌疑的人。

需要注意的是,"现行犯"不同于侦查阶段犯罪嫌疑人的称谓。一般认为,只有刑事立案后,被追诉指控的人才能称为犯罪嫌疑人。但拘留是立法在情况紧急时赋予侦查机关可以实施的一种临时性的控制人身自由的强制措施。从正当程序的法理出发,采取限制或者剥夺人身自由的强制措施,一般要经过司法审查,获得事前批准。但出于防卫社会的目的,平衡打击犯罪和保障人权的关系,立法还是有必要在紧急情况下赋予

---

[1] 吴宏耀、种松志主编:《中国刑事诉讼法典百年(中册)(1906年—2012年)》,中国政法大学出版社2012年版,第465页。

警察采取临时性强制措施的权力,在犯罪正在进行,行为人尚未逃脱的情况下,先行采取措施制止犯罪、控制犯罪行为人,并为决定是否逮捕提供时间保障。对于一个在现场的行凶伤人者,公安机关如果要等待办完立案手续,确定犯罪嫌疑人身份后,才能采取拘留的强制措施,显然不利于及时控制行凶者,也不利于防止其继续危害社会。因此,这里的"现行犯"其实是立案前对正在进行犯罪的人的一种称谓。"现行犯是一种社会生活中猝然出现的紧急情形。因此,作为一种难以预料的事实突发状态,现行犯情形往往存在于刑事诉讼程序启动之前。就此而言,在现行犯逮捕与刑事追诉活动的关系上,现行犯逮捕理应与现行犯扭送一样,属于刑事立案之前的特殊案发情形之一。"[1]可以说,本条对现行犯可以先行拘留的规定意味着立法已经赋予了公安机关在立案前就可以先行拘留的权力。简言之,对于现行犯,公安机关有权先拘留再立案。

值得注意的是,《刑事诉讼法》第二编侦查章第11节规定了"人民检察院对直接受理的案件的侦查",第165条规定,"人民检察院直接受理的案件中符合本法第八十一条、第八十二条第四项、第五项规定情形,需要逮捕、拘留犯罪嫌疑人的,由人民检察院作出决定,由公安机关执行"。这与第82条规定有三处不同,一是适用范围不同,公安机关适用拘留的情形有七种,检察院适用拘留的情形只有两种;二是对拘留对象的称谓不同,公安机关的拘留对象称为"现行犯或者重大嫌疑分子",检察院的拘留对象称为"犯罪嫌疑人";三是对拘留的要求不同,对公安机关的拘留称为"先行拘留",对检察院使用的却是"拘留"一词。上述三点说明,法律没有规定检察院可以在诉讼之外、立案之前采用先行拘留的强制措施。究其原因,检察院立案侦查的案件都是司法工作人员的职务犯罪案件,实施犯罪的人为公职人员。对于这些案件的办理,检察院都是"由人到案",即先收集到举报线索,发现、锁定目标,再立案侦查,收集证据。检察院在办案中基本不会出现办案对象预备犯罪、实行犯罪或者犯罪后即时被发觉,以及不讲真实姓名、住址、身份不明的紧急情况,即使发现有第82条第4项"犯罪后企图自杀、逃跑或者在逃的"以及第5项"有毁灭、伪造证据或者串供可能的"情形,也大都发生在立案后,没有先行拘

---

[1] 吴宏耀:《中国近现代立法中的现行犯制度——基于法律移植的考察》,载《中国政法大学学报》2016年第1期,第75页。

留的必要。[1]

三、拘留的适用条件

本条有关拘留的适用对象是现行犯或者重大嫌疑分子，故有关拘留的适用条件主要也是根据拘留对象的特点来设置的。然而，由于该条将现行犯与重大嫌疑分子并列为拘留的适用对象，因而在7种情形中，何者属于现行犯，何者又属于重大嫌疑分子，并不明确，理解上自然会有分歧。

本条第1项拘留情形"正在预备犯罪、实行犯罪或者在犯罪后即时被发觉的"主要是针对现行犯而言，至于第2项、第3项、第4项规定的情形，一些学者称之为对准现行犯的拘留情形。[2] 准现行犯更多的是一个学理概念，来源于法国和日本（见表五）。在法国，准现行犯被视为现行的犯罪之人。"《刑事诉讼法典》第53条对现行犯罪的概念做了某些修正。按照法典的定义，所谓'现行犯罪'，不仅包括'当时正在实行'的犯罪，还包括刚刚实行的犯罪，而且包括过去的法律所规定的'被视为现行'的犯罪，也就是说，在实行犯罪之后很短的时间内，犯罪嫌疑人因公众呼喊而受到追捕，或者发现犯罪嫌疑人持有作案之物，或者带有犯罪迹象或痕迹，据此可以认为其参加了某种犯罪的情形，亦属于现行犯罪。"[3] 日本也有现行犯和准现行犯的概念。"准现行犯则是在适当缓和时间上的接近性、稍微偏离犯人的确定性的角度上进行把握的。当对象为'被追赶的犯人'；持有'赃物以及明显用做犯罪的凶器以及其他物品'；'身体和衣服上有明显的犯罪痕迹'；以及'受到喝问，欲行逃走'的场合，只要可以明确认定该人'刚刚犯罪后不久'，就可以在很大程度上认定其为犯罪嫌疑人。此外，考虑到宪法上规定了'现行犯'，所以，在时间间隔上不能有太大的缓和。只要没有特殊的情况，应该限定在1、2小

---

[1] 当然，如果检察院在案件的初查阶段确实发现存在紧急情况，如正在调查的被举报人有可能自杀、逃跑，这时要在采取拘留措施的同时办理立案手续，或者直接逮捕。

[2] 参见周长军：《现行犯案件的初查措施：反思性研究——以〈新刑事诉讼法〉第117条对传唤、拘传的修改为切入》，载《法学论坛》2012年第3期，第25页；吴宏耀：《现行犯：一个亟待解释的法律概念》，载《现代法学》2016年第1期，第128页。

[3] [法]卡斯东·斯特法尼、乔治·勒瓦索、贝尔纳·布洛克：《法国刑事诉讼法精义（上册）》，罗结珍译，中国政法大学出版社1999年版，第338页。

时间隔的幅度内。"[1]

表五：中、日、法"准现行犯"之比较

法国	日本	中国
因公众呼喊而受到追捕	被追赶的犯人	被害人或者在场亲眼看见的人指认其犯罪的
发现犯罪嫌疑人持有作案之物，或者带有犯罪迹象或痕迹	持有赃物以及明显用作犯罪的凶器以及其他物品，身体和衣服上有明显的犯罪痕迹	在身边或者住处发现有犯罪证据的
	受到喝问，欲行逃走	犯罪后企图自杀、逃跑或者在逃的

对比表格中的内容，将我国《刑事诉讼法》第 82 条第 2、3、4 项中的一些情形视为准现行犯确有一定道理，例如，发现行为人持有赃物或作案凶器的，身体和衣服上有明显犯罪痕迹的，与第 82 条第 3 项，"（三）在身边或者住处发现有犯罪证据的" 情形确有相似之处。再如，"受到喝问，欲行逃走" 与第 82 条第 4 项，即"（四）犯罪后企图……逃跑"，也有相同意思。但是，本评注认为第 82 条的第 2、3、4 项仅有部分情形与域外所描述的准现行犯情形有类似，本质上仍有较大差异。"准现行犯之逮捕，在时间上须与犯罪行为终了有相当之密接性，始足以担保犯人与犯罪之明确性，而与现行犯同视。"[2] 照此理解，第 82 条第 3 项"在身边或者住处发现有犯罪证据的" 就不一定符合准现行犯的要求，因为这里发现犯罪证据的时间可能已经事隔犯罪数日、数月乃至于数年之久，已然欠缺准现行犯所要求的时间紧迫性，或"时间上须与犯罪行为终了有相当之密接性"。再如，犯罪后企图自杀或者在逃的，也并不以行为人犯罪后尚未离开犯罪现场为必要，也不符合要与犯罪紧密衔接的情形，如果不是犯罪后即时被发觉的，并不完全符合准现行犯的标准。

综上，本评注倾向于将第 82 条第 1 项视为对现行犯或准现行犯的先行拘留。其中，预备犯罪是指为了犯罪准备工具，制造条件的；实行犯罪

---

[1]〔日〕松尾浩也：《日本刑事诉讼法（上卷）》，丁相顺译，金光旭校，中国人民大学出版社 2005 年版，第 62 页。

[2] 林钰雄：《刑事诉讼法》（上册），新学林出版股份有限公司 2019 年版，第 365 页。

是指正在实施犯罪活动的,这两种情形都意味着犯罪正在进行,属现行犯。而犯罪后即被发觉的则是指犯罪实行行为与被发觉之间具有时间上的紧密衔接性,如行为人实施犯罪行为,走出犯罪现场,因身上带有血迹,即被人高呼追赶或被警察拦截,此即属于犯罪后即时被发觉,属准现行犯的情形。

第 82 条第 2 项和第 3 项情形宜认定为重大嫌疑分子的表现。无论是"被害人或者在场亲眼看见的人指认他犯罪的",还是"在身边或者住处发现有犯罪证据的",即使不是犯罪后即时被发觉,但只要出现这些情况也基本可以确认行为人有重大作案嫌疑。及时采取先行拘留,可以防止其继续危害社会,也有利于及时、全面收集证据,提高诉讼效率。

至于第 82 条第 4 项、第 5 项情形则是针对"危险分子"适用的情形,对他们的拘留应以公安机关认定犯罪嫌疑人身份后实施,对他们采取拘留措施并非因其是现行犯或有犯罪的重大嫌疑,而是因为他们的社会危险性高,对他们采取取保候审不足以防止发生社会危险性,需要逮捕,但因逮捕手续繁琐,故先行拘留。在第 81 条的【法条评点】部分,本评注提出观点,认为逮捕的实质要件是社会危险性要件,而证据要件是前提,刑罚要件仅是参考,是判断行为人社会危险性的一种途径、一个参考条件。依《刑事诉讼法》第 71 条和第 77 条的规定,犯罪嫌疑人、被告人无论是被取保候审还是被监视居住,都"不得毁灭、伪造证据或者串供","在传讯的时候及时到案"也意味着从反面规定犯罪嫌疑人、被告人不得自杀、逃跑或处于在逃状态。如果违反了上述两项义务,依第 71 条和第 77 条的规定,情节严重的可以予以逮捕,但因为逮捕的手续较为繁琐,若不及时控制,恐生更大祸患,故可在逮捕前对行为人"先行拘留"。本评注认为,犯罪嫌疑人如果在被取保候审前就有妨害作证、逃避诉讼的危险性,就已经满足了逮捕的社会危险性要件,如果情节严重,即使先前没有经过取保候审,也可直接逮捕以及在逮捕前先行拘留,而非先采取取保候审再转为逮捕。这样做,一则可以保障刑事诉讼顺利推进下去,防止犯罪嫌疑人逃避刑事追究和保障刑事诉讼的顺利进行;二则可以为逮捕预留时间。

第 6 项"不讲真实姓名、住址,身份不明的"与第 7 项"有流窜作案、多次作案、结伙作案的重大嫌疑的"情形是 1996 年《刑事诉讼法》吸收收容审查部分功能后,在本条中增加的两种适用情形。它们也是针对"重大嫌疑分子"而言的,特别是第7项条文中就有"重大嫌疑的"表述,此处重大嫌疑是指有犯罪的极大可能性,但没有紧急性。在这两种情况中,一旦犯罪嫌疑人逃逸,就会给查清事实、抓获犯罪嫌疑人造成很大的困难,及时先行拘留约束犯罪嫌疑人,可以极大地提高诉讼效率。

▶▶【法条评点】

一、应明确本条中的先行拘留为无证到案强制措施

先行拘留在性质上与拘传一样,均属于到案措施。本条中的"先行拘留"因为情况紧急,一般在立案前使用,属无证到案措施。然而,由于《刑事诉讼法》第85条关于拘留时必须出示拘留证的规定,理论和实践都将本条的"先行拘留"混同为"拘留",从而使先行拘留失去了本应具有的无证到案功能。似乎是意识到了这一问题,1998年《公安规定》第106条第2款对此作出了一定的调和性处理,规定,"对符合本规定第一百零五条所列情形之一,因情况紧急来不及办理拘留手续的,应当在将犯罪嫌疑人带至公安机关后立即办理法律手续"。显然,在刑事诉讼中,允许把人"带至"公安机关其实意味着采用了无证强制到案措施。因为依据常识,如果没有强制手段的介入,行为人很难顺从、配合地被"带至"公安机关。但是没有办理拘留手续就强行带至公安机关,凭借的是什么?依据又是什么?似乎,公安机关在这里已经间接认可了先行拘留可以作为一种无证强制到案措施,在无证拘留后可补办手续。然而,上述规定在2012年《刑事诉讼法》修订后即被修改。根据2020年《公安规定》第125条第2款的规定,"紧急情况下,对于符合本规定第一百二十四条所列情形之一的,经出示人民警察证,可以将犯罪嫌疑人口头传唤至公安机关后立即审查,办理法律手续"。显然,这里的"口头传唤"替代了原来模糊不清、也并非法律术语的"带至"一语。如此操作虽然契合了法律中拘留必须持有拘留证的规定,但又产生了新问题。众所周知,传唤抑或口头传唤并非强制措施,如果没有强制性手段做保证,如何要求行为人主动配合公安机关及时到案?若实践中果真使用口头传唤,还是要保有一定的刚性。总之,要求公安机关适用本条中的先行拘留必须要出示拘留证并不符合实践情况,最终的结果只能是使本条成为虚置规定或沉睡条款,先行拘留本应发挥的紧急到案功能被其他无证强制到案措施所替代。

从司法实践看,各地公安机关在强制现行犯到案时采用的措施、做法并不一致,有采取(行政)传唤的方法强制现行犯到案,也有采取《人民警察法》第 9 条中的"盘问""检查"和"留置"措施。第 9 条规定:"为维护社会治安秩序,公安机关的人民警察对有违法犯罪嫌疑的人员,经出示相应证件,可以当场盘问、检查;经盘问、检查,有下列情形之一的,可以将其带至公安机关,经该公安机关批准,对其继续盘问:(一)被指控有犯罪行为的;(二)有现场作案嫌疑的;(三)有作案嫌疑身份不明的;(四)携带的物品有可能是赃物的。对被盘问人的留置时间自带至公安机关之时起不超过二十四小时,在特殊情况下,经县级以上公安机关批准,可以延长至四十八小时,并应当留有盘问记录……"显然,本条中的盘问、检查以及带至公安机关后的继续盘问、留置都属于无证到案措施,具有强制性,适用情形与《刑事诉讼法》第 82 条先行拘留的情形类似。特别是公安部发布的《公安机关适用继续盘问规定》第 8 条对留置的对象作了进一步的明确,"对有违法犯罪嫌疑的人员当场盘问、检查后,不能排除其违法犯罪嫌疑,且具有下列情形之一的,人民警察可以将其带至公安机关继续盘问:(一)被害人、证人控告或者指认其有犯罪行为的;(二)有正在实施违反治安管理或者犯罪行为嫌疑的;(三)有违反治安管理或者犯罪嫌疑且身份不明的;(四)携带的物品可能是违反治安管理或者犯罪的赃物的"。这一规定大体将《刑事诉讼法》第 82 条所指的先行拘留的情形都纳入到盘问、检查以及留置的适用范围中,弥补了刑事诉讼法缺乏无证强制到案措施的不足,但这些行政强制措施在实践中泛化适用,基本架空了先行拘留。

如何激活本条中的先行拘留,一种方案是明确先行拘留就是"无证拘留",不适用第 85 条要出示拘留证的规定。其实这一问题早在 1996 年《刑事诉讼法》修改时就有人提及并讨论过。"原规定拘留人犯'必须出示拘留证'的规定需要再推敲。原第四十三条规定:'公安机关拘留人的时候,必须出示拘留证。'但是,拘留本来就是一种应急措施,往往是在犯罪分子正在实施犯罪或者在巡查中发现某人有犯罪嫌疑而当场实施的,如果一定要先报经县以上公安机关负责人批准和签发拘留证,才能对人犯实行拘留,就很可能失去战机或者让犯罪嫌疑人跑掉。实际上,在司法实践中,也并未完全按照这条规定办。如果参考借鉴国外的做法,国外也允许警察在紧急情况下'无证逮捕',然后再补办逮捕的批准手续。因此,无论从情理上或者从实际上来看,这条规定都写得太死了。"[1]

本评注认为,结合本条先行拘留的规定以及其他条款中有关传唤、拘传的规定,未来在修订刑事诉讼法时应赋予公安机关两种强制到案措施。

一是将先行拘留改造为无证到案强制措施。传唤作为一种没有强制性的到案措施,在侦查阶段遇有紧急情况,一般先口头传唤,如果现行犯或重大嫌疑分子不予配合、拒不到案的,则先行拘留。特殊情况下,也可不经口头传唤,直接先行拘留,拘留到案后立即补办手续。

二是将拘传改造为有证到案强制措施。在侦查、审查起诉或审判阶段,未有紧急情况,可办理传唤通知书传唤犯罪嫌疑人、被告人到案接受讯问。如果经传唤拒不到案,或者如不直接拘传,犯罪嫌疑人、被告人可能逃跑或走漏消息的,可不经传唤,直接(持拘传证或拘传票)拘传犯罪嫌疑人、被告人。

在拘传和先行拘留前,一般先采用传唤,目的是防止强制措施直接介入太过"刚性",起到一定的缓冲作用,避免对行为人的人身自由等各项权益造成不必要的侵害。当然,在改造先行拘留为无证到案强制措施后,还要压缩拘留所附带的报捕期间,目的是压缩报捕期间的羁押期限。《刑事诉讼法》第91条第1款规定:"公安机关对被拘留的人,认为需要逮捕的,应当在拘留后的三日以内,提请人民检察院审查批准。在特殊情况下,提请审查批准的时间可以延长一日至四日。"但是,对第2款"对于流窜作案、多次作案、结伙作案的重大嫌疑分子,提请审查批准的时间可以延长至三十日"的规定应当废除。之所以这样处理,一是这一例外规定在实践中呈现出违规滥用的情况,二是废除该规定可以使先行拘留更加契合强制到案措施"临时性"的特点,不再呈现出"长时间"羁押候审的底色。

二、拘留与逮捕关系之异议

学习刑事诉讼法的人可能会有一种感觉,从功能主义视角出发,立法对拘留和逮捕这两个词似乎用反了。从字义看,"逮"和"捕"都代表一种动作,是抓人的意思。而"拘"和"留"都代表一种状态,是羁押或关押,也

---

[1] 崔敏:《中国刑事诉讼法的新发展——刑事诉讼法修改研讨的全面回顾》,中国人民公安大学出版社1996年版,第101页。

就是押人、关人的意思。按照正常的行为顺序,应该是先逮捕(抓人),后拘留(关押人),而不是先拘留(关押人),后逮捕(抓人)。英语中的"Arrest",直译成汉语是"逮捕",但许多国家在法律规定和学术交流中使用这一术语,所指的仅是使犯罪嫌疑人到案的一种措施。采取这一措施,理论上也需要有司法官(一般是法官)的授权,但在紧急情况下,实际上是多数情况下,可以实施"无证逮捕"或者"暂时逮捕"。采取这一措施后,应当尽快到司法官面前,由司法官予以确认,并决定是否需要"Detain"。这样看来,"Arrest"更像是我国刑事诉讼法中的"拘留"。英语中的"Detain",直译成汉语是"拘留",但许多国家在法律规定和学术交流中使用这一术语,所指的却是在犯罪嫌疑人到案后,对其人身自由予以剥夺的一种状态。同我国刑事诉讼法规定的"拘留"相比,倒更像是我国刑事诉讼法中的"逮捕",相当于我国法律术语中的"羁押"。

另外,刑事诉讼法中的"拘留"还存在另外一种情形的用词不当。就是在其他法律当中,拘留往往作为一种处罚的名称,如行政拘留、司法拘留,含义都是在短时间内剥夺一个人的人身自由。《刑事诉讼法》在"强制措施"一章中使用"拘留"一词,硬是将这一术语用于完全不相同的两类法律制度当中,一是临时性、预防性、保障性的刑事强制措施,二是带有否定性价值判断的处罚性措施。这样使用法律术语,常常使非法律人感到一头雾水。如果拘留和逮捕这两个词确实用反了,那么能否在下次修改刑事诉讼法时,把用反的词语颠倒过来呢? 恐怕也不行。因为这样做有可能使问题变得更复杂化。除了旧有用法的约定俗成,我国《宪法》第37条第2款也规定,"任何公民,非经人民检察院批准或者决定或者人民法院决定,并由公安机关执行,不受逮捕"。简单地将拘留改为逮捕,如果不修改宪法,意味着紧急情况下使犯罪嫌疑人到案,也需要经检察院批准或者决定或者法院决定,这显然是不可行的。这大概就是在刑事强制措施中没有将拘留与逮捕再颠倒回来,并一直使用"拘留"一词作为一种强制措施的主要原因。当然,如果真要修改,这可能就涉及到修宪的问题了。

第六章　强制措施

第八十三条　【异地拘留、逮捕】公安机关在异地执行拘留、逮捕的时候，应当通知被拘留、逮捕人所在地的公安机关，被拘留、逮捕人所在地的公安机关应当予以配合。

▶▶【历次修法条文对照】

1979 年《刑事诉讼法》	1996 年《刑事诉讼法》	2012 年《刑事诉讼法》	2018 年《刑事诉讼法》
第六章　强制措施	第六章　强制措施	第六章　强制措施	第六章　强制措施
无	第 62 条：公安机关在异地执行拘留、逮捕的时候，应当通知被拘留、逮捕人所在地的公安机关，被拘留、逮捕人所在地的公安机关应予以配合。	第 81 条 内容未修订	第 83 条 内容未修订

▶▶【立法沿革】

本条为 1996 年《刑事诉讼法》新增条文。

异地执行拘留、逮捕既是司法实践的需要，也关乎刑事诉讼的及时推进和被拘留、逮捕人合法权益的保障。

众所周知，由于人趋利避害的本能，犯罪分子作案后为逃避罪责，一般会想尽办法毁灭、伪造证据，干扰证人作证以及逃跑、藏匿。这其中，逃离作案地，在异地潜伏、隐匿身份往往成为其逃避侦查和刑事处罚的一种重要方式。为了将逃跑的犯罪嫌疑人、被告人缉拿归案，追究刑事责任，很多时候都需要公安机关异地执行拘留、逮捕，这就涉及到对异地拘留、逮捕的程序规范如何规定的问题。一般来说，为了提高侦查效率，各国的侦查机关都会遵循一体化原则，在完成异地拘留、逮捕任务时服从统一指挥，相互配合支持，我国公安机关也应如此。然而，1979 年《刑事诉讼法》没有规定公安机关到异地执行拘留、逮捕的程序条款，各地公安机关在 1996 年以前执行异地拘留、逮捕时做法不统一，存在各种问题。例如,有的公安机关事前不通知当地公安机关,自行到异地执行拘留、逮捕,由于对当地情况和被拘留、逮捕人的社会情况不熟悉,不能及时将人抓获,造成案件延误,最后无功而返。有的当地公安机关因未获通知,不明真相,出于维护地区安全,保护本地居民合法权利的职责,与异地执行拘留、逮捕的公安机关发生误会、冲突,造成了不应有的损害。还有个别公安机关出于地方保护主义目的,运用刑事手段插手民事纠纷、经济纠纷,不通知当地公安机关就直接异地拘留、逮捕犯罪嫌疑人、被告人,造成了恶劣影响。此外,也有个别公安机关以外的司法机关不通知当地公安机关,自行到异地拘留、逮捕犯罪嫌疑人、被告人,存在执行主体不适格的问题。上述不当做法,虽是个别现象,但对于公安队伍、司法队伍的影响非常不好,不利于公安队伍、司法队伍的建设和司法公信力的维护。有鉴于此,1996年《刑事诉讼法》新增第62条,规定,"公安机关在异地执行拘留、逮捕的时候,应当通知被拘留、逮捕人所在地的公安机关,被拘留、逮捕人所在地的公安机关应当予以配合"。

本条在2012年和2018年修法时未有内容调整,仅有条文序号的变化。

▶▶【法条注解】

本条主要规定的是异地执行拘留、逮捕时两个不同地方的公安机关的不同义务:一是执行拘留、逮捕任务的公安机关的通知义务;二是被拘留、逮捕人所在地的公安机关的配合义务。

一、执行拘留、逮捕的公安机关的通知义务

本条规定:"公安机关在异地执行拘留、逮捕的时候,应当通知被拘留、逮捕人所在地的公安机关。"这里的"异地",是指立案侦查的公安机关所在地以外的其他地区。"被拘留、逮捕人所在地",是指犯罪分子居住或者藏匿地,不包括立案侦查的公安机关所在地。

(一)履行通知义务的原因或目的

本条规定公安机关在异地执行拘留、逮捕时必须履行通知义务,通知的原因或目的主要涉及三个方面:

一是为了获得当地公安机关的支持配合,确保拘留、逮捕任务的顺利完成。一般而言,被拘留、逮捕人所在地的公安机关对当地情况较为熟

悉,事先去实地了解情况,查找犯罪嫌疑人、被告人下落,容易掩盖身份和目的,不易被察觉。但如果由执行异地拘留、逮捕任务的公安机关去实地打探,特别是被拘留、逮捕人躲在郊区乡下,一旦入村进区很容易被视为"外来的陌生人",打草惊蛇,引发被拘留、逮捕人的警觉以及潜逃。另外,被拘留、逮捕人所在地的公安机关在人员、物资的配备上较为充裕,调用抓捕人员、车辆或者拟定行动路线、方案也都较为容易和便利,能够为异地拘留、逮捕提供物质支持和各种便利条件。

二是避免误会,给异地执行拘留、逮捕造成不必要的障碍。如果公安机关在异地执行拘留、逮捕时,不事先通知当地公安机关,而是自行其是、秘密抓捕,可能会遭到不明真相群众的围攻、殴打,而且当地公安机关也可能因事先不了解情况,误认为发生了绑架、劫持人质等违法犯罪的警情,出于保护公民合法权益的职责派员出警处置,由此给异地的拘留、逮捕造成不必要的麻烦,制造不必要的障碍。为了避免异地执行拘留、逮捕横生枝节,产生误会,应当通知被拘留、逮捕人所在地公安机关。

三是有利于当地公安机关掌握治安状况。被拘留、逮捕人所在地的公安机关大都负责当地的治安维稳,作为当地的治安管理机关,有责任掌握本地的治安状况,包括本地是否发生了违法犯罪,犯罪嫌疑人是否居住在本地或者流窜、隐藏在本地等情况。如果不履行通知义务,可能会给当地公安机关造成工作上的麻烦,比如误认为本地公安机关管理的居住人口失踪等。[1] 所以,通知当地公安机关也是为了便利他们及时掌握本地最新的治安状况和相关人员的情况。

(二)异地拘留、逮捕的形式

《公安规定》第 346 条第 1 款规定:"公安机关在异地执行传唤、拘传、拘留、逮捕,开展勘验、检查、搜查、查封、扣押、冻结、讯问等侦查活动,应当向当地公安机关提出办案协作请求,并在当地公安机关协助下进行,或者委托当地公安机关代为执行。"从司法实践看,通知被拘留、逮捕人所在地的公安机关,一般是派人到当地公安机关执行任务,同时通知当地公安机关,请求予以配合,这可以称为自行执行;当然,也可以将配合的请求通知被拘留、逮捕人所在地公安机关,由当地公安机关在执行完拘

---

[1] 参见王爱立、雷建斌主编:《刑事诉讼法立法精解》,中国检察出版社 2019 年版,第 158 页。

留、逮捕任务后,通知请求协助的公安机关将被拘留、逮捕人押解回侦查案件的公安机关所在地,这可以称为委托执行。委托执行相当于把执行拘留、逮捕的权力转授给了当地公安机关,因为在某些案件中,情况非常紧急,犯罪嫌疑人、被告人具有极大的社会危险性,而请求协作的公安机关在时间上又来不及,故委托当地公安机关代为执行。

随着网上追逃机制愈发成熟完善,异地拘留、逮捕的形式也有了新的变化。《公安规定》第351条规定:"已被决定拘留、逮捕的犯罪嫌疑人在逃的,可以通过网上工作平台发布犯罪嫌疑人相关信息、拘留证或者逮捕证。各地公安机关发现网上逃犯的,应当立即组织抓捕。协作地公安机关抓获犯罪嫌疑人后,应当立即通知办案地公安机关。办案地公安机关应当立即携带法律文书及时提解,提解的侦查人员不得少于二人。办案地公安机关不能及时到达协作地的,应当委托协作地公安机关在拘留、逮捕后二十四小时以内进行讯问。"

《公安规定》第347条还规定:"需要异地公安机关协助的,办案地公安机关应当制作办案协作函,连同有关法律文书和人民警察证复印件一并提供给协作地公安机关。必要时,可以将前述法律手续传真或者通过公安机关有关信息系统传输至协作地公安机关。请求协助执行传唤、拘传、拘留、逮捕的,应当提供传唤证、拘传证、拘留证、逮捕证……"据此,无论采取何种方式,在通知被拘留、逮捕人所在地的公安机关时,都要告知并出示有关的拘留证、逮捕证及公安机关的证明文件(比如办案协作函)等,保证各种法律手续完备。在必要的时候,还应当向当地公安机关介绍基本的案件情况,以便当地公安机关制定具体的方案。

二、异地公安机关的配合义务

本条规定,异地拘留、逮捕的,"被拘留、逮捕人所在地的公安机关应当予以配合"。"应当"配合,就是必须配合拘留、逮捕,即异地公安机关对拘留、逮捕工作有配合义务。《公安规定》第348条第2款规定:"异地公安机关提出协作请求的,只要法律手续完备,协作地公安机关就应当及时无条件予以配合,不得收取任何形式的费用或者设置其他条件。"

被拘留、逮捕人所在地的公安机关得到通知后,应当积极配合前来执行拘留、逮捕任务的公安机关将犯罪嫌疑人拘留、逮捕。"配合"包括帮助查找被拘留、逮捕人所在的具体地点,派出为保证顺利完成拘留、逮捕任务所必需的人员,提供必要的警械、车辆,在拘留、逮捕后本地看守所及时协助羁押被拘留、逮捕的犯罪嫌疑人,帮助进行异地押解等工作。《公安规定》第 350 条就规定:"异地执行传唤、拘传的,协作地公安机关应当协助将犯罪嫌疑人传唤、拘传到本市、县公安机关执法办案场所或者到他的住处进行讯问。异地执行拘留、逮捕的,协作地公安机关应当派员协助执行。"

另外,经调查核实被拘留、逮捕人不在本地管辖范围的,也应当及时转递有管辖权的公安机关。"对于协作地公安机关依照请求协作的公安机关的要求履行办案协作职责所产生的法律责任,如错误拘留、逮捕引起的国家赔偿责任等,应当由请求协作的公安机关承担。"[1]

▶▶【法条评点】

一、异地拘留、逮捕是否都"应当"通知当地公安机关?

司法实践中,大多数情况下,到异地去执行拘留、逮捕的公安机关都会主动通知所在地的公安机关,取得当地公安机关的配合与协助。但在某些情况下,部分地方的公安机关出于地方保护主义的原因,不予配合;甚至个别地方的公安机关就是被拘留、逮捕人的"保护伞",阻碍拘捕工作。对于这些情况,如果还要求执行拘留、逮捕的公安机关通知当地公安机关反而可能会走漏消息,不利于任务的完成。有的公安机关就反映,到异地拘留、逮捕犯罪嫌疑人,前两次去都通知了当地公安机关,但最终都无功而返,第三次去没有通知当地公安机关,反而把人顺利拘捕归案,这不禁让人怀疑当地公安机关内部是否有人走漏了消息。如果这种怀疑为真,异地拘留、逮捕应当通知当地公安机关就不仅没有像立法设计的那样,可以得到当地公安机关的有力配合与支持,反而给异地拘留、逮捕制造了阻碍,影响了拘捕任务的顺利完成,这显然不利于惩治犯罪。

本评注认为,异地公安机关在执行拘留、逮捕时并非无一例外地都"应当"通知被拘留、逮捕地的公安机关。原则上应当通知,如果有一些特殊情况,为了确保异地拘留、逮捕工作的顺利完成,应事先上报共同的上级公安机关,经许可后可在执行异地拘留、逮捕时,事先不通知当地公

---

[1] 王爱立、雷建斌主编:《刑事诉讼法立法精解》,中国检察出版社 2019 年版,第 158 页。

安机关,待任务完成,再履行通知手续和义务。

> **第八十四条** 【扭送的法定情形】对于有下列情形的人,任何公民都可以立即扭送公安机关、人民检察院或者人民法院处理:
> (一)正在实行犯罪或者在犯罪后即时被发觉的;
> (二)通缉在案的;
> (三)越狱逃跑的;
> (四)正在被追捕的。

▶▶【历次修法条文对照】

1979年《刑事诉讼法》	1996年《刑事诉讼法》	2012年《刑事诉讼法》	2018年《刑事诉讼法》
第六章 强制措施	第六章 强制措施	第六章 强制措施	第六章 强制措施
第42条:对于下列人犯,任何公民都可以立即扭送公安机关、人民检察院或者人民法院处理: (一)正在实行犯罪或者在犯罪后即时被发觉的; (二)通缉在案的; (三)越狱逃跑的; (四)正在被追捕的。	第63条:对于有下列情形的人,任何公民都可以立即扭送公安机关、人民检察院或者人民法院处理: (一)正在实行犯罪或者在犯罪后即时被发觉的; (二)通缉在案的; (三)越狱逃跑的; (四)正在被追捕的。	第82条 内容未修订	第84条 内容未修订

▶▶【立法沿革】

关于扭送的规定可追溯至1954年的《逮捕拘留条例》第6条,"对下列人犯,任何公民都可以立即扭送公安机关、人民检察院或者人民法院处理:一、正在实行犯罪或者在犯罪后即时被发觉的;二、通缉在案的;三、越狱逃跑的;四、正在被追捕的"。1979年的《逮捕拘留条例》第7条和1979年《刑事诉讼法》第42条的规定都延续了上述内容。

1996年修改刑事诉讼法时,本条也未有实质变动,仅是将"对于下列人犯"改为"对于有下列情形的人"。究其原因,扭送的对象往往是现行犯,情况紧急,公民一般不能识别扭送对象就一定是身负罪责的"人犯",泛称某某"人",可以使任何公民都能放下包袱、放开手脚,敢于同任何形式的违法犯罪做斗争,积极使用扭送手段。

本条在2012年和2018年修法时未有内容调整,仅有条文序号的变化。

▶▶【法条注解】

扭送是指公民对正在实行犯罪或者在犯罪后即时被发觉的、通缉在案的、越狱逃跑的或正在被追捕的人当场抓获,并强制送至公安机关、检察院或者法院处理的强制性手段。

一、扭送的适用情形

为了使公民更加准确地行使扭送的权利,本条明确规定对四种人可以立即扭送:正在实行犯罪或者在犯罪后即时被发觉的、通缉在案的、越狱逃跑的、正在被追捕的。一般认为,第一种情形中的人为现行犯,后三种情形中的人可称为在逃犯。[1]

(一)对现行犯的扭送

根据本条规定,扭送的现行犯是指正在实行犯罪或犯罪后被即时发觉的人。所谓"正在实行犯罪"指已经着手实施犯罪,犯罪行为尚未终了,还在进行。所谓"犯罪后即时被发觉"是指犯罪中止或犯罪行为已经实行完毕,但行为人尚未逃离现场或被当场发现。"即时"强调的是犯罪行为实行终了与被发觉在时间上的紧凑性和衔接性。通过对扭送现行犯的适用情形进行分析,可归纳出两个特点:

一是强调事实判断,避免法律适用的纠结。扭送是一项以普通民众为指向的社会防卫权。考虑到普通民众大多缺乏法律,尤其是刑事法律方面的专业训练,立法关于扭送条件的规定并未包含太多涉及法律适用

---

〔1〕参见杨文革:《依法适用正当防卫与扭送》,载《人民论坛》2021年第12期,第87页;魏军荣:《关于扭送的几个问题》,载《法学评论》1991年第6期,第62页。

方面的判断要求。如果将本条第 1 项"正在实行犯罪或者在犯罪后即时被发觉的"与第 82 条先行拘留的适用情形"(一)正在预备犯罪、实行犯罪或者在犯罪后即时被发觉的"作比较会发现,公民对于正在进行的预备犯罪无权扭送。本质上,先行拘留与扭送都是在紧急情况下针对现行犯所采用的无证到案的强制措施,域外统称为"紧急逮捕""临时逮捕"。不同的是,先行拘留由国家公权力机关行使,扭送则是普通公民的权利。一般认为,以公安机关为代表的国家公权力机关是法律的执行者,熟谙法律、准确适用法律是基本的能力素养和职业要求。与已经着手实施犯罪相比,犯罪预备"是犯罪构成过程中发展程度更低、更不充分的形态","它的构成要素和结构并不是刑法分则条文规定的犯罪构成内容,但却又必然与刑法分则规定的某种犯罪构成具有不可分割的联系"[1]。犯罪预备并非纯然的事实判断,而是一种需要结合具体罪名作出的专业法律判断,这对于以执行法律为常业的公安机关而言并不困难,但对于普通民众来说却并不容易。特别是对于预备犯罪,还常常需要预测和推断行为人接下来可能实施什么样的具体犯罪活动,这对于普通民众而言更易出错,也更易对被扭送人造成不当损害,对社会秩序造成干扰。为此,立法对扭送采用了严格(控制)主义的立场,仅对可以做简单事实判断的场景或情况赋予公民扭送权,对于牵涉过多对法律因素判断或预测的场景,则仍然交由公权力机关处理。如果这一论断成立,可进一步推演出扭送也不需以被扭送人构成犯罪为前提。一个人是否构成犯罪以及构成何罪虽然要以证据和事实为基础,但更需要作出法律上的判断,这并不符合公民扭送现行犯的立法初衷。所以,本条第 1 项中的"犯罪"并不是纯粹法律层面上的有罪,而是公民根据耳闻目睹的事实,凭借朴素的法律意识,认为眼前之人正在或者刚好实施完"犯罪"。在现实生活中,某人正在偷东西,被公民扭送到公安机关后发现所偷之物的价值并没有达到刑事立案的数额标准,虽然最终未构成犯罪,但并不影响扭送的正当性。

二是强调一目了然、"即时"的事实判断,弱化带有推测性、事后性的事实判断。"一般情况下,扭送人是犯罪行为的见证人,应该通过自身所见所闻的感受来判断是否现行犯,不能仅凭怀疑和想当然而轻率下现行

---

[1] 何秉松:《犯罪构成系统论》,中国法制出版社 1995 年版,第 341—344 页。

犯的结论,冒然采取扭送手段。"[1]将扭送与先行拘留的适用情形作进一步比较会发现,"被害人或者在场亲眼看见的人指认他犯罪"的情形也不在扭送适用之列。我国立法将被害人指认列为先行拘留的适用情形之一。指认其实包含两种情况:一是被害人或者在场亲眼看见的人"当场"指认他犯罪的,可归属于"犯罪后即时被发觉的"情形,公民当然可以扭送。例如,甲女在大街上突然被乙男抢夺随身挎包,甲女一边追赶,一边高呼"抓贼",多名路人见状将乙男截停,甲女追赶上来后当场"指认"乙男为抢包者,众人协力将其扭送至公安机关。本案中的指认其实就是犯罪后被"即时发觉",当属扭送情形。"就法理而言,'发觉'现行犯的方式有自主发现和被动发现两种。因此,如果基于'发觉之人'的现场追呼,致使其他人也能够'即时发觉'(意识到)有人刚刚实施了特定的犯罪,那么,无疑也应当承认后者扭送人的法律地位。"[2]二是被害人或者在场亲眼看见的人"事后"(如数日或数月后)指认他犯罪的,这种情形并非犯罪后"即时"发觉,如果不能现场扭送,即便事后再遇到该人做出指认,其也不再享有扭送的权利,只能向国家控诉机关寻求公力救济,由公安机关先行拘留。综上分析,立法将作为被害人自力救济的扭送严格限定于对犯罪事实耳闻目睹、一目了然的当场情境,并不及于被害人的事后指认。

(二)对在逃犯的扭送

本条第2项至第4项规定的是对在逃犯扭送的情形。在逃犯包括公安机关通缉在案的人、越狱逃跑的在押犯和正在被追捕的人。对于在逃犯,公民大都能通过"一目了然""一眼便知"的方式将特定个体与具体的犯罪行为或案事件联系起来,例如,发现与公安机关通缉令中公布的外貌特征一致的人,在非关押场所发现身穿狱服或者身戴戒具的人,此时公民行使扭送权,不仅不会出现扭送错误,还能帮助司法机关及时查究犯罪,缉拿在逃犯。

1. 通缉在案的

"通缉在案的"是指行为人在逃且被通缉。一般认为,针对应当逮捕而在逃的犯罪嫌疑人、被告人,可以发布通缉令。除此以外,通缉的人还

---

[1] 魏军荣:《关于扭送的几个问题》,载《法学评论》1991年第6期,第62页。
[2] 吴宏耀:《现行犯视角下的拘留扭送制度》,载《中国刑事法杂志》2016年第1期,第50页。

包括已经被羁押监禁而脱逃的未决犯和已决犯,以及留置期间逃跑的被调查人。《公安规定》第282条中规定:"通缉越狱逃跑的犯罪嫌疑人、被告人或者罪犯,适用本节的有关规定。"可见,已经被拘留、逮捕并羁押在看守所的犯罪嫌疑人、被告人或者在监狱服刑的罪犯,如果逃跑的,都可以通缉。《监察法》第29条中规定:"依法应当留置的被调查人如果在逃,监察机关可以决定在本行政区域内通缉,由公安机关发布通缉令,追捕归案。"据此,对于留置后脱逃的被调查人,也可以通缉。

2. 越狱逃跑的

如上所述,已经服刑的罪犯如果越狱逃跑会被通缉;即使尚未被通缉,但在非羁押场所身穿狱(囚)服、戴有手铐等戒具,也大多会被普通民众识别、扭送。"通缉在案的"和"越狱逃跑的"情形会有交叉,但各自也有不同的适用情形,为了保证两者的适用范围相互独立,一方面要对"越狱逃跑的"作限缩解释,专指越狱在逃尚未被通缉的情形,公权力机关意图将在逃犯控制,但尚未完全控制,这样解释可以与"通缉在案的"情形有所区分;另一方面还要对"越狱逃跑的"作扩大解释,越狱逃跑的"狱"不仅可以解释为监狱,还可以解释为留置场所、看守所等人身拘束场所。例如,对于犯罪嫌疑人从监视居住指定的居所逃脱的,公民也有权扭送。

3. 正在被追捕的

扭送"正在被追捕"的人情形较为复杂。"追捕"并非严格的法律术语,理解上容易产生分歧,比较妥当的方式是从法律规范中推导出"追捕"在规范层面上的内涵和外延。除了本条,刑事诉讼法还有两个条文分别有"追捕"的表述。《刑事诉讼法》第150条第3款规定:"追捕被通缉或者批准、决定逮捕的在逃的犯罪嫌疑人、被告人,经过批准,可以采取追捕所必需的技术侦查措施。"第155条第1款规定:"应当逮捕的犯罪嫌疑人如果在逃,公安机关可以发布通缉令,采取有效措施,追捕归案。"根据上述条款可以发现,追捕的对象是在逃人员,包括通缉之人和未通缉之人,具体的对象除了已批准、决定逮捕而在逃的犯罪嫌疑人、被告人,还包括罪犯。例如,《社区矫正法》第50条就规定,"被裁定撤销缓刑、假释和被决定收监执行的社区矫正对象逃跑的,由公安机关追捕,社区矫正机构、有关单位和个人予以协助"。一般认为,负责追捕的机关是代表国家公权力的公安机关,私人不可以追捕,但可以扭送。另外,追捕与逮捕属于不同概念,前者侧重于事实层面的行动,后者侧重于规范层面的办理手续。《中华人民共和国人民武装警察法》第15条第1款第7项就有人民武装警察部队"协助公安机关、国家安全机关依法执行逮捕、追捕任务"的规定。其中,"逮捕"与"追捕"是作为两种不同概念并列使用的。

通过上述分析可大致勾画出有关追捕内涵和外延的基本轮廓,但总体上仍较为模糊。例如,正在服刑的罪犯越狱逃跑的,公安机关当然也可以追捕。但这样理解,"正在被追捕的"几乎就与"越狱逃跑的"情形重合了。另外,"正在被追捕的"也大都符合发布通缉令的条件,与"通缉在案的"公民可扭送的情形亦有重叠。质言之,"正在被通缉的"和"越狱逃跑的"其实都属于"正在被追捕的"情形。有鉴于此,本评注认为,"正在被追捕的"情形其实可以解释为本条扭送情形的一个兜底条项,只要是在逃犯都属于正在被追捕的人。[1] 但如果有的在逃犯已经被通缉的就属于"正在被通缉的"情形,有的在逃犯是越狱后在逃的,自然属于"越狱逃跑的"情形。除此以外的其他情形,都属于"正在被追捕的",公民可径行扭送。例如,公安机关为追捕某犯罪嫌疑人会发布"悬赏通告"[2],公民依据通告中对犯罪嫌疑人体貌特征的描述以及相关照片,发现犯罪嫌疑人的就可行使扭送权。

(三) 小结

总体来看,现行犯要先行拘留,在逃犯要尽快逮捕,公民都可以扭送。

扭送背后涉及的其实是不同个体之间的权利平衡:一方面,从扭送人的角度看,必须承认在国家不能提供及时保护的紧急情况下,个体拥有自力救济的权利。另一方面,从被扭送人角度看,一味容忍甚至放任扭送人的自力救济,又可能会对被扭送人的人身自由乃至身体健康造成重大威胁和伤害,干扰社会秩序的正常进行。因此,扭送制度的核心在于:究竟在多大程度上允许被害人和具有公益心的目击者(见证人)以法律的名义采用强制力控制他人的人身自由?基于价值权衡和立法取舍的不同,各国允许个人实施扭送或无证逮捕的范围不尽相同。本质上,对于现

---

〔1〕 正在实行犯罪或者在犯罪后即时被发觉的现行犯,公安机关也可先行拘留或追捕。

〔2〕 悬赏通告不同于通缉令。实践中,悬赏通告只须由县级以上公安机关负责人批准即可公开向全社会发布,而通缉令只能在自己的管辖范围内发布,超出自己的管辖范围就必须报有权批准的上级机关并以其名义发布。参见金昌平:《悬赏通告初探》,载《江西公安专科学校学报》2000年第2期,第67页。

行犯或在逃犯的"紧急逮捕",既可以由国家专门机关行使,也可以由公民自力为之,通过上述分析可以得出如下结论:我国立法关于扭送情形的规定,一方面便于公民识别判断,不致打消公民同犯罪做斗争的积极性;另一方面采取了为保护被扭送人的人身自由而严格限制扭送适用的立场,与公权力机关相比,限缩了公民使用扭送的情形。详言之,在法律中应明确扭送对象的适用情形:对于现行犯的扭送,强调扭送人的亲历性和见证人地位,即"亲眼所见"而非道听途说;对通缉在案、越狱逃跑、正在被追捕的人的扭送,强调扭送人有确切的消息来源,如通缉令、悬赏通告等,以减少扭送的盲目性、随意性。"为了使公民准确行使扭送的权利,也考虑到公民的扭送是在没有任何批准和决定程序的情况下进行的,从保障公民权利的角度慎重考虑,刑事诉讼法对扭送的范围作了严格的限制,对于需要通过侦查活动收集证据和审查后才能确定是否可以作为犯罪嫌疑人进行追究的,一般不要求公民进行扭送。公民对于认为可能实施犯罪的其他人,可以向司法机关举报、控告,由司法机关决定如何处理。"[1]

二、扭送的特点

从文义解释看,"扭"即"揪","揪"是指"紧紧地抓"。虽然不像正当防卫中的暴力来得主动和猛烈,但不能否认"扭"所包含的强制成分和暴力色彩。就扭送而言,"扭"是前提,"送"是目的。实践中,无论是现行犯还是在逃犯往往不会束手就擒,只有有效地"扭",才能成功地"送"。[2]

需要注意的是,公民扭送的效力只及于将被扭送人的人身暂时拘束至公安司法机关,并不像拘留、逮捕那样还包含羁押的效力。简言之,扭送只有"揪""抓""送",不包含长时间的"押"。扭送权是抓捕权,而非羁押权。按照刑事诉讼法的规定,扭住现行犯或在逃犯后,应立即送公安机关、检察院或者法院处理。当然,实践中也可以控制现行犯或在逃犯后,联系公安机关等到达现场。但无论如何,不允许公民在扭送中私自扣留、自行羁押或监禁被扭送人,否则将会导致非法拘禁的后果,情节严重的,可能要追究刑事责任。

---

[1] 王爱立、雷建斌主编:《刑事诉讼法立法精解》,中国检察出版社2019年版,第159页。

[2] 参见杨文革:《依法适用正当防卫与扭送》,载《人民论坛》2021年第12期,第88页。

另外，考虑到一些群众对刑事诉讼法关于职能管辖的规定不太了解，为了激励公民见义勇为，与犯罪积极做斗争，本条规定公民可以将现行犯或者在逃犯扭送到公安机关、检察院、法院中的任一机关。司法实践中，如遇紧急情况或受条件所限，也可将被扭送人扭送到单位的保卫部门或者街道、村镇的治保组织，接受扭送的保卫部门和治保组织应积极配合，即时将被扭送人送至公安司法机关，或者及时和公安司法机关联系，经后者同意，在等待公安司法机关期间可以对被扭送人暂时看管，短暂地约束其人身自由。

最后，公安机关、检察院和法院对被扭送的人，不论是否属于自己管辖的范围，都应当接受，必要时先采取紧急措施。《刑事诉讼法》第110条第3款对此有衔接性规定，"公安机关、人民检察院或者人民法院对于报案、控告、举报，都应当接受。对于不属于自己管辖的，应当移送主管机关处理，并且通知报案人、控告人、举报人；对于不属于自己管辖而又必须采取紧急措施的，应当先采取紧急措施，然后移送主管机关"。

▶▶【法条评点】

一、将"扭送"规定在"强制措施"一章是否合理？

通说认为，我国的刑事强制措施有拘传、取保候审、监视居住、拘留、逮捕五种，没有扭送。所以，将扭送放入强制措施一章似乎文不对题。有研究者指出，扭送不是诉讼行为，主体为普通公民，且没有严格的法律要求，一些违反治安管理规定的违法者也有被公民扭送的可能，故扭送与强制措施有本质区别。"应将'扭送'规定在'立案'一章之中，依我国刑事诉讼法的规定，任何公民和单位在发现犯罪事实和犯罪嫌疑人后或在遭受犯罪行为侵害之后，有权利也有义务向公安司法机关报案、举报、控告，而报案、举报、控告的同时就有可能将犯罪嫌疑人扭送公安司法机关。司法实践中，相当多的立案材料来源于群众的扭送……规定在此，合乎情理。"[1]

本评注认为，将扭送置于立案一章并不妥当，因为扭送情形中"正在被通缉的""越狱逃跑的"和"正在被追捕的"在逃人员也可能是已经被拘

---

[1] 吕萍：《对刑事诉讼中扭送的思考》，载《铁道部郑州公安管理干部学院学报》1999年第4期，第14页。

留、逮捕或服刑的在逃人员,将这些人扭送到公安司法机关并不属于刑事立案的来源情形。相反,将扭送规定在强制措施一章也并非没有任何道理,合理性与正当性的证成至少可以有两种解释路径。

解释路径一:拘留的辅助手段。众所周知,群众路线是党和国家一切工作的根本路线,也是政法工作的根本路线。《刑事诉讼法》第6条中规定:"人民法院、人民检察院和公安机关进行刑事诉讼,必须依靠群众……"扭送正是依靠群众实行国家专门机关工作和人民群众相结合办案原则的具体体现,公民在依法扭送中是协助国家专门机关,而不是代替国家专门机关工作。扭送的对象包括现行犯和在逃犯,而我国刑事诉讼法把控制现行犯或在逃犯人身自由的强制措施称为拘留或逮捕。例如,对于"正在实行犯罪或者在犯罪后即时被发觉的"人,公安机关应当先行拘留;对于"通缉在案的""越狱逃跑的""正在被追捕的"人,公安机关应当逮捕。扭送的对象实际上是应当拘留的现行犯和应受逮捕的在逃犯。赋予公民扭送权,实际上是协助公安机关执行拘留、逮捕。从条文设置的前后关系看,扭送(第84条)处于刑事诉讼法"强制措施"一章中逮捕(第81条)、拘留(第82条)之后,这也间接证明了其对拘留、逮捕的补充和辅助作用。综上,如果将扭送的性质或功能定位为对拘留、逮捕的辅助手段,其与拘留、逮捕的关系便十分紧密,将其"挂靠"于刑事强制措施一章并无不妥。

解释路径二:对标域外的紧急逮捕、平民逮捕。如果在概念上要求强制措施具有国家权力的属性,那么扭送作为公民同犯罪作斗争的一种私力行为,自然无法被涵盖。然而,如果着眼于扭送对人身自由的强制性,便也可把其归入广义的强制措施之列。"那种认为除国家司法机关以外其他任何机关、团体和个人都无权使用强制措施的论点是缺乏法律依据的,因而是不正确的。"[1]本评注曾在第82条【法条评点】部分对先行拘留的性质作出分析,指出我国由公权力机关行使的强制到案措施有拘传和先行拘留,拘传一般是有证到案强制措施,先行拘留则多为无证到案强制措施,在西方被称为"无证逮捕""紧急逮捕"。但除此以外,普通民众如果发现现行犯,亦可采取限制其人身自由的紧急措施。"面对罪迹昭彰的现行犯,如若不允许执法人员和社会公众立即采取紧急处置手

---

[1] 李宝岳:《略论公民扭送人犯的法律性质》,载《中国政法大学学报》1984年第1期,第45页。

段,不仅有悖捍卫公共秩序的社会情感,而且,也会坐失追诉犯罪的良机。"[1]德国、法国及日本等国均有类似我国扭送的制度,德国法称之为"暂时逮捕",而法国、日本则称之为"对现行犯之逮捕"。如《法国刑事诉讼法》第 73 条规定:"在发生现行重罪或者当处监禁刑的现行轻罪案件的情况下,任何人都有资格抓捕犯罪行为人,并将其扭送至距离最近的司法警察警官。"[2]在日本,"不仅警察官,任何人都有权拘留现行犯。但是,对于被拘留的'现行犯人',要立刻移送到侦查机关"[3]。英美法系的刑事诉讼中则有"公民逮捕"(Citizen's Arrest)及"任意人逮捕"(Any Person Arrest)的概念。[4]"普通法准许公民的逮捕(Citizen's Arrest)——由公民执行的无证逮捕。然而,根据普通法,这种逮捕限于在下列情形适用:(1)有重罪(或破坏公共治安的轻罪)发生;(2)此公民有相当理由相信被捕的人实施了犯罪行为。"[5]这一普通法规则的适用情形虽然在美国各州的立法中已被修改。但由普通法授权的公民逮捕仍然存在。可见,我国的公民扭送与外国法中的"暂时逮捕""对现行犯之逮捕""公民逮捕"大致属同一概念。考虑到扭送与拘留一样都属于对现行犯采用的强制到案措施,两者在功能和作用上基本相同,扭送可视为刑事强制措施中的一项特别规定,是一种准刑事强制措施。据此,刑事诉讼法将扭送放到"强制措施"一章便有合理性。

二、将扭送的主体从"任何公民"改为"任何人"

为了支持和鼓励同犯罪作斗争,法律肯定了任何公民对于符合法定情形的人都可以立即扭送至公安机关、检察院或者法院处理的做法。扭送是国家为鼓励公民同犯罪作斗争而规定的一项个人权利,如果广大公

---

[1] 吴宏耀:《中国近现代立法中的现行犯制度——基于法律移植的考察》,载《中国政法大学学报》2016 年第 1 期,第 61 页。

[2] 《世界各国刑事诉讼法》编辑委员会编译:《世界各国刑事诉讼法(欧洲卷·上)》,中国检察出版社 2016 年版,第 567 页。

[3] [日]松尾浩也:《日本刑事诉讼法(上卷)》,丁相顺译,金光旭校,中国人民大学出版社 2005 年版,第 62 页。

[4] 参见张鸿巍:《扭送刍议》,载《河北法学》2011 年第 1 期,第 59 页。

[5] [美]罗纳尔多·V. 戴尔卡门:《美国刑事诉讼——法律和实践(第六版)》,张鸿巍等译,武汉大学出版社 2006 年版,第 200 页。

民能增强意识,勇于同犯罪作斗争,对于打击犯罪,匡扶正气,维护社会治安稳定都有十分重要的意义。从目的解释出发,本条规定的"任何公民"应改为"任何人",包括不负有刑事拘留权的任何个人,既可以是中国人,也可以是外国人;既可以是包括被害人在内的普通民众,也可以是刑事侦查人员之外的其他公职人员。[1] 当然,考虑到国与国之间的司法对等,是否允许外国人扭送我国人员,一定程度上还要考虑对方国家的法律规定,但这已属于更为具体的技术问题。

> **第八十五条　【拘留的相关程序】**公安机关拘留人的时候,必须出示拘留证。
>
> 拘留后,应当立即将被拘留人送看守所羁押,至迟不得超过二十四小时。除无法通知或者涉嫌危害国家安全犯罪、恐怖活动犯罪通知可能有碍侦查的情形以外,应当在拘留后二十四小时以内,通知被拘留人的家属。有碍侦查的情形消失以后,应当立即通知被拘留人的家属。

▶▶【历次修法条文对照】

1979年《刑事诉讼法》	1996年《刑事诉讼法》	2012年《刑事诉讼法》	2018年《刑事诉讼法》
第六章　强制措施	第六章　强制措施	第六章　强制措施	第六章　强制措施
第43条:公安机关拘留人的时候,必须出示拘留证。 　　拘留后,除有碍侦查或者无法通知的情形以外,应当把拘留的原因和羁押的处所,在二十四小时以内,通知被拘	第64条 内容未修订	第83条:公安机关拘留人的时候,必须出示拘留证。 　　拘留后,应当立即将被拘留人送看守所羁押,至迟不得超过二十四小时。除无法通知或者涉嫌危害国家安全犯	第85条 内容未修订

---

〔1〕 参见吴宏耀:《现行犯视角下的拘留扭送制度》,载《中国刑事法杂志》2016年第1期,第49页。

（续表）

1979 年《刑事诉讼法》	1996 年《刑事诉讼法》	2012 年《刑事诉讼法》	2018 年《刑事诉讼法》
第六章 强制措施	第六章 强制措施	第六章 强制措施	第六章 强制措施
留人的家属或者他的所在单位。		罪、恐怖活动犯罪通知可能有碍侦查的情形以外，应当在拘留后二十四小时以内，通知被拘留人的家属。有碍侦查的情形消失以后，应当立即通知被拘留人的家属。	

▶▶【立法沿革】

本条为 1979 年《刑事诉讼法》确立，在 1996 年修法时未有内容调整。2012 年《刑事诉讼法》修改时，本条主要有五处修改。

一是增加规定，要求公安机关在执行拘留后应当将被拘留人立即送看守所羁押，至迟不得超过 24 小时。在以往的司法实践中，犯罪嫌疑人从到案到被送交看守所羁押期间往往是办案机关开展讯问的最佳时期，也是非法讯问等非法取证行为的高发期、聚集期。有实证研究表明，非法讯问发生的时间多在犯罪嫌疑人到案后送看守所之前，而地点则多在办案机关的办案场所或者其他场所。[1] 究其原因，在上述期间的这些场所内开展讯问，缺乏严格的程序控制和外部监督制约，是权利保障的真空地带。与此相反，"看守所作为专门的羁押场所，看押、提讯设施、安全警戒、监所监督人员等都是按照有关规定建设和配备的，有条件保证被拘留人人身安全，防止脱逃，保障讯问等工作依法顺利进行"[2]。为了尽量减少刑讯逼供等非法取证行为的发生，2012 年《刑事诉讼法》严

---

[1] 参见马静华、彭美：《非法审讯：一个实证角度的研究——以 S 省为主要样本的分析》，载《福建公安高等专科学校学报》2006 年第 4 期，第 26—27 页。
[2] 王爱立、雷建斌主编：《刑事诉讼法立法精解》，中国检察出版社 2019 年版，第 161 页。

格限制了犯罪嫌疑人从到案到送交看守所羁押的时间,规定"拘留后,应当立即将被拘留人送看守所羁押,至迟不得超过二十四小时"。这对于遏制刑讯逼供,规制非法讯问等非法取证行为,保障被拘留人的合法权益有积极作用,同时也消除了被拘留人逃跑、自杀、突发疾病死亡等安全隐患。

二是对原刑事诉讼法中可以不通知被拘留人家属的"有碍侦查"情形作出范围限定。2012年以前,公安机关在拘留犯罪嫌疑人后,除法律规定不予通知的情形外,大都能在24小时内通知家属。但也存在因嫌麻烦或者怕妨碍侦查而拖延通知或者干脆不通知的情况,甚至有的被拘留人家属就在本地也不通知,这显然不利于被拘留人合法权益的保护。另外,原刑事诉讼法规定,"拘留后,除有碍侦查或者无法通知的情形以外,应当把拘留的原因和羁押的处所,在二十四小时以内,通知被拘留人的家属或者他的所在单位"。其中,"有碍侦查"的表述较为模糊,实践中不易掌握,不管犯罪种类以及犯罪严重程度如何,公安机关只要认为可能有碍侦查就可以不通知家属。对于上述问题,2012年《刑事诉讼法》首先重申了公安机关执行拘留后,应在24小时之内通知被拘留人家属的规定。与1996年《刑事诉讼法》相比,新修订的刑事诉讼法仍然将"有碍侦查"与"无法通知"两种情形作为拘留后通知家属的例外,但对"有碍侦查"的例外情形作出明确限定,仅限于涉嫌危害国家安全犯罪、恐怖活动犯罪,通知家属会有碍侦查的情形。[1] 这意味着对于上述两种犯罪以外的其他罪,只要不存在无法通知被拘留人家属的情况,办案机关就应当通知家属。这对于保障犯罪嫌疑人合法权利,防止出现"秘密抓捕""秘密失踪"有重要意义。[2]

三是删除了公安机关在执行拘留后应把"拘留的原因和羁押的处所"通知家属的规定。其实,2012年"刑事诉讼法修正案草案"二审时还规定,通知家属时应当告知采取强制措施的场所和原因,但最终的正式版

---

[1] 在2012年"刑事诉讼法(修正草案)"一审稿与二审稿中,"有碍侦查"例外规定的适用范围较之1996年《刑事诉讼法》有了大幅度的缩减,仅适用于"涉嫌危害国家安全犯罪、恐怖活动犯罪等严重犯罪"。与一审稿、二审稿相比,最终通过的刑事诉讼法版本又有所缩小,仅限于涉嫌危害国家安全犯罪和恐怖活动犯罪这两种犯罪。

[2] 参见陈卫东主编:《2012刑事诉讼法修改条文理解与适用》,中国法制出版社2012年版,第196页。

本则删除了这些内容。立法机关认为,采取强制措施通知是司法机关应当履行的义务,同时也是当事人的一种权利,但实践当中,案件的情况非常复杂,当事人的情况也很复杂。当事人需要知道自己的事情是不是已经通知了家属。在通知的时候情况则各异,有的情况下,当事人已经聘请了律师,那么就不需要再通知律师;然而在有些情况下,在通知的时候还需要告知家属为自己聘请律师。所以通知的内容非常多,每个案件的情况又不同,不可能在法律里都一一作出规定。应当说,现在做了通知家属这样一个原则性的规定,在一般情况下就都包含了采取强制措施的原因、羁押的场所。当然在有些情况下,一个人犯罪,有了犯罪线索,公安机关根据这个犯罪线索来通知家属,但是事后随着案件的进展和进一步的侦查,可能一开始通知的涉嫌罪名和后来的又不一致,因为随着侦查罪名可能发生了变化,案件的情况也发生了变化,所以为了适应各种复杂的情况,法律只能作原则性的规定。在实践中,司法机关应当根据这一规定,根据每个案件的实际情况来通知家属。[1]

四是删除了拘留后通知被拘留人单位的规定,明确公安机关执行拘留后仅需通知被拘留人的家属。1996 年《刑事诉讼法》规定犯罪嫌疑人被拘留后应通知其家属或者他的所在单位。将犯罪嫌疑人所在单位规定为拘留的通知对象主要是受到当时特定历史条件的影响。在 20 世纪 80、90 年代,除家庭之外,单位是个人的重要归属,承担着对个体一定的管理和控制功能。单位不仅是个人工作的地方,也影响、管控着单位人员的衣食住行、婚嫁生育、出行访友甚至生老病死。作为单位的一员,个人的很多事情都需要单位同意或出具证明。在那时,拘留作为一种剥夺人身自由的刑事强制措施,就更应当通知被拘留人的单位,从而与单位后续的用工调度和惩戒处理作好衔接。然而,随着 20 世纪 90 年代市场经济体制的建立和发展,许多国有企业、集体企业、事业单位"关停并转",不少职工离开单位"下海"创业。"跳槽""转行""再就业"开始变得稀松平常,个人对单位的依附性变弱,两者的关系开始变得疏离、松散,单位对个人的管理和控制越来越弱。2012 年《刑事诉讼法》取消拘留后通知犯罪

---

[1] 参见佚名:《郎胜解释把"采取强制措施场所告诉家属"删除》,载搜狐新闻网 2012 年 3 月 8 日,http://news.sohu.com/20120308/n337130040.shtml,访问日期:2023 年 12 月 17 日。

嫌疑人所在单位的规定正是顺应了时代的发展和社会的变化。同时,随着个人权利意识的增强,根据无罪推定原则,被拘留人在被判决有罪之前应视为无罪,但刑事拘留毕竟会对犯罪嫌疑人有一定的负面影响乃至否定性评价,犯罪嫌疑人及其家属大都不希望被刑事拘留的情况被单位领导同事知悉。尤其是案件在侦查阶段经查明没有犯罪事实或证据不足被撤销的,通知其所在单位会对犯罪嫌疑人的名誉造成难以挽回的损害,甚至严重影响犯罪嫌疑人被释放后回归正常的工作和生活。因此,2012年《刑事诉讼法》取消拘留后通知犯罪嫌疑人所在单位的规定也是对被拘留人隐私权和名誉权的保护和尊重。[1]

五是增加规定,因有碍侦查未通知被拘留人家属的,在有碍侦查的情形消失后,应当立即通知被拘留人的家属。拘留后长时间不通知被拘留人家属,不利于被拘留人合法权益的保护。而且,随着案件侦查进程的推进,执行拘留时通知被拘留人家属可能会有碍侦查的情形已经消除,如同案犯已抓获、重要证据已收集固定等。如果随着情况的变化,通知被拘留人家属不再妨碍侦查工作的,自然应当立即通知。1996年《刑事诉讼法》虽未对此作出明确规定,但立法本身暗含着这一精神,司法实践中有关部门也曾作出规定[2]。最终,立法机关根据各方意见在2012年修法时对此作出明确规定。

本条在2018年《刑事诉讼法》修订时未有内容调整,仅有条文序号的变化。

▶【法条注解】

本条分为两款,主要规定的是拘留的相关程序。

---

〔1〕 参见陈光中主编:《〈中华人民共和国刑事诉讼法〉修改条文释义与点评》,人民法院出版社2012年版,第153—154页。
〔2〕 1998年《公安规定》第108条规定:"拘留后,应当在二十四小时内制作《拘留通知书》,送达被拘留人家属或者单位,但有下列情形之一的,经县级以上公安机关负责人批准,可以不予通知:(一)同案的犯罪嫌疑人可能逃跑、隐匿、毁弃或者伪造证据的;(二)不讲真实姓名、住址,身份不明的;(三)其他有碍侦查或者无法通知的。上述情形消除后,应当立即通知被拘留人的家属或者他的所在单位。对没有在二十四小时内通知的,应当在拘留通知书中注明原因。"

一、执行拘留必须出示拘留证

拘留作为一种剥夺人身自由的强制措施,在采用时必须要有一定的法律手续和凭证,故本条第1款规定,"公安机关拘留人的时候,必须出示拘留证"。拘留证属于法律文书的一种,有专门的标准格式。拘留证应当写明被拘留人的姓名、案由等,并盖有执行拘留的公安机关印章。

本条第1款中"必须出示拘留证"包含两层意思:首先,要"有"拘留证。这要求执行拘留的公安机关应依法作出拘留决定,签发拘留证,由具体负责执行的侦查人员"持"证拘留。一般认为,公安机关内部对拘留证的签发,即"刑拘"都有较为严格的内控程序,拘留必须"有"证且"持"证,对于防止刑事拘留权的滥用,实现事前控制具有积极意义。其次,要"示"拘留证。"有"拘留证是前提,"示"拘留证则是关键,将拘留证出示给被拘留人,让其查看文书的内容,进行监督,不仅有利于防止错误拘留,也有利于被拘留人及其亲友、所在单位等配合执行工作。需要注意的是,经出示拘留证后,如果被拘留人不配合,如质疑拘留证系伪造有问题,意图逃跑甚至抗拒拘留,执行拘留的人员可以采取适当的强制方法,必要时使用戒具。

二、将被拘留人送看守所羁押

本条第2款规定,公安机关在执行"拘留后,应当立即将被拘留人送看守所羁押,至迟不得超过二十四小时"。规定"至迟不得超过二十四小时",主要是考虑到侦查办案中情况比较复杂,如执行拘留的地点距离看守所较远,需要一定的路途时间;拘留后需要对犯罪嫌疑人提取指纹、采集血液、尿液等生物样本;在犯罪现场拘留犯罪嫌疑人后,需要其当场指认、协助抓获同案犯等。值得关注的是,"至迟不得超过二十四小时",是指如果有特殊情况,送往看守所的时间最长也不得超过此时限;如无特殊情况,必须"立即"送往看守所羁押,并不是说公安机关在执行拘留以后,只要不超过24小时,就可以任意拖延。[1] 本款中的"立即"与"二十四小时"相互协调,体现了原则性与灵活性的特点。原则上,被拘留人被执行拘留后,公安机关必须立即、毫不迟延地将其送交看守所羁押,防

---

〔1〕 参见王爱立、雷建斌主编:《刑事诉讼法立法精解》,中国检察出版社2019年版,第162页。

止出现在看守所外非法讯问等其他非法取证情形,至迟不得超过"二十四小时"则强调如侦查中遇有特殊情形,可以待特殊情形消除后,在24小时内将被拘留人送交看守所羁押,这是对侦查办案规律的尊重,也是对实践办案复杂性的"体谅"。

需要注意的是,针对异地拘留,《公安规定》第126条第2款规定,"异地执行拘留,无法及时将犯罪嫌疑人押解回管辖地的,应当在宣布拘留后立即将其送抓获地看守所羁押,至迟不得超过二十四小时。到达管辖地后,应当立即将犯罪嫌疑人送看守所羁押"。

三、拘留后应通知被拘留人家属

本条第2款还规定,除特殊情形,"应当在拘留后二十四小时以内,通知被拘留人的家属"。本条并未就通知家属的内容作出明确规定,但《公安规定》第127条对此作出规定,应当在拘留后24小时以内制作拘留通知书,通知被拘留人的家属。拘留通知书应当写明拘留原因和羁押处所。另外,如果是监察机关移送司法的案件,除无法通知的以外,检察院应当在公安机关执行拘留后24小时以内,通知被拘留人的家属。

本条第2款中规定的拘留后不通知家属的例外情形有两种:

一是无法通知。"无法通知"的情形,可参照《刑事诉讼法》第75条第2款中有关指定居所监视居住中"无法通知"家属的情形,是指:①不讲真实姓名、住址、身份不明的;②没有家属的;③提供的家属联系方式无法取得联系的;④因自然灾害等不可抗力导致无法通知的。

二是被拘留人涉嫌危害国家安全犯罪、恐怖活动犯罪,通知家属可能有碍侦查。"涉嫌危害国家安全犯罪、恐怖活动犯罪通知可能有碍侦查"的情形,包含三层意思:首先,只有涉嫌危害国家安全犯罪、恐怖活动犯罪的,才能够不通知被拘留人的家属。反之,对因涉嫌其他犯罪而被拘留的,不得以可能妨碍侦查为由不通知其家属。其次,即使是因涉嫌上述两类犯罪而被拘留,也不是一律不通知家属,只有存在通知家属可能妨碍侦查的情况,才能不通知。最后,拘留后不通知家属的情形仅限于侦查阶段,对于审查起诉与审判阶段适用拘留的犯罪嫌疑人、被告人不存在有碍侦查的例外。否则条文不会说"有碍侦查",而应是"有碍诉讼"。第2款中"有碍侦查"的情形,主要是指被拘留的人属于恐怖活动犯罪集团案犯,其他案犯尚未被捉拿归案,其被拘留的消息传出去,可能会引起其他同案犯逃跑、自杀、毁灭或伪造证据等,妨碍侦查工作的顺利进行;被拘留人的家属与其犯罪有牵连,通知后可能引起转移、隐匿、销毁罪证等。《公安规定》第 127 条第 3 款中对此有明确规定,"(一)可能毁灭、伪造证据,干扰证人作证或者串供的;(二)可能引起同案犯逃避、妨碍侦查的;(三)犯罪嫌疑人的家属与犯罪有牵连的"。该条第 5 款还规定,"对于没有在二十四小时以内通知家属的,应当在拘留通知书中注明原因"。

《刑事诉讼法》第 85 条第 2 款还规定:"有碍侦查的情形消失以后,应当立即通知被拘留人的家属。"

▶▶【法条评点】

一、拘留时必须出示拘留证的规定太过机械僵化

根据《刑事诉讼法》第 82 条的规定,拘留都是在紧急情况下作出的强制到案措施,"一刀切"地要求所有公安机关都要经过批准拿到拘留证后才能拘留现行犯并不符合侦查办案实际和现实规律,有些过于机械和僵化。本评注在第 82 条【法条评点】中曾对此做过分析,故不再重复。

二、增加"无法通知"的情形消失后通知被拘留人家属的规定

本条第 2 款规定:"有碍侦查的情形消失以后,应当立即通知被拘留人的家属。"这一规定其实并不周延。除了有碍侦查的情形消失,实践中还存在一开始由于犯罪嫌疑人不讲真实姓名、住址,身份不明,客观上无法通知家属的情形。然而,随着侦查的深入推进,犯罪嫌疑人的身份信息已经查明,"无法通知"的情形已不复存在,公安机关此时就应当通知被拘留人家属。故建议本条第 2 款做如下修改:

拘留后,应当立即将被拘留人送看守所羁押,至迟不得超过二十四小时。除无法通知或者涉嫌危害国家安全犯罪、恐怖活动犯罪通知可能有碍侦查的情形以外,应当在拘留后二十四小时以内,通知被拘留人的家属。**无法通知或**有碍侦查的情形消失以后,应当立即通知被拘留人的家属。

第六章　强制措施

第八十六条　【拘留后的讯问与处置】公安机关对被拘留的人,应当在拘留后的二十四小时以内进行讯问。在发现不应当拘留的时候,必须立即释放,发给释放证明。

▶▶【历次修法条文对照】

1979 年《刑事诉讼法》	1996 年《刑事诉讼法》	2012 年《刑事诉讼法》	2018 年《刑事诉讼法》
第六章　强制措施	第六章　强制措施	第六章　强制措施	第六章　强制措施
第 44 条：公安机关对于被拘留的人,应当在拘留后的二十四小时以内进行讯问。在发现不应当拘留的时候,必须立即释放,发给释放证明。对需要逮捕而证据还不充足的,可以取保候审或者监视居住。	**第 65 条** 内容未修订	**第 84 条**：公安机关对于被拘留的人,应当在拘留后的二十四小时以内进行讯问。在发现不应当拘留的时候,必须立即释放,发给释放证明。~~对需要逮捕而证据还不充足的,可以取保候审或者监视居住。~~	**第 86 条** 内容未修订

▶▶【立法沿革】

本条为 1979 年《刑事诉讼法》确立,在 1996 年修法时未有内容调整。2012 年《刑事诉讼法》修改时,本条主要有两处修改。

一是从文字表述的简洁性考虑,将"公安机关对于被拘留的人"改为"公安机关对被拘留的人"。

二是删除了"对需要逮捕而证据还不充足的,可以取保候审或者监视居住"的规定。这主要是因为,公安机关在紧急情况下拘留,目的在于及时控制现行犯或重大嫌疑分子,防止他们逃避侦查和审判,同时便于及时收集证据,保证诉讼的顺利进行。但拘留是限制人身自由的强制措施,如果适用不当,就会严重侵犯当事人的合法权利,必须慎重适用。1996 年《刑事诉讼法》中"对需要逮捕而证据还不充足的,可以取保候审或者监视居住"的规定,容易被理解成只有犯罪的证据充足,才能予以逮捕,这与逮捕条件中"有证据证明有犯罪事实"的表述有冲突。为避免理解错误,2012年《刑事诉讼法》删去了这一规定。[1]

本条在2018年修改刑事诉讼法时未有内容调整,仅有条文序号的变化。

▶▶【法条注解】

本条是关于公安机关对被拘留的人应当及时讯问和处置的规定。

一、拘留后应在24小时内讯问

本条规定:"公安机关对被拘留的人,应当在拘留后的二十四小时以内进行讯问。"拘留是在紧急情况下对现行犯或者重大嫌疑分子采取的强制到案措施。考虑到拘留时情况紧急,公安机关掌握的材料、获取的证据较为表面,不十分充分,对被拘留人的情况掌握也不够详细,存在错误拘留、不当拘留的可能,故法律规定公安机关应当在拘留后24小时内讯问被拘留人,并制作讯问笔录。如果经讯问发现不应当拘留的,应及时纠正,避免不当羁押,最大限度地保障被拘留人的合法权益。

需要注意的是,这里的在24小时内进行讯问不是说拘留后只要是在24小时内讯问即可,而是要求在被拘留人到案后,公安机关应当立即、毫不迟延地展开讯问。之所以设定24小时的期间,主要是考虑到拘留后可能会发生将被拘留人送医救治,要求被拘留人协助抓捕同案犯、解救被绑架人质等特殊情况,故立法规定了一个较短的讯问期间,以保证拘留后相关侦查工作可机动推进。但即便如此,讯问也必须在24小时内完成。

另外,将拘留后的讯问时间限定在24小时内,也是为了与《刑事诉讼法》第85条"拘留后,应当立即将被拘留人送看守所羁押,至迟不得超过二十四小时"的规定相衔接。因为从拘留后到送交看守所羁押前的24小时内,如果公安机关对被拘留人进行讯问核实,发现不应当拘留的便可立即释放,不再送看守所羁押,不仅避免了错拘的事态恶化,还省去了不必

---

〔1〕 参见王爱立、雷建斌主编:《刑事诉讼法立法精解》,中国检察出版社2019年版,第162页。

要的送押环节,节约了司法资源。

二、发现不应拘留的须立即释放

本条还规定,公安机关经过讯问,"在发现不应当拘留的时候,必须立即释放,发给释放证明"。《公安规定》第128条进一步规定:"对被拘留的人,应当在拘留后二十四小时以内进行讯问。发现不应当拘留的,应当经县级以上公安机关负责人批准,制作释放通知书,看守所凭释放通知书发给被拘留人释放证明书,将其立即释放。"

(一)不应当拘留

对本条中的"不应当拘留"曾有不同的理解与认识。有观点认为:"'不应当拘留'的情形包括:(1)不应对犯罪嫌疑人采取强制措施但却采取拘留措施的;(2)应当采取取保候审、监视居住措施却采取拘留措施的;(3)拘留犯罪嫌疑人时符合拘留条件,但审查后认为应当采取取保候审、监视居住措施的。"[1]还有观点认为:"'不应当拘留'是拘留不符合法定条件,主要有两种情况:一是,由于案件来源、信息、判断等错误原因,拘错了人,对于这种情况对被拘留人必须讲明原因,立即释放,发给释放证明;二是,指被拘留的人实施的行为,情节显著轻微、危害不大的,不认为是犯罪等。对于经讯问发现对被拘留人不应拘留的,应当立即释放,发给释放证明。"[2]比较两种观点,分歧在于执行拘留后发现拘留不当或拘留错误进而变更强制措施的,是否也属于不应当拘留的情形。不容否认,实践中由于情况紧急,公安机关先行拘留后发现不符合拘留条件的,一般都认为是"不应当拘留"的情形,但如果经讯问发现有继续侦查的必要,难道要先释放犯罪嫌疑人,然后再采取取保候审等其他强制措施吗?第二种观点显然限缩了"不应当拘留"的外延范围。

司法实践中,公安机关执行拘留并在24小时内对被拘留人讯问后,可能的处置结果大体有三种:一是发现不应当拘留的,立即释放;二是拘留后发现符合逮捕条件的,公安机关报请逮捕;三是拘留后发现不符合

---

[1] 童建明、万春主编:《〈人民检察院刑事诉讼规则〉条文释义》,中国检察出版社2020年版,第134页。

[2] 王爱立、雷建斌主编:《刑事诉讼法立法精解》,中国检察出版社2019年版,第283页。

逮捕条件,但涉嫌犯罪需要继续侦查的,符合取保候审等其他强制措施适用条件的,可以由拘留变更为取保候审等。[1] 如果作文义解释,《刑诉法》第86条规定的"不应当拘留"与"立即释放"是引起与被引起的关系,"不应当拘留"是因,"立即释放"是果,由果溯因,拘留后立即释放的情形只能是上述第一种情形,即拘留错误,且不需要采取任何强制措施的情形。至于拘留后要变更为取保候审等其他强制措施的情形则不在第86条"不应当拘留"的范围内,否则便无法理顺条文的前后逻辑关系。[2]

综上,第86条中"不应当拘留"的情形只能对应立即释放的结果。对"不应当拘留"应作限缩解释,主要包括三种情形:一是拘留对象错误,将张三错拘为李四;二是被拘留人经讯问后没有犯罪事实,包括没有任何违法犯罪情节,或者有违法情节但情节显著轻微、不构成犯罪;三是有犯罪事实,但依据《刑事诉讼法》第16条的规定不需要追究刑事

---

[1] 《公安规定》第131条有类似规定:"对被拘留的犯罪嫌疑人审查后,根据案件情况报经县级以上公安机关负责人批准,分别作出如下处理:(一)需要逮捕的,在拘留期限内,依法办理提请批准逮捕手续;(二)应当追究刑事责任,但不需要逮捕的,依法直接向人民检察院移送审查起诉,或者依法办理取保候审或者监视居住手续后,向人民检察院移送审查起诉;(三)拘留期限届满,案件尚未办结,需要继续侦查的,依法办理取保候审或者监视居住手续;(四)具有本规定第一百八十六条规定情形之一的,释放被拘留人,发给释放证明书;需要行政处理的,依法予以处理或者移送有关部门。"

[2] 值得注意的是,最高人民检察院在制定司法解释时有意扩大了"不应当拘留"的适用范围,将"不应当拘留"理解为拘留后不符合逮捕条件,除了可以立即释放被拘留人,还可以变更强制措施。《高检规则》第125条第1款规定:"对被拘留的犯罪嫌疑人,发现不应当拘留的,应当立即释放;依法可以取保候审或者监视居住的,按照本规则的有关规定办理取保候审或者监视居住手续。"但公安机关与检察院并未就此达成共识,《公安规定》第128条严格"复制"了刑事诉讼法的条文,规定,"对被拘留的人,应当在拘留后二十四小时以内进行讯问。发现不应当拘留的,应当经县级以上公安机关负责人批准,制作释放通知书,看守所凭释放通知书发给被拘留人释放证明书,将其立即释放。"可见,如何理解拘留后经讯问发现"不应当拘留"的情形,还是有必要通过立法解释或修法的方式达成共识。目前,依刑事诉讼法规定作限缩解释最符合立法本意。

责任。[1]

(二)发给释放证明

经过讯问,一旦发现不应对被拘留人拘留的,应立即释放,同时发给释放证明。之所以要发给释放证明,是为了避免产生误解。例如,公安机关将张三从家中拘留带走,后经讯问发现对张三不应当拘留,立即释放。张三随即返回家中。如果没有释放证明,普通民众可能会误以为张三是被拘留后潜逃回家,属被追捕的在逃犯,进而将其扭送到公安司法机关,由此造成不应有的损害。

▶▶【法条评点】

一、法律未规定拘留后送看守所前的讯问地点

《刑事诉讼法》第 86 条中规定:"公安机关对被拘留的人,应当在拘留后的二十四小时以内进行讯问。"第 85 条第 2 款中规定:"拘留后,应当立即将被拘留人送看守所羁押,至迟不得超过二十四小时。"第 118 条第 2 款规定:"犯罪嫌疑人被送交看守所羁押以后,侦查人员对其进行讯问,应当在看守所内进行。"对三个条文综合分析后会发现,公安机关执行拘留后应当在 24 小时内对被拘留人进行讯问(第 86 条)。如果被拘留人已经被送交看守所羁押的,讯问地点应在看守所(第 118 条),但如果未被送交看守所羁押,被拘留后 24 小时内的讯问地点则是在看守所以外的场所。从目的解释出发,第 86 条规定拘留后要在 24 小时内开展讯问的目的不仅仅是获取口供,更重要的是发现是否存在错误拘留,即不应当拘留的情形。因此,应当允许在将被拘留人送交看守所前,在看守所以外的地方对被拘留人进行讯问。然而,刑事诉讼法并未规定在看守所以外的地方进行讯问的具体地点,从司法实践看,一般都是在公安机关执法办案场所的讯问室。当然,如果情况紧急似乎也可以参照第 119 条的规定,在公安机关指定的地点或被拘留人的住处进行讯问。但由于这些地

---

[1] 有研究认为,所谓不应当拘留,是指原认定的犯罪事实不存在、原认定事实达不到立案标准、该犯罪事实不是该犯罪嫌疑人实施、不应当对犯罪嫌疑人追究刑事责任以及其他不应当拘留的情形。参见孙茂利主编:《公安机关办理刑事案件程序规定释义与实务指南》,中国人民公安大学出版社 2020 年版,第 322 页。

方缺乏像看守所那样的物理隔离设施以及相关的制约监督机制保障,如何确保讯问的合法性与规范性?本评注认为,参照《公安规定》第198条[1],应当通过立法明确被拘留人从被拘留到送交看守所羁押前讯问的地点,确保讯问的合法性与规范性,更好地保障被拘留人的合法权益。

第八十七条 【提请批准逮捕的程序】公安机关要求逮捕犯罪嫌疑人的时候,应当写出提请批准逮捕书,连同案卷材料、证据,一并移送同级人民检察院审查批准。必要的时候,人民检察院可以派人参加公安机关对于重大案件的讨论。

▶▶【历次修法条文对照】

1979年《刑事诉讼法》	1996年《刑事诉讼法》	2012年《刑事诉讼法》	2018年《刑事诉讼法》
第六章 强制措施	第六章 强制措施	第六章 强制措施	第六章 强制措施
第45条:公安机关要求逮捕人犯的时候,应当写出提请批准逮捕书,连同案卷材料、证据,一并移送同级人民检察院审查批准。必要时,人民检察院可以派人参加公安机关对于重大案件的讨论。	第66条:公安机关要求逮捕**犯罪嫌疑人**的时候,应当写出提请批准逮捕书,连同案卷材料、证据,一并移送同级人民检察院审查批准。必要**的时候**,人民检察院可以派人参加公安机关对于重大案件的讨论。	第85条 内容未修订	第87条 内容未修订

---

〔1〕《公安规定》第198条:"讯问犯罪嫌疑人,除下列情形以外,应当在公安机关执法办案场所的讯问室进行:(一)紧急情况下在现场进行讯问的;(二)对有严重疾病或者残疾、行动不便的,以及正在怀孕的犯罪嫌疑人,在其住处或者就诊的医疗机构进行讯问的。对于已送交看守所羁押的犯罪嫌疑人,应当在看守所讯问室进行讯问。对于正在被执行行政拘留、强制隔离戒毒的人员以及正在监狱服刑的罪犯,可以在其执行场所进行讯问。对于不需要拘留、逮捕的犯罪嫌疑人,经办案部门负责人批准,可以传唤到犯罪嫌疑人所在市、县公安机关执法办案场所或者到他的住处进行讯问。"

第六章 强制措施

▶▶【立法沿革】

本条为1979年《刑事诉讼法》确立。逮捕是剥夺犯罪嫌疑人、被告人人身自由的最严厉的刑事强制措施,必须谨慎适用,避免滥用。秉持分权与限权的理念,侦查阶段的逮捕坚持提请、批准和执行相分离的基本要求,由公安机关报请逮捕,检察院批准逮捕,再由公安机关执行逮捕三个环节构成。本条的规范目的是保障检察院能够深入了解案情,客观、全面地行使审查批准逮捕的权力。为达致此目的,公安机关不仅要向检察院写出提请批准逮捕书,还要提供审查批准逮捕所需要的事实、证据和相关材料。

1996年《刑事诉讼法》对本条有两处字句调整。

一是为了与整部刑事诉讼法的修改相协调,将侦查阶段"人犯"的表述改为"犯罪嫌疑人"的称谓。

二是将"必要时"改为"必要的时候",确保条文用语表述的准确性和严谨性。

本条在2012年和2018年修订刑事诉讼法时未有内容调整,仅有条文序号的变化。

▶▶【法条注解】

本条是关于公安机关提请批准逮捕的程序及人民检察院派人参加公安机关重大案件讨论的规定。

一、立法渊源

《宪法》第37条第2款规定:"任何公民,非经人民检察院批准或者决定或者人民法院决定,并由公安机关执行,不受逮捕。"《刑事诉讼法》第3条中规定:"对刑事案件的侦查、拘留、执行逮捕、预审,由公安机关负责。检察、批准逮捕、检察机关直接受理的案件的侦查、提起公诉,由人民检察院负责。"就逮捕权而言,公安机关只有执行逮捕的权力,检察院则拥有批准逮捕和决定逮捕的权力。本条进一步明确了在侦查阶段,公安机关无权自行决定逮捕,只能向检察院提请批准逮捕,在检察院批准逮捕后,公安机关才能执行逮捕的诉讼流程。

二、报请逮捕的要求

本条第一句话为:"公安机关要求逮捕犯罪嫌疑人的时候,应当写出提请批准逮捕书,连同案卷材料、证据,一并移送同级人民检察院审查批准。"据此,有三点需要注意:

一是公安机关提请批准逮捕应是书面提请,不得口头提请。"提请批准逮捕书"应当写明犯罪嫌疑人的姓名、年龄、职业、家庭住址等基本情况,还有案由、犯罪事实、逮捕的理由以及法律依据等。《公安规定》第137条第2款还规定,"犯罪嫌疑人自愿认罪认罚的,应当记录在案,并在提请批准逮捕书中写明有关情况"。另外,提请批准逮捕书应盖有提请批捕的公安机关公章。

二是公安机关不仅要制作提请批准逮捕书,还必须向检察院移送"案卷材料、证据"。"案卷材料、证据"是指用以证明本案事实的报案材料、控告材料、举报材料、调查材料、鉴定材料及其他证据材料,如犯罪嫌疑人已被拘留的,应附有拘留证。移送这些材料的目的,是使检察院能够客观全面地判断犯罪嫌疑人是否符合逮捕条件。[1]

三是公安机关应当向"同级人民检察院"提请批准逮捕。检察院有关批准逮捕案件的管辖不需要以对应法院的审判管辖为准,而是以公安机关的管辖为准。例如,在司法实践中,区县公安机关大都会侦办故意杀人等可能判处无期徒刑、死刑的"命案",如果犯罪嫌疑人被抓获后需要逮捕,可由基层公安机关向基层检察院报请逮捕,基层检察院有批准逮捕权。《高检规则》第283条对此规定:"上级公安机关指定犯罪地或者犯罪嫌疑人居住地以外的下级公安机关立案侦查的案件,需要逮捕犯罪嫌疑人的,由侦查该案件的公安机关提请同级人民检察院审查批准逮捕。人民检察院应当依法作出批准或者不批准逮捕的决定。"

三、检察院在审查逮捕环节参与重大案件讨论

本条规定:"必要的时候,人民检察院可以派人参加公安机关对于重大案件的讨论。"如果作反对解释,对一般案件或不必要的时候,检察院

---

[1] 参见王爱立、雷建斌主编:《刑事诉讼法立法精解》,中国检察出版社2019年版,第163页。

不会派人参加公安机关对于案件的讨论。

何谓"必要的时候",一般指两种情况:一是为了从重从快地打击犯罪,震慑犯罪分子,检察院需要尽快了解案情,迅速批捕;二是案情重大复杂,各方意见分歧较大,检察院派人参加公安机关对重大案件的讨论,从批捕的视角对案件提出检察意见,有利于统一思想,引导公安机关对一些遗漏的证据作进一步补充收集。检察院参加重大案件讨论,是公检两机关制约和配合的体现,分为两种启动方式:一种是检察院收到提请批准逮捕书后,主动派人参加讨论;另一种是公安机关认为需要检察院派员参加重大案件讨论,发出通知,提出"邀约",检察院接到通知后及时派员参加。[1]

需要注意的是,检察院参加重大案件的讨论应坚持"参与但不代替""引导而不主导"的原则,参加讨论的检察人员应当在充分了解案情的基础上,对侦查活动提出意见和建议,决不能越俎代庖、包办替代侦查办案,否则便混淆了公安机关与检察院各自的职能分工,违反了公检法三机关分工负责的基本原则。

▶▶【法条评点】

一、检察院在公安侦查期间可否直接决定逮捕?

本条规定,对于公安机关立案管辖的案件在侦查阶段需要逮捕犯罪嫌疑人的,公安机关不能自行决定逮捕,须向检察院报请逮捕,检察院也只有批准或者不批准逮捕的权力,如果批准逮捕的,交由公安机关执行。该规定是对公安机关在侦查阶段行使逮捕权的制约,体现了中国式的司法审查特点。值得关注的是,检察院对于公安机关立案管辖的案件能否在侦查阶段直接决定逮捕呢?

从《宪法》第37条以及《刑事诉讼法》第3条的规定看,检察院既有批准逮捕权,又有决定逮捕权,至于这两种逮捕权在哪一诉讼阶段或诉讼环节行使,法律并未言明。这似乎意味着检察院在侦查阶段对于公安机关立案管辖的案件也可决定逮捕。基于这一认识,《高检规则》第288条规定,"人民检察院办理公安机关提请批准逮捕的案件,发现遗漏应当逮捕的犯罪

---

[1] 参见王爱立、雷建斌主编:《刑事诉讼法立法精解》,中国检察出版社2019年版,第164页。

嫌疑人的,应当经检察长批准,要求公安机关提请批准逮捕。公安机关不提请批准逮捕或者说明的不提请批准逮捕的理由不成立的,人民检察院可以直接作出逮捕决定,送达公安机关执行"。据此,对于公安机关在侦查阶段遗漏报捕犯罪嫌疑人的,检察院可以直接决定逮捕,交公安机关执行。

本评注认为《高检规则》第288条的规定不妥,主要理由有二:

首先,从规范层面分析,《刑事诉讼法》第87条、第90条规定了公安机关提请检察院批准逮捕的程序,检察院对于公安机关提请批准逮捕的案件进行审查后,应当根据情况分别作出批准逮捕或者不批准逮捕的决定。上述规定并未明确赋予检察院决定逮捕的权力。《刑事诉讼法》第165条规定,只有对于检察院直接受理的案件需要逮捕犯罪嫌疑人的,检察院才有权决定逮捕,交公安机关执行。所以,对于公安机关正在侦查的案件,检察院只有批准逮捕的权力;对于直接受理自行侦查的案件,检察院才有决定逮捕的权力。《高检规则》第288条关于检察院未经公安机关提请逮捕,直接对漏捕的犯罪嫌疑人决定逮捕的规定缺乏法律依据。

其次,从法理层面对逮捕权进行分析,第87条主要是限制公安机关滥用逮捕权,规定公安机关只有逮捕的申请权而无决定权,只有检察院批准逮捕的,公安机关才能执行逮捕。对由公安机关立案管辖的案件,侦查阶段的逮捕决定权由申请权和批准权组成,两项权力相互分离,由不同机关行使,从而达到分权和制约的作用,确保逮捕权规范和审慎行使。如果与西方国家有关羁押的司法审查制度作比较会发现,批捕权本属司法审查权,牵涉对公民的人身自由这一宪法性基本权利的处置。依正当程序理论,一般要求由中立、独立的司法官采用对审方式作出决定。我国的审查批捕权由国家的法律监督机关——检察院行使,负责审查公安机关提出的逮捕申请是否合法、妥当。既然检察院是公安机关和犯罪嫌疑人之外的第三方,扮演司法审查者的角色,就应当具有中立性、客观性和一定的消极被动性。如果检察院直接决定逮捕,那么在审查逮捕环节就实质充当了与公安机关一样的追诉角色,与其司法审查者的角色定位相悖。[1]

综上,本评注认为检察院在公安机关侦查期间不可直接决定逮捕,《高检规则》第288条的规定于法无据,有违宪法和刑事诉讼法的立法精神。

---

〔1〕 检察院在公安机关侦查并报请逮捕的案件中扮演积极角色的情况是,必要的时候,可以主动派人参加公安机关对于重大案件的讨论。

第八十八条 【审查批准逮捕的程序】人民检察院审查批准逮捕,可以讯问犯罪嫌疑人;有下列情形之一的,应当讯问犯罪嫌疑人:

(一)对是否符合逮捕条件有疑问的;

(二)犯罪嫌疑人要求向检察人员当面陈述的;

(三)侦查活动可能有重大违法行为的。

人民检察院审查批准逮捕,可以询问证人等诉讼参与人,听取辩护律师的意见;辩护律师提出要求的,应当听取辩护律师的意见。

▶▶【历次修法条文对照】

1979年《刑事诉讼法》	1996年《刑事诉讼法》	2012年《刑事诉讼法》	2018年《刑事诉讼法》
第六章 强制措施	第六章 强制措施	第六章 强制措施	第六章 强制措施
无	无	第86条:人民检察院审查批准逮捕,可以讯问犯罪嫌疑人;有下列情形之一的,应当讯问犯罪嫌疑人: (一)对是否符合逮捕条件有疑问的; (二)犯罪嫌疑人要求向检察人员当面陈述的; (三)侦查活动可能有重大违法行为的。 人民检察院审查批准逮捕,可以询问证人等诉讼参与人,听取辩护律师的意见,辩护律师提出要求的,应当听取辩护律师的意见。	第88条 内容未修订

▶▶【立法沿革】

本条为 2012 年《刑事诉讼法》修订时新增条文。

1996 年《刑事诉讼法》对检察院审查批准逮捕的程序没有具体规定,司法实践中,承办案件的检察官在审查批准逮捕时,主要是根据 1996 年《刑事诉讼法》第 66 条的规定,对公安机关移送的提请批准逮捕书、案卷材料、证据等进行书面审查。然而,书面审查难以保证审查批准逮捕工作的质量。主要有三方面原因:

一是书面审查难以保证批捕的客观性。审查批准逮捕所依赖的书面材料主要来自侦查机关。受强烈的追诉倾向影响,侦查机关提交的材料主要反映的是对犯罪嫌疑人不利的有罪、罪重的证据材料,对犯罪嫌疑人有利的无罪、罪轻的材料、事实较少体现,即使有,也可能会被侦查机关在移送时有意"裁剪"、限制乃至舍弃。"例如,一起故意杀人案的侦查中,犯罪嫌疑人不认罪且辩解没有作案时间,侦查机关找到案发前后与犯罪嫌疑人有过接触的一些邻居、朋友,证实其有作案时间,但其妻子证明当天晚上丈夫没有出过门,侦查人员最终选择了前一类证人作证而没有向其妻子取证。之所以如此,是因为基于对侦查事实的判断,他们通常会认为证明犯罪嫌疑人有罪的证据才可能是真实的,证明犯罪嫌疑人无罪的证据很可能是不真实的,而且还会找出他们认为不真实的理由,如上述犯罪嫌疑人的妻子一定会因为亲情关系而编造事实,如果把她编造的陈述记录下来,就会和其他人的证言发生矛盾,不利于犯罪事实的认定。"[1] 二是仅书面审查难以彻底消除矛盾,澄清疑点,保证批捕质量。2012 年以前,检察院审查批准逮捕主要采用书面阅卷的方式,通过阅卷找出支持批捕的证据。但是,如果证据之间存在矛盾、无法消除,部分证据真伪不明,办案人员就无法准确判断犯罪嫌疑人是否符合逮捕条件。阅卷批捕的弊端只能通过讯问犯罪嫌疑人,询问证人、被害人,当面核实证据等方式来解决,确保案件批捕的质量。三是书面审查难以发挥批捕的侦查监督效能。侦查机关提交的书面材料主要集中于证明案件的实体性事实,相关的程序性事实基本不会在案卷材料中体现。这导致检察院

---

[1] 马静华:《庭审实质化:一种证据调查方式的逻辑转变——以成都地区改革试点为样本的经验总结》,载《中国刑事法杂志》2017 年第 5 期,第 75 页。

对侦查取证合法性的审查难以通过阅卷及时发现,不利于侦查监督和非法证据排除职责的落实。

总之,卷宗内容的倾向性与不完整性,使负责审查批准逮捕的检察官不易全面查清与案件相关的事实信息,难以客观、全面地判断犯罪嫌疑人是否符合逮捕条件。

有鉴于此,一些地方检察院在审查批准逮捕工作中逐渐试点推行讯问犯罪嫌疑人,核实案情,澄清证据疑点的一系列做法。我国有关审查逮捕讯问犯罪嫌疑人的规定最早见于1999年《高检规则》第97条的规定[1],之后,2003年《关于在检察工作中防止和纠正超期羁押的若干规定》、2004年《关于在办理审查逮捕案件中加强讯问犯罪嫌疑人工作的意见》、2006年《人民检察院审查逮捕质量标准(试行)》和《人民检察院办理未成年人刑事案件的规定》等众多规范性文件都从不同方面对逮捕讯问犯罪嫌疑人作出规定。2008年《中央政法委员会关于深化司法体制和工作机制改革若干问题的意见》中明确提出"必要时应当讯问犯罪嫌疑人"。根据中央司法体制和工作机制改革的意见,2010年8月,最高人民检察院、公安部联合印发了《最高人民检察院、公安部关于审查逮捕阶段讯问犯罪嫌疑人的规定》,对检察院审查逮捕阶段讯问犯罪嫌疑人工作作出专门规定。实践证明,这种做法不仅有利于保护犯罪嫌疑人的合法权益,也有利于检察院当面听取不同意见,对于客观、全面地审查、判断、核实证据,统一把握逮捕标准,准确把握逮捕条件具有重要意义。

2012年《刑事诉讼法》修改,为进一步规范审查批准逮捕工作,根据各方意见,总结实践经验,立法增加了关于检察院审查批准逮捕讯问犯罪嫌疑人的规定;同时对询问证人等诉讼参与人、听取辩护律师意见作出规定。这些规定增强了审查批准逮捕程序的可操作性,实现了检察院在审查逮捕过程中"兼听则明"。

本条在2018年《刑事诉讼法》修改时未有内容调整,仅有条文序号的变化。

---

[1] 1999年《高检规则》第97条规定:"审查逮捕部门办理审查逮捕案件,不另行侦查。在审查批捕中如果认为报请批准逮捕的证据存有疑问的,可以复核有关证据,讯问犯罪嫌疑人、询问证人。但讯问未被采取强制措施的犯罪嫌疑人的,讯问前应当征求公安机关或者本院侦查部门的意见。"

▶▶【法条注解】

本条是关于检察院审查批准逮捕程序的规定。逮捕牵涉公民的人身自由这一宪法性基本权利,必须慎重使用。1996年《刑事诉讼法》没有对审查批准逮捕程序作出明确规定,实践中审查批捕以书面审查为主,没有对人证的调查,没有对辩护意见的听取,更没有听证程序的设计,导致批捕决定的作出较为轻率,并不严肃。2012年《刑事诉讼法》修改时,立法机关将批准逮捕程序从纯粹的书面审查改为书面调查式的审查,承办检察官除了审阅"提请批准逮捕书、案卷材料、证据"外,还要进行相应的调查活动,如讯问犯罪嫌疑人,询问证人等诉讼参与人,听取辩护律师的意见等。

一、审查逮捕讯问犯罪嫌疑人

本条第1款是关于检察院在审查批准逮捕时讯问犯罪嫌疑人的规定。根据规定,检察院审查批准逮捕有可以讯问和应当讯问犯罪嫌疑人两种情形。

(一)可以讯问犯罪嫌疑人

对于大部分审查批捕案件,检察院都"可以"讯问犯罪嫌疑人。本条第1款并未具体限定"可以"讯问的情形,是否讯问一般由检察院根据案件的具体情况和实际需要来决定。如果认为移送的案卷材料所反映的事实情况比较清楚,相关证据材料较为充分,能够直接作出批捕与否的决定的,则不需要当面讯问犯罪嫌疑人。需要注意的是,根据《高检规则》第280条第3款规定,办理审查逮捕案件,即使对被拘留的犯罪嫌疑人不予讯问,也应当送达听取犯罪嫌疑人意见书,由犯罪嫌疑人填写后及时收回审查并附卷。

(二)应当讯问犯罪嫌疑人

本条第1款还规定,如果有法律明确列举的下列三种情形中的任何一种,检察院在审查批准逮捕时必须讯问犯罪嫌疑人。

一是对犯罪嫌疑人是否符合逮捕条件存有疑问。根据刑事诉讼法的规定,逮捕犯罪嫌疑人一般需要符合三个条件,即证据要件(有证据证明有犯罪事实)、刑罚要件(可能判处徒刑以上刑罚)、社会危险性要件(采取取保候审尚不足以防止发生法律规定的社会危险性)。本条第1款第1项规定对犯罪嫌疑人是否符合逮捕条件"有疑问的",是指对三个条件中的任一条件有疑问。例如,证明有犯罪事实的证据彼此间有矛盾,无法排除;在卷证据所证明的事实不合常理、不合逻辑,与经验法则相悖,导致证据的真实性、可靠性有疑问,能否作为批捕证据有争议。如果承办检察官对证据要件存疑以致不能确定犯罪嫌疑人、被告人是否符合逮捕条件,就应当讯问犯罪嫌疑人,消除疑点和矛盾。

二是犯罪嫌疑人要求向检察人员当面陈述。无论是书面还是口头,只要犯罪嫌疑人提出要向检察人员当面陈述的请求,检察人员就应当讯问犯罪嫌疑人,不能以任何理由拒绝。至于当面陈述的内容,可以涉及案件本身的实体事实,如犯罪行为并非本人所为,报捕提交的证据不足等;也可以是陈述自己符合取保候审、监视居住的条件,不应采取逮捕措施,如患有严重疾病、生活不能自理、怀孕或者正在哺乳自己的婴儿;还可以是侦查人员有刑讯逼供等非法取证行为等。

三是侦查活动可能有重大违法行为。检察院是国家的法律监督机关,依法对侦查活动进行监督,如果发现报请逮捕的侦查机关在办案或取证过程中有重大违法行为,如刑讯逼供、违反回避制度、剥夺犯罪嫌疑人辩护权的,就应当及时讯问,了解核实情况,及时纠正违法行为,保障犯罪嫌疑人的合法权益。另外,根据2017年《严格排除非法证据规定》的相关条文,检察院在审查逮捕期间发现侦查人员涉嫌非法取证,经调查核实确有以非法方法取证的,也可以提出纠正意见。这其中的调查核实工作就包括讯问犯罪嫌疑人。

除了上述应当讯问犯罪嫌疑人的情形,《刑事诉讼法》第280条第1款中还规定,"人民检察院审查批准逮捕和人民法院决定逮捕,应当讯问未成年犯罪嫌疑人、被告人,听取辩护律师的意见"。我国在未成年人犯罪案件中实行教育、感化、挽救的方针,坚持教育为主,惩罚为辅的原则。这些方针原则贯穿于办理未成年人犯罪案件的全过程、各阶段。检察院只有在审查批捕阶段坚持每案必讯,才能贯彻好上述方针原则,最大限度地实现对未成年犯罪嫌疑人少捕、慎捕,宽缓适用强制措施。另外,《高检规则》第280条还规定,对于案情重大、疑难、复杂的,犯罪嫌疑人认罪认罚的,犯罪嫌疑人是盲、聋、哑人或者是尚未完全丧失辨认或者控制自己行为能力的精神病人的,检察院办理审查逮捕案件,也应当讯问犯罪嫌疑人。

二、审查逮捕时询问证人和听取辩护律师意见

根据本条第2款规定,检察院审查批准逮捕,可以询问证人、被害人等诉讼参与人,听取辩护律师的意见。辩护律师要求检察院听取辩护意见的,检察院应当听取。这样规定可以消减检察院以往在审查逮捕活动中过度行政化的倾向,避免偏听偏信,减损逮捕质量。

检察院审查逮捕主要是审查犯罪嫌疑人是否符合逮捕条件,而逮捕条件的满足需要有足够的证据来证明每项条件所对应的事实,其中的证据就包括证人证言、被害人陈述等言词证据。一般认为,言词证据稳定性不高,证人证言、被害人陈述的真实性还容易受到证人或被害人的感知、记忆、表述能力以及作证动机的影响,所以书面材料反映的事实较为有限,单纯阅卷显然不如询问证人、被害人,当面核实证据效果好。另外,本条专门强调,检察院审查批准逮捕还须听取辩护律师的意见:一是检察院认为有必要的就可以听取;二是如果辩护律师提出要求的,检察院应当听取。

▶▶▶【法条评点】

一、应完善检察院在审查批捕环节听取辩护律师意见的程序

在实践调研中发现,承办检察官在审查逮捕环节听取辩护律师意见的情况并不乐观,部分检察官常常要求辩护律师提交书面意见,只"看"不"听";还有的检察官采取电话听取意见的方式,不愿当面听取。更严重的是,犯罪嫌疑人委托的辩护律师并不知晓案件何时由公安机关移送检察院报请逮捕,办案机关对案件进度及移送情况普遍不履行告知义务。不少律师反映,"有的案件会告知,大多数案件只能自己打听"[1],这在一定程度上影响甚至剥夺了辩护律师提出意见的机会。有的律师还反映,即使打听到案件已经报请逮捕,在检察官尚未阅卷的情况下提出辩护意见,辩护效果也不理想。所以,一些律师总会"费尽心机",尽量"拉满"

---

[1] 韩旭:《新〈刑事诉讼法〉实施以来律师辩护难问题实证研究——以S省为例的分析》,载《法学论坛》2015年第3期,第136页。

检察院审查批准逮捕的7天时间,"卡点"去书面提交或当面表达辩护意见,但如果检察院没有在第7天,而是"提前"作出了批捕决定,辩护律师很可能失去表达辩护意见的机会。

　　本评注认为,在审查批准逮捕阶段,发表辩护意见是律师的权利,听取辩护意见则是检察院的义务。公安机关和检察院应当履行好诉讼关照义务,对于侦查阶段已经委托辩护律师的,公安机关在报请逮捕时应在案卷中附上犯罪嫌疑人委托辩护的情况以及辩护律师的联系方式[1]。此外,检察院在审查批准逮捕的过程中也应尽量通过阅卷,联系案件管理部门以及讯问犯罪嫌疑人等方式主动联系辩护律师,告知案件移送报捕的情况,主动了解其是否要提出辩护意见。如果辩护律师要求发表辩护意见的,检察院须做到应听尽听,并制作听取意见笔录,确保辩护律师在审查批捕阶段能充分行使提出意见的权利。

第八十九条　【审查批准逮捕的决定权限】人民检察院审查批准逮捕犯罪嫌疑人由检察长决定。重大案件应当提交检察委员会讨论决定。

▶▶【历次修法条文对照】

1979年《刑事诉讼法》	1996年《刑事诉讼法》	2012年《刑事诉讼法》	2018年《刑事诉讼法》
第六章　强制措施	第六章　强制措施	第六章　强制措施	第六章　强制措施
第46条:人民检察院审查批准逮捕人犯由检察长决定。重大案件应当提交检察委员会讨论决定。	第67条:人民检察院审查批准逮捕犯罪嫌疑人由检察长决定。重大案件应当提交检察委员会讨论决定。	第87条 内容未修订	第89条 内容未修订

---

〔1〕　在刑事诉讼中,虽然辩护律师可能是被分阶段委托的,侦查阶段的辩护律师可能在审查起诉阶段不再接受委托,但公安机关也有必要在报请逮捕时在案卷中附上犯罪嫌疑人委托辩护的情况以及辩护律师的联系方式,方便检察官核实案情,及时联系犯罪嫌疑人"可能"委托的辩护律师。

▶▶【立法沿革】

本条为 1979 年《刑事诉讼法》确立。在 1996 年修法时,立法机关将侦查阶段审查批准逮捕的"人犯"改为"犯罪嫌疑人",从而与整部刑事诉讼法对被追诉人的表述相协调。之后,本条在 2012 年和 2018 年修法时未有内容调整,仅有条文序号的变化。

▶▶【法条注解】

本条是检察院内部关于审查批准逮捕决定权限划分的规定。

一、审查批准逮捕犯罪嫌疑人由检察长决定

逮捕是涉及公民人身自由的最严厉的强制措施。它既是保障刑事诉讼顺利进行的重要手段,又直接关系到犯罪嫌疑人的人身自由,一旦错捕,对公民个人和司法的公信力都会造成极大伤害。《刑事诉讼法》第 87 条规定,公安机关侦查的案件不能自行决定逮捕,而是要向检察院提请逮捕,由后者作出批准与否的决定。这其实是将逮捕的决定权拆分为提请权与批准权,从而形成分权和相互制约的效果。此外,本条规定检察院内部的审查批准逮捕权由检察长行使,体现了立法对逮捕权行使的慎重。"批捕权本属于司法审查职权,涉及宪法基本权利的重大限制,利益较为重大。如前所述,正当程序的一般要求是中立、独立的法官采用对审的方式决定。但在我国大陆,由于检察机关同时为侦查、控诉机关,中立性与独立性不足,也难以采用对审方式公开审查,而只能采用或主要采用由承办检察官书面审查方式决定。此种审批程序,如果仅由承办检察官做出决定,可能不够慎重,不符合'比例原则',即涉及重大权益事项应当符合相应的正当程序要求。因此法律特别规定将审批权赋予检察长、检察委员会而非检察官。"[1]

二、牵涉批捕的重大案件应提交检察委员会讨论决定

《人民检察院组织法》第 33 条第 1 款规定:"检察官可以就重大案件

---

[1] 龙宗智:《检察官办案责任制相关问题研究》,载《中国法学》2015 年第 1 期,第 98 页。

和其他重大问题,提请检察长决定。检察长可以根据案件情况,提交检察委员会讨论决定。"由检察委员会对重大案件的审查批准逮捕作出决定,是发挥民主集中制的重要体现,是正确、谨慎使用逮捕的重要保障。《人民检察院组织法》第 32 条规定:"检察委员会召开会议,应当有其组成人员的过半数出席。检察委员会会议由检察长或者检察长委托的副检察长主持。检察委员会实行民主集中制。地方各级人民检察院的检察长不同意本院检察委员会多数人的意见,属于办理案件的,可以报请上一级人民检察院决定;属于重大事项的,可以报请上一级人民检察院或者本级人民代表大会常务委员会决定。"

本条中的"重大案件"并无明确的范围限制,"主要是指涉外案件、案情重大复杂或者争议较大的案件、犯罪嫌疑人是知名人士或者有较大影响的案件等"[1]。需要注意的是,无论是检察长还是检察委员会审查批准逮捕,也不管是批准还是不批准逮捕,最后的决定都体现为检察院制发的统一法律文书,并加盖单位印章。

▶▶【法条评点】

一、检察长能否将审查批准逮捕的职权授权检察官行使

无论宪法还是法律,都明确规定行使检察权的主体是检察院,在检察院内部,被明确单独行使职权的,只有检察长,即是否逮捕由检察长决定。《刑事诉讼法》第 89 条第 1 句规定:"人民检察院审查批准逮捕犯罪嫌疑人由检察长决定。"这表明在权力配置上,承办检察官的权限依附于检察长而无法独立行使。然而,从近些年司法责任制改革的情况看,在员额检察官办案负责制确立后,员额检察官办案的权力和责任得以加强。如《上海市各级人民检察院检察官权力清单(2015 年版)》规定,基层检察院的普通刑事犯罪案件的批准逮捕,为检察官决定(行使)的职权;对于刑事案件不批准逮捕的决定权由检察长(副检察长)或检察委员会负责。《关于完善人民检察院司法责任制的若干意见》(已失效)进一步规定,

---

[1] 王爱立、雷建斌主编:《刑事诉讼法立法精解》,中国检察出版社 2019 年版,第 167 页。

"审查逮捕、审查起诉案件,一般由独任检察官承办,重大、疑难、复杂案件也可以由检察官办案组承办","并对办案质量终身负责";检察长(分管副检察长)不同意承办人处理意见并作出不同决定的,后果由检察长(分管副检察长)负责。

改革的规范性文件已经将检察长审查批准逮捕的职权进行"下放"。另外,一些检察院即使保留了批准逮捕权由检察长决定,也大多"名不符实"。从司法实践看,检察院审查批准逮捕犯罪嫌疑人,都是由承办案件的检察官对公安机关提请批准逮捕的有关材料进行认真审查,包括审查犯罪嫌疑人有无不应逮捕的情况,法律手续是否完备等;根据《刑事诉讼法》第88条的规定还要讯问犯罪嫌疑人,听取辩护律师的意见;必要的时候,可以报请检察长批准后参加公安机关对重大案件的讨论。然后,综合审查情况,对犯罪嫌疑人是否符合逮捕条件,是否批准逮捕提出初步意见,报检察长决定。检察长通常只作形式审查,对案件"审查逮捕"的全过程并没有实质参与,至于是否决定逮捕也大多会尊重承办检察官的意见。

综上而言,本条规定的审查批准逮捕权专属检察长行使的规定已经被打破,部分职权,如批准逮捕权而非不批准逮捕权,已经授权转移给了具体承办案件的(员额)检察官。也许正是基于这一原因,《人民检察院组织法》第29条规定,"检察官在检察长领导下开展工作,重大办案事项由检察长决定。检察长可以将部分职权委托检察官行使,可以授权检察官签发法律文书"。其中,"检察长可以将部分职权委托检察官行使"似乎表明,检察长可以将审查批准逮捕的职权授权转移给检察官行使。有学者就指出:"检察长及检委会授权检察官决定部分案件的逮捕,不应当认为违法。因为,在法律规定检察长为检察权行使主体的情况下,检察长将检察官作为自己的代理人,将部分检察权授予其行使,符合检察法理。而且在我国检察制度中,对具体检察业务,包括批准逮捕,通常已经实行了这种授权,即由检察长将其决定权授予其高级业务助手——副检察长行使。在推动检察官办案责任制改革的背景之下,检察长及检委会将部分决定权授予具有办案主体地位的其他业务助手——检察官行使,在检察制度上有根据,与授权副检察长同理,也不应认为授权违法。"[1]

本评注部分认同上述观点,但也有不同认识。按照上述理解,检察长可以将一些案件的审查批准逮捕权委托给检察官行使,比如三年以下的轻罪案件。不容否认,法律赋予了检察长审查批准逮捕权,所以才会有人民检察院组织法中规定的检察长委托授权的情形,包括委托给副检察长、检察官行使。但问题是什么样的职权可以委托下放,什么样的职权则是专属独享,其他机关或个人不能代理呢？有同志认为,有关检察长管理类的职权不能委托,但办案类的业务职权则可以下放,所以审查批准逮捕权可以委托下放给检察官行使。但也有观点认为,即使是办案类的职权也有轻重之别,刑事诉讼法规定由检察长行使的审查批准逮捕权,因为涉及剥夺限制人身自由这一宪法性基本权利,为强化人权司法保障,不能直接下放委托给检察官行使,必须要由检察长审查把关。检察官可以决定不批准逮捕,但批准逮捕一律要由(报)检察长决定。

党的二十大报告指出,"深化司法体制综合配套改革,全面准确落实司法责任制"。2023年7月19日,应勇检察长在全国大检察官研讨班上强调:"要全面准确落实司法责任制,坚持'放权'和'管权'并重、管案和管人结合,加强对不捕、不诉、民事监督等重点环节的制约监督,给检察权运行'加把锁'。检察长要切实负起'管'的政治责任、法律责任,不敢管、不去管、管不好检察官办案,就是失责失管失察!"[2]从下一步的改革方向和检察工作新的着力点看,部分检察职权的"放与收"似乎还在不断的调适与平衡中互动前行,[3]这一变化也许会在法律赋予的检察长审查批捕权上有新的反映。

---

[1] 龙宗智、符尔加:《检察机关权力清单及其实施问题研究》,载《中国刑事法杂志》2018年第4期,第129页。

[2] 巩宸宇:《为大局服务 为人民司法 为法治担当 以检察工作现代化服务中国式现代化》,载《检察日报》2023年7月20日,第2版。

[3] 2024年1月4日,最高人民检察院印发《关于人民检察院全面准确落实司法责任制的若干意见》,其第23条进一步加强了业务部门负责人经检察长授权,对检察官办理案件起诉书、不起诉决定书等重要法律文书的审核,业务部门负责人审批和把关角色明显。

第九十条 【审查批准逮捕的决定和执行】人民检察院对于公安机关提请批准逮捕的案件进行审查后,应当根据情况分别作出批准逮捕或者不批准逮捕的决定。对于批准逮捕的决定,公安机关应当立即执行,并且将执行情况及时通知人民检察院。对于不批准逮捕的,人民检察院应当说明理由,需要补充侦查的,应当同时通知公安机关。

▶▶【历次修法条文对照】

1979年《刑事诉讼法》	1996年《刑事诉讼法》	2012年《刑事诉讼法》	2018年《刑事诉讼法》
第六章　强制措施	第六章　强制措施	第六章　强制措施	第六章　强制措施
第47条:人民检察院对于公安机关提请批准逮捕的案件进行审查后,应当根据情况分别作出批准逮捕,不批准逮捕或者补充侦查的决定。	**第68条**:人民检察院对于公安机关提请批准逮捕的案件进行审查后,应当根据情况分别作出批准逮捕**或者**不批准逮捕~~或者补充侦查~~的决定。**对于批准逮捕的决定,公安机关应当立即执行,并且将执行情况及时通知人民检察院。对于不批准逮捕的,人民检察院应当说明理由,需要补充侦查的,应当同时通知公安机关。**	**第88条** 内容未修订	**第90条** 内容未修订

▶▶【立法沿革】

本条为1979年《刑事诉讼法》确立,在1996年修改刑事诉讼法时,有两处修订增补。

一是删除检察院审查逮捕后可单独作出补充侦查的决定。1979年《刑事诉讼法》第47条规定,检察院对公安机关提请批准逮捕的案件,根据不同情况,可分别作出三种不同处理决定:批准逮捕、不批准逮捕和补充侦查。1996年《刑事诉讼法》删除了"补充侦查"的表述,意味着补充侦查不再是一种独立的处理决定。从此,检察院审查公安机关提请批准逮捕的案件,仅能作出捕或者不捕的决定,"需要补充侦查的"属于不符合逮捕条件的情形,应首先作出不批准逮捕的决定。之所以这样修改,主要是治理以往司法实践中公安机关在检察院作出补充侦查决定后继续拘留犯罪嫌疑人的现象。无论是1979年《刑事诉讼法》第49条还是1996年《刑事诉讼法》第70条,都规定,"公安机关对人民检察院不批准逮捕的决定,认为有错误的时候,可以要求复议,但是必须将被拘留的人立即释放"。可是,刑事诉讼法并未规定检察院审查逮捕后决定补充侦查的,是否还能继续拘留犯罪嫌疑人。为了便利办案,公安机关大多是采取继续拘留的做法,加之当时的法律并未对补充侦查的期限作出规定,违规拘留的时间有时还很长,这显然不利于被拘留人合法权利的保障。1996年《刑事诉讼法》删除了检察院可单独作出补充侦查的决定,将补充侦查纳入不批准逮捕的决定中,明确检察院只有在作出不批准逮捕的决定后,认为需要补充侦查的,才应通知公安机关,这就从规范层面保障了被拘留人的人身自由权不受非法拘留的侵害。"之所以强调'立即释放',原因是此时拘留期限已满,此期限包含了公安机关提请批捕的时间和检察机关审查批捕的时间。在拘留期限已经用尽的情况下,将犯罪嫌疑人再行羁押哪怕一刻也属超期。在'补充侦查'期间,公安机关对于已被拘留的犯罪嫌疑人应当变更强制措施,即将拘留变更为取保候审或监视居住。公安机关补充侦查完毕,认为符合逮捕条件的,应当重新提请批准逮捕。"[1]

二是增加了检察院作出批准或者不批准逮捕决定后如何执行的规定。1979年《刑事诉讼法》仅规定检察院对于公安机关提请批准逮捕的案件进行审查后可以作出何种处理决定,但对作出决定后如何执行没有具体规定。1996年《刑事诉讼法》作出补充规定:"对于批准逮捕的决

---

[1] 姜保忠、徐宜亮:《对补充侦查制度的另一种解读——侧重于审查批捕阶段的考察》,载《法治研究》2007年第12期,第14页。

定,公安机关应当立即执行,并且将执行情况及时通知人民检察院。对于不批准逮捕的,人民检察院应当说明理由,需要补充侦查的,应当同时通知公安机关。"这样规定既有利于迅速执行逮捕措施,保障准确、及时惩罚犯罪,又加强了公安机关与检察院的相互配合和制约,保证了法律的统一实施和严格执行。

本条在2012年和2018年修改刑事诉讼法时未有内容调整,仅有条文序号的变化。

▶▶【法条注解】

本条是关于检察院审查批准逮捕作出相关决定及如何执行的规定,具体包括三个方面。

一、检察院审查逮捕后应作出捕或者不捕的决定

检察院对公安机关提请批准逮捕的案件进行审查后,应当根据情况分别作出批准逮捕还是不批准逮捕的决定。对于符合《刑事诉讼法》第81条规定的逮捕条件的,包括一般逮捕条件、径行逮捕条件、变更型逮捕条件,检察院应当依法作出批准逮捕的决定,制作批准逮捕决定书,送交公安机关执行。对于不符合逮捕条件或者具有《刑事诉讼法》第16条规定的不予追究刑事责任的情形之一的,应当作出不批准逮捕的决定,制作不批准逮捕决定书。

另外,检察院办理审查逮捕案件,发现应当逮捕而公安机关未提请批准逮捕的犯罪嫌疑人的,如发现公安机关在共同犯罪案件中遗漏报捕同案犯的,应当建议公安机关提请批准逮捕。公安机关认为建议正确的,应当立即提请批准逮捕;认为建议不正确的,应当将不提请批准逮捕的理由通知检察院。但检察院不得在公安机关侦查阶段直接作出逮捕决定,交公安机关执行。相关理由及分析参见本评注第87条【法条评点】部分的论证。

二、批准逮捕的程序规定

为防止司法实践中个别公安机关在接到检察院的批准逮捕决定书后,拖延执行,导致犯罪嫌疑人不能及时归案,自杀逃亡的,本条规定,对于检察院批准逮捕的决定,"公安机关应当立即执行,并且将执行情况及时通知人民检察院"。其中,"立即执行"包含两层含义:一是公安机关接

到批准逮捕决定书后不得以任何理由拒绝执行;二是公安机关必须毫不迟延、迅速准确地逮捕犯罪嫌疑人。"执行情况"包括是否已将犯罪嫌疑人抓获逮捕,以及无法执行逮捕的原因等。公安机关对检察院的"通知"应采取书面形式,包括公安机关在执行逮捕后,应当将执行回执及时送达作出批准逮捕的检察院;如果因犯罪嫌疑人逃跑、死亡以及其他原因等未能执行逮捕,也应将回执送达检察院,并写明未能执行的原因。

要求公安机关将执行逮捕的情况通知检察院,是为了加强对公安机关执行逮捕活动的监督。如果公安机关不及时向检察院通知执行情况的,检察院应提出检察意见,通知公安机关纠正违反刑事诉讼法的情况。这也是检察院开展侦查监督的重要内容之一,通过对逮捕执行的监督保证逮捕决定的执行,防止徇私舞弊,私放犯罪嫌疑人的情形发生。

三、不批准逮捕的程序规定

为了保证公安机关对检察院的制约,防止检察院随意否定公安机关的逮捕申请,本条还要求检察院对于不批准逮捕的决定,应当向公安机关说明不批准逮捕的理由。对于检察院不批准逮捕的决定,《刑事诉讼法》第91条规定,公安机关在收到不批准逮捕决定书后,应当立即释放在押的犯罪嫌疑人或者变更强制措施。《六机关规定》第17条中进一步规定:"对于人民检察院决定不批准逮捕的,公安机关在收到不批准逮捕决定书后,应当立即释放在押的犯罪嫌疑人或者变更强制措施,并将执行回执在收到不批准逮捕决定书后的三日内送达作出不批准逮捕决定的人民检察院。"需要注意的是,检察院有权作出不批准逮捕的决定,但释放犯罪嫌疑人由公安机关执行;犯罪嫌疑人被拘留的,是否变更为取保候审或者监视居住等其他强制措施的,应由公安机关决定。

司法实践中,检察院不批准逮捕的理由很多,有的可能是没有犯罪事实或者不需要追究刑事责任,有的可能是公安机关所侦查的犯罪并非犯罪嫌疑人所为,还有的可能是没有达到逮捕的法定条件,如在案证据没有达到逮捕的证据标准等。[1]《高检规则》第139条规定:"对具有下列情

---

[1]《高检规则》第285条第3款规定:"对于因犯罪嫌疑人没有犯罪事实、具有刑事诉讼法第十六条规定的情形之一或者证据不足,人民检察院拟作出不批准逮捕决定的,应当经检察长批准。"

形之一的犯罪嫌疑人,人民检察院应当作出不批准逮捕或者不予逮捕的决定:(一)不符合本规则规定的逮捕条件的;(二)具有刑事诉讼法第十六条规定的情形之一的。"第 140 条进一步规定:"犯罪嫌疑人涉嫌的罪行较轻,且没有其他重大犯罪嫌疑,具有下列情形之一的,可以作出不批准逮捕或者不予逮捕的决定:(一)属于预备犯、中止犯,或者防卫过当、避险过当的;(二)主观恶性较小的初犯,共同犯罪中的从犯、胁从犯,犯罪后自首、有立功表现或者积极退赃、赔偿损失,确有悔罪表现的;(三)过失犯罪的犯罪嫌疑人,犯罪后有悔罪表现,有效控制损失或者积极赔偿损失的;(四)犯罪嫌疑人与被害人双方根据刑事诉讼法的有关规定达成和解协议,经审查,认为和解系自愿、合法且已经履行或者提供担保的;(五)犯罪嫌疑人认罪认罚的;(六)犯罪嫌疑人系已满十四周岁未满十八周岁的未成年人或者在校学生,本人有悔罪表现,其家庭、学校或者所在社区、居民委员会、村民委员会具备监护、帮教条件的;(七)犯罪嫌疑人系已满七十五周岁的人。"

对于没有证据或者在案证据没有满足逮捕的证据条件,需要进一步补充侦查的,基于公安机关和检察院间的配合关系,检察院应当通知提请批准逮捕的公安机关补充侦查,并附补充侦查提纲,列明需要查清的事实和需要收集、核实的证据。对检察院补充侦查提纲中所列的事项,公安机关应当及时进行侦查、核实,并逐一作出说明。[1]《高检规则》第 285 条第 1 款规定:"对公安机关提请批准逮捕的犯罪嫌疑人,具有本规则第一百三十九条至第一百四十一条规定情形,人民检察院作出不批准逮捕决定的,应当说明理由,连同案卷材料送达公安机关执行。需要补充侦查的,应当制作补充侦查提纲,送交公安机关。"《公安规定》第 138 条规定:"对于人民检察院不批准逮捕并通知补充侦查的,公安机关应当按照人民检察院的补充侦查提纲补充侦查。公安机关补充侦查完毕,认为符合逮捕条件的,应当重新提请批准逮捕。"

▶▶【法条评点】

一、本条中"补充侦查"的表述是否妥当

顾名思义,补充侦查是针对已经存在的侦查而言的。一般认为,补充

---

[1] 参见王爱立、雷建斌主编:《刑事诉讼法立法精解》,中国检察出版社 2019 年版,第 168 页。

侦查是在原侦查程序已经结束,为了弥补原侦查工作中的不足或者在发现新情况后为进一步查明案情,收集、核实证据而展开的工作,对于圆满完成侦查任务,保证办案质量具有重要意义。一些研究者曾提出,审查逮捕环节无所谓补充侦查一说。首先,从诉讼阶段看,"公安机关提请逮捕的案件,正处于侦查阶段。不论人民检察院是否批准逮捕,公安机关都仍然在侦查,既然侦查没有结束,谈何补充侦查?所以,人民检察院不批准逮捕的,根本不需要通知公安机关补充侦查,只需要向公安机关说明不批准逮捕的理由就够了"[1]。其次,从逮捕的性质看,"逮捕是一种强制措施,审查批准逮捕是对于犯罪嫌疑人是否符合采取逮捕条件审查,从而作出逮捕或不逮捕决定。是否批准逮捕对于案件是否继续侦查不起决定作用,批准逮捕不等于案件侦查终结,不批准逮捕也不能说明案件不能继续侦查了"[2]。最后,从规范层面看,1998年《六机关规定》中的第27条规定,"人民检察院审查公安机关提请批准逮捕的案件,应当作出批准或者不批准逮捕的决定,对报请批准逮捕的案件不另行侦查"。有学者认为,该条规定实际上是取消了审查批准逮捕阶段的补充侦查,相当于修改了刑事诉讼法的规定。[3]

上述观点确有合理之处,但部分认识也有失偏颇,例如,1998年《六机关规定》第27条中的"不另行侦查"并不是取消刑事诉讼法中补充侦查的规定,而是指检察院在审查批准逮捕阶段不负有自行侦查的职责。对于公安机关提请批准逮捕的案件只能依法行使批准或不批准逮捕的权力,法律没有将此阶段要补充侦查的任务交给检察院。

但不容否认的是,上文谈及的审查批准逮捕阶段不应规定"补充侦查"的第一点和第二点理由确有一定道理。补充侦查与原侦查在一定意义上是相互独立的阶段或环节,如果两者合二为一或将一方包含另一方,会导致无法分清两者主次,将他们混为一谈。本评注认为,应对刑事诉讼法有关审查批准逮捕环节的"补充侦查"作限缩解释,这里要补充的

---

[1] 王新清、甄贞、李蓉:《刑事诉讼程序研究》,中国人民大学出版社2009年版,第158页。

[2] 刘孟田:《补充侦查制度研究》,山东大学2008年硕士学位论文,第9页。

[3] 参见陈卫东主编:《刑事诉讼法》(第二版),中国人民大学出版社2008年版,第267页;姜福廷、解景珠:《刑事补充侦查应注意的几个问题》,载《当代法学》2000年第4期,第76页。

"侦查"专指公安机关此前为报请逮捕而进行的侦查,补充侦查的"补充"也是针对为报捕而进行的侦查工作而言,实质上是整个侦查活动的继续,将其称为"继续侦查"似乎更合适。

第九十一条 【批准逮捕的期限和对不批准逮捕决定的执行】公安机关对被拘留的人,认为需要逮捕的,应当在拘留后的三日以内,提请人民检察院审查批准。在特殊情况下,提请审查批准的时间可以延长一日至四日。

对于流窜作案、多次作案、结伙作案的重大嫌疑分子,提请审查批准的时间可以延长至三十日。

人民检察院应当自接到公安机关提请批准逮捕书后的七日以内,作出批准逮捕或者不批准逮捕的决定。人民检察院不批准逮捕的,公安机关应当在接到通知后立即释放,并且将执行情况及时通知人民检察院。对于需要继续侦查,并且符合取保候审、监视居住条件的,依法取保候审或者监视居住。

▶▶【历次修法条文对照】

1979年《刑事诉讼法》	1996年《刑事诉讼法》	2012年《刑事诉讼法》	2018年《刑事诉讼法》
第六章 强制措施	第六章 强制措施	第六章 强制措施	第六章 强制措施
第48条:公安机关对被拘留的人,认为需要逮捕的,应当在拘留后的三日以内,提请人民检察院审查批准。在特殊情况下,提请审查批准的时间可以延长一日至四日。人民检察院应当在接到公安机关提请批准逮捕书后的三日以内,作出	第69条:公安机关对被拘留的人,认为需要逮捕的,应当在拘留后的三日以内,提请人民检察院审查批准。在特殊情况下,提请审查批准的时间可以延长一日至四日。 对于流窜作案、多次作案、结伙作案的重大嫌疑分子,	第89条 内容未修订	第91条 内容未修订

(续表)

1979年《刑事诉讼法》	1996年《刑事诉讼法》	2012年《刑事诉讼法》	2018年《刑事诉讼法》
第六章 强制措施	第六章 强制措施	第六章 强制措施	第六章 强制措施
批准逮捕或者不批准逮捕的决定。人民检察院不批准逮捕的,公安机关应当在接到通知后立即释放,发给释放证明。 公安机关或者人民检察院如果没有按照前款规定办理,被拘留的人或者他的家属有权要求释放,公安机关或者人民检察院应当立即释放。	**提请审查批准的时间可以延长至三十日。** 人民检察院应当*自*接到公安机关提请批准逮捕书后的*七日以内*,作出批准逮捕或者不批准逮捕的决定。人民检察院不批准逮捕的,公安机关应当在接到通知后立即释放,~~发给释放证明~~,并且将执行情况及时通知人民检察院。对于需要继续侦查,并且符合取保候审、监视居住条件的,依法取保候审或者监视居住。 ~~公安机关或者人民检察院如果没有按照前款规定办理,被拘留的人或他的家属有权要求释放,公安机关或者人民检察院应当立即释放。~~		

▶▶【立法沿革】

本条为1979年《刑事诉讼法》确立,在1996年修法时有四处增改:

一是延长了公安机关报请逮捕和检察院审查批准逮捕的时限。收容审查被取消后,为保证打击犯罪的需要,1996年《刑事诉讼法》将原收容审查的对象,即不讲真实姓名、住址、身份不明和有流窜作案、多次作案、结伙作案的现行犯或者重大嫌疑分子规定到公安机关可以先行拘留的对象中。流窜作案、多次作案、结伙作案的重大嫌疑分子涉嫌犯罪的案件涉及地区广、调查取证量大、取证难度高,而1979年《刑事诉讼法》规定拘留后提请批准逮捕和审查批准逮捕的时限均较短,立法对逮捕条件的规定又较为严格,公安机关难以在法定期限内提请批准逮捕,有的连完成最基本的取证和讯问工作都不够,检察院审查批准逮捕的时限也较为紧张。为解决实践办案的困难,立法机关在1996年修法时,区别不同情况,规定公安机关对流窜作案、多次作案、结伙作案的重大嫌疑分子拘留后提请批准逮捕的时限可最多延长至30日;同时,将检察院审查批准逮捕的期限由旧法规定的3日修改为7日。

二是增加公安机关应将执行不批准逮捕的情况及时通知检察院的规定,目的是加强检察院对公安机关执行逮捕措施的侦查监督力度。

三是增加公安机关对于不批准逮捕的案件可以变更强制措施的规定。公安机关对不批准逮捕的案件,可以释放犯罪嫌疑人,但对于案件需要继续开展侦查,犯罪嫌疑人符合取保候审、监视居住适用条件的,应依法取保候审或监视居住。

四是删去1979年《刑事诉讼法》第48条第2款的规定,即"公安机关或者人民检察院如果没有按照前款规定办理,被拘留的人或者他的家属有权要求释放,公安机关或者人民检察院应当立即释放",这是因为该内容已在其他条文中规定,故不再重复。

本条在2012年和2018年修改刑事诉讼法时未有内容调整,仅有条文序号的变化。

▶▶【法条注解】

本条分为三款,是关于拘留后提请批准逮捕和审查批准逮捕的期限以及对不批准逮捕决定的执行的规定。

一、公安机关提请批准逮捕的时限

本条第1款是关于公安机关提请批准逮捕时限的规定。需要注意的是,这里的时限是以公安机关执行拘留为前提。换言之,只有现行犯或重大嫌疑分子在被拘留的情况下,公安机关报请逮捕的时限才适用本条规定。

公安机关对于被拘留的现行犯或重大嫌疑分子,经过审查和进一步侦查后,认为有逮捕必要的,应当在拘留后的3日以内,写出提请批准逮捕书,连同案卷材料、证据一并移送同级检察院提请审查批准。3日的报捕时限是办案中一般的、普遍的时限。考虑到有些案件重大、疑难、复杂,在3日以内难以对是否需要提请批准逮捕作出决定,针对这些"特殊情况",法律允许公安机关将提请检察院审查批准的时限再延长1日至4日。如此计算,本条第1款中公安机关报请逮捕的时限最长为7日。

本条第2款规定:"对于流窜作案、多次作案、结伙作案的重大嫌疑分子,提请审查批准的时间可以延长至三十日。"需要注意的是,不是只要犯罪嫌疑人属于流窜作案、多次作案、结伙作案的重大嫌疑分子,公安机关报请逮捕的时间就自动变为30日。本条第2款中有"可以延长"的表述,这意味着对于被拘留的流窜作案、多次作案、结伙作案的重大嫌疑分子,公安机关报请逮捕的,首先要适用本条第1款的规定,如果在短时间内可以齐备提请批准逮捕的案卷材料、证据材料,一般应在3日内报捕,有特殊情况的,尽量在7日内(3日基础上最多延长4日)报捕。只有在7日内提请批准逮捕的时间太过紧张,犯罪嫌疑人又属于流窜作案、多次作案、结伙作案的重大嫌疑分子,才可以在7日的基础上延长至30日内报捕。从这个角度看,公安机关如果是在30日内报捕的,应当有两次延长拘留时限的法律文书,即两份延长拘留期限通知书[1](见图十)。但实践中,有些公安机关在拘留三日后,直接适用本条第2款的规定,延长30日后再报捕,从而跳过了"在特殊情况下,提请审查批准的时间可以延长一日至四日"的规定,只有一份延长拘留期限通知书,这种做法是不正确的。

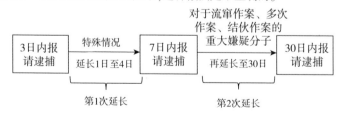

图十:对流窜作案、多次作案、结伙作案的重大嫌疑分子报捕时限的计算

---

〔1〕 调研中发现,公安机关通知看守所延长拘留期限的,有的是用《延长拘留期限通知书》,有的则是用《变更羁押期限通知书》。

二、检察院批准逮捕的期限

本条第 3 款是对检察院审查批准时限的规定，检察院自接到公安机关提请批准逮捕书后，应当立即对案卷和证据材料进行审查，并在 7 日以内作出决定。需要注意的是，检察院在 7 日以内作出是否批准逮捕的时限是以犯罪嫌疑人被拘留为前提。如果公安机关报捕时，犯罪嫌疑人未被拘留，则应依据《高检规则》第 282 条的规定，"对公安机关提请批准逮捕的犯罪嫌疑人……未被拘留的，应当在收到提请批准逮捕书后十五日以内作出是否批准逮捕的决定，重大、复杂案件，不得超过二十日"。

对于检察院作出的不批准逮捕的决定，公安机关无论是否同意，都应当立即将在押的犯罪嫌疑人释放，并且将执行情况及时通知检察院。对于还需要继续侦查，且符合取保候审、监视居住条件的，可依法变更强制措施为取保候审或者监视居住。

▶▶【法条评点】

一、应加强对司法实践中"超期拘留"现象的法律监督

我国的刑事拘留类似于西方国家的"紧急逮捕""无证逮捕"，属于因情况紧急无法及时获得司法令状（如批准逮捕决定书）而采取的权宜措施，犯罪嫌疑人被拘留后应当尽快提请检察院批准逮捕，如此，方与"紧急逮捕"的性质特点相匹配。然而，从本条第 2 款的规定看，拘留时间最长可达 30 日，已经没有了"紧急逮捕"的意味，这与拘留，特别是与现行犯先行拘留的性质明显相悖。不容否认，受制于特殊的历史原因，我国在 20 世纪 90 年代取消了收容审查制度，由拘留制度代替其部分功能，同时为保障公安机关在执行拘留后、提请逮捕前有充足时间收集到符合逮捕条件的证据，1996 年《刑事诉讼法》第 69 条第 2 款规定，"对于流窜作案、多次作案、结伙作案的重大嫌疑分子，提请审查批准的时间可以延长至三十日"。从实践来看，流窜作案、多次作案、结伙作案这三类犯罪涉及地域广、取证难度高、办案工作量大，适度延长拘留时限确有一定的现实需求。所以，在这三类犯罪案件中规定拘留的时间可以达到 30 日也是从拘留性质、办案需求、实践状况等多重因素综合权衡后的结果，有一定的合理性。

当然，从本条规定的立法目的考虑，有关机关在报请批准逮捕和审查

批准逮捕时,即使是流窜作案、多次作案、结伙作案的案件也应当尽量缩短期限,不能一律适用最长 30 日的期限。然而,公安机关在司法实践中总会尽量用满 30 日的报捕期限,甚至还存在滥用的问题。

> **案例1:公交公司女售票员故意杀人案**[1]
>
> 2005 年 10 月 4 日 14 时 30 分左右,74 岁的清华大学教授晏某贤一家三口,乘坐 726 路公交车,因发生口角争执,公交公司女售票员朱某琴两次掐住晏教授 14 岁女儿晏某勤(小名毛毛)的脖子,致其瘫倒昏迷。16 个小时之后,医院宣布毛毛死亡。接到报警后,北京市公安局迅速赶往案发现场开展调查,并于当日以涉嫌故意伤害罪将朱某琴刑事拘留。法医鉴定证实,晏某勤系受外力作用,造成窒息缺氧,呼吸循环衰竭致死。11 月 11 日,朱某琴被批准逮捕。此案朱某琴于 2005 年 10 月 4 日被刑事拘留。11 月 11 日被批准逮捕,从拘留到逮捕为时 37 天(含检察院审查批准逮捕的 7 天),为拘留最长时限。但本案既非流窜作案、多次作案,也非结伙作案,拘留 37 天显然违法。

类似"超期拘留"的违法拘留情形在实践中并非个例,一些地方的检察院每年对此类情形发出纠正违法通知书就有多份。更为严重的是,部分地方公安机关还有曲意释法的现象。

> **案例2:外来进京人员妨害公务案**
>
> 2021 年 7 月,犯罪嫌疑人席某(户籍地为江西),与老伴儿一同来京为在京工作的儿子、儿媳照顾年幼子女,期间因琐事与前来执勤的民警发生肢体冲突,被指控涉嫌妨害公务罪。席某先被公安机关刑事拘留 3 日,后延长 4 日,之后又被延长拘留期限至 30 日。公安机关给出延期拘留的理由是席某为外地户籍,在京犯罪属流窜作案,故可延长拘留期限 30 日。然而,根据《公安规定》第 129 条第 3 款的规定,"流窜作案"是指跨市、县管辖范围连续作案,或者在居住地作案后逃跑到外市、县继续作案。席某仅是异地作案,明显不符合流窜作

---

[1] 参见张建伟:《刑事诉讼法通义》(第二版),北京大学出版社 2016 年版,第 369—370 页。

案的条件,不应再延长至 30 日的拘留期限。[1] 公安机关的解释属曲意释法,应予纠正。

综上,本评注认为,对于公安机关在拘留后随意延长羁押期限,滥用 30 日拘留时限的情形,检察院应当在审查批准逮捕时加强审查,做好法律监督,及时纠正"超期拘留"的违规操作,避免此类情形再泛滥蔓延,防止出现上述拘留期限原则与例外本末倒置的情形。

第九十二条 【公安机关对不批准逮捕的复议、复核】公安机关对人民检察院不批准逮捕的决定,认为有错误的时候,可以要求复议,但是必须将被拘留的人立即释放。如果意见不被接受,可以向上一级人民检察院提请复核。上级人民检察院应当立即复核,作出是否变更的决定,通知下级人民检察院和公安机关执行。

▶▶【历次修法条文对照】

1979 年《刑事诉讼法》	1996 年《刑事诉讼法》	2012 年《刑事诉讼法》	2018 年《刑事诉讼法》
第六章 强制措施	第六章 强制措施	第六章 强制措施	第六章 强制措施
第 49 条:公安机关对人民检察院不批准逮捕的决定,认为有错误的时候,可以要求复议,但是必须将被拘留的人立即释放。如果意见不被接受,可以向上一级人民检察院提请复核。上级人民检察院应当立即复核,作出是否变更的决定,通知下级人民检察院和公安机关执行。	第 70 条 内容未修订	第 90 条 内容未修订	第 92 条 内容未修订

---

〔1〕 参见董坤:《少捕慎诉慎押的生成逻辑、内涵诠释与路径展望》,载《国家检察官学院学报》2023 年第 2 期,第 100 页。

▶▶【立法沿革】

本条为1979年《刑事诉讼法》确立。

刑事诉讼法将逮捕的决定权与执行权分离,分别交由检察院(法院)和公安机关行使,从而避免因权力集中引发逮捕的随意发动和被滥用,更好地保障公民的人身自由不受非法侵犯。对于公安机关侦查的犯罪案件,需要在侦查阶段逮捕犯罪嫌疑人的,决定逮捕权又被进一步划分为报请逮捕权和批准逮捕权,两项权力相互牵制,形成"无报捕则无批捕,有报捕可不批捕"的制约关系。

根据公检法三机关分工负责、互相配合、互相制约的基本原则,本条进一步规定了在侦查阶段,检察院批准逮捕权与公安机关执行逮捕权的关系:一方面,公安机关对于检察院不批准逮捕的决定,无论是否有异议都要先予执行,这体现了两机关的配合关系;另一方面,对于检察院不批准逮捕的决定,公安机关认为有错误的,可以向检察院提出复议、复核,这又体现了两机关的制约关系。总之,本条规定既可以保证逮捕措施被正确、及时地运用,又可以确保该项措施不被滥用或虚置。

本条在1996年、2012年以及2018年修改刑事诉讼法时均未有内容调整,仅有条文序号的变化。

▶▶【法条注解】

本条是关于公安机关对检察院不批准逮捕的决定要求复议、复核的规定。

一、复议与复核

本条规定,公安机关对于检察院不批准逮捕的决定,认为有错误的,可以向检察院提出复议、复核。一般认为,执行方对于决定有异议,只能提出复议、复核,无权上诉或抗诉。因为刑事诉讼法规定,针对判决、裁定才能上诉或抗诉。在整部刑事诉讼法中,可以相继提出复议、复核申请的仅限于对检察院作出的不批准逮捕决定和不起诉决定,提出复议、复核的机关是公安机关。

复议与复核的主要区别在于,复议是对已经作出的决定再一次讨论和评议,确定原决定是否符合事实和法律;复核则强调的是对某一事项的决定作出进一步的讨论核实以提高决定的正确性。复核是对复议事项的再认识、再深化、再讨论、再决断,较之复议一般是由更高层级的机关作出决定。本条也遵循了这一基本认识逻辑,公安机关向检察院报捕,检察院作出不批准逮捕的决定,公安机关认为决定有错误的,应当"同级复议,上级复核",且复议是复核的前置程序,公安机关不可以不经复议直接向上一级检察院申请复核。

复议、复核是公安机关对检察院批捕权的制约手段或制约方式,如果将公安机关视为"诉讼参与人"一样的个体,复议、复核可以视为公安机关对于检察院不批捕的救济手段或救济方式。复议在刑事诉讼法中也可以由诉讼参与人行使。如《刑事诉讼法》第31条第3款规定:"对驳回申请回避的决定,当事人及其法定代理人可以申请复议一次。"第305条第2款规定:"被决定强制医疗的人、被害人及其法定代理人、近亲属对强制医疗决定不服的,可以向上一级人民法院申请复议。"

复议、复核是一种行政化的审核处理方式,是封闭的书面审,不像审判、听证那样有公开听审的程序设计,也不贯彻直接言词原则。因此,复议、复核的时间一般不会太长。《高检规则》第290条规定,检察院在收到要求复议意见书和案卷材料后7日以内,经检察长批准,作出是否变更的决定,通知公安机关。第291条规定,上一级检察院应当在收到提请复核意见书和案卷材料后15日以内,经检察长批准,作出是否变更的决定,通知下级检察院和公安机关执行。

二、复议、复核结果及其执行

对于公安机关提出的复议申请,检察院会另行指派检察官或检察官办案组进行审查,如果采纳了公安机关的意见,经检察长批准,会作出批准逮捕的决定,交公安机关执行。对于驳回复议申请的,即接受复议申请的检察院维持了此前作出的不批准逮捕的决定,公安机关根据本条规定,可以向上一级检察院提请复核。《高检规则》第291条规定,上一级检察院复核,需要改变原决定的,应当通知作出不批准逮捕决定的检察院撤销原不批准逮捕决定,另行制作批准逮捕决定书。必要时,上级检察院也可以直接作出批准逮捕决定,通知下级检察院送达公安机关执行。另外,无论是经复议还是复核,检察院维持原不批准逮捕决定的,在向公安机关送达复议、复核决定时都应当说明理由。

实践中要注意复议与重新提请批准逮捕的关系。前者是在没有新证据、新事实的基础上对原不批准逮捕决定申请再审查、再判断；后者则是在补充了新证据、新事实的基础上重新提出批准逮捕的申请。《高检规则》第292条第1款规定："人民检察院作出不批准逮捕决定，并且通知公安机关补充侦查的案件，公安机关在补充侦查后又要求复议的，人民检察院应当告知公安机关重新提请批准逮捕。公安机关坚持要求复议的，人民检察院不予受理。"

▶▶【法条评点】

一、立法没有规定犯罪嫌疑人对批准逮捕决定的救济手段

一般认为，检察院的审查批准逮捕程序是一项司法程序或准司法程序。在审查逮捕过程中，检察院不仅要审查控方，即公安机关提交的案卷材料、证据，还要听取辩方，即犯罪嫌疑人、辩护律师的辩护意见，做到"兼听则明"。对于检察院作出的不批准逮捕的决定，本条赋予了公安机关提出复议、复核的权力，从而能够及时制止和纠正检察院不批捕的错误决定，对检察院的批捕权起到制约监督作用。但如果从控辩平等的角度考虑，作为审查批准逮捕程序中的另一方——犯罪嫌疑人及其辩护律师，针对检察院作出的批准逮捕决定并没有法定的救济途径或救济手段，其诉讼主体的地位在此似乎"销声匿迹"。

本评注认为，无论是对于批准逮捕的决定还是不批准逮捕的决定，公安机关都必须立即执行，但在执行过程中，控辩双方都应有权提出异议。

第一，就公安机关而言，依《刑事诉讼法》第92条规定，公安机关对检察院不批捕的决定首先要将被拘留人立即释放，同时可以向检察院提出复议，如果意见不被接受，可再向上一级检察院提请复核。

第二，就辩护方而言，在公安机关执行逮捕后，犯罪嫌疑人及其近亲属或者辩护人可依《刑事诉讼法》第97条规定，向公安机关申请变更强制措施；还可依第95条规定，向检察院申请羁押必要性审查。《高检规则》第574条第2款就规定："犯罪嫌疑人、被告人及其法定代理人、近亲属或者辩护人可以申请人民检察院进行羁押必要性审查。申请时应当说明不需要继续羁押的理由，有相关证据或者其他材料的应当提供。"

从对审查逮捕决定提出异议的方式和途径看，控辩双方并不平等。

首先，辩护方仅能就逮捕执行后的羁押状态提出异议，申请变更强制措施或予以释放，而公安机关则是针对逮捕决定直接提出异议，在异议对象和提出异议的时间上，控方更占上风。其次，辩护方提异议，一种是在侦查阶段向公安机关申请变更强制措施，这相当于让辩护方向控方提申请，等于是"与虎谋皮"，效果可想而知。另一种是向作出批准逮捕决定的检察院提出异议，即申请羁押必要性审查，且没有向上一级检察院提出"复核"的机会，这与公安机关直接向同级检察院复议、向上一级检察院复核的待遇相比又略逊一筹，并不对等。

综上，《刑事诉讼法》第92条通过赋予公安机关复议、复核权去制约、规范检察院的不批捕权，较好地贯彻了分工负责、互相制约的刑事诉讼法基本原则，但也同时映衬出犯罪嫌疑人在对检察院批捕决定上救济途径缺失、救济能力不足的问题，一定程度上体现出犯罪嫌疑人在逮捕程序中处于被追诉客体的尴尬地位。这种控辩不平等的现象应在下次刑事诉讼法修改时予以调整。

二、应增加在复议、复核期间可对被拘留人变更强制措施的规定

《刑事诉讼法》第91条第3款中规定："人民检察院不批准逮捕的，公安机关应当在接到通知后立即释放，并且将执行情况及时通知人民检察院。对于需要继续侦查，并且符合取保候审、监视居住条件的，依法取保候审或者监视居住。"第92条中规定，公安机关在复议期间，"必须将被拘留的人立即释放"。将两个条文进行比较会发现，对于检察院不批准逮捕的决定，无论公安机关是否复议、复核，都应立即释放被拘留人，但除此以外，第91条还规定可以对被拘留人变更强制措施，改为取保候审或监视居住。毕竟，当公安机关认为检察院作出的不批捕决定有错误时，绝大多数案件都是要继续侦查的，但因为要执行不批捕决定，所以将拘留变更为取保候审、监视居住似乎更为妥当。[1] 但第92条却遗漏了这一重要的处理方式。这可能源于第92条为1979年《刑事诉讼法》确立，之后一直未有修改。但第91条在1979年确立后，在1996年修法时有内容调整，其中就包括，增加检察院不批准逮捕的，公安机关"对于需

---

〔1〕 参见夏永全:《条解刑事诉讼法——主旨·释评》，西南交通大学出版社2014年版，第107页。

要继续侦查,并且符合取保候审、监视居住条件的,依法取保候审或者监视居住"的规定。可见,立法机关在1996年修改第91条时,没有对第92条作出同步修改,导致两个条文内容不一致,缺乏对应性,为了保证法律条文的协同性,有必要在下次刑事诉讼法修改时对本条作出修订。

第九十三条　【逮捕的执行程序】公安机关逮捕人的时候,必须出示逮捕证。

逮捕后,应当立即将被逮捕人送看守所羁押。除无法通知的以外,应当在逮捕后二十四小时以内,通知被逮捕人的家属。

▶▶【历次修法条文对照】

1979年《刑事诉讼法》	1996年《刑事诉讼法》	2012年《刑事诉讼法》	2018年《刑事诉讼法》
第六章　强制措施	第六章　强制措施	第六章　强制措施	第六章　强制措施
第50条:公安机关逮捕人的时候,必须出示逮捕证。 逮捕后,除有碍侦查或者无法通知的情形以外,应当把逮捕的原因和羁押的处所,在二十四小时以内通知被逮捕人的家属或者他的所在单位。	**第71条** 内容未修订	**第91条**:公安机关逮捕人的时候,必须出示逮捕证。 逮捕后,应当立即将被逮捕人送看守所羁押。除~~有碍侦查或者~~无法通知的~~情形~~以外,应当~~把逮捕的原因和羁押的处所,在~~逮捕后二十四小时以内,通知被逮捕人的家属~~或者他的所在单位~~。	**第93条** 内容未修订

▶▶【立法沿革】

本条为1979年《刑事诉讼法》确立,在1996年修法时未有内容调整,仅有条文序号的变化。

2012年《刑事诉讼法》对本条有四处修改。

一是增加逮捕后,应当立即将被逮捕人送看守所羁押的规定。这与立法增加"拘留后,应当立即将被拘留人送看守所羁押"的规定理由相同,看守所作为专门的羁押场所,看押、提讯设施、安全警戒、监所监督人员等都是按照有关规定建设和配备的,有条件保证被逮捕人的人身安全,防止脱逃,保障讯问等工作依法顺利进行,不仅有利于防止发生被逮捕人逃跑、自杀、突发疾病死亡等情况,还能有效防止对被逮捕人刑讯逼供等非法取证情况的发生。所以,无论是拘留还是逮捕后,尽快、及时将被拘留或逮捕的人送看守所羁押不仅可以防止刑讯逼供等非法取证行为的发生,还可以保证诉讼活动的顺利进行,最大限度地维护被拘留、逮捕人的各项合法权益。

二是取消了旧法关于通知有碍侦查,可以不通知被逮捕人家属的规定。除无法通知的以外,采取逮捕措施的,一律应当通知被逮捕人家属。从权利保护角度而言,对公民采取限制或者剥夺人身自由的强制措施原则上应当通知家属。家属及时了解情况便于为被逮捕人聘请律师或者提供其他帮助。从侦查工作的角度考虑,逮捕与拘留不同,司法实践中,侦查机关提请批准逮捕时,已经开展了一段时间的侦查工作,犯罪嫌疑人大多被拘留,有相当一部分侦查工作已经完成。"一旦检察机关或者人民法院决定适用逮捕措施,也就说明相关案件通过侦查取得的证据已经非常充分。因此,适用逮捕后基本不需要再行进行侦查"[1],一律通知家属,一般也不会发生妨碍侦查的情况。

三是删除了把"逮捕的原因和羁押的处所"通知家属的要求。

四是删除了通知对象中的被逮捕人"或者他的所在单位"的表述。

以上三、四两处的修改与现行《刑事诉讼法》第85条有关拘留执行程序修改的内容和原因相同,可参见第85条【立法沿革】的分析。

本条在2018年《刑事诉讼法》修改时未有内容调整,仅有条文序号的变化。

▶▶【法条注解】

本条是关于逮捕执行程序的规定。解读本条,可以与《刑事诉讼法》

---

〔1〕 陈卫东主编:《2012刑事诉讼法修改条文理解与适用》,中国法制出版社2012年版,第197页。

第85条规定的拘留执行程序作比较。

一、逮捕应当出示逮捕证

本条第1款规定:"公安机关逮捕人的时候,必须出示逮捕证。"逮捕作为剥夺人身自由的严厉的强制措施,在适用前要经过检察院批准,在执行中也要遵循相应的法律程序。《公安规定》第142条中规定:"接到人民检察院批准逮捕决定书后,应当由县级以上公安机关负责人签发逮捕证,立即执行,并在执行完毕后三日以内将执行回执送达作出批准逮捕决定的人民检察院。"除了签发逮捕证,持有执行逮捕的凭证,公安机关在执行逮捕时还要向被逮捕人"出示"逮捕证,以表明公安机关工作人员正在依法执行逮捕,这样既有利于接受监督,也有利于相关单位或个人,包括被逮捕的人及其亲友、所在单位等给予配合。如果被逮捕人及其亲友抗拒或者妨碍逮捕的执行,公安机关工作人员可以采用强制手段,包括使用警绳、手铐等戒具。

与拘留时的紧急情况不同,司法实践中,执行逮捕的犯罪嫌疑人大多已被拘留,且在看守所羁押,公安机关办案人员到看守所后,对犯罪嫌疑人宣布逮捕决定,即可执行逮捕。所以,本条规定逮捕时应当出示逮捕证在实践操作上并不像先行拘留那样,有时会出现因情况紧急要无证拘留的情形。

二、公安机关执行逮捕后要将被逮捕人立即送看守所羁押

本条第2款规定,公安机关执行"逮捕后,应当立即将被逮捕人送看守所羁押"。需要注意的是,本条规定公安机关执行逮捕后,须将被逮捕人立即、迅速、毫不迟延地送看守所羁押,不像拘留那样还有24小时的"缓冲期"。这主要是考虑到,拘留属于"紧急逮捕",适用情形较为紧迫,执行拘留的同时还需要在被拘留的人协助下立即开展收集证据、抓获同案犯、营救被害人、起获赃款赃物、收缴违禁品等侦查活动。采取逮捕措施的,事先已经掌握了必要的证据,并经检察院批准、决定或法院决定,一般不具有先行拘留的那种紧迫性。更重要的是,实践中多数被逮捕的犯罪嫌疑人,在被批准逮捕之前已经被先行采取了拘留措施,羁押在了看守所,没有必要再规定24小时的较长时限。[1]

---

[1] 参见王爱立、雷建斌主编:《刑事诉讼法立法精解》,中国检察出版社2019年版,第173页。

三、逮捕后应在24小时内通知被逮捕人家属

本条第2款还规定,公安机关执行逮捕后应将被逮捕人送看守所羁押并通知其家属。对于逮捕而言,通知家属都是在执行逮捕后的24小时以内通知,与同样需要通知家属的拘留不同,逮捕后不通知家属的例外情形只有"无法通知"这一种。属于"无法通知"的情形有四种:不讲真实姓名、住址、身份不明的;没有家属的;提供的家属联系方式无法取得联系的;因自然灾害等不可抗力导致无法通知的。

需要注意的是,关于逮捕后通知家属的内容,虽然2012年《刑事诉讼法》修改时删除了将"逮捕的原因和羁押的处所"通知家属的规定,但是《公安规定》第145条第1款又作出补充,"对犯罪嫌疑人执行逮捕后,除无法通知的情形以外,应当在逮捕后二十四小时以内,制作逮捕通知书,通知被逮捕人的家属。逮捕通知书应当写明逮捕原因和羁押处所"。《高检规则》第301条也有类似规定。这与指定居所监视居住通知家属的内容明显不同。

▶▶【法条评点】

一、应增加"无法通知"的情形消失后通知被逮捕人家属的规定

本条第2款规定:"逮捕后,应当立即将被逮捕人送看守所羁押。除无法通知的以外,应当在逮捕后二十四小时以内,通知被逮捕人的家属。"依据本条规定,实践中确实存在一开始由于被逮捕人不讲真实姓名、住址、身份不明,客观上无法通知家属的情形。然而,随着侦查的深入推进,被逮捕人的身份信息已经查明,"无法通知"的情形已不复存在,此时,公安机关就应当通知被逮捕人家属。这一点,《公安规定》第145条第3款已经有所规定,"无法通知的情形消除后,应当立即通知被逮捕人的家属",故建议未来对本条第2款做如下修改:

逮捕后,应当立即将被逮捕人送看守所羁押。除无法通知的以外,应当在逮捕后二十四小时以内,通知被逮捕人的家属。**无法通知的情形消失以后,应当立即通知被逮捕人的家属。**

第六章　强制措施

第九十四条　【对被逮捕的人应当及时讯问】人民法院、人民检察院对于各自决定逮捕的人，公安机关对于经人民检察院批准逮捕的人，都必须在逮捕后的二十四小时以内进行讯问。在发现不应当逮捕的时候，必须立即释放，发给释放证明。

▶▶【历次修法条文对照】

1979年《刑事诉讼法》	1996年《刑事诉讼法》	2012年《刑事诉讼法》	2018年《刑事诉讼法》
第六章　强制措施	第六章　强制措施	第六章　强制措施	第六章　强制措施
第51条：人民法院、人民检察院对于各自决定逮捕的人，公安机关对于经人民检察院批准逮捕的人，都必须在逮捕后的二十四小时以内进行讯问。在发现不应当逮捕的时候，必须立即释放，发给释放证明。	第72条 内容未修订	第92条 内容未修订	第94条 内容未修订

▶▶【立法沿革】

本条为1979年《刑事诉讼法》确立，在之后的1996年、2012年以及2018年修法时未有内容调整，仅有条文序号的变化。

▶▶【法条注解】

本条是关于对被逮捕的犯罪嫌疑人应当及时讯问的规定。

一、逮捕后的讯问："谁启动、谁讯问"

根据本条规定，检察院有对逮捕的批准权和决定权，法院有对逮捕的决定权,无论是批准逮捕还是决定逮捕,都由公安机关执行。至于捕后对犯罪嫌疑人、被告人展开讯问的主体,判断的基本原则是"谁启动、谁讯问"。

如果是公安机关在侦查阶段报请检察院审查批准逮捕的案件,检察院批准逮捕的,公安机关执行逮捕后,应在24小时以内进行讯问。

如果是检察院在审查起诉阶段决定逮捕犯罪嫌疑人,公安机关在执行逮捕后,检察院应在24小时以内进行讯问。

如果是法院在审判阶段决定逮捕被告人,公安机关在执行逮捕后,法院应在24小时以内进行讯问。

二、逮捕后讯问的目的和时限要求

本条规定,法院、检察院对于决定逮捕的犯罪嫌疑人、被告人,公安机关对于经检察院批准逮捕的犯罪嫌疑人,都必须在逮捕后的24小时以内进行讯问。

第一,根据本条规定,办案机关应在逮捕后开展讯问。讯问的目的是查明对犯罪嫌疑人、被告人所采取的逮捕措施是否正确,及时发现和纠正错捕。所以,捕后讯问是公检法机关必须履行的职责和义务。

第二,根据本条规定,讯问应当在逮捕后的24小时以内进行。捕后不仅要开展讯问,更要及时开展讯问,目的是及时纠正错捕错押,避免不必要的损害。众所周知,逮捕作为最严厉的刑事强制措施,一旦被采用,往往意味着被逮捕人人身自由较长时间的丧失,同时会带来一系列负面的附随性后果,对一个人乃至一个家庭的生活、工作、学习都会带来较大影响,因此逮捕的适用应当慎之又慎。为了防止对无辜的人错捕错押,除了事前的严格审查,还有就是捕后的及时"复核",即在逮捕后最短的时间,也就是24小时内尽快讯问,如果发现因工作疏漏或其他原因造成逮捕错误的,应及时纠正。这样做可以在"事后"尽快地、最大限度地避免错捕造成的损害扩大蔓延。

需要注意的是,在逮捕后24小时内及时讯问,除了纠错,还可以取证。无论是公安机关、检察院还是法院都应意识到在逮捕后第一时间讯问犯罪嫌疑人、被告人还能够及时发现、收集、固定证据,保障侦查、起诉和审判的顺利进行,故公检法机关应当努力做好捕后讯问工作,充分发挥讯问的各项作用与功能。

三、发现错捕后要立即释放

本条还规定,办案机关"在发现不应当逮捕的时候,必须立即释放,发给释放证明"。如前所述,考虑到逮捕已经对被逮捕人的实际工作、生活、学习造成了实质影响,为了消除错误逮捕造成的不利影响,也为了便于被逮捕人重新回归社会,办案机关在发现不应当逮捕的时候,应当立即释放被逮捕人,发给释放证明,作为不应当逮捕的依据。

▶▶【法条评点】

一、对"不应当逮捕"应作限缩解释

从文义解释出发,"不应当逮捕"的情形可以解释为不符合逮捕条件,不能采用逮捕强制措施。但若照此理解,对"不应当逮捕"的,显然不应仅有立即释放一种处理方式,比如,对不符合逮捕的社会危险性条件,不能逮捕但符合取保候审条件的,也可以变更为其他强制措施。

本条将"不应当逮捕"与"立即释放"做唯一对应,两者形成引起与被引起的关系,"不应当逮捕"是因,"立即释放"是果,由果溯因,逮捕后立即释放的情形只能是"不应当逮捕"中的一种情形,那就是错误逮捕,且不需要再采取任何强制措施的情形。至于逮捕后要变更为取保候审等其他强制措施的情形则不应在本条"不应当逮捕"的范围内,否则便无法理顺条文中的前后逻辑关系。

综上,本条中的"不应当逮捕"应限缩解释为错误逮捕,且是不需要采取任何其他强制措施的情形,主要包括4种情形:(1)逮捕所依据的犯罪事实不存在,如所谓的"犯罪事实"其实是意外事件、非人为因素所致;(2)逮捕所依据的事实达不到刑事立案标准,如违反道德的行为,或是有违法事实但不认为是犯罪的情形;(3)逮捕所认定的犯罪事实不是被逮捕人实施的;(4)有犯罪事实,但依据《刑事诉讼法》第16条的规定,不应当对被逮捕人追究刑事责任的。

值得注意的是,司法机关似乎发现了本条中的上述问题,在制定的司法解释中有意扩大了"不应当逮捕"的适用范围,将"不应当逮捕"理解为不符合逮捕的条件,除了可以立即释放被逮捕人外,还可以变更强制措施。《高检规则》第302条第1款和第2款规定:"对被逮捕的犯罪嫌疑

人,应当在逮捕后二十四小时以内进行讯问。发现不应当逮捕的,应当经检察长批准,撤销逮捕决定或者变更为其他强制措施,并通知公安机关执行,同时通知负责捕诉的部门。"《高法解释》第 168 条也规定:"人民法院对决定逮捕的被告人,应当在逮捕后二十四小时以内讯问。发现不应当逮捕的,应当立即释放。必要时,可以依法变更强制措施。"[1]但公检法三机关并未达成共识,《公安规定》第 144 条就严格"复制"了刑事诉讼法的条文,"对被逮捕的人,必须在逮捕后的二十四小时以内进行讯问。发现不应当逮捕的,经县级以上公安机关负责人批准,制作释放通知书,送看守所和原批准逮捕的人民检察院。看守所凭释放通知书立即释放被逮捕人,并发给释放证明书"。可见,如何理解逮捕后经讯问发现"不应当逮捕"的情形,还是有必要通过立法解释或修法的方式达成共识。目前,依刑事诉讼法规定作限缩解释可能最符合立法原意。

> **第九十五条 【羁押必要性审查】** 犯罪嫌疑人、被告人被逮捕后,人民检察院仍应当对羁押的必要性进行审查。对不需要继续羁押的,应当建议予以释放或者变更强制措施。有关机关应当在十日以内将处理情况通知人民检察院。

▶▶【历次修法条文对照】

1979 年 《刑事诉讼法》	1996 年 《刑事诉讼法》	2012 年 《刑事诉讼法》	2018 年 《刑事诉讼法》
第六章 强制措施	第六章 强制措施	第六章 强制措施	第六章 强制措施
无	无	**第 93 条**:犯罪嫌疑人、被告人被逮捕后,人民检察院仍应当对羁押的必要性进行审查。对不需要继续羁	**第 95 条** 内容未修订

---

[1] 值得注意的是,《高法解释》第 168 条对不应当逮捕的情形,在立即释放之前,没有像《高检规则》第 302 条规定的那样要先撤销逮捕决定。本评注认为,既然逮捕是错误的,在释放前理应撤销,至于变更为其他强制措施的,可视为逮捕自动撤销。

1979年 《刑事诉讼法》	1996年 《刑事诉讼法》	2012年 《刑事诉讼法》	2018年 《刑事诉讼法》
第六章 强制措施	第六章 强制措施	第六章 强制措施	第六章 强制措施
		押的,应当建议予以释放或者变更强制措施。有关机关应当在十日以内将处理情况通知人民检察院。	

▶▶【立法沿革】

本条为2012年《刑事诉讼法》新增条文。

我国刑事诉讼法很早就对逮捕后的审查和纠错机制作出规定。1979年《刑事诉讼法》第51条规定:"人民法院、人民检察院对于各自决定逮捕的人,公安机关对于经人民检察院批准逮捕的人,都必须在逮捕后的二十四小时以内进行讯问。在发现不应当逮捕的时候,必须立即释放,发给释放证明。"这是在逮捕后的第一时间建立一道纠错机制,起到亡羊补牢的作用。1996年《刑事诉讼法》又新增第73条,该条规定,"人民法院、人民检察院和公安机关如果发现对犯罪嫌疑人、被告人采取强制措施不当的,应当及时撤销或者变更"。这其中就包含对法院、检察院、公安机关发现不当逮捕,应当及时撤销或者变更的要求。[1] 然而,上述两条主要是针对"捕"的决定是否准确所规定的事后审查和纠错机制,囿于我国逮捕与羁押一体,二者并未严格分离的特点,立法在2012年以前对"捕"后"押"的必要性、合理性是否审查以及如何审查并没有规定,实践中办

---

〔1〕 需要明确的是,公安机关、检察院、法院发现逮捕措施不当,既包括批准或决定逮捕的当时不当,即将本不符合逮捕条件的犯罪嫌疑人、被告人批准或决定逮捕;也包括批准或决定逮捕的当时正确,逮捕后由于情况变化而不符合继续羁押条件的羁押不当。由于我国的逮捕与羁押并未严格分离,当时的条文并不明确,但从条文表述看,似乎"撤销"更多指向逮捕当时的不当,而非捕后的羁押不当。因为,"撤销"显然是针对之前已有的决定而言的,如果认为当下的继续羁押没有必要,无须"撤销"之前的逮捕。

案机关一旦实施了逮捕,往往是一捕了之,办案期限不满则羁押期限不止;犯罪嫌疑人、被告人一旦被逮捕就无人问津,一押到底,"实报实销",由此导致羁押率过高,严重侵犯犯罪嫌疑人、被告人的基本权利。另外,羁押场所人满为患,还容易引发其他一系列问题。

为了减少不当羁押,一些地方检察院开始探索捕后羁押必要性审查制度。捕后羁押必要性审查聚焦于合法逮捕后"押"的必要性,是专门针对公安机关和法院羁押犯罪嫌疑人、被告人所采取的一项控制措施。羁押必要性审查的核心不是审查当初批准或决定逮捕是否准确、合法,而是审查逮捕后的犯罪嫌疑人、被告人时至当下是否还有必要继续羁押,其精髓是探索逮捕与羁押的适度分离,将应否逮捕和是否继续羁押作为两个问题分别规制。"2009年下半年,逮捕后羁押必要性审查制度开始在湖北、山东等地部分检察机关开展开来,该制度由此正式进入司法改革的'试验田'。2010年两会期间,全国人大代表秦希燕提交了《关于尽快建立羁押必要性审查机制减少羁押的建议》引起实务部门的重视。最高人民检察院决定在各省选择两个市或县(区)检察院开展审前羁押必要性审查试点工作,各个地方的试点检察院纷纷出台了逮捕后羁押必要性审查的工作机制。试点证明,逮捕后羁押必要性审查制度对于减少羁押、保障犯罪嫌疑人合法权益、降低司法成本等方面均显示出其积极的作用。"[1]

2012年《刑事诉讼法》正是在总结试点改革经验的基础上确立了捕后羁押必要性审查制度,规定,"犯罪嫌疑人、被告人被逮捕后,人民检察院仍应当对羁押的必要性进行审查。对不需要继续羁押的,应当建议予以释放或者变更强制措施。有关机关应当在十日以内将处理情况通知人民检察院"。

本条在2018年修改刑事诉讼法时未有内容调整,仅有条文序号的变化。

▶▶【法条注解】

本条是关于犯罪嫌疑人、被告人被逮捕后,检察院应当继续对羁押

---

[1] 陈卫东主编:《2012刑事诉讼法修改条文理解与适用》,中国法制出版社2012年版,第199—200页。

的必要性进行审查的规定。不少研究者将本条确立的制度称为羁押必要性审查制度,但准确地说,称为捕后羁押必要性审查制度更为妥当。因为,我国刑事拘留的时间最长可达37日,这么长的时间已然构成实质性羁押,但立法机关并未对拘留后这一个多月的"羁押"规定相应的审查制度或机制。所以,本条中的羁押必要性审查专指逮捕后,检察院对犯罪嫌疑人、被告人继续羁押的必要性进行的审查。但为了表述方便,本评注亦简称为羁押必要性审查。对本条可以从五个方面作出解读。

一、羁押必要性审查的对象

如前所述,检察院开展羁押必要性审查的对象并非起初批准或决定逮捕的准确性、必要性,而是犯罪嫌疑人、被告人被逮捕后某一时点继续羁押的必要性、妥当性。申言之,犯罪嫌疑人、被告人当初符合逮捕的三项要件(证据要件、刑罚要件、社会危险性要件),被依法逮捕,但随着侦查的深入、诉讼的推进,可能不再符合逮捕的条件。例如,犯罪嫌疑人、被告人被逮捕后自愿认罪认罚,积极退赔退赃,主动交代、协助抓捕同案犯,有立功行为的,社会危险性已经明显降低,不再符合逮捕条件,无继续羁押的必要,此时就可以通过羁押必要性审查释放或变更强制措施。所以,羁押必要性审查的对象是"此时""当下"的羁押,而非"彼时""当初"的逮捕。

需要重点注意的是,检察院开展羁押必要性审查是一种只对外(公安机关和法院)不对内(检察院)的控制措施。如果羁押必要性审查的对象还包括检察院在审查起诉阶段所办理的犯罪嫌疑人被羁押的案件,那么本条就不能表述为审查后"对不需要继续羁押的,应当建议⋯⋯",因为检察院是不可能对自己提出"建议"的;同时,建议的"有关机关",也不可能包括检察院自己。从文义解释出发,羁押必要性审查在属性上是一项特定的针对公安机关和法院的监督措施,属于检察院对诉讼活动实行法律监督的范畴。

二、羁押必要性审查的判断标准

虽然羁押必要性审查的对象是"押"而非"捕",但对继续羁押的必要性进行审查时,检察院仍要以逮捕条件作为基本的判断标准。《高检规则》第 578 条对此明确规定:"人民检察院应当根据犯罪嫌疑人、被告人涉嫌的犯罪事实、主观恶性、悔罪表现、身体状况、案件进展情况、可能判处的刑罚和有无再危害社会的危险等因素,综合评估有无必要继续羁押犯罪嫌疑人、被告人。"这其中就包含着对逮捕三要件的审查。换言之,羁押必要性审查的标准还是逮捕的三要件是否齐备,如果某一要件发生了变化,达不到相应的要求,不能逮捕的,就不能继续羁押。"如审查批准逮捕时据以证明有犯罪事实的重要证据,随着侦查工作的深入,被新的证据所否定;立案时认定的犯罪数额,经过进一步调查核实,大为缩小,影响到对可能判处刑罚的估计;实施新的犯罪、干扰证人作证或者串供的可能性已被排除的;等等。"〔1〕其实,《高检规则》第 579 条和第 580 条规定了更为详细的审查、判断标准。

《高检规则》第 579 条是从逮捕的证据要件和刑罚要件出发,规定了羁押必要性的审查和判断标准,"人民检察院发现犯罪嫌疑人、被告人具有下列情形之一的,应当向办案机关提出释放或者变更强制措施的建议:(一)案件证据发生重大变化,没有证据证明有犯罪事实或者犯罪行为系犯罪嫌疑人、被告人所为的;(二)案件事实或者情节发生变化,犯罪嫌疑人、被告人可能被判处拘役、管制、独立适用附加刑、免予刑事处罚或者判决无罪的;(三)继续羁押犯罪嫌疑人、被告人,羁押期限将超过依法可能判处的刑期的;(四)案件事实基本查清,证据已经收集固定,符合取保候审或者监视居住条件的"。

《高检规则》第 580 条则是从逮捕的社会危险性要件出发,规定了对羁押必要性应审查和判断的重点,"人民检察院发现犯罪嫌疑人、被告人具有下列情形之一,且具有悔罪表现,不予羁押不致发生社会危险性的,可以向办案机关提出释放或者变更强制措施的建议:(一)预备犯或者中止犯的;(二)共同犯罪中的从犯或者胁从犯;(三)过失犯罪的;(四)防卫过当或者避险过当的;(五)主观恶性较小的初犯;(六)系未成年人或者已满七十五周岁的人;(七)与被害方依法自愿达成和解协议,且已经履行或者提供担保的;(八)认罪认罚的;(九)患有严重疾病、生活不能自理的;(十)怀孕或者正在哺乳自己婴儿的妇女;(十一)系生活不能自理

---

〔1〕 王爱立、雷建斌主编:《刑事诉讼法立法精解》,中国检察出版社 2019 年版,第 175 页。

的人的唯一扶养人;(十二)可能被判处一年以下有期徒刑或者宣告缓刑的;(十三)其他不需要继续羁押的情形"。

三、羁押必要性审查的主体是检察院

域外对于逮捕后羁押必要性的审查大都交由法院行使,我国对羁押必要性审查的主体是检察院。"与私法领域相比,程序法的意义和效果更加依赖于外部环境——尤其是直接依赖于所在国家司法制度运行的制度背景。"[1]我国宪法规定,检察院是国家的法律监督机关,依法对刑事诉讼活动进行监督,自然有权对逮捕和羁押的妥当性、必要性进行监督,如果发现犯罪嫌疑人、被告人被捕后的某一时点继续羁押已无必要,当然可以行使法律监督权,提出监督意见,即"应当建议予以释放或者变更强制措施"。

需要注意的是,这里的"建议"恰恰表明检察院所开展的羁押必要性审查是在行使法律监督权,而非处分决定权,不得自行决定释放或者变更强制措施。"检察机关对诉讼活动的法律监督基本上是一种建议和启动程序权。对诉讼中的违法情况提出监督意见,只是启动相应的法律程序,建议有关机关纠正违法,不具有终局或实体处理的效力。诉讼中的违法情况是否得以纠正,最终还是要由其他有关机关决定。"[2]"人民检察院在审查中发现被羁押人没有必要继续羁押的,提出建议,由有关机关就羁押必要性进行全面审查,既考虑了监督的性质、特点,不代替其他有关机关做决定,又体现了对于解除、变更羁押措施的慎重。"[3]另外,在"建议"前加上"应当"意味着羁押必要性审查既是法律监督职权,更是法定职责和义务。无论当事人是否向检察院提起羁押必要性审查的申请,检察院均应进行定期审查。

四、羁押必要性审查的方式

羁押必要性审查是2012年《刑事诉讼法》新增设的制度,法律规定

---

[1]〔美〕米尔吉安·R. 达马斯卡:《比较法视野中的证据制度》,吴宏耀、魏晓娜等译,中国人民公安大学出版社2006年版,第231—232页。
[2] 张智辉:《检察权研究》,中国检察出版社2007年版,第75页。
[3] 王爱立、雷建斌主编:《刑事诉讼法立法精解》,中国检察出版社2019年版,第175页。

得较为原则、概括,没有规定检察院开展羁押必要性时诸如审查的形式、审查的周期等较为具体的问题。经过多年的实践总结和不断完善,《高检规则》作出了相应规定,第577条规定,"人民检察院可以采取以下方式进行羁押必要性审查:(一)审查犯罪嫌疑人、被告人不需要继续羁押的理由和证明材料;(二)听取犯罪嫌疑人、被告人及其法定代理人、辩护人的意见;(三)听取被害人及其法定代理人、诉讼代理人的意见,了解是否达成和解协议;(四)听取办案机关的意见;(五)调查核实犯罪嫌疑人、被告人的身体健康状况;(六)需要采取的其他方式。必要时,可以依照有关规定进行公开审查"。

需要注意的是,因羁押必要性审查源于检察院的法律监督权,审查的措施手段不像侦查行为那样具有刚性和强制性。所以,《高检规则》第577条规定羁押必要性审查的方式主要是阅卷、听取各方意见以及调查核实,必要时,还可以采用听证的方式公开审查。

五、羁押必要性审查建议的法律效力

根据本条规定,检察院经羁押必要性审查认为犯罪嫌疑人、被告人不需要继续羁押的,有提出释放或者变更强制措施的建议权。有研究主张将建议权的效力做成刚性,"对于羁押必要性的审查,人民检察院作出决定后,应当具有法律效力,有关部门必须执行"[1]。然而,从立法意图看,肇始于国家法律监督权的延展,检察院在羁押必要性审查中提出的建议确实不具有命令性和强制性,但也有相应的法律效力。这就是有关机关收到建议后应在规定的时间内作出反馈,"有关机关应当在十日以内将处理情况通知人民检察院"。这就要求公安机关、法院应以认真负责的态度,对建议的要求及所根据的事实、证据等进行通盘考虑,细致研究犯罪嫌疑人、被告人被逮捕后继续羁押的必要性,及时作出决定,并在10日以内将处理结果通知检察院。

需要注意的是,经过分析研究,公安机关、法院可以不采纳检察院的建议,对羁押的犯罪嫌疑人、被告人不予释放或者变更强制措施,但应书面说明理由和根据。如果理由不能成立,检察院还可再次提出建议。另

---

[1] 冀祥德主编:《最新刑事诉讼法释评》,中国政法大学出版社2012年版,第87页。

外,检察院在办理羁押必要性审查的案件中如果发现有关司法工作人员有受贿、玩忽职守、滥用职权、徇私枉法、泄露国家秘密等违纪违法行为的,应移送有关机关处理,属于自己管辖的,可以立案侦查,依法追究刑事责任。

▶▶【法条评点】

一、检察院应设定羁押必要性审查的时间周期

《刑事诉讼法》第95条并未规定羁押必要性审查的启动程序。从域外大陆法系国家的立法例看,对羁押必要性的审查可采取两种启动方式:一是依申请启动,即犯罪嫌疑人、被告人及其辩护人等对羁押有异议,提出申请的,有关机关应即审查;二是有关机关依职权启动。[1]《高检规则》第574条参照了这种做法,规定,"人民检察院在办案过程中可以依职权主动进行羁押必要性审查。犯罪嫌疑人、被告人及其法定代理人、近亲属或者辩护人可以申请人民检察院进行羁押必要性审查。申请时应当说明不需要继续羁押的理由,有相关证据或者其他材料的应当提供。看守所根据在押人员身体状况,可以建议人民检察院进行羁押必要性审查"。除了羁押必要性审查的启动方式,为防止检察官消极怠职,本评注认为应明确规定依职权启动羁押必要性审查的期限,例如,规定羁押后一个月内检察官应依职权对羁押必要性审查一次。但无论是刑事诉讼法还是相关司法解释都未对此作出规定。

本评注认为,根据羁押必要性审查启动方式的不同可以设计不同的羁押必要性审查周期。对于依申请启动的,无法定的时间要求,被羁押人及其法定代理人、近亲属、辩护人随时可以向检察院提出羁押必要性审查的申请,这属于"不定期审查",但要设定审查时限。2023年12月,最高人民检察院、公安部联合印发的《人民检察院、公安机关羁押必要性审查、评估工作规定》第19条第1款规定:"人民检察院在侦查阶段、审判阶段收到羁押必要性审查申请或者建议的,应当在十日以内决定是否向公安机关、人民法院提出释放或者变更的建议。"对于依职权启动的,则应

---

[1] 参见刘晴:《羁押必要性审查制度研究》,载《人民检察》2013年第11期,第25页。

有固定的时间间隔,如一个月或者两个月,周期性地启动例行审查可以避免检察院的消极懈怠,这属于"定期审查"。通过定期和不定期审查,可以最大限度地激活羁押必要性审查制度,扫清不当羁押的盲区,及时发现不需要继续羁押的犯罪嫌疑人、被告人,第一时间、最大限度地减轻对他们人身自由的侵害,同时节约国家的司法资源。

第九十六条 【撤销或者变更强制措施】人民法院、人民检察院和公安机关如果发现对犯罪嫌疑人、被告人采取强制措施不当的,应当及时撤销或者变更。公安机关释放被逮捕的人或者变更逮捕措施的,应当通知原批准的人民检察院。

▶▶【历次修法条文对照】

1979 年《刑事诉讼法》	1996 年《刑事诉讼法》	2012 年《刑事诉讼法》	2018 年《刑事诉讼法》
第六章 强制措施	第六章 强制措施	第六章 强制措施	第六章 强制措施
无	第 73 条:人民法院、人民检察院和公安机关如果发现对犯罪嫌疑人、被告人采取强制措施不当的,应当及时撤销或者变更。公安机关释放被逮捕的人或者变更逮捕措施的,应当通知原批准的人民检察院。	第 94 条 内容未修订	第 96 条 内容未修订

▶▶【立法沿革】

本条为 1996 年《刑事诉讼法》新增条文。

强制措施的变更与撤销都是强制措施使用中的重要诉讼行为,关系到公民权利的保护和诉讼程序的顺利推进,1979 年《刑事诉讼法》未对此作出明确规定,仅在第40条第2款有个别规定,"对应当逮捕的人犯,如果患有严重疾病,或者是正在怀孕、哺乳自己婴儿的妇女,可以采用取保候审或者监视居住的办法"。之后,1996年《刑事诉讼法》第73条中作出了概括性规定,"人民法院、人民检察院和公安机关如果发现对犯罪嫌疑人、被告人采取强制措施不当的,应当及时撤销或者变更"。这一规定要求司法机关严格执法、有错必纠,有利于保护公民的合法权利,维护社会主义法治的尊严,同时还专门就公安机关释放被逮捕的人或者变更逮捕措施作出程序性规定,以规范侦查阶段强制措施的适用。

本条在2012年和2018年修改刑事诉讼法时未有内容调整,仅有条文序号的变化。

▶▶【法条注解】

本条是关于撤销或者变更强制措施的规定。

强制措施涉及限制或者剥夺公民的人身自由,因此适用强制措施应当严格按照刑事诉讼法所规定的条件和程序。对于采取强制措施不当的,应予"修正",及时撤销或者变更。

一、对"采取强制措施不当"的解释

何为"采取强制措施不当",有不同的理解和认识。

(一)综合说

综合说认为"采取强制措施不当"包括事前不当和事后不当。[1] 事前不当是指在决定采取强制措施时,因对强制措施的适用条件把握不当,导致强制措施适用错误。事前不当中的"不当"重点指采取强制措施错误,包括本不应适用强制措施而适用强制措施,本应适用A强制措施而误用了B强制措施。对于这两种情形,应分别作出撤销强制措施或变更强制措施的处理。事后不当是指从决定采取强制措施当时的条件看,决定并无不妥,但随着诉讼的不断变化和发展,原强制措施已经无法同变化的实际情况相适应,不应再被继续使用。事后不当中的"不当"重

---

[1] 参见李昌林主编:《最新中华人民共和国刑事诉讼法释义》,中国法制出版社2012年版,第209页。

点指继续采取某一强制措施的不适宜、不适当。例如,被逮捕的犯罪嫌疑人、被告人突患严重疾病,生活不能自理,已经不符合逮捕的条件,不应继续羁押。

立法机关似乎更倾向于综合说,参与刑事诉讼法修订的立法机关的同志在撰写的条文释义书中指出,"'发现对犯罪嫌疑人、被告人采取强制措施不当'既包括在办理案件过程中随时发现的,也包括人民检察院进行羁押必要性审查时发现的,还有一些是由于案件情况变化,当前强制措施已经不适当的"[1]。其中,在办案过程中随时发现的不当属于"事前不当",而经过羁押必要性审查发现的不当则是"事后不当"。因为,一旦批准或决定逮捕,犯罪嫌疑人、被告人就处于羁押状态,检察院开展羁押必要性审查显然是对逮捕"事后不当"的审查。至于"还有一些是由于案件情况变化,当前强制措施已经不适当"的情形更是"事后不当"的典型表现。

如果将综合说的观点进一步具体到逮捕措施的使用,会得出一个有意思的结论,那就是《刑事诉讼法》第 96 条本身就包含着羁押必要性审查的内容。因为,综合说认为"采取强制措施不当"包括事前不当和事后不当,那么"采取逮捕措施不当"自然也包括事前不当和事后不当。据此,如果检察院在侦查阶段批准逮捕、在审查起诉阶段决定逮捕,法院在审判阶段决定逮捕,事后发现被羁押的犯罪嫌疑人、被告人不再符合逮捕条件、无继续羁押必要的,检察院、法院即可直接撤销或变更强制措施。这其实就是广义的羁押必要性审查。"从广义上来看,承担羁押必要性审查的机关,包括人民法院、人民检察院和公安机关(包括国家安全机关、海关缉私机构、军队保卫机关等侦查机关),三机关对处于各自诉讼阶段案件的逮捕措施都应当及时进行审查,发现适用不当的,应当撤销或者变更。"[2]如果换一个视角,从条文演变的历史轨迹看,现行《刑事诉讼法》第 96 条为 1996 年《刑事诉讼法》新增,当时没有逮捕与羁押分离的理念,更没有羁押必要性审查制度,但在司法实践中,《刑事诉讼法》第 96 条其实已经牵涉到羁押必要性审查的使用。有实务部门的同事

---

〔1〕 王爱立、雷建斌主编:《刑事诉讼法立法精解》,中国检察出版社 2019 年版,第 176 页。

〔2〕 王树茂:《"羁押必要性审查"的理解与适用》,载《法学评论》2013 年第 6 期,第 121 页。

就指出,在2012年以前,也就是羁押必要性审查制度在立法确立之前,对于实践中本应使用羁押必要性审查制度应对或处理的情形,如出现因证据发生重大变化而需要释放被羁押人或变更强制措施的[1],检察院大都依据当时的1996年《刑事诉讼法》第73条(即现行《刑事诉讼法》第96条)直接撤销此前的批捕决定,这种做法在实践中较为普遍;而对于审查逮捕阶段作出的错误批捕决定,也依据该条撤销,以实现自我纠错。[2]

按照上述思路进一步推演会发现,综合说在捕后羁押必要性审查问题上存在操作上的隐患,那就是针对逮捕措施适用不当的情形,第96条与第95条存在法条竞合。因为,综合说认为"采取强制措施不当"包括事后不当,那就意味着"采取逮捕措施不当"也包括逮捕后羁押的不当。检察院在侦查阶段对于批准逮捕的案件,如果发现犯罪嫌疑人捕后羁押不当、没有继续羁押必要的,依据第95条,应当建议公安机关释放或者变更强制措施,但如果依据第96条,检察院可以直接撤销或变更强制措施。从办案的便利性和实效性看,检察院肯定会选择执行第96条,这就会导致第95条规定的捕后羁押必要性审查制度仅具有立法上的宣示意义,将成为"沉睡条款"。

(二)事前不当说

基于综合说的弊端和隐患,有研究者提出了事前不当说的观点,认为第96条中的"采取强制措施不当"仅指作出强制措施决定时的不当。采事前不当说意味着"采取逮捕措施不当"仅指在批捕或决定逮捕环节错捕的情形,不再包括逮捕后羁押不当的情形,这样理解可以理顺第95条和第96条之间的逻辑关系,消解法条竞合产生的问题。诚如实务部门的同志所言,对于逮捕正确性的审查是基础,如果逮捕错误,则无需考虑羁押必要性,直接依据第96条由检察院撤销或者变更强制措施;

---

[1] 2019年《高检规则》第579条规定:"人民检察院发现犯罪嫌疑人、被告人具有下列情形之一的,应当向办案机关提出释放或者变更强制措施的建议:(一)案件证据发生重大变化,没有证据证明有犯罪事实或者犯罪行为系犯罪嫌疑人、被告人所为的;……"这是羁押必要性审查制度确立后才制定的规则,对于因证据发生重大变化导致不需要继续羁押的属于羁押必要性审查的内容。

[2] 参见孙中梅、赵康:《捕后羁押必要性建议权和撤销逮捕权关系之厘清》,载《中国检察官》2013年第17期,第48页。

如果逮捕决定正确,则应当进一步审查是否有必要继续羁押,如果羁押不当,则应当依第95条由检察院建议相关部门撤销或者变更强制措施。[1]

值得注意的是,采事前不当说虽然可以解决法条竞合产生的相关问题,但同时也会衍生出新的问题,那就是变更强制措施的适用范围会被不当限缩。举例来说,法院在审判阶段决定逮捕,如果在此后的审判过程中发现对被告人羁押不当的,依事前不当说,法院不仅无权撤销逮捕,更无权变更强制措施,仅能依据第95条的规定先由检察院开展羁押必要性审查,向法院提出变更强制措施的建议,再由法院作出处理,同时将处理情况通知检察院。但这样的做法不禁会让人产生疑问,既然最终变更强制措施的决定权在法院手里,为何还要经检察院开展羁押必要性审查提出建议,法院才能"拍板",这岂不是多此一举?从司法解释的规定看,法院对于自己决定逮捕的案件,如果发现羁押不当的,都可以直接变更强制措施。《高法解释》第169条就规定:"被逮捕的被告人具有下列情形之一的,人民法院可以变更强制措施:(一)患有严重疾病、生活不能自理的;(二)怀孕或者正在哺乳自己婴儿的;(三)系生活不能自理的人的唯一扶养人。"

综上,无论是综合说还是事前不当说,在对"采取强制措施不当"的解释上都存在顾此失彼的情况,难以周延解决所有问题。

(三)分类适用说

要在刑事诉讼法的体系内找到圆满的解决方案,只能从"采取强制措施不当"的处理方式入手,即从本条中"撤销"和"变更"强制措施的概念和适用范围切入,反向划定"采取强制措施不当"的情形,从而破解综合说或事前不当说顾此失彼的问题。本评注将这种解释方案称为分类适用说。

1. 撤销强制措施

有观点认为:"强制措施的撤销是指公安司法机关在刑事诉讼中因发生了法定事由,没有必要继续适用强制措施而决定予以撤销的诉讼行为。……撤销的原因是发生了法定的事由,使所适用的强制措施已经没

---

[1] 参见赵鹏:《建立并完善中国的人身保护令制度》,载北京市人民检察院等编:《羁押必要性审查制度的理论与实践专题研讨会论文集》(2012年8月15日)。

有必要,可能是案件事实发生了变化,也可能是犯罪嫌疑人、被告人的个人情况发生了变化或诉讼终止等原因。"[1] 这种理解不当扩大了撤销强制措施的适用范围。从理论上讲,"撤销"是对采取原强制措施的决定的否定,某一强制措施决定被撤销后,即应视为原决定不复存在。所以,撤销强制措施仅能适用于对不该采取强制措施而采取强制措施的情形,这恰恰对应了前文分析指出的"采取强制措施不当"之事前不当的情形。典型的如《高检规则》第302条的规定,"对被逮捕的犯罪嫌疑人,应当在逮捕后二十四小时以内进行讯问。发现不应当逮捕的,应当经检察长批准,撤销逮捕决定或者变更为其他强制措施,……"假如决定采取强制措施时,犯罪嫌疑人、被告人符合强制措施适用条件,即当时采取强制措施是正确的、妥当的,那么即使后来由于某种情况的变化,不应该再对犯罪嫌疑人、被告人继续采取该强制措施,也不能再予撤销。例如,对符合逮捕条件的犯罪嫌疑人逮捕后,该犯罪嫌疑人在羁押期间死亡,侦查机关撤销案件,这时检察院便没有必要再撤销逮捕措施。再如,检察院对符合拘留条件的犯罪嫌疑人拘留后,经审查发现不需要逮捕的,可以直接制作决定释放通知书通知看守所予以释放,不能撤销原拘留决定,因为当时作出的拘留决定是正确的。[2]

在这里还需要引入另外一个概念,即强制措施的解除。"强制措施的撤销与解除不同,二者虽然都可能导致对特定犯罪嫌疑人的强制措施不适用,但前者是指本不应适用强制措施时适用了强制措施;后者是指适用强制措施并无不当,但由于法定事由的出现,如强制措施期限已经届满,而将强制措施解除。"[3] "解除的实质在于将已经采用的强制措施取消,使之不再继续存在。但是,解除并不是对原来适用强制措施的否定性评价,因为按照原来掌握的案件事实,采取该项强制措施是必要的、正确的。……撤销是对原来采取的强制措施的否定性评价,也就是按照原来适用某强制措施时所掌握的事实、证据就不该采取强制措施,适用者作出

---

[1] 赵汝琨主编:《新刑事诉讼法通论》,警官教育出版社1996年版,第178页。
[2] 参见张穹主编:《人民检察院刑事诉讼理论与实务》,法律出版社1997年版,第118页。
[3] 孙茂利主编:《公安机关办理刑事案件程序规定释义与实务指南》,中国人民公安大学出版社2020年版,第386页。

了错误的判断和决定而适用了。"[1]另外,从刑事诉讼法的条文规定看,如果捕后发现犯罪嫌疑人、被告人没有羁押必要的,除了变更强制措施,第95条规定的是"释放",第98条对羁押期限届满的处理方式也有"释放"。因为逮捕和羁押都是剥夺人身自由的措施手段,用"释放"更能体现对人身自由的彻底解放。但对于取保候审、监视居住而言,如果使用后出现了新情况,如法定期限届满,两类强制措施都不能再继续使用的,第99条规定的是"解除"。因为取保候审、监视居住本身就不是羁押手段,而是羁押的替代性措施,仅是限制而非剥夺人身自由,没有再"释放"一说,用"解除"显然更妥当。

综上,解除强制措施主要针对的是取保候审、监视居住,强调对已采取的强制措施的取消,但并不是对此前强制措施的否定。针对逮捕后的羁押,如果也仅是取消,不对此前的逮捕决定作出否定或废止,一般会用"释放"一词。当然,如果是直接否定此前的逮捕决定以及取保候审、监视居住的决定,则应当用"撤销"一语。

2. 变更强制措施

强制措施的变更是指公安机关、检察院或者法院对犯罪嫌疑人、被告人应该采取这种强制措施却采取了其他的强制措施,或者采取某种强制措施后,因发生了法定事由需要改变强制措施类型时,有权机关将该强制措施改为其他强制措施的行为。例如,依据《刑事诉讼法》第99条的规定,采取某种强制措施后因法定期限届满,可以变更强制措施。

3. 依处置方式不同划定"采取强制措施不当"的外延

本评注认为,第96条中的"采取强制措施不当"既包括事前不当也包括事后不当,但基于处置方式的不同,每种处置方式,即撤销或变更强制措施所对应或解决的"采取强制措施不当"的情形有所差别,范围有一定的弹性。

(1)撤销强制措施仅适用于"采取强制措施不当"中事前不当的情形。撤销强制措施针对的是不该采用强制措施而采用了强制措施的情形,属于强制措施适用错误,这明显指向的是当初作出强制措施决定的时点,故只适用于事前不当。据此,检察院无论是对侦查阶段作出的批准逮

---

[1] 杨旺年:《论刑事诉讼强制措施的变更、解除和撤销》,载《法律科学》2005年第5期,第71页。

捕决定,还是对自侦案件或是对在审查起诉阶段直接作出的逮捕决定,如果发现有错误,都有权撤销。《高检规则》第289条第1款规定:"对已经作出的批准逮捕决定发现确有错误的,人民检察院应当撤销原批准逮捕决定,送达公安机关执行。"因为,批准或决定逮捕权归属于检察院,当检察院发现此前作出的批捕或逮捕决定有错误,当然有权纠正。这是检察院的主动纠错行为。此外,法院对于审判阶段作出的逮捕决定,公检法机关对于各自作出的取保候审、监视居住的决定,如果发现决定有误,也都有权撤销。

哈尔滨的哥过失致人死亡案被撤销逮捕

2018年6月27日,哈尔滨一摩托车司机与的哥发生争执后,突发疾病倒地身亡。事发后,因涉嫌过失致人死亡,的哥滕某某被刑事拘留,并被哈尔滨市南岗区人民检察院批准逮捕,引发热议。2018年10月19日,哈尔滨市人民检察院发布通报,认为哈尔滨市南岗区人民检察院批捕不当,指令哈尔滨市南岗区人民检察院撤销批捕决定。以下是有关部门发布的《关于滕某某一案审查情况的通报》。

针对媒体报道出租车司机滕某某过失致人死亡一案,检察机关高度重视,哈尔滨市人民检察院依法对案件进行了全面审查。经查,2018年6月27日16时30分许,滕某某在驾驶出租车过程中,两次超越吴某某(男,殁年32岁)驾驶的摩托车(滕某某与吴某某不相识),吴某某认为滕某某影响其正常驾驶,遂进行追赶。在哈尔滨市南岗区一曼街名岛海鲜行前,吴某某将车停在滕某某的出租车左前方。吴某某下车责问滕某某,二人发生口角,吴某某用拳击打滕某某的肩部。后滕某某下车,二人继续争吵,被各自妻子劝阻。吴某某又两次约斗,滕某某未予理会。当吴某某欲骑车离开时昏倒在地,滕某某帮助救助,后吴某某在送往医院途中死亡。经法医鉴定:"吴某某符合生前在争吵、情绪激动、过度疲劳等情况下,冠心病急性发作死亡。"

根据我国刑法规定,构成过失致人死亡罪,主观上应存在过失,客观上应有导致他人死亡结果发生的行为。本案中滕某某、吴某某素不相识,双方口角时吴某某未表现出病状,依正常人的判断,滕某某难以预见吴某某患有心脏病。滕某某下车后,二人虽有争吵,但在双方妻子的劝阻下,并没有发生直接的肢体接触。纵观全案,滕某某在主观上没有罪过,客观上没有实施加害行为,不构成犯罪,依法不应予以逮捕。哈尔滨市人民检察院指令哈尔滨市南岗区人民检察院撤销对滕某某的批捕决定,哈尔滨市南岗区人民检察院已于2018年10月19日撤销原批准逮捕决定,送达公安机关执行,同时建议公安机关撤销案件。

(2)释放被羁押人或解除强制措施仅能适用于"采取强制措施不当"中事后不当的情形。一般认为,撤销逮捕、解除羁押都意味着对被羁押人的释放,所以释放本不应是严格的法律术语。但诚如前文所言,撤销逮捕仅限于采取逮捕措施的事前不当,对于事后不当,即捕后羁押不当的情形,并不能撤销,也不能解除。因为解除强制措施多适用于限制人身自由的取保候审、监视居住。对于剥夺人身自由的羁押,如果没有继续羁押必要的,除了变更强制措施,只能参照《刑事诉讼法》第95条的规定"释放"被羁押人。据此,无论是检察院在自侦案件或是审查起诉阶段决定逮捕,还是法院在审判阶段决定逮捕,对于捕后羁押不当的情形,都可以径行决定释放被羁押人。但是对于检察院批准逮捕的案件,如果发现羁押不当的,检察院无权直接释放(也无权撤销),而是要根据《刑事诉讼法》第95条的规定,经羁押必要性审查建议公安机关释放或变更强制措施,具体原因将在后文"公安机关释放或者变更强制措施"部分做进一步分析。另外,按照前文分析,解除强制措施并不是对此前适用强制措施的否定,只是因为随着诉讼的推进,出现了新事实、新情况,已采取的强制措施不再适用,所以解除强制措施并不针对"采取强制措施不当"中的事前不当,而是针对采取强制措施的事后不(适)当,所针对的强制措施类型主要为取保候审、监视居住。

(3)变更强制措施适用于"采取强制措施不当"的事前不当和事后不当。如前所述,采取强制措施的事前不当既包括本不应采取强制措施却采取了强制措施,还包括本应采取A强制措施却采取了B强制措施,对于后者公检法机关有权变更强制措施。"如某检察机关在审查起诉一起故意伤害案件中,经审查认定犯罪嫌疑人故意伤害的性质属防卫过当,与在审查批捕阶段认定的性质不同,为体现宽严相济,该院检委会经研究将逮捕变更为取保候审,将案件提请公诉。"[1]此外,对于采取强制措施的事后不当,公检法机关也可以直接变更强制措施。例如,法院在审判阶段决定逮捕被告人,之后随着审判的深入推进,发现对被告人已无羁押必要的,法院便可直接变更强制措施。如果检察院依《刑事诉讼法》第95条经过羁押必要性审查建议法院变更强制措施的,法院收到建议后,也可决定变更强制措施。简单地说,强制措施的变更就是将采取这种强制措施改为采取那种强制措施。强制措施的变更适用于两种情形:一是决定采取强制措施时不当,应该采取这种强制措施却采取了其他强制措施,发现后应当及时变更;二是决定采取强制措施时是正确的,但后来案件事实或者犯罪嫌疑人、被告人个人情况等发生了变化,这时也应当变更强制措施,适应诉讼的需要。[2]

总之,本条规定,公检法机关对于犯罪嫌疑人、被告人"采取强制措施不当的",可以撤销或者变更强制措施。虽然撤销或变更都是针对"采取强制措施不当"的情形,但基于撤销或变更两种处置方式的性质不同,所针对的"采取强制措施不当"的情形与覆盖的适用范围是有差异的。撤销强制措施针对的是采取强制措施事前不当的情形,变更强制措施针对的是采取强制措施事前不当和事后不当的情形。

二、公安机关释放或者变更强制措施

根据刑事诉讼法的规定,公安机关没有逮捕的决定权,在侦查过程中需要逮捕犯罪嫌疑人只能提请检察院审查批准,由后者决定是否批准逮捕。如果批准逮捕,公安机关应当立即执行。根据本条规定,公安机关如果在侦查阶段发现逮捕"不当",应当释放犯罪嫌疑人或者变更逮捕措施,并通知原批准的检察院。按照前文的解释,释放被羁押人仅能针对逮捕的事后不当。但即使如此,决定予以释放的主体也应是逮捕的决定方——检察院。"逮捕既然是我国的审前羁押措施,其决定权应当由司法机关即人民检察院和人民法院行使。羁押的决定权既包括予以羁押的

---

[1] 闫俊瑛:《论强制措施诉讼监督制度及其完善》,载《法学杂志》2008年第5期,第84页。

[2] 参见陈国庆、王振勇、刘国祥、王守安、杨钊编著:《修改后刑事诉讼法实施疑难问题解答》,中国检察出版社1997年版,第113页。

决定权,也包括不予羁押的决定权。"[1]有研究者将其称为"决定变更权"。这种变更权是以决定权(如决定逮捕、批准逮捕)为基础的,决定权是本权,变更权(指广义的强制措施的变更,如撤销、变更强制措施以及对被羁押人予以释放等)是派生权,必须服从决定权。从批准权同变更权、撤销权的关系看,批准权是原权,其他是派生权。正因为有了批准权,才派生出变更权和撤销权,派生权应服从于并依附于原权。因此,从完整、有效地行使批准权来讲,必须将批准权与变更权、撤销权统一起来,即由有批准权的机关同时行使变更权和撤销权,这在其他批准权同变更权、撤销权的关系上都是如此。否则有批准权的机关今天作出批准的决定,明天无批准权的机关却可以将其变更或者撤销,这种批准权显然是不完整的,缺少权威性的。[2] 正是基于这一原因,检察院在审查起诉阶段、法院在审判阶段决定逮捕的,如果捕后羁押不当的,两机关有权直接决定不予羁押,释放被羁押人。照此逻辑,检察院对批准逮捕的案件,在后续侦查过程中如果发现羁押不当的,也有权决定释放。从理论上看,公安机关实际上无权将检察院批准逮捕的犯罪嫌疑人予以释放,如果认为应当释放需要向检察院提出申请,但为何本条却直接将释放犯罪嫌疑人的权力交由公安机关行使,不禁让人产生疑问。

　　本评注认为,这一规定其实是一种特殊的例外。有两方面的原因:一方面,受诉讼阶段论的影响,公安机关、检察院、法院在侦查、起诉、审判三个阶段"各管一段、分工负责、互不干涉",公安机关在侦查阶段是真正的管控方,对于侦查的走向有绝对的主导权。虽然在侦查阶段是否逮捕的批捕权在检察院,但受逮捕与羁押分离理念的影响,逮捕后的羁押一直"系属"在侦查阶段,羁押是否妥当,公安机关更容易发现,羁押的变动和终结也由所在诉讼阶段的办案机关即公安机关来掌控。所以,在侦查阶段,如果发现采取逮捕措施是事前不当,属于批捕错误,应由检察院撤销;如果发现采取逮捕措施是事后不当,属于羁押不当,由负责侦查阶段的公安机关来决断。有研究者将后者称为"系属变更权"。"系属变更权"不同于"决定变更权",是指刑事案件系属到哪个诉讼阶段,由哪个机关承

---

[1] 易延友:《刑事诉讼法:规则 原理 应用》(第五版),法律出版社 2019 年版,第 344 页。
[2] 参见郑鲁宁:《论我国刑事强制措施的修改与完善》,载《法学》1993 年第 9 期,第 35 页。

办，哪个机关就有权在其承办的诉讼阶段变更正在适用的强制措施，而不问这种强制措施是由哪个机关批准或决定适用的。[1] 据此，本条规定对于犯罪嫌疑人在侦查阶段被逮捕后没有羁押必要的，公安机关作为侦查阶段的承办方可直接决定释放或变更强制措施。即使是检察院经羁押必要性审查发现无逮捕必要的，也只能依《刑事诉讼法》第95条建议公安机关释放或变更强制措施。另一方面，发现羁押不当，释放或者变更强制措施是对犯罪嫌疑人有利的处理，这跟逮捕羁押一个人要慎重决断不同，由公安机关决定可不再经过繁琐的"审批手续"，更有利于及时保护犯罪嫌疑人的合法权益，也符合诉讼经济原理。

至于公安机关在侦查阶段发现检察院批捕错误，即采用逮捕措施事前不当的，除了检察院可以撤销逮捕，公安机关可否径行决定释放？本评注持否定态度。如前所述，采用逮捕措施事前不当本属逮捕错误，必须由检察院撤销逮捕，自我纠错，仅由公安机关释放被羁押人，无法对此前的错误逮捕作出否定，错误仍未纠正。[2] 故正确的做法是，公安机关向检察院提出撤销建议，由检察院作出撤销决定，公安机关再释放被羁押人。如果检察院不予撤销，公安机关仅可就其负责的侦查阶段的捕后羁押不当进行审查，作出释放或变更强制措施的决定，但这里的释放是针对"羁押不当"而非"逮捕错误"。所以，本条使用的是"公安机关释放被逮捕的人或者变更逮捕措施"的表述，并未赋予公安机关撤销逮捕的权力。

需要注意的是，对于检察院自行侦查、审查起诉或法院审理案件过程中"决定逮捕"犯罪嫌疑人或者被告人的案件，公安机关在执行中发现逮捕决定有错误(事前不当)或捕后羁押不当(事后不当)，均不能释放被羁押人或者变更强制措施，因为此时案件系属在审查起诉、审判阶段，逮捕的决定方也是检察院或者法院，无论是采"系属变更权"还是"决定变更

---

[1] 参见李忠诚：《强制措施的修改与适用(续)》，载《检察理论研究》1996年第4期，第64页。

[2] 有一种极为特殊的情形，就是公安机关在侦查阶段撤销案件，那么所有的强制措施随即消灭，不复存在，如果犯罪嫌疑人已被逮捕的，这可视为公安机关采用的一种特殊的撤销逮捕的方式。《刑事诉讼法》第163条对此有规定："在侦查过程中，发现不应对犯罪嫌疑人追究刑事责任的，应当撤销案件；犯罪嫌疑人已被逮捕的，应当立即释放，发给释放证明，并且通知原批准逮捕的人民检察院。"

权"理论,释放和变更的主体都只能是检察院或者法院,公安机关只能是向决定机关通报情况、提出建议,由决定逮捕的检察院、法院根据情况作出是否撤销、释放或者变更强制措施的决定。

▶▶【法条评点】

一、变更强制措施需要撤销或解除之前的强制措施吗?

依本条规定,采取强制措施不当,如本不应采取强制措施却采用了强制措施的,自然要撤销作出强制措施的决定。《高检规则》第105条第1款就对此作出规定,取保候审后发现不应当追究犯罪嫌疑人的刑事责任的,应当及时撤销取保候审。但对于变更强制措施的,是否要撤销此前的不当决定呢?对此问题,似乎没有明确答案。《刑事诉讼法》第170条第2款中规定:"对于监察机关移送起诉的已采取留置措施的案件,人民检察院应当对犯罪嫌疑人先行拘留,留置措施自动解除。"这里只规定了留置措施变更为先行拘留的,留置措施视为自动解除。但并未对刑事强制措施变更的情形作出相应规定。在司法实践中,公检法机关在变更强制措施时,一般不再作出撤销或解除原强制措施的决定,而是直接作出采取新的强制措施的决定。从司法解释的规定看,《高检规则》第154条规定,"取保候审变更为监视居住,或者取保候审、监视居住变更为拘留、逮捕的,在变更的同时原强制措施自动解除,不再办理解除法律手续"。《高检规则》第155条规定:"人民检察院已经对犯罪嫌疑人取保候审、监视居住,案件起诉至人民法院后,人民法院决定取保候审、监视居住或者变更强制措施的,原强制措施自动解除,不再办理解除法律手续。"《公安规定》第162条规定:"取保候审变更为监视居住的,取保候审、监视居住变更为拘留、逮捕的,对原强制措施不再办理解除法律手续。"《公安规定》第163条规定:"案件在取保候审、监视居住期间移送审查起诉后,人民检察院决定重新取保候审、监视居住或者变更强制措施的,对原强制措施不再办理解除法律手续。"

根据强制措施适用的基本法理,结合上述规定可以发现,刑事诉讼法规定的每种强制措施都有各自独立的适用范围和适用条件,如果犯罪嫌疑人、被告人符合A强制措施,那必然不适合B、C、D等其他强制措施。一旦犯罪嫌疑人、被告人从A强制措施变更为B强制措施,说明他们已经不再符合A强制措施的适用条件,不及时解除或撤销A强制措施于理不通。据此,本评注认为变更强制措施,特别是由拘留、逮捕(羁押)变更为取保候审、监视居住的,此前采取的强制措施可视为自动解除(取消或失效),或是自动撤销。如前所述,强制措施的撤销与解除不同,二者虽然都可能导致对特定犯罪嫌疑人某一强制措施的不再适用,但前者是指本不应适用强制措施而适用了强制措施;后者是指决定采用强制措施时并无不当,但由于法定事由的出现,如强制措施期限届满,而将强制措施解除。据此,对于犯罪嫌疑人本应适用取保候审却错误采取了逮捕措施的,在作出变更强制措施的决定时,原逮捕措施自动撤销。对于当初批准或决定逮捕并无不当,但随着后续诉讼的推进,对犯罪嫌疑人、被告人的继续羁押已无必要,在对他们决定释放或者变更强制措施时,原逮捕决定即告失效,[1]逮捕措施视为自动解除(取消)。

唯有坚持上述认识才能解决接下来的一个问题,那就是如果逮捕后变更强制措施为取保候审、监视居住,而后又出现新的情况,犯罪嫌疑人、被告人又需要逮捕的,公安机关不能直接收监执行,原逮捕决定不能自然生效,而应重新办理逮捕手续。这便是《高检规则》第289条第3款的规定,"对因撤销原批准逮捕决定而被释放的犯罪嫌疑人或者逮捕后公安机关变更为取保候审、监视居住的犯罪嫌疑人,又发现需要逮捕的,人民检察院应当重新办理逮捕手续"。这里的"重新办理逮捕手续"是指,"可以要求公安机关再次提请逮捕,人民检察院依法作出逮捕决定;如果公安机关不提请逮捕的,人民检察院也可以直接作出逮捕决定,送达公安机关执行"[2]。

---

[1] 参见本刊学习问答组:《纠正不当撤销、变更逮捕措施后应如何办理收监手续?》,载《人民检察》2000年第1期,第61页;本刊学习问答组:《对已捕犯罪嫌疑人变更强制措施后需恢复羁押的,应如何办理法律手续?》,载《人民检察》2002年第5期,第63页。

[2] 童建明、万春主编:《〈人民检察院刑事诉讼规则〉条文释义》,中国检察出版社2020年版,第317页。需要注意的是,本评注不赞同"如果公安机关不提请逮捕的,人民检察院也可以直接作出逮捕决定"的规定,因为对于公安机关侦查的案件,检察院不能在侦查阶段直接决定逮捕,送公安机关执行。相关原因可参见第87条【法条评点】部分的分析。

第九十七条　【变更强制措施的申请及对其处理程序】犯罪嫌疑人、被告人及其法定代理人、近亲属或者辩护人有权申请变更强制措施。人民法院、人民检察院和公安机关收到申请后，应当在三日以内作出决定；不同意变更强制措施的，应当告知申请人，并说明不同意的理由。

▶▶【历次修法条文对照】

1979 年《刑事诉讼法》	1996 年《刑事诉讼法》	2012 年《刑事诉讼法》	2018 年《刑事诉讼法》
第一编　总则 第六章　强制措施	第一编　总则 第六章　强制措施	第一编　总则 第六章　强制措施	第一编　总则 第六章　强制措施
无	第 52 条：被羁押的犯罪嫌疑人、被告人及其法定代理人、近亲属有权申请取保候审。 第二编　立案、侦查和提起公诉 第二章　侦查 第 96 条：犯罪嫌疑人在被侦查机关第一次讯问后或者采取强制措施之日起，可以聘请律师为其提供法律咨询、代理申诉、控告。犯罪嫌疑人被逮捕的，聘请的律师可以为其申请取保候审。……	第 95 条：~~被羁押的~~犯罪嫌疑人、被告人及其法定代理人、近亲属**或者辩护人**有权申请变更强制措施。人民法院、人民检察院和公安机关收到申请后，应当在三日以内作出决定；不同意变更强制措施的，应当告知申请人，并说明不同意的理由。	第 97 条 内容未修订

▶▶【立法沿革】

本条为 1996 年《刑事诉讼法》新增条文。

在 2012 年修改刑事诉讼法时,立法机关将 1996 年《刑事诉讼法》第 52 条、第 96 条进一步整合完善,规定本条。相较于旧法的两个条文,本条主要有三处修改。

一、扩充了申请变更强制措施的种类

立法机关将 1996 年《刑事诉讼法》第 52 条中的被羁押的犯罪嫌疑人、被告人及其法定代理人、近亲属有权申请取保候审修改为有权申请变更强制措施,扩充了可以申请变更强制措施的种类。

一方面,这意味着被羁押的犯罪嫌疑人、被告人等不仅有权将逮捕等强制措施申请变更为取保候审,还可以申请变更为监视居住,从而更有利于保障犯罪嫌疑人、被告人的人身自由权,也更好地贯彻了强制措施适用的比例原则。扩展申请变更强制措施的种类,与 2012 年《刑事诉讼法》对监视居住措施功能性质的重新定位密切相关。2012 年之前,取保候审与监视居住两种强制措施的适用条件和范围基本一致,2012 年修法后,监视居住作为逮捕的替代性措施、变通执行方式,与取保候审在适用范围、功能定位以及强制力程度上有了质的不同,凸显出作为一种强制措施的独立价值,对于不符合取保候审条件,又不适宜逮捕的犯罪嫌疑人、被告人,监视居住无疑成为其免受羁押的一种最优选择,也自然成为受羁押人申请变更强制措施的一种新选择。当然,"有权申请变更强制措施"不仅是从逮捕羁押变更为非羁押措施,还包括非羁押强制措施之间的转换,以及某一强制措施执行方式的变换。这些将在后文中详述。

另一方面,修改后的本条与《刑事诉讼法》第 96 条共同形成了变更强制措施的两种启动方式,即公安机关、检察院、法院依职权变更,以及被羁押的犯罪嫌疑人、被告人及其法定代理人、近亲属、辩护人依申请变更。

二、扩充了申请变更强制措施的主体

依 1996 年《刑事诉讼法》第 52 条的规定,有权申请变更强制措施的主体只有犯罪嫌疑人、被告人及其法定代理人、近亲属。2012 年《刑事诉讼法》第 95 条将有权申请变更强制措施的主体扩展到辩护人。这意味着在侦查、审查起诉以及审判阶段,辩护人都有权申请变更强制措施,尤其是为被羁押的犯罪嫌疑人、被告人申请取保候审、监视居住。这一修改其实是将 1996 年《刑事诉讼法》第 96 条第 1 款的规定,"犯罪嫌疑人被逮捕

的,聘请的律师可以为其申请取保候审"合并到新修改的条文中。不同的是,1996年《刑事诉讼法》第96条中犯罪嫌疑人聘请的律师当时还没有辩护人身份,仅是法律帮助者,行使的权利非常有限。2012年《刑事诉讼法》第33条第1款中规定,"犯罪嫌疑人自被侦查机关第一次讯问或者采取强制措施之日起,有权委托辩护人",这意味着律师从此能够以辩护人的身份介入侦查阶段,可以在侦查阶段"名正言顺""名副其实"地行使辩护权,这其中就包括申请变更强制措施的权利。

从实际效果看,犯罪嫌疑人、被告人及其法定代理人、近亲属大多缺乏专业的法律知识,寻求有效权利救济的能力十分有限。辩护人通常由律师担任,有专业的法律知识和辩护技能,由他们申请变更强制措施,所提出的理由、依据都更具专业性和说服力,可以提高申请变更强制措施的成功率。另外,犯罪嫌疑人、被告人作为直接涉案人,受到国家机关的追诉和羁押,面临巨大的心理压力;他们的法定代理人、近亲属因为亲人或关系密切的人卷入刑事诉讼而被拘留、逮捕,也会心生焦虑。心理上的压力和负担容易造成这些人心态的波动和认知的混乱,不利于理性维权和辩护。辩护人多与案件无关,处理问题时心态较为平和,特别是辩护律师,在长期从事刑事辩护的过程中形成了较好的心理素质,能够充分发挥专业技能,更好地行使辩护职权,维护犯罪嫌疑人、被告人的合法权益。

综合上述原因,本条规定,"……辩护人有权申请变更强制措施"。

三、增加了公检法机关对变更强制措施申请的处理程序

针对司法实践中,公检法机关对辩护方提交的变更强制措施的申请久拖不决,延宕诉讼的现象,本条增加三机关对变更强制措施申请的决定期限和告知义务的规定:一是法院、检察院和公安机关收到申请后,应当在3日以内作出决定;[1]二是三机关不同意变更强制措施的,应当告知

---

[1] 1998年《六机关规定》第20条规定:"刑事诉讼法第五十二条规定:'被羁押的犯罪嫌疑人、被告人及其法定代理人、近亲属有权申请取保候审。'第九十六条规定:'犯罪嫌疑人被逮捕的,聘请的律师可以为其申请取保候审。'被羁押的犯罪嫌疑人、被告人及其法定代理人、近亲属和律师申请取保候审,有权决定的机关应当在七日内作出是否同意的答复。同意取保候审的,依法办理取保候审手续;不同意取保候审的,应当告知申请人,并说明不同意的理由。"2012年《刑事诉讼法》将上述规定中的"七日内"缩短为"三日以内"。

申请人,并说明不同意的理由。这样规定一方面有利于敦促公检法三机关认真对待申请,及时作出决定;另一方面也有助于申请人及时了解不同意变更的理由,避免因矛盾激化产生不必要的对立,理性寻求其他的救济途径。

本条在2018年修改刑事诉讼法时未有内容调整,仅有条文序号的变化。

▶▶【法条注解】

本条是关于犯罪嫌疑人、被告人及其法定代理人、近亲属、辩护人有权申请变更强制措施,以及有关机关对申请的处理程序的规定。

一、辩方有权申请变更强制措施

本条第1句规定:"犯罪嫌疑人、被告人及其法定代理人、近亲属或者辩护人有权申请变更强制措施。"这可简称为辩方有权申请变更强制措施。这里的"辩方"包括犯罪嫌疑人、被告人,以及他们的法定代理人、近亲属、辩护人。法律规定他们有权申请变更强制措施是辩护权的体现,是对抗公权力机关错用、滥用强制措施的具体方式,是对涉及限制人身自由的强制措施应当采取审慎态度的立法精神的贯彻和落实。

"申请变更强制措施",既可以是申请变更强制措施的种类,例如由强制性高的拘留、逮捕变更为强制性低的取保候审、监视居住;也可以是申请变更强制措施的执行方式,如由指定居所监视居住变更为在犯罪嫌疑人、被告人的住处执行监视居住,由提供保证人的取保方式申请变更为交纳保证金的取保方式。

需要注意的是,"申请变更强制措施"一般都是从有利于犯罪嫌疑人、被告人的角度出发,申请从强制性高的强制措施或执行方式变更为强制性低的强制措施或执行方式。"变更"在语义上指变化和更替,主要指更换为其他强制措施,结合申请目的和强制措施体系看,只能是申请更换为强制性低的措施,由于拘留带有明显的"过渡性",多适用于紧急情况,如果犯罪嫌疑人、被告人已经被逮捕,不可能变更为拘留,只能变更为取保候审或监视居住。同理,如果犯罪嫌疑人被拘留,也只可能变更为取保候审或监视居住。如果是被监视居住的,只能申请变为取保候审。[1] 但实践中也出现过极端个例，如个别辩护律师申请由指定居所监视居住变更为逮捕，但这完全是由指定居所监视居住措施的滥用和功能异化所致，不应将实践乱象作为违背立法精神而曲意解释的依据。

另外，《高检规则》对辩护方向检察院申请变更强制措施设定了部分"义务"，第151条第3款规定，"犯罪嫌疑人及其法定代理人、近亲属或者辩护人提出变更强制措施申请的，应当说明理由，有证据和其他材料的，应当附上相关材料"。乍一看，这一要求似乎超越了刑事诉讼法的规定，给个人增设了义务和负担。毕竟，法律对提出变更强制措施的申请是否应当附有相应的理由、证据和其他材料并未作强制性要求，但从便于有关机关正确、及时作出判断和决定来考虑，从提高申请的成功率、有效性出发，犯罪嫌疑人、被告人等在提出变更强制措施的申请时主动说明自己符合取保候审、监视居住条件，应当予以变更强制措施的理由，并附上相应的证据或其他材料，显然更有利于有关机关综合各方情况及时作出有利于辩方的决定。从这个角度看，《高检规则》的规定并不"出格"，但实践中要防止办案机关因为辩方申请时不提交书面理由、证据或其他材料就直接驳回申请的不当做法。

二、公检法机关对变更强制措施的申请应当在3日内反馈

本条第2句规定："人民法院、人民检察院和公安机关收到申请后，应当在三日以内作出决定；不同意变更强制措施的，应当告知申请人，并说明不同意的理由。"该规定包含三层含义：

一是法院、检察院和公安机关收到变更强制措施的申请后，无论是否同意辩方的申请，都应当作出反馈或回应，不能置之不理、不闻不问。

二是法院、检察院和公安机关对申请不仅要作出反馈或回应，还不得拖延，应当在3日以内作出决定，否则视为违反法定程序。这是对公检法三机关处理申请的时限要求，避免办案机关消极懈怠、推脱敷衍、延宕诉讼。至于作出的决定，包括变更和不予变更强制措施的决定，具体要根据案情和犯罪嫌疑人、被告人的个人情况综合确定。

---

[1] 参见夏永全：《条解刑事诉讼法——主旨·释评》，西南交通大学出版社2014年版，第110页；宋英辉主编：《中华人民共和国刑事诉讼法精解》，中国政法大学出版社2012年版，第131页。

三是如果法院、检察院、公安机关不同意变更强制措施的申请,除了在 3 日以内作出决定,并告知申请人,还应当说明不同意的理由。从司法实践看,公检法机关对于辩方提出的变更强制措施的申请不少都予以否定。但如果他们决定不予变更强制措施的,不能仅告知处理结果,"一否了之",还必须书面说理,即说明不同意的理由。不同意的理由,主要是指应当对犯罪嫌疑人、被告人继续采取拘留、逮捕、指定居所监视居住等措施提供法律依据,阐释原因。如果辩方提交的变更强制措施的申请还附有相关事实和证据的,法院、检察院、公安机关应当在说明不同意变更强制措施的理由时,还要对该相关事实和证据予以回应。这样做不仅可以增强处理决定的可接受性,让申请人"服判息诉",也更有利于申请人对办案机关决定的合法性、合理性进行监督,防止权力滥用。

▶▶【法条评点】

一、辩方有权申请撤销或者解除强制措施吗?

《刑事诉讼法》第 97 条仅规定犯罪嫌疑人、被告人及其法定代理人、近亲属或者辩护人有权申请变更强制措施,却未规定他们是否有权申请撤销或者解除强制措施。如果将第 97 条与第 96 条作一比较会发现,第 97 条是有关人员依申请变更强制措施,第 96 条是公检法机关依职权变更强制措施。此外,依职权启动的情形还包括撤销强制措施,但第 97 条却没有规定辩护方可否依申请撤销强制措施,这是为何?难道有某种特殊情形只能由公检法机关依职权撤销强制措施,却不能由辩方向公检法机关申请撤销强制措施吗?

举例而言,如果在侦查阶段,犯罪嫌疑人先被取保候审,期限届满后转为监视居住,期限届满后又转为逮捕,后辩护方在羁押期间发现当时的逮捕条件适用错误,犯罪嫌疑人本不应逮捕,此时由于取保候审、监视居住的期限用尽,再无其他强制措施可变更,本案又不属于开展羁押必要性审查的情形,而是当时决定逮捕错误,只能撤销。试问,辩方能否向当初批捕的检察院申请撤销逮捕呢?

本评注认为,《刑事诉讼法》第 97 条未规定辩方有权申请撤销或者解除强制措施可能有两方面的原因。

一是立法疏忽。本条是从 1996 年《刑事诉讼法》第 52 条修订而来,旧法规定,"被羁押的犯罪嫌疑人、被告人及其法定代理人、近亲属有权申请取保候审"。新法把申请取保候审改为申请变更强制措施,扩大了办案机关变更强制措施的选择范围,不仅可以由逮捕变更为取保候审,还可以变更为监视居住。但新条文似乎延续了旧有条文的立法路线,关注不同强制措施之间如何"切换",忽略了强制措施也可以从有到无的变换场景,以致遗漏了赋予辩方对强制措施申请撤销或解除的权利。这似乎是受到旧有条文的影响和牵绊所致。

二是从第 96 条和第 97 条的比较来看,立法在第 96 条赋予公检法机关对强制措施的撤销权,该权力往往与撤案或终止诉讼紧密相关。如《高检规则》第 105 条第 1 款规定:"取保候审期限届满或者发现不应当追究犯罪嫌疑人的刑事责任的,应当及时解除或者撤销取保候审。"第 115 条第 1 款规定:"监视居住期限届满或者发现不应当追究犯罪嫌疑人刑事责任的,应当解除或者撤销监视居住。"《公安规定》第 187 条第 2 款规定:"公安机关决定撤销案件或者对犯罪嫌疑人终止侦查时,原犯罪嫌疑人在押的,应当立即释放……对原犯罪嫌疑人采取其他强制措施的,应当立即解除强制措施……"据此,对不予追究刑事责任的情形,公安机关会撤销案件或对犯罪嫌疑人终止侦查,检察院会作不起诉决定,同时依职权撤销已采取的强制措施,如撤销取保候审、监视居住等,这恰好对应《刑事诉讼法》第 96 条的规定。对于辩方而言,如果犯罪嫌疑人及其辩护人等发现了不予追究刑事责任的情形,可依《刑事诉讼法》第 42 条,"辩护人收集的有关犯罪嫌疑人不在犯罪现场、未达到刑事责任年龄、属于依法不负刑事责任的精神病人的证据,应当及时告知公安机关、人民检察院",同时直接向公安机关申请撤销案件,对犯罪嫌疑人终止诉讼,或者向检察院申请不起诉。如果公安机关或检察院同意申请撤案或不起诉的,撤销强制措施便是附带性处理,属于公权力机关的"内部行为",无须辩方再单独申请。倘若立法机关采用的是上述思路,那么第 97 条没有赋予辩方申请撤销强制措施的权利便有一定的道理。

本评注认为,如果是上述第一种原因则属于立法疏漏,应当予以修改。如果是第二种原因,那么第 97 条的规定算是妥当,相关条文之间的关系尚可协调,但也百密一疏。因为对于公安机关在侦查阶段办理的案件,检察院是批捕机关,有权撤销逮捕,公安机关则是撤销案件的主体。如果公安机关正在侦办某一案件,犯罪嫌疑人已被检察院批准逮捕,此后,辩护人发现了犯罪嫌疑人没有达到刑事责任年龄的证据并向公安机关提交该证据用以申请撤销案件,但公安机关不予理会,继续侦查,此时辩护人是否可以向检察院先申请撤销逮捕,同时要求检察院行使侦查监督权呢?如果答案是肯定的,那么第97条还是应该明确赋予辩方申请撤销或者解除强制措施的权利。

> **第九十八条 【羁押期满未能结案的处理】**犯罪嫌疑人、被告人被羁押的案件,不能在本法规定的侦查羁押、审查起诉、一审、二审期限内办结的,对犯罪嫌疑人、被告人应当予以释放;需要继续查证、审理的,对犯罪嫌疑人、被告人可以取保候审或者监视居住。

▶▶【历次修法条文对照】

1979年《刑事诉讼法》	1996年《刑事诉讼法》	2012年《刑事诉讼法》	2018年《刑事诉讼法》
第六章 强制措施	第六章 强制措施	第六章 强制措施	第六章 强制措施
无	**第74条**:犯罪嫌疑人、被告人被羁押的案件,不能在本法规定的侦查羁押、审查起诉、一审、二审期限内办结,需要继续查证、审理的,对犯罪嫌疑人可以取保候审或者监视居住。	**第96条**:犯罪嫌疑人、被告人被羁押的案件,不能在本法规定的侦查羁押、审查起诉、一审、二审期限内办结**的,对犯罪嫌疑人、被告人应当予以释放**;需要继续查证、审理的,对犯罪嫌疑人、被告人可以取保候审或者监视居住。	**第98条** 内容未修订

▶▶【立法沿革】

本条为1996年《刑事诉讼法》新增条文,主要解决的是司法实践中超期羁押的问题。

一、1996年《刑事诉讼法》增设本条

1979年《刑事诉讼法》在各诉讼阶段都对犯罪嫌疑人、被告人的羁押期限作出明确规定。总体来看,大部分刑事案件在当时都能在法律规定的期限内办结,但也有部分案件由于各种原因不能在法定期限内结案,需要继续侦查、审查起诉、审理。这些案件中的犯罪嫌疑人、被告人如果在押的,继续侦查、审查起诉、审理期限该如何处理,1979年《刑事诉讼法》未作明确规定,引发了司法实践中的超期羁押。这种现象不仅严重破坏了法律的严肃性、司法的权威性,也不利于对犯罪嫌疑人、被告人合法利益的保障。长时间的羁押还会给公安司法机关人力、物力、财力的支出带来很大负担,在社会上造成不良影响。针对这种情况,1984年第六届全国人民代表大会常务委员会第六次会议通过了《关于刑事案件办案期限的补充规定》(简称《补充规定》,已失效),其中第4条规定,"对被羁押正在受侦查、起诉、一审、二审的被告人,不能在刑事诉讼法规定的期限内办结,采取取保候审、监视居住的办法对社会没有危险性的,可以取保候审或者监视居住。取保候审或者监视居住期间,不计入刑事诉讼法规定的办案期限,但是不能中断对案件的审理"。王汉斌就《补充规定》向第六届全国人民代表大会常务委员会作出的说明中,在涉及到第4条时指出,"作出这样明确的规定,各地就可以将已经逮捕但是未能按期办结的对社会没有危险的在押人犯,采取取保候审、监视居住的办法,继续进行调查审理。这样既保证司法机关有必要的时间查明犯罪事实,而又不必延长办案中的羁押期限。对一些经济犯罪、渎职罪、过失犯罪都可以采取这个办法"[1]。1996年修改刑事诉讼法时,立法机关增设第74条,对《补充规定》第4条作适当修改后纳入法律,规定,"犯罪嫌疑人、被告人被羁押的案件,不能在本法规定的侦查羁押、审查起诉、一审、二审期限内办结,需要继续查证、审理的,对犯罪嫌疑人、被告人可以取保候审或者监视居住"。据此,对于犯罪嫌疑人、被告人被羁押的案件,不能在法定的期限内结案的,不能以任何理由无限期地羁押,"需要继续查证、审理的,对犯罪嫌疑人、被告人可以取保候审或者监视居住"。

---

[1] 北京广播电视大学法律教研室编:《法学概论参考资料》,中央广播电视大学出版社1984年版,第395页。

二、2012年《刑事诉讼法》对本条的修改

2012年《刑事诉讼法》对本条作出一定幅度的修改,增加了犯罪嫌疑人、被告人被羁押的案件,不能在本法规定的侦查羁押、审查起诉、一审、二审期限内办结"的","对犯罪嫌疑人、被告人应当予以释放"的规定。概言之,新法增加了一个字和一句话,改了一个标点,其余内容未有变动。

(1)增加一个"的"字。本次条文修改是在"不能在本法规定的侦查羁押、审查起诉、一审、二审期限内办结"后增加"的"字。在某一短句中以"的"字煞尾其实在刑事诉讼法的条文中较为常见,如第76条规定,"指定居所监视居住的期限应当折抵刑期。被判处管制的,监视居住一日折抵刑期一日;被判处拘役、有期徒刑的,监视居住二日折抵刑期一日"。这样处理可以使前后语句的衔接更为顺畅,本条经这样的修改也恰好能与整部法律的条文表述和用语风格保持协调和一致。

(2)增加一句话。1996年《刑事诉讼法》增设第74条,"只是规定被羁押的犯罪嫌疑人、被告人在法定办案期限届满后,如果仍然需要继续查证、审理的,对犯罪嫌疑人、被告人可以取保候审或者监视居住,并未明确规定被羁押的犯罪嫌疑人、被告人在法定办案期限届满之后,不需要继续查证、审理的应当如何处理"[1]。2012年《刑事诉讼法》对此作出修改,在原条文"犯罪嫌疑人、被告人被羁押的案件,不能在本法规定的侦查羁押、审查起诉、一审、二审期限内办结"后增加"对犯罪嫌疑人、被告人应当予以释放"的表述。从修改后的整个条文结构看,可以得出结论:只有羁押期限届满,案件"需要继续查证、审理的",对犯罪嫌疑人、被告人才可以变更强制措施为取保候审或者监视居住。反之,不需要继续查证、审理的,"对犯罪嫌疑人、被告人应当予以释放"。

那么,羁押期限届满,不需要继续查证、审理,应当释放犯罪嫌疑人、被告人的具体情形又是什么呢?回答这一问题,还要从本条的立法和修法目的——破解超期羁押来看。众所周知,超期羁押由来已久,危害至深,产生的原因也十分复杂,主要原因之一就是逮捕羁押权的滥用。早在

---

[1] 宋英辉主编:《中华人民共和国刑事诉讼法精解》,中国政法大学出版社2012年版,第132—133页。

1993年,"两高两部"联合发布的《最高人民检察院、最高人民法院、公安部、国家安全部关于严格执行刑事案件办案期限切实纠正超期羁押问题的通知》就指出,"一些久押不决的案件,往往是在逮捕人犯时把关不严,甚至以捕代侦,先捕后侦,结果将人犯逮捕后,在法定期限内基本事实查不清,主要证据收集不到,不能起诉判刑,造成超期羁押"。虽然1996年修订刑事诉讼法时,立法新增第74条,规定犯罪嫌疑人、被告人被羁押的案件,不能在法定羁押期限内办结,需要继续查证、审理的,可以变更强制措施为取保候审或者监视居住,从而为解决超期羁押问题提供了一个解决的出口或方案,但超期羁押并未得到根治。2000年《全国人大常委会执法检查组关于检查〈中华人民共和国刑事诉讼法〉实施情况的报告》中指出:"司法机关在近两三年普遍对超期羁押问题进行了清理,但工作发展不平衡,一些地方超期羁押仍然较为突出:一是仍有一批超期羁押多年的案件没有得到解决。二是旧的超期羁押问题清理了,又出现新的超期羁押问题。三是变相超期羁押情况增多。"究其原因,"首先是部分办案人员旧的执法观念还没转变过来,在没有掌握确凿犯罪证据的情况下,仓促抓人,一旦补充不到必要的证据,便造成案件难以在法定期限内办结"[1]。可见,司法实践中先捕人再取证、证据收集不全、羁押期限届满后又不敢轻易放人,导致超期羁押在1996年《刑事诉讼法》修订后仍然屡禁不止。实务部门的同志也坦言:"因证据不足而使案件无法处理导致超期羁押犯罪嫌疑人、被告人的比率较大。尽管刑事诉讼法规定得很清楚:'对于补充侦查的案件,人民检察院仍然认为证据不足,不符合起诉条件的,可以作出不起诉的决定。'人民法院对'证据不足,不能认定被告人有罪的,应当作出证据不足、指控的犯罪不能成立的无罪判决'。但是对于这些证据不足的疑案,公安司法机关宁肯多次退查、超期羁押也不愿作无罪处理,甚至法律规定应当变更强制措施也不认真地执行,究其原因就是疑罪从无的理念还没真正形成。"[2]

---

[1] 侯宗宾:《全国人大常委会执法检查组关于检查〈中华人民共和国刑事诉讼法〉实施情况的报告——2000年12月27日在第九届全国人民代表大会常务委员会第十九次会议上》,载《全国人民代表大会常务委员会公报》2001年第1期,第67页。

[2] 李忠诚:《超期羁押的成因与对策》,载《政法论坛》2002年第1期,第61页。

> **中国看守所最长守望者**
>
> 2003年4月29日,河北省邯郸市中级人民法院以证据不足为由,判决宣告将刘俊海、刘印堂无罪释放。至此,刘氏二人已在看守所里度过了15年,成为在国内看守所关押时间最长的人。1988年2月27日,邯郸市临漳县官村发生了一起纵火案,造成4死1伤。随后,该村村民刘俊海和其堂叔刘印堂作为嫌疑人被公安机关逮捕。两人被认定为这起特大命案的凶手,关进临漳看守所,一关就是15年!被媒体称为"中国看守所最长守望者"。[1]

综上所述,在新中国法制建设初期,受制于落后的侦查破案手段,司法实践中搞有罪推定,滥用逮捕权,以捕代侦、以审代查、先审后查、靠掏口供取证的做法较为普遍。[2] 一些案件中的犯罪嫌疑人、被告人往往涉嫌严重犯罪或社会影响较大的其他犯罪,办案机关捕了人,在法定羁押期限内却收集不到充分的证据,受到"宁可信其有、不可信其无""只有错抓没有错放"等错误观念的影响,以及来自被害人信访、社会舆论和国家赔偿等的压力,不敢轻易疑罪从无,最终导致案件"诉不出、判不下、放不了",案件"定放两难",只能拖在那里,这是超期羁押产生的一个根本或主要原因。针对这一深层次原因,2012年《刑事诉讼法》在原有条文"犯罪嫌疑人、被告人被羁押的案件,不能在本法规定的侦查羁押、审查起诉、一审、二审期限内办结"后,新增"对犯罪嫌疑人、被告人应当予以释放"的规定,这其实是对疑罪从无理念的重申和强调,它所指向的是,对于那些久侦不破、久审不下、证据不足的案件,已经没有继续查证、审理的必要,不能因为受外在压力等因素的影响,久押不决、超期羁押,而是要贯彻无罪推定、疑罪从无的理念,该撤案的撤案,该不起诉的不起诉,该判无罪的判无罪,及时释放在押人员。另外,对于那些案情十分复杂,取证十分困难且办理周期特别长的案件,例如,多人

---

〔1〕 参见罗书平:《〈看守所,如何改革见实效?〉系列报道之二:如何破解屡禁不止的超期羁押顽疾?》,载《民主与法制(周刊)》2017年第15期,第13页。

〔2〕 参见王汉斌:《王汉斌访谈录——亲历新时期社会主义民主法制建设》,中国民主法制出版社2012年版,第32页。

实施犯罪、有组织犯罪、犯罪涉及面广的跨地区犯罪、跨国犯罪、同案犯在逃的犯罪，以及案件本身又出现了新情况，需要收集新证据、抓捕新的犯罪嫌疑人的，如果在羁押期限届满后，仍然需要继续查证、审理的，才可以变更强制措施。

（3）替换一个标点。新法在增加"对犯罪嫌疑人、被告人应当予以释放"的表述的同时用标点"；"将此句与后句"需要继续查证、审理的，对犯罪嫌疑人、被告人可以取保候审或者监视居住"相区隔，目的是体现前后句的并列关系和先后关系。所谓并列关系，是指在不得超期羁押的前提下，根据办案需要，既可以考虑释放被羁押人，也可考虑变更为其他强制措施为取保候审或者监视居住，这是两种可选的处理方案。所谓先后关系，则是指通过条文的前后结构关系看，立法似乎在向办案机关传达这样一种意图或倾向，那就是对于犯罪嫌疑人、被告人被羁押的案件，办案机关如不能在法定期限内结案的，应首先考虑放人；需要继续查证、审理的，才可以变更为取保候审或者监视居住。

本条在2018年修改刑事诉讼法时未有内容调整，仅有条文序号的变化。

▶▶【法条注解】

本条是关于因羁押期限届满未能结案的应当如何处理的规定。

一、侦查羁押、审查起诉、一审、二审期限

羁押关涉到公民的人身自由，属于宪法性基本权利，应慎重使用。刑事诉讼法一方面对各种羁押的适用条件，即拘留、逮捕的条件作出严格规定，以控制羁押的准入门槛；另一方面，建立了若干审查纠错机制，避免错误羁押、不当羁押，如拘留、逮捕后应当在24小时以内进行讯问，发现不应当拘留、逮捕的立即释放（第86条、第94条），又如要求检察院对羁押必要性进行审查（第95条），再如赋予辩方申请（由羁押）变更为其他强制措施的权利（第97条）。除此以外，刑事诉讼法还综合考虑公安司法机关的办案实际和保护犯罪嫌疑人、被告人合法权利的需要，对侦查羁押期限、检察院审查起诉期限、法院一、二审的审理期限作出明确规定，从而以"行政管理"的方式督促办案机关限期结案或尽快将案件移送下

一诉讼阶段办理。

(一)侦查羁押期限

根据《刑事诉讼法》第156条至第159条的规定,侦查羁押期限一般不得超过二个月,案情复杂、期限届满不能终结的案件,可以延长一个月;对于交通十分不便的边远地区的重大复杂案件,重大的犯罪集团案件,流窜作案的重大复杂案件,犯罪涉及面广、取证困难的重大复杂案件(以下简称"交、流、集、广"且重大复杂)可以再延长两个月;对犯罪嫌疑人可能判处十年有期徒刑以上刑罚,延长的羁押期限届满,仍不能侦查终结的,可以再延长两个月。此外,如果因为特殊原因,在较长时间内不宜交付审判的特别重大复杂的案件,由最高人民检察院报请全国人民代表大会常务委员会批准延期审理。总体而言,侦查羁押期限的周期是7(也即2+1+2+2)+X月。(表六)

表六:侦查羁押期限一览表

情形	期限	批准主体
一般情况	2个月	无须批准
案情复杂、期限届满不能终结	延长1个月,合计3个月	上一级人民检察院
案情复杂、期限届满不能终结,"交、流、集、广"且重大复杂	延长2个月,合计5个月	省、自治区、直辖市人民检察院批准或者决定
案情复杂、期限届满不能终结,"交、流、集、广"且重大复杂,可能判处10年有期徒刑以上刑罚	延长2个月,合计7个月	省、自治区、直辖市人民检察院批准或者决定
特殊原因,在较长时间内不宜交付审判的特别重大复杂的	无期限,X月	由最高人民检察院报请全国人民代表大会常务委员会批准延期(交付)审理

(二)检察院审查起诉期限

《刑事诉讼法》第172条规定:"人民检察院对于监察机关、公安机关移送起诉的案件,应当在一个月以内作出决定,重大、复杂的案件,可以延长十五日;犯罪嫌疑人认罪认罚,符合速裁程序适用条件的,应当在十日以内作出决定,对可能判处的有期徒刑超过一年的,可以延长至十五日。"据此,检察院的审查起诉期限最长是一个半月。

(三) 一审期限

《刑事诉讼法》第208条第1款规定了公诉案件适用普通程序的一审审限,"人民法院审理公诉案件,应当在受理后二个月以内宣判,至迟不得超过三个月。对于可能判处死刑的案件或者附带民事诉讼的案件,以及有本法第一百五十八条规定情形之一的,经上一级人民法院批准,可以延长三个月;因特殊情况还需要延长的,报请最高人民法院批准"。据此,法院适用公诉案件普通程序一审审理的期限是6(也即2+1+3)+X月。

第212条第2款规定了自诉案件的一审审限,"人民法院审理自诉案件的期限,被告人被羁押的,适用本法第二百零八条第一款、第二款的规定;未被羁押的,应当在受理后六个月以内宣判"。

第220条规定了一审案件适用简易程序审理案件的期限,"适用简易程序审理案件,人民法院应当在受理后二十日以内审结;对可能判处的有期徒刑超过三年的,可以延长至一个半月"。

第225条规定了一审案件适用速裁程序审理案件的期限,"适用速裁程序审理案件,人民法院应当在受理后十日以内审结;对可能判处的有期徒刑超过一年的,可以延长至十五日"。

(四) 二审期限

《刑事诉讼法》第243条第1款规定了二审审限,"第二审人民法院受理上诉、抗诉案件,应当在二个月以内审结。对于可能判处死刑的案件或者附带民事诉讼的案件,以及有本法第一百五十八条规定情形之一的,经省、自治区、直辖市高级人民法院批准或者决定,可以延长二个月;因特殊情况还需要延长的,报请最高人民法院批准"。据此,法院的二审审理期限一般是4(也即2+2)+X月。此外,第243条第2款还规定,"最高人民法院受理上诉、抗诉案件的审理期限,由最高人民法院决定"。这意味着最高人民法院作为二审法院审理案件,审限由最高人民法院自己决定。

二、法定期限内案件未办结的处理

本条中"犯罪嫌疑人、被告人被羁押的案件,不能在本法规定的侦查羁押、审查起诉、一审、二审期限内办结"中的"办结",是指在侦查中作出移送审查起诉或者撤销案件的决定,在审查起诉中作出提起公诉或者不起诉的决定,在一审、二审中作出判决、裁定。

根据本条规定,犯罪嫌疑人、被告人被羁押的案件在法定期限内未办结的,有两种处理方式:一是取消羁押,"对犯罪嫌疑人、被告人应当予以释放";二是变更强制措施,即将羁押变更为取保候审或者监视居住,同时继续查证、办理案件。其实,本条只是作了概括性的处理规定。司法实践中,对于办案的羁押期限届满的,还可以进一步细分不同情况处理:有些案件,如果具备继续查证、审理条件的,可以变更强制措施;有些案件,其中部分犯罪事实已经查清,还有部分犯罪事实、情节尚未查清或者难以查清的,可以先对已经查清的罪行移送起诉,进行审判;还有些案件确实难以收集到新证据,证据不足的,可以撤销案件或者作存疑不起诉,同时释放被羁押人。

需要注意的是,本条虽然明确"需要继续查证、审理的,对犯罪嫌疑人、被告人可以取保候审或者监视居住",但若取保候审或监视居住的期限届满,案件仍未办结的,又当如何处理?本评注认为,待取保候审或者监视居住期限届满后,如果所有强制措施均已用尽,对犯罪嫌疑人、被告人应立即释放。但是,如果变更为其他性质更为严厉的措施,比如将取保候审变更为监视居住,虽然没有明显违反法律的禁止性规定,但却违背了比例原则,并且会侵害犯罪嫌疑人、被告人的合法权益。[1]

▶▶【法条评点】

一、"审查起诉、一审、二审期限"是办案期限还是羁押期限?

本条中的"审查起诉、一审、二审期限"到底是羁押期限还是办案期限?对此一直存有争议。

(一)解释学视角下的观点纷争

1. 文义解释和体系解释的初步论断

如果从文义解释的角度看,本条中除了"侦查羁押"期限的表述,"审

---

[1] 参见夏永全:《条解刑事诉讼法——主旨·释评》,西南交通大学出版社2014年版,第111页。

查起诉、一审、二审期限"中并没有"羁押"二字,如果认为"审查起诉、一审、二审期限"是羁押期限,似乎有些无中生有,故解释为办案期限较为妥当。而且,从体系解释的角度看,《刑事诉讼法》第 172 条规定了审查起诉期限,第 208 条规定了公诉案件一审期限,第 243 条规定了二审期限。这些期限也都未言明是羁押期限或是犯罪嫌疑人、被告人被羁押状态下的办案期限。换言之,即使犯罪嫌疑人、被告人未被羁押,检察院审查起诉,法院一审、二审期限也应适用上述规定。所以,本条中的"审查起诉、一审、二审期限"应是办案期限。

2. 历史解释的否定之否定

但是,文义解释和体系解释有一个难以自圆其说的"硬伤",那就是如果审查起诉、一审、二审期限届满,即意味着办案期限届满,诉讼应终止,程序应终结,但为何将羁押变更为取保候审、监视居住后,办案机关还可以继续查证、审案呢?继续查证、审案的期限是办案期限吗?如果是,那么刑事诉讼法规定的审查起诉、一审、二审期限还是办案期限吗?如果不是,那么继续查证、审案的期限又是什么?有研究者已经注意到该问题,指出,"审判期限本意应为人民法院完成审判行为必须遵守的法定期限,期限届满则不得再进行审判。然而,本条却规定一审、二审期限届满,需要继续查证、审理的,对犯罪嫌疑人、被告人可以取保候审或者监视居住,这就意味着,审判期限届满后,人民法院仍可举行审判行为。如此,所谓审判期限制度除了充当审判阶段被告人的羁押期限外,对于人民法院的审判行为就失去了实际约束意义"[1]。为了回应这一问题,一种新的解释方案出现了,那就是本条中的"审查起诉、一审、二审期限"实为各诉讼阶段的羁押期限,分别对应《刑事诉讼法》第 172 条、第 208 条、第 243 条的规定。羁押期限届满,对犯罪嫌疑人、被告人变更为取保候审、监视居住后,办案机关可以继续查证、审理案件,不再受前述条款规定的羁押期限的限制。有实务部门的同志引用 1984 年全国人民代表大会常务委员会发布的《补充规定》第 5 条来论证上述观点。第 5 条规定:"人民检察院审查起诉和人民法院审理的公诉案件,被告人没有被羁押的,不受刑事诉讼法第九十七条、第一百二十五条、第一百

---

[1] 冀祥德主编:《最新刑事诉讼法释评》,中国政法大学出版社 2012 年版,第 90 页。万毅教授对此也曾有过相同论述。

四十二条规定的办案期限的限制,但是不能中断对案件的审理。"王汉斌就《补充规定》向第六届全国人民代表大会常务委员会作出的说明中指出,"至于刑事案件被告人未被羁押的,对起诉和审理的期限,不好限制过严,因此草案规定,被告人未被羁押的案件,不受刑诉法规定的起诉、一审、二审期限的限制。但是,不论被告人是未被羁押或是被解除羁押、取保候审的案件,均应抓紧调查审理,不能中断,不能因不受规定的办案期限的限制而搁置不办或久拖不结"[1]。可见,当时的立法机关认为,1979年《刑事诉讼法》中的审查起诉、一审、二审期限其实是犯罪嫌疑人、被告人羁押状态下的办案期限,也就是羁押期限,如果犯罪嫌疑人、被告人未被羁押,审查起诉、一审、二审的办案期限可以继续延长,没有明确的时限要求。

然而,上述带有历史解释意味的论证也存在问题,那就是《补充规定》早已废止。1996年,我国刑事诉讼法进行第一次大修,第八届全国人民代表大会第四次会议通过的《全国人民代表大会关于修改〈中华人民共和国刑事诉讼法〉的决定》第一百一十条明确提出,"本决定自一九九七年一月一日起施行。《中华人民共和国逮捕拘留条例》、《全国人民代表大会常务委员会关于迅速审判严重危害社会治安的犯罪分子的程序的决定》、《全国人民代表大会常务委员会关于刑事案件办案期限的补充规定》同时废止"。这意味着从1997年1月1日起,修改后的刑事诉讼法开始生效,《补充规定》等同时失去法律效力。有研究者就此指出:"以《补充规定》为依据,对被告人未被羁押的公诉案件不执行刑诉法关于审判期限的要求,是违反全国人大通过的《关于修改〈中华人民共和国刑事诉讼法〉的决定》的错误做法。"[2]而且,更微妙的是,1996年《刑事诉讼法》吸收了《补充规定》的若干条文,但唯独没有将《补充规定》第5条入法。这是否意味着,检察院审查起诉或法院审理的公诉案件,即使没有羁押犯罪嫌疑人、被告人,仍然要受刑事诉讼法有关审查起诉、一审、二审期限的限制?难道《刑事诉讼法》第98条中的"审查起诉、一审、二审期限"还应是办案期限,而非羁押期限?

---

[1] 北京广播电视大学法律教研室编:《法学概论参考资料》,中央广播电视大学出版社1984年版,第395—396页。

[2] 本刊学习问答组:《被告人未被羁押可以不受审判期限限制吗?》,载《人民检察》2000年第7期,第62页。

但这又如何解决法定办案期限之外又可以通过变更强制措施继续查证、审理案件的问题呢?

(二)回归办案期限的解释逻辑

本评注认为,《刑事诉讼法》第 98 条中的"审查起诉、一审、二审期限"是指办案期限。首先,即使是《补充规定》在第 4 条和第 5 条中也是规定了羁押状态下的办案期限和未被羁押状态下的办案期限,落脚点仍然是办案期限。其次,从刑事诉讼法的规定看,审查起诉、一审、二审期限都是以审查起诉期限、审理期限来表述和计算的,并未有羁押期限的字眼。如《刑事诉讼法》第 212 条第 2 款规定:"人民法院审理自诉案件的期限,被告人被羁押的,适用本法第二百零八条第一款、第二款的规定;未被羁押的,应当在受理后六个月以内宣判。"这明显是以被告人是否被羁押为标准分别设定自诉案件的一审审限。立法规定自诉案件的审理期限,在被告人被羁押状态下须适用公诉案件的一审审限(《刑事诉讼法》第 208 条第 1 款),是"因为,公诉案件的被告人多数情况下也是被羁押的"[1]。但《刑事诉讼法》第 208 条并未像第 212 条那样同时规定被告人未被羁押下的公诉案件一审审限,这意味着无论是被羁押还是未被羁押,公诉案件(适用普通程序)的一审都只有一个时限,即审理期限,目的是通过审理期限来限定一审中最长的羁押期限。可见,立法对公诉与自诉案件采取了不同的审限设置方式来控制羁押时长。此外,《刑事诉讼法》第 220 条、第 225 条中规定的适用简易程序审理的案件和适用速裁程序审理的案件,也都是用"审结",即用审理终结来设定一审期限,并未出现羁押期限的表述。最后,从多年的司法实践看,司法机关,尤其是法院,始终都是以法定办案期限内结案为底线,从外部和内部设定一系列的制度和规范去提升办案效率。

1. 羁押期限与办案期限的关系

不容否认,刑事诉讼法确实有羁押期限的表述,如侦查阶段就有羁押期限以及如何延长羁押期限的明确规定。但是,除侦查阶段外,其他诸如审查起诉、一审、二审的羁押期限并不具有独立性、完整性,往往与办案期

---

[1] 熊选国主编:《刑事诉讼法司法解释释疑》,中国法制出版社 2002 年版,第 92 页。

限合二为一、一体共生，体现在以下几个方面：

一是刑事诉讼法规定了审查起诉、一审、二审期限，这是办案期限，也是羁押期限，但更准确地说，是不同诉讼阶段的最长羁押期限。我国的羁押期限对办案期限有很强的依附性、从属性，除侦查羁押期限外，审查起诉、审判阶段的羁押期限都散见并依附于各阶段的办案期限，独立性有限。"羁押期限不仅随着诉讼活动的顺向运转而延长，而且还会随着诉讼活动的逆向运行而继续延长。换言之，不论诉讼活动继续进行还是暂时中止，甚或是从审判、审查起诉阶段分别倒退回审查起诉、侦查阶段，对犯罪嫌疑人、被告人的羁押都会自动地加以顺延。可见，未决羁押不仅依附于刑事拘留、逮捕等强制措施，并完全服务于侦查、审查起诉活动的需要，而且在期限上也不独立于侦查、审查起诉、一审、二审甚至再审等阶段诉讼活动的期限。"[1]即使犯罪嫌疑人、被告人一直被羁押，最长羁押期限也不能突破各阶段的办案期限。

二是审查起诉期限与审判期限即使在被追诉人未被羁押或未被采取强制措施的情形下也应当严格适用。羁押期限依附、从属于审查起诉或者审判的办案期限。案件自进入审查起诉阶段，直至审判阶段作出生效裁判，羁押期限都是以办案期限为准来计算的。办案期限一旦开始计算，羁押期限也要同步计算，即使犯罪嫌疑人、被告人没有被羁押，随着办案期限的耗用，可用的羁押期限也会同步扣减，两者保持一致。

三是审查起诉、一审、二审的办案期限用尽，羁押期限也随之耗尽、不复存在。办案期限用尽，犯罪嫌疑人、被告人在此期间无论有没有被羁押，都不能再行羁押。

2. 回应相关质疑

在厘清了我国羁押期限与办案期限的关系后，需要进一步回应前述提及的相关质疑或各种问题。

一是刑事诉讼审查起诉、一审、二审的办案期限用尽了，羁押期限也随之耗尽，这意味着羁押的终结。但如果在羁押期限届满后对犯罪嫌疑人、被告人变更为取保候审、监视居住，则审查起诉、审判阶段的办案期限

---

[1] 隋光伟：《浅谈羁押期限制度之完善》，载《人民检察》2005年第8期，第27页。

又被延长,那么《刑事诉讼法》第 172 条、第 208 条、第 243 条规定的办案期限还是名副其实的办案期限吗?这对检察院和法院办案还有何实质约束意义?不容否认,依第 98 条规定,当羁押期限届满,强制措施变更为取保候审、监视居住后,办案期限确实得到了延长,已然实质上突破了法定办案期限。但这种"突破"其实还可以有另外一种解释,那就是借鉴《补充规定》第 4 条中的规定,"取保候审或者监视居住期间,不计入刑事诉讼法规定的办案期限"。这样理解既合理解释了办案期限届满后为何又可以"延长",同时也阐明了为何第 98 条的规定没有实质突破审查起诉、一审、二审法定的办案期限。当然需要进一步解释的是,为何 1996 年《刑事诉讼法》修订时,没有吸收《补充规定》第 4 条中取保候审或者监视居住不计入法定办案期限的规定。本评注认为,《补充规定》出台时,1979 年《刑事诉讼法》并无规定取保候审和监视居住期限。所以,需要在《补充规定》中说明,取保候审、监视居住措施期限并不像羁押期限那样依附于办案期限,受办案期限的限制,而是要分别、单独计算,不计入刑事诉讼法规定的办案期限。随着 1996 年《刑事诉讼法》的修订,新增的第 58 条第 1 款明确规定,"人民法院、人民检察院和公安机关对犯罪嫌疑人、被告人取保候审最长不得超过十二个月,监视居住最长不得超过六个月"。至此,取保候审、监视居住都有了自己单独的适用期限,不同于羁押期限要依附、从属于办案期限。更重要的是,取保候审 12 个月、监视居住 6 个月的期限时长也表明其独立于办案期限,不受办案期限的限制。举例而言,《刑事诉讼法》第 172 条规定,即使案件重大、复杂,对其开展审查起诉的办案期限也就一个半月,但取保候审期限最长为 12 个月,审查起诉的办案期限明显少于取保候审期限,如何限制取保候审期限的适用呢?如果能限制,那取保候审在审查起诉阶段如何实现 12 个月的适用期限?这样的规定还有何意义?唯一的解释就是取保候审作为一种强制措施,有独立的适用期限,不受办案期限的控制,取保候审和监视居住的期限不计入法定办案期限。其实,在 1996 年《刑事诉讼法》修订时,就有参与立法的同志表达过类似观点,"这里应明确的是,根据本条规定,只有当犯罪嫌疑人、被告人被羁押时才受上述期限(侦查羁押、审查起诉、一审、二审期限——本评注注)的限制,对于采取取保候审、监视居住的犯罪嫌疑人、被告人不受上述办案期限的限制。如侦查羁押期限届满案件仍未办结,如果确实需要对案件继续查证的,可以对被羁押的人采取取保候审或者监视居住,但取保候审不得超过十二个月,监视居住最长不得超过半年"[1]。总之,依第98条规定,羁押期限届满,需要继续查证、审理的,对犯罪嫌疑人、被告人可以取保候审或者监视居住并没有突破办案期限的规定,只是不计入办案期限而已。

二是取保候审、监视居住不计入办案期限可以解决和回应一系列实践问题。但需要注意的是,规定取保候审、监视居住期限不计入办案期限的《补充规定》为1984年制定,当时适用的是1979年《刑事诉讼法》,涉及起诉、一审、二审期限的规定只有旧法第97条、第125条和第142条。现在来看,它们分别对应审查起诉期限、适用普通程序的公诉案件一审期限以及(公诉和自诉案件)二审期限。所以,在1996年《刑事诉讼法》修订时,立法机关吸收《补充规定》第4条的规定,增设第74条,其中的"审查起诉、一审、二审期限"也主要是针对上述三种法定期限。也就是说,现行《刑事诉讼法》第98条中羁押期限届满,通过变更强制措施"延长"办案期限的规定,以及本评注提及的取保候审、监视居住期限不计入办案期限的规则,仅适用于审查起诉期限(《刑事诉讼法》第172条,排除拟用速裁程序的情形)、适用普通程序审理公诉案件的一审期限(《刑事诉讼法》第208条)和二审期限(《刑事诉讼法》第243条)。当然,由于2012年《刑事诉讼法》新增自诉案件的办案期限,现行《刑事诉讼法》第212条第2款中规定,"人民法院审理自诉案件的期限,被告人被羁押的,适用本法第二百零八条第一款、第二款的规定"。据此,被告人被羁押的自诉案件的一审审限届满后,案件不能审结的,也可以通过将羁押变更为取保候审、监视居住继续审理,取保候审、监视居住期限不计入一审审限。但除此以外的其他一审审限的计算不再适用《刑事诉讼法》第98条。以简易程序为例,《刑事诉讼法》第220条规定,"适用简易程序审理案件,人民法院应当在受理后二十日以内审结;对可能判处的有期徒刑超过三年的,可以延长至一个半月"。众所周知,简易程序本身就是一种简化的审理程序,通过"简程序"来"减时间""增效果"。如果对羁押的被告人在审限届满后还可以通过变更取保候审、监视居住的方式来"延长"简

---

[1] 郎胜主编:《关于修改刑事诉讼法的决定释义》,中国法制出版社1996年版,第110页。

易程序的审限,认为取保候审、监视居住期限不计入办案期限,那么适用简易程序的审理时间会被大大拉长,简易程序将"简而不简",名不符实。所以,本评注认为,适用简易程序或速裁程序的一审审限,以及犯罪嫌疑人认罪认罚且拟符合速裁程序适用条件的审查起诉期限都不适用《刑事诉讼法》第 98 条的规定,在这些程序中对被告人采用取保候审、监视居住的,哪种强制措施的期限都要计入审限。至于被告人未被羁押的自诉案件的一审审限,《刑事诉讼法》第 212 条第 2 款规定"应当在受理后六个月以内宣判"。根据当时的立法思路,6 个月的审限其实是参照民事诉讼法的审限规定,没有参照适用普通程序公诉案件的一审审限,所以这 6 个月的审限应是固定不变的,也不应适用《刑事诉讼法》第 98 条的规定。

三是当羁押期限届满,犯罪嫌疑人、被告人被采取取保候审、监视居住的强制措施后,待这两项强制措施的期限也届满,办案机关还可以继续查证、审理案件吗?本评注认为,变更强制措施,借用取保候审、监视居住不计入办案期限的规则来变相延长办案期限,已属对法定办案期限的"变通""例外",还算是"于法有据"(《刑事诉讼法》第 98 条)。但在所有强制措施已经用尽的情况下再继续延长办案期限则属于法无据。而且,给被追诉人贴上犯罪嫌疑人、被告人的标签,即使未对他们采取任何强制措施,也会对其工作、生活产生不小的影响,典型的如《中华人民共和国出境入境管理法》第 12 条规定,刑事案件中的被告人、犯罪嫌疑人(中国公民)不准出境,类似的情形都可视为"程序即惩罚"的附随后果。本评注认为,办案期限还是应当有一定的封闭性,当所有的强制措施期限届满,办案期限也应彻底终止,不能延长或继续。此外,如果做一个反向解释还会发现,认为所有强制措施用尽后,案件还可以继续查证、审理的,意味着对犯罪嫌疑人、被告人在不采取任何强制措施的情况下,案件的办理还是可以继续推进,办案期限并无限制。倘若如此,当被告人在审判阶段脱逃的,也没有被采取任何强制措施,办案期限也不应受限,那还要中止审理制度来中断审限何用?因为此时审限已经是"取之不尽、用之不竭"了。这显然与《刑事诉讼法》第 206 条的规定矛盾。

二、应恢复审查起诉阶段中止审查起诉制度

如上所述,《刑事诉讼法》第 98 条和第 172 条中的审查起诉期限是办案期限,同时也是审查起诉阶段最长的羁押期限。如果审查起诉期限届满,羁押期限也随之用尽,检察院只有通过变更强制措施,才能"特殊延长"审查起诉的办案期限。然而,这一论断并没有得到最高人民检察院的全面认可。2014 年,《最高人民检察院关于审查起诉期间犯罪嫌疑人脱逃或者患有严重疾病的应当如何处理的批复》(以下简称《批复》)进行解读时专门指出审查起诉期限的适用范围。"对于在押的犯罪嫌疑人,应当适用刑事诉讼法第一百六十九条(2018 年《刑事诉讼法》第 172 条—— 本评注注)规定的审查起诉期限的限制,审查起诉期限届满,可以改变强制措施后继续办理案件;对于犯罪嫌疑人脱逃不在案的案件,由于此时犯罪嫌疑人没有被羁押,审查起诉期限无需适用刑事诉讼法关于期限的相关规定。"[1]最高人民检察院显然是沿袭贯彻了《补充规定》第 5 条的精神,认为《刑事诉讼法》第 172 条中的审查起诉期限是羁押期限,审查起诉的办案期限没有明确规定。当犯罪嫌疑人没有被羁押,也没有被采取其他强制措施,审查起诉的期限可以不受第 172 条规定的期限限制。据此,犯罪嫌疑人在审查起诉期间脱逃的,没有被采取任何强制措施,审查起诉的办案期限自然就没有任何限制,再用 1999 年《高检规则》第 273 条[2]规定的"中止审查"制度去中断审查起诉的办案期限已无意义。所以,2012 年修订的《高检规则》废除了中止审查起诉制度。

本评注不赞同最高人民检察院在解读《批复》时所提出的刑事诉讼法规定的审查起诉期限不是办案期限而是羁押期限的观点,前文已经对

---

[1] 吴孟栓、李昊昕、王佳:《〈关于审查起诉期间犯罪嫌疑人脱逃或者患有严重疾病的应当如何处理的批复〉解读》,载《人民检察》2014 年第 4 期,第 50 页。

[2] 1999 年《高检规则》第 273 条规定:"在审查起诉过程中犯罪嫌疑人潜逃或者患有精神病及其他严重疾病不能接受讯问,丧失诉讼行为能力的,人民检察院可以中止审查。共同犯罪中的部分犯罪嫌疑人潜逃的,对潜逃犯罪嫌疑人可以中止审查;对其他犯罪嫌疑人的审查起诉应当照常进行。中止审查应当由办案人员提出意见,部门负责人审核,报请检察长决定。需要撤销中止审查决定的,参照前款规定办理。"

具体原因作了较为充分的解释和说明。但除此以外，还有一个驳斥的依据，即1998年《高法解释》也规定了与中止审查相类似的中止审理制度[1]，而且，中止审理制度在2012年《刑事诉讼法》修订的时候还上升为法律，也就是现行《刑事诉讼法》第206条，"在审判过程中，有下列情形之一，致使案件在较长时间内无法继续审理的，可以中止审理：（一）被告人患有严重疾病，无法出庭的；（二）被告人脱逃的；（三）自诉人患有严重疾病，无法出庭，未委托诉讼代理人出庭的；（四）由于不能抗拒的原因。中止审理的原因消失后，应当恢复审理。中止审理的期间不计入审理期限"。如果按照前述最高人民检察院对《批复》的解读逻辑，刑事诉讼法有关一审、二审期限是羁押期限，不是办案期限，被告人在审判阶段脱逃的，说明其不在案，没有被采取任何强制措施，就不应受到刑事诉讼法有关一审、二审期限的限制。既然如此，为何要规定中止审理期限，为何还要规定"中止审理的期间不计入审理期限"？这只能说明，最高人民法院认为《刑事诉讼法》第208条和第243条规定的一审、二审审理期限是办案期限，办案期限有时间限制，所以当被告人脱逃的，要中断审理期限。这显然与本评注的观点是一致的，也是与整个刑事诉讼法的其他规定相协调的。

故最高人民检察院在修订《高检规则》时应当恢复中止审查起诉制度，或者在下次刑事诉讼法修改时，仿照最高人民法院的做法，将中止审查上升为法律规定。具体方案是，在《刑事诉讼法》第172条之后增加一条，明确在审查起诉过程中，犯罪嫌疑人脱逃、患有精神病或者其他严重疾病丧失诉讼行为能力不能接受讯问的，可以中止审查。中止审查的期间不计入审查起诉期限。

---

[1] 1998年《高法解释》第181条规定："在审判过程中，自诉人或者被告人患精神病或者其他严重疾病，以及案件起诉到人民法院后被告人脱逃，致使案件在较长时间内无法继续审理的，人民法院应当裁定中止审理。由于其他不能抗拒的原因，使案件无法继续审理的，可以裁定中止审理。中止审理的原因消失后，应当恢复审理。中止审理的期间不计入审理期限。"

第九十九条 【强制措施期满的处理】人民法院、人民检察院或者公安机关对被采取强制措施法定期限届满的犯罪嫌疑人、被告人,应当予以释放、解除取保候审、监视居住或者依法变更强制措施。犯罪嫌疑人、被告人及其法定代理人、近亲属或者辩护人对于人民法院、人民检察院或者公安机关采取强制措施法定期限届满的,有权要求解除强制措施。

▶▶【历次修法条文对照】

1979 年 《刑事诉讼法》	1996 年 《刑事诉讼法》	2012 年 《刑事诉讼法》	2018 年 《刑事诉讼法》
第六章 强制措施	第六章 强制措施	第六章 强制措施	第六章 强制措施
无	第 75 条:犯罪嫌疑人、被告人及其法定代理人、近亲属或者犯罪嫌疑人、被告人委托的律师及其他辩护人对于人民法院、人民检察院或者公安机关采取强制措施超过法定期限的,有权要求解除强制措施。人民法院、人民检察院或者公安机关对于被采取强制措施超过法定期限的犯罪嫌疑人、被告人应当予以释放、解除取保候审、监视居住或者依法变更强制措施。	第 97 条:人民法院、人民检察院或者公安机关对**被采取强制措施法定期限届满的**犯罪嫌疑人、被告人,应当予以释放、解除取保候审、监视居住或者依法变更强制措施。犯罪嫌疑人、被告人及其法定代理人、近亲属或者~~犯罪嫌疑人、被告人委托的律师及其他~~辩护人对于人民法院、人民检察院或者公安机关采取强制措施**法定期限届满的**,有权要求解除强制措施。	第 99 条 内容未修订

▶▶【立法沿革】

本条为1996年《刑事诉讼法》新增条文。在1996年修改刑事诉讼法时,针对司法实践中存在的超期羁押以及超时限适用强制措施的问题,立法确立了法院、检察院、公安机关采取强制措施超过法定期限的处理程序,同时赋予犯罪嫌疑人、被告人及其辩护人等要求解除强制措施的权利。

2012年《刑事诉讼法》修订时,本条有三处修改。

一是将"超过法定期限"修改为"法定期限届满"。1996年《刑事诉讼法》第75条规定,公检法机关对"被采取强制措施超过法定期限的",应当予以释放、解除或者依法变更强制措施;犯罪嫌疑人、被告人及其法定代理人、近亲属或者辩护人对于公检法机关"采取强制措施超过法定期限的",有权要求解除强制措施。但理论界和部分刑事律师反映,"超过法定期限"的表述不够严谨,在实践中一些办案机关往往以法律规定"超过法定期限",但并没有规定超过多长时间为由,拖延解除或者变更强制措施的时间。据此,2012年《刑事诉讼法》将"采取强制措施超过法定期限的"修改为"采取强制措施法定期限届满的",如此表述意味着只要期限届满就应对犯罪嫌疑人、被告人立即释放,解除或者变更强制措施,从而使法律条文的含义和所指的时间节点更加明确。[1]

二是为了与辩护制度的修改完善保持一致,直接以"辩护人"取代原条文中的"委托的律师及其他辩护人"。2012年《刑事诉讼法》新增"犯罪嫌疑人自被侦查机关第一次讯问或者采取强制措施之日起,有权委托辩护人"的规定。从此,犯罪嫌疑人在侦查阶段委托的律师不再称为"法律工作者"或"委托的律师",而是有了辩护人的独立诉讼地位。故本条将"委托的律师及其他辩护人"统一改为"辩护人"。

三是调整了语句的前后顺序。本条共有两句话,旧法中的第一句是"犯罪嫌疑人、被告人及其法定代理人、近亲属或者犯罪嫌疑人、被告人委托的律师及其他辩护人对于人民法院、人民检察院或者公安机关采取

---

[1] 参见黄太云:《刑事诉讼法修改释义》,载《人民检察》2012年第8期,第35页。

强制措施超过法定期限的,有权要求解除强制措施";第二句是"人民法院、人民检察院或者公安机关对于被采取强制措施超过法定期限的犯罪嫌疑人、被告人应当予以释放、解除取保候审、监视居住或者依法变更强制措施"。旧法中本条的意思是个人提出申请,国家专门机关就申请作出批准决定。但新法调整了两句话的前后顺序,把"人民法院、人民检察院或公安机关对于被采取强制措施法定期限届满的犯罪嫌疑人、被告人,应当予以释放、解除取保候审、监视居住或者依法变更强制措施"置于辩方申请解除前,意味着在犯罪嫌疑人、被告人被采取强制措施法定期限届满时,公检法机关不仅可以依据申请,决定释放、解除或者变更强制措施,还应当主动履行职责义务,第一时间依职权采取措施,作出决定。

本条在 2018 年修改刑事诉讼法时未有内容调整,仅有条文序号的变化。

▶▶【法条注解】

本条是关于强制措施法定期限届满应当如何处理,以及当事人等有权要求解除强制措施的规定,涉及两个方面的内容。

一、采取强制措施法定期限届满

本条中"采取强制措施法定期限届满"分别指的是逮捕后的羁押期限届满、取保候审或监视居住期限届满、拘传期限届满。

逮捕后的羁押期限届满是指对在押的犯罪嫌疑人、被告人的关押时间已经达到刑事诉讼法规定的侦查羁押期限,以及审查起诉、一审、二审的办案期限。这与《刑事诉讼法》第 98 条的规定是有衔接和呼应的。

取保候审或监视居住的期限届满是指对不在押的犯罪嫌疑人、被告人,在侦查、审查起诉、审判某一诉讼阶段采取取保候审的时间累计已达 12 个月或者监视居住的时间累计已达 6 个月。

拘传期限届满是指根据《刑事诉讼法》第 119 条第 2 款的规定,对犯罪嫌疑人、被告人拘传持续的时间已达 12 小时;或者案情特别重大、复杂,需要采取拘留、逮捕措施的,对犯罪嫌疑人、被告人拘传的持续时间已达 24 小时。

二、公检法机关对强制措施法定期限届满的可依职权处理

根据本条规定,公检法机关对采取强制措施法定期限届满的有三种处理方式:释放犯罪嫌疑人、被告人,解除取保候审、监视居住或者依法变更强制措施。

《刑事诉讼法》第98条规定:"犯罪嫌疑人、被告人被羁押的案件,不能在本法规定的侦查羁押、审查起诉、一审、二审期限内办结的,对犯罪嫌疑人、被告人应当予以释放;需要继续查证、审理的,对犯罪嫌疑人、被告人可以取保候审或者监视居住。"据此,犯罪嫌疑人、被告人被羁押的,在不同的诉讼阶段内,羁押期限届满,办案机关要么释放犯罪嫌疑人、被告人,要么变更强制措施为取保候审、监视居住,然后继续查证、审理案件。所以,本条中公检法三机关对于羁押措施期限届满的犯罪嫌疑人、被告人,可以决定的处理方式是释放或变更强制措施。

一般认为,只有剥夺人身自由的强制措施期限届满的,才会有释放的做法,如果是被采取了取保候审、监视居住等限制人身自由的强制措施,期限届满的,则无"释放"一说,而是解除强制措施,当然,也可以依法变更强制措施。[1] 例如,将监视居住变更为取保候审。需要注意的是,由于这两类强制措施期限已届满,所以变更强制措施不再包括变更强制措施的执行方式。

另外,公检法机关拘传犯罪嫌疑人、被告人期限届满的,如果被拘传人符合其他强制措施,如拘留、逮捕等的适用条件的,应依法采取其他强制措施。如果不需要采取其他强制措施则应停止拘传,释放被拘传人。之所以这里也用"释放"一词,是因为拘传本身就是强制到案的一种手段,对人身自由有短暂剥夺。《刑事诉讼法》第119条第3款中规定:"不得以连续传唤、拘传的形式变相拘禁犯罪嫌疑人。"可见,长时间的拘传已然构成变相拘禁,属于剥夺人身自由,与羁押无异,故拘传超过法定期限,如不变更强制措施,也应释放被拘传人。

三、犯罪嫌疑人、被告人等对强制措施法定期限届满的有权申请解除

按照前文分析,对于采取强制措施法定期限届满的,犯罪嫌疑人、被告人可以向公检法机关申请解除强制措施。对于解除强制措施的申

---

[1] 参见李忠诚:《强制措施的修改与适用(续)》,载《检察理论研究》1996年第4期,第41页。

请,法院、检察院或者公安机关经审查后,认为强制措施法定期限确实届满的,应当决定解除、变更强制措施或者释放犯罪嫌疑人、被告人,并通知公安机关执行;认为强制措施法定期限未届满的,则应书面答复申请人。

另外,本条与《刑事诉讼法》第97条有两处不同:一是本条只规定了申请解除强制措施,第97条则规定的是申请变更强制措施;二是本条规定的申请解除强制措施的适用情形是"采取强制措施法定期限届满的",而第97条的适用情形则较为宽泛,无明确列举,但其中也包括"采取强制措施法定期限届满的"情形,犯罪嫌疑人、被告人据此可以向公检法机关申请变更强制措施。

▶▶【法条评点】

一、应赋予犯罪嫌疑人、被告人等对羁押期限届满申请释放的权利

本条规定,犯罪嫌疑人、被告人及其法定代理人、近亲属或者辩护人提出申请的内容只有"解除强制措施"这一项,但公检法机关依职权作出的决定除了解除强制措施,还可以是释放或变更强制措施。这其中似乎缺乏完整的对应关系。如果从体系解释的角度看,《刑事诉讼法》第97条已经包括了采取强制措施法定期限届满,犯罪嫌疑人、被告人等可以向公检法机关申请变更强制措施的情形,本条不再规定似乎也并无不当。据此,《公安规定》第161条第2款规定,"犯罪嫌疑人及其法定代理人、近亲属或者辩护人对于公安机关采取强制措施法定期限届满的,有权要求公安机关解除强制措施。公安机关应当进行审查,对于情况属实的,应当立即解除或者变更强制措施"。但除此以外,对于羁押期限届满的,犯罪嫌疑人、被告人及其辩护人等可否直接申请释放呢?其实,《刑事诉讼法》第98条已经规定了公检法机关释放犯罪嫌疑人、被告人的义务,那增加权利人或权利相关人相应的申请权"督促"办案机关履职,避免其怠惰拖延又有何不妥呢?

一般认为,限制人身自由的强制措施,如取保候审、监视居住期限届满的,是解除强制措施。对于剥夺人身自由的强制措施,如拘留、逮捕后羁押期限届满的,则是予以释放或者变更强制措施。本评注认为,立法应当全面赋予犯罪嫌疑人、被告人等对羁押期限届满要求释放或变更强制

措施的申请权,对取保候审、监视居住期限届满要求解除或变更强制措施的申请权。换言之,本条应完整规定,采取强制措施期限届满,犯罪嫌疑人、被告人有申请释放、解除或变更强制措施的权利,从而与本条中公检法机关依职权作出的处理决定相匹配和呼应。值得关注的是,《高检规则》第150条已经作出了类似规定,"犯罪嫌疑人及其法定代理人、近亲属或者辩护人认为人民检察院采取强制措施法定期限届满,要求解除、变更强制措施或者释放犯罪嫌疑人的,人民检察院应当在收到申请后三日以内作出决定。经审查,认为法定期限届满的,应当决定解除、变更强制措施或者释放犯罪嫌疑人,并通知公安机关执行;认为法定期限未满的,书面答复申请人"。

第一百条 【侦查监督】人民检察院在审查批准逮捕工作中,如果发现公安机关的侦查活动有违法情况,应当通知公安机关予以纠正,公安机关应当将纠正情况通知人民检察院。

▶▶【历次修法条文对照】

1979年《刑事诉讼法》	1996年《刑事诉讼法》	2012年《刑事诉讼法》	2018年《刑事诉讼法》
第六章 强制措施	第六章 强制措施	第六章 强制措施	第六章 强制措施
第52条:人民检察院在审查批准逮捕工作中,如果发现公安机关的侦查活动有违法情况,应当通知公安机关予以纠正,公安机关应当将纠正情况通知人民检察院。	第76条 内容未修订	第98条 内容未修订	第100条 内容未修订

▶▶【立法沿革】

本条为1979年《刑事诉讼法》确立。

宪法规定,检察院是国家的法律监督机关,依法对刑事诉讼实行法律监督。在刑事诉讼中,检察院有权对公安机关的侦查活动开展监督,这被称为侦查监督,是法律监督的一项具体职能。长期以来,我国的侦查活动具有封闭性和秘密性的特点,外部力量难以介入、干预和影响,检察院开展侦查监督常常无从下手。但与此同时,公安机关在侦查阶段没有逮捕决定权,只能向检察院报请逮捕,所以检察院可以通过批准逮捕切入侦查,开展"介入式""贴靠式"监督,提高监督线索发现的概率,增强侦查监督的效果。故本条赋予检察院在审查批准逮捕过程中监督侦查的权力。

本条在1996年、2012年和2018年修改刑事诉讼法时都未有内容调整,仅有条文序号的变化。

▶▶【法条注解】

本条是关于检察院在审查批准逮捕工作中对侦查活动进行监督的规定。

根据本条及相关条文的规定,检察院在审查批准逮捕工作中有两项职责义务:一是要审查公安机关报捕的犯罪嫌疑人是否符合逮捕条件,作出是否批准逮捕的决定;二是要对公安机关的侦查活动是否合法进行监督,发现有违法情况的,应当及时通知公安机关予以纠正。

一、批捕环节侦查监督的线索发现

在审查批准逮捕环节,检察院开展侦查监督主要有如下四种发现线索的渠道:

一是审查案卷材料。《刑事诉讼法》第87条中规定:"公安机关要求逮捕犯罪嫌疑人的时候,应当写出提请批准逮捕书,连同案卷材料、证据,一并移送同级人民检察院审查批准。"据此,检察院可以通过对诉讼文书、证据材料等进行书面审查发现侦查活动是否违法。

二是提前介入侦查。《刑事诉讼法》第87条还规定:"必要的时候,人民检察院可以派人参加公安机关对于重大案件的讨论。"据此,检察院可以依托提前介入侦查机制,在对重大案件讨论过程中发现公安机关的侦查活动有违法情形的,有权提出纠正意见。除了刑事诉讼法的规定,《高检规则》第256条第1款进一步就检察院提前介入侦查开展监督作出规定,"经公安机关商请或者人民检察院认为确有必要时,可以派员适时介入重大、疑难、复杂案件的侦查活动,参加公安机关对于重大案件的讨论,对案件性质、收集证据、适用法律等提出意见,监督侦查活动是否合法"。

三是讯问犯罪嫌疑人、询问证人等诉讼参与人、听取辩护律师意见。根据《刑事诉讼法》第88条规定,检察院审查批准逮捕,可以讯问犯罪嫌疑人;发现侦查活动可能有重大违法行为的,应当讯问犯罪嫌疑人。此外,检察院还可以询问证人、被害人等诉讼参与人,听取辩护律师的意见。在讯问、询问和听取意见的过程中,检察院如果发现公安机关侦查活动违法的,应当通知公安机关予以纠正。

四是审查申诉、控告。根据《刑事诉讼法》第117条规定,当事人和辩护人、诉讼代理人、利害关系人对于司法机关及其工作人员侵犯其合法权益,即"(一)采取强制措施法定期限届满,不予以释放、解除或者变更的;(二)应当退还取保候审保证金不退还的;(三)对与案件无关的财物采取查封、扣押、冻结措施的;(四)应当解除查封、扣押、冻结不解除的;(五)贪污、挪用、私分、调换、违反规定使用查封、扣押、冻结的财物的",有权申诉或者控告。对于申诉、控告的处理不服的,可以向同级检察院申诉;检察院直接受理的案件,可以向上一级检察院申诉。因此,检察院也可以通过审查申诉、控告等方式对侦查活动的违法情况进行监督。如果申诉、控告发生在审查逮捕环节,检察院可据此提出纠正意见,监督侦查。

二、批捕环节侦查监督的内容

检察院进行侦查监督的内容是公安机关侦查中的"违法情况",主要是指公安机关的侦查活动违反了法律所禁止的规定,侵犯犯罪嫌疑人以及其他诉讼参与人合法权益的情况。

侦查活动中的"违法情况"可参照《高检规则》第567条的规定,包括:"(一)采用刑讯逼供以及其他非法方法收集犯罪嫌疑人供述的;(二)讯问犯罪嫌疑人依法应当录音或者录像而没有录音或者录像,或者未在法定羁押场所讯问犯罪嫌疑人的;(三)采用暴力、威胁以及非法限制人身自由等非法方法收集证人证言、被害人陈述,或者以暴力、威胁等方法阻止证人作证或者指使他人作伪证的;(四)伪造、隐匿、销毁、调换、私自涂改证据,或者帮助当事人毁灭、伪造证据的;(五)违反刑事诉讼法关于决定、执行、变更、撤销强制措施的规定,或者强制措施法定期限届满,不予释放、解除或者变更的;(六)应当退还取保候审保证金不退还的;(七)违反刑事诉讼法关于讯问、询问、勘验、检查、搜查、鉴定、采取技术侦查措施等规定的;(八)对与案件无关的财物采取查封、扣押、冻结措施,或者应当解除查封、扣押、冻结而不解除的;(九)贪污、挪用、私分、调换、违反规定使用查封、扣押、冻结的财物及其孳息的;(十)不应当撤案而撤案的;(十一)侦查人员应当回避而不回避的;(十二)依法应当告知犯罪嫌疑人诉讼权利而不告知,影响犯罪嫌疑人行使诉讼权利的;(十三)对犯罪嫌疑人拘留、逮捕、指定居所监视居住后依法应当通知家属而未通知的;(十四)阻碍当事人、辩护人、诉讼代理人、值班律师依法行使诉讼权利的;(十五)应当对证据收集的合法性出具说明或者提供证明材料而不出具、不提供的;(十六)侦查活动中的其他违反法律规定的行为。"

三、批捕环节侦查监督的方式

根据本条规定,检察院在审查批捕工作中如果发现公安机关的侦查活动有违法情况,应当通知公安机关予以纠正。

根据侦查违法的内容和程度不同,检察院通知纠正的监督方式也不同。《高检规则》第552条规定:"人民检察院发现刑事诉讼活动中的违法行为,对于情节较轻的,由检察人员以口头方式提出纠正意见;对于情节较重的,经检察长决定,发出纠正违法通知书。对于带有普遍性的违法情形,经检察长决定,向相关机关提出检察建议。构成犯罪的,移送有关机关、部门依法追究刑事责任。有申诉人、控告人的,调查核实和纠正违法情况应予告知。"

四、公安机关对批捕环节侦查监督的反馈

本条规定:"公安机关应当将纠正情况通知人民检察院。"据此,公安机关应当接受检察院的监督,根据检察院提出的纠正意见,及时纠正违法

行为,并且将纠正情况通知检察院。本条中的"纠正"是指公安机关根据侦查活动违法的不同内容、不同程度,采取不同的方式予以改正或挽回影响,比如:消除违法情况,有时也需要根据情况赔偿损失、赔礼道歉等。[1]

▶▶【法条评点】

一、本条中的两个"通知"含义不同

一般认为,同一个语词表达相同的含义,特别是在同一个条文中,用语的同一性是基本原则。但本条中的两个"通知"似乎含义不同。

第一个"通知",是检察院在审查批捕中发现了公安机关的侦查活动有违法情况,"通知"公安机关予以纠正。这里的"通知"与"纠正"相连接,是一种"命令性"的要求,具有较强的监督属性,会产生法律监督效果。如果公安机关不予纠正,检察院还有"后手",如报上一级人民检察院协商同级公安机关处理。

第二个"通知",是公安机关应当将纠正情况通知检察院。这里的"通知"实际上就是普通的"告知"之意,是公安机关对检察院侦查监督的"反馈"。法律只是要求公安机关应当将纠正情况通知检察院,即对检察机关的纠正通知要有回应(通知),不能置之不理。这里的通知并没有监督的法律效果。

---

[1] 参见王爱立、雷建斌主编:《刑事诉讼法立法精解》,中国检察出版社2019年版,第183页。

第七章　附带民事诉讼

第一百零一条　【附带民事诉讼的提起】被害人由于被告人的犯罪行为而遭受物质损失的,在刑事诉讼过程中,有权提起附带民事诉讼。被害人死亡或者丧失行为能力的,被害人的法定代理人、近亲属有权提起附带民事诉讼。

如果是国家财产、集体财产遭受损失的,人民检察院在提起公诉的时候,可以提起附带民事诉讼。

▶▶【历次修法条文对照】

1979年《刑事诉讼法》	1996年《刑事诉讼法》	2012年《刑事诉讼法》	2018年《刑事诉讼法》
第七章 附带民事诉讼	第七章 附带民事诉讼	第七章 附带民事诉讼	第七章 附带民事诉讼
第53条:被害人由于被告人的犯罪行为而遭受物质损失的,在刑事诉讼过程中,有权提起附带民事诉讼。 如果是国家财产、集体财产遭受损失的,人民检察院在提起公诉的时候,可以提起附带民事诉讼。 人民法院在必要的时候,可以查封或者扣押被告人的财产。	**第77条** 内容未修订	**第99条**:被害人由于被告人的犯罪行为而遭受物质损失的,在刑事诉讼过程中,有权提起附带民事诉讼。**被害人死亡或者丧失行为能力的,被害人的法定代理人、近亲属有权提起附带民事诉讼。** 如果是国家财产、集体财产遭受损失的,人民检察院在提起公诉的时候,可以提起附带民事诉讼。 ~~人民法院在必要的时候,可以查封或者扣押被告人的财产。~~	**第101条** 内容未修订

▶▶【立法沿革】

本条为1979年《刑事诉讼法》确立,在1996年修法时未有内容调整,仅有条文序号的变动。

2012年《刑事诉讼法》修订时,本条有两处修改:

一是增加了有权提起附带民事诉讼的主体。2012年以前,司法实践中,被害人因受犯罪行为侵害而死亡或者丧失行为能力的情况时有发生,能否提起附带民事诉讼,由谁提起附带民事诉讼,刑事诉讼法没有明确规定。从当时的民事法律以及其他相关规定看,1986年《民法通则》第14条规定,"无民事行为能力人、限制民事行为能力人的监护人是他的法定代理人"。1988年,最高人民法院发布并实施的《关于贯彻执行〈中华人民共和国民法通则〉若干问题的意见(试行)》第10条规定,"监护人的监护职责包括:……在被监护人合法权益受到侵害或者与人发生争议时,代理其进行诉讼"。1991年《民事诉讼法》第57条中规定:"无诉讼行为能力人由他的监护人作为法定代理人代为诉讼。"据此,无(诉讼)行为能力人可由他的法定代理人代为诉讼。另外,1994年《国家赔偿法》第6条第2款规定,"受害的公民死亡,其继承人和其他有扶养关系的亲属有权要求赔偿"。附带民事诉讼本质上属于民事诉讼,在被害人死亡或者丧失诉讼行为能力的情况下,也应当由其近亲属或者法定代理人提起附带民事诉讼。理论上认为,"被害人已死亡的,其民事权利能力终止,但其所受的损失,如为被害人支付的医疗费、丧葬费等,实际上已转化为其继承人的损失,因此,作为其继承人的近亲属可以行使他的权利,提起附带民事诉讼。……无行为能力或者限制行为能力的被害人的法定代理人。这类被害人所遭受的物质损失,实际上也是由他的法定代理人承担。因此,由他的法定代理人提起附带民事诉讼,有利于维护被害人及其法定代理人的合法权益。"[1]基于上述法律规范和理论共识,为了统一办案标准,1998年《高法解释》第84条第1款规定,"人民法院受理刑事案件后,可以告知因犯罪行为遭受物质损失的被害人(公民、法人和其他组

---

〔1〕 熊选国主编:《刑事诉讼法司法解释释疑》,中国法制出版社2002年版,第69页;陈国庆、王振勇、刘国祥、王守安、杨钊编著:《修改后刑事诉讼法实施疑难问题解答》,中国检察出版社1997年版,第122页。

织)、已死亡被害人的近亲属、无行为能力或者限制行为能力被害人的法定代理人,有权提起附带民事诉讼"。2012年《刑事诉讼法》修订时,立法机关吸收了1998年《高法解释》规定的合理内容,综合各方意见,总结实践经验,增加了有权提起附带民事诉讼的主体,规定,"被害人死亡或者丧失行为能力的,被害人的法定代理人、近亲属有权提起附带民事诉讼"。

二是删掉了旧法中第3款"人民法院在必要的时候,可以查封或者扣押被告人的财产"的规定,将该款涉及财产保全的内容移至当时的第100条(2018年《刑事诉讼法》第102条)单独予以规定。

本条在2018年修改刑事诉讼法时未有内容调整,仅有条文序号的变动。

▶▶【法条注解】

本条共有两款,主要规定的是提起附带民事诉讼的条件和主体。

一、提起附带民事诉讼的主要条件

提起附带民事诉讼一般需要满足四项条件。

(一)以刑事诉讼的成立为前提

附带民事诉讼是由刑事诉讼所追究的涉嫌犯罪的行为引起的,是在追究被告人刑事责任的同时,附带解决其应承担的民事赔偿责任问题。附带民事诉讼必须以刑事诉讼的成立为前提,如果刑事诉讼不成立,附带民事诉讼就失去了存在的基础,自然无所谓"附带"的问题,只能另行提起独立的民事诉讼。

需要注意的是,有观点认为,提起附带民事诉讼的前提条件是被告人的行为构成犯罪。[1] 该观点认为本条中的"犯罪行为"是指已构成犯罪,否则附带民事诉讼不能成立。然而,这一观点并不准确。严格意义上说,只要涉嫌构成犯罪,能够启动刑事诉讼程序,就具备了提起附带民事诉讼的前提。刑法所说"犯罪行为"是实体意义上的,即法院在查明事实后依法作出的定罪结论。刑事诉讼法规定的"犯罪行为"则仅具有程序意义。本条中的"犯罪行为"同刑事诉讼法在审判终结前各个诉讼阶段有关条文的规定一样,都是程序上认定的涉嫌犯罪,而非审判结果。如果

---

[1] 参见王爱立、雷建斌主编:《刑事诉讼法立法精解》,中国检察出版社2019年版,第184页。

认为这里的"犯罪行为"就是确认已构成犯罪,那就只有待法院最终判决有罪后,才允许提起附带民事诉讼,这显然有悖立法原意。"《刑事诉讼法》第 171 条规定,人民检察院在审查起诉时,即须审查有无附带民事诉讼;可见,在侦查阶段、审查起诉阶段,被害人即可提起附带民事诉讼。"[1]而且,法院受理附带民事诉讼以后,经过审判发现被告人的行为不构成犯罪的,如果驳回起诉,让被害人再按照民事审判程序提起民事诉讼,既不便利当事人诉讼,也会造成审判资源的浪费,给法院造成不必要的麻烦。实际上,一起案件从起诉到审理终结,都是同一性质的,就如检察院提起公诉的刑事案件,即使法院作出无罪判决,也仍然是刑事判决,属于刑事诉讼的范畴。[2] 也正是基于此,《高法解释》第 197 条第 1 款才规定,"人民法院认定公诉案件被告人的行为不构成犯罪,对已经提起的附带民事诉讼,经调解不能达成协议的,可以一并作出刑事附带民事判决"。有研究者也指出,被告人的行为虽然不构成犯罪,但构成民事侵权行为,能否提起附带民事诉讼? 其认为,在这种情况下,被害人能否提起附带民事诉讼,要视刑事诉讼的阶段而定,如果在侦查和起诉阶段对刑事诉讼部分作了撤销案件或者不起诉的处理决定,意味着刑事诉讼已经终结,刑事诉讼不存在,附带民事诉讼也就失去了存在的前提,被害人只能向法院民事审判庭提起独立的民事赔偿之诉;如果案件已到法院审判阶段,被害人则可以提出附带民事诉讼,法庭经过审理,可以就刑事部分作出无罪的刑事判决,附带民事部分作出赔偿损失的附带民事判决。因为如果案件已到法院审判阶段,刑事案件就要经过法庭审理才能作出裁决,刑事诉讼程序尚未终结,附带民事诉讼的基础仍然存在。[3]

问题 1:检察院立案侦查甲虐待被监管人案。被害人要求甲赔偿医药费等物质损失。侦查中,甲因心脏病突发死亡。对于此案,检察院该如何处理,被害人当如何诉讼? 答:检察院应当撤销案件,因为附带民事诉讼必须以刑事诉讼的成立为前提,如果刑事诉讼不成立,附带民事诉讼就失去了存在

---

[1] 易延友:《刑事诉讼法:规则 原理 应用》(第五版),法律出版社 2019 年版,第 273 页。

[2] 参见周道鸾、张泗汉主编:《刑事诉讼法的修改与适用》,人民法院出版社 1996 年版,第 147—148 页。

[3] 参见陈光中主编:《刑事诉讼法》(第七版),北京大学出版社、高等教育出版社 2021 年版,第 265 页。

的基础。本题中,检察院撤销案件后,被害人只能另行提起独立的民事诉讼。

问题2:《高法解释》第197条第2款规定:"人民法院准许人民检察院撤回起诉的公诉案件,对已经提起的附带民事诉讼,可以进行调解;不宜调解或者经调解不能达成协议的,应当裁定驳回起诉,并告知附带民事诉讼原告人可以另行提起民事诉讼。"为何本款中检察院撤诉,法院对已提起的附带民事诉讼调解不成的,不可以作出裁判?答:检察院撤回起诉,说明审判阶段的刑事诉讼程序已经完结、不再成立,附带民事诉讼也就没有了存在的基础,如果调解不成,法院只能驳回附带民事诉讼的起诉,告知附带民事诉讼原告人另行单独提起民事诉讼。

(二)以造成物质损失为基础

被害人必须遭受物质损失且符合法律规定的情形,才能提起附带民事诉讼。

1. 法院对附带民事诉讼中提起的精神损害赔偿一般不予受理

本条规定的物质损失中的"物质"一词与"精神"相对,是有意将精神损失排除在外。如果作文义解释,被害人因犯罪行为遭受精神损失而提起附带民事诉讼的,法院不予受理。而且,被害人另行单独提起民事诉讼要求精神损害赔偿的,法院也不予受理。这是因为,"如果认为对精神损失可以另行提起民事诉讼,很有可能意味着只有遭受物质损失才可以提起附带民事诉讼的法律规定将失去实际意义。可以想象,这个口子一开,绝大部分被害人都会选择在刑事案件审结后另行提起民事诉讼,要求同时赔偿物质损失和精神损失,这势必会导致附带民事诉讼制度被架空、虚置。"[1]总之,被害人因犯罪行为遭受精神损失而提起附带民事诉讼或者单独提起民事诉讼的,法院都不予受理。概言之,被害人针对犯罪行为所造成的精神损失就不能提起(附带)民事诉讼。

但2021年修订的《高法解释》第175条第2款作出新规定:"因受到犯罪侵犯,提起附带民事诉讼或者单独提起民事诉讼要求赔偿精神损失的,人民法院一般不予受理。"司法解释对提起附带民事赔偿的范围作了微调,改变了刑事诉讼法和刑法的规定。附带民事诉讼一般不允许提精神损害赔偿,但对于某些特殊案件,如强奸案件,被害人可能在身体上没

---

[1] 刘为波:《刑事附带民事诉讼制度修改内容的理解与适用》,载《法律适用》2013年第7期,第64页。

有遭受太大伤害,没有医药费等可以折算成金钱的物质损失,但精神却遭受了重大创伤,这类案件可以在例外情况下提起附带民事诉讼。但需要注意的是,在司法实践中,如果有些精神损害可以通过经费支出或实物对价的方式予以量化,仍然能够以遭受"物质损失"为由提起附带民事诉讼。

问题 3:甲因遭受强奸住院治疗一个多月,出院后长期精神恍惚,后经多方医治才恢复正常。在诉讼过程中,甲提起附带民事诉讼,能否要求赔偿医治精神恍惚所支付的费用?答:可以,依据《高法解释》第175条第2款,甲一般不得要求精神损害赔偿,但被害人治疗精神疾病所支付的医疗费用属于因犯罪而导致的物质损失,可以提起附带民事诉讼。

2. 物质损失的内涵与外延

本条中的"损失"是指某物没有代价地消耗或者失去。"损失"一词将被告人非法占有、处置被害人财产或者国家、集体财产的情形排除在外,因为被害人的财产并不会因占有的转移而在物理形态上发生改变或耗费。换言之,在财产仍然存在且并未消耗或者失去的情形下,应当依据《刑法》第64条的规定,由办案机关"予以追缴或者责令退赔"。

什么情形下会造成"损失",而且是"物质损失"?从司法实践看,主要包括两种情况:一是被害人因人身权利受到犯罪侵犯,如被打伤支出医药费、营养费、护理费等而遭受物质损失。《高法解释》第192条第2款和第3款规定:"犯罪行为造成被害人人身损害的,应当赔偿医疗费、护理费、交通费等为治疗和康复支付的合理费用,以及因误工减少的收入。造成被害人残疾的,还应当赔偿残疾生活辅助器具费等费用;造成被害人死亡的,还应当赔偿丧葬费等费用。驾驶机动车致人伤亡或者造成公私财产重大损失,构成犯罪的,依照《中华人民共和国道路交通安全法》第七十六条的规定确定赔偿责任。"二是被害人的财物被犯罪分子毁坏而造成物质损失。需要再次强调的是,对于第二种情况,必须是财物被"毁坏"造成损失,才可以提起附带民事诉讼。如果被告人非法占有、处置被害人财产,因没有实际物质损失,被害人提起附带民事诉讼的,法院不予受理。《高法解释》第176条对此明确规定:"被告人非法占有、处置被害人财产的,应当依法予以追缴或者责令退赔。被害人提起附带民事诉讼的,人民法院不予受理。追缴、退赔的情况,可以作为量刑情节考虑。"

问题 4:韩某和苏某共同殴打他人,致被害人李某死亡、吴某轻伤,韩某还抢走吴某的手机。本案中,吴某可通过提起附带民事诉讼要求韩某赔偿手机吗？答：不可以。吴某被抢走的手机属于被他人非法占有、处置的情形，手机没有被毁坏，是不能通过提起附带民事诉讼请求赔偿的。

需要注意的是，即使人身权遭到侵犯、财物被毁坏，也仍有不能提起附带民事诉讼的例外情形。《高法解释》第177条规定："国家机关工作人员在行使职权时，侵犯他人人身、财产权利构成犯罪，被害人或者其法定代理人、近亲属提起附带民事诉讼的，人民法院不予受理，但应当告知其可以依法申请国家赔偿。"

问题5：甲系某地交通运输管理所工作人员，在巡查执法时致一辆出租车发生重大交通事故，司机乙重伤，乘客丙当场死亡，出租车严重受损。甲以滥用职权罪被提起公诉。本案审理时，丙的妻子提起附带民事诉讼，法院应当如何处理？答：法院应裁定不予受理。本案中，甲系交通运输管理所的国家机关工作人员，以滥用职权罪被提起公诉，系国家机关工作人员行使职权时侵犯他人人身、财产权利构成犯罪，提起附带民事诉讼的，法院不予受理。

（三）涉嫌犯罪行为与物质损失之间有因果关系

本条规定，提起刑事附带民事诉讼的条件是"被害人由于被告人的犯罪行为而遭受物质损失的"，其中的"而"字强调的是因果关系，指物质损失是由被告人的犯罪行为直接造成的，即物质损失与犯罪行为之间存在因果关系。反之，如果两者之间没有因果关系，则被害人不能提起附带民事诉讼。

问题6：阮某向陆某借款2万元，到期不还。陆某向阮某索款，被阮某殴打致重伤，其母因受刺激生病住院。在本案刑事诉讼过程中，陆某可否就借款2万元，以及陆某之母住院所花医药费提起附带民事诉讼？答：本案中的2万元借款属于引起犯罪行为的民事纠纷，在犯罪行为发生之前就存在，不是犯罪行为造成的物质损失，而是犯罪行为产生的原因，两者因果倒置，故陆某不能提起附带民事诉讼。陆某之母住院所花医药费也并非阮某犯罪行为给被害人造成的直接损失，属于间接损失，两者因果关系并不直接，且因果链条过长，也不属于附带民事诉讼的赔偿范围。

犯罪行为造成的物质损失必须是直接的，包括已然的和必然的物质损失两种情形。"犯罪行为直接造成的物质损失，既包括犯罪行为已经给被害人造成的物质损失，例如，犯罪分子作案时破坏的门窗、车辆、物品，被害人的医疗费、营养费等，这种损失又称积极损失；又包括被害人将来必然遭受的物质利益的损失，例如，因伤残减少的劳动收入，今后继续医疗的费用，被毁坏的丰收在望的庄稼等,这种损失又称消极损失。但是,不包括今后可能得到的或通过努力才能争得的物质利益,比如超产奖、发明奖、加班费等。"[1]

(四)时间上必须是在刑事诉讼中提起

本条中的"在刑事诉讼过程中"强调提起附带民事诉讼必须是在刑事诉讼进行中。如果刑事裁判已生效或刑事诉讼已终结,被害人等则只能单独提起民事诉讼。

"刑事诉讼过程"是指刑事案件立案后至判决生效或终结的全过程,被害人在侦查和审查起诉阶段可以向公安机关、检察院提出赔偿要求,该要求应当记录在案并随案移送;在一审期间可以直接向受理刑事案件的法院提起附带民事诉讼;一审期间未提起附带民事诉讼而在二审期间提起的,法院也应受理,但只能以调解方式结案。《高法解释》第198条规定:"第一审期间未提起附带民事诉讼,在第二审期间提起的,第二审人民法院可以依法进行调解;调解不成的,告知当事人可以在刑事判决、裁定生效后另行提起民事诉讼。"

二、有权提起附带民事诉讼的主体

根据本条规定,有权提起附带民事诉讼的主体有三类。

(一)被害人

由于被告人的犯罪行为而遭受物质损失的被害人,具体包括自然人、企业、事业单位、机关、团体等,都有权提起附带民事诉讼。

(二)被害人的法定代理人或近亲属

被害人死亡或者丧失行为能力的情况下,被害人的法定代理人、近亲属也有权提起附带民事诉讼。《民法典》第175条规定,"有下列情形之一的,法定代理终止:……(三)代理人或者被代理人死亡;……"已死亡的被害人不存在法定代理人,法定代理人仅适用于被害人丧失行为能力的情形,而被害人死亡的情形下则应以近亲属的名义直接提起附带民事诉讼。"实践中应注意区分情形确定附带民事诉讼的原告人,而不能相互混淆,更不能同时适用。法定代理人和近亲属首先只能两者择其一,其次又不是任

---

[1] 陈光中主编:《刑事诉讼法》(第七版),北京大学出版社、高等教育出版社2021年版,第267—268页。

择的。比如,在一些被害人死亡的案件中,经常遇到同时以法定代理人和近亲属的名义提起附带民事诉讼的情形,这种做法是错误的。正确的做法应该且只能是以近亲属的名义作为附带民事诉讼原告人。"[1]

需要注意的是,本条中死亡的被害人的近亲属是附带民事诉讼的当事人,即原告人,享有原告人的诉讼地位和实体权利。尽管法定代理属于全权代理,法定代理人的代理权不受限制,在诉讼中的法律地位相当于当事人,但却不属于当事人,而是诉讼活动中的代理人。法定代理人提起附带民事诉讼是为了维护遭受物质损失的被害人的利益而非本人的利益。《刑事诉讼法》第108条明确规定了当事人、法定代理人、诉讼代理人的范围。法定代理人与当事人的内涵不同,其全部诉讼活动只能以被害人即附带民事诉讼原告人的法定代理人的身份进行,不能以自己的名义作为附带民事诉讼的原告人。从这个角度看,有权提起附带民事诉讼的人却不一定是附带民事诉讼的原告人。

(三)检察院

本条第2款规定:"如果是国家财产、集体财产遭受损失的,人民检察院在提起公诉的时候,可以提起附带民事诉讼。"据此,检察院也是提起附带民事诉讼的主体。依据《高法解释》第179条第2款的规定,检察院提起附带民事诉讼的,应当列为附带民事诉讼原告人。

从理论上看,检察院作为公权力机关,一般情形下不属于民事诉讼中的当事人。但国家财产、集体财产属于公有财产,带有社会公共利益的属性,一旦被侵害,不能视为单位自己的"私事"。为使私权益和公权益达到平等保护,该款规定国家财产、集体财产因犯罪行为遭受损失,且受损失的单位未提起附带民事诉讼的,检察院可以以附带民事诉讼原告人的身份,向审理刑事案件的法院提起附带民事诉讼。

另外,本条第2款中检察院"可以"提起附带民事诉讼是指,当国家财产、集体财产遭受损失,受损失的单位未提起附带民事诉讼时,检察院作为国家利益的维护者,在提起公诉时"可以"提起附带民事诉讼,法院应当受理;反之,如果受损失的单位已经提起了附带民事诉讼或准备在刑事裁判生效后单独提起民事诉讼,检察院也"可以不"提起附带民事诉讼。

---

[1] 刘为波:《刑事附带民事诉讼制度修改内容的理解与适用》,载《法律适用》2013年第7期,第64—65页。

(四)特殊情形下的主体

除受到犯罪行为直接侵害而遭受物质损失的被害人以外,其他的自然人或者单位也可能因为犯罪行为而遭受物质损失,但他们不是刑事诉讼中的被害人。例如,被害人为了躲避犯罪分子追杀而采取紧急避险行为,打破邻居家的门窗进入家中躲避,给他人的财物造成损害,或者他人为救治、安葬受到犯罪侵害的被害人而支付了医疗费、护理费或丧葬费等费用。这些人可否作为附带民事诉讼的原告人提出赔偿请求?[1]

本评注认为,上述遭受物质损失的人不是本条中的刑事诉讼中的"被害人"。无论是因为紧急避险而遭受物质损失的人,还是为被害人承担丧葬费、医疗费、护理费等费用的人都是利益付出人,而受益人是刑事诉讼中的被害人,利益付出人理应直接向受益人提出权利,再由受益人向被告人提出赔偿主张。从司法实践看,一般也都是利益付出人向刑事被害人主张权利。[2] 但是在为被害人承担丧葬费、医疗费、护理费等费用的人无法向被害人主张权利时,如被害人已经死亡且没有任何遗产或遗产继承人的,不允许这些人直接向被告人提出附带民事诉讼赔偿请求,既不符合司法实践的实际情况,也不合乎情理。在这种情况下,可否开个口子,将本条中的"被害人"作扩大解释,值得司法实践进一步探索,理论上作进一步研究。

三、附带民事诉讼被告人

本条没有明确附带民事诉讼被告人的范围。一般认为,附带民事诉讼的被告人是本条中实施犯罪行为的"被告人",即刑事诉讼被告人,但在某些特殊情况下,应当赔偿物质损失的附带民事诉讼被告人却不是承担刑事责任的被告人。根据《高法解释》第180条规定:"附带民事诉讼中依法负有赔偿责任的人包括:(一)刑事被告人以及未被追究刑事责任的其他共同侵害人;(二)刑事被告人的监护人;(三)死刑罪犯的遗产继承人;(四)共同犯罪案件中,案件审结前死亡的被告人的遗产继承人;(五)对被害人的物质损失依法应当承担赔偿责任的其他单位和个人。

---

[1] 参见《刑事诉讼法学》编写组、陈卫东主编:《刑事诉讼法学》(第四版),高等教育出版社2021年版,第204页。

[2] 参见王俊民:《附带民事诉讼当事人范围新问题探究》,载《法学》2001年第2期,第20—21页。

第七章 附带民事诉讼

附带民事诉讼被告人的亲友自愿代为赔偿的,可以准许。"

▶▶【法条评点】

一、有关附带民事诉讼提起精神损害赔偿的问题

根据《刑事诉讼法》第 101 条第 1 款规定,有权提起附带民事诉讼的赔偿范围限于"物质损失"。《刑法》第 36 条第 1 款也规定:"由于犯罪行为而使被害人遭受经济损失的,对犯罪分子除依法给予刑事处罚外,并应根据情况判处赔偿经济损失。"作为刑事法律两大支柱的刑法和刑事诉讼法分别将刑事附带民事诉讼赔偿范围限定为物质损失或经济损失,将与它们相对的精神损失,即精神损害赔偿排除于刑事附带民事诉讼的赔偿范围之外。这意味着被害人因犯罪行为遭受精神损失而提起附带民事诉讼或者单独提起民事诉讼的,法院不予受理。

(一)传统认知的理论源起

不容否认,犯罪行为不仅会给刑事附带民事诉讼的原告人造成物质损失,还会带来精神痛苦,特别是故意杀人、故意伤害、强奸、绑架等犯罪行为,不但给被害人的生命、健康以及婚姻、家庭带来灾难,而且给被害人及其亲人造成了巨大的精神创伤。如果仅从危害后果看,赔偿被害人的精神损害是有必要的。本条为 1979 年《刑事诉讼法》确立,抛却 2018 年《刑事诉讼法》类似刑法修正案式的"专项""定点"修改外,1996 年和 2012 年《刑事诉讼法》均未对本条作出修订,为何立法不支持在附带民事诉讼中提起精神损害赔偿,究其原因,可能源于两大方面:

1. 受法律移植的影响

新中国成立之初,法治建设百废待兴,立法所需的实践经验、理论准备极度匮乏,依靠本土法治资源去生成科学性、实效性的法律规范十分困难。在此背景下,"以俄为师""以苏为鉴"的法律移植构成了附带民事诉讼赔偿"物质损失"入法的直接原因。在苏维埃立法中可以发现有不少"附带民事诉讼""物质损失"的相关条款和规定。"1927 年修订的《俄罗斯苏维埃联邦社会主义共和国刑事诉讼法典》第 14 条规定,因犯罪遭受损失的被害人,有权向被告人或对其行为负物质赔偿责任的人提起民事诉讼,由管辖刑事案件的法院与刑事案件一并审理。1958 年《苏联和各加盟共和国刑事诉讼纲要》第 25 条规定,物质上遭受犯罪侵害的人,有权在刑事案件

审理中向被告人或对其行为负物质赔偿责任的人提起民事诉讼,由法院在审理刑事案件时一并审理。"[1]到了1991年,东欧剧变,苏联解体,1995年《俄罗斯联邦刑事诉讼法典》第29条第1款还是规定,"因犯罪行为而受到物质损害的人,在进行刑事诉讼时,有权向被告人或对被告人行为负有物质赔偿责任的人提出民事诉讼,由法院与刑事案件一并审理。"[2]可见,将附带民事诉讼的赔偿范围限定于物质损失系苏联法系的一贯方针,"准许以精神上的损害作为提出民事诉讼的根据的这种办法在苏维埃诉讼中已被否定了",因为,"在苏维埃社会中,受到刑法保护的人格尊严和其他精神利益是不能用金钱来估价的。对于侵犯人格尊严和其他精神利益的行为,只可根据被害人的申诉,按照刑事程序来提起追究"[3]。

2. 基于裁判和执行效果的考虑

从中国的大环境看,稳定压倒一切,安全和秩序是国家发展的前提和基础,当这一理念传导至刑事司法领域就是强调案件的裁判要案结事了、服判息诉,实现政治效果、法律效果和社会效果的有机统一。然而,从多年的司法现状看,在通常连被害人的物质损失都难以得到充分赔偿的情形下,再扩大刑事附带民事损失的赔偿范围,将导致更多的刑事判决无法执行,形成无实质意义的"空判",这不仅会极大伤害刑事审判的权威,还会在双方当事人之间以及双方当事人与法院之间造成新的矛盾。[4]为了避免从司法领域、裁判端口再制造矛盾、产生纠纷,冲击"维稳"大局,立法机关有意"压制"精神损害赔偿在刑事附带民事诉讼中的提起,司法机关则运用判处重刑极刑的刑罚手段来抚慰平复被害人及其亲属的心情,力图以此填补"精神损害赔偿"的空缺。

(二)冲突与回应

随着我国对域外立法资源吸收借鉴的深度和广度不断增强,传统的精

---

[1] 聂友伦:《刑事附带民事诉讼赔偿范围限制的制度逻辑》,载《环球法律评论》2023年第3期,第182—183页。

[2] 《俄罗斯联邦刑事诉讼法典》,苏方遒、徐鹤喃、白俊华译,中国政法大学出版社1999年版,第18页。

[3] [苏]M. A. 切里佐夫:《苏维埃刑事诉讼》,中国人民大学刑法教研室译,法律出版社1955年版,第174页。

[4] 参见刘为波:《刑事附带民事诉讼制度修改内容的理解与适用》,载《法律适用》2013年第7期,第68页。

神损失不能以金钱财富来衡量的观点逐渐被抛弃。即使在俄罗斯,有关附带民事诉讼不得提起精神损害赔偿的规定也被立法修改,2001年俄罗斯联邦联委员会批准通过的《俄罗斯联邦刑事诉讼法典》第44条规定:"民事原告人也可以提起民事诉讼要求用财产赔偿精神损害。"[1]在我国,《民法典》第187条规定:"民事主体因同一行为应当承担民事责任、行政责任和刑事责任的,承担行政责任或者刑事责任不影响承担民事责任;……"《民法典》第1183条第1款规定:"侵害自然人人身权益造成严重精神损害的,被侵权人有权请求精神损害赔偿。"附带民事诉讼本质上属于民事诉讼,应与民事法律,如民法典作好衔接协调。上述这些新情况是否意味着对于因犯罪行为而遭受精神损失,也可以提起附带民事诉讼?对此,民法学界与刑事法学界有不同认识,产生了较为激烈的争论,最终2021年修订的《高法解释》作出回应。第175条第2款规定:"因受到犯罪侵犯,提起附带民事诉讼或者单独提起民事诉讼要求赔偿精神损失的,人民法院一般不予受理。"

如果从不同法律间的体系性和协调性来看,精神损害赔偿似乎应当纳入附带民事诉讼的赔偿范围。但这一认识是否全面准确,其实存有疑问,未来是否应当在立法上规定提起附带民事诉讼包括精神损害赔偿,本评注持保守态度,倾向于《高法解释》第175条第2款的规定,有四方面理由:

一是要体系性地理解民法典的有关规定。要准确理解《民法典》第187条的规定,还应与《民法典》第11条结合起来。《民法典》第11条规定:"其他法律对民事关系有特别规定的,依照其规定。"(该条吸收了原《侵权责任法》第5条"其他法律对侵权责任另有特别规定的,依照其规定"并作了扩充)犯罪是严重的、特殊的侵权行为,刑法和刑事诉讼法是专门规定这种侵权行为的基本法。显然,处理犯罪行为的赔偿问题,应当优先适用刑法和刑事诉讼法的相关规定,而不应当适用主要规定民事侵权的民法典的规定,精神损害是否有必要纳入附带民事诉讼的赔偿范围还要考虑犯罪行为这种"侵权行为"的特殊性,不能轻易作出定论。

二是要关注附带民事诉讼与单纯民事诉讼在赔偿责任上的差别。虽然附带民事诉讼本质上更亲缘于民事诉讼,但与单纯的民事诉讼还是有所差别。单纯的民事侵权,被告人只承担经济上的赔偿责任,责令被告人

---

[1]《俄罗斯联邦刑事诉讼法典》,黄道秀译,中国政法大学出版社2003年版,第39页。

作出赔偿是对被害方进行抚慰、救济的唯一手段，故有理由要求被告人承担更重的赔偿责任。而刑事案件的被告人不但要承担民事上的物质损害赔偿责任，更要承担严厉的刑事责任，如剥夺自由和财产。在确定刑罚的过程中，犯罪行为对被害人造成的物质损失和精神损害程度已经作为重要量刑情节予以考虑，如再进行精神损害的赔偿，有重复评价之嫌。以故意杀人案件为例，如判处被告人死刑，实已让其"以命抵命"，再要求其作出与单纯民事案件相同的精神损害赔偿，势必存在双重处罚的问题。[1] 传统上"打了不罚、罚了不打"的观念、做法，正是根源于此。换言之，对被告人判处一定的刑罚，不仅是对被告人的制裁，也包含着对被害人及其亲属遭受的精神损害的一种抚慰，而且是非常重要的精神抚慰。

三是要从更有利于维护被害人的合法权益的角度来看待附带民事诉讼提起精神损害赔偿的问题。民事精神损害赔偿的标准过高，实际上不利于维护被害人的合法权益，更不利于矛盾化解。表面上看，设定高额赔偿标准似乎对被害人有利，但实际情况是：由于刑事被告人的实际赔偿能力很低，甚至没有，而被害方的期待、"要价"又过高，远远超过被告人的承受能力，导致不少案件中原本愿意代赔的被告人亲属索性不再代赔，被害方反而得不到任何赔偿，"人财两空"。这种情况在严重犯罪中尤为普遍。

四是我国还不完全具备支撑附带民事诉讼提起精神损害赔偿的配套机制。任何一项制度的确立往往都有配套机制的协同支撑，附带民事诉讼中可以提起精神损害赔偿也不例外。有观点认为，在一些发达国家，因犯罪行为引发的赔偿和单纯民事赔偿适用的是同一标准。在这些国家，被告人的赔偿能力也十分有限，也存在"空判"问题。因此，我国没有理由"搞特殊"。这种观点没有充分认识其他国家在经济社会发展和司法权威方面与我国存在的巨大差异：在发达国家，由于有相对完善的社会保障制度，被害人国家救助工作开展早、力度大，被害方往往无须寄望被告人作出赔偿，国家会给予其生活救济；由于能得到国家的救济，即使形成"空判"，也不会引发缠讼闹访问题。[2] 中国的情况则完全不同，社会保障制度尚不完善，国家救助体系尚不健全，判决得不到执行，没有国家

---

[1] 参见黄太云：《刑事诉讼法修改释义》，载《人民检察》2012 年第 8 期，第 58—59 页。

[2] 参见李少平主编：《最高人民法院关于适用〈中华人民共和国刑事诉讼法〉的解释理解与适用》，人民法院出版社 2021 年版，第 286 页。

托底,就会引发申诉、上访,影响社会和谐稳定。

(三)近景规划

忽略不同法律间的实质差异,一味强调法律体系的统一协调并不一定适合中国国情和本土实践。本评注坚持从"国情论"出发,认为附带民事诉讼原则上不得提起精神损害赔偿,对于极个别特殊的案件,如没有物质损失,但精神损害巨大的,也可依据《高法解释》第175条第2款的规定,"特事特办",开口子、设例外。除此以外,根据本条规定,结合附带民事诉讼的审判实际,还应从以下几个方面作出努力,最大化地维护当事人的合法权益,填补精神损害不能在附带民事诉讼中提起的不足。

首先,对于附带民事诉讼,应当切实加大调解力度。《刑事诉讼法》第103条规定法院审理附带民事诉讼案件,可以进行调解。不仅法院在调解时可以突破"物质损失情况"的限制,而且被告人也可以通过给付死亡赔偿金、死亡赔偿费等精神损害抚慰金的形式取得被害人及其近亲属的谅解,这可以作为犯罪嫌疑人、被告人认罪、悔罪的量刑情节。[1] 近些年,司法机关通过积极推行"以刑促赔",即通过调解,以被告人及时赔偿、全额赔偿、超额赔偿得到从宽处理的做法[2],使被害人获得比较满意的、更多的实际赔偿,从实践情况看也有效化解了矛盾纠纷,弥补了附带民事诉讼不能提起精神损害赔偿的不足,实现了各方利益的最大化。

其次,如调解不成,通过判决结案,则应当充分考虑刑事案件被告人多为没有正常收入的无业人员和进城务工人员、赔偿能力很低的实际,实事求是地就被害人遭受的物质损失作出判决。对犯罪行为造成被害人人身损害的,应当赔偿医疗费、护理费、交通费等为治疗和康复支付的合理费用,以及因误工减少的收入。造成被害人残疾的,还应当赔偿残疾生活辅助器具费等费用;造成被害人死亡的,还应当赔偿丧葬费等费用。除被告人确有赔偿能力的以外,原则上不应将死亡赔偿金、残疾赔偿金纳入判

---

[1] 参见陈卫东、柴煜峰:《刑事附带民事诉讼制度的新发展》,载《华东政法大学学报》2012年第5期,第98页。

[2] 《高法解释》第194条规定,"审理刑事附带民事诉讼案件,人民法院应当结合被告人赔偿被害人物质损失的情况认定其悔罪表现,并在量刑时予以考虑。"第192条第4款规定:"附带民事诉讼当事人就民事赔偿问题达成调解、和解协议的,赔偿范围、数额不受第二款、第三款规定的限制。"本条第2款和第3款是有关物质损害赔偿的规定,这意味着附带民事诉讼中达成调解、和解协议的,可以超出物质损害的赔偿数额。

决赔偿的范围。

再次,对因驾驶机动车致人伤亡或者公私财产遭受重大损失,构成犯罪的,要根据《中华人民共和国道路交通安全法》第76条的规定确定赔偿责任,即"机动车发生交通事故造成人身伤亡、财产损失的,由保险公司在机动车第三者责任强制保险责任限额范围内予以赔偿;不足的部分,按照下列规定承担赔偿责任……"。

最后,对符合条件的被害方,可以开展刑事被害人救助工作,通过积极争取配套资金,给予相应国家救助,尽量弥补社会保障不足的问题。

第一百零二条 【附带民事诉讼中的保全措施】人民法院在必要的时候,可以采取保全措施,查封、扣押或者冻结被告人的财产。附带民事诉讼原告人或者人民检察院可以申请人民法院采取保全措施。人民法院采取保全措施,适用民事诉讼法的有关规定。

▶▶【历次修法条文对照】

1979年《刑事诉讼法》	1996年《刑事诉讼法》	2012年《刑事诉讼法》	2018年《刑事诉讼法》
第七章 附带民事诉讼	第七章 附带民事诉讼	第七章 附带民事诉讼	第七章 附带民事诉讼
第53条第3款:人民法院在必要的时候,可以查封或者扣押被告人的财产。	第77条第3款:内容未修订	第100条:人民法院在必要的时候,可以采取保全措施,查封、扣押或者冻结被告人的财产。附带民事诉讼原告人或者人民检察院可以申请人民法院采取保全措施。人民法院采取保全措施,适用民事诉讼法的有关规定。	第102条 内容未修订

第七章　附带民事诉讼

▶▶【立法沿革】

本条最早为1979年《刑事诉讼法》第53条第3款的规定，"人民法院在必要的时候，可以查封或者扣押被告人的财产"。这里的"查封""扣押"实际上就是附带民事诉讼中的财产保全措施。

1996年修订刑事诉讼法时，立法机关没有对附带民事诉讼中的财产保全措施进一步完善。但这一规定在司法实践中存在诸多问题：第一，法院可采取的财产保全措施仅限于查封、扣押，不包括冻结。在实践中随着资金、债券、股票、基金份额等形式的财产越来越多，对此类财产采取保全措施的需求逐渐增大。第二，在附带民事诉讼中，法院在审判阶段才会介入案件，因此查封、扣押被告人财产的命令也只能在审判阶段作出，在立案、侦查和审查起诉阶段，公安机关和检察院只能查封、扣押与犯罪有关的物品或财产，对与犯罪无关的被告人的财产无权采取保全措施，而刑事诉讼的侦查时限较长，这使得犯罪嫌疑人在审前有足够的时间处置个人财产，司法实践中屡屡出现犯罪嫌疑人、被告人在判决前转移财产逃避附带民事判决执行的情形。"有观点认为应进一步完善附带民事诉讼中的保全措施，赋予附带民事诉讼原告人或检察机关向人民法院申请诉讼保全的权利，明确在刑事立案后当事人就可以申请进行财产保全，公、检、法三机关根据申请可以相应采取财产保全措施。"[1]第三，根据1996年《刑事诉讼法》第77条的规定，法院可以依职权采取财产保全措施，但没有规定附带民事诉讼原告人或检察院是否有权申请法院采取保全措施，对于采取保全措施的具体程序也没有规定，附带民事诉讼中的财产保全措施很难有效发挥应有的作用。

在2012年修订刑事诉讼法时，针对上述问题和实践困境，立法机关进一步完善了附带民事诉讼中的保全措施，将1996年《刑事诉讼法》第77条第3款单列一条，扩充内容，作出修订：一是明确了在附带民事诉讼案件中，法院查封、扣押被告人财产，具有诉讼保全措施的性质，并在原来规定的可以查封、扣押之外，增加了冻结，丰富了保全措施的种类；二是明确附带民事诉讼的原告人或者检察院有权申请法院采取保全措施；三是

---

[1] 陈卫东、柴煜峰：《刑事附带民事诉讼制度的新发展》，载《华东政法大学学报》2012年第5期，第98页。

规定法院采取保全措施适用民事诉讼法的有关规定[1],间接赋予了司法机关可以通过制定司法解释的方式将民事诉讼中的诉前财产保全和诉中财产保全制度引入附带民事诉讼之中。[2]

本条在2018年修改刑事诉讼法时未有内容调整,仅有条文序号的变动。

▶▶【法条注解】

附带民事诉讼的保全,是指法院为了保证将来发生法律效力的附带民事诉讼判决能够得到切实执行,依据附带民事诉讼原告人的申请,对被告人的财产采取一定的强制性措施。本条即是对刑事附带民事诉讼(财产)保全措施的规定,共有三句话,包含三层含义。

一、法院在附带民事诉讼中有权采取保全措施

依本条第1句话,对于刑事附带民事诉讼案件,法院在必要的时候可以依职权采取查封、扣押、冻结三类保全措施。"所谓'在必要的时候',是指在附带民事诉讼原告人或者人民检察院没有提出保全申请的条件下,不采取特殊的保全措施,即使今后形成了判决,它也只是一张'空头支票',缺乏实现的物质基础。"[3]

立法规定的有权采取保全措施的国家机关是法院,而非检察院或公安机关。因为保全措施服务于判决的执行,只有法院才有裁判权。立法机关赋予法院拥有财产保全的权利,就是为了防止被告人或其亲属为逃避承担民事赔偿责任,在诉讼期间转移、隐匿财产,或者防止被告人的财产因其他原因而毁损灭失,将来作出的附带民事判决难以执行,出现"空判"或"司法白条",被害人一方的合法权益得不到保护的情形。

---

〔1〕 参见郎胜主编:《〈中华人民共和国刑事诉讼法〉修改与适用》,新华出版社2012年版,第209页。

〔2〕《高法解释》第189条对此条文的适用作出进一步细化,规定了附带民事诉讼应当在刑事案件立案后立即提起,刑事案件受理后15日以内未提起附带民事诉讼的,人民法院应当解除保全措施,并在司法解释中新增了诉前财产保全的规定。

〔3〕 李昌林主编:《最新中华人民共和国刑事诉讼法释义》,中国法制出版社2012年版,第222页。

第七章 附带民事诉讼

问题1：某县检察院以抢劫罪对孙某提起公诉,被害人李某提起附带民事诉讼。附带民事诉讼案件中,应由检察机关决定查封被告人财产？

答：错误,应当由法院决定查封被告人财产。

本条中的查封、扣押、冻结是法院对"物"的财产保全方式。所谓"查封",是指对作为保全对象的财物清点后,加贴封条予以封存,禁止犯罪嫌疑人、被告人处分或转移的措施。查封主要针对的是不动产,如查封土地、房屋等不动产或者船舶航空器以及其他不宜移动的大型机器、设备等特定动产。所谓"扣押",是指将作为保全对象的财物移置到有关场所加以扣留、压下,从而使犯罪嫌疑人、被告人不能占有、使用和处分的措施。从财产的使用效能上看,查封与扣押意思相近,但扣押主要针对的是动产,如扣押物品、文件等。所谓"冻结",是指法院依法通知有关金融机构,禁止作为保全对象的存款、汇款、债券、股票、基金份额等财产性凭证流动,禁止犯罪嫌疑人、被告人随意提取处分的措施。

值得注意的是,关于查封、扣押、冻结的含义,虽然本条表述与《刑事诉讼法》第141条、第144条规定的侦查活动中的查封、扣押、冻结类似,但实施主体、性质、目的、范围是不同的。侦查活动中的查封、扣押、冻结是侦查机关依法采取的侦查措施,实施目的是收集可以证明犯罪嫌疑人有罪或者无罪的证据,适用范围限于与案件有关的财物,如作案工具、赃款赃物等。而附带民事诉讼中的查封、扣押、冻结是法院依法采取的诉讼保全措施,是为了保证将来的附带民事判决的执行,适用范围可以是与案件没有直接关系的,可供将来执行的被告人的合法财产。[1]

二、依职权或依申请均可启动附带民事诉讼中保全措施

依据本条第2句话的规定,法院采取查封、扣押、冻结的保全措施既可以主动依职权采取,也可以依附带民事诉讼原告人或检察院申请启动。详言之,附带民事诉讼财产保全的启动方式有两种：一是在审判阶段法院依职权启动；二是在刑事诉讼过程中依据附带民事诉讼原告人或者检察院申请启动。

---

[1] 参见刘为波：《刑事附带民事诉讼制度修改内容的理解与适用》,载《法律适用》2013年第7期,第66页。

如前所述,为了逃避民事赔偿责任,犯罪嫌疑人在侦查、审查起诉阶段就会转移、隐匿财产,待案件起诉到法院已无财产可供查封、扣押。因此,有必要将保全的时间从审判阶段向前延伸到侦查和审查起诉阶段。根据本条规定,法院依职权采取保全措施仅限于审判阶段,故只能采取诉讼中的财产保全措施[1],但是依申请采取保全措施则既可以是在审判中也可以是在审前诉讼中,这就意味着附带民事诉讼原告人[2]和检察院在审前阶段就可以向法院申请诉前财产保全,从而解决犯罪嫌疑人在审前转移、隐匿财产的问题。

另外,本条规定检察院可以申请采取保全措施,是将检察院视为附带民事诉讼中的原告人,与本法第101条规定的"如果是国家财产、集体财产遭受损失的,人民检察院在提起公诉的时候,可以提起附带民事诉讼"相衔接照应。

关于申请采取保全措施,《高法解释》第189条进一步明确了法院依申请采取保全措施的情形及诉前财产保全适用的条件。第189条第1款规定:"人民法院对可能因被告人的行为或者其他原因,使附带民事判决难以执行的案件,根据附带民事诉讼原告人的申请,可以裁定采取保全措施,查封、扣押或者冻结被告人的财产;附带民事诉讼原告人未提出申请的,必要时,人民法院也可以采取保全措施。"这是诉讼中的财产保全。至于诉前的财产保全则规定在第189条第2款,"有权提起附带民事诉讼的人因情况紧急,不立即申请保全将会使其合法权益受到难以弥补的损害的,可以在提起附带民事诉讼前,向被保全财产所在地、被申请人居住地或者对案件有管辖权的人民法院申请采取保全措施"。

三、附带民事诉讼中的保全措施应适用民事法律有关规定

附带民事诉讼本质上是民事诉讼程序,同时属于特别法,即特殊的民

---

[1] 由于法院不可能主动接触到尚未起诉的刑事案件,故对诉前保全措施,只能依申请作出。

[2] 有研究者指出,本条规定的申请主体是"附带民事诉讼的原告人"和"人民检察院",实际上,案件只有起诉到法院后才会有"附带民事诉讼的原告人"。据此,刑事诉讼法规定的法院依申请而采取的强制措施仅是一种诉讼财产保全措施,不包括诉前财产保全。本评注认为,从立法修改的初衷看,应对"附带民事诉讼的原告人"作广义解释,包括"有权提起附带民事诉讼的人",属于潜在的"附带民事诉讼的原告人"。

事诉讼程序,故优先适用刑法、刑事诉讼法和司法解释,对于穷尽刑事法律之后不能解决的专门问题,应适用民事法律有关规定,故本条第3句话规定,"人民法院采取保全措施,适用民事诉讼法的有关规定",使得法院开展附带民事诉讼有了较为明确的规范指引。

本条第3句话属于转引性规定,规定法院采取保全措施适用民事诉讼法的有关规定,是因为民事诉讼法对民事诉讼中的保全措施有明确规定,附带民事诉讼在性质上也属于民事诉讼,可依照民事诉讼法的规定采取保全措施,没有必要在刑事诉讼法中重复规定,故本条作出转引规定。然而,严格意义上看,本条的转引规定较为笼统,故《高法解释》第189条第3款作出进一步解释,"人民法院采取保全措施,适用民事诉讼法第一百条至第一百零五条的有关规定,但民事诉讼法第一百零一条第三款的规定除外"[1]。

问题2:关于附带民事诉讼案件诉讼程序中的保全措施,有人认为"财产保全的范围不限于犯罪嫌疑人、被告人的财产或与本案有关的财产",对吗?答:错误。《民事诉讼法》第105条规定,保全限于请求的范围,或者与本案有关的财物。因此,对于与犯罪嫌疑人、被告人和本案无关的财产不得进行保全。

按照民事诉讼法的规定,财产保全措施分为诉讼中的财产保全和诉前财产保全。诉讼中申请财产保全的,法院可以要求申请人提供担保,以备采取保全措施错误时,对被保全人予以赔偿。采取诉前财产保全,则必须由申请人提供担保,申请人不提供担保的,法院应当驳回申请。在刑事附带民事诉讼中,附带民事诉讼原告人和检察院申请财产保全,也应当按照上述规定进行。即法院受理附带民事诉讼案件后,附带民事诉讼原告人和检察院申请财产保全的,法院根据案件的具体情况,认为有必要由申请人提供担保的,可以要求提供。对案件尚处于侦查或者审查起诉阶段的,申请财产保全应当提供担保。[2]

需要注意的是,本条中的"适用民事诉讼法的有关规定",限于有关提出申请、提供担保、采取措施等规定。对民事诉讼法规定的,申请人在

---

[1] 2023年《民事诉讼法》修改后,对应条款应为《民事诉讼法》第103条至第108条的规定,当时的第101条第3款对应2023年《民事诉讼法》第104条第3款。

[2] 参见王爱立、雷建斌主编:《刑事诉讼法立法精解》,中国检察出版社2019年版,第186页。

法院采取保全措施后 30 日内没有依法提起诉讼或者申请仲裁的,法院应当解除保全措施的规定,不应适用。因为民事诉讼法规定在采取诉前财产保全措施后,必须在 30 日内向法院提起诉讼,是为了督促诉前财产保全申请人及时行使诉权,避免在没有诉讼关系存在的情况下,长时间限制被申请人的民事权利。但是附带民事诉讼与一般的民事诉讼案件不同,需要与刑事诉讼一并审理,而刑事案件何时进入法院审理阶段,并不完全是附带民事诉讼原告方所能决定的。详言之,在刑事自诉案件的附带民事诉讼中,自诉人有权自行决定何时向法院提起刑事附带民事诉讼,但在公诉案件中,附带民事诉讼原告人只能在检察院提起公诉后向法院起诉,即使之前向公安机关或检察院提出了赔偿请求,但由于案件尚未交付法院,赔偿请求不具有起诉效力。这样一来,由于侦查、起诉的进程掌握在公安机关和检察院手中,财产保全措施的申请人根本无法保证能够在法院采取诉前保全措施的 30 日内向法院起诉。如何将民事诉讼法的规定与刑事诉讼活动有机衔接,《高法解释》第 189 条第 2 款作出规定,即依申请启动附带民事诉讼诉前财产保全的,并不是在采取诉前财产保全措施后的 30 日以内,而是"申请人在人民法院受理刑事案件后十五日以内未提起附带民事诉讼的,人民法院应当解除保全措施"。

▶▶【法条评点】

一、附带民事诉讼中的财产保全措施可进一步扩展种类

就附带民事诉讼中的财产保全措施看,虽然 2012 年《刑事诉讼法》新增加了冻结,将财产保全措施扩展到查封、扣押、冻结三种。但与民事诉讼法相比,保全的手段方式仍然有限。实践中,法院可以采用更为灵活变通的方法。例如,对于季节性商品、鲜活、易腐烂变质以及其他不宜长期保存的物品采取保全措施时,可以责令当事人及时处理,由法院保存价款;必要时,法院可予以变卖,保存价款。对于不动产和特定的动产(如车辆、船舶等)进行财产保全,可以采用扣押有关财产权证照并通知有关产权登记部门不予办理该项财产的转移手续的财产保全措施。对于债务人到期应得的收益,可以采取财产保全措施,限制其支取,通知有关单位协助执行。债务人的财产不能满足保全请求,但对第三人有到期债权的,法院可以依债权人的申请裁定该第三人不得对本案债务人清偿。该第三人要求偿付的,由人民法院提存财物或价款。[1] 综合上述情形,可以考虑借鉴《民事诉讼法》第106条"财产保全采取查封、扣押、冻结或者法律规定的其他方法"的规定,对本条作出一定修改,规定:

人民法院在必要的时候,可以采取查封、扣押、冻结或者其他方法保全被告人的财产。附带民事诉讼原告人或者人民检察院可以申请人民法院采取保全措施。人民法院采取保全措施,适用民事诉讼法的有关规定。

二、附带民事诉讼申请财产保全提供担保是否都要适用民事诉讼的有关规定?

本条规定,法院采取保全措施,适用民事诉讼法的有关规定。根据《民事诉讼法》第103条和第104条的规定,法院依当事人或利害关系人申请而采取保全措施,在采取诉前保全措施时应当责令申请人提供担保。要求提供担保的主要目的是保护被保全人的合法财产,确保在使用财产保全措施不当给被保全人造成不应有的损失的情况下,申请人能够履行相应的赔偿责任。但是这种提供担保的规定适用于附带民事诉讼是否完全合适,值得商榷。不容否认,在附带民事诉讼中,有权提起附带民事诉讼的人申请财产保全,也存在给被保全人造成财产损失的可能,似乎也应当提供担保。但是提供担保面临两方面的障碍:一是附带民事诉讼的原告人大多是刑事案件中的被害人,实践中被害人可能因人身受到犯罪侵害而花费巨额医疗费用,或者因财物被犯罪分子毁损而蒙受巨大经济损失,以至于个人或者家庭陷入经济困境,若责令其就财产保全申请提供担保,无疑将雪上加霜,这只会迫使其放弃申请财产保全的权利;二是检察院作为国家机关,其财产属于国家所有,提起附带民事诉讼也是基于公益目的,检察院如果提起诉前财产保全,其财产显然不宜成为担保物。[2] 总之,上述障碍意味着附带民事诉讼原告人要么没有提供担保的能力,要么客观上不允许提供担保,导致民事诉讼法的有关规定直接植入刑事附带民事诉讼会产生一定的"排异"反应,出现不契合、不适应的问题,需要立法和司法解释进一步给出改良性的解决方案。

---

[1] 参见刘为波:《刑事附带民事诉讼制度修改内容的理解与适用》,载《法律适用》2013年第7期,第66页。

[2] 参见宋英辉、刘广三、何挺等:《刑事诉讼法修改的历史梳理与阐释》,北京大学出版社2014年版,第192—193页。

第七章 附带民事诉讼

第一百零三条 【附带民事诉讼的调解和裁判】人民法院审理附带民事诉讼案件,可以进行调解,或者根据物质损失情况作出判决、裁定。

▶▶【历次修法条文对照】

1979年《刑事诉讼法》	1996年《刑事诉讼法》	2012年《刑事诉讼法》	2018年《刑事诉讼法》
第七章 附带民事诉讼	第七章 附带民事诉讼	第七章 附带民事诉讼	第七章 附带民事诉讼
无	无	第101条:人民法院审理附带民事诉讼案件,可以进行调解,或者根据物质损失情况作出判决、裁定。	第103条 内容未修订

▶▶【立法沿革】

本条为2012年《刑事诉讼法》新增条款,在之后的2018年修法时没有内容调整,仅有条文序号的变动。

在2012年以前,刑事诉讼法只规定被害人有提起附带民事诉讼的权利,没有规定法院对附带民事诉讼案件的处理方式。一般认为,附带民事诉讼本质上更亲缘于民事诉讼,除由法院判决、裁定外,2012年《刑事诉讼法》明确规定法院对于附带民事诉讼案件可以进行调解。

在附带民事诉讼中适用调解是我国司法制度中的优良传统和法院长期司法实践的重要经验。1998年《高法解释》第96条第1款中规定:"审理附带民事诉讼案件,除人民检察院提起的以外,可以调解。"自最高人民法院2008年确立"调解优先、调判结合"的工作原则以来,更是将加强诉讼调解,定分止争,案结事了作为检验刑事审判工作成效的重要标准。一方面,附带民事诉讼是被害人等就刑事被告人的犯罪行为提出的民事损害赔偿诉讼,作为民事争议,完全可以适用调解。另一方面,调解的过程是被害人等与刑事被告人就损害赔偿进行自主协商的过程,避免了纯粹判决结案可能导致的双方矛盾对立和审理活动久拖不决,有利于提高诉讼效益。同时,当事人双方的协商让步也为赔偿内容的有效执行扫清了障碍,免去了被害人等空有赔偿判决而得不到实际赔偿金额的无奈和担心,有利于被害人等权利的保护。无论是从当事人意思自治的角度看,还是从诉讼公正和效益的角度看,都有必要在附带民事诉讼中引入调解制度。〔1〕基于上述考虑,2012年《刑事诉讼法》第101条规定,"人民法院审理附带民事诉讼案件,可以进行调解",这是对附带民事诉讼活动中长期开展的调解实践做出的立法确认。

▶▶【法条注解】

本条规定了法院处理刑事附带民事诉讼案件的两种方式:调解和裁判(作出判决、裁定)。如果对本条作义义解释,立法机关将调解结案置于裁判结案前规定,意在强调法院审理附带民事诉讼案件优先适用调解,即强调调解优先原则。

一、对附带民事诉讼案件可以调解

本条关于"人民法院审理附带民事诉讼案件,可以进行调解"的规定属于授权性规定。本条中的"调解"是指法院在诉讼中的调解,不是普通的民间调解或诉讼外调解。"在诉讼中调解的情况下,调解本身是在法官职权控制下达成的,法官实际上承担着对其合法性的审查义务,因此调解书具有与生效判决同等的效力。"〔2〕需要强调的是,诉讼中的调解仅适用于附带民事诉讼部分,对于刑事诉讼部分,除了两类自诉案件,即告诉才处理的案件和被害人有证据证明的轻微刑事案件外,不得适用调解程序。

(一)调解适用于附带民事诉讼的全过程和所有案件

附带民事诉讼中的调解适用于所有案件,贯穿于审判活动始终。换言之,调解不受案件类型、诉讼主体和审判阶段的限制。不管是公诉案件

---

〔1〕 参见刘为波:《刑事附带民事诉讼制度修改内容的理解与适用》,载《法律适用》2013年第7期,第67页。
〔2〕 陈光中主编:《〈中华人民共和国刑事诉讼法〉修改条文释义与点评》,人民法院出版社2012年版,第182页。

还是自诉案件,不管是被害人还是检察院提起的附带民事诉讼[1],不管是在一审、二审还是死刑复核阶段,都可以进行调解。另外,公安机关、检察院可以在审查起诉阶段,本着自愿、合法的原则在事实清楚、是非分明的基础上,对于犯罪行为造成的物质损失的赔偿部分进行调解。《高法解释》第185条规定:"侦查、审查起诉期间,有权提起附带民事诉讼的人提出赔偿要求,经公安机关、人民检察院调解,当事人双方已经达成协议并全部履行,被害人或者其法定代理人、近亲属又提起附带民事诉讼的,人民法院不予受理,但有证据证明调解违反自愿、合法原则的除外。"

如果将调解结案的表述与裁判结案的表述作比较会发现,法院对附带民事诉讼部分调解结案,不完全受制于"物质损失情况",只要在自愿、合法的基础上达成调解协议,协议内容也可以包括精神损害赔偿。对于通过调解,被告人自愿对被害人作出赔偿的,赔偿方式、赔偿数额只要不违反法律规定,法院都应予以支持,从而最大限度地维护被害人的合法权益。

另外,《高法解释》第190条规定了附带民事诉讼调解的法律效力,"经调解达成协议的,应当制作调解书。调解书经双方当事人签收后即具有法律效力。调解达成协议并即时履行完毕的,可以不制作调解书,但应当制作笔录,经双方当事人、审判人员、书记员签名后即发生法律效力"。

(二)坚持自愿调解

本条规定,"法院审理附带民事诉讼案件,'可以'进行调解"。"可以"意味着调解不是法院审理附带民事诉讼案件的唯一处理方式,也不是作出判决、裁定的前置程序或必经环节。从更深层次分析,"可以"还蕴含着法院开展调解工作,必须坚持当事人自愿的原则,一方或者双方坚持不愿调解的,"可以不"进行调解,而是根据物质损失情况作出判决、裁定。这也是遵循了民事诉讼法的相关规定,如《民事诉讼法》第96条规定,"人民法院审理民事案件,根据当事人自愿的原则,在事实清楚的基础上,分清是非,进行调解";第99条规定,"调解达成协议,必须双方自愿,不得强迫。调解协议的内容不得违反法律规定"。

调解的"自愿原则"是民事法律中"意思自治原则"的体现。在调解

---

[1] 1998年《高法解释》第96条第1款中规定:"审理附带民事诉讼案件,除人民检察院提起的以外,可以调解。"之后,2012年和2021年《高法解释》均删除了这一除外规定。

过程中,原告与被告的法律地位是平等的,法院只作为调解的促成者和确认者,而非调解的实际参与者。所以,充分尊重当事人意思自治是开展调解的首要原则,在法律允许的范围内,当事人约定优先。

法院审理附带民事诉讼案件坚持调解自愿原则,具体可以从四个方面加以把握:一是要尊重当事人选择调解或者裁判方式解决纠纷的权利,尊重当事人决定调解开始的时机、调解的方式方法以及调解协议内容的权利;二是要为双方当事人达成调解协议提供条件、机会和必要的司法保障;三是在促成调解的方式上,要在各个诉讼环节,针对当事人的文化知识、诉讼能力的不同特点,用通俗易懂的语言释法解疑,充分说明可能存在的诉讼风险,引导当事人在充分认识自身权利义务的基础上,平等自愿地解决纠纷,达成调解协议;四是一方或者双方坚持不愿意通过调解方式结案的,法院应当偕同刑事诉讼依法及时作出判决、裁定,不得强行调解或者"久调不决"。毕竟,只有在双方真诚自愿基础上达成调解协议,才能够真正彻底解决纠纷,化解矛盾。

(三)坚持合法调解

坚持合法调解。首先,合法调解的前提是应站在查清案件事实、分清是非曲直的基础上进行,不能不分黑白、"和稀泥";其次,双方达成的调解协议的内容不得违反法律的禁止性规定,也不得损害国家利益、社会公共利益、第三人利益或者违反社会公序良俗;最后,要依法规范法院调解权的行使,确保调解程序、调解方式合法合规、合情合理,参与调解的法官不得违背当事人意志强迫调解,不得以判压调、以拖促调。

二、对附带民事诉讼案件作出判决、裁定

根据本条规定,法院审理刑事附带民事诉讼案件,不能调解结案的,应当根据物质损失的情况作出判决、裁定。《高法解释》第191条规定:"调解未达成协议或者调解书签收前当事人反悔的,附带民事诉讼应当同刑事诉讼一并判决。"

本评注认为,法院审理附带民事诉讼案件要坚持"调解优先,当判则判"的理念。不容否认,从彻底解决纠纷,化解社会矛盾的需要考虑,法院审理刑事附带民事诉讼案件应当注意发挥调解的作用,实现案结事了、服判息诉、政通人和。但如果一方或者双方坚持不愿意调解结案的,或者经调解不能达成调解协议的,法院应当依法及时作出判决、裁定。此外,法

院在审理附带民事诉讼案件中还要积极践行"能动司法"的理念,当判则判,及时裁判。"对当事人虚假诉讼或者假借调解拖延诉讼的,应依法及时制止并做出裁判;对一方当事人提出的方案显失公平,勉强调解会纵容违法者、违约方,且使守法者、守约方的合法权益受损的,应依法及时裁判;对调解需要花费的时间精力、投入的成本与解决效果不成正比的,应依法及时裁判;对涉及国家利益或者社会公共利益的案件,具有法律适用指导意义的案件,或者对形成社会规则意识有积极意义的案件,应注意依法及时裁判结案,充分发挥裁判在明辨是非、规范行为、惩恶扬善中的积极作用。"[1]

值得注意的是,法院应当根据物质损失的情况作出附带民事诉讼的判决、裁定,意味着法院遵循实际补偿原则,而不采取有些国家和地区所适用的惩罚性赔偿原则。这一规定实际上重申了《刑事诉讼法》第101条"被害人由于被告人的犯罪行为而遭受物质损失的,在刑事诉讼过程中,有权提起附带民事诉讼"的规定。刑事附带民事诉讼案件赔偿的范围,限于因犯罪行为给被害人造成的物质损失。这与《刑法》第36条关于"由于犯罪行为而使被害人遭受经济损失的,对犯罪分子除依法给予刑事处罚外,并应根据情况判处赔偿经济损失"的规定的精神也是一致的。

▶▶【法条评点】

一、应准确理解本条中"裁定"的含义

本条中的"判决"是指附带民事诉讼中的当事人之间无法达成调解时,法院应当依法做出实体性裁判。如果当事人之间已经达成调解协议,法院应当出具调解书,调解书经双方签收即发生法律效力。除此以外,如何理解本条中"裁定"的含义,法院如何适用裁定?一般认为,判决是法院针对案件的实体性问题作出的,裁定则是针对程序性问题(减刑、假释等除外)作出的。那么,法院针对附带民事诉讼部分的何种情形须"根据物质损失情况"作出裁定?本评注认为,可能有三种(略带"牵强"的)解释方案。

---

[1] 刘为波:《刑事附带民事诉讼制度修改内容的理解与适用》,载《法律适用》2013年第7期,第68页。

第七章　附带民事诉讼

一是法院裁定驳回附带民事诉讼原告人的起诉。比如，原告人提出精神损害赔偿请求，但法院经审理发现本案实际没有物质损失，或没有犯罪行为直接造成的物质损失，故裁定驳回起诉。

二是在附带民事诉讼中，当事人之间自行和解后，附带民事诉讼原告人自愿撤回对被告人的起诉，法院经审查后裁定准许。

三是本案对附带民事诉讼部分一审作出判决后，附带民事诉讼一方当事人或双方上诉，二审法院裁定驳回上诉，维持原判。

第一百零四条　【附带民事诉讼一并审判及例外】附带民事诉讼应当同刑事案件一并审判，只有为了防止刑事案件审判的过分迟延，才可以在刑事案件审判后，由同一审判组织继续审理附带民事诉讼。

▶▶【历次修法条文对照】

1979年 《刑事诉讼法》	1996年 《刑事诉讼法》	2012年 《刑事诉讼法》	2018年 《刑事诉讼法》
第七章 附带民事诉讼	第七章 附带民事诉讼	第七章 附带民事诉讼	第七章 附带民事诉讼
第54条：附带民事诉讼应当同刑事案件一并审判，只有为了防止刑事案件审判的过分迟延，才可以在刑事案件审判后，由同一审判组织继续审理附带民事诉讼。	第78条 内容未修订	第102条 内容未修订	第104条 内容未修订

▶▶【立法沿革】

刑事诉讼肇因于对犯罪行为的追究，而附带民事诉讼则是由犯罪行为造成损害引起的赔偿之诉，两类诉讼紧密关联，共同构成一个完整的案件。立法规定两类诉讼"一并审判"，可以提高诉讼效率，避免重复劳动,确保同一法院刑事和民事裁判的协调一致,维护司法权威。但是,附带民事诉讼与刑事诉讼在审理内容、审理复杂程度、所要解决的问题上不尽相同,符合一定条件时也可以"分别审理"。

本条为 1979 年《刑事诉讼法》确立,在之后的 1996 年、2012 年与 2018 年三次修法中均未有内容调整,仅有条文序号的变动。

▶▶【法条注解】

本条规定了刑事附带民事诉讼的审理方式,一般情况下,刑事与民事部分应当"一并审判",例外情况下可"分别审理"。

一、刑事附带民事诉讼原则上一并审判

立法之所以规定刑事附带民事诉讼制度,是因为被告人的同一犯罪行为既引起了刑事责任,又产生了民事侵权责任,将刑事诉讼与附带民事诉讼一并审理、作出判决,更有利于全面高效地查清案件事实,更准确便利地查清被告人是否实施了犯罪行为及其行为所造成的物质损失情况。在一些情况下,被告人所造成的物质损失情况也是判断被告人罪行严重程度的情节,便于确定被告人的刑事责任和民事责任。

首先,通过一个诉讼程序,一并审判由被告人的犯罪行为所引起的彼此密切相关的刑事、民事案件,司法机关可以避免分别审理刑事、民事案件时所产生的工作重复,大大节省人力、物力和时间成本。

其次,作为案件的当事人也减轻了不必要的讼累。当他们由参加两种诉讼活动变为只参加一种(复合)诉讼活动,会减少诉讼中各种费用的支出,以及时间上和精力上的耗费。而且,《高法解释》第 199 条还规定,"人民法院审理附带民事诉讼案件,不收取诉讼费"。

再次,附带民事诉讼"如同民法上的侵权责任诉讼一样,也是一种赔偿私人损失的诉讼,但是,它又与一般的私人性质的赔偿之诉不同,因为它是一种对犯罪造成的损害请求赔偿的诉讼。犯罪是这种赔偿请求权的依据;正是基于这一原因,他要受刑事方面的既判力的约束"[1]。刑事附带民事诉讼一并审判还能避免法院就同一犯罪行为作出相互矛盾的裁

---

〔1〕〔法〕贝尔纳·布洛克:《法国刑事诉讼法(原书第 21 版)》,罗结珍译,中国政法大学出版社 2009 年版,第 127 页。

判,影响裁判的严肃性。在以美国为代表的大多数英美法系国家,因民事诉讼与刑事诉讼截然分开,在同一行为既构成犯罪又构成民事侵权的场合,审理刑事案件的法院与审理民事案件的法院作出相反结论的情形时有发生。最典型的例子就是美国辛普森案。刑事陪审团判决杀人嫌疑犯辛普森"无罪",但在刑事诉讼终结之后,民事陪审团却一致认定辛普森对受害人之死负有责任,裁决辛普森赔偿原告方850万美元,另外还裁决辛普森向两名受害人家庭各支付1250万美金的惩罚性赔偿金共计3350万美金。[1]

最后,合并审理可以使刑事和民事有效互动、相互作用,实现更优的处理结果。实践中,刑事案件结束后,被告人往往因为已被判刑而对民事赔偿持消极态度,从而使民事赔偿难度加大。合并审理可以使一些案件中的附带民事诉讼原告人及时得到赔偿,被告人因此获得从宽处理的机会,从而使判赔和量刑都实现最优处理效果,更有利于及时化解当事人双方之间的矛盾。

综上,司法实践中应当重视刑事案件同附带民事诉讼一并审判,坚持刑民一并审判原则。

二、例外情况下分别审理

考虑到附带民事诉讼部分情况复杂,"为了防止刑事案件审判的过分迟延",影响刑事诉讼的审判时效,以及对犯罪的及时打击,本条规定了例外情况下刑民的"分别审理"。司法实践中,在刑事附带民事诉讼分别审理时应当注意把握以下三点。

第一,适用刑事诉讼与民事诉讼分别审理的理由仅有一个,"为了防止刑事案件审判的过分迟延",如附带民事诉讼被害人人数众多、物质损失数额巨大,涉及范围广等原因导致被害人的范围、遭受的物质损失一时难以确定;又如附带民事诉讼当事人因正当理由无法到庭等。对于被告人的赔偿能力一时难以确定是否构成分别审理的理由,曾有争议,但目前多数都持否定观点。因为被告人是否有赔偿能力虽然是判赔要考量的重要因素,但不是唯一标准。1998年《高法解释》曾将该

---

[1] 参见肖建华:《刑事附带民事诉讼制度的内在冲突与协调》,载《法学研究》2001年第6期,第59页。

理由作为分别审理的理由[1],遭到理论界的批评。2012年《高法解释》将原有的、较为具化的各项理由予以删除,在文字表述上与刑事诉讼法的规定保持一致。

第二,只能先审理刑事部分,后审理附带民事诉讼部分。因为,刑事部分案件事实和情节的查明,直接关系附带民事赔偿责任的承担与否以及责任的大小。法院对刑事部分案件事实的认定,是确定赔偿责任的依据。附带民事诉讼对刑事案件的这种依附性特点决定了只能"先刑后民"。

第三,一般情况下须由同一审判组织继续审理附带民事诉讼,这既是直接言词原则的要求,也符合诉讼效率原则。毕竟,同一审判组织对案件事实有充分理解,有利于查明附带的民事诉讼关系,从而对民事部分做出正确的处理。"同一审判组织"指同一审判员或者同一合议庭。如果同一审判组织的成员确实不能继续参加审判的,根据本条规定可以进行更换。因为,司法实践中有的附带民事诉讼案件需要很长时间才能审判,如果这期间审判人员出现重大疾病或者死亡的情形,又或者有工作调动、出国学习等情况,便有必要更换。《高法解释》第196条就规定:"附带民事诉讼应当同刑事案件一并审判,只有为了防止刑事案件审判的过分迟延,才可以在刑事案件审判后,由同一审判组织继续审理附带民事诉讼;同一审判组织的成员确实不能继续参与审判的,可以更换。"

▶▶【法条评点】

一、刑事附带民事诉讼一并审判的审理程序

本条规定了刑事附带民事诉讼一般情况下应当一并审判,但并未对一并审判的程序作出任何原则性或具体性的规定。

一般认为,一并审判时应当先审理刑事诉讼部分,再审理民事诉讼部分,即刑事在前,民事在后。附带民事诉讼具有附带属性,只有先判断被

---

[1] 1998年《高法解释》第99条:"对于被害人遭受的物质损失或者被告人的赔偿能力一时难以确定,以及附带民事诉讼当事人因故不能到庭等案件,为了防止刑事案件审判的过分迟延,附带民事诉讼可以在刑事案件审判后,由同一审判组织继续审理。如果同一审判组织的成员确实无法继续参加审判的,可以更换审判组织成员。"

告人所实施的犯罪行为及所造成的物质损失情况，才能进一步确定被告人应当承担的民事赔偿责任，先审理刑事部分是判断被告人民事责任的前提。此外，"先刑后民"还可以对附带民事诉讼的审理提供极大的便利，尤其在证据使用上，由于刑事证据的标准严于民事证据，附带民事诉讼的审理显然可以较充分地利用刑事诉讼查明的事实和证据，提高附带民事诉讼审判的质量和效率。

需要注意的是，法院审理刑事附带民事诉讼包含不同的程序环节，即法庭调查和法庭辩论环节，具体的一并审理的操作方案包括两种：一种是先进行法庭调查，包含刑事部分和民事部分，再进行法庭辩论，也包含刑事部分和民事部分；另一种是先进行刑事部分的法庭调查、法庭辩论，再进行附带民事部分的法庭调查、法庭辩论。二者看似差别不大，实则有本质不同。第一种方案在每个审理环节都包含了刑事部分和民事部分，已经破坏了刑事诉讼、民事诉讼本身的相对独立性。相对于刑事诉讼而言，虽然民事诉讼是"附带"，但是，"'一并审判'的效果，并不是要完全忽略刑事诉讼程序与民事诉讼程序各自的相对独立性和完整性，把它们本属各自的法庭调查和法庭辩论环节，简单合并在一起通过一个法庭调查程序和一个法庭辩论程序来进行；而关键是想要通过一个合议庭，在一个庭审程序中完成先刑事审理、后民事审理，避免分别开庭，以提高诉讼率、节约司法资源和减轻当事人讼累。[1]"按照第一种方案，在法庭调查环节，先是公诉人宣读起诉书，再是附带民事诉讼原告人宣读民事起诉状，被告人要对两份文书进行答辩。证据质证和法庭辩论也都按照上述步骤类推适用，会显得十分混乱。而根据第二种方案，先进行刑事诉讼部分，再进行附带民事诉讼部分，分两个"单元"不但不会混乱，而且更能发挥刑事诉讼部分审理的"既判力"作用。

刑事附带民事案件中侵权行为与犯罪行为同一，定罪量刑的犯罪事实由检察院或自诉人承担举证责任。在法院审理附带民事诉讼案件时，原告对被告侵权事实的举证可由检察院或自诉人在先前就指控犯罪的刑事诉讼中的举证代替或部分代替。"被害人依赖国家公诉机关强大的力量对侵权事实完成举证过程，而自己仅就损失大小、赔偿范围、标准

---

［1］ 陈明、王祥远：《完善刑事附带民事诉讼审理程序之浅议》，载《学理论》2010年第33期，第173—174页。

承担有限的举证责任,有利于其利益及时得以顺利实现。"[1]

二、分别审判时,附带民事诉讼可否交由民庭审理?

有研究者曾对本条分别审判的规定提出修改意见,认为本条中"在刑事案件审判后,由同一审判组织继续审理附带民事诉讼"可以修改为"在刑事案件审判后,由同一审判组织继续审理附带民事诉讼或者将其移送本院民事审判庭审理"。主要理由是,考虑到有些附带民事诉讼案件确实很复杂,而且专业性很强,由刑事审判庭一并审理难度确实很大,因此借鉴了我国台湾地区"刑事诉讼法"第504条的规定,在必要的情况下,刑事审判庭可以将已经提起的附带民事诉讼移交民事审判庭审理。[2] 本评注认为,即便是更换审判组织成员,原则上由刑庭审判更为适宜。首先,刑事诉讼与附带民事诉讼都是基于同一犯罪行为而引发,刑庭的法官经过案件审理已经对案件事实和证据有了较为全面、准确的掌握,从节约诉讼资源、通盘把握案件处理的角度出发,由刑庭法官审理附带民事诉讼部分更为周全。而且,刑事法官具有更为丰富的刑事附带民事诉讼的审判经验,如果说他们在民事案件的审判上缺乏一定的经验,其实可以考虑在最初合议庭的组成上吸收民庭法官参加,以发挥其处理民事案件的经验优势。就像知识产权案件实行"三审合一"那样,由具有刑事、民事、行政审判经验的法官组成合议庭,参加案件审理[3],这样可以更为全面地确保案件的质量。

---

[1] 郑高键:《刑事附带民事诉讼制度的价值取向》,载《河南省政法管理干部学院学报》2005年第3期,第123页。

[2] 参见陈光中主编:《中华人民共和国刑事诉讼法再修改专家建议稿与论证》,中国法制出版社2006年版,第404页。

[3] 参见江必新主编:《最高人民法院刑事诉讼法司法解释理解与适用》(上),人民法院出版社2015年版,第507页。

第八章　期间、送达

第一百零五条　【期间及其计算】期间以时、日、月计算。

期间开始的时和日不算在期间以内。

法定期间不包括路途上的时间。上诉状或者其他文件在期满前已经交邮的,不算过期。

期间的最后一日为节假日的,以节假日后的第一日为期满日期,但犯罪嫌疑人、被告人或者罪犯在押期间,应当至期满之日为止,不得因节假日而延长。

▶▶【历次修法条文对照】

1979年《刑事诉讼法》	1996年《刑事诉讼法》	2012年《刑事诉讼法》	2018年《刑事诉讼法》
第八章 期间、送达	第八章 期间、送达	第八章 期间、送达	第八章 期间、送达
第55条:期间以时、日、月计算。 　期间开始的时和日不算在期间以内。 　法定期间不包括路途上的时间。上诉状或者其他文件在期满前已经交邮的,不算过期。	**第79条** 内容未修订	**第103条**:期间以时、日、月计算。 　期间开始的时和日不算在期间以内。 　法定期间不包括路途上的时间。上诉状或者其他文件在期满前已经交邮的,不算过期。 　期间的最后一日为节假日的,以节假日后的第一日为期满日期,但犯罪嫌疑人、被告人或者	**第105条** 内容未修订

(续表)

1979年《刑事诉讼法》	1996年《刑事诉讼法》	2012年《刑事诉讼法》	2018年《刑事诉讼法》
第八章 期间、送达	第八章 期间、送达	第八章 期间、送达	第八章 期间、送达
		罪犯在押期间,应当至期满之日为止,不得因节假日而延长。	

▶▶【立法沿革】

本条为1979年《刑事诉讼法》确立,在之后的1996年修法时未有内容调整,仅有条文序号的变动。

刑事诉讼法规定的期间大多为"失权期间"[1],公安司法机关以及当事人等诉讼参与人如果在法律规定的期间内不进行相关的诉讼行为,将丧失有关的权力或权利,不能再为某一诉讼行为。但是,在实践中有时会发生法定期间最后一日或几日为节假日的情形。如果还是按照一般的期间计算方式,对于当事人等诉讼参与人而言,实际行使的诉讼权利的期间会被扣减,无形中会减损或侵害他们的诉讼权利和合法权益。因此,在期间最后一日为节假日的情形下,应当作有利于诉讼参与人的解释。1998年《高法解释》第103条第1款中对此作出规定:"期间的最后一日为节假日的,以节假日后的第一日为期间届满日期。"但是,如果犯罪嫌疑人、被告人或者罪犯的在押期间按照节假日后的第一日为届满日计算,会导致实际在押的时间超过法定期限,被羁押的时间会被延长,这显然对被羁押人不公平,也不利于权利的保护。[2] 有鉴于此,1998年《高法解释》第103条第1款中又作出有利于被告人或者罪犯的解释,"但对于被告人或者罪犯的在押期间,应当至期间届满之日为止,不得因

---

[1] 参见张建伟:《刑事诉讼法通义》(第二版),北京大学出版社2016年版,第195页。
[2] 参见陈光中主编:《〈中华人民共和国刑事诉讼法〉修改条文释义与点评》,人民法院出版社2012年版,第185页。

节假日而延长在押期限"。2012 年以前,刑事诉讼法虽然对此没有明确规定,但司法实践中一直是这样做的,司法解释也有相应规定。为贯彻刑事诉讼法尊重和保障人权的立法精神,立法机关在 2012 年修改刑事诉讼法时总结实践经验,吸收相关司法解释规定,在本条增加第 4 款,规定期间最后一日为节假日的计算方法,即"期间的最后一日为节假日的,以节假日后的第一日为期满日期,但犯罪嫌疑人、被告人或者罪犯在押期间,应当至期满之日为止,不得因节假日而延长"。

本条在 2018 年修改刑事诉讼法时未有内容变动,仅有条文序号的变化。

▶▶【法条注解】

本条是关于期间及其计算的规定。

一、期间与期日

(一)期间

刑事诉讼中的期间,是指公安司法机关以及当事人和其他诉讼参与人分别进行一定的刑事诉讼活动、完成某种诉讼行为所必须遵守的时间期限。设立期间是为了促使公安司法机关和当事人以及其他诉讼参与人及时行使法律赋予他们的诉讼权利(力),认真履行诉讼义务。能否遵守期间的规定,影响到诉讼权利(力)的有无和某一诉讼行为是否合法有效。在刑事诉讼中,不论是公安司法机关,还是当事人以及其他诉讼参与人都必须严格遵守期间的要求,如果耽误或错过了期间,将会发生相应的法律后果,如丧失再进行某种诉讼行为的权利(力)等。

刑事诉讼期间原则上由法律明文规定,个别情况下可以由公安司法机关指定。前者是法定期间,后者为指定期间。法定期间又可以分为公安司法机关应当遵守的期间和当事人及其他诉讼参与人应当遵守的期间。

确定某个刑事诉讼行为的期限要考虑多重因素,如能够保障及时查清案件事实,正确处理案件;能够及时惩罚犯罪,尽快实现刑罚效应;督促公安司法机关提高办案效率,保障诉讼参与人的合法权利;促使当事人等在法定期限内行使诉讼权利。

公安司法机关和诉讼参与人都应当严格遵守刑事诉讼期间,违反期间规定属于违法行为,将会产生相应的不利后果。例如,我国公安司法机关应当遵守刑事诉讼法关于不同阶段羁押期限(间)的规定,如果超过法定羁押期限(间),就应当释放在押的犯罪嫌疑人、被告人或者变更强制措施,否则就会"超期羁押",相关责任人应承担法律责任。又如,有上诉权的当事人在法定期间内没有提出上诉,会丧失上诉权,故这一期间又称"失权期间"。

(二)期日

在刑事诉讼中与期间紧密相连的另一个概念是期日。期日是指公安司法机关和诉讼参与人共同进行刑事诉讼活动的特定时间。刑事诉讼法对期日未作具体规定,在诉讼实践中,一般由公安机关、检察院、法院根据法律规定的期间和案件的具体情况予以指定。

(三)期间与期日的区别

期间与期日都是刑事诉讼中规范时间的规定,但二者存在区别。

1. 期日是一个特定的时间节点,如某日、某时;期间则是指一定期限内的时间,为一个时间段,即从一个期日起至另一个期日止的一段时间,既含有时间的数量,又含有时间的限度。

2. 期日是公安司法机关和诉讼参与人共同进行某项刑事诉讼活动的时间;期间则是指公安司法机关和诉讼参与人各自单独进行某项诉讼活动的时间。如侦查阶段拘留羁押期限一般不超过10天(公安机关报捕3天,检察院审查批捕7天),这10天是对公安机关的要求;而法院指定4月26日对某个案件开庭审理,4月26日是对法院、检察院和诉讼参与人共同参与审理活动的时间要求。

3. 期日由公安司法机关指定,遇有特殊情形、重大理由时,可以另行指定期日;期间原则上由法律规定,不得任意变更。

4. 期日只规定开始的时间,不规定终止的时间,以诉讼行为的开始为开始,以诉讼行为的终结为结束;在案件中一旦确定期间计算的开始时点,终止的时间也随之确定。

5. 期日开始后,必须立即实施某项诉讼行为或开始某项诉讼活动;期间开始后不要求立即实施诉讼行为,只要在期间届满前,任何时候实施都有效。

二、期间的计算单位

本条规定,期间的计算单位是时、日、月,没有分、秒,也没有周[1]、季度和年。据此,《刑事诉讼法》第 79 条第 1 款规定,"人民法院、人民检察院和公安机关对犯罪嫌疑人、被告人取保候审最长不得超过十二个月",而非日常口语中所说的"不得超过一年"。但吊诡的是,2012 年《刑事诉讼法》修改时,在"未成年人刑事案件诉讼程序"章中却出现了一个"误用"期间计算单位的条款,即第 272 条第 2 款(2018 年《刑事诉讼法》第 283 条第 2 款),"附条件不起诉的考验期为六个月以上一年以下,从人民检察院作出附条件不起诉的决定之日起计算"。该条款将附条件不起诉的最长考验期设置为"一年",显然是遗忘了刑事诉讼法规定的有关期间的计算单位中没有"年",故未来修法宜将本条款修改为"附条件不起诉的考验期为六个月以上十二个月以下"。

三、有关时、日为单位的期间计算

本条第 2 款是关于以时或者日为单位的期间具体从何时、何日开始起算的规定。有关期间开始的时和日,尤其是开始的日是否要算在期间以内,曾有三种不同观点。[2]

第一种观点认为,期间开始的日应计算在期间以内,主要理由是,期间不仅包括为诉讼行为的期间,也包括犯罪嫌疑人、被告人的羁押期间,若犯罪嫌疑人、被告人开始羁押之日不计算在期间以内,就等于多羁押他们一日,不利于保障他们的合法权利。

第二种观点认为,应视期间性质的不同对期间开始的日作不同规定。诉讼行为的期间,开始之日不应计算在期间以内;对于犯罪嫌疑人、被告人羁押期间的开始之日应计算在期间以内。

第三种观点认为,期间开始的日不应计算在期间以内,这是法律的规定。即使出现多羁押犯罪嫌疑人、被告人一日的情况,开始之日有长、有短,也不会都出现多羁押一整日的情况。

---

[1] 参见郭兴之:《应增补"周"为诉讼期间的计算单位》,载《中国西部科技》2007 年第 13 期,第 91 页以下。

[2] 参见陈建国主编:《人民法院刑事诉讼实务》,人民法院出版社 1992 年版,第 179—180 页。

关于期间的计算问题,历来就有自然计算法和历法计算法两种方法。前者较为精确,但是计算繁琐、麻烦;后者计算没有前者精确,但计算简便快捷,世界大多数国家都采用后者来计算期间,我国也不例外。按照这种计算方法,结合法律规定,期间开始的时和日不被计算在期间以内。诚然这种计算方法没有自然计算法准确,但是计算简便,也不会发生太大的偏差,即使出现误差,也是这种计算方法所允许的,不会严重侵犯当事人的合法权利。正如第三种观点所言,即使出现多羁押犯罪嫌疑人、被告人一日的情况,开始之日也有长有短,并非都是一个整自然日,更为重要的是,多羁押的一日可以从折抵刑期(后文专门分析)或者国家赔偿中得到"补偿"。

本款规定的"开始的时和日不算在期间以内",是指期间应从诉讼行为或法律事实开始后的第二个小时或者第二日起计算。如《刑事诉讼法》第 93 条第 2 款规定,"逮捕后,应当立即将被逮捕人送看守所羁押。除无法通知的以外,应当在逮捕后二十四小时以内,通知被逮捕人的家属"。根据本款规定,假如逮捕的时间是上午 9 时 30 分,则期间的起算时点应是上午 10 时,"逮捕后二十四小时"是指从当日上午 10 时起至次日上午 10 时止,公安机关应当在次日上午 10 时前通知被逮捕人的家属。关于以日为单位的期间的起算与此类似。例如,《刑事诉讼法》第 230 条规定,"不服判决的上诉和抗诉的期限为十日,不服裁定的上诉和抗诉的期限为五日,从接到判决书、裁定书的第二日起算"。假如张三 10 月 9 日接到一审判决书,那么从接到判决书的第二日,即 10 月 10 日开始,至 10 月 19 日都在法定的上诉期限内,张三有权上诉。

(一)如何理解"期间开始"和"开始的时和日不算在期间以内"

结合上例值得进一步讨论的是,如果开始的日不算在期间以内,那么张三 10 月 9 日接到一审判决书的当日能否上诉,是否拥有上诉权?答案是肯定的。但一般认为,被告人在上诉期间才拥有上诉权,但是期间开始的日又不算在期间以内,如何解释被告人接到判决书的当日拥有上诉权呢?

仔细品读本条第 2 款"期间开始的时和日不算在期间以内"的规定会发现,本款的意思其实是期间已经开始,只是开始的时和日不算在期间以内。换言之,所谓的不算在期间以内的时和日一旦出现就意味着期间已经"开始",从此刻起,公安司法机关、当事人和其他诉讼参与人所行使的权利(力)或进行的诉讼行为都具有期间内的法律效力,只是在期间的起算点上"开始的时和日不算在期间以内",这样做的目的是便于期间的完整计算,更容易确定期间的终止时点。毕竟,无论是时还是日,计算的"单元"时间都较短,如果开始的时和日计算在期间以内,一般都不会满一小时或一整日,在时间上不利于公安司法机关办理案件和诉讼参与人行使诉讼权利,尤其是对于诉讼参与人中的当事人而言可能会损害其期间利益。比如,张三是 10 月 9 日上午 10 时接到判决书,李四则是当日下午 5 时临下班前接到判决书。如果当日算在期间以内,对于李四而言相当于少了一日的上诉时间,并不公平合理。如果统一从次日开始计算,两人都不吃亏[1]。但需要注意的是,"期间开始的时和日不算在期间以内"只是立法确立的一种期间的起算方法,并不代表张三和李四在 10 月 9 日不能提出上诉。民法学者较早关注到了上述问题,"对'开始的当天不算入'[2]很多人觉得很难理解,既然期间开始了,又为什么不计算在内呢?原因在于法条的表述不够清楚。实际上,引起期间计算的'开始的当天'主要是指:法律事实发生的当天。当天不计入在内,因为该天已经不足一天,算入对当事人不公平,也不符合交易习惯。最高人民法院曾有从次日开始计算的规定,该次日是法律事实发生之次日,从次日开始计算,该次日计算在内"[3]。

总之,期间开始的时和日不算在期间以内,不代表期间在不被算入的当时、当日没有开始,期间效力和期间利益没有产生。本条第 2 款只是规定了刑事诉讼法中期间的计算方法,主要为期间的起算方法,并没有规定期间效力的开始时点,因为期间效力的起点会随着某一诉讼行为或法律事实的发生而自动开启(见图十一)。例如,前述案例中一旦出现张三、李四接到判决书的法律事实,上诉权的期间效力就已开始。"期间开始的时和日不算在期间以内"的规定,仅是一种期间的起算方法,这样规定主要是为了计算的公平和方便,根本目的是用来服务于期间终点或截止

---

[1] 但张三可能会占便宜,这是诉讼所要付出的必然代价。
[2] 《民法典》第 201 条规定:"按照年、月、日计算期间的,开始的当日不计入,自下一日开始计算。按照小时计算期间的,自法律规定或者当事人约定的时间开始计算。"
[3] 隋彭生:《隋彭生:律师民法业务思维:理论·案例·经验·技巧1》,中国政法大学出版社 2015 年版,第 321 页。

时点的确认,从而避免行权逾期、过期失权以及某些诉讼行为被认定为无效或违法。

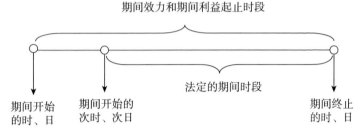

图十一:期间效力起止时段和期间起止时段

(二)"之日起"是当日还是次日起算

刑事诉讼法的规定中有不少"之日起"的表述,例如,第34条第2款中规定,"人民检察院自收到移送审查起诉的案件材料之日起三日以内,应当告知犯罪嫌疑人有权委托辩护人。人民法院自受理案件之日起三日以内,应当告知被告人有权委托辩护人"。假如检察院收到移送审查起诉的案件材料之日为10月9日,那么最晚哪一日必须告知犯罪嫌疑人有权委托辩护人?是从10月9日"之日起"开始计算吗?这就需要结合本条第2款"开始的时和日不算在期间以内"的规定进行体系解释,从10月9日之日起的"次日",即10月10日开始计算3日的期间,最晚10月12日检察院必须告知犯罪嫌疑人有委托辩护人的权利。

这里的"之日起"只是告诉期间的"起日",即开始的日,但期间的计算方法,即期间终日的确定方法仍然要依据《刑事诉讼法》第105条第2款的规定,开始的日不算在期间以内,从次日开始计算,且该次日计算在期间内。

(三)期间计算和刑期折抵

设立期间除了督促公安司法机关和当事人以及其他诉讼参与人及时行使法律赋予他们的诉讼权利(力),认真履行诉讼义务,还可以用来计算刑期的折抵。《刑法》第44条和第47条规定,拘役、有期徒刑的刑期"从判决执行之日起计算;判决执行以前先行羁押的,羁押一日折抵刑期一日"。

但是,在刑期折抵的问题上,羁押期限的计算与刑事诉讼法中羁押期间的计算略有不同。从实践操作看,拘留、逮捕之日,也就是羁押的当日是要计入羁押期限,折抵刑期的。例如,张三在3月1日被刑事拘留,按照《刑事诉讼法》第91条的规定[1],如果没有特殊情况,公安机关应在拘留后三日内报请逮捕,最晚要在3月4日向检察院报请逮捕,检察院应当自接到报捕书之日(3月4日)后的7日以内作出决定,也就是最晚要在3月11日作出批捕还是不批捕的决定。如果检察院在3月11日作出了不批捕的决定,张三最终被判处有期徒刑9个月,那么在折抵刑期时,张三总共被羁押的期限并非10日(刑事诉讼法认为开始的日不算在期间以内),而是11日,应折抵刑期11日。

> 《最高人民法院关于刑事裁判文书中刑期起止日期如何表述问题的批复》(法释〔2000〕7号)规定:
> "根据刑法第四十一条、第四十四条、第四十七条和《法院刑事诉讼文书样式》(样本)的规定,判处管制、拘役、有期徒刑的,应当在刑事裁判文书中写明刑种、刑期和主刑刑期的起止日期及折抵办法。刑期从判决执行之日起计算。判决执行以前先行羁押的,羁押一日折抵刑期一日(判处管制刑的,羁押一日折抵刑期二日),即自××××年××月××日(羁押之日)起至××××年××月××日止。羁押期间取保候审的,刑期的终止日顺延。"

> 《上海市高级人民法院关于刑期起止日期及计算问题的意见》
> 1.对于判决执行之日前已经被先行羁押,且羁押时间没有间断的,应以被告人实际被羁押之日作为其刑期的起算日,然后根据所判刑期确定其刑期的终止日期。

---

[1] 《刑事诉讼法》第91条规定:"公安机关对被拘留的人,认为需要逮捕的,应当在拘留后的三日以内,提请人民检察院审查批准。在特殊情况下,提请审查批准的时间可以延长一日至四日。对于流窜作案、多次作案、结伙作案的重大嫌疑分子,提请审查批准的时间可以延长至三十日。人民检察院应当自接到公安机关提请批准逮捕书后的七日以内,作出批准逮捕或者不批准逮捕的决定。人民检察院不批准逮捕的,公安机关应当在接到通知后立即释放,并且将执行情况及时通知人民检察院。对于需要继续侦查,并且符合取保候审、监视居住条件的,依法取保候审或者监视居住。"

> 2. 对于判决执行之日前没有被先行羁押的，应以判决宣判之日作为其刑期的起算日，然后根据所判刑期确定其刑期的终止日期。理由在于：被判处有期徒刑或者拘役的被告人，如果没有被先行羁押的，判决宣判时必须对被告人予以收押，故该日就是被告人在刑期执行之日前被先行羁押的日期。
>
> 3. 对于判决执行之日前，被告人已被先行羁押、但羁押期间有间断（即俗称抓了放、放了又抓）的、或者被先行羁押后又取保候审的，应以最后一次被羁押之日（取保候审的，即为宣判之日）作为其刑期的起算日。在此之前先行被实际羁押的时间应依法予以折抵，然后确定其刑期的终止日期。

将实际羁押之日作为折抵刑期起算日的原因是，张三在3月1日，即被拘留的当日也处于羁押状态，人身自由被剥夺，如果不能折抵刑期是不公平的。如果作一比较分析，这种不公平可能更为明显。假如张三于3月1日凌晨0时30分被公安机关拘留，李四于3月1日23时30分被公安机关拘留。如果拘留后的羁押期限是从拘留第二日起算，那么不管是对张三还是李四，最后都不会将3月1日这一天算入羁押期限，这就会造成张三比李四多被拘留23个小时，但折抵刑期却相同，对张三极不公平。有研究者也注意到了这一问题，"拘留当日法律手续已然生效，犯罪嫌疑人已因此失去人身自由，如果不计入拘留期间，则无法解释犯罪嫌疑人当日的法律状态"〔1〕。

本评注认可上述观点，认为在折抵刑期的问题上，拘留、逮捕的当日应当计入羁押期限，实践中的做法是合理的。结合前文提及的"期间开始"和"开始的时和日不算在期间以内"可做进一步解释和分析。以拘留为例，一旦拘留的法律事实出现，期间就已经开始，期间效力随之产生，这就可以解释拘留当日为什么可以剥夺犯罪嫌疑人的人身自由，以及公安机关为什么可以在当日对处于羁押状态的犯罪嫌疑人开展讯问、组织辨认等一系列诉讼行为。从实体法的角度而言，既然拘留当日已经产生了拘留的期间效力——剥夺人身自由，当然就可以算作一日的羁押，折抵

---

〔1〕 王霞：《关于刑事拘留期限实务问题的探讨》，载《辽宁警专学报》2010年第2期，第14页。

一日的刑期,从而保障犯罪嫌疑人(罪犯)的实体性期间利益。与实体法的期间效力视角不同,根据本条第2款,程序法视角下的期间计算是期间开始的日不算在期间以内。这样设计既是为了便于确定期间的终点时日,也是为了更好地保障公安司法机关、当事人和其他诉讼参与人行使诉讼权利(力),履行诉讼义务。以前文提及的上诉期间为例,如果收到判决书的当日也算入上诉期间的话,会变相压缩一日的上诉期(如下班前收到判决书),不利于被告人上诉权的保障。同样,如果公安机关拘留的当日算入拘留期间的话,就会挤占公安机关报捕前的准备时间,显然也不利于公安机关办案。从这个角度看,刑事诉讼法对时和日的期间的计算方法是为了更好地保障权利(力)行使,确保诉讼行为在合理期间内完成。诚如有研究者所言:"诉讼法与实体法立法角度不同与立法理念有关,刑事诉讼法是从保障诉讼参与人正当行使诉讼权利角度出发制定的诉讼规则,目的是给予当事人充分的权利保障;刑法则是从保护刑事案件被告人人身权利角度出发制定的处罚规则,目的是在打击的同时又不能让被告人权益受损。"[1]《刑事诉讼法》第105条第4款规定:"期间的最后一日为节假日的,以节假日后的第一日为期满日期。"凡涉及被告人上诉的,属于程序性期间利益,上诉期限计算按此规定办理当无异议,给被告人留足时间。凡涉及被告人刑期届满的,则属于实体性期间利益,不能按此规定办理,应在刑期届满当日释放,不得因节假日而延长至节后第一个工作日给予办理。

总之,刑法、刑事诉讼法及相关规范性文件对刑期(折抵)的计算方法与对期间的计算方法并不相同,应当理解其内在原理,避免混淆和计算错误。

四、路途时间不计入法定期间

本条第3款规定了路途上的时间的计算方法,即"法定期间不包括路途上的时间。上诉状或者其他文件在期满前已经交邮的,不算过期"。

(一)有关"路途上的时间"的不同理解

如何理解"路途上的时间",有两种不同观点。

一种观点认为,路途上的时间是指上诉状或者其他文件在邮寄过程

---

[1] 王建平:《刑期起止日的计算》,载《人民司法》2021年第22期,第100页。

中的时间,不应当包括人在路途上的时间,否则,解送被拘留或者逮捕的人在路途上的时间就不应当计算在羁押期限之中了,这不利于保护被拘捕者的权利。

另一种观点认为,路途上的时间既包括上诉状或者其他文件,也包括人在路途上所需要的时间。道理在于,法律明确规定,上诉状或者其他文件在期满前已经交邮的,不算过期。可见法定期间不包括邮件在路途上的时间。同理可证,上诉人在上诉过程中需要行走一定路途的,法定期间不应包括路途上的时间。[1]

上述不同观点在学界也未形成定论。有研究者就认为,路途上的时间,应当包括上诉状或者其他文件以及诉讼参与人的在途时间,还包括押解被拘捕者的在途时间。"对于公安司法机关而言,有时候执行特定措施时也可能路途遥远,例如执行异地拘留。如果把路途时间计算在内,可能犯罪嫌疑人还没有带回,就因期间届满,必须要释放被拘留人,不利于保障诉讼的顺利进行。因此,路途上的时间不计入法定期间。"[2] "'路途上的时间',还应当包括异地执行拘留、逮捕情形在路途上押解犯罪嫌疑人的时间。……对于异地执行拘留、逮捕情形,如果不扣除路途押解时间,无法在法定期间内将被拘留人、被逮捕人送看守所羁押。"[3] 陈光中教授主编的刑事诉讼法教科书也指出:"这一规定同样适用于公安司法机关。例如,缉捕犯罪嫌疑人,如果从外地押解至侦查机关所在地需要 2 天时间,则 24 小时内讯问犯罪嫌疑人和通知其家属的法定期间应当扣除 2 天。"[4]

然而,参阅参与立法的同志撰写的条文释义书,"路途上的时间",仅指司法机关邮寄送达诉讼文书及当事人向司法机关邮寄诉讼文书在路途上所占用的时间。[5] 最高人民法院和公安机关持相同观点。公安机关

---

[1] 参见陈国庆、王振勇、刘国祥、王守安、杨钊编著:《修改后刑事诉讼法实施疑难问题解答》,中国检察出版社 1997 年版,第 144 页。

[2] 李昌林主编:《最新中华人民共和国刑事诉讼法释义》,中国法制出版社 2012 年版,第 229 页。

[3] 刘静坤编著:《刑事诉讼法注释书》,中国民主法制出版社 2022 年版,第 408 页。

[4] 陈光中主编:《刑事诉讼法》(第七版),北京大学出版社、高等教育出版社 2021 年版,第 276 页。

[5] 参见王爱立、雷建斌主编:《刑事诉讼法立法精解》,中国检察出版社 2019 年版,第 191 页。

认为:"'法定期间不包括路途上的时间',是针对送达法律文书讲的,不包括押解犯罪嫌疑人、被告人。为保证在法定期间内侦查办案,公安机关只好通过提高工作效率、尽量减少途中押解时间等办法来解决了。"[1]最高人民法院也支持上述观点,并对刑事拘留期间应当包括押解路途上的时间提出三点理由:(1)"法定期间不包括路途上的时间"的规定,主要是针对上诉状或者其他文件在期满前已经交邮的情形。有关刑事拘留的期间,应当按照《刑事诉讼法》第 91 条的规定,不能依照《刑事诉讼法》第 105 条的规定计算。(2)从异地押解需要较长时间的,可以依照《刑事诉讼法》第 91 条"在特殊情况下,提请审查批准的时间可以延长一日至四日"的规定,符合条件的可以依照该条第 2 款"对于流窜作案、多次作案、结伙作案的重大嫌疑分子,提请审查批准的时间可以延长至三十日"的规定,并不影响公安机关办理案件。(3)异地押解犯罪嫌疑人,公安机关实际上已对其剥夺了人身自由。如果押解路途上的时间不计入刑事拘留期间,可能会突破《刑事诉讼法》第 91 条对刑事拘留期限的规定,不利于保护公民的合法权益。[2]

(二)本评注观点:刑事拘留期间应当包括押解在途时间

本评注基本同意立法机关和公安司法机关的观点,"路途上的时间"主要指文书在途时间,不应包括异地押解路途上的时间。除了最高人民法院列举的理由,进一步的分析和解释如下:

1. 文义解释的两种可能

本条第 3 款规定:"法定期间不包括路途上的时间。上诉状或者其他文件在期满前已经交邮的,不算过期。"如果单看本款前一句,似乎可以认为一切路途上的时间都不计入法定期间,其中就包括从异地押解犯罪嫌疑人、被告人回到管辖地的路途时间。但是结合后一句看,这里的在途期间已具化为司法机关向诉讼参与人邮寄送达、诉讼参与人向司法机关邮寄递交诉讼文书在路途上所花费的时间,而不是指一切在途时间。但这种解释并不周延,因为还有一种解释可能,就是本款后

---

[1] 法博士:《拘留时间怎么算》,载《人民公安》2007 年第 2 期,第 62 页。
[2] 参见佚名:《押解路途上的时间是否计入刑事拘留期间》,载中华人民共和国最高人民法院刑事审判第一庭、第二庭编:《刑事审判参考》2005 年第 2 集(总第 43 集),法律出版社 2005 年版,第 207—208 页。

一句只是对前一句的举例说明,起到提示或特别说明的作用,并没有穷尽所有事项。据此,单从文义解释出发并不能廓清"路途上的时间"的外延范围。

2. 体系解释的判断

当文义解释出现复数,不能确定唯一结论时,只能求诸体系解释、历史解释等其他方法。动用体系解释方法可以将本条第 3 款与第 4 款做一"连线"对比。本条第 4 款规定:"期间的最后一日为节假日的,以节假日后的第一日为期满日期,但犯罪嫌疑人、被告人或者罪犯在押期间,应当至期满之日为止,不得因节假日而延长。"该款对于羁押期限的计算作出特别规定,即使是期间终了之日为节假日的,羁押时间也是连续计算。可见,立法对于剥夺人身自由的羁押时间是否算入期间有严格规定。从保障人权角度出发,对于未决犯来说应当尽量缩短羁押的实际期限,提高办案效率。如果说节假日期间——短则 1 天,长则 7 天(比如国庆小长假、春节假期)——羁押的期限是连续计算,同样可以推知,如无特殊情况,法律也应将押解在途时间计算在刑事拘留期间内,从而确保第 3 款与第 4 款立法精神的一致和贯通。从体系解释出发,刑事拘留期间应当包括押解路途上的时间。但随之而来的问题是,路途上的时间是否还包括其他情况,如当事人等诉讼参与人的在途时间。例如,法定上诉期间为 10 日,某自诉案件的自诉人张三的居住地与法院之间无公路、铁路,步行到法院需要 3 日。他 6 月 30 日接到判决书,上诉期间为 7 月 1 日至 7 月 10 日。如果张三 7 月 10 日出发,于 7 月 13 日步行到法院送交上诉状,路途上的 3 日应不应当计算在法定上诉期间内呢?体系解释并不能对此作出恰切回应。

3. 历史解释的参考

对于体系解释未竟的问题,动用历史解释的方法可以发掘出部分参考信息。新中国成立后,1979 年《刑事诉讼法》通过前,立法机关曾有数稿刑事诉讼法草案,对期间计算问题都有规定,其中也都有对"路途上的时间"的相关表述(见表七)。[1]

---

[1] 参见吴宏耀、种松志主编:《中国刑事诉讼法典百年(中册)(1906 年—2012 年)》,中国政法大学出版社 2012 年版,第 469、521、578、641、673、704 页。

表七:刑事诉讼法草案有关"路途上的时间"相关规定

草案年份	内容
刑事诉讼法草案 (1957年5月18日)	第87条:应当在法定期间内为诉讼行为的人,他的住所或者工作地不在法院所在地的,应当扣除在途期间。 上诉状或者文件在期间届满前已交邮的,不认为迟误期间。
刑事诉讼法草案 (1962年8月31日)	第79条:应当在法定期间内进行诉讼行为的人,其住所或者工作地不在人民法院所在地的,应当扣除在路途所需的时间。 上诉状或其他文件在满期前已交邮的,不算过期。
刑事诉讼法草案 (1963年3月1日)	第79条:应当在法定期间内进行诉讼行为的人,其住处或者工作地不在人民法院所在地的,应当扣除在路途所需的时间。上诉状或其他文件在满期前已交邮的,不算过期。
刑事诉讼法草案 (1963年3月13日)	第57条:应当在法定期间内进行诉讼行为的人,其住处或者工作地不在人民法院所在地的,应当扣除在路途所需的时间。 上诉状或其他文件在满期前已交邮的,不算过期。
刑事诉讼法草案 (1963年4月1日)	第60条:应当在法定期间以内进行诉讼行为的人,他的住处或者工作地不在人民法院所在地的,应当扣除在路途所需的时间。上诉状或其他文件在满期前已经交邮的,不算过期。
刑事诉讼法草案 (1963年4月10日)	第60条:应当在法定期间以内进行诉讼行为的人,他的住处或者工作地不在人民法院所在地的,应当扣除在路途所需的时间。上诉状或其他文件在满期前已经交邮的,不算过期。

如上表所示,1979年《刑事诉讼法》通过前,历次草案条文都就"路途上的时间"与"上诉状或其他文件的交邮"作出规定。这与现行刑事诉讼法有关期间条款的规定是对应的。进一步比较有关"路途上的时间"的表述会发现,草案认为的"法定期间不包括路途上的时间"是指"应当在法定期间内进行诉讼行为的人,其(他的)住处或者工作地不在人民法院所在地的,应当扣除在路途所需的时间(在途时间)"。据此,立法机关在制定刑事诉讼法之初就认为,路途上的时间不仅仅是诉讼文书的在途时

间,还包括或者主要是指诉讼参与人的在途时间。随着1979年《刑事诉讼法》的确立,与草案条文相对应的立法条款在形式和内容上并无实质变化,而且经历三次修法也未有任何变动。由此推断,"路途上的时间"的内涵与外延也没有发生实质变化,仍是既包括诉讼文书的在途时间,还包括人之诉讼行为的在途时间。"当事人若以书面的方式实施某一诉讼行为,只要其在法定期间届满前一日将该诉讼文书交邮,纵然受诉法院收到该诉讼文书时,期间已经届满,该诉讼行为亦被认为是在期间内所为而有效力。反之,当事人若非经由邮局送交诉讼文书,而是直接向受诉法院递交诉讼文书,当事人是否耽误了该法定期间便以受诉法院接到诉讼文书之是否在期间之内为判断基准,与该当事人启程赴受诉法院之日是否尚在期间之内无涉。"[1]立法若作如此安排,不仅显悖诉讼法理,也严重扭曲了在途期间之规范意旨。

对运用三种解释方法所得出的结论进行综合分析会发现,"路途上的时间"应当包括诉讼文件(上诉状或者其他文件)和诉讼参与人的在途时间,但同时应作出必要限制,即不包括押解被拘捕人的在途时间。应当说,这一解释方案较为周延地划定了"路途上的时间"的外延范围,但也百密一疏,存在漏洞。那就是实践中可能存在诉讼参与人利用"路途上的时间"条款规避义务、滥用权利。"在路途上的时间到底以步行来计算,还是以骑自行车、乘公共汽车、坐火车或者坐飞机来计算呢? 作为法定期间,如果无法明确界定,则可能导致规避法律,如判决的上诉期限为10日,而被告人在接到判决书后的第9日开始,从偏远山区向将要提出上诉的法院所在地省城步行,走一月、半月的都有可能。那么,依照法律规定,该被告人仍然没有超过上诉期限。像类似的情况,不利于人民法院迅速及时地审判案件。"[2]

4. 目的解释的深化

如何化解前述方案中的瑕疵和隐患,目的解释可以提供进一步的解决方案。从前述解释结论看,将"路途上的时间"解释为还包括诉讼参与人的在途时间,主要是考虑到新中国成立之初以及二十世纪六七十年代

---

[1] 占善刚:《民事诉讼"期间"的法律规制思考》,载《理论探索》2012年第4期,第127页。

[2] 杨积堂:《刑事诉讼法修改中若干问题的探讨》,载《宁夏大学学报(哲学社会科学版)》1999年第1期,第41页。

的现实情况。那个时候,我国交通不发达,步行出行较为普遍,代步工具主要是自行车,赶长途主要是乘坐绿皮火车,耗时长且不经济。所以,除了邮寄诉讼文件,从偏远地区步行数日到法院递交上诉状的情况并不稀奇。规定法定期间不包括诉讼参与人的在途时间符合当时的实际,也更有利于维护他们的合法权益。但是随着时代的发展与科技的进步,当下的中国交通状况已经发生了质的飞跃,高铁、飞机普及,交通网、航space线遍及全国各地,异地城市之间一般1天或2天内都可到达。另外,网络通讯、寄递业的发展也是突飞猛进,在今天邮寄诉讼文书已十分便利,法院等更是开发了电子送达的新方式。据此,以往基于保障诉讼参与人的合法权益,规定路途上的时间也包括诉讼参与人的在途时间似乎也可以做出调整。

综上,从便利诉讼,更好维护诉讼参与人合法权益的角度出发,"路途上的时间"原则上只包括上诉状或者其他文件的在途时间,不包括押解被拘捕者的在途时间,至于其他情形下诉讼参与人的在途时间,如前文提及的被告人步行到法院提交上诉状的3日在途时间,原则上也应当计入法定期间,只有在极其特殊的情形下,才可将"路途上的时间"解释为包括诉讼参与人的在途时间。因为,一般情况下,前述交通不便、路途遥远的问题完全可以通过邮寄上诉状等方式解决。如果被告人住所十分偏僻,只能通过步行或简单交通工具到达法院,也可以采用其他变通方式,如委托授权他人(辩护人)代为转交,或由公安司法机关提供一定的便利和帮助,又或者通过其他法定通讯方式提出上诉请求等。总之,要尽量压缩诉讼参与人在途时间不计入法定期间的适用空间,避免有些诉讼参与人借此规避义务、滥用权利。

五、上诉状或其他文件交邮不算过期

为了保证被告人等诉讼参与人的上诉权和其他诉讼权利,本条第3款第2句话特意明确规定,"上诉状或者其他文件在期满前已经交邮的,不算过期"。这与第1句话具有紧密的关联关系。在逻辑上,"法定期间不包括路途上的时间"实乃"上诉状或者其他文件在期满前已经交邮的,不算过期"的原因规范。两者具有前后推衍之递进关系。详言之,第1句话规定"法定期间不包括路途上的时间",而"路途上的时间"就包括"上诉状或者其他文件"在路途上的时间。据此,"上诉状或者其他文件"的在途时间是不计入法定期间的。"法律做这样规定,主要是考虑当事人距离司法机关有远有近,邮寄诉讼文书在路途上所需要的时间有长有短,如果不扣除路途上的时间,那么距离司法机关较远的当事人的诉讼权利就难以保障,有的当事人可能还没有接到司法机关送达的诉讼文书,期间就已经届满了。因此,法律规定法定期间不包括路途上的时间,就是为了便于当事人充分地行使诉讼权利。"[1]那么,如何判断诉讼文书已经在路途上了? 第 2 句话指出,"交邮"即为"上路""在途"。例如,若 4 月 5 日为上诉期间届满的日期,上诉人在 4 月 5 日当日通过邮局将上诉状寄给法院,即使该上诉状在 10 天以后即 4 月 15 日才送到法院,该上诉状也属于"在期满前已经交邮的",应认为当事人是在上诉期间内提起了上诉,是有效的诉讼行为,第二审人民法院必须受理。这里应注意一点,确定期满前当事人是否已经交邮,应当以邮件上的邮戳为证。

如果从理论上对本款再做分析会发现,当事人等诉讼参与人向公安司法机关提交诉讼文书,是向国家机关为意思表示的一种诉讼行为。该意思表示何时发生效力,原则上应采到达主义,如将上诉状提交法院之期日,也就是意思表示到达法院的支配范围时方发生效力。但本款对于邮寄诉讼文书的情形则采取了发信主义,即使上诉的意思表示尚未实际到达法院,但只要诉讼参与人通过发信为意思表示之时即视为发生效力。[2]

六、期间最后一日为节假日的期间计算

本条第 4 款是关于期间最后一日为节假日的,如何确定期间届满日期的规定,具体分为两种情况。

其一,一般情况下,期间最后一日为节假日的,以节假日后的第一日为期满日期。如期间本应当在 1 月 1 日届满,但 1 月 1 日为元旦,则应当顺延至元旦假日后第一个工作日为期间届满之日。节假日是节日和假日的统称,法定节假日是指根据各国、各民族的风俗习惯或纪念要求,由国

---

〔1〕 王爱立、雷建斌主编:《刑事诉讼法立法精解》,中国检察出版社 2019 年版,第 191 页。

〔2〕 参见熊洋:《略论在途期间之立法完善》,载《河南师范大学学报(哲学社会科学版)》2006 年第 2 期,第 111 页;占善刚:《民事诉讼"期间"的法律规制思考》,载《理论探索》2012 年第 4 期,第 127 页。

家法律统一规定的用以进行庆祝及度假的休息时间。在此期间,有关机关和公民个人都在按规定休假,期间届满也无法进行诉讼活动,有必要顺延至节假日后的第一个工作日。

问题1:卢某妨害公务案于2016年9月21日一审宣判,并当庭送达判决书。卢某于9月30日将上诉状交给看守所监管人员黄某,但黄某因忙于个人事务直至10月8日上班时才寄出,上诉状于10月10日寄到法院。本案中,上诉状寄到法院时一审判决是否生效?答:本案一审宣判后,上诉期间从接到判决书第2日,也就是9月22日起算,到10月1日截止,但10月1日为国庆日,顺延至节假日后的第一个工作日,也就是10月8。本案中10月8日,黄某邮寄出了上诉状,属上诉期满前交邮,采发信主义,不算过期,视为在上诉期间内提出上诉。综上,上诉状寄到法院时,卢某一审判决尚未生效。

其二,犯罪嫌疑人、被告人或者罪犯在押的,其在押期间应当至期满之日为止,不得因节假日而延长。规定这种情况不得顺延是因为犯罪嫌疑人、被告人、罪犯处于被剥夺人身自由的状态,拘留、逮捕等强制措施的期限届满或者刑期届满的,就应当立即予以释放或者变更强制措施,否则就等于延长了羁押时间,属于超期羁押。

问题2:犯罪嫌疑人张三于4月21日被刑事拘留。公安机关在拘留3日后向检察院报请逮捕,依《刑事诉讼法》第91条的规定,检察院应自接到报捕书后的7日内审查逮捕。倘若检察院于最后一日作出决定时发现当日为5月1日劳动节,检察院能否待节假日后的第一个工作日再作出决定?答:不可以,犯罪嫌疑人张三处于拘留后的在押状态,在押期满之日为5月1日,期间不得延长。故检察院不得因节假日而延长办案期限,应最晚于5月1日作出决定。

▶▶【法条评点】

一、期间的重新计算和期间的不计入

期间的重新计算,是指由于出现了某种法定情形,使已进行的期间归于无效,不再计入期间以内,而从发生新的法定情形时开始计算期间。重新计算期间的规定仅适用于司法机关的办案期限。对于当事人而言,相应的制度为期间恢复。期间不计入是指,公安司法机关在期间

内的某些诉讼行为所耗费的时间不计入期间,典型的如《刑事诉讼法》第 149 条的规定,"对犯罪嫌疑人作精神病鉴定的期间不计入办案期限";第 170 条第 2 款规定,"对于监察机关移送起诉的已采取留置措施的案件,人民检察院应当对犯罪嫌疑人先行拘留,留置措施自动解除。人民检察院应当在拘留后的十日以内作出是否逮捕、取保候审或者监视居住的决定。在特殊情况下,决定的时间可以延长一日至四日。人民检察院决定采取强制措施的期间不计入审查起诉期限"。有关期间的不计入和重新计算散见于刑事诉讼法和一些司法解释的具体条文中(见表八)。

表八:期间的重新计算和不计入

期间的 重新计算	1.在侦查期间,发现犯罪嫌疑人另有重要罪行的,自发现之日起依照本法第一百五十六条的规定重新计算侦查羁押期限。(《刑事诉讼法》第 160 条第 1 款) 2.补充侦查完毕移送人民检察院后,人民检察院重新计算审查起诉期限。(《刑事诉讼法》第 175 条第 3 款) 3.人民检察院补充侦查的案件,补充侦查完毕移送人民法院后,人民法院重新计算审理期限。(《刑事诉讼法》第 208 条第 3 款) 4.人民法院改变管辖的案件,从改变后的人民法院收到案件之日起计算审理期限。(《刑事诉讼法》第 208 条第 2 款) 5.人民检察院审查起诉的案件,改变管辖的,从改变后的人民检察院收到案件之日起计算审查起诉期限。(《刑事诉讼法》第 172 条第 2 款) 6.第二审人民法院发回原审人民法院重新审判的案件,原审人民法院从收到发回的案件之日起,重新计算审理期限。(《刑事诉讼法》第 241 条) 7.简易程序决定转为普通程序审理的案件,审理期限应当从作出决定之日起计算。(参见《高法解释》第 368 条第 2 款) 8.速裁程序决定转为普通程序或者简易程序审理的案件,审理期限应当从作出决定之日起计算。(参见《高法解释》第 376 条)
期间的 不计入	1. 犯罪嫌疑人不讲真实姓名、住址,身份不明的,应当对其身份进行调查,侦查羁押期限自查清其身份之日起计算,但是不得停止对其犯罪行为的侦查取证。(《刑事诉讼法》第 160 条第 2 款) 2.对犯罪嫌疑人作精神病鉴定的期间不计入办案期限。(《刑事诉讼法》第 149 条)

3.对于监察机关移送起诉的已采取留置措施的案件,人民检察院应当对犯罪嫌疑人先行拘留,留置措施自动解除。人民检察院应当在拘留后的十日以内作出是否逮捕、取保候审或者监视居住的决定。在特殊情况下,决定的时间可以延长一日至四日。人民检察院决定采取强制措施的期间不计入审查起诉期限。(《刑事诉讼法》第 170 条第 2 款) 4.中止审理的原因消失后,应当恢复审理。中止审理的期间不计入审理期限。(《刑事诉讼法》第 206 条第 2 款) 5.第二审人民法院应当在决定开庭审理后及时通知人民检察院查阅案卷。人民检察院应当在一个月以内查阅完毕。人民检察院查阅案卷的时间不计入审理期限。(《刑事诉讼法》第 235 条) 6.不符合暂予监外执行条件的罪犯通过贿赂等非法手段被暂予监外执行的,在监外执行的期间不计入执行刑期。罪犯在暂予监外执行期间脱逃的,脱逃的期间不计入执行刑期。(《刑事诉讼法》第 268 条第 3 款) 7.审理申请没收违法所得的案件,公告期间和请求刑事司法协助的时间不计入审理期限。(参见《高法解释》第 627 条第 2 款) 8.检察院审查违法所得没收和强制医疗的,认为需要监察机关或者公安机关补充证据的,监察机关或者公安机关补充证据的时间不计入检察院办案期限。(参见《高检规则》第 523、539 条)

二、应扩大精神病鉴定的期间不计入办案期限的适用阶段

由于一些有关期间的规定被置于某一章节下,限制了该规定的适用范围,给实践操作带来一些问题,典型的如《刑事诉讼法》第 149 条规定,"对犯罪嫌疑人作精神病鉴定的期间不计入办案期限"。本条置于"侦查"一章其实并不妥当,因为在整个诉讼过程中,公检法机关都可能发现犯罪嫌疑人、被告人患有精神疾病,需要鉴定,仅规定对犯罪嫌疑人作精神病鉴定的期间不计入办案期限并不妥当。有研究者就建议在《刑事诉讼法》第 105 条中单设一款,规定"精神病鉴定的期间不计入办案期间"[1],从而辐射分则各个诉讼阶段,更为妥当。本评注赞同这一观点。

---

[1] 徐静村主持:《中国刑事诉讼法(第二修正案)学者拟制稿及立法理由》,法律出版社 2005 年版,第 68 页;陈光中主编:《中华人民共和国刑事诉讼法再修改专家建议稿与论证》,中国法制出版社 2006 年版,第 408 页。

> **第一百零六条 【期间的耽误及补救】**当事人由于不能抗拒的原因或者有其他正当理由而耽误期限的,在障碍消除后五日以内,可以申请继续进行应当在期满以前完成的诉讼活动。
>
> 　　前款申请是否准许,由人民法院裁定。

▶▶【历次修法条文对照】

1979年 《刑事诉讼法》	1996年 《刑事诉讼法》	2012年 《刑事诉讼法》	2018年 《刑事诉讼法》
第八章 期间、送达	第八章 期间、送达	第八章 期间、送达	第八章 期间、送达
第56条:当事人由于不能抗拒的原因或者有其他正当理由而耽误期限的,在障碍消除后五日以内,可以申请继续进行应当在期满以前完成的诉讼活动。 　前款申请是否准许,由人民法院裁定。	第80条 内容未修订	第104条 内容未修订	第106条 内容未修订

▶▶【立法沿革】

　　本条为1979年《刑事诉讼法》确立,目的在于维护当事人的期间权益和诉讼权利。之所以规定期间的耽误和恢复,是因为在司法实践中,当事人耽误诉讼期间的原因多种多样,有的是基于故意或重大过失,有的则是由于本人无法抗拒的客观原因或正当事由。对于前者,法律不保护躺在权利上睡觉的人,当事人错过期间,实施诉讼行为的权利即应丧失;但对于后者,如果仍要求当事人承担期间耽误的法律后果,一律不予顺延或救济,并不公平,不利于保护当事人的期间权益和诉讼权利,也不利于案件的公正处理。法律规定当事人因不可归责于本人的客观原因而耽误诉讼期间的,有权提出恢复期间的申请。

本条在 1996 年[1]、2012 年、2018 年修订刑事诉讼法时未有内容调整，仅有条文序号的变动。

▶▶【法条注解】

本条是关于期间恢复的规定，主要有两款，分别规定的是诉讼期间的耽误、申请恢复以及法院裁定。

一、诉讼期间的耽误和申请恢复

本条第 1 款规定的是诉讼期间的耽误和申请恢复。

无论是公安司法机关，还是当事人等其他诉讼参与人都需要在法定期间内进行一定的诉讼行为，行使相应的诉讼权利（力），履行相应的诉讼义务。其中都可能会因某些情形、事由产生期间耽误的问题。期间耽误也称诉讼期限耽误，是指"公安司法机关或者诉讼参与人没有在法定期间完成应当进行的诉讼行为"[2]，如没有在规定的期间内行使权利（力）或履行义务。对于不同主体而言，除去故意或重大过失外，由于意外事件或不可抗力等正当理由造成的期间耽误，刑事诉讼法都规定了不同的制度规则加以应对。例如，对于公安司法机关而言，由于地震、洪水、瘟疫等不可抗力事由导致案件无法办理，法定管辖法院不能审判的，立法规定了指定管辖制度。[3] 再如，在侦查羁押期间，发现犯罪嫌疑人另有重要罪行，导致在羁押期间不能按时结案的，法律规定自发现另有重要罪行之日起重新计算侦查羁押期限。还如，对于庭审过程中，被告人身患严重疾病，不能出庭受审，又或者在庭审中跳窗脱逃的，立法确立了中止审理制度，并规定中止审理的期间不计入审理期限。对于当事人而言，刑事诉讼法则规定了另外的处置方式，即本条规定的期间恢复制度，"当事人

---

[1] 网上有些"官方版本"显示 1996 年《刑事诉讼法》第 80 条第 1 款是，"当事人由于不能抗拒的原因或者其他正当理由而耽误期限的……"其中，删除了"有其他正当理由"的"有"字。查阅第八届全国人民代表大会第四次会议《关于修改〈中华人民共和国刑事诉讼法〉的决定》，1996 年《刑事诉讼法》官方版本并没有对本条作出修改，没有删除"有"字。

[2] 张建伟：《刑事诉讼法通义》（第二版），北京大学出版社 2016 年版，第 196 页。

[3] 参见《最高人民检察院关于汶川地震灾区检察机关办理审查起诉案件有关问题的通知》（高检发研字〔2008〕4 号）、《最高人民法院关于处理涉及汶川地震相关案件适用法律问题的意见（一）》（法发〔2008〕21 号）。

由于不能抗拒的原因或者有其他正当理由而耽误期限的,在障碍消除后五日以内,可以申请继续进行应当在期满以前完成的诉讼活动"。公安司法机关和当事人等其他诉讼参与人都可能会出现期间耽误的问题,但依据本条规定,只有当事人有申请期间恢复的权利。

(一)期间恢复必须具备的条件

按照本条规定,期间恢复必须具备四个条件。

第一,必须由当事人提出期间恢复的申请。只有当事人才有权提出期间恢复的申请,其他诉讼参与人以及公安司法机关无权提出申请。

第二,当事人的期间耽误必须是由于不能抗拒的原因或有其他正当理由。这主要包括两种情形:一种情形是当事人遇到了不能抗拒的原因,如遭遇地震、洪水、台风、泥石流、海啸、大火、瘟疫等自然灾害以及战争等社会现象,不能进行某种诉讼行为,耽误了期间;二是当事人有其他正当理由,如发生车祸、突患重病等,导致当事人不能按时完成某项诉讼行为,耽误了期间。

第三,当事人的申请,即继续进行应当在期满以前完成的诉讼活动的申请,应当是在阻止完成诉讼行为的障碍消除后的5日以内提出。5日是对当事人申请恢复期间的时限要求,超出5日,当事人就丧失了期间恢复的权利。

第四,必须经法院裁定批准,期间才能恢复。

(二)期间恢复后应如何计算

本条第1款规定:"当事人由于不能抗拒的原因或者有其他正当理由而耽误期限的,在障碍消除后五日以内,可以申请继续进行应当在期满以前完成的诉讼活动。"其中,"耽误期限"在经申请恢复后当如何计算,性质如何认定,曾有三种不同观点。[1]

第一种观点是期间无限说。期间恢复后的计算没有时间限制。因为本条规定的"继续进行期满以前的诉讼活动"本就没有时间上的要求。只要是由于不能抗拒的原因或者有其他正当理由而耽误期限,当事人提出申请,法院裁定准许的,当事人完成诉讼行为的时间没有限制,直至其

---

[1] 参见陈建国主编:《人民法院刑事诉讼实务》,人民法院出版社1992年版,第180—181页;陈国庆、王among、刘国祥、王守安、杨钊编著:《修改后刑事诉讼法实施疑难问题解答》,中国检察出版社1997年版,第139—140页。

完成相应的诉讼行为时止。

第二种观点是期间中断说。期间恢复的申请,经法院裁定准许后,所恢复的期间仅限于被耽误的期限。设置期间的目的就是对诉讼活动进行一定的时间限制。当事人由于不能抗拒的原因或者其他正当理由而耽误期限的,应当视为期间的中断,中断的时间不应计入期间以内,但是耽误期限以前当事人所为的诉讼行为的时间应当计入期间,法院裁定准许当事人继续为诉讼行为的期间,也就是要恢复的期间,应当是当事人原来期间中的剩余时间,剩余的时间从裁定准许之日起计算,至法定期间届满日终止。

第三种观点是期间延长说。申请恢复期间,经法院准许的,应当视为期间的延长。因为期间应到法定期满日截止,但如果由于不能抗拒的原因或者其他正当理由而无法为诉讼行为的,超过法定期满之日的期限与法院准许当事人为诉讼行为的期间,二者相加,应当认为是法定期间的延长。

本评注认为,法院裁定准许期间恢复申请后,当事人所为的诉讼行为应有一定的期限限制,期间无限说不符合立法创设期间的目的和法律规定。至于准许当事人完成诉讼行为的时间是属于期间的中断还是期间的延长,本评注倾向于期间中断说。理论上期间的中断与延长都有特定的含义。期间的中断是指期间经过当中,因有法定事由而使进行的期间发生暂停,待法定事由消失后,期间继续计算,法定事由发生前的期间应计入期间。期间的延长是指期间经过当中,因有法定事由而使原定期间相应延长,延长的时间必须由法律作出规定。在刑事诉讼法中,有两种不同的延长办案期间的规定:一是自行延长期间,如《刑事诉讼法》第172条第1款[1]的规定,二是需要经过批准的延长期间,如第156条[2]、第243条[3]的规定。期间的延长应当有一定时间的限制,但期间的恢复并没

---

[1]《刑事诉讼法》第172条第1款:"人民检察院对于监察机关、公安机关移送起诉的案件,应当在一个月以内作出决定,重大、复杂的案件,可以延长十五日;犯罪嫌疑人认罪认罚,符合速裁程序适用条件的,应当在十日以内作出决定,对可能判处的有期徒刑超过一年的,可以延长至十五日。"

[2]《刑事诉讼法》第156条:"对犯罪嫌疑人逮捕后的侦查羁押期限不得超过二个月。案情复杂、期限届满不能终结的案件,可以经上一级人民检察院批准延长一个月。"

[3]《刑事诉讼法》第243条第1款:"第二审人民法院受理上诉、抗诉案件,应当在二个月以内审结。对于可能判处死刑的案件或者附带民事诉讼的案件,以及有本法第一百五十八条规定情形之一的,经省、自治区、直辖市高级人民法院批准或者决定,可以延长二个月;因特殊情况还需要延长的,报请最高人民法院批准。"

有明确的延长时间的规定。更为重要的是,在期间经过中,由于不能抗拒的原因或者有其他正当理由,当事人在障碍消除前已无再为诉讼行为的可能,认为是期间的延长对当事人没有任何实际意义,这时期间的计算应中断,待障碍消除,当事人提出申请,经法院裁定准许后,期间再继续计算,至法定期满日截止。

二、法院裁定期间恢复的申请

本条第2款规定的是对期间恢复申请的裁定。当事人期间耽误的,必须经法院裁定才能恢复。当事人申请期间恢复可以是口头也可以是书面,必须向法院提出,并说明期间恢复的理由,即当事人有不能抗拒的原因或其他正当理由。法院对于当事人的申请应认真审查,经审查认为确属因不能抗拒的原因或其他正当理由而耽误期限的,应当裁定恢复,准许当事人继续进行未完成的诉讼行为。

▶▶【法条评点】

一、期间恢复的申请是否都向法院提出?

本条第2款规定:"前款申请是否准许,由人民法院裁定。"期间包括法定期间和指定期间。法定期间又包括专门机关作出诉讼行为的期间和当事人等诉讼参与人行使诉讼权利,作出诉讼行为的期间,典型的如上诉期间、抗诉期间、对不起诉决定不服的申诉期间等。如果发生耽误当事人期间的,当事人是否都可以向法院提出申请呢? 有两种不同的理解[1]。

第一种理解认为,当事人申请期间恢复都必须向法院提出。根据本条规定,期间恢复并未明确是哪一诉讼阶段的哪一种期间可以恢复,因此应理解为一切期间。只要是当事人因不可抗拒的原因或有其他正当理由而耽误期限的,申请恢复期间一律都应向法院提出,由法院裁定是否准许,其他机关无权决定。

第二种理解认为,本条规定耽误的期间,仅包括当事人在法院受理案件后所为诉讼行为的期间,不包括在其他诉讼阶段所为诉讼行为的期间。

---

[1] 参见陈建国主编:《人民法院刑事诉讼实务》,人民法院出版社1992年版,第182页。

因为期间的耽误在各个诉讼阶段都可能发生,法律并未规定其他公安司法机关可以对耽误的期间作出准许,仅规定了法院有权准许,显然其包括的应有含义是耽误的期间只指当事人在审判阶段所为诉讼行为的期间,不包括在其他诉讼阶段所为诉讼行为的期间。

上述两种理解都有一定道理,如果从维护当事人合法权益的角度而言,第一种理解更为妥当。毕竟,在刑事诉讼的各阶段,都可能发生当事人不能抗拒的原因或其他正当理由,而不会仅限于在审判阶段发生。如果仅将期间恢复的适用阶段限于法院审判阶段,无异于剥夺了当事人在其他诉讼阶段申请期间恢复,维护正当权益的机会和权利。但如果从法理和办案实际看,第二种理解更为合理。基于我国"阶段论""流水线式"的诉讼构造,当事人因耽误期间而提出申请的,如果是在审判阶段所为诉讼行为的期间,应向法院提出;如果是在审查起诉阶段所为诉讼行为的期间,应向检察院提出。因为不在审判阶段的案件,法院不了解案情及有关情况,由法院直接作出裁定有违办案全面性、亲历性的要求。而且,由法院裁定,还可能影响公安机关、检察院的办案进程和权力行使,如果公安机关、检察院对准许期间恢复的裁定有异议,而法律又无相应的复议、复核或上诉、抗诉规定,这显然不利于公安机关、检察院诉讼活动的开展和办案工作的推进。

上述分析体现了对本条进行解释的"两难困境",同时也揭示出本条存在的问题。1979年《刑事诉讼法》制定本条时可能是根据实践情况,只考虑到审判阶段当事人上诉的期间耽误问题,忽略了审前阶段的其他情形,例如,《刑事诉讼法》第181条规定,"对于人民检察院依照本法第一百七十七条第二款规定作出的不起诉决定,被不起诉人如果不服,可以自收到决定书后七日以内向人民检察院申诉。人民检察院应当作出复查决定,通知被不起诉的人,同时抄送公安机关"。这里的被不起诉人[1]提出申诉有法定期间,如果因不能抗拒的客观原因耽误的,照理也应有申请期间恢复的权利。再如,《公安规定》第37条第1款规定,"当事人及

---

〔1〕 这里其实有个问题,被不起诉人还是当事人吗?如果从《刑事诉讼法》第108条的规定来看应该不是。但由于不起诉决定作出后,被不起诉人的诉讼状态尚未安定,其切身利益还有可能变动,视为当事人也有道理。可以作出对照的就是《刑事诉讼法》第252条的规定,当事人对已经发生法律效力的判决、裁定,可以向法院或者检察院申诉。即使裁判生效,条文中仍然用了"当事人"的表述。

其法定代理人对驳回申请回避的决定不服的,可以在收到驳回申请回避决定书后五日以内向作出决定的公安机关申请复议"。这其中也会涉及当事人因期间耽误影响对回避申请复议的情形,由公安机关决定是否准许期间恢复也有必要。即使不是在审前阶段,单就审判阶段,申请期间恢复也不必然要由法院裁定。《刑事诉讼法》第229条规定:"被害人及其法定代理人不服地方各级人民法院第一审的判决的,自收到判决书后五日以内,有权请求人民检察院提出抗诉。人民检察院自收到被害人及其法定代理人的请求后五日以内,应当作出是否抗诉的决定并且答复请求人。"被害人请求抗诉行为是一种诉讼行为,被害人有可能因为不可抗力或者其他正当理由耽误期间,故应为其寻求救济手段,规定申请期间恢复的权利。但被害人在期间内应为的诉讼行为并不直接涉及法院,而是检察院,由检察院作出是否恢复期间的决定(不是裁定)更为妥当。

本评注认为,从规范层面看,本条规定的期间恢复存在明显的权利保护不足、覆盖诉讼阶段有限的问题,建议将本条第2款"前款申请是否准许,由人民法院裁定"修改为"前款申请是否准许,由有关机关决定或者裁定。"其中的"有关机关"主要指公安机关、检察院和法院。[1]

二、当事人对期间恢复的裁定不服可否上诉?

对于法院作出的有关期间恢复的裁定,当事人可否提出上诉?有两种不同观点。[2]

一种观点认为,不应准许当事人提出上诉。一是法律没有明确赋予当事人对此有上诉权,准许当事人上诉于法无据;二是如果准许当事人上诉,是否也应给予检察院抗诉权。但本条规定的权利仅限于当事人,与检察院关联不大,准许检察院抗诉似有不妥,但不允许检察院抗诉又会使诉权的保障不平等;三是期间有的重要,有的并不重要,若一律允许上诉,第二审法院仅就是否允许当事人行使期间权利的问题进行审查,意义不大。

另一种观点认为,应当赋予当事人上诉权。一是本条对期间恢复的

---

[1] 参见徐静村主持:《中国刑事诉讼法(第二修正案)学者拟制稿及立法理由》,法律出版社2005年版,第69页;陈光中主编:《中华人民共和国刑事诉讼法再修改专家建议稿与论证》,中国法制出版社2006年版,第409页。

[2] 参见陈建国主编:《人民法院刑事诉讼实务》,人民法院出版社1992年版,第183页。

裁定是否准许上诉虽未有明确规定，但这是一条任意性规范，允许上诉也不违反法律规定。二是对于当事人的各项诉讼权利应充分保护，允许当事人对法院裁定进行上诉符合立法精神。三是该条规定的是当事人的权利，并不涉及检察院的办案和诉讼利益，可不规定检察院抗诉权。

本评注倾向于第一种观点。《刑事诉讼法》第227条第1款中规定："被告人、自诉人和他们的法定代理人，不服地方各级人民法院第一审的判决、裁定，有权用书状或者口头向上一级人民法院上诉。"其中的"裁定"并没有特指或例外规定，似乎应当指法院作出的所有裁定，包括对期间恢复是否准许的裁定。但照此理解会引发如下问题：

一是对程序性权益保障过度。裁定主要是针对审判中的程序性问题和判决执行过程中的部分实体性问题所作的决断。无论是理论界还是实务部门对裁定是否允许上诉都有不同的认识和差异化操作。《高法解释》第378条第1款就规定，被告人、自诉人及其法定代理人不服准许撤回起诉、终止审理等裁定的，有权上诉。最高人民法院认为，"准许撤回起诉、终止审理等裁定可能对被告人的实体权益造成影响，应当允许上诉"[1]，但对其他的裁定，如减刑或假释裁定、撤销缓刑裁定、减免罚金裁定、补正裁定等均不允许上诉，中止审理裁定可否上诉也存有争议。期间恢复涉及的主要是当事人的程序性权利，并不直接涉及实体权益，而且有些期间可能并不那么重要，允许上诉有过度保护之嫌，且会引发要求对所有裁定都允许上诉的立法协同问题。本评注认为，针对涉及程序性权益的裁定并非必然要赋予当事人上诉权，对法院作出的有关期间恢复的裁定允许上诉并不具有应然性。

二是对期间恢复的裁定允许上诉将会导致当事人对其他机关作出的类似决定在救济权保障上的不平衡。诚如前文所言，本条仅规定法院对审判阶段涉及的期间耽误有权裁定是否恢复期间，将会导致对当事人的期间利益与诉讼权利保障不足。未来修法，应当允许当事人对不同诉讼阶段发生的期间耽误可分别向公安机关、检察院、法院申请期间恢复。但值得注意的是，不同机关在不同阶段作出的处理决定形式不同。公安机关、检察院是用决定，法院则是裁定。如果允许当事人对裁定上诉，对决

---

[1] 李少平主编：《最高人民法院关于适用〈中华人民共和国刑事诉讼法〉的解释理解与适用》，人民法院出版社2021年版，第424页。

定只能复议、复核甚至无法提出异议,这将出现对程序性权利的救济保障不平衡、不充分的问题。

三是对期间恢复的裁定允许上诉将会导致相关制度程序的设计变得复杂。明确哪些裁定可以上诉,还要考虑到检察院抗诉、被害人申请抗诉,以及二审对上诉、抗诉裁定怎样处理等其他的配套性制度机制如何设计的问题。单就期间恢复的裁定而言,如果允许上诉,那么原案中的被害人对期间恢复的裁定不服,是自行上诉还是申请检察院抗诉,这将使问题变得异常复杂。

综合上述理由,结合现有法律和司法解释的规定,本评注倾向于第一种观点,暂不赋予当事人对法院作出的有关期间恢复的裁定提出上诉的权利。

> **第一百零七条 【送达】**送达传票、通知书和其他诉讼文件应当交给收件人本人;如果本人不在,可以交给他的成年家属或者所在单位的负责人员代收。
>
> 收件人本人或者代收人拒绝接收或者拒绝签名、盖章的时候,送达人可以邀请他的邻居或者其他见证人到场,说明情况,把文件留在他的住处,在送达证上记明拒绝的事由、送达的日期,由送达人签名,即认为已经送达。

▶▶【历次修法条文对照】

1979 年《刑事诉讼法》	1996 年《刑事诉讼法》	2012 年《刑事诉讼法》	2018 年《刑事诉讼法》
第八章 期间、送达	第八章 期间、送达	第八章 期间、送达	第八章 期间、送达
第 57 条:送达传票、通知书和其他诉讼文件应当交给收件人本人;如果本人不在,可以交给他的成年家属或者所在单位	第 81 条 内容未修订	第 105 条 内容未修订	第 107 条 内容未修订

(续表)

1979年《刑事诉讼法》	1996年《刑事诉讼法》	2012年《刑事诉讼法》	2018年《刑事诉讼法》
第八章 期间、送达	第八章 期间、送达	第八章 期间、送达	第八章 期间、送达
的负责人员代收。收件人本人或者代收人拒绝接收或者拒绝签名、盖章的时候,送达人可以邀请他的邻居或者其他见证人到场,说明情况,把文件留在他的住处,在送达证上记明拒绝的事由、送达的日期,由送达人签名,即认为已经送达。			

▶▶【立法沿革】

　　送达是将法律文书和其他诉讼文件在法定的时间内送交收件人的一种诉讼行为。送达首先保障的是收件人的知情权。另外,某些诉讼文件只有按照送达程序送达收件人,才能发生法律效力,例如,当事人收到一审判决书后才开始计算上诉期限。某些诉讼文件还会引起一定的法律后果,例如,当事人在法定期间内接到人民法院的传票,就必须按时出席法庭。为了保证诉讼活动的顺利进行,1979年《刑事诉讼法》规定了送达条款。

　　本条在1996年、2012年、2018年修改刑事诉讼法时未有内容调整,仅有条文序号的变动。

▶▶【法条注解】

　　刑事诉讼中的送达,指公安机关、检察院、法院等专门机关依照法定的程序和方式将有关诉讼文件送交收件人(自然人或单位)的一种诉讼行为。

一、送达的特点和意义

本条是关于诉讼文件送达的规定,共有两款,分别规定了直接送达和留置送达的程序和要求。[1]

(一)送达的特点

依据本条的两款规定可梳理出送达的四个特点。

一是送达主体是公安司法机关。在我国的刑事诉讼中,送达仅限于公安司法机关向收件人送交诉讼文件的行为。至于诉讼参与人向公安司法机关交递上诉状以及其他诉讼文件,又或者诉讼参与人之间相互传递诉讼文件的行为,均不属于刑事诉讼法意义上的送达。

二是送达的材料是有关诉讼文件。送达的材料包括各种诉讼文件,其中主要是公安司法机关制作的诉讼文书,如本条第1款规定的"传票、通知书"。此外,诉讼参与人制作的自诉状副本、附带民事诉讼诉状及答辩状副本、上诉状副本等诉讼文书也应通过法院送达,但这不是后文提及的转交送达。

三是送达的对象既可以是公民个人,也可以是机关单位。对本条中接受送达的"收件人"要做广义理解,不仅指自然人,还包括单位,如《刑事诉讼法》第178条中规定,"不起诉的决定,应当公开宣布,并且将不起诉决定书送达被不起诉人和他的所在单位"。第187条第3款中规定,"人民法院确定开庭日期后,应当将开庭的时间、地点通知人民检察院,……通知书至迟在开庭三日以前送达"。最后,本条所说的"收件人",是指诉讼文件中指明应交给的人及其法定代理人。

四是送达必须依照法定的程序和方式进行。送达是具有法律意义、发生法律效力的诉讼行为,本条对送达(直接送达、留置送达)的程序和方式作出严格规定。公安司法机关只有依法送达,诉讼文件才会发生法律效力。

---

[1] 部分内容参见陈光中主编:《刑事诉讼法》(第七版),北京大学出版社、高等教育出版社2021年版,第281页。

(二)送达的意义

送达是刑事诉讼中不可或缺的诉讼行为,具有非常重要的意义。

首先,送达有利于推动刑事诉讼顺利进行。公安司法机关只有依法向收件人送达诉讼文件,才能保证收件人,包括诉讼参与人和其他国家专门机关,及时知悉文件内容,按时参加诉讼活动,从而使国家专门机关与诉讼参与人同步同频,平稳有序地共同推动刑事诉讼进程。

其次,送达有利于保障诉讼参与人及时行权,促进国家专门机关依法履职。如前所述,送达的对象既可以是公民个人,也可以是机关单位。如果送达的对象是公民个人,一般为当事人或其他诉讼参与人。通过送达诉讼文书,可以使他们及时了解诉讼进程及自身享有的诉讼权利,便于他们更好地参加诉讼,及时行权,最大限度地维护自身合法权益。如果送达的对象是机关单位,特别是其他的国家专门机关,如法院确定开庭期日后将通知书送达检察院,国家专门机关可以通过送达的诉讼文件及时了解诉讼程序的进展,按时做好参加诉讼的准备,更好地履行法定职责。

二、直接送达与留置送达

我国刑事诉讼中有直接送达、留置送达、委托送达、邮寄送达和转交送达五种送达方式。本条共有两款,分别规定了直接送达和留置送达的送达方式和程序。

(一)直接送达

本条第1款规定的送达方式是直接送达。直接送达是指公安司法机关派员将诉讼文书直接送交收件人的一种送达方式。直接送达的特点是诉讼文书被直接交付收件人,无须经过转交、邮寄等中间环节,优势是送达便捷、迅速、可靠性强,更有利于收件人第一时间直接了解文书内容,故直接送达是送达方式中的首选。本条第1款开篇即规定,"送达传票、通知书和其他诉讼文件应当交给收件人本人",这意味着送达诉讼文件以直接送达为原则。同时,本款补充规定,"如果本人不在,可以交给他的成年家属或者所在单位的负责人员代收"。此处"所在单位的负责人员"指所在单位负责收件的人员。另外,本款中的"其他诉讼文件"包括起诉书、不起诉决定书、判决书、裁定书、调解书等。

1. 直接送达的程序

一般情况下,直接送达的程序是由公安司法人员将诉讼文书交给收件人本人,由收件人本人在送达回证上记明收到的日期,并且签名或者盖章。如果本人不在,可以将诉讼文书交给他的成年家属或者所在单位的负责人员代收,由代收人在送达回证上记明收到的日期,并且签名或者盖章。收件人或者代收人在送达回证上签收的日期为送达日期。《高法解释》第204条第1款对此规定:"送达诉讼文书,应当由收件人签收。收件人不在的,可以由其成年家属或者所在单位负责收件的人员代收。收件人或者代收人在送达回证上签收的日期为送达日期。"

2. 代收人签收视为本人签收

本条第1款规定,诉讼文件可以由代收人代收。那么,代收人收到诉讼文件是否视同收件人本人收到?理论界和司法实务部门曾有不同认识,大体有两种观点:[1]

一种观点认为,只要把诉讼文件交给收件人的代收人,就应视同收件人本人收到,产生送达的法律后果。因为刑事诉讼法已明确规定收件人不在时,负责送达的人员只要按照法律规定的方式和程序将文件送交有关人员代收即可,这可视为送达的完成。因此,代收人代收后就应当视同收件人收到。代收之后,代收人应当尽快通知收件人本人,这是代收人的义务。

另一种观点认为,把诉讼文件交给代收人,不能视同交给收件人本人。首先,收件人与代收人是有区别的。收件人是接收诉讼文件的人,也是履行诉讼文件中规定的义务的人。代收人则不同,他只负责代替收件人接收文件,并不履行也无资格履行诉讼文件中规定的义务。其次,代收人如果接收文件后,无法通知或者不能(及时)通知收件人本人,收件人不知诉讼文件中规定的义务或者权利,自然无法履行义务和行使权利。在此情况下,如果视同收件人本人接收,就出现了收件人不履行义务的后果,或者剥夺了他应有的权利,这是不妥的。司法机关送达的诉讼文件应直接交给收件人本人,代收人不负有这种义务,他之所以产生收件及收件后及时通知收件人本人的义务,完全是代行司法机关的义务。

本评注认为,根据我国的实际情况,送达给收件人本人的成年家属或者所在单位的负责人,应视同送达给收件人本人。

---

[1] 参见陈建国主编:《人民法院刑事诉讼实务》,人民法院出版社1992年版,第184、185页;陈国庆、王振勇、刘国祥、王守安、杨钊编著:《修改后刑事诉讼法实施疑难问题解答》,中国检察出版社1997年版,第142—143页。

首先，如果按照第二种观点，代收人就成了一个"收件工具"，不因其代收文件产生任何法律后果，这与送达人将诉讼文件投入收件人门口的"信报箱"有何分别。法律专门规定代收人接收送达的诉讼文件就没有实际意义，但法律不做无意义的规定。

其次，从文义解释的角度看，本条第 1 款还专门设置了代收人的条件要求，即必须是收件人的"成年"家属，而非家中未成年子女。因为成年家属有认识辨别能力，可以履行接收文件、承担相应义务和责任的能力，立法才对在收件人住处可以接收文件的家属作出专门规定，这正好印证了本评注观点，代收人收到诉讼文件即视同收件人本人收到，产生同样的法律效力。

最后，从体系解释的角度看，本条第 2 款规定的是留置送达，其适用前提是"收件人本人或者代收人拒绝接收或者拒绝签名、盖章"，这也说明立法机关认为，对于诉讼文件的送达，收件人拒收和代收人拒收的法律效果是相同的。反之，代收人接收送达的诉讼文件也应与收件人本人接收送达的诉讼文件的法律效果相同，否则代收人接收送达的诉讼文件的规定将会沦为无用条款。

本评注认为，依据规范解释和司法实践的情况，代收人签收送达的诉讼文书与收件人本人签收法律效力相同。但需要注意的是，如果由于代收人没有及时通知、无法通知，延误了期间内收件人行使权利、完成诉讼行为的，收件人可依《刑事诉讼法》第 106 条向法院提出期间恢复的申请，是否准许由法院裁定。

（二）留置送达

本条第 2 款是对留置送达的规定。送达直接关系到整个刑事诉讼程序能否顺利进行，但实践中总会出现一些收件人因种种原因拒绝接收送达文件的情况，有的还以此作为不履行诉讼义务的理由。为了保证诉讼活动的顺利进行，本条第 2 款规定了留置送达的程序。留置送达是指收件人本人或者代收人拒绝接收诉讼文件时，送达人依法将诉讼文件留在收件人住处的一种送达方式。

1. 适用前提

根据第 2 款的规定，采用留置送达必须具备一个前提，就是诉讼文件送达后，"收件人本人或者代收人拒绝接收或者拒绝签名、盖章"，如果仅仅是找不到收件人本人或代收人，不可采用留置送达。

2. 留置送达的程序

有关留置送达的程序,第2款规定,收件人本人或者代收人拒绝接收或者拒绝签名、盖章的时候,"送达人可以邀请他的邻居或者其他见证人到场,说明情况,把文件留在他的住处,在送达证上记明拒绝的事由、送达的日期,由送达人签名,即认为已经送达"。《高法解释》第204条第2款作了大体相同的规定,"收件人或者代收人拒绝签收的,送达人可以邀请见证人到场,说明情况,在送达回证上注明拒收的事由和日期,由送达人、见证人签名或者盖章,将诉讼文书留在收件人、代收人的住处或者单位;也可以把诉讼文书留在受送达人的住处,并采用拍照、录像等方式记录送达过程,即视为送达"。将法律规定和司法解释的规定进行比较会发现一些差别,最高人民法院要求在留置送达回证上有送达人以及见证人的签名或者盖章。另外,如果无法邀请到邻居或者见证人的,司法解释规定了变通的执行方式,把诉讼文书留在受送达人的住处,并采用拍照、录像等方式记录送达过程,即可视为送达。

需要指出的是,虽然留置送达与直接送达具有同等的法律效力,但是并非所有的诉讼文书都可以适用,如对调解书就不适用留置送达。因为刑事诉讼法及相关司法解释规定,附带民事诉讼案件和自诉案件可以进行调解,调解书须经双方当事人签收后方能发生法律效力[1],而留置送达无须收件人签收送达的诉讼文件,故调解书不能适用留置送达。

▶▶【法条评点】

一、应在刑事诉讼法中增加委托送达、邮寄送达和转交送达条款

刑事诉讼法仅规定了直接送达和留置送达,未能满足司法实践的需要,故有必要在立法层面增设新的送达的方式和程序。

---

[1] 《高法解释》第190条第1款规定:"人民法院审理附带民事诉讼案件,可以根据自愿、合法的原则进行调解。经调解成协议的,应当制作调解书。调解书经双方当事人签收后即具有法律效力。"第328条第1款规定:"人民法院审理自诉案件,可以在查明事实、分清是非的基础上,根据自愿、合法的原则进行调解。调解达成协议的,应当制作刑事调解书,由审判人员、法官助理、书记员署名,并加盖人民法院印章。调解书经双方当事人签收后,即具有法律效力。调解没有达成协议,或者调解书签收前当事人反悔的,应当及时作出判决。"

(一)应增设委托送达、邮寄送达和转交送达条款

从司法解释和司法实践看,送达的方式并不限于本条规定的直接送达和留置送达两种方式,还包括委托送达、邮寄送达和转交送达三种。

一是委托送达。委托送达是指公安司法机关直接送达诉讼文书有困难时,委托收件人所在地的公安司法机关代为交给收件人的送达方式。委托送达的前提是,收件人所在地并非送达主体的所在地,送达主体直接送达确有困难。《高法解释》第206条规定:"委托送达的,应当将委托函、委托送达的诉讼文书及送达回证寄送受托法院。受托法院收到后,应当登记,在十日以内送达收件人,并将送达回证寄送委托法院;无法送达的,应当告知委托法院,并将诉讼文书及送达回证退回。"

二是邮寄送达。邮寄送达是指公安司法机关通过邮局将诉讼文书用挂号方式邮寄给收件人的送达方式。邮寄送达通常也是在直接送达有困难的情况下采用的一种送达方式。《高法解释》第207条规定:"邮寄送达的,应当将诉讼文书、送达回证邮寄给收件人。签收日期为送达日期。"

三是转交送达。转交送达是指公安司法机关将诉讼文书交收件人所在机关、单位代收后再转交给收件人的送达方式。转交送达仅适用于收件人较为特殊的情形。《高法解释》第208条规定:"诉讼文书的收件人是军人的,可以通过其所在部队团级以上单位的政治部门转交。收件人正在服刑的,可以通过执行机关转交。收件人正在接受专门矫治教育等的,可以通过相关机构转交。由有关部门、单位代为转交诉讼文书的,应当请有关部门、单位收到后立即交收件人签收,并将送达回证及时寄送人民法院。"据此,转交送达的对象是三类特殊收件人:军人、正在服刑的人、正在接受专门矫正教育的人。送达这三类人,可以通过相关机构转交。代为转交的部门、单位收到诉讼文书后,应当立即交收件人签收,并将送达回证及时寄送公安司法机关。

本评注认为,上述三种送达方式在实践中已普遍适用,符合实际情况,并在司法解释中有规定,故有必要在下次修法时将其纳入法律规定,同时将适用范围从审判阶段扩大到整个刑事诉讼的各阶段。

(二)在刑事诉讼特别程序中可以公告送达

值得关注的是,民事诉讼法中还有公告送达的规定,那么刑事诉讼程序是否也要引入公告送达呢?对此有正反不同观点。

否定说认为不能规定公告送达。因为刑事案件和民事案件不同,刑

事案件都有严格的办案期间要求或审限规定。若允许公告送达,像民事诉讼法那样设定公告期,必然会拉长办案期间,延宕诉讼,并不利于尽快打击犯罪,及时修复被损害的社会关系。但是,如果规定太短的公告期又无法达到公告送达的应有效果,左右为难,故在没有作出充分的必要性和可行性论证前还是不规定为好。

肯定说认为可以规定公告送达。因为在有些情况下可能只有公告送达这一种方式才能送达收件人。另外,就算公告送达超过了原有的办案期间或审限,也比办案停滞或案件无法审理要好。

本评注认为,除了附带民事诉讼,在刑事诉讼普通程序并不适用公告送达,但在特别程序中其实已经有了公告送达的规定,那就是"犯罪嫌疑人、被告人逃匿、死亡案件违法所得的没收程序"第299条第2款,"人民法院受理没收违法所得的申请后,应当发出公告。公告期间为六个月。犯罪嫌疑人、被告人的近亲属和其他利害关系人有权申请参加诉讼,也可以委托诉讼代理人参加诉讼"。一些研究者认为,违法所得特别没收程序类似于域外的民事没收程序,设定公告送达具有合理性,本评注倾向于认同这一观点。

需要注意的是,在我国的另一类特别程序,也就是缺席审判程序中是不允许公告送达的。我国在2018年修订刑事诉讼法时增加缺席审判制度,但为了充分保障被告人的知悉权,第292条特别规定了三种送达方式,即"人民法院应当通过有关国际条约规定的或者外交途径提出的司法协助方式,或者被告人所在地法律允许的其他方式,将传票和人民检察院的起诉书副本送达被告人"。立法并未规定和允许公告送达。所以,无论从规范层面还是从司法实践看,在我国刑事缺席审判程序中不宜规定公告送达。

二、用"成年家属"还是"成年亲属"更恰当?

本条第1款有"成年家属"的用语,与之相对,2012年修改刑事诉讼法时,在特别程序的"未成年人刑事案件诉讼程序"第270条(2018年《刑事诉讼法》第281条)中又有未成年犯罪嫌疑人、被告人的其他"成年亲属"的表述。其实,"家属"与"亲属"、"成年家属"与"成年亲属"含义都基本相同,但从刑事诉讼法内部相关条款用语的协调性、统一性来看,应当表述一致。那么,到底是统一为"成年家属"还是"成年亲属"呢?如果从法律用语的规范性看,"成年亲属"的表述更为妥当。因为"家属"一词并不算一个严格的法律概念。《刑事诉讼法》第 108 条专门规定"近亲属"的概念。作为"近亲属"的属概念,"亲属"一词更符合法律术语的规范要求。但从我国刑事诉讼法制定和修改的历史看,1979 年《刑事诉讼法》通过后,立法中表达有亲缘关系的人的用语除了"近亲属",还有"家属"和"亲友",此外还有"法定代理人""监护人"两个法律术语。其中,"近亲属""家属"和"亲友"的外延范围是随着亲缘关系的亲疏逐渐扩大的。"近亲属"是指夫、妻、父、母、子、女、同胞兄姊妹,"家属"则扩展到近亲属外的祖父母、外祖父母、孙子女、外孙子女等,"亲友"则进一步扩展到家属外的朋友。从这个角度看,在 2012 年《刑事诉讼法》修改以前,立法已经形成了一套成体系的亲缘关系圈(见图十二)。

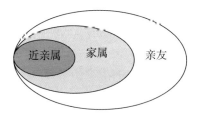

图十二:刑事诉讼法中"人"的亲缘关系圈

另外,横向比较民事诉讼法的规定,相关条文中包含"家属"的表述也比比皆是。直到 2012 年《刑事诉讼法》修改,"成年亲属"一语才第一次进入刑事诉讼法。本评注认为,这也许是当时的立法者疏忽了对传统立法用语的关注,以致出现了用"成年亲属"代替"成年家属"的情形。

从立法用语的稳定性和传承性看,宜将"成年亲属"统一为"成年家属"。而且,从修法成本看,这样的修改也更为经济。因为,包括第 107 条在内,《刑事诉讼法》中包含"家属"一词的条文共有 9 个,还有第 75 条第 2 款、第 85 条第 2 款、第 93 条第 2 款、第 131 条、第 139 条第 1 款、第 140 条、第 263 条第 7 款、第 264 条第 4 款,但包含"亲属"(不是近亲属)的条款只有第 281 条,如果将"成年家属"或"家属"统一修改为"成年亲属"或"亲属",对于整个刑事诉讼法的条文变动过多,也与民事诉讼法中有关"家属"条文的规定不协调。

综上,本评注倾向于将《刑事诉讼法》第 281 条第 1 款中的"成年亲属"改为"成年家属",与第 107 条第 1 款的规定相一致。

第九章 其他规定

> **第一百零八条 【本法用语解释】**本法下列用语的含意是:
> (一)"侦查"是指公安机关、人民检察院对于刑事案件,依照法律进行的收集证据、查明案情的工作和有关的强制性措施;
> (二)"当事人"是指被害人、自诉人、犯罪嫌疑人、被告人、附带民事诉讼的原告人和被告人;
> (三)"法定代理人"是指被代理人的父母、养父母、监护人和负有保护责任的机关、团体的代表;
> (四)"诉讼参与人"是指当事人、法定代理人、诉讼代理人、辩护人、证人、鉴定人和翻译人员;
> (五)"诉讼代理人"是指公诉案件的被害人及其法定代理人或者近亲属、自诉案件的自诉人及其法定代理人委托代为参加诉讼的人和附带民事诉讼的当事人及其法定代理人委托代为参加诉讼的人;
> (六)"近亲属"是指夫、妻、父、母、子、女、同胞兄弟姊妹。

▶▶【历次修法条文对照】

1979年《刑事诉讼法》	1996年《刑事诉讼法》	2012年《刑事诉讼法》	2018年《刑事诉讼法》
第九章 其他规定	第九章 其他规定	第九章 其他规定	第九章 其他规定
第58条:本法下列用语的含意是: (一)侦查是指公安机关、人民检察院在办理案件过程中,依照法律进行的专门调查工作和有关的强制性措施;	第82条:本法下列用语的含意是: (一)"侦查"是指公安机关、人民检察院在办理案件过程中,依照法律进行的专门调查工作和有关的强制性措施;	第106条 内容未修订	第108条:本法下列用语的含意是: (一)"侦查"是指公安机关、人民检察院**对于刑事案件,依照法律进行的收集证据、查**明案情的工作和有关的强制性措施;

第九章　其他规定

(续表)

1979 年《刑事诉讼法》	1996 年《刑事诉讼法》	2012 年《刑事诉讼法》	2018 年《刑事诉讼法》
第九章　其他规定	第九章　其他规定	第九章　其他规定	第九章　其他规定
(二)"当事人"是指自诉人、被告人、附带民事诉讼的原告人和被告人； (三)"法定代理人"是指被代理人的父母、养父母、监护人和负有保护责任的机关、团体的代表； (四)"诉讼参与人"是指当事人、被害人、法定代理人、辩护人、证人、鉴定人和翻译人员； (五)"近亲属"是指夫、妻、父、母、子、女、同胞兄弟姊妹。	(二)"当事人"是指被害人、自诉人、犯罪嫌疑人、被告人、附带民事诉讼的原告人和被告人； (三)"法定代理人"是指被代理人的父母、养父母、监护人和负有保护责任的机关、团体的代表； (四)"诉讼参与人"是指当事人、被害人、法定代理人、诉讼代理人、辩护人、证人、鉴定人和翻译人员； (五)"诉讼代理人"是指公诉案件的被害人及其法定代理人或者近亲属、自诉案件的自诉人及其法定代理人委托代为参加诉讼的人和附带民事诉讼的当事人及其法定代理人委托代为参加诉讼的人； (六)"近亲属"是指夫、妻、父、母、子、女、同胞兄弟姊妹。		(二)"当事人"是指被害人、自诉人、犯罪嫌疑人、被告人、附带民事诉讼的原告人和被告人； (三)"法定代理人"是指被代理人的父母、养父母、监护人和负有保护责任的机关、团体的代表； (四)"诉讼参与人"是指当事人、法定代理人、诉讼代理人、辩护人、证人、鉴定人和翻译人员； (五)"诉讼代理人"是指公诉案件的被害人及其法定代理人或者近亲属、自诉案件的自诉人及其法定代理人委托代为参加诉讼的人和附带民事诉讼的当事人及其法定代理人委托代为参加诉讼的人； (六)"近亲属"是指夫、妻、父、母、子、女、同胞兄弟姊妹。

▶▶【立法沿革】

本章只有一条规定,分为六项,主要是对刑事诉讼法中一些专门用语的含义[1]进行解释。这些专门用语包括侦查、当事人、法定代理人、诉讼参与人、诉讼代理人、近亲属,本条对他们作出立法解释,目的在于保证这些专门用语在刑事诉讼法中准确、规范、统一地被使用。本条为1979年《刑事诉讼法》确立,在1996年和2018年作出两次修订。在2012年《刑事诉讼法》修订时,本条未作修改,仅有条文序号的变动。

一、1996年《刑事诉讼法》对本条的修改

1979年《刑事诉讼法》在本章只有一个条文五项规定,1996年修改刑事诉讼法时,立法机关主要修改了其中两项,即旧法第58条的第(二)项和第(四)项,同时增加一项作为第(五)项,原第(五)项顺延为第(六)项。本次修改增加的条项分别涉及被害人、犯罪嫌疑人以及诉讼代理人的诉讼权利义务以及相关用语的外延范围。

(一)关于当事人

当事人是刑事诉讼的主体,也是诉讼参与人中的核心群体,科学、合理地确定当事人的范围,对当事人正确行使诉讼权利、履行诉讼义务都有十分重要的意义。1979年《刑事诉讼法》关于当事人的规定是,"(二)'当事人'是指自诉人、被告人、附带民事诉讼的原告人和被告人"。1996年《刑事诉讼法》在"当事人"中增加了两类人:被害人和犯罪嫌疑人。

1. 被害人

在1996年修改刑事诉讼法时,关于被害人是否应归入当事人的范畴,有肯定说和否定说两种不同意见。[2]

(1)肯定说

肯定说认为,应当将被害人列入当事人中,享有当事人的一切诉讼权

---

〔1〕"含意"与"含义"同义同音。《刑事诉讼法》第108条用了"含意"一词,但"含义"一词更常用,故本评注原则上统一用"含义"一词。

〔2〕参见周道鸾、张泗汉主编:《刑事诉讼法的修改与适用》,人民法院出版社1996年版,第159—162页;崔敏:《中国刑事诉讼法的新发展——刑事诉讼法修改研讨的全面回顾》,中国人民公安大学出版社1996年版,第190—195页。

利,如申请回避权、上诉权[1]等。理由包括三个方面:

一是被害人是正当权利或合法利益遭受犯罪行为直接侵害的人,应是刑事实体法和程序法保护的重要对象。根据1979年《刑事诉讼法》的规定,公诉案件中的被害人既不是当事人,也不是证人,而是一种具有独立诉讼地位的诉讼参与人。在1996年以前,虽然对被害人诉讼权利的保护也有相关规定,但是从整个刑事诉讼的过程看,保护被害人诉讼权利的规定还缺乏完整性、体系性和连续性。例如,1979年《刑事诉讼法》第110条规定,法院决定开庭审判后,应当传唤当事人,通知辩护人、证人、鉴定人和翻译人员,传票和通知书至迟在开庭三日以前送达。但规定中却没有提到法院开庭前应通知被害人。司法实践中,法院决定开庭审判后常常会因怕麻烦、图省事,不通知被害人出庭,导致被害人没有机会参与庭审,程序权利和实体权利的保障受到实质影响。再如,尽管在1986年6月26日,由"两高两部"联合发布的《最高人民法院、最高人民检察院、司法部、公安部关于律师参加诉讼的几项补充规定》(已失效)第6条指出,"根据《中华人民共和国律师暂行条例》第二条第(三)款的规定,律师可以接受公诉案件被害人及其近亲属的委托,担任代理人参加诉讼",但刑事诉讼法却只允许被害人在附带民事诉讼中委托代理人,不允许其在刑事诉讼部分委托代理人。当律师接受被害人或其近亲属的委托担任代理人,去法院要求参加诉讼时,有的审判人员会以刑事诉讼法并无规定为由,阻碍律师履行职责。为了全面、完整、体系化地保护被害人的程序权利和实体权利,应当提高被害人的诉讼地位,赋予其当事人的诉讼地位,享有当事人的诉讼权利。

二是按照刑事诉讼法旧有规定,被害人提起自诉即成为自诉案件中的自诉人,被害人提起附带民事诉讼即成为附带民事诉讼案件中的原告人,而自诉人、附带民事诉讼的原告人又都属于当事人的范围。相比之下,公诉案件中的被害人只有诉讼参与人的诉讼地位,这与其应享有的诉讼权利不对等也不一致。

三是在司法实践中,对被告人重罪轻判的情况还难以完全避免,除检

---

[1] 1979年《刑事诉讼法》第129条第1款规定:"当事人或者他们的法定代理人,不服地方各级人民法院第一审的判决、裁定,有权用书状或者口头向上一级人民法院上诉。被告人的辩护人和近亲属,经被告人同意,可以提出上诉。"

察院提出抗诉外,赋予被害人上诉权也是对诉讼活动的一种监督,能更好地保护被害人的各项权益。从司法实践看,由于被害人不是当事人,很多时候连一张判决书、裁定书都无权得到,对案件的诉讼过程及审判结果一无所知,甚至连申诉都难以提出,这对被害人非常不公平。

(2)否定说

否定说反对将被害人归入当事人之中,主要理由是认为赋予被害人当事人的诉讼地位会引发被害人在上诉权使用中的三个问题:一是被害人有上诉权后,将使上诉率大量上升,加重二审法院负担,不利于案件的及时审结;二是如果赋予被害人上诉权,那么被害人上诉而检察院不抗诉,在二审审理中将存在是按公诉案件还是自诉案件审理的问题;三是如果赋予被害人上诉权,刑事诉讼法中的上诉不加刑原则就将受到极大的削弱。

立法机关充分考虑正反双方的意见,认为如果不将被害人归入当事人的范畴,在需要增加对被害人诉讼权利的保护条款时,就要涉及修改多个条文,仅因文字技术上的表达而大量改动条文,不符合当年的修法精神,故立法机关决定将"被害人"归入"当事人"之中。至此,被害人可以行使法律赋予当事人的各项诉讼权利,包括申请回避、参加庭审以及委托代理人等权利。至于被害人是否应拥有当事人的上诉权,立法机关增加了一条"说明性"规定,即1996年《刑事诉讼法》第182条中规定,"被害人及其法定代理人不服地方各级人民法院第一审的判决的,自收到判决书后五日以内,有权请求人民检察院提出抗诉"。应当说,立法机关从立法技术上作出上述处理是科学的、经济的、有效的。

2. 关于犯罪嫌疑人

其实,1979年《刑事诉讼法》在第二编立案章第59条本就有犯罪嫌疑人的规定。但是,被追诉人在侦查、审查起诉和审判阶段一直被统称为"被告人"[1]。这种称谓是否科学、准确,学术界曾有不同意见。1996年《刑事诉讼法》修改时,绝大多数同志都认为,应严格区分"犯罪嫌疑人""被告人"的称谓。但也有少数人主张维持现状不做修改,由此形成正反两方意见。

---

[1] 1979年《刑事诉讼法》还在"强制措施"一章中将被逮捕的人或被扭送的人称为"人犯"。

(1)肯定说:应增设"犯罪嫌疑人"称谓

肯定说主张应在刑事诉讼法中对被追诉人作两分法的概念界定。在公诉案件中,对被审查、追诉的人在检察院决定提起公诉前应称为"犯罪嫌疑人",而在决定提起公诉或者自诉人提起自诉后,被指控的人应称为"被告人"。理由涉及三个方面:[1]

首先,在侦查阶段和审查起诉阶段,公安机关、检察院通过对被追诉人的拘留、逮捕、羁押等强制措施查明犯罪事实,收集、审查证据。在此阶段,公安机关、检察院只是掌握了一定的线索证据,怀疑被追诉人涉嫌某一项或多项犯罪,但所掌握的证据的质与量还不足以达到正式起诉的要求或标准,故在侦查、审查起诉阶段将被追诉人称为"犯罪嫌疑人"更为形象和妥帖。

其次,基于不告不理原则,在刑事诉讼中,只有经过正式指控才会启动刑事审判程序,才会产生典型的控、辩、审三方法律关系,真正出现"被告人"这一方。"被告人"中的"告"与"不告不理"中的"告"同义,都是指由检察院提起的公诉或自诉人提起的自诉而形成的"正式指控"。掌握了这一点,就能理解只有①受到正式起诉和指控;②起诉和指控是向法院提出的,被追诉人才能称为"被告人"。在公诉案件中,单位和个人提出的举报、被害人提出的控告等,只能构成国家专门机关进行刑事立案的材料来源或者构成侦查程序开始的根据,它们还不是严格意义上的刑事控诉行为,并非"正式指控",只有当检察院或自诉人向法院提起公诉或自诉,要求将案件交付审判,刑事控诉才正式开始,被审查、追诉的人才正式具有"被告人"的身份。可见,在侦查程序、审查起诉过程中将被追诉者称为"犯罪嫌疑人"而不称为"被告人"是较为准确和科学的。

最后,对被追诉人称谓作"两分法"的操作在域外亦有立法例可借鉴。如德国在起诉前称为 Beschuldigter(嫌疑人),交付审判后称为 Angeklagter(被告人);法国在起诉前称为 Prevenu(嫌疑人),在起诉后则称为 Accuse(被告人)。日本刑事诉讼法对被追诉者在公诉正式提起以前一般为"被疑人",在检察官侦查终结向法院移送的起诉书中才开始称

---

[1] 部分内容参见周道鸾、张泗汉主编:《刑事诉讼法的修改与适用》,人民法院出版社1996年版,第161页;崔敏:《中国刑事诉讼法的新发展——刑事诉讼法修改研讨的全面回顾》,中国人民公安大学出版社1996年版,第195—198页。

其为"被告人"。与上述大陆法系国家的规定相似，苏俄刑事诉讼法典也把受刑事追诉者在起诉前后的名称作了区分，但它的具体区分更为细致：在提起刑事诉讼以后一般称为"犯罪嫌疑人"，经过"确定被告人程序"（属于侦查程序的一部分），"犯罪嫌疑人"具有"刑事被告人"的身份；案件移送法院审判以后"刑事被告人"则称为"受审人"。[1] 总的来看，大陆法系国家和苏俄刑事诉讼法对被追诉者的名称在审判前后的明确区分较为科学，符合刑事诉讼的实际进程，值得借鉴吸收。

（2）否定说：维持现状

除了支持严格区分"犯罪嫌疑人"和"被告人"的称谓，还有少数人主张维持法律现状，对被审查、追诉的人在起诉前后不作称谓上的区分，仍统称为"被告人"。[2]

首先，将受刑事追诉者在起诉前后统称为"被告人"而不称为"罪犯"，并没有违背无罪推定原则，没有什么原则性问题。对刑事诉讼法的修改应主要集中在那些与我国刑事诉讼制度的科学化和民主化关系密切的重大问题上，而不应对一些可改可不改的细节问题作出繁琐的规定和不必要的修改。

其次，将受刑事追诉者在不同场合下分别称为"被告人"和"人犯"，符合人们的习惯，也便于广大社会公众理解刑事诉讼法的规定，不会与罪犯混同。[3]

再次，"嫌疑人"与"被告人"的区分，即使在西方两大法系国家的刑事诉讼法中也没有得到普遍采纳，没有必要根据一部分国家的立法例改变我国刑事诉讼法中已为人们广泛理解的规定。[4]

最后，将受刑事追诉者在起诉前后分别称为"嫌疑人"和"被告

---

[1] 参见陈光中、严端主编：《中华人民共和国刑事诉讼法修改建议稿与论证》，中国方正出版社1995年版，第110—111页。

[2] 参见陈光中、严端主编：《中华人民共和国刑事诉讼法修改建议稿与论证》，中国方正出版社1995年版，第115—116页。

[3] 参见苏力：《罪犯、犯罪嫌疑人和政治正确》，载《读书》1997年第2期，第44页以下。

[4] 其实，当时对域外的一些翻译本身也存在问题。例如，在德国，侦查阶段受追诉人可以称为Beschuldigte（被追诉人），到了中间程序叫Angeschuldigte（被起诉人），到了审判程序叫Angeklagte(被告人)，每个阶段或者环节称谓都不同，但是否完全对应我国当时对犯罪嫌疑人、被告人的理解，较难考证。

人",在有些场合下难以适用。例如,1979年《刑事诉讼法》规定有免予起诉制度,检察院对那些已构成犯罪但没有必要判处刑罚的人,可依法作出免予起诉的决定,不再起诉至法院审判。免予起诉决定一旦生效,受刑事追诉者即等于被作出有罪判决。但如果将这种未曾受到正式起诉的人称为"嫌疑人",那就等于承认一个公民在没有具备"被告人"身份的情况下就可以被依法定罪,这显然是不适当的。因此,对受刑事追诉者只有统称为"被告人",才能避免这种尴尬的局面。

经过研究,1996年《刑事诉讼法》最终吸收了肯定说的意见,区分了犯罪嫌疑人与被告人的称谓,并将犯罪嫌疑人与被告人并列置于"当事人"中,规定在本条第(二)项。鉴于否定说的一些理由也确有道理,1996年《刑事诉讼法》废除了免予起诉制度,同时增设第12条"未经人民法院依法判决,对任何人都不得确定有罪"的规定,明确只有法院才有统一定罪权,检察院不再有定罪免诉权。至此,审前阶段的犯罪嫌疑人不会在未经审判的情况下还会被定罪。此外,1996年《刑事诉讼法》还取消了"人犯"称谓。在此后的诉讼过程中,对被拘留、逮捕和羁押的被追诉者,一律不再使用"罪犯""人犯""犯罪分子"之类的称呼,从而与"犯罪嫌疑人""被告人"的称谓相协调,也避免了办案机关先入为主,搞有罪推定的可能。

(二)关于诉讼代理人

1996年《刑事诉讼法》修改时,立法机关在"辩护"一章增设了代理制度。代理制度,顾名思义就是有代理人。1979年《刑事诉讼法》只规定了法定代理人。在修改刑事诉讼法的过程中,不少人提出,依原刑事诉讼法的规定,被害人、自诉人有出庭向被告人发问、自行发言以及提出和参与附带民事诉讼的权利,但是在大多数情况下被害人、自诉人缺乏法律知识,难以充分、准确地表达自己的意见,影响了他们各项诉讼权利的充分行使,也不利于刑事诉讼和附带民事诉讼的顺利推进。"由于刑事诉讼法过去没有规定诉讼代理制度,被害人被打伤、致残后,本人可能无法亲自参与诉讼,或者由于不大精通法律而不能充分表达自己的意见与要求,而司法机关由于对被害人的具体情况不大了解,有时会忽略了这方面的问题,致使被害人的合法权益得不到切实的保护。"[1]另外,完备的代

---

[1] 崔敏:《中国刑事诉讼法的新发展——刑事诉讼法修改研讨的全面回顾》,中国人民公安大学出版社1996年版,第199页。

理制度要求代理人的范围应当既包括法定代理人，也包括诉讼代理人，因而多数人建议增加诉讼代理人的规定。立法机关充分考虑了这一建议，增加了诉讼代理人的规定。明确规定"（五）'诉讼代理人'是指公诉案件的被害人及其法定代理人或者近亲属、自诉案件的自诉人及其法定代理人委托代为参加诉讼的人和附带民事诉讼的当事人及其法定代理人委托代为参加诉讼的人"。

二、2018年《刑事诉讼法》对本条修改

2018年《刑事诉讼法》修改时，立法机关对本条第1项的"侦查"概念作出修改。

（一）修改内容

2018年3月20日，第十三届全国人民代表大会第一次会议通过监察法。为了做好与监察法的衔接，立法机关将本条第1项中"侦查"是指"公安机关、人民检察院在办理案件过程中，依照法律进行的专门调查工作和有关的强制性措施"修改为"公安机关、人民检察院对于刑事案件，依照法律进行的收集证据、查明案情的工作和有关的强制性措施"，目的是将公安机关、检察院的"侦查"与监察法规定的监察机关的"调查"作出区分，避免两种不同性质的法律行为被混淆。修改细节涉及两个方面。

一是删除原条文第1项中"专门调查工作"的表述。《监察法》第四章规定了监察机关的监察权限，第18条第1款中规定，"监察机关行使监督、调查职权，有权依法向有关单位和个人了解情况，收集、调取证据"。可见，监察机关的一项重要职权是"调查"，而刑事诉讼法原"侦查"概念中也包含"专门调查工作"。这容易让人感觉侦查包含调查，或者不同机关行使的这两项职权有交叉。为了作出区分，避免混淆，立法机关删除了本条第1项"侦查"概念中的"专门调查工作"的表述。

二是将原条文第1项中的"在办理案件过程中"修改为"对于刑事案件"，以此强调公安机关、检察院的侦查活动是在刑事诉讼中进行的，从而与监察机关在监察程序中的调查活动作出进一步区分。

（二）修改争议

在2018年《刑事诉讼法》修改过程中，本条第1项的修改曾被广泛讨论，不同部门、不同地方都提出了不同意见和建议。

第九章　其他规定　　　　　　　　　　　　　　　　　第108条

　　草案一审稿曾将本条第1项修改为，"（一）'侦查'是指公安机关、人民检察院等机关对于刑事案件，依照法律进行的收集证据、查明案情的工作和有关的强制性措施。"对此，有的常委委员建议明确"等机关"的具体范围，是否包括国家安全机关、检察机关。有的地方、一些部门建议删去"等机关"，但也有部门建议在"公安机关、人民检察院"后增加国家安全机关、军队保卫部门。还有的院校、专家学者建议删去第1项有关侦查定义的规定。[1]

　　在考虑吸收了各方意见后，草案二审稿对第1项作出修改，"（一）'侦查'是指公安机关、人民检察院对于刑事案件，依照法律进行的收集证据、查明案情的工作和有关的强制性措施。"相较于一审稿，二审稿删去了"公安机关、人民检察院"后的"等机关"。对此，有的常委委员建议恢复草案一审稿中"等机关"的表述。但立法机关考虑到《刑事诉讼法》第4条已规定，"国家安全机关依照法律规定，办理危害国家安全的刑事案件，行使与公安机关相同的职权"；第308条也规定，"军队保卫部门对军队内部发生的刑事案件行使侦查权。中国海警局履行海上维权执法职责，对海上发生的刑事案件行使侦查权。对罪犯在监狱内犯罪的案件由监狱进行侦查。军队保卫部门、中国海警局、监狱办理刑事案件，适用本法的有关规定"。据此，国家安全机关、中国海警局、军队保卫部门、监狱等对于刑事案件，收集证据、查明案情、查获犯罪嫌疑人、采取有关强制性措施等活动，也属于本条规定的"侦查"范畴，再加"等机关"的表述已无必要，故最终通过的刑事诉讼法正式稿维持了二审稿的规定。

▶▶【法条注解】

　　本条是关于"侦查"、"当事人"、"法定代理人"、"诉讼参与人"、"诉讼代理人"和"近亲属"六个法律用语的含义的规定。

　　一、侦查

　　侦查既可以说是刑事诉讼的一个重要阶段，也可以是一项重要的刑事诉讼活动，还可以说是诉讼办案中的一项重要工作。根据本条第1项

---

　　[1] 参见王爱立、雷建斌主编：《刑事诉讼法立法精解》，中国检察出版社2019年版，第195页。

的规定,侦查的含义采用了工作和措施说,即"'侦查'是指公安机关、人民检察院对于刑事案件,依照法律进行的收集证据、查明案情的工作和有关的强制性措施"。据此,侦查包括两项内容:"收集证据、查明案情的工作"和采取"强制性措施"。

"收集证据、查明案情的工作"主要是指侦查机关为了服务于收集证据和查明案情所采用的各种侦查手段和方法,如讯问犯罪嫌疑人、询问证人和被害人、勘验、检查、查询、鉴定、侦查实验、辨认等。目的有两个,一是了解案情,弄清案件的真实情况;二是收集有罪或者无罪以及犯罪情节轻重的证据。

"强制性措施"并非仅限于强制措施,除了拘传、取保候审、监视居住、拘留、逮捕,还包括一些具有强制性的措施,如搜查、扣押、冻结等。强制性措施比强制措施的外延范围大,除了对人的强制性措施,如限制或剥夺人身自由的取保候审、拘留、逮捕、搜查外,还包括对物的强制性措施,如对财物、文件的搜查、查封、扣押等。其中有些强制性措施既可以对人也可以对物,如搜查等。

二、当事人

如果从内涵层面给"当事人"下一个定义的话,"当事人"是指在刑事诉讼中与案件的处理结果有直接利害关系的人。本条第2项是从外延层面对"当事人"下的定义,规定,"'当事人'是指被害人、自诉人、犯罪嫌疑人、被告人、附带民事诉讼的原告人和被告人"。

(一)被害人和公诉人

"被害人"是指人身、财产或者其他合法权益受到犯罪行为直接侵害的单位或者个人。无论是公诉案件还是自诉案件一般都会有遭受犯罪行为侵害的个人或单位。这些人或单位在自诉案件中称为自诉人,在自诉案件中处于原告人的诉讼地位。而这些人或单位在公诉案件中称为"被害人"。所以,被害人有广义和狭义之分。广义的被害人包括公诉案件中的被害人和自诉案件中的自诉人。狭义的被害人仅指公诉案件中的被害人。本条第2项中的"被害人"与自诉人并列使用,故属于狭义上的被害人。

(二)犯罪嫌疑人和被告人

"犯罪嫌疑人"是指在侦查、审查起诉阶段被认为涉嫌犯罪,并被公安机关以及检察院立案侦查和审查起诉的人。"被告人"是指在公诉案件和自诉案件中被指控犯有某种罪行而起诉到法院,要被追究刑事责任的人。"犯罪嫌疑人"与"被告人"的区分时点主要在于有无被检察院或自诉人正式指控并被起诉到法院。换句话说,审前阶段的被追诉人称为"犯罪嫌疑人",审判阶段的被追诉人称为"被告人"。

不过,以正式指控并被起诉到法院作为"犯罪嫌疑人"与"被告人"称谓的区分时点还会面临一个问题,即在法院对起诉的公诉案件、自诉案件进行审查,并决定是否审理的前提下,上述称谓的区分时点究竟是以公诉机关或自诉人"提起指控或告诉"还是以法院"接受指控或告诉"为标准?《刑事诉讼法》第186条规定:"人民法院对提起公诉的案件进行审查后,对于起诉书中有明确的指控犯罪事实的,应当决定开庭审判。"而第211条则详细规定了法院对于自诉案件的审查及处理,并非一概接受自诉。可以看出,即便公诉机关或自诉人"提起指控或告诉",仍然有可能被法院拒绝接受,甚至裁定驳回,不启动审判程序。从文义解释出发,"被告人"称谓的意义在于"被指控或告诉"而非"被审判",因此应以公诉机关、自诉人向法院提起告诉时作为称谓转换的节点。但是,如果法院没有受理案件,或退回公诉机关,或不予受理,或驳回起诉,或说服自诉人撤回自诉后,是否发生称谓的"倒转",即是否又从"被告人"转换为"犯罪嫌疑人"呢?本评注持肯定态度。但是,如果在审判阶段根据《刑事诉讼法》第204条第2项,公诉案件被退回补充侦查时,由于"控告"已经启动且为法院受理,案件此时已经系属法院且实质进入审判阶段,补充侦查并非程序的倒流,不产生称谓转换问题,仍应称为"被告人"。

需要注意的是,在刑事诉讼法的特别程序有一章规定的是"依法不负刑事责任的精神病人的强制医疗程序"。该程序并不是严格意义上的刑事诉讼程序,因为被强制医疗的人是精神病人,不负刑事责任,当然无所谓定罪量刑问题。所以,本章规定,如果在审前阶段发现有精神病人符合强制医疗条件,是由检察院向法院提出强制医疗的申请,由后者开启强制医疗程序,这里的精神病人就被称为"被申请人",而非"犯罪嫌疑人"或"被告人"。但《刑事诉讼法》第303条、第304条又同时出现了法院在审理强制医疗案件中有关"被告人"的规定。既然不追究刑事责任,没有被检察院正式提起指控,为何精神病人还会被称为"被告人"呢?究其原因，刑事诉讼中的被追诉人被发现是精神病人时，案件可能还处于审前阶段，也可能是在审判阶段。如果是在审前阶段发现，检察院向法院申请启动强制医疗程序，并非是向法院起诉要求启动审理程序，故此时称精神病人为"被申请人"当无异议。但如果检察院已经向法院起诉，提起正式指控，当然要称被追诉人为"被告人"。如果法院在审理案件过程中发现"被告人"符合强制医疗条件，就要暂时停止审理程序，转换到强制医疗程序中确认"被告人"是否属于依法不负刑事责任的精神病人，这便是为何在强制医疗规定中会出现"被告人"的表述。

（三）附带民事诉讼的原告人和被告人

"附带民事诉讼的原告人"是指因犯罪行为遭受物质损失，在刑事诉讼过程中提出赔偿请求的人，一般是被害人或者被害人的法定代理人或者近亲属。"附带民事诉讼的被告人"是指对犯罪行为造成的物质损失依法负有赔偿责任而被他人提起附带民事诉讼的人，一般与刑事案件的被告人是同一人。有关附带民事诉讼中的原告人和被告人在《刑事诉讼法》第101条的【法条注解】中已作介绍，在此不予赘述。

三、法定代理人

"法定代理人"是指依照法律规定对无行为能力人或者限制行为能力人负有保护义务的人。根据本条规定，法定代理人主要有被代理人的父母、养父母、监护人和负有保护责任的机关、团体的代表。其中的"监护人"是指除父母、养父母以外，对未成年人、精神病人及其他无行为能力人的人身、财产及其他合法权益，依照法律规定有责任进行保护的人。

四、诉讼参与人

"诉讼参与人"是指除公安、检察院、法院等专门国家机关以及当事人以外的，依法参与并推动刑事诉讼活动，在刑事诉讼中享有一定诉讼权利、负有一定诉讼义务的人。诉讼参与人通过参加诉讼活动，行使诉讼权利、承担诉讼义务，对刑事诉讼的进程和结局发挥着不同程度的影响和作用，从而保证刑事诉讼活动的顺利进行。诉讼参与人包括当事人、法定代理人、诉讼代理人、辩护人、证人、鉴定人和翻译人员。

五、诉讼代理人

"诉讼代理人"是指受委托或者指定,依法参加刑事诉讼,以维护被代理人合法权益的人,主要包括被害人、自诉人以及附带民事诉讼当事人等委托代理参加诉讼的人。《刑事诉讼法》第46条第1款规定:"公诉案件的被害人及其法定代理人或者近亲属,附带民事诉讼的当事人及其法定代理人,自案件移送审查起诉之日起,有权委托诉讼代理人。自诉案件的自诉人及其法定代理人,附带民事诉讼的当事人及其法定代理人,有权随时委托诉讼代理人。"

另外,2012年《刑事诉讼法》修改时新增犯罪嫌疑人、被告人逃匿、死亡案件违法所得的没收程序,第281条中(2018年《刑事诉讼法》第299条)规定,犯罪嫌疑人、被告人的近亲属,以及其他与涉案财产有利害关系的人申请参加特别没收程序的,也可以委托诉讼代理人。另外,在同时新增的依法不负刑事责任的精神病人的强制医疗程序中,第286条中(2018年《刑事诉讼法》第304条)也规定,"人民法院审理强制医疗案件,应当通知被申请人或者被告人的法定代理人到场"。这意味着在强制医疗程序中,被申请人或者被告人也有权委托诉讼代理人。

六、近亲属

"近亲属"在不同法律规定中的范围不尽一致。根据本条第6项的规定,刑事诉讼法中的近亲属是指夫、妻、父、母、子、女、同胞兄弟姊妹。对此需要注意两点:一是刑事诉讼法的近亲属范围是较为狭窄的,不包括祖父母、外祖父母、孙子女、外孙子女;二是近亲属中的"同胞兄弟姊妹"与"兄弟姐妹"不同,要求"同胞",就是同父同母。另外,"同胞兄弟姊妹"中的"姊妹"与"姐妹"含义相同,但"姊妹"更书面化,"姐妹"则更通俗、口语化。

另外,如何理解本项中的"夫、妻、父、母、子、女、同胞兄弟姊妹"的范围,可以参照《民法典》第1127条第3款、第4款、第5款的规定,"本编所称子女,包括婚生子女、非婚生子女、养子女和有扶养关系的继子女。本编所称父母,包括生父母、养父母和有扶养关系的继父母。本编所称兄弟姐妹,包括同父母的兄弟姐妹、同父异母或者同母异父的兄弟姐妹、养兄弟姐妹、有扶养关系的继兄弟姐妹"。需要注意的是,由于

《刑事诉讼法》第 108 条第 6 项规定的是"同胞兄弟姊妹",故不能对标民法典中"兄弟姐妹"的规定,只能限缩理解为同父同母的兄弟姐妹。当然,刑事诉讼法的这一立法用语存在一定问题,下文将予以评述,提出修改意见。

▶▶【法条评点】

一、应重新划定"法定代理人"的外延

本条第 3 项规定,"'法定代理人'是指被代理人的父母、养父母、监护人和负有保护责任的机关、团体的代表"。其中,"父母""养父母""监护人"以及"负有保护责任的机关、团体的代表"四组概念在适用上存在范围交叉重叠或用语错误的问题。

(一)父母和养父母存在"大包小"非并列的关系

《民法典》第 1111 条第 1 款规定:"自收养关系成立之日起,养父母与养子女间的权利义务关系,适用本法关于父母子女关系的规定;养子女与养父母的近亲属间的权利义务关系,适用本法关于子女与父母的近亲属关系的规定。"第 1127 条第 4 款还规定:"本编所称父母,包括生父母、养父母和有扶养关系的继父母。"据此,在家庭身份关系的确认上,法律上的"父母"包含"养父母"。而《刑事诉讼法》第 108 条第 3 项的规定却将"养父母"从"父母"所包含的情形中抽离出来,与"父母"平行站位,单独成为法定代理人的一种选择。由此导致两个问题:一是为了与"养父母"相对应,与其并列的"父母"的外延就需限缩到"生父母"的范围,但这样的缩小解释明显与民法典的规定相悖;二是除了"(生)父母""养父母",立法还遗漏了有扶养关系的继父母这类情形,这又导致刑事诉讼法在框定"父母"范围上的不周延。

为了解决上述问题,立法对第 108 条第 3 项的规定有必要向民法典的相关规定看齐,删除"养父母"的表述,由"父母"吸收"养父母",这样处理既兼顾了不同法律间的用语一致、协调,还符合人们的普遍认识。

(二)"负有保护责任的机关、团体的代表"用语不当

《民法典》第 32 条规定:"没有依法具有监护资格的人的,监护人由民政部门担任,也可以由具备履行监护职责条件的被监护人住所地的居

民委员会、村民委员会担任。"这里的"民政部门""居民委员会""村民委员会"可视为《刑事诉讼法》第108条第3项中的"负有保护责任的机关、团体"。但令人疑惑的是,刑事诉讼法又规定,只有这些机关、团体的代表才能充当监护人。这意味着立法者认为,上述机关、团体必须派出具体的工作人员充当诸如某位未成年人、精神病人的监护人,暗含了监护人必须是自然人的旧有观念。[1] 这显然背离了民法典的规定,于理不合,在实践中也难以落实。

(三)监护人与其他用语存在包容关系

众所周知,监护人是私法领域中的一个概念,《民法典》第27条[2]和第28条[3]对未成年人、无民事行为能力或者限制民事行为能力的成年人的监护人范围作出了例举式规定。基于法秩序统一原理,为了保障法律体系的协调与相互衔接,刑事诉讼法可直接套用民法典对监护人的外延定义。立法机关也确实照此作出了部分规定,如对《刑事诉讼法》第33条第3项中的"监护人"就解释为"承担对未成年人,精神病人的人身、财产以及其他合法权利进行监督、保护职责的人,如未成年人的父母,精神病患者的配偶等"[4],对第34条和第283条中的监护人也是依民法典的规定做了同一解释。

如果从文义解释的角度来看,某一法律体系内部的用语应当具有同一性。在法律规范中,"同一概念原则上应当保持同一含义"[5]。然

---

[1] 参见肖铃:《〈刑事诉讼法〉第82条的修改建议》,载《黑龙江省政法管理干部学院学报》2009年第1期,第99页。

[2] 《民法典》第27条规定:"父母是未成年子女的监护人。未成年人的父母已经死亡或者没有监护能力的,由下列有监护能力的人按顺序担任监护人:(一)祖父母、外祖父母;(二)兄、姐;(三)其他愿意担任监护人的个人或者组织,但是须经未成年人住所地的居民委员会、村民委员会或者民政部门同意。"

[3] 《民法典》第28条规定:"无民事行为能力或者限制民事行为能力的成年人,由下列有监护能力的人按顺序担任监护人:(一)配偶;(二)父母、子女;(三)其他近亲属;(四)其他愿意担任监护人的个人或者组织,但是须经被监护人住所地的居民委员会、村民委员会或者民政部门同意。"

[4] 李寿伟主编:《中华人民共和国刑事诉讼法解读》,中国法制出版社2018年版,第68—69页。

[5] 王利明:《法律解释学导论——以民法为视角》(第三版),法律出版社2021年版,第271页。

而,《刑事诉讼法》第108条对监护人的范围却作了颠覆性限缩,第3项规定,"法定代理人"是指被代理人的父母、养父母、监护人和负有保护责任的机关、团体的代表。按照立法机关的解读,"其中的'监护人',是指除父母、养父母以外,对未成年人、精神病人及其他无行为能力人的人身、财产及其他合法权益,依照法律规定有责任进行保护的人"[1]。这与前述其他条文中监护人的含义明显不同。一般认为,法定代理人所代理的对象是无行为能力或者限制行为能力人,按照《民法典》第23条的规定,这些人的法定代理人就是他们的监护人,并无其他。换言之,在民法体系中,父母、养父母以及负有保护责任的机关、团体的代表都具有监护人资格,可归入监护人的范畴。[2] 而《刑事诉讼法》第108条却把本属于监护人范畴的父母、养父母和负有保护责任的机关、团体的代表单独拉出与监护人平行站位,并列作为法定代理人的备选对象,这显然限缩了对监护人的传统认知范围,给人一种格格不入,甚至要与传统民事法学理论"分庭抗礼"的感觉。从实际运行看,这一限缩性解释并未对司法实践作出任何创新性贡献,反而造成了更多的实践困惑和逻辑错乱。我国台湾学者郑玉波先生曾言:"任何法律均不能挺然孤立,必与其他法律发生关系,或为实体与程序之关系,或为一般与特殊之关系,彼此牵涉,互相关联,于是在适用上,即不免发生抵触,或重叠等疑义,而对于此等疑义,非假手解释则无法解决。"[3] 但是,当发生关系的不同法律之间产生同一用语的疑义或抵牾,且无法通过解释加以调和,达至正义,便有必要通过修法重新界定第108条中法定代理人的范围。

如果从历史解释的角度看,2018年《刑事诉讼法》第108条第3项其实沿袭了1979年《刑事诉讼法》第58条第3项的规定。值得关注的是,1979年《刑法》第14条第4款也规定,"因不满十六岁不处罚的,责令他的家长或者监护人加以管教;在必要的时候,也可以由政府收容教养"。不难发现,1979年《刑法》规定的监护人不包括家长,这与1979年《刑事诉讼法》的规定高度一致,即监护人均不包括父母(家长)。这很可

---

[1] 王爱立、雷建斌主编:《刑事诉讼立法精解》,中国检察出版社2019年版,第197页。

[2] 参见毛淑玲、何家弘:《立法的语言和逻辑规范分析——以刑事诉讼法为语料》,载《人民检察》2009年第23期,第17页。

[3] 郑玉波:《法学绪论》,台湾三民书局1981年版,第54页。

能缘于当年还没有民法通则[1],有关监护人的范围没有统一认识,故立法者将父母的亲权关系与一般的监护关系截然分开。但随着民法通则的出台,监护人的范围有了共识性认识,特别是随着民法典的出台,监护制度更是有了明确规定。基于此,2020年的《刑法修正案(十一)》在第17条第5款作出修正,将"责令他的家长或者监护人加以管教"改为"责令其父母或者其他监护人加以管教",从而做到了刑法条文与民法典规范的衔接统一。比照刑法的修改,《刑事诉讼法》第108条第3项中的监护人由于其特殊的含义已经大大超出了语词应有的射程范围,不能为法律内用语的一致性、贯通性所接纳,有必要作出修改。

需要指出的是,有学者也发现了本项存在的问题,曾提出一种修改方案:"'法定代理人'是指被代理人的父母、养父母和其他监护人"[2]。但这一方案存在两个问题:一是没有认识到"父母"和"养父母"之间的包容关系;二是首选"父母"作为法定代理人与民法典的规定相冲突。《民法典》第28条规定,无民事行为能力或者限制民事行为能力的成年人的第一顺位监护人是"配偶"而非"父母",这就意味着对于这类人的第一顺位的法定代理人应是"配偶"而非"父母"。如果坚持上述修改方案,就会存在将"父母"错误认定为无民事行为能力或者限制民事行为能力的成年人的第一顺位法定代理人,实为不妥。故有研究者提出了另一种较为简洁的修改方案,即"(三)'法定代理人'是指被代理人的监护人"。这一修改解决了前述列举的种种问题,也与《刑事诉讼法》第33条、第34条和第283条中的"监护人"含义相统一。至于"监护人"的范围,完全可以参照《民法典》第二章第二节"监护"中的规定加以确定。但美中不足的是,这一表述中"被代理人"的范围仍欠缺解释,需要加以明确。本评注倾向于陈光中先生给出的修改方案,[3]结合民法典

---

[1] 1987年施行的《民法通则》第16条和第17条规定,监护人包括父母、机关(民政部门)等。可见,在民法领域,监护人是属概念,父母和机关是种概念。监护人与父母、机关三者不能并行被列举为法定代理人的人员范围。

[2] 徐静村主持:《中国刑事诉讼法(第二修正案)学者拟制稿及立法理由》,法律出版社2005年版,第12页。

[3] "法定代理人"是指未成年人或者其他无行为能力和限制行为能力的当事人、证人的监护人。参见陈光中主编:《中华人民共和国刑事诉讼法再修改专家建议稿与论证》,中国法制出版社2006年版,第270页。

的相关规定,宜修改为:

(三)"法定代理人"是指未成年人以及其他无行为能力或者限制行为能力的当事人、证人[1]的监护人。

二、应扩大"诉讼参与人"的外延范围

如果说 1996 年《刑事诉讼法》对"诉讼参与人"的范围界定能够适应社会发展和司法实践的情况,但随着 2012 年和 2018 年《刑事诉讼法》的两次修改,刑事诉讼法中增加了一些新的诉讼参加者,如值班律师、合适成年人、出庭的具有专门知识的人、利害关系人以及缺席审判程序中的近亲属等。这些人在诉讼中是何地位,是否属于诉讼参与人,其权利义务如何划定,颇具争议。有研究者就认为,诉讼参与人是一个包容性很强的概念,只要是国家司法机关及其工作人员以外的一切依法参加刑事诉讼并享有一定诉讼权利、承担一定诉讼义务的人都可称为诉讼参与人,故取保候审中的保证人、勘验、检查、搜查、扣押中的见证人等都应划归诉讼参与人。[2] 由此延伸,在未成年人特别诉讼程序中,当未成年被告人的合适成年人认为自己的诉讼权利[3]受到法院侵犯的,便可视为《刑事诉讼法》第 14 条中的"诉讼参与人",直接提出控告。然而,《刑事诉讼法》第 108 条第 4 项规定,"'诉讼参与人'是指当事人、法定代理人、诉讼代理人、辩护人、证人、鉴定人和翻译人员"。根据全国人大常委会法制工作委员会制定的《立法技术规范(试行)(一)》第 2.1 条规定,"贯穿法律始终的基本概念,在总则中或者法律第一条立法目的之后规定"。第 108 条属于总则条文,相关的概念界定自然统一适用于整部刑事诉讼法。由于第 108 条对诉讼参与人的外延界定是封闭性例举,按照同一解释规则,上

---

[1] 排除未成年证人外,无行为能力或限制行为能力的证人虽然少见,但也不能完全排除。最高人民法院在 2019 年修订的《关于民事诉讼证据的若干规定》第 67 条第 2 款就规定:"待证事实与其年龄、智力状况或者精神健康状况相适应的无民事行为能力人和限制民事行为能力人,可以作为证人。"

[2] 参见许江:《论刑事诉讼参与人范围的完善》,载《南京大学学报(哲学·人文科学·社会科学版)》2008 年第 5 期,第 115 页以下。

[3] 根据《刑事诉讼法》第 281 条第 2 款的规定,其他合适成年人认为办案人员在讯问、审判中侵犯未成年人合法权益的,有提出意见权,有阅读或由办案人员向其宣读讯问笔录和法庭笔录的权利。

述"争议人员"须排除在诉讼参与人之外，不享有和承担诉讼参与人的权利义务。这样操作是否妥当？亟待立法予以回应。

三、应扩大刑事诉讼法中"近亲属"的外延范围

本条第 6 项规定："'近亲属'是指夫、妻、父、母、子、女、同胞兄弟姊妹。"该项规定较之其他法律的相关规定而言，大幅限缩了"近亲属"的外延范围，导致部分群体相关权利被限制剥夺。

（一）刑事诉讼法对"近亲属"外延范围限制过窄的两种表现

《刑事诉讼法》第 108 条第 6 项对"近亲属"的外延范围限制过窄主要体现在两个方面。

一是"同胞兄弟姊妹"[1]的表述限缩了"兄弟姐妹"的外延范围。《民法典》第 1127 条第 5 款规定："本编所称兄弟姐妹，包括同父母的兄弟姐妹、同父异母或者同母异父的兄弟姐妹、养兄弟姐妹、有扶养关系的继兄弟姐妹。"而刑事诉讼法所规定的则为"同胞兄弟姊妹"，"同胞"一词，从生物学的角度来看，仅指同父同母所生。这意味着刑事诉讼法有意将同父异母、同母异父的兄弟姐妹和养兄弟姐妹、有扶养关系的继兄弟姐妹都排除在"近亲属"的范围之外。

二是孙子女、外孙子女、祖父母、外祖父母被排除在刑事诉讼法"近亲属"的范围之外。《民法典》1045 条第 2 款规定："配偶、父母、子女、兄弟姐妹、祖父母、外祖父母、孙子女、外孙子女为近亲属。"《最高人民法院关于适用〈中华人民共和国行政诉讼法〉的解释》第 14 条第 1 款规定："行政诉讼法第二十五条第二款规定的'近亲属'，包括配偶、父母、子女、兄弟姐妹、祖父母、外祖父母、孙子女、外孙子女和其他具有扶养、赡养关系的亲属。"这些规定与《刑事诉讼法》第 108 条第 6 项相比较，"祖父母、外祖父母、孙子女、外孙子女"没有列入刑事诉讼法"近亲属"的范围，导致该法的"近亲属"范围极度限缩。

---

[1] 本评注认为"同胞兄弟姐妹"的立法渊源是苏联时期的第一部俄罗斯刑事诉讼法，1922 年《苏俄刑事诉讼法》第 23 条规定：除了另行规定，本法中下列术语应当如此定义……（8）近亲属：配偶、父母、子女、同胞兄弟姐妹（Под словом "близкие родственники" разумеются – муж, жена, отец, мать, сыновья и дочери, родные братья и сестры.）其中的"родные братья и сестры"是指亲兄弟姐妹，也就是同胞兄弟姐妹。

(二)"近亲属"外延范围过窄产生的问题

从"近亲属"在刑事诉讼法中的相关规定看,主要涉及三个方面:

一是近亲属可直接或代为行使诉讼权利。如犯罪嫌疑人、被告人的近亲属可以代为委托辩护人和提出上诉,自行申请法律援助,申请变更或解除强制措施;公诉案件中的被害人的近亲属可以委托诉讼代理人,死亡的被害人的近亲属有权提起附带民事诉讼,自诉案件中死亡的被告人的近亲属有权提起自诉。另外,当事人的近亲属对生效裁判还可以提出申诉等。

二是近亲属可获得人身保护。如证人、鉴定人、被害人因在诉讼中作证,其近亲属的人身安全面临危险的,可以获得公权力机关给予的保护;报案人、控告人、举报人的近亲属的安全也有权获得保障。

三是近亲属影响回避范围的划定。如审判人员、检察人员、侦查人员是本案当事人的近亲属的,又或者这些人员的近亲属与本案有利害关系的,都需要回避,不能参加案件的办理和审理。

从上述规定看,如果刑事诉讼法对"近亲属"的范围划定得过窄,就会导致当侦查人员、检察人员、审判人员与所办案件的当事人是有亲缘关系的祖父母、孙子女以及同父异母的兄弟姐妹时,这些办案人员无须回避[1],由此影响到了案件的公正处理,也使司法的公信力受到损害。此外,"近亲属"范围过窄,还会影响对证人、被害人、鉴定人、报案人、控告人、举报人近亲属的人身安全保护工作,不利于打消他们协助办案的后顾之忧。但更为重要的是,刑事诉讼法中"近亲属"的范围过窄会导致一些在其他法律中本应是近亲属的人不能行使相关诉讼权利,导致当事人或其他人的相关利益受损,缺乏救济途径。

> **李某某交通肇事案**
>
> 2019年9月,李某某在北京海淀某街道交叉路口违章驾驶机动车(闯红灯)发生重大交通事故,致被害人孙某某死亡。案发时,被害

---

[1] 如果侦查人员、检察人员、审判人员与案件中的当事人有其他亲缘关系,也可以根据《刑事诉讼法》第29条第4项"与本案当事人有其他关系,可能影响公正处理案件的"的规定,予以回避。但从立法原意看,第4项中的"其他关系"大多指同学、师生、恋人、邻居、密友、仇人等关系,并非是指直系亲属关系。

人孙某某系94岁高龄老人，父母、配偶以及膝下唯一的儿子、儿媳均已去世，其亲属中只有长孙孙某。本案在检察院审查起诉期间，孙某委托律师以诉讼代理人的身份向检察院递交委托手续并申请阅卷，但检察院拒绝接收手续和阅卷申请，理由是：委托人孙某系死亡被害人的孙子，并非刑事诉讼法意义上的"近亲属"，无权委托诉讼代理人。

《刑事诉讼法》第108条第（六）项规定："'近亲属'是指夫、妻、父、母、子、女、同胞兄弟姊妹。"本案孙某依照法律规定确实不是被害人孙某某在刑事诉讼法意义上的"近亲属"。另外，根据《刑事诉讼法》第46条第1款、第101条第1款的规定，只有被害人的近亲属才有权委托诉讼代理人、有权提起附带民事诉讼。由于本案孙某不在"近亲属"的范围之列，因此无权委托诉讼代理人，也无权提起附带民事诉讼。换言之，本案中被害方作为当事人之一，在刑事诉讼中是完全缺位的。孙某作为直系亲属，不仅无法直接参与诉讼，也无法通过委托诉讼代理人的方式参与诉讼；而关于民事赔偿部分，则直接剥夺了被害方通过附带民事诉讼程序获得赔偿的权利，这显然是不公平的。

然而，吊诡的是，作为死亡被害人孙子的孙某如果待刑事裁判作出后，却可以单独提起民事诉讼。因为，根据2022年修订的《最高人民法院关于审理人身损害赔偿案件适用法律若干问题的解释》第1条第1款和第2款的规定，"因生命、身体、健康遭受侵害，赔偿权利人起诉请求赔偿义务人赔偿物质损害和精神损害的，人民法院应予受理。本条所称'赔偿权利人'，是指因侵权行为或者其他致害原因直接遭受人身损害的受害人以及死亡受害人的近亲属"。民事法律中的近亲属包括孙子女，所以作为死亡受害人孙子的孙某又可以单独提起民事诉讼。同一个案件、同样的纠纷，本质相同的诉讼程序，如果仅因不同法律所规定的"近亲属"的范围不同，就导致受害人的某些亲属在能否启动诉讼程序上存在重大差异，进而在能否获得权益救济上有天壤之别，这显然有违适用法律平等原则。

（三）扩大刑事诉讼法中"近亲属"外延范围的方案

考虑到前述法律适用上的不平等以及司法实践中的现实情况，本评注认为刑事诉讼法有关"近亲属"的范围框定可以适度扩展。其实，我国出台的相关司法解释已经作出一定突破。2011年最高人民法院《关于审判人员在诉讼活动中执行回避制度若干问题的规定》第1条第2款的规定已将刑事诉讼法"近亲属"的范围扩大至"有夫妻、直系血亲、三代以内旁系血亲及近姻亲关系的亲属"。可见,现行刑事诉讼法中"近亲属"的范围已经不符合司法实践的要求,应当将"近亲属"的范围作出适当扩展,规定"近亲属"是指夫、妻、父、母、子、女、兄弟姐妹、祖父母、外祖父母、孙子女、外孙子女。这样规定,一方面在形式上与民法典的规定相统一;另一方面将"同胞兄弟姊妹"改为"兄弟姐妹",这就使得同父异母或者同母异父的兄弟姐妹、养兄弟姐妹、有扶养关系的继兄弟姐妹都被"兄弟姐妹"所囊括进来,从而与民法典的规定作到了实质上的统一。另外,"姊妹"改为"姐妹"也更符合现代汉语的用法,与其他法律规范的表述也相一致。

主要参考文献

一、中文文献

(一)中文专著

1. 肖蔚云:《我国现行宪法的诞生》,北京大学出版社1986年版。
2. 崔敏:《中国刑事诉讼法的新发展——刑事诉讼法修改研讨的全面回顾》,中国人民公安大学出版社1996年版。
3. 郎胜主编:《关于修改刑事诉讼法的决定释义》,中国法制出版社1996年版。
4. 周道鸾、张泗汉主编:《刑事诉讼法的修改与适用》,人民法院出版社1996年版。
5. 陈国庆等编著:《修改后刑事诉讼法实施疑难问题解答》,中国检察出版社1997年版。
6. 陈光中、严端主编:《中华人民共和国刑事诉讼法修改建议稿与论证》,中国方正出版社1999年版。
7. 吴宏耀、魏晓娜:《诉讼证明原理》,法律出版社2002年版。
8. 谢佑平、万毅:《刑事诉讼法原则:程序正义的基石》,法律出版社2002年版。
9. 陈光中:《中华人民共和国刑事证据法专家拟制稿(条文、释义与论证)》,中国法制出版社2004年版。
10. 陈光中主编:《中华人民共和国刑事诉讼法再修改专家建议稿与论证》,中国法制出版社2006年版。
11. 陈卫东主编:《模范刑事诉讼法典》(第二版),中国人民大学出版社2011年版。
12. 徐静村主持:《中国刑事诉讼法(第二修正案)学者拟制稿及立法理由》,法律出版社2005年版。
13. 宋英辉主编:《刑事诉讼法修改问题研究》,中国人民公安大学出版社2007年版。

14.林钰雄:《严格证明与刑事证据》,法律出版社 2008 年版。

15.龙宗智:《证据法的理念、制度与方法》,法律出版社 2008 年版。

16.张军主编:《刑事证据规则理解与适用》,法律出版社 2010 年版。

17.陈光中主编:《〈中华人民共和国刑事诉讼法〉修改条文释义与点评》,人民法院出版社 2012 年版。

18.陈卫东主编:《2012 刑事诉讼法修改条文理解与适用》,中国法制出版社 2012 年版。

19.冀祥德主编:《最新刑事诉讼法释评》,中国政法大学出版社 2012 年版。

20.朗胜主编:《〈中华人民共和国刑事诉讼法〉修改与适用》,新华出版社 2012 年版。

21.李昌林主编:《最新中华人民共和国刑事诉讼法释义》,中国法制出版社 2012 年版。

22.田文昌、陈瑞华主编:《〈中华人民共和国刑事诉讼法〉再修改律师建议稿与论证》(增补版),法律出版社 2012 年版。

23.万毅:《微观刑事诉讼法学——法解释学视野下的〈刑事诉讼法修正案〉》,中国检察出版社 2012 年版。

24.夏永全:《条解刑事诉讼法——主旨·释评》,西南交通大学出版社 2014 年版。

25.张建伟:《证据法要义》(第二版),北京大学出版社 2014 年版。

26.孙远:《刑事诉讼法解释问题研究》,法律出版社 2016 年版。

27.张建伟:《刑事诉讼法通义》(第二版),北京大学出版社 2016 年版。

28.陈瑞华:《刑事证据法的理论问题》(第二版),法律出版社 2018 年版。

29.李寿伟主编:《中华人民共和国刑事诉讼法解读》,中国法制出版社 2018 年版。

30.林钰雄:《刑事诉讼法》(上册),新学林出版股份有限公司 2019 年版。

31.林钰雄:《刑事诉讼法》(下册),新学林出版股份有限公司 2019 年版。

32.王爱立、雷建斌主编:《刑事诉讼法立法精解》,中国检察出版社

2019年版。

33.易延友:《刑事诉讼法:规则 原理 应用》(第五版),法律出版社2019年版。

34.孙茂利主编:《公安机关办理刑事案件程序规定释义与实务指南》(2020年版),中国人民公安大学出版社2020年版。

35.童建明、万春主编:《〈人民检察院刑事诉讼规则〉条文释义》,中国检察出版社2020年版。

36.张军、姜伟、田文昌:《新控辩审三人谈》(增补本),北京大学出版社2020年版。

37.陈光中主编:《刑事诉讼法》(第七版),北京大学出版社、高等教育出版社2021年版。

38.陈瑞华:《刑事诉讼法》,北京大学出版社2021年版。

39.李少平主编:《最高人民法院关于适用〈中华人民共和国刑事诉讼法〉的解释理解与适用》,人民法院出版社2021年版。

40.孙长永主编:《中国刑事诉讼法制四十年:回顾、反思与展望》,中国政法大学出版社2021年版。

41.王利明:《法律解释学导论——以民法为视角》(第三版),法律出版社2021年版。

42.喻海松:《刑事诉讼法修改与司法适用疑难解析》,北京大学出版社2021年版。

43.刘静坤编:《刑事诉讼法注释书》,中国民主法制出版社2022年版。

(二)中文论文

1.彭真:《彭真同志在全国检察工作座谈会、全国高级人民法院和军事法院院长会议、第三次全国预审工作会议上的讲话》,载《人民司法》1979年第10期。

2.陈光中、熊秋红:《刑事诉讼法修改刍议(上)》,载《中国法学》1995年第4期。

3.中国政法大学刑事法律研究中心:《在京部分教授关于刑事诉讼法实施问题的若干建议》,载《政法论坛》1996年第6期。

4.卞建林、郭志媛:《刑事证明主体新论——基于证明责任的分析》,载《中国刑事法杂志》2003年第1期。

5. 汪建成、孙远:《刑事证据立法方向的转变》,载《法学研究》2003 年第 5 期。

6. 龙宗智、秦宗文:《再论无罪推定原则》,载徐静村主编:《刑事诉讼前沿研究》(第三卷),中国检察出版社 2005 年版。

7. 李建明:《刑事审前程序合法性的证明》,载《政法论坛》2009 年第 3 期。

8. 龙宗智:《论我国的公诉制度》,载《人民检察》2010 年第 19 期。

9. 韩大元、于文豪:《法院、检察院和公安机关的宪法关系》,载《法学研究》2011 年第 3 期。

10. 左卫民:《指定居所监视居住的制度性思考》,载《法商研究》2012 年第 3 期。

11. 龙宗智:《中国法语境中的"排除合理怀疑"》,载《中外法学》2012 年第 6 期。

12. 黄太云:《刑事诉讼法修改释义》,载《人民检察》2012 年第 8 期。

13. 樊崇义、吴光升:《审前非法证据排除程序:文本解读与制度展望》,载《中国刑事法杂志》2012 年第 11 期。

14. 万毅:《〈刑事诉讼法修正案(草案)〉证据制度修正条文释评》,载李学军主编:《证据学论坛》(第十七卷),法律出版社 2012 年版。

15. 陈国庆、李昊昕:《〈人民检察院刑事诉讼规则(试行)〉修改的主要问题理解与适用》,载《人民检察》2012 年第 24 期。

16. 林劲松:《论刑事程序合法性的证明》,载《中国刑事法杂志》2013 年第 1 期。

17. 陈学权:《论不被强迫自证其罪的保护客体》,载《政法论坛》2013 年第 5 期。

18. 刘为波:《刑事附带民事诉讼制度修改内容的理解与适用》,载《法律适用》2013 年第 7 期。

19. 李寿伟:《非法证据排除制度的若干问题》,载《中国刑事法杂志》2014 年第 2 期。

20. 程雷:《非法证据排除规则规范分析》,载《政法论坛》2014 年第 6 期。

21. 张明楷:《网络诽谤的争议问题探究》,载《中国法学》2015 年第 3 期。

22. 龙宗智:《辩护律师有权向当事人核实人证》,载《法学》2015年第5期。

23. 孙谦:《关于修改后刑事诉讼法执行情况的若干思考》,载《人民检察》2015年第7期。

24. 吴宏耀:《中国近现代立法中的现行犯制度》,载《中国政法大学学报》2016年第1期。

25. 韩旭:《辩护律师核实证据问题研究》,载《法学家》2016年第2期。

26. 满运龙:《美国证据法的宪法维度》,载《人大法律评论》编辑委员会组编:《人大法律评论》2016年卷第2辑(总第21辑),法律出版社2016年版。

27. 程雷:《指定居所监视居住实施问题的解释论分析》,载《中国法学》2016年第3期。

28. 秦宗文:《刑事隐蔽性证据规则研究》,载《法学研究》2016年第3期。

29. 孙远:《全案移送背景下控方卷宗笔录在审判阶段的使用》,载《法学研究》2016年第6期。

30. 孙远:《论犯罪地的确定——兼论庭前审查程序的实质化》,载《法律适用》2016年第8期。

31. 马静华:《庭审实质化:一种证据调查方式的逻辑转变——以成都地区改革试点为样本的经验总结》,载《中国刑事法杂志》2017年第5期。

32. 孙谦:《检察机关贯彻修改后刑事诉讼法的若干问题》,载《国家检察官学院学报》2018年第6期。

33. 陈国庆:《刑事诉讼法修改与刑事检察工作的新发展》,载《国家检察官学院学报》2019年第1期。

34. 陈学权:《论被追诉人本人的阅卷权》,载《法商研究》2019年第4期。

35. 苗生明、周颖:《认罪认罚从宽制度适用的基本问题——〈关于适用认罪认罚从宽制度的指导意见〉的理解和适用》,载《中国刑事法杂志》2019年第6期。

36. 陈景辉:《不可放弃的权利:它能成立吗?》,载《清华法学》2020年第2期。

37.李昌盛:《证据确实充分等于排除合理怀疑吗?》,载《国家检察官学院学报》2020 年第 2 期。

38.左卫民:《反思庭审直播——以司法公开为视角》,载《政治与法律》2020 年第 9 期。

39.万毅:《解读逮捕制度三个关键词——"社会危险性""逮捕必要性"与"羁押必要性"》,载《中国刑事法杂志》2021 年第 4 期。

40.聂友伦:《刑事附带民事诉讼赔偿范围限制的制度逻辑》,载《环球法律评论》2023 年第 3 期。

二、中文译著

1.〔苏〕М. А. 切里佐夫:《苏维埃刑事诉讼》,中国人民大学刑法教研室译,法律出版社 1955 年版。

2.〔苏〕И. В. 蒂里切夫等编著:《苏维埃刑事诉讼》,张仲麟等译,法律出版社 1984 年版。

3.〔德〕克劳思·罗科信:《刑事诉讼法(第 24 版)》,吴丽琪译,法律出版社 2003 年版。

4.〔德〕托马斯·魏根特:《德国刑事诉讼程序》,岳礼玲、温小洁译,中国政法大学出版社 2004 年版。

5.〔日〕松尾浩也:《日本刑事诉讼法(上卷)》,丁相顺译,金光旭校,中国人民大学出版社 2005 年版。

6.〔日〕松尾浩也:《日本刑事诉讼法(下卷)》,张凌译,金光旭校,中国人民大学出版社 2005 年版。

7.〔美〕弗洛伊德·菲尼、〔德〕约阿希姆·赫尔曼、岳礼玲:《一个案例 两种制度——美德刑事司法比较》,郭志媛译,中国法制出版社 2006 年版。

8.〔法〕贝尔纳·布洛克:《法国刑事诉讼法(原书第 21 版)》,罗结珍译,中国政法大学出版社 2009 年版。

9.〔日〕田口守一:《刑事诉讼法(第七版)》,张凌、于秀峰译,法律出版社 2019 年版。

后　记
在这里，我感受到了一种精神和力量

　　评注书稿完成时已近2023年年底，在长舒一口气的同时翻看手机，距离我开始写《刑事诉讼法》第一条评注的时间已过去整整两年。两年前，基于某期刊的约稿以及疫情的原因，我利用在家中被"监视居住"的两个星期完成了《刑事诉讼法》第一条的评注，完成之后深感意犹未尽，萌生了写一本刑事诉讼法评注的想法。一是想延续自己对刑事诉讼法解释学的研究兴趣，毕竟，逐条评注可以最大化地加深对法条的理解和认识，夯实刑事诉讼法解释学的研究基础，修炼内功；二是感觉国内法律评注日渐兴起，正所谓"天下武功，唯快不破"，早动手说不定能赶个"早集"，抢占学术高地。基于兴趣（和部分功利），从2021年年底开始，我逐条撰写刑事诉讼法评注。

　　然而，理想总是丰满，现实却很骨感。在撰写评注的过程中，我遇到了重重困难。例如，要梳理归纳历次修法中每个条文的变动内容、修改原因，就要收集大量资料。然而，我国没有像域外那样，每次修法都有修法说明、研讨纪要，尤其是1979年的立法和1996年的修法，年代久远，相关资料稀缺，必须挖空心思，穷尽线索，发掘史料。再如，刑事诉讼法是一门操作性很强的法律，而法律评注的一项重要功能就是服务法律适用，如何让评注有效呼应实践，回答现实问题，必须花费时间收集案例，还要绞尽脑汁寻找解决方案。记得有一次为了弄清楚在2012年《刑事诉讼法》对保证金退还程序作出修改后，实践中是否还有公安机关制作退还保证金决定书、通知书的情况，我基本问遍了所有在司法实务部门上班的同学，等写完这个问题时已到了晚上十一点。除了上述困难，在撰写评注的过程中还不时会有各种"介入因素"和紧急事情需要尽快处理。所以，拖拖拉拉，一年过去，评注才写了不到五十条。望着后面更难的证据章和强制措施章，我曾经有无数次偃旗息鼓的想法，并找了各种千奇百怪的理由为自己的"拖延症"开脱。但这种心态在2023年我来到海南挂职后发生了微妙的变化。

2023年3月,按照中组部第23批博士团的安排,我来到海南,挂职省委政法委政策研究室副主任一年。政策研究室是省委政法委的"大脑"和"中枢",日常工作是服务省委政法委领导讲话、课题调研以及其他综合性文字工作,处室的急活、细活、重活特别多。所谓"急活",就是单位中午突然交代一项文稿任务,第二天一早便要交,这还不包括中间报批领导审核和文稿校对的时间。记得刚来的一个月,研究室主任告诉我他要赶紧忙手里一个活,因为这个活下午要交,而另外一个活不着急,先放放,因为第二天才交。我当时的第一感受——这真是在与时间赛跑,现实版的"速度与激情"。所谓"细活",就是要保证每一篇文稿零差错、零失误、零事故,做到"文出我手无差错,事交我办请放心"。有一次重要会议,由于情况特殊,会议从上午临时改到下午,提交的成稿本来写的是"同志们,大家上午好",在开会的前一刻,副主任硬是快速反应,第一时间把稿子"追回来",改成了"下午好"。所谓"重活",则是一篇长的讲话稿对于研究室而言其实属于新话题,比如WTO法、中央法务区等,在吃透中央精神、结合本省实际、贯彻领导意图的基础上,如何快速成稿、保质保量,担子很重、困难颇多。我天天(不是经常)看到主任、副主任加班加点,干到凌晨已是家常便饭。每天早晨上班,晚上下班,周末来加班,主任办公室的灯都亮着,不仅是政策研究室,省委政法委里其他处室的灯也亮着。更令人惊奇的是,我经常看到自己办的件,领导批阅的时间是凌晨一点。

记得那是四月份的一个晚上,我十点多下班,走到楼下看到整个办公大楼灯火通明,那时的场景让我十分震撼。总有一种精神让人感动莫名,总有一种力量催人奋进前行!也许就是那天晚上,整个单位的拼搏(甚至拼命)与奉献精神以及"卷"的作风在让我深受感动的同时也突然想起了什么,已经放手很久的法律评注又被我重新拾起,我开始写起了《刑事诉讼法》证据章的第50条、第51条、第52条……然后是强制措施章、附带民事诉讼章……从2023年5月,我几乎推掉了所有的社交活动、学术会议,利用挂职期间的空闲时间,忙里偷闲,一个人静下心来认真揣摩每个条文,从对相关概念的辨析到对立法变迁的梳理,再到对条文应用的多元解释,在咬文嚼字、追本溯源、推敲琢磨中逐渐厘清法条的"纹理",感受法律的精神和力量。不知不觉,半年过后,在繁杂的工作之余,我竟然在年底奇迹般地完成了这本评注书的总则部分。诚如本文开

后 记

头所言,在完成之时,我长舒了一口气,心中有种莫名的⋯⋯一年的挂职时间即将结束,除了收获单位领导的肯定以及同事⋯⋯友谊,还有就是眼前这本有些"大部头"的书稿,这让即将回归科⋯⋯的我有了些许底气,内心也踏实了很多。

　　法律的生命在于适用,而法律的正确适用则是基于对法律条文的合理解释。"知道法律的词句并不意味着了解法律,只有掌握法律所含有的力量和支配权才意味着了解法律。"本评注主要以法条为研究对象,从立法沿革、法条注解、法条评点等方面,在历史、实践和理论的维度下对法条展开评注,"于微末处推敲,于精细处雕琢"是本书的一大特点。本书面向的读者包括法学研究者、司法实务工作者以及高校学子,希望这本书能成为他们科研教学、日常办案以及进阶精研的案头书籍,为他们带来不一样的收获。

　　在完成本书的两年期间,要感谢的人很多,首先要感谢家人的默默支持,要感谢那些不介意我寻根究底,不分时间地提问,和我热情交流的众多学友,刘方权、马静华、孙远、陈学权、程雷、何挺、杨雄、程捷、聂友伦、吴桐等都曾给我提供了启发性观点和深刻洞见。感谢周洪波、吴洪淇、郭烁、林喜芬、兰荣杰、王彪、刘政、张晓风、吴思远、程龙以及实务部门的高翼飞、桑先军、梁景明、李勇、陈禹樟、王君、高彦锋、吴家军、胡静、张健给我答疑解惑,提供了有价值的案例。感谢在海南挂职期间,省委政法委、省检察院以及海南大学法学院给予的关心支持!感谢我所在的政策研究室李梦林主任、孙恬赟副主任、谭云丽、刘梦瑶给予的帮助,正是身边的你们给我树立榜样,给予我完成本书的强大精神动力。感谢我的研究生张卓妮、游千一、李克胜、卫铭、惠正升、王紫扬、张鑫蕊、张微、张兰亭对本书的精细校对。还要感谢中国社会科学院法学研究所给予的科研平台,让我能够自由地做热爱的工作。

　　当敲完最后这句感谢,已是晚上十点,走出办公室,大楼里仍然有同事在忙碌。走在回家的路上,海口的晚风温润而舒适,我的内心开始变得平静。

　　祝我的家人、朋友、同事和学生们都好,都健康顺意!

2024 年 1 月 12 日
海口市美兰区国兴大道 69 号院